आर. गुप्ता® कृत

पॉपुलर मास्टर गाइड

HTET

हरियाणा शिक्षक पात्रता परीक्षा

LEVEL–III

Post Graduate Teacher (PGT)

हिन्दी

RPH संपादक मंडल

द्वारा संपादित

2027 EDITION

रमेश पब्लिशिंग हाउस, नई दिल्ली

प्रकाशक

ओ.पी. गुप्ता, **रमेश पब्लिशिंग हाउस**

प्रशासनिक कार्यालय

12-H, न्यू दरियागंज रोड, ऑफिसर्स मेस के सामने,
नई दिल्ली-110002 ✆ 23275224, 23245124

E-mail: info@rameshpublishinghouse.com
For Online Shopping: www.rameshpublishinghouse.com

विक्रय केन्द्र

• बालाजी मार्किट, नई सड़क, दिल्ली-110006 ✆ 23282525 📱 9354373464
• 4457, नई सड़क, दिल्ली-110006

Book Code: R-1928

ISBN: 978-93-86845-63-4

मूल्यः ₹ 595

मुद्रकः दीपक ऑफसैट, दिल्ली

Scheme of Exam

Level-3: Post Graduate Teacher (PGT) Hindi

S.No.	Subjects	No. of Questions	Marks
1.	Child Development and Pedagogy	30	30
2.	**Languages** (Hindi 15 MCQs and English 15 MCQs)	30	30
3.	**General Studies** (Quantitative Aptitude 10 MCQs, Reasoning Ability 10 MCQs and Haryana G.K. and Awareness 10 MCQs)	30	30
4.	Subject Specific (Hindi)	60	60
	Total	**150**	**150**

NATURE AND STANDARD OF QUESTIONS

- The test items on Child Development and Pedagogy will focus on educational psychology of teaching and learning, relevant to the age group of 14-17 years. They will focus on understanding the characteristics, needs and psychology of diverse learners, interaction with learners and the attributes and qualities of a good facilitator of learning.
- The test items for Languages (Hindi & English) will focus on the proficiencies related to the medium of instruction relevant to the age group of 14-17 years.
- The test items for Quantitative Aptitude, Reasoning Ability and Haryana G.K. and Awareness Language will focus on the elements of Mental and Reasoning ability and General Knowledge regarding Haryana State.
- The test items in subject specific will focus on the concepts, problem solving abilities and pedagogical understanding of these subjects.

NEGATIVE MARKING

- There shall be no negative marking.

LANGUAGE OF QUESTION PAPERS

- All questions except those concerning language subjects, will be bilingual *i.e.* Hindi and English.

पिछले प्रश्न-पत्र

हरियाणा शिक्षक पात्रता परीक्षा (HTET)

PGT हिन्दी (Level-3) परीक्षा, 2024

(Exam held on 30-07-2025)

भाग-I : बाल विकास व शिक्षाशास्त्र

1. विकास एवं अधिगम के साथ उसके संबंध के बारे में कौन-सा कथन **गलत** है?

1. सीखने के अवसरों से वंचित होना विकास को सीमित करता है।
2. बच्चे तब तक नहीं सीख सकते जब तक वे विकासात्मक रूप से सीखने के लिए तैयार न हों।
3. विकास परिपक्वता और सीखने का उत्पाद है।
4. परिपक्वता की सीमाओं के बावजूद जब सीखने को प्रोत्साहित किया जाता है तो विकास एक निश्चित बिन्दु से आगे जा सकता है।

2. निम्नलिखित में से कौन-सा प्रगतिशील शिक्षा का एक घटक **नहीं** है?

1. विचार-विमर्श　　2. स्मरण
3. अनुभव　　4. अंतःक्रिया

3. निम्नलिखित में से प्रश्नों का कौन-सा प्रकार विद्यार्थियों के भावों की अभिव्यक्ति एवं तार्किक चिंतन की जाँच के लिए उपयुक्त **नहीं** है?

1. विश्लेषणात्मक प्रकार　　2. समालोचनात्मक प्रकार
3. विवेचनात्मक प्रकार　　4. बहु विकल्पात्मक प्रकार

4. 'लेखन क्षमता का एक विकार जिसमें अधिगमकर्ता को अक्षर निर्माण, वर्तनी, गत्यात्मक समन्वय आदि में कठिनाई होती है।' यह विकार कहलाता है:

1. डिस्लेक्सिया　　2. डिस्ग्राफिया
3. डिस्प्रेक्सिया　　4. डिस्कैल्कुलिया

5. प्रारंभिक किशोरावस्था में संवेगों के संबंध में कौन-सा विकल्प **सही** है?

1. तीव्र एवं युक्तिसंगत
2. अनियंत्रित एवं युक्तिसंगत
3. अनियंत्रित एवं अयुक्तिसंगत
4. नियंत्रित एवं तीव्र

6. वर्नन के पदानुक्रमिक बुद्धि सिद्धान्त के **सही** अनुक्रम (ऊपर से नीचे) का चयन कीजिए:

1. सामान्य कारक → विशिष्ट कारक → प्रमुख कारक → लघु कारक
2. विशिष्ट कारक → सामान्य कारक → लघु कारक → प्रमुख कारक
3. सामान्य कारक → प्रमुख कारक → लघु कारक → विशिष्ट कारक
4. प्रमुख कारक → सामान्य कारक → विशिष्ट कारक → लघु कारक

7. बण्डूरा के सामाजिक अधिगम सिद्धान्त के सोपानों को क्रम से व्यवस्थित कीजिए:

(*a*) व्यवहार का प्रत्यक्षीकरण
(*b*) व्यवहार का पुनर्बलन
(*c*) व्यवहार का स्मरण
(*d*) स्मरण की क्रियात्मक परिणति

1. (*a*), (*c*), (*d*), (*b*)　　2. (*b*), (*a*), (*c*), (*d*)
3. (*c*), (*d*), (*a*), (*b*)　　4. (*b*), (*c*), (*d*), (*a*)

8. निम्नलिखित में से कौन-सा शिक्षण-अधिगम को प्रभावित करने वाला वातावरणीय कारक **नहीं** है?

1. अधिगम सामग्री
2. भौतिक स्थितियाँ
3. मनोरंजन की सुविधाएँ
4. परिपक्वता

9. निम्नलिखित में से कौन आनुवंशिकता से प्रभावित **नहीं** होता?

1. अभिक्षमता　　2. अभिवृत्ति
3. संवेग　　4. अभिरुचि

10. विद्यार्थियों की समग्र उपलब्धि और प्रवीणता का मूल्यांकन करने के लिए, सीखने की अवधि के अंत में अभिकल्पित मूल्यांकन कहलाता है:

1. सीखने का मूल्यांकन
2. निदान के लिए मूल्यांकन
3. सीखने के लिए मूल्यांकन
4. उपचार के लिए मूल्यांकन

11. मैक्डूगल के अनुसार, 'घृणा' का संवेग किस मूल प्रवृत्ति के साथ जुड़ा हुआ है?

1. निवृत्ति　　2. पलायन
3. युयुत्सा　　4. जिज्ञासा

12. समावेशी शिक्षा की दृष्टि से निम्नलिखित में से कौन-सी निःशक्त बच्चों की आवश्यकता **नहीं** होनी चाहिए?
1. स्वयं की निःशक्तता से निपटने की आवश्यकता
2. उचित निर्देशन एवं परामर्श की आवश्यकता
3. दूसरों पर निर्भर रहने की आवश्यकता
4. सहायक उपकरणों की आवश्यकता

13. समावेशी शिक्षा विशिष्ट आवश्यकता वाले बच्चों के किस संवैधानिक अधिकार की रक्षा करती है?
1. शिक्षा का अधिकार
2. सम्मान का अधिकार
3. स्वीकृति का अधिकार
4. एकीकरण का अधिकार

14. निम्नलिखित में से कौन-सा अर्जित अभिप्रेरक **नहीं** है?
1. संबंधन 2. उपलब्धि
3. अनुमोदन 4. दर्द परिवर्जन

15. श्रवण बाधित बच्चों के लिए निम्नलिखित में से कौन-सा अनुदेशन का तरीका उपयुक्त है?
(*a*) सांकेतिक भाषा (*b*) अंगुली वर्तनी
(*c*) ओष्ठ पठन (*d*) संकेतित भाषण
सही कूट का चयन कीजिए :
1. (*a*) एवं (*c*) 2. (*a*), (*b*) एवं (*c*)
3. (*a*), (*c*) एवं (*d*) 4. (*a*), (*b*), (*c*) एवं (*d*)

16. फ्रॉयड के समलैंगिक विकास सिद्धान्त के अनुसार, वह अवस्था जिसमें किशोर विपरीत लिंग के प्रति आकर्षित होते हैं, उसे कहा जाता है :
1. लिंग अवस्था 2. गुदा अवस्था
3. जनन अवस्था 4. अव्यक्त अवस्था

17. पियाजे के संज्ञानात्मक विकास सिद्धान्त के अनुसार, जब अधिगमकर्ता अपने और अपने पर्यावरण के बीच उचित तालमेल बनाए रखता है, तो यह प्रक्रिया कहलाती है:
1. समायोजीकरण 2. आत्मसातीकरण
3. संतुलनीकरण 4. एकीकरण

18. निम्नलिखित में से कौन-सी समावेशी शिक्षा की एक विशेषता **नहीं** है?
1. यह विशिष्ट शैक्षिक आवश्यकताओं का समर्थन करती है
2. यह विविधता का उत्सव मनाने की बात कहती है
3. यह अध्यापक, अभिभावक, बालक एवं समाज की सहभागिता सुनिश्चित करती है
4. यह अशक्त बच्चों की विशिष्ट शिक्षा तक सीमित रहती है

19. सर्जनशील बच्चों की पहचान हेतु शिक्षक द्वारा कौन-से परीक्षण प्रशासित किए जा सकते हैं?
(*a*) आकृति निर्माण परीक्षण (*b*) उत्पाद उन्नयन परीक्षण
(*c*) प्रचलित उपयोग परीक्षण (*d*) चित्र पूर्ति परीक्षण
1. (*a*) एवं (*d*) 2. (*b*) एवं (*c*)
3. (*a*), (*b*) एवं (*d*) 4. (*a*), (*b*), (*c*) एवं (*d*)

20. बच्चों में सामाजीकरण को बढ़ावा देने में शिक्षक का निम्नलिखित में से कौन-सा कार्य सहायक **नहीं** है?
1. वैयक्तिक परियोजना कार्य देना
2. सामाजिक जिम्मेदारियाँ सौंपना
3. सह-पाठ्यगामी गतिविधियों का आयोजन करना
4. सामाजिक सहभागिता के लिए अभिप्रेरित करना

21. निम्नलिखित में से कौन-सी सीखने की बाल केन्द्रित विधि **नहीं** है?
1. प्रदर्शन 2. क्षेत्र भ्रमण
3. अभिक्रमित अनुदेशन 4. प्रायोजना

22. उच्च माध्यमिक स्तर के अधिगमकर्ताओं के लिए सीखने की कौन-सी रणनीति उपयुक्त **नहीं** है?
1. अधिगम कार्य स्मृति स्तर पर करना
2. ज्ञान की स्वयं खोज करने देना
3. कक्षा अन्तःक्रिया को उचित स्थान देना
4. शिक्षण-अधिगम विद्यार्थी केन्द्रित होना

23. बुद्धि के संबंध में निम्नलिखित में से कौन-सा कथन सत्य **नहीं** है?
(*a*) बौद्धिक विकास पर आनुवंशिकता का प्रभाव पड़ता है, वातावरण का नहीं।
(*b*) लैंगिक भिन्नता बौद्धिक भिन्नता का कारण नहीं होती।
(*c*) तीव्र बुद्धि, तीव्र स्मरणशक्ति की परिचायक होती है।
(*d*) बुद्धि नवीन परिस्थितियों में समायोजन की योग्यता देती है।
सही कूट का चयन कीजिए:
1. (*a*) एवं (*b*) 2. (*a*) एवं (*c*)
3. (*b*) एवं (*d*) 4. (*c*) एवं (*d*)

24. निम्नलिखित में से कौन-सी सतत एवं व्यापक मूल्यांकन की विशेषता **नहीं** है?
1. मूल्यांकन की नियमितता
2. इकाई परीक्षणों की आवृत्ति
3. सीखने की कमियों का निदान
4. केवल शैक्षिक उपलब्धि को मापना

25. निम्नलिखित में से कौन-सा नवीन लक्षणों के अधिग्रहण के अन्तर्गत विकासात्मक परिवर्तन का एक उदाहरण **नहीं** है?
1. स्थायी दाँत
2. प्राथमिक लैंगिक विशेषताएँ
3. द्वितीयक लैंगिक विशेषताएँ
4. थायमस ग्रंथि

26. कोह्लबर्ग के नैतिक विकास सिद्धान्त की निम्नलिखित अवस्थाओं को उनकी विशेषता के साथ सुमेलित कीजिए:

नैतिक अवस्थाएँ	विशेषता
(*a*) इनाम के लालच में अनुपालन	(*i*) दूसरों की स्वीकृति पाना
(*b*) सामाजिक व्यवस्था बनाए रखना	(*ii*) स्वार्थपूर्ति पर आधारित अवस्था
(*c*) अच्छे अन्तःवैयक्तिक संबंध	(*iii*) अन्तःकरण द्वारा मान्य शाश्वत मूल्य
(*d*) सार्वभौमिक नैतिक सिद्धान्त	(*iv*) न्याय एवं कानून को महत्त्व

सही कूट का चयन कीजिए:

	(*a*)	(*b*)	(*c*)	(*d*)
1.	(*ii*)	(*iv*)	(*i*)	(*iii*)
2.	(*iii*)	(*i*)	(*ii*)	(*iv*)
3.	(*iv*)	(*iii*)	(*i*)	(*ii*)
4.	(*i*)	(*ii*)	(*iv*)	(*iii*)

27. निम्नलिखित में से कौन-सा कथन वैयक्तिक भिन्नता के संबंध में सही **नहीं** है?
1. वैयक्तिक भिन्नता ज्ञानात्मक एवं क्रियात्मक दोनों क्षेत्रों में होती है।
2. वैयक्तिक भिन्नता पर प्रजातिगत विशेषताओं का प्रभाव पड़ता है।
3. वैयक्तिक भिन्नता का कारण सामाजिक वातावरण होता है, भौतिक वातावरण नहीं।
4. वैयक्तिक भिन्नता पर आयु का भी प्रभाव पड़ता है।

28. सीखने की परिस्थिति में सुसंगत तथ्यों को असुसंगत तथ्यों से अलग करके प्रस्तुत करना, सीखने के किस नियम का परिचायक है?
1. बहु अनुक्रिया का नियम
2. सादृश्यता का नियम
3. तत्त्व प्रबलता का नियम
4. साहचर्यात्मक स्थानांतरण का नियम

29. निम्नलिखित में से कौन-सी वंचित बालकों की सामान्य विशेषता **नहीं** है?
1. वे शारीरिक रूप से अक्षम दिखते हैं
2. वे सामाजिक रूप से अलाभान्वित होते हैं
3. वे आर्थिक रूप से वंचित होते हैं
4. वे संवेगात्मक रूप से हीन महसूस करते हैं

30. निम्नलिखित में से कौन-सी लैंगिक पक्षपातपूर्ण क्रियाएँ शैक्षिक अभ्यासों में सम्मिलित **नहीं** होनी चाहिए।

(*a*) सजातीय समूहन
(*b*) लिंग तटस्थ विषय-वस्तु
(*c*) रूढ़िबद्ध व्यावसायिक मार्गदर्शन
(*d*) शिक्षक की पूर्वाग्रही अभिवृत्ति

सही कूट का चयन कीजिए :
1. (*a*) एवं (*b*)
2. (*a*), (*c*) एवं (*d*)
3. (*c*) एवं (*d*)
4. (*a*), (*b*) एवं (*c*)

भाग-II : भाषा – हिन्दी

निर्देश (प्रश्न संख्या 31-34) : *निम्नलिखित गद्यांश को ध्यानपूर्वक पढ़कर नीचे दिये गये प्रश्नों के उत्तर दीजिए:*

नया निश्चय ही एक मूल्य है। पर निरंतरता भी एक मूल्य है। साहित्य दोनों में से एक को चुनने की हिमाकत सौभाग्य से नहीं करता है, क्योंकि वह जानता है कि एक के बिना दूसरा संभव नहीं है। परंपरा अपने को पुनर्नवा किए बिना सजीव नहीं रह सकती। मनुष्य दोनों आयामों में रहता है : इतिहास में और अनन्त में। वह बदलता है और फिर भी बना रहता है। दोनों आयाम मनुष्य के यहाँ अंतर्भुक्त हैं - वे अलग-थलग या विविक्त नहीं होते। बहुत कुछ बदलता है : समाज, परिस्थितियाँ, आर्थिक व्यापार, मानव संबंध और उनके संगुंफन आदि पर प्रेम, ईर्ष्या, मोह-मत्सर, राग-विराग, हर्ष-विषाद आदि वही बने रहते हैं। नयी दृष्टि होती है, तो अपने लिए अनिवार्यतः नया शिल्प भी खोजती है। विश्लेषण के लिए भले हम कथ्य और शिल्प को अलग-थलग कर लेते हैं, पर रचना में वे अद्वैत हैं। नया अंततः निरंतरता में समाहित होकर अपनी वैधता पाता है, पर वह निरंतरता को कहीं न कहीं बदल भी देता है। निरंतरता नए के हस्तक्षेप और उसके समाहार के बाद वही नहीं रह जाती, जो पहले थी। हम यह भूल जाते हैं कि आज जो पुराना लगता है, वह कभी नया था। बिना समकालीनता के कालातीत नहीं हुआ जा सकता, लेकिन सिर्फ समकालीनता के बाड़े में बँधे रहकर भी कालातीत नहीं हुआ जा सकता। नया समय को सीधे और उसके बदले हुए ब्योरों में पकड़ने के साहस से उपजता है, पर अगर वह समय के पार न देख पाये, तो टिकाऊ नहीं हो सकता। जो कालातीत है, वही हर समय नया होता चलता है।

31. साहित्य का अभीष्ट है:
1. मात्र नए को चुनना
2. मात्र निरंतरता को चुनना
3. नयेपन एवं निरंतरता दोनों को चुनना
4. मात्र समकालीन को चुनना

32. निम्नलिखित में से कौन-सा कथन **सत्य** है?
1. मनुष्य की मूल प्रवृत्तियाँ समय के साथ परिवर्तनशील हैं।
2. मनुष्य का समाज समय के साथ परिवर्तनशील है।
3. मनुष्य मात्र इतिहास में जीता है।
4. निरंतरता सदैव अपरिवर्तनीय होती है।

33. कौन-सा कथन **असत्य** है?
1. साहित्य में दृष्टि का अवबोधन कथ्य से होता है।
2. नवीन कथ्य अपने लिए नवीन शिल्प भी लाता है।
3. कथ्य और शिल्प दोनों एक-दूसरे से स्वायत्त होते हैं।
4. साहित्यिक रचना में कथ्य और शिल्प परस्पर अनुस्यूत होते हैं।

34. नयापन टिकाऊ होता है:
1. जब वह समकालीन हो।
2. जब वह समकालीन भी हो और कालातीत भी।
3. जब उसमें चमत्कार हो।
4. जब वह परंपरा को बदलता हो।

35. समास की दृष्टि से **संगत** विकल्प चुनिए:
1. चक्षुश्रवा - इतरेतर द्वन्द्व
2. आपादमस्तक - बहुव्रीहि
3. जातिगत - अधिकरण तत्पुरुष
4. श्रमसाध्य - करण तत्पुरुष

36. वाक्य में प्रयुक्त क्रिया की दृष्टि से **असंगत** विकल्प का चयन कीजिए:
1. अध्यापिका छात्राओं को भूगोल पढ़ा रही है - द्विकर्मकक्रिया
2. निशीथ जोर-जोर-से हँस रहा है - अकर्मक क्रिया
3. मदारी अनेक करतब दिखलाकर बच्चों को ललचाता है - अकर्मक क्रिया
4. लड़-झगड़कर वह अपना हिस्सा ले ही मरा - रंजक क्रिया

37. निम्नलिखित में से **अशुद्ध** शब्द समूह का चयन कीजिए:
1. सीधा साधा, अठोतर, उहापोह
2. दाशरथि, स्थायित्य, विद्यार्थिपरिषद्
3. सुधीजन, प्रेयसी, निजीकरण
4. वेश्या, शशिभूषण, शक्तीकरण

38. संधि की दृष्टि से **अनुपयुक्त** विकल्प चुनिए:
1. दैत्यारि, गत्यानुसार, अगन्याशय - यण् संधि
2. मिताहार, विकलांग, भूर्ध्व - दीर्घ संधि
3. दिग्विजय, अब्ज, वृहन्नेत्र - व्यंजन संधि
4. वयोवृद्ध, पुरोधा, प्रादुर्भूत - विसर्ग संधि

39. विलोम की दृष्टि से **असंगत** विकल्प चुनिए:
1. आकृष्ट - विकृष्ट
2. आह्वान - अनाह्वान
3. कलंकित - निष्कलंक
4. ऐहिक - पारलौकिक

40. वर्णों की ध्वनिगत विशेषताओं के संदर्भ में **असंगत** चुनिए:
1. उ - पश्च, संवृत, वृत्तमुखी
2. ऋ - अग्र, संवृत, वृत्तमुखी
3. अ - मध्य, ह्रस्व, उदासीन
4. आ - पश्च, विवृत, अवृत्तमुखी

41. प्रत्यय की दृष्टि से **संगत** विभाजन चुनिए:
1. मैथुन, शौच, राघव - 'अ' प्रत्यय
2. फिकैत, डकैत, लड़ैत - 'एत' प्रत्यय
3. नारदीय, स्थानीय, मानवीय - 'अनीय' प्रत्यय
4. कौशेय, सौजन्य, कौमार्य - 'एय' प्रत्यय

42. हिंदी अध्यापक की विशिष्ट विशेषताओं में सम्मिलित **नहीं** है:
1. साहित्य का ज्ञान
2. भाषा शिक्षण की विधियों का ज्ञान
3. हिंदी भाषा पर विशिष्ट अधिकार
4. शिक्षा तथा उपाधियाँ

43. किस विकल्प में उपसर्ग - विभाजन नियमानुसार है?
1. अपरिग्रह, अपरोक्ष, अपर्ण - 'अप' उपसर्ग
2. आरण्यक, आवश्यक, आधुनिक - 'आ' उपसर्ग
3. निःशुल्क, निष्पक्ष, निस्स्वार्थ - 'निस्' उपसर्ग
4. व्याधि, वीक्षण, व्यतिरेक - 'वी' उपसर्ग

44. किस विकल्प में सार्वनामिक विशेषण का प्रयोग **नहीं** हुआ है?
1. जिसने परिश्रम किया, वह सफल हो गया।
2. यह पुस्तक किससे मँगवाऊँ।
3. ऐसे व्यक्ति पर कभी विश्वास मत करो।
4. आपके घर से कल कोई नौकर आया था।

45. निम्नलिखित में से मौन वाचन का उद्देश्य **नहीं** है:
1. उचित लय और गति प्रदान करना।
2. स्वाध्याय की आदत विकसित करना।
3. तीव्र गति से पढ़ने का अभ्यास करना।
4. अर्थ ग्रहण कर उसका केन्द्रीय भाव समझना।

Language-II : English

46. Choose the **correct** option:

Assertion A: The disadvantage of print material is that it lacks interaction and the use of audio-visual elements.

Assertion B: Print materials are not portable, not easily available and are not cost effective.

1. A is true; B is false
2. B is true; A is false
3. Both A & B are true
4. Both A & B are false

Direction: (Qs. No. 47 to 56): *Read the following poem and answer the questions that follow :*

Mother, I am the one
you sent away
when the doctor told you

I would be
a girl – In the end they had to give me an injection
to kill me.
Before I died I heard
the traffic rushing outside, the monsoon slush, the
wind sulking through
your beloved Mumbai –
I could have clutched the neon blue
no one wanted –
No one wanted
To touch me – except later in the autopsy room
when they knew my mouth would not search
for anything – and my head could be measured
and bent cut apart.
I looked like a sliced pomegranate.
The fruit you never touched.
Mother, I am the one you sent away
When the doctor told you
I would be a girl – your second girl.
Afterwards, as soon as you could
you put on your grass – green sari –
the orange stems of the parijatak blossoms
glistened in your hair –
Afterwards
everyone smiled.
But now I ask you
to look for me, mother,
look for me because
I won't come to you in your dreams,
Look for me, mother, look
because I won't become a flower
I won't turn into a butterfly
And I am not a part of anyone's song.
Look, mother,
look for the place where you have sent me.
Look for the unspeakable.
for the place that can never be described.
Look for me, mother, because
this is what you have done.
Look for me mother, because
this is not 'God's will'.
Look for me, mother
because I smell or formaldehyde –
I smell of formaldehyde
and still, I wish you would look
for me, mother.

47. Who does the girl address?
1. the doctor
2. the society
3. the father
4. the mother

48. In which city does the foeticide take place?
1. Delhi
2. Chennai
3. Mumbai
4. Pune

49. What does the killed infant smell of?
1. formaldehyde
2. parijatak
3. chlorine
4. slush

50. Who is "I" in the opening line?
1. the poet
2. the killed infant girl
3. mother
4. the doctor

51. Fill in the blank with the **correct** option:
According to the speaker the mother disliked .....
1. oranges
2. parijatak blossoms
3. pomegranates
4. the grass-green sari

52. Find a word from the poem which means "post mortem":
1. formaldehyde
2. injection to kill
3. neon blue
4. autopsy

53. Why was the infant in the womb killed?
1. because it was defective
2. because the mother didn't want a second girl child
3. doctor's mistake
4. it was ugly

54. Which one of the following is used as a literary device in the poem for effectiveness?
1. repetition
2. climax
3. irony
4. metaphor

55. Fill in the blank with the **correct** option:
"I looked like a sliced pomegranate" is an example of ______.
1. metaphor
2. an implied simile
3. irony
4. simile

56. Find the word in the poem which means "shone due to being wet".
1. glistened
2. sulking
3. clutched
4. blossom

57. Fill in the blank with the **correct** option:
Nesfield's grammar is an instance of _____ grammar.
1. universal
2. cognitive
3. descriptive
4. prescriptive

58. Fill in the blank with the **correct** option:
_______ skill involves training the learner to listen for the English speech sounds including stress and intonation patterns.
1. listening
2. aural-oral
3. reading
4. writing

59. Fill in the blank with the **correct** option:
Teaching learners to discuss a poem in English in their native language is an instance of the use of _______.
1. evaluative comprehension
2. multilingual resources
3. pre-reading skills
4. first language acquisition

60. Fill in the blank with the **correct** option:
The two kinds of listening are ______.
1. active and passive
2. skimming and scanning
3. intensive and extensive
4. referential and inferential

भाग–III : सामान्य अध्ययन
मात्रात्मक योग्यता, तार्किक अभिक्षमता तथा सामान्य ज्ञान एवं अभिज्ञान

61. एक वर्ग और एक समबाहु त्रिभुज एक वृत्त के अन्तर्गत बनाये जाते हैं। यदि a और b क्रमशः इनकी भुजा की लम्बाई हैं, तो निम्न में से कौन-सा सत्य है?
1. $2a^2 = 3b^2$
2. $3a^2 = 2b^2$
3. $a^2 = 3b^2$
4. $b^2 = 2a^2$

62. दो गोलों का पृष्ठीय क्षेत्रफल में 1 : 2 का अनुपात है। इनके आयतनों में अनुपात है :
1. 1 : 2
2. $1 : \sqrt{2}$
3. $1 : 2\sqrt{2}$
4. 1 : 4

63. निम्न संख्या श्रेणी में लुप्त पद ज्ञात कीजिए :
2, 9, 28, ?, 126, 217, 344
1. 37
2. 65
3. 91
4. 115

64. धातु के बेलनाकार पाइप का आयतन 748 सेमी^{3} है। इसकी लम्बाई 14 सेमी और इसकी बाहरी त्रिज्या 9 सेमी है। पाइप की मोटाई बराबर है :
1. 0.25 सेमी
2. 0.5 सेमी
3. 1.0 सेमी
4. 1.5 सेमी

65. रेखा : वर्ग : : चाप : ?
1. वलय
2. गोला
3. वृत्त
4. गेंद

66. रेखा 10 किमी सीधे चलती है और फिर दायें मुड़कर 10 किमी चलती है। फिर हर बार बायीं ओर मुड़कर वो क्रमशः 5, 15 और 15 किमी चलती है। अपने प्रारम्भिक बिन्दु से अब वो कितनी दूर है?
1. 20 किमी
2. 15 किमी
3. 10 किमी
4. 5 किमी

67. निम्न श्रेणी का अगला पद है :
$\left(\frac{AG}{d}\right)^{6}, \left(\frac{CK}{g}\right)^{21}, \left(\frac{EO}{j}\right)^{45}, \left(\frac{GS}{m}\right)^{78}, ?$
1. $\left(\frac{IX}{p}\right)^{127}$
2. $\left(\frac{IV}{q}\right)^{133}$
3. $\left(\frac{IW}{p}\right)^{120}$
4. $\left(\frac{IX}{q}\right)^{127}$

68. A, C का पिता है और D, B का पुत्र है। E, A का भ्राता है। C, D की बहन है। B, E से किस प्रकार सम्बन्धित है?
1. पुत्री
2. साली/भाभी
3. माता
4. पति

69. पाँच व्यक्ति P, Q, R, S और T एक अखबार पढ़ते हैं। जो व्यक्ति सर्वप्रथम पढ़ता है, वह R को दे देता है। जो सबसे आखिरी में पढ़ता है, वह P से लेता है। T पढ़ने में प्रथम या अन्तिम नहीं है। P और Q के बीच दो पाठक थे। आखिरी में अखबार कौन पढ़ता है?
1. Q
2. R
3. S
4. T

70. A, P, R, X, Y और Z एक पंक्ति में बैठे हुए हैं। Y और Z मध्य में हैं और A तथा P अन्तिम शीर्षो पर हैं। R, A के एकदम बायीं ओर है। P के एकदम दायीं ओर कौन बैठा हुआ है?

1. X
2. Y
3. Z
4. R

71. यदि 10 दिसम्बर, 2022 को शनिवार था, तो 8 दिसम्बर, 2024 को कौन-सा दिन होगा?

1. शनिवार
2. रविवार
3. सोमवार
4. मंगलवार

72. निम्न वर्ण श्रेणी का अगला पद ज्ञात कीजिए :

MQNRO, JSKTL, GUHVI, DWEXF, ?

1. AYBZC
2. AZCYC
3. BYBYD
4. BZCZD

73. यदि $\tan\theta + \sec\theta = 4$, तो $\cos\theta$ का मान बराबर है :

1. $\frac{17}{8}$
2. $\frac{8}{17}$
3. $\frac{15}{17}$
4. $\frac{17}{15}$

74. 2880 को पूर्ण वर्ग बनाने के लिए कौन-सी सबसे छोटी संख्या से विभाजित करना चाहिए?

1. 2
2. 3
3. 4
4. 5

75. P ने ₹ 45,000 रुपये में एक व्यवसाय शुरू किया और कुछ समय बाद Q ₹ 30,000 के साथ सम्मिलित हुआ। यदि वर्ष के अन्त में लाभ को उनके बीच 2 : 1 के अनुपात में बाँटा गया, तो Q कब सम्मिलित हुआ?

1. 3 माह बाद
2. 4 माह बाद
3. 5 माह बाद
4. 6 माह बाद

76. यदि तीन संख्याएँ 3 : 2 : 5 के अनुपात में इस प्रकार हैं कि इन संख्याओं के वर्गों का योग 1862 के बराबर है। मध्य वाली संख्या बराबर है :

1. 7
2. 14
3. 21
4. 35

77. 5,290 रुपये के लिए A, B और C ने मिलकर एक कार्य पूर्ण किया। A और B ने पूरे कार्य का $\frac{19}{23}$ भाग मिलकर पूरा किया। C द्वारा प्राप्त राशि रु. में बराबर है :

1. 920
2. 900
3. 880
4. 850

78. एक निश्चित राशि पर 5% वार्षिक दर से 2 वर्ष बाद चक्रवृद्धि ब्याज और सरल ब्याज में अंतर 15 रुपये है। मूलधन बराबर है :

1. 2,000
2. 4,000
3. 6,000
4. 8,000

79. एक वृत्ताकार क्षेत्र की त्रिज्या, जिसका क्षेत्रफल 8 मी., 9 मी. और 12 मी. त्रिज्याओं वाले क्रमशः तीन वृत्ताकार क्षेत्रों के क्षेत्रफल के बराबर होता है, बराबर है :

1. 16 मी.
2. 17 मी.
3. 18 मी.
4. 19 मी.

80. एक निश्चित कूट भाषा में "sun shines brightly" को "ba lo sul", "houses are brightly lit" को "kado ula ari ba" और "light comes from sun" को "dopi kup lo nro" लिखा जाता है। "sun" और "brightly" के लिए क्रमशः किन कूट शब्दों को लिखा गया है?

1. sul, ba
2. sul, lo
3. ba, lo
4. lo, ba

81. निम्नलिखित में से कौन-सा वन्य जीव अभयारण्य शिवालिक पहाड़ियों में अवस्थित है?

1. खापरवास अभयारण्य
2. भिण्डावास अभयारण्य
3. खोल ही-रायतान अभयारण्य
4. नाहर अभयारण्य

82. 37वें सूरजकुण्ड अन्तर्राष्ट्रीय हस्तशिल्प मेले का थीम राज्य कौन-सा था?

1. मध्य प्रदेश
2. राजस्थान
3. मणिपुर
4. गुजरात

83. हरियाणा लोक सेवा आयोग के प्रथम अध्यक्ष कौन थे?

1. दलबीर सिंह
2. दरबारी लाल गुप्ता
3. भीम सिंह
4. मनोज पाण्डे

84. भारतीय सूचना प्रौद्योगिकी संस्थान कहाँ स्थापित किया जा रहा है?

1. किलोहड़
2. बरौत
3. पिपली खेड़ा
4. रसूलपुरा

85. निम्नलिखित में से कौन-सा जिला रोहतक संभाग का हिस्सा **नहीं** है?
1. झज्जर
2. सोनीपत
3. भिवानी
4. रेवाड़ी

86. हरियाणा की महिला पहलवान जिसने 2023 का अर्जुन पुरस्कार प्राप्त किया?
1. अंतिम पंघाल
2. अंशु मलिक
3. गीतिका जाखड़
4. साक्षी मलिक

87. पेहोवा अभिलेख के बारे में निम्नलिखित कथनों को पढ़िए:
(*i*) अभिलेख को गुर्जर प्रतिहार राजवंश के एक शासक ने जारी किया था।
(*ii*) अभिलेख के अनुसार पेहोवा घोड़े के व्यापारियों का एक प्रसिद्ध बाजार था।

सही कूट का चयन कीजिए :
1. केवल कथन (*i*) सत्य है।
2. केवल कथन (*ii*) सत्य है।
3. न तो कथन (*i*) न ही कथन (*ii*) सत्य है।
4. दोनों कथन सत्य हैं।

88. निम्नलिखित में से किसने मनोहर लाल खट्टर के मुख्यमंत्री काल में मुख्य सचिव के रूप में काम **नहीं** किया?
1. एस. सी. चौधरी
2. पी. के. गुप्ता
3. शकुन्तला जाखू
4. विजयवर्धन

89. सर छोटूराम के संदर्भ में निम्नलिखित में से कौन-से कथन **सत्य** हैं?
(*a*) उन्होंने एक काँग्रेसी के रूप में अपने कैरियर की शुरूआत की।
(*b*) बाद में उन्होंने यूनियनिस्ट पार्टी की सदस्यता ली।
(*c*) वे अविभाजित पंजाब की सरकार में एक मंत्री थे।

सही कूट का चयन कीजिए :
1. केवल कथन (*b*) तथा (*c*) सही हैं।
2. केवल कथन (*a*) तथा (*c*) सही हैं।
3. केवल कथन (*a*) सही है।
4. कथन (*a*), (*b*) तथा (*c*) सही हैं।

90. निम्नलिखित में से कौन-से **सही** सुमेलित हैं?
(*a*) गुजरी महल – हिसार
(*b*) आराम-ए-कौसर – नारनौल
(*c*) शेख तैय्यब का मकबरा - जींद

सही कूट का चयन कीजिए :
1. (*a*) तथा (*c*)
2. (*a*) तथा (*b*)
3. (*b*) तथा (*c*)
4. (*a*), (*b*) तथा (*c*)

भाग-IV : विषय ज्ञान-हिन्दी

91. 'भक्तिन' रेखाचित्र किस संकलन में संकलित है?
1. अतीत के चलचित्र
2. स्मृति की रेखाएँ
3. पथ के साथी
4. संकल्पिता

92. आर्थी व्यंजना के संबंध में **असंगत** विवरण है–
1. इसमें व्यंग्य अर्थजनित होता है।
2. इसमें शिलष्ट शब्द की सहायता से व्यंग्य की प्रतीति होती है।
3. इसमें वक्ता, काकु, देश, काल आदि दस प्रकारों के वैशिष्ट्य के कारण व्यंग्यार्थ का बोध होता है।
4. वाच्य, लक्ष्य एवं व्यंग्य के आधार पर इसके कुल तीस भेद होते हैं।

93. 'जो अपने कुल को नष्ट करता है', वाक्यांश के लिए उपयुक्त शब्द है–
1. कुलांगार
2. कुलकेतु
3. कुलंधर
4. कुलधुर्य

94. प्रत्यय की दृष्टि से **असंगत** विकल्प का चयन कीजिए–
1. 'ल' प्रत्यय – वितल, मूल, मातुल, जटिल
2. 'तर' प्रत्यय – महत्तर, उच्चतर, वृहत्तर, कोमलतर
3. 'तन' प्रत्यय – सनातन, पुरातन, अधुनातन, नूतन
4. 'ई' प्रत्यय – छुरी, गठरी, रस्सी, टोकरी

95. किस विकल्प के सभी शब्द वार्तनिक दृष्टि से **शुद्ध** हैं?
1. प्रज्ज्वलित, दुरात्मगण, चरागाह
2. सदोपदेश, गत्यावरोध, अतिश्योक्ति
3. अंतर्धान, भर्त्सना, चरमोत्कर्ष
4. अत्युक्ति, पुनरावलोकन, महत्ती

96. कश्मीरी भाषा की लोकप्रिय संत कवयित्री ललद्यद की काव्य-शैली को कहा जाता है–
1. पदावली
2. चौपाई
3. सवैया
4. वाख

97. किस विकल्प में 'अनु' उपसर्ग का प्रयोग **नहीं** हुआ है?
1. अन्वागत, अनुप्रास, अन्वित
2. आनुपातिक, अनूदित, आनुषंगिक
3. अनुष्ण, अनुदक, अनुदात्त
4. अनुगृहीत, अनुकृति, अनुरंजक

98. 'माता का आँचल' कथांश में बाबू जी अपने बालक को 'भोलानाथ' कहकर क्यों पुकारते हैं?
1. बच्चे के बालसुलभ भोलेपन के कारण।
2. शिव जी की भक्ति के कारण।
3. शिव जी की तरह उसकी मुखछवि होने के कारण।
4. लंबी-लंबी जटाओं से घिरे ललाट पर भभूत का तिलक रमाने के कारण।

99. "पाय महावर देन को, नाइन बैठी आय।
फिरि-फिरि जानि महावरी, एँड़ी मीड़त जाय।।"
उक्त दोहे में कौन-सा अलंकार है?
1. संदेह 2. विरोधाभास
3. भ्रांतिमान 4. श्लेष

100. किस सामासिक शब्द के पदों में क्रमशः विशेषण-विशेष्य संबंध है?
1. सदाचार 2. कनकलता
3. ज्ञानकोष 4. मातृभूमि

101. निम्न में से कौन-सा विकल्प द्वंद्व समास की दृष्टि से संगत **नहीं** है?
1. पच्चीस, कृष्णार्जुन, उचितानुचित
2. रुद्रप्रिया, सुख-दुःख, भक्ष्याभक्ष्य
3. थोड़ा-बहुत, भीमार्जुन, तिरसठ
4. चराचर, इकहत्तर, सत्यासत्य

102. 'इस जल प्रलय में' नामक पाठ किस विधा में रचित है?
1. कहानी 2. संस्मरण
3. रिपोर्ताज 4. निबंध

103. 'सिल्वर वैडिंग' कहानी का एक 'बीज वाक्य' है–
1. नाव लेट मी सी 2. आइ डू नाट माइंड
3. समहाउ इंप्रॉपर 4. हैल्दी-वैल्दी एंड वाइज

104. अधोलिखित लेखकों (सूची-I) को उनके रचित उक्तियों/काव्य-पंक्तियों (सूची-II) के साथ सुमेलित कीजिए तथा उसके नीचे दिये गये कूट की सहायता से **सही** उत्तर चुनिए–

सूची-I		**सूची-II**
(*a*) रघुवीर सहाय	(*i*)	कविता एक खिलना है फूलों के बहाने, कविता का खिलना भला फूल क्या जाने!
(*b*) शमशेर बहादुर सिंह	(*ii*)	मैं जगजीवन का भार लिए फिरता हूँ फिर भी जीवन में प्यार लिए फिरता हूँ;
(*c*) कुँवर नारायण	(*iii*)	तुमने 'धरती' का पद्य पढ़ा है? उसकी सहजता प्राण है।
(*d*) हरिवंश राय बच्चन	(*iv*)	कुछ होगा/कुछ होगा अगर मैं बोलूँगा/ना टूटे तिलिस्म सत्ता का मेरे अंदर एक कायर टूटेगा।

कूटः

	(*a*)	(*b*)	(*c*)	(*d*)
1.	(*i*)	(*ii*)	(*iv*)	(*iii*)
2.	(*iv*)	(*iii*)	(*i*)	(*ii*)
3.	(*iii*)	(*ii*)	(*i*)	(*iv*)
4.	(*i*)	(*ii*)	(*iii*)	(*iv*)

105. निम्नलिखित में यण स्वर संधि का उदाहरण है–
1. छात्रावास
2. स्वाध्याय
3. मात्राज्ञा
4. शास्त्रास्त्र

106. आचार्य वामन के मतानुसार गुण विषयक **गलत** कथन है–
1. काव्य के शोभाकारक धर्म को गुण कहते हैं।
2. गुण रस का नहीं अपितु शब्दार्थ का धर्म होता है।
3. गुण रस के आश्रित होते हैं।
4. काव्य में गुण की स्वतंत्र और महनीय सत्ता होती है।

107. कौन-सा विकल्प **असंगत** है?
1. दीर्घ स्वर-संधि – विशेषांक, शताक्ष, मताधिकार
2. गुण स्वर-संधि – अतिश्योक्ति, विजयाकांक्षी, प्रश्नोत्तर
3. वृद्धि स्वर-संधि – हितैषी, परमैश्वर्य, कुलैषणा
4. अयादि स्वर-संधि – शावक, भविष्य, श्रवण

108. निम्न में से 'कवित्त' के विषय में **असंगत** विकल्प का चयन कीजिए–
1. कवित्त वर्णिक छंद है, जिसके प्रत्येक चरण में 23-23 वर्ण होते है।
2. कवित्त वर्णिक समवृत्त है, जिसके प्रत्येक चरण में 31-31 वर्ण होते हैं।
3. कवित्त को मनहरण भी कहते हैं।
4. कवित्त छंद में प्रत्येक चरण का अंतिम वर्ण गुरु होता है।

109. "गुणविपर्य्यासात्मानो दोषाः"
काव्य दोष की उक्त परिभाषा प्रस्तुत करने वाले आचार्य हैं–
1. दंडी 2. भरतमुनि
3. वामन 4. आनंदवर्धन

110. 'ऊधौ, तुम हौ अति बड़भागी। .....' पद के अनुसार गोपियाँ उद्धव को भाग्यवान क्यों कहती हैं?
1. कृष्ण के प्रिय सखा होने के कारण।
2. ज्ञानवान होने के कारण।
3. प्रेम के बंधन से अनासक्त रहने के कारण।
4. कृष्ण का संदेशवाहक होने के कारण।

111. ''जहाँ नदियाँ समुद्र में मिलती हैं वहाँ मेरा क्या है
मैं नहीं जानता लेकिन एक दिन जाना है उधर।''
उक्त पक्तियों के रचयिता हैं–
1. रघुवीर सहाय
2. हरिवंश राय बच्चन
3. आलोक धन्वा
4. कुँवर नारायण

112. 'काव्य-हेतु' के संबंध में **संगत** कथनों का चयन नीचे दिये गये **कूट** की सहायता से कीजिए–
(*i*) 'प्रतिभा' को काव्य सर्जना का प्रमुख हेतु स्वीकार करते हुए भी भामह ने शास्त्र और काव्य के अध्ययन द्वारा व्युत्पन्न शक्ति को भी काव्य हेतु स्वीकार किया है।
(*ii*) दण्डी प्रतिभा, व्युत्पत्ति, शास्त्र-ज्ञान और अभ्यास को काव्य-हेतु मानते हैं।
(*iii*) आचार्य आनन्दवर्द्धन ने प्रतिभा और व्युत्पत्ति दो काव्य-हेतु स्वीकारे हैं।
(*iv*) रुद्रट ने प्रतिभा के कारयित्री एवं भावयित्री दो रूप माने हैं।
कूटः
1. (*i*), (*ii*) व (*iv*)
2. (*i*), (*ii*) व (*iii*)
3. (*ii*), (*iii*) व (*iv*)
4. (*i*), (*iii*) व (*iv*)

113. लता जी की गायकी के संबंध में कुमार गंधर्व द्वारा व्यक्त उनके विचारों के विपरीत कथन है–
1. मुग्ध श्रृंगार की अभिव्यक्ति करने वाले गाने लता ने बड़ी उत्कटता से गाए हैं।
2. लता के गाने में करुण रस विशेष प्रभावशाली रीति से व्यक्त होता है।
3. लता का गाना समान्यतः ऊँची पट्टी में रहता है।
4. शास्त्रीय संगीत की उत्तम जानकारी लता के पास निःसंशय है।

114. क्रिया के संबंध में कौन-सा युग्म **असंगत** है?
1. भिखारी चिल्ला रहे थे। – अकर्मक क्रिया
2. वह विद्यालय से आकर खाना खाएगा। – पूर्वकालिक क्रिया
3. बगीचे में मोर नाच रहा है। – सकर्मक क्रिया
4. घूमना स्वास्थ्य के लिए हितकर है। – क्रियार्थक क्रिया

115. 'कटक-कंटक' समश्रुत भिन्नार्थक शब्दयुग्म का **सुसंगत** अर्थ भेद है–
1. गर्जना, पर्वत
2. किनारा, शत्रु
3. सेना, काँटा
4. मैदान, नदी

116. 'बालगोबिन भगत' रेखाचित्र के आधार पर बताइए कि लेखक को बालगोबिन किस कारण संन्यासी लगते हैं?
1. संन्यासियों जैसी वेशभूषा के कारण
2. साधु-संगति के कारण
3. मानवीयता के कारण
4. पूजा-पाठ में निमग्न रहने के कारण

117. असुमेलित विकल्प का चयन कीजिए–
1. मुक्तावली = मुक्त + अवली = दीर्घ स्वर संधि
2. मनोविकार = मनः + विकार = विसर्ग संधि
3. भवन्नाम = भवत् + नाम = व्यंजन संधि
4. षडानन = षट् + आनन = व्यंजन संधि

118. निम्नलिखित में से किस विकल्प में **सभी** सर्वनाम पुरुषवाची हैं?
1. जो, कोई, वह, स्वयं
2. हम, तुम, ये, वे, मैं
3. मैं, तुम, आप, किसी
4. मैं, वह, सो, क्या

119. ''इधर उर्मिला मुग्ध निरी।
कहकर 'हाय' धड़ाम गिरी।।''
उक्त काव्यांश में कौन-सा सात्विक अनुभाव है?
1. स्तंभ
2. प्रलय
3. स्वर भंग
4. कंप

120. 'रीतिरात्माकाव्यस्य'
उक्त मत किस आचार्य का है?
1. भामह
2. वामन
3. रुद्रट
4. दंडी

121. मीरा के काव्य के संबंध में कौन-सा कथन सही **नहीं** है?
1. मीरा की कविता का प्रमुख रस विप्रलंभ श्रृंगार है।
2. मीरा के काव्य की भाषा राजस्थानी मिश्रित ब्रज है।
3. मीरा के काव्य में सम्प्रदाय विशेष की दार्शनिक प्रवृत्तियाँ परिलक्षित हुई हैं।
4. मीरा के पदों में गुजराती भाषा का विशेष पुट है।

122. आचार्य रामचंद्र शुक्ल ने परिमार्जित गद्य (खड़ी बोली) की प्रथम पुस्तक किसे माना है?
1. प्रेमसागर (लल्लूलाल जी)
2. भाषा योगवासिष्ठ (रामप्रसाद 'निरंजनी')
3. नासिकेतोपाख्यान (सदल मिश्र)
4. रानी केतकी की कहानी (इंशा अल्ला खाँ)

123. सियारामशरण गुप्त के संबंध में **असंगत** विकल्प को चुनिए–
1. 'मौर्य विजय' और 'उन्मुक्त' गुप्त जी के उल्लेखनीय खण्ड-काव्य हैं।
2. 'मौर्य विजय' तीन सर्गों में रचित खण्ड-काव्य है, जिसमें आद्युपांत छप्पय छंद का प्रयोग हुआ है।
3. 'उन्मुक्त' काव्य प्रथम विश्व युद्ध के काल में होने वाले नरसंहार और विनाश को प्रस्तुत करता है।
4. 'उन्मुक्त' काव्य में पाँच द्वीपों का वर्णन है।

124. कबीर को 'वाणी का डिक्टेटर' किसने कहा है?
1. आचार्य रामचंद्र शुक्ल
2. आचार्य हजारी प्रसाद द्विवेदी
3. डॉ. नगेंद्र
4. डॉ. विश्वनाथ प्रसाद मिश्र

125. ''सघन कुंज छाया सुखद, शीतल सुरभि समीर।
मन है जात अजौ वहै, वा जमुना के तीर।।
'यमुना' नदी को लक्ष्य करके कही गई उक्त पंक्तियाँ किस कवि की हैं?
1. सुमित्रानंदन पंत
2. बिहारी
3. सूर्यकांत त्रिपाठी 'निराला'
4. जयशंकर प्रसाद

126. काव्य-पंक्तियों (सूची-I) को रीतिकालीन कवियों (सूची-II) के साथ सुमेलित कीजिए तथा उसके नीचे दिये गये **कूट** की सहायता से **सही** उत्तर चुनिए–

(सूची-I)	(सूची-II)
(a) भाषा ब्रज-भाषा रुचिर, कहें सुमति सब कोइ। मिले संस्कृत-फारिसिहुँ, सो अति प्रघट जु होई।।	(i) देव
(b) ज्यों-ज्यों निहारिए नेरे है नैननि, त्यों-त्यों खरी निकरै सी निकाई।	(ii) भिखारीदास
(c) सूनो कै परम पद, ऊनो कै अनंत मद, नूनो कै नदीस नद, इंदिरा झुरैपरी।	(iii) दूलह
(d) जो या कंठाभरण को, कंठ करै चितलाय, सभा मध्य सोभा लहै, अलंकृती ठहराय।	(iv) मतिराम

कूटः

	(a)	(b)	(c)	(d)
1.	(iii)	(ii)	(i)	(iv)
2.	(ii)	(iv)	(i)	(iii)
3.	(iv)	(iii)	(ii)	(i)
4.	(iv)	(ii)	(iii)	(i)

127. 'भाखा बोलि न जानहीं, जिनके कुल के दास।'
उक्त पंक्ति के अनुसार, रीतिकाल के कौन-से कवि 'भाखा' में रचना के कारण लज्जित और कुंठित थे?
1. चिंतामणि
2. केशव
3. भिखारीदास
4. देव

128. ''समय ही वह रंग है जो अनेक-अनेक रंगों मे विभाजित होता है और पठन-पाठन प्रक्रिया द्वारा फिर एक हो जाता है।''
उक्त पंक्तियों के रचयिता हैं–
1. सत्यजित राय
2. शेखर जोशी
3. मन्नू भंडारी
4. कृष्णा सोबती

129. भक्ति काव्य में किन कवियों ने अपने पदों की भाषा को 'तमिल' बताया है?
1. आलवार
2. सिद्ध कवि
3. संत कवि
4. कृष्ण कवि

130. ''अपनी सर्वतोमुखी प्रतिभा के बल से एक ओर तो वे पद्माकर, द्विजदेव की परंपरा में दिखाई पड़ते थे, दूसरी ओर बंग देश के माइकेल और हेमचंद्र की श्रेणी में।''
भारतेन्दु के संबंध में उक्त कथन किस आलोचक का है?
1. आचार्य रामचन्द्र शुक्ल
2. आचार्य हजारी प्रसाद द्विवेदी
3. रामस्वरूप चतुर्वेदी
4. डॉ. नगेन्द्र

131. छायावाद के संबंध में **असंगत** कथन है–
1. छायावाद व्यक्तिवाद की कविता है।
2. छायावादी कवि 'निराला' ने स्वीकार किया है कि मैंने 'मैं' शैली अपनायी।
3. छायावादी काव्य सांसारिक उल्लास-विषाद का सफल माध्यम है।
4. आचार्य शुक्ल के अनुसार छायावादी कवियों की सारी प्रणयानुभूति ससीम से कूदकर असीम पर जा कूदी।

132. अष्टछाप के कवियों में काव्य-सौष्ठव और भाषा की प्रांजलता की दृष्टि से सूरदास के बाद कौन-सा कवि अधिक महत्वपूर्ण है?
1. कुंभनदास
2. नंददास
3. कृष्णदास
4. गोविंदस्वामी

133. किस साहित्य धारा के कवियों ने अपनी रचना को 'आन्यापदेशिक' कहा है?
1. संत कवि
2. सूफी कवि
3. रीतिमुक्त कवि
4. छायावादी कवि

134. निम्नलिखित रचनाओं का **सही** अनुक्रम क्या है?
1. प्रियप्रवास, रसराज, रामचरितमानस, कीर्तिलता
2. कीर्तिलता, रसराज, रामचरितमानस, प्रियप्रवास
3. कीर्तिलता, रामचरितमानस, रसराज, प्रियप्रवास
4. रामचरितमानस, कीर्तिलता, रसराज, प्रियप्रवास

135. 'सूरसागर' के विषय में **असंगत** कथन का चुनाव कीजिए–
1. इस ग्रंथ की रचना भागवत की पद्धति पर द्वादश स्कन्धों में हुई है।
2. इस ग्रंथ के नवम् स्कन्ध में सर्वाधिक पद मिलते हैं।
3. इस ग्रंथ की दो प्रतियाँ प्राचीनतम हैं एक वेंकटेश्वर प्रेस की और दूसरी नवलकिशोर प्रेस की।
4. यह सूरदास की प्रामाणिक एवं सर्वश्रेष्ठ रचना है।

136. उपन्यास-उपन्यासकारों का **असंगत** युग्म चुनिए–
1. मुझे चाँद चाहिए – कमलेश्वर
2. हमारा शहर उस बरस – गीतांजलि श्री
3. शेष कादंबरी – अलका सरावगी
4. कुरु-कुरु स्वाहा ..... — मनोहर श्याम जोशी

137. निम्नांकित काव्योक्तियों (सूची-I) को उनके रचनाकारों (सूची-II) के साथ सुमेलित कीजिए तथा सूचियों के नीचे दिये गये **कूट** की सहायता से **सही** उत्तर चुनिए–

	सूची-I	**सूची-II**
(*a*)	गोरख जगायो जोग, भगति भगायो लोग।	(*i*) सुंदरदास
(*b*)	झिलमिल झगरा झूलते बाकी रही न काहू। गोरख अटके कालपुर कौन कहावै साहू?	(*ii*) गोस्वामी तुलसीदास
(*c*)	यह मसीत यह देहरा सतगुरु दिया दिखाइ। भीतर सेवा बंदगी बाहिर काहे जाइ।	(*iii*) दादूदयाल
(*d*)	बोलिए तौ तब जब बोलिबे की बुद्धि होई ना तौ मुख मौन गहि चुप होय रहिए।	(*iv*) कबीर

कूटः

	(*a*)	(*b*)	(*c*)	(*d*)
1.	(*ii*)	(*iv*)	(*i*)	(*iii*)
2.	(*i*)	(*iv*)	(*iii*)	(*ii*)
3.	(*ii*)	(*iv*)	(*iii*)	(*i*)
4.	(*iv*)	(*iii*)	(*ii*)	(*i*)

138. प्रेमचंद की कहानी एवं कहानी-कला से संबंधित **संगत** कथनों का चयन, नीचे दिये गये **कूट** की सहायता से कीजिए–

(*i*) 'नमक का दारोगा' कहानी धर्म के ऊपर धन की जीत की कहानी है।

(*ii*) प्रेमचंद की कहानी 'नमक का दारोगा' का प्रथम प्रकाश वर्ष 1914 ई. है।

(*iii*) प्रेमचंद ने आदर्शोन्मुख यथार्थवाद से आलोचनात्मक यथार्थवाद की विकास-यात्रा की।

(*iv*) प्रेमचंद के अनुसार, "आदर्शवाद हमें निराशावादी बना देता है, मानव चरित्र पर से हमारा विश्वास उठ जाता है। हमको चारों तरफ बुराई-ही-बुराई नजर आने लगती है।"

(*v*) 'नमक का दारोगा' कहानी आदर्शोन्मुख यथार्थवाद का मुकम्मल उदाहरण है।

कूटः

1. (*i*), (*ii*) व (*iv*) 2. (*ii*) व (*iv*)
3. (*ii*), (*iii*) व (*v*) 4. (*iii*), (*iv*) व (*v*)

139. 'आलोचना' पत्रिका के प्रथम संपादक कौन थे?

1. श्री विष्णुचंद्र शर्मा 2. डॉ. नामवर सिंह
3. श्री शिवदान सिंह चौहान 4. डॉ. रामविलास शर्मा

140. बदरीनारायण चौधरी 'प्रेमघन' के विषय में **असंगत** है–

1. प्रेमघन भी भारतेन्दु की तरह ही कृष्ण-भक्त थे।
2. कृष्ण की भक्ति और प्रेम लीलाओ को विषय बनाकर उन्होंने बहुत कम कविताएँ लिखीं।
3. 'जीर्ण जनपद' और 'अलौकिक लीला' उनके दो प्रबंध काव्य हैं।
4. 'हिन्दी भाषा की उन्नति पर व्याख्यान' प्रेमघन की एक लम्बी कविता है।

141. 'मेरे बचपन के दिन' पाठ के अनुसार लेखिका (महादेवी वर्मा) को उनकी माता जी ने पहले-पहले क्या पढ़ना सिखाया?

1. रामचरितमानस 2. पंचतंत्र
3. संस्कृत 4. अरबी-फारसी

142. "भूषण की राजप्रशस्तियाँ जातीय जीवन की पक्षधर और अत्याचार के विरुद्ध सक्रिय थीं।"

उक्त कथन किस आलोचक का है?

1. रामचन्द्र शुक्ल 2. हजारी प्रसाद द्विवेदी
3. महावीर प्रसाद द्विवेदी 4. बच्चन सिंह

143. गोस्वामी तुलसीदास की भक्ति-पद्धति एवं रचना-प्रक्रिया के संबंध में **संगत** है–

1. रामचरितमानस का पूरा परिवेश दैवीय है, मानवीय नहीं।
2. रामचरितमानस का कथानक बहुश्रुत और बहुलिखित नहीं है।
3. रामचरितमानस उपदेशात्मक उद्देश्य को लेकर लिखी गई है।
4. तुलसी ने काव्यभाषा के दो रूप तथा पाँच मुख्य काव्य-शैलियों को अपनाया है।

144. 'क्या हिन्दी नाम की कोई भाषा ही नहीं' और 'आर्य समाज का कोप' लेखों के लेखक हैं–

1. पं. महावीर प्रसाद द्विवेदी
2. पं. माधव प्रसाद मिश्र
3. बाबू बालमुकुंद गुप्त
4. बाबू श्यामसुंदर दास

145. निम्न कथनों में से **असंगत** कथनों को नीचे दिये गये **कूट** की सहायता से छाँटिए–

(*i*) जगन्नाथदास रत्नाकर ने खड़ी बोली के समर्थकों को 'हठी' एवं 'मूर्ख' कहकर पुकारा है।

(*ii*) हिन्दी गद्य का अधुनातन नमूना 'गोरखसार' ग्रंथ में मिलता है।

(*iii*) सदल मिश्र द्वारा रचित 'नासिकेतोपाख्यान' का अन्य नाम चंद्रवती भी है।

(*iv*) सर फ्रेडरिक पिन्टॉक ने खड़ी बोली को 'टकसाली' भाषा कहा है।

कूटः

1. (*ii*) एवं (*iii*) 2. (*i*) एवं (*iv*)
3. (*ii*) एवं (*iv*) 4. (*i*) एवं (*ii*)

146. "साहित्य का मुख्य उद्देश्य है जनता को संघर्ष के लिए शक्ति देना तथा उस संघर्ष में विजय प्राप्त करके मुक्त होने के लिए मार्ग दिखाना।"

उक्त विचार हिन्दी साहित्य की किस विचारधारा के रहे हैं?

1. छायावाद
2. प्रगतिवाद
3. प्रयोगवाद
4. नकेनवाद

147. निम्नलिखित आत्मकथाओं (सूची-I) और लेखकों (सूची-II) को सुमेलित कीजिए तथा उसके नीचे दिये गये **कूट** की सहायता से **सही** उत्तर चुनिए–

सूची-I	**सूची-II**
(*a*) गुड़िया भीतर गुड़िया	(*i*) डॉ. धर्मवीर
(*b*) मेरी पत्नी और भेड़िया	(*ii*) प्रभा खेतान
(*c*) मुड़-मुड़ के देखता हूँ	(*iii*) मैत्रेयी पुष्पा
(*d*) अन्या से अनन्या	(*iv*) राजेंद्र यादव

कूटः

	(*a*)	(*b*)	(*c*)	(*d*)
1.	(*i*)	(*iii*)	(*ii*)	(*iv*)
2.	(*iii*)	(*i*)	(*iv*)	(*ii*)
3.	(*ii*)	(*i*)	(*iii*)	(*iv*)
4.	(*iii*)	(*iv*)	(*i*)	(*ii*)

148. मीरा की काव्यकला के संबंध में **असंगत** कथन है–

1. उनकी कविता में प्रेम की गंभीर अभिव्यंजना है।
2. उसमें विरह की वेदना है और मिलन का उल्लास भी।
3. उनकी कविता का प्रधान गुण सादगी और सरलता है।
4. कला की उत्कृष्टता ही उसकी सबसे बड़ी कला है।

149. "पिंगल सर्वमान्य काव्यभाषा का नाम था, अपनी मातृभाषा के आधार पर विकसित काव्यभाषा का नाम डिंगल बारहठों ने रखा।" अप्रभंश के विषय में उक्त कथन किस आलोचक का है?

1. आचार्य रामचन्द्र शुक्ल
2. आचार्य हजारी प्रसाद द्विवेदी
3. आचार्य विश्वनाथ प्रसाद मिश्र
4. नामवर सिंह

150. अधोलिखित रचनाओं (सूची-I) को उनके रचनाकारों (सूची-II) के साथ सुमेलित कीजिए तथा उसके नीचे दिये गये **कूट** की सहायता से **सही** उत्तर चुनिए–

सूची-I	**सूची-II**
(*a*) जब आवेगी काली घटा	(*i*) कर्मशील भारती
(*b*) दिल एक सादा कागज	(*ii*) राही मासूम रजा
(*c*) पीड़ा जो चीख उठी	(*iii*) शैलजा पाठक
(*d*) मैं एक देह हूँ फिर देहरी	(*iv*) रांगेय राघव

कूटः

	(*a*)	(*b*)	(*c*)	(*d*)
1.	(*iv*)	(*iii*)	(*ii*)	(*i*)
2.	(*i*)	(*ii*)	(*iii*)	(*iv*)
3.	(*i*)	(*ii*)	(*iv*)	(*iii*)
4.	(*iv*)	(*ii*)	(*i*)	(*iii*)

उत्तरमाला

1	**2**	**3**	**4**	**5**	**6**	**7**	**8**	**9**	**10**
4	2	4	2	3	3	1	4	2	1
11	**12**	**13**	**14**	**15**	**16**	**17**	**18**	**19**	**20**
1	3	1	4	4	3	3	4	4	1
21	**22**	**23**	**24**	**25**	**26**	**27**	**28**	**29**	**30**
1	1	2	4	4	1	3	3	1	2
31	**32**	**33**	**34**	**35**	**36**	**37**	**38**	**39**	**40**
3	2	3	2	4	3	1	1	2	2
41	**42**	**43**	**44**	**45**	**46**	**47**	**48**	**49**	**50**
1	4	3	1	1	1	4	3	1	2
51	**52**	**53**	**54**	**55**	**56**	**57**	**58**	**59**	**60**
3	4	2	1	4	1	4	2	2	3
61	**62**	**63**	**64**	**65**	**66**	**67**	**68**	**69**	**70**
2	3	2	3	3	4	3	2	3	1
71	**72**	**73**	**74**	**75**	**76**	**77**	**78**	**79**	**80**
2	1	2	4	1	2	1	3	2	4
81	**82**	**83**	**84**	**85**	**86**	**87**	**88**	**89**	**90**
3	4	2	1	4	1	4	1	4	2
91	**92**	**93**	**94**	**95**	**96**	**97**	**98**	**99**	**100**
2	2	1	1	3	4	3	4	3	1
101	**102**	**103**	**104**	**105**	**106**	**107**	**108**	**109**	**110**
2	3	3	2	3	3	2	1	3	3
111	**112**	**113**	**114**	**115**	**116**	**117**	**118**	**119**	**120**
3	2	2	3	3	3	1	2	2	2

121	122	123	124	125	126	127	128	129	130
3	2	3	2	2	2	2	4	1	1
131	132	133	134	135	136	137	138	139	140
3	2	2	3	2	1	3	3	3	4
141	142	143	144	145	146	147	148	149	150
2	4	4	1	3	2	2	4	3	4

व्याख्यात्मक उत्तर

1. परिपक्वता की सीमाओं के बावजूद जब सीखने को प्रोत्साहित किया जाता है तो विकास एक निश्चित बिन्दु से आगे जा सकता है।

   यह कथन गलत है। विकास मुख्यतः दो कारकों पर आधारित है -
   - **परिपक्वता (Maturation):** यह जैविक और तंत्रिकीय तैयारी है जो यह निर्धारित करती है कि बच्चा किस स्तर तक पहुँच सकता है।
   - **अधिगम (Learning):** यह अनुभव और अभ्यास के माध्यम से अर्जित ज्ञान और कौशल है, जो विकास को समृद्ध और अनुकूल बनाता है।

   परिपक्वता हमेशा विकास की सीमा तय करती है। अधिगम उन सीमाओं के भीतर कार्य करता है और विकास को अधिकतम संभावित स्तर तक पहुँचाता है। परंतु अधिगम कभी भी जैविक परिपक्वता से आगे नहीं जा सकता।

   उदाहरणः एक बच्चा तब तक अमूर्त तर्क (abstract reasoning) नहीं सीख सकता जब तक मस्तिष्क उस स्तर की परिपक्वता प्राप्त न कर ले।

   अतः यह कथन कि सीखने से परिपक्वता की सीमा पार की जा सकती है, वैज्ञानिक दृष्टि से गलत है।

2. **स्मरण :** प्रगतिशील शिक्षा में अनुभव, विचार-विमर्श और अंतःक्रिया को विशेष महत्व दिया जाता है क्योंकि ये सक्रिय अधिगम को प्रोत्साहित करते हैं। स्मरण (rote learning) केवल तथ्यों की पुनरावृत्ति है, जो प्रगतिशील शिक्षा की आत्मा के विपरीत है। इसलिए स्मरण प्रगतिशील शिक्षा का घटक नहीं है।

3. **बहु विकल्पात्मक प्रकार :** विश्लेषणात्मक, समालोचनात्मक और विवेचनात्मक प्रश्न विद्यार्थियों के विचारों, भावनाओं और तार्किक क्षमता को सामने लाते हैं। परंतु बहु विकल्पात्मक प्रश्न (MCQs) केवल एक सही उत्तर चुनने तक सीमित रहते हैं और इनमें भावनाओं की अभिव्यक्ति या गहन चिंतन की जाँच संभव नहीं होती। इसलिए यह उपयुक्त नहीं है।

4. **डिस्ग्राफिया :** डिस्ग्राफिया एक विशेष अधिगम विकार है जिसमें लिखने से संबंधित कठिनाइयाँ होती हैं। इसमें अक्षरों का आकार सही न बना पाना, वर्तनी में बार-बार गलती करना और लिखते समय गत्यात्मक समन्वय में समस्या आना शामिल है। जबकि डिस्लेक्सिया पढ़ने से, डिस्प्रेक्सिया गतिशीलता से और डिस्कैल्कुलिया गणितीय गणनाओं से जुड़ा विकार है।

5. **अनियंत्रित एवं अयुक्तिसंगत :** प्रारंभिक किशोरावस्था में भावनाएँ तीव्र होती हैं परंतु नियंत्रण और तार्किकता का अभाव रहता है। शारीरिक और हार्मोनल परिवर्तन के कारण बच्चे आसानी से उत्तेजित हो जाते हैं और कई बार तर्कहीन प्रतिक्रिया देते हैं। इसलिए इस अवस्था की भावनाएँ अधिकतर अनियंत्रित और अयुक्तिसंगत कही जाती हैं।

6. **सामान्य कारक → प्रमुख कारक → लघु कारक → विशिष्ट कारकः** वर्नन ने बुद्धि को पदानुक्रमिक संरचना के रूप में प्रस्तुत किया। सबसे ऊपर सामान्य कारक (g) होता है, जो समग्र मानसिक क्षमता को दर्शाता है। इसके नीचे प्रमुख कारक (major factors) आते हैं, जैसे- वाचिक-शैक्षिक और प्रायोगिक-यांत्रिक क्षमता। इनसे नीचे लघु कारक (minor factors) आते हैं, जो विशेष उपक्षमताओं को दर्शाते हैं। सबसे नीचे विशिष्ट कारक (specific factors) होते हैं, जो केवल विशेष कार्य या कार्यक्षेत्र से जुड़े होते हैं।

7. **(a), (c), (d), (d) :** बंडूरा के सामाजिक अधिगम सिद्धांत में चार क्रमिक चरण होते हैं।
   - सबसे पहले **व्यवहार का प्रत्यक्षीकरण** (a) होता है, यानी व्यक्ति दूसरों के आचरण को देखता है।
   - इसके बाद **व्यवहार का स्मरण** (c) होता है, जिसमें देखा हुआ व्यवहार मानसिक रूप से संरक्षित किया जाता है।
   - तीसरे चरण में **स्मरण की क्रियात्मक परिणति** (d) होती है, जब सीखा हुआ व्यवहार क्रिया में लाया जाता है।
   - अंत में **व्यवहार का पुनर्बलन** (b) आता है, जो उस व्यवहार की पुनरावृत्ति या स्थायित्व को प्रभावित करता है।

8. **परिपक्वता :** शिक्षण-अधिगम को प्रभावित करने वाले वातावरणीय कारकों में अधिगम सामग्री, भौतिक स्थितियाँ और मनोरंजन की सुविधाएँ शामिल होती हैं। परिपक्वता (maturation) एक जैविक एवं आंतरिक कारक है, जो वातावरणीय श्रेणी में नहीं आती।

9. **अभिवृत्ति :** अभिवृत्ति (Attitude): आनुवंशिकता से सबसे कम प्रभावित होती है। यह किसी व्यक्ति के विचारों, विश्वासों और भावनाओं को दर्शाती है और मुख्यतः अनुभवों, सामाजिक संपर्क, संस्कृति तथा परिवेशीय कारकों से बनती है।
   - **अभिक्षमता (Aptitude):** यह प्राकृतिक क्षमता या जन्मजात प्रतिभा है। इसमें आनुवंशिक कारक बौद्धिक क्षमताओं पर गहरा प्रभाव डालते हैं।
   - **संवेग (Emotion):** संवेगात्मक प्रवृत्तियाँ और प्रतिक्रिया देने का स्वभाव आंशिक रूप से आनुवंशिक संरचना से प्रभावित होते हैं, हालांकि इन्हें वातावरण भी आकार देता है।
   - **अभिरुचि (Interest):** रुचियाँ परिवेश, शिक्षा और अनुभवों पर आधारित होती हैं, फिर भी इनमें कुछ जैविक प्रवृत्तियों की भूमिका हो सकती है।

- **अभिवृत्ति (Attitude):** यह अधिकतर अर्जित और पर्यावरणीय कारकों द्वारा निर्मित होती है और आनुवंशिक प्रभाव यहाँ नगण्य होता है।

इसलिए दिए गए विकल्पों में अभिवृत्ति ही वह घटक है जो आनुवंशिकता से प्रभावित नहीं माना जाता।

10. सीखने का मूल्यांकन : जब विद्यार्थियों की समग्र उपलब्धि और प्रवीणता का मूल्यांकन सीखने की अवधि के अंत में किया जाता है, तो इसे **सीखने का मूल्यांकन (Assessment of Learning)** कहा जाता है। यह संक्षेपात्मक या योगात्मक (summative) मूल्यांकन की श्रेणी में आता है और इसका उद्देश्य विद्यार्थियों की उपलब्धि का अंतिम निर्धारण करना होता है।

11. निवृत्ति : मैक्डूगल ने संवेगों को मूल प्रवृत्तियों से जोड़ा है और माना कि प्रत्येक संवेग किसी-न-किसी प्रवृत्ति से संचालित होता है। 'घृणा' का संवेग उस प्रवृत्ति से जुड़ा है जो हमें अप्रिय या हानिकारक वस्तुओं से दूर करती है। इसे **निवृत्ति प्रवृत्ति** कहते हैं। उदाहरणस्वरूप, सड़े भोजन या गंदी वस्तु देखकर उत्पन्न घृणा व्यक्ति को उनसे दूर करती है। इस प्रकार घृणा का संवेग निवृत्ति के साथ संबंध रखता है।

12. दूसरों पर निर्भर रहने की आवश्यकता : समावेशी शिक्षा का उद्देश्य निःशक्त बच्चों को आत्मनिर्भर बनाना है। इसमें उनकी सहायता हेतु सहायक उपकरण, उचित निर्देशन और परामर्श, तथा अपनी निःशक्तता से निपटने के उपाय शामिल होते हैं। लेकिन **दूसरों पर निर्भर रहना** शिक्षा की आवश्यकता नहीं मानी जाती, क्योंकि यह बच्चों को असहाय और निर्भर बनाता है। समावेशी शिक्षा का मकसद है कि वे समाज में सक्रिय और स्वतंत्र रूप से भाग ले सकें।

13. शिक्षा का अधिकार : समावेशी शिक्षा मुख्यतः बच्चों के **शिक्षा के अधिकार** को सुरक्षित करती है। संविधान के अनुच्छेद 21-A और शिक्षा का अधिकार अधिनियम 2009 सुनिश्चित करते हैं कि प्रत्येक बच्चा, चाहे वह किसी भी प्रकार की निःशक्तता से पीड़ित क्यों न हो, समान रूप से शिक्षा प्राप्त कर सके। समावेशी शिक्षा इसी अधिकार को व्यावहारिक रूप से लागू करती है, जिससे बच्चों का बहिष्करण न हो और वे मुख्यधारा में सम्मिलित रह सकें।

14. दर्द परिवर्जन : अभिप्रेरक दो प्रकार के होते हैं- जन्मजात और अर्जित। **जन्मजात अभिप्रेरक** जैविक होते हैं, जैसे भूख, प्यास, नींद और दर्द से बचना। वहीं **अर्जित अभिप्रेरक** अनुभव और सामाजिक जीवन से विकसित होते हैं, जैसे उपलब्धि की चाह, संबंधन की आवश्यकता और अनुमोदन की इच्छा। इस दृष्टि से 'दर्द परिवर्जन' अर्जित नहीं, बल्कि जन्मजात अभिप्रेरक है।

15. (a), (b), (c) एवं (d) : श्रवण बाधित बच्चों के लिए कई अनुदेशन विधियाँ अपनाई जाती हैं ताकि वे शिक्षा से वंचित न हों।

- **सांकेतिक भाषा (a):** विशेष संकेतों द्वारा संचार।
- **अंगुली वर्तनी (b):** उंगलियों की मुद्राओं से अक्षरों/शब्दों का संकेत।
- **ओष्ठ पठन (c):** शिक्षक के होंठों की गति पढ़कर शब्द समझना।
- **संकेतित भाषण (d):** सांकेतिक भाषा और वाक् ध्वनियों का मिश्रण।

इन सभी विधियों का सम्मिलित प्रयोग सबसे प्रभावी माना जाता है।

16. जनन अवस्था : फ्रायड के मनो-यौनिक विकास सिद्धांत के अनुसार बाल्यावस्था से किशोरावस्था तक पाँच अवस्थाएँ होती हैं- मुख, गुदा, जननेंद्रिय (phallic), अव्यक्त (latency) और जनन (genital)। **जनन अवस्था** किशोरावस्था में आती है, जब व्यक्ति यौन परिपक्वता प्राप्त करता है और विपरीत लिंग के प्रति आकर्षण महसूस करने लगता है। इस अवस्था में सामाजिक संबंध और प्रेम भावनाएँ परिपक्व रूप लेने लगती हैं।

17. संतुलनीकरण : पियाजे के अनुसार सीखने की प्रक्रिया दो घटकों पर आधारित है- **आत्मसातीकरण (Assimilation)**, जहाँ बच्चा नई जानकारी को पुराने ढाँचों में ढालता है, और **समायोजीकरण (Accommodation)**, जहाँ वह अपने संज्ञानात्मक ढाँचे को नई जानकारी के अनुसार बदलता है। इन दोनों के बीच संतुलन बनाए रखने की प्रक्रिया को **संतुलनीकरण (Equilibration)** कहते हैं। जब अधिगमकर्ता अपने अनुभव और पर्यावरण के बीच तालमेल बना लेता है, तब संतुलनीकरण होता है।

18. यह अशक्त बच्चों की विशिष्ट शिक्षा तक सीमित रहती है : समावेशी शिक्षा केवल अशक्त बच्चों की शिक्षा तक सीमित नहीं है, बल्कि यह सभी बच्चों को समान अवसर और सहयोग प्रदान करती है। इसमें विविधता का सम्मान, विशिष्ट आवश्यकताओं का समर्थन और अभिभावकों, शिक्षकों व समाज की सक्रिय भागीदारी शामिल होती है। इस प्रकार विकल्प (4) समावेशी शिक्षा की विशेषता नहीं है।

19. (a), (b), (c) एवं (d) : सर्जनशील बच्चों की पहचान के लिए कई प्रकार के परीक्षण प्रयोग किए जाते हैं-

- **आकृति निर्माण परीक्षण (a):** रचनात्मक सोच और मौलिकता का मूल्यांकन।
- **उत्पाद उन्नयन परीक्षण (b):** किसी वस्तु या उत्पाद को सुधारने के लिए नए विचार प्रस्तुत करने की क्षमता।
- **प्रचलित उपयोग परीक्षण (c):** किसी वस्तु के सामान्य उपयोग से अलग नए उपयोग सुझाने की योग्यता।
- **चित्र पूर्ति परीक्षण (d):** अधूरी आकृतियों को नए और रचनात्मक तरीके से पूरा करना।

इन सभी परीक्षणों से सर्जनात्मकता का मूल्यांकन किया जा सकता है।

20. वैयक्तिक परियोजना कार्य देना : सामाजीकरण का अर्थ है समूह में रहकर सामाजिक मूल्यों, परंपराओं और व्यवहारों को सीखना। शिक्षक यदि बच्चों को केवल वैयक्तिक परियोजना कार्य देंगे तो वह उन्हें अलगाव में रखेगा और सामाजिक सहभागिता कम करेगा। इसके विपरीत सामाजिक जिम्मेदारियाँ देना, सह-पाठ्यगामी गतिविधियाँ आयोजित करना और बच्चों को सामाजिक सहभागिता हेतु प्रेरित करना सामाजीकरण को बढ़ावा देता है।

21. प्रदर्शन : बाल-केन्द्रित विधियाँ वे होती हैं जिनमें अधिगमकर्ता सक्रिय भागीदारी करके अनुभव, खोज और समस्या-समाधान के माध्यम से ज्ञान अर्जित करता है। इनका उद्देश्य छात्र की रुचि और स्वाभाविक जिज्ञासा को विकसित करना है।

- **प्रदर्शन (Demonstration):** यह विधि मुख्यतः शिक्षक-केन्द्रित होती है। शिक्षक किसी क्रिया, प्रक्रिया या प्रयोग को करके दिखाता है और छात्र केवल देखते-सुनते हैं। इसमें छात्रों की सक्रियता कम और निष्क्रिय ग्रहणशीलता अधिक होती है। इस कारण इसे बाल-केन्द्रित विधि नहीं माना जाता।

- **क्षेत्रभ्रमण (Field Trip/Excursion):** इसमें छात्र वास्तविक जीवन स्थितियों का प्रत्यक्ष अनुभव करते हैं, अवलोकन करते हैं और जानकारी जुटाते हैं। यह बाल-केन्द्रित विधि का स्पष्ट उदाहरण है।
- **अभिक्रमित अनुदेशन (Programmed Instruction):** इसमें अधिगम सामग्री छोटे-छोटे चरणों में प्रस्तुत होती है और छात्र अपनी गति से सीखते हैं। उन्हें त्वरित प्रतिपुष्टि भी मिलती है, जिससे यह अधिगमकर्ता-केन्द्रित बनती है।
- **प्रायोजना (Project Method):** जॉन डीवी के अनुभवात्मक शिक्षा दर्शन पर आधारित यह विधि बच्चों को वास्तविक जीवन की समस्याओं पर काम करके सीखने का अवसर देती है। यह पूरी तरह बाल-केन्द्रित है।

इस प्रकार, दिए गए विकल्पों में केवल **प्रदर्शन** ऐसी विधि है जो बाल-केन्द्रित नहीं है।

22. अधिगम कार्य स्मृति स्तर पर करना : उच्च माध्यमिक स्तर पर विद्यार्थियों की सोचने और विश्लेषण करने की क्षमता विकसित हो चुकी होती है। इस स्तर पर उन्हें केवल **स्मृति स्तर** तक सीमित रखना उपयुक्त नहीं है। इसके बजाय ज्ञान की खोज करने देना, कक्षा अन्तःक्रिया और विद्यार्थी-केन्द्रित शिक्षण अधिगम अधिक प्रभावी होते हैं।

23. (a) एवं (c)

- कथन (a) कि **"बौद्धिक विकास पर आनुवंशिकता का प्रभाव पड़ता है, वातावरण का नहीं"** - यह गलत है, क्योंकि बुद्धि पर आनुवंशिकता और वातावरण दोनों का समान रूप से प्रभाव पड़ता है।
- कथन (c) कि **"तीव्र बुद्धि, तीव्र स्मरणशक्ति की परिचायक होती है"** - यह भी गलत है, क्योंकि बुद्धि केवल स्मृति तक सीमित नहीं होती; इसमें तर्क, विश्लेषण, समस्या समाधान और नई परिस्थितियों में समायोजन की क्षमता भी शामिल है।
- कथन (b) और (d) सही हैं। इसलिए सही उत्तर है (a) और (c)।

24. केवल शैक्षिक उपलब्धि को मापना : सतत एवं व्यापक मूल्यांकन (CCE) की विशेषताओं में मूल्यांकन की नियमितता, इकाई परीक्षण, सीखने की कमियों का निदान आदि आते हैं। लेकिन यह केवल शैक्षिक उपलब्धि तक सीमित नहीं है। इसमें सह-पाठ्यगामी गतिविधियाँ, सह-शैक्षिक योग्यताएँ और बच्चों का समग्र विकास शामिल होता है। इसलिए केवल शैक्षिक उपलब्धि मापना CCE की विशेषता नहीं है।

25. थायमस ग्रंथि : नवीन लक्षणों का अधिग्रहण विकासात्मक परिवर्तन का हिस्सा होता है, जैसे स्थायी दाँत, प्राथमिक लैंगिक विशेषताएँ (जैसे जननांगों का विकास) और द्वितीयक लैंगिक विशेषताएँ (जैसे स्वर परिवर्तन, दाढ़ी-मूँछ, स्तन विकास आदि)। लेकिन थायमस ग्रंथि एक लसीका ग्रंथि है जो जन्म से ही मौजूद होती है और धीरे-धीरे सिकुड़ जाती है। यह नया लक्षण नहीं है, बल्कि पहले से उपस्थित जैविक संरचना है। इसलिए इसे विकासात्मक परिवर्तन का उदाहरण नहीं माना जाता।

26. (a)-(ii), (b)-(iv), (c)-(i), (d)-(iii) : कोह्लबर्ग के नैतिक विकास सिद्धांत में व्यक्ति नैतिकता के छह चरणों से गुजरता है।

- **(a) इनाम के लालच में अनुपालन → (ii) स्वार्थपूर्ति पर आधारित अवस्था :** इस स्तर पर बच्चा दंड से बचने या इनाम पाने के लिए आज्ञापालन करता है।
- **(b) सामाजिक व्यवस्था बनाए रखना → (iv) न्याय एवं कानून को महत्त्व :** इस अवस्था में व्यक्ति नियमों और सामाजिक व्यवस्था को बनाए रखने हेतु नैतिक व्यवहार करता है।
- **(c) अच्छे अन्तःवैयक्तिक संबंध → (i) दूसरों की स्वीकृति पाना:** यहाँ व्यक्ति ऐसा व्यवहार करता है जिससे वह दूसरों की प्रशंसा और स्वीकृति प्राप्त कर सके।
- **(d) सार्वभौमिक नैतिक सिद्धांत → (iii) अन्तःकरण द्वारा मान्य शाश्वत मूल्य :** इस अवस्था में व्यक्ति न्याय, समानता और मानव अधिकार जैसे सार्वभौमिक मूल्यों के आधार पर कार्य करता है।

27. वैयक्तिक भिन्नता का कारण सामाजिक वातावरण होता है, भौतिक वातावरण नहीं।

वैयक्तिक भिन्नता ज्ञानात्मक, भावनात्मक और शारीरिक सभी क्षेत्रों में होती है। यह आनुवंशिक, सामाजिक तथा भौतिक वातावरण तीनों से प्रभावित होती है। इसलिए यह कथन कि केवल सामाजिक वातावरण कारण है, भौतिक वातावरण नहीं-गलत है।

28. तत्त्व प्रबलता का नियम : जब सीखने की स्थिति में सुसंगत तथ्यों को असुसंगत तथ्यों से अलग करके प्रस्तुत किया जाता है, तो यह **तत्त्व प्रबलता (Law of Element Dominance)** का उदाहरण है। इस नियम के अनुसार अधिगम तभी प्रभावी होता है जब मुख्य तथ्यों को स्पष्ट रूप से उभारकर सिखाया जाए और गौण तथ्यों को अलग कर दिया जाए।

29. वे शारीरिक रूप से अक्षम दिखते हैं : वंचित बालक सामान्यतः सामाजिक, आर्थिक और भावनात्मक दृष्टि से बाधित होते हैं। वे अवसरों की कमी के कारण सामाजिक रूप से अलाभान्वित, आर्थिक रूप से कमजोर और भावनात्मक रूप से हीन भावना से ग्रसित होते हैं। परंतु शारीरिक रूप से अक्षम होना उनकी सामान्य विशेषता नहीं है।

30. (a), (c) एवं (d) : शैक्षिक अभ्यासों में लैंगिक पक्षपातपूर्ण क्रियाएँ नहीं होनी चाहिए-

- **(a) सजातीय समूहन (Same-sex grouping)** यह बच्चों को लिंग के आधार पर अलग करता है।
- **(b) रूढ़िबद्ध व्यावसायिक मार्गदर्शनः** जैसे लड़कों को इंजीनियरिंग और लड़कियों को गृहविज्ञान की ओर प्रोत्साहित करना।
- **(d) शिक्षक की पूर्वाग्रही अभिवृत्तिः** शिक्षक का पक्षपाती रवैया शिक्षा में असमानता पैदा करता है। जबकि **(b) लिंग तटस्थ विषय-वस्तु** पक्षपात नहीं है, बल्कि यह शिक्षा में समानता को प्रोत्साहित करती है।

31. नयेपन एवं निरंतरता दोनों को चुनना : गद्यांश में कहा गया है कि साहित्य केवल नया या केवल निरंतरता नहीं चुनता, बल्कि दोनों को साथ लेकर चलता है। परंपरा बिना नवीनता के जीवित नहीं रह सकती और नवीनता निरंतरता में समाहित होकर ही वैधता पाती है। अतः साहित्य का अभीष्ट नयेपन और निरंतरता दोनों का चयन करना है।

32. मनुष्य का समाज समय के साथ परिवर्तनशील है : गद्यांश में स्पष्ट कहा गया है कि समाज, परिस्थितियाँ, आर्थिक व्यापार और मानव संबंध समय के साथ बदलते रहते हैं। जबकि मनुष्य की मूल प्रवृत्तियाँ (जैसे प्रेम, ईर्ष्या, मोह आदि) स्थिर रहती हैं। इसलिए सही कथन यही है कि समाज समय के साथ परिवर्तनशील है।

33. कथ्य और शिल्प दोनों एक-दूसरे से स्वायत्त होते हैं : यह असत्य है क्योंकि गद्यांश में कहा गया है कि विश्लेषण के लिए कथ्य और शिल्प को अलग किया जा सकता है, लेकिन साहित्यिक रचना में वे अद्वैत और परस्पर अनूस्यूत रहते हैं। इसलिए कथ्य और शिल्प का स्वायत्त होना असत्य है।

34. जब वह समकालीन भी हो और कालातीत भी : गद्यांश में कहा गया है कि बिना समकालीनता के कालातीत नहीं हुआ जा सकता और केवल समकालीनता तक सीमित रहकर भी कालातीत नहीं हुआ जा सकता। नयापन तभी टिकाऊ होता है जब वह समय की वास्तविकता से जुड़ते हुए कालातीत दृष्टि भी प्रदान करे।

35. श्रमसाध्य - करण तत्पुरुष : 'श्रमसाध्य' का विग्रह है - *श्रम से साध्य* (मेहनत से प्राप्त होने वाला)। यहाँ 'से' करण कारक है जिसका लोप हुआ है। यह करण तत्पुरुष समास की स्पष्ट पहचान है। अन्य विकल्पों में त्रुटि है - 'चक्षुश्रवा' करण तत्पुरुष/बहुव्रीहि है, 'आपादमस्तक' अव्ययीभाव है, और 'जातिगत' करण तत्पुरुष अधिक उपयुक्त है।

36. मदारी अनेक करतब दिखलाकर बच्चों को ललचाता है - अकर्मक क्रिया : यह असंगत है क्योंकि 'ललचाता है' क्रिया सकर्मक है। इसका प्रभाव कर्म 'बच्चों को' पर पड़ता है। अन्य वाक्य संगत हैं - 'पढ़ा रही है' द्विकर्मक है, 'हँस रहा है' अकर्मक है, और 'मरना' रंजक क्रिया है।

37. सीधा साधा, अठोतर, उहापोह : 1. सीधा साधा, अठोतर, उहापोह : यहाँ ''अठोतर'' अशुद्ध है। सही शब्द ''अठहत्तर'' (78) या ''अठहत्तरवाँ'' होता है। बाकी शब्द ''सीधा साधा'' और ''उहापोह'' (दुविधा) शुद्ध हैं।

38. दैत्यारि, गत्यानुसार, अगन्याशय - यण् संधि : यह विकल्प अनुपयुक्त है। 'दैत्यारि' में *दीर्घ संधि* है (अ + अ = आ), 'गत्यानुसार' और 'अगन्याशय' में *यण् संधि* है। इसलिए पूरे समूह को 'यण् संधि' मानना गलत है। अन्य विकल्प सही हैं - 2 में दीर्घ संधि, 3 में व्यंजन संधि, और 4 में विसर्ग संधि है।

39. आह्वान - अनाह्वान : यह असंगत है क्योंकि 'आह्वान' (बुलाना) का मानक विलोम 'प्रत्याह्वान' या 'विसर्जन' माना जाता है। 'अनाह्वान' का अर्थ है 'न बुलाया गया', जो विरोधार्थी न होकर केवल निषेधार्थी है। अन्य युग्म -'आकृष्ट-विकृष्ट', 'कलंकित-निष्कलंक', और 'ऐहिक-पारलौकिक' - सही विलोम हैं।

40. ऋ - अग्र, संवृत, वृत्तमुखी : यह असंगत है क्योंकि 'ऋ' स्वर *अग्र* और *संवृत* तो है, पर यह वृत्तमुखी (गोल होंठों से) नहीं है। गोल होंठों वाले स्वर केवल 'उ', 'ऊ', 'ओ', 'औ' आदि हैं। इसलिए 'ऋ' को वृत्तमुखी बताना गलत है। शेष विवरण - 'उ' (पश्च, संवृत, वृत्तमुखी), 'अ' (मध्य, ह्रस्व, उदासीन), 'आ' (पश्च, विवृत, अवृत्तमुखी)-सही हैं।

41. मैथुन, शौच, राघव - 'अ' प्रत्यय : यह संगत है क्योंकि इन शब्दों में 'अ' (या मूल 'अण्') प्रत्यय का प्रयोग है। 'मैथुन' = मिथुना + अ, 'शौच' = शुचि + अ, 'राघव' = रघु + अ। ये भाववाचक या अपत्यवाचक संज्ञाएँ बनाते हैं। अन्य विभाजन गलत हैं - 'फिकैत, डकैत, लड़ैत' में 'ऐत' नहीं; 'नारदीय, स्थानीय, मानवीय' में 'ईय' प्रत्यय है, 'अनीय' नहीं; 'कौशेय, सौजन्य, कौमार्य' में 'य' प्रत्यय है, 'एय' नहीं।

42. शिक्षा तथा उपाधियाँ : एक हिंदी अध्यापक की विशिष्ट विशेषताओं में साहित्य का गहरा ज्ञान, भाषा-शिक्षण की विधियों की समझ, और हिंदी भाषा पर विशेष अधिकार आते हैं। शिक्षा और उपाधियाँ केवल योग्यता का प्रमाण हैं, पर ये अध्यापक की विशिष्ट पेशेवर विशेषताओं में नहीं गिनी जातीं।

43. निःशुल्क, निष्पक्ष, निस्स्वार्थ - 'निस्' उपसर्ग : यहाँ उपसर्ग 'निस्' का प्रयोग नियमानुसार है। 'निः' + शुल्क = निःशुल्क, 'निः' + पक्ष = निष्पक्ष, 'निस्' + स्वार्थ = निस्स्वार्थ। ध्वन्यात्मक नियमों के अनुसार 'निस्' उपसर्ग 'श' के पहले 'निः', 'प' के पहले 'नि', और 'स' के पहले 'निस' रूप लेता है। अतः यह विकल्प सही है।

44. जिसने परिश्रम किया, वह सफल हो गया : इस वाक्य में सार्वनामिक विशेषण का प्रयोगु नहीं हुआ है। यहाँ 'जिसने' संबंधवाचक सर्वनाम और 'वह' निश्चयवाचक सर्वनाम हैं, जो संज्ञा के स्थान पर प्रयुक्त हुए हैं। वे किसी संज्ञा की विशेषता नहीं बता रहे।

सार्वनामिक विशेषण तब होता है जब कोई सर्वनाम संज्ञा के पहले आकर उसे विशेषित करता है :

- *यह पुस्तक* - 'यह' पुस्तक की ओर संकेत करता है।
- *ऐसे व्यक्ति* - 'ऐसे' व्यक्ति की विशेषता बताता है।
- *कोई नौकर* - 'कोई' अनिश्चयवाचक सार्वनामिक विशेषण है।

अतः सही उत्तर विकल्प 1 है।

45. उचित लय और गति प्रदान करना : मौन वाचन का उद्देश्य अर्थ ग्रहण करना, केंद्रीय भाव समझना, और स्वाध्याय की आदत डालना है। परंतु इसमें उच्च स्वर से पढ़ने जैसी लय और गति प्रदान करना उद्देश्य नहीं होता। यह उद्देश्य मुखर वाचन का होता है।

46. A is true; B is false: Assertion A is correct because the limitation of print material is indeed that it lacks interactivity and cannot incorporate audio-visual elements, making it less engaging compared to digital resources. Assertion B is false because print materials *are* portable, widely available, and generally cost-effective compared to other instructional media. Therefore, only A is true.

47. the mother: The speaker directly addresses her mother throughout the poem, repeatedly saying "Look for me, mother."

48. Mumbai: The poem mentions "your beloved Mumbai," showing the foeticide occurs in Mumbai.

49. formaldehyde: The infant explicitly says "I smell of formaldehyde," referring to the chemical used for preserving dead bodies.

50. the killed infant girl: The "I" is the unborn female child, who narrates her own killing through female foeticide.

51. pomegranates: The line "I looked like a sliced pomegranate. The fruit you never touched" shows the mother disliked pomegranates.

52. autopsy: The word "autopsy room" in the poem directly refers to post-mortem examination.

53. because the mother didn't want a second girl child: The doctor told the mother it would be a girl, and since she was already the second girl child, the foetus was killed.

54. repetition: The poem repeatedly uses phrases like "Look for me, mother" for emphasis and emotional impact.

55. simile: The line *"I looked like a sliced pomegranate"* is a simile because it directly compares the killed infant's body to a pomegranate using the word "like," which is the clear marker of a simile.

56. glistened: The line "the orange stems of the parijatak blossoms glistened in your hair" shows "glistened" means "shone due to being wet."

57. prescriptive: Nesfield's grammar belongs to the traditional prescriptive school, which sets rules of correctness and dictates how language should be used rather than how it is actually used.

58. aural-oral: The aural-oral skill trains learners to recognize English sounds, stress, rhythm, and intonation, forming the foundation for correct pronunciation and speech.

59. multilingual resources: Allowing learners to discuss a poem in English using their native language utilizes multilingual resources, making comprehension easier and supporting language learning.

60. intensive and extensive: In language teaching, listening is mainly classified into intensive and extensive types. Intensive listening focuses on close, detailed listening for accuracy, pronunciation, or specific information, often in classroom practice. Extensive listening involves listening to longer or larger amounts of material, such as stories, songs, or lectures, to develop overall comprehension and fluency, usually outside the classroom or for enjoyment.

61. वर्ग और समबाहु त्रिभुज एक ही वृत्त में अंकित हैं।

वर्ग के लिए: $a\sqrt{2} = 2R \Rightarrow a^2 = 2R^2$।

त्रिभुज के लिए:

$R = \dfrac{b}{\sqrt{3}} \Rightarrow b^2 = 3R^2$।

अब $3a^2 = 6R^2$ और $2R^2 = 6R^2$। अतः $3a^2 = 2b^2$।

62. गोलों का पृष्ठीय क्षेत्रफल अनुपात 1 : 2 है।

$r_1^2 : r_2^2 = 1 : 2 \Rightarrow r_1 : r_2 = 1 : \sqrt{2}$ । आयतन $\propto r^3$, अतः

$V_1 : V_2 = 1 : (\sqrt{2})^3 = 1 : 2\sqrt{2}$.

63. दी गई श्रृंखला : 2, 9, 28, ?, 126, 217, 344

यह नियम $n^3 + 1$ पर आधारित है :

$1^3 + 1 = 2$, $2^3 + 1 = 9$, $3^3 + 1 = 28$, $4^3 + 1 = 65$, $5^3 + 1 = 126$, $6^3 + 1 = 217$, $7^3 + 1 = 344$

अत रिक्त पद = 65।

64. बेलनाकार खोखले पाइप का आयतन :

$V = \pi(R^2 - r^2)h = \pi(R - r)(R + r)h$.

यहाँ $V = 748\ cm^3$, $h = 14$ cm, $R = 9$ cm, $t = R - r$.

अतः $\pi(t)(R + r)h = 748 \Rightarrow \pi(t)(18 - t)14 = 748$.

समीकरण $\pi \,.\, 14\,[t\,(18 - t)] = 748$

हल करने पर $t \approx 1.0004$ cm.

निकटतम विकल्प 1.0 सेमी है।

65. **संबंधःरेखाःवर्ग** ⇒ वर्ग की परिधि रेखा-खंडों (भुजाओं) से बनी होती है। उसी प्रकार **चापःवृत्त**-वृत्त की परिधि चापों से मिलकर बनती है। अतः उपयुक्त संगति **चापःवृत्त** है।

66. मार्ग-क्रम (प्रारम्भ पूर्व दिशा माना) :

- 10 किमी सीधा : (0, 0) → (10, 0)
- दायें मुड़कर 10 किमी (दक्षिण): (10, 0) → (10, –10)
- बायें मुड़कर 5 किमी (पूर्व): (10, –10) → (15, –10)
- बायें मुड़कर 15 किमी (उत्तर): (15, –10) → (15, 5)
- बायें मुड़कर 15 किमी (पश्चिम): (15, 5) → (0, 5)

प्रारम्भिक बिन्दु (0, 0) से दूरी = $\sqrt{0^2 + 5^2} = 5$ किमी

67. विचार :

- छोटे अक्षर : $d(4)$, $g(7)$, $j(10)$, $m(13)$ ⇒ हर बार + 3 ⇒ अगला ***p*(16)**.
- संख्याएँ : 6, 21, 45, 78, ? ⇒ अंतर 15, 24, 33 ⇒ हर बार + 9 ⇒ अगला अंतर 42 ⇒ **78+42** = 120.
- बड़े दूसरे अक्षर : G(7), K(11), O(15), S(19) ⇒ हर बार +4 ⇒ अगला **W(23)**।

इन तीन पैटर्नों से अगला पद $\mathbf{(1W/p)^{120}}$ ही बनता है।

68. **साली/भाभी** : तथ्यः A, C का पिता है; D, B का पुत्र है; C, D की बहन है।

निष्कर्षः C और D सहोदरलोग हैं ⇒ D का पिता भी A होगा ⇒ B, A की पत्नी (D की माँ) है। E, A का भाई है, अतः E के लिए B "भाभी" (brother's wife) होगी। इसलिए विकल्प 2 सही है।

69. क्रम निर्धारित करना है (1 से 5):

- "जो पहले पढ़ता है, वह R को देता है" ⇒ **R दूसरी जगह।**
- "जो आखिर में पढ़ता है, वह P से लेता है" ⇒ **P चौथी जगह,** पाँचवाँ P से लेता है।
- "T न प्रथम, न अंतिम" ⇒ T ≠ 1, 5।
- "P और Q के बीच दो पाठक" ⇒ P = 4 ⇒ Q = 1 (दो बीच में: स्थान 2, 3)।

  अब बचीं जगहें: 3 और 5, जिन पर T नहीं हो सकता 5 पर ⇒ **3 = T, 5 = S**।

क्रमः 1-Q, 2-R, 3-T, 4-P, 5-S ⇒ आखिर में **S** पढ़ता है।

70. छः सीटें बाएँ → दाएँ 1–6 मानें। A और P छोरों पर हैं; R, A के एकदम बाएँ है; Y और Z बीच में (स्थान 3 और 4).

- A छोर पर होते हुए उसके बाएँ सीट चाहिए ⇒ A स्थान 6 पर, R स्थान 5 पर।
- P तब दूसरे छोर (स्थान 1) पर होगा; बीच की (3, 4) पर Y/Z; शेष X स्थान 2 पर।

अतः P (स्थान 1) के ठीक दाएँ (स्थान 2) पर **X** बैठा है।

71. 10-12-2022 = शनिवार। 10-12-2023 तक 365 दिन ⇒ एक दिन आगे = रविवार। 10-12-2024 तक 366 दिन और होते, पर 08-12-2024 दो दिन पहले है ⇒ शुद्ध बढ़त 366 – 2 = 364 दिन ≡ 0 (mod 7)।

कुल बढ़तः 1 (पहले वर्ष) + 0 = **रविवार।**

72. प्रत्येक स्थान पर अक्षरों का नियम बारी-बारी ±2, ±3 से चलता है (A = 1 … Z = 26):

- 1st: M(13)→J(10)→G (7) → D(4)→A(1) (–3)
- 2nd: Q(17)→S(19)→ U(21)→W(23)→Y(25) (+2)
- 3rd: N(14)→K(11) → H(8)→ E(5)→ B(2) (–3)
- 4th: R(18)→T(20)→V(22)→X(24)→Z(26) (+2)
- 5th: O(15)→L(12)→I(9)→F(6)→C(3) (–3)

इसी से अगला पद **AYBZC** मिलता है।

73. दिया है : $\tan\theta + \sec\theta = 4$.

पहचान : $\sec\theta - \tan\theta = \dfrac{1}{\sec\theta+\tan\theta} = \dfrac{1}{4}$.

जोड़ें : $2\sec\theta = 4+\dfrac{1}{4} = \dfrac{17}{4} \Rightarrow \sec\theta = \dfrac{17}{8}$

$$\Rightarrow \cos\theta = \frac{1}{\sec\theta} = \frac{8}{17}.$$

74. $2880 = 2^6 . 3^2 . 5^1$. परफेक्ट स्क्वायर में सभी घातें सम होती हैं; केवल 5^1 विषम है। अतः **5** से भाग देने पर $2^6.3^2$ बचेगा, जो पूर्ण वर्ग है।

75. लाभ ∝ पूँजी × समय।

$P:Q = 2:1 \Rightarrow \dfrac{45000\times 12}{30000\times(12-x)} = \dfrac{2}{1}$.

$540000 = 60000(12 - x) \Rightarrow 9 = 12 - x \Rightarrow x = 3$.

अतः Q, व्यवसाय शुरू होने के **3 माह बाद** जुड़ा।

76. संख्याएँ $3k$, $2k$, $5k$.

वर्गों का योग: $9k^2 + 4k^2 + 25k^2 = 38k^2 = 1862$

$\Rightarrow k^2 = \dfrac{1862}{38} = 49 \Rightarrow k = 7$.

मध्य संख्या = $2k = 14$.

77. कुल भुगतान ₹5290। A + B ने $\dfrac{19}{23}$ कार्य किया ⇒ C ने $\dfrac{4}{23}$ किया। C की राशि = $5290 \times \dfrac{4}{23} = 230 \times 4 =$ ₹920.

78. 2 वर्ष के लिए अंतर (चक्रवृद्धि-सरल) = $P\left(\dfrac{r}{100}\right)^2$

यहाँ $r = 5\%$.

$P\left(\dfrac{5}{100}\right)^2 = P.\dfrac{1}{400} = 15 \Rightarrow P = 15\times 400 =$ ₹6000.

79. यदि किसी वृत्त का क्षेत्रफल तीन वृत्तों (त्रिज्या 8, 9, 12 मी.) के क्षेत्रफलों के योग के बराबर है, तो

$\pi r^2 = \pi(8^2 + 9^2 + 12^2) = \pi(64 + 81 + 144) = \pi.289$

$\Rightarrow r^2 = 289$

$\Rightarrow r = 17$ मी.

80. "sun shines brightly" = **ba lo sul,**

"light comes from sun" = **dopi kup lo nro**

⇒ समान कूट **lo** ⇒ **sun** = **lo.**

"sun shines brightly" = **ba lo sul,**

"houses are brightly lit" = **kado ula ari ba**

⇒ समान कूट **ba** ⇒ **brightly** = ba.

अतः क्रमशः **sun → lo, brightly → ba।**

81. खोल ही-रायतान अभयारण्य : खोल ही-रायतान अभयारण्य (पंचकूला, हरियाणा) शिवालिक पर्वतश्रेणी की पादभूमि/तराई क्षेत्र में स्थित है। शेष विकल्प-खापरवास, भिण्डावास (झज्जर के आर्द्रभूमि अभयारण्य) और नाहर (रेवाड़ी)-शिवालिक क्षेत्र में नहीं आते।

82. 37वें सूरजकुंड अंतर्राष्ट्रीय हस्तशिल्प मेले का आयोजन 3–19 फरवरी 2023 को हुआ। इस मेले में हर साल एक थीम राज्य चुना जाता है, ताकि उसकी कला, शिल्प और संस्कृति को राष्ट्रीय और अंतर्राष्ट्रीय मंच पर प्रस्तुत किया जा सके। इस बार **गुजरात** को थीम राज्य घोषित किया गया था। गुजरात के पारंपरिक हस्तशिल्प, वस्त्रकला, लोकनृत्य और लोकसंगीत ने मेले में विशेष आकर्षण पैदा किया।

83. हरियाणा लोक सेवा आयोग (HPSC) का गठन 1 नवम्बर 1966 को हुआ। इसके प्रथम अध्यक्ष **दरबारी लाल गुप्ता** थे। उन्हें 2 नवम्बर 1966 को कार्यवाहक अध्यक्ष और 12 दिसम्बर 1966 को पूर्णकालिक अध्यक्ष नियुक्त किया गया। उन्होंने आयोग की प्रारंभिक संरचना और चयन प्रक्रिया की नींव रखी।

84. भारतीय सूचना प्रौद्योगिकी संस्थान (IIIT) हरियाणा के सोनीपत जिले के **किलोहड़ गाँव** में स्थापित किया जा रहा है। यह संस्थान 2014 में स्थापित हुआ और इसका उद्देश्य सूचना प्रौद्योगिकी एवं सम्बद्ध क्षेत्रों में उच्च स्तरीय शिक्षा और अनुसंधान को बढ़ावा देना है। यह हरियाणा में तकनीकी शिक्षा को राष्ट्रीय स्तर पर एक नया आयाम देता है।

85. हरियाणा का रोहतक संभाग चार जिलों — **रोहतक, झज्जर, सोनीपत और भिवानी** - से मिलकर बना है। **रेवाड़ी** गुरुग्राम संभाग का हिस्सा है, इसलिए यह रोहतक संभाग में नहीं आता।

86. 2023 में अर्जुन पुरस्कार से सम्मानित हरियाणा की महिला पहलवान **अंतिम पंघाल** हैं। उन्होंने जूनियर विश्व कुश्ती चैंपियनशिप 2022 और 2023 दोनों में स्वर्ण पदक जीतकर इतिहास रचा था। वे लगातार दो बार जूनियर वर्ल्ड चैंपियन बनने वाली पहली भारतीय महिला पहलवान हैं।

87. पेहोवा अभिलेख (9वीं शताब्दी ई.) गुर्जर-प्रतिहार वंश के राजा **महेंद्रपाल-I** के समय का है। इसमें प्राचीन पेहोवा (प्रिथुदक) के धार्मिक महत्व का वर्णन है और साथ ही यह भी उल्लेख है कि यहाँ घोड़ों का एक बड़ा बाजार लगता था, जहाँ दूर-दराज से व्यापारी घोड़े बेचने आते थे। इसलिए दोनों कथन (i) और (ii) सत्य हैं।

88. मनोहर लाल खट्टर (2014-वर्तमान) के मुख्यमंत्री काल में हरियाणा के मुख्य सचिवों में **शकुंतला जाखू, पी. के. गुप्ता और विजयवर्धन** शामिल रहे हैं। **एस. सी. चौधरी** खट्टर सरकार में मुख्य सचिव नहीं रहे।

89. सर छोटूराम (राय बहादुर चौधरी छोटूराम) को किसानों का मसीहा कहा जाता है। उनके जीवन के संदर्भ में तीनों कथन सही सिद्ध होते हैं -

- **(a) उन्होंने एक काँग्रेसी के रूप में अपने कैरियर की शुरुआत की।**

  1916 में सर छोटूराम भारतीय राष्ट्रीय कांग्रेस से जुड़े और 1920 तक इसके सक्रिय सदस्य रहे। इस दौरान उन्होंने ग्रामीण क्षेत्रों में किसानों की समस्याओं को प्रमुखता से उठाया।

- **(b) बाद में उन्होंने यूनियनिस्ट पार्टी की सदस्यता ली।** कांग्रेस छोड़ने के बाद उन्होंने सर फजल-ए-हुसैन के साथ मिलकर 1923 में यूनियनिस्ट पार्टी की स्थापना की। यह पार्टी किसानों और ग्रामीण समाज के हितों के लिए कार्यरत रही और पंजाब की राजनीति में लंबे समय तक प्रभावशाली रही।
- **(c) वे अविभाजित पंजाब की सरकार में मंत्री थे।** 1937 से 1945 तक वे अविभाजित पंजाब सरकार में राजस्व मंत्री और बाद में विकास मंत्री रहे। इस दौरान उन्होंने किसानों के ऋण माफ करने, सहकारी समितियों और ग्रामीण विकास के लिए कई महत्वपूर्ण कानून बनवाए।

इस प्रकार तीनों कथन (*a*), (*b*) और (*c*) पूर्णतः सही हैं।

90.
- **(a) गुजरी महल-हिसार :** यह महल फिरोजशाह तुगलक ने अपनी गुर्जर प्रेमिका के लिए हिसार में बनवाया था।
- **आराम-ए-कौसर - नारनौल :** नारनौल में यह स्मारक शेरशाह सूरी की पत्नी के लिए बनवाया गया था।
- **शेख तैय्यब का मकबरा - जींद** गलत है; शेख तैय्यब का मकबरा नारनौल (महेद्रगढ़) में स्थित है।

अतः सही युग्म (*a*) और (*b*) हैं।

91. 'भक्तिन' महादेवी वर्मा का प्रसिद्ध रेखाचित्र है और यह उनके रेखाचित्र-संकलन 'स्मृति की रेखाएँ' में संकलित है। इसलिए यह विकल्प प्रश्न के साथ पूरी तरह संगत है।

92. यह विवरण आर्थी व्यंजना के लिए असंगत है, क्योंकि शिलष्ट शब्द के माध्यम से व्यंग्यार्थ की प्रतीति शाब्दी व्यंजना से संबंधित मानी जाती है। आर्थी व्यंजना में व्यंग्यार्थ का बोध शब्द-श्लेष से नहीं, बल्कि वक्ता, काकु, देश, काल, चेष्टा आदि अर्थ-वैशिष्ट्यों से होता है। इसी कारण विकल्प 2 असंगत है।

93. 'जो अपने कुल को नष्ट करता है' के लिए उपयुक्त शब्द कुलांगार है। यह शब्द ऐसे व्यक्ति के लिए आता है जो अपने कुल या वंश की कीर्ति को नष्ट करे, उसे कलंकित करे या उसके पतन का कारण बने। इसलिए यही सबसे उपयुक्त एक-शब्दीय रूप है।

94. यह विकल्प असंगत है, क्योंकि यहाँ प्रत्यय-संबंध सही रूप से एकरूप नहीं है। विशेष रूप से जटिल में 'इल' प्रत्यय माना जाता है, जबकि विकल्प में इसे केवल 'ल' प्रत्यय के अंतर्गत रख दिया गया है। इस कारण यह समूह प्रत्यय-दृष्टि से शुद्ध नहीं बैठता।

95. प्रश्न में सभी शब्दों की वर्तनी शुद्ध होनी चाहिए। विकल्प 3 में दिए गए तीनों शब्द-अंतर्धान (अंतर + धान = लुप्त होना), भर्त्सना (धिक्कार या निंदा करना) तथा चरमोत्कर्ष (सर्वोच्च स्थिति या शिखर)—शुद्ध रूप में प्रयुक्त हैं और मानक हिंदी व्याकरण के अनुसार सही हैं। अन्य विकल्पों में वर्तनी दोष स्पष्ट हैं, जैसे 'प्रज्ज्चलित' के स्थान पर 'प्रज्ज्वलित', 'अतिश्योक्ति' के स्थान पर 'अतिशयोक्ति' आदि। इसलिए वर्तनी की दृष्टि से पूर्णतः शुद्ध समूह केवल विकल्प 3 ही है।

96. कश्मीरी संत कवयित्री ललद्यद की काव्य-शैली को वाख कहा जाता है। जिस प्रकार हिंदी में दोहा, चौपाई, पद और सवैया प्रसिद्ध हैं, उसी प्रकार कश्मीरी परंपरा में ललद्यद के वाख अत्यंत प्रसिद्ध हैं।

97. इस विकल्प के शब्दों में 'अनु' उपसर्ग का प्रयोग नहीं माना जाता। यहाँ रूप देखने में 'अनु' जैसा अवश्य लगता है, पर शब्द-व्युत्पत्ति के स्तर पर ये उस अर्थ वाले 'अनु' उपसर्ग से निर्मित नहीं हैं, जैसे अनुप्रास, अनुकृति, अनुरंजक, अन्वित आदि में मिलता है। इसलिए यही सही विकल्प है।

98. 'माता का आँचल' में बाबूजी बालक को 'भोलानाथ' इसलिए कहते हैं कि उसके सिर के बाल-जटाओं जैसे दिखाई देते थे और ललाट पर भभूत का तिलक लगाए वह शिवजी के भोले रूप जैसा लगता था। इसलिए विकल्प 4 बिल्कुल उपयुक्त है।

99. इस दोहे में नाइन नायिका की एड़ी की स्वाभाविक लालिमा को महावर समझ बैठती है और बार-बार उसे मीड़ती जाती है। अर्थात् एक वस्तु को दूसरी वस्तु मान लेने का निश्चित भ्रम उपस्थित हुआ है। यही भ्रांतिमान अलंकार की पहचान है।

100. सदाचार = सत् + आचार। यहाँ 'सत्' विशेषण के रूप में है और 'आचार' विशेष्य है, इसलिए इसमें क्रमशः विशेषण-विशेष्य संबंध है। अन्य विकल्पों में यह संबंध उसी स्पष्ट रूप में नहीं बनता। अतः सही उत्तर सदाचार है।

101. द्वंद्व समास में दोनों पद समान प्रधान होते हैं। सुख-दुःख और भक्ष्याभक्ष्य द्वंद्व के उदाहरण हैं, पर रुद्रप्रिया का अर्थ "रुद्र की प्रिया" है, इसलिए यह द्वंद्व नहीं है। इसी कारण यह विकल्प द्वंद्व समास की दृष्टि से संगत नहीं है।

102. 'इस जल प्रलय में' फणीश्वरनाथ रेणु की ऐसी रचना है जिसमें बाढ़ की घटना का प्रत्यक्ष, अनुभूत और तथ्यात्मक चित्रण मिलता है। इस प्रकार की रचना-विधा रिपोर्ताज कहलाती है।

103. 'सिल्वर वैडिंग' कहानी में "समहाउ इंप्रॉपर" यशोधर बाबू का बार-बार आने वाला तकियाकलाम है और यही कहानी के मूल भाव, उनके व्यक्तित्व तथा कथ्य को सबसे अधिक खोलता है। इसलिए इसे ही कहानी का बीज वाक्य माना जाता है।

104. रघुवीर सहाय की पंक्ति "कुछ होगा..." है, शमशेर बहादुर सिंह से "तुमने 'धरती' का पद्य पढ़ा है?" जुड़ती है, कुँवर नारायण की उक्ति "कविता एक खिलना है..." है, और हरिवंश राय बच्चन की पंक्ति "मैं जगजीवन का भार लिए फिरता हूँ..." है। इसलिए सही सुमेल विकल्प 2 है।

105. यण संधि में इ, ई, उ, ऊ, ऋ के बाद भिन्न स्वर आने पर क्रमशः य, व, र का आदेश होता है। मातृ + आज्ञा से मात्राज्ञा बनना इसी प्रकार का उदाहरण है, इसलिए यह यण स्वर संधि है।

106. आचार्य वामन के सिद्धांत के अनुसार गुणों को रस का आश्रित नहीं माना गया है। वामन 'रीति संप्रदाय' के प्रवर्तक हैं और उन्होंने गुणों को काव्य की शोभा उत्पन्न करने वाले धर्म (काव्यशोभायाः कर्तारो धर्मा गुणाः) माना है। उनके मत में गुण मुख्यतः शब्द और अर्थ के धर्म हैं, न कि रस के अधीन। ''गुण रस के आश्रित होते हैं'' यह विचार ध्वनि-सिद्धांत से संबंधित आचार्यों (जैसे आनंदवर्धन, मम्मट) का है। अतः यह कथन वामन के मतानुसार असंगत है।

107. इस विकल्प में विजयाकांक्षी असंगत है, क्योंकि इसका संधि-विच्छेद विजय + आकांक्षी है, जहाँ अ + आ = आ होता है, जो दीर्घ संधि है, गुण संधि नहीं। इसलिए पूरा विकल्प असंगत हो जाता है।

108. कवित्त या मनहरण छंद में सामान्यतः प्रत्येक चरण में 31 वर्ण माने जाते हैं और चरणांत में गुरु का विधान भी स्वीकार किया जाता है। इसलिए 23-23 वर्ण वाला कथन असंगत है।

109. ''गुणविपर्यासात्मानो दोषाः'' यह परिभाषा आचार्य वामन ने दी है। इसमें दोष को गुणों के विपर्यय के रूप में समझाया गया है।

110. गोपियाँ उद्धव को व्यंग्यपूर्ण ढंग से भाग्यवान कहती हैं, क्योंकि वे प्रेम-सूत्र से बँधे नहीं हैं और कृष्ण-विरह की पीड़ा से अछूते हैं। उनके अनुसार उद्धव प्रेम-रस से अनासक्त हैं, इसी अर्थ में वे ''अति बड़भागी'' कहे गए हैं।

111. दी गई पंक्तियाँ आलोक धन्वा की हैं। इन पंक्तियों में आत्मगत संवेदना, दूर की किसी नियति-बिंदु की ओर बढ़ने की बेचैनी और आधुनिक काव्य की विचारात्मक लय मिलती है, जो आलोक धन्वा की काव्य-दृष्टि से संगत है।

112. *(i)* भामह ने प्रतिभा को प्रधान मानते हुए शास्त्र और काव्य-अध्ययन से प्राप्त व्युत्पन्न शक्ति को भी महत्त्व दिया है।

(ii) दंडी ने प्रतिभा, व्युत्पत्ति/श्रुत और अभ्यास को काव्य-हेतु माना है।

(iii) आनंदवर्धन के यहाँ प्रतिभा और व्युत्पत्ति का उल्लेख मिलता है।

(iv) असंगत है, क्योंकि कारयित्री और भावयित्री प्रतिभा के दो रूप रुद्रट ने नहीं, राजशेखर ने माने हैं।

इसलिए सही कूट विकल्प 2 है।

113. कुमार गंधर्व ने लता मंगेशकर की गायकी के संबंध में जो टिप्पणियाँ कीं, उनमें यह कहा गया कि करुण रस उतनी प्रभावशाली रीति से व्यक्त नहीं होता, जबकि मुग्ध शृंगार वाले गीत उन्होंने बहुत उत्कटता से गाए हैं। इसलिए ''करुण रस विशेष प्रभावशाली रीति से व्यक्त होता है'' उनके विचारों के विपरीत कथन है।

114. यहाँ नाच रहा है क्रिया का कोई कर्म नहीं है। क्रिया सीधे कर्ता के साथ पूर्ण हो रही है, इसलिए यह अकर्मक क्रिया है। अतः इसे सकर्मक क्रिया कहना असंगत है।

115. कटक का अर्थ सेना होता है, जबकि कंटक का अर्थ काँटा है। दोनों शब्द ध्वनि में कुछ समान लगते हैं, पर अर्थ अलग-अलग हैं। इसलिए यही सुसंगत अर्थ-भेद है।

116. 'बालगोबिन भगत' में लेखक को बालगोबिन उनकी वेशभूषा या बाह्य आडंबर के कारण नहीं, बल्कि उनकी उच्च मानवीयता, सहजता, करुणा और आंतरिक विरक्ति के कारण संन्यासी लगते हैं। इसलिए यह विकल्प सबसे उपयुक्त है।

117. यह असुमेलित है, क्योंकि मुक्तावली का सही रूप मुक्ता + अवली/आवली है, न कि मुक्त + अवली। शेष उदाहरण अपने-अपने संधि-भेद के साथ संगत हैं। इसलिए गलत मिलान विकल्प 1 में है।

118. इस विकल्प में दिए गए सभी शब्द पुरुषवाचक सर्वनाम हैं। इनमें उत्तम पुरुष (मैं, हम), मध्यम पुरुष (तुम) और अन्य पुरुष (ये, वे) के रूप सम्मिलित हैं। अन्य विकल्पों में जो, कोई, किसी, क्या, स्वयं जैसे शब्द आते हैं, जो पुरुषवाचक सर्वनामों की श्रेणी में एकरूप से नहीं रखे जाते।

119. ''कहकर 'हाय' धड़ाम गिरी'' में उर्मिला के मूर्छित होकर गिर पड़ने का भाव व्यक्त हुआ है। सात्विक अनुभावों में ऐसी अवस्था प्रलय कहलाती है। इसलिए यहाँ स्तंभ, कंप या स्वरभंग नहीं, बल्कि प्रलय है।

120. ''रीतिरात्माकाव्यस्य'' यह मत आचार्य वामन का है। वामन ने रीति को काव्य की आत्मा माना और इसी आधार पर रीति-संप्रदाय की स्थापना की। इसलिए सही उत्तर वामन है।

121. यह कथन सही नहीं है। मीरा का काव्य मूलतः सहज, आत्मनिवेदित और व्यक्तिगत कृष्ण-भक्ति का काव्य है। उसमें किसी एक सम्प्रदाय-विशेष के दार्शनिक सिद्धांतों का व्यवस्थित आग्रह नहीं मिलता। उनकी कविता में विरह, समर्पण, माधुर्य-भाव और अनन्य भक्ति की प्रधानता है।

122. आचार्य रामचंद्र शुक्ल ने परिमार्जित खड़ी बोली गद्य की प्रथम पुस्तक 'भाषा योगवासिष्ठ' को माना है। यह रचना गद्य के परिष्कृत, व्यवस्थित और साहित्यिक रूप की प्रारम्भिक उपलब्धि मानी जाती है। इसलिए यही उपयुक्त उत्तर है।

123. यह असंगत विकल्प है। 'मौर्य विजय' सियारामशरण गुप्त का उल्लेखनीय खंड-काव्य है, जो तीन सर्गों में रचित माना जाता है और उसमें छप्पय छंद का प्रयोग बताया जाता है। 'उन्मुक्त' का संबंध युद्ध, मानव-विनाश और विश्व-मानवता की पीड़ा से है; उसे ''पाँच द्वीपों के वर्णन'' वाला काव्य कहना सही नहीं है। इसलिए प्रश्न 123 का सही उत्तर विकल्प 4 ही है।

124. कबीर की वाणी की प्रखरता, निर्भीकता, सीधापन और प्रभावशाली अभिव्यक्ति को देखते हुए आचार्य हजारी प्रसाद द्विवेदी ने उन्हें 'वाणी का डिक्टेटर' कहा। यह कथन कबीर की भाषिक सत्ता और अभिव्यक्ति-शक्ति को सूचित करता है।

125. दी गई पंक्तियाँ यमुना-तट की स्मृति, सघन कुंज, शीतल समीर और भावपूर्ण स्मरण के कारण बिहारी की काव्य-धारा से संबद्ध मानी जाती हैं। इनमें संक्षिप्तता, सौंदर्य और स्मृति-आधारित भावचित्रण रीतिकालीन शैली के अनुरूप है।

126. (*a*) ''भाषा ब्रज-भाषा रुचिर...'' — भिखारीदास
(*b*) ''ज्यों-ज्यों निहारिए नेरे...'' — मतिराम
(*c*) ''सूनो कै परम पद...'' — देव
(*d*) ''जो या कंठाभरण को...'' — दूलह
इस प्रकार सही सुमेल (*ii*), (*iv*), (*i*), (*iii*), बनता है, इसलिए विकल्प 2 सही है।

127. ''भाखा बोलि न जानहीं, जिनके कुल के दास'' पंक्ति के अनुसार केशव ऐसे कवि माने गए हैं जो लोकभाषा या 'भाखा' में रचना करने को लेकर एक प्रकार की लज्जा या संकोच अनुभव करते थे। यह उस समय संस्कृत की प्रतिष्ठा और लोकभाषा के बीच बने मान-बोध को भी दिखाता है।

128. यह पंक्ति कृष्णा सोबती की विचारात्मक गद्य-दृष्टि को व्यक्त करती है। इसमें समय, अनुभव और पठन-पाठन की प्रक्रिया को एक गहरे सांस्कृतिक तथा सृजनात्मक अर्थ में देखा गया है। ऐसी संवेदनात्मक और चिंतनशील अभिव्यक्ति कृष्णा सोबती की शैली से मेल खाती है।

129. भक्ति काव्य में अपने पदों की भाषा को 'तमिल' बताने वाले कवि आलवार हैं। दक्षिण भारत की वैष्णव भक्ति परंपरा में आलवार संतों ने तमिल में पद-रचना की और उसे भक्ति-अभिव्यक्ति का प्रमुख माध्यम बनाया।

130. भारतेन्दु के संबंध में दिया गया यह कथन आचार्य रामचन्द्र शुक्ल का है। उन्होंने भारतेन्दु की बहुमुखी प्रतिभा को एक ओर परंपरा से जुड़ा हुआ और दूसरी ओर आधुनिकता से संपृक्त बताकर उनके साहित्यिक व्यक्तित्व की व्यापकता को रेखांकित किया है।

131. छायावाद मुख्यतः अंतर्मुखी, आत्मानुभूति, प्रकृति-चित्रण और आध्यात्मिक भावभूमि की कविता है। इसमें बाह्य जगत के सांसारिक उल्लास-विषाद का यथार्थ चित्रण प्रमुख नहीं है। इसलिए यह कथन असंगत है।

132. अष्टछाप के कवियों में काव्य-सौष्ठव और भाषा की सरल, सरस तथा प्रांजल अभिव्यक्ति की दृष्टि से सूरदास के बाद नंददास को विशेष महत्व दिया जाता है।

133. सूफी काव्यधारा के कवियों ने अपनी रचनाओं को प्रतीकात्मक और संकेतात्मक रूप में प्रस्तुत किया, जिसे उन्होंने 'अन्यापदेशिक' कहा। इसमें लौकिक प्रेम के माध्यम से अलौकिक प्रेम का संकेत किया जाता है।

134. यह कालक्रमानुसार सही अनुक्रम है—विद्यापति की कीर्तिलता (प्राचीन), फिर तुलसीदास की रामचरितमानस, उसके बाद रीतिकालीन रसराज, और अंत में आधुनिक काल का प्रियप्रवास।

135. 'सूरसागर' में सर्वाधिक पद दशम स्कंध (कृष्ण-लीला) में मिलते हैं, न कि नवम में। इसलिए यह कथन असंगत है।

136. 'मुझे चाँद चाहिए' उपन्यास के लेखक सूर्यबाला हैं, न कि कमलेश्वर। इसलिए यह युग्म असंगत है।

137. (*a*) ''गोरख जगायो जोग...'' — तुलसीदास
(*b*) ''झिलमिल झगरा...'' — कबीर
(*c*) ''यह मसीत यह देहरा...'' — दादू दयाल
(*d*) ''बोलिए तौ तब...'' — सुंदरदास
यह मिलान विकल्प 3 में सही है।

138. इस प्रश्न में (*i*) और (*iv*) संगत नहीं हैं। 'नमक का दारोगा' धन की जीत नहीं, बल्कि नैतिकता, ईमानदारी और आदर्श की प्रतिष्ठा को सामने लाती है, इसलिए (*i*) गलत है। प्रेमचंद के विकासक्रम के संदर्भ में आदर्शोन्मुख यथार्थवाद से आलोचनात्मक यथार्थवाद की ओर बढ़ना सही है, इसलिए (*iii*) सही है। 'नमक का दारोगा' को आदर्शोन्मुख यथार्थवाद का महत्वपूर्ण उदाहरण माना जाता है, इसलिए (*v*) भी सही है। दिया गया उद्धरण भी इस रूप में सही नहीं है, क्योंकि वहाँ 'आदर्शवाद' नहीं, बल्कि 'यथार्थवाद' के संदर्भ में निराशावाद की चर्चा आती है। इसीलिए सही कूट (*ii*), (*iii*) व (*v*) है।

139. 'आलोचना' पत्रिका के प्रथम संपादक शिवदान सिंह चौहान थे, जिन्होंने इसे एक महत्वपूर्ण आलोचनात्मक मंच के रूप में स्थापित किया।

140. यही असंगत कथन है। बदरीनारायण चौधरी 'प्रेमघन' के काव्य में कृष्ण-भक्ति और प्रेम-लीला से संबंधित रचनाएँ पर्याप्त मात्रा में मिलती हैं, इसलिए ''बहुत कम कविताएँ लिखीं'' कहना सही नहीं है। उनके संबंध में 'जीर्ण जनपद' और 'अलौकिक लीला' जैसी कृतियाँ भी उल्लिखित मिलती हैं, और 'हिन्दी भाषा की उन्नति पर व्याख्यान' को भी उनकी चर्चित लंबी कविता के रूप में माना जाता है।

141. 'मेरे बचपन के दिन' में महादेवी वर्मा ने स्पष्ट लिखा है कि उनकी माता ने उन्हें सबसे पहले 'पंचतंत्र' पढ़ना सिखाया। बाद में उन्होंने संस्कृत भी पढ़ी, जबकि उर्दू-फारसी की शिक्षा की इच्छा परिवार की ओर से थी, पर वह आगे नहीं बढ़ सकी। इसलिए सही उत्तर पंचतंत्र है।

142. ''भूषण की राजप्रशस्तियाँ जातीय जीवन की पक्षधर और अत्याचार के विरुद्ध सक्रिय थीं'' यह कथन डॉ. बच्चन सिंह का माना जाता है। इस कथन में भूषण की प्रशस्ति-कविता को केवल दरबारी काव्य न मानकर व्यापक सामाजिक-राष्ट्रीय चेतना से जोड़ा गया है।

143. तुलसीदास ने मुख्यतः अवधी और ब्रजभाषा—इन दो रूपों में रचना की। उनके काव्य में विविध शैली-रूपों का भी व्यापक प्रयोग मिलता है। अन्य विकल्प असंगत हैं, क्योंकि रामचरितमानस का परिवेश केवल दैवी नहीं, गहरे मानवीय संवेदनाओं से भी पूर्ण है; उसका कथानक बहुश्रुत-बहुलिखित है; और उसे केवल उपदेशात्मक ग्रंथ मानना उसके बहुआयामी काव्यस्वरूप को सीमित कर देता है। इसलिए विकल्प 4 ही संगत है।

144. पुनः बहुत सावधानी से मिलान करने पर यही सही उत्तर है। 'क्या हिन्दी नाम की कोई भाषा ही नहीं' और 'आर्य समाज का कोप'—दोनों लेख पं. महावीर प्रसाद द्विवेदी के हैं। आचार्य रामचंद्र शुक्ल ने भी द्विवेदीजी के लेखों के उदाहरण के रूप में इन दोनों शीर्षकों का उल्लेख किया है, और अन्य स्रोतों में भी ये दोनों लेख उनके नाम से दिए गए हैं।

145. (*i*) जगन्नाथदास रत्नाकर द्वारा खड़ी बोली के समर्थकों को 'हठी' और 'मूर्ख' कहना संगत माना जाता है।

(*ii*) 'हिन्दी गद्य का अधुनातन नमूना गोरखसार में मिलता है' असंगत है, क्योंकि गोरखसार को आरंभिक/प्रारंभिक गद्य-प्रयासों से जोड़ा जाता है, अधुनातन नमूने से नहीं।

(*iii*) 'नासिकेतोपाख्यान' का संबंध 'चन्द्रावती अथवा नासिकेतोपाख्यान' नाम से मिलता है, इसलिए यह संगत है।

(*iv*) 'टकसाली' या मानक अर्थ का संबंध खड़ी बोली के संदर्भ में अन्य विद्वानों से जोड़ा जाता है; इसे सर फ्रेडरिक पिंकॉट से जोड़ना संगत नहीं बैठता।

इसलिए असंगत कथन (*ii*) और (*iv*) हैं।

146. साहित्य का उद्देश्य जनता को संघर्ष की शक्ति देना, सामाजिक अन्याय के विरुद्ध चेतना जगाना और मुक्ति का मार्ग दिखाना—यह दृष्टि प्रगतिवाद की मूल विशेषता है। प्रगतिवादी साहित्य जनजीवन, वर्ग-संघर्ष और परिवर्तन की आकांक्षा से जुड़ा रहता है।

147. (*a*) गुड़िया भीतर गुड़िया – मैत्रेयी पुष्पा

(*b*) मेरी पत्नी और भेड़िया – डॉ. धर्मवीर

(*c*) मुड़-मुड़ के देखता हूँ .... – राजेंद्र यादव

(*d*) अन्या से अनन्या – प्रभा खेतान

अतः सही कूट (*iii*), (*i*), (*iv*), (*ii*) है।

148. यह असंगत कथन है। मीरा की कविता की सबसे बड़ी शक्ति उसकी सहजता, आत्मसमर्पण, प्रेम की तीव्रता और भक्ति की निष्कपट अभिव्यक्ति है। उनकी काव्यकला का मूल्य शिल्प-प्रदर्शन में नहीं, बल्कि अनुभूति की प्रामाणिकता में है। इसलिए ''कला की उत्कृष्टता ही उसकी सबसे बड़ी कला है'' मीरा की कविता पर उपयुक्त नहीं बैठता।

149. ''पिंगल सर्वमान्य काव्यभाषा का नाम था, अपनी मातृभाषा के आधार पर विकसित काव्यभाषा का नाम डिंगल बारहठों ने रखा'' यह कथन आचार्य विश्वनाथ प्रसाद मिश्र का माना जाता है। डिंगल-पिंगल और अपभ्रंशोत्तर काव्यभाषा-विकास के संदर्भ में यह उनका महत्त्वपूर्ण मत है।

150. (*a*) जब आवेगी काली घटा – रांगेय राघव

(*b*) दिल एक सादा कागज – राही मासूम रजा

(*c*) पीड़ा जो चीख उठी – कर्मशील भारती

(*d*) मैं एक देह हूँ फिर देहरी – शैलजा पाठक

इस प्रकार सही सुमेल (*iv*), (*ii*), (*i*), (*iii*) है।

YOUR SPACE

पिछले प्रश्न-पत्र

हरियाणा शिक्षक पात्रता परीक्षा (HTET)

PGT हिन्दी (Level-3), परीक्षा 2023

(Exam held on 02-12-2023)

भाग-I : बाल विकास व शिक्षाशास्त्र

1. सामाजिक रूप से वंचित बच्चों के लिए किस प्रकार की शिक्षा उपयुक्त होगी?

A. अनौपचारिक शिक्षा

B. विशिष्ट शिक्षा

C. समावेशी शिक्षा

D. धार्मिक शिक्षा

2. निम्नलिखित में से कौन-सा कथन एरिक्सन के मनो-सामाजिक विकास सिद्धांत के अन्तर्गत किशोरावस्था के संबंध में **सही** है?

A. अहं-पहचान एक धनात्मक मनो-सामाजिक पहलू है।

B. अहं-पहचान एक ऋणात्मक मनो-सामाजिक पहलू है।

C. अहं-पहचान एक तटस्थ मनो-सामाजिक पहलू है।

D. अहं-पहचान कोई मनो-सामाजिक पहलू ही नहीं है।

3. एक सर्जनशील बालक में निम्नलिखित में से कौन-सी विशेषता **नहीं** देखी जाती है?

A. अपसारी चिंतन | B. अति जिज्ञासा

C. उच्च कल्पनाएँ | D. परम्परागत विचार

4. निम्नलिखित में से कौन-सी विशेषता सामाजीकरण की प्रक्रिया पर सकारात्मक प्रभाव **नहीं** डालती है?

A. सामाजिक रूप से स्वीकृत व्यवहार

B. स्वीकृत सामाजिक भूमिकाएँ निभाना

C. सामाजिक अभिवृत्ति का विकास

D. सामाजिक पूर्वाग्रहों का विकास

5. वायगोत्स्की का 'समीपस्थ विकास क्षेत्र' संदर्भित करता है :

A. बच्चा स्वतंत्र रूप से क्या कर सकता है

B. बच्चा स्वतंत्र रूप से क्या नहीं कर सकता है

C. बच्चा किसी ज्ञानी व्यक्ति के निर्देशन में क्या कर सकता है

D. बच्चा किसी ज्ञानी व्यक्ति के निर्देशन में भी क्या नहीं कर सकता है

6. यदि कोई शिक्षार्थी अपेक्षित उपलब्धि हासिल **नहीं** कर पाता है, तो उसका कारण जानने के लिए किस प्रकार का परीक्षण किया जाता है?

A. रचनात्मक | B. निदानात्मक

C. उपचारात्मक | D. योगात्मक

7. ''समावेशन केवल दिव्यांग लोगों तक ही सीमित नहीं है, बल्कि इसका अर्थ किसी भी बच्चे का बहिष्कार न होना भी है।''

शिक्षा में समावेशन का यह अर्थ किसके द्वारा स्पष्ट किया गया है?

A. एन.सी.एफ. 2005 | B. एन.सी.ई.आर.टी.

C. यूनेस्को | D. यूनिसेफ

8. वृद्धि एवं विकास में किस प्रकार के परिवर्तन होते हैं?

(*a*) शरीर के आकार में परिवर्तन

(*b*) शरीर के अनुपात में परिवर्तन

(*c*) पुराने लक्षणों का विलोपन

(*d*) नवीन विशेषताओं का अधिग्रहण

सही कूट का चयन कीजिए :

कूट :

A. (*a*), (*b*) एवं (*c*) | B. (*a*), (*b*) एवं (*d*)

C. (*a*), (*c*) एवं (*d*) | D. (*a*), (*b*), (*c*) एवं (*d*)

9. निम्नलिखित में से कौन-सा कथन अभिप्रेरणा का अधिगम पर सकारात्मक प्रभाव स्पष्ट **नहीं** करता?

A. अभिप्रेरणा सीखने के व्यवहार को क्षीण करती है

B. अभिप्रेरणा सीखने के व्यवहार को निश्चित दिशा प्रदान करती है

C. अभिप्रेरणा सीखने के व्यवहार में सक्रियता लाती है

D. अभिप्रेरणा सीखने के व्यवहार को बनाता है

1. C **2.** A **3.** D **4.** D **5.** C **6.** B **7.** A **8.** D **9.** A

10. कोहलबर्ग के नैतिक विकास सिद्धांत के अन्तर्गत नैतिकता की अवस्थाओं को उनके स्तर से सुमेलित कीजिए :

नैतिकता की अवस्था	**नैतिकता का स्तर**
(*a*) अच्छे अन्तर्वैयक्तिक संबंध	I
(*b*) व्यक्तिवाद एवं विनिमय	II
(*c*) सामाजिक अनुबंध एवं वैयक्तिक अधिकार	III
(*d*) सार्वभौमिक नियम	

सही कूट का चयन कीजिए :

कूट :

	(*a*)	(*b*)	(*c*)	(*d*)
A.	I	III	II	I
B.	III	II	III	I
C.	II	III	I	II
D.	II	I	III	III

11. जब अधिगमकर्ता किसी कार्य को बिना किसी इच्छा या उद्देश्य के अपने आप ही सीख जाता है, तो उसे कहते हैं :

A. अविराम सीखना B. पूर्ण सीखना
C. अंश सीखना D. प्रासंगिक सीखना

12. निम्नलिखित में से कौन-सा कथन जैविक अभिप्रेरकों के संबंध में सही **नहीं** है?

A. वे सार्वभौमिक होते हैं
B. वे जन्मजात होते हैं
C. वे जीवित रहने के लिए आवश्यक होते हैं
D. वे व्यक्ति की समस्थिति से संबंधित नहीं होते हैं

13. निम्नलिखित में से कौन-सी परीक्षाएँ सतत और व्यापक मूल्यांकन का आधार हैं?

(*a*) लिखित (*b*) मौखिक
(*c*) व्यावहारिक (*d*) प्रायोगिक

सही कूट का चयन कीजिए :

कूट :

A. (*a*), (*b*) एवं (*d*) B. (*a*), (*b*) एवं (*c*)
C. (*a*), (*c*) एवं (*d*) D. (*a*), (*b*), (*c*) एवं (*d*)

14. निम्नलिखित में से कौन-सा कथन बुद्धि परीक्षणों के संदर्भ में सही **नहीं** है?

A. एलेक्जेंडर का पास एलांग परीक्षण एक निष्पादन परीक्षण है।
B. शाब्दिक परीक्षण वैयक्तिक अथवा सामूहिक दोनों प्रकार के हो सकते हैं।
C. अशिक्षित व्यक्ति निष्पादन परीक्षण नहीं कर सकते।
D. अशाब्दिक परीक्षणों में बुद्धि का मापन चित्रों एवं आकृतियों द्वारा होता है।

15. निम्नलिखित में से कौन-सा युग्म गिलफोर्ड के त्रिआयामी बुद्धि सिद्धांत के अन्तर्गत बुद्धि के तत्व एवं उसके आयाम के संबंध में सही नहीं है?

बुद्धि के तत्त्व	**आयाम**
A. इकाई	उत्पाद
B. संज्ञान	संक्रिया
C. मूल्यांकन	संक्रिया
D. संबंध	विषयवस्तु

16. निम्नलिखित में से कौन-सी बाल केन्द्रित अधिगम दृष्टिकोण की प्रमुख विशेषता **नहीं** है?

A. सार्थक सीखने के अवसर B. एकल शिक्षण मार्ग
C. सतत मूल्यांकन D. सुलभ शिक्षण सेटिंग्स

17. बण्डूरा के अनुसार, प्रेक्षणात्मक सीखने की कौन-सी अन्तर्संबंधित प्रक्रियाएँ **नहीं** हैं?

A. अवधानात्मक प्रक्रियाएँ B. धारणात्मक प्रक्रियाएँ
C. प्रेरणात्मक प्रक्रियाएँ D. संयोजनात्मक प्रक्रियाएँ

18. बण्डूरा के सामाजिक अधिगम सिद्धांत के अनुसार, जब कोई व्यक्ति दूसरों के व्यवहार को देखकर और दोहराकर वही व्यवहार सीख लेता है, तो इसे क्या कहते हैं?

A. अनुकूलन B. आत्म-प्रेक्षण
C. मॉडलिंग D. सामर्थ्य प्रत्याशा

19. स्टर्नबर्ग के त्रितंत्र सिद्धांत के अन्तर्गत घटकीय बुद्धि में कौन-सा उप-घटक सम्मिलित **नहीं** है?

A. मेटा घटक B. प्रयोगात्मक घटक
C. निष्पादन घटक D. ज्ञान संग्रहण (अर्जन) घटक

20. एक अधिगम निर्योक्ता जो अंकगणितीय कौशल के अधिग्रहण को प्रभावित करती है :

A. डिस्केलकुलिया B. डिस्ग्राफिया
C. डिस्लेक्सिया D. डिस्मैग्निसिया

21. फ्रायड के मनोलैंगिक विकास सिद्धांत की पाँचों अवस्थाओं के सही क्रम का चयन कीजिए :

A. मुखावस्था → लिंग प्रधानावस्था → अव्यक्तावस्था → गुदावस्था → जननेन्द्रियावस्था
B. गुदावस्था → अव्यक्तावस्था → लिंग प्रधानावस्था → जननेन्द्रियावस्था → मुखावस्था
C. मुखावस्था → गुदावस्था → लिंग प्रधानावस्था → अव्यक्तावस्था → जननेन्द्रियावस्था
D. अव्यक्तावस्था → गुदावस्था → मुखावस्था → जननेन्द्रियावस्था → लिंग प्रधानावस्था

10. D **11.** D **12.** D **13.** D **14.** C **15.** D **16.** B **17.** D **18.** C **19.** B
20. A **21.** C

22. पॉवलोव के शास्त्रीय अनुबंधन अधिगम सिद्धांत के अनुसार स्वाभाविक एवं अनुबंधित उद्दीपकों के प्रस्तुतीकरण का कौन-सा कालिक क्रम सीखने को सर्वाधिक प्रभावित करेगा?

A. समकालिक B. विलंबित

C. संकेत D. पश्चगामी

23. पियाजे के संज्ञानात्मक विकास सिद्धांत की किस अवस्था में अमूर्त चिंतन तथा सामान्यीकरण की क्षमता विकसित हो जाती है?

A. संवेदी-गामक B. पूर्व-संक्रियात्मक

C. मूर्त-संक्रियात्मक D. औपचारिक-संक्रियात्मक

24. प्रतिभाशाली विद्यार्थियों के लिए निम्नलिखित में से कौन-सी शैक्षिक व्यवस्था **नहीं** की जानी चाहिए?

A. स्वतंत्र प्रोजेक्ट कार्य के अवसर

B. त्वरण

C. उपचारात्मक शिक्षण

D. संवर्धन कार्यक्रम

25. निम्नलिखित में से कौन-सा समावेशी शिक्षा का एक सिद्धांत **नहीं** है?

A. पृथक्करण का सिद्धांत

B. सहयोग का सिद्धांत

C. विविधता का जश्न मनाने का सिद्धांत

D. शिक्षा के अधिकार का सिद्धांत

26. निम्नलिखित में से कौन-सा तरीका वैयक्तिक भिन्नताओं के अनुसार शिक्षण का समर्थन **नहीं** करता?

A. विद्यार्थियों का बड़ा समूह B. वैयक्तिक अनुदेशन

C. पाठ्यक्रम अनुकूलन D. विद्यार्थियों की क्षमताओं का ज्ञान

27. विशिष्ट आवश्यकताओं वाले बच्चों की आवश्यकता को पूरा करने में शैक्षणिक संस्थानों की क्या भूमिका **नहीं** है?

A. बिना भेदभाव के विद्यालय में प्रवेश देना

B. सुलभ बुनियादी सुविधाएँ प्रदान करना

C. उनकी विशिष्ट आवश्यकता को पहचानना एवं मुख्यधारा से बाहर रखना

D. उन्हें आवश्यक सहायता सेवाएँ प्रदान करना

28. निम्नलिखित में से कौन-सा कथन विकास के सन्दर्भ में सही **नहीं** है?

A. विकास परिपक्वता एवं अधिगम का उत्पाद है।

B. प्रारंभिक विकास की तुलना में बाद का विकास अधिक गंभीर होता है।

C. विकास सिर से पैर की दिशा में आगे बढ़ता है।

D. विकास केन्द्रीय अक्ष से छोर की ओर बढ़ता है।

29. समावेशी शिक्षा का त्रिआयामी सिद्धांत किसके द्वारा प्रतिपादित किया गया?

A. ग्रिफिथ, कूपर एवं रिंगलाबेन

B. गार्टर एवं लिप्स्की

C. कॉफमैन एवं हलाहन

D. लेवेंस्की, डेविस एवं हूपर

30. "समाजीकरण का अर्थ है सामाजिक संबंधों में परिपक्वता आना।" समाजीकरण की यह परिभाषा किसके द्वारा दी गई है?

A. जॉन डीवी B. गैरेट

C. सोरेन्सन D. हरलॉक

भाग-II : भाषा - हिन्दी

31. विशेषण के संबंध में कौन-सा सही सुमेलित **नहीं** है?

A. भारतीय - संज्ञा से निर्मित विशेषण

B. पवित्रतम - विशेषण की उत्तरावस्था

C. परिश्रमी - गुणवाचक विशेषण

D. आलस्य - विशेषण से निर्मित भाववाचक संज्ञा

32. किस विकल्प में शब्द-युग्म का सही अर्थ भेद **नहीं** है?

A. बाजी - दाव, वाजी - घोड़ा

B. मेध - हवन, मेघ - बादल

C. माणिक्य - चर्बी, माणिक्या - मछली

D. मुक्ता - मोती, मुक्ति - मोक्ष

33. कौन-सा युग्म संगत **नहीं** है?

A. भिक्षुक - तत्सम शब्द

B. मस्तक - तद्भव शब्द

C. खिचड़ी - देशज शब्द

D. अमानत - विदेशज शब्द

34. निम्नलिखित में से किस विकल्प का शब्द संधि-विच्छेद की दृष्टि से **संगत** है?

A. कुशासन = कुश + असन

B. वार्तालाप = वार्ता + अलाप

C. जानकीश = जनक + ईश

D. लघूर्मि = लघु + ऊर्मि

22. B **23.** D **24.** C **25.** A **26.** A **27.** C **28.** B **29.** A **30.** D **31.** B **32.** C **33.** B **34.** D

35. किस विकल्प के समस्त पद में बहुव्रीहि समास का उदाहरण **नहीं** है?
A. शेषशायी, क्षपानाथ B. दीर्घश्वास, पाषाणहृदय
C. आशुतोष, मंदोदरी D. पंचशर, पशुपति

36. किस विकल्प का शब्द 'अन्' उपसर्ग से निर्मित **नहीं** है?
A. अनंतर B. अनीति
C. अनिष्ट D. अनाचार

37. निम्न में से किस विकल्प के शब्द विदेशज प्रत्ययों से निर्मित हैं?
A. पल्लवित, नीलिमा B. अड़ियल, कसावट
C. रिश्वतखोर, रोजगार D. झगड़ालू, हठीला

38. पर्यायवाची शब्दों के संबंध में कौन-सा विकल्प **अनुचित** है?
A. चन्द्रमा - हिमकर, अमृतांशु, महताब
B. गरुड़ - खगनाथ, वृषभी, भद्रा
C. चन्दन - गोरोचन, मलयज, सर्पावास
D. गंगा - अमरतटिनी, अद्रिजा, सुरसरि

39. वार्तनिक दृष्टि से किस विकल्प के सभी शब्द **शुद्ध** हैं?
A. अभ्यार्थी, त्यौहार B. याज्ञवल्क्य, हस्तक्षेप
C. मैथली, अहिल्या D. वैदेहि, वापिस

40. 'महात्मा गाँधी ने भारत को आजाद कराया।' उक्त वाक्य में रेखांकित शब्द क्रमशः हैं :
A. व्यक्तिवाचक संज्ञा तथा जातिवाचक संज्ञा
B. जातिवाचक संज्ञा तथा भाववाचक संज्ञा
C. व्यक्तिवाचक संज्ञा तथा व्यक्तिवाचक संज्ञा
D. भाववाचक संज्ञा तथा व्यक्तिवाचक संज्ञा

41. निम्न में से किस मुहावरे का अर्थ संगत **नहीं** है?
A. अपने पैरों पर खड़ा होना - आत्मनिर्भर होना।
B. अंधे के हाथ बटेर लगना - बिना प्रयास के कोई चीज प्राप्त कर लेना।
C. एक घाट पानी पीना - एकता और सहिष्णुता होना।
D. कमान से तीर निकल जाना - किसी का भेद खुलना।

42. क्रिया के संबंध में **अनुचित** विकल्प चुनिए :
A. कर्म के आधार पर क्रिया के 'सकर्मक' एवं 'अकर्मक' दो भेद माने जाते हैं।
B. सभी प्रेरणार्थक क्रियाएँ अकर्मक होती हैं।
C. 'पिता पुत्र से पत्र लिखवाता है।' उक्त वाक्य में प्रेरणार्थक क्रिया प्रयुक्त हुई है।
D. 'बतियाना', 'लठियाना' एवं 'अपनाना' नामधातु क्रिया के उदाहरण हैं।

43. सर्वनाम के संबंध में कौन-सा कथन **असत्य** है?
A. प्रयोग के आधार पर सर्वनाम के छह भेद हैं।
B. 'कोई' तथा 'कुछ' अनिश्चयवाचक सर्वनाम शब्द हैं।
C. 'पुरुषवाचक' सर्वनाम के चार भेद माने जाते हैं।
D. जिस सर्वनाम से वक्ता के पास अथवा दूर की किसी वस्तु का बोध होता है, उसे निश्चयवाचक सर्वनाम कहते हैं।

44. किस विकल्प में विपरीतार्थक युग्म **असंगत** है?
A. नूतन - पुरातन B. दुराशय - सदाशय
C. दनुज - दानव D. जंगम - स्थावर

45. वाक्यांश के लिए एकल शब्द के संबंध में अनुचित युग्म है :
A. जो कानून की दृष्टि से उचित न हो - अवैध
B. जिसमें कोई छिद्र न हो - नीरन्ध्र
C. समुद्र में लगने वाली आग - दावानल
D. जो भोजन रोगी के लिए उचित है : पथ्य

भाग-II : LANGUAGE – ENGLISH

46. Fill in the blank with the **correct** option:

Note it down ______ you should forget it.
A. that B. because of
C. till D. lest

47. Choose the **correct** option that gives the meaning of the given idiom:

Spill the beans
A. increase work
B. face a great loss
C. to leak a secret
D. segregate

48. Fill in the blank with the **correct** option:

The Pak army turned hostile ______ ISIS.
A. to B. for
C. at D. with

49. Choose the **correct** passive of the given sentence:

Please give me some more time.
A. Some more time might please be given to me.
B. Some more time may please be given to me.
C. Some more time could please be given to him.
D. Some more time should please be given to him.

35. B **36.** B **37.** C **38.** B **39.** B **40.** C **41.** D **42.** B **43.** C **44.** C
45. C **46.** D **47.** C **48.** A **49.** B

50. Which of the following options express the **correct** meaning of the sentence given below?

No sooner did I reach the college than the bell rang.

A. The sooner I reached the college the earlier the bell rings.
B. I reached the college and the bell was rang after.
C. Although I reached the college the bell began to ring.
D. As soon as I reached the college, the bell rang.

51. Change the narration:

He said, "What a charming sight!"

A. He exclaimed with joy that it was a very charming sight.
B. He exclaimed with joy that what a charming sight it is!
C. He told with joy that is a charming sight.
D. He said to me what a charming sight it is!

52. Fill in the blank with the **correct** form of the verb:

I _______ a lot of calls today.

A. had have | B. has had
C. have had | D. had had

53. Which of the following sentences is the **correct** option to express a probable condition?

A. If I were a bird, I would fly to you.
B. If you touch a live wire, you will get a shock.
C. If you will read this book, you will learn grammar.
D. If I had reached in time, I could have saved her.

54. Choose the part of the sentence that is grammatically **incorrect**:

He thought (*a*) / he will be able to do (*b*) / whatever he wanted (*c*) / with his job. (*d*)

A. (*a*) | B. (*b*)
C. (*c*) | D. (*d*)

55. Choose the part of the sentence that is grammatically **incorrect**:

The Jews were (*a*) / most reluctant (*b*) / to contribute (*c*) / in the Palestinian cause. (*d*)

A. (*a*) | B. (*b*)
C. (*c*) | D. (*d*)

56. The word 'slither' means:

A. lick | B. venomous
C. hinder | D. slide

57. Fill in the blank with the **correct** form of the verb:

When I last _______ her, she was deeply involved in debt.

A. have met | B. met
C. has met | D. did met

58. Fill in the blank with the **correct** option:

How did the thief _____ the padlock.

A. open | B. opened
C. had opened | D. had been opening

59. Fill in the blank with the **correct** 'Modal Auxiliary':

_______ you mind lending me your pen? (Request)

A. Should | B. Ought
C. Would | D. Must

60. Arrange the following jumbled options in the correct order and then choose the **correct** option:

(*a*) is heartening | (*b*) is going abroad
(*c*) the news | (*d*) that she

A. (*c*), (*d*), (*b*), (*a*) | B. (*d*), (*a*), (*c*), (*b*)
C. (*d*), (*c*), (*b*), (*a*) | D. (*d*), (*c*), (*a*), (*b*)

भाग-III : सामान्य अध्ययन

मात्रात्मक योग्यता, तार्किक अभिक्षमता तथा सामान्य ज्ञान एवं अभिज्ञान

61. यदि A अपने सिर के बल पर उत्तर दिशा की ओर अपना मुँह करके खड़ा है, तो उसके बायें हाथ की दिशा है :

A. उत्तर-पूर्व | B. पश्चिम
C. पूर्व | D. उत्तर-पश्चिम

62. एक नाव 20 किमी. दूरी को धारा की दिशा में एक घंटे में तथा उसी दूरी को धारा की विपरीत दिशा में 2 घंटे में तय करती है, तो शान्त जल में नाव की चाल है :

A. 10 किमी./घं. | B. 12 किमी./घं.
C. 13 किमी./घं. | D. 15 किमी./घं.

63. 15 व्यक्तियों के समूह में 7 व्यक्ति हिन्दी एवं 8 व्यक्ति अंग्रेजी पढ़ते हैं जबकि 3 व्यक्ति इन दोनों में से किसी को भी नहीं पढ़ते हैं, तो इनमें से कितने व्यक्ति हिन्दी व अंग्रेजी दोनों को पढ़ते हैं?

A. 0 | B. 3
C. 4 | D. 5

50. D **51.** A **52.** C **53.** B **54.** B **55.** D **56.** D **57.** B **58.** A **59.** C
60. A **61.** C **62.** D **63.** B

64. एक कक्षा में 35 विद्यार्थियों में, A का स्थान नीचे से 7वें पर एवं B का स्थान ऊपर से 9वें स्थान पर है तथा C का स्थान इन दोनों के ठीक मध्य में हो, तो C का स्थान A से कौन-सा है?

A. 9वाँ B. 10वाँ
C. 11वाँ D. 12वाँ

65. एक निश्चित कूट भाषा में 'CEG' को 'TSR' तथा 'FHJ' को 'QPO' लिखा जाता है, तो इसी समान भाषा में 'IKM' को लिखा जाएगा :

A. NOP B. NOL
C. NMK D. NML

66. अक्षरों EAML से कितने सार्थक शब्द बनाए जा सकते हैं?

A. 1 B. 2
C. 3 D. 4

67. एक नियमित बहुभुज में आन्तरिक कोण एवं बाह्य कोण का अनुपात 7 : 2 हो, तो इस बहुभुज की भुजाओं की संख्या है :

A. 7 B. 8
C. 9 D. 11

68. निम्नलिखित संख्या शृंखला का अगला पद ज्ञात कीजिए :

2, 3, 10, 15, 26, ?

A. 33 B. 34
C. 35 D. 36

69. नल A द्वारा एक टैंक को अकेले 8 घंटे में, नल B द्वारा इसी टैंक को अकेले 6 घंटे में भरा जा सकता है। यदि दोनों नलों को एक साथ 2 घंटे के लिए खोलने के पश्चात् नल A को बन्द कर दिया जाए, तो नल B द्वारा बचा टैंक कब भर जाएगा?

A. 2 घंटे में B. 2½ घंटे में
C. 3 घंटे में D. 3½ घंटे में

70. यदि किसी निश्चित पैटर्न में 38 * 15 = 32, 62 * 91 = 7 तथा 74 * 81 = 29 हो, तो उसी पैटर्न में 47 * 33 का मान है :

A. 40 B. 41
C. 38 D. 53

71. यदि 17 दिसम्बर, 2002 को शनिवार था, तो 22 दिसम्बर, 2004 को कौन-सा दिन था?

A. रविवार B. शनिवार
C. सोमवार D. मंगलवार

72. श्रेणी का अगला पद है :

Z1A, X2D, V6G, T21J, ?

A. R87M B. R87N
C. R88P D. R88M

73. अंग्रेजी वर्णमाला में, दी गई श्रेणियों में क्रमागत अक्षरों के मध्य छोड़े गए अक्षरों की संख्या एक से कम होती जाती है, निम्नलिखित श्रेणियों में कौन-सी इस नियम का पालन करती है?

A. DJOTV B. DJOSV
C. DJOSW D. DIOSU

74. x-अक्ष, y-अक्ष तथा $4x + 3y = 12$ द्वारा निर्मित त्रिभुज के बाह्यवृत्त की त्रिज्या है :

A. 2 इकाई B. 2.5 इकाई
C. 3 इकाई D. 4 इकाई

75. वह सबसे छोटी संख्या ज्ञात कीजिए, जिसे 15463 में जोड़ने पर प्राप्त योगफल 107 से पूर्णतया विभाजित हो जाता है :

A. 52 B. 55
C. 71 D. 76

76. पानी को दूध में किस अनुपात में मिलाकर बेचा जाए कि प्राप्त मिश्रण को क्रय मूल्य पर बेचने पर 20% का लाभ हो?

A. 1 : 5 B. 2 : 5
C. 3 : 5 D. 4 : 5

77. एक निश्चित राशि का 4% वार्षिक दर पर 2 वर्षों के लिए चक्रवृद्धि ब्याज एवं सरल ब्याज का अनुपात है :

A. 52 : 51 B. 52 : 50
C. 51 : 50 D. 53 : 50

78. यदि A, B तथा C ने $\frac{7}{2}:\frac{4}{3}:\frac{6}{5}$ के अनुपात में पूँजी लगाकर एक व्यापार प्रारम्भ किया। 4 माह पश्चात A ने अपनी पूँजी का 50% बढ़ा दिया। यदि वर्ष के अन्त में कुल ₹ 21,600 का लाभ हुआ हो, तो इस लाभ में से B का हिस्सा है :

A. ₹ 2,400 B. ₹ 3,600
C. ₹ 4,000 D. ₹ 4,200

79. एक आदमी 20% हानि पर एक वस्तु को बेचता है, यदि उसी वस्तु को ₹ 12 अधिक में बेचता, तो उसे 10% का लाभ होता। उस वस्तु का क्रय मूल्य है :

A. ₹ 22 B. ₹ 30
C. ₹ 36 D. ₹ 40

80. $\frac{a^{1/2} + a^{-1/2}}{1-a} + \frac{1-a^{-1/2}}{1+\sqrt{a}}$ बराबर है :

A. $\frac{a}{a-1}$ B. $\frac{a-1}{2}$
C. $\frac{2}{a-1}$ D. $\frac{2}{1-a}$

64. B	**65.** D	**66.** C	**67.** C	**68.** C	**69.** B	**70.** B	**71.** A	**72.** D	**73.** B
74. B	**75.** A	**76.** A	**77.** C	**78.** C	**79.** D	**80.** D			

81. ऐतिहासिक गाँव सुघ अवस्थित है :

A. अम्बाला जिले में
B. कुरुक्षेत्र जिले में
C. यमुनानगर जिले में
D. पंचकुला जिले में

82. किस हरियाणवी ने अगस्त, 2023 में माउंट एल्ब्रुस को फतेह किया?

A. संदीप बिश्नोई
B. रोहताश बिश्नोई
C. अजय खिचड़
D. मोहित

83. हरियाणा के निम्नलिखित राज्यपालों में से कौन आई.सी.एस. अधिकारी थे?

A. श्री धर्मवीर
B. श्री मुजफ्फर हुसैन बर्नी
C. श्री हरि आनन्द बरारी
D. श्री सुरजीत सिंह संधवालिया

84. मौर्यकालीन स्तूप के साक्ष्य प्राप्त हुए हैं :

A. टोपरा में
B. भिवानी में
C. थानेसर में
D. रोहतक में

85. गीता जयंती समारोह किस माह में मनाया जाता है?

A. कार्तिक में
B. मार्गशीर्ष में
C. आश्विन में
D. श्रावण में

86. हरियाणा सेवा का अधिकार आयोग के मुख्य आयुक्त कौन हैं?

A. श्री टी.सी. गुप्ता
B. श्री विजय वर्धन
C. श्री राजेश खुल्लर
D. श्री विकास गुप्ता

87. साधु निश्चलदास के बारे में निम्नलिखित कथनों को पढ़िए :

(*i*) वह दादू के शिष्य थे।
(*ii*) उन्होंने एक पुस्तक 'विचार सागर' संकलित की, जो संवाद के रूप में है।

सही कूट का चयन कीजिए :

A. केवल कथन (*i*) सही है।
B. केवल कथन (*ii*) सही है।
C. न तो कथन (*i*) और न ही कथन (*ii*) सही हैं।
D. दोनों कथन (*i*) और (*ii*) सही हैं।

88. हरियाणा में चिंकारा प्रजनन केंद्र कहाँ स्थित है?

A. पिंजौर
B. पानीपत
C. झज्जर
D. भिवानी

89. हरियाणा राज्य सहकारी कृषि एवं ग्रामीण विकास बोर्ड लि. की स्थापना कब हुई?

A. जनवरी, 1967
B. नवम्बर, 1966
C. मार्च, 1980
D. जनवरी, 1996

90. हरियाणा में भारतीय सूचना प्रौद्योगिकी संस्थान कहाँ स्थित है?

A. सोनीपत
B. पानीपत
C. अम्बाला
D. कुरुक्षेत्र

भाग-IV : विषय ज्ञान-हिन्दी

91. संज्ञा की दृष्टि से **असंगत** विकल्प चुनिए :

A. संज्ञा एक विकारी पद है, जिसके कारक, लिंग एवं वचन विकारक कहे जा सकते हैं।
B. रामायण, पृथ्वी एवं ताजमहल शब्द व्यक्तिवाचक संज्ञाओं के उदाहरण हैं।
C. द्रव्यवाचक संज्ञाओं का प्रयोग बहुवचन में होता है एवं ऐसी संज्ञाओं को अगणनीय संज्ञाएँ भी कहा जाता है।
D. ऐश्वर्य, थकावट एवं किसानी यौगिक भाववाचक संज्ञाओं के उदाहरण हैं।

92. रसावयव के संदर्भ में **असंगत** विकल्प चुनिए :

A. विभावों के अभाव में स्थायी भाव 'सुषुप्तावस्था' में रहते हैं।
B. अनुभावों के माध्यम से ही रसास्वादन की सूचना प्राप्त होती है।
C. संचारी भाव संचरणशील एवं चंचल मनोवृत्तियों के द्योतक हैं।
D. आलम्बन रसोत्पत्ति के 'प्राकृतिक कारण' हैं; जबकि उद्दीपन रसोत्पत्ति के 'सजीव कारण' हैं।

93. निम्न में से किस विकल्प का विवरण असंगत है?

A. स्वर एवं स्वर सहित व्यंजन 'अक्षर' जबकि स्वर एवं स्वर रहित व्यंजन 'वर्ण' कहलाते हैं।
B. कारक चिह्न रहित वर्ण समुदाय 'शब्द', जबकि कारक चिह्न युक्त वर्ण समुदाय 'पद' कहलाता है।
C. आकांक्षा, योग्यता एवं सन्निधि युक्त पदों का समूह ही 'वाक्य' कहलाता है।
D. अनुनासिक स्वर एवं व्यंजन से पृथक् ध्वनि है, जबकि अनुस्वार की गणना स्वर एवं व्यंजन से पृथक् नहीं होती है।

81. C **82.** B **83.** A **84.** A, C **85.** B **86.** A **87.** B **88.** D **89.** * **90.** A
91. C **92.** D **93.** D

94. **असंगत** कथन चुनिए :

A. इस करुणा कलित हृदय में,
अब विकल रागिनी बजती —छेकानुप्रास

B. कूलनि में कलिन में कछारन में कुंजन में,
क्यारिन में कलित कलीन किलकंत है। —लाटानुप्रास

C. मचलते चलते ये जीव हैं,
दिवस में वस में रहते नहीं। —यमक अलंकार

D. चरण धरत, चिंता करत भावै नींद न सौर।
सुबरन को ढूँढत फिरत कवि, कामी अरु चौर।।
—श्लेष अलंकार

95. समकालीन कविता के प्रमुख काव्य आंदोलन एवं प्रवर्तक की दृष्टि से कौन-सा विकल्प सही **नहीं** है?

A. बीट कविता — राजकमल चौधरी
B. युयुत्सावादी कविता — श्रीराम सिंह 'शलभ'
C. सहज कविता — डॉ. वीरेन्द्र कुमार
D. अकविता आंदोलन — जगदीश चतुर्वेदी

96. पाठ्यक्रम निर्माण में ब्लूम के निर्धारण का महत्व इसलिए हैं क्योंकि :

A. यह निर्धारण 'सरल से जटिल' सिद्धान्त पर आधारित है।
B. इसकी सहायता से मूल्यांकन विधियों की वैधता का परीक्षण सरलतापूर्वक किया जा सकता है।
C. इस निर्धारण से उचित परीक्षा स्थितियों के चयन में भी सुविधा होती है।
D. यह निर्धारण तर्क की अपेक्षा भावाधारित है।

97. रसनिष्पत्ति सूत्र से संबंधित व्याख्याता आचार्यों के विषय में प्रदत्त विवरण में से किस विकल्प में **असंगति** है?

A. भट्टलोल्लट ने 'संयोग' का अर्थ उत्पाद्य-उत्पादक भाव संबंध माना एवं रस की अवस्थिति सहृदय के चित्त में मानी है।
B. श्री शंकुक के सिद्धान्त का नाम 'अनुमितिवाद' है, इन्होंने रस सूत्र को 'चित्र तुरग न्याय' के माध्यम से स्पष्ट किया।
C. भट्टनायक ने संयोग का अर्थ 'भोज्य-भोजक' माना है।
D. अभिनवगुप्त के सिद्धान्त का नाम 'अभिव्यक्तिवाद' है, इन्होंने संयोग का अर्थ 'व्यंग्य-व्यंजक' माना है।

98. *''झलकी भरि भाल कनी जल की, पुटि सुखि गये मधुराधर वै।
पलकु कँपात, पुलकति पलकु, पलकु पसीजति जाति।।*

उपर्युक्त पंक्तियों में कौन-सा अनुभाव प्रयुक्त हुआ है?

A. वैवर्ण्य B. आहार्य
C. सात्विक D. वाचिक

99. **असंगत** विकल्प का चयन कीजिए :

A. सुनना एवं पढ़ना भाषा के ग्राह्यात्मक कौशल हैं।
B. द्रुत एवं गंभीर पठन मौखिक पठन के भेद हैं।
C. ध्वनि-साम्य एवं देखो और कहो विधियाँ पठन शिक्षण की विधियाँ हैं।
D. मौखिक अभिव्यक्ति लिखित अभिव्यक्ति की आधारशिला है।

100. *''रस कविता को अंग, भूषन हैं भूषन सकल।
गुन सरूप और रंग, दूषण करै कुरूपता।।''*

किस कवि की उक्ति है?

A. भिखारीदास
B. कुलपति मिश्र
C. केशवदास
D. महाकवि देव

101. सूची-I को सूची-II के साथ मिलान करते हुए **सही** उत्तर चुनें :

सूची-I	**सूची-II**
(a) वर्तनी संबंधी विकार	*(i)* ऑडीटरी प्रोसेसिंग डिस्ऑर्डर
(b) श्रवण संबंधी विकार	*(ii)* डिस्ऑर्थोग्राफिया
(c) पठन संबंधी विकार	*(iii)* डिस्लेक्सिया
(d) लेखन संबंधी विकार	*(iv)* डिस्ग्राफिया

सही विकल्प का चयन कीजिए :

	(a)	*(b)*	*(c)*	*(d)*
A.	*(i)*	*(ii)*	*(iii)*	*(iv)*
B.	*(iv)*	*(iii)*	*(ii)*	*(i)*
C.	*(ii)*	*(i)*	*(iii)*	*(iv)*
D.	*(i)*	*(ii)*	*(iv)*	*(iii)*

102. *''शक्ति निपुणता लोकमत, वितपति अरु अभ्यास।
अरु प्रतिभा ते होत है, ताको ललित प्रकास।।''*

उक्त काव्य-हेतु किसके द्वारा प्रदत्त है?

A. केशवदास B. सुखदेव मिश्र
C. श्रीपति D. भिखारीदास

103. किस विकल्प में व्याकरण पाठ-योजना के सोपान हैं?

A. प्रस्तावना – उद्देश्य कथन – प्रस्तुतीकरण – अनुकरणवाचन – काठिन्यनिवारण
B. प्रस्तावना – उद्देश्य कथन – प्रस्तुतीकरण – श्यामपट्ट सार – सामान्यीकरण – नियमीकरण
C. प्रस्तावना – उद्देश्य कथन – प्रस्तुतीकरण – पाठाभिनय – मूल्यांकन – गृहकार्य
D. प्रस्तावना – उद्देश्य कथन – प्रस्तुतीकरण – बोधप्रश्न – मौनवाचन

94. B **95.** C **96.** D **97.** A **98.** C **99.** B **100.** A **101.** C **102.** C **103.** B

104. शब्द शक्ति के संदर्भ में कौन-सा विकल्प संगत **नहीं** है?
A. लक्षणा शब्द शक्ति को 'अभिधापुच्छभूता' कहा जाता है।
B. व्यंजना शब्द शक्ति को ही 'प्रतीयमानार्थ' कहा जाता है।
C. मुख्यार्थ बाध, मुख्यार्थ योग तथा रूढ़ि या प्रयोजन इन तीनों को लक्षणा का समुदित हेतु कहा जाता है।
D. जब सादृश्य संबंध के अतिरिक्त अन्य संबंध से लक्ष्यार्थ का ज्ञान हो, वहाँ गौणी लक्षणा होती है।

105. कृति एवं उसकी साहित्यिक विधा की दृष्टि से संगत विकल्प **नहीं** है :
A. भिखारिणी – उपन्यास B. दर्द के पैबंद – कहानी
C. तप्ता संवरण – नाटक D. मारेसि मोहि कुठाँव – निबंध

106. भाषा संसर्ग प्रणाली का गुण **नहीं** है :
A. यह शिक्षण को रोचक एवं क्रियाशील बनाती है।
B. इसमें व्याकरण की पाठ्यपुस्तक की आवश्यकता नहीं होती है।
C. इस विधि में समय सर्वाधिक लगता है।
D. यह विधि विद्यार्थी केन्द्रित विधि है।

107. *"राजत रंग न दोष जुत, कविता बनिता मित्त।*
बुंदक हाला होत ज्यों, गंगा घट अपवित्र।।"

काव्यदोषों के संदर्भ में उक्त विचार किसके हैं?
A. केशवदास B. चिंतामणि
C. भिखारीदास D. प्रतापसाहि

108. छंद के संदर्भ में **असंगत** विकल्प चुनिए :
A. मात्राएँ सदैव स्वर या स्वर युक्त वर्णों पर अंकित की जाती हैं, व्यंजन वर्णों पर नहीं।
B. किसी भी छंद का वाचन करते समय स्वर में आने वाले आरोह-अवरोह को 'तुक' कहा जाता है।
C. 'मगण' सर्वगुरु होता है, जबकि 'नगण' सर्वलघु होता है।
D. 'वृत्तरत्नाकर' के रचयिता केदार भट्ट हैं, जबकि 'छंद मंजरी' आचार्य पद्माकर द्वारा लिखित है।

109. निम्न काव्य रचनाओं के रचयिताओं की दृष्टि से **असंगत** कथन चुनिए :
A. कुआनो नदी – सर्वेश्वरदयाल सक्सेना
B. अकाल में सारस – कुँवर नारायण
C. एक कंठ विषपायी – दुष्यन्त कुमार
D. मछलीघर – विजयदेव नारायण साही

110. *"चमचमात चंचल नयन, बिच घूँघट पट झीन।*
मानहु सुरसरिता विमल, जल उछलत युग मीन।।"

उक्त दोहा किस अलंकार का उदाहरण है?
A. श्लेष B. उत्प्रेक्षा
C. भ्रांतिमान D. संदेह

111. निम्न में से मूल्यांकन का उद्देश्य है :
A. विद्यार्थी की क्रमोन्नति का निर्धारण करना।
B. विद्यार्थियों का सर्वांगीण विकास करना।
C. विद्यार्थियों के व्यवहार परिवर्तन का पता लगाना।
D. उपरोक्त सभी

112. किस विकल्प में पाठ्यपुस्तक के **बाह्य पक्ष** का गुण **नहीं** है?
A. चित्रांकन B. जीवन से संबद्धता
C. गुणवत्ता D. सूचनात्मक पक्ष

113. किस विकल्प में कोई भी अशुद्ध शब्द प्रयुक्त **नहीं** हुआ है?
A. आततायी, दरियाई, कृतकृत्य
B. सात्यकि, जानकी, छिपकिली
C. पाणिनी, बिमारी, तिलांजली
D. शिरीष, जयन्ति, कौषीतकी

114. *"सिंधु सेज पर धरा वधू अब, तनिक संकुचित बैठी-सी।*
प्रलय निशा की हलचल स्मृति में, मान किए-सी ऐंठी-सी।।"

उपर्युक्त पंक्तियों में कौन-सी शब्द शक्ति प्रधानतः प्रयुक्त हुई है?
A. गौणी लक्षणा B. उपादान लक्षणा
C. शाब्दी व्यंजना D. आर्थी व्यंजना

115. काव्य गुणों के संदर्भ में एक विकल्प असंगत है, उसे छाँटिए :
A. आचार्य भामह, श्रव्यत्व और अनतिसमस्तत्व को 'माधुर्य गुण' कहते हैं।
B. आचार्य मम्मट ने अपने ग्रंथ काव्यप्रकाश में अलंकारों को शौर्यादिवत् एवं गुणों को हारादिवत् कहा है।
C. आचार्य वामन ने अपने ग्रंथ काव्यालंकार सूत्रवृत्ति में ओज का लक्षण 'गाढबंधत्व' दिया है।
D. आचार्य आनंदवर्धन ने प्रसाद गुण में 'सभी रसों के प्रति सम्पर्कत्व' स्वीकार किया है।

116. **असंगत** विकल्प चुनिए :
A. कवि के कठिनतर कर्म की करते नहीं हम धृष्टता।
—श्रुतिकटुत्व दोष
B. विषमय यह गोदायरी अमृतन को फल देत।
—अप्रतीतत्व दोष
C. हे हर हार आहार सुत, मैं विनवत हूँ तोय।
वैरिन के पति सुतन से, शीघ्र मिला दे मोय।।
—दुष्क्रमत्व दोष
D. मूँड मुँडाये हरि मिले तो हरि कोई लेहि मुँडाय।
—ग्राम्यत्व दोष

104. D **105.** B **106.** C **107.** A **108.** B **109.** B **110.** B **111.** D **112.** B **113.** A
114. D **115.** B **116.** C

117. *''प्रिय पति वह मेरा, प्राण प्यारा कहाँ है?*
दुख जलनिधि डूबी, का सहारा कहाँ है?
लख मुख जिसका मैं, आज लौं जी सकी हूँ।
वह हृदय हमारा, नैन तारा कहाँ है।।''

उपर्युक्त पंक्तियाँ किस छंद की उदाहरण हैं?

A. मालिनी B. वंशस्थ
C. वसन्ततिलका D. शिखरिणी

118. कौन-सा विकल्प सुमेलित **नहीं** है?

A. मंटो : मेरा दुश्मन – उपेन्द्रनाथ 'अश्क'
B. कविता के नये प्रतिमान – नामवर सिंह
C. माटी की मूरतें – रामवृक्ष बेनीपुरी
D. कब्रिस्तान में पंचायत – मनोहर श्याम जोशी

119. सतत एवं व्यापक मूल्यांकन का उद्देश्य **नहीं** है :

A. मूल्यांकन को अध्यापन-अधिगम प्रक्रिया का अविभाज्य हिस्सा मानना।
B. अध्यापन और अधिगम प्रक्रिया को शिक्षक केन्द्रित कार्यकलाप बनाना।
C. बोधात्मक एवं भावनात्मक कौशलों का विकास करना।
D. सीखने की प्रक्रिया पर बल देना।

120. *''नील सरोरुह स्याम, तरुन अरुन वारिज नयन।*
करउ सो मम उर धाम, सदा छीर सागर सयन।।''

उक्त पंक्तियों में प्रयुक्त अलंकार है :

A. उपमेय लुप्तोपमा B. उपमान लुप्तोपमा
C. साधारणधर्म लुप्तोपमा D. वाचक लुप्तोपमा

121. निम्न में से कौन-सा विवरण **असंगत** है?

A. संपत्ति का पर्यायवाची 'रिक्थ' है।
B. युधिष्ठिर का पर्यायवाची 'हेरम्ब' है।
C. बिल्ली का पर्यायवाची 'शालावृक' है।
D. सूर्य का पर्यायवाची 'तरणी' है।

122. असंगत कथन चुनिए :

A. 17 सर्गों में विभाजित 'प्रिय-प्रवास' खड़ी बोली हिंदी का पहला महाकाव्य माना जाता है।
B. प्रेमाम्बु-वारिधि एवं रसकलश हरिऔध जी की काव्य रचनाएँ हैं।
C. आधुनिक खड़ी बोली के प्रथम स्वच्छंदतावादी कवि श्रीधर पाठक हैं।
D. आधुनिक हिंदी साहित्य में 'बाल साहित्य के जनक' रूपनारायण पाण्डेय हैं।

123. कौन-सा विकल्प सुमेलित **नहीं** है?

A. ''धन्य भूमि भारत सब रतननि की उपजावनि।'' –प्रेमघन
B. ''हमारो उत्तम भारतदेश'' –बालकृष्ण भट्ट
C. ''जहाँ करुणानिधि केशव सोए,
जानत नाहिं अनेक जतन करि भारतवासी रोए।''–भारतेन्दु
D. ''सब धन लिये जात अँगरेज।
हम केवल लेक्चर के तेज।।'' –प्रतापनारायण मिश्र

124. हिंदी साहित्य के आधुनिक काल के सन्दर्भ में किस विकल्प की संगतता **नहीं** है?

A. आचार्य रामचंद्र शुक्ल 1843 ई. से रीतिकाल का अंत एवं आधुनिक काल की शुरूआत मानते हैं।
B. आधुनिक कालीन साहित्य में मनुष्य का ईश्वर रूप में चित्रण हुआ है।
C. ''रस्मौ रिवाज भाखा का दुनिया से उठ गया।'' यह उक्ति सदल मिश्र ने कही।
D. इस काल में साहित्यिक भाषा के रूप में खड़ी बोली की प्रतिष्ठा हुई।

125. सूफी काव्यधारा के प्रथम कवि एवं कृति के संदर्भ में बेमेल छाँटिए :

A. कुतुबन कृत मृगावती – आचार्य रामचंद्र शुक्ल
B. ईसरदास कृत सत्यवती कथा – आचार्य हजारी प्रसाद द्विवेदी
C. मुल्ला दाऊद कृत चंदायन – बच्चन सिंह
D. असाइत कृत हंसावली – डॉ. नगेन्द्र

126. उपसर्ग के संदर्भ में **अनुचित** विकल्प चुनिए :

A. आस्वादन, आक्रोश - 'आ' उपसर्ग
B. कुसुम, कुतर्क - 'कु' उपसर्ग
C. अन्वीक्षण, अन्वित - 'अनु' उपसर्ग
D. पर्यटन, पर्याय - 'परि' उपसर्ग

127. निम्न में से कौन-सा कथन संगत **नहीं** है?

A. मुल्कराज आनंद, सज्जाद जहीर इत्यादि ने भारत की ओर से सर्वप्रथम इंग्लैंड में जुलाई 1935 ई. में 'भारतीय प्रगतिशील लेखक संघ' की स्थापना की।
B. डॉ. गणपतिचंद्र गुप्त ने कालक्रम की दृष्टि से रामेश्वर 'करुण' कृत ब्रजभाषा काव्य 'करुण सतसई' को प्रथम प्रगतिवादी रचना मानी है।
C. राजनीति के क्षेत्र में जो समाजवाद या साम्यवाद है, साहित्य के क्षेत्र में वही प्रगतिवाद है।
D. सुमित्रानंदन पंत के युगवाणी काव्य-संग्रह में नौका-विहार, चाँदनी, एकतारा एवं भावी पत्नी के प्रति कविताएँ संग्रहीत हैं।

117. A **118.** D **119.** B **120.** D **121.** D **122.** D **123.** B **124.** B **125.** C **126.** B **127.** D

128. किस विकल्प में सही विलोम युग्म **नहीं** है?

A. वैमनस्य – सौमनस्य B. परुष – कठोर
C. आज्ञा – अवज्ञा D. निंद्य – वन्द्य

129. "भारतेन्दु का पूर्ववर्ती काव्य-साहित्य संतों की कुटिया से निकलकर राजाओं और रईसों के दरबार में पहुँच गया था, उन्होंने एक तरफ तो काव्य को फिर से भक्ति की पवित्र मंदाकिनी में स्नान कराया और दूसरी तरफ उसे दरबारीपन से निकालकर लोक-जीवन के आमने-सामने खड़ा कर दिया।"

उक्त कथन का संबंध किस आलोचक से है?

A. आचार्य रामचंद्र शुक्ल
B. आचार्य हजारी प्रसाद द्विवेदी
C. रामस्वरूप चतुर्वेदी
D. डॉ. रामविलास शर्मा

130. कबीर के साहित्य में वर्णित विचार एवं उनके आधार/स्रोत को सुमेलित कीजिए।

(*a*) शून्यवाद	(*i*) वेदान्त दर्शन
(*b*) एकेश्वरवाद	(*ii*) बौद्ध सम्प्रदाय
(*c*) उलटबासियाँ	(*iii*) सिद्ध साहित्य
(*d*) ज्ञान एवं मोक्ष की अवधारणा	(*iv*) इस्लाम धर्म

सही विकल्प का चयन कीजिए :

	(*a*)	(*b*)	(*c*)	(*d*)
A.	(*ii*)	(*iv*)	(*iii*)	(*i*)
B.	(*i*)	(*ii*)	(*iii*)	(*iv*)
C.	(*ii*)	(*iv*)	(*i*)	(*iii*)
D.	(*ii*)	(*iii*)	(*iv*)	(*i*)

131. नाथ साहित्य के संदर्भ में कौन-सा विवरण असंगत है?

A. इस साहित्य में सिद्धों की भोगविलास प्रवृत्ति की भर्त्सना की गई है।
B. सर्वाधिक नारी निंदा आदिकाल की इसी धारा में मिलती है।
C. आचार्य रामचंद्र शुक्ल गोरखनाथ के संदर्भ में कहते हैं कि–"शंकराचार्य के बाद इतना प्रभावशाली और इतना महिमान्वित व्यक्तित्व भारतवर्ष में कोई दूसरा नहीं हुआ।"
D. नाथ साहित्य को हिंदी साहित्य की 'पूर्व पीठिका' कहा जाता है।

132. *"देशभक्त वीरों, मरने से नेकु नहीं डरना होगा।*
प्राणों का बलिदान देश की वेदी पर करना होगा।"

उक्त पंक्तियों के रचयिता हैं :

A. रामनरेश त्रिपाठी B. सत्यनारायण 'कविरत्न'
C. नाथूराम शर्मा 'शंकर' D. जगन्नाथदास 'रत्नाकर'

133. कौन-सा विकल्प सुमेलित **नहीं** है?

A. अपने-अपने अजनबी – अज्ञेय
B. शिलापंख चमकीले – शमशेर बहादुर सिंह
C. मेरी वाणी गैरिक वसना – धर्मवीर भारती
D. हँसो-हँसो जल्दी हँसो – रघुवीर सहाय

134. निम्न में से मैथिलीशरण की कौन-सी कृति महाभारतीय पात्रों, प्रसंगों एवं उपाख्यानों पर आधारित कृति **नहीं** है?

A. गुरुकुल
B. वन-वैभव
C. नहुष
D. तिलोत्तमा

135. निम्न साहित्यिक वादों का सही अनुक्रम बताइए :

A. छायावाद, प्रगतिवाद, प्रपद्यवाद, प्रयोगवाद
B. छायावाद, प्रयोगवाद, प्रपद्यवाद, प्रगतिवाद
C. छायावाद, प्रगतिवाद, प्रयोगवाद, प्रपद्यवाद
D. छायावाद, प्रपद्यवाद, प्रगतिवाद, प्रयोगवाद

136. प्रदत्त विकल्पों में से एक विकल्प संगत **नहीं** है, उसे छाँटिए :

A. सिद्धों की बानियों को 'हिन्दी काव्यधारा' नाम से पं. राहुल सांकृत्यायन ने संग्रहीत किया है।
B. अपभ्रंश कवि स्वयंभू को अपभ्रंश साहित्य का वेदव्यास कहा जाता है।
C. सिद्धों ने तत्व ज्ञान की उपेक्षा की तथा शून्यवाद की प्रतिष्ठा की।
D. "काया तरवर पंच विडाल, चंचल चीर पाइठो काल" पंक्ति के रचनाकार 'लुइपा' हैं।

137. सही विवरण किस विकल्प में **नहीं** है?

A. माखनलाल चतुर्वेदी को 'हिमकिरीटिनी' काव्य संग्रह के लिए 'साहित्य अकादमी' पुरस्कार मिला।
B. रामधारी सिंह 'दिनकर' के काव्य-संग्रह 'हुँकार' की कविताओं को डॉ. बच्चन सिंह ने 'वैतालिक का जागरण गान' कहकर पुकारा है।
C. कवि दिनकर ने अपनी रचना 'उर्वशी' को 'कामाध्यात्म' की संज्ञा दी है।
D. 'क्वासि' एवं 'हम विषपायी जनम के' रचनाएँ बालकृष्ण शर्मा 'नवीन' की हैं।

138. रचनाकाल की दृष्टि से निम्न कृतियों का **सही** अनुक्रम है :

A. पल्लव, कामायनी, कुकुरमुत्ता, दीपशिखा
B. पल्लव, कामायनी, दीपशिखा, कुकुरमुत्ता
C. कामायनी, पल्लव, दीपशिखा, कुकुरमुत्ता
D. कुकुरमुत्ता, दीपशिखा, पल्लव, कामायनी

128. B **129.** B **130.** A **131.** C **132.** C **133.** B **134.** A **135.** C **136.** B **137.** A **138.** B

139. किस पत्रिका का संबंध भारतेन्दु हरिश्चंद्र से **नहीं** है?

A. बालाबोधिनी B. कविवचन सुधा

C. हरिश्चंद्र चंद्रिका D. आनंद कादंबिनी

140. प्रदत्त कथनों में से **असंगत** विकल्प का चयन कीजिए :

A. हिन्दी साहित्य का 'दोहरे नामकरण एवं दोहरा वर्गीकरण' करने वाले साहित्यकार—आचार्य रामचंद्र शुक्ल

B. हिंदी साहित्य में आलोचना पर लिखित प्रथम पुस्तक—हिंदी नवरत्न

C. हिंदी साहित्येतिहास का प्रस्थान बिंदु—शिवसिंह सरोज

D. मध्यकाल सामान्यतः जकड़ी हुई मनोवृत्ति का परिचायक है—डॉ. बच्चन सिंह

141. 'चन्द्रमा-शिव' का सांकेतिक शब्द-युग्म है :

A. शशांक - शशिकला

B. शशक - शशधर

C. शशधर - शशिधर

D. शशी - शशिपूजक

142. असंगत विकल्प चुनिए :

A. आलवार संतों में सबसे लोकप्रिय संत 'नम्म या शटकोप' हैं।

B. हिंदू-मुस्लिम सांस्कृतिक समन्वय की नींव ज्ञानमार्गी कवियों ने रखी।

C. मूर्तिपूजा एवं अवतारवाद संतकाव्य की प्रवृत्ति नहीं है।

D. निर्गुण भक्ति में केवल 'ज्ञान' को ही महत्व दिया गया है।

143. नागरीप्रचारिणी सभा से प्रकाशित 'हिन्दी साहित्य का बृहद् इतिहास' के खण्डों के संपादन की दृष्टि से **असंगत** विकल्प चुनिए :

A. हिंदी साहित्य की पीठिका – डॉ. राजबली पाण्डेय

B. हिंदी साहित्य का परिष्कार (द्विवेदीकाल) – डॉ. रामकुमार वर्मा

C. हिंदी भाषा का विकास – डॉ. राम अवध द्विवेदी

D. हिंदी का लोक साहित्य – म. पं. राहुल सांकृत्यायन

144. 'कैमरे में बंद अपाहिज' कविता के संदर्भ में **असत्य** कथन है :

A. यह कविता रघुवीर सहाय के काव्य संग्रह 'लोग भूल गए हैं' में संग्रहीत है।

B. कविता में कवि ने साधारण शैली में समाज की दारुण विडम्बनाओं को उजागर किया है।

C. कविता के माध्यम से कवि ने टेलीविजन स्टूडियो के भीतर की दुनिया को उजागर किया है।

D. यह कविता शारीरिक रूप से मजबूत व्यक्तियों के प्रति संवेदनशील है।

145. समाज की दृष्टि से संगत कथन **नहीं** है, उसे छाँटिए :

A. परीक्षाभवन – संप्रदान तत्पुरुष

B. मनसिज – अलुक तत्पुरुष

C. शाखामृग – मध्यम पद लोपी तत्पुरुष

D. इकहत्तर – अव्ययीभाव

146. कौन-सी कृति नागार्जुन रचित **नहीं** है?

A. पत्रहीन नग्न गाछ

B. प्यासी पथराई आँखें

C. पुरानी जूतियों का कोरस

D. मिट्टी की बारात

147. ''जब तक भाषा बोलचाल में थी, तब तक यह 'भाषा' अथवा 'देशभाषा' कहलाती रही, परन्तु जब साहित्य में प्रयुक्त होने लगी, तब उसके लिए 'अपभ्रंश' शब्द का व्यवहार होने लगा।''

आदिकालीन साहित्य की भाषा के संदर्भ में उक्त कथन किसका है?

A. आचार्य रामचंद्र शुक्ल

B. डॉ. बच्चन सिंह

C. आचार्य हजारी प्रसाद द्विवेदी

D. डॉ. नामवर सिंह

148. निम्न काव्यपंक्तियों के रचयिताओं की दृष्टि से **बेमेल** विकल्प चुनिए :

A. ''अधर मधुरता, कठिनता-कुच तीक्षनता-त्यौर।
रस कवित्त-परिपक्वता जाने रसिक न और।।''
—भिखारीदास

B. ''या अनुराग की फाग लखौ,
जहँ रागती राग किसोर- किसोरी।'' —प्रतापसाहि

C. ''ब्रह्म मैं ढूँढ़यो पुरानन गानन,
वेद-रिचा सुनि चौगुने चायन।'' —रसखान

D. ''संतन को काहे सीकरी सो काम।'' —कुंभनदास

149. कवि आलोक धन्वा ने अपनी 'पतंग' कविता में वर्णन किया है :

A. कारोबारी व्यक्तियों की कल्पना शक्ति का।

B. प्राचीन भारतीय संस्कृति का।

C. पतंग के बहाने बाल सुलभ इच्छाओं एवं उमंगों का।

D. महानगरीय जन-जीवन का।

150. किस विकल्प का विवरण व्याकरणात्मक दृष्टि से **अनुचित** है?

A. कृतिक + एय = कार्तिकेय

B. दम्पत्ति + य = दाम्पत्य

C. विभु + अ = वैभव

D. बदरी + आयन = बादरायण

139. D **140.** A **141.** C **142.** D **143.** C **144.** D **145.** D **146.** D **147.** A **148.** B **149.** C **150.** B

व्याख्यात्मक उत्तर

1. (C): समावेशी शिक्षा सामाजिक रूप से वंचित बच्चों के लिए सबसे उपयुक्त प्रकार है क्योंकि यह सुनिश्चित करता है कि वे विभिन्न पृष्ठभूमि वाले अपने साथियों के साथ सीखें। यह दृष्टिकोण समानता, विविधता और सम्मान को बढ़ावा देता है, अपनेपन की भावना को बढ़ावा देता है और सामाजिक बाधाओं को कम करता है।

2. (A): एरिक एरिक्सन के सिद्धांत के अनुसार, किशोरावस्था में पहचान बनाम भूमिका भ्रम का संकट शामिल होता है। अहं-पहचान, स्वयं और व्यक्तिगत पहचान की भावना, किशोरावस्था का एक सकारात्मक मनो-सामाजिक पहलू है क्योंकि यह मजबूत आत्म-जागरूकता और स्वतंत्रता की ओर ले जाती है।

3. (D): रचनात्मक बच्चे आमतौर पर अलग-अलग सोच, अत्यधिक जिज्ञासा और उच्च कल्पना जैसे गुणों का प्रदर्शन करते हैं। पारंपरिक विचार, जिसमें पारंपरिक या मानक सोच के तरीकों का पालन करना शामिल है, आमतौर पर एक रचनात्मक बच्चे की विशेषता नहीं होती है।

4. (D): सामाजिक पूर्वाग्रहों के विकास का समाजीकरण की प्रक्रिया पर सकारात्मक प्रभाव नहीं पड़ता है। इस तरह के पूर्वाग्रह भेदभाव और सामाजिक संघर्ष को जन्म दे सकते हैं, जो सामाजिक सद्भाव और व्यक्तिगत विकास के लिए हानिकारक हैं।

5. (C): वायगोत्स्की का 'जोन ऑफ प्रॉक्सिमल डेवलपमेंट' (ZPD) इस बात का अंतर बताता है कि एक बच्चा स्वतंत्र रूप से क्या हासिल कर सकता है और एक अधिक जानकार व्यक्ति के मार्गदर्शन से क्या हासिल कर सकता है। यह अवधारणा सहायक शिक्षण वातावरण के महत्व को रेखांकित करती है।

6. (B): डायग्नोस्टिक परीक्षण का उपयोग उन कारणों की पहचान करने के लिए किया जाता है कि एक शिक्षार्थी ने अपेक्षित प्रदर्शन क्यों हासिल नहीं किया है। इस प्रकार के परीक्षण में कठिनाई के विशिष्ट क्षेत्रों का विश्लेषण किया जाता है और अंतर्निहित कारणों की पहचान की जाती है, जैसे ज्ञान में अंतराल या गलत धारणाएँ, जिससे लक्षित हस्तक्षेप और सहायता की अनुमति मिलती है।

7. (A): भारत में राष्ट्रीय पाठ्यचर्या रूपरेखा (एनसीएफ) 2005 इस बात पर जोर देता है कि शिक्षा में समावेशन केवल विकल,ांग बच्चों तक ही सीमित नहीं होना चाहिए, बल्कि यह सुनिश्चित करना चाहिए कि कोई भी बच्चा वंचित न रहे। समावेशन पर इस व्यापक दृष्टिकोण का उद्देश्य एक ऐसा शिक्षण वातावरण बनाना है जो सभी छात्रों के लिए सुलभ और न्यायसंगत हो।

8. (D): वृद्धि और विकास में कई तरह के बदलाव शामिल होते हैं : शरीर के आकार में बदलाव (ऊंचाई और वजन), शरीर के अनुपात में बदलाव (जैसे अंग की लंबाई), पुरानी विशेषताओं का गायब होना (जैसे शिशु की चर्बी), और नई विशेषताओं का अधिग्रहण (जैसे यौवन के दौरान द्वितीयक यौन विशेषताएँ)। ये सभी पहलू समय के साथ होने वाले शारीरिक और विकासात्मक परिवर्तनों के अभिन्न अंग हैं।

9. (A): प्रेरणा सीखने के व्यवहार को विकृत करती है, यह गलत है क्योंकि प्रेरणा का आम तौर पर सीखने पर सकारात्मक प्रभाव पड़ता है। यह सीखने के व्यवहार को निश्चित दिशा प्रदान करता है, सीखने के व्यवहार को सक्रिय करता है, और सीखने को अधिक आकर्षक और उद्देश्यपूर्ण बनाता है। प्रेरित शिक्षार्थी लक्ष्य निर्धारित करने, चुनौतियों का सामना करने और सफलता के उच्च स्तर को प्राप्त करने की अधिक संभावना रखते हैं।

10. (D): कोहलबर्ग के नैतिक विकास सिद्धांत के तहत, नैतिकता के चरण अपने स्तरों से इस प्रकार मेल खाते हैं :

(*a*) अच्छे पारस्परिक संबंध (चरण 3) स्तर II (पारंपरिक) के अनुरूप है।

(*b*) व्यक्तिवाद और विनिमय (चरण 2) स्तर I (पूर्व-पारंपरिक) के अनुरूप है।

(*c*) सामाजिक अनुबंध और व्यक्तिगत अधिकार (चरण 5) स्तर III (उत्तर-पारंपरिक) के अनुरूप है।

(*d*) सार्वभौमिक सिद्धांत (चरण 6) स्तर III (उत्तर-पारंपरिक) के अनुरूप है।

यह वर्गीकरण स्वार्थ से लेकर सामाजिक मानदंडों के पालन और अंततः न्याय के अमूर्त सिद्धांतों तक की प्रगति को दर्शाता है।

11. (D): आकस्मिक अधिगम तब होता है जब कोई शिक्षार्थी अनजाने में और किसी विशिष्ट इच्छा या उद्देश्य के बिना ज्ञान या कौशल प्राप्त करता है। यह अक्सर विभिन्न वातावरणों या गतिविधियों के संपर्क के माध्यम से होता है, जहाँ सीखना एक केंद्रित प्रयास के बजाय अनुभव का उपोत्पाद होता है।

12. (D): जैविक उद्देश्य, जैसे भूख, प्यास और नींद, सार्वभौमिक, जन्मजात और जीवित रहने के लिए आवश्यक हैं। ये सीधे होमियोस्टेसिस से संबंधित हैं, जो शरीर की एक स्थिर आंतरिक वातावरण बनाए रखने की क्षमता है। इसलिए, यह कथन कि ये होमियोस्टेसिस से संबंधित नहीं हैं, गलत है।

13. (D): सतत और व्यापक मूल्यांकन (सीसीई) छात्रों का मूल्यांकन करने के लिए लिखित परीक्षा, मौखिक परीक्षण, व्यवहार संबंधी मूल्यांकन और व्यावहारिक परीक्षाओं सहित विभिन्न तरीकों का

उपयोग करता है। सीसीई का उद्देश्य विभिन्न डोमेन में छात्र के प्रदर्शन का समग्र मूल्यांकन प्रदान करना है, जिससे उनकी क्षमताओं और प्रगति की अधिक व्यापक समझ सुनिश्चित हो सके।

14. (C): यह कथन कि अशिक्षित लोग प्रदर्शन परीक्षण नहीं कर सकते, गलत है। प्रदर्शन परीक्षण ऐसे कार्यों के माध्यम से बुद्धिमत्ता का आकलन करने के लिए डिजाइन किए गए हैं जो मौखिक कौशल पर निर्भर नहीं करते हैं, जिससे वे व्यक्तियों के लिए उनके साक्षरता स्तर की परवाह किए बिना सुलभ हो जाते हैं। इन परीक्षणों में अक्सर वस्तुओं, पैटर्न या आकृतियों के साथ समस्या-समाधान शामिल होता है।

15. (D): गिलफोर्ड की बुद्धि की त्रि-आयामी संरचना में, बुद्धिमत्ता के तत्वों को संचालन, सामग्री और उत्पादों में वर्गीकृत किया गया है। 'संबंध' सामग्री आयाम के बजाय संचालन आयाम को संदर्भित करता है। संचालन में उपयोग की जाने वाली मानसिक प्रक्रियाएँ शामिल होती हैं, जैसे अनुभूति और मूल्यांकन, जबकि सामग्री और उत्पाद इन प्रक्रियाओं की सामग्री और परिणामों का वर्णन करते हैं।

16. (B): एकल शिक्षण मार्ग बाल-केंद्रित सीखने की एक प्रमुख विशेषता नहीं है। बाल-केंद्रित अधिगम सार्थक सीखने के अवसर, निरंतर मूल्यांकन और सुलभ सीखने की सेटिंग प्रदान करने पर जोर देता है। इसमें व्यक्तिगत अंतर, रुचियों और जरूरतों को पूरा करने के लिए कई सीखने के मार्ग शामिल हैं, यह सुनिश्चित करते हुए कि प्रत्येक बच्चा अपने लिए सबसे उपयुक्त तरीके से सीख सकता है।

17. (D): बंडुरा के अनुसार संयोजन प्रक्रियाएँ अवलोकनात्मक अधिगम की परस्पर संबंधित प्रक्रियाओं में से एक नहीं हैं। मुख्य प्रक्रियाएँ ध्यानात्मक प्रक्रियाएँ (मॉडल के व्यवहार पर ध्यान केंद्रित करना), अवधारण प्रक्रियाएँ (व्यवहार को याद रखना), मोटर प्रजनन प्रक्रियाएँ (व्यवहार को पुनः पेश करने की क्षमता) और प्रेरक प्रक्रियाएँ (व्यवहार करने की इच्छा होना) हैं।

18. (C): बंडुरा के सामाजिक अधिगम सिद्धांत के अनुसार, जब कोई व्यक्ति दूसरों के व्यवहार को देखकर और दोहराकर वही व्यवहार सीखता है, तो उसे मॉडलिंग कहा जाता है। इस प्रक्रिया में मॉडल की क्रियाओं का अवलोकन करना, जानकारी को बनाए रखना और फिर देखे गए व्यवहार की नकल करना शामिल है।

19. (B): स्टर्नबर्ग के त्रिआर्किक सिद्धांत के तहत प्रयोगात्मक घटक को घटकीय बुद्धिमत्ता में शामिल नहीं किया गया है। घटकीय बुद्धिमत्ता के तीन उप-घटक मेटा घटक (योजना और निर्णय लेने के लिए कार्यकारी प्रक्रियाएँ), प्रदर्शन घटक (कार्यों को निष्पादित करने की प्रक्रियाएं) और ज्ञान अधिग्रहण घटक (सीखने और नई जानकारी प्राप्त करने की प्रक्रियाएँ) हैं।

20. (A): डिस्कैलकुलिया एक सीखने की अक्षमता है जो अंकगणितीय कौशल के अधिग्रहण को प्रभावित करती है। इसमें संख्याओं को समझने, संख्याओं में हेरफेर करना सीखने और गणितीय गणना करने में कठिनाइयाँ शामिल हैं। यह स्थिति किसी व्यक्ति की बुनियादी अंकगणितीय संचालन करने और गणितीय अवधारणाओं को समझने की क्षमता को प्रभावित करती है।

21. (C): फ्रायड के मनोवैज्ञानिक विकास सिद्धांत ने निम्नलिखित क्रम में पाँच चरणों की रूपरेखा तैयार की है : मौखिक चरण $\rightarrow$ गुदा चरण $\rightarrow$ लिंग चरण $\rightarrow$ विलंब चरण $\rightarrow$ जननांग चरण। प्रत्येक चरण शरीर के विभिन्न क्षेत्रों और महत्वपूर्ण मनोवैज्ञानिक विकास पर कामेच्छा के फोकस का प्रतिनिधित्व करता है।

22. (B): पॉवलोव के शास्त्रीय कंडीशनिंग सिद्धांत के अनुसार, विलंबित कंडीशनिंग, जहाँ वातानुकूलित उत्तेजना (CS) पहले आती है और बिना शर्त उत्तेजना (US) के साथ ओवरलैप होती है, सीखने के लिए सबसे प्रभावी है। यह क्रम विषय को CS को US के साथ मजबूती से जोड़ने की अनुमति देता है।

23. (D): औपचारिक परिचालन चरण, जो पियाजे के संज्ञानात्मक विकास सिद्धांत में लगभग 12 वर्ष की आयु से होता है, वह तब होता है जब अमूर्त चिंतन और सामान्यीकरण की क्षमता विकसित होती है। बच्चे अमूर्त प्रस्तावों के बारे में तार्किक रूप से सोच सकते हैं और व्यवस्थित रूप से परिकल्पनाओं का परीक्षण कर सकते हैं।

24. (C): उपचारात्मक शिक्षण प्रतिभाशाली छात्रों के लिए उपयुक्त नहीं हैं क्योंकि इसे उन छात्रों की मदद करने के लिए डिजाइन किया गया है जो अपनी पढ़ाई में संघर्ष कर रहे हैं। प्रतिभाशाली छात्रों को स्वतंत्र परियोजना कार्य, त्वरण और संवर्धन कार्यक्रमों के अवसरों से अधिक लाभ होता है जो उनकी क्षमताओं को चुनौती देते हैं और बढ़ाते हैं।

25. (A): अलगाव का सिद्धांत समावेशी शिक्षा का सिद्धांत नहीं है। समावेशी शिक्षा सहयोग, विविधता को सराहने और सभी बच्चों के लिए शिक्षा के अधिकार को सुनिश्चित करने जैसे सिद्धांतों पर आधारित है। दूसरी ओर, अलगाव विकलांग या भिन्नता वाले बच्चों को अलग करता है, जो समावेशी शिक्षा दृष्टिकोण के विपरीत है।

26. (A): छात्रों के बड़े समूह व्यक्तिगत अंतर के अनुसार शिक्षण का समर्थन नहीं करते हैं। व्यक्तिगत आवश्यकताओं को प्रभावी ढंग से संबोधित करने के लिए, छोटे समूह या व्यक्तिगत निर्देश, पाठ्यक्रम अनुकूलन और प्रत्येक छात्र की क्षमताओं को समझना आवश्यक है। बड़े समूह प्रत्येक छात्र की अनूठी सीखने की शैली और जरूरतों को पूरा करना मुश्किल बनाते हैं।

27. (C): विशेष जरूरतों की पहचान करना और बच्चों को मुख्यधारा से बाहर करना विशेष जरूरतों वाले बच्चों की जरूरतों को पूरा

करने में शैक्षणिक संस्थानों की भूमिका नहीं है। स्कूलों को बिना किसी भेदभाव के छात्रों को दाखिला देकर, सुलभ सुविधाएं प्रदान करके और आवश्यक सहायता सेवाएं प्रदान करके समावेशी शिक्षा का लक्ष्य रखना चाहिए।

28. (B): यह कथन कि बाद का विकास प्रारंभिक विकास की तुलना में अधिक महत्वपूर्ण है, गलत है। प्रारंभिक विकास को अक्सर अधिक महत्वपूर्ण माना जाता है क्योंकि यह भविष्य की वृद्धि और विकास की नींव रखता है। प्रारंभिक अनुभव और सीखना बच्चे के संज्ञानात्मक, सामाजिक और भावनात्मक विकास को आकार देने में महत्वपूर्ण है।

29. (A): समावेशी शिक्षा का त्रि-आयामी मॉडल ग्रिफिथ, कूपर और रिंगलैबेन द्वारा प्रतिपादित किया गया था। यह मॉडल शारीरिक, निर्देशात्मक और सामाजिक समावेशन जैसे कई आयामों पर विचार करते हुए शैक्षिक प्रक्रिया में सभी छात्रों को शामिल करने पर जोर देता है।

30. (D): "समाजीकरण का अर्थ है सामाजिक संबंधों में परिपक्वता प्राप्त करना"। समाजीकरण की यह परिभाषा हरलॉक द्वारा दी गई है। समाजीकरण वह प्रक्रिया है जिसके द्वारा व्यक्ति समाज में प्रभावी ढंग से कार्य करने के लिए आवश्यक मानदंडों, मूल्यों, व्यवहारों और सामाजिक कौशलों को सीखते और अपनाते हैं। इसमें परिवार, साथियों और अन्य सामाजिक एजेंटों के साथ बातचीत के माध्यम से परिपक्व सामाजिक संबंधों का विकास शामिल है।

31. (B): 'पवित्रतम - विशेषण की उत्तरावस्था' सही सुमेलित नहीं है। सही उदाहरण 'पवित्रतम' है, जो विशेषण की उच्चतम अवस्था को दर्शाता है।

32. (C): 'माणिक्य - चर्बी, माणिक्या - मछली' सही अर्थ भेद नहीं है। 'माणिक्य' का अर्थ होता है रत्न (माणिक), जबकि 'माणिक्या' शब्द का उपयोग सामान्यतः नहीं होता है। सही युग्म 'माणिक्य - रत्न, मणिका - मछली' होता है।

33. (B): 'मस्तक - तद्भव शब्द' संगत नहीं है। 'मस्तक' तत्सम शब्द है, जो संस्कृत से सीधे लिया गया है। तद्भव शब्द वे होते हैं जो संस्कृत के शब्दों से परिवर्तित होकर हिंदी में आए हैं, जैसे 'सिर' तद्भव शब्द है।

34. (D): 'लघूर्मि = लघु + ऊर्मि' संगत है। यह सही संधि विच्छेद है जिसमें 'लघु' और 'ऊर्मि' शब्दों के मिलकर बनने वाला शब्द 'लघूर्मि' है।

35. (B): 'दीर्घश्वास, पाषाणहृदय' में बहुव्रीहि समास का उदाहरण नहीं है। बहुव्रीहि समास वह समास होता है जिसमें दोनों पद मिलकर किसी तीसरे पद का बोध कराते हैं, जैसे 'शेषशायी' (विष्णु जो शेषनाग पर शयन करते हैं)। 'दीर्घश्वास' और 'पाषाणहृदय' तत्पुरुष समास के उदाहरण हैं।

36. (B): 'अनीति' शब्द 'अन' उपसर्ग से निर्मित नहीं है। 'अनीति' का निर्माण 'अ-' उपसर्ग से हुआ है जो 'न' का समानार्थी है। 'अंतर', 'अनिष्ट', और 'अनाचार' सभी में 'अन' उपसर्ग का प्रयोग हुआ है।

37. (C): 'रिश्वतखोर, रोजगार' विदेशज प्रत्ययों से निर्मित शब्द हैं। 'खोर' और 'गार' प्रत्यय उर्दू और फारसी भाषा से आए हैं और हिंदी में इस्तेमाल होते हैं। अन्य विकल्पों में देशज और तद्भव प्रत्ययों का प्रयोग है।

38. (B): 'गरुड़ - खगनाथ, वृषभी, भद्रा' अनुचित है। गरुड़ के पर्यायवाची 'खगनाथ' और 'भद्र' हैं, लेकिन 'वृषभी' (वृषभ) और 'भद्रा' अन्य शब्दों के पर्यायवाची हैं। गरुड़ के अन्य पर्यायवाची शब्द जैसे 'वैनतेय' और 'पक्षिराज' हैं।

39. (B): 'याज्ञवल्क्य, हस्तक्षेप' वार्तनिक दृष्टि से शुद्ध शब्द हैं। याज्ञवल्क्य (एक ऋषि) और हस्तक्षेप (intervention) दोनों ही शब्द शुद्ध हैं। अन्य विकल्पों में त्रुटियाँ हैं, जैसे 'मैथली' की बजाय 'मैथिली' और 'वापिस' की बजाय 'वापस'।

40. (C): 'महात्मा गाँधी ने भारत को आजाद कराया।' इस वाक्य में 'महात्मा गाँधी' व्यक्तिवाचक संज्ञा हैं, जबकि 'भारत' भी व्यक्तिवाचक संज्ञा है। व्यक्तिवाचक संज्ञा विशेष व्यक्तियों या स्थानों के नाम होते हैं।

41. (D): 'कमान से तीर निकल जाना - किसी का भेद खुलना' का अर्थ संगत नहीं है। सही अर्थ 'घटना घट जाना या अवसर हाथ से निकल जाना' है। मुहावरे का अर्थ है कि एक बार तीर कमान से निकल गया तो वापस नहीं आ सकता, जैसे समय या अवसर चला जाना।

42. (B): 'सभी प्रेरणार्थक क्रियाएं अकर्मक होती हैं' असत्य है। प्रेरणार्थक क्रियाएं सकर्मक भी हो सकती हैं, जैसे 'लिखवाना' और 'पढ़वाना'। उदाहरण के लिए, 'पिता पुत्र से पत्र लिखवाता है' वाक्य में प्रेरणार्थक सकर्मक क्रिया 'लिखवाता' प्रयुक्त हुई है।

43. (C): 'पुरुषवाचक सर्वनाम के चार भेद माने जाते हैं' असत्य है। पुरुषवाचक सर्वनाम के केवल तीन भेद होते हैं : उत्तम पुरुष, मध्यम पुरुष, और अन्यतमा पुरुष। यह भेद वक्ता, श्रोता और अन्य व्यक्ति का बोध कराते हैं।

44. (C): 'दनुज - दानव' विपरीतार्थक युग्म असंगत है। दोनों शब्दों का अर्थ 'राक्षस' है और ये पर्यायवाची शब्द हैं। सही विपरीतार्थक युग्म 'दनुज - देवता' होता है।

45. (C): 'समुद्र में लगने वाली आग - दावानल' अनुचित युग्म है। दावानल का अर्थ 'जंगल की आग' होता है। 'बड़वानल' समुद्र में लगने वाली आग के लिए एक शब्द होगा।

46. (D): "Note it down lest you should forget it". The word "lest" means 'for fear that' and is used to introduce a clause expressing the reason for the prevention of something undesirable. Here, it implies that you should note it down to avoid forgetting it.

47. (C): Spill the beans means to leak a secret. This idiom is used when someone reveals confidential or sensitive information, often unexpectedly or prematurely.

48. (A): "The Pak army turned hostile to ISIS". The correct preposition to use here is "to", which indicates direction or orientation toward something.

49. (B): "Some more time may please be given to me". This is the correct passive form of the sentence. It retains the polite request structure and appropriately places the focus on the time being given.

50. (D): "As soon as I reached the college, the bell rang". This option correctly conveys the meaning of the sentence, indicating that the bell rang immediately after reaching the college.

51. (A): "He exclaimed with joy that it was a very charming sight". This option correctly changes the narration from direct to indirect speech and retains the exclamatory nature and joy expressed.

52. (C): "I have had a lot of calls today". The present perfect tense ("have had") is appropriate here because it refers to actions that occurred at an unspecified time before now, relevant to the present context.

53. (B): "If you touch a live wire, you will get a shock". This sentence expresses a probable condition in the present or future and follows the correct structure for a first conditional sentence, which is used to express real and possible situations.

54. (B): The error is in part (*b*). The correct tense should be "would be able to" instead of "will be able to" because the sentence is in past tense. The corrected sentence is: "He thought he would be able to do whatever he wanted with his job".

55. (D): The error is in part (*d*). The correct preposition should be "to" instead of "in". The corrected sentence is: "The Jews were most reluctant to contribute to the Palestinian cause".

56. (D): The word 'slither' means: "slide". "Slither" means to move smoothly over a surface with a twisting or oscillating motion, typically like a snake. It does not mean "lick", "venomous", or "hinder".

57. (B): "When I last met her, she was deeply involved in debt". The correct form of the verb is "met" because it is the simple past tense, which is used to indicate an action completed in the past. "Have met", "has met", and "did met" are incorrect forms in this context.

58. (A): "How did the thief open the padlock". The correct option is "open" because the sentence is in past tense, and "open" is the base form of the verb used after "did" in questions. "Opened", "had opened", and "had been opening" are incorrect forms in this context.

59. (C): "Would you mind lending me your pen? (Request)" The correct modal auxiliary for making a polite request is "would". "Should", "ought", and "must" are not typically used for making polite requests in this context.

60. (A): "The news that she is going abroad is heartening". The correct order of the jumbled options is (*c*), (*d*), (*b*), (*a*). This arrangement forms a coherent and grammatically correct sentence.

61. (C): जब हम उत्तर की ओर मुँह करके खड़े होते हैं तो हमारा बायाँ हाथ पश्चिम दिशा की ओर होता है। किन्तु जब हम सिर के बल खड़े होते हैं तो स्थिति उलट हो जाती है। इस स्थिति में बायाँ हाथ पूर्व दिशा की ओर होता है। अतः जब A सिर के बल उत्तर की ओर मुँह करके खड़ा होगा तो उसका बायाँ हाथ पूर्व दिशा में होगा।

62. (D): माना कि शांत जल में नाव की गति x किमी./घं. है तथा धारा की गति y किमी./घं. है।

तब धारा की दिशा में गति $= x + y = \frac{20}{1}$

$\Rightarrow \quad x + y = 20$ किमी./घं. ...(*i*)

तथा धारा की विपरीत दिशा में गति $= x - y = \frac{20}{2}$

$\Rightarrow \quad x - y = 10$ किमी./घं. ...(*ii*)

समीकरण (*i*) तथा (*ii*), को जोड़ने पर हम पाते हैं

$$2x = 30$$

$$\Rightarrow \quad x = 15$$

अतः शांत जल में नाव की गति 15 किमी./घं. है।

63. (B): 15 व्यक्तियों के समूह में 7 हिन्दी पढ़ते हैं, 8 अंग्रेजी पढ़ते हैं तथा 3 व्यक्ति इन दोनों में से किसी को भी नहीं पढ़ते हैं।

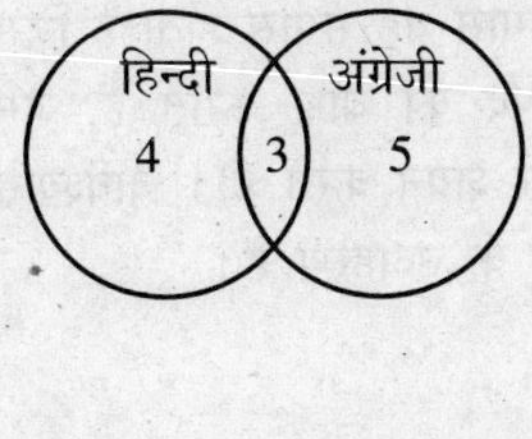

कम से कम एक भाषा पढ़ने वाले व्यक्तियों की संख्या

$= (15 - 3) = 12$

हिन्दी और अंग्रेजी दोनों पढ़ने वाले व्यक्तियों की संख्या

$= (7 + 8) - 12$

$= 15 - 12 = 3.$

64. (B): सबसे ऊपर

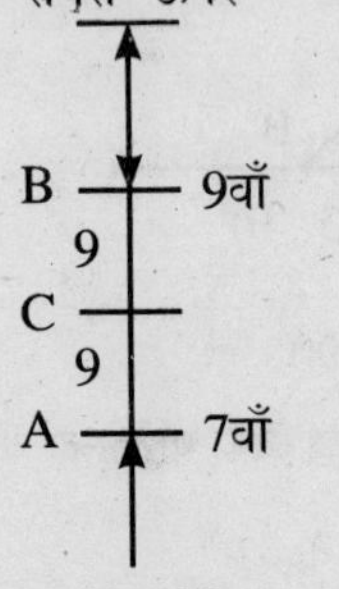

सबसे नीचे

दिया गया है, एक कक्षा में छात्रों की संख्या = 35

A = नीचे से 7वाँ

B = ऊपर से 9वाँ

∴ A तथा B के बीच छात्रों की संख्या

$= 35 - (7 + 9) = 19$

दिया गया है, C का स्थान A तथा B के ठीक बीच में है

∴ A तथा C के बीच छात्रों की संख्या

= B तथा C के बीच छात्रों की संख्या

= 9

अतः C से A का स्थान = 9 + 1 = 10वाँ।

65. (D): दिया गया है, 'CEG' को 'TSR' लिखा जाता है

उल्टे अक्षर क्रम में

C $\xrightarrow[+2]{}$ E $\xrightarrow[+2]{}$ G T $\xrightarrow[-1]{}$ S $\xrightarrow[-1]{}$ R

तथा FHI को 'QPO' लिखा जाता है

उल्टे अक्षर क्रम में

F $\xrightarrow[+2]{}$ H $\xrightarrow[+2]{}$ J Q $\xrightarrow[-1]{}$ P $\xrightarrow[-1]{}$ O

इसी प्रकार, IKM को लिखा जाएगा

उल्टे अक्षर क्रम में

I $\xrightarrow[+2]{}$ K $\xrightarrow[+2]{}$ M N $\xrightarrow[-1]{}$ M $\xrightarrow[-1]{}$ L

अतः IKM को NML लिखा जाता है।

66. (C): दिया गया है, EAML

सार्थकपूर्ण शब्द : MALE, LAME, MEAL

अतः EAML से 3 सार्थक शब्द बनाए जा सकते हैं।

67. (C): बहुभुज का आन्तरिक कोण

$$= \left(\frac{n-2}{n}\right)\pi$$

एक बहुभुज में बाह्य कोण $= \frac{2\pi}{n}$

इसी प्रकार, $\left(\frac{n-2}{n}\right)\pi : \frac{2\pi}{n} = 7 : 2$

$$\Rightarrow \left(\frac{n-2}{n}\right)\pi \times 2 = \frac{2\pi}{n} \times 7$$

$$\Rightarrow n - 2 = 7$$

$$\Rightarrow n = 2 + 7$$

$$\Rightarrow n = 9$$

अतः बहुभुज में भुजाओं की संख्या 9 है।

68. (C): 2, 3, 10, 15, 26, [35]

यहाँ पर, $1^2 + 1 = 2$

$2^2 - 1 = 3$

$3^2 + 1 = 10$

$4^2 - 1 = 15$

$5^2 + 1 = 26$

$6^2 - 1 = 35$

अतः श्रृंखला का अगला पद = 35.

69. (B): 1 घंटे में नल A द्वारा भरा गया भाग $= \frac{1}{8}$,

तथा 1 घंटे में नल B द्वारा भरा गया भाग $= \frac{1}{6}$

∵ 2 घंटे बाद नल A बंद कर दिया गया

∴ (A + B) नल द्वारा 2 दो घंटे में भरा गया भाग

$$= 2\left(\frac{1}{8} + \frac{1}{6}\right)$$

$$= 2\left(\frac{3+4}{24}\right) = \frac{7}{12}$$

∴ शेष भाग $= 1 - \frac{7}{12} = \frac{5}{12}$

अब शेष भाग नल B द्वारा $\frac{\frac{5}{12}}{\frac{1}{6}}$ घंटे में भरा गया

$$= \frac{5}{12} \times \frac{6}{1} = \frac{5}{2}$$

अतः नल B द्वारा बचा टैंक $2\frac{1}{2}$ घंटे में भरा जाएगा।

70. (B): दिया गया है,

$$38 * 15 = 32$$
$$\Rightarrow \quad 83 - 51 = 32$$
$$62 * 91 = 7$$
$$\Rightarrow \quad 26 - 19 = 7$$

अंकों के स्थान परिवर्तित करके घटाने पर,

इसी प्रकार, $47 * 33 = ?$

$\Rightarrow \quad 74 - 33 = \boxed{41}$ जो अभीष्ट उत्तर है।

71. (A): वर्ष 2004 अधिवर्ष है अतः फरवरी 29 दिनों का होगा

17 दिसम्बर 2002 से 1 दिसम्बर 2003 तक कुल दिन

= 365 दिन

17 दिसम्बर 2003 से 16 दिसम्बर 2004 तक कुल दिन

= 366 दिन (अधिवर्ष)

17 दिसम्बर 2004 से 22 दिसम्बर 2004 तक = 6 दिन

कुल दिनों की संख्या = 365 + 366 + 6 = 737 दिन

737 ÷ 7 = 105 सप्ताह 2 दिन

105वें सप्ताह का अन्तिम दिन शुक्रवार होगा। इस प्रकार अगले दो दिन शनिवार तथा रविवार होंगे।

अतः 22 दिसम्बर, 2004 को रविवार होगा।

72. (D):

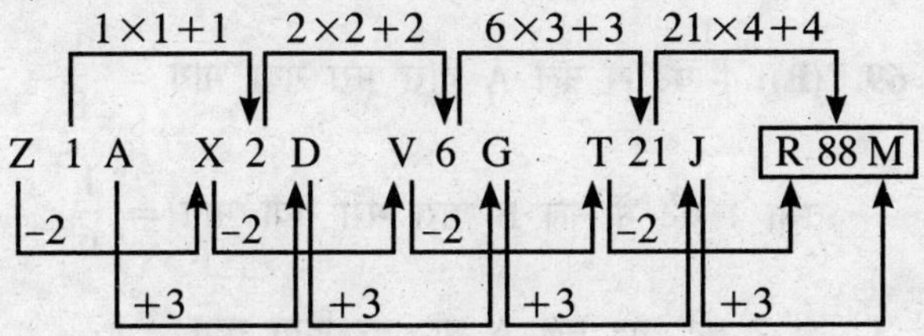

अतः श्रेणी का अगला पद = R88M.

73. (B):

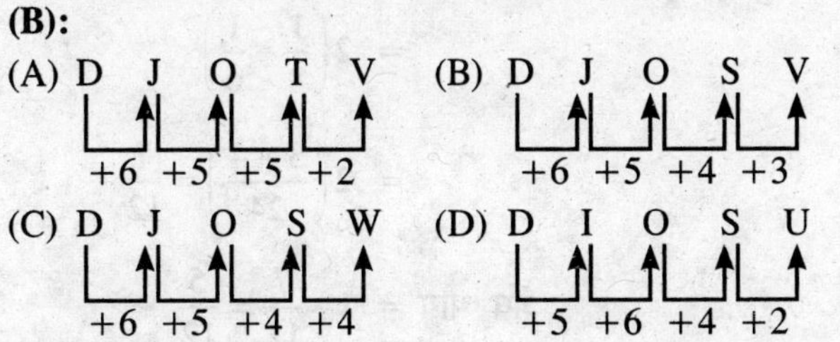

यहाँ विकल्प (B) नियम का पालन करता है।

74. (B): x-अक्ष, y-अक्ष तथा $4x + 3y = 12$ द्वारा निर्मित त्रिभुज के बहिवृत्त की त्रिज्या है

$$\because \quad 4x + 3y = 12 \quad \ldots(i)$$
$$\therefore \quad \frac{4x}{12} + \frac{3y}{12} = 1$$
$$\Rightarrow \quad \frac{x}{3} + \frac{y}{4} = 1$$

अवरोधन रूप : रेखा (i) का समीकरण जो x-अक्ष को B(3, 0) और y-अक्ष को A(0, 4) पर काटता है।

अब, ΔAOB एक समकोण त्रिभुज है

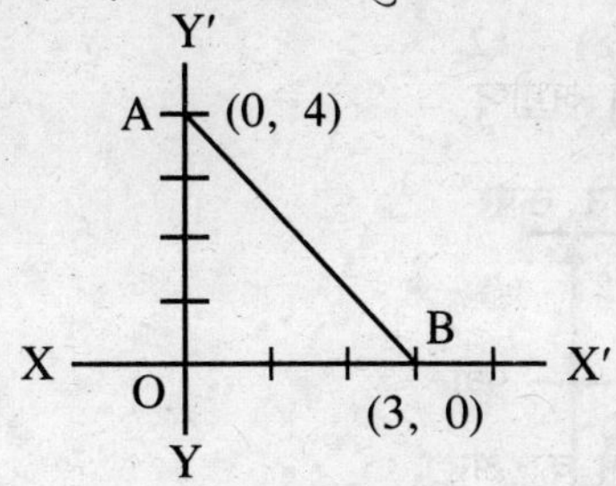

$$\Rightarrow \quad \angle AOB = 90°$$

हम जानते हैं कि समकोण त्रिभुज का परिकेन्द्र कर्ण का मध्य बिन्दु होता है

यहाँ AB का मध्य बिन्दु

$$\because \quad AB = \sqrt{AO^2 + OB^2}$$
$$= \sqrt{4^2 + 3^2}$$
$$= \sqrt{16 + 9} = \sqrt{25} = 5$$

यहाँ पर AB का मध्य बिन्दु,

$$\text{त्रिज्या} = \frac{\text{व्यास}}{2} = \frac{5}{2} = 2.5 \text{ इकाई।}$$

75. (A): $\because \quad 15463 + x = 107 \times 145$

$$\therefore \quad 15463 + x = 15515$$
$$\Rightarrow \quad x = 15515 - 15463$$
$$\Rightarrow \quad x = 52$$

अतः अभीष्ट जोड़ी गई छोटी संख्या = 52.

76. (A): माना कि 100 इकाई दूध का क्रय मूल्य = ₹ 100

तब 120 इकाई दूध का क्रय मूल्य = ₹ 120

तथा 20 इकाई पानी + 100 इकाई दूध का क्रय मूल्य

= ₹ 100

∴ 20 इकाई पानी + 100 इकाई दूध का विक्रय मूल्य

= ₹ 120

∴ लाभ = ₹ 120 – 100 = ₹ 20

= 20%

अतः पानी और दूध को मिलाने पर अनुपात

= 20 : 100 = 1 : 5.

77. (C): चक्रवृद्धि ब्याज

$$= P\left[\left(1 + \frac{r}{100}\right)^n - 1\right] = P\left[\left(1 + \frac{4}{100}\right)^2 - 1\right]$$

$$= P\left[\left(\frac{26}{25}\right)^2 - 1\right] = P\left[\frac{676}{625} - 1\right] = P\left[\frac{51}{625}\right]$$

तथा साधारण ब्याज $= \frac{P\,r\,t}{100}$

$= \frac{P \times 4 \times 2}{100} = \frac{8P}{100}$

यहाँ अभीष्ट अनुपात $= \frac{51P}{625} : \frac{8P}{100}$

$= \frac{51}{25} : \frac{8}{4} = \frac{51}{25} : 2$

$= 51 : 50.$

78. (C): हिस्से का अनुपात

$$A : B : C = \frac{7}{2} : \frac{4}{3} : \frac{6}{5}$$

$$= 105 : 40 : 36$$

4 माह के बाद

लाभ में हिस्से का अनुपात

A : B : C

$= 105 \times 4 + 105 \times \frac{150}{100} \times 8 : 40 \times 12 : 36 \times 12$

$= 420 + 105 \times \frac{3}{2} \times 8 : 480 : 432$

$= 420 + 105 \times 12 : 480 : 432$

$= 420 + 1260 : 480 : 432$

$= 1680 : 480 : 432$

$= 35 : 10 : 9$

दिया गया है, एक वर्ष के अन्त में कुल लाभ = ₹ 21,600

यहाँ लाभ में B का हिस्सा $= 21600 \times \frac{10}{35+10+9}$

$= 21600 \times \frac{10}{54}$

$= \frac{216000}{54}$

= ₹ 4000.

79. (D): माना कि वस्तु का क्रय मूल्य = ₹ x

तब वस्तु का विक्रय मूल्य = ₹ $x \times \frac{100-20}{100} = \frac{4}{5}x$

अब 10% लाभ के लिए

वस्तु का विक्रय मूल्य = ₹ $\left(\frac{4}{5}x + 12\right)$

$\therefore$ लाभ = विक्रय मूल्य – क्रय मूल्य

$= \frac{4}{5}x + 12 - x = \left(12 - \frac{1}{5}x\right)$

$\therefore$ लाभ % $= \frac{\text{लाभ} \times 100}{\text{क्रय मूल्य}}$

$\Rightarrow 10 = \frac{\left(12 - \frac{1}{5}x\right) \times 100}{x}$

$\Rightarrow 10x = \left(12 - \frac{1}{5}x\right) \times 100$

$\Rightarrow x = 10\left(12 - \frac{1}{5}x\right)$

$\Rightarrow x = 120 - 2x$

$\Rightarrow x + 2x = 120$

$\Rightarrow 3x = 120$

$\Rightarrow x = 40$

अतः वस्तु का क्रय मूल्य = ₹ 40.

80. (D): $\frac{a^{1/2} + a^{-1/2}}{1-a} + \frac{1 - a^{-1/2}}{1+\sqrt{a}}$

$$\frac{a^{1/2} + \frac{1}{a^{1/2}}}{1-a} + \frac{1 - \frac{1}{a^{1/2}}}{1+\sqrt{a}}$$

$$= \frac{\frac{a+1}{a^{1/2}}}{1-a} + \frac{\frac{a^{1/2}-1}{a^{1/2}}}{1+\sqrt{a}}$$

$$= \frac{1}{a^{1/2}}\left[\frac{a+1}{1-a} + \frac{a^{1/2}-1}{1+\sqrt{a}}\right]$$

$$= \frac{1}{\sqrt{a}}\left[\frac{a+1}{(1-\sqrt{a})(1+\sqrt{a})} + \frac{\sqrt{a}-1}{(1+\sqrt{a})}\right]$$

$$= \frac{1}{\sqrt{a}(1+\sqrt{a})}\left[\frac{a+1}{1-\sqrt{a}} + \sqrt{a} - 1\right]$$

$$= \frac{1}{\sqrt{a}(1+\sqrt{a})}\left[\frac{a+1}{1-\sqrt{a}} - (1-\sqrt{a})\right]$$

$$= \frac{1}{\sqrt{a}(1+\sqrt{a})}\left[\frac{a+1-(1-\sqrt{a})^2}{1-\sqrt{a}}\right]$$

$$= \frac{a+1-1-a+2\sqrt{a}}{\sqrt{a}(1+\sqrt{a})(1-\sqrt{a})} = \frac{2\sqrt{a}}{\sqrt{a}(1-a)} = \frac{2}{1-a}.$$

81. (C): सुघ हरियाणा के यमुनानगर जिले में स्थित एक ऐतिहासिक गाँव है। यह अपने प्राचीन पुरातात्विक महत्व के लिए जाना जाता है, जिसके अवशेष हड़प्पा सभ्यता के हैं। यह जिला उस

क्षेत्र को शामिल करता है जहाँ सुघ गाँव स्थित है, जो इसकी ऐतिहासिक और सांस्कृतिक विरासत में योगदान देता है।

82. (B): रोहताश बिश्नोई, एक हरियाणवी पर्वतारोही, ने अगस्त 2023 में माउंट एल्ब्रुस पर सफलतापूर्वक आरोहण किया। माउंट एल्ब्रुस यूरोप की सबसे ऊँची चोटी है, और इसे फतह करना पर्वतारोहण में एक महत्वपूर्ण उपलब्धि है। रोहताश की उपलब्धि चुनौतीपूर्ण अंतरराष्ट्रीय भू-भागों में हरियाणा के साहसी लोगों की भावना और क्षमताओं को दर्शाती है।

83. (A): श्री धर्मवीर, जिन्होंने हरियाणा के राज्यपाल के रूप में कार्य किया, एक भारतीय सिविल सेवा (ICS) अधिकारी थे। ICS भारत में ब्रिटिश साम्राज्य की प्रशासनिक सिविल सेवा थी, और इसका हिस्सा होना प्रतिष्ठित माना जाता था। राज्यपाल के रूप में उनके कार्यकाल के दौरान उनका अनुभव और प्रशासनिक कौशल महत्वपूर्ण था, जो उनके ICS कैरियर के दौरान लिए गए प्रशिक्षण और जिम्मेदारियों को दर्शाता है।

84. (A, C): हरियाणा में टोपरा और थानेसर अपने ऐतिहासिक महत्व के लिए जाने जाते हैं, जहाँ मौर्य काल के स्तूप जैसी बौद्ध संरचनाओं के साक्ष्य मिले हैं। टोपरा विशेष रूप से टोपरा कलां स्तंभ के कारण महत्वपूर्ण है, जिसे मूल रूप से सम्राट अशोक ने बनवाया था, जो स्तूप जैसे बौद्ध स्मारकों की उपस्थिति का समर्थन करता है। थानेसर, हिंदू और बौद्ध दोनों इतिहास से जुड़ा एक प्राचीन स्थल होने के नाते, ऐसी प्राचीन संरचनाओं के संकेत भी दिखाता है, जो मौर्य काल के दौरान धार्मिक और सांस्कृतिक समामेलन के समृद्ध इतिहास का सुझाव देता है।

85. (B): हिंदू चंद्र कैलेंडर के अनुसार मार्गशीर्ष के महीने में गीता जयंती समारोह मनाया जाता है। यह त्यौहार भगवद गीता की वर्षगांठ का प्रतीक है, जिसे भगवान कृष्ण ने इस दिन कुरुक्षेत्र के युद्ध के मैदान में अर्जुन को दिया था।

86. (A): श्री टी.सी. गुप्ता हरियाणा सेवा का अधिकार आयोग के मुख्य आयुक्त के रूप में कार्यरत हैं। इस आयोग को यह सुनिश्चित करने का काम सौंपा गया है कि हरियाणा में सार्वजनिक सेवाएँ समय पर, कुशल और पारदर्शी तरीके से प्रदान की जाएँ।

87. (B): साधु निश्चल दास के बारे में कथन (*ii*) सही है; उन्होंने 'विचार सागर' नामक पुस्तक संकलित की, जो संवाद के रूप में प्रस्तुत की गई है, जो दार्शनिक चर्चाओं पर आधारित है। हालाँकि, वे दादू दयाल के शिष्य नहीं थे, जिससे कथन (*i*) गलत हो जाता है।

88. (D): हरियाणा में चिंकारा प्रजनन केंद्र भिवानी में स्थित है। यह केंद्र चिंकारा के संरक्षण के लिए महत्वपूर्ण है, जो इस प्रजाति के प्रजनन और देखभाल पर ध्यान केंद्रित करता है ताकि इसकी जनसंख्या वृद्धि का समर्थन किया जा सके और पारिस्थितिक संतुलन सुनिश्चित किया जा सके।

90. (A): भारतीय सूचना प्रौद्योगिकी संस्थान (IIIT) सोनीपत, हरियाणा में स्थित है। यह संस्थान भारत में IIT के समूह का हिस्सा है, जिसे सूचना प्रौद्योगिकी और संबंधित विषयों में विशेष शिक्षा को बढ़ावा देने के लिए स्थापित किया गया है, जिसका उद्देश्य क्षेत्र में तकनीकी शिक्षा और अनुसंधान को बढ़ाना है।

91. (C): द्रव्यवाचक संज्ञाओं को बहुवचन में होने और उन्हें अगणनीय संज्ञाएँ कहे जाने का कथन असंगत है। द्रव्यवाचक संज्ञाएँ ऐसी संज्ञाएँ होती हैं जो किसी पदार्थ का बोध कराती हैं जैसे 'पानी', 'दूध' आदि, और ये अगणनीय होती हैं, परन्तु इन्हें स्पष्ट रूप से बहुवचन में प्रयोग किया जाना आवश्यक नहीं है। यह उनकी प्रकृति पर निर्भर करता है कि वे एकवचन में या बहुवचन में प्रयोग होंगी।

92. (D): आलम्बन और उद्दीपन की व्याख्या असंगत है। आलम्बन रसोत्पत्ति के लिए 'प्रेरणा' या 'आधार' के रूप में काम करता है, जैसे कि नायक या नायिका, और उद्दीपन वे तत्व हैं जो रस की अनुभूति को उत्तेजित करते हैं, जैसे कि वातावरण, सज्जा आदि। इसलिए उद्दीपन को 'सजीव कारण' कहना गलत है।

93. (D): अनुनासिक और अनुस्वार की व्याख्या असंगत है। अनुनासिक ध्वनियाँ वे होती हैं जिन्हें उच्चारित करते समय नाक से हवा निकलती है, जैसे कि म, न। वहीं, अनुस्वार एक विशेष प्रकार का ध्वनि तत्व है जिसे व्यंजन के साथ मिलकर उच्चारित किया जाता है और यह व्यंजन से पृथक् नहीं होता। इसलिए अनुनासिक और अनुस्वार को पृथक् ध्वनि बताना गलत है।

94. (B): कथन में वर्णित अलंकार 'लाटानुप्रास' के रूप में दिया गया है, जो असंगत है। लाटानुप्रास का अर्थ होता है कि कविता के शब्दों में एक जैसी ध्वनियां बार-बार आती हैं, जैसे कि 'क' ध्वनि का बार-बार आना, जो इस उदाहरण में स्पष्ट है। इसलिए इस कथन को लाटानुप्रास के रूप में वर्णन करना सही है।

95. (C): 'सहज कविता' आंदोलन का प्रवर्तक 'डॉ. वीरेंद्र कुमार' नहीं है, जिससे यह विकल्प असंगत है। सहज कविता आंदोलन विशेष रूप से किसी एक व्यक्ति से जुड़ा नहीं है बल्कि यह एक साहित्यिक प्रवृत्ति है जो जटिल भाषिक संरचनाओं के बजाय सहज और सरल भाषा का प्रयोग करती है।

96. (D): ब्लूम का निर्धारण 'भावाधारित' होने का कथन असंगत है। ब्लूम का टैक्सोनॉमी शैक्षणिक उद्देश्यों को स्तरीकृत करने के लिए डिजाइन किया गया है, जिसमें संज्ञानात्मक, मनोवैज्ञानिक और सामाजिक कौशलों के विकास पर जोर दिया जाता है। इसलिए इसे 'तर्क' आधारित माना जाता है, न कि 'भाव' आधारित।

97. (A): भट्टलोल्लट ने संयोग का अर्थ उत्पाद्य-उत्पादक भाव संबंध माना है, जो उनकी व्याख्या में सही नहीं है। भट्टलोल्लट द्वारा संयोग को कला संबंधी अर्थ में लेना असंगत है, क्योंकि उनके सिद्धांत में संयोग को ऐसे संबंध के रूप में वर्णित नहीं किया गया है।

98. (C): पंक्तियों में वर्णित विवरण 'सात्विक अनुभाव' का उदाहरण है। सात्विक अनुभाव में व्यक्ति की आंतरिक भावनाएं उसकी शारीरिक अभिव्यक्ति में प्रकट होती हैं, जैसे कि कंपन, पलक पसीजना आदि। इसलिए इन पंक्तियों में व्यक्त किया गया अनुभाव सात्विक है।

99. (B): द्रुत और गंभीर पठन मौखिक पठन के भेद नहीं हैं। यह विकल्प असंगत है क्योंकि द्रुत और गंभीर पठन को पठन की गति और गहराई के संदर्भ में विभाजित किया गया है, न कि यह मौखिक या लिखित पठन के रूप में विशिष्ट है।

100. (A): यह उक्ति कवि भिखारीदास की है। भिखारीदास ने अपने काव्य में भाषा और शैली के माध्यम से अनेक धार्मिक और भावनात्मक विषयों को उठाया है। उनकी यह उक्ति रस के महत्व को दर्शाती है, जिसमें रस को कविता का अंग और भूषण बताया गया है, जो उनके साहित्यिक योगदान को प्रकट करता है।

101. (C): यह मिलान सही है :

(*a*) **वर्तनी संबंधी विकार : डिस्ऑर्थोग्राफिया**–यह विकार व्यक्तियों में वर्तनी और शब्दों की सही लिखावट में कठिनाई को दर्शाता है।

(*b*) **श्रवण संबंधी विकार : ऑडिटरी प्रोसेसिंग डिस्ऑर्डर**–यह विकार श्रवण प्रक्रिया में व्यवधान का संकेत देता है, जहाँ व्यक्ति सामान्य तरीके से ध्वनियों को प्रोसेस नहीं कर पाते।

(*c*) **पठन संबंधी विकार : डिस्लेक्सिया**–यह एक ज्ञात पठन विकार है जिसमें व्यक्तियों को पढ़ने में कठिनाई होती है, विशेषकर शब्दों की पहचान और उनके अर्थों को समझने में।

(*d*) **लेखन संबंधी विकार : डिस्ग्राफिया**–यह विकार लेखन की क्षमता पर प्रभाव डालता है, जिसमें व्यक्ति को लिखित भाषा को स्पष्ट और सही तरीके से व्यक्त करने में परेशानी होती है।

102. (C): यह काव्य-हेतु श्रीपति द्वारा प्रदत्त है। श्रीपति ने अपने काव्य में शक्ति, निपुणता, लोकमत, वितपति (संपत्ति), और अभ्यास को प्रतिभा के विकास के मुख्य आधार के रूप में वर्णित किया है। उनके अनुसार, ये सभी तत्व मिलकर एक व्यक्ति की प्रतिभा को प्रकाशित करते हैं और इसे ललित (सुंदर) प्रकाश में लाते हैं।

103. (B): इस विकल्प में व्याकरण पाठ-योजना के सोपानों का सही क्रम दिया गया है। प्रस्तावना से शुरू होकर, उद्देश्य कथन, प्रस्तुतीकरण, श्यामपट्ट सार, सामान्यीकरण और नियमीकरण तक, यह क्रम एक सुव्यवस्थित और तार्किक ढांचा प्रस्तुत करता है जिसमें पाठ को सिखाने की प्रक्रिया को संगठित और सुविधाजनक बनाया गया है।

104. (D): यह विकल्प असंगत है क्योंकि गौणी लक्षणा की परिभाषा गलत दी गई है। गौणी लक्षणा तब होती है जब मुख्यार्थ संभव न होने पर शब्द का अर्थ उसके गौण या द्वितीयक अर्थ में लिया जाता है, और यह आमतौर पर सादृश्य अथवा समानता के आधार पर होता है। विकल्प D में जो व्याख्या दी गई है, वह गौणी लक्षणा की सही व्याख्या नहीं है।

105. (B): 'दर्द के पैबंद' नाटक है, न कि कहानी। यह विकल्प असंगत है क्योंकि इसमें इसे कहानी के रूप में वर्णित किया गया है। 'दर्द के पैबंद' एक प्रसिद्ध नाट्य कृति है जो मानवीय संघर्षों और भावनाओं का चित्रण करती है, जिसे आमतौर पर मंच पर प्रदर्शित किया जाता है।

106. (C): इस विकल्प में कहा गया है कि भाषा संसर्ग प्रणाली में समय सर्वाधिक लगता है, जो इस प्रणाली का गुण नहीं है। भाषा संसर्ग प्रणाली शिक्षण को क्रियाशील और व्यावहारिक बनाती है, जिससे सीखने की प्रक्रिया तीव्र होती है। इस प्रणाली का उद्देश्य शिक्षण को समझदारी से और प्रभावी ढंग से संपन्न करना है, न कि समय बढ़ाना।

107. (A): यह विचार कवि केशवदास के हैं। केशवदास ने अपनी रचनाओं में कविता की सुंदरता और उसके दोषों पर गहराई से चर्चा की है। उनका मानना था कि कविता में दोषों का होना उसे कुरूप बना देता है, जैसे कि गंगा के पवित्र जल में अपवित्रता आ जाना।

108. (B): इस विकल्प में कहा गया है कि किसी भी छंद का वाचन करते समय स्वर में आने वाले आरोह-अवरोह को 'तुक' कहा जाता है, जो असंगत है। तुक का अर्थ वास्तव में छंद में अंत में आने वाली रिमिंग पैटर्न से है, जिसमें समान ध्वनियों की पुनरावृत्ति होती है। आरोह-अवरोह को लय या मात्राओं के उतार-चढ़ाव के रूप में वर्णन किया जाता है, न कि तुक के रूप में।

109. (B): 'अकाल में सारस' की रचना कुँवर नारायण द्वारा नहीं की गई है, बल्कि यह रचना रामधारी सिंह 'दिनकर' की है। यह रचना अकाल और उसके प्रभावों पर एक प्रतिक्रिया के रूप में लिखी गई थी, जिसमें सारस पक्षी के माध्यम से प्रकृति और मानवीय प्रतिक्रिया को दर्शाया गया है।

110. (B): उक्त दोहा 'उत्प्रेक्षा' अलंकार का उदाहरण है। इसमें नायिका की आंखों की तुलना घूंघट में छुपे जल से की गई है, जिससे उछलती मछलियों का दृश्य उत्पन्न होता है। उत्प्रेक्षा एक ऐसा अलंकार है जिसमें किसी वस्तु या स्थिति की कल्पना की जाती है जो वास्तविकता में नहीं होती लेकिन उसका वर्णन इस प्रकार से किया जाता है कि वह वास्तविक प्रतीत होती है।

111. (D): मूल्यांकन का उद्देश्य विद्यार्थियों की क्रमोन्नति का निर्धारण करना, उनका सर्वांगीण विकास करना, और उनके व्यवहार परिवर्तन का पता लगाना है। यह विकल्प सही है क्योंकि मूल्यांकन का मुख्य उद्देश्य यह सुनिश्चित करना होता है कि शिक्षण प्रक्रिया के दौरान विद्यार्थियों की प्रगति, उनकी समझ और उनके सीखने की क्षमता में सुधार हो।

112. (B): 'जीवन से संबद्धता' पाठ्यपुस्तक के बाह्य पक्ष का गुण नहीं है। बाह्य पक्ष में आमतौर पर पुस्तक की फिजिकल क्वालिटी, चित्रांकन, और सूचनात्मकता जैसे तत्व शामिल होते हैं, जबकि 'जीवन से संबद्धता' पाठ्य सामग्री की विषय-वस्तु और उसके प्रासंगिकता को दर्शाता है, जो आंतरिक गुण है।

113. (A): विकल्प A में 'आततायी, दरियाई, कृतकृत्य' शब्द अशुद्धियों से मुक्त हैं। ये तीनों शब्द हिंदी व्याकरण के अनुसार सही ढंग से प्रयोग किए गए हैं और उनमें कोई वर्तनी या अर्थ की त्रुटि नहीं है।

114. (D): उपर्युक्त पंक्तियों में 'आर्थी व्यंजना' शब्द शक्ति प्रधानतः प्रयुक्त हुई है। यहाँ सिंधु को वधू के रूप में और उसके व्यवहार को मानवीय भावों से जोड़कर वर्णन किया गया है, जो अर्थ की व्यापकता और गहराई को दर्शाता है। यह शक्ति उन शब्दों के माध्यम से गहरे भावात्मक अर्थ को प्रकट करती है।

115. (B): आचार्य मम्मट ने अपने ग्रंथ 'काव्यप्रकाश' में अलंकारों को शौर्यादिवत् एवं गुणों को हारादिवत् कहा है, यह कथन असंगत है। इस विवरण में उन्होंने गुणों और अलंकारों के लिए ऐसी कोई विशेषण नहीं दी है। मम्मट ने काव्य में अलंकारों के महत्व को बढ़ाया है लेकिन उन्होंने गुणों को 'हारादिवत्' कहकर नहीं वर्णित किया है।

116. (C): विकल्प C में दिया गया 'दुष्कमत्व दोष' असंगत है। इस दोष का प्रयोग तब किया जाता है जब कविता में बोधगम्यता की कमी होती है, लेकिन दी गई पंक्तियों में विनवत और मिलाने का भाव स्पष्ट रूप से प्रकट हो रहा है, जो कविता के अर्थ को स्पष्ट करता है। अतः, दुष्कमत्व दोष का प्रयोग यहाँ अनुपयुक्त है।

117. (A): उपर्युक्त पंक्तियाँ 'मालिनी' छंद की उदाहरण हैं। मालिनी छंद में प्रत्येक पंक्ति में 15 मात्राएँ होती हैं और यह जगण (यानि लघु-गुरु) छंद श्रेणी में आता है। प्रस्तुत पंक्तियाँ इस मात्रिक विन्यास का पालन करती हैं, जिसमें रचना की प्रत्येक पंक्ति में लय और ताल का सुंदर समावेश होता है।

118. (D): 'कब्रिस्तान में पंचायत' के रचयिता मनोहर श्याम जोशी नहीं हैं। यह विकल्प असंगत है क्योंकि यह रचना फणीश्वरनाथ रेणु की है, जिसमें ग्रामीण जीवन के विभिन्न पहलुओं को चित्रित किया गया है। मनोहर श्याम जोशी ने इस तरह की कहानी का लेखन नहीं किया है, इसलिए यह विकल्प सुमेलित नहीं है।

119. (B): सतत एवं व्यापक मूल्यांकन का उद्देश्य नहीं है अध्यापन और अधिगम प्रक्रिया को शिक्षक केन्द्रित कार्यकलाप बनाना। इस मूल्यांकन का मुख्य उद्देश्य विद्यार्थियों की सीखने की क्षमताओं, उनकी प्रगति और कमजोरियों को समझना और उन्हें सुधारना है, न कि केवल शिक्षक पर केन्द्रित होना।

120. (D): उपर्युक्त पंक्तियों में प्रयुक्त अलंकार 'वाचक लुप्तोपमा' है। इस अलंकार में उपमेय, उपमान, साधारण धर्म या वाचक किसी एक का लोप होता है और कवि ने यहाँ उपमान (जैसे नील सरोरुह) का प्रयोग करते हुए उपमेय को लोप कर दिया है, जिससे पाठक खुद संबंध बनाते हैं।

121. (D): सूर्य का पर्यायवाची 'तरणी' है। यह कथन गलत है क्योंकि तरणी का अर्थ नौका होता है जो सूर्य का पर्यायवाची शब्द नहीं है। सूर्य के पर्यायवाची शब्द हैं–सूरज, आदित्य, रवि, भास्कर, दिनेश आदि।

122. (D): विकल्प D असंगत है क्योंकि आधुनिक हिंदी साहित्य में 'बाल साहित्य के जनक' के रूप में रूपनारायण पाण्डेय को नहीं माना जाता है। यह शीर्षक आमतौर पर अन्य लेखकों को दिया जाता है जिन्होंने बाल साहित्य में व्यापक योगदान दिया है। रूपनारायण पाण्डेय ने अपने साहित्यिक करियर में अन्य विधाओं में अधिक योगदान दिया है।

123. (B): 'हमारो उत्तम भारतदेश' यह पंक्ति बालकृष्ण भट्ट द्वारा नहीं लिखी गई है, बल्कि यह मैथिलीशरण गुप्त की रचना से है। यह पंक्ति उनके देशभक्ति से ओत-प्रोत कविताओं में से एक है, जो भारतीय संस्कृति और भारत के महानता का गुणगान करती है। इसलिए बालकृष्ण भट्ट के नाम से इस पंक्ति का संबंधित होना असंगत है।

124. (B): विकल्प B असंगत है क्योंकि आधुनिक कालीन साहित्य में मनुष्य का ईश्वर रूप में चित्रण एक विशेष प्रकार के साहित्यिक वर्णन के लिए सीमित है और यह सामान्य रूप से आधुनिक कालीन साहित्य का प्रमुख लक्षण नहीं है। आधुनिक काल में साहित्य में मनुष्य की विभिन्न भूमिकाएँ और पहचानें चित्रित की गई हैं, जिसमें उनके व्यक्तिगत और सामाजिक पहलू शामिल हैं।

125. (C): विकल्प C असंगत है क्योंकि 'चंदायन' को मुल्ला दाऊद ने लिखा है, लेकिन इसका श्रेय बच्चन सिंह को देना गलत है। 'चंदायन' सूफी काव्यधारा के अंतर्गत आता है और इसे सूफी काव्य के प्रारंभिक विकास में एक महत्वपूर्ण रचना माना जाता है। बच्चन सिंह इसके रचयिता नहीं हैं।

126. (B): 'कुसुम, कुतर्क' में 'कु' उपसर्ग का प्रयोग अनुचित है। 'कुसुम' शब्द में 'कु' उपसर्ग नहीं है, क्योंकि यह शब्द स्वयं में एक संपूर्ण शब्द है जिसका अर्थ 'फूल' होता है। 'कु' उपसर्ग आमतौर पर किसी शब्द के नकारात्मक अर्थ को देने के लिए प्रयुक्त होता है, जैसे 'कुतर्क' में जिसका अर्थ होता है 'बुरा तर्क'।

127. (D): 'सुमित्रानंदन पंत के युगवाणी काव्य-संग्रह में नौका-विहार, चाँदनी, एकतारा एवं भावी पत्नी के प्रति कविताएँ संग्रहीत हैं'

यह कथन असंगत है क्योंकि 'युगवाणी' में उपर्युक्त कविताएँ सम्मिलित नहीं हैं। 'युगवाणी' में पंत ने प्रकृति और दार्शनिक विचारों पर जोर दिया है और उनकी ये कविताएँ उनके अन्य संग्रहों में पाई जाती हैं।

128. (B): 'परुष कृ कठोर' विलोम युग्म सही नहीं है क्योंकि 'परुष' का अर्थ 'कठोर' या 'रूखा' होता है और इसका विलोम 'मृदु' या 'कोमल' होता है, न कि 'कठोर'। यहाँ दिया गया विलोम शब्द वास्तव में 'परुष' के अर्थ को प्रकट करता है, जो विलोमित करने का उद्देश्य पूरा नहीं करता।

129. (B): उक्त कथन का संबंध आचार्य हजारी प्रसाद द्विवेदी से है। यह कथन भारतेन्दु हरिश्चंद्र के साहित्यिक योगदान का वर्णन करता है, जिसमें उन्होंने काव्य को राजाओं और रईसों के दरबार से निकालकर लोक-जीवन में स्थापित किया और इसे भक्ति के नवीन दृष्टिकोण से जोड़ा।

130. (A): विकल्प A सही है क्योंकि यह उचित सुमेलन प्रदान करता है :

(*a*) **शून्यवाद : बौद्ध सम्प्रदाय**–शून्यवाद बौद्ध धर्म के महायान सम्प्रदाय से संबंधित है जिसमें शून्य को धार्मिक और दार्शनिक विचार के रूप में महत्व दिया गया है।

(*b*) **एकेश्वरवाद : इस्लाम धर्म**–इस्लाम में एकेश्वरवाद का मूलभूत सिद्धांत है, जिसका अर्थ है एक ही ईश्वर की उपासना।

(*c*) **उलटबासियाँ : सिद्ध साहित्य**–कबीर द्वारा प्रयुक्त उलटबासियाँ सिद्ध साहित्य से प्रभावित हैं, जो आध्यात्मिक ज्ञान और विरोधाभासों को प्रकट करने का एक माध्यम हैं।

(*d*) **ज्ञान एवं मोक्ष की अवधारणा : वेदान्त दर्शन**–वेदान्त दर्शन में ज्ञान और मोक्ष की महत्वपूर्ण अवधारणाएँ हैं, जो कबीर के साहित्य में व्यापक रूप से वर्णित हैं।

131. (C): विकल्प C असंगत है क्योंकि आचार्य रामचंद्र शुक्ल ने कभी गोरखनाथ के संदर्भ में इस प्रकार की टिप्पणी नहीं की है। वे शंकराचार्य के बाद किसी भी अन्य व्यक्तित्व को उतना महिमान्वित नहीं मानते जितना वे शंकराचार्य को मानते हैं। इसलिए यह कथन उनके विचारों को गलत प्रकार से प्रस्तुत करता है।

132. (C): उक्त पंक्तियों के रचयिता नाथूराम शर्मा 'शंकर' हैं। इस कविता के माध्यम से वे देशभक्ति की भावना और बलिदान की महत्ता को व्यक्त करते हैं, जो उनके साहित्यिक कार्य में विशेष रूप से प्रकट होता है।

133. (B): 'शिलापंख चमकीले' का रचयिता शमशेर बहादुर सिंह नहीं है। यह कृति गजानन माधव मुक्तिबोध की है, जिन्होंने इस कृति में समाज और व्यक्ति के अंतर्संबंधों का विश्लेषण किया है। शमशेर बहादुर सिंह ने इस पुस्तक को नहीं लिखा है, इसलिए यह विकल्प सुमेलित नहीं है।

134. (A): 'गुरुकुल' महाभारतीय पात्रों, प्रसंगों एवं उपाख्यानों पर आधारित कृति नहीं है। मैथिलीशरण गुप्त की यह कृति भारतीय परंपरागत गुरुकुल शिक्षा प्रणाली और उसके शैक्षणिक वातावरण पर केंद्रित है। यह मुख्यतः भारतीय शिक्षा के वैदिक स्वरूप का चित्रण करती है, जो महाभारत से संबंधित नहीं है।

135. (C): सही साहित्यिक वादों का अनुक्रम 'छायावाद, प्रगतिवाद, प्रयोगवाद, प्रपद्यवाद' है। छायावाद (1922-1938) के बाद प्रगतिवाद (1936 से आगे) आया, जिसके बाद प्रयोगवाद ने उभार लिया, और अंततः प्रपद्यवाद ने उत्तर आधुनिकता की ओर अग्रसर किया। यह अनुक्रम हिंदी साहित्य के विकासात्मक चरणों को सटीक रूप से प्रकट करता है।

136. (B): 'अपभ्रंश कवि स्वयंभू को अपभ्रंश साहित्य का वेदव्यास कहा जाता है' यह कथन असंगत है क्योंकि स्वयंभू को अपभ्रंश साहित्य का वेदव्यास नहीं कहा जाता है। स्वयंभू एक प्रमुख अपभ्रंश कवि थे, लेकिन इस विशेषण का उपयोग उनके लिए परंपरागत रूप से नहीं किया गया है।

137. (A): 'माखनलाल चतुर्वेदी को 'हिमकिरीटिनी' काव्य संग्रह के लिए 'साहित्य अकादमी' पुरस्कार मिला' यह विवरण असंगत है क्योंकि माखनलाल चतुर्वेदी को यह पुरस्कार उनकी कृति 'हिमतरंगिनी' के लिए मिला था, न कि 'हिमकिरीटिनी' के लिए।

138. (B): सही रचनाकाल का अनुक्रम 'पल्लव, कामायनी, दीपशिखा, कुकुरमुत्ता' है। 'पल्लव' जयशंकर प्रसाद की रचना है जो उनके काव्य संग्रहों में से एक है और 'कामायनी' उनकी सबसे प्रसिद्ध रचना है। 'दीपशिखा' और 'कुकुरमुत्ता' अन्य कवियों की रचनाएँ हैं जो इसी क्रम में आती हैं।

139. (D): 'आनंद कादंबिनी' का संबंध भारतेन्दु हरिश्चंद्र से नहीं है। यह पत्रिका उनके समय के बाद प्रकाशित हुई और इसका प्रकाशन भारतेन्दु द्वारा नहीं किया गया था। अन्य तीन पत्रिकाएँ–बालाबोधिनी, कविवचन सुधा, और हरिश्चंद्र चंद्रिका–उनके द्वारा संपादित या शुरू की गई थीं और उनके साहित्यिक योगदान का हिस्सा हैं।

140. (A): 'हिन्दी साहित्य का 'दोहरे नामकरण एवं दोहरा वर्गीकरण' करने वाले साहित्यकार–आचार्य रामचंद्र शुक्ल' यह कथन असंगत है क्योंकि आचार्य रामचंद्र शुक्ल ने ऐसा कोई विशिष्ट वर्गीकरण नहीं किया था जिसे 'दोहरे नामकरण एवं दोहरा वर्गीकरण' कहा जा सके। उन्होंने हिंदी साहित्य के इतिहास को संगठित और व्यवस्थित किया था, लेकिन इस तरह के नामकरण के लिए नहीं जाने जाते।

141. (C): 'शशधर - शशिधर' यह सांकेतिक शब्द-युग्म सही है जिसमें 'चन्द्रमा-शिव' के लिए प्रयोग होता है। 'शशधर' और 'शशिधर' दोनों ही शब्द चंद्रमा और शिव के लिए प्रयुक्त होते हैं, जहाँ

'शश' का अर्थ 'खरगोश' होता है और इस संदर्भ में चंद्रमा पर खरगोश के रूपांकनों का उल्लेख होता है, और शिव जो अपने सिर पर चंद्रमा धारण करते हैं।

142. (D): 'निर्गुण भक्ति में केवल 'ज्ञान' को ही महत्व दिया गया है' यह विकल्प असंगत है। निर्गुण भक्ति में ज्ञान के साथ-साथ भक्ति के भाव को भी बराबर महत्व दिया जाता है। इसमें ईश्वर के निराकार रूप की पूजा की जाती है, जिसमें ज्ञान के अलावा भक्ति और समर्पण के तत्व भी शामिल होते हैं।

143. (C): 'हिंदी भाषा का विकास' का संपादन डॉ. राम अवध द्विवेदी द्वारा नहीं किया गया है, यह विकल्प असंगत है। इस खंड का संपादन वास्तव में डॉ. नगेंद्र ने किया था। डॉ. राम अवध द्विवेदी ने इस खंड का संपादन नहीं किया, इसलिए यह जानकारी गलत है।

144. (D): 'यह कविता शारीरिक रूप से मजबूत व्यक्तियों के प्रति संवेदनशील है' यह कथन असत्य है। 'कैमरे में बंद अपाहिज' कविता में रघुवीर सहाय ने समाज की विडंबनाओं और अपाहिजों के प्रति समाज के रवैये को चित्रित किया है, न कि शारीरिक रूप से मजबूत व्यक्तियों के प्रति संवेदनशीलता का।

145. (D): 'इकहत्तर' का संबंध अव्ययीभाव समास से नहीं है, जिसे सही संगत विकल्प के रूप में चुना गया है। वास्तव में, 'इकहत्तर' शब्द का उपयोग संख्या के संदर्भ में होता है और यह किसी भी प्रकार के समास का उदाहरण नहीं है। यह बस एक मौलिक शब्द है जिसे अक्सर संख्यात्मक विवरण के लिए इस्तेमाल किया जाता है।

146. (D): 'मिट्टी की बारात' नागार्जुन द्वारा रचित नहीं है। यह कृति श्रीलाल शुक्ल की है, जो उनके व्यंग्यात्मक और सामाजिक टिप्पणियों के लिए प्रसिद्ध हैं। नागार्जुन ने विभिन्न सामाजिक और राजनीतिक विषयों पर कविताएं लिखी हैं, लेकिन 'मिट्टी की बारात' उनके द्वारा नहीं लिखी गई है।

147. (A): आदिकालीन साहित्य के संदर्भ में उक्त कथन आचार्य रामचंद्र शुक्ल का है। उन्होंने यह विवरण दिया है कि जब भाषा बोलचाल में थी तब तक उसे 'भाषा' या 'देशभाषा' कहा गया, लेकिन जब यह साहित्यिक प्रयोग में आई तो 'अपभ्रंश' शब्द का व्यवहार होने लगा। यह विवरण उनकी भाषा विकास की समझ को दर्शाता है और आदिकालीन साहित्य के अध्ययन में महत्वपूर्ण है।

148. (B): '"या अनुराग की फाग लखौ, जहँ रागती राग किसोर-किसोरी।"–प्रतापसाहि' यह विकल्प बेमेल है क्योंकि यह पंक्ति प्रतापसाहि ने नहीं लिखी है। इस पंक्ति के सही रचयिता सूरदास हैं, जो कृष्ण भक्ति और उनके बचपन के प्रसंगों को वर्णित करने के लिए प्रसिद्ध हैं। प्रतापसाहि का इस काव्यपंक्ति से कोई संबंध नहीं है।

149. (C): 'कवि आलोक धन्वा ने अपनी 'पतंग' कविता में वर्णन किया है : पतंग के बहाने बाल सुलभ इच्छाओं एवं उमंगों का।' यह विकल्प सही है क्योंकि कविता में आलोक धन्वा ने पतंग उड़ाने की क्रिया को बचपन की आजादी और अबोध खुशियों के रूपक के तौर पर प्रस्तुत किया है। कविता में बच्चों की इच्छाओं और उमंगों को बहुत ही सजीवता से चित्रित किया गया है।

150. (B): 'दम्पत्ति + य = दाम्पत्य' यह विकल्प व्याकरणात्मक दृष्टि से अनुचित है। 'दाम्पत्य' शब्द का निर्माण 'दम्पति' शब्द से 'त्य' प्रत्यय जोड़कर होता है, जहाँ 'दम्पति' का अर्थ होता है पति-पत्नी और 'त्य' उस स्थिति या अवस्था को दर्शाता है जिसमें वे हैं। यहाँ 'य त्' प्रत्यय का उपयोग नहीं होता, इसलिए व्याकरणात्मक रूप से यह वर्णन गलत है।

पिछले प्रश्न-पत्र (हल सहित)

हरियाणा शिक्षक पात्रता परीक्षा (HTET)

PGT (Level-3), हिन्दी शिक्षक परीक्षा 2022

(Exam held on 03 December, 2022)

भाग-I

बाल विकास व शिक्षाशास्त्र

निर्देशः *निम्नलिखित प्रश्नों के उत्तर देने के लिए* ***सबसे उचित*** *विकल्प चुनिए।*

1. निम्नलिखित में से कौन-सा विद्यार्थियों के अच्छे मानसिक स्वास्थ्य का लक्षण **नहीं** है?

A. काल्पनिक दुनिया में रहना
B. जीवन में संतुलन
C. अपनी क्षमताओं एवं सीमाओं का ज्ञान
D. अवांछित चिंताओं से मुक्त

2. निम्नलिखित में से कौन-सा शिक्षण का स्तर **नहीं** है?

A. आधारभूत स्तर B. स्मृति स्तर
C. अवबोध स्तर D. चिंतन स्तर

3. निम्नलिखित में से कौन-सा कार्य बाकर मेहदी के सृजनात्मकता परीक्षण से संबंधित **नहीं** है?

A. असाधारण उपयोग संबंधी कार्य
B. युग्मों के मध्य नवीन संबंधों से संबंधित कार्य
C. उत्पाद सुधार संबंधी कार्य
D. पूछो एवं अनुमान लगाओ संबंधी कार्य

4. किशोरों का सामाजिक विकास करने हेतु कौन-सा तरीका सर्वाधिक उपयुक्त है?

A. सामाजीकरण पर चर्चा
B. सामाजिक मूल्यों पर निबंध प्रतियोगिता
C. सामूहिक गतिविधियों का आयोजन
D. सामाजिक संबंधों पर वृत्तचित्र

5. संवेग एवं मूल प्रवृत्ति के संदर्भ में कौन-सा युग्म सही **नहीं** है?

	संवेग	मूल प्रवृत्ति		संवेग	मूल प्रवृत्ति
A.	क्रोध	– निवृत्ति	B.	अधिकार	– संग्रह
C.	आश्चर्य	– जिज्ञासा	D.	भय	– पलायन

6. त्रितंत्रीय सिद्धांत के अनुसार, निम्नलिखित में से कौन-सा बुद्धि का एक प्रकार **नहीं** है?

A. विश्लेषणात्मक B. सृजनात्मक
C. सैद्धांतिक D. व्यावहारिक

7. निम्नलिखित में से कौन-सा कारक अधिगम को सकारात्मक रूप से प्रभावित करता है?

A. अर्थहीन विषयवस्तु B. परिपक्वता की कमी
C. अभिप्रेरणा की कमी D. सूचनात्मक प्रतिपुष्टि

8. रोहित प्रशंसा पाने हेतु दूसरों की सहायता करता है। यह एक उदाहरण है :

A. आंतरिक अभिप्रेरणा का B. बाह्य अभिप्रेरणा का
C. जन्मजात अभिप्रेरणा का D. इनमें से कोई नहीं

9. एक 15 वर्ष के बालक की बुद्धि लब्धि क्या होगी, जबकि उसकी मानसिक आयु 12 है?

A. 80 B. 90
C. 100 D. 110

10. जब एक निश्चित संख्या में प्रतिक्रियाओं के बाद ही अधिगमकर्ता को पुनर्बलन प्रदान किया जाता है, तो यह किस प्रकार की पुनर्बलन अनुसूची है?

A. निश्चित अनुपात B. परिवर्तनशील अनुपात
C. निश्चित अंतराल D. परिवर्तनशील अंतराल

11. व्यक्तित्व आकलन हेतु प्रासंगिक अन्तर्बोध परीक्षण किसके द्वारा विकसित किया गया?

A. मरे एवं मॉर्गन B. बैलक
C. आइजेंक D. ऑलपोर्ट एवं कैटल

12. स्प्रैंगर का व्यक्तित्व वर्गीकरण, व्यक्तित्व आकलन के किस उपागम से संबंधित है?

A. शीलगुण उपागम B. प्रकार उपागम
C. मूल प्रवृत्ति उपागम D. मनोविश्लेषण उपागम

13. विकास जो 'केन्द्र से परिधि की ओर' बढ़ता है, कहलाता है :

A. सिफैलिक कॉडल B. प्रोक्सिमोडिस्टल
C. सर्पिल D. वृत्तीय

14. व्यक्तित्व अध्ययन की शीलगुण विधि के जनक कौन कहे जाते हैं?

A. ऑलपोर्ट B. वुडवर्थ
C. मैक्डूगल D. आइजेंक

15. निम्नलिखित में से कौन-सा कथन वैयक्तिक विभिन्नताओं के संदर्भ में सही **नहीं** है?

A. कोई भी दो व्यक्ति पूर्णतः समान नहीं हो सकते।
B. वैयक्तिक विभिन्नताएँ अलग-अलग क्षेत्रों से संबंधित हो सकतीहैं।
C. वैयक्तिक विभिन्नताएँ विकास के विभिन्न आयामों को प्रभावित करती हैं।
D. वैयक्तिक विभिन्नताएँ केवल आनुवंशिकता के कारण उत्पन्न होती हैं।

16. एक प्रकार का बुद्धि परीक्षण, जिसमें प्रश्नों का कठिनाई स्तर क्रमशः बढ़ता है तथा समय कारक गौण होता है :

A. शाब्दिक परीक्षण B. शक्ति परीक्षण
C. गति परीक्षण D. निष्पादन परीक्षण

17. कोहलबर्ग के सिद्धांतानुसार, यह किस स्तर की नैतिकता है, जब नैतिकता में स्व-स्वीकृत नैतिक सिद्धांत सम्मिलित हो जाते हैं?

A. पूर्व-रूढ़िगत B. रूढ़िगत
C. उत्तर-रूढ़िगत D. इनमें से कोई नहीं

18. निम्नलिखित में से कौन-सी अभिवृत्ति मापन की एक प्रत्यक्ष विधि **नहीं** है?

A. साक्षात्कार B. प्रक्षेपण
C. प्रश्नावली D. अवलोकन

19. एक शिक्षक के रूप में आप विद्यार्थियों की सृजनात्मकता का विकास करने हेतु निम्नलिखित में से कौन-सा कार्य **नहीं** करेंगे?

A. मौलिकता को प्रोत्साहन B. भय को दूर करना
C. प्रतिक्रिया की स्वतंत्रता D. अपसारी चिंतन का परिहार

20. पियाजे के संज्ञानात्मक विकास सिद्धांत के अनुसार, 'संज्ञानात्मक संरचना की वह मूलभूत इकाई, जो किसी संज्ञानात्मक व्यवहार के क्रियान्वयन में मदद करती है', कहलाती है :

A. सहज प्रवृत्तियाँ B. मूल प्रवृत्तियाँ
C. स्कीमा D. संरक्षण

21. भूख एवं प्यास किस प्रकार का अभिप्रेरक है?

A. बाह्य B. अर्जित
C. आन्तरिक D. सामाजिक

22. 'जब एक किशोर अपने माता-पिता पर क्रोध दिखाने में असमर्थ होता है, तो वह अपना क्रोध अपने छोटे भाई पर प्रकट कर देता है।' यह किस प्रकार की रक्षात्मक युक्ति का एक उदाहरण है?

A. दमन B. प्रतिगमन
C. प्रक्षेपण D. विस्थापन

23. निम्नलिखित में से कौन-सी किशोरावस्था की एक सामान्य विशेषता **नहीं** है?

A. यह संधिकरण की अवस्था है।
B. यह अवास्तविकताओं की अवस्था है।
C. यह पहचान की खोज का समय है।
D. यह यौवनारंभ की दहलीज है।

24. निम्नलिखित में से कौन-सा ब्रॉनफेनब्रेनर के पारिस्थितिकी तंत्र सिद्धांत का भाग **नहीं** है?

A. माइक्रो सिस्टम B. मैक्रो सिस्टम
C. माइनर सिस्टम D. मेसो सिस्टम

25. संप्रेषण कौशलों के निम्नलिखित युग्मों में से कौन-सा सूचना प्राप्त करने हेतु **सही** है?

A. सुनना और लिखना B. बोलना और पढ़ना
C. सुनना और पढ़ना D. बोलना और लिखना

26. मैस्लो के आवश्यकता पदानुक्रम सिद्धांत के अनुसार, 'सम्मान की आवश्यकता' किस प्रकार की आवश्यकता है?

A. व्यक्तिगत B. सामाजिक
C. बौद्धिक D. संवेगात्मक

27. पियाजे के नैतिक विकास सिद्धांतानुसार, किशोरावस्था है :

A. नैतिक वास्तविकता की अवस्था
B. दबाव की नैतिकता की अवस्था
C. परायत्त नैतिकता की अवस्था
D. स्वायत्त नैतिकता की अवस्था

28. 'एक घोड़े को पानी के पास लाया जा सकता है, किन्तु पीने के लिए बाध्य नहीं किया जा सकता।' यह कथन थॉर्नडाइक के सीखने के किस नियम की सत्यता प्रकट करता है?

A. तत्परता का नियम B. अभ्यास का नियम
C. प्रभाव का नियम D. बहुप्रतिक्रिया का नियम

29. ''संवेगात्मक बुद्धि को चार क्षेत्रों में संवेगों के साथ तर्क करने की क्षमता के रूप में परिभाषित किया जा सकता है—संवेग को देखने, इसे विचार में एकीकृत करने, इसे समझने और इसे प्रबंधित करने।''

संवेगात्मक बुद्धि की यह परिभाषा किसने दी है?

A. डेनियल गोलमैन B. मेयर एवं पीटर सलोवे
C. पीटर एवं माइकल D. हालवरसन

30. एक शिक्षण-अधिगम व्यूहरचना जिसमें विभिन्न योग्यता स्तर वाले विद्यार्थियों के छोटे समूह, किसी विषय की अपनी समझ को बेहतर बनाने के लिए विभिन्न प्रकार की सीखने की गतिविधियों का उपयोग करते हैं :

A. बहु-संवेदी अधिगम B. दल शिक्षण
C. सहकारी अधिगम D. अभिक्रमित अधिगम

भाग-II

भाषा : हिन्दी

निर्देश : *निम्नलिखित प्रश्नों के उत्तर देने के लिए* **सबसे उचित** *विकल्प चुनिए।*

31. विलोम की दृष्टि से **असंगत** विकल्प चुनिए :

A. उपत्यका – अधित्यका
B. उन्मुख – अभिमुख
C. कल्पना – यथार्थ
D. कुत्सा – प्रशंसा

32. इनमें से कौन-सा वाक्य **अशुद्ध** है?

A. तुम्हारा व्यवहार सर्वश्रेष्ठ है।
B. हम सभी में मनुष्यी दुर्बलताएँ हैं।

C. वह पाँव से जूता उतार रहा है।

D. शीला को अपनी योग्यता पर गर्व है।

33. किस विकल्प में निजवाचक सर्वनाम का प्रयोग हुआ है?

A. हमें अपना काम स्वयं करना चाहिए।

B. तेते पाँव पसारिये, जेती लाँबी सौर।

C. हम किसी का कुछ नहीं बिगाड़ सकते।

D. जैसा करोगे, वैसा ही भरोगे।

34. ''आनन्दा चुपके-से चली गई।'' वाक्य में किस प्रकार के क्रिया-विशेषण का प्रयोग हुआ है?

A. कालवाचक B. रीतिवाचक

C. परिमाणवाचक D. स्थानवाचक

35. शब्दकोश में वर्णानुक्रम की दृष्टि से 'श्रद्धा' शब्द इनमें से किस शब्द के पहले आएगा?

A. शौर्य B. श्याम

C. शृंगार D. श्रमिक

36. 'पशु' शब्द से निर्मित विशेषण है :

A. पाशविक B. पशुपति

C. पशुता D. पशुत्व

37. समास की दृष्टि से **असंगत** विकल्प चुनिए :

A. कनकलता – कर्मधारय

B. सचिवालय – तत्पुरुष

C. चौराहा – द्विगु

D. आकंठ – बहुव्रीहि

38. उसने मुझे सदैव धोखा दिया। वाक्य में प्रयुक्त **'धोखा'** शब्द कौन-सी संज्ञा का उदाहरण होगा?

A. समुदायवाचक संज्ञा

B. जातिवाचक संज्ञा

C. भाववाचक संज्ञा

D. व्यक्तिवाचक संज्ञा

39. 'तत्सम-तद्भव' की दृष्टि से **असंगत** विकल्प चुनिए :

A. लोमशा – लोमड़ी

B. रज्जु – रस्सी

C. पाषाण – पत्थर

D. मस्तक – माथा

40. इनमें से किस शब्द में 'आवट' प्रत्यय का प्रयोग **नहीं** हुआ है?

A. गुर्राहट B. सजावट

C. बुनावट D. तरावट

41. किस शब्द में एक से अधिक उपसर्गों का प्रयोग हुआ है?

A. अध्यापक B. अन्वेषण

C. अनुष्ठान D. व्याधि

42. उच्चारण की दृष्टि से 'ल' वर्ण का उच्चारण स्थान होगा :

A. ओष्ठ B. मूर्धा

C. तालु D. दन्त

43. समश्रुत भिन्नार्थक शब्दों का अर्थ भेद की दृष्टि से **बेमेल** विकल्प है :

A. सदेह – देह सहित; सन्देह – संशय

B. सुअन – पुत्र; सुमन – फूल

C. सुकृती – सत्कर्म; सुकृति – पुण्यवान्

D. स्वजन – बन्धु; श्वजन – कुत्ता

44. किस विकल्प में विसर्ग सन्धि का प्रयोग हुआ है?

A. युधिष्ठिर

B. वयोवृद्ध

C. परोपदेश

D. निष्ठुर

45. पर्यायवाची की दृष्टि से **असंगत** विकल्प चुनिए :

A. गधा – लंबकर्ण, वैशाखनन्दन, गर्दभ

B. गरुड़ – वैनतेय, कामारि, काक

C. गणिका – सर्ववल्लभा, वारांगना, पतुरिया

D. ग्वाला – आभीर, अहीर, गोप

Language : English

Direction: *Answer the following questions by selecting the **most appropriate** option.*

46. Which of the following sentences is the ***correct*** option to express present perfect continuous tense?

A. Mr. Mehta has been waking for 2 O'clock in the morning.

B. Mr. Mehta has been waking since 2 O'clock in the morning.

C. Mr. Mehta has been waked since 2 O'clock in the morning.

D. Mr. Mehta has been waking from 2 O'clock in the morning.

47. Fill in the blank with the ***correct*** option that completes the idiom:

A rolling stone _______ .

A. carries rough winds B. kills no one

C. gathers no sauce D. gathers no moss

48. Choose the part of the sentence that is grammatically ***incorrect***:

The thief took towards/his heels/on seeing/the Police-van arrive.

A. The thief took towards B. his heels

C. on seeing D. the Police-van arrive.

49. Change the narration:

Kavin said to Mr. Cowper, "Please, be kind to me."

A. Kavin requested Mr. Cowper to be kind to him.
B. Kavin requested Mr. Cowper to be kind to me.
C. Kavin asked Mr. Cowper to be please kind to me.
D. Kavin asked Mr. Cowper that he must be kind to him.

50. Fill in the blank with the ***correct*** form of verb:

You had better ______ your hands before you eat.

A. been washing B. washing
C. washed D. wash

51. The word 'garrulous' means:

A. talkative B. abusive
C. violent D. abundant

52. Arrange the following jumbled options in the correct order and then choose the ***correct*** option:

(*i*) too many (*ii*) spoil
(*iii*) the broth (*iv*) cooks

A. (*i*), (*iv*), (*iii*), (*ii*) B. (*i*), (*iv*), (*ii*), (*iii*)
C. (*iii*), (*iv*), (*ii*), (*i*) D. (*iv*), (*ii*), (*i*), (*iii*)

53. Fill in the blank with the ***correct*** option:

When Monisha reached the bus stand, the bus ________.

A. was already left B. had already left
C. already left D. has been already left

54. Choose the part of the sentence that is grammatically ***incorrect***:

He has committed/a blunder/mistake/today morning.

A. He has committed B. a blunder
C. mistake D. today morning

55. Which of the following options express the ***correct*** meaning of the sentence given below?

He is too cute to overlook.

A. He is too cute and he can be overlooked.
B. He is too cute but he can be overlooked.
C. He is so cute that he cannot be overlooked.
D. Although he is not cute, but he cannot be overlooked.

56. Fill in the blank with the ***correct*** form of verb:

Neither you nor she ________ made the mistake.

A. have B. has
C. had D. did

57. Fill in the blank with ***correct*** 'Modal Auxiliary':

Passengers _______ not walk across the railway line. (Prohibition)

A. should B. can
C. need D. must

58. Fill in the blank with the ***correct*** option:

Mr. Sudhir Soni is ________ R.A.S. Officer.

A. an B. a
C. the D. ×

59. Choose the ***correct*** passive of the given sentence:

Did he kill a lion?

A. Did a lion killed by him?
B. Was a lion killed by you?
C. Was a lion killed by him?
D. Had a lion been killed by you?

60. Fill in the blank with the ***correct*** option:

Let us stay here, while it ________.

A. is raining B. was raining
C. has been raining D. had been raining

भाग-III

सामान्य अध्ययन–मात्रात्मक योग्यता, तार्किक अभिक्षमता तथा सामान्य ज्ञान एवं अभिज्ञान

निर्देश : निम्नलिखित प्रश्नों के उत्तर देने के लिए ***सबसे उचित*** *विकल्प चुनिए।*

61. यदि कोई धनराशि वार्षिक चक्रवृद्धि ब्याज के आधार पर 3 वर्षों का चक्रवृद्धि ब्याज जोड़कर $3\frac{3}{8}$ गुना हो जाए, तो ब्याज की वार्षिक दर है :

A. $16\frac{2}{3}\%$ B. $33\frac{1}{3}\%$
C. 33% D. 50%

62. चावल की कीमत में 20% की कमी हो जाने पर एक ग्राहक ₹ 800 में 12.5 किग्रा. चावल ज्यादा खरीद लेता है, तो चावल की मूल कीमत प्रति किग्रा. कितनी है?

A. ₹ 12 B. ₹ 14
C. ₹ 15 D. ₹ 16

63. विभाजन के एक योगफल में विभाजक, भागफल का 12 गुना तथा शेषफल का 5 गुना है। यदि उसमें शेषफल 36 हो, तो भाज्य है :

A. 2726 B. 2736
C. 2796 D. 2826

64. निम्न श्रेणी का अगला पद ज्ञात कीजिए :

Z1A, X2D, V6G, T21J, R88M, P445P, ?

A. N2676T B. T2670N
C. N2676S D. M2670S

65. किसी संख्या को 5, 9, 13 से विभाजित करने पर क्रमशः 2, 6 तथा 10 शेष बचता है। ऐसी सबसे छोटी संख्या है :

A. 602 B. 592
C. 572 D. 582

66. एक निश्चित कूट भाषा में "PARTICLE" को "USBQFMDJ" तथा "GENERATE" को "FOFHFUBS" लिखा जाता है, तो इसी समान कूट भाषा में, "DOCUMENT" को लिखा जाएगा :

A. VDEPUOSF B. VDPENFUQ
C. VDPEUOFN D. VDPEUOSF

67. तीन नलों P, Q तथा R द्वारा एक टैंक 5 घंटे में भरता है। नल R, Q से दोगुनी गति से तथा Q, P से दोगुनी गति से चलते हैं, तो अकेले नल P द्वारा टैंक को भरने में कितना समय लगेगा?

A. 22 घंटे B. 25 घंटे
C. 30 घंटे D. 35 घंटे

68. यदि $x = \frac{\sqrt{3}+1}{\sqrt{3}-1}$ तथा $y = \frac{\sqrt{3}-1}{\sqrt{3}+1}$, तो $(x^2 + y^2)$ का मान है :

A. 14 B. 12
C. 13 D. 16

69. लड़कियों की एक पंक्ति में, A बायीं ओर से 10वें स्थान पर तथा B दायीं ओर से 14वें स्थान पर है, यदि वे अपनी स्थितियाँ परस्पर बदल लेती हैं, तो A बायीं ओर से 24वें स्थान पर हो जाती है, पंक्ति में लड़कियों की संख्या कितनी है?

A. 31 B. 33
C. 37 D. 39

70. 1865 लोगों में से, 660 अंग्रेजी बोल सकते हैं और 1305 हिन्दी बोल सकते हैं, परन्तु 120 व्यक्ति दोनों में से कोई भी भाषा नहीं बोल सकते हैं, तो कितने लोग दोनों भाषाएँ बोल सकते हैं?

A. 220 B. 440
C. 120 D. 1085

71. एक कस्बे की जनसंख्या 9000 है, यदि पुरुषों की जनसंख्या वृद्धि दर 5% और महिलाओं की वृद्धि दर 8% हो एवं एक वर्ष में जनसंख्या 9600 हो, तो पुरुषों की संख्या है :

A. 3000 B. 4000
C. 5000 D. 5600

72. D, C तथा E से लम्बा है, A, E से अधिक लम्बा नहीं है, C, A से लम्बा है, D, B से अधिक लम्बा नहीं है, तो इनमें से कौन सबसे लम्बा है?

A. A B. B
C. C D. D

73. एक लड़की के फोटोग्राफ की ओर इंगित करते हुए X ने कहा कि "वह मेरे दादा जी के इकलौते पुत्र की लड़की है", तो लड़की का X से किस प्रकार का संबंध है?

A. पिता B. भाई
C. बहन D. माता

74. एक वाष्प इंजन वाली रेलगाड़ी पूर्व से पश्चिम की ओर जा रही है तथा उत्तर से दक्षिण की ओर हवा चल रही है, तो उसका धुआँ किस दिशा में जाएगा?

A. उत्तर-पश्चिम B. उत्तर-पूर्व
C. दक्षिण-पूर्व D. दक्षिण-पश्चिम

75. निम्न संख्या श्रेणी का अगला पद है :
3, 13, 22, 32, 59, 69, 120, 130, ?

A. 201 B. 211
C. 227 D. 232

76. 9 क्रमिक संख्याओं का औसत n है, यदि उनमें दो अगली संख्याओं को शामिल कर लिया जाए, तो नया औसत कितना हो जाएगा?

A. वही समान रहेगा B. 1 की वृद्धि होगी
C. 1.5 की वृद्धि होगी D. 2 की वृद्धि होगी

77. एक दुकानदार एक वस्तु को 15% लाभ पर बेचता है, अगर उसने उसे ₹ 18 अधिक में बेचा होता, तो उसका लाभ 18% हो जाता। उस वस्तु का क्रय मूल्य (₹ में) है :

A. 360 B. 540
C. 600 D. 640

78. एक नाव, किसी निश्चित दूरी को धारा की दिशा में 3 घंटे में, जबकि वापसी 4.5 घंटे में तय करती है। यदि धारा की चाल 3 किमी. प्रति घंटा है, तो शान्त जल में नाव की चाल है :

A. 10 किमी. प्रति घंटा B. 12 किमी. प्रति घंटा
C. 13 किमी. प्रति घंटा D. 15 किमी. प्रति घंटा

79. 10.5 सेमी. त्रिज्या का एक धातु का गोला पिघलाकर, 3.5 सेमी. त्रिज्या तथा 3 सेमी. ऊँचाई वाले कई छोटे शंकुओं में ढाल दिया जाता है। तदनुसार, इस प्रकार बने शंकु की संख्या कितनी होगी?

A. 112 B. 126
C. 132 D. 138

80. सूर्योदय के समय X तथा Y दोनों का एक-दूसरे की तरफ मुँह है। यदि Y की परछाई X के दायीं ओर पड़ रही हो, तो Y का मुँह किस दिशा में है?

A. उत्तर B. दक्षिण
C. पूर्व D. पश्चिम

81. हरियाणा के निम्नलिखित स्मारकों में से किन्हें राज्य संरक्षित स्मारक का दर्जा प्राप्त है?

(*i*) शेख तैयब का मकबरा (*ii*) शोभा सागर तालाब
(*iii*) भीमादेवी मंदिर कॉम्प्लेक्स

सही कूट का चयन कीजिए :

A. (*i*) और (*ii*) B. (*ii*) और (*iii*)
C. (*i*) और (*iii*) D. (*i*), (*ii*) और (*iii*)

82. हरियाणा के औद्योगिक क्षेत्रों में आधारभूत सुविधाओं का विकास करने के लिए निम्न में से कौन-सी संस्था जिम्मेदार है?

A. हारट्रोन B. हुडा
C. एचएसआईआईडीसी D. जिला उद्योग केन्द्र

83. निम्नांकित कथनों पर विचार कीजिए :

(*i*) हरियाणा में लोकायुक्त संस्था की स्थापना वर्ष 2002 में की गई थी।

(*ii*) न्यायमूर्ति प्रीतम पाल हरियाणा राज्य के पहले लोकायुक्त थे।

A. केवल (*i*) सही है। B. केवल (*ii*) सही है।
C. (*i*) एवं (*ii*) दोनों सही हैं। D. (*i*) एवं (*ii*) दोनों गलत हैं।

84. निम्नलिखित में से कौन हरियाणा के राज्यपाल के द्वारा नियुक्त **नहीं** होता है?

A. हरियाणा के मुख्यमंत्री

B. पंजाब एवं हरियाणा उच्च न्यायालय का न्यायाधीश

C. हरियाणा लोक सेवा आयोग का सदस्य

D. हरियाणा मानवाधिकार आयोग का सदस्य

85. हरियाणा के निम्नलिखित राज्यपालों में से कौन एक नौकरशाह था?

A. मुजफ्फर हुसैन बर्नी B. जयसुख लाल हाथी

C. धनिक लाल मंडल D. बाबू परमानंद

86. 'परिवार पहचान पत्र योजना' के बारे में निम्नलिखित कथनों को पढ़िए :

(*i*) यह योजना परिवार को एक इकाई के रूप में चिह्नित करती है और यह हरियाणा के समस्त परिवारों का एक विश्वसनीय सामाजिक-आर्थिक डेटाबेस तैयार कर रही है।

(*ii*) प्रत्येक परिवार को एक आठ अंकों की विलक्षण परिवार पहचान आवंटित की जा रही है और पहचान (ID) को जन्म, मृत्यु एवं वैवाहिक रिकॉर्ड्स से जोड़ा जाएगा।

(*iii*) परिवार पहचान डेटाबेस में उपलब्ध डेटा का उपयोग विभिन्न कल्याणकारी योजनाओं में स्वतः चयन हेतु किया जाएगा और परिवारों को स्वयं योजनाओं के लिए आवेदन करने की आवश्यकता नहीं होगी।

सही कूट का चयन कीजिए :

A. केवल (*ii*) सही है। B. (*i*) और (*ii*) सही हैं।

C. (*ii*) और (*iii*) सही हैं। D. (*i*), (*ii*) और (*iii*) सही हैं।

87. हरियाणा के किन स्थानों को यूनेस्को की रामसर संधि के तहत रामसर स्थल के रूप में अधिसूचित किया गया है?

A. सुल्तानपुर राष्ट्रीय उद्यान और भिंडावास वन्यजीव अभयारण्य

B. कलेसर राष्ट्रीय उद्यान और खपरवास वन्यजीव अभयारण्य

C. नाहर वन्यजीव अभयारण्य और बीर शिकोरगढ़ वन्यजीव अभयारण्य

D. अबूशहर वन्यजीव अभयारण्य और खोल-ही-रैतान वन्यजीव अभयारण्य

88. हरियाणा में लोक सभा और राज्य सभा की सीटें हैं :

A. 7 और 4 B. 10 और 4

C. 10 और 5 D. 12 और 5

89. हरियाणा के किस शहर को 'सिटी ऑफ वार हीरोज' के रूप में जाना जाता है?

A. गुरुग्राम B. सोनीपत

C. पानीपत D. भिवानी

90. हरियाणा के राज्यपाल के संबंध में निम्नलिखित कथनों पर विचार कीजिए :

(*i*) वह हरियाणा केन्द्रीय विश्वविद्यालय के कुलाधिपति हैं।

(*ii*) वह राज्य के किसी भी लाभ के पद को धारण कर सकते हैं।

(*iii*) वह इंडियन रेडक्रॉस सोसायटी, हरियाणा राज्य शाखा के अध्यक्ष हैं।

(*iv*) उन्हें संविधान के अन्तर्गत कोई स्वविवेकीय शक्ति प्राप्त नहीं है।

उपर्युक्त में से कौन-सा/से कथन **सही** है/हैं?

A. (*i*), (*ii*), (*iii*) और (*iv*) B. (*ii*), (*iii*) और (*iv*)

C. केवल (*iii*) D. (*ii*) और (*iii*) दोनों

भाग-IV

हिन्दी

91. किस विकल्प में शब्द-युग्म 'प्रदीप-प्रतीप' का **सही** अर्थ भेद प्रयुक्त हुआ है?

A. तख्ता, प्रतिज्ञा B. दीपक, उलटा

C. दीपक, समूह D. मूँगा, सबसे बड़ा

92. 'आज के जमाने में कोई हरिश्चन्द्र नहीं है।'

उक्त वाक्य में प्रयुक्त 'हरिश्चन्द्र' शब्द में कौन-सी संज्ञा है?

A. जातिवाचक संज्ञा B. व्यक्तिवाचक संज्ञा

C. द्रव्यवाचक संज्ञा D. भाववाचक संज्ञा

93. निम्न में से किस विकल्प में तत्सम शब्द प्रयुक्त **नहीं** हुए हैं?

A. चक्र, कार्य B. उज्ज्वल, कर्पास

C. चित्रक, अवगुंठन D. मिमियाना, खिचड़ी

94. निम्न में से किस वाक्य में अकर्मक क्रिया का प्रयोग हुआ है?

A. गीता विद्यालय जाती है।

B. सोहन भोजन कर रहा है।

C. लड़के मैदान में दौड़ रहे हैं।

D. अंजलि ने अध्यापक को कविता सुनाई।

95. वर्तनी की दृष्टि से **अशुद्ध** शब्द का चयन कीजिए :

A. घ्राणेन्द्रिय B. गार्हस्थ्य

C. दौर्बल्य D. रचनावलि

96. निम्न में से किस विकल्प में संधि-कार्य **सही** हुआ है?

A. रमा + ईश = रमेश

B. उत्तर + अयन = उत्तरायन

C. ध्वनि + अर्थ = ध्वन्यार्थ

D. पितृ + आज्ञा = पित्रज्ञा

97. समास-विग्रह की दृष्टि से **असंगत** विकल्प का चयन कीजिए :

A. ध्यानातीत - ध्यान को अतीत करके

B. गृहागत - गृह को आगत

C. जेबकतरा - जेब को कतरने/काटने वाला

D. जितेन्द्रिय - जीत को प्राप्त करना

98. 'सर्वनाम' विकारी पद है। इसके विकारक माने जाते हैं :
A. वचन तथा कारक B. वचन तथा लिंग
C. लिंग, काल तथा पुरुष D. वाच्य, कारक तथा वचन

99. किस विकल्प के सभी शब्द **शुद्ध** हैं?
A. वशिष्ठ, उर्ध्वगामी B. गिरधर, अंतर्ध्यान
C. जुखाम, चिंगारी D. विवाहेतर, अमचूर

100. किस वाक्य में विशेषण संबंधिनी **अशुद्धि** है?
A. किसी दूसरे लड़के को बुलाओ।
B. सब लोग अपना-अपना काम करो।
C. अंगूर बहुत खट्टे हैं।
D. यह चित्र सबसे सर्वोत्तम सुन्दर है।

101. संधि की दृष्टि से **असंगत** युग्म पहचानिए :
A. विधूदय – दीर्घ स्वर संधि
B. नमस्ते – विसर्ग संधि
C. अन्त्याक्षरी – यण् स्वर संधि
D. प्रतिष्ठित – व्यंजन संधि

102. प्रत्यय की दृष्टि से कौन-सा विकल्प सुमेलित **नहीं** है?
A. कुशा + ल = कुशल
B. पानी + ईला = पनीला
C. नानी + आल = ननिहाल
D. दाँत + एल = दँतैल

103. निम्न में से कौन-सा सामासिक-युग्म सुमेलित **नहीं** है?
A. हृषिकेश – बहुव्रीहि समास
B. सहस्राब्दी – कर्मधारय समास
C. भाषाधिकार – तत्पुरुष समास
D. अनुगुण – अव्ययीभाव समास

104. निम्न में से किस वाक्य में वचन संबंधिनी **अशुद्धि** है?
A. इस महाविद्यालय में तीस हजार छात्र हैं।
B. रचनात्मक व्यक्ति को अनेकों भाषाओं का ज्ञान होना चाहिए।
C. अपने संस्कार और मूल्यों को सहेजने का प्रयास करें।
D. तुम सोमवार को घर चले जाना।

105. 'ज, ढ, प' उक्त वर्णों का क्रमशः उच्चारण स्थल है :
A. दन्त, कण्ठ, ओष्ठ B. तालु, मूर्धा, ओष्ठ
C. मूर्धा, दन्त, ओष्ठ D. ओष्ठ, मूर्धा, तालु

106. 'मन चंगा तो कठौती में गंगा' उक्त लोकोक्ति का उचित भावार्थ चुनिए :
A. सामर्थ्य से अधिक बात करना
B. मन की शांति एवं पवित्रता ही सर्वानन्द है
C. मन निरन्तर अस्थिर रहना
D. मजबूर होकर काम करना

107. किस वाक्य में 'कर्मवाच्य' **नहीं** है?
A. लड़के से रोया भी नहीं गया।
B. बच्चों द्वारा पुस्तक पढ़ी जा रही है।
C. महिलाओं द्वारा गीत गाए जा रहे थे।
D. आनंदा के द्वारा हॉकी खेला गया।

108. किस विकल्प के शब्द परस्पर विपरीतार्थी **नहीं** हैं?
A. गृहस्थी - संन्यासी B. कृश - स्थूल
C. अवसर - सुअवसर D. चिरन्तन - क्षणिक

109. संधि की दृष्टि से **असंगत** विकल्प का चयन कीजिए :
A. षट् + आत्मा = षडात्मा
B. उद् + श्वसन = उच्छ्वसन
C. वाणी + औचित्य = वाण्योचित्य
D. शीत + ऋतु = शीतर्तु

110. कौन-सा विकल्प कारक की दृष्टि से **असंगत** है?
A. मोहन कार से बाजार गया। –करण कारक
B. बच्चा साइकिल से गिर गया। –अपादान कारक
C. चार दिन की चाँदनी फिर अँधेरी रात। –सम्प्रदान कारक
D. लड़कियाँ कक्षा में बैठी हैं। –अधिकरण कारक

111. निम्न में से कौन-सा शब्द 'ईय' प्रत्यय से निर्मित **नहीं** है?
A. नारकीय B. शोचनीय
C. पाणिनीय D. जातीय

112. विदेशी भाषा के उपसर्गों से निर्मित शब्द पहचानिए :
A. कापथ, अधजल B. औतार, दुबला
C. कुलक्षणी, चिरायु D. बदबू, खुशबू

113. किस विकल्प के सभी शब्द परस्पर पर्यायवाची **नहीं** हैं?
A. खग, विहग, नभचर B. पर्वत, शैल, अद्रि
C. धनुष, कोदण्ड, उरग D. पत्थर, पाषाण, अश्म

114. किस विकल्प में 'पुंल्लिंग' शब्द का प्रयोग हुआ है?
A. एकांकी B. योगिनी
C. दर्जिन D. भीलनी

115. काल के संदर्भ में कौन-सा वाक्य 'हेतुहेतुमद् भूतकाल' का उदाहरण है?
A. घोड़े के चार पैर और दो कान होते हैं।
B. इस साल बारिश अच्छी होने की संभावना है।
C. तुम आते तो मेरा काम बन जाता।
D. आज सभी लड़के थक गए थे।

116. 'आलसी होने के कारण उसने अवसर खो दिया।' उक्त सरल वाक्य को संयुक्त वाक्य में रूपांतरित कीजिए :
A. आलसी बनकर अवसर खो दिया।
B. आलसी बनने पर उसने अवसर खो दिया।
C. जैसे ही वह आलसी हुआ, अवसर खो गए।
D. वह आलसी था; इसलिए उसने अवसर खो दिया।

117. वाक्यांश के लिए शब्द के संदर्भ में कौन-सा विकल्प **असंगत** है?
A. जिसकी पूर्ति आसानी से हो जाए – सुपूर्य
B. जो कठिनता से भेदा जा सके – दुस्तर
C. मानसिक भाव छिपाना – अवहित्था
D. अच्छाई और बुराई की पहचान का गुण – विवेक

118. किस विकल्प में उपसर्ग एवं प्रत्यय दोनों का योग हुआ है?

A. पारिवारिक　　B. रासायनिक

C. काल्पनिक　　D. पाशविक

119. 'डेढ़ चावल की खिचड़ी पकाना' उक्त मुहावरा किस अर्थ को प्रकट करता है?

A. बहुमत से अलग रहना　　B. किसी का शासन होना

C. आय के अनुसार व्यय　　D. किसी के वश में होना

120. किस वाक्य में 'संबंधसूचक अव्यय' का प्रयोग हुआ है?

A. मैं भली-भाँति जानता हूँ।

B. आज विराट की जगह रोहित खेलेगा।

C. यदि तुम सत्य बोलोगे तो इनाम पाओगे।

D. बाप रे! अँधेरे में कोई खड़ा है।

121. 'पृथ्वीराज रासो' के विषय में कौन-सा तथ्य सही **नहीं** है?

A. आचार्य शुक्ल के अनुसार यह हिन्दी का प्रथम महाकाव्य है।

B. नागरी प्रचारिणी सभा काशी से प्रकाशित वृहद् संस्करण में 69 समय है।

C. इसमें शृंगार एवं वीर रस प्रमुख हैं।

D. यह काव्य डिंगल मिश्रित भाषा में रचित है।

122. 'सिल्वर वैडिंग' कहानी की मूल संवेदना है :

A. आधुनिक जीवन शैली का अंधानुकरण

B. आध्यात्मिकता एवं नैतिकता का ह्रास

C. पीढ़ी अंतराल से उत्पन्न सामंजस्यहीनता

D. भौतिकतावादी दृष्टिकोण

123. **असंगत** कथन चुनिए :

A. लघु मानव की धारणा नई कविता की प्रवृत्तिगत विशेषता है।

B. प्रयोगवादी कविता ह्रासोन्मुख मध्यमवर्गीय समाज के जीवन का चित्र है।

C. प्रपद्यवाद छायावाद का पर्याय है।

D. श्रीनिवास दास कृत 'रणधीर प्रेम मोहिनी' को हिंदी का पहला दुःखान्तक नाटक माना जाता है।

124. कौन-सा विकल्प सुमेलित **नहीं** है?

A. छंदों का बंधन – नई कविता की मुख्य विशेषता है।

B. कई दिनों तक चूल्हा रोया, चक्की रही उदास – नागार्जुन रचित काव्य पंक्तियाँ हैं।

C. हिन्दी गजल विधा के प्रवर्तक – दुष्यंत कुमार को माना जाता है।

D. 'जी हाँ हुजूर, मैं गीत बेचता हूँ' – पंक्तियों के रचयिता भवानी प्रसाद मिश्र हैं।

125. *''दुख ही जीवन की कथा रही,*
क्या कहूँ आज, जो नहीं कही।''

काव्य पंक्तियाँ हैं :

A. निराला की राम की शक्ति पूजा से।

B. निराला की सरोज स्मृति से।

C. अज्ञेय की असाध्य वीणा से।

D. मुक्तिबोध की ब्रह्मराक्षस से।

126. 'घर की याद' कविता में कवि का संदेशवाहक है :

A. सावन　　B. ग्रीष्म

C. बसंत　　D. शरद

127. निम्न में से एक विकल्प सुमेलित **नहीं** है, उसे चुनिए :

A. चिरजीवो जोरी जुरे, क्यों न सनेह गँभीर।
को घटि ए वृषभानुजा, वे हलधर के वीर।।
—अभंग श्लेष

B. खुले पलक, फैली सुवर्ण छवि,
जगी सुरभि, डोले मधु-बाल। —लक्षणा शब्द शक्ति

C. नील सरोरुह स्याम, तरुन अरुन बारिज नयन।
करहु सो मो उर धाम, सदा क्षीरसागर शयन।।
—माधुर्य गुण

D. चिक्करहिं दिग्गज डोल महि, अहि लोल सागर खरभरे।
मन हरख सभ गंधर्ब-सुर-मुनि, नाग किन्नर दुःख टरे।।
—ओज गुण

128. निम्न में से कौन-सा विकल्प रचना और रचनाकार की दृष्टि से **असंगत** है?

A. मृगावती – कुतबन

B. पद्मावत – मलिक मुहम्मद जायसी

C. मधुमालती – मंझन

D. आखिरी कलाम – मुल्ला दाऊद

129. ''यह हिन्दुस्तान पाकिस्तान की एकता का मेवा है।'' नमक कहानी के आधार पर बताइए कि निम्न में से मेवा किसे कहा गया है?

A. संतरा　　B. माल्टा

C. कीनू　　D. नींबू

130. आदिकाल के सन्दर्भ में **असंगत** कथन चुनिए :

A. साहित्य लेखन की सर्वोत्कृष्ट पद्धति विधेयवादी पद्धति है, जिसके जनक बेन-तेन महोदय हैं।

B. ''हिंदी के विधेयवादी साहित्येतिहास के आदिम प्रवर्तक शुक्ल जी नहीं, प्रत्युत् ग्रियर्सन हैं।'' उक्त कथन आ. रामचन्द्र शुक्ल का है।

C. चौरासी सिद्धों में तीन महिला सिद्ध—लक्ष्मीकरा, मणिभद्रपा एवं कनखलपा हैं।

D. सिद्धों का प्रधान केन्द्र 'श्रीपर्वत' है।

131. भक्तिकाल से संबंधित **असत्य** कथन चुनिए :

A. खेती न किसान को, भिखारी को न भीख भली,
बनिक को बनिज, न चाकर को चाकरी।
उक्त पंक्तियों के सर्जक तुलसीदास हैं।

B. ''प्रेम और शृंगार का ऐसा वर्णन जो बिना लज्जा और संकोच के सबके सामने पढ़ा जा सकता है।''
—उक्त कथन आचार्य शुक्ल ने सूरदास के काव्य के संदर्भ में कहा है।

C. ''चौदह सौ पचपन साल गए, चंद्रवर एक ठाठ गए।''
—उक्त पंक्ति संत कबीर के जीवन से संबद्ध है।
D. ज्ञानाश्रयी निर्गुण काव्य का दार्शनिक आधार अद्वैतवाद है।

132. घनानंद को 'साक्षात् रसमूर्ति', 'प्रेम की पीर' एवं 'यातना का कवि' कहकर संबोधित करने वाले विद्वान हैं :
A. डॉ. नगेन्द्र B. आ. हजारी प्रसाद द्विवेदी
C. आ. रामचंद्र शुक्ल D. नलिन विलोचन शर्मा

133. ''मेरे मालिक एक सुर बख्श दे। सुर में वह तासीर पैदा कर कि आँखों से सच्चे मोती की तरह अनगढ़ आँसू निकल आएँ।'' यह इबादत किसके द्वारा की गई है?
A. उस्ताद बिस्मिल्ला खाँ
B. उस्ताद सालार हुसैन खाँ
C. उस्ताद अलीबख्श
D. उस्ताद पैगंबर बख्श खाँ

134. 'नीलू नीलिमा नीलोफर' उपन्यास के रचयिता हैं :
A. संजीव B. असगर वजाहत
C. निर्मल वर्मा D. भीष्म साहनी

135. ''हिन्दी शब्द के सामान्य अर्थ के अन्तर्गत वे बोलियाँ आती हैं, जो थोड़े से स्थानीय भेदों और परिवर्तनों के साथ बनारस और बिहार तथा समर्पित तथा विजित प्रान्तों के अधिकांश हिन्दू जनसमूह द्वारा व्यवहृत होती हैं।'' यह कथन किसका है?
A. विलियम प्राइस B. गिलक्राइस्ट
C. लॉर्ड ऐमहर्स्ट D. कैप्टन टेलर

136. **असंगत** कथन चुनिए :
A. भूषण को 'कवि भूषण' की उपाधि सोलंकी राजा रुद्र शाह ने प्रदान की।
B. आचार्य हजारी प्रसाद द्विवेदी ने रीतिकालीन कवि केशव को 'कठिन काव्य का प्रेत' कहा है।
C. आचार्य शुक्ल ने घनानन्द के बारे में कहा है कि—इनकी-सी विशुद्ध सरस एवं शक्तिशालिनी ब्रजभाषा लिखने में और कोई कवि समर्थ नहीं हुआ।
D. महाकवि बिहारी द्वारा रचित 'बिहारी सतसई' ब्रजभाषा में लिखित काव्य ग्रंथ है।

137. 'डायरी के पन्ने' नामक डायरी अंश में लेखिका ने 'किट्टी' का संबोधन किसे दिया है?
A. माँ को B. बहिन को
C. अध्यापिका को D. गुड़िया को

138. उदाहरण एवं अलंकार की दृष्टि से **असंगत** विकल्प चुनिए :
A. उर अंकुरित गर्व-तरु भारी —रूपक अलंकार
B. कोमल कुसुम समान देह हा! हुई तप्त अंगारमयी —उपमा अलंकार
C. बसन देहु, ब्रज में हमें बसन देहु ब्रजराज—श्लेष अलंकार
D. मुनि तापस जिन तें दुख लहहीं।
ते नरेश बिनु पावक दहहीं।। —विभावना अलंकार

139. नाटक एवं नाटककार की दृष्टि से **असंगत** विकल्प चुनिए :
A. अंधेर नगरी, चन्द्रावली — भारतेन्दु हरिश्चन्द्र
B. ध्रुवस्वामिनी, अजातशत्रु — जयशंकर प्रसाद
C. डॉक्टर, युगे-युगे क्रांति — विष्णु प्रभाकर
D. शारदीया, राज्यश्री — जगदीशचन्द्र माथुर

140. कौन-सा विकल्प सुमेलित **नहीं** है?
A. ब्रह्म सम्प्रदाय - मध्वाचार्य - द्वैतवाद
B. रुद्र सम्प्रदाय - विष्णुस्वामी - शुद्धाद्वैतवाद
C. श्री सम्प्रदाय - रामानुजाचार्य - विशिष्टाद्वैतवाद
D. सनकादि सम्प्रदाय - निम्बार्काचार्य - अचिन्त्य भेदाभेद

141. 'अपू के साथ ढाई साल' रचना किस विधा में है?
A. डायरी B. रिपोर्ताज
C. संस्मरण D. यात्रावृत्त

142. 'रघुवीर सहाय' की रचना **नहीं** है :
A. आत्महत्या के विरुद्ध B. चक्रव्यूह
C. लोग भूल गये हैं D. सीढ़ियों पर धूप में

143. ''नारी का आकर्षण पुरुष को पुरुष बनाता है, तो उसका अपकर्षण उसे गौतम बुद्ध बना देता है।'' यह संवाद किस नाटक का है?
A. पैर तले की जमीन B. आषाढ़ का एक दिन
C. लहरों के राजहंस D. आधे-अधूरे

144. आचार्य हजारी प्रसाद द्विवेदी ने कुटज को 'गाढ़े का साथी' क्यों कहा है?
A. कुटज विपत्ति काल में काम आता है।
B. कुटज के पुष्प निर्धनों के लिए कमल समान हैं।
C. कुटज रोगनाशक है।
D. कुटज एक बहुउपयोगी पेड़ है।

145. पत्रिका एवं सम्पादक की दृष्टि से **असंगत** विकल्प है :
A. सरस्वती — महावीर प्रसाद द्विवेदी
B. सुदर्शन — देवकी नन्दन खत्री
C. समालोचक — ईश्वरी प्रसाद शर्मा
D. इन्दु — अम्बिका प्रसाद गुप्त

146. 'नंगातलाई का गाँव' रचना है :
A. विश्वनाथ त्रिपाठी की आत्मकथा
B. रामदरश मिश्र का उपन्यास
C. विश्वनाथ प्रसाद तिवारी का आत्मकथ्य
D. मैनेजर पाण्डे का संस्मरण

147. आदिकालीन रासो साहित्य की प्रमुख प्रवृत्तियों से संबंधित कौन-सा कथन सत्य **नहीं** है?
A. शृंगार और वीर रस का एक साथ चित्रण रासो साहित्य की महत्वपूर्ण विशेषता है।
B. इस साहित्य में राष्ट्र-प्रेम का सुंदर चित्रण किया गया है।
C. रासो साहित्य में शौर्य और विलासिता का स्वाभाविक एवं जीवंत चित्रण हुआ है।
D. युद्धों का सजीव चित्रांकन इस साहित्य की अन्यतम उपलब्धि है।

148. इन साहित्येतिहास ग्रंथों को उनके लेखकों के साथ सुमेलित कीजिए :

(*a*) हिन्दी साहित्य का आदिकाल	(*i*) डॉ. सुमन राजे
(*b*) हिन्दी साहित्य का आलोचनात्मक इतिहास	(*ii*) रामकुमार वर्मा
(*c*) हिन्दी नवरत्न	(*iii*) मिश्रबंधु
(*d*) हिन्दी साहित्य का आधा इतिहास	(*iv*) आचार्य हजारी प्रसाद द्विवेदी

कूट :

	(*a*)	(*b*)	(*c*)	(*d*)
A.	(*iv*)	(*ii*)	(*iii*)	(*i*)
B.	(*iv*)	(*ii*)	(*i*)	(*iii*)
C.	(*iii*)	(*iv*)	(*ii*)	(*i*)
D.	(*i*)	(*ii*)	(*iii*)	(*iv*)

149. हिंदी साहित्य के आदिकाल से संबंधित नामकरण के विषय में कौन-सा विकल्प सुमेलित **नहीं** है?

A. सिद्ध-सामन्तकाल – राहुल सांकृत्यायन
B. आदिकाल – रामचन्द्र शुक्ल
C. बीजवपन काल – महावीर प्रसाद द्विवेदी
D. संधि एवं चारणकाल – रामकुमार वर्मा

150. 'प्रेमचन्द' के किस उपन्यास में विधवा जीवन की विषम समस्याओं का चित्रण है?

A. निर्मला
B. प्रतिज्ञा
C. सेवासदन
D. प्रेमाश्रम

उत्तरमाला

1. (A)	**2. (A)**	**3. (D)**
4. (C)	**5. (A)**	**6. (C)**
7. (D)	**8. (B)**	**9. (A)**
10. (A)	**11. (A)**	**12. (B)**
13. (B)	**14. (A)**	**15. (D)**
16. (B)	**17. (C)**	**18. (B)**
19. (D)	**20. (C)**	**21. (C)**
22. (D)	**23. (*)**	**24. (C)**
25. (C)	**26. (B)**	**27. (D)**
28. (A)	**29. (B)**	**30. (C)**
31. (B)	**32. (B)**	**33. (A)**
34. (B)	**35. (D)**	**36. (A)**
37. (D)	**38. (C)**	**39. (C)**
40. (A)	**41. (D)**	**42. (D)**
43. (C)	**44. (B)**	**45. (B)**
46. (*)	**47. (D)**	**48. (A)**
49. (A)	**50. (D)**	**51. (A)**
52. (B)	**53. (B)**	**54. (C)**
55. (C)	**56. (B)**	**57. (D)**
58. (A)	**59. (C)**	**60. (A)**

61. (D): वार्षिक चक्रवृद्धि ब्याज के आधार पर

$$\therefore \quad A = P\left(1+\frac{r}{100}\right)^n$$

$$\Rightarrow \quad 3\frac{3}{8}P = P\left(1+\frac{r}{100}\right)^3$$

$$\Rightarrow \quad 3\frac{3}{8} = \left(1+\frac{r}{100}\right)^3$$

$$\Rightarrow \quad \frac{27}{8} = \left(1+\frac{r}{100}\right)^3$$

$$\Rightarrow \quad \left(\frac{3}{2}\right)^3 = \left(1+\frac{r}{100}\right)^3$$

$$\Rightarrow \quad \frac{3}{2} = 1+\frac{r}{100} \Rightarrow \frac{3}{2}-1 = \frac{r}{100}$$

$$\Rightarrow \quad \frac{1}{2} = \frac{r}{100} \Rightarrow r = 50$$

$\therefore$ ब्याज की वार्षिक दर, $r = 50\%$.

62. (D): माना चावल की मूल कीमत ₹ x प्रति किग्रा. है

तब नयी कीमत प्रति किग्रा. $= \frac{x \times 100 - 20}{100}$

$$= x \times \frac{80}{100} = ₹\ \frac{4}{5}x$$

प्रश्नानुसार,

$$\therefore \quad \frac{800}{\frac{4}{5}x} - \frac{800}{x} = 12.5$$

$$\Rightarrow \quad \frac{1000}{x} - \frac{800}{x} = \frac{25}{2}$$

$$\Rightarrow \quad \frac{1}{x}(1000-800) = \frac{25}{2}$$

$$\Rightarrow \quad \frac{200}{x} = \frac{25}{2} \Rightarrow 25x = 400 \Rightarrow x = 16$$

$\therefore$ चावल की मूल कीमत प्रति किग्रा. ₹ 16 है।

63. (B): माना भागफल $= x$

तब, भाजक $= 12x = 5 \times 36$

$$\Rightarrow \quad x = \frac{5 \times 36}{12} = 15$$

$\because$ भाज्य = भाजक × भागफल + शेषफल

$\therefore$ भाज्य $= 12x \times x + 36 = 12 \times 15 \times 15 + 36$

$= 12 \times 225 + 36$

$= 2700 + 36 = 2736.$

64. (C)

65. (D): यहाँ, $5 - 2 = 9 - 6 = 13 - 10 = 3$

सभी भाज्य और शेषफल के बीच का अंतर समान है।

इसलिए अभीष्ट संख्या = (LCM of 5, 9, 13) − 3

$= 585 - 3 = 582.$

66. (C): दिया है,

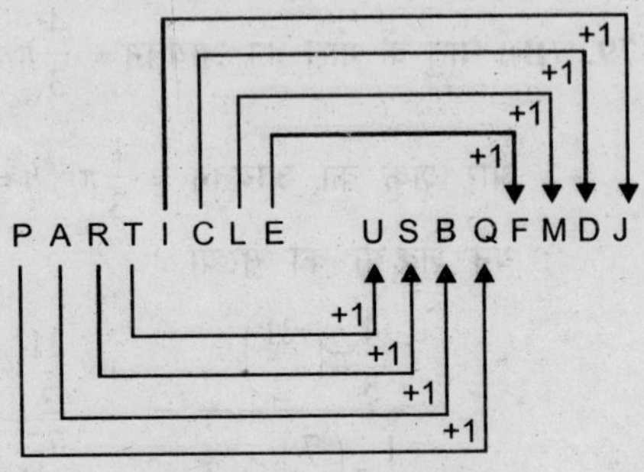

और

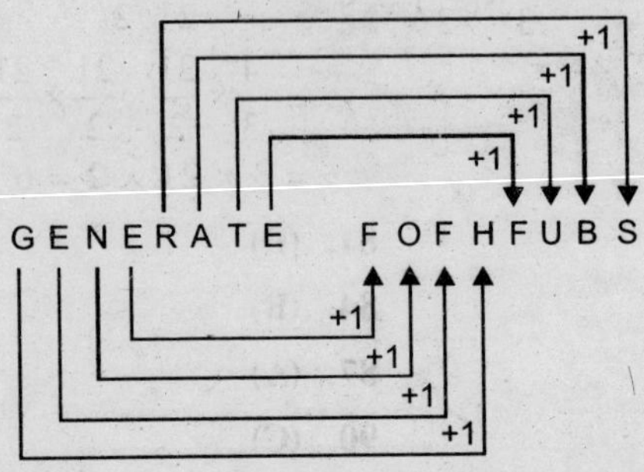

इसी प्रकार,

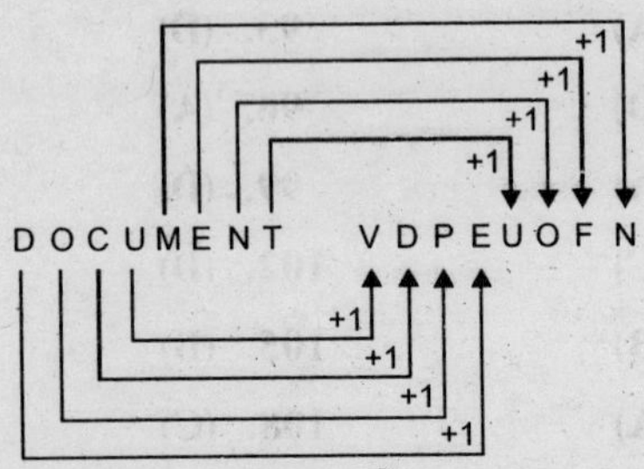

∴ इसी समान कूट भाषा में 'DOCUMENT' को 'VDPEUOFN' लिखा जाएगा।

67. (D): नलों की क्षमता का अनुपात

$R : Q = 2 : 1, Q : P = 2 : 1$

$\Rightarrow \quad P : Q = 1 : 2$

और $\quad Q : R = 1 : 2 \Rightarrow Q : R = 2 : 4$

$\therefore \quad P : Q : R = 1 : 2 : 4$

समय का अनुपात

$$P : Q : R = 1 : \frac{1}{2} : \frac{1}{4} = 4 : 2 : 1$$

प्रश्नानुसार (P + Q + R) का 1 घंटे का कार्य

$$\frac{1}{4x} + \frac{1}{2x} + \frac{1}{x} = \frac{1}{5}$$

$$\Rightarrow \quad \frac{1+2+4}{4x} = \frac{1}{5}$$

$$\Rightarrow \quad \frac{7}{4x} = \frac{1}{5} \Rightarrow x = \frac{35}{4}$$

$$\therefore \text{P का 1 घंटे का कार्य} = \frac{1}{4x} = \frac{1}{4 \times \frac{35}{4}} = \frac{1}{35}$$

∴ अकेले नल P द्वारा टैंक को भरने में 35 घंटे का समय लगेगा।

68. (A): दिया है, $x = \frac{\sqrt{3}+1}{\sqrt{3}-1} = \frac{\sqrt{3}+1}{\sqrt{3}-1} \times \frac{\sqrt{3}+1}{\sqrt{3}+1} = \frac{(\sqrt{3}+1)^2}{3-1}$

$$= \frac{3+1+2\sqrt{3}}{2} = \frac{4+2\sqrt{3}}{2} = 2+\sqrt{3}$$

और $\quad y = \frac{\sqrt{3}-1}{\sqrt{3}+1} = \frac{\sqrt{3}-1}{\sqrt{3}+1} \times \frac{\sqrt{3}-1}{\sqrt{3}-1}$

$$= \frac{(\sqrt{3}-1)^2}{3-1} = \frac{3+1-2\sqrt{3}}{2} = 2-\sqrt{3}$$

$\therefore \quad x^2 + y^2 = (2+\sqrt{3})^2 + (2-\sqrt{3})^2$

$$= 4+3+4\sqrt{3}+(4+3-4\sqrt{3})$$

$$= 7+4\sqrt{3}+7-4\sqrt{3} = 7 + 7 = 14$$

$\Rightarrow \quad x^2 + y^2 = 14.$

69. (C):

पुनः,

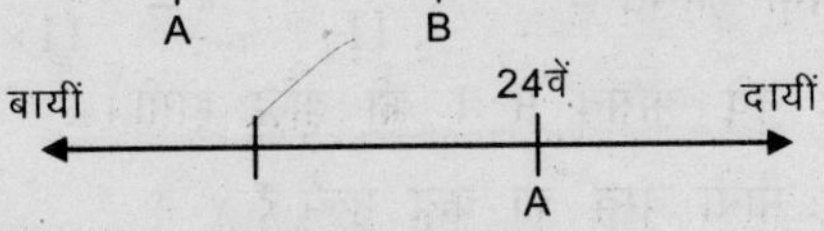

∴ पंक्ति में लड़कियों की संख्या = 24 + 13 = 37.

70. (A): दिया है, व्यक्तियों की संख्या = 1865

अंग्रेजी बोलने वाले व्यक्तियों की संख्या = 660

हिंदी बोलने वाले व्यक्तियों की संख्या = 1305

दोनों में से कोई भाषा नहीं बोल सकने वाले व्यक्तियों की संख्या = 120

∴ दोनों भाषाएँ बोलने वाले व्यक्तियों की संख्या

= (660 + 1305 + 120) − 1865

= 2085 − 1865 = 220.

71. (B): माना पुरुषों की संख्या x है।

तब महिलाओं की संख्या $(9000 - x)$ है।

$$\therefore \quad x \times \frac{105}{100} + (9000 - x) \times \frac{108}{100} = 9600$$

$$\Rightarrow \quad \frac{105x}{100} + \frac{972000}{100} - \frac{108x}{100} = 9600$$

$$\Rightarrow \quad \frac{972000}{100} - \frac{3x}{100} = 9600$$

$$\Rightarrow \quad 9720 - 9600 = \frac{3x}{100} \Rightarrow 120 = \frac{3x}{100}$$

$$\Rightarrow \quad 3x = 12000 \Rightarrow x = 4000$$

∴ पुरुषों की संख्या = x = 4000.

72. (B): B > D > C > E > A

अतः B इनमें सबसे लम्बा है।

73. (C): यहाँ लड़की X की बहन है।

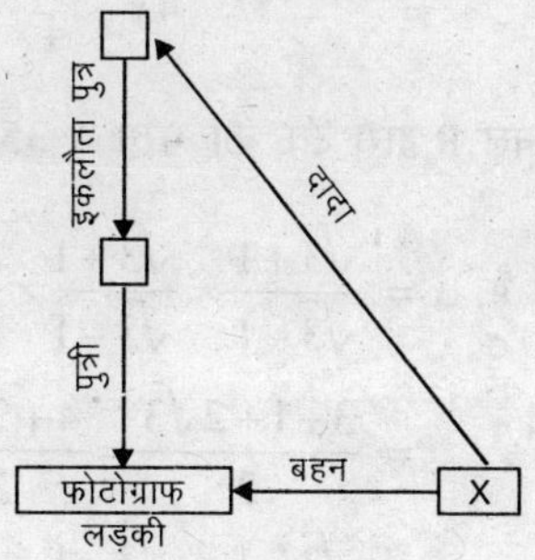

74. (C)

75. (B):

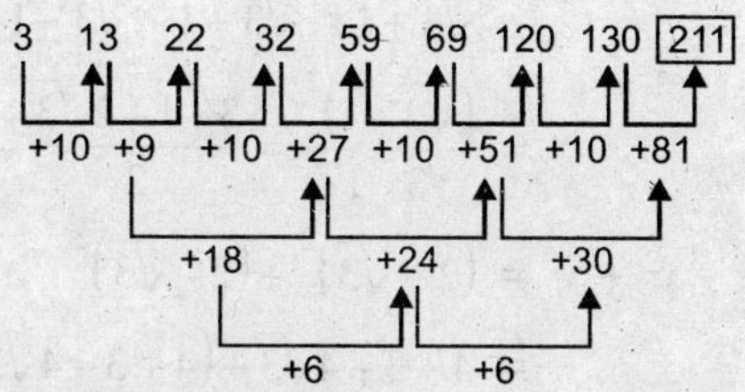

$\therefore$? = अगला पद = 211.

76. (B): $n = \dfrac{1+2+3+....+9}{9} = \dfrac{9(9+1)}{9\times 2} = \dfrac{10}{2} = 5$

नया औसत $= \dfrac{1+2+3+...+11}{11} = \dfrac{11(11+1)}{11\times 2} = \dfrac{12}{2} = 6$

अतः नये औसत में 1 की वृद्धि होगी।

77. (C): माना वस्तु का क्रय मूल्य ₹ x है

तब, S.P. $= x\times\dfrac{115}{100}+18 = x\times\dfrac{118}{100}$

$\Rightarrow \quad \dfrac{115}{100}x+18 = \dfrac{118}{100}x$

$\Rightarrow \quad \dfrac{118}{100}x-\dfrac{115}{100}x = 18$

$\Rightarrow \quad \dfrac{3x}{100} = 18 \Rightarrow \dfrac{x}{100} = 6$

$\Rightarrow \quad x = 600$

$\therefore$ वस्तु का क्रय मूल्य = ₹ 600.

78. (D): माना शांत जल में नाव की चाल x किमी./घंटा है तब, धारा की दिशा में नाव की चाल = $(x + 3)$ किमी./घं. और धारा के विपरीत नाव की चाल = $(x - 3)$ किमी./घं. माना निश्चित दूरी = d किमी.

तब, $\dfrac{d}{x+3} = 3$

$\Rightarrow \quad d = 3(x + 3) \quad ...(i)$

और $\dfrac{d}{x-3} = 4.5$

$\Rightarrow \quad d = \dfrac{9}{2}(x-3) \quad ...(ii)$

(i) और (ii) से, $3(x + 3) = \dfrac{9}{2}(x-3)$

$\Rightarrow \quad 6(x + 3) = 9(x - 3)$

$\Rightarrow \quad 6x + 18 = 9x - 27$

$\Rightarrow \quad 9x - 6x = 18 + 27$

$\Rightarrow \quad 3x = 45 \Rightarrow x = 15$

अतः शांत जल में नाव की चाल, $x = 15$ किमी./घं.।

79. (B): धातु के गोले का आयतन $= \dfrac{4}{3}\pi r^3 = \dfrac{4}{3}\pi\left(\dfrac{21}{2}\right)^3$ सेमी.^{3}

और शंकु का आयतन $= \dfrac{1}{3}\pi r^2 h = \dfrac{1}{3}\pi\left(\dfrac{7}{2}\right)^2\times 3$ सेमी.^{3}

$\therefore$ बने शंकुओं की संख्या

$$\frac{\frac{4}{3}\pi\left(\frac{21}{2}\right)^3}{\frac{1}{3}\pi\left(\frac{7}{2}\right)^2\times 3} = \frac{4\times\frac{21}{2}\times\frac{21}{2}\times\frac{21}{2}}{\frac{7}{2}\times\frac{7}{2}\times 3}$$

$$= \frac{4}{3}\times\frac{21}{2}\times\frac{21}{2}\times\frac{21}{2}\times\frac{2}{7}\times\frac{2}{7}$$

$$= 3\times 21\times 2 = 6\times 21 = 126.$$

80. (A)	**81. (D)**	**82. (C)**
83. (C)	**84. (B)**	**85. (A)**
86. (D)	**87. (A)**	**88. (C)**
89. (D)	**90. (C)**	**91. (B)**
92. (A)	**93. (D)**	**94. (C)**
95. (D)	**96. (A)**	**97. (D)**
98. (A)	**99. (D)**	**100. (D)**
101. (C)	**102. (D)**	**103. (B)**
104. (B)	**105. (B)**	**106. (B)**
107. (A)	**108. (C)**	**109. (C)**
110. (C)	**111. (B)**	**112. (D)**
113. (C)	**114. (A)**	**115. (C)**
116. (D)	**117. (B)**	**118. (A)**
119. (A)	**120. (B)**	**121. (D)**
122. (C)	**123. (C)**	**124. (A)**
125. (B)	**126. (A)**	**127. (A)**
128. (D)	**129. (C)**	**130. (B)**
131. (B)	**132. (C)**	**133. (A)**
134. (D)	**135. (C)**	**136. (B)**
137. (D)	**138. (C)**	**139. (D)**
140. (D)	**141. (C)**	**142. (B)**
143. (C)	**144. (A)**	**145. (C)**
146. (A)	**147. (B)**	**148. (A)**
149. (B)	**150. (B)**	

पिछले प्रश्न-पत्र (हल सहित)

हरियाणा शिक्षक पात्रता परीक्षा (HTET)

PGT (Level-3), हिन्दी शिक्षक परीक्षा 2021

(Exam held on 18 December, 2021)

भाग-I

बाल विकास व शिक्षाशास्त्र

निर्देशः *निम्नलिखित प्रश्नों के उत्तर देने के लिए* **सबसे उचित** *विकल्प चुनिए।*

1. निम्नलिखित में से कौन-सा कैटल द्वारा प्रतिपादित व्यक्तित्व के गत्यात्मक विशेषक का प्रकार ***नहीं*** है?

A. अभिवृत्ति B. तीव्र इच्छा
C. स्थायी भाव D. रूढ़िवादी

2. निम्नलिखित में से कौन-सा एक चरण चरित्र के विकास के संदर्भ में जेम्स ड्रेवर द्वारा निर्धारित चरणों से ***नहीं*** है?

A. अपरिष्कृत संवेगों का चरण
B. मनोभाव का चरण
C. आत्मसम्मान चरण
D. पारंपरिक चरण के अनुरूप

3. निम्नलिखित में से कौन-सी अभिप्रेरण की ***असत्य*** विशेषता है?

A. अभिप्रेरण में व्यक्ति का व्यवहार लक्ष्योन्मुखी होता है।
B. अभिप्रेरित व्यवहार निरंतरता करता है।
C. अभिप्रेरित व्यवहार की प्रकृति कठोर होती है।
D. अभिप्रेरणा मनुष्य में ऊर्जा परिवर्तन करती है।

4. निम्नलिखित में से कौन-सा सिद्धांत अधिगम के अन्तरण सिद्धांतों से संबंधित ***नहीं*** है?

A. मानसिक अनुशासन का सिद्धांत
B. रटन्त स्मृति का सिद्धांत
C. समान अवयव का सिद्धांत
D. सामान्यीकरण का सिद्धांत

5. निम्नलिखित में से कौन-सा अच्छे मानसिक स्वास्थ्य का लक्षण ***नहीं*** है?

A. सांवेगिक परिपक्वता B. आत्मविश्वास
C. असहनीयता D. आत्म मूल्यांकन की क्षमता

6. किस आयु वर्ग के लिए बालक प्रसंगबोध परीक्षण (सीएटी) लागू हो सकता है?

A. 2 से 5 वर्ष B. 0 से 4 वर्ष
C. 16 से 18 वर्ष D. 3 से 10 वर्ष

7. निम्नलिखित में से कौन-सा एक मूलप्रवृत्तियों की विशेषताओं के संदर्भ में ***गलत*** कथन है?

A. मूलप्रवृत्ति जन्मजात होती है।
B. मूलप्रवृत्ति बहुत शक्तिशाली होती है।
C. मूलप्रवृत्ति अल्पकालिक होती है।
D. मूलप्रवृत्ति मनोशारीरिक स्वभाव है।

8. निम्नलिखित में से कौन-सा थॉर्नडाइक के संबंधवाद सिद्धांत का अन्य नाम ***नहीं*** है?

A. उद्दीपक अनुक्रिया सिद्धांत
B. अधिगम का बंध सिद्धांत
C. अनुबंधित अनुक्रिया का सिद्धांत
D. प्रयास एवं त्रुटि का सिद्धांत

9. पहला बुद्धि परीक्षण किसने बनाया?

A. लेवेटर B. सेंगुइन
C. फ्रान्सिस गाल्टन D. अल्फ्रेड बिने और साइमन

10. निम्नलिखित में से कौन-सा संप्रत्यय जीन पियाजे में अपने संज्ञानात्मक विकास सिद्धांत में ***नहीं*** दिया है?

A. आत्मसातीकरण B. समविष्टीकरण
C. सांकेतिक D. संतुलन

11. निम्नलिखित में से कौन-सा जन्मजात अभिप्रेरक ***नहीं*** है?

A. सुरक्षा B. भूख
C. प्यास D. विश्राम

12. संज्ञानात्मक विकास के सामाजिक-सांस्कृतिक सिद्धांत के जनक कौन थे?

A. जीन पियाजे B. जेरोम ब्रूनर
C. लेव वाइगोट्स्की D. कोहलबर्ग

13. निम्नलिखित में से कौन-सा दबी हुई भावनात्मक ऊर्जा को निकालने का सही तरीका ***नहीं*** है?

A. स्थानापन्न प्रतिक्रियाएँ B. विस्थापन
C. प्रतिगमन D. आत्म करुणा

14. निम्नलिखित में से मन का कौन-सा स्तर पूर्णतया सुखवादी और सुख प्राप्ति के अनु सिद्धांतों द्वारा निर्देशित होता है?

A. इदम् B. अहम्
C. परा अहम् D. पित्त प्रकृति

15. निम्नलिखित में से कौन-सा स्मृति के तत्त्वों का ***सही*** तार्किक क्रम है?

A. अधिगम → पुनः स्मरण → धारण → पहचान

B. पुनः स्मरण → अधिगम → धारण → पहचान

C. अधिगम → पुनः स्मरण → पहचान → धारण

D. अधिगम → धारण → पुनः स्मरण → पहचान

16. निम्नलिखित में से कौन-सा जे.पी. गिलफर्ड द्वारा प्रदत्त बुद्धि के त्रिविमिय प्रारूप के एक घटक विषयवस्तु का प्रकार ***नहीं*** है?

A. आकृतिक B. प्रणाली

C. सांकेतिक D. व्यावहारिक

17. विचार, निर्णय लेने, भाषा और अन्य उच्च मानसिक प्रक्रिया से जुड़ी मानसिक गतिविधियों को कहा जाता है :

A. दृश्य चित्र B. संज्ञान

C. संप्रत्यय D. प्रस्ताव/साध्य

18. निम्नलिखित में से कौन-सा आधुनिक मनोविज्ञान का व्यावहारिक दृष्टिकोण है?

A. खुले व्यवहार पर ध्यान केन्द्रित करता है।

B. संज्ञानात्मक क्रियाओं पर ध्यान केन्द्रित करता है।

C. जैविक घटनाओं पर केन्द्रित है।

D. पुरुष पूर्वाग्रह की आलोचना पर केन्द्रित है।

19. मनोविश्लेषणात्मक विधि के जनक कौन थे?

A. जे.बी. वाटसन B. विल्हेल्म वुण्ट

C. सिगमण्ड फ्रायड D. जे.एम. कैटल

20. स्टेनफोर्ड-बिने बुद्धिलब्धि स्केल के अनुसार न्यून मानसिक मंदता वाले बालकों की बुद्धिलब्धि सीमा क्या होती है?

A. 52 से 67 B. 36 से 51

C. 20 से 35 D. 20 से नीचे

21. मनोविज्ञान की शाखा जो यह अध्ययन करती है कि लोग पूरे जीवनकाल में शारीरिक, संज्ञानात्मक और सामाजिक रूप से कैसे बदलते हैं, कहलाती है :

A. नैदानिक मनोविज्ञान B. परामर्श मनोविज्ञान

C. विकासात्मक मनोविज्ञान D. प्रयोगात्मक मनोविज्ञान

22. निम्नलिखित में से कौन-सा कथन ***असत्य*** है?

A. अधिगम एक प्रक्रिया है न कि उत्पाद।

B. अधिगम प्रक्रिया सदैव उद्देश्यपूर्ण होती है।

C. अधिगम का क्षेत्र व्यापक होता है।

D. मूलप्रवृत्ति एवं प्रतिक्षेप क्रियाओं के द्वारा होने वाले व्यवहार के परिवर्तन भी अधिगम माने जाते हैं।

23. निम्नलिखित में से कौन-सी व्यक्तित्व मापन की प्रक्षेपी प्रविधि ***नहीं*** है?

A. शब्द साहचर्य परीक्षण B. वुडवर्थ का व्यक्तिगत दत्त पत्र

C. वाक्य पूर्ति परीक्षण D. चित्र कथानक परीक्षण

24. खेल के प्रत्याशित सिद्धांत के प्रतिपादक कौन थे?

A. कार्ल ग्रूस B. मैक्डूगल

C. हर्बर्ट स्पेन्सर D. जी. स्टेलने हॉल

25. यह किसने कहा कि "किशोरावस्था दबाव, तनाव, तूफान तथा संघर्ष की अवस्था है"?

A. विलियम एच. बर्टन B. स्टेनले हॉल

C. जे.ए. हेडफील्ड D. जीन पियाजे

26. निम्नलिखित में से कौन-सा किशोरावस्था की विशेषता ***नहीं*** है?

A. माँसपेशियों का भार कुल शरीर के भार का 20% होता है।

B. दिवास्वप्न देखने की प्रवृत्ति बढ़ती है।

C. शब्दकोश बढ़ जाता है।

D. मानसिक योग्यतायें अपनी चरम सीमा पर पहुँच जाती हैं।

27. निम्नलिखित में से कौन-सी व्यक्तित्व मापन की अप्रक्षेपी तकनीक है?

A. सहाचर्य प्रविधि B. समाजमितीय प्रविधि

C. रचना प्रविधि D. पूर्ति प्रविधि

28. निम्नलिखित में से कौन-सा गैने द्वारा प्रदत्त अधिगम सोपानिकी सिद्धांत का उच्चतम स्तर है?

A. समस्या समाधान अधिगम B. सिद्धांत अधिगम

C. प्रत्यय अधिगम D. बहुविभेदन अधिगम

29. सृजनशीलता के पोषण एवं संवर्द्धन के लिए मस्तिष्क उद्वेलन विधि का प्रतिपादन किसने किया था?

A. टॉरेन्स B. मायर्स

C. ऑसबर्न D. गॉर्डन

30. निम्नलिखित में से कौन-सा एक आदतों की विशेषताओं के संदर्भ में ***गलत*** कथन है?

A. आदत विशिष्ट स्थिति के लिए स्वतः प्रतिक्रिया है।

B. आदत वंशानुक्रम से हासिल की जाती है।

C. आदत अच्छी तरह से सीखा प्रदर्शन है।

D. आदत केवल समान परिस्थितियाँ होने पर प्रदर्शित होती है।

भाग-II

भाषा : हिन्दी

निर्देशः *निम्नलिखित प्रश्नों के उत्तर देने के लिए **सबसे उचित** विकल्प चुनिए।*

31. ***अनुचित*** विलोम शब्द युग्म युक्त विकल्प पहचानिए :

A. विधि – निषेध B. खल – सज्जन

C. अमर – मर्त्य D. वैर – क्रोध

32. कौन-सा वाक्य संबंधसूचक अव्यय का उदाहरण है?

A. इतना खा लिया, इसे कैसे पचाओगे।

B. शीला के समान कोई आलसी नहीं है।

C. मैंने पर्याप्त पढ़ लिया है, अब थोड़ा आराम करूँगा।

D. जरा सोच-समझकर बोलिए।

33. वाक्य के संदर्भ में कौन-सा विकल्प सुमेलित ***नहीं*** है?

A. दुष्ट! तुझे धिक्कार है। – विस्मयादिबोधक वाक्य

B. मैनें माँ का कहना नहीं माना। – निषेधबोधक वाक्य

C. हो सकता है वह आज शाम को आए। – इच्छाबोधक वाक्य

D. समय पर भोजन करोगे तो स्वस्थ रहोगे। – संकेतार्थक वाक्य

34. अर्थ की दृष्टि से कौन-सा मुहावरा संगत ***नहीं*** है?

A. खयाली पुलाव पकाना – व्यर्थ की बातें करना

B. अपना-सा मुँह लेकर रह जाना – असफल होने पर लज्जित होना

C. अँधेरे घर का उजाला – एकमात्र सहारा

D. ऊँट का सूई की नोक से निकलना – शक्तिशाली का कमजोर होना

35. निम्न में से किस विकल्प की सभी क्रियाएँ 'अकर्मक' हैं?

A. चलना, मुस्कराना, खिलना B. दौड़ना, रूठना, लिखना

C. हँसना, खाना, सोना D. रोना, उठना, काटना

36. 'दादुर, भेक, शालुर' शब्द किसके पर्यायवाची हैं?

A. हाथी B. बंदर

C. मेंढ़क D. सिंह

37. प्रत्यय की दृष्टि से ***असुमेलित*** विकल्प का चयन कीजिए :

A. भागिनेय = भगिनी + य

B. वार्धक्य = वर्धक + य

C. ऐश्वर्य = ईश्वर + य

D. वैशिष्ट्य = विशिष्ट + य

38. निम्न में से ***असंगत*** विकल्प पहचानिए :

A. सातत्य – अव्यय से निर्मित भाववाचक संज्ञा

B. निजता – सर्वनाम से निर्मित भाववाचक संज्ञा

C. रोगिणी – भाववाचक संज्ञा से निर्मित विशेषण

D. शक्तिशाली – विशेषण से निर्मित भाववाचक संज्ञा

39. निम्न में से ***सही*** संधि युक्त शब्द कौन-सा है?

A. युधि + स्थिर = युधिष्ठिर

B. गुरु + उपदेश = गुरोपदेश

C. अभि + इप्सा = अभिप्सा

D. गति + अवरोध = गत्यावरोध

40. उपसर्ग से निर्मित शब्दों के संदर्भ में कौन-सा विकल्प ***असंगत*** है?

A. परि – पर्यंक, पारिभाषिक, पर्युषण

B. अति – अत्युक्ति, अतीत, अत्यावश्यक

C. अन – अनसूया, अनधिकार, अनशन

D. प्रति – प्रत्यर्पण, प्रतीक्षा, प्रतीक

41. 'चिकना मुँह पेट खाली' लोकोक्ति का सही अर्थ है :

A. अपने हाथ से दान देना

B. देखने में सुखी भीतर से दुःखी

C. अत्यधिक प्यारा होना

D. जबरदस्ती गले पड़ना

42. समास-विग्रह की दृष्टि से कौन-सा विकल्प ***असंगत*** है?

A. शुभंकर – शुभ को करने वाला

B. रसमलाई – रस में डूबी हुई मलाई

C. नवयुवक – नौ युवकों का समूह

D. शाखामृग – शाखाओं पर रहने/दौड़ने वाला मृग

43. निम्नलिखित वर्णों के संदर्भ में कौन-सा विकल्प ***असंगत*** है?

A. य – तालव्य, अल्पप्राण, घोष

B. इ – तालव्य, ह्रस्व, अवृत्तमुखी

C. ब – ओष्ठ्य, घोष, अल्पप्राण

D. ष – मूर्धन्य, अल्पप्राण, अघोष

44. 'सचिन क्रिकेट खेलता है।' उक्त वाक्य को कर्मवाच्य में बदलिए :

A. सचिन क्रिकेट खेलेगा।

B. सचिन क्रिकेट नहीं खेलता है।

C. सचिन से क्रिकेट खेला जाता था।

D. सचिन के द्वारा क्रिकेट खेला जाता है।

45. शब्द-प्रकृति की दृष्टि से ***असंगत*** युग्म चुनिए :

A. गोस्वामी – तत्सम शब्द

B. मुकद्‌दमा – देशज शब्द

C. पंख – तद्‌भव शब्द

D. तहसीलदार – संकर शब्द

Language : English

Directions: *Answer the following questions by selecting the **most appropriate** option.*

46. Choose the ***correct*** meaning of the underlined idiom:

He is friendly to the minister, he <u>jumped the queue</u> and got promotion.

A. replace something B. hopping

C. blame somebody D. get something out of turn

47. Change the voice from Active to Passive. Choose the ***right*** option:

We shall discuss the question tomorrow in the meeting.

A. The question will be discussed tomorrow in the meeting.

B. We will be discussing the question tomorrow in the meeting.

C. We shall be discussing tomorrow the question in the meeting.

D. The question shall discuss tomorrow in the meeting.

48. Select the ***correct*** tense form:

The car (belong) to my mother. She (use) it today to take Tom to the dentist.

A. belonged, is using B. belonged, using

C. belong, used D. belongs, is using

49. Select the *correct* meaning of the underlined phrasal verbs:

I cannot make out the meaning of this verse.

A. discovery B. understand
C. reading D. start

50. Choose the *correct* form of tense given in the option:

She (play) the sitar since 6 o'clock this morning. He just (stop).

A. playing, stops
B. was played, stopping
C. has been playing, has just stopped
D. have been playing, stopped

51. Choose the option which has ***error*** in it:

(*a*) You should (*b*) tell to me
(*c*) exactly what (*d*) happened there

A. (*a*) B. (*b*)
C. (*c*) D. (*d*)

52. Select the *correct* preposition to fill in the blank:

They live ______ the same roof.

A. in B. before
C. after D. under

53. Select the *correct* preposition to fill in the blank:

He broke the jug ______ a hundred pieces.

A. in B. into
C. over D. about

54. Choose the *correct* option:
Transformation from Simple sentence to Complex sentence:

A lost moment is lost forever.

A. A moment which is lost is lost forever.
B. A lost moment is forever lost.
C. Forever a lost moment is lost.
D. No moment is lost forever.

55. Choose the *correct* option:

Transformation of sentences: Simple to Compound.

He must work hard to make up for the lost time.

A. He must work hard, cover the lost time.
B. Making up for the lost time he must work hard.
C. He must work hard and make up for the lost time.
D. Working hard will make up for the lost time.

56. Choose one word substitution for the following:

A word spelt and pronounced similar but differing in meaning.

A. Antonym B. Homonym
C. Synonym D. Pseudonym

57. Select the *correct* conjunctions for the blanks:

We will come ______ it rains ______ not.

A. if, and B. even, but
C. whether, or D. either, and

58. Change the following sentences into Reported Speech by choosing the *correct* option:

"We're waiting for the school bus," said the children, "It's late again."

A. The children told they're waiting for the school bus and it is late.
B. The children said they were waiting for the school bus and it is late.
C. The children complained that they were waiting for the school bus and it was late again.
D. The children complained that they were waiting for the school bus and it is late.

59. Change the following sentences into Reported Speech by choosing the *correct* option.

"If you want to smoke you'll have to go upstairs." said the landlord.

A. The landlord told him that if he wants to smoke he'll have to go upstairs.
B. The landlord told him that if he wanted to smoke he would have to go upstairs.
C. The landlord said that if he would want to smoke he would go upstairs.
D. The landlord says if you wanted to smoke you would have to go upstairs.

60. Select the *correct* infinitive form of the given sentence:

Seeing is believing.

A. To see is to believe. B. Seen is to believe.
C. To see is believing D. Seeing is to believe.

भाग-III

सामान्य अध्ययन–मात्रात्मक योग्यता, तार्किक अभिक्षमता तथा सामान्य ज्ञान एवं अभिज्ञान

निर्देश : *निम्नलिखित प्रश्नों के उत्तर देने के लिए* ***सबसे उचित*** *विकल्प चुनिए।*

61. यदि 1988 में 15 अगस्त बुधवार को मनाया गया था, तो यह 1989 में किस दिन मनाया गया था?

A. सोमवार B. मंगलवार
C. गुरुवार D. शुक्रवार

62. विजय उत्तर की ओर 10 किमी. चलता है वहाँ से 6 किमी. दक्षिण की ओर चलता है उसके पश्चात् 3 किमी. पूर्व की ओर चलता है। अब वह अपने आरम्भिक बिन्दु से कितना किमी. तथा किस दिशा में है?

A. 5 किमी. पश्चिम B. 5 किमी. उत्तर-पूर्व
C. 7 किमी. पूर्व D. 7 किमी. पश्चिम

63. लड़कियों की एक पंक्ति में शिल्पा का स्थान बायें से 8वाँ है और रीना का स्थान दायें से 17वाँ है यदि वे अपना स्थान अदल-बदल दें तो शिल्पा बायें से 14वें स्थान पर हो जाती है। पंक्ति में कुल कितनी लड़कियाँ हैं?

A. 27 B. 29
C. 32 D. 30

64. यदि किसी निश्चित पैटर्न में 9 * 3 = 36, 10 * 6 = 64, 9 * 1 = 25, तो उसी पैटर्न पर 23 * 3 का मान क्या होगा?

A. 169 B. 52
C. 32 D. 576

65. किसी निश्चित कूट में MONKEY को XDJMNL लिखा जाए, तो TIGER को कैसे लिखा जाएगा?

A. SDFHS B. SHFDQ
C. QDFHS D. UJHFS

66. यदि A का अर्थ 'जोड़', B का अर्थ 'घटाव', C का अर्थ 'भाजित', D का अर्थ 'गुणन' हो, तो निम्नलिखित का सरल मान क्या होगा?

18 A 12 C 6 D 2 B 5 =

A. 25 B. 27
C. 15 D. 17

67. यदि 7 बढ़ई 7 कुर्सियों को 8 घण्टे में बना सकते हैं, तो 70 बढ़ई 70 कुर्सियों को बनाने में कितने घण्टे लगायेंगे?

A. 8 घण्टे B. 560 घण्टे
C. 56 घण्टे D. 70 घण्टे

68. 2 : 5 अनुपात वाली प्रत्येक संख्या में कौन-सी संख्या जोड़ी जाए कि प्राप्त संख्याओं का अनुपात 5 : 6 हो जाए?

A. 12 B. 11
C. 13 D. 14

69. ₹ 10,000 चक्रवृद्धि ब्याज के रूप में 5 वर्ष में दुगुने हो जाते हैं, तो 20 वर्ष पश्चात् उसी चक्रवृद्धि ब्याज की दर से यह धन कितना हो जाएगा?

A. ₹ 40,000 B. ₹ 60,000
C. ₹ 80,000 D. ₹ 1,60,000

70. A ने B को घड़ी 10% लाभ से बेच दी और B ने इसे C को 10% हानि से बेच दी। यदि C ने घड़ी का मूल्य ₹ 990 चुकाया हो तो बताइए A ने उस घड़ी को कितने में खरीदा था?

A. ₹ 900 B. ₹ 1,000
C. ₹ 1,200 D. ₹ 950

71. किसी वस्तु का मूल्य 20% बढ़ जाता है, तो बताइए किसी उपभोक्ता द्वारा अपने उपभोग में कितने प्रतिशत की कमी कर दी जाए कि उसके खर्चे में कोई वृद्धि नहीं हो?

A. $16\frac{2}{3}\%$ B. $15\frac{2}{3}\%$

C. $17\frac{2}{3}\%$ D. $16\frac{1}{3}\%$

72. $\sqrt{2\sqrt{2\sqrt{2\sqrt{2\sqrt{2}}}}}$ का मान क्या होगा?

A. 0 B. 2
C. 1 D. $2^{31/32}$

73. दो रेलगाड़ियाँ 132 मीटर एवं 108 मीटर लम्बी एक-दूसरे से विरुद्ध दिशा में आ रही हैं जिसमें से एक की चाल 32 किमी./घण्टा तथा दूसरी की 40 किमी./घण्टा है। कितने समय में वे एक-दूसरे को पार कर जायेंगी?

A. 8 सेकेण्ड B. 10 सेकेण्ड
C. 12 सेकेण्ड D. 11 सेकेण्ड

74. $0.34\overline{67}+0.13\overline{33}$ समान होगा :

A. 0.48 B. $0.48\overline{01}$
C. $0.\overline{48}$ D. $0.4\overline{8}$

75. 11, 11.11, 0.11, 0.011 का म.स.प. क्या होगा?

A. 0.011 B. 1.1
C. 0.11 D. 0.111

76. किसी वर्ग के अन्तःवृत्त और बहिर्वृत्त के क्षेत्रफल का अनुपात होगा :

A. 1 : 4 B. 4 : 1
C. 1 : 2 D. 2 : 1

77. नीचे दी गई अक्षर शृंखला में छूटे हुए अक्षरों को ज्ञात कीजिए :

a_cdaab_cc_daa_bbb_ccddd

A. *bdbda* B. *bddca*
C. *dbbca* D. *bbdac*

78. निम्नलिखित प्रश्न में संख्याएँ किसी निश्चित पैटर्न पर पंक्तिवार अथवा स्तम्भवार लिखी हुई हैं। उस पैटर्न को पहचानिए और छूटी हुई संख्या (प्रश्नवाचक चिह्न) ज्ञात कीजिए :

6	11	25
8	6	16
12	5	?

A. 18 B. 16
C. 12 D. 10

79. संख्या शृंखला का अगला पद ज्ञात कीजिए :

127, 128, 136, 163, 227, __.

A. 352 B. 350
C. 357 D. 341

80. पाँच भिन्न-भिन्न घर A से E, पंक्ति में स्थित हैं। A, B के दायीं ओर है और एक E, C के बायीं ओर है तथा A के दायीं ओर है। B, D के दायीं ओर है। कौन-सा घर एकदम मध्य में है?

A. A B. B
C. D D. E

81. निम्नलिखित में से कौन 2021 में 'पदम् भूषण' प्राप्तकर्ता हैं?

A. जय भगवान गोयल B. वीरेन्द्र सिंह
C. तरलोचन सिंह D. मुकेश सिंह

82. 'प्राणवायु देवता पेंशन स्कीम' लक्षित है :

A. हरियाणा राज्य में पुराने पेड़ों को संरक्षित करने हेतु

B. गैर-सरकारी चिकित्सकों को उनकी वृद्धावस्था में वित्तीय सहायता प्रदान करने हेतु

C. गैर-सरकारी पैरामेडिकल कर्मियों को उनकी वृद्धावस्था में आर्थिक राहत प्रदान करने हेतु

D. शहरी घरों में तुलसी एवं गिलोय के रोपण को प्रोत्साहित करने हेतु

83. निम्नलिखित में से किस नदी का उद्गम स्थल ***असंगत*** है?

	नदी		**उद्गम**
A.	सरस्वती	–	डांगूशई
B.	इन्दौरी	–	मेवात की पहाड़ियाँ
C.	मारकण्डा	–	शिवालिक की पहाड़ियाँ
D.	टांगड़ी	–	मोरनी की पहाड़ियाँ

84. निम्नलिखित हरियाणा के राज्यपालों में से किसका निधन पद पर रहते हुए हुआ?

A. बी.एन. चक्रवर्ती B. रणजीत सिंह नरूला

C. जे.एल. हाथी D. सरदार एच.एस. बरार

85. दिल्ली-मुम्बई औद्योगिक कॉरिडोर के अंतर्गत हरियाणा में प्रस्तावित निवेश क्षेत्र/औद्योगिक क्षेत्र में से अधोलिखित में से कौन-सा ***गलत*** है?

A. फरीदाबाद – पलवल औद्योगिक क्षेत्र

B. रेवाड़ी – हिसार निवेश क्षेत्र

C. कुण्डली – सोनीपत निवेश क्षेत्र

D. मानेसर – बावल निवेश क्षेत्र

86. निम्नलिखित में से किसने पंजाब एवं हरियाणा उच्च न्यायालय के मुख्य न्यायाधीश के रूप में कार्य ***नहीं*** किया?

A. जस्टिस मुकुंद मुद्गल B. जस्टिस ए.के. सीकरी

C. जस्टिस एम.एस. जैन D. जस्टिस संजय किशन कौल

87. हरियाणा के खिलाड़ियों द्वारा टोक्यो पैरालंपिक 2021 में जीते गए कुल पदक हैं :

A. 04 B. 06

C. 08 D. 19

88. हरियाणा लोक सेवा आयोग अपने किए गए कार्य के बारे में वार्षिक प्रतिवेदन ______ को प्रस्तुत करता है।

A. राज्यपाल B. राष्ट्रपति

C. संसद D. राज्य विधान सभा

89. ग्रन्थ/ग्रन्थों को चिह्नित कीजिए, जिसमें/जिनमें थानेसर का उल्लेख मिलता है :

(*i*) हर्षचरित

(*ii*) युवान चांग का यात्रा वृत्तान्त

(*iii*) कादम्बरी

(*iv*) कर्पूर मंजरी

सही कूट का चयन कीजिए :

A. केवल (*i*) B. (*i*) और (*ii*)

C. (*i*), (*ii*) और (*iii*) D. (*i*), (*ii*), (*iii*) और (*iv*)

90. 'हरिप्रभा' मासिक पत्रिका का प्रकाशन किया जाता है :

A. सूचना एवं जनसंपर्क विभाग द्वारा

B. हरियाणा साहित्य अकादमी द्वारा

C. हरियाणा संस्कृत अकादमी द्वारा

D. हरियाणा हिंदी ग्रंथ अकादमी द्वारा

भाग-IV

हिन्दी

निर्देशः *निम्नलिखित प्रश्नों के उत्तर देने के लिए* ***सबसे उचित*** *विकल्प चुनिए।*

91. 'जातिवाचक संज्ञा' से रहित वाक्य है :

A. हमें बुराइयों से बचना चाहिए

B. पर्वतीय छटा दर्शनीय होती है।

C. वह कलियुग का दुर्योधन है।

D. यशोदा हमारे घर की सरस्वती है।

92. अलंकारों से संबंधित कौन-सा कथन सही ***नहीं*** है?

A. अर्थसाम्य यमक का अवश्यक तत्त्व है इसलिए समानार्थक शब्दों की आवृत्ति में यमक अलंकार होता है।

B. उपमेय में उपमान का संशय होने के कारण संदेह अलंकार में सत्यासत्य का निश्चय नहीं होता है।

C. अनेकार्थवाची शब्दों द्वारा अनेक अर्थों के अभिधान में श्लेष अलंकार होता है।

D. अपह्नुति अलंकार में वास्तविक (उपमेय) तथ्य को छिपाकर अवास्तविक (उपमान) तथ्य की स्थापना की जाती है।

93. निम्नलिखित में 'मालिनी' छंद का लक्षण **नहीं** है :

A. यह वर्णिक समवृत्त छंद है।

B. इसके प्रत्येक चरण में 15 वर्ण होते हैं।

C. इसमें 7 और 8 वर्णों पर यति होती है।

D. यह नगण, नगण, मगण, यगण, यगण के योग से बनता है।

94. सर्वनाम विषयक कौन-सा विवरण गलत है?

A. ये संज्ञा के स्थानापन्न होते हैं।

B. 'यह' निश्चयवाचक और पुरुषवाचक सर्वनाम है।

C. 'कोई' अनिश्चयवाचक सर्वनाम है।

D. 'आप' केवल आदरार्थ प्रयुक्त होता है।

95. 'ओजः कांतिमती गौडीया।'' गौड़ी रीति के विषय में यह स्थापना किस आचार्य की है?

C. नायक-नायिका के संबंधों की कल्पना के आधार पर इसके दो भेद किए गए हैं।

D. इसमें समस्त सात्विक भावों और संचारी भावों का समावेश हो जाता है।

138. रस-निष्पति से संबंधित कौन-सा तथ्य ***नहीं*** है?

A. भट्टलोल्लट का मत आरोपवाद के नाम से भी जाना जाता है।

B. शंकुक के मतानुसार चित्रतुरंगन्याय से सामाजिक को अनुकर्ता में अनुकार्य की प्रतीति हो जाती है।

C. भट्टनायक के अनुसार भोजकत्व व्यापार द्वारा विभावादि का साधारणीकरण होता है।

D. अभिनवगुप्त ने रस को व्यंग्य मानकर उसकी सहृदयनिष्ठता स्वीकार की।

139. निम्नलिखित में ***असंगत*** कथन है :

A. जब लोक और शास्त्र के कथित नियमों का उल्लंघन किया जाए तो दुष्क्रमत्व दोष होगा।

B. श्रुतिकटुत्व शब्दगत दोष है, जो प्रायः कोमल रसों में ही होता है।

C. अप्रतीतत्व अर्थगत और शब्दगत दोनों प्रकार का काव्य दोष है।

D. शब्द का क्रम वाक्य रचना की दृष्टि से दूषित होने पर अक्रमत्व दोष होता है।

140. निम्नलिखित शब्दों की शुद्धता पर विचार कीजिए :

(अ) अन्योनाश्रित (ब) सन्नद्ध

(स) संप्रभुता (द) पदौन्नति

(य) पर्यवसान

किस विकल्प में सभी शब्द ***शुद्ध*** हैं?

A. अ, ब, य B. ब, स, य

C. अ, स, द D. ब, स, द

141. किस सामासिक पद का विग्रह सही ***नहीं*** है?

A. यथामति = मति के अनुसार

B. देहलता = देह रूपी लता

C. शोकाकुल = शोक में आकुल

D. प्रयोगशाला = प्रयोग के लिए शाला

142. रसावयवों के विषय में कौन-सा कथन सही ***नहीं*** है?

A. विभाव रस को हेतु, निमित्त या कारण है।

B. अनुभाव को रस का कार्य कहा जाता है। ये विभाव के बाद उत्पन्न होते हैं।

C. भाव के पश्चात् उत्पन्न होने वाली चेष्टाएँ चार प्रकार की होती है।

D. व्यभिचारी भाव स्थायी भाव के उपकारक होते हैं और रस की सिद्धि तक स्थिर रहते है।

143. 'मियाँ की जूती मियाँ के सिर' लोकोक्ति का उपयुक्त भावार्थ होगा :

A. किसी को उसी की चाल से हराना

B. सीधेपन से काम नहीं चलता

C. उचित न्याय करना

D. आश्रयदाता पर ही रोब जमाना

144. किन समश्रुत भिन्नार्थक शब्दों का अर्थ-भेद सुमेलित ***नहीं*** है?

A. कंथा–कथा = गुदड़ी – कहानी

B. इतर–इत्र = दूसरा – सुगंधित द्रव

C. तान–ताना = आलाप – आक्षेप वाक्य

D. उपेक्षा–अपेक्षा = आशा – ध्यान न देना

145. 'माटी वाली' कहानी का केंद्रीय भाव है :

A. बेरोजगारी की समस्या

B. विस्थापन की समस्या

C. संबंधहीनता की समस्या

D. कृषि संबंधी समस्या

146. "डेल सो बनाय मेलत सभा के बीच
लोगन कबित्त कीबो खेल करि जानो है।"

–उक्त काव्यांश के रचनाकार कौन हैं?

A. आलम

B. देव

C. ठाकुर

D. पद्माकार

147. कौन-सा वाक्यांश और तत्संबंधी शब्द ***असंगत*** हैं?

A. समूह या झुंड से निकला/निकाला हुआ – यूथभ्रष्ट

B. बोलने में संकोच न करने वाला – वाक्चतुर

C. मजाक उड़ाने वाली हँसी – उपहास

D. वह विजित देश जिसमें विजेता देश के लोग ओकर बस गए हों – उपनिवेश

148. 'साना-साना हाथ जोड़ि...' यात्रा-वृत्तांत में किस भू-भाग की यात्रा का वर्णन किया गया है?

A. जम्मू से वैष्णोदेवी तक

B. हरिद्वार से केदारनाथ तक

C. लेह से लद्दाख तक

D. गंतोक और उससे आगे हिमालय तक

149. कौन-सा कथन सही ***नहीं*** है?

A. 'वीसलदेवरासो' का 'अंगी रस' वीर रस है।

B. मुनि जिनविजय ने 'भरतेश्वरबाहुबली रास' को जैन साहित्य की रास परंपरा का प्रथम ग्रंथ माना है।

C. रामसिंह-कृत 'पाहुड़दोहा' में इंद्रियसुख की निंदा और त्याग, आत्मज्ञान तथा आत्मानुभूति को महत्त्व दिया गया है।

D. राहुल सांकृत्यायन सरहपा को हिंदी का प्रथम कवि मानते हैं।

150. 'आलो-आँधारि' नामक आत्मकथांश किसकी रचना है?

A. प्रबोध कुमार

B. कुमार गंधर्व

C. अनुपम मिश्र

D. बेबी हालदार

C. समुच्चयबोधक अव्ययों के मुख्यतः दो भेद हैं— समानाधिकरण और व्यधिकरण।
D. विस्मयादिबोधक शब्द वाक्य से स्वतंत्र होते हैं।

122. कौन-सा कथन ***असंगत*** है?
A. अभिधा को आचार्यों ने 'शब्द की प्रथमा शक्ति' कहा है।
B. अभिधा शब्द के प्रसंग प्राप्त अन्य अर्थ का भी बोध कराती है।
C. शब्दकोष में शब्द का जो अर्थ दिया जाता है, उसका आधार अभिधा शक्ति ही है।
D. अभिधा शक्ति के द्वारा तीन प्रकार के शब्दों— रूढ़ि, यौगिक और योगरूढ़ि का अर्थबोध होता है।

123. संधि की दृष्टि से ***असंगत*** विकल्प का चयन कीजिए :
A. षट् + आत्मा = षडात्मा
B. उद् + श्वसन = उच्छ्वसन
C. सु + अल्प = स्वल्प
D. वाणी + औचित्य = वाण्योचित्य

124. किस शब्द का संधि विच्छेद सही ***नहीं*** है?
A. शरासन = शर + आसन
B. पर्यंक = परि + अंक
C. सदाशय = सत् + आशय
D. घटाटोप = घटा + अटोप

125. "या अनुरागी चित्त की, गति समुझै नहिं कोय।
ज्यों-ज्यों बूड़ै स्याम रंग, त्यों-त्यों उज्ज्वल होय।"
— उक्त दोहे में प्रयुक्त अलंकार हैं :
A. श्लेष और दीपक B. विरोधाभास और उत्प्रेक्षा
C. श्लेष और भ्रांतिमान D. विरोधभास और श्लेष

126. "एत एव विपर्यस्ता गुणाः काव्येषु कीर्तिताः।"
गुण विषयक उक्त मत किस आचर्य का है?
A. भरतमुनि B. वामन
C. भामह D. आनंदवर्धन

127. किस शब्द में अपत्यवाचक 'अ' प्रत्यय का प्रयोग हुआ है?
A. आदित्य B. वात्स्यायन
C. दौहित्र D. पाथेय

128. विदेशी भाषा के उपसर्गों से निर्मित शब्द पहचानिए :
A. कापथ, कुसंग B. औतार, दुबला
C. कुलक्षणी, निराकार D. दरअसल, बेचारा

129. किस विद्वान ने कनौजी और बुंदेली का अलग-अलग अस्तित्व न मानकर उन्हें ब्रजभाषा के ही उपरूप माना है?
A. भोलानाथ तिवारी B. धीरेंद्र वर्मा
C. जॉर्ज ग्रियर्सन D. सुनीतिकुमार-चटर्जी

130. 'छाया मत छूना' कविता में 'छाया' शब्द से कवि का क्या अभिप्राय है?
A. भविष्य की चुनौतियाँ
B. जीवन की कठोर वास्तविकता
C. छल-कपट और दुर्विचार
D. विगत की सुखद काल्पनिकता

131. "भक्ति आंदोलन के पूर्व सबसे शक्तिशाली धार्मिक आंदोलन गोरखनाथ का योगमार्ग ही था।"
— उक्त कथन किसका है?
A. डॉ. पीतांबरदत्त बड़थ्वाल
B. आचार्य रामचंद्र शुक्ल
C. डॉ. रामकुमार वर्मा
D. आचार्य हजारीप्रसाद द्विवेदी

132. किस विद्वान ने केवल पश्चिम हिंदी और पूर्वी हिंदी को ही वास्तवित हिंदी माना है?
A. उदयनारायण तिवारी B. सुनीतिकुमार चटर्जी
C. भोलानाथ तिवारी D. जॉर्ज ग्रियर्सन

133. निम्नलिखित में से कौन-सा विचार अंबेडकर के विचारों के अनुरूप ***नहीं*** है?
A. जातिप्रथा श्रम विभाजन की दोषमुक्त व्यवस्था है।
B. नागरिकों को समान अवसर और समान व्यवहार उपलब्ध कराकर समता स्थापित की जा सकती है।
C. मनुष्य को शक्ति के सक्षम और प्रभावशाली प्रयोग की भी स्वतंत्रता होनी चाहिए।
D. भाईचारे का ही दूसरा नाम लोकतंत्र है।

134. "प्रभु प्रलाप सुनि कान बिकल भय बानर निकर।
आई गयउ हनुमान जिमि _______।।"
— लक्ष्मण मूर्च्छा से संबंधित उक्त काव्यांश में हनुमान के अवतरण को किस रूप में चित्रित किया गया है?
A. करुण रस के बीच शांत रस का आविर्भाव
B. शृंगार रस के बीच रौद्र रस की विकरालता
C. करुण रस के बीच वीर रस का प्रस्फुटन
D. भयानक रस के बीच हास्य रस की फुहार

135. किस विकल्प में परस्पर पर्यायवाची शब्द ***नहीं*** हैं?
A. गिरि, कानन B. तालाब, तड़ाग
C. पुरंदर, इंद्र D. यमुना, कालिंदी

136. "एते वैदर्भमार्गस्य प्राणाः दश गुणाः स्मृताः।"
—उक्त मत किस आचर्य का है?
A. दंडी B. वामन
C. भरतमुनि D. भामह

137. शृंगार रस विषयक कौन-सा कथन गलत है?
A. भरतमुनि इसे उज्जवल, पवित्र और उत्तम मानकर इसका रसराजत्व सिद्ध करते हैं।
B. इसके उद्दीपक विभावों के अंतर्गत मानव, मानवेतर प्रकृति, देवता, जड़, चेतन सभी आ जाते हैं।

C. चौपाई मात्रिक सम छंद है, जिसके अंत में गुरु-लघु (ऽ1) वर्जित माना गया है।

D. सोरठा मात्रिक अर्धसम छंद है, जिसमें सम चरण तुकांत होते हैं।

110. निम्नलिखित में *शुद्ध* वाक्य है :

A. हमें सदैव ही सत्य बोलना चाहिए।

B. तुम्हारी बात सुनते-सुनते मैं उकता गया हूँ।

C. बालक खाना खाकर और दूध पीकर सो गया।

D. हमें समस्त प्राणिमात्र का हित सोचना चाहिए।

111. निम्नलिखित में विशेषणयुक्त वाक्य कौन-सा है?

A. मोहन अनेक कलाओं में पारंगत है।

B. हमें बुराई से बचना चाहिए।

C. बच्चों की सफलता से माता-पिता को प्रसन्नता होती है।

D. वह बिना बताए अचानक चला गया।

112. वाक्य-रचना से संबंधित कौन-सा विवरण सहीं *नहीं* है?

A. वाक्य में पदक्रम का सामान्य नियम है कि पहले कर्ता, फिर कर्म और अंत में क्रिया रखते हैं।

B. द्विकर्मक क्रियाओं वाले वाक्यों में मुख्य कर्म पहले और गौण कर्म बाद में आता है।

C. जिस वाक्य में मुख्य उद्देश्य और मुख्य विधेय के अतिरिक्त एक या अधिक समापिका क्रियाएँ रहती हैं, उसे मिश्र वाक्य कहते हैं।

D. संयुक्त वाक्य के मुख्य वाक्यों को समानाधिकरण उपवाक्य कहते हैं।

113. कौन-सा कथन संगत *नहीं* है?

A. भक्तिकालीन कृष्ण काव्य प्रबंध और मुक्तक दोनों रूपों में समान रूप से रचा गया है।

B. अष्टछाप के कवियों में नंददास को छोड़कर प्रायः सभी कवियों ने सूरदास का अनुकरण किया है।

C. पुष्टिमार्गीय कृष्ण काव्य में गोपालकृष्ण की बाल लीलाओं को विशेष महत्त्व दिया गया है।

D. गुसाई हितहरिवंश तथा उनके अनुयायी भक्त और स्वामी हरिदास तथा उनके अनुयायी भक्त कवि सभी लगभग एकांत रूप से राधा और गोपियों के साथ कृष्ण की प्रेम क्रीड़ाओं के वर्णन में ही अधिक मग्न दिखाई देते हैं।

114. निम्नलिखित में विलोम शब्द युग्म *नहीं* है :

A. विरल – सघन B. संलिप्त – निर्लिप्त

C. अनिमेष – निर्निमेष D. निषिद्ध – विहित

115. "इसमें कवियों की संख्या की अपेक्षा कवियों के महत्त्व पर अधिक ध्यान दिया गया है। _____ काव्यधाराओं का विवेचन जैसा इस इतिहास में है वैसा अन्यत्र नहीं।"

शुक्ल जी के 'हिंदी साहित्य का इतिहास' के संबंध में उक्त कथन किसका है?

A. बाबू श्यामसुंदर दास B. डॉ. बच्चन सिंह

C. डॉ. रामकुमार वर्मा D. डॉ. गणपति चंद्र गुप्त

116. निम्नलिखित में से कौन-सा तत्त्व संत काव्यधारा में परिलक्षित *नहीं* होता है?

A. नाम-जप को साधना का मूलाधार मानना।

B. गुरु को ब्रह्म से भी महान मानना।

C. साधना का द्वार सबके लिए उन्मुक्त मानना।

D. वैष्णवों की नवधा भक्ति का परंपरा समर्थित रूप का समर्थन करना।

117. निम्नलिखित में से कौन-सी कृति साहित्य अकादमी से पुरस्कृत *नहीं* हुई है?

A. कलिकथा : वाया बाइपास

B. पो. बॉक्स नं. 203 – नालासोपारा

C. सूरज का सातवाँ घोड़ा

D. मुझे चाँद चाहिए

118. विकल्प द्वारा निम्नलिखित रचनाओं और रचनाकारों को सुमेलित कीजिए :

रचना	रचनाकार
(a) पहाड़ पर लालटेन	*(i)* सुदामा पांडेय 'धूमिल'
(b) कल सुनना मुझे	*(ii)* मंगलेश डबराल
(c) खूँटियों पर टँगे लोग	*(iii)* शमशेर बहादुर सिंह
(d) चुका भी हूँ मैं नहीं	*(iv)* सर्वेश्वरदयाल सक्सेना

विकल्प :

	(a)	*(b)*	*(c)*	*(d)*
A.	*(ii)*	*(i)*	*(iii)*	*(iv)*
B.	*(iii)*	*(ii)*	*(i)*	*(iv)*
C.	*(ii)*	*(i)*	*(iv)*	*(iii)*
D.	*(i)*	*(iv)*	*(ii)*	*(iii)*

119. "जब कि प्रत्येक देश का साहित्य वहाँ की जनता की चित्तवृत्ति का संचित प्रतिबिंब होता है तब यह निश्चित है कि जनता की चित्तवृत्ति के परिवर्तन के साथ-साथ साहित्य के स्वरूप में भी परिवर्तन होता चला जाता है।"

—उक्त विचार किसका है?

A. बाबू गुलाबराय

B. आचार्य रामचंद्र शुक्ल

C. आचार्य हजारीप्रसाद द्विवेदी

D. डॉ. नगेंद्र

120. 'एक कुत्ता और मैना' पाठ के अनुसार किस रचनाकार की कविताओं में पशु-पक्षियों के संवेदनशील जीवन का बहुत सूक्ष्म निरीक्षण है?

A. रवींद्रनाथ टैगोर B. हजारीप्रसाद द्विवेदी

C. महादेवी वर्मा D. सुमित्रानंदन पंत

121. कौन-सा कथन सही *नहीं* है?

A. सभी विद्वानों ने क्रियाविशेषणों के दो ही भेद माने हैं– रीतिवाचक और कालवाचक।

B. प्रयोग के अनुसार संबंधसूचक अव्यय दो प्रकार के होते हैं– संबद्ध और अनुबद्ध या असंबद्ध।

A. भामह B. वामन
C. दंडी D. रुद्रट

96. 'अधिसूचना' के विषय में ***असंगत*** कथन है :
A. इसमें विविध सरकारी नियमो, आदेशों आदि की घोषणा होती है।
B. प्रेषक के स्थान पर उत्तम पुरुष एकवचन का प्रयोग किया जाता है।
C. इसका संबंध सर्वसाधारण या संबंधित व्यक्ति/व्यक्तियों से होता है।
D. इसे राजपत्र में प्रकाशित किया जाता है।

97. निम्नलिखित में से कौन-सा कथन सहीं ***नहीं*** है?
A. वीर, अद्‌भुत और रौद्र परस्पर मित्र रस हैं।
B. शृंगार रस का वर्ण श्वेत तथा देवता प्रथम माना गया है।
C. करुण और भयानक, हास्य रस के शत्रु हैं।
D. शांत रस का स्थायी भाव शम है।

98. निम्नलिखित में ***असंगत*** कथन है :
A. हिंदी के रीतिशास्त्र का आधार संस्कृत काव्यशास्त्र है।
B. हिंदी कवियों में अलंकार, रस और ध्वनि के ही लक्षण और उदाहरण देने का सामान्यतः प्रयत्न देखने को मिलता है।
C. केशव का काव्य प्रवृत्ति की दृष्टि से तो रीतिकाल में आता है किंतु कालक्रम की दृष्टि से नहीं।
D. देव रीतिकाल के प्रमुख अलंकारवादी आचार्य हैं।

99. कहानी और कहानीकार से संबंधित कौन-सा विकल्प सुमेलित है?

कहानी	**कहानीकार**
(*a*) ग्यारह वर्ष का समय	(*i*) ज्ञानरंजन
(*b*) बड़े भाई साहब	(*ii*) मन्नू भंडारी
(*c*) फेंस के इधर और उधर	(*iii*) रामचंद्र शुक्ल
(*d*) यही सच है	(*iv*) प्रेमचंद

विकल्प :

	(*a*)	(*b*)	(*c*)	(*d*)
A.	(*iii*)	(*iv*)	(*i*)	(*ii*)
B.	(*iv*)	(*iii*)	(*ii*)	(*i*)
C.	(*iii*),	(*iv*)	(*ii*)	(*i*)
D.	(*ii*)	(*i*)	(*iv*)	(*iii*)

100. 'अतीत में दबे पाँव' पाठ के अनुसार निम्नलिखित में से कौन-सी विशेषता मुअनजो-दड़ो शहर की विशेषताओं से सुमेलित ***नहीं*** है?
A. यह छोटे-मोटे कृत्रिम टीलों पर नियोजित ढंग से बसा था।
B. यहाँ सड़कों और गलियों का पूर्ण विस्तार था।
C. जल-निकास के लिए शहर भर में नालियों का विस्तार था।
D. घरों के दरवाजे मुख्य सड़कों पर खुलते थे।

101. 'नमक का दारोगा' किस प्रकार की कहानी है?
A. यथार्थवादी B. आदर्शवादी
C. आदर्शोन्मुख यथार्थवादी D. मनोविश्लेषणवादी

102. हिंदी कविता में राष्ट्रीय चेतना की दृष्टि से कौन-सा कथन सही ***नहीं*** है?
A. आश्रयदाता की स्तुति में रचित आदिकालीन वीरगाथात्मक काव्य राष्ट्रीय कविता का संकुचित और विकृत रूप है।
B. भूषण की राष्ट्रीय भावना में अखंड भारत के निर्माण का स्वर प्रमुख है।
C. द्विवेदी युग के कवियों की राष्ट्रीय भावना आदर्शवादी है और उसमें सुधार की प्रवृत्ति है।
D. छायावादी कवियों ने अपनी देशभक्ति को एक सांस्कृतिक आवरण से मंडित किया है।

103. 'एक कहानी यह भी' पाठ के अनुसार मन्नू भंडारी को साहित्य की दुनिया में प्रवेश किसने करवाया?
A. कॉलेज प्रिंसिपल B. प्राध्यापिका शीला अग्रवाल
C. राजेंद्र यादव D. डॉ. अंबालाल

104. "संतों देखता जग बौराना।
× × × ×
टोपी पहिरे माला पहिरे, छाप तिलक अनुमाना।"
कबीर के उक्त पद का केंद्रीय भाव है :
A. संसार की असारता B. योगसाधना की जटिलता
C. धर्मग्रंथों की उपादेयता D. बाह्याडंबरों की निरर्थकता

105. तुलसीदास ने अपनी किस रचना में (अन्य रचनाओं की अपेक्षा) चातक की निष्ठा को भक्त की अनन्यता के रूप में विस्तारपूर्वक चित्रित किया है?
A. विनयपत्रिका B. दोहावली
C. रामचरितमानस D. कवितावली

106. क्रिया शब्दों के विषय में कौन-सा कथन सही ***नहीं*** है?
A. कर्म के आधार पर, क्रियाएँ मुख्यतः दो प्रकार की होती हैं– सकर्मक और अकर्मक।
B. प्रयोग के आधार पर कुछ क्रिया शब्द सकर्मक और अकर्मक दोनों तरह से प्रयुक्त होते हैं।
C. द्विकर्मक क्रियाओं में एक कर्म प्राणिबोधक और दूसरा कर्म पदार्थबोधक होता है।
D. सभी प्रेरणार्थक क्रियाएँ अकर्मक होती हैं।

107. 'काव्य हेतु' विषयक कौन-सी विचार-सारणी सही ***नहीं*** है?
A. काव्य के मुख्यतः तीन हेतु माने गए हैं– प्रतिभा, व्युत्पत्ति (निपुणता) और अभ्यास।
B. कवि की नवनवोन्मेषशालिनी बुद्धि को प्रतिभा कहते हैं।
C. मम्मट शक्ति (प्रतिभा), निपुणता और अभ्यास तीनों को सम्मिलित रूप से काव्य का हेतु मानते हैं।
D. भामह के अनुसार प्रतिभा काव्य का अनिवार्य हेतु नहीं है। प्रतिभा के अभाव में भी अध्ययन और अभ्यास के द्वारा काव्य रचना संभव है।

108. काव्य गुणों के विषय में कौन-सा कथन सही ***नहीं*** है?
A. आचार्य वामन गुण को शब्दार्थ का धर्म मानते हैं।
B. आनंदवर्धनाचार्य गुण को रस का धर्म मानते हैं।
C. भरतमुनि ने गुणों को दस शब्दगुणों और दस अर्थगुणों में विभाजित किया है।
D. मम्मट ने तीन ही गुण माने हैं– माधुर्य, ओज और प्रसाद।

109. किस विकल्प में छंद का लक्षण सही ***नहीं*** है?
A. द्रुतविलंबित वर्णिक, समवृत्त छंद है, जो नगण, दो भगण और रगण के योग से बनता है।
B. वंशस्थ वर्णिक समवृत्त छंद है, जो जगण, तगण, जगण और रगण के योग से बनता है।

उत्तरमाला

1	2	3	4	5	6	7	8	9	10
D	D	C	B	C	D	C	C	D	C
11	**12**	**13**	**14**	**15**	**16**	**17**	**18**	**19**	**20**
A	C	D	A	D	B	B	A	C	A
21	**22**	**23**	**24**	**25**	**26**	**27**	**28**	**29**	**30**
C	D	B	A	B	A	B	A	C	B
31	**32**	**33**	**34**	**35**	**36**	**37**	**38**	**39**	**40**
D	B	C	D	A	C	A	D	A	C
41	**42**	**43**	**44**	**45**	**46**	**47**	**48**	**49**	**50**
B	C	D	D	B	D	A	D	B	C
51	**52**	**53**	**54**	**55**	**56**	**57**	**58**	**59**	**60**
B	D	B	A	C	B	C	C	B	A
61	**62**	**63**	**64**	**65**	**66**	**67**	**68**	**69**	**70**
C	B	D	A	C	D	A	C	D	B
71	**72**	**73**	**74**	**75**	**76**	**77**	**78**	**79**	**80**
A	D	C	B	A	C	D	B	A	A
81	**82**	**83**	**84**	**85**	**86**	**87**	**88**	**89**	**90**
C	A	A	A	B	C	B	A	B	C
91	**92**	**93**	**94**	**95**	**96**	**97**	**98**	**99**	**100**
B	A	C	D	B	B	B	D	A	D
101	**102**	**103**	**104**	**105**	**106**	**107**	**108**	**109**	**110**
C	B	B	D	B	D	D	C	D	C
111	**112**	**113**	**114**	**115**	**116**	**117**	**118**	**119**	**120**
A	B	A	C	C	D	C	C	B	A
121	**122**	**123**	**124**	**125**	**126**	**127**	**128**	**129**	**130**
A	B	D	D	D	A	C	D	B	D
131	**132**	**133**	**134**	**135**	**136**	**137**	**138**	**139**	**140**
D	D	A	C	A	A	D	C	C	B
141	**142**	**143**	**144**	**145**	**146**	**147**	**148**	**149**	**150**
C	D	A	D	B	C	B	D	A	D

व्याख्यात्मक उत्तर

61. दिन की संख्या = 15 अगस्त, 1988 से 15 अगस्त, 1989 तक = 365 दिन

$\because$ $365 = 7 \times 52 + 1$

$\therefore$ अतिरिक्त दिन = 1.

अतः 1989 में स्वतंत्र दिवस गुरूवार को मनाया गया था। (बुधवार + 1).

62. यहाँ, आरंभिक बिन्दु = A

AB = 10 किमी., BC = 6 किमी., CD = 3 किमी.

$$AD = \sqrt{AC^2 + CD^2} = \sqrt{4^2 + 3^2} = \sqrt{16+9} = \sqrt{25} = 5 \text{ किमी.}$$

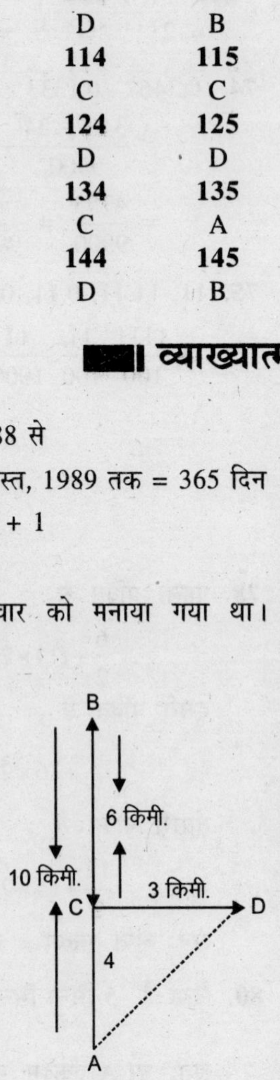

अतः विजय आरंभिक बिन्दु से 5 किमी. दूर तथा उत्तर-पूर्व दिशा में है।

63.

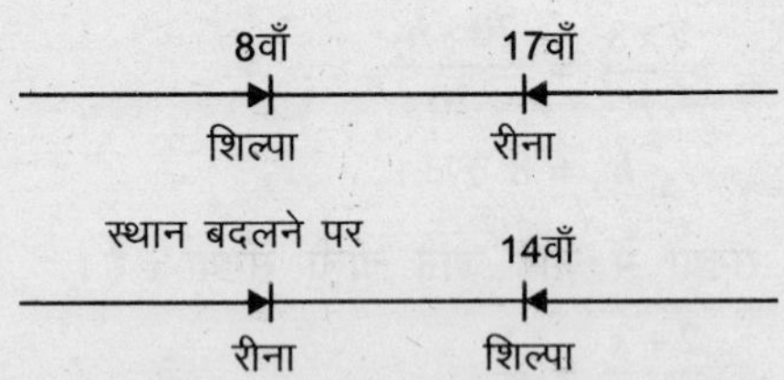

अतः पंक्ति में कुल लड़कियों की संख्या = 14 + 16 = 30.

64. दिया है, $9 * 3 = 36$

$$\Rightarrow (9+3)\times\left(\frac{9+3}{4}\right) = 12 \times 3 = 36,$$

$10 * 6 = 64$

$$\Rightarrow (10+6)\times\left(\frac{10+6}{4}\right) = 16 \times 4 = 64,$$

$9 * 1 = 25$

$$\Rightarrow (9+1)\times\left(\frac{9+1}{4}\right) = 10\times\frac{5}{2} = 25$$

इसी प्रकार $23 * 3 = (23+3)\times\left(\frac{23+3}{4}\right) = 26\times\frac{26}{4}$

$= 13 \times 13 = 169.$

65. दिया है,

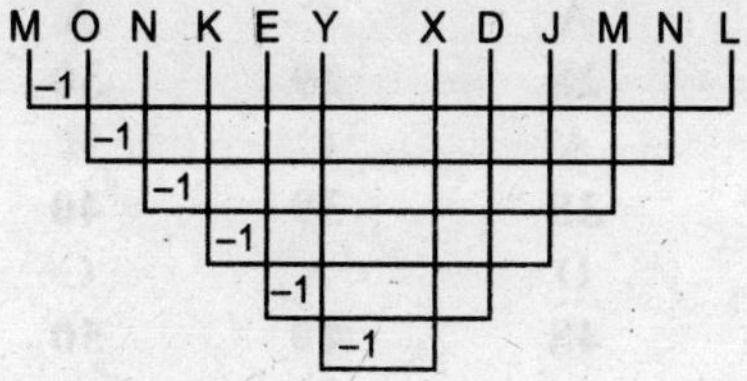

इसी प्रकार

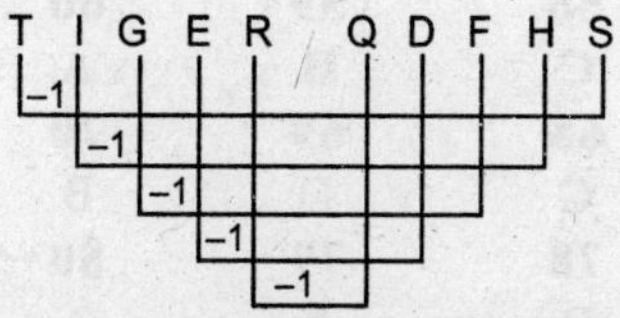

अतः TIGER को QDFHS लिखा जाएगा।

66. दिया है, A = +, B = –, C = ÷, D = ×

$\therefore$ 18 A 12 C 6 D 2 B 5

$= 18 + 12 \div 6 \times 2 - 5$

$= 18 + 2 \times 2 - 5$

$= 18 + 4 - 5 = 22 - 5 = 17.$

67. यहाँ $M_1 = 7$ बढ़ई

$w_1 = 7$ कुर्सीयाँ

$h_1 = 8$ घण्टे

और $M_2 = 70$ बढ़ई

$w_2 = 70$ कुर्सीयाँ

$\therefore$ $h_2 = ?$

$$\frac{M_1 d h_1}{w_1} = \frac{M_2 d h_2}{w_2}$$

$\Rightarrow$ $\frac{7\times 8}{7} = \frac{70\times h_2}{70}$

$\Rightarrow$ $h_2 = 8$ घण्टे।

68. माना प्रत्येक संख्या में जोड़े जाने वाली संख्या x है।

तब, $\frac{2+x}{5+x} = \frac{5}{6}$

$\Rightarrow$ $12 + 6x = 25 + 5x$

$\Rightarrow$ $6x - 5x = 25 - 12$

$\Rightarrow$ $x = 13$

अतः अभीष्ट संख्या $= x = 13.$

70. माना, A का क्र.मू. = ₹ x,

तब, A का वि.मू. $= x\times\frac{110}{100} =$ ₹ $\frac{11x}{10}$

B का क्र.मू. = ₹ $\frac{11x}{10}$,

B का वि.मू. = ₹ $\frac{11x}{10}\times\frac{90}{100} =$ ₹ $\frac{99}{100}x$

C का क्र.मू. = ₹ $\frac{99}{100}x$

इसलिए $\frac{99}{100}x =$ ₹ 990

$\Rightarrow$ $x =$ ₹ 1000

अतः A ने उस घड़ी को ₹ 1000 में खरीदा।

71. अभीष्ट कमी $= \frac{20}{100+20}\times 100$

$= \frac{20}{120}\times 100 = \frac{1}{6}\times 100$

$= \frac{50}{3} = 16\frac{2}{3}\%.$

72. $\sqrt{2\sqrt{2\sqrt{2\sqrt{2\sqrt{2}}}}}$

$= 2^{\frac{1}{2}}\cdot 2^{\frac{1}{2}\times\frac{1}{2}}\cdot 2^{\frac{1}{2}\times\frac{1}{2}\times\frac{1}{2}}\cdot 2^{\frac{1}{2}\times\frac{1}{2}\times\frac{1}{2}\times\frac{1}{2}}\cdot 2^{\frac{1}{2}\times\frac{1}{2}\times\frac{1}{2}\times\frac{1}{2}\times\frac{1}{2}}$

$= 2^{\frac{1}{2}}\cdot 2^{\frac{1}{4}}\cdot 2^{\frac{1}{8}}\cdot 2^{\frac{1}{16}}\cdot 2^{\frac{1}{32}}$

$= 2^{\frac{1}{2}+\frac{1}{4}+\frac{1}{8}+\frac{1}{16}+\frac{1}{32}} = 2^{\frac{16+8+4+2+1}{32}} = 2^{\frac{31}{32}}.$

74. $0.34\overline{67} + 0.13\overline{33}$

$= \frac{3467-34}{9900} + \frac{1333-13}{9900} = \frac{3433+1320}{9900}$

$= \frac{4753}{9900} = \frac{4753}{99\times 100} = \frac{48.01010101}{100} = 0.48\overline{01}.$

75. 11, 11.11, 0.11, 0.011 का म.स.

$11, \frac{1111}{100}, \frac{11}{100}, \frac{11}{1000}$ का म.स.

$= \frac{11, 1111, 11, 11 \text{ का म.स.}}{1, 100, 100, 1000 \text{ का ल.स.}}$

$= \frac{11}{1000} = 0.011.$

78. पहली पंक्ति से

$\frac{6}{2}+(11\times 2) = 3 + 22 = 25$

दूसरी पंक्ति से

$\frac{8}{2}+(6\times 2) = 4 + 12 = 16$

तीसरी पंक्ति से

$\frac{12}{2}+(5\times 2) = 6 + 10 = 16$

अतः लुप्त संख्या = 16.

80. दिया है, 5 भिन्न-भिन्न घर की स्थिति

DBAEC

अतः घर A एकदम मध्य में है।

पिछले प्रश्न-पत्र (हल सहित)

हरियाणा शिक्षक पात्रता परीक्षा (HTET)
PGT (Level-3), हिन्दी शिक्षक परीक्षा 2020

(Exam held on 02 January, 2021)

भाग-I

बाल विकास व शिक्षाशास्त्र

निर्देशः *निम्नलिखित प्रश्नों के उत्तर देने के लिए* **सबसे उचित** *विकल्प चुनिए।*

1. निम्नलिखित में से कौन-सी विकास की सही विशेषता ***नहीं*** है?

A. विकास में परिवर्तन होता है

B. प्रारंभिक विकास परवर्ती विकास से अधिक महत्त्वपूर्ण होता है

C. विकासात्मक पैटर्न अपूर्वानुमेय होते हैं

D. विकास में वैयक्तिक भिन्नता होती है

2. निम्नलिखित में से कौन-सी प्रेरकों के मापन हेतु अप्रत्यक्ष विधि है?

A. वाक्य पूर्ति तकनीकी B. प्रश्नावली

C. चैक लिस्ट D. साक्षात्कार

3. 'आत्म संप्रत्यय' के आधार क्या होते हैं?

A. सामाजिक भूमिकाएँ

B. शरीर प्रतिमा

C. उपरोक्त (A) एवं (B)

D. उपरोक्त में से कोई नहीं

4. निम्नलिखित में से कौन-सी जुंग द्वारा प्रदत्त अंतर्मुखी चिन्तन प्रकार व्यक्तित्व की विशेषता ***नहीं*** है?

A. आत्मकेंद्रित

B. आशावादी

C. अपने स्वयं के बौद्धिक कामकाज में मगन

D. तथ्यों के आधार पर सिद्धान्तों का साथ देने वाला

5. 16 वर्ष की आयु तक मस्तिष्क का भार लगभग कितना हो जाता है?

A. 750 ग्राम से 900 ग्राम

B. 1200 ग्राम से 1400 ग्राम

C. 1000 ग्राम से 1200 ग्राम

D. 800 ग्राम से 1000 ग्राम

6. कौन-से मनोवैज्ञानिक ने अपनी पुस्तक 'हेरिडिटरी जीनियस' में 'वैयक्तिक विभेद' का वैज्ञानिक ढंग से विवेचन प्रस्तुत किया था?

A. ऑलपोर्ट B. बीगी एण्ड हण्ट

C. जीन पियाजे D. सर फ्रांसिस गाल्टन

7. निम्नलिखित में से कौन-सा समायोजन का प्रत्यक्ष तरीका है?

A. दमन

B. प्रतिगमन

C. प्रत्याहार तथा आज्ञाकारिता

D. युक्तिकरण

8. निम्नलिखित में से कौन-सी उन्मुखता कोहलबर्ग के द्वारा दिए गए नैतिक विकास सिद्धान्त के उत्तर रूढ़िगत स्तर के अन्तर्गत आती है?

A. दण्ड एवं आज्ञाकारिता

B. सामाजिक अनुबंध

C. उत्तम लड़का/अच्छी लड़की

D. कानून और सामाजिक व्यवस्था

9. निम्नलिखित में से कौन-सी किशोरावस्था की विशेषता ***नहीं*** है?

A. संवेगात्मक स्थिरता

B. विरोधी मानसिक दशाएँ

C. व्यवसाय की चिन्ता

D. वीर पूजा की भावना

10. उन ज्ञान अथवा कौशलों का कथन जिन्हें विद्यार्थी को अनुदेशन के बाद सीख जाना चाहिए, कहलाते हैं :

A. विषयवस्तु विश्लेषण

B. वैयक्तिक शिक्षा कार्यक्रम (IEP)

C. अनुदेशनात्मक उद्देश्य

D. सामान्य लक्ष्य

11. निम्नलिखित में से कौन-सा अच्छी स्मृति का लक्षण ***नहीं*** है?

A. तीव्रता

B. औसत धारण

C. शुद्धता

D. सही सामग्रियों का सही समय पर स्मरण करना

12. निम्नलिखित में से कौन-सा संप्रत्यय बण्डुरा के सामाजिक अधिगम सिद्धान्त से संबंधित ***नहीं*** है?

A. मॉडलिंग

B. अनुकूलन

C. अनुकरण

D. अवलोकनात्मक अधिगम

13. शेल्डन ने शारीरिक गठन के आधार पर श्रेणीकरण को मानते हुए प्रबल एण्डोमॉर्फ व्यक्तियों का श्रेणी अनुपात क्या बताया है?
A. 7-1-1 B. 1-7-1
C. 1-1-7 D. 4-4-4

14. एरिक्सन के अनुसार 'व्यक्तित्व विकास' की पाँचवी अवस्था कौन-सी है?
A. परिश्रम प्रियता बनाम हीनता
B. पहचान बनाम भूमिका संभ्रांति
C. प्रगाढ़ता बनाम विलगन
D. उत्पादनशीलता बनाम स्थिरता

15. निम्नलिखित में से कौन-सा गिलफोर्ड द्वारा प्रदत्त सृजनात्मकता का तत्त्व ***नहीं*** है?
A. प्रवाहिता B. उद्भवन
C. लचीलापन D. मौलिकता

16. निम्नलिखित में से कौन-सा अधिगम के धनात्मक स्थानान्तरण का प्रकार ***नहीं*** है?
A. पार्श्व स्थानान्तरण B. क्रमिक स्थानान्तरण
C. क्षैतिज स्थानान्तरण D. शून्य स्थानान्तरण

17. निम्नलिखित में से कौन-सी फ्रायड द्वारा प्रदत्त मनोलैंगिक अवस्था ***नहीं*** है?
A. शैशनावस्था B. स्वायत्त अवस्था
C. गुदावस्था D. मुखावस्था

18. किसने कहा कि "मनोविज्ञान जीवित जीव-जन्तुओं के बर्ताव का धनात्मक विज्ञान है"?
A. सर विलियम मैकडुगल B. सर फ्रांसिस गाल्टन
C. मैक्स वरदाईमर D. विलियम जेम्स

19. निम्नलिखित में से कौन-सी शिक्षा मनोविज्ञान में अध्ययन की मनोभौतिकी विधि ***नहीं*** है?
A. न्यूनतम परिवर्तन की विधि अथवा सीमा की विधि
B. स्थिर उद्दीपक की विधि
C. औसत अथवा माध्य त्रुटि की विधि
D. व्यक्तिगत अभिवृत्ति में परिमार्जन

20. 'पूर्व ज्ञान के रूपांतरण, संगठन एवं पुनर्संगठन के द्वारा ज्ञान की रचना की जाती है।' यह निम्नांकित में से किसके दृष्टिकोण की सर्वोत्तम व्याख्या है?
A. पियाजे B. वाइगोत्स्की
C. फ्रायड D. बंडुरा

21. पियाजे के संज्ञानात्मक विकास के सिद्धांतानुसार 'ज्ञान का आधारभूत निर्माण खण्ड' कहलाता है :
A. स्कीमा B. आत्मसात्करण
C. समाविष्टीकरण D. संतुलनीकरण

22. एक अंग्रेजी के अध्यापक ने अपने विद्यार्थियों को पढ़ाते समय कैट का बहुवचन कैट्स, हाऊस का बहुवचन हाउसेस, पेन का बहुवचन पेनूस उसी क्रम में विद्यार्थी ने माउस का बहुवचन गलती से माउसेस बना दिया। यह किस प्रकार के अधिगम स्थानान्तरण का उदाहरण है?
A. धनात्मक अन्तरण B. ऋणात्मक अन्तरण
C. शून्य अन्तरण D. लम्बवत अन्तरण

23. निम्नलिखित में से कौन-सा उद्दीपन का वस्तुनिष्ठ/बाह्य निर्धारक है?
A. अभिरुचि B. आदत
C. जिज्ञासा D. उद्दीपन की अवधि

24. मुरे द्वारा प्रतिपादित "प्रासंगिक अन्तर्बोध परीक्षण" व्यक्तित्व के किस सिद्धान्त से संबंधित है?
A. शील गुण सिद्धान्त
B. शील गुण प्रकार सिद्धान्त
C. प्रकार सिद्धान्त
D. मनोविश्लेषणात्मक सिद्धान्त

25. निम्नलिखित में से कौन-सा 'मध्यम मानसिक मंदता' बालकों का बुद्धि लब्धि प्रसार है?
A. 52 से 67 B. 36 से 51
C. 20 से 35 D. 20 से नीचे

26. निम्नलिखित में से कौन-सा एडलर द्वारा प्रदत्त व्यक्तित्व विकास हेतु जीवन शैली का प्रकार ***नहीं*** है?
A. आलसी टाइप
B. शासकीय टाइप
C. तिकड़मी टाइप
D. बचकर निकल जाने वाले जैसा

27. रोर्शा स्याही धब्बा परीक्षण में कितने कार्ड उपयोग में लिए जाते हैं?
A. 10 B. 12
C. 15 D. 28

28. निम्नलिखित में से कौन-सा मूल्यों की दृष्टि से स्प्रेन्जर द्वारा दिया गया व्यक्तित्व का प्रकार ***नहीं*** है?
A. सैद्धान्तिक B. आर्थिक
C. कलात्मक D. सुडौलकाय

29. निम्नलिखित में से कौन-सा थॉर्नडाइक द्वारा प्रदत्त अधिगम का गौण/सहायक नियम है?
A. तत्परता का नियम
B. अभ्यास का नियम
C. मानसिक वृत्ति का नियम
D. प्रभाव का नियम

30. निम्नलिखित में से कौन-सी किशोरावस्था की सही विशेषता ***नहीं*** है?
A. किशोरावस्था बाल्यावस्था और वयस्कावस्था के बीच की परिवर्ती अवस्था है।
B. किशोरावस्था में एक अस्पष्ट वैयक्तिक स्थिति होती है।
C. किशोरावस्था वयस्कावस्था की दहलीज होती है।
D. किशोरावस्था वास्तविकताओं का समय होता है।

भाग-II

भाषा : हिन्दी

निर्देशः *निम्नलिखित प्रश्नों के उत्तर देने के लिए* ***सबसे उचित*** *विकल्प चुनिए।*

31. निजवाचक सर्वनाम युक्त वाक्य छाँटिए :
A. आप अत्यन्त आकर्षक व्यक्तित्व के स्वामी हैं।
B. लड़के आप ही चले जाएँगे।
C. आप लोग शान्त हो जाएँ।
D. आप हुजूर जरूर पधारें।

32. वार्तनिक दृष्टि से ***अशुद्ध*** विकल्प चुनिए :
A. मृत्योपरान्त B. योगिराज
C. प्रोज्ज्वल D. प्रज्वलित

33. विलोम की दृष्टि से ***असंगत*** जोड़े को छाँटिए :
A. लंबा-नाटा B. अभिज्ञ-अनभिज्ञ
C. अनुरक्ति-विराग D. सत्कार-तिरस्कार

34. किस विकल्प में 'इल' प्रत्यय का प्रयोग ***नहीं*** हुआ है?
A. उर्मिल B. मरियल
C. फेनिल D. जटिल

35. निम्न में से 'बकरी' का पर्याय ***नहीं*** है?
A. वर्धकी B. छागी
C. अजा D. छेरी

36. जातिवाचक संज्ञा युक्त वाक्य ***नहीं*** है :
A. आजकल की पढ़ाइयाँ बहुत महँगी हैं।
B. उँचाइयाँ नापनी हैं तो पर्वतों की सैर कीजिए।
C. कभी-कभी बुराइयाँ ही अच्छाइयाँ बन जाती हैं।
D. मैंने अनुभव किया है कि उसे ऊँचाई से डर लगता है।

37. किस विकल्प में व्यंजन संधि का प्रयोग ***नहीं*** हुआ है?
A. चिदाभास B. वागीश्वर
C. तदर्थ D. तिरोहित

38. शुद्ध वाक्य का चयन कीजिए :
A. यह काम कोई वकील से ही हो सकता है।
B. यह उनका धन्यवाद किया।
C. कृपया दरवाजा बंद करने की कृपा करें।
D. हम सभी में मानवीय दुर्बलताएँ हैं।

39. समास की दृष्टि से ***असंगत*** विकल्प छाँटिए :
A. भयभीत - करण तत्पुरुष
B. सेठ-साहूकार - समाहार द्वन्द्व
C. विद्याहीन - अपादान तत्पुरुष
D. स्वर्गगत - कर्म तत्पुरुष

40. वाक्यांश के लिए एक शब्द की दृष्टि से ***असंगत*** विकल्प चुनिए :
A. किसी कथा के अन्तर्गत आने वाली कोई दूसरी कथा–अन्तर्कथा
B. सर्वाधिकार सम्पन्न शासक या अधिकारी–अधिनायक
C. बिना किसी प्रयास के–आयास
D. जिसे शाप दिया गया है–अभिशप्त

41. अनिश्चित संख्यावाचक विशेषण चुनिए :
A. पिछले वर्ष की तुलना में इस बार अधिक वर्षा हुई।
B. सब्जी में थोड़ा-सा नमक डालिए।
C. सारा काम मुझे ही करना होगा।
D. सारे देश आतंकवाद के खिलाफ खड़े हैं।

42. सकर्मक क्रिया युक्त वाक्य चुनिए :
A. भिखारी मंदिर के बाहर चिल्ला रहे थे।
B. मछलियाँ तालाब में तैर रही हैं।
C. धावक सड़क पर दौड़ रहे हैं।
D. बहन ने भाई को मिठाई खिलाई।

43. किस विकल्प में अव्ययीभाव समास है?
A. विरोधजनक B. कृपापूर्वक
C. अवसरवंचित D. स्वाधीन

44. प्रत्यय की दृष्टि से ***असंगत*** विकल्प चुनिए :
A. गृहस्थ + इक = गार्हस्थिक
B. दिष्ट + इक = दैष्टिक
C. अभिजात + त्य = आभिजात्य
D. पाणिनि + ईय = पाणिनीय

45. किस विकल्प में 'आ' उपसर्ग का प्रयोग हुआ है?
A. आधिकारिक B. आधुनिक
C. आलम्बित D. आरण्यक

Language : English

Directions: *Answer the following questions by selecting the* ***most appropriate*** *option.*

46. Choose the part of sentence that is grammatically ***incorrect***:
That's twice I've been forgetting to bring my diary to work this week.
A. That's twice
B. I've been forgetting
C. to bring my diary
D. to work this week

47. Fill in the blank with the ***correct*** option:
Of the two Novels, this is ....

A. interesting
B. more interesting
C. interested
D. much interesting

48. Change the narration:

He said, "I've been spending a lot more time with my children."

A. He told me that he had been spending a lot more time with his children.
B. He told me that he is spending a lot more time with my children.
C. He told me that he had spent a lot more time with his children.
D. He said that he spends a lot more time with his children.

49. Fill in the blank with the ***correct*** present perfect continuous tense:

Who .... was coming to see me this morning?

A. you should say
B. did you say
C. you did said
D. did you say that

50. Fill in the blank with the ***correct*** present perfect continuous tense:

He .... for five hours.

A. been slept
B. is sleeping
C. been sleeping
D. has been sleeping

51. Fill in the blanks:

The growing number of visitors .... the footpaths.

A. are damaging
B. is damaging
C. were damage
D. was damaged

52. Fill in the blank with the ***correct*** present perfect continuous tense:

She is one of the few people ....

A. who I look up to
B. whose I look up
C. I look up to
D. Both (A) and (C)

53. Choose the option and arrange the following sentence in the ***correct*** order:

I. Resigned
II. To sack him
III. Had he not
IV. We would have been forced

A. IV, III, II, I
B. III, II, I, IV
C. IV, II, I, III
D. III, I, IV, II

54. Change the sentence into passive:

Someone has picked my pocket.

A. My pocket is picked.
B. Somebody picked my pocket.
C. My pocket pick by somebody.
D. My pocket has been picked.

55. Choose the grammatically ***correct*** sentence:

A. No sooner we reached the station and the train arrived.
B. No sooner did we reach the station than the train arrived.
C. No sooner did we reach the station then the train arrived.
D. No sooner did we reach the station the train arrived.

56. Fill in the blank with the ***correct*** option:

............, they slept soundly.

A. Hot though was the night air
B. Hot though the night air was
C. Hot was the night air that
D. Hot although the night air was

57. Fill in the blank with the ***correct*** present perfect continuous tense:

.... thinks that Julie should be given the job.

A. neither of us
B. practically everyone
C. A no. of people
D. Both (A) and (B)

58. To have 'a bee in the bonnet' means:

A. to know perfectly
B. something you are obsessed with
C. not to take anything seriously
D. to deviate from the point

59. Choose the part of sentence that is grammatically ***incorrect***:

The world's supply of oil is soon running out.

A. The world's
B. supply of oil
C. is soon running out
D. Both (A) and (B)

60. The word 'juncture' means :

A. in a joyous manner
B. to put in danger
C. to sound harshly
D. point rendered critical by circumstances

भाग-III

सामान्य अध्ययन–मात्रात्मक योग्यता, तार्किक अभिक्षमता तथा सामान्य ज्ञान एवं अभिज्ञान

निर्देश : *निम्नलिखित प्रश्नों के उत्तर देने के लिए* ***सबसे उचित*** *विकल्प चुनिए।*

61. एक कूट भाषा में, 'DISTANCE' को 'IDTATOEC' लिखा जाता है और 'DOCUMENT' को 'ODDMUFTN' लिखा जाता है, तो इसी समान कूट भाषा में, 'THURSDAY' को लिखा जायेगा :

A. HTRUDSYA
B. HTVSREYA
C. UHVSTEYA
D. VIRUDSZB

62. कमल 10 मीटर उत्तर की ओर चलता है। वहाँ से, वह दक्षिण की ओर 6 मीटर चलता है। फिर वह पूर्व की ओर 3 मीटर चलता है। वह अपने शुरुआती बिंदु के संदर्भ में किस दिशा में है?

A. पश्चिम
B. दक्षिण-पश्चिम
C. उत्तर-पूर्व
D. दक्षिण

63. प्रथम वर्ष में एक गाँव की जनसंख्या में 5% की वृद्धि हो जाती है। अगले वर्ष में इसमें 5% की कमी हो जाती है। यदि दूसरे वर्ष के अन्त में जनसंख्या 79,800 थी, तो प्रथम वर्ष के आरम्भ में जनसंख्या कितनी थी?
A. 79,800
B. 80,200
C. 80,000
D. 79,600

64. निम्न श्रेणी में गलत पद ज्ञात कीजिए :
1CV, 5FU, 9IT, 15LS, 17OR
A. 5FU
B. 9IT
C. 15LS
D. 17OR

65. दो बेलनों की त्रिज्याएँ 2 : 3 के अनुपात में तथा उनकी ऊँचाईयाँ 5 : 3 के अनुपात में हैं। उनके आयतनों के मध्य अनुपात है :
A. 27 : 20
B. 20 : 27
C. 4 : 9
D. 9 : 4

66. श्रीमान् X ने श्रीमती Y के लिए कहा "श्रीमती Y, मेरी माता के पौत्र की पत्नी है।" श्रीमान् X, श्रीमती Y से किस प्रकार संबंधित हैं?
A. पिता
B. दादा
C. पति
D. ससुर

67. वर्णों का क्रम बदले बिना तथा प्रत्येक वर्ण को एक बार प्रयोग करते हुये 'HEARTLESS' कितने स्वतन्त्र सार्थक शब्दों में विभाजित किया जा सकता है?
A. 1
B. 2
C. 3
D. 4

68. एक परीक्षा में, 27% विद्यार्थी अंग्रेजी में अनुत्तीर्ण हुए और 38% विज्ञान में अनुत्तीर्ण हुए, यदि 19% दोनों विषयों में अनुत्तीर्ण हुए, तो दोनों विषयों में उत्तीर्ण का प्रतिशत है :
A. 46%
B. 54%
C. 62%
D. 81%

69. निम्न संख्या श्रेणी के अगले पद हैं :
20, 20, 19, 16, 17, 13, 14, 11, ?, ?
A. 10, 10
B. 10, 11
C. 13, 14
D. 10, 9

70. एक व्यक्ति धारा के विपरीत दिशा में 13 किमी. और धारा की दिशा में 28 किमी. नाव चलाते हुए हर बार 5 घंटे का समय लेता है। पानी की गति क्या है?
A. 1½ किमी./घण्टा
B. 2 किमी./घण्टा
C. 2½ किमी./घण्टा
D. 3 किमी./घण्टा

71. यदि श्याम 1 से 100 तक के सभी पूर्णांक लिखता है, तो वह कितनी बार 3 लिखता है?
A. 19
B. 11
C. 20
D. 21

72. A, B से बड़ा है जबकि C और D, E से बड़े हैं। E, A और C के मध्य में है और C, B से बड़ा है, तो निम्न में से कौन-सा कथन आवश्यक रूप से ***सत्य*** है?
A. A, C से बड़ा है।
B. C, D से बड़ा है।
C. D, C से बड़ा है।
D. E, B से बड़ा है।

73. M, T, R, K और D में प्रत्येक की लंबाई अलग है, M केवल T से छोटा है और D केवल K से लंबा है। इनमें से तीसरा सबसे लंबा व्यक्ति कौन होगा?
A. T
B. D
C. M
D. R

74. $\dfrac{\left(1\frac{3}{4}\right)^4 - \left(2\frac{1}{3}\right)^4}{\left(1\frac{3}{4}\right)^2 - \left(2\frac{1}{3}\right)^2}$ का वर्गमूल बराबर है :
A. $2\frac{11}{12}$
B. $2\frac{1}{12}$
C. $3\frac{11}{12}$
D. $3\frac{1}{12}$

75. पाँच वर्ष पश्चात्, पिता की आयु उसके पुत्र की आयु की तिगुनी होगी। पाँच वर्ष पूर्व, पिता की आयु उसके पुत्र की आयु की 7 गुनी थी। पिता की वर्तमान आयु है :
A. 40 वर्ष
B. 30 वर्ष
C. 50 वर्ष
D. 45 वर्ष

76. एक व्यक्ति सिर नीचे और पैर ऊपर करके योग अभ्यास कर रहा है। उसका चेहरा पश्चिम दिशा की ओर है। उसका बायाँ हाथ किस दिशा में है?
A. उत्तर
B. दक्षिण
C. पश्चिम
D. पूर्व

77. दो नल A और B एक टंकी को पूर्णतया भरने में क्रमशः 30 और 36 मिनट लेते हैं। दोनों नलों को खोल दिया जाता है, अब नल A को कब बंद करना चाहिए कि टंकी 18 मिनट में एक दम भर जाये?
A. 15 मिनट के बाद
B. 12 मिनट के बाद
C. 14 मिनट के बाद
D. 16 मिनट के बाद

78. 10% वार्षिक ब्याज की दर पर अर्द्धवार्षिकी चक्रवृद्धि करने पर ₹ 800 की एक राशि ₹ 926.10 कितने वर्ष में बन जायेगी?
A. 3 वर्ष
B. 1½ वर्ष
C. 4½ वर्ष
D. 2 वर्ष

79. 8, 15 और 24 से विभाजित होने वाली न्यूनतम वर्ग संख्या बराबर है :
A. 120
B. 1800
C. 3600
D. 6400

80. यदि 6 पेनों का विक्रय मूल्य, 8 पेनों के क्रय मूल्य के बराबर है, तो लाभ/हानि प्रतिशत में है :
A. 25% लाभ
B. 25% हानि
C. $33\frac{1}{3}$% हानि
D. $33\frac{1}{3}$% लाभ

81. हरियाणा के नव गठित छठे राज्य वित्त आयोग के चेयरमैन (अध्यक्ष) कौन हैं?

A. विकास गुप्ता B. राजेश खुल्लर
C. पी. राघवेन्द्र राव D. टी.वी.एस.एन. प्रसाद

82. हरियाणा उर्दू अकादमी के उपाध्यक्ष कौन हैं?

A. गोपीचंद नारंग B. कुमुद बंसल
C. चंदर त्रिखा D. सूरज भान

83. हरियाणा में बेगम समरू का महल कहाँ अवस्थित है?

A. फरीदाबाद B. सोनीपत
C. गुरुग्राम D. रोहतक

84. कॉमनवेल्थ खेलों में स्वर्ण पदक विजेता को हरियाणा सरकार द्वारा दी जाने वाली पुरस्कृत राशि है :

A. तीन करोड़ B. दो करोड़
C. पचहत्तर लाख D. डेढ़ करोड़

85. 1857 के विद्रोह के दौरान रोहतक का जिलाधीश कौन था?

A. थॉमस सिम्टन B. डब्ल्यू. ईडन
C. एडम लोच D. हडसन

86. क्षुद्र नदी, जो कि घग्घर की सहायक है :

A. चौतांग B. साहिबी
C. दोहन D. इन्दौरी

87. 'टिक्कर झील' हरियाणा के किस जिले में स्थित है?

A. रोहतक B. पंचकुला
C. करनाल D. कैथल

88. हरियाणा विधानसभा, जो अक्टूबर 2019 के चुनावों के बाद गठित की गई है :

A. 12वीं B. 13वीं
C. 14वीं D. 15वीं

89. विनेश फोगाट को हाल ही में किस राष्ट्रीय पुरस्कार से सम्मानित किया गया है?

A. द्रोणाचार्य अवार्ड
B. अर्जुन अवार्ड
C. राजीव गांधी खेल रत्न अवार्ड
D. ध्यानचन्द अवार्ड

90. किस शहर का प्राचीन नाम कनौड़ था?

A. महेन्द्रगढ़ B. अम्बाला
C. कैथल D. सोनीपत

भाग-IV

हिन्दी

निर्देशः *निम्नलिखित प्रश्नों के उत्तर देने के लिए* ***सबसे उचित*** *विकल्प चुनिए।*

91. निम्न में से ***गलत*** संधि-विच्छेद है :

A. वार्तालाप = वार्ता + अलाप
B. विवादास्पद = विवाद + आस्पद
C. आच्छादन = आ + छादन
D. निषिद्ध = नि + सिद्ध

92. अलंकार से संबंधित कौन-सा विकल्प सुमेलित ***नहीं*** है?

A. आग हूँ जिससे ढुलकते बिंदु हिमजल के – विरोधाभास
B. भूपति सोहत दान सों, फल-फूलन उद्यान – दीपक
C. विरहिन के अँसुवानते भरन लग्यौ संसार।
मैं जान्यों मरजाद तजि उमग्यौ सागर खार।। —उत्प्रेक्षा
D. निद्रा के उस अलसित वन में वह क्या भावी की छाया।
दृग पलकों में विचर रही या वन्य देवियों की माया।।
—भ्रांतिमान

93. *"रीझि रीझि रहसि रहसि हँसि हँसि उठै*
साँसै भरि आँसू भरि कहत दई दई।"

प्रस्तुत काव्य-पंक्तियों में अनुप्रास अलंकार का कौन-सा भेद है?

A. अन्त्यानुप्रास B. छेकानुप्रास
C. वृत्यनुप्रास D. लाटानुप्रास

94. निम्नलिखित में 'विशेषण उपवाक्य' है–

A. ज्योंही पढ़ने बैठा, कोई आ गया।
B. जहाँ लहलहाते खेत थे, वहाँ बहुमंजिला भवन बन गए हैं।
C. जिसे आप ढूँढ रहे हैं, वह मैं नहीं हूँ।
D. गुरुजी ने कहा कि वे आज नहीं आएँगे।

95. रोला छंद के संबंध में कौन-सा कथन सही ***नहीं*** है?

A. यह मात्रिक सम छंद है।
B. इसके प्रत्येक चरण में 24 मात्राएँ होती हैं।
C. अंत में गुरु (S) होता है।
D. 13, 11 पर यति होती है।

96. 'जामुन का पेड़' नामक कहानी का केन्द्रीय भाव है :

A. सरकारी कर्मचारियों की कार्यकुशलता
B. प्रशासनिक व्यवस्था की संवेदनशून्यता
C. वृक्षों की उपादेयता
D. देशव्यापी भ्रष्टाचार

97. किस विकल्प में 'क्रियाविशेषण' प्रयुक्त ***नहीं*** हुआ है?

A. मैंने बहुत समझाया परन्तु वह नहीं माना।
B. मैं बैलगाड़ी से दिल्ली जा रहा हूँ।
C. वह बिना बताए अचानक चला गया।
D. यह पत्रिका प्रतिमाह छपती है।

98. 'काव्यशोभायाः कर्तारो धर्मा गुणाः।' काव्य-गुण की यह परिभाषा प्रस्तुत करने वाले आचार्य हैं :

A. वामन B. मम्मट
C. विश्वनाथ D. भरतमुनि

99. भवानी प्रसाद मिश्र का कौन-सा काव्य संग्रह साहित्य अकादमी से पुरस्कृत है?

A. गीत फरोश B. चकित है दुख
C. त्रिकालसंध्या D. बुनी हुई रस्सी

100. 'संगतकार' कविता के रचनाकार हैं :

A. मंगलेश डबराल B. ऋतुराज
C. नागार्जुन D. गिरिजाकुमार माथुर

101. इनमें से कौन-सी रचना वीरगाथात्मक ***नहीं*** है?

A. कीर्तिलता B. बीसलदेव रासो
C. विजयपाल रासो D. परमाल रासो

102. *'ब्रह्मास्वादमिवानुभावयन्*
अलौकिकचमत्कारकारी रसः।'

रस-विषयक यह स्थापना किस आचार्य की है?

A. भरतमुनि B. शंकुक
C. मम्मट D. विश्वनाथ

103. निम्नांकित में से कौन-सा शब्द प्रत्यय रहित है?

A. जानवर B. नामवर
C. मान्यवर D. ताकतवर

104. निम्न में से किस विकल्प में 'सु' उपसर्ग प्रयुक्त हुआ है?

A. स्वप्न B. सुन्दर
C. स्वस्ति D. स्वीकार

105. देव ने किसे 34वाँ संचारी भाव माना है?

A. अमर्ष B. मति
C. छल D. ग्लानि

106. इनमें से किस विकल्प में सभी 'घोष वर्ण' हैं?

A. क, अ, च B. ख, आ, छ
C. ग, इ, ज D. घ, ई, ट

107. वैदर्भी रीति के संबंध में कौन-सा कथन सही ***नहीं*** है?

A. यह काव्य की सर्वोत्तम रीति है।
B. यह शृंगार, करुण आदि रसो के लिए उयुक्त होती है।
C. इसमें सामासिक पदावली की प्रधानता होती है।
D. यह माधुर्य गुण प्रधान रीति है।

108. निम्नांकित शब्दों पर ध्यान दीजिए :

(अ) यौवन (ब) धराशायी
(स) चरागाह (द) आखिरी

इनमें से शुद्‌ध शब्द हैं :

A. केवल (अ) और (द) B. केवल (ब) और (स)
C. केवल (ब) और (द) D. सभी

109. ''कलगान सुनि मुनि ध्यान त्यागहिं काम कोकिल लाजहीं।
मंजीर नूपुर कलित कंकन ताल गति बर बाजहीं।।''

उक्त काव्य-पंक्तियों में कौन-सा छंद है?

A. रोला B. गीतिका
C. हरिगीतिका D. सवैया

110. इनमें से किस लोकोक्ति/मुहावरे का अर्थ उपयुक्त ***नहीं*** है?

A. 'एक हाथ से ताली नहीं बजती' – असंभव कार्य कर देना
B. 'नेकी कर दरिया में डाल' – भला करके भूल जाना चाहिए
C. 'उड़ती चिड़िया पहचानना' – इशारे से ही गूढ़ बात जान लेना
D. 'पाँव में शनीचर होना' – एक स्थान पर स्थिर न रहना

111. इनमें से किस आचार्य ने शब्द-शक्ति के स्थान पर 'शब्द-व्यापार' पद का प्रयोग किया है?

A. वामन B. मम्मट
C. दण्डी D. विश्वनाथ

112. इनमें से किस वाक्य में सार्वनामिक विशेषण प्रयुक्त हुआ है?

A. यह राम की कलम है।
B. वह लड़का नहीं आया।
C. किसी को बुलाकर सफाई करा लो।
D. बच्चे के साथ कोई था।

113. काव्य-दोष से संबंधित कौन-सा विकल्प सुमेलित ***नहीं*** है?

A. अघ ओघ की बेड़ी कटी, जगजीव जतीन की छूटी तटी।
–अप्रतीतत्व
B. सीताजू रघुनाथ को अमल कमल की माल।
पहराई जनु सबन की हृदयावलि भूपाल।। –अक्रमत्व
C. बर बाजी कै वारनै, दैहैं रीझि दयाल। –दुष्क्रमत्व
D. अली पास पौढ़ी भले, मोहि किन पौढ़न देति। –श्रुतिकटुत्व

114. इनमें से किस आचार्य ने काव्य-हेतु के रूप में प्रतिभा को ही एकमात्र हेतु माना है?

A. दण्डी B. मम्मट
C. जयदेव D. भामह

115. 'इस जल प्रलय में' पाठ इनमें से किस गद्य-विधा की रचना है?

A. रिपोर्ताज B. कहानी
C. यात्रा-वृत्तांत D. संस्मरण

116. इनमें से किस इतिहास-लेखक ने हिंदी कवियों को काल-क्रम के स्थान पर अंग्रेजी वर्णक्रम के अनुसार प्रस्तुत किया है?

A. गार्सां द तासी B. शिवसिंह सेंगर
C. ग्रियर्सन D. मिश्रबंधु

117. रचना-रचनाकार से संबंधित कौन-सा विकल्प सुमेलित ***नहीं*** है?

A. माता का अँचल – शिवपूजन सहाय
B. मैं क्यों लिखता हूँ – अज्ञेय
C. एही ठैयाँ झुलनी हेरानी हो रामा – मधु कांकरिया
D. जॉर्ज पंचम की नाक – कमलेश्वर

118. इनमें से किस विकल्प में नाटक और नाटककार सुमेलित ***नहीं*** है?

A. आधे अधूरे — मोहन राकेश
B. दुलारीबाई — लक्ष्मीनारायण लाल
C. दरिंदे — हमीदुल्ला
D. शुतुरमुर्ग — ज्ञानदेव अग्निहोत्री

119. रचना और रचनाकार से संबंधित कौन-सा विकल्प सुमेलित ***नहीं*** है?

A. पेशोला की प्रतिध्वनि — जयशंकर प्रसाद
B. संशय की एक रात — नरेश मेहता
C. वैदेही वनवास — मैथिलीशरण गुप्त
D. खूँटियों पर टंगे लोग — सर्वेश्वर दयाल सक्सेना

120. *ऐ विप्लव के वीर!/चूस लिया है उसका सार हाड़-मात्र ही है आधार/ऐ जीवन के पारावार!*

उक्त काव्य-पंक्तियाँ 'निराला' की किस कविता में संकलित हैं?

A. बादल राग B. कुकुरमुत्ता
C. भिक्षुक D. जागो फिर एक बार

121. "मैं हिंदी का जिक्र नहीं कर रहा, जिसकी अपनी लिपि है.... जिसमें अरबी-फारसी शब्दों का प्रयोग नहीं होता और मुसलमानी आक्रमण से पहले जो भारतवर्ष के समस्त उत्तर-पश्चिम प्रांत की भाषा थी।" यह कथन किसका है?

A. गिलक्राइस्ट B. विलियम प्राइस
C. ग्रियर्सन D. कैप्टेन टेलर

122. महावीर प्रसाद द्विवेदी के विषय में कौन-सा कथन सही ***नहीं*** है?

A. उन्होंने हिंदी भाषा का परिष्कार किया।
B. उन्होंने व्याकरण और वर्तनी के नियम स्थिर किए।
C. उन्होंने कविता की भाषा के लिए ब्रजभाषा को स्थापित किया।
D. 'सरस्वती' के माध्यम से उन्होंने पत्रकारिता का श्रेष्ठ स्वरूप सामने रखा।

123. *"वे मुतमइन हैं कि पत्थर पिघल नहीं सकता*
मैं बेकरार हूँ, आवाज में असर के लिए।"

इस शेर में 'वे' शब्द किसके लिए प्रयुक्त हुआ है?

A. सत्ताधारियों के लिए
B. शोषितों-पीड़ितों के लिए
C. साहित्यकारों के लिए
D. क्रांतिकारियों के लिए

124. इनमें से कौन-सा कथन सही ***नहीं*** है?

A. वामन के अनुसार पदरचना की विशिष्टता गुणों पर आधारित होती है।
B. कुंतक ने रीति (मार्ग) का आधार कवि स्वभाव नहीं, वरन् देश माना है।
C. भामह ने रीति के दो भेद–वैदर्भी और गौड़ी माने हैं।
D. रुद्रट ने रीति के वैदर्भी, गौड़ी, पांचाली और लाटी भेद माने हैं।

125. इनमें से कौन-सा कथन सही ***नहीं*** है?

A. अधिसूचना को राजपत्र में प्रकाशित किया जाता है।
B. अधीनस्थ कार्यालयों को आदेशों/अनुदेशों की सूचना विज्ञप्ति द्वारा दी जाती है।
C. पूर्व-प्रेषित पत्र के संबंध में ध्यान आकर्षित करने वाला पत्र अनुस्मारक कहलाता है।
D. अर्द्ध सरकारी पत्र में उत्तम पुरुष एकवचन का प्रयोग किया जाता है।

126. निम्न में से शृंगार रस का ***विरोधी*** रस है :

A. वीर B. हास्य
C. अद्भुत D. करुण

127. इनमें से किस सामासिक पद में द्वंद्व समास ***नहीं*** है?

A. भाई-बहन B. धीरे-धीरे
C. पाप-पुण्य D. दाल-रोटी

128. रस निष्पत्ति के संबंध में 'चित्र-तुरंग न्याय' उदाहरण किस आचार्य ने प्रस्तुत किया है?

A. भट्टलोल्लट B. शंकुक
C. भट्टनायक D. अभिनवगुप्त

129. निम्नांकित में प्रेरणार्थक धातु ***नहीं*** है :

A. समझाना B. पिलाना
C. धुलवाना D. जगना

130. विशेषण से बनी भाववाचक संज्ञा है :

A. लाघव B. लड़कपन
C. अपनत्व D. चुनाव

131. 'सिल्वर वैडिंग' कहानी का प्रधान पात्र कौन है?

A. किशनदा B. यशोधर बाबू
C. गिरीश D. भूषण

132. तुलसीकृत 'रामाज्ञा प्रश्न' का वर्ण्य-विषय क्या है?

A. राम की आज्ञाओं का चित्रण
B. शुभाशुभ फल का विचार करना
C. आदर्श जीवन-चित्रण
D. अशुभ कर्मों का चित्रण

133. भक्तिकालीन कृष्ण-काव्य के संबंध में कौन-सा कथन सही ***नहीं*** है?

A. यह अधिकतर मुक्तक रूप में रचा गया है।
B. इसके सर्वाधिक प्रिय विषय बाललीलाएँ और प्रेमलीलाएँ हैं।
C. अधिकांश कृष्ण-काव्य गीतिपदों में रचित हैं।
D. इसमें लोकमर्यादा को विशेष महत्त्व दिया गया है।

134. व्यंजना शब्द-शक्ति के संबंध में इनमें से कौन-सा कथन सही ***नहीं*** है?

A. व्यंजना शब्द पर आधारित न होकर केवल अर्थ पर आधारित होती है।
B. व्यंजना शक्ति द्वारा एक से अधिक अर्थों की व्यंजना कराई जा सकती है।

C. यह अभिधा या लक्षणा द्वारा अप्रकाशित अर्थ को प्रकाशित कर देती है।

D. व्यंजना द्वारा प्रकाशित अर्थ को प्रतीयमानार्थ भी कहते हैं।

135. इनमें से कौन-सा वाक्य ***शुद्ध*** है?

A. प्रत्येक बच्चे को चार-चार पुस्तकें दे दो।

B. मुझे आपसे व्याकरण सीखना है।

C. महात्मा गाँधी का देश सदा कृतज्ञ रहेगा।

D. अभी आठ बजने को बीस मिनट हैं।

136. इनमें से कौन-सा शब्द 'समुच्चयबोधक' अव्यय नहीं है?

A. एकाएक B. यद्यपि

C. मगर D. अर्थात्

137. 'प्रेमचंद के फटे जूते' नामक निबंध में व्यंग्य-विषय है :

A. वेशभूषा के प्रति लोगों की उदासीनता

B. खान-पान में शुद्धता का अभाव

C. पुरातन रीति-रिवाज

D. दिखावे की प्रवृत्ति एवं अवसरवादिता

138. *"कोटिक ए कलधौत के धाम करील के कुंजन ऊपर वारौं।।"*

इस काव्य-पंक्ति में 'कलधौत के धाम' से क्या तात्पर्य है?

A. विशाल अट्टालिकाएँ B. सोने-चाँदी के आवास-स्थल

C. पवित्र तीर्थस्थल D. सुसज्जित भवन

139. *"इहाँ कुम्हड़बतिया कोउ नाहीं। जे तरजनी देखि मरि जाहीं।।"*

'रामचरितमानस' की इस पंक्ति में 'कुम्हड़बतिया' से क्या आशय है?

A. अशक्त और निर्बल व्यक्ति

B. साधनहीन व्यक्ति

C. रुग्ण व्यक्ति

D. अपराधी व्यक्ति

140. दिए गए **कूट** की सहायता से निम्नांकित उपन्यासों और उपन्यासकारों को सुमेलित कीजिए :

उपन्यास	उपन्यासकार
(*a*) चित्तकोबरा	(*i*) राजेंद्र यादव
(*b*) सूरजमुखी अंधेरे के	(*ii*) मृदुला गर्ग
(*c*) अनदेखे अनजाने पुल	(*iii*) फणीश्वरनाथ रेणु
(*d*) जुलूस	(*iv*) कृष्णा सोबती

कूटः

	(*a*)	(*b*)	(*c*)	(*d*)
A.	(*iv*)	(*ii*)	(*iii*)	(*i*)
B.	(*i*)	(*iii*)	(*iv*)	(*ii*)
C.	(*iii*)	(*ii*)	(*i*)	(*iv*)
D.	(*ii*)	(*iv*)	(*i*)	(*iii*)

141. खड़ी बोली को 'जनपदीय हिंदुस्तानी' कहने वाले भाषा वैज्ञानिक हैं :

A. ग्रियर्सन B. गिलक्राइस्ट

C. सुनीति कुमार चटर्जी D. धीरेन्द्र वर्मा

142. 'राजस्थान की रजत बूँदें' के रचनाकार हैं :

A. बेबी हालदार B. विष्णु खरे

C. अनुपम मिश्र D. कुमार गंधर्व

143. दिनकर की इनमें से कौन-सी रचना ज्ञानपीठ पुरस्कार से सम्मानित है?

A. कुरुक्षेत्र B. उर्वशी

C. रश्मिरथी D. हुंकार

144. *"धूत कहौ, अवधूत कहौ, रजपूत कहौ, जोलहा कहौ कोऊ।"*

इस काव्य पंक्ति के रचनाकार हैं –

A. कबीर B. सूर्यकांत त्रिपाठी 'निराला'

C. सूरदास D. गोस्वामी तुलसीदास

145. ग्रियर्सन ने हिंदी की कितनी बोलियाँ मानी हैं?

A. 8 B. 9

C. 15 D. 18

146. 'भक्तिन' पाठ महादेवी वर्मा के किस गद्य संग्रह में संकलित है?

A. मेरा परिवार B. अतीत के चलचित्र

C. स्मृति की रेखाएँ D. पथ के साथी

147. "मैं इस्लाम के महत्त्व को भूल नहीं रहा हूँ लेकिन जोर देकर कहना चाहता हूँ कि अगर इस्लाम न आया होता तो भी इस साहित्य का बाहर आना वैसा ही होता जैसा आज है।" भक्ति-साहित्य के संबंध में यह कथन किसका है?

A. ग्रियर्सन B. रामचंद्र शुक्ल

C. हजारी प्रसाद द्विवेदी D. रामकुमार वर्मा

148. निम्नांकित में गद्यबद्ध रचना है :

A. कीर्ति पताका B. श्रावकाचार

C. संदेशरासक D. वर्ण रत्नाकर

149. दिए गए **कूट** की सहायता से निम्नांकित रचनाओं और रचनाकारों को सुमेलित कीजिए :

रचना	रचनाकार
(*a*) भाषा भूषण	(*i*) देव
(*b*) जगद् विनोद	(*ii*) सेनापति
(*c*) भाव-विलास	(*iii*) जसवंत सिंह
(*d*) कवित्त रत्नाकर	(*iv*) पद्माकर

कूटः

	(*a*)	(*b*)	(*c*)	(*d*)
A.	(*iii*)	(*iv*)	(*i*)	(*ii*)
B.	(*iv*)	(*i*)	(*iii*)	(*ii*)
C.	(*ii*)	(*i*)	(*iii*)	(*iv*)
D.	(*i*)	(*iii*)	(*ii*)	(*iv*)

150. निम्न में से किस विकल्प में रचना और रचनाकार सुमेलित ***नहीं*** हैं?

A. आवारा मसीहा – विष्णु प्रभाकर

B. कलम का मजदूर – अमृतराय

C. क्या भूलूँ क्या याद करूँ – हरिवंशराय बच्चन

D. निराला की साहित्य साधना – रामविलास शर्मा

उत्तरमाला

1	**2**	**3**	**4**	**5**	**6**	**7**	**8**	**9**	**10**
C	A	C	B	B	D	C	B	A	C
11	**12**	**13**	**14**	**15**	**16**	**17**	**18**	**19**	**20**
B	B	A	B	B	D	B	A	D	A
21	**22**	**23**	**24**	**25**	**26**	**27**	**28**	**29**	**30**
A	B	D	D	B	A	A	D	C	D
31	**32**	**33**	**34**	**35**	**36**	**37**	**38**	**39**	**40**
B	A	C	B	A	D	D	D	A	C
41	**42**	**43**	**44**	**45**	**46**	**47**	**48**	**49**	**50**
D	D	B	C	C	B	B	A	*	D
51	**52**	**53**	**54**	**55**	**56**	**57**	**58**	**59**	**60**
B	*	D	D	B	B	*	B	C	D
61	**62**	**63**	**64**	**65**	**66**	**67**	**68**	**69**	**70**
B	C	C	C	B	D	*	B	A	A
71	**72**	**73**	**74**	**75**	**76**	**77**	**78**	**79**	**80**
C	D	D	A	A	A	A	B	C	D
81	**82**	**83**	**84**	**85**	**86**	**87**	**88**	**89**	**90**
C	C	C	D	C	A	B	C	C	A
91	**92**	**93**	**94**	**95**	**96**	**97**	**98**	**99**	**100**
A	D	B	C	D	B	B	A	D	A
101	**102**	**103**	**104**	**105**	**106**	**107**	**108**	**109**	**110**
B	C	C	C	C	C	C	D	C	A
111	**112**	**113**	**114**	**115**	**116**	**117**	**118**	**119**	**120**
B	B	D	D	A	A	C	B	C	A
121	**122**	**123**	**124**	**125**	**126**	**127**	**128**	**129**	**130**
D	C	B	B	B	D	B	B	D	A
131	**132**	**133**	**134**	**135**	**136**	**137**	**138**	**139**	**140**
B	B	D	A	B	A	D	B	A	D
141	**142**	**143**	**144**	**145**	**146**	**147**	**148**	**149**	**150**
C	C	B	D	A	C	C	D	A	B

व्याख्यात्मक उत्तर

61. दिया है,

D I S T A N C E   I D T A T O E C

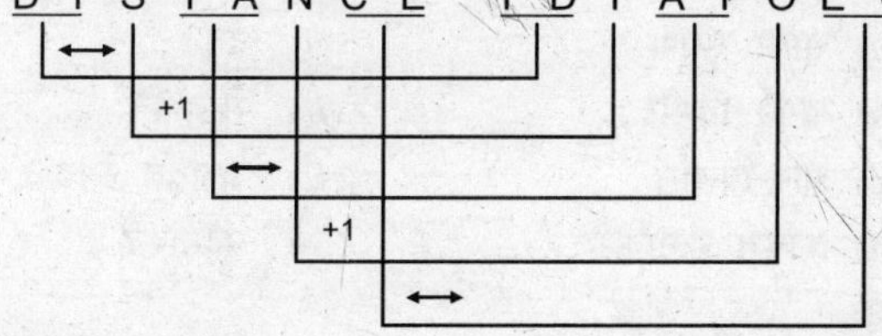

तथा

D O C U M E N T   O D D M U F T N

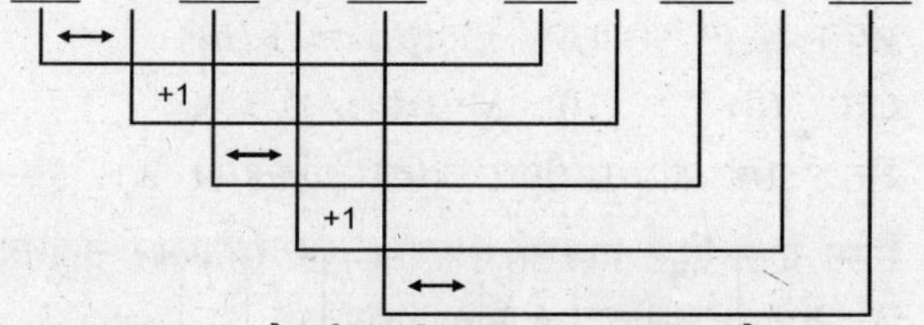

कूट भाषा का पैटर्न (प्रतिरूप) इस प्रकार है :
पहले दो तथा IV, V एवं VII, VIII अक्षर के शब्दों को उल्टे क्रम में लिखते हैं। कूट प्राप्त करने के लिए, शेष अक्षरों को एक कदम आगे लिखते हैं।

इस प्रकार,

T H U R S D A Y   H T V S R E Y A

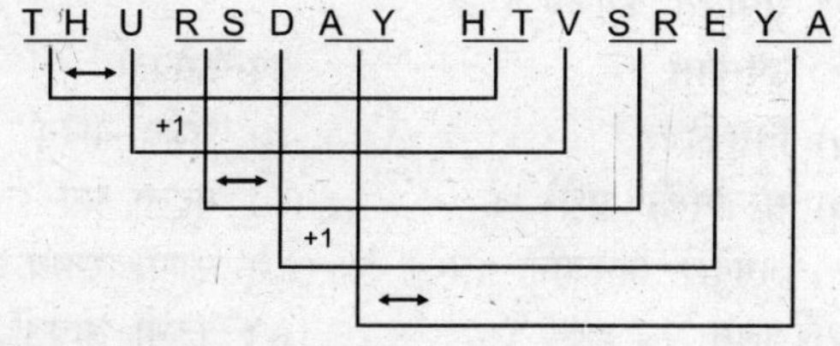

अतः 'THURSDAY' को 'HTVSREYA' लिखा जाएगा।

62.

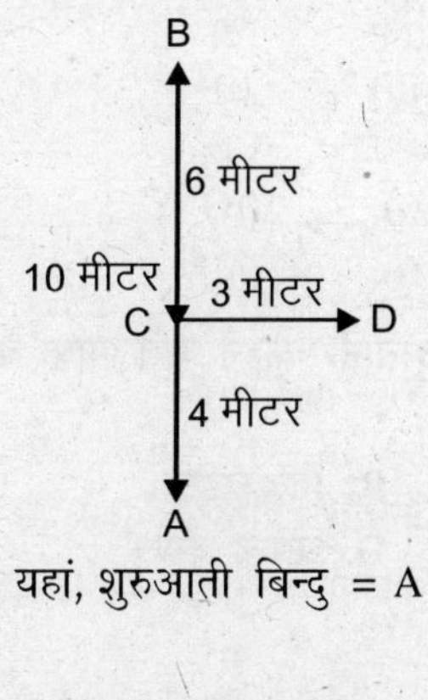

यहां, शुरुआती बिन्दु = A

AB = 10 मीटर, BC = 6 मीटर, CD = 3 मीटर
वह शुरुआती बिन्दु (A) से उत्तर-पूर्व दिशा में है।

63. माना प्रथम वर्ष के आरम्भ में जनसंख्या x है।

तब, $x\left(1+\frac{5}{100}\right)\left(1-\frac{5}{100}\right) = 79,800$

$\Rightarrow \quad x\left(1+\frac{1}{20}\right)\left(1-\frac{1}{20}\right) = 79,800$

$\Rightarrow \quad x\left(\frac{21}{20}\right)\left(\frac{19}{20}\right) = 79,800$

$\Rightarrow \quad x = 79800 \times \frac{20 \times 20}{21 \times 19}$

$= 79800 \times \frac{400}{399}$

$= 200 \times 400 = 80000$

अतः $x = 80000$.

64.

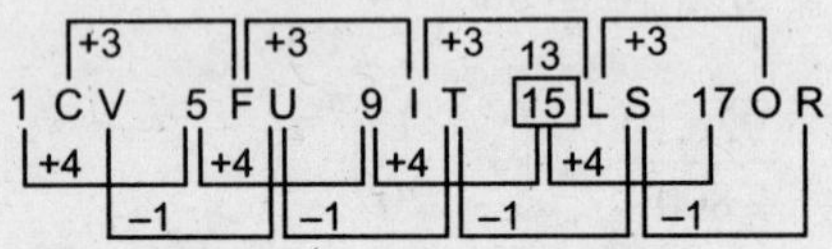

दी गई श्रेणी में,
15LS के स्थान पर 13LS होना चाहिए।
∴ गलत पद = 15LS.

65. माना दो बेलनों की त्रिज्याएं क्रमशः $2r$ एवं $3r$ तथा उनकी ऊंचाईयाँ $5h$ एवं $3h$ हैं।

तब, आयतन $= \pi r^2 h$

∴ $V_1 = \pi(2r)^2 \times 5h$

$= \pi \times 4r^2 \times 5h = 20\pi r^2 h$

तथा $V_2 = \pi(3r)^2 \times 3h$

$= \pi \times 9r^2 \times 3h = 27\pi r^2 h$

अतः उनके आयतनों का अनुपात $= \frac{V_1}{V_2}$

$= \frac{20\pi r^2 h}{27\pi r^2 h} = \frac{20}{27} = 20 : 27.$

66. प्रश्नानुसार,

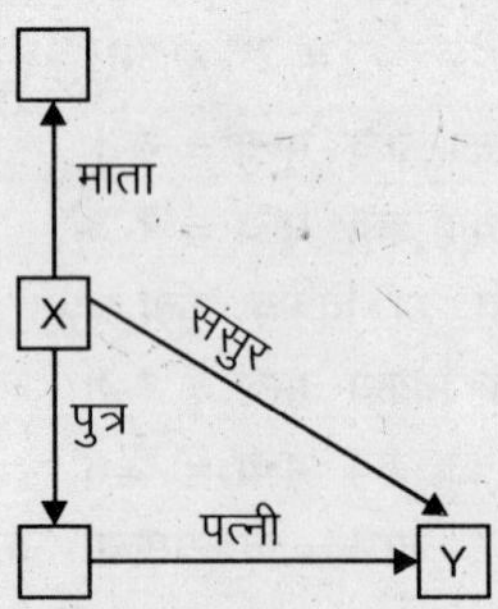

अतः X, Y के ससुर हैं।

68. $\because n(E \cup S) = n(E) + n(S) - n(E \cap S)$

∴ $n(E \cup S) = 27 + 38 - 19 = 65 - 19 = 46\%$

∵ अंग्रेजी तथा विज्ञान में अनुत्तीर्ण प्रतिशत 46% है।

∴ दोनों विषयों में उत्तीर्ण प्रतिशत = 100 – 46 = 54%.

69. दी गई श्रेणी
20, 20, 19, 16, 17, 13, 14, 11, ?, ?

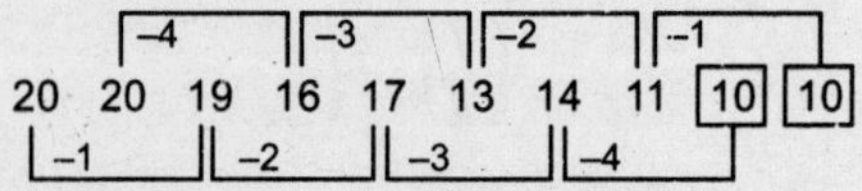

अतः श्रेणी में अगला पद 10, 10 है।

70. माना शांत जल में नाव की गति u किमी/घंटा तथा जल की गति v किमी/घंटा है।
तब विपरीत धारा में,

$u - v = \frac{13}{5}$ किमी/घंटा ...(*i*)

धारा की दिशा में $u + v = \frac{28}{5}$ किमी/घंटा ...(*ii*)

समीकरण (*i*) + (*ii*) से,

$2u = \frac{13}{5} + \frac{28}{5} = \frac{41}{5}$

$\Rightarrow \quad u = \frac{41}{10} = 4.1$ किमी/घंट

समीकरण (*i*) से, $v = u - \frac{13}{5} = \frac{41}{10} - \frac{13}{5}$

$= \frac{41-26}{10} = \frac{15}{10}$

$= \frac{3}{2} = 1\frac{1}{2}$ किमी/घंटा

अतः जल की गति $= 1\frac{1}{2}$ किमी/घंटा।

71. स्पष्ट रूप से, 1 से 100 तक दस संख्याएं हैं, जिनके इकाई के अंक 3 हैं–
3, 13, 23, 33, 43, 53, 63, 73, 83, 93
तथा दस संख्याएं, जिनके दहाई के अंक 3 हैं–
30, 31, 32, 33, 34, 35, 36, 37, 38, 39.
अतः अभीष्ट संख्या = 10 + 10 = 20।

72. यहाँ, A > B, C तथा D > E
A तथा C के बीच में E है
C > B
D तथा C > E > A > B
अतः E, B से बड़ा है।

73. दिया है, M केवल T से छोटा है, अर्थात् T > M तथा D केवल K से लम्बा है अर्थात् D > K
अतः T > M > R > D > K
अतः इसमें तीसरा सबसे लम्बा व्यक्ति R है।

74. दिया है, $\frac{\left(1\frac{3}{4}\right)^4 - \left(2\frac{1}{3}\right)^4}{\left(1\frac{3}{4}\right)^2 - \left(2\frac{1}{3}\right)^2} = \frac{\left(\frac{7}{4}\right)^4 - \left(\frac{7}{3}\right)^4}{\left(\frac{7}{4}\right)^2 - \left(\frac{7}{3}\right)^2}$

$[a^2 - b^2 = (a-b)(a+b)]$

$$= \frac{\left[\left(\frac{7}{4}\right)^2 - \left(\frac{7}{3}\right)^2\right]\left[\left(\frac{7}{4}\right)^2 + \left(\frac{7}{3}\right)^2\right]}{\left(\frac{7}{4}\right)^2 - \left(\frac{7}{3}\right)^2}$$

$$= \left(\frac{7}{4}\right)^2 + \left(\frac{7}{3}\right)^2 \quad [a^2 + b^2 = (a+b)^2 - 2ab]$$

$$= \left(\frac{7}{4} + \frac{7}{3}\right)^2 - 2 \times \frac{7}{4} \times \frac{7}{3}$$

$$= \left(\frac{21+28}{12}\right)^2 - \frac{49}{6} = \left(\frac{49}{12}\right)^2 - \frac{49}{6}$$

$$= \frac{49}{6}\left[\frac{49}{12 \times 2} - 1\right] = \frac{49}{6}\left[\frac{49-24}{24}\right]$$

$$= \frac{49}{6} \times \frac{25}{24} = \frac{49 \times 25}{144}$$

अतः अभीष्ट वर्गमूल

$$= \sqrt{\frac{49 \times 25}{144}} = \frac{7 \times 5}{12} = \frac{35}{12} = 2\frac{11}{12}$$

75. माना 5 वर्ष पश्चात् पुत्र की आयु = x वर्ष

तब, पिता की आयु = $3x$ वर्ष

पुत्र की वर्तमान आयु = $(x - 5)$ वर्ष

तथा पिता की वर्तमान आयु = $(3x - 5)$ वर्ष

5 वर्ष पूर्व, पुत्र की आयु = $(x - 10)$ वर्ष

तथा पिता की आयु = $(3x - 10)$ वर्ष

प्रश्नानुसार, $7(x - 10) = (3x - 10)$

$\Rightarrow \quad 7x - 70 = 3x - 10$

$\Rightarrow \quad 7x - 3x = 70 - 10 = 60$

$\Rightarrow \quad 4x = 60 \Rightarrow x = 15$ वर्ष

अतः पिता की वर्तमान आयु

= $(3x - 5)$ वर्ष

= $(3 \times 15 - 5)$ वर्ष

= $(45 - 5)$ वर्ष = 40 वर्ष।

76.

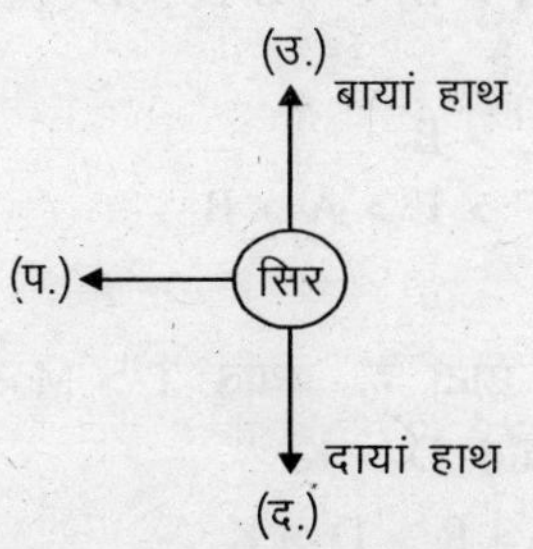

अतः उसका बायां हाथ उत्तर दिशा में है।

77. 1 मिनट में नल A द्वारा भरा गया भाग = $\frac{1}{30}$

तथा 1 मिनट में नल B द्वारा भरा गया भाग = $\frac{1}{36}$

माना नल A को x मिनट बाद बन्द करना चाहिए।

तब, $\frac{x}{30} + \frac{18}{36} = 1$

$\Rightarrow \quad \frac{x}{30} + \frac{1}{2} = 1 \Rightarrow \frac{x}{30} = 1 - \frac{1}{2}$

$\Rightarrow \quad \frac{x}{30} = \frac{1}{2} \Rightarrow x = 15$ मिनट

अतः नल A को 15 मिनट बाद बन्द कर देना चाहिए।

78. दिया है, P = ₹ 800, A = ₹ 926.10

$r = 10\%$ वार्षिक

$\because$ ब्याज छमाही संयोजित होता है

$\therefore \quad r = \frac{10}{2} = 5\%$

$\therefore \quad A = P\left(1 + \frac{r}{100}\right)^n$

$\therefore \quad 926.10 = 800\left(1 + \frac{5}{100}\right)^n$

$$\frac{926.10}{800} = \left(1 + \frac{1}{20}\right)^n$$

$$\frac{926.10}{800} = \left(\frac{21}{20}\right)^n$$

$$\frac{92610}{80000} = \left(\frac{21}{20}\right)^n$$

$$\frac{9261}{8000} = \left(\frac{21}{20}\right)^n$$

$$\left(\frac{21}{20}\right)^3 = \left(\frac{21}{20}\right)^n$$

$n = 3$

चूंकि ब्याज छमाही संयोजित होता है

$\therefore$ समय = $\frac{3}{2}$ वर्ष = $1\frac{1}{2}$ वर्ष।

79. 8, 15 तथा 24 का ल.स. = 120

$\because \quad 120 = 2^2 \times 30$

$\therefore$ न्यूनतम वर्ग संख्या = $2^2 \times 30 \times 30$

$= 2^2 \times 30^2 = 4 \times 900 = 3600$

80. माना 1 पेन का क्रय मूल्य = ₹ 1

तब, 8 पेनों का क्रय मूल्य = ₹ 8

दिया है, 6 पेनों का विक्रय मूल्य = 8 पेनों का क्रय मूल्य

$\because$ 6 पेनों का विक्रय मूल्य = ₹ 8

तथा 6 पेनों का क्रय मूल्य = ₹ 6

$\therefore$ लाभ = विक्रयमूल्य – क्रय मूल्य

= 8 – 6 = ₹ 2

$\therefore$ लाभ % = $\frac{\text{लाभ} \times 100}{\text{क्रय मूल्य}}$

$= \frac{2 \times 100}{6}\% = \frac{100}{3}\% = 33\frac{1}{3}\%.$

पिछले प्रश्न-पत्र (हल सहित)

हरियाणा शिक्षक पात्रता परीक्षा (HTET)

PGT (Level-3), हिन्दी शिक्षक परीक्षा 2019

(Exam held on 16 November, 2019)

भाग-I

बाल विकास व शिक्षाशास्त्र

निर्देशः *निम्नलिखित प्रश्नों के उत्तर देने के लिए सबसे उचित विकल्प चुनिए।*

1. वाइगोट्स्की के अनुसार, कार्य करने की वह सीमा जो बालक अकेले के लिए बहुत कठिन हो परन्तु प्रौढ़ और अधिक कुशल साथी की सहायता से करना संभव हो, कहलाती है :

A. स्कैफोल्डिंग B. अन्तः व्यक्तिनिष्ठता

C. निर्देशित सहभागिता D. आसन्न विकास क्षेत्र

2. निम्नलिखित में से किस मनोवैज्ञानिक ने किशोरावस्था को परिभाषित किया कि "किशोरावस्था वह काल (अवधि) है जिसमें बालक और बालिकाएँ मानसिक, संवेगात्मक, सामाजिक और शारीरिक रूप से बाल्यावस्था से प्रौढ़ावस्था की ओर जाते हैं"?

A. ए.टी. जरशिल्ड B. ई.बी. हरलॉक

C. आई.पी. डेविस D. एच. सोरेनसन

3. अधिगमकर्ता (शिक्षु) केन्द्रित अनुदेशनात्मक योजना जिसमें विद्यार्थी अध्यापक के प्रश्नों और निर्देशों की सहायता से अपनी समझ को निर्मित करने के लिए प्रोत्साहित होते हैं, वह है :

A. अन्वेषी अधिगम B. मार्गदर्शित अन्वेषी अधिगम

C. समस्या आधारित अधिगम D. प्रायोजना आधारित अधिगम

4. पूर्व अधिगम द्वारा वर्तमान अधिगम को धनात्मक रूप से सुसाध्य बनाना, उदाहरण के तौर पर योग संक्रिया द्वारा गुणा संक्रिया को सहायता (सुसाध्य) करना। इस प्रकार का अधिगम स्थानान्तरण कहलाता है :

A. ऊर्ध्वाधर B. आनुक्रमिक

C. पार्श्वीय D. द्विपार्श्वीय

5. निम्नलिखित में से कौन-सा कथन समावेशी शब्द को सर्वाधिक उपयुक्त रूप से परिभाषित करता है?

A. विशेष आवश्यकता वाले बालकों को विशिष्ट विद्यालयों में शिक्षा देना

B. विशेष आवश्यकता वाले बालकों को विद्यालयों में विशिष्ट कक्षा में शिक्षा देना

C. विशेष आवश्यकता वाले बालकों को सामान्य कक्षा में अधिकतम समय शिक्षा देना

D. विशेष आवश्यकता वाले बालकों को सामान्य कक्षा में पूरे समय शिक्षा देना

6. प्रतिभाशाली बालकों के लिए निम्नलिखित में से कौन-सा कार्यक्रम उपयुक्त ***नहीं*** है?

A. विशिष्ट कक्षा B. उपचारात्मक शिक्षण

C. त्वरण (गतिवर्द्धन) D. सामान्य कक्षा में संवर्धन

7. पियाजे के अनुसार, किशोरों की वास्तविक सांसारिक परिस्थितियों को देखे बिना शाब्दिक कथनों के तर्कों को मूल्यांकन करने की योग्यता है :

A. साध्यात्मक विचार

B. ट्रांजिटिव निष्कर्ष (संक्रमणीय अनुमान)

C. संज्ञानात्मक मानचित्रण

D. विकेन्द्रीयन

8. पारुल के बुद्धि परीक्षण उसे औसत और औसत से अधिक बुद्धि को दर्शाते हैं। जबकि उसके पठन, वर्तनी, सामाजिक विज्ञान और विज्ञान के ग्रेड अत्यधिक न्यून (कम) हैं। उसके गणित के ग्रेड काफी उच्च और लेखन कौशल पर्याप्त हैं। पारुल को मुख्यतः है :

A. डिसकेल्कुलिया B. डिसग्राफिया

C. डिसलेक्सिया D. डिसफेसिस

9. गार्डनर के अनुसार, दूसरों के मूड (मनोदशा), स्वभाव, अभिप्रेरणाओं और इरादों को पहचानने और उपयुक्त अनुक्रिया करने की योग्यता कहलाती है :

A. भाषिक बुद्धि

B. दैहिक-गतिबोधक बुद्धि (बॉडिली-काइनेस्थैटिक बुद्धि)

C. अंतर्वैयक्तिक बुद्धि

D. अंतरावैयक्तिक बुद्धि

10. विद्यालय का प्रजातान्त्रिक संगठन अधिगम को प्रभावित करता है, अधिगम का यह कारक सम्बन्धित है :

A. विधि विज्ञान पक्ष से B. सामाजिक पक्ष से

C. कार्यिकी पक्ष से D. मनोवैज्ञानिक पक्ष से

11. जब विद्यार्थी अधिगम विषयवस्तु का अर्थ निकालकर उसे समझने के अधिगम उपागम का उपयोग करते हैं तो यह अधिगम शैली निम्नलिखित में से कौन-सी है?

A. व्यावहारिक शैली B. आवेगी शैली

C. सतही शैली D. गहन शैली

12. सांस्कृतिक पूर्वाग्रह (पक्षपात) से बचाव के लिए निम्नलिखित में से कौन-सी एक अच्छी आकलन योजना है?

A. विभिन्न विधियों का उपयोग विद्यार्थियों के आकलन के लिएकरना

B. एक अच्छे मानकीकृत परीक्षण का उपयोग करना

C. मानवजातीय विभिन्नताओं को आनुवंशिकता के कारण मानना

D. आकलन के उद्देश्य के लिए पोर्टफोलियो के उपयोग से बचना

13. रोहन बाहुबली की नवीनतम चित्र कथा पुस्तक पढ़ रहा है क्योंकि वह इस बात का इन्तजार नहीं कर सकता कि बाहुबली और उसके परिवार के साथ क्या हुआ। यह सही उदाहरण है :

A. केवल आन्तरिक अभिप्रेरणा का

B. केवल बाह्य अभिप्रेरणा का

C. आन्तरिक और बाह्य दोनों प्रकार की अभिप्रेरणा का

D. न तो आन्तरिक और न ही बाह्य अभिप्रेरणा का

14. अधिगम की वह अवस्था जिसमें एक से अधिक साथी एक दूसरे को प्रेरित और प्रोत्साहित करते हैं, कहलाती है :

A. दल (टीम) शिक्षण B. अभिक्रमित अनुदेशन

C. सहयोगी अधिगम D. अन्वेषण अधिगम

15. निम्नलिखित में से कौन-सी योजना विद्यार्थियों के समस्या समाधान में सुधार करने के लिए उपयुक्त ***नहीं*** है?

A. विद्यार्थियों की प्रकार्यात्मक नियतता

B. वास्तविक-विश्व समस्याओं के समाधान के लिए व्यापक अवसर देना

C. बालकों के समस्या समाधान में माता-पिता को सम्मिलित करना

D. विद्यार्थियों की समस्या समाधान की प्रभावी और अप्रभावी योजनाओं को मॉनीटर (प्रबोधन) करना

16. ब्रॉन्फेनब्रेनर की पारिस्थितिकी सिद्धान्त के अनुसार, विद्यार्थी का परिवार, साथी और विद्यालय आदि उसके विकास को प्रभावित करते हैं और ये सम्बन्ध रखते हैं :

A. काल तन्त्र से B. सूक्ष्म तन्त्र से

C. बृहत तन्त्र से D. बाह्य तन्त्र से

17. ...., सामाजिक संज्ञान सिद्धान्त से उसी प्रकार सम्बन्धित हैंजिस प्रकार वाइगोट्स्की सामाजिक निर्मितिवाद सिद्धान्त से सम्बन्धित हैं।

A. स्किनर B. सैग्लर

C. पियाजे D. बण्डूरा

18. इस प्रकार बोलना अथवा लिखना जो दूसरों पर प्रभाव छोड़ दे, कहलाता है :

A. भाषा का व्याकरण B. भाषा का ध्वनिग्राम (फोनीम)

C. भाषा का व्यवहारिक रूप D. भाषा का रूपग्राम (मॉरफीम)

19. कोहलबर्ग के सिद्धान्त में किस स्तर पर नैतिक विकास बाह्य मानकों पर आधारित नहीं होकर आन्तरीकरण पर आधारित होता है?

A. पूर्व-प्रचलन स्तर B. प्रचलन स्तर

C. पश्च प्रचलन स्तर D. आपसी अंतर्वैयक्तिक स्तर

20. पियाजे के अनुसार, निम्नलिखित में से कौन-सी विशेषता बालकों के औपचारिक क्रियात्मक अवस्था से सम्बन्धित ***नहीं*** है?

A. परिकल्पनात्मक-निगमनात्मक तर्कना

B. आदर्शवादी तर्कना

C. स्थानिक तर्कना

D. अमूर्त तर्कना

21. संवेगों की प्रकृति के बारे में निम्नलिखित में से कौन-सा कथन***सही*** है?

A. संवेगों की अभिव्यक्ति अधिगम द्वारा परिवर्तित हो जाती है।

B. संवेग जीव की स्थायी अवस्था है।

C. संवेग आन्तरिक उद्दीपनों द्वारा जागृत होते हैं।

D. संवेगों की निश्चित भावाभिव्यक्ति भिन्न-भिन्न अर्थ लिए होतीहै।

22. वे बालक न्यून दृष्टि के माने जाते हैं जिनकी दृष्टि तीक्ष्णता होती है :

A. 20/70 से 20/200

B. दोष निवारक लेन्सों के साथ 20/20 दृष्टि

C. दोष निवारक लेन्सों के साथ 6/6 दृष्टि

D. 20/10 से 20/30

23. किशोर विद्यार्थियों के साथ कार्य करते समय एक अध्यापक के लिए सर्वाधिक उपयुक्त कार्य योजना है :

A. विद्यार्थियों से तुलना करने के लिए कहना

B. एक समस्या प्रस्तुत कर विद्यार्थियों से परिकल्पनाओं का निर्माण करवाना

C. बालकों को क्रमवार संक्रियाओं में अनुभव प्रदान करना

D. एक झुका हुआ समतल अथवा पहाड़ी को बनाना/निर्माण करना

24. निम्नलिखित में से कौन-सा कथन बालक विकास के सिद्धान्तों के बारे में ***गलत*** है?

A. विकास एक निश्चित और पूर्व अनुमानित प्रारूप से होता है।

B. सभी व्यक्ति उनके विकास में समान होते हैं।

C. विकास आनुवंशिकी और वातावरण का उत्पाद (परिणाम) है।

D. विकास समाकलन के सिद्धान्त पर कार्य करता है।

25. एक बालक का आहार, उसकी लम्बाई कितनी होगी इसको प्रभावित करता है और यहाँ तक कि बालक कितने प्रभावी तरीके से चिन्तन करेगा एवं समस्याओं का समाधान करेगा इसे भी प्रभावित करता है। इस उदाहरण में विकास मुख्यतः प्रभावित होता है :

A. आनुवंशिकी द्वारा

B. वातावरण द्वारा

C. प्रारम्भिक और बाद के अनुभवों द्वारा

D. सततता (निरन्तरता) द्वारा

26. निम्नलिखित में से कौन-सी योजना विद्यार्थियों में क्रान्तिक (आलोचनात्मक) चिन्तन कौशल के विकास को सर्वोत्तम प्रकार से पोषित करती है?

A. एक बहुचयनात्मक (बहुविकल्पी) परीक्षण देना

B. विद्यार्थियों से महत्वपूर्ण ऐतिहासिक तिथियों की कालरेखा बनवाने का कार्य करवाना

C. विद्यार्थियों को इस प्रकार के कार्यपत्रक करने को देना जिसमेंउन्हें उनकी पाठ्य पुस्तकों में दिए गए तथ्यों को पुनःस्मरण करना हो

D. विद्यार्थियों को इस तरह के कथन प्रस्तुत करना कि "लाल बहादुर शास्त्री अपने महानतम प्रधानमंत्री थे" कथन का समर्थन अथवा खण्डन कीजिए

27. एरिक्सन के अनुसार, जटिल समाज में किशोर-किशोरियाँ निम्नलिखित में से कौन-सी अवस्था का अनुभव अधिक करते हैं?

A. तादात्म्य (पहचान) संकट B. पहचान उपलब्धि

C. पहचान विलम्बन D. पहचान मोचन-निषेध (फॉरक्लोजर)

28. निम्नलिखित में से कौन-सा प्रश्न विद्यार्थियों को अपने प्रयोजन पर विवेचना करने में सर्वाधिक सही है?

A. आपके जीवन में आपके लिए क्या सर्वाधिक महत्वपूर्ण है?

B. आप अपने जीवन को किस प्रकार संगठित कर सकते हैं?

C. आप अच्छे ग्रेड प्राप्त करने के लिए क्या कर सकते हैं?

D. आप किस प्रकार बेहतर अल्पकालिक लक्ष्य बना सकते हैं?

29. बालक के लक्षण, जब वह किसी कार्य पर केन्द्रित नहीं रह पाता, आवेगपूर्ण क्रिया करता है, सामाजिक नियमों की परवाह नहीं करता है और कुंठा के समय विद्वेषता के साथ अनाप-शनाप बोलने लग जाता है, संकेत हैं :

A. अवधान न्यूनता अतिसंक्रियता विकार के
B. मंद अधिगमकर्ता (सीखने वाला) के
C. मानसिक मंदता के
D. स्मृति लोपन के

30. किशोर जन मुख्यतया बालिकाएँ कठोर आहार आदतों और अत्यधिक अभ्यास कार्य को करने लगती हैं। किशोरों का यह आहार सम्बन्धी विकार कहलाता है :

A. एनोरेक्सिया नर्वोसा
B. बाध्यता-मनोग्रस्ति तन्त्रिकाताप (ऑबसेसिव कम्पल्सिव न्यूरोसिस)
C. तन्त्रिकीय विकास विकार (न्यूरो डेवलपमेन्टल डिसऑर्डर)
D. बुलिमिया नर्वोसा

भाग-II

भाषा : हिन्दी

निर्देशः *निम्नलिखित प्रश्नों के उत्तर देने के लिए **सबसे उचित** विकल्प चुनिए।*

31. निम्न में 'पार्श्विक' वर्ण कौन-सा है?

A. य B. व
C. र D. ल

32. किस विकल्प में दो उपसर्गों का योग ***नहीं*** हुआ है?

A. व्युत्पत्ति B. व्याधि
C. व्यापादित D. वैनाशिक

33. किस विकल्प में 'अपादान तत्पुरुष' का प्रयोग ***नहीं*** हुआ है?

A. जन्मरोगी B. जलजात
C. राजद्रोह D. पदाक्रांत

34. वार्तनिक दृष्टि से ***शुद्ध*** शब्द का चयन कीजिए:

A. दृष्टव्य B. परिशिष्ठ
C. आदिष्ठ D. अन्त्येष्टि

35. किस विकल्प में 'भाववाचक कृत् प्रत्यय' का प्रयोग ***नहीं*** हुआ है?

A. परोसैया B. छिड़काव
C. पछतावा D. गड़गड़ाहट

36. संधि-विच्छेद एवं शब्द-निर्माण की दृष्टि से ***असंगत*** विकल्प चुनिए:

A. विश्व + एक्य = विश्वैक्य B. अधम + ऋण = अधमर्ण
C. परि + कृत = परिष्कृत D. तत् + अनन्तर = तदनन्तर

37. "मोनू सबसे घटिया विचारों वाला लड़का है"–
इस वाक्य में विशेषण की कौन-सी अवस्था का प्रयोग हुआ है?

A. स्वतन्त्रावस्था B. मूलावस्था
C. उत्तरावस्था D. उत्तमावस्था

38. संज्ञाओं की दृष्टि से ***असंगत*** विकल्प चुनिए:

A. व्यक्तिवाचक संज्ञाएँ सदैव एकवचन में प्रयुक्त होती हैं।
B. व्यक्तिवाचक संज्ञाएँ अनन्त होती हैं।
C. ईर्ष्या, रोग, जन्म, मृत्यु आदि यौगिक भाववाचक संज्ञाएँ हैं।
D. व्यक्तिवाचक एवं भाववाचक संज्ञाओं का जातिवाचक संज्ञाओं में रूपांतरण किया जा सकता है।

39. 'लिंग-विचार' की दृष्टि से ***असंगत*** कथन को छाँटिए:

A. फौज, भीड़, सरकार स्त्रीलिंग पद हैं।
B. 'लिंग' विकारक तत्त्वों की श्रेणी में आता है।
C. संज्ञा, सर्वनाम एवं विशेषणवाचक सभी शब्दों में लिंग की दृष्टि से विकार होता है।
D. कोयल, मैना, चील आदि शब्द नित्य स्त्रीलिंग शब्दों के वाचक पद हैं।

40. "आज का अधिकतम तापमान पैंतीस डिग्री सेन्टीग्रेड रहा"– इस वाक्य में प्रयुक्त विशेषण का भेद इंगित कीजिए:

A. निश्चित संख्यावाचक विशेषण
B. अनिश्चित संख्यावाचक विशेषण
C. निश्चित परिमाणवाचक विशेषण
D. पूर्णांक बोधक संख्यावाचक विशेषण

41. वार्तनिक दृष्टि से ***अशुद्ध*** शब्द का चयन कीजिए:

A. पड़ोसी B. सुधीजन
C. सरलतापूर्वक D. द्रवीभूत

42. इनमें कौन-सी भाववाचक संज्ञा का निर्माण विशेषणवाचक शब्द से ***नहीं*** हुआ है?

A. नकटापन B. सयानापन
C. अपनापन D. गोरापन

43. क्रिया के संबंध में ***असंगत*** कथन चुनिए:

A. गौणकर्म के साथ सदैव 'को' चिह्न जुड़ा रहता है तथा क्रिया से अपेक्षाकृत दूर रहता है।
B. यदि वाक्य में दो कर्म हों, तो क्रिया से 'किसे' या 'किसको' प्रश्न करने पर जो उत्तर मिलता है वह 'मुख्य कर्म' होता है।
C. जिन्हें कर्म के अतिरिक्त अन्य किसी पूरक शब्द की आवश्यकता नहीं पड़ती है उन्हें 'पूर्ण सकर्मक क्रिया' कहते हैं।
D. आना, उड़ना एवं तैरना गत्यर्थक पूर्ण अकर्मक क्रियाएँ होती हैं।

44. किस शब्द में 'अव' उपसर्ग का प्रयोग हुआ है?

A. अवाच्य B. अवधि
C. अवचन D. अविनष्ट

45. संधि की दृष्टि से ***असंगत*** विकल्प है:

A. उपनिषद् + मीमांसा = उपनिषन्मीमांसा
B. विद्वत् + मूर्ति = विद्वन्मूर्ति
C. षठ् + मास = षण्मास
D. शरद् + माला = शरन्माला

Language : English

Directions: *Answer the following questions by selecting the **most appropriate** option.*

46. Choose the ***correct*** set of articles from the given options in the following sentence against the blank space:

"The teacher wrote _______ outline of a story on _________ blackboard."

A. a, a B. an, the
C. the, a D. a, the

47. Choose the ***correct*** verb form in the following sentence against the blank space so as to complete the sentence:

"My father ________ for Delhi yesterday."

A. leave B. will leave
C. left D. will be leaving

48. Choose the ***correct*** option to fill in the blank space in the sentence which expresses the correct notion hinted in the bracket against the blank space:

"You _________ (command) apologise or face the consequences."

A. must B. shall
C. may D. could

49. Pick out the ***correct*** option to indicate the use of adjective in the following sentence:

"A Cool breeze blew from the sea."

A. breeze B. sea
C. cool D. blew

50. Identify the underlined word in the given sentence.

I see him passing my house every day.

A. Gerund B. Present Participle
C. Infinitive D. Object

51. Identify the compound word from the options given below:

A. Development B. Newspaper
C. Powerful D. Childhood

52. Fill in the blank with the ***correct*** preposition:

Do you usually go out _______ Saturday evenings?

A. in B. at
C. on D. within

53. Which one of the following sentence in the options given below illustrates the use of Intransitive verb?

A. Fire burns.
B. The principal hoisted the flag on Independence Day.
C. She is reading the newspaper.
D. Our team won the match.

54. Which one of the following words is ***not*** a noun?

A. advice B. rice
C. device D. nice

55. Choose the word which is spelt ***correctly***:

A. Beegning B. Biginning
C. Beginning D. Begining

56. Which of the options given below is the ***correct*** passive form of the following sentence?

"The Bhagvad Gita presents a balanced philosophy of life."

A. A balanced philosophy of life is presented by the Bhagvad Gita.
B. A balanced philosophy of life has been presented by the Bhagvad Gita.
C. The Bhagvad Gita has presented a balanced philosophy of life.
D. A balanced philosophy of life was presented by the Bhagvad Gita.

57. "Reading improves your knowledge."

Identify the gerund in the above sentence from the options given below:

A. knowledge B. improves
C. reading D. your

58. Select the ***correct*** option from the following that correctly transforms the following sentence from Direct speech to Indirect speech:

He said, 'Congratulations!'

A. He congratulated me.
B. He said to me congratulations.
C. He exclaimed congratulations.
D. He is saying congratulations.

59. Identify the ***correct*** meaning of the underlined idioms in the following sentence from the options given below:

"Climbing Mt. Everest is not a child's play for anyone."

A. very easy to do
B. very difficult to do
C. pleasant to do
D. boring to do

60. Which one of the following words underlined in the sentences given as options has been used as a verb?

A. The stage performances are called Raas Leela.
B. The performers enacted Raas Leela on the stage.
C. Each actor performed in a circular space on the stage in Raas Leela.
D. The performing artist moved in a circular space on the stage in Raas Leela.

भाग-III

सामान्य अध्ययन–मात्रात्मक योग्यता, तार्किक अभिक्षमता तथा सामान्य ज्ञान एवं अभिज्ञान

निर्देश : *निम्नलिखित प्रश्नों के उत्तर देने के लिए* **सबसे उचित** *विकल्प चुनिए।*

61. यदि अंग्रेजी वर्णमाला को विपरीत क्रम में लिख दिया जाए, तो बायीं ओर से 19वें अक्षर के बायीं ओर 8वाँ अक्षर कौन-सा होगा?

A. T B. P
C. Q D. R

62. दिए गए विकल्पों में से ***बेमेल*** छाटिएँ :

A. 171 B. 131
C. 161 D. 181

63. निम्नलिखित शब्दों को शब्दकोष में दिए गए क्रम के अनुसारलिखिए :

1. Critical 2. Criterion
3. Crisis 4. Crisp

A. 3, 4, 2, 1 B. 1, 3, 4, 2
C. 3, 4, 1, 2 D. 4, 3, 1, 2

64. शब्द 'PROPERTY' में अक्षरों के ऐसे कितने युग्म हैं, जिनके मध्य में यहाँ उतने ही अक्षर हैं जितने कि उनके बीच अंग्रेजी वर्णमाला में उनके क्रम के मध्य में होते हैं?

A. 0 B. 1
C. 4 D. 3

65. निम्न श्रेणी में ***गलत*** पद ज्ञात कीजिए :

1CV, 5FU, 9IT, 15LS, 17OR

A. 5FU B. 9IT
C. 15LS D. 17OR

66. दो व्यक्ति A व B प्रातःकाल एक-दूसरे के आमने-सामने खड़े थे। यदि A की परछाईं A के बाईं ओर पड़ रही है, तो बताइए B का मुख किस दिशा में है?

A. दक्षिण B. उत्तर
C. पूर्व D. पश्चिम

67. एक व्यापारी अपनी वस्तुओं के अंकित मूल्य पर 15% का बट्टा देता है, वह अपने माल पर लागत मूल्य से कितना अधिक मूल्य अंकित करे कि उसे 19% लाभ हो?

A. 34% B. 40%
C. 25% D. 30%

68. पाँच वर्ष पश्चात्, पिता की आयु उसके पुत्र की आयु की तिगुनी होगी। पाँच वर्ष पूर्व, पिता की आयु उसके पुत्र की आयु की 7 गुनी थी। पिता की वर्तमान आयु है :

A. 40 वर्ष B. 30 वर्ष
C. 50 वर्ष D. 45 वर्ष

69. यदि 6 पेनों के विक्रय मूल्य, 8 पेनों के क्रंय मूल्य के बराबर है, तो लाभ/हानि प्रतिशत में है :

A. 25% लाभ B. 25% हानि
C. $33\frac{1}{3}$% हानि D. $33\frac{1}{3}$% लाभ

70. यदि $\frac{2x+7}{5} - \frac{3x+11}{2} = \frac{2x+8}{3} - 5$ हो, तो $x = ?$

A. 1 B. –1
C. 2 D. –2

71. एक बेलन का वक्रपृष्ठीय क्षेत्रफल 264 वर्गमीटर है तथा आयतन 924 घनमीटर है। इसके व्यास का इसकी ऊँचाई से क्या अनुपात होगा?

A. 7 : 6 B. 6 : 7
C. 3 : 7 D. 7 : 3

72. चक्रवृद्धि ब्याज से कौन-सी धनराशि 1 वर्ष के अन्त में ₹ 650 तथा 2 वर्ष के अन्त में ₹ 676 हो जाएगी?

A. ₹ 520 B. ₹ 572
C. ₹ 600 D. ₹ 625

73. कोई धन साधारण ब्याज की एक विशेष दर पर 2 वर्ष के लिए उधार दिया गया, यदि ब्याज की दर 1% वार्षिक अधिक होती तो इससे ₹ 240 अधिक आय होती। यह धन कितना है?

A. ₹ 5,000 B. ₹ 6000
C. ₹ 8,000 D. ₹ 12,000

74. 125 मीटर लम्बी रेलगाड़ी 60 किमी. प्रति घंटा की चाल से चलकर एक पुल को 30 सेकेण्ड में पार कर जाती है। पुल की लम्बाई कितनी है?

A. 375 मीटर B. 225 मीटर
C. 125 मीटर D. 250 मीटर

75. 3 लड़कों की औसत आयु 16 वर्ष है। यदि उनकी आयु का अनुपात 4 : 5 : 7 हो, तो सबसे छोटे लड़के की आयु कितनी है?

A. 8 वर्ष B. 9 वर्ष
C. 12 वर्ष D. 16 वर्ष

76. किसी परीक्षा में 60% विद्यार्थी अंग्रेजी में तथा 70% गणित में उत्तीर्ण हुए, यदि 20% विद्यार्थी दोनों विषयों में अनुत्तीर्ण रहे हों तथा 2500 विद्यार्थी दोनों विषयों में उत्तीर्ण रहे हों, तो कुल परीक्षार्थियों की संख्या कितनी है?

A. 3000 B. 3500
C. 4000 D. 5000

77. A, B से बड़ा है जबकि C और D, E से बड़े हैं। E, A और C के मध्य में है और C, B से बड़ा है, तो निम्न में से कौन-सा कथन आवश्यक रूप से ***सत्य*** है?

A. A, C से बड़ा है। B. C, D से बड़ा है।
C. D, C से बड़ा है। D. E, B से बड़ा है।

78. एक घन की निचली सतह खाली है। A और B के बीच में X अंकित है। A के बायीं ओर Y है। तो Z घन की किस फलक पर अंकित है?

A. तल पर B. ऊपर
C. सामने D. पीछे

79. B और C का भाई A है। C की माँ D है। A के पिता E हैं। तो निम्नलिखित में से कौन-सा ***असत्य*** कथन होगा?

A. E का पुत्र B है।
B. B का पिता E है।
C. D का पति E है।
D. D का पुत्र A है।

80. अंग्रेजी वर्णमाला में कितने अक्षरों के दर्पण प्रतिबिम्ब अपरिवर्तित रहते हैं?

A. 8
B. 9
C. 12
D. 11

81. मारकण्डा नदी निम्नलिखित में से किस जिले में ***नहीं*** बहती है?

A. कुरुक्षेत्र
B. सोनीपत
C. करनाल
D. अम्बाला

82. जिला जो मुख्यतः जुई नहर द्वारा सिंचित है :

A. हिसार
B. झज्झर
C. भिवानी
D. रोहतक

83. सूरजकुण्ड अन्तर्राष्ट्रीय हस्तशिल्प मेला-2018 में निम्नलिखित में से कौन-सा सहभागी राष्ट्र था?

A. मिस्र
B. फ्रांस
C. कजाकिस्तान
D. किर्गिजस्तान

84. जिला, जिसमें गूजरी महल अवस्थित है :

A. हांसी
B. हिसार
C. पंचकुला
D. अंबाला

85. मुख्यमंत्री के रूप में अवधि के आधार पर हरियाणा के निम्नलिखित मुख्यमंत्रियों को अवरोही (सर्वाधिक अवधि सर्वप्रथम) क्रम में व्यवस्थित कीजिए :

1. भजन लाल
2. बंसी लाल
3. भूपिन्दर सिंह हुड्डा
4. देवी लाल

सही कूट चुनिए :

A. 1, 2, 3, 4
B. 2, 1, 3, 4
C. 1, 2, 4, 3
D. 2, 4, 3, 1

86. शन्नो देवी के बारे में अधोलिखित कथनों पर विचार कीजिए :

(*a*) शन्नो देवी पंजाब विधानसभा की उपाध्यक्ष थीं।
(*b*) जब हरियाणा का गठन हुआ, उन्हें हरियाणा विधान सभा का अध्यक्ष चुना गया।

उपरोक्त में से कौन-सा/कौन-से कथन सही है/हैं?

A. केवल (*a*) सही है
B. केवल (*b*) सही है
C. न तो (*a*) और न ही (*b*) सही है
D. (*a*) एवं (*b*) दोनों सही हैं

87. 'खैर अंदेश' समाचार-पत्र के संपादक कौन थे?

A. चंदूलाल
B. मुरलीधर
C. छोटू राम
D. शाम लाल

88. ईस्टर्न पेरिफेरल एक्सप्रेस वे के बारे में अधोलिखित कथनों पर विचार कीजिए :

(*a*) यह कुंडली-गाजियाबाद-पलवल एक्सप्रेस वे भी कहलाता है।
(*b*) इसकी कुल लंबाई 200 किमी. से अधिक है।

उपरोक्त में से कौन-सा कथन ***सही*** है/हैं :

A. केवल (*a*) सत्य है
B. केवल (*b*) सत्य है
C. न तो (*a*) और न ही (*b*) सत्य है
D. (*a*) एवं (*b*) दोनों सत्य हैं

89. निम्नलिखित में से किस जिले का जनसंख्या घनत्व सबसे कम है?

A. करनाल
B. सिरसा
C. झज्झर
D. मेवात

90. हरियाणा का राजकीय वृक्ष है :

A. पीपल
B. खेजड़ी
C. बरगद
D. नीम

भाग-IV

हिन्दी

निर्देशः *निम्नलिखित प्रश्नों के उत्तर देने के लिए सबसे उचित विकल्प चुनिए।*

91. 'नागरी प्रचारिणी पत्रिका' का प्रकाशन वर्ष है–

A. 1896 ई.
B. 1897 ई.
C. 1898 ई.
D. 1899 ई.

92. ''अभिधा उत्तम काव्य है, मध्य लक्षणा हीन।
अधम व्यंजना रस बिरस, उलटी कहत नवीन।''

शब्दशक्ति विषयक उक्त पद किसका है?

A. भिखारीदास
B. चिंतामणि
C. देवकवि
D. रसलीन

93. ''आकाश में ध्रुवतारा टिमटिमा रहा है।'' वाक्य में कौन-से क्रिया रूप का प्रयोग किया गया है?

A. पूर्ण सकर्मक क्रिया
B. द्विकर्मक क्रिया
C. अकर्मक क्रिया
D. अपूर्ण सकर्मक क्रिया

94. दस करोड़ की लागत से बना महाविद्यालय उजड़ गया है। रेखांकित वाक्यांश किस विशेषण का उदाहरण है?

A. पूर्णांकबोधक
B. अपूर्णांकबोधक
C. समुदायवाचक
D. क्रमवाचक

95. निम्न में से पुल्लिंग शब्द को छाँटिएः

A. सरसों
B. भाद्रपद
C. मधुशाला
D. महती

96. निम्न में से किस अलंकार का उल्लेख भरतमुनि के 'नाट्यशास्त्र' में ***नहीं*** हुआ है?

A. उपमा B. यमक
C. दीमक D. अतिशयोक्ति

97. 'तथागति' शब्द में समास है:

A. तत्पुरुष B. अव्ययीभाव
C. द्विगु D. बहुव्रीहि

98. निम्नलिखित कहानी आन्दोलनों और उनके प्रवर्तकों को सुमेलित कीजिए:

सूची-I	**सूची-II**
(*a*) सहज कहानी	(*i*) राकेश वत्स
(*b*) सक्रिय कहानी	(*ii*) अमृतराय
(*c*) समानान्तर कहानी	(*iii*) कमलेश्वर
(*d*) अ – कहानी	(*iv*) अमृतराय

कूट:

	(*a*)	(*b*)	(*c*)	(*d*)
A.	(*iii*)	(*i*)	(*ii*)	(*iv*)
B.	(*iv*)	(*i*)	(*iii*)	(*ii*)
C.	(*i*)	(*iii*)	(*ii*)	(*iv*)
D.	(*iv*)	(*iii*)	(*i*)	(*ii*)

99. 'कालिदास ने मेघदूत लिखा था।'

उक्त वाक्य में काल के किस रूप का प्रयोग हुआ है?

A. सामान्य भूतकाल B. आसन्न भूतकाल
C. पूर्ण भूतकाल D. अपूर्ण भूतकाल

100. 'बच्चों से शांत नहीं रहा जा सकता।'

उक्त वाक्य में किस 'वाच्य' का प्रयोग हुआ है?

A. कर्तृवाच्य B. कर्मवाच्य
C. भाववाच्य D. मिश्रवाच्य

101. निम्न विकल्पों में शुद्ध वाक्य का चयन कीजिए:

A. बन्दूक एक अस्त्र है।
B. वह पाँव से जूता निकाल रहा है।
C. हिन्दी की भाषा देवनागरी है।
D. शीला को उसकी योग्यता पर गर्व है।

102. ''कबीर में जैसे सामाजिक विद्रोह का तीखापन और प्रणयानुभूति की कोमलता एक साथ मिलती है : कुछ वैसा ही रचाव मुक्तिबोध में है।'' उक्त कथन किस आलोचक का है?

A. डॉ. नगेन्द्र B. रामविलास शर्मा
C. डॉ. रामस्वरूप चतुर्वेदी D. विद्यानिवास मिश्र

103. जहाँ कार्य और कारण के बीच संगति का अभाव हो, वहाँ कौन-सा अलंकार माना जाएगा?

A. विरोधाभास B. दीपक
C. असंगति D. विभावना

104. 'आदिवासी : विकास से विस्थापन' किसकी रचना है?

A. अनुज लुगुन B. रमणिका गुप्ता
C. हरिराम मीणा D. लक्ष्मण गायकवाड़

105. निम्न शब्दों में से शुद्ध शब्द का चयन कीजिए:

A. तत्व B. तत्वावधान
C. पश्चात्ताप D. उतप्त

106. अंग्रेजी स्वच्छन्दतावादी काव्य का प्रभाव हिन्दी की किस काव्यधारा पर दिखाई देता है?

A. प्रगतिवाद B. नई कविता
C. हालावाद D. छायावाद

107. निम्न में से कौन-सा शब्द 'यण् स्वर-संधि' से निर्मित ***नहीं*** है?

A. जात्यभिमान B. अभ्यागत
C. व्याघात D. प्रौद्योगिकी

108. हिन्दी के किस आलोचक ने 'देवरानी जेठानी की कहानी' को हिन्दी का प्रथम उपन्यास माना है?

A. डॉ. नगेन्द्र B. नामवर सिंह
C. गणपतिचन्द्र गुप्त D. गोपाल राय

109. स्वदेश दीपक की रचना है:

A. कबीरा खड़ा बाजार में B. मैंने मांडू नहीं देखा
C. बकरी D. आर्षवचन

110. 'काव्यशोभाकरान् धर्मान् अलंकारान् प्रचक्षते' – अलंकार संबंधी उक्त परिभाषा किस आचार्य ने दी है?

A. भामह B. दण्डी
C. आनन्दवर्धन D. राजशेखर

111. जीवनी – 'गाँधीजी कौन हैं?' के लेखक हैं:

A. राहुल सांकृत्यायन B. विष्णु प्रभाकर
C. रामनरेश त्रिपाठी D. राधाकृष्ण दास

112. 'कविता दो शब्दों के बीच की नीरवता में रहती है।' काव्य-भाषा के संबंध में उपर्युक्त मत किसका है?

A. रामविलास शर्मा B. निर्मल वर्मा
C. अज्ञेय D. शमशेर बहादुर सिंह

113. निम्न में से गोकुलनाथ की रचना है–

A. काव्यालंकार
B. पउमचरिउ
C. चौरासी वैष्णवन की वार्ता
D. काव्यनिर्णय

114. तूरिया : तूरीया के लिए सटीक शब्द-युग्म है:

A. एक छंद : बाँसुरी
B. शीघ्र : तरकश
C. तुरही : सूरज
D. एक औजार : ब्रह्मलीन होने की स्थिति

115. निम्न में से ***अशुद्ध*** शब्द का चयन कीजिए:

A. परिषद् B. तद्धीन
C. तदनन्तर D. तदाकार

116. ***असंगत*** विकल्प को विलग कीजिए:

A. रावरे रूप की रीति अनूप नयौ-नयौ लागत ज्यौं-ज्यौं निहारिए।
— घनानन्द

B. लोगन कबित्त करिबो खेलि करि जानो है – बोधा

C. नैनन में जो सदा रहते तिनकी अब कान कहानी सुन्यौ करै – आलम

D. भले-बुरे सब एक सम, जो लौं बोलत नाहिं – वृंद

117. निम्न में कौन-सा शब्द 'टंक' के लिए प्रयुक्त ***नहीं*** होता है?

A. नाविक B. अहंकार
C. सिक्का D. कुल्हाड़ा

118. 'देने की इच्छा' वाक्यांश के लिए सार्थक शब्द है:

A. द्वीप B. द्वैपायन
C. दिल्सा D. दुर्दम्य

119. "मेहनत करोगे तो सफलता व यश प्राप्त होगा।"

उक्त वाक्य है–

A. विस्मयादिबोधक B. संदेहसूचक
C. संकेतार्थक D. विधानार्थक

120. "वर्जन" का विलोम है:

A. अचर B. अर्चन
C. अर्जन D. अदेय

121. कुँवर नारायण की कविता 'कविता के बहाने' किस काव्य-संग्रह में संकलित है?

A. चक्रव्यूह B. परिवेश : हम तुम
C. आत्मजयी D. इन दिनों

122. 'भक्तिन' पाठ किस विधा की रचना है?

A. कहानी B. यात्रावृत्त
C. संस्मरणात्मक रेखाचित्र D. उपन्यास अंश

123. मध्यकाल के किस रचनाकार को 'कलिकाल का वाल्मीकि' कहा गया है?

A. नरहर्यानन्द B. नाभादास
C. अग्रदास D. बेनीमाधवदास

124. "काया तरुवर पंच विडाल, चंचल चीर पइठो काल।"

उक्त पंक्तियाँ सिद्ध साहित्य के किस प्रसिद्ध कवि की हैं?

A. शबरपा B. कण्हपा
C. डोम्भिपा D. लुइपा

125. 'शिवशम्भू का चिट्ठा' जिसमें तद्युगीन अंग्रेजी सरकार पर व्यंग्य साधा गया था, के रचयिता हैं–

A. चन्द्रधर शर्मा 'गुलेरी' B. बालकृष्ण भट्ट
C. बालमुकुन्द गुप्त D. माधवदास मिश्र

126. 'मुमानियत' शब्द का अर्थ है:

A. तिरस्कार, निंदा B. जानकारी, ज्ञान
C. रोक, मनाही D. अहित

127. 'राष्ट्रस्य चक्षुस् इतिहाससमेतत्'; साहित्य के लिए इतिहास शब्द का सर्वप्रथम प्रयोग इस प्रकार कहाँ मिलता है?

A. ऋग्वेद B. यजुर्वेद
C. अथर्ववेद D. सामवेद

128. गोरखनाथी मुख्यतः कितनी शाखाओं में विभक्त हैं?

A. दस B. बारह
C. चौदह D. पन्द्रह

129. दक्षिण भारत के भक्ति आंदोलन के संबंध में ***असंगत*** कथन है:

A. दक्षिण भारत में भक्ति तत्त्व के प्रसारणकर्ता आलवार व नयनार संत थे।

B. दक्षिण भारत के वैष्णव आचार्यों को 'आलवार' कहा जाता था।

C. शैव धर्म के संत 'नयनार' कहलाते थे।

D. आलवार भक्त संख्या में 14 थे तथा इनके पदों का संकलन 'दिव्य प्रबन्धम्' था।

130. निराला कृत 'अट नहीं रही है' कविता का केन्द्रीय भाव है:

A. जीवन की समग्रता B. क्रांति-चेतना
C. फागुन की मादकता D. आत्मकथ्य

131. ***असंगत*** विकल्प का चयन कीजिए:

A. पुल पर पानी – ऋतुराज
B. आएँगे अच्छे दिन भी – स्वयं प्रकाश
C. जंजीरें और दीवारें – रामवृक्ष बेनीपुरी
D. 'सोया हुआ जल' – रामदरश मिश्र

132. 'काले मेघा पानी दे' संस्मरण में चित्रण किया गया है:

A. उपभोक्तावाद एवं बाजारवाद का

B. शहरीकरण और बढ़ती स्वार्थपरता का

C. अतीत के स्वर्णिम इतिहास का

D. लोक-प्रचलित विश्वास और विज्ञान के सुन्दर द्वन्द्व का

133. हिन्दी भाषा व साहित्येतिहास के लिए किए गए प्रयासों के संबंध में कौन-सा कथन ***असंगत*** है?

A. 'द लिंग्विस्टिक सर्वे ऑफ इंडिया' अंग्रेजी भाषा में 11 जिल्दों में प्रकाशित हुआ।

B. 'द मॉडर्न वर्नाक्यूलर लिटरेचर ऑफ हिन्दुस्तान' ग्रंथ 14 अध्यायों में विभाजित है।

C. ग्रियर्सन ने तुलसीदास पर कुल बारह निबंध लिखे।

D. सोलहवीं-सत्रहवीं शताब्दी को हिन्दी साहित्य का 'स्वर्णयुग' मानना ग्रियर्सन की एक महत्त्वपूर्ण उपलब्धि थी।

134. सुमेलित कीजिए:

1. हमारी हार का बदला चुकाने आएगा, संकल्प-धर्मा चेतना का रक्तप्लावित स्तर।	(*a*) आलोक धन्वा
2. उससे पूछेंगे तो आप क्या अपाहिज हैं; तो आप क्यों अपाहिज हैं?	(*b*) कुँवर नारायण
3. कविता एक खिलना है फूलों के बहाने कविता का खिलना भला फूल क्या जाने!	(*c*) रघुवीर सहाय
4. जहाँ नदियाँ समुद्र से मिलती हैं वहाँ मेरा क्या है। मैं नहीं जानता लेकिन एक दिन जाना है उधर	(*d*) गजानन माधव मुक्तिबोध

कूटः

	1	2	3	4
A.	(a)	(b)	(c)	(d)
B.	(d)	(c)	(a)	(b)
C.	(d)	(c)	(b)	(a)
D.	(a)	(c)	(d)	(b)

135. 'नमक' शीर्षक कहानी का कथानक किस समस्या पर आधारित है?

A. आदिवासी जीवन की समस्याओं पर
B. किसान जीवन के संघर्ष पर
C. ग्रामोत्थान पर
D. भारत-पाक विभाजन व पुनर्वास की समस्या पर

136. 'कविता के लिए चित्र भाषा की आवश्यकता पड़ती है, उसके शब्द सस्वर होने चाहिए, जो बोलते हों, सेब की तरह जिनके रस की मधुर लालिमा भीतर न समा सकने के कारण बाहर झलक पड़े।'

उक्त पंक्तियाँ किस छायावादी ग्रंथ की भूमिका से ली गई हैं?

A. वीणा से B. पल्लव से
C. लोकायतन से D. स्वर्ण किरण से

137. निम्नलिखित रचनाओं एवं उनके रचयिताओं के नामों को सुमेलित कीजिए:

रचना	रचनाकार
(i) ड्योढ़ी पर आलाप	(a) यशपाल
(ii) भिक्षु के पत्र	(b) नागार्जुन
(iii) पिंजरे की उड़ान	(c) भदंत आनंद कौसल्यायन
(iv) मैं मिलटरी का बूढ़ा घोड़ा	(d) यतीन्द्र मिश्र

कूटः

	(i)	(ii)	(iii)	(iv)
A.	(a)	(c)	(b)	(d)
B.	(a)	(b)	(c)	(d)
C.	(d)	(c)	(a)	(b)
D.	(c)	(d)	(a)	(b)

138. 'कर्बला', 'संग्राम' तथा 'प्रेम की देवी' नाटकों के रचयिता है:

A. हजारी प्रसाद द्विवेदी B. जयशंकर प्रसाद
C. प्रेमचंद D. जगदीशचंद्र माथुर

139. "अगर इंसानों के अनुरूप जीने की सुविधा कुछ लोगों तक ही सीमित है, तब जिस सुविधा को आमतौर पर स्वतंत्रता कहा जाता है, उसे विशेषाधिकार कहना उचित है।"

उक्त कथन किस शिक्षाविद्, समाजशास्त्री तथा विधिवेत्ता का है?

A. सर्वपल्ली राधाकृष्णन् B. डॉ. भीमराव अम्बेडकर
C. पं. जवाहरलाल नेहरू D. मदर टेरेसा

140. 'पद्म पराग' व 'पद्म मंजरी' निबन्ध संकलनों के निबंधकार हैं:

A. सरदार पूर्णसिंह B. चन्द्रधर शर्मा 'गुलेरी'
C. आचार्य रामचन्द्र शुक्ल D. विद्यानिवास मिश्र

141. जैन आचार्यों ने 'आर्षी' अथवा 'आदिभाषा' किसे माना है?

A. शौरसेनी B. मागधी
C. अर्थ-मागधी D. महाराष्ट्री

142. "जगत्-जीवन के संवेदनात्मक ज्ञान और ज्ञानात्मक संवेदना में कमाई हुई मार्मिक आलोचना दृष्टि के बिना कविकर्म अधूरा है।"

प्रस्तुत पंक्तियाँ किस रचनाकार द्वारा रचित हैं?

A. आचार्य नंददुलारे वाजपेयी B. गजानन माधव मुक्तिबोध
C. हजारी प्रसाद द्विवेदी D. विद्यानिवास मिश्र

143. "सोरठियो दूहो भले, भली मरवण री बात।
जोबन छाई धण भली, ताराँ छाई रात।।"

उक्त दोहा किस ग्रंथ की लोकप्रियता के संबंध में लिखा गया है?

A. कीर्तिलता B. वसंत विलास
C. ढोला मारू रा दूहा D. पृथ्वीराज रासो

144. "समय ही वह रंग है जो अनेक-अनेक रंगों में विभाजित होता है और पठन-पाठन प्रक्रिया द्वारा फिर एक हो जाता है।"

प्रस्तुत उद्धरण किस प्रसिद्ध साहित्यकार का है?

A. प्रेमचंद B. कृष्णा सोबती
C. नासिरा शर्मा D. बालमुकुंद गुप्त

145. 'बाजार दर्शन' निबंध के रचयिता हैं—

A. गजानन माधव मुक्तिबोध B. महादेवी वर्मा
C. जैनेन्द कुमार D. धर्मवीर भारती

146. 'आलो-आँधारि' मूल रूप में किस भाषा में लिखी गई है?

A. कन्नड़ B. तमिल
C. असमिया D. बांग्ला

147. कृश्नचंदर कृत 'जामुन का पेड़' किस विधा की रचना है?

A. उपन्यास-अंश B. रेखाचित्र
C. संस्मरण D. हास्य-व्यंग्य कथा

148. वाममार्गी साधना पद्धति से अभिप्राय है:

A. नाथ साधना पद्धति B. सिद्ध साधना पद्धति
C. संत साधना D. सूफी साधना

149. 'हिन्दुस्तान में सर्वमान्य हो सकने वाली कोई लिपि है तो वह देवनागरी ही है ....। यदि राष्ट्रीय एकता को सुदृढ़ करना है तो पहले देवनागरी लिपि को समृद्ध करना होगा।"

उक्त कथन किस विचारक का है?

A. डॉ. सुनीति कुमार चटर्जी B. भोलानाथ तिवारी
C. बाल गंगाधर तिलक D. महात्मा गाँधी

150. "हर कलाकृति जितनी वह पढ़ी जाती है, सुनाई या दिखाई देती है; उससे कहीं ज्यादा होती है और फिल्म को लेकर शायद यह कुछ अधिक सत्य है।" प्रस्तुत कथन किस लेखक का है?

A. रजिया सज्जाद जहीर B. विष्णु खरे
C. हजारी प्रसाद द्विवेदी D. फणीश्वर नाथ रेणु

उत्तरमाला

1	2	3	4	5	6	7	8	9	10
D	A	B	B	D	B	A	C	C	B
11	**12**	**13**	**14**	**15**	**16**	**17**	**18**	**19**	**20**
D	A	A	C	A	B	D	C	C	C
21	**22**	**23**	**24**	**25**	**26**	**27**	**28**	**29**	**30**
A	A	B	B	B	D	A	C	A	D
31	**32**	**33**	**34**	**35**	**36**	**37**	**38**	**39**	**40**
D	D	D	D	A	A	D	C	C	C
41	**42**	**43**	**44**	**45**	**46**	**47**	**48**	**49**	**50**
C	C	B	B	C	B	C	B	C	B
51	**52**	**53**	**54**	**55**	**56**	**57**	**58**	**59**	**60**
B	C	A	D	C	A	C	A	A	C
61	**62**	**63**	**64**	**65**	**66**	**67**	**68**	**69**	**70**
B	A	A	D	C	A	B	A	D	B
71	**72**	**73**	**74**	**75**	**76**	**77**	**78**	**79**	**80**
D	D	D	A	C	D	D	B	A	D
81	**82**	**83**	**84**	**85**	**86**	**87**	**88**	**89**	**90**
B	C	D	B	B	D	B	A	B	A
91	**92**	**93**	**94**	**95**	**96**	**97**	**98**	**99**	**100**
B	C	C	A	B	D	B	B	C	C
101	**102**	**103**	**104**	**105**	**106**	**107**	**108**	**109**	**110**
D	C	C	B	C	D	D	D	B	B
111	**112**	**113**	**114**	**115**	**116**	**117**	**118**	**119**	**120**
C	C	C	D	B	B	A	C	C	C
121	**122**	**123**	**124**	**125**	**126**	**127**	**128**	**129**	**130**
D	C	B	C	C	C	C	B	D	C
131	**132**	**133**	**134**	**135**	**136**	**137**	**138**	**139**	**140**
D	D	B	C	D	B	C	C	B	B
141	**142**	**143**	**144**	**145**	**146**	**147**	**148**	**149**	**150**
C	B	C	B	C	D	D	B	D	B

व्याख्यात्मक उत्तर

61. Z Y X W V U T S R Q P O N M L K J I H G F E D C B A

यहाँ, बायीं ओर से 19वां अक्षर = H

∴ बायीं ओर से 19वें अक्षर के बायीं ओर 8वां अक्षर = P.

63. शब्दकोश में क्रम के अनुसार,

Crisis → Crisp → Criterion → Critical.

64. P R O P E R T Y

∵ दो युग्म समान हैं (PR = PR)

अतः अक्षरों के युग्म = 3.

65. 1 C V 5 F U 9 I T [15 L S] 17 O R (13 L S; +4, +4, +4, +4)

दिए गए श्रेणी में, 15LS के स्थान पर 13LS होना चाहिए

∴ गलत पद = 15LS.

66.

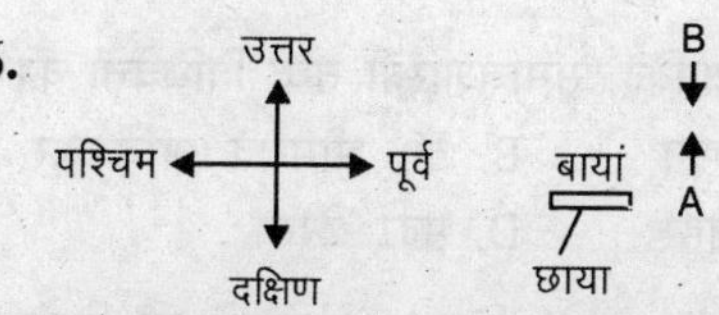

यहाँ A का मुख उत्तर दिशा में तथा B का मुख दक्षिण दिशा में है।

67. माना वस्तु का क्रय मूल्य = ₹ 100

और अंकित मूल्य = ₹ $(100 + x)$

तब, विक्रय मूल्य $= (100+x) \times \frac{100-15}{100} = 119$

$\Rightarrow (100+x) \times \frac{85}{100} = 119$

$\Rightarrow (100+x) \times \frac{17}{20} = 119$

$\Rightarrow 100 + x = \frac{119 \times 20}{17}$

$\Rightarrow 100 + x = 7 \times 20$

$\Rightarrow 100 + x = 140$

$\Rightarrow x = 140 - 100 =$ ₹ 40

अतः वह अपने माल पर लागत मूल्य से 40% अधिक मूल्य अंकित करे ताकि उसे 19% लाभ हो।

68. माना 5 वर्ष पश्चात पुत्र की आयु $= x$ वर्ष

तब, पिता की आयु $= 3x$ वर्ष

$\therefore$ पुत्र की वर्तमान आयु $= (x - 5)$ वर्ष

तथा पिता की वर्तमान आयु $= (3x - 5)$ वर्ष

5 वर्ष पूर्व पुत्र की आयु $= (x - 10)$ वर्ष

तथा पिता की आयु $= (3x - 10)$ वर्ष

प्रश्नानुसार, $7(x - 10) = (3x - 10)$

$\Rightarrow 7x - 70 = 3x - 10$

$\Rightarrow 7x - 3x = 70 - 10 = 60$

$\Rightarrow 4x = 60 \Rightarrow x = 15$ वर्ष

अतः पिता की वर्तमान आयु $= (3x - 5)$ वर्ष

$= (3 \times 15 - 5)$ वर्ष

$= (45 - 5)$ वर्ष $= 40$ वर्ष

69. माना 1 पेन का क्रय मूल्य = ₹ 1

तब 8 पेन का क्रय मूल्य = ₹ 8

दिया है, 6 पेन का विक्रय मूल्य

= 8 पेन का क्रय मूल्य = ₹ 8

$\because$ 6 पेन का विक्रय मूल्य = ₹ 8

और 6 पेन का क्रय मूल्य = ₹ 6

$\therefore$ लाभ = वि.मू. – क्र.मू. = 8 – 6 = ₹ 2

$\therefore$ लाभ % $= \frac{\text{लाभ} \times 100}{\text{क्रय मूल्य}} = \frac{2 \times 100}{6}\% = \frac{100}{3}\% = 33\frac{1}{3}\%$.

70. दिया है, $\frac{2x+7}{5} - \frac{3x+11}{2} = \frac{2x+8}{3} - 5$

$\Rightarrow \frac{2(2x+7)-5(3x+11)}{10} = \frac{2x+8-15}{3}$

$\Rightarrow \frac{4x+14-15x-55}{10} = \frac{2x-7}{3}$

$\Rightarrow \frac{-11x-41}{10} = \frac{2x-7}{3}$

$\Rightarrow 3(-11x - 41) = 10(2x - 7)$

$\Rightarrow -33x - 123 = 20x - 70$

$\Rightarrow -33x - 20x = 123 - 70$

$\Rightarrow -53x = 53$

$\Rightarrow x = \frac{53}{-53} = -1$

अतः $x = -1$.

71. दिया है, बेलन का वक्रपृष्ठीय क्षेत्रफल = 264 वर्ग मीटर

$\Rightarrow 2\pi rh = 264$ वर्ग मीटर ...(*i*)

और इसका आयतन = 924 घन मीटर

$\Rightarrow \pi r^2 h = 924$ घन मीटर ...(*ii*)

(*i*) को (*ii*) से भाग करने पर, हम पाते हैं,

$\frac{2\pi rh}{\pi r^2 h} = \frac{264}{924}$

$\Rightarrow \frac{2}{r} = \frac{264}{924}$

$\Rightarrow r = \frac{2 \times 924}{264} = \frac{924}{132} = 7$ मी.

(*i*) से हम पाते हैं, $2\pi rh = 264$

$\Rightarrow 2 \times \frac{22}{7} \times 7 \times h = 264 \Rightarrow h = \frac{264}{44} = 6$ मी.

अतः इसके व्यास का इसकी ऊँचाई से अनुपात

$= 2r : h = 2 \times 7 : 6 = 14 : 6 = 7 : 3$.

72. $\because A = P\left(1+\frac{r}{100}\right)^n$

$\therefore$ ₹ $650 = P\left(1+\frac{r}{100}\right)^1$ ...(*i*)

और ₹ $676 = P\left(1+\frac{r}{100}\right)^2$ ...(*ii*)

(*ii*) को (*i*) से भाग देने पर, हम पाते हैं

$\therefore \frac{P\left(1+\frac{r}{100}\right)^2}{P\left(1+\frac{r}{100}\right)^1} = \frac{676}{650} \Rightarrow \left(1+\frac{r}{100}\right) = \frac{676}{650}$

$\Rightarrow \frac{r}{100} = \frac{676}{650} - 1 = \frac{676-650}{650} = \frac{26}{650}$

$\Rightarrow r = \frac{26}{650} \times 100 = \frac{26}{13} \times 2 = 2 \times 2 = 4\%$

(*i*) से हम पाते हैं, ₹ $650 = P\left(1+\frac{r}{100}\right)^1$

$\Rightarrow 650 = P\left(1+\frac{4}{100}\right)$

$\Rightarrow 650 = P\left(1+\frac{1}{25}\right) = P\left(\frac{26}{25}\right)$

$\Rightarrow P = \frac{650 \times 25}{26} = \frac{50 \times 25}{2}$

$= 25 \times 25 = 625$

अतः धनराशि = P = ₹ 625.

73. माना धनराशि = P, दर = $r\%$

दिया है, $t = 2$ वर्ष

तब, $\frac{P \times (r+1) \times 2}{100} - \frac{P \times r \times 2}{100} = 240$

$\Rightarrow \frac{2Pr}{100} + \frac{2P}{100} - \frac{2Pr}{100} = 240$

$\Rightarrow \frac{2P}{100} = 240 \Rightarrow \frac{P}{50} = 240$

$\Rightarrow P = ₹\ 240 \times 50 = ₹\ 1200$

अतः धनराशि = P = ₹ 1200.

74. यहाँ, रेलगाड़ी की चाल = 60 किमी./घंटा

$= \frac{60 \times 1000}{60 \times 60}$ मीटर/घंटा = $\frac{100}{6}$ मी./से. = $\frac{50}{3}$ मी./से.

रेलगाड़ी की लंबाई = 125 मी. और समय = 30 सेकंड

माना पुल की लंबाई = x मी.

तब, पुल को पार करने में तय दूरी = $(x + 125)$ मी.

$\therefore \frac{x+125}{30} = \frac{50}{3}$ $\left[\frac{\text{दूरी}}{\text{समय}} = \text{चाल}\right]$

$\Rightarrow x + 125 = \frac{50}{3} \times 30 = 500$ मी.

$\Rightarrow x = 500 - 125 = 375$ मीटर

अतः पुल की लम्बाई = 375 मीटर

75. तीन लड़कों की कुल आयु = 3 × 16 = 48 वर्ष

$\because$ उनकी आयु का अनुपात = 4 : 5 : 7

$\therefore$ सबसे छोटे लड़के की आयु

$= 48 \times \frac{4}{4+5+7}$ वर्ष $= 48 \times \frac{4}{16}$ वर्ष $= 48 \times \frac{1}{4} = 12$ वर्ष.

76. यहाँ, अंग्रेजी में उत्तीर्ण विद्यार्थी = 60%

$\therefore$ अंग्रेजी में अनुत्तीर्ण = 100 − 60 = 40% = $x\%$

तथा गणित में उत्तीर्ण = 70%

$\therefore$ गणित में अनुत्तीर्ण = 100 − 70 = 30% = $y\%$

और दोनों विषय में अनुत्तीर्ण = 20% = $z\%$

अतः दोनों विषयों में उत्तीर्ण विद्यार्थियों का प्रतिशत

= 100% − $(x + y - z)\%$ [हम जानते हैं]

= 100% − (40 + 30 − 20)% = 100% − 50% = 50%

अतः कुल विद्यार्थी × $\frac{50}{100}$ = 2500

$\Rightarrow$ कुल परीक्षार्थियों की संख्या = $2500 \times \frac{100}{50}$

= 2500 × 2 = 5000.

77. दिया है, A > B, C > E, D > E और C > B

और E, A और C के मध्य में है।

$\therefore$ D > C > E > A > B अतः E, B से बड़ा है।

78.

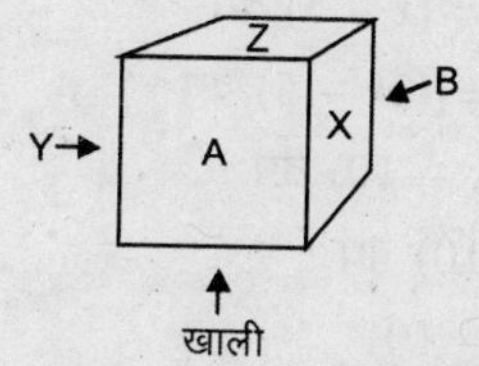

यहाँ, Z ऊपर के फलक पर अंकित है।

79.

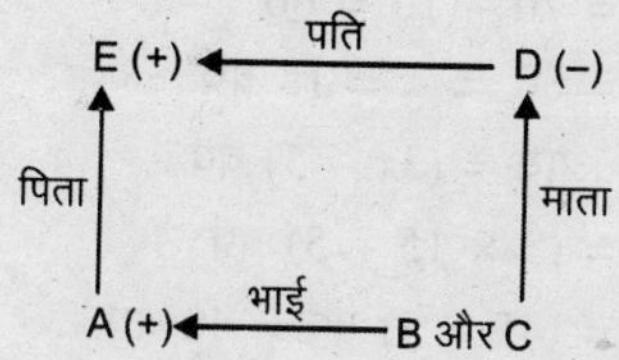

असत्य कथन : 1. E का पुत्र B है।

80. अंग्रेजी वर्णमाला में अक्षरों की संख्या जिसके दर्पण प्रतिबिम्ब अपरिवर्तित रहते हैं।

A, H, I, M, O, T, U, V, W, X, Y

अतः अक्षरों की संख्या = 11.

पिछले प्रश्न-पत्र (हल सहित)

हरियाणा शिक्षक पात्रता परीक्षा (HTET) PGT (Level-3), हिन्दी शिक्षक परीक्षा 2018*

भाग-I

बाल विकास व शिक्षाशास्त्र

निर्देशः *निम्नलिखित प्रश्नों के उत्तर देने के लिए सबसे उचित विकल्प चुनिए।*

1. यदि एक क्रिया की आवृत्ति किसी दूसरी क्रिया/कार्य से अधिक है तब पहली क्रिया का उपयोग, दूसरी क्रिया/कार्य जिसकी आवृत्ति कम है, के लिए पुनर्बलन के रूप में किया जा सकता है। यह सिद्धांत है:

A. प्रीमैक का सिद्धांत B. थॉर्नडाइक का सिद्धांत
C. स्किनर का सिद्धांत D. पावलोव का सिद्धांत

2. 'मॉडलिंग' एक प्रभावी शिक्षण युक्ति है:

A. दृष्टि बाधिता युक्त बच्चों के लिए
B. अधिगम अक्षमता युक्त बच्चों के लिए
C. अम्लीय आक्रमण प्रभावितों के लिए
D. बौद्धिक अक्षमता युक्त बच्चों के लिए

3. थॉर्नडाइक द्वारा दिये गये 'प्रयास एवं त्रुटि' सिद्धांत का कौन-सा नियम 'पुनर्बलन' की संकल्पना के समतुल्य है?

A. उपयोग का नियम
B. अनुपयोग का नियम
C. प्रभाव का नियम
D. तत्परता (तैयारी) का नियम

4. ब्रॉनफेनब्रेनर के 'पारिस्थितिकीय तंत्र' के सिद्धांत के अनुसार निम्नांकित में से कौन-सा बालक के 'बृहत् क्षेत्र' में समाहित ***नहीं*** है?

A. विद्यालय B. मूल्य
C. कानून D. रीति रिवाज

5. निम्नांकित में से कौन-सा कथन वाइगोत्स्की के समाज-सांस्कृतिक सिद्धांत के संदर्भ में सही ***नहीं*** है?

A. बच्चे जो कार्य स्वयं, बिना सहायता के, पूरा कर सकते हैं, उन्हें करते हुए वे बहुत कम सीखते हैं।
B. निकटस्थ विकास का क्षेत्र, इस सिद्धांत का एक भाग है।
C. यह बालक के संज्ञानात्मक विकास में भाषा के महत्व की उपेक्षा करता है।
D. यह संज्ञानात्मक विकास में समाज एवं संस्कृति की भूमिका पर बल देता है।

6. किशोरों का यह महसूस करना 'सभी मेरी ओर देख रहे हैं' को संज्ञा दी जा सकती है:

A. व्यक्तिगत मिथक B. काल्पनिक दर्शक
C. एनोरेक्सिया नर्वोसा D. बुलिमिया नर्वोसा

7. निम्नांकित में से किन्हें बाल-अध्ययन का संस्थापक माना जाता है?

A. अल्फ्रेड बिने B. थियोडोर साइमन
C. जी. स्टेनले हॉल D. बी.एफ. स्किनर

8. एक बच्चा क्रोधित होकर अपने सहपाठी को ठीक उसी प्रकार मारता है जैसा उसे उसके घर में उसे सजा दी जाती है। यह उदाहरण है:

A. क्रिया प्रसूत अनुबंधन का B. शास्त्रीय अनुबंधन का
C. निरीक्षणात्मक अधिगम का D. अंतर्दृष्टि अधिगम का

9. निम्नांकित में से कौन-सा किशोरावस्था के अपरिपक्व चिंतन का उदाहरण ***नहीं*** है, जैसा कि एलकिन्ड द्वारा बताया गया है?

A. आदर्शवाद B. वाद-विवाद की प्रवृत्ति
C. सुनिश्चितता/आग्रहिता D. विशिष्टता की प्रवृत्ति

10. वाक्यांश 'एक हाथ में छह एवं दूसरे हाथ में आधा दर्जन' निम्नांकित में से किस प्रकार के द्वंद्व की सर्वोत्तम व्याख्या है?

A. उपागम – परिहार द्वंद्व की
B. परिहार – परिहार द्वंद्व की
C. उपागम – उपागम द्वंद्व की
D. द्वय उपागम – परिहार द्वंद्व की

11. निम्नांकित में से कौन-सा कथन पियाजे के संज्ञानात्मक विकास के सिद्धांत के संदर्भ में सही ***नहीं*** है?

A. यह इस मान्यता पर आधारित है कि विकास एक असतत प्रक्रिया है।
B. यह इस मान्यता पर आधारित है कि बच्चे सम्मिलिन एवं आत्मसातीकरण द्वारा सीखते हैं।
C. यह इस मान्यता पर आधारित है कि विकास एक सतत प्रक्रिया है।
D. यह इस मान्यता पर आधारित है कि संज्ञानात्मक विकास चार चरणों में होता है।

*Exam held on 5 January, 2019.

12. नकारात्मक पुनर्बलन एवं दंड में क्या संबंध है?
A. दोनों किसी अनुक्रिया को सुदृढ़ बनाते हैं।
B. दोनों किसी अनुक्रिया को कमजोर करते हैं।
C. नकारात्मक पुनर्बलन किसी अनुक्रिया को दृढ़ बनाता है जबकि दंड किसी अनुक्रिया को कमजोर बनाता है।
D. नकारात्मक पुनर्बलन किसी अनुक्रिया को कमजोर बनाता है जबकि दंड किसी अनुक्रिया को दृढ़ बनाता है।

13. 'सर्जनात्मकता का निवेश सिद्धांत' दिया गया है:
A. बिने एवं साइमन द्वारा
B. कैरोल एवं कैटल द्वारा
C. स्टर्नबर्ग एवं लुबर्ट द्वारा
D. वाटसन एवं रेनर द्वारा

14. उच्च बुद्धि का निम्नलिखित में से कौन-सा संकेतक सर्वोत्तम है?
A. बुद्धि परीक्षण में 103 अंक प्राप्त करना
B. स्मृति से कविता पाठ करना
C. उच्च ग्रेड प्राप्त करना
D. पृष्ठपोषण के पश्चात् समान गलती को न दोहराना

15. निम्नांकित में से कौन-सा स्थिर अंतराल पुनर्बलन का उदाहरण ***नहीं*** है?
A. प्रतिमाह वेतन प्राप्त करना
B. एक व्यस्त नंबर डायल करना
C. आवधिक रूप से दंत-जाँच के लिए जाना
D. प्रतिवर्ष वेतनवृद्धि मिलना

16. किशोर बालकों के दिवास्वप्न के संदर्भ में निम्नांकित में से कौन-सा कथन सही ***नहीं*** है?
A. यह सक्रिय खेल का एक प्रकार है।
B. दिवास्वप्न के दौरान किशोर जो भूमिका स्वीकार करते हैं वह नायक का होता है।
C. इसमें मानसिक के बजाय शारीरिक क्रिया ज्यादा होती है।
D. इसमें शारीरिक के बजाय मानसिक क्रिया ज्यादा होती है।

17. एक किशोर यह महसूस करता है कि अब तक उसके जैसा गहरा प्यार किसी ने नहीं किया है। यह द्योतक है:
A. काल्पनिक दर्शक का　B. व्यक्तिगत मिथक का
C. आत्म-परिचय/पहचान का　D. पहचान संकट का

18. 'युवा किशोरों की यह मान्यता कि वे पूर्णतया किसी अन्य व्यक्ति से भिन्न हैं', को जाना जाता है:
A. व्यक्तिगत मिथक　B. काल्पनिक दर्शक
C. आत्म ज्ञान　D. आत्मोद्घाटन

19. जीवन स्पेस (क्षेत्र) की संकल्पना, एक भाग है:
A. शास्त्रीय अनुबंधन का
B. क्रिया प्रसूत अनुबंधन का
C. अंतर्दृष्टि अधिगम का
D. लेविन क्षेत्र सिद्धांत का

20. निम्नलिखित में से कौन-सा विकल्प ऑटिज्म स्पेक्ट्रम डिसऑर्डर की विशेषता ***नहीं*** है?
A. देखने और सुनने की समस्या
B. सामाजिक अन्तर्क्रिया में समस्या
C. शाब्दिक और अशाब्दिक सम्प्रेषण में समस्या
D. आवर्त्यात्मक/बारम्बार व्यवहार

21. निम्नांकित में से कौन-सी संकल्पना सुप्रसिद्ध 'बोबो डॉल' प्रयोग से संबंधित है?
A. अंतर्दृष्टि अधिगम　B. निरीक्षणात्मक अधिगम
C. नैतिक विकास　D. अनुबंधित अनुक्रिया

22. मस्तिष्क के प्री-फ्रंटल कॉर्टेक्स के द्वारा निम्नांकित में से कौन-सा कार्य नियंत्रित ***नहीं*** होता है?
A. शारीरिक परिचालन　B. चिंतन
C. समस्या समाधान　D. दृष्टि एवं श्रवण

23. अनुप्रयुक्त व्यवहार विश्लेषण (Applied Behaviour Analysis or ABA) निम्नांकित में से किस सिद्धांत पर आधारित है?
A. शास्त्रीय अनुबंधन　B. क्रिया प्रसूत अनुबंधन
C. अंतर्दृष्टि अधिगम्　D. निरीक्षणात्मक अधिगम

24. निरीक्षणात्मक अधिगम के चार तत्वों का ***सही*** क्रम क्या है?
A. अवधान → अभिप्रेरणा → धारण करना → पुनरुत्पादन
B. अवधान → धारण करना → पुनरुत्पादन → अभिप्रेरणा
C. अवधान → पुनरुत्पादन → धारण करना → अभिप्रेरणा
D. अवधान → धारण करना → अभिप्रेरणा → पुनरुत्पादन

25. किम ने अपना मोबाइल नंबर बदलकर नया नंबर लिया। जब किसी ने उसका नया नंबर पूछा तब वह उसके सिर्फ तीन अंक ही याद कर पायी। इसका कारण निम्नांकित में से हो सकता है:
A. क्षरण　B. पूर्वसक्रिय व्यवधान
C. दमन　D. पश्चगमन

26. पुरस्कार के संबंध में निम्नांकित में से कौन-सा कथन सही ***नहीं*** है?
A. यह रिश्वत का एक प्रकार है।
B. यह वांछनीय व्यवहार में वृद्धि करता है।
C. यह एक रुचिकर उद्दीपक है।
D. यह अनुक्रिया को दृढ़ करने के लिए दिया जाता है।

27. निम्नांकित में से कौन-सी शिक्षण व्यूहरचना लोकतांत्रिक ***नहीं*** है?
A. समस्या समाधान　B. परियोजना
C. खोज　D. प्रदर्शन

28. फ्रायड के मनोलैंगिक विकास के सिद्धांत की 'लैंगिक अवस्था' का आयु-विस्तार, एरिक्सन के मनोसामाजिक विकास की निम्नांकित में से किस अवस्था के समतुल्य है?
A. विश्वास बनाम अविश्वास
B. स्वायत्तता बनाम शर्म एवं संदेह
C. पहल बनाम अपराध बोध
D. पहचान बनाम भूमिका भ्रम (Role Confusion)

29. ''विकास के इस चरण में बच्चे अपनी आँख, कान, हाथ एवं अन्य संवेदी अंगों के द्वारा चिंतन करते हैं।''

यह कथन निम्नांकित में से किस संज्ञानात्मक विकास की अवस्था की सर्वोत्तम व्याख्या है?

A. संवेदी गामक अवस्था
B. पूर्व संक्रियात्मक अवस्था
C. मूर्त संक्रियात्मक अवस्था
D. औपचारिक संक्रियात्मक अवस्था

30. ब्लूम के वर्गीकरण के अनुसार, निम्नांकित में से कौन-सा संज्ञानात्मक क्षेत्र का एक उपक्षेत्र ***नहीं*** है?

A. अनुप्रयोग B. विश्लेषण
C. संश्लेषण D. अनुक्रिया

भाग-II

भाषा-I : हिन्दी

निर्देश : *निम्नलिखित प्रश्नों के उत्तर देने के लिए* ***सबसे उचित*** *विकल्प चुनिए।*

31. 'हमसफर अगर एक-दूसरे को समझ लें तो जीवन आसान हो जाएगा' – उक्त वाक्य किस काल से संबंधित है?

A. हेतुहेतुमद् भविष्य B. संभाव्य भविष्यत्
C. सामान्य भविष्यत् D. संदिग्ध वर्तमान

32. किस विकल्प में 'अलुक् तत्पुरुष' समास का प्रयोग हुआ है?

A. मनसिज B. दिग्विजय
C. सर्वव्याप्त D. कूपमंडूक

33. सन्धि की दृष्टि से ***असंगत*** विकल्प चुनिए:

A. तोय + धार = तोयाधार
B. विश्व + मित्र = विश्वामित्र
C. मूसल + धार = मूसलाधार
D. सत्य + नाश = सत्यानाश

34. निम्न में से किस विकल्प में स्त्रीलिंग वाचक शब्द है?

A. आँसू B. टेसू
C. रतालू D. ससुराल

35. 'यह बालिका फूल से भी कोमल है' – उक्त वाक्य विशेषण की दृष्टि से किस अवस्था का वाचक है?

A. मूलावस्था B. उत्तरावस्था
C. उत्तमावस्था D. इनमें से कोई नहीं

36. प्रत्यय का दृष्टि से ***असंगत*** विकल्प चुनिए:

A. निपुण + य = नैपुण्य
B. ईश्वर + य = ऐश्वर्य
C. भगिनी + य = भागिनेय
D. विशिष्ट + य = वैशिष्ट्य

37. 'विशेषण पदों' के विकारक तत्व कौन-कौन-से हैं?

A. लिंग और वचन B. लिंग, वचन और कारक
C. लिंग और कारक D. काल, वाच्य एवं पुरुष

38. एकवचन से बहुवचन बने शब्दों में ***असंगत*** को छाँटिए :

A. डाकुओं B. तरबुजों
C. वधुएँ D. भालुओं

39. 'शब्दकोश' में शब्दानुक्रम की दृष्टि से निम्न में से ***सही*** (आरोही) क्रम वाला विकल्प है:

A. क्लिष्ट, क्रम, क्लांति, क्षण
B. क्षण, क्रम, क्लांति, क्लिष्ट
C. क्रम, क्लांति, क्लिष्ट, क्षण
D. क्लांति, क्रम, क्लिष्ट, क्षण

40. 'करणकारक' युक्त वाक्य चुनिए:

A. कानों सुनी बात सत्य होती है।
B. वे सिनेमा देखने गए हैं।
C. ललिता गुरुजी से कत्थक सीखती है।
D. इस साहसी छात्र ने एक बच्चे को नदी में डूबने से बचाया।

41. 'कमरे में कोई हँस रहा है' – वाक्य में प्रयुक्त सर्वनाम है:

A. निश्चयवाचक B. अनिश्चयवाचक
C. प्रश्नवाचक D. पुरुषवाचक

42. वर्ण-विचार की दृष्टि से ***असंगत*** विकल्प चुनिए:

A. एक ही स्थान से उच्चरित दो सवर्ण स्वरों के योग से निर्मित स्वर उत्पत्ति के आधार पर 'दीर्घ स्वर' कहलाते हैं; जबकि भिन्न-भिन्न स्थानों से उच्चरित दो विजातीय स्थानों से उच्चरित दो विजातीय स्वरों के योग से निर्मित स्वर 'संयुक्त स्वर' कहलाते हैं।
B. अनुस्वार व्यंजनों की प्रकृति है; जबकि अनुनासिक स्वरों की प्रकृति है।
C. जिन स्वरों के उच्चारण में हवा नाक से नहीं अपितु केवल मुख से निकलती है उन्हें 'सानुनासिक' स्वर कहा जाता है जबकि जिन स्वरों के उच्चारण में वायु मुख के साथ-साथ नासिका से भी निकलती है। उन्हें 'निरनुनासिक स्वर' कहा जाता है।
D. हिन्दी वर्णमाला में श ष स ह वर्ण संघर्षी हैं जबकि च छ ज झ आदि वर्ण स्पर्श संघर्षी हैं।

43. समास की दृष्टि से कौन-सा विकल्प ***असंगत*** है?

A. पंत द्वारा प्रणीत = पंत प्रणीत
B. पवन से चलने वाली चक्की = पनचक्की
C. वह जो चक्षु से श्रवण करे = चक्षुश्रवा
D. समाचार के लिए पत्र = समाचारपत्र

44. किस शब्द में 'वर्णागम व्यंजन सन्धि' का प्रयोग ***नहीं*** हुआ है?
A. श्रीच्छाया
B. प्रच्छन्न
C. मृच्छकटिक
D. मातृच्छाया

45. वार्तनिक दृष्टि से ***अशुद्ध*** शब्द छाँटिए:
A. प्राणिमात्र
B. सम्पर्कित
C. आभिजात्य
D. कार्रवाई

भाग-II

Language-II : English

Directions: *Answer the following questions by selecting the* ***most appropriate*** *option.*

46. Complete the sentence using the ***correct*** option:
George has travelled a lot. He .... speak four languages.
A. may B. can
C. need D. must not

47. They rested when evening came.
The underlined group of words in the above sentence is a/an:
A. Adjective clause
B. Noun clause
C. Adverb clause
D. Conjunction clause

48. Choose the ***correct*** plural of the word 'species':
A. Specis B. Species
C. Speceis D. Specieses

49. Which of the options given below is the ***correct*** indirect form of the given sentence?
He said, 'I have passed the examination'.
A. He said that he had passed the examination.
B. He told I have passed.
C. He said he must have passed the examination.
D. He informed us of his passing.

50. Choose the word in which the prefix dis – is ***incorrectly*** used:
A. Disbelief B. Disobedience
C. Discomfort D. Discussion

51. Choose the ***correct*** synonym of the word 'contaminate':
A. Defile B. Rehabilitate
C. Detach D. Valid

52. The old man was tired of walking.
The underlined word in the sentence is used as a:
A. Participle
B. Gerund
C. Noun
D. Adverb

53. Choose the ***correct*** preposition for the blank given below:
She had great affection .... her grandchildren.
A. within B. into
C. against D. for

54. Choose the word with the ***incorrect*** suffix 'ship':
A. Friendship B. Membership
C. Relationship D. Argueship

55. Choose the ***correct*** form of the verb:
Gymnastics .... my favourite sport.
A. is B. are
C. were D. do

56. Choose the ***correct*** past tense and past participle of the verb 'Begin':
A. Began, Begun B. Begun, Begun
C. Begin, Began D. Begun, Began

57. Choose the ***correct*** form of the verb 'play' from the options below:
They .... (play) since four O'clock.
A. have played B. will play
C. play D. have been playing

58. Choose the ***correct*** synonym of the word 'Pinnacle':
A. Peak B. Pass
C. Foothills D. Deep

59. Choose the ***correct*** option of the underlined phrasal verb:
We must cut down expenses or we will be getting into debt.
A. Reduce in size or amount
B. Appear
C. Expose
D. Rise to the surface

60. Choose the ***correct*** option for the blank give:
He found her blue ford escort in the car park. .... vehicle was locked and the lights were off.
A. A B. An
C. The D. Zero article

भाग-III

सामान्य अध्ययन—मात्रात्मक योग्यता, तार्किक अभिक्षमता तथा सामान्य ज्ञान एवं अभिज्ञान

निर्देश : *निम्नलिखित प्रश्नों के उत्तर देने के लिए **सबसे उचित** विकल्प चुनिए।*

61. निम्न में से कौन-सा शब्द "DICTIONARY" के अक्षरों का प्रयोग करते हुए ***नहीं*** बनाया जा सकता है?
A. RATION
B. DAIRY
C. NATION
D. ACTION

62. "BRIGHTER" शब्द के अक्षरों के कितने ऐसे युग्म हैं, जिनके बीच उतने ही अक्षर हैं जितने कि अंग्रेजी वर्णमाला में होते हैं?
A. 4 B. 2
C. 1 D. 3

63. यदि $\frac{x}{y}=\frac{4}{5}$ हो, तो $\left(\frac{4}{7}-\frac{2y-x}{2y+x}\right)$ का मान है:
A. $\frac{1}{7}$ B. $\frac{3}{7}$
C. $\frac{1}{3}$ D. 1

64. एक व्यापार में, A व C के निवेश का अनुपात 2 : 1 है जबकि A व B के बीच निवेश का अनुपात 3 : 2 है। यदि उनका कुल लाभ ₹ 1,573 हो, तो B को कितना धन मिलेगा?
A. ₹ 363 B. ₹ 484
C. ₹ 605 D. ₹ 726

65. एक आदमी अपने पुत्र से 14 वर्ष आयु में बड़ा हैं, दो वर्ष बाद, उसकी आयु अपने पुत्र की आयु की दुगुनी होगी। तो पुत्र की वर्तमान आयु क्या है?
A. 8 वर्ष B. 10 वर्ष
C. 12 वर्ष D. 14 वर्ष

66. शृंखला में त्रुटि पूर्ण संख्या ज्ञात कीजिए:
10, 12, 28, 90, 360, 1850
A. 12 B. 28
C. 90 D. 360

67. 28 आम के पेड़ों, 42 सेब के पेड़ों व 21 संतरे के पेड़ों को पंक्ति के आधार पर इस प्रकार से लगाया जाना है कि इसमें प्रत्येक पंक्ति में केवल एक ही प्रकार के समान संख्या में पेड़ हों। तो सभी पेड़ों को लगाने के लिए न्यूनतम पंक्तियों की संख्या होगी:
A. 9 B. 10
C. 11 D. 13

68. A की चाल B से दुगुनी तथा B की चाल C से तिगुनी है, यदि किसी दूसरी को C, 54 मिनट में तय करता है, तो B कितने समय में तय करेगा?
A. 9 मिनट B. 18 मिनट
C. 12 मिनट D. 15 मिनट

69. यदि आयताकार प्लॉट की लम्बाई एवं चौड़ाई क्रमशः 50% तथा 20% बढ़ाई जाती है, तो इसके क्षेत्रफल में कितने गुना वृद्धि होगी?
A. $\frac{1}{3}$ B. $\frac{2}{3}$
C. $\frac{1}{5}$ D. $\frac{4}{5}$

70. 10 लीटर दूध में 8% पानी है, इसमें कितना शुद्ध दूध मिलाया जाए जिससे इस मिश्रण में पानी 4% रह जाये?
A. 6 लीटर B. 8 लीटर
C. 10 लीटर D. 15 लीटर

71. यदि $\sin A - \cos A = 0$ हो, तो $\sin^4 A + \cos^4 A$ का मान होगा:
A. 0 B. 1
C. $\frac{1}{2}$ D. $\frac{3}{4}$

72. एक नाव, निश्चित दूरी को अनुप्रवाह में $\frac{1}{2}$ घण्टे में तय करती है जबकि उसी दूरी को वापसी में $1\frac{1}{2}$ घण्टे में तय करती है। यदि नदी 5 किमी प्रति घण्टा की गति से बहती है, तो स्थिर पानी में नाव की गति ज्ञात कीजिए:
A. 10 किमी/घण्टा B. 12 किमी/घण्टा
C. 13 किमी/घण्टा D. 15 किमी/घण्टा

73. यदि किसी कोड भाषा में 'pit dar na' का तात्पर्य "तुम अच्छे हो", 'dar tok pa' का तात्पर्य "अच्छा और बुरा", 'tim na tok' का तात्पर्य "वे बुरे हैं"। उसी भाषा में "वे" के लिए कौन-सा शब्द है?
A. tim B. tok
C. na D. pit

74. यदि 'दक्षिण-पूर्व' को 'पूर्व', उत्तर-पश्चिम को 'पश्चिम', 'दक्षिण-पश्चिम' को 'दक्षिण' कहा जाता है तथा इसी प्रकार आगे भी रहता है, तो 'उत्तर' को क्या कहा जाएगा?
A. दक्षिण C. उत्तर-पश्चिम
B. उत्तर-पूर्व D. उत्तर

75. एक तीन अंकों की संख्या 4p3 में 984 जोड़ने पर एक चार अंकों की संख्या 13q7 प्राप्त होती है। यदि 13q7, 11 से भाज्य है, तो (q – p) का मान होगा:

A. 8 B. 9
C. 7 D. 11

76. दिए गए समीकरण को संतुलित करने तथा '*' चिन्हों के प्रतिस्थापन के लिए गणितीय चिन्हों का सही क्रम समूह चुनिए:

9 * 7 * 2 * 3 * 10

A. × ÷ + = B. – + × =
C. + – × = D. × + = –

77. यदि P, Q का भाई है, R, P का पिता है, S, T का भाई है, T, Q की बेटी है, तो S के चाचा कौन हैं?

A. R B. Q
C. T D. p

78. C का पिता A है और D, B का पुत्र है। A का भाई E है। अगर D की बहन C है, तो B और E का क्या सम्बन्ध है?

A. पुत्री B. साला
C. पति D. साली

79. किसी सांकेतिक भाषा में 'CERTAIN' का कूट शब्द 'XVIGZRM', 'SEQUENCE' का कूट शब्द 'HVJFVMXV', हो, तो 'MUNDANE' शब्द का कूट होगा:

A. NFMWZMX B. NFMWMZX
C. NFMWZMV D. NFWMZMV

80. प्रत्येक संख्या 10, 12, 15 तथा 18 से पूर्ण विभाजित होने वाला न्यूनतम पूर्ण वर्ग है:

A. 876 B. 900
C. 981 D. 1024

81. निम्नलिखित में से कौन-सा चित्रित धूसर मृद्भांड (पी.जी.डब्ल्यू.)स्थल है?

A. बनावली B. बालू
C. भगवानपुरा D. भिराना

82. निम्नलिखित को सुमेलित कीजिए:

केन्द्र	जिला
(*a*) सेंटर ऑफ एक्सिलेंस फॉर वेजिटेबल	(*i*) कुरुक्षेत्र
(*b*) सेंटर ऑफ एक्सिलेंस फॉर फ्लॉवर्स	(*ii*) सिरसा
(*c*) सेंटर ऑफ एक्सिलेंस फॉर फ्रुट्स	(*iii*) झज्झर
(*d*) इंटिग्रेटेड बी-कीपिंग डेवलपमेंट सेंटर	(*iv*) करनाल

सही कूट चुनिए:

	(*a*)	(*b*)	(*c*)	(*d*)
A.	(*i*)	(*ii*)	(*iii*)	(*iv*)
B.	(*i*)	(*iii*)	(*ii*)	(*iv*)
C.	(*iv*)	(*ii*)	(*iii*)	(*i*)
D.	(*iv*)	(*iii*)	(*ii*)	(*i*)

83. खिलाड़ी, जिसने 2018 के एशियाई खेलों में स्वर्ण पदक जीता:

A. नेहा गोयल B. बजरंग पूनिया
C. विकास कृष्ण यादव D. सीमा पूनिया

84. 'मुख्यमंत्री विवाह शगुन योजना' के बारे में निम्नलिखित कथनों पर विचार कीजिए:

(*a*) एक विधवा की पुत्री के विवाह हेतु ₹ 51,000 का अनुदान दिया जाता है।

(*b*) ऐसी विधवा महिला की वार्षिक आय एक लाख रुपये से कम होनी चाहिए।

उपर्युक्त में से कौन-सा कथन ***सही*** है/हैं?

A. केवल (*a*) सही है।
B. केवल (*b*) सही है।
C. न तो (*a*) और न ही (*b*) सही है।
D. (*a*) तथा (*b*) दोनों सही हैं।

85. निम्नलिखित में से कौन-सी फसल 'भावान्तर भरपायी योजना' के अन्तर्गत सम्मिलित ***नहीं*** है?

A. गन्ना B. आलू
C. टमाटर D. प्याज

86. जनगणना-2011 के आधार पर हरियाणा की पुरुष साक्षरता दर है:

A. 75.6% B. 65.9%
C. 84.1% D. 71.4%

87. निम्नलिखित में से किन राज्यों के साथ "कलेसर राष्ट्रीय पार्क" अपनी सीमा साझा करता है?

(*i*) हिमाचल प्रदेश
(*ii*) उत्तराखण्ड
(*iii*) राजस्थान
(*iv*) पंजाब

सही उत्तर चुनिए:

A. (*i*) तथा (*iv*) B. (*i*) तथा (*ii*)
C. (*iii*) तथा (*iv*) D. केवल (*iv*)

88. निम्नलिखित में से कौन-सी नदिका साहिबी में समाहित ***नहीं*** होती है?

A. दोहन B. कसावटी
C. इन्दौरी D. दृशद्वती

89. पं. नेकीराम शर्मा के बारे में निम्नलिखित में से कौन-सा कथन ***असत्य*** है?

A. पं. नेकीराम शर्मा ने तिलक के होमरूल आंदोलन में महत्वपूर्ण भूमिका निभाई।
B. असहयोग आंदोलन के दौरान उन्होंने भिवानी में गांधीजी की एक जनसभा का आयोजन किया था।
C. उन्होंने भिवानी से एक साप्ताहिक 'संदेश' प्रकाशित किया।
D. 1952 से 1956 तक वो राज्य सभा के सदस्य रहे।

90. क्षेत्र जिसमें कर्नल जेरार्ड ने 1857 के क्रांतिकारियों के विरुद्ध आक्रमण का नेतृत्व किया:

A. पानीपत B. रोहतक
C. मेवात D. नारनौल

भाग-IV

हिन्दी

निर्देशः *निम्नलिखित प्रश्नों के उत्तर देने के लिए सबसे उचित विकल्प चुनिए।*

91. ***असंगत*** युग्म का चुनाव कीजिए :

A. गुप्तधन – प्रेमचंद

B. विविध प्रसंग – हजारी प्रसाद द्विवेदी

C. कुहासा – अमरकांत

D. तिरछी रेखाएँ – हरिशंकर परसाई

92. निम्न नाटकों में से कौन-सा भारतेन्दु द्वारा विरचित मौलिक नाटक **नहीं** है?

A. प्रेम जोगिनी B. नीलदेवी

C. अंधेर नगरी D. विद्यासुंदर

93. 'कन्नड़ की मीरा' किस लेखिका को कहा जाता है?

A. अक्क महादेवी B. ललद्धद

C. महादेवी वर्मा D. आण्डाल

94. आलोचकों ने किस कवि के लिए कहा है कि—"उनकी कविता में व्यर्थ का उलझाव, अखबारी सतहीपन और वैचारिक धुंध के बजाय संयम परिष्कार और साफ-सुथरापन है।"

A. राजेश जोशी B. मुक्तिबोध

C. कुँवर नारायण D. उमाशंकर जोशी

95. मनोहर श्याम जोशी को 'क्याप' के लिए किस वर्ष साहित्य अकादमी पुरस्कार से सम्मानित किया गया?

A. 2003 में B. 2004 में

C. 2005 में D. 2006 में

96. निम्न सूचियों को सुमेलित करते हुए ***सही*** विकल्प का चयन कीजिए :

सूची-I	**सूची-II**
(*i*) जगद्विनोद	(*a*) भूषण
(*ii*) कृपाकंद	(*b*) देव
(*iii*) सुजान विनोद	(*c*) पद्माकर
(*iv*) दूषण उल्लास	(*d*) घनानन्द

	(*i*)	(*ii*)	(*iii*)	(*iv*)
A.	(*c*)	(*d*)	(*b*)	(*a*)
B.	(*c*)	(*b*)	(*d*)	(*a*)
C.	(*a*)	(*b*)	(*d*)	(*c*)
D.	(*a*)	(*b*)	(*c*)	(*d*)

97. 'भारत मित्र' पत्रिका कोलकाता से प्रकाशित होती थी जिसके सम्पादक थे :

A. कार्तिक प्रसाद खत्री

B. बालमुकुंद गुप्त

C. सदानंद मिश्र

D. तोताराम

98. भक्तिकाल के निम्नलिखित कवियों को आरोही कालक्रम में व्यवस्थित कीजिए :

A. सूरदास, नंददास, रसखान, मीरा

B. नंददास, सूरदास, मीरा, रसखान

C. रसखान, सूरदास, नंददास, मीरा

D. सूरदास, मीरा, नंददास, रसखान

99. ***असंगत*** विकल्प का चयन कीजिए :

A. सतिया – स्वस्तिक चिह्न

B. भुँजा – भुना हुआ अन्न

C. दसतपा – तपते दस दिन

D. बाजी – दादी

100. 'तेरे दिमाग में तो लोहा भरा है! विद्या का ताप कहाँ लगेगा इसमें।' त्रिलोक सिंह के इस कथन को लेखक ने क्या कहा है?

A. सर्जन की चमक B. जबान का चाबुक

C. जबान की धार D. जबान की तलवार

101. तंग आ गया हूँ/बड़ों की अल्पता से/जी रहा हूँ/देख कर छोटों की बड़ाई, प्रसिद्ध काव्य पंक्तियों के रचयिता कवि हैं :

A. कुँवर नारायण B. राजेश जोशी

C. आलोक धन्वा D. उमाशंकर जोशी

102. 'मियाँ नसीरुद्दीन' शब्द-चित्र किस संग्रह में संकलित है?

A. हम-हशमत B. जिंदगीनामा

C. शब्दों के आलोक में D. दिलोदानिश

103. 'हरिनी के नैंनानु तें हरिनी के ये नैन'

उक्त काव्य पंक्ति में किन अलंकारों का प्रयोग हुआ है?

A. यमक – श्लेष

B. यमक – उपमा

C. यमक – वक्रोक्ति

D. यमक – प्रतीप

104. *प्रभु प्रलाप सुनि कान, बिकल भए बानर निकर।*

आइ गयउ हनुमान जिमि करुना मँह बीर रस।।

उक्त छंद का प्रकार है :

A. दोहा B. रोला

C. सोरठा D. उल्लाला

105. 'जकी' उपनाम से हिन्दी के कौन-से कवि उर्दू में लिखते थे?

A. सत्यनारायण 'कविरत्न'

B. श्रीधर पाठक

C. जगन्नाथ दास 'रत्नाकर'

D. राधाचरण गोस्वामी

106. निम्न में से कौन-सा कथन *असंगत* है?

A. जैनेन्द्र की पहचान हिन्दी साहित्य में एक गंभीर कथाकार एवं चिंतक के रूप में है।

B. साहित्य का श्रेय और प्रेय इनका विचार प्रधान निबंध संग्रह है।

C. वातायन तथा नीलम देश की राजकन्या इनके प्रमुख उपन्यास है।

D. जैनेन्द्र का जन्म सन् 1905 में तथा निधन 1990 में हुआ।

107. 'द डायरी ऑफ द यंग गर्ल' शीर्षक से अंग्रेजी में 1952 में प्रकाशित ऐन फ्रेंक की डायरी मूलतः किस भाषा में प्रकाशित हुई थी?

A. इतालवी भाषा में B. स्पेनिश भाषा में

C. ग्रीक भाषा में D. डच भाषा में

108. *असंगत* शब्द-युग्म का चयन कीजिए :

A. दो सौ बावन वैष्णवन की वार्ता – गोकुलनाथ

B. वैताल पच्चीसी – सुरति मिश्र

C. शृंगार रस मण्डन – नाभादास

D. अगहन माहात्म्य – बैकुण्ठमणि शुक्ल

109. 'ऐ जीवन के पारावार' बादल-राग कविता में उक्त संबोधन किसके लिए किया गया है?

A. आशा के लिए B. बादल के लिए

C. जीवन राग के लिए D. हर्ष के लिए

110. 'सहर्ष स्वीकारा है' मुक्तिबोध की यह कविता किस संकलन में संकलित है?

A. चाँद का मुँह टेढ़ा है B. काठ का सपना

C. भूरी-भूरी खाक धूल D. सतह से उठता आदमी

111. *असंगत* विकल्प का चयन कीजिए :

A. शिरीष के फूल – कल्पद्रुम

B. काले मेघा पानी दे – संस्मरण

C. भक्तिन – स्मृति की रेखाएँ

D. बादल राग – अनामिका

112. फिराक गोरखपुरी का मूल नाम है :

A. रघुवीर सहाय 'फिराक' B. रघुपति सहाय 'फिराक'

C. रघुपति सराय 'फिराक' D. रघुपति सिंह 'फिराक'

113. निम्नलिखित भारतेन्दुयुगीन कवियों को उनके जीवनकाल की दृष्टि से आरोही क्रम में व्यवस्थित कीजिए :

A. प्रताप नारायण मिश्र, राधाकृष्णदास, जगमोहन सिंह, नवनीत चतुर्वेदी

B. राधाकृष्णदास, प्रताप नारायण मिश्र, जगमोहन सिंह, नवनीत चतुर्वेदी

C. प्रताप नारायण मिश्र, जगमोहन सिंह, राधाकृष्णदास, नवनीत चतुर्वेदी

D. जगमोहन सिंह, प्रताप नारायण मिश्र, राधाकृष्णदास, नवनीत चतुर्वेदी

114. *'मैं यौवन का उन्माद लिए फिरता हूँ,*
उन्मादों में अवसाद लिए फिरता हूँ!

प्रस्तुत पंक्तियों के रचयिता हैं :

A. कुँवर नारायण B. आलोक धन्वा

C. रघुवीर सहाय D. हरिवंश राय बच्चन

115. प्रेमाख्यानक काव्य-परम्परा के संबंध में *असंगत* कथन छाँटिए :

A. माधवानल कामकंदला मुख्यतः दोहा-चौपाई शैली में रचित है।

B. 'अनुराग बाँसुरी' के रचयिता नंददास हैं।

C. 'रूप-मंजरी' में प्रेम के महत्व को रेखांकित किया गया है।

D. युसुफ-जुलेखा के रचनाकार 'शेख निसार' हैं।

116. अज्ञेय द्वारा संपादित 'दूसरा सप्तक' में कौन-सा कवि सम्मिलित *नहीं* है?

A. नरेश मेहता B. हरिनारायण शर्मा

C. धर्मवीर भारती D. रघुवीर सहाय

117. 'स्पीति में बारिश' की विधा है :

A. डायरी B. संस्मरण

C. यात्रा-वृत्तांत D. रेखाचित्र

118. अष्टछाप के लोकप्रिय कवि नन्ददास को किसने दीक्षित किया था?

A. बल्लभाचार्य B. गोसांई विट्ठलनाथ

C. गोकुलनाथ D. सूरदास

119. *"श्री रघुनाथ-प्रताप की बात तुम्हैं दसकंठ न जानि परी।'*
तेलनि-तूलनि पूँछि जरी न जरी, जरी लंक जराई जरी।"

प्रस्तुत पंक्तियाँ किस प्रसिद्ध रचना का अंश हैं?

A. रामायण B. रामचरितमानस

C. हनुमानबाहुक D. रामचंद्रिका

120. **स्थापना (A) :** तुलसीदास की लोक व शास्त्र दोनों में पैठ है। जीवन व जगत् की व्यापक अनुभूति और मार्मिक प्रसंगों की उन्हें अचूक समझ है।

तर्क (R) : तुलसी लौकिक व दार्शनिक स्तर के सभी द्वंद्वों का चित्रण करते हैं। उनकी भक्ति शास्त्रोन्मुख है, लोकोन्मुख नहीं।

सही विकल्प का चयन कीजिए :

A. A व R दोनों सही हैं।

B. A सही व R गलत है।

C. A गलत व R सही है।

D. A सही व R आंशिक सही है।

121. भाववाचक संज्ञा किस विकल्प में *नहीं* है?

A. गांभीर्य B. शैशव

C. कुटिल D. खुजलाहट

122. 'अपत्यवाचक तद्धित' प्रत्यय से बना शब्द किस विकल्प में *नहीं* है?

A. मागध B. आंजनेय

C. वैचित्र्य D. मार्कंडेय

123. कहाँ चले तुम राम नाम का 'पीतांबर' तन पर डाले

—वाक्य में रेखांकित पद में कौन-सा समास है?

A. कर्मधारय B. बहुव्रीहि
C. द्वन्द्व D. तत्पुरुष

124. निम्नलिखित लेखक मण्डल में किसकी भाषा चुटीली और मुहावरेदार है?

A. सदासुखलाल B. इंशाअल्ला खाँ
C. लल्लूलाल D. सदल मिश्र

125. सर्वनाम से निर्मित विशेषण है :

A. रक्तिम B. सभ्य
C. कैसा D. आदरणीय

126. किस शब्द में 'परा' उपसर्ग का प्रयोग ***नहीं*** हुआ है?

A. पराजिका B. पराध्वनि
C. पराभूत D. परांतक

127. निम्न में से कौन-सा विकल्प सुमेलित ***नहीं*** है?

A. घोषवर्ण – ज, घ, न, ग
B. अघोषवर्ण – थ, झ, ट, फ
C. अल्पप्राण – ब, य, ड, ङ
D. महाप्राण – ख, ढ, भ, ठ

128. सुनंदा बुद्धिमती है—वाक्य में प्रयुक्त विशेषण है :

A. उद्देश्य विशेषण
B. विधेय विशेषण
C. प्रविशेषण
D. तुलनात्मक विशेषण

129. समास-विग्रह की दृष्टि से ***असंगत*** विकल्प को चुनिए :

A. दरहकीकत – हकीकत में
B. मरणोपरान्त – मरने तक
C. सानुज – अनुज के साथ
D. अनुरूप – जैसा रूप है वैसा

130. 'संज्ञापद' का विकारक पद कौन-सा ***नहीं*** है?

A. लिंग B. वचन
C. कारक D. काल

131. शब्दकोश के संदर्भ में ***अनुपयुक्त*** विकल्प को चुनिए :

A. अनुस्वार, अनुनासिक तथा विसर्ग को अलग अक्षर न मानकर; ये ध्वनियाँ संबंधित वर्णों के साथ ही रखी जाती हैं।
B. 'क' वर्ण के पश्चात् 'क्ष' वर्ण; 'ज' वर्ण के पश्चात् 'ज्ञ' वर्ण 'त्' वर्ण के पश्चात् 'त्र' वर्ण तथा 'स' वर्ण के पश्चात् 'श्र' वर्ण का प्रयोग होना चाहिए।
C. शब्दकोश में पंचम वर्ण 'ङ, ण, ञ' किसी शब्द के आरंभ में नहीं आते हैं।
D. शब्दकोश में हिन्दी के शब्दों को देवनागरी लिपि की मानक वर्णमाला के अनुसार रखा जाता है।

132. ***अशुद्ध*** संधि विच्छेद वाला विकल्प चुनिए :

A. तडित् + ज्योति = तडिज्ज्योति
B. विद्वत् + चर्या = विद्वच्चर्या
C. पद् + लवन = पल्लवन
D. उत् + धव = उद्धव

133. संधि की दृष्टि से ***अनुचित*** विकल्प चुनिए :

A. उत्तमर्ण, अधमर्ण = गुणसंधि
B. वाण्यौचित्य, पित्रौत्सुकता = वृद्धि संधि
C. बह्वैश्वर्य, साध्वौदार्य = यण् संधि
D. श्रावण, धावक = अयादि संधि

134. आचार्य रामचन्द्र शुक्ल ने किसे 'भारतीय वक्रोक्तिवाद का विलायती उत्थान' कहकर संबोधित किया है?

A. अभिजात्यवाद B. अस्तित्ववाद
C. अभिव्यंजनावाद D. स्वच्छंदतावाद

135. निम्नलिखित काव्य पंक्तियों को सुमेलित कीजिए :

सूची-I	सूची-II
(*i*) आगे के कवि रीझि हैं तो कविताई, न तौ राधिका कन्हाई सुमिरन को बहानौ है।	(*a*) मतिराम
(*ii*) कुंदन को रंग फीको लगै, झलकै सब अँगन चारु गुराई।	(*b*) बोधा
(*iii*) यह प्रेम को पंथ कराल महा तरवारि की धार पै धावनौ है।	(*c*) भिखारीदास
(*iv*) जान तिहारी सो मेरी दसा, यह कौ समझै अरु काहि सुनाऊँ।	(*d*) घनानन्द

	(*i*)	(*ii*)	(*iii*)	(*iv*)
A.	(*b*)	(*a*)	(*d*)	(*c*)
B.	(*c*)	(*a*)	(*d*)	(*b*)
C.	(*a*)	(*b*)	(*d*)	(*c*)
D.	(*c*)	(*a*)	(*b*)	(*d*)

136. आचार्य विश्वनाथ प्रदत्त 'काव्यदोष' की याथातथ्य परिभाषा है :

A. महान् निर्दोषिता गुणाः।
B. रसापकर्षका दोषाः।
C. विपर्यस्तागुणाः काव्येषु कीर्तिता।
D. गुण विपर्ययथात्मनो दोषाः।

137. ***अशुद्ध*** वर्तनी वाला विकल्प चुनिए :

A. मुमुर्षा B. विभीषिका
C. शुश्रूषा D. त्रिपुरारि

138. उच्चारण-स्थलों की दृष्टि से ***असंगत*** विकल्प चुनिए :

A. कंठोष्ठ – ओ, औ B. कंठतालु – ए, ऐ
C. मूर्धा – र, ष D. दन्तनासिका – ञ, ण

139. ***शुद्ध*** वर्तनी वाला विकल्प चुनिए :

A. इकत्तीस B. सृष्टा
C. चवदह D. तिरपन

140. शब्दार्थ की दृष्टि से ***बेमेल*** को छाँटिए :
A. अहम – खास/विशेष; अहम् – 'मैं' का पर्याय
B. कीर्तिमान – यशस्वी; कीर्तिमान् – उपलब्धि/रिकॉर्ड
C. जंग – युद्ध; जंग – लोहे पर लगने वाला मोरचा
D. जिला – प्रभा/चमक; जिला – जनपद

141. कालिदास को नाट्यजगत् का शेक्सपीयर माना जाता है–
रेखांकित पद में संज्ञाभेद इंगित कीजिए :
A. व्यक्तिवाचक संज्ञा B. जातिवाचक संज्ञा
C. प्राणिवाचक संज्ञा D. समूहवाचक संज्ञा

142. ***असंगत*** कथन का चुनाव कीजिए :
A. स्थायी भाव अंततः रसत्व को प्राप्त करते हैं।
B. जो विषयारम्भ से अंत तक काव्य में उपस्थित रहते हैं वे स्थायी भाव कहलाते हैं।
C. वे व्यक्ति या पदार्थ जो भावोत्तेजना के मूल कारण हैं, वे स्थायी भाव हैं।
D. स्थायी भाव वे भाव हैं जिन्हें कोई विरुद्ध या समान भाव दबा नहीं सकता है।

143. समास की दृष्टि से ***असंगत*** को चुनिए :
A. जातिगत – कर्म तत्पुरुष
B. रणविमुख – करण तत्पुरुष
C. वनमानुष – लुप्तपद तत्पुरुष
D. खुशनसीब – कर्मधारय

144. किस विकल्प में नामधातु क्रिया ***नहीं*** है?
A. धुलवाना B. बतियाना
C. ललचाना D. सठियाना

145. 'छोटे को खाना खिलाओ'–वाक्य में विशेषण पद कौन-सा है?
A. छोटे को B. खाना
C. खिलाओ D. इनमें से कोई नहीं

146. संधि की दृष्टि से ***अनुचित*** विकल्प को छाँटिए :
A. कुसुम + आकार = कुसुमाकार
B. कंटक + अकीर्ण = कंटकाकीर्ण
C. स्व + अनुभूत = स्वानुभूत
D. खग + आश्रय = खगाश्रय

147. 'अकर्मक क्रिया' से रहित वाक्य है?
A. भिखारी जोर-जोर से चिल्ला रहे थे।
B. पिताजी पलंग पर सो रहा है।
C. सीमा बगीचे में टहल रही है।
D. मोहन ऊँट को दौड़ाता है।

148. ***असुमेलित*** विकल्प चुनिए :
A. विधुर + य = वैधुर्य
B. बदरी + अयन = बादरायण
C. नोक + ईला = नुकीला
D. दंपती + य = दाम्पत्य

149. कौन-सा विकल्प सुमेलित ***नहीं*** है?
A. भोगिनी नारी B. अपराधी स्त्री
C. हितकारिणी माता D. विवेकी पुरुष

150. किस विकल्प में एक ही उपसर्ग का प्रयोग हुआ है?
A. दुर्विदग्ध B. दुर्दमनीय
C. समाधि D. प्रविधि

उत्तरमाला

1	2	3	4	5	6	7	8	9	10
A	D	C	A	C	B	C	C	C	C
11	12	13	14	15	16	17	18	19	20
C	C	C	D	B	C	B	A	D	A
21	22	23	24	25	26	27	28	29	30
B	D	B	B	B	A	D	D	A	D
31	32	33	34	35	36	37	38	39	40
A	A	A	D	B	C	A	B	C	A
41	42	43	44	45	46	47	48	49	50
B	C	B	C	B	B	C	B	A	D
51	52	53	54	55	56	57	58	59	60
A	B	D	D	A	A	D	A	A	C
61	62	63	64	65	66	67	68	69	70
C	D	A	B	C	D	D	B	D	C
71	72	73	74	75	76	77	78	79	80
C	A	A	B	A	C	D	D	C	B

81	82	83	84	85	86	87	88	89	90
C	D	B	D	A	C	B	D	D	D
91	**92**	**93**	**94**	**95**	**96**	**97**	**98**	**99**	**100**
B	D	A	C	C	A	B	D	D	B
101	**102**	**103**	**104**	**105**	**106**	**107**	**108**	**109**	**110**
D	A	D	C	C	C,D	D	C	B	C
111	**112**	**113**	**114**	**115**	**116**	**117**	**118**	**119**	**120**
A	B	C	D	B	B	C	B	D	D
121	**122**	**123**	**124**	**125**	**126**	**127**	**128**	**129**	**130**
C	C	A	B	C	D	B	B	B	D
131	**132**	**133**	**134**	**135**	**136**	**137**	**138**	**139**	**140**
B	D	B	C	D	B	A	D	D	B
141	**142**	**143**	**144**	**145**	**146**	**147**	**148**	**149**	**150**
B	C	B	A	D	B	D	B	B	B

व्याख्यात्मक उत्तर

62. B R I G H T E R (↑ ↑ ↑ — अक्षरों का आपस में स्थान परिवर्तन)

63. $\left(\frac{4}{7}-\frac{2y-x}{2y+x}\right)$

$$=\left(\frac{4}{7}-\frac{y\left(2-\frac{x}{y}\right)}{y\left(2+\frac{x}{y}\right)}\right)$$

$$=\left(\frac{4}{7}-\frac{\left(2-\frac{x}{y}\right)}{\left(2+\frac{x}{y}\right)}\right) \quad \text{दिया है } \frac{x}{y}=\frac{4}{5}$$

$$=\left(\frac{4}{7}-\frac{\left(2-\frac{4}{5}\right)}{\left(2+\frac{4}{5}\right)}\right)$$

$$=\left(\frac{4}{7}-\frac{6}{14}\right)=\frac{4}{7}-\frac{3}{7}=\frac{1}{7}$$

64. दिया है,

A : C = 2 : 1 = 3 × (2 : 1) = 6 : 3

A : B = 3 : 2 = 2 × (3 : 2) = 6 : 4

A : B : C = 6 : 4 : 3

$$\text{B को प्राप्त धन} = 1573\times\frac{4}{6+4+3}$$

$$= 1573\times\frac{4}{13} = ₹\ 484.$$

65. माना पुत्र की वर्तमान आयु = x वर्ष

तब, आदमी की वर्तमान आयु = x + 14 वर्ष

दो वर्ष बाद,

$(x + 14) + 2 = 2(x + 2)$

$x + 16 = 2x + 4$

$x = 16 - 4$

$x = 12$

अतः पुत्र की वर्तमान आयु 12 वर्ष है।

66. 10 → 12 → 28 → 90 → 360 (368) → 1850

(×1 + 2, ×2 + 4, ×3 + 6, ×4 + 8, ×5 + 10)

अतः शृंखला में त्रुटि पूर्ण संख्या 360 है।

67. एक पंक्ति में अधिकतम पेड़ों की संख्या = म.स.प. (28, 42, 21)

= 7

$\therefore$ पंक्तियों की न्यूनतम संख्या $= \frac{28}{7}+\frac{42}{7}+\frac{21}{7}$

= 4 + 6 + 3

= 13.

68. $\frac{\text{A की चाल}}{\text{B की चाल}} = \frac{2}{1}=\frac{6}{3}$

$\frac{\text{B की चाल}}{\text{C की चाल}} = \frac{3}{1}$

A की चाल : B की चाल : C की चाल = 6 : 3 : 1

यदि D = स्थिर, तब $t \propto \frac{1}{S}$

$t_A : t_B : t_C = \frac{1}{6}:\frac{1}{3}:1$

= 1 : 2 : 6

$\therefore \quad t_B = 54 \times \frac{2}{6}$

= 18 मिनट।

69. माना आयताकार प्लॉट की प्रारम्भिक लम्बाई और चौड़ाई क्रमशः x इकाई और y इकाई है।

प्रारम्भिक क्षेत्रफल = $x \times y$ इकाई^2

नई लम्बाई = $x \times 150\% = \frac{3}{2}x$ इकाई

नई चौड़ाई = $y \times 120\% = \frac{6y}{5}$ इकाई

$\therefore$ नया क्षेत्रफल = $\left(\frac{3}{2}x\right)\left(\frac{6}{5}y\right)$

$= \frac{9}{5}xy$ इकाई^2

क्षेत्रफल में वृद्धि = $\frac{9}{5}xy - xy = \frac{4}{5}xy$

अतः क्षेत्रफल में $\frac{4}{5}$ गुना की वृद्धि होगी।

70. 10 लीटर मिश्रण में दूध की मात्रा

$= 10 \times 92\%$

$= 9.2$ लीटर

10 लीटर मिश्रण में पानी की मात्रा

$= 10 - 9.2 = 0.8$ लीटर

माना x लीट शुद्ध दूध मिश्रण में मिलाया जाए

तब, दूध : पानी = $(9.2 + x) : 0.8$

$$\frac{9.2+x}{0.8} = \frac{(100-4)}{4}$$

$$\frac{9.2+x}{0.8} = \frac{96}{4}$$

$9.2 + x = 0.8 \times 24$

$9.2 + x = 19.2$

$x = 10$ लीटर

71. $\because$ $\sin A - \cos A = 0$

$\therefore$ $\sin A = \cos A$

$$\sin A = \sin\left(\frac{\pi}{2} - A\right)$$

$$A = \frac{\pi}{2} - A$$

$$2A = \frac{\pi}{2}$$

$$A = \frac{\pi}{4}$$

$$\sin^4 A + \cos^4 A = \sin^4\frac{\pi}{4} + \cos^4\frac{\pi}{4}$$

$$= \left(\frac{1}{\sqrt{2}}\right)^4 + \left(\frac{1}{\sqrt{2}}\right)^4$$

$$= \frac{1}{4} + \frac{1}{4} = \frac{2}{4} = \frac{1}{2}.$$

72. माना स्थिर पानी में नाव की गति

$2 = x$ किमी/घंटा

प्रश्नानुसार,

दूरी = चाल × समय

$$(x+5) \times \frac{1}{2} = (x-5)\frac{3}{2}$$

$x + 5 = 3x - 15$

$2x = 20 \Rightarrow x = 10$

73. 'pit dar na' → "you are good" ...(1)
'dar tok pa' → "good and bad" ...(2)
'tim na tok' → "they are bad" ...(3)

समीकरण (1) और समीकरण (2) से,

dar → good

समीकरण (1) और समीकरण (3) से,

na → are

समीकरण (2) और समीकरण (3) से,

tok → bad

समीकरण (3) से,

tim → they

77.

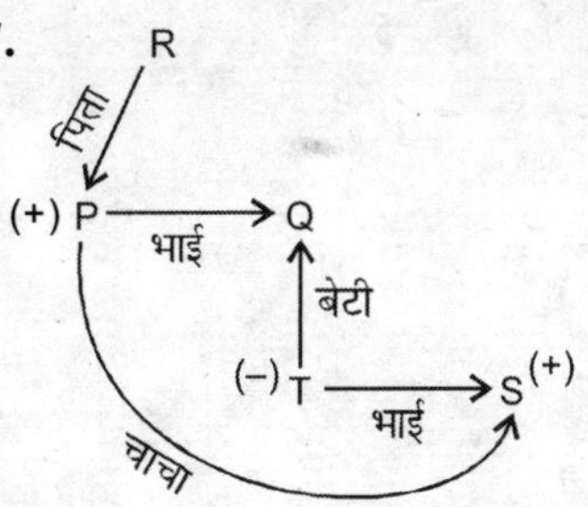

S के चाचा P है।

पिछले प्रश्न-पत्र (हल सहित)

हरियाणा शिक्षक पात्रता परीक्षा (HTET)

PGT (Level-3), हिन्दी परीक्षा 2017*

भाग-I

बाल विकास व शिक्षाशास्त्र

निर्देशः *निम्नलिखित प्रश्नों के उत्तर देने के लिए सबसे उचित विकल्प चुनिए।*

1. सहयोगी अधिगम के संदर्भ में STAD का तात्पर्य है :

A. स्टूडेन्ट टीचर अचीवमेंट डिवीजन

B. स्टूडेन्ट्स टीम अचीवमेंट डिवीजन

C. स्टूडेन्ट्स टीम एकनॉलेजमेंट डिवीजन

D. स्टूडेन्ट्स टीचर एक्वायर्ड डिवीजन

2. निम्नांकित में से किस अवस्था के दौरान बच्चों में 'वस्तु स्थिरता' विकसित हो जाती है?

A. संवेदी गामक अवस्था

B. पूर्व-संक्रियात्मक अवस्था

C. मूर्त संक्रियात्मक अवस्था

D. औपचारिक संक्रियात्मक अवस्था

3. एक किशोर का यह महसूस करना कि 'यह सभी लोगों ने ध्यान दिया है कि मैंने यह शर्ट सप्ताह में दो बार पहना है', उदाहरण है :

A. उसकी जागरूकता का

B. काल्पनिक श्रोता/दर्शक का

C. आत्म-नियमन का

D. इनमें से कोई नहीं

4. नकारात्मक पुनर्बलन के संदर्भ में कौन-सा कथन सत्य ***नहीं*** है?

A. यह वांछनीय व्यवहार को बढ़ाता है।

B. यह दण्ड के समान नहीं है।

C. यह कभी भी वांछनीय व्यवहार को नहीं बढ़ाता।

D. यह विशेष आवश्यकता वाले बच्चों के लिए उपयोग हो सकता है।

5. एक 'अच्छा लड़का - अच्छी लड़की' की ओर उन्मुख होना, संकेत है :

A. पूर्व-लोकसंगत (Pre-conventional) नैतिकता का

B. लोकसंगत (Conventional) नैतिकता का

C. उत्तर-लोकसंगत (Post-conventional) नैतिकता का

D. A और C दोनों सही हैं

6. कंडिशनिंग के द्वारा एक तटस्थ उद्दीपक में, एक पुनर्बलक की शक्ति आ जाती है, इसे कहते हैं :

A. प्राथमिक पुनर्बलक	B. द्वितीयक पुनर्बलक

C. तटस्थ पुनर्बलक	D. इनमें से कोई नहीं

7. पियाजे के अनुसार सहयोग की नैतिकता का विकास हो जाता है :

A. 5-6 वर्ष से 8 वर्ष तक

B. 9-10 वर्ष से आगे की आयु तक

C. 12-13 वर्ष से आगे की आयु तक

D. 6 वर्ष से कम आयु

8. दो विद्यार्थियों 'A' एवं 'B' पर एक बुद्धि परीक्षण प्रशासित किया गया। 'A' की आई.क्यू. 60 पाई गई जबकि 'B' की आई.क्यू 30 पाई गई। 'A' और/या 'B' के संदर्भ में निम्नांकित में से कौन-सा कथन सही ***नहीं*** है?

A. 'A' में सौम्य बौद्धिक अक्षमता है।

B. 'B' में गंभीर बौद्धिक अक्षमता है।

C. 'A' में गंभीर बौद्धिक अक्षमता है।

D. दोनों A तथा B सत्य हैं

9. ब्रॉनफेनब्रेनर के अनुसार बच्चे के मैक्रो सिस्टम (बृहत् तंत्र) में निम्नांकित में से कौन-सा ***नहीं*** आता है?

A. संस्कृति	B. विद्यालय

C. नियम-कानून	D. मूल्य

10. आप हर दिन सुबह अपने माता-पिता का अभिवादन करते हैं और आपका बच्चा आपको देखकर यह व्यवहार सीख जाता है। यह उदाहरण है :

A. निरीक्षणात्मक अधिगम का	B. ऑपरेंट कंडिशनिंग का

C. क्लासिकल कंडिशनिंग का	D. अंतर्ज्ञान द्वारा अधिगम का

11. पूर्व अनुभवों पर आधारित नियंत्रण से परे यह किसी व्यक्ति का स्वयं के बारे में यह अनुमान कि उसके समस्त प्रयास असफल होंगे, को कहा जाता है :

A. अवसाद	B. सीखी हुई निस्सहायता

C. नकारात्मक अभिवृत्ति	D. मानिया

*Exam held on 23-12-2017.

12. 'जीवन स्पेस' की संकल्पना दी गई थी :
A. बी.एफ. स्किनर के द्वारा
B. जे.बी. वाटसन के द्वारा
C. लेविन के द्वारा
D. ई.एल. थॉर्नडाइक के द्वारा

13. एक 'पीड़ादायक उद्दीपक' का प्रयोग है :
A. नकारात्मक पुनर्बलन B. सजा/दंड
C. पुरस्कार D. शेपिंग

14. एक विद्यार्थी कक्षा में प्रथम आने के लिए कड़ी मेहनत करता है। उसकी मेहनत के पीछे जो अभिप्रेरणा है, वह है :
A. आंतरिक अभिप्रेरणा B. बाह्य अभिप्रेरणा
C. शून्य अभिप्रेरणा D. इनमें से कोई नहीं

15. वह फेज जहाँ पर बच्चा उपयुक्त सहायता एवं सहयोग दिए जाने पर, किसी कार्य में दक्षता प्राप्त कर सकता है, कहलाता है :
A. दक्षता क्षेत्र
B. समीपस्थ विकास का क्षेत्र
C. अधिगम क्षेत्र
D. उपरोक्त में से कोई नहीं

16. 'बुद्धि का द्विकारक सिद्धान्त' दिया है :
A. थर्स्टन ने B. स्पीयरमैन ने
C. बिने ने D. पियाजे ने

17. कथन 'पहले आप वह कीजिए जो मैं आपसे चाहता हूँ, फिर आप वह कर सकते हैं जो आप चाहते हैं', सटीक व्याख्या करता है :
A. प्रीमैक सिद्धांत की
B. तैयारी के नियम की
C. अभ्यास के नियम की
D. निरंतरता के नियम की

18. 'पठन अक्षमता' के लिए प्रयोग किया जाने वाला शब्द/पद है :
A. डिसलेक्सिया B. डिसग्राफिया
C. डिसकैलकुलिया D. डिसपैरेक्सिया

19. वे नियम जो बताते हैं कि किसी संस्कृति विशेष में प्रभावी संप्रेषण हेतु कब और कैसे भाषा का प्रयोग करना है, कहलाते हैं :
A. फोनेटिक्स B. फोनिक्स
C. प्रागमेटिक्स D. सिमेन्टिक्स

20. किसी व्यक्ति के उसके स्वयं के संज्ञानात्मक प्रक्रियाओं के संज्ञान को कहा जा सकता है :
A. पुनर्संज्ञान B. मेटा संज्ञान
C. पहचान D. प्रत्यक्षीकरण

21. एक वांछनीय लक्ष्य के प्रत्येक छोटे चरण की प्रगति को तब तक पुनर्बलन प्रदान करना जब तक कि वह पूरी तरह से सीख न लिया जाए, कहलाता है :
A. शृंखलाबद्धता B. शेपिंग
C. संकेतन D. प्रतिरूपण

22. 'लैंगिक स्थायित्व' (Gender Constancy) के विकास का प्रथम चरण है :
A. लैंगिक स्थिरता (Gender Stability)
B. लैंगिक संसूचन (Gender Labelling)
C. लैंगिक कंसिस्टेंसी
D. इनमें से कोई नहीं

23. एक परिस्थिति में सीखे गए अमूर्त ज्ञान का भिन्न परिस्थिति में उपयोग करना, कहा जा सकता है :
A. नकारात्मक स्थानांतरण B. उच्च पथ स्थानांतरण
C. शून्य स्थानांतरण D. इनमें से कोई नहीं

24. आपने अपनी कक्षा में विद्यार्थियों की प्रगति के आकलन के लिए 'साप्ताहिक क्विज' आरंभ किया है। आप पुनर्बलन के किस शेड्यूल का प्रयोग कर रहे हैं?
A. स्थिर अनुपात B. चर अनुपात
C. स्थिर अंतराल D. चर अंतराल

25. PECS शिक्षण विधि का प्रयोग किया जा सकता है :
A. स्वलीनता के लिए
B. संप्रेषण अक्षम बालकों के लिए
C. उपरोक्त A और B दोनों के लिए
D. इनमें से कोई नहीं

26. वातावरण के साथ प्रत्यक्ष अंतःक्रिया के द्वारा 'स्कीम' का निर्माण है :
A. संगठन B. आत्मसातीकरण
C. अनुकूलन D. अहंकेन्द्रिता

27. निम्नांकित में से कौन-सा पारस्परिक शिक्षण (Reciprocal Teaching) का अवयव ***नहीं*** है?
A. प्रश्न पूछना B. स्पष्ट करना
C. पूर्वानुमान करना D. इनमें से कोई नहीं

28. 'क्रम निर्धारण' की योग्यता निम्नांकित चरण की विशेषता है :
A. संवेदी गामक चरण की
B. पूर्व संक्रियात्मक अवस्था की
C. मूर्त संक्रियात्मक अवस्था की
D. इनमें से कोई नहीं

29. 'अधिगम अक्षमता' शब्द का सर्वप्रथम प्रयोग करने वाला व्यक्ति था :
A. स्किनर B. सैमुअल किर्क
C. सिगमंड फ्रॉयड D. विल्हेम वुण्ट

30. यह दृष्टिकोण कि 'बच्चे स्वयं-निर्देशन हेतु स्वयं के साथ वार्तालाप करते हैं', दिया गया है :
A. पियाजे के द्वारा
B. वायगोट्स्की के द्वारा
C. फ्रायड के द्वारा
D. ब्रॉनफेनब्रेनर के द्वारा

भाग-II

भाषा-I: हिन्दी

31. वर्णों की ध्वनिगत विशेषता के संदर्भ में निम्न में से कौन-सा युग्म सुमेलित ***नहीं*** है?

A. ताड़नजात – ड़ ढ़ B. ईषत्स्पृष्ट – श ष
C. विवृत्त – ज, झ D. ईषद् विवृत्त – य व

32. समास के संदर्भ में ***असंगत*** विकल्प को चुनिए :

A. समास में विग्रह वाक्य में प्रयुक्त विभक्ति चिह्न व अव्ययादि का लोप करने के उपरान्त शेष रहे दोनों पदों के मध्य संधि की जा सकती है।
B. हिंदी भाषा में समासों का प्रचलन सरल अभिव्यक्ति व भाषिक सौंदर्य की अभिवृद्धि के निमित्त किया जाता है।
C. पदों की प्रधानता व अप्रधानता के आधार पर समास के मुख्य रूप से छह भेद किए गए हैं।
D. तत्पुरुष का ही भेद कर्मधारय है तथा कर्मधारय का भेद द्विगु है।

33. कौन-सा शब्द कर्तृवाचक तृच् [ता] प्रत्यय के योग से निर्मित ***नहीं*** है?

A. रचयिता B. प्रदाता
C. व्याख्याता D. विद्वत्ता

34. संधि नियमानुसार प्रथम पद के अंतिम वर्ण 'म्' का योग 'क' से 'भ' तक किसी वर्ण में होगा तो 'म्' अंतिम पद के प्रथम वर्ण का पंचम वर्ण बनेगा। निम्न विकल्पों में से किस संधि शब्द का निर्माण उक्त नियम के तहत ***नहीं*** हुआ है?

A. हृदयङ्गम B. अकिञ्चन
C. दिङ्नाग D. दिवङ्गत

35. संरचना की दृष्टि से कौन-सा वाक्य सरल वाक्य ***नहीं*** है?

A. दूसरों के साथ मीठा बोलने वाले व्यक्ति सबके मन को भाते हैं।
B. पिताजी ने मुझसे कहा कि वे बहुत बीमार हैं।
C. स्वागतार्थ आए हुए लोगों से घिरे श्रीकृष्ण ने नगर में प्रवेश किया।
D. सभी आंदोलनकर्ता शांतिपूर्ण प्रदर्शन कर रहे थे।

36. कौन-सा शब्द वर्णागम संधि से निर्मित ***नहीं*** है?

A. आच्छादित B. परिष्क्रिया
C. प्रतिष्ठान D. संस्कृत

37. जो आँखों से परे है–के लिए कौन-सा शब्द ***सही*** है?

A. दर्शनीय B. इन्द्रियातीत
C. अकथनीय D. परोक्ष

38. शुद्ध वर्तनी वाला विकल्प चुनिए :

A. सौन्दर्यता B. पिशाचिनी
C. शुपर्णखा D. गार्हस्थ्य

39. उस सामासिक पद को छाँटिए जो कि दो भिन्न-भिन्न भाषाओं के मेल से निर्मित है :

A. आरामगाह B. राष्ट्रपिता
C. स्नानगृह D. जिलाधीश

40. निम्न विकल्पों में से कौन-सा विकल्प 'गिरि' का पर्याय ***नहीं*** है?

A. शैलजा B. महीधर
C. नग D. अद्रि

41. वर्णोच्चारणस्थल की दृष्टि से बेमेल को छाँटिए :

A. कंठनासिका – ङ B. कंठतालु – ए
C. दंतोष्ठ – फ़ D. दन्तनासिका – ण

42. 'पोखर' का तत्सम रूप है :

A. प्रखर B. पोषक
C. पुष्कर D. प्रवीण

43. किस विकल्प में दो उपसर्गों का योग ***नहीं*** है?

A. समाधि B. व्याधि
C. स्वागत D. अध्यापक

44. किस समस्तपद का विग्रह सम्यक् ***नहीं*** है?

A. अभूतपूर्व–जो पूर्व में नहीं हुआ हो।
B. अत्यावश्यक–आवश्यकता से परे।
C. अतीन्द्रिय–इन्द्रियों से अतीत (परे)।
D. निरामिष–आमिष से रहित।

45. किस शब्द में उपसर्ग व प्रत्यय दोनों का योग हुआ है?

A. पाशविक B. पारिवारिक
C. रासायनिक D. काल्पनिक

भाग-II

Language-II : English

46. Choose the ***correct*** option for the blanks given:

I was going to Rishikesh when on .... way I met .... European.

A. a, the B. the, a
C. the, the D. a, a

47. Delayed by an hour, he reached Leh when it was already quite dark.

The word 'delayed' in the above sentence is used as a/an:

A. Infinitive B. Present Participle
C. Past Participle D. Gerund

48. Choose the option in which the prefix 'un' is ***correctly*** used:

A. uncapable B. unpunctual
C. unpatient D. unregular

49. Which of the options given below is the ***correct*** passive form of the given sentence?
They crowned him king.

A. He was crowned king by us.
B. He crowned king.
C. He was crowned king.
D. He had been crowned king.

50. Choose the ***correct*** option for the blank given below:

Ever since my brother joined the company as the CEO, he .... for almost twelve hours a day.

A. was working B. had been working
C. worked D. has been working

51. Choose the sentence that is grammatically ***correct***:

A. New houses have being built for the homeless.
B. New houses have been built for the homeless.
C. New house have being built for the homeless.
D. New houses has being build for the homeless.

52. You should not .... unfair means even if you fail.

Fill in the blank using the ***correct*** option.

A. adopt B. adept
C. adapt D. adapted

53. Choose the ***correct*** indirect form of speech of the given sentence:

Father said to me, "Let the child play in the garden."

A. Father told me to let the child play in the garden.
B. Father said to me let the child play in the garden.
C. Father asked me to allow the child to play.
D. Father asked me not to allow the child to play in the garden.

54. Choose the ***correct*** option for the blank given:

A post without remuneration is a/an .... post.

A. Voluntary B. Sinecure
C. Honorary D. Involuntary

55. Choose the ***correct*** option for the blank in the sentence given below:

There has been a .... decline in the case of infanticide in some of the districts of Haryana.

A. signified
B. signify
C. significantly
D. significant

56. The match was stopped when it started raining:

The underlined group of words in the above sentence is a/an:

A. Adverb clause of place
B. Adverb clause of manner
C. Adverb clause of time
D. Adverb clause of reason

57. The present government has come up with fabulously novel schemes.

In the sentence the word 'Novel' is used as:

A. Verb B. Adjective
C. Noun D. Adverb

58. Choose the ***correct*** option which gives the correct meaning of the underlined idiom/phrase:

He wants his son to know the ropes of the trade.

A. To know the techniques or ways of doing a job
B. To know how to tie ropes
C. To know how to untie ropes
D. To know how to make ropes

59. Choose the ***correct*** antonym of the word 'Kindle':

A. Extinguish B. Light
C. Fade D. Burn

60. .... students had gathered in the quadrangle on the reopening day of the college.

Fill in the blank using the ***correct*** option.

A. Every B. Lot
C. Much D. Many

भाग-III

सामान्य अध्ययन–मात्रात्मक योग्यता, तार्किक अभिक्षमता तथा सामान्य ज्ञान एवं अभिज्ञान

61. यदि ताजे अंगूर में 95% पानी होता है और सूखे अंगूर में 5% पानी होता है, तो 400 ग्राम सूखे अंगूर प्राप्त करने के लिए कितने किलोग्राम ताजे अंगूर चाहिए?

A. 7.6 किलोग्राम B. 8 किलोग्राम
C. 8.2 किलोग्राम D. 7.2 किलोग्राम

62. दो अंकों की एक संख्या इस प्रकार है कि उसके अंकों का गुणनफल 12 है। जब इस संख्या में 36 जोड़ा जाता है तो दोनों अंक अपना स्थान परस्पर बदल लेते हैं। संख्या ज्ञात कीजिए :

A. 62 B. 60
C. 26 D. 20

63. किसी आयताकार हॉल की लम्बाई उसकी चौड़ाई की 4/3 गुनी है। यदि हॉल का क्षेत्रफल 300 वर्ग मीटर हो, तो हॉल की लम्बाई और चौड़ाई में कितना अन्तर है?

A. 20 मीटर　　B. 4 मीटर
C. 3 मीटर　　D. 5 मीटर

64. θ का मान ज्ञात कीजिए :

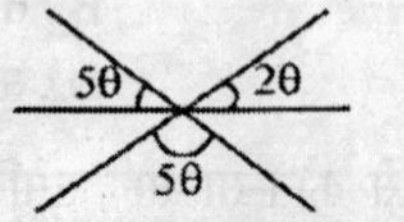

A. 15°　　B. 60°
C. 90°　　D. 45°

65. एक नदी 4 किमी/घंटा से बहती है। एक नाव की अनुप्रवाह में गति उसकी ऊर्ध्वप्रवाह में गति की तीन गुनी है। रुके पानी में नाव की गति ज्ञात कीजिए।

A. 8 किमी./घंटा　　B. 4 किमी./घंटा
C. 6 किमी./घंटा　　D. 12 किमी./घंटा

66. A और B ने ₹ 1210 का एक लाभ इस प्रकार बांटा कि A के हिस्से का $\frac{2}{5}$ भाग B के हिस्से के $\frac{1}{3}$ भाग के बराबर है। B को कितना धन मिला?

A. ₹ 550　　B. ₹ 560
C. ₹ 650　　D. ₹ 660

67. दिए गए चित्र में त्रिभुजों की संख्या ज्ञात कीजिए :

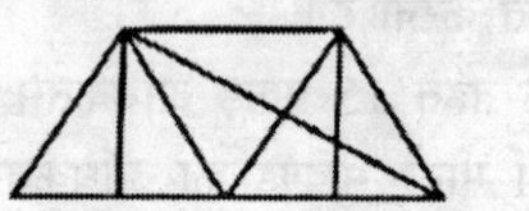

A. 18　　B. 19
C. 20　　D. 21

68. जब दिए गए चित्र को मोड़कर एक घन का आकार दिया जाता है तो तीन बिन्दुओं के फलक के सामने फलक पर कितने बिन्दु होंगे?

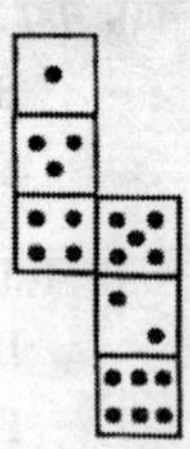

A. 2　　B. 4
C. 5　　D. 6

69. **कथन :**

1. A और B दोस्त हैं।
2. B की दोस्ती सभी से है।
3. A के बहुत से शत्रु हैं।
4. A और C एक-दूसरे को पसंद नहीं करते।

निष्कर्ष :

I. A और C दोनों B के दोस्त हैं।
II. A के दोस्तों के साथ B की दोस्ती है।
III. C और B दोस्त हैं।
IV. A, B और C तीनों दोस्त हैं।

तो निम्न में से कौन-से सही निष्कर्ष हैं?

A. I और II　　B. II और III
C. I, II, III और IV　　D. I, II और III

70. अपने घर से शुरू करते हुए सविता पश्चिम की ओर 8 मी. गई फिर दाएँ मुड़ी और 15 मी. चली। फिर वह पूर्व की ओर 20 मी. गई इसके बाद हॉस्टल पहुँचने के लिए 20 मी. दक्षिण चली। उसका घर उसके हॉस्टल से कितना दूर है और किस दिशा में है?

A. 13 मी., उत्तर-पश्चिम　　B. 13 मी., दक्षिण-पूर्व
C. 28 मी., उत्तर-पश्चिम　　D. 15 मी., दक्षिण-पश्चिम

71. आकाश सीमा के घर जाता है जो गीता की पड़ोसन है। गीता के एक पुत्री मीना है जो स्कूल में पढ़ती है। अरमान, अमन का पिता है और अंजलि से विवाह किया है। अरमान की बहन गीता है, तो गीता का अंजलि से क्या रिश्ता है?

A. बहन　　B. ननद
C. आंटी　　D. सास

72. यदि □ का मतलब "<", Δ का मतलब ">", ○ का मतलब "=" और $2x \,\Delta\, 3y$, $2y$ ○ z, तो कौन-सा सही है?

A. x □ z　　B. $4x$ □ $3z$
C. $x \,\Delta\, z$　　D. $4x \,\Delta\, 3z$

73. यदि HEATER का कूट शब्द KBDQHO और AIRY का कूट शब्द DFUB है, तो COOLER का कूट शब्द है :

A. FLRIHO　　B. ALRIHV
C. FRLIHO　　D. FLLIHO

74. शृंखला में त्रुटिपूर्ण संख्या ज्ञात कीजिए :
3, 3, 6, 18, 72, 380, 2160

A. 3　　B. 18
C. 72　　D. 380

75. निम्न में से कौन-सा शब्द "VENTURESOME" के अक्षरों का प्रयोग करते हुए बनाया जा सकता है?

A. ROSTRUM　　B. SERMOUNT
C. TRAVERSER　　D. SEVENTEEN

76. DIFFICULT शब्द के अक्षरों के कितने ऐसे युग्म हैं जिनके बीच उतने ही अक्षर हैं जितने कि अंग्रेजी वर्णमाला में होते हैं?

A. 5　　B. 4
C. 2　　D. 3

77. यदि $\frac{1-9y}{19-3y}=\frac{5}{8}$, तो y बराबर है :

A. $\pm\frac{39}{19}$　　B. $\frac{19}{29}$
C. $-\frac{29}{19}$　　D. $\frac{29}{19}$

78. प्रत्येक 21, 36 और 66 से पूर्ण विभाजित होने वाला न्यूनतम पूर्ण वर्ग है :

A. 231444 B. 214344
C. 213444 D. 214434

79. पाँच वर्ष पूर्व, A की आयु B की आयु से दुगुनी थी। पाँच वर्ष बाद, उनकी आयु का अनुपात 3 : 2 होगा। उनकी वर्तमान आयु है :

A. 15 वर्ष और 10 वर्ष B. 45 वर्ष और 35 वर्ष
C. 19 वर्ष और 12 वर्ष D. 25 वर्ष और 15 वर्ष

80. एक व्यक्ति P स्थान से Q स्थान के लिए 5 AM पर रवाना होता है और 9 AM पर पहुँचता है। दूसरा व्यक्ति उसी रास्ते पर Q से P के लिए 6 AM पर रवाना होता है और 10 AM पर पहुँचता है। वे एक-दूसरे से _______ पर मिलेंगे।

A. 8 AM B. 8 : 30 AM
C. 7 AM D. 7 : 30 AM

81. '2016 के ग्रीष्म पैरालंपिक' में हरियाणा मूल के कितने एथलीट/एथलीटों ने पदक जीता?

A. एक B. दो
C. तीन D. किसी ने नहीं

82. निम्नलिखित में से कौन हरियाणा के राज्यपाल ***नहीं*** थे?

A. बी.एन. चक्रवर्ती
B. हरचरण सिंह बरार
C. शिवराज पाटिल
D. धानिक लाल मण्डल

83. सुमेलित कीजिए :

अभयारण्य	**जिला**
(*a*) खापरवास	(*i*) झज्जर
(*b*) नाहर	(*ii*) रेवाड़ी
(*c*) बिर शिकारगढ़	(*iii*) पंचकुला
(*d*) अबूबशहर	(*iv*) सिरसा

कूट :

	(*a*)	(*b*)	(*c*)	(*d*)
A.	(*i*)	(*ii*)	(*iii*)	(*iv*)
B.	(*ii*)	(*i*)	(*iii*)	(*iv*)
C.	(*iv*)	(*ii*)	(*iii*)	(*i*)
D.	(*ii*)	(*iii*)	(*i*)	(*iv*)

84. 2011 की जनगणना के आधार पर हरियाणा की दशकीय जनसंख्या वृद्धि दर है :

A. 17.64% B. 28.43%
C. 21.34% D. 19.90%

85. 1 नवम्बर, 2017 को हरियाणा की तेरहवीं विधान सभा में महिला सदस्यों की संख्या कितनी है?

A. बारह B. तेरह
C. बाईस D. सोलह

86. निम्नलिखित में से कौन-सा सही सुमेलित ***नहीं*** है?

1857 की क्रांति के नेता		**कार्य क्षेत्र**
A. सदरुद्दीन	–	मेवात
B. नाहर सिंह	–	बल्लभगढ़
C. गफूर अली	–	पटौदी
D. अहमद अली	–	फर्रुखनगर

87. 'हथकरघा का शहर' है :

A. अंबाला B. फरीदाबाद
C. हिसार D. पानीपत

88. 'दीन दयाल जन आवास योजना' के बारे में अधोलिखित कथनों पर विचार कीजिए :

(*i*) योजना निम्न और मध्यम संभावना के शहरों के लिए प्रयोज्य है।

(*ii*) नीति का उद्देश्य शहरों में कम कीमत के आवासन विकास को प्रोत्साहित करना है।

(*iii*) नीति के तहत 15 एकड़ अधिकतम परियोजित क्षेत्र होगा।

(*iv*) 150 वर्ग मीटर भूखण्ड का अधिकतम आकार होगा।

उपर्युक्त में से कौन-से कथन ***सत्य*** हैं?

A. (*i*) तथा (*ii*) B. (*ii*) तथा (*iii*)
C. (*i*), (*ii*) तथा (*iii*) D. (*i*), (*ii*), (*iii*) तथा (*iv*)

89. वह जिला, जहाँ यमुना नदी ***नहीं*** बहती है :

A. कुरुक्षेत्र B. पानीपत
C. सोनीपत D. पलवल

90. 'मैंगो मेला' आयोजित किया जाता है :

A. पिन्जौर में B. सूरजकुण्ड में
C. सोहना में D. गोहाना में

भाग-IV

हिन्दी

निर्देशः *निम्नलिखित प्रश्नों के उत्तर देने के लिए सबसे उचित विकल्प चुनिए।*

91. निम्नांकित किस विकल्प में संधि व समास दोनों का प्रयोग हुआ है?

A. यथाविधि B. पाणिपल्लव
C. बलाहक D. पुंडरीकाक्ष

92. निम्न में से किस विकल्प में 'य' प्रत्यय का प्रयोग ***नहीं*** हुआ है?

A. वैधुर्य B. द्रष्टव्य
C. लौकर्य D. सौलभ्य

143. 'बिहारी बड़े कि देव' का विवाद हिन्दी साहित्य के आधुनिक काल के किन आलोचकों के बीच चला था?
A. रामचंद्र शुक्ल और मिश्रबंधु
B. हजारी प्रसाद द्विवेदी और मिश्रबंधु
C. मिश्रबंधु और पद्मसिंह शर्मा
D. पद्मसिंह शर्मा और नंददुलारे वाजपेयी

144. *'कोमल शब्द निबंत सुबृत। अलंकारमय मोहन चित्त।*
काव्य सुपद्धति सोभा गहे। इनके बाहुपाश कवि कहें।

काव्य संबंधी उक्त स्थापना किस कवि द्वारा प्रतिपादित है?
A. कुलपति मिश्र B. चिंतामणि
C. केशवदास D. देव

145. 'बिहारी बिहार' में बिहारी के दोहों का कुण्डलिया छंद में विस्तार किया गया है। प्रस्तुत काव्य-कृति के कवि का नाम है:
A. अम्बिकादत्त व्यास
B. जगमोहन सिंह
C. राधाकृष्णदास
D. राधाचरण गोस्वामी

146. निम्न में से कौन-सा वाक्य सार्वनामिक विशेषण ***नहीं*** हो सकता?
A. मैं कमला आज से यह संकल्प लेती हूँ।
B. वह व्यक्ति अपने काम से काम रखता है।
C. कौन राक्षस इन तपस्वियों की तपस्या में विघ्न पैदा कर रहा है।
D. कुछ लोग हर कार्य को संदेह की दृष्टि से देखते हैं।

147. केशवदास को भाषा का मिल्टन किसने कहा है?
A. ग्रियर्सन B. गार्सा द तांसी
C. मिश्रबंधु D. हजारी प्रसाद द्विवेदी

148. 'जख्म पर धूल' किस कवि की रचना है?
A. मलयज B. मंगलेश डबराल
C. रणजीत D. श्याम विमल

149. 'हठयोग' के संबंध में निम्न में से कौन-सा कथन ***असंगत*** है?
A. हठयोग की साधना में पाशुपत और वैष्णव मत का प्रभाव है।
B. उक्त सिद्धांतानुसार महाकुंडलिनी संपूर्ण सृष्टि में परिव्याप्त है।
C. गोरखनाथ द्वारा प्रवर्तित हठयोग में 'ह' सूर्य तथा 'ठ' चंद्रमा का वाचक है।
D. कबीर आदि संत कवियों के काव्य में अभिव्यक्त रहस्यवाद की पूर्णपीठिका 'हठयोग' है।

150. किस सम्प्रदाय विशेष में श्रीकृष्ण का स्थान प्रमुख नहीं है अपितु उस सम्प्रदाय विशेष में राधा को विशिष्ट स्थान प्राप्त है?
A. गौड़ीय सम्प्रदाय B. सखी सम्प्रदाय
C. निम्बार्क सम्प्रदाय D. राधावल्लभ सम्प्रदाय

उत्तरमाला

1	2	3	4	5	6	7	8	9	10
B	A	B	C	B	B	B	C	B	A
11	**12**	**13**	**14**	**15**	**16**	**17**	**18**	**19**	**20**
B	C	B	B	B	B	A	A	C	B
21	**22**	**23**	**24**	**25**	**26**	**27**	**28**	**29**	**30**
B	B	B	C	C	C	D	C	B	B
31	**32**	**33**	**34**	**35**	**36**	**37**	**38**	**39**	**40**
C	C	D	C	B	C	D	B & D	D	A
41	**42**	**43**	**44**	**45**	**46**	**47**	**48**	**49**	**50**
D	C	D	B	B	B	C	B	C	D
51	**52**	**53**	**54**	**55**	**56**	**57**	**58**	**59**	**60**
B	A	A	C	D	C	B	A	A	D
61	**62**	**63**	**64**	**65**	**66**	**67**	**68**	**69**	**70**
A	C	D	A	A	D	B	A	D	A
71	**72**	**73**	**74**	**75**	**76**	**77**	**78**	**79**	**80**
B	D	A	D	B	D	C	C	D	D
81	**82**	**83**	**84**	**85**	**86**	**87**	**88**	**89**	**90**
A	C	A	D	B	C	D	D	A	A
91	**92**	**93**	**94**	**95**	**96**	**97**	**98**	**99**	**100**
D	B	B	B	D	C	B	A	D	B
101	**102**	**103**	**104**	**105**	**106**	**107**	**108**	**109**	**110**
C	C	D	C	C	D	D	D	C	C

126. उर्दू में 'रसा' नाम से हिन्दी के कौन-से कवि कविता करते थे?
A. बद्रीनारायण चौधरी 'प्रेमघन'
B. भारतेंदु हरिश्चंद्र
C. बालकृष्ण भट्ट
D. अयोध्या सिंह उपाध्याय 'हरिऔध'

127. विधान करने वाले शब्दों की विशेषता बनाने वाले शब्दों को व्याकरण में कहा जाता है :
A. विशेषण B. सार्वनामिक विशेषण
C. परिमाणवाचक विशेषण D. क्रिया विशेषण

128. निम्न में से किस काव्य-ग्रंथ में विभिन्न प्रदेश की बोलियों का वर्णन करते हुए उनकी बोलियों के उदाहरण दिए गए हैं?
A. कीर्तिलता B. राउलबेल
C. कीर्तिपताका D. रेवन्तगिरिरास

129. 'पचरंग चोला पहन सखी री' पुस्तक में मीरा के चरित्र को नए दृष्टिकोण से देखने का प्रयास किया गया है। उपर्युक्त पुस्तक के रचयिता हैं :
A. उदयन वाजपेयी B. माधव हाड़ा
C. नमिता सिंह D. वीरभारत तलवार

130. 'उदयभान चरित' किस रचना का दूसरा नाम है?
A. राजा भोज का सपना B. रानी केतकी की कहानी
C. भारतजननी D. लालचंद्रिका

131. 'हिंदी के विकास में अपभ्रंश का योगदान' नामक ग्रंथ के रचयिता हैं?
A. आचार्य हजारी प्रसाद द्विवेदी
B. विश्वनाथ त्रिपाठी
C. डॉ. नामवर सिंह
D. डॉ. गणपति चंद्र गुप्त

132. हाल ही में प्रकाशित आलोचनात्मक पुस्तक 'गैर-दलित' जिसमें महत्वपूर्ण दलित कहानी व उपन्यासों की चर्चा की गई है, के रचयिता हैं :
A. प्रोफेसर चमनलाल B. जयप्रकाश लीलवान
C. डॉ. शरण कुमार लिम्बाले D. बजरंग बिहारी तिवारी

133. हरिशंकर परसाई के निबंधों में जो बात मुख्य रूप से परिलक्षित होती है, वह है :
A. भारतीय राजनीति का ह्रास
B. सामाजिक चेतना का गिरता स्तर
C. भारतीय संस्कृति का गौरवशाली रूप
D. मूल्यगत विसंगतियाँ

134. प्रयोगवाद का प्रवर्तन भले ही 'अज्ञेय' ने किया हो, लेकिन इस शब्द का प्रयोग सर्वप्रथम किया था :
A. प्रभाकर माचवे ने
B. नेमिचंद्र जैन ने
C. नंददुलारे वाजपेयी ने
D. भवानीप्रसाद मिश्र ने

135. काशी से प्रकाशित होने वाले 'बनारस अखबार' के प्रधान संपादक निम्न में से कौन थे?
A. भारतेन्दु हरिश्चन्द्र
B. राजा लक्ष्मण सिंह
C. लल्लूलाल
D. शिवप्रसाद 'सितारेहिन्द'

136. *'हम सागर के धवल हास हैं, जल के धूम, गगन की धूल।*
अनिल फेन ऊषा के पल्लव, वारि-वसन, वसुधा के मूल॥

सुमित्रानंदन पंत की इन काव्य-पंक्तियों में किस अलंकार का प्रयोग किया गया है?
A. उल्लेख अलंकार
B. काव्यलिंग अलंकार
C. मानवीकरण अलंकार
D. उत्प्रेक्षा अलंकार

137. अपभ्रंश भाषा के संबंध में ***असंगत*** कथन को छाँटिए :
A. अपभ्रंश साहित्य का युग छठी शताब्दी से चौदहवीं शताब्दी तक माना जा सकता है।
B. जितनी प्राकृत भाषाएँ थीं, वे सब मृत होकर साहित्यिक रूप में जीवित रहीं। उन्हीं का बोलचाल में प्रयोग अपभ्रंश के रूप में होने लगा।
C. 'राउलबेल' 14वीं शती का शिलांकित भाषा-काव्य है।
D. पं. दामोदर द्वारा विरचित 'उक्ति व्यक्ति प्रकरण' का रचना-काल 12वीं सदी का पूर्वार्द्ध है।

138. *प्रियपति वह मेरा, प्राण प्यारा कहाँ है?*

प्रस्तुत काव्य-पंक्ति में प्रयुक्त छंद है :
A. शिखरिणी B. मंदाक्रान्ता
C. मालिनी D. वसन्ततिलका

139. विलोम की दृष्टि से निम्न में से कौन-सा विकल्प ***असुमेलित*** है?
A. निश्चेष्ट-सचेष्ट B. सात्विक-राजसिक
C. औदार्य-अनौदार्य D. आदिष्ट-निर्दिष्ट

140. किस विकल्प में संधि संबंधी अशुद्धि है?
A. सधार्य B. अहोरूप
C. षड्यंत्र D. भ्रातनुमति

141. राजा लक्ष्मणसिंह द्वारा किन दो ग्रंथों के विशुद्ध हिन्दी अनुवाद के पश्चात् हिन्दी के तत्सम प्रधान या उर्दू-फारसी प्रधान होने का विवाद उत्पन्न हुआ?
A. अभिज्ञानशाकुन्तलम् व रघुवंश
B. रामचरितमानस व विनयपत्रिका
C. रामायण व कठोपनिषद्
D. वेद व गीता

142. किस विकल्प में 'चागम व्यंजन संधि' का प्रयोग ***नहीं*** हुआ है?
A. विच्छेद B. विच्छेदित
C. स्वच्छता D. प्रतिच्छवि

110. चरित काव्यों के संदर्भ में ***असंगत*** विकल्प को चुनिए :
A. चरित काव्यों के अतिरिक्त जैन कवियों ने मुक्तक शैली में अनेक काव्यों की रचना की।
B. परमात्म प्रकाश, योगसार, वैराग्यसार आदि इसी काव्य शैली की रचनाएँ हैं।
C. इन काव्यों में नीतिपरकोपदेश गौण है तथा शृंगार के भेदोपभेदों का प्रतिपादन साखियों के रूप में किया गया है।
D. जैन कवियों की इसी मुक्तक शैली का विकास आगे हिन्दी के संत कवियों में देखा जाता है।

111. *''बड़े न हूजे गुनन बिन, बिरद बड़ाई पाय।*
कहत धतूरे सों कनक, गहनो गढ़ो न जाय॥''
उक्त दोहे में कौन-सा अलंकार प्रयुक्त हुआ है?
A. वक्रोक्ति B. निदर्शना
C. अर्थान्तरन्यास D. अन्योक्ति

112. बिहारी सतसई पर 'फिरंगे सतसई' नाम से ही फारसी भाषा में एक टीका लिखी गई, जिसके टीकाकार हैं :
A. अमीर खुसरो
B. मिर्जा गालिब
C. आनंदीलाल शर्मा जोशी
D. फिराक गोरखपुरी

113. *'लहरों में प्यास भरी है, है भंवर पात्र भी खाली*
मानस का सब रस पीकर, लुढ़का दी तुमने प्याली।'
उपर्युक्त पंक्ति किस काव्य-ग्रंथ से ली गई है?
A. मधुशाला B. कामायनी
C. प्रेम-पथिक D. आँसू

114. ''जब रचनात्मक साहित्य पुराने पैटर्न को तोड़कर नया बनता है, तो साहित्य के इतिहास पर वह क्यों न लागू हो? नया पैटर्न बनाना खतरे से खाली नहीं है। नया इतिहास लिखने के लिए खतरा उठाना ही होगा।''
यह उद्धरण किस लेखक का है?
A. नामवर सिंह B. रामविलास शर्मा
C. श्यामसुंदर दास D. डॉ. बच्चन सिंह

115. *नयना अंतर आव हूँ, नयन झांपि तोहि लेऊँ।*
ना मैं देखूँ और को, ना तोहि देखन देऊँ॥
प्रेम के मनोविज्ञान को उद्घाटित करती ये पंक्तियाँ किस कवि की हैं?
A. मतिराम B. केशवदास
C. बिहारी D. कबीर

116. 'छायावाद' किसकी दृष्टि में विलायती अभिव्यंजनावाद का नया संस्करण है?
A. महादेवी वर्मा
B. डॉ. नगेन्द्र
C. आचार्य रामचंद्र शुक्ल
D. महावीर प्रसाद द्विवेदी

117. वरिष्ठ कथाकार 'हृदयेश' की अंतिम रचना कौन-सी है?
A. उसी जंगल समय में B. अंधेरी गली का रास्ता
C. चुनावी माहौल और देश D. जोखिम

118. 'महत्' शब्द विशेषण की मूल अवस्था का सूचक है। इस शब्द की विशेषता हेतु कौन-सा शब्द सर्वाधिक ***अनुपयुक्त*** है?
A. महान B. महानता
C. महत्ता D. महानतम

119. तुलसीदास के विषय में ***असंगत*** विकल्प छाँटिए :
A. तुलसी ने कलियुग का वर्णन विशेष रूप से कवितावली और रामचरितमानस के किष्किंधा कांड में किया है।
B. रामचरित में तुलसी की करुणा रामानोन्मुख है, जबकि विनयपत्रिका में यही करुणा आत्मोन्मुख बन गई है।
C. तुलसीकृत रामाज्ञा प्रश्नावली शकुन विचारने की पुस्तक है।
D. *'मातु-पिता जग जाइ तज्यो,*
विधि हूँ न लिखी कछु भाल भलाई'
पंक्तियाँ तुलसी के बचपन की घोर दरिद्रता एवं असहायवस्था की ओर संकेत करती हैं।

120. बनारस सेन्ट्रल हिन्दू कॉलेज की स्थापना का श्रेय किसे प्राप्त है?
A. कमलापति त्रिपाठी B. सर्वपल्ली राधाकृष्णन्
C. मदनमोहन मालवीय D. श्रीमती एनी बेसेंट

121. कौन-सा समस्त पद मूलतः 'अलुक् तत्पुरुष' का उदाहरण है?
A. वाचस्पति B. राष्ट्रपति
C. भूपति D. क्षितिपति

122. संत कवि नाभादास के विषय में ***असंगत*** कथन को चुनिए :
A. नाभादास रामानंद की शिष्य परंपरा में विष्णुदास पयहारी के शिष्य थे।
B. नाभादास के प्रसिद्ध ग्रंथ भक्तमाल का अभूतपूर्व ऐतिहासिक महत्व है।
C. भक्तमाल की टीका प्रियादास ने 1712 में लिखी।
D. नाभादास ने 'निर अंकुश अति निडर रसिक जस रचना गायो' मीरा के संदर्भ में कहा है।

123. निम्नलिखित में से कौन-सा यात्रावृत्त मोहन राकेश का लिखा हुआहै?
A. सूखे सुनसान नालों में
B. आखिरी चट्टान तक
C. धूप में सोई नदी
D. अरे यायावर याद रहेगा?

124. ध्वनिवादी आचार्यों ने 'ध्वनि' के स्वरूप को मूलतः ग्रहण किया है :
A. नैयायिकों के परमाणुवाद से
B. वैयाकरणों के स्फोटवाद से
C. सांख्यिकों के प्रकृतिवाद से
D. वेदांतियों के विवर्तवाद से

125. किस शब्द में 'आ' उपसर्ग का प्रयोग हुआ है?
A. आधुनिक B. आवश्यक
C. आरण्यक D. सदाचरण

93. निम्न कृतियों को उनके कृतिकारों के साथ सुमेलित करें :

(क) भंवरगीत	1. रहीम
(ख) भ्रमरगीत	2. तुलसीदास
(ग) श्रीकृष्णगीतावली	3. सूरदास
(घ) भद्रनाष्टक	4. नंददास

	(क)	(ख)	(ग)	(घ)
A.	1	2	3	4
B.	4	3	2	1
C.	4	3	1	2
D.	1	3	4	2

94. सुमित्रानंदन पंत की उक्त रचनाओं में से उत्तरवर्ती रचना कौन-सी है?

A. ग्राम्या B. स्वर्णधूलि
C. युगांत D. ज्योत्सना

95. किस शब्द में कर्मधारय समास ***नहीं*** है?

A. कुशासन B. मुनिवर
C. कीर्तिलता D. पर्वतारोहण

96. निम्न में से कौन-सा कालखंड जॉर्ज ग्रियर्सन द्वारा निर्दिष्ट काल-विभाजन में ***नहीं*** है?

A. चारण काल B. रीति-काव्य
C. पूर्वालंकृत काल D. मुगल दरबार

97. 'रस' के संदर्भ में कौन-सा कथन अप्रासंगिक है?

A. काव्य रसों में स्थायी भाव केन्द्रीय तत्व है, विभाव संदर्भ है तो अनुमान माध्यम है।
B. आलम्बन परिवेश तथा उद्दीपन प्रेरक तत्व का कार्य करते हैं।
C. रस निष्पत्ति का मूल सूत्र आचार्य भरत मुनि ने प्रतिपादित किया था।
D. भट्टलोल्लट ने अपनी रस संबंधिनी विवेचना में निष्पत्ति का अर्थ उत्पत्ति माना है।

98. निम्नलिखित किस विकल्प में नामधातु क्रिया है?

A. बतियाना B. मचमचाना
C. बिलखना D. बिटवाना

99. 'दुनिया में नाम कमाने के लिए/कभी कोई फूल नहीं खिलता है।'
प्रस्तुत काव्य पंक्तियाँ किस कवि द्वारा रचित हैं?

A. केदारनाथ सिंह B. केदारनाथ अग्रवाल
C. शमशेर बहादुर सिंह D. गजानन माधव मुक्तिबोध

100. अज्ञेय का प्रथम काव्य संग्रह 'भग्न दूत' किस वर्ष में प्रकाशित हुआ था?

A. 1923 B. 1933
C. 1943 D. 1953

101. शमशेर बहादुर सिंह को उनकी किस रचना पर साहित्य अकादमी पुरस्कार से सम्मानित किया गया?

A. काल तुझसे है होड़ मेरी B. टूटी हुई बिखरी हुई
C. चुका भी नहीं हूँ मैं D. कुछ और कविताएँ

102. प्रसाद के 'प्रेम-पथिक' काव्य-ग्रंथ के संबंध में ***असंगत*** विकल्प छाँटिए :

A. प्रसाद का प्रेम-पथिक काव्य मूल रूप से ब्रज भाषा में लिखा गया था।
B. इस ग्रंथ का प्रथम अंक 'इन्दु' में प्रकाशित हुआ।
C. इसी का परिवर्धित संस्करण खड़ी बोली में सन् 1912 ई. में प्रकाशित हुआ।
D. 'प्रेम-पथिक' प्रणय-सौन्दर्य का अनूठा दृष्टान्त लेकर जनमानस को कर्मवाद की महत्ता से ओत-प्रोत करता है।

103. निम्न में से चन्द्रकांत देवताले की रचना कौन-सी नहीं है?

A. पत्थर फेंक रहा हूँ B. भूखण्ड तप रहा है
C. सुकरात का घाव D. मुक्ति प्रसंग

104. स्त्री-विमर्श की प्रमुख हस्ताक्षर कृष्णा सोबती की निम्नलिखित रचनाओं को कालक्रमानुसार व्यवस्थित कीजिए :

A. मित्रो मरजानी, जिन्दगीनामा, दिलोदानिश, सूरजमुखी अँधेरे के
B. दिलोदानिश, जिन्दगीनामा, मित्रो मरजानी, सूरजमुखी अँधेरे के
C. मित्रो मरजानी, सूरजमुखी अँधेरे के, जिन्दगीनामा, दिलोदानिश
D. दिलोदानिश, मित्रो मरजानी, जिन्दगीनामा, सूरजमुखी अँधेरे के

105. निम्नलिखित ग्रंथों को रचनाकाल के आरोही क्रम में व्यवस्थित कीजिए :

A. रस मंजरी, अलंकार चंद्रिका, शृङ्गार सागर, साहित्य लहरी
B. साहित्य लहरी, अलंकार चंद्रिका, शृङ्गार सागर, रस मंजरी
C. साहित्य लहरी, रस मंजरी, अलंकार चंद्रिका, शृङ्गार सागर
D. रस मंजरी, साहित्य लहरी, शृङ्गार सागर, अलंकार चंद्रिका

106. निम्नांकित किस विकल्प में विशेषण से निर्मित भाववाचक संज्ञा ***नहीं*** है?

A. महत्ता B. चतुराई
C. औदार्य D. कपड़ाईंद

107. शब्द संरचना की दृष्टि से किस विकल्प में संकर शब्द का प्रयोग ***नहीं*** किया गया है?

A. लाठीचार्ज B. घुड़सवार
C. राजमहल D. स्वामिभक्त

108. जिस स्वर के उच्चारण में जिह्वा का मध्य भाग सक्रिय रहता है उसे मध्य स्वर कहा जाता है। निम्न में से कौन-सा स्वर मध्य स्वर की श्रेणी में आएगा?

A. आ B. ऋ
C. ओ D. अ

109. गजानन माधव मुक्तिबोध की किस पुस्तक को प्रतिबंधित किया गया था?

A. विपात्र
B. चाँद का मुँह टेढ़ा है
C. भारतीय इतिहास और संस्कृति
D. एक साहित्यिक की डायरी

111	112	113	114	115	116	117	118	119	120
C	C	D	D	D	C	C	C	A	D
121	122	123	124	125	126	127	128	129	130
A	A	B	B	D	B	D	B	B	B
131	132	133	134	135	136	137	138	139	140
C	C	D	C	D	A	C	C	B	C
141	142	143	144	145	146	147	148	149	150
A	C	C	C	A	A	C	A	A	D

व्याख्यात्मक उत्तर

61. ताजे अंगूर = पानी + पल्प

$(95\% + 5\%) \times 19$

$= 1900\%$

सूखे अंगूर = $5\% + 95\% = 100\%$

100% का मान = 400 ग्राम

1900% का मान = $\frac{400}{100} \times 1900$

= 7600 ग्राम

= 7.6 किलोग्राम

62. माना संख्या = $10x + y$

$$xy = 12$$

$$(10x + y) + 36 = (10y + x)$$

$$9x - 9y = -36$$

$$x - y = -4 \quad ...(i)$$

$$x + y = \sqrt{(x-y)^2 + 4xy}$$

$$= \sqrt{16+48} = \sqrt{64}$$

$$x + y = 8 \quad ...(ii)$$

समीकरण (*i*) और समीकरण (*ii*) को हल करने पर,

$$x = 2, y = 6$$

$\therefore$ संख्या = $10 \times 2 + 6 = 26$.

63. माना हॉल की चौड़ाई = x

तब, हॉल की लम्बाई = $\frac{4}{3}x$

आयताकार हॉल का क्षेत्रफल = $l \times b$

$$x \times \frac{4}{3}x = 300$$

$$x^2 = \frac{900}{4}$$

चौड़ाई $x = \frac{30}{2} = 15$ मीटर

लम्बाई = $\frac{4}{3}x = \frac{4}{3} \times 15 = 20$ मीटर

अन्तर = $20 - 15 = 5$ मीटर

64. $x° = 5\theta$ (सम्मुख कोण)

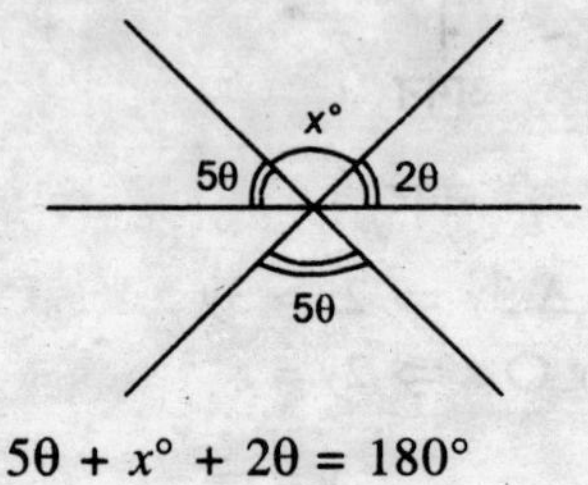

$\therefore$
$$5\theta + x° + 2\theta = 180°$$

$$5\theta + 5\theta + 2\theta = 180°$$

$$12\theta = 180°$$

$$\theta = 15°.$$

65. माना नाव की शान्त जल में चाल = x किमी./घं.

$$x + 4 = 3(x - 4)$$

$$x + 4 = 3x - 12$$

$$16 = 2x$$

$x = 8$ किमी./घं.

66.
$$\frac{2}{5} \times A = \frac{1}{3} \times B$$

$$\frac{A}{B} = \frac{5}{6}$$

B प्राप्त करता है = $1210 \times \frac{6}{11} = 660.$

67.

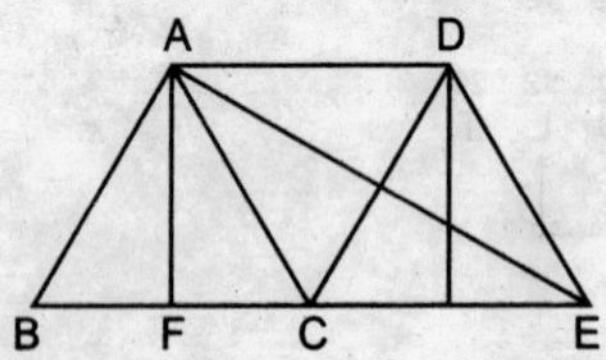

आधार चित्र

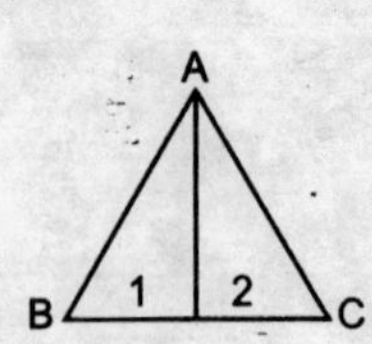

= 1 + 2 + 3

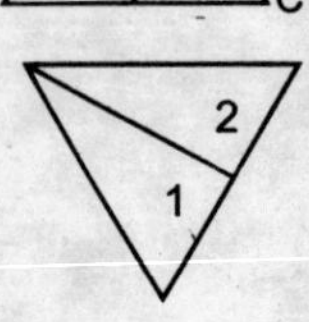

= 3

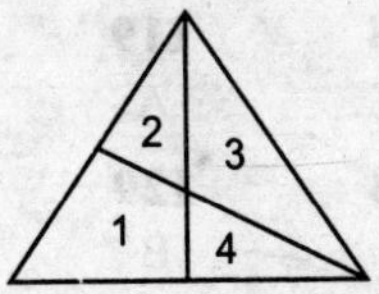

$= 1 + 2 + 3 + 4 = 10$

कुल $\Delta = 3 + 3 + 10 + 1(\Delta ABC)$
$+ 1(AFE) + 1(ACE)$
$= 19.$

71.

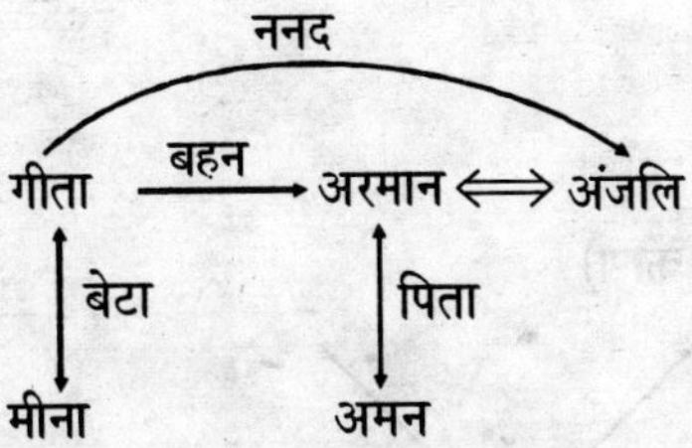

गीता, अंजलि की ननद है।

72. $2x \,\Delta\, 3y \Rightarrow 2x > 3y$

$2y \bigcirc z \Rightarrow 2y = z$

$y = \frac{z}{2}$

$2x > 3 \times \frac{z}{2}$

$4x > 3z$

$4x \,\Delta\, 3z.$

73. जैसे H E A T E R → (+3, –3, +3, –3, +3, –3) → K B D Q H O

A I R Y → (+3, –3, +3, –3) → D F U B

इसी प्रकार, C O O L E R → (+3, –3, +3, –3, +3, –3) → **F L R I H O**

74. 3 → 3 → 6 → 18 → 72 → **360** → 2160

(×1, ×2, ×3, ×4, ×5, ×6)

अतः 380 शृंखला में त्रुटिपूर्ण संख्या है।

76.

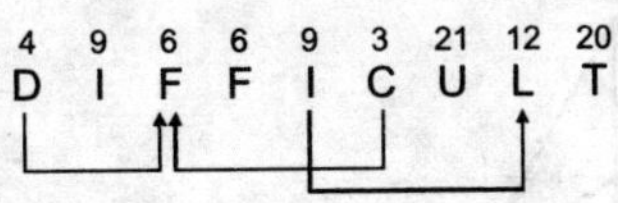

77. $\frac{1-9y}{19-3y} = \frac{5}{8}$

$8 - 72y = 95 - 15y$

$-57y = 87$

$y = -\frac{87}{57} = -\frac{29}{19}.$

78. लघुत्तम समापवर्तक (21, 36, 66) = 2772

$(462)^2 = 213444$, 2772 से विभाजित है।

79. माना A और B की वर्तमान आयु क्रमशः x और y हैं।

$(x - 5) = 2(y - 5)$

$x - 2y = -5$ ...(*i*)

$\frac{x+5}{y+5} = \frac{3}{2}$

$2x + 10 = 3y + 15$

$2x - 3y = 5$ ...(*ii*)

समीकरण (*i*) × 2 – समीकरण (*ii*) हम पाते हैं,

$-y = -15$

$y = 15$

समीकरण (*i*) में रखने पर,

$x - 30 = -5$

$x = 25$

अतः x और y की वर्तमान आयु क्रमशः 25 वर्ष और 15 वर्ष हैं।

80.

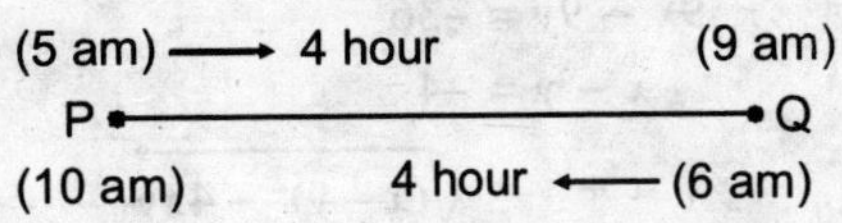

∵ इसका अर्थ है कि दोनों व्यक्तियों की गति एक समान है। दोनों अपनी मंजिल पर पहुँचने के लिए बराबर समय लेते हैं।

∴ समय $= 6\text{ AM} + \frac{(9\text{ AM} - 6\text{ AM})}{2}$

$= 6\text{ AM} + \frac{3}{2}$

= 6 AM + 1 घंटा 30 मिनट

= 7 : 30 AM.

बाल विकास एवं शिक्षा शास्त्र

CHILD DEVELOPMENT AND PEDAGOGY

1. विकास एवं अधिगम में अंतः संबद्धता (Child Development and Its Relation with Learning)

विकास एक निरंतर चलायमान प्रक्रिया है। इसकी प्रकृति नदी जल के अविरल प्रवाह के समान है। इसमें बालक के व्यक्तित्व का विकास–शारीरिक, क्रियात्मक, संज्ञानात्मक, भाषायी, संवेगात्मक एवं सामाजिक आदि जैसे विभिन्न कारकों के सहयोग से सम्पन्न होता है। विकास की इस प्रक्रिया में रुचि, आदत, दृष्टिकोण, जीवन-मूल्य, स्वभाव, व्यक्तित्व, व्यवहार आदि सकारात्मक प्रभाव डालते हैं।

बाल विकास के अवधारणात्मक मुद्दे
(Concept of Child Development)

(*i*) बालक के गर्भ में आने के बाद निरंतर प्रगति होती रहती है। इस प्रगति का विभिन्न आयु एवं अवस्था के दौरान स्वरूप रूपांतरित होता रहता है।

(*ii*) ऐसा देखा गया है कि बालकों में पाई जानेवाली व्यक्तिगत विभिन्नताएं उसके आनुवंशिक एवं परिवेशजन्य परिस्थिति से प्रेरित होती है।

(*iii*) बालक के जीवन-मूल्य, स्वभाव, आदत, रुचि, दृष्टिकोण एवं व्यवहार आदि में जन्म के समय से ही सदैव परिवर्तन आते रहते हैं। इनका विभिन्न आयु वर्ग एवं अवस्था में स्वरूप भिन्न-भिन्न होता है। साथ ही परिवर्तन की प्रक्रिया की प्रकृति में भी भिन्नता होती है।

(*iv*) जन्म से पूर्व एवं जन्म के बाद से परिपक्व होने तक बालक में होने वाले परिवर्तन की प्रकृति में भिन्नता होती है।

(*v*) बालक में होने वाले परिवर्तन उसकी आयु के साथ घनिष्ठ रूप से जुड़े होते हैं।

(*vi*) यह बात भी बिल्कुल सत्य है कि समय-समय पर बालक में होने वाले परिवर्तन उसके व्यक्तित्व एवं व्यवहार को प्रभावित करते हैं।

(*vii*) पूर्व में घटित परिवर्तनों के आधार पर बालक के भविष्य में होने वाले परिमाणात्मक एवं गुणात्मक परिवर्तनों की भी भविष्यवाणी की जा सकती है।

(*viii*) सभी बालकों में वृद्धि एवं विकास संबंधी परिवर्तनों में एकरूपता नहीं होती बल्कि उसमें अन्तर होता है।

(*ix*) बालकों में समयानुसार एवं आयु व अवस्था अनुसार होने वाले परिवर्तनों के लिए कुछ कारक जिम्मेदार होते हैं। इन कारकों में मुख्यतः लैंगिक, परिवेशजन्य एवं अवस्था से संबद्ध होते हैं।

बाल विकास के सिद्धांत
(Principles of Child Development)

बालको में होने वाले शारीरिक एवं मानसिक विकास कुछ विशेष प्रकार के सिद्धांतों पर आधारित होते हैं। ये सिद्धांत ही बाल विकास के सिद्धांत कहलाते हैं। बाल विकास से संबद्ध कुछ महत्त्वपूर्ण सिद्धांत निम्न हैं:

(*i*) **निरंतरता का सिद्धांत (Principle of Continuity):** इस सिद्धांत के अनुसार विकास एक न रुकने वाली प्रक्रिया है। यह प्रक्रिया माँ के गर्भ से शुरू होकर मृत्युपर्यंत चलती रहती है। मनुष्य का जीवन नगण्य आकार से प्रारंभ होकर व्यक्तित्व के सभी पक्षों–शारीरिक, सामाजिक एवं मानसिक आदि का संपूर्ण विकास इसी निरंतरता के गुण के कारण भली-भांति प्राप्त करता है।

(*ii*) **विकास का सामान्य से विशेष की ओर का सिद्धांत (Development Proceeds from General to Specific Responses):** विकास की प्रक्रिया में सबसे पहले सामान्य क्रियाओं के दर्शन होते हैं उसके बाद विशिष्ट क्रियाओं का स्थान आता है। उदाहरणार्थ–बालक अपने हाथों से कुछ चीज पकड़ने से पहले इधर-उधर यूं ही हाथ मारने या फैलाने की चेष्टा करता है। इसी प्रकार शुरू में एक नवजात शिशु के रोने और चिल्लाने में उसके सभी अंग-प्रत्यंग भाग लेते हैं। परंतु बाद में वृद्धि और विकास की प्रक्रिया के परिणामस्वरूप ये क्रियाएं उसकी आँखों और वाक्तंत्र तक सीमित हो जाती हैं। भाषा विकास के क्रम में बालक सबसे सामान्य शब्द ही सीखता है। पहले-पहल वह सभी व्यक्तियों को 'पापा' कहकर संबोधित करता है, इसके पश्चात ही वह अपने पिता को 'पापा' कहकर संबोधित करना सीखता है।

(*iii*) **विकास की दिशा का सिद्धांत (Principle of Developments Directions):** इस सिद्धांत के अनुसार विकास की प्रक्रिया पूर्व निश्चित दिशा में आगे बढ़ती है। विकास की प्रक्रिया की यह दिशा व्यक्ति के वंशानुगत एवं वातावरण-जन्य कारकों से प्रभावित होती है। इसके अनुसार बालक सबसे पहले अपने सिर और भुजाओं की गति पर नियंत्रण करना सीखता है और उसके बाद फिर टांगों को। इसके बाद ही वह अच्छी तरह बिना सहारे के खड़ा होना और चलना सीखता है।

(*iv*) **वैयक्तिक भिन्नता का सिद्धांत (Principle of Individual Difference):** इस सिद्धांत के अनुसार बालकों का विकास और वृद्धि उनकी अपनी वैयक्तिकता के अनुरूप होती है। वे अपनी स्वाभाविक गति से ही वृद्धि और विकास के विभिन्न क्षेत्रों में आगे बढ़ते हैं और इसी कारण उनमें पर्याप्त विभिन्नताएं देखने को मिलती हैं। कोई भी एक बालक वृद्धि एवं विकास की दृष्टि से किसी अन्य बालक के समरूप नहीं होता। विकास के इस सिद्धांत के कारण ही कोई बालक अत्यंत मेधावी, कोई बालक सामान्य तथा कोई बालक पिछड़ा या मंद होता है।

(*v*) **विकास के क्रम की समरूपता (Uniformity of Pattern):** यह सिद्धांत इस बात की ओर संकेत करता है कि विकास की गति में एक समानता न होने तथा पर्याप्त वैयक्तिक अंतर पाए जाने के बाद भी विकास के क्रम में कुछ समरूपता के दर्शन होते हैं। इस क्रम में एक ही जाति विशेष सदस्यों में कुछ एक जैसी समानताएं देखने को मिलती हैं।

(*vi*) **एकीकरण का सिद्धांत (Principle of Integration):** विकास की प्रक्रिया एकीकरण के सिद्धांत का पालन करती है। इस सिद्धांत के अनुसार बालक पहले संपूर्ण अंग को फिर अंग के भागों को चलाना सीखता है। इसके बाद वह उन भागों को एकीकृत करना सीखता है। सामान्य से विशेष की ओर बढ़ते हुए विशेष प्रतिक्रियाओं तथा चेष्टाओं को इकट्ठे रूप में प्रयोग में लाना सीखता है। उदाहरणार्थ–एक बालक पहले पूरे हाथ को, फिर अंगुलियों को एक साथ चलाना सीखता है।

(*vii*) **वृद्धि एवं विकास का सिद्धांत (Principle of Growth and Development):** इस सिद्धांत के अनुसार वृद्धि और विकास की क्रिया वंशानुक्रम और वातावरण का संयुक्त परिणाम है। अन्य शब्दों में वृद्धि और विकास की प्रक्रिया में वंशानुक्रम जहाँ आधार का कार्य करता है वहाँ वातावरण इस आधार पर बनाए जाने वाले व्यक्तित्व संबंधी भवन के लिए आवश्यक सामग्री एवं अनुकूलता जुटाने में सहयोग देता है। अतः वृद्धि और विकास की प्रक्रियाओं में इन दोनों को समान महत्व दिया जाना आवश्यक हो जाता है।

(*vii*) **वृद्धि एवं विकास की गति की दर में असमरूपता का सिद्धांत (Rate of Growth and Development is not Uniform):** विकास की प्रक्रिया जीवनपर्यंत चलती रहती है, किन्तु इस प्रक्रिया में विकास की गति सदैव एक समान नहीं होती। शैशवावस्था के शुरू के वर्षों में यह गति कुछ तीव्र होती है, परन्तु बाद के वर्षों में यह मंद पड़ जाती है। पुनः किशोरावस्था के प्रारंभ में इस गति में तेजी से वृद्धि होती है परन्तु यह अधिक समय तक नहीं बनी रहती। इस प्रकार स्पष्ट है कि वृद्धि और विकास की गति में उतार-चढ़ाव आते ही रहते हैं। किसी भी अवस्था में यह एक जैसी नहीं रह पाती।

विकास एवं वृद्धि में अंतर (Difference between Growth and Development)

विकास	वृद्धि
1. विकास का प्रयोग परिमाणात्मक एवं व्यावहारिक परिवर्तनों के लिए होता है।	1. वृद्धि का प्रयोग केवल परिमाणात्मक परिवर्तनों के लिए होता है।
2. विकास एक निरंतर चलने वाली प्रक्रिया है तथा यह बालक के परिपक्व होने के बाद भी चलती रहती है।	2. वृद्धि की प्रक्रिया आजीवन नहीं चलती और बालक के परिपक्व होने के साथ रूक जाती है।
3. विकास का व्यापक संदर्भ में प्रयोग किया जाता है तथा वृद्धि इसी का एक अंग है।	3. वृद्धि विकास की प्रक्रिया का एक चरण है तथा इसका क्षेत्र सीमित होता है।
4. बालक में विकास के लिए वृद्धि आवश्यक नहीं है।	4. बालक की शारीरिक वृद्धि हो रही है तो यह आवश्यक नहीं है कि उसका विकास भी हो रहा है।

विकास की अवस्था का वर्गीकरण (Different Stages of Human Development)

मानव जीवन विभिन्न अवस्थाओं (Stages) से होते हुए आगे बढ़ता है। यह बात बिल्कुल सत्य है कि विकास की एक अवस्था से दूसरी अवस्था के मध्य विकास के समय तथा दर के सापेक्ष व्यक्ति निश्चित रूप से भिन्न होते हैं। यह देखा जा सकता है कि कुछ व्यवहार प्रारूप तथा कुछ कौशल एक विशिष्ट अवस्था में अधिक आसानी से एवं सफलतापूर्वक सीखे जाते हैं। व्यक्ति की ये उपलब्धियां विकास की उस अवस्था के लिए एक सामाजिक अपेक्षा बन जाती है। इन्हें विकासात्मक कार्य (Development Tasks) कहते हैं।

विद्वानों ने मानव विकास की विभिन्न अवस्थाओं का वर्गीकरण प्राचीन एवं आधुनिक विचारधारा के आधार पर किया है–

प्राचीन विचारधारा

इस विचारधारा के अनुसार भारतीय मनीषियों ने मानव विकास की अवस्था को सात कालों में बांटा है–

अवस्था		काल
1. गर्भावस्था	–	गर्भ धारण करने से जन्म तक।
2. शैशवावस्था	–	जन्म से 5 वर्ष तक।
3. बाल्यावस्था	–	5 से 12 वर्ष तक।
4. किशोरावस्था	–	12 से 18 वर्ष तक।
5. युवावस्था	–	18 से 25 वर्ष तक।
6. प्रौढ़ावस्था	–	25 से 55 वर्ष तक।
7. वृद्धावस्था	–	55 वर्ष से मृत्युपर्यंत।

आधुनिक विचारधारा

इस विचारधारा के अनुसार अधिकतर विद्वानों ने मानव विकास की अवस्था को चार कालों में बांटा है–

अवस्था		काल
1. शैशवावस्था	–	जन्म से 6 वर्ष तक।
2. बाल्यावस्था	–	6 से 12 वर्ष तक।
3. किशोरावस्था	–	12 से 18 वर्ष तक।
4. वयस्कावस्था	–	18 वर्ष से मृत्युपर्यंत।

आधुनिक विचारधारा के तहत शिक्षा की दृष्टि से प्रथम तीन अवस्थाएं ही महत्वपूर्ण हैं। इसलिए शिक्षा मनोविज्ञान में इन्हीं तीन अवस्थाओं में होने वाले मानव विकास का अध्ययन किया जाता है।

शैशवावस्था (Infancy)

(*i*) जन्म से छः वर्ष तक की अवस्था को शैशवावस्था कहा जाता है। इसमें जन्म से तीन वर्ष तक बच्चों का शारीरिक व मानसिक विकास तेजी से होता है।

(*ii*) इस काल में जिज्ञासा की एवं दोहराने की तीव्र प्रवृत्ति बच्चों में पाई जाती है।

(*iii*) यह काल भाषा सीखने की सर्वोत्तम अवस्था है।

(*iv*) इस काल में बच्चों का समाजीकरण भी प्रारम्भ हो जाता है अथवा शिक्षा की दृष्टि से भी यह काल सर्वाधिक महत्वपूर्ण माना जाता है।

शैशवावस्था के विकास के विभिन्न आयाम एवं अधिगम से उनका संबंध (Various Stages of Infancy and Its Relationship with Learning)

पेशीय विकासः नवजात शिशुओं की पेशीय (शारीरिक) क्रियाएं प्रतिवर्त (reflexes) से संचालित होती है। ये आनुवंशिक रूप से प्राप्त अतिजीविता तंत्र हैं तथा बाद के पेशीय विकास के लिए ये आधारभूत इकाइयां हैं। नवजात शिशुओं को सीखने के अवसर मिलने के पहले प्रतिवर्त अनुकूल तंत्र के रूप में कार्य करते हैं। नवजात शिशुओं में पाए जाने वाले कुछ प्रतिवर्त जैसे–खांसना, पलक झपकाना तथा जम्हाई लेना, जीवनपर्यंत बने रहते हैं। कुछ दूसरे प्रतिवर्त मस्तिष्क की कार्यप्रणाली के परिपक्व होने तथा व्यवहार पर ऐच्छिक नियंत्रण के विकसित हो जाने पर विलुप्त हो जाते हैं।

संवेदी योग्यताएंः नवजात शिशु जन्म के मात्र कुछ घंटे के बाद ही अपनी मां की आवाज को पहचान सकते हैं एवं उनमें अन्य संवेदी क्षमताएं भी होती हैं। वे (नवजात शिशु) कुछ उद्दीपकों, जैसे–चेहरों को अन्य उद्दीपकों की तुलना में देखना पसंद करते हैं, यद्यपि यह पसंद जीवन के प्रथम कुछ महीनों में परिवर्तित होती है। प्रौढ़ों की तुलना में नवजात शिशुओं की दृष्टि कम आंकी गई है। छठे महीने तक इसमें सुधार होता है और लगभग एक वर्ष की उम्र तक दृष्टि लगभग प्रौढ़ों के समान हो जाती है। नवजात शिशु सामान्यतया रंग विभेदन में अपूर्ण होते हैं एवं पूर्ण रंग विभेदन दृष्टि 3 माह की आयु तक विकसित होती है।

नवजात शिशु जैसे-जैसे विकसित होते हैं उनकी ध्वनि की दिशा निर्धारण दक्षता में सुधार होता है। नवजात शिशु स्पर्श के प्रति अनुक्रिया करते हैं एवं वे पीड़ा की अनुभूति भी कर सकते हैं। घ्राण एवं स्वाद की दोनों क्षमताएं भी नवजात शिशुओं में होती हैं।

संज्ञानात्मक विकास : शैशवावस्था में संज्ञानात्मक विकास के विषय में जीन पियाजे (Jean Piaget) ने इस बात पर बल दिया है कि बच्चे संसार के बारे में अपनी समझ की रचना सक्रिय रूप से करते हैं। परिवेश से सूचनाएं उनके मन में मात्र प्रवेश ही नहीं करती हैं बल्कि जैसे-जैसे बच्चे बड़े होते हैं अतिरिक्त सूचनाएं अर्जित की जाती हैं और नए विचारों को अंतर्निहित करने के लिए वे अपने चिंतन का अनुकूलन करते हैं, क्योंकि इससे संसार के बारे में उनकी समझ में सुधार होता है। पियाजे का मानना था कि शैशवावस्था से लेकर किशोरावस्था तक बच्चों का मन विचारों की अवस्थाओं की एक शृंखला से गुजरता है।

शिशुओं में वाचिक संप्रेषण का आधार उपस्थित रहता है। शिशुओं में 3 से 6 माह की आयु के बीच बबलाने से स्वरीकरण का प्रारंभ होता है।

सामाजिक-संवेगात्मक विकास : शिशु जन्म से ही सामाजिक प्राणी होता है। एक शिशु परिचित चेहरों को वरीयता देना प्रारम्भ कर देता है और कूकने एवं किलकारी भरने के द्वारा माता-पिता की उपस्थिति के प्रति अनुक्रिया करता है। छः से आठ माह की आयु तक वे अधिक गतिशील हो जाते हैं एवं अपनी माता के साथ रहना पसंद करने लगते हैं, जब वे नए चेहरे को देखकर डर जाते हैं या पीड़ा की अभिव्यक्ति करते हैं। माता-पिता या देख-रेख करने वाले से पुनः मिलने पर वे मुस्कराहट या आलिंगन से अपने भाव का प्रदर्शन करते हैं। शिशु एवं उनके माता-पिता (पालनकर्ता) के बीच स्नेह का जो सांवेगिक बंधन विकसित होता है उसे आसक्ति (attachment) कहते हैं।

बाल्यावस्था (Childhood)

(*i*) छः से बारह वर्ष तक की अवस्था को बाल्यावस्था कहा जाता है।

(*ii*) इस काल में बच्चा शारीरिक रूप से विकसित होता है।

(*iii*) शैशवावस्था की तुलना में बाल्यावस्था में बच्चों में सीखने की गति मन्द हो जाती है, किन्तु उनके सीखने का क्षेत्र विस्तृत हो जाता है।

(*iv*) इस काल के बाद बच्चे पढ़ाई में रूचि लेने लगते हैं तथा उनमें चिन्तन एवं तर्क शक्तियों का विकास भी होता है।

(*v*) इस अवस्था में बच्चों की शिक्षा के लिए विभिन्न विधियों का प्रयोग करना चाहिए।

बाल्यावस्था के विकास के विभिन्न आयाम एवं अधिगम से उनका संबंध (Various Stages of Childhood and Its Relationship with Learning)

पेशीय विकासः बाल्यावस्था के प्रारम्भ के वर्षों में स्थूल पेशीय कौशलों के अंतर्गत् भुजाओं एवं पैरों का उपयोग करना तथा अधिक विश्वास तथा उद्देश्यपूर्ण ढंग से परिवेश में घूमना-फिरना सम्मिलित है। सूक्ष्म पेशीय कौशलों–उंगली निपुणता तथा नेत्र-हस्त समन्वय में पूर्व-बाल्यावस्था में अत्यधिक सुधार होता है। इस अवधि में बच्चे के बाएं अथवा दाएं हाथ के लिए वरीयता का भी विकास होता है।

संज्ञानात्मक विकास : बच्चे में वस्तु स्थायित्व के संप्रत्यय (Concept) को सीखने की योग्यता उसे वस्तुओं को निरूपित करने के लिए मानसिक प्रतीकों का उपयोग करने में सक्षम बनाती है। परन्तु इस अवस्था में बच्चों में उस योग्यता का अभाव होता है जो उन्हें शारीरिक रूप से किए गए कार्यों को मानसिक रूप से करने की सुविधा प्रदान करती है। पूर्व-बाल्यावस्था में संज्ञानात्मक विकास पियाजे के पूर्व-संक्रियात्मक विचार की अवस्था पर ध्यान केंद्रित करता है। जो वस्तु भौतिक रूप से उपस्थित नहीं है उसे मानसिक रूप से निरूपित करने की योग्यता बच्चा प्राप्त करता है।

सामाजिक-संवेगात्मक विकास : स्व, लिंग तथा नैतिक विकास बच्चों के सामाजिक-सांवेगिक विकास के महत्वपूर्ण आयाम हैं। बाल्यावस्था के प्रारम्भिक वर्षों में 'स्व' में कुछ महत्वपूर्ण विकास होते हैं। समाजीकरण के कारण बच्चा यह बोध विकसित कर लेता है कि वह कौन है और वह अपनी पहचान किसकी तरह बनाना चाहता है। विकसित हो रहे स्वतंत्रता के बोध के कारण बच्चे कार्यों को अपने तरीके से करते हैं। इसके विपरीत, यदि उन्हें यह अनुभव कराया जाता है कि उनके प्रश्न अनुपयोगी हैं तथा उनके द्वारा खेले गए खेल मूर्खतापूर्ण हैं तो सम्भव है कि बच्चों में स्वयं के द्वारा प्रारम्भ की गई क्रियाओं के प्रति दोष-भावना विकसित होगी, जो बच्चों के बाद के जीवन में भी बनी रह सकती है। पूर्व-बाल्यावस्था में आत्मबोध स्वयं की शारीरिक विशेषताओं के आधार पर परिभाषित करने तक सीमित रहता है। मध्य एवं विलंबित बाल्यावस्था में बच्चे में सम्भवतः स्वयं को अपनी आंतरिक विशेषताओं के आधार पर परिभाषित करने की सम्भावना बढ़ जाती है। स्वयं को मानसिक विशेषताओं के आधार पर परिभाषित करने के अतिरिक्त बच्चों के आत्म-विवरण के अन्तर्गत् स्व का सामाजिक पक्ष भी आता है। बच्चे सम्भवतः इसके बारे में भी सोच सकते हैं कि वे दूसरों की तुलना में क्या कर सकते हैं अथवा क्या नहीं कर सकते हैं। यह विकासात्मक परिवर्तन एक व्यक्ति के रूप में दूसरों से स्वयं की भिन्नता स्थापित करने में सहायक होता है।

नैतिक विकास : बच्चे के विकास का दूसरा महत्वपूर्ण पक्ष है मानवीय क्रियाओं के सही या गलत होने के मध्य अन्तर करना, अपराध बोध की अनुभूति करना, स्वयं को दूसरे व्यक्ति के स्थान पर रखकर देखना तथा जब दूसरे लोग कठिनाई में होते हैं तो उनकी मदद करना सीखते हैं, ये सभी नैतिक विकास के घटक हैं। बच्चे जिस प्रकार संज्ञानात्मक विकास की विभिन्न अवस्थाओं से गुजरते हैं, लॉरेंस कोहल्बर्ग (Lawrence Kohlberg) के अनुसार, वैसे ही वे नैतिक विकास की विभिन्न अवस्थाओं से गुजरते हैं। ये अवस्थाएं आयु से संबद्ध होती हैं। कोहल्बर्ग के अनुसार अलग-अलग उम्र में बच्चे सही एवं गलत के बारे में भिन्न-भिन्न प्रकार से विचार करते हैं। छोटा बच्चा अर्थात् नौ वर्ष की आयु के पहले, बाह्य एवं प्रभावी व्यक्तियों के संदर्भ में चिंतन करता है। उसके (बच्चे) अनुसार कोई कार्य गलत है क्योंकि उसके लिए वह दंडित किया जाता है। जब बच्चा बड़ा (पूर्व-किशोरावस्था) होता है, वह दूसरों द्वारा स्थापित नियमों जैसे–माता-पिता अथवा समाज के नियमों के द्वारा नैतिक तर्कशक्ति विकसित करता है। बच्चे इन नियमों को स्वयं के नियमों के रूप में स्वीकृत करते हैं। प्रवीण बनने तथा दूसरों की स्वीकृति प्राप्त करने के लिए इनको आत्मसात कर लिया जाता है। बच्चे इन नियमों को ऐसे सुनिश्चित दिशा-निर्देश के रूप में देखते हैं जिनका अनुसरण किया जाना चाहिए। इस अवस्था में नैतिक चिंतन अपेक्षाकृत अटल होते हैं। जब वे बड़े होते हैं तो वे धीरे-धीरे व्यक्तिगत नैतिक संहिता या नियमावली विकसित कर लेते हैं।

किशोरावस्था (Adolescence)

(*i*) बारह से अठारह वर्ष तक की अवस्था को किशोरावस्था कहा जाता है।

(*ii*) इस अवस्था में किशोर-किशोरियों की बुद्धि का पूर्ण विकास हो जाता है, उनकी स्मरण शक्ति बढ़ जाती है एवं उनके ध्यान केन्द्रित करने की क्षमता भी बढ़ जाती है।

(*iii*) इस अवस्था में नशा या अपराध की ओर उन्मुख होने की संभावना रहती है।

(*iv*) इस अवस्था में किशोरों की लम्बाई एवं भार दोनों में वृद्धि होती है।

(*v*) इस अवस्था में मित्र बनाने की प्रवृत्ति तीव्र होती है एवं मित्रता में प्रगाढ़ता भी इस दौरान सामान्य सी बात है।

(*vi*) यौन समस्या इस अवस्था में सबसे बड़ी समस्या होती है।

किशोरावस्था के विकास के विभिन्न आयाम एवं अधिगम से उनका संबंध
(Various Stages of Adolescence and Its Relationship with Learning)

शारीरिक विकास : यौवनारंभ या लैंगिक परिपक्वता बाल्यावस्था के अंत को तथा किशोरावस्था के प्रारंभ को इंगित करती है जो संवृद्धि दर एवं लैंगिक विशेषताओं दोनों में ही आकस्मिक परिवर्तनों के द्वारा परिभाषित होती है, परन्तु यौवनारंभ अचानक उत्पन्न होने वाली घटना नहीं है बल्कि यह एक क्रमिक प्रक्रिया का अंग है। यौवनारंभ की अवस्था में स्रावित होने वाले हार्मोन के कारण मूल एवं गौण लैंगिक लक्षण विकसित होते हैं। मूल लैंगिक लक्षणों के अंतर्गत् वे लक्षण आते हैं जो प्रजनन से प्रत्यक्ष रूप से जुड़े हैं तथा गौण लैंगिक लक्षणों के अंतर्गत लैंगिक परिपक्वता को प्राप्त कर लेने के लक्ष्य या संकेत आते हैं। त्वरित संवृद्धि, चेहरों पर बालों का उगना तथा स्वर में परिवर्तन आदि से लड़कों में यौवनारंभ से संबंधित परिवर्तन प्रदर्शित होता है। लड़कियों की ऊंचाई में तीव्र संवृद्धि प्रायः मासिक धर्म प्रारंभ होने के लगभग दो वर्ष पहले शुरू होती है। लड़कों में 12 या 13 वर्ष की उम्र में तथा लड़कियों में 10 या 11 वर्ष की उम्र में शारीरिक विकास में तीव्र संवृद्धि प्रारम्भ होती है। यौवनारंभ अनुक्रम में परिवर्तन का पाया जाना एक सामान्य प्रक्रिया है। इसमें आनुवंशिकता एवं परिवेश दोनों की ही महत्वपूर्ण भूमिका हो सकती है।

किशोरावस्था में होने वाले शारीरिक विकास के साथ अनेक मानसिक परिवर्तन भी होते हैं। यौवनारंभ के आस-पास किशोर विपरीत लिंगी सदस्यों एवं यौन संबंधी मामलों में अधिक रुचि का प्रदर्शन करते हैं एवं यौन-अनुभूतियों के प्रति उनमें एक नई जागरुकता विकसित होती है। कामुकता या यौन संबंधी विषयों पर अधिक ध्यान देना अनेक कारकों के कारण होता है; जैसे—जैविक परिवर्तनों के प्रति सजगता तथा समकक्षियों, माता-पिता एवं समाज द्वारा कामुकता पर अधिक बल देना। इसके बावजूद अनेक किशोरों में काम-व्यवहार के प्रति उपयुक्त ज्ञान का अभाव होता है अथवा उनमें इसके प्रति अनेक भ्रांतियां होती हैं। यौन एक ऐसा विषय है जिस पर माता-पिता बच्चों से परिचर्या करने में कठिनाई का अनुभव करते हैं, इसलिए किशोर यौन संबंधी मामलों में गोपनीयता बरतने लगते हैं जो सूचनाओं के आदान-प्रदान तथा संप्रेषणीयता को कठिन बना देता है। एड्स एवं यौन-संक्रमित अन्य रोगों के खतरे के कारण वर्तमान समय में किशोरों में कामुकता के प्रति अधिक ध्यान दिया जा रहा है।

यौन पहचान का विकास यौन-उन्मुखता को परिभाषित करता है एवं काम-व्यवहार को निर्देशित करता है। इस रूप में यह किशोरों के लिए महत्वपूर्ण विकासात्मक कार्य बन जाता है। अपने शारीरिक परिपक्वता को स्वीकार करना किशोरावस्था में एक दूसरा महत्वपूर्ण विकासात्मक कार्य है। यह बात ध्यान रखने योग्य है कि यौवनारंभ की अवस्था में शारीरिक परिवर्तनों के साथ-साथ संज्ञानात्मक एवं सामाजिक परिवर्तन भी होते हैं।

संज्ञानात्मक विकासात्मक परिवर्तन : किशोर के विचार अधिक अमूर्त, तर्कपूर्ण एवं आदर्शवादी होते हैं। अपने तथा दूसरों के विचारों का एवं दूसरे उनके बारे में क्या सोचते हैं इसका मूल्यांकन करने में वे अधिक सक्षम हो जाते हैं। किशोरों में तर्कशक्ति की विकसित हो रही योग्यता उन्हें संज्ञानात्मक एवं सामाजिक सजगता का एक नया स्तर प्रदान करती है। किशोरावस्था के दौरान किशोर का चिंतन वास्तविक मूर्त अनुभवों के बारे में अधिक अमूर्त रूप से चिंतन एवं तर्क प्रारंभ कर देते हैं। अमूर्त होने के अतिरिक्त किशोरों के विचार आदर्शवादी भी होते हैं। किशोर स्वयं तथा दूसरों की आदर्श विशेषताओं के बारे में सोचना प्रारम्भ कर देते हैं तथा स्वयं की दूसरों से तुलना इन आदर्श मानकों के आधार पर करते हैं। विकास की प्रारंभिक अवस्था से गुजर रहे बच्चों द्वारा प्रयुक्त प्रयत्न त्रुटि उपागम के विपरीत समस्या समाधान करने में किशोरों का चिंतन अधिक व्यवस्थित होता है। वे कार्य करने के संभावित तरीकों 'कुछ चीजें वैसे ही क्यों हो रही हैं' के बारे में सोचते हैं एवं क्रमबद्ध तरीके से समाधान ढूंढ़ते हैं। पियाजे (Piaget) ने इस प्रकार के तर्कपूर्ण चिंतन को परिकल्पनात्मक निगमनात्मक तर्कशक्ति (hypothetical deductive reasoning) कहा है।

तर्कपूर्ण विचार नैतिक तर्कशक्ति के विकास को भी प्रभावित करते हैं। सामाजिक नियमों को निरपेक्ष मानक नहीं माना जाता है एवं नैतिक चिंतन कुछ लचीलापन प्रदर्शित करता है। किशोर वैकल्पिक नैतिक संहिता को जानते हैं, विकल्पों की खोज करते हैं, और उसके बाद एक व्यक्तिगत नैतिक संहिता का निश्चय करते हैं।

एक पहचान का निर्माण करना : आप कौन हैं और आपके मूल्य, प्रतिबद्धता एवं विश्वास क्या हैं यही पहचान है। अपने माता-पिता से अलग अपनी एक पहचान स्थापित करना किशोरों का एक प्रमुख कार्य है। किशोरावस्था में विलग्नता या अनासक्ति की एक प्रक्रिया व्यक्ति को वैयक्तिक विश्वासों का एक ऐसा पुंज विकसित करने में सक्षम बनाती है जो अद्वितीय रूप से उनका अपना होता है। एक पहचान प्राप्त करने की प्रक्रिया में किशोर अपने माता-पिता के साथ तथा स्वयं अपने अंदर द्वंद्व का अनुभव कर सकते हैं। वे किशोर जो परस्पर-विरोधी पहचानों की समस्या को सुलझा सकते हैं वे एक नए आत्मबोध को विकसित कर लेते हैं। वे किशोर जो इस पहचान के संकट से उबर पाने में सक्षम नहीं होते हैं वे भ्रमित हो जाते हैं।

किशोरावस्था में पहचान का निर्माण अनेक कारकों से प्रभावित होता है। सांस्कृतिक पृष्ठभूमि, पारिवारिक तथा सामाजिक मूल्य, सजातीय पृष्ठभूमि तथा सामाजिक-आर्थिक स्तर ये सभी समाज में एक स्थान प्राप्त करने के लिए किशोरों द्वारा किए गए प्रयास पर प्रभावी रहते हैं। जब किशोर घर से बाहर अधिक समय व्यतीत करने लगते हैं तो पारिवारिक सम्बन्ध कम महत्वपूर्ण हो जाते हैं और वे समकक्षियों के सहयोग एवं स्वीकृति की प्रबल आवश्यकता विकसित कर लेते हैं। समकक्षियों के साथ अधिक अंतः क्रिया उन्हें अपने सामाजिक कौशलों को

सुधारने तथा भिन्न-भिन्न प्रकार के सामाजिक व्यवहारों को परखने का अवसर प्रदान करती है। समकक्षी तथा माता-पिता ये दो शक्तियां हैं जिनका किशोरों पर विशेष प्रभाव पड़ता है। समय-समय पर माता-पिता के साथ संघर्षपूर्ण परिस्थितियां समकक्षियों के साथ तादात्म्य स्थापित करने की प्रवृत्ति को बढ़ाती है। परन्तु सामान्यतया समकक्षी एवं माता-पिता अनुपूरक का कार्य करते हैं और किशोरों की भिन्न आवश्यकताओं की पूर्ति करते हैं। व्यावसायिक प्रतिबद्धता किशोरों की पहचान निर्माण को प्रभावित करने वाला एक दूसरा कारक है।

बाल मनोविज्ञान (Child Psychology)

बाल मनोविज्ञान "मनोविज्ञान की एक शाखा है, जिसके अन्तर्गत बालकों के व्यवहार, स्थितियों, समस्याओं तथा उन सभी कारणों का अध्ययन किया जाता है, जिनका प्रभाव बालक के व्यवहार एवं विकास पर पड़ता है।"

बाल मनोविज्ञान की परिभाषा (Definitions of Child Psychology)

क्रो एवं क्रो: "बाल मनोविज्ञान एवं वैज्ञानिक अध्ययन है, जिसमें बालक के जन्म के पूर्व काल से लेकर उसकी किशोरावस्था तक का अध्ययन किया जाता है।"

बाल मनोविज्ञान की अध्ययन विधियाँ (Approaches or Methods of Understanding Child Psychology)

(*i*) **निरीक्षण विधि (Observation Method):** निरीक्षण का अर्थ होता है अवलोकन करना। इस विधि से हम बच्चों के व्यवहार पर निगरानी रख सकते हैं एवं उनकी गतिविधियों की भी कई प्रकार से जानकारी मिल जाती है। उदाहरण–अगर कोई बालक अपनी आँखें लाल करे, मुठ्ठियाँ भींचे या दाँत किटकिटाये तो इसका अर्थ यह है कि वह क्रोधित अवस्था में है। निरीक्षण विधि हमें बालकों के व्यवहार और व्यक्तित्व के बारे में उचित निष्कर्ष निकालने में काफी मदद कर सकती है।

(*ii*) **प्रयोगात्मक विधि (Experimental Method):** प्रयोगात्मक विधि में परीक्षण और प्रयोगों के आधार पर व्यवहार एवं क्रियाओं आदि का अध्ययन किया जाता है। इस विधि में प्रयुक्त मनोवैज्ञानिक प्रयोगों के लिए कम से कम दो व्यक्तियों–प्रयोगकर्त्ता (Experimentor) तथा प्रयोज्य (Subject) की आवश्यकता पड़ती है। इस विधि में बालकों का एक वर्ग नियंत्रित रहता है एवं एक प्रयोगात्मक, दोनों वर्गों से प्राप्त परिणामों की तुलना कर निष्कर्ष निकाला जाता है।

(*iii*) **समाजमिति विधि (Sociometric Method):** इस विधि में किसी समाजमितीय परीक्षण का उपयोग किया जाता है। कौन बालक कितना अधिक सामाजिक है, समूह विशेष में उसका क्या स्थान है, समूह के सदस्यों से वह कितना अधिक या कम मेलजोल बढ़ाता है, उनके साथ काम करना, पढ़ना, खेलना-कूदना आदि पसंद करता है–इन बातों का पता लगाने के लिए मनोविज्ञान में जिस विधि का प्रयोग किया जाता है, उसे समाजमिति विधि का नाम दिया जाता है।

(*iv*) **प्रश्नावली विधि (Questionnaire Method):** इस विधि में बालकों के व्यवहार का अध्ययन करने के लिए, उनके व्यवहार सम्बन्धी कुछ प्रश्न तैयार किए जाते हैं। इन प्रश्नों के उत्तर बालक उसके माता-पिता, अभिभावक एवं शिक्षक से प्राप्त कर इसके आधार पर निष्कर्ष निकाला जाता है। इस विधि के साथ एक समस्या यह है कि बच्चे कई प्रश्नों का उत्तर ठीक से नहीं दे पाते।

(*v*) **उपचारात्मक विधि (Clinical Method):** इस विधि का प्रयोग समस्यात्मक बालकों के व्यवहार सम्बन्धी मूल कारणों का पता लगाकर उसका उचित उपचार करने के लिए किया जाता है। उपचार के लिए पहले बालक के व्यवहार का अध्ययन किया जाता है, उसके बाद इस अध्ययन के आधार पर समस्याओं को वर्गीकृत किया जाता है।

अभ्यास प्रश्न

1. सीखने की प्रक्रिया के अन्तर्गत शिक्षा मनोविज्ञान अध्ययन करता है :
A. प्रेरणा व पुनर्बलन के प्रभाव का अध्ययन
B. वंशानुक्रम व वातावरण का अध्ययन
C. ध्यान व रुचि का अध्ययन
D. वैयक्तिक भेदों का अध्ययन

2. शिक्षा मनोविज्ञान एक विज्ञान है :
A. मानव व्यवहार का
B. मानव सिद्धान्तों का
C. शैक्षिक सिद्धान्तों का
D. मानव की व्यक्तिगत विभिन्नताओं का

3. एक समूह की बनावट का अध्ययन करने में प्रयुक्त होती है :
A. प्रश्नावली विधि B. साक्षात्कार विधि
C. व्यक्ति इतिहास विधि D. समाजमिति विधि

4. शैशवावस्था में बालक में पाया जाता है :
A. अनुकरण करना B. सहयोग लेना
C. आश्रितता D. इनमें से सभी

5. बाल्यावस्था में मस्तिष्क का विकास हो जाता है?
A. 60% B. 80%
C. 90% D. 50%

6. संवेगात्मक विकास में किस अवस्था में तीव्र परिवर्तन होता है?
A. शिशु अवस्था B. युवावस्था
C. बाल्यावस्था D. किशोरावस्था

7. वृद्धि और विकास है :
A. एक-दूसरे के विरोधी
B. एक-दूसरे से समान
C. एक-दूसरे के पूरक
D. इनमें से कोई नहीं

8. शिशु का विकास प्रारम्भ होता है :
A. जन्म के पश्चात् B. किशोरावस्था में
C. बाल्यकाल में D. गर्भकाल में

9. शिक्षक का सर्वोच्च कर्त्तव्य है, वह–
A. अपने समुदाय की सेवा करे
B. प्रधानाचार्य के आदेशों का अनुसरण करें
C. छात्रों का कल्याण करें
D. शिक्षकों की मंडली में रहें

10. बालक के विकास की कौन-सी अवस्था में उचित यौन शिक्षा की आवश्यकता होती है?
A. शिशु अवस्था B. बाल्यावस्था
C. किशोरावस्था D. प्रौढ़ावस्था

11. वह कौन-सा कथन है जहाँ बच्चे के 'संज्ञानात्मक' विकास को सबसे बेहतर तरीके से परिभाषित किया जा सकता है?
A. विद्यालय एवं कक्षा पर्यावरण
B. सभागार
C. घर
D. खेल का मैदान

12. "विकास कभी न समाप्त होने वाली प्रक्रिया है।" यह विचार किससे सम्बन्धित है?
A. निरंतरता का सिद्धांत
B. एकीकरण का सिद्धांत
C. अंतःक्रिया का सिद्धांत
D. अंतःसम्बन्ध का सिद्धांत

13. बच्चों की शिक्षा प्रारम्भ होती है:
A. प्राथमिक विद्यालय से B. बालवाड़ी से
C. घर से D. समाज से

14. विकास की प्रक्रिया में .... जीवनमूल्यों, व्यक्तित्व, व्यवहार इत्यादि का विकास भी शामिल है।
(*i*) दृष्टिकोणों (*ii*) स्वभाव
(*iii*) रूचियों (*iv*) आदतों
A. (*i*) एवं (*ii*)
B. (*i*), (*ii*) एवं (*iii*)
C. (*ii*), (*iii*) एवं (*iv*)
D. ये सभी

15. प्राथमिक स्तर पर एक अच्छे शिक्षक में सबसे महत्वपूर्ण विशेषता है :
A. पढ़ाने की उत्सुकता
B. धैर्य और दृढ़ता
C. विषयों के ज्ञान में दक्षता
D. शिक्षण-पद्धतियों के ज्ञान की दक्षता

16. सभी बच्चों का स्वस्थ शारीरिक विकास सभी प्रकार के विकास की पहली शर्त है। इसके लिए किन मूल आवश्यकताओं पर ध्यान देना आवश्यक है?
(*i*) पौष्टिक आहार
(*ii*) शारीरिक व्यायाम
(*iii*) मनोवैज्ञानिक-सामाजिक जरूरतों
A. केवल (*i*) B. (*i*) एवं (*ii*)
C. (*i*) एवं (*iii*) D. ये सभी

17. मानव विकास की किस अवस्था में बच्चों के सीखने की गति सर्वाधिक होती है?
A. बाल्यावस्था B. शैशवावस्था
C. प्रौढ़ावस्था D. किशोरावस्था

18. जब किशोर में किसी वस्तु, समस्या या परिस्थिति के लिए निजी स्तर पर निर्णय लेने की क्षमता का विकास परिपक्व होने लगता है, तो इस विकास को कहते हैं?
A. भाषायी विकास
B. संज्ञानात्मक विकास
C. सामाजिक विकास
D. मनोगत्यात्मक विकास

19. मानव विकास कुछ विशेष सिद्धान्तों पर आधारित है। निम्नलिखित कौन-सा मानव विकास का सिद्धान्त नहीं है?
A. आनुक्रमिकता B. सामान्य से विशिष्ट
C. प्रतिवर्ती D. निरन्तरता

20. निचली कक्षाओं में शिक्षण की खेल-पद्धति मूलरूप से आधारित है:
A. शारीरिक शिक्षा कार्यक्रमों के सिद्धांत पर
B. शिक्षण-पद्धतियों के सिद्धांतों पर
C. विकास एवं वृद्धि के मनोवैज्ञानिक सिद्धांतों पर
D. शिक्षण के समाजशास्त्रीय सिद्धांतों पर

21. निम्नलिखित में से किसका विकास अधिक होगा?
A. शारीरिक रूप से विकलांग बालक
B. सामाजिक-आर्थिक रूप से सम्पन्न बालक
C. आर्थिक रूप से सम्पन्न बालक
D. उपरोक्त में से कोई नहीं

22. बालक के व्यक्तित्व के सर्वांगीण विकास के लिए यह आवश्यक है कि उसके .... की जानकारी शिक्षक को हो।
A. मित्रों B. व्यवहार
C. ज्ञान D. कक्षा के साथियों

23. "विकास प्राणी में प्रगतिशील परिवर्तन है, जो निश्चित लक्ष्यों की ओर निरन्तर होता रहता है।" यह कथन किसका है?

A. हरलॉक B. जीन पियाजे
C. ड्रेवर D. फ्रायड

24. मानव बुद्धि एवं विकास की समझ शिक्षक को .... योग्य बनाती है।

A. निष्पक्ष रूप से अपने शिक्षण-अभ्यास
B. शिक्षण के समय शिक्षार्थियों के संवेगों पर नियंत्रण बनाए रखने
C. विविध शिक्षार्थियों के शिक्षण के बारे में स्पष्टता
D. शिक्षार्थियों को यह बताने कि वे अपने जीवन को कैसे सुधार सकते हैं?

25. बालक के व्यवहार में परिवर्तन के लिए व्यवहार अध्ययन की किस विधि का सहारा लिया जाता है?

A. साक्षात्कार विधि B. प्रश्नावली विधि
C. उपचारात्मक विधि D. प्रयोगात्मक विधि

26. व्यक्ति में कोई आकस्मिक परिवर्तन नहीं होता है, यह किस सिद्धान्त द्वारा किया जाता है?

A. विकास क्रम का सिद्धान्त
B. विकास दिशा का सिद्धान्त
C. निरन्तर विकास का सिद्धान्त
D. परस्पर सम्बन्ध का सिद्धान्त

27. निम्नलिखित में से कौन-सा बाल-अपराध का कारण हो सकता है?

A. पारिवारिक B. सामाजिक
C. शारीरिक D. ये सभी

28. विकास के सम्बन्ध में निम्नलिखित में से कौन-सा कथन सत्य नहीं है?

A. विकास की प्रक्रिया एक निश्चित दिशा में होती है
B. वृद्धि और विकास की क्रिया वंशानुक्रम और वातावरण का संयुक्त परिणाम है
C. किसी बच्चे में वृद्धि और विकास की गति को ध्यान में रखकर उसके आगे बढ़ने की दिशा और स्वरूप के बारे में भविष्यवाणी नहीं की जा सकती है।
D. विकास हमेशा सामान्य से विशेष की ओर चलता है।

29. चरित्र का विकास होता है:

A. इच्छाशक्ति द्वारा B. बर्ताव एवं व्यवहार द्वारा
C. नैतिकता द्वारा D. इनमें से सभी

30. प्राथमिक शिक्षक के लिए बाल मनोविज्ञान का ज्ञान आवश्यक है, क्योंकि

A. यह बच्चों को अनुशासित बनाने में सहायता करता है
B. परीक्षा के परिणाम में उन्नति होती है
C. यह बच्चों को अभिप्रेरित करने के लिए सुविधाजनक तरीका बन जाता है
D. यह बच्चों के व्यवहार को समझने में शिक्षक की सहायता करता है

31. आपके विचार में शिक्षा का उद्देश्य होना चाहिए:

A. बालकों का सर्वांगीण विकास
B. शिक्षा ग्रहण करने के बाद नौकरी
C. छात्रों को साक्षर बनाना
D. छात्रों की मानसिक योग्यता का विकास

32. सार्थक अधिगम की प्रक्रिया विकास की किस अवस्था से आरम्भ होती है?

A. किशोरावस्था से B. वयस्कावस्था से
C. शैशवावस्था से D. बाल्यावस्था से

33. आपकी कक्षा का एक छात्र, नैतिक शारीरिक विकास की दृष्टि से काफी पिछड़ा हुआ है। आपको विकास के निम्नलिखित में से किस आयाम में नैतिकता के पिछड़ने की चिन्ता हो सकती है?

(*i*) संवेगात्मक विकास (*ii*) बौद्धिक विकास
(*iii*) सामाजिक विकास

A. केवल (*i*) B. केवल (*ii*)
C. (*i*) एवं (*iii*) D. ये सभी

उत्तरमाला

1	2	3	4	5	6	7	8	9	10
A	A	D	D	C	D	C	D	C	C
11	**12**	**13**	**14**	**15**	**16**	**17**	**18**	**19**	**20**
A	A	C	D	B	D	B	B	C	C
21	**22**	**23**	**24**	**25**	**26**	**27**	**28**	**29**	**30**
B	B	C	C	C	C	D	C	D	D
31	**32**	**33**							
A	C	D							

2. वंशानुक्रम एवं वातावरण का प्रभाव (Influence of Heredity and Environment)

बालक के विकास की प्रक्रिया में विभिन्न बाह्य और आंतरिक कारकों का महत्त्वपूर्ण योगदान होता है। बालक के विकास को प्रभावित करने वाले प्रमुख बाह्य कारक हैं– सामाजिक-आर्थिक स्थिति विशेषक एवं वातावरण-जन्य विशेषक आदि। जबकि बालक के विकास को प्रभावित करने वाले प्रमुख आंतरिक कारक हैं–शारीरिक विशेषक, बौद्धिक विशेषक, संवेगात्मक विशेषक, सामाजिक विशेषक, वंशानुगत विशेषक आदि।

वंशानुक्रम की परिभाषाएँ (Definitions of Heredity)

(*i*) **एच ए पेटरसन एवं वुडवर्थः** ''व्यक्ति अपने माता-पिता के माध्यम से पूर्वजों की जो विशेषताएं प्राप्त करता है, उसे वंशानुक्रम कहते हैं।''

(*ii*) **बी एन झाः** ''वंशानुक्रम व्यक्ति की जन्मजात विशेषताओं का पूर्ण योग है।''

(*iii*) **जेम्स ड्रेवरः** ''शारीरिक तथा मानसिक विशेषताओं का माता-पिता से सन्तानों में हस्तान्तरण होना वंशानुक्रम है।''

वंशानुक्रम का प्रभाव (Effect of Heredity)

वंशानुक्रम माता-पिता से संतान को प्राप्त होने वाले गुणों का नाम है। एक व्यक्ति के वंशानुक्रम में वे सब शारीरिक बनावटें, शारीरिक विशेषताएं, क्रियाएं या क्षमताएं सम्मिलित रहती हैं जिन्हें वह माता-पिता तथा अपने पूर्वजों या प्रजाति से प्राप्त करता है। वंशानुक्रम का बालक पर प्रभाव निम्न रूप से पड़ता है–

1. **शारीरिक विशेषक :** इसके अंतर्गत् मनुष्य का शरीर, उसके अंगों का आनुपातिक गठन, स्वास्थ्य, रूप-रंग, ज्ञानेन्द्रियों का दिखाई देने वाला रूप तथा कर्मेंद्रियों का गठन आदि सब आ जाते हैं। इनमें से अलग-अलग व्यक्ति अलग-अलग बातों को देखकर प्रभावित होते हैं। बालक के रंग-रूप, आकार, शारीरिक गठन, ऊँचाई इत्यादि के निर्धारण में उसके आनुवंशिक गुणों का महत्त्वपूर्ण हाथ होता है। बालक के आनुवंशिक गुण उसकी वृद्धि एवं विकास को भी प्रभावित करते हैं। यदि बालक के माता-पिता गोरे हैं तो उनका बच्चा गोरा ही होगा, किंतु यदि माता-पिता काले हैं तो उनके बच्चे काले ही होंगे। इसी तरह से माता-पिता के अन्य गुण भी बच्चे में आनुवंशिक रूप से पाए जाते हैं। इसके कारण कोई बच्चा अति प्रतिभाशाली एवं सुंदर हो सकता है एवं कोई अन्य बच्चा शारीरिक एवं मानसिक रूप से कमजोर।

   ऐसा भी प्रायः देखा जाता है कि जो बालक जन्म से ही दुबले-पतले, कमजोर, बीमार तथा किसी शारीरिक बाधा से पीड़ित रहते हैं, उनकी तुलना में सामान्य एवं स्वस्थ बच्चे का विकास अधिक होता है। शारीरिक कमियों का स्वास्थ्य ही नहीं वृद्धि एवं विकास पर भी प्रतिकूल प्रभाव पड़ता है। असंतुलित शरीर, मोटापा, कम ऊंचाई, शारीरिक कुरूपता इत्यादि बालक के असामान्य व्यवहार के कारण होते हैं। कई बार किसी दुर्घटना के कारण भी शरीर को क्षति पहुंचती है। इस क्षति का बालक के विकास पर प्रतिकूल प्रभाव पड़ता है।

2. **बौद्धिक विशेषक :** इसके अंतर्गत बालक की योग्यता, कल्पनाशक्ति, विचारशक्ति एवं तर्कशक्ति, किसी समस्या के समाधान हेतु निर्णयात्मक बुद्धि, बदलती हुई परिस्थितियों में समायोजनात्मक निर्णय, आदि सभी कुछ आ जाते हैं।

   बौद्धिक विशेषक को अधिगम अर्थात् सीखने की योग्यता, समायोजन योग्यता, निर्णय लेने की क्षमता आदि के रूप में परिभाषित किया जाता है। जिस बालक के सीखने की गति अधिक होती है, उसका मानसिक विकास भी तीव्र गति से होगा। बालक अपने परिवार, समाज एवं विद्यालय में अपने आपको किस तरह समायोजित करता है यह उसकी बुद्धि पर निर्भर करता है।

   गोडार्ड जैसे विचारकों का मत है कि मंद-बुद्धि माता-पिता की संतान मंद-बुद्धि और तीव्र-बुद्धि माता-पिता की संतान तीव्र-बुद्धि वाली होती है। मानसिक क्षमता के अनुकूल ही बालक में संवेगात्मक क्षमता का विकास होता है। बालक में जिस प्रकार के संवेगों का जिस रूप में विकास होगा वह उसके सामाजिक, मानसिक, नैतिक, शारीरिक तथा भाषा संबंधी विकास को पूरी तरह प्रभावित करने की क्षमता रखता है। यदि बालक अत्यधिक क्रोधित या भयभीत रहता है अथवा यदि उसमें ईर्ष्या एवं वैमनस्य की भावना अधिक होती है तो उसके विकास की प्रक्रिया पर इन सबका प्रतिकूल प्रभाव पड़ना स्वाभाविक ही है। संवेगात्मक रूप से असंतुलित बालक पढ़ाई में या किसी अन्य गंभीर कार्यों

में ध्यान नहीं दे पाते, फलस्वरूप उनका मानसिक विकास भी प्रभावित होता है। बुद्धि की श्रेष्ठता प्रजाति के कारण भी होती है।

नैतिक/चारित्रिक विशेषक

नैतिकता के अंतर्गत् वे सभी गुण आ जाते हैं, जो स्वार्थ को छोड़कर दूसरों की भलाई का भी ध्यान रखते हैं। इनमें सच बोलना, हिंसा न करना, भ्रष्टाचार से दूर रहना, व्यभिचार को बुरा समझना, दूसरों पर दया करना आदि सभी गुण आ जाते हैं। यदि गहराई से विचार किया जाए तो मनुष्य के बाह्य रूप का दूसरों पर इतना प्रभाव नहीं पड़ता है, जितना कि उसके आंतरिक गुणों का और विशेषकर उसकी नैतिक विचारधारा का।

डगडेल नामक एक मनोवैज्ञानिक ने अपने प्रयोगों के आधार पर यह बताया है कि माता-पिता के चरित्र का प्रभाव भी उसके बच्चे पर पड़ता है। व्यक्ति के चरित्र में उसके वंशानुगत कारकों का प्रभाव स्पष्ट तौर पर देखा जाता है। इसलिए बच्चे पर वंशानुगत कारकों का प्रभाव स्वाभाविक ही है।

वातावरण (Environment)

वातावरण में शामिल प्रत्येक घटक व्यक्ति के जीवन को आरंभ से ही प्रभावित करते हैं। गर्भावस्था से लेकर जीवनपर्यंत अनेक प्रकार की घटनाएं व्यक्ति के व्यक्तित्त्व एवं उसके विकास को प्रभावित करती हैं। गर्भावस्था के दौरान एक स्त्री को मानसिक एवं शारीरिक स्वास्थ्य बनाए रखने के लिए इसलिए सलाह दी जाती है कि उससे न केवल गर्भ के अंदर बालक के विकास पर असर पड़ता है बल्कि आगे के विकास की बुनियाद भी मजबूत होती है। यदि माता का स्वास्थ्य अच्छा न हों तो उसके बच्चे के अच्छे स्वास्थ्य की आशा कैसे की जा सकती है? यदि बच्चे का स्वास्थ्य अच्छा न होगा तो उसके विकास पर प्रतिकूल असर पड़ना स्वाभाविक है।

जीवन में घटने वाली प्रत्येक घटनाएं किसी न किसी रूप में बालक के जीवन को प्रभावित करती हैं। यदि बालक के साथ सहज और ठीक व्यवहार हुआ है तो उसके विकास की गति सही होती है अन्यथा उसके विकास पर प्रतिकूल प्रभाव पड़ता है। प्रायः ऐसा देखा जाता है कि जो मां अपने बच्चे को बचपन में छोड़ देती है वह बच्चा मां के प्यार के लिए तड़पता है। ऐसी स्थिति में बच्चे का सर्वांगीण विकास नहीं हो पाता है। जीवन में घटने वाली कुछ घटनाओं का भी बालक के विकास पर प्रतिकूल प्रभाव पड़ता है। बालक का जन्म किस परिवेश में हुआ, वह किस परिवेश में तथा कैसे लोगों के साथ रह रहा है, इन सब का प्रभाव बालक के विकास पर पड़ता है। परिवेश, प्रदूषण, भौतिक सुविधाओं की उपलब्धता आदि से संबद्ध बातें भी बालक के विकास को प्रभावित करती हैं।

बालक के विकास पर उसके सामाजिक एवं आर्थिक कारकों का भी प्रभाव पड़ता है। गरीब परिवार के बच्चों को विकास के लिए सीमित अवसर ही उपलब्ध हो पाते हैं। उनकी आर्थिक दुर्बलता उन्हें अच्छी शिक्षा और अच्छे परिवेश से वंचित करती हैं। ऐसे में उनका संतुलित विकास नहीं हो पाता है। दूसरी ओर सामाजिक एवं आर्थिक संसाधनों की प्रचुरता के कारण शहरी बच्चों का सर्वांगीण विकास संतुलित रूप से होता है।

वातावरण की परिभाषाएँ (Definitions of Environment)

(*i*) **वुडवर्थः** ''वातावरण में वे समस्त बाह्य तत्व आ जाते हैं जिन्होंने जीवन प्रारम्भ करने के समय से व्यक्ति को प्रभावित किया है।''

(*ii*) **जिसबर्टः** ''जो किसी एक वस्तु को चारों ओर से घेरे हुए है तथा उस पर प्रत्यक्ष प्रभाव डालता है वह वातावरण होता है।''

(*iii*) **सी सी पार्कः** ''मनुष्य एक विशेष स्थान पर विशेष समय पर जिन सम्पूर्ण परिस्थितियों से घिरा हुआ है, उसे वातावरण कहा जाता है।''

वातावरण का प्रभाव (Effect of Environment)

व्यक्ति के व्यक्तित्व के विभिन्न क्षेत्रों पर वातावरण के पड़ने वाले कुछ महत्त्वपूर्ण प्रभावों को निम्न रूप से देखा जा सकता है–

1. **शारीरिक संरचना** : व्यक्ति की शारीरिक संरचना पर वंशानुक्रम का तो प्रभाव पड़ता ही है किंतु इस पर वातावरण के प्रभाव को भी स्पष्ट रूप से देखा जा सकता है। पहाड़ी क्षेत्र के लोगों का कद प्रायः छोटा होता है जबकि मैदानी क्षेत्रों में रहने वाले लोगों का शरीर लंबा एवं गठीला होता है। इतना ही नहीं पीढ़ी दर पीढ़ी से निवास स्थलों में परिवर्तन करने वाले पहाड़ी एवं मैदानी क्षेत्र के लोगों के कद एवं रंग में अंतर भी देखने को मिलता है। यह अंतर वातावरण के प्रभाव के कारण होता है।
2. **प्रजातीय श्रेष्ठता** : कभी-कभी ऐसा देखा जाता है कि कुछ प्रजातियों में बौद्धिक श्रेष्ठता वंशानुगत न होकर वातावरण से प्रभावित होता है। ऐसा इसलिए होता है कि उनके पास श्रेष्ठ सामाजिक, शैक्षिक एवं सांस्कृतिक वातावरण उपलब्ध है। यदि किसी विद्वान एवं महान व्यक्ति के बच्चे को ऐसी जगह छोड़ दिया जाए जहां का शैक्षिक, सांस्कृतिक एवं सामाजिक वातावरण उचित न हो तो उसका अपने पिता की तरह महान बनना बहुत ही कठिन हो सकता है।
3. **व्यक्तित्त्व विकास** : किसी भी व्यक्ति के व्यक्तित्त्व निर्माण में वंशानुक्रम की अपेक्षा वातावरण का अधिक प्रभाव पड़ता है। कोई भी व्यक्ति उपयुक्त वातावरण में रहकर अपने व्यक्तित्त्व का निर्माण करके आगे बढ़ सकता है और महान बन सकता है। ऐसे अनेक उदाहरण ऐतिहासिक एवं वर्तमान जीवन में देखने को मिलते हैं जिसमें निर्धन परिवार में जन्म लिए और पले-बढ़े व्यक्तियों ने अपने परिश्रम एवं लगन से श्रेष्ठ सफलताएं प्राप्त की है।

4. **बालक का सर्वांगीण विकास :** बालक के सर्वांगीण विकास में वातावरण का बहुत योगदान होता है। बालक के शारीरिक, मानसिक, सामाजिक एवं संवेगात्मक विकास आदि पर वातावरण का सकारात्मक प्रभाव देखने को मिलता है। इस बात की पुष्टि 'एवेरॉन के जंगली बालक' के उदाहरण से होती है। इस बालक को जन्म के बाद एक भेड़िया उठा ले गया था और उसका पालन-पोषण जंगली पशुओं के बीच में हुआ था। कुछ शिकारियों ने उसे सन् 1799 ई. में पकड़ लिया। उस समय उसकी आयु ग्यारह अथवा बारह वर्ष की थी। उसकी आकृति पशुओं-सी हो गई थी। वह उनके समान ही हाथ-पैर से चलता था। वह कच्चा मांस खाता था एवं उसमें मनुष्य के समान बोलने एवं विचारने की शक्ति नहीं थी। उसको मनुष्य के समान सभ्य और शिक्षित बनाने के सभी प्रयास विफल हुए।

5. **मानसिक विकास : गोर्डन** नामक मनोवैज्ञानिक का मत है कि उचित सामाजिक और सांस्कृतिक वातावरण न मिलने पर मानसिक विकास की गति धीमी हो जाती है। उसने यह बात नदियों के किनारे रहने वाले बच्चों का अध्ययन करके सिद्ध की। इन बच्चों का वातावरण गंदा और समाज के अच्छे प्रभावों से दूर था। अध्ययन में यह बात सामने आई कि गंदे एवं समाज के अच्छे प्रभावों से दूर रहने के कारण बच्चों के मानसिक विकास पर प्रतिकूल असर पड़ा था।

वंशानुक्रम एवं वातावरण के उपर्युक्त वर्णन से स्पष्ट है कि ये एक-दूसरे के पूरक एवं सहायक हैं। जिस प्रकार स्कूटर के लिए इंजन एवं पेट्रोल का समान महत्त्व है उसी प्रकार किसी बालक के उचित विकास के लिए वंशानुक्रम एवं वातावरण का समान रूप से महत्त्व है। इस तरह दोनों एक दूसरे के सहायक एवं सहयोगी हैं। वस्तुतः बालक के संपूर्ण व्यवहार की सृष्टि, वंशानुक्रम और वातावरण की अंतःक्रिया द्वारा होती है। उपर्युक्त बातों से स्पष्ट है कि शिक्षा की किसी भी योजना में वंशानुक्रम और वातावरण को एक-दूसरे से पृथक नहीं किया जा सकता। जिस तरह आत्मा और शरीर का संबंध है, उसी तरह वंशानुक्रम और वातावरण का भी संबंध है। इस प्रकार स्पष्ट है कि बालक के सम्यक् एवं संतुलित विकास के लिए वंशानुक्रम एवं वातावरण दोनों का संयोग अनिवार्य है।

अभ्यास प्रश्न

1. वातावरण के अन्तर्गत आते हैं :
A. हवा B. प्रकाश
C. जल D. इनमें से सभी

2. सामाजिक स्थिति वंशानुक्रमणीय :
A. होती है B. नहीं होती
C. कुछ होती है D. बिल्कुल नहीं होती

3. वंश का बुद्धि पर प्रभाव देखने के लिए सैनिकों के वंशज का अध्ययन किया :
A. स्पियरमैन ने B. गोडार्ड ने
C. न्यूमैन ने D. शेल्डन ने

4. प्रतिभाशाली बालक जो होते हैं :
A. जन्मजात B. बाद में
C. आनुवंशिक D. इनमें से कोई नहीं

5. आनुवंशिकता को .... सामाजिक संरचना माना जाता है।
A. गत्यात्मक B. स्थिर
C. प्राथमिक D. गौण

6. गणवेश (यूनीफार्म) का विद्यालयों में प्रचलन इसलिए होता है ताकि:
A. बालक सुन्दर दिखते हैं
B. विद्यालय को आर्थिक लाभ होता है
C. छात्रों के गुम होने की सम्भावना नहीं होती है
D. छात्रों में एकात्मकता झलकती है

7. छात्रों को उनकी प्रगति के विषय में जानकारी देने से, छात्रः
A. प्रसन्न हो जाते हैं B. अच्छा कार्य करते हैं
C. हतोत्साहित हो जाते हैं D. नियमित हो जाते हैं

8. छात्रों के शिक्षण में नैतिक शिक्षा का क्या महत्त्व है?
A. नैतिक शिक्षा वर्तमान-परिवेश में आवश्यक है
B. नैतिक शिक्षा छात्रों में उत्सुकता पैदा करती है
C. नैतिक शिक्षा चरित्र विकास के लिए आवश्यक है
D. नैतिक शिक्षा से मनुष्य महापुरुष बनता है

9. छात्रों में नैतिकता का विकास करने हेतु आप क्या आवश्यक समझते हैं?
A. धार्मिक प्रवचन
B. परिवार का वातावरण
C. पूजा-पाठ करना
D. प्रत्येक अवसर पर उन्हें अच्छे-बुरे का अंतर बताना

10. पर्यावरण-शिक्षा को शालाओं में पाठ्यक्रम का अंग बनाना उपयुक्त है, क्योंकि–
A. पर्यावरण से बचना मुश्किल है
B. पर्यावरण जीवन का महत्वपूर्ण अंग है
C. इससे पर्यावरण प्रदूषण पर प्रभाव पड़ेगा
D. इससे शिक्षकों को रोजगार मिलेगा

11. वंशानुक्रम तथा वातावरण परस्पर है–
(*i*) निर्भर (*ii*) पूरक
(*iii*) सहयोगी

A. केवल (*i*) B. केवल (*iii*)
C. केवल (*ii*) D. ये सभी

12. माता-पिता से सन्तानों को प्राप्त होने वाले गुणों को कहते हैं–
A. वंश B. वातावरण
C. वंशानुक्रम D. ये सभी

13. किसी बालक का शारीरिक लक्षण प्रभावित होता है–
A. केवल माता के डीएनए से
B. केवल पिता के डीएनए से
C. माता एवं पिता दोनों के डीएनए से
D. इनमें से कोई नहीं

14. निम्नलिखित में से कौन मानव विकास को सर्वाधिक प्रभावित करते हैं–
A. वृद्धि B. कौशल
C. रोग D. वंशानुक्रम एवं वातावरण

15. व्यक्तित्व एवं बुद्धि में वंशानुक्रम की–
A. नाममात्र की भूमिका है
B. महत्वपूर्ण भूमिका है
C. अपूर्वानुमेय भूमिका है
D. आकर्षक भूमिका है

16. आपकी कक्षा की एक छात्रा बुद्धि से श्रेष्ठ है किन्तु शरीर से कमजोर है। आप उसकी माता से मिलते हैं तथा देखते हैं कि उसकी माता भी बुद्धि से तो श्रेष्ठ है लेकिन शरीर से कमजोर है। आपके अनुसार इसका कारण हो सकता है–
A. पिछले कई वर्षों की बीमारी
B. वंशानुक्रम का प्रभाव
C. पौष्टिक भोजन का अभाव
D. उपरोक्त में से कोई नहीं

17. विद्यालय में 'पर्यावरण शिक्षा' से आपका अभिप्राय है–
A. छात्रों में पर्यावरण का ज्ञान हो जाए
B. छात्रों का मनोरंजन हो
C. छात्रों पर अतिरिक्त बोझ डालना
D. पर्यावरण को दूषित होने से बचाया जा सके

18. किस मनोवैज्ञानिक के अनुसार माता-पिता के चरित्र का प्रभाव उसके बच्चे पर पड़ता है।
A. ड्रेवर B. डगडेल
C. वुडवर्थ D. जिसबर्ट

19. 'प्रत्येक छात्र स्वयं से भिन्न है'। इस तथ्य का मुख्य कारण क्या है?
(*i*) भौतिक वातावरण
(*ii*) वंशानुक्रम
(*iii*) सामाजिक वातावरण
A. केवल (*ii*) B. (*ii*) केवल (*iii*)
C. (*i*) केवल (*iii*) D. ये सभी

20. आनुवंशिकता (वंशानुक्रम) को .... सामाजिक संरचना माना जाता है।
A. गत्यात्मक B. स्थिर
C. प्राथमिक D. गौण

उत्तरमाला

1	2	3	4	5	6	7	8	9	10
B	A	B	A	B	D	B	C	D	B
11	**12**	**13**	**14**	**15**	**16**	**17**	**18**	**19**	**20**
D	C	C	D	A	B	D	B	D	B

3. समाजीकरण की प्रक्रिया एवं पियाजे, कोहलबर्ग एवं वाइगोत्सकी के सिद्धांत (Socialization Process and Principles of Piaget, Kohlberg and Vygotsky)

समाजीकरण का अर्थ (Meaning of Socialization)

समाजीकरण एक प्रक्रिया है जिसके द्वारा व्यक्ति सामाजिक प्राणी बनता है। अन्य शब्दों में, समाजीकरण एक ऐसी प्रक्रिया है जिसके द्वारा व्यक्ति को समाज अपनी परम्पराओं, मान्यताओं तथा आदर्शों के अनुसार बनाता है तथा स्वीकृति प्रदान करता है। इस प्रकार समाजीकरण का अर्थ उस प्रक्रिया से है जिसके द्वारा व्यक्ति अन्य व्यक्तियों से अन्तः प्रक्रिया करता हुआ सामाजिक आदतों, विश्वासों, रीति-रिवाजों तथा परम्पराओं एवं अभिवृत्तियों (Attitudes) को सीखता है। इस प्रक्रिया के द्वारा व्यक्ति जन-कल्याण की भावना से प्रेरित होते हुए अपने आपको अपने परिवार, पड़ोस तथा अन्य सामाजिक वर्गों के अनुकूल बनाने का प्रयास करता है जिससे वह समाज का एक श्रेष्ठ, उपयोगी तथा उत्तरदायी सदस्य बन जाये तथा उक्त सभी सामाजिक संस्थाएं तथा वर्ग उसकी प्रशंसा करते रहें।

समाजीकरण की परिभाषा (Definitions of Socialization)

विभिन्न विद्वानों द्वारा दी गयी समाजीकरण की परिभाषाएं इस प्रकार हैं–

- **वाटसन (Watson):** "समाजीकरण एक सामाजिक तथा मनोवैज्ञानिक प्रक्रिया है।"
- **सोरोकिन (Sorokin):** "समाजीकरण सांस्कृतिक तथा वैचारिक कारकों के अन्तरीकरण की प्रक्रिया है।"
- **ड्रेवर (Drever):** "समाजीकरण वह प्रक्रिया है जिसके द्वारा व्यक्ति अपने सामाजिक वातावरण से समायोजन करता है और सामाजिक मान्यता प्राप्त करके वह समाज का मान्य, सहयोगी तथा कुशल सदस्य बनता है।"
- **रॉस (Ross):** "समाजीकरण सहयोग करने वाले व्यक्तियों में सामूहिक भावना का विकास करता है और उनमें एक साथ कार्य करने की इच्छा तथा क्षमता में वृद्धि करता है।"

बालक का समाजीकरण करने वाले तत्त्व (Factors of Socialization in Children)

बालक जन्म के समय कोरा पशु होता है। जैसे-जैसे वह समाज के अन्य व्यक्तियों तथा सामाजिक संस्थाओं के सम्पर्क में आकर विभिन्न प्रकार की सामाजिक क्रियाओं में भाग लेता रहता है वैसे-वैसे वह अपनी पाश्विक प्रवृत्तियों पर नियंत्रण करते हुए सामाजिक आदर्शों तथा मूल्यों को सीखता रहता है। बालक के समाजीकरण की प्रक्रिया निरन्तर चलती ही रहती है। बालक में सामाजिकता का विकास करने या उसके समाजीकरण में उसका परिवार, पड़ोस, स्कूल, समाज, धर्म, उसके साथी बहुत महत्त्वपूर्ण भूमिका निभाते हैं

(*i*) **परिवार (Family):** बालक के समाजीकरण की प्रक्रिया का प्रारंभ परिवार में होता है। जैसे-जैसे बालक बड़ा होता है वैसे-वैसे वह अपने माता-पिता तथा अन्य सदस्यों के सम्पर्क में आते हुए प्रेम, सहानुभूति तथा सहयोग जैसे कई सामाजिक गुणों को सीखता है। साथ ही साथ, वह अपने परिवार के आदर्शों, परम्पराओं तथा मान्यताओं को भी धीरे-धीरे सीख लेता है।

(*ii*) **स्कूल (School):** परिवार के बाद स्कूल एक ऐसा स्थान है जहाँ बालक का समाजीकरण होता है। स्कूल में रहते हुए जहाँ बालक को एक ओर कई विषयों की शिक्षा द्वारा सामाजिक नियमों का ज्ञान होता है वहीं दूसरी ओर उसमें स्कूल की विभिन्न योजनाओं में भाग लेते हुए विभिन्न सामाजिक गुणों का भी विकास होता है।

(*iii*) **पड़ोस (Neighbourhood):** जिस प्रकार बालक परिवार में रहकर अपने सामाजिक गुणों का ज्ञान प्राप्त करता है, उसी प्रकार वह पड़ोस में रहने विभिन्न सदस्यों के संपर्क में रहते हुए कई सामाजिक गुणों को प्राप्त करता है। यदि पड़ोस अच्छा होगा तो बालक का सामाजिक विकास भी अच्छा होगा और यदि पड़ोस खराब होगा, तो बालक का विकास भी निश्चित तौर पर अच्छा नहीं होगा। यही कारण है कि अच्छे परिवार के लोग अच्छे पड़ोस में रहना पसन्द करते हैं।

(*iv*) **समाज (Community):** बालक के समाजीकरण में, समाज भी एक अहम् भूमिका निभाता है। प्रत्येक समाज विभिन्न साधनों के द्वारा बालक का समाजीकरण करता है, इन साधनों के अन्तर्गत राष्ट्रीय एवं जातीय परम्पराएँ, संस्कृति, कला, इतिहास इत्यादि आते हैं।

(*v*) **बालक के साथी (Colleague):** बालक के समाजीकरण में उसके साथी भी एक महत्वपूर्ण भूमिका निभाते हैं। प्रत्येक बालक अपने साथियों के साथ खेलता है, पढ़ता है। वह

खेलते या पढ़ते समय हर तरह के भेद-भाव से ऊपर उठकर दूसरे बालकों के साथ आनन्द प्राप्त करता है।

(*vi*) **धर्म (Religion):** प्रत्येक धर्म के कुछ संस्कार, परंपराएँ तथा मूल्य होते हैं। जैसे-जैसे बालक अपने धर्म तथा अन्य धर्मों के संपर्क में आता है, वैसे-वैसे वह सभी बातों को स्वाभाविक रूप से सीखता है।

समाजीकरण में परिवार एवं माता-पिता की भूमिका (Role of Family and Parents in Socialization of Children)

(*i*) बच्चा सबसे पहले परिवार में जन्म लेकर परिवार का सदस्य बनता है। उसका सबसे अधिक सम्बन्ध उसकी माँ से होता है। माँ उसकी तरह-तरह से रक्षा करती है, इससे बच्चे के मन में सुरक्षा की भावना उत्पन्न होती है, जो आगे चलकर उसके विकास में सहायता देती है।

(*ii*) परिवार में बच्चे को यह ज्ञान प्राप्त होता है कि उसे कौन-कौन से कार्य करने चाहिए और कौन से नहीं। इससे बच्चा यह सीखता है कि समाज में क्या अच्छा है, क्या बुरा।

(*iii*) परिवार में एक से अधिक सदस्य रहते हैं। प्रत्येक सदस्य के अलग व्यवहार, रूचि, भावनाएँ आदि होती हैं तथा हर एक सदस्य के साथ बच्चे को घनिष्ठ सम्बन्ध स्थापित करना होता है। इस अनुकूलन के दौरान उसमें सहनशीलता का गुण भी आ जाता है।

(*iv*) यदि परिवार में सहयोग की भावना हो, तो बालक में भी सहयोग की भावना का विकास होता है। बच्चे की यही भावना उसके बाह्य समाज से व्यवहार में भी झलकती है।

(*v*) अच्छे परिवारों के बच्चे भी सामान्यतः अच्छे ही होते हैं जबकि विभिन्न समस्याओं से ग्रसित परिवारों के बच्चे झगडालू अथवा अपने परिवार के सदस्यों की प्रकृति के अनुरूप होते हैं।

बालक के समाजीकरण में बाधक तत्त्व (Factors Effecting Socialization in Children)

मैस्लो और मिटिलमैन (Maslow and Mittleman) के अनुसार, बालक के समाजीकरण में बाधा पहुँचाने वाले तत्त्व इस प्रकार हैं–

1. **बाल्यकालीन परिस्थितियाँ–** जैसे–माता-पिता का प्यार न मिलना, माता-पिता में सदैव कलह, विधवा माँ, पक्षपात, एकाकीपन तथा अनुचित दण्ड आदि।
2. **सांस्कृतिक परिस्थितियाँ**–जैसे–जाति, वर्ग, धर्म आदि से सम्बंध रखने वाली पूर्वधारणायें आदि।
3. **तात्कालिक परिस्थितियाँ**–जैसे–निराशा, अपमान, अभ्यास, अनियमितता, कठोरता, परिहास और भाई-बहन, मित्र, पड़ोसी आदि की ईर्ष्या।
4. **अन्य परिस्थितियाँ**–जैसे–शारीरिक हीनता, निर्धनता, असफलता, शिक्षा की कमी, आत्मविश्वास का अभाव तथा आत्म-निर्भरता की कमी आदि।

समाजीकरण की प्रक्रिया में शिक्षक की भूमिका (Role of Teacher in Socialization of Children)

बालक के समाजीकरण की प्रक्रिया में परिवार के बाद स्कूल और स्कूल में विशेष रूप से शिक्षक आता है। प्रत्येक समाज के कुछ विश्वास, दृष्टिकोण, मान्यताएं, कुशलताएं और परम्पराएं होती हैं, जिनको 'संस्कृति' के नाम से पुकारा जाता है। यह संस्कृति एक पीढ़ी से दूसरी पीढ़ी को हस्तान्तरित की जाती है और समाज के लोगों के आचरण को प्रभावित करती है। शिक्षक का सर्वश्रेष्ठ कार्य है–इस संस्कृति को बालक को प्रदान करना। यदि वह यह कार्य नहीं करता है तो बालक का समाजीकरण नहीं कर सकता है। शिक्षक, माता-पिता के साथ बालक के चरित्र और व्यक्तित्त्व का विकास करने में अति महत्त्वपूर्ण कार्य करता है। फिर भी, शिक्षक और माता-पिता एक-दूसरे से दूर रहते हैं और सम्पर्क में नहीं आते। परिणाम यह होता है कि शिक्षक, बालक की रुचियों, मनोवृत्तियों आदि को नहीं समझ पाता है। इसलिए वह बालक का समाजीकरण उचित दिशा में करने में असफल होता है। इसलिए यह अति आवश्यक है कि शिक्षक और माता-पिता एक-दूसरे के घनिष्ठ सम्पर्क में रहें और एक ही प्रकार के विश्वासों और दृष्टिकोणों को अपनाकर बालक का उचित दिशा में समाजीकरण करें।

कक्षा और खेल के मैदान में, साहित्यिक और सांस्कृतिक क्रियाओं में शिक्षक सामाजिक व्यवहार के आदर्श प्रस्तुत करता है। बालक अपनी अनुकरण की मूल प्रवृत्ति के कारण शिक्षक के ढंगों, कार्यों, आदतों और रीतियों का अनुकरण करता है। अतः शिक्षक को सदैव सतर्क रहना चाहिए, उसे कोई ऐसा अनुचित कार्य या व्यवहार नहीं करना चाहिए, जिसका बालक के ऊपर गलत प्रभाव पड़े। अतः बालक के समाजीकरण की प्रक्रिया को तीव्र गति प्रदान करने के लिए शिक्षक को निम्नलिखित बातों को ध्यान में रखना चाहिए–

1. **अभिभावक-शिक्षक सहयोग–** समाजीकरण की प्रक्रिया को तीव्र गति प्रदान करने के लिए शिक्षक का सर्वप्रथम कार्य यह है कि वह बालक के माता-पिता से सम्पर्क स्थापित करके उसकी रुचियों तथा मनोवृत्तियों के विषय में ज्ञान प्राप्त करे एवं उन्हीं के अनुसार उसे विकसित होने के अवसर प्रदान करे।
2. **संस्कृति का हस्तान्तरण–** कुछ परम्परायें, रीति-रिवाज, मान्यतायें, विश्वास तथा दृष्टिकोण होते हैं जिन्हें संस्कृति की संज्ञा दी जाती है। शिक्षक का कर्त्तव्य है कि बालक को भारतीय संस्कृति का ज्ञान दे जिससे उसका उचित समाजीकरण हो जाये।
3. **सामाजिक आदर्श–** शिक्षक को चाहिये कि वह कक्षा तथा खेल के मैदानों एवं सांस्कृतिक और साहित्यिक क्रियाओं

में बालक के सामने सामाजिक आदर्शों को प्रस्तुत करे। इन आदर्शों का अनुकरण करके बालक का समाजीकरण धीरे-धीरे हो जायेगा।

4. **स्कूल की परम्परायें–** स्कूल की परम्पराओं का बालक के समाजीकरण पर गहरा प्रभाव पड़ता है। अतः शिक्षक को चाहिये कि वह बालक का स्कूल की परम्पराओं में विश्वास उत्पन्न करे तथा उसे उन्हीं के अनुसार कार्य करने के लिए प्रोत्साहित करे।
5. **सामूहिक कार्य को प्रोत्साहन–** शिक्षक को चाहिये कि वह स्कूल में विभिन्न सामाजिक योजनाओं के द्वारा बालकों को सामूहिक क्रियाओं में सक्रिय रूप से भाग लेने के अवसर प्रदान करे। इन क्रियाओं में भाग लेने से उसका समाजीकरण स्वतः ही हो जायेगा।
6. **अन्तर-सांस्कृतिक भावना का विकास–** स्कूल में विभिन्न परिवारों के बालक शिक्षा प्राप्त करने आते हैं। इन विभिन्न परिवारों से आये हुए बालकों की संस्कृतियाँ भी अलग-अलग होती हैं। शिक्षक को चाहिए कि वह बालक में अन्तर-सांस्कृतिक भावना का विकास करे जिससे वह केवल अपनी संस्कृति को ही अच्छा न समझे वरन् विभिन्न संस्कृतियों का आदर करना भी सीख जाये।
7. **स्वस्थ प्रतियोगिता की भावना–** बालक के समाजीकरण में प्रतियोगिता का महत्त्वपूर्ण स्थान होता है। पर ध्यान देने की बात है कि बालक के समाजीकरण के लिए स्वस्थ प्रतियोगिता का होना ही अच्छा है। अतः शिक्षक को बालक में स्वस्थ प्रतियोगिता की भावना विकसित करनी चाहिये।

इस प्रकार हम कह सकते हैं कि शिक्षक बालक के समाजीकरण को प्रभावित करता है। शिक्षक के स्नेह, पक्षपात, बुरे व्यवहार, दण्ड आदि का बालकों पर कुछ न कुछ प्रभाव पड़ता है और उसका सामाजिक विकास उत्तम या विकृत हो जाता है। यदि शिक्षक, मित्रता और सहयोग में विश्वास करता है तो बच्चों में भी इन गुणों का विकास होता है। यदि शिक्षक छोटी-छोटी बातों पर बच्चों को दण्ड देता है, तो उनके समाजीकरण में संकीर्णता आ जाती है। यदि शिक्षक अपने छात्रों के प्रति सहानुभूति रखता है, तो छात्रों का समाजीकरण सामान्य रूप से होता है।

प्याजे, कोहलबर्ग एवं व्यगोट्स्की (Piaget, Kohlberg and Vygotsky)

बाल विकास के वृद्धि एवं विकास का अध्ययन एवं समझ बाल शिक्षा के शिक्षण का महत्त्वपूर्ण अंग है। दो बालक एक समान नहीं होते। बाल विकास के विभिन्न प्रतिरूपों, यथा–शारीरिक, संज्ञात्मक, सामाजिक एवं संवेदनात्मक रूप से एक-दूसरे से अलग-अलग होते हैं।

विकास की विभिन्न अवस्था में बालकों में विशेष प्रकार के गुण एवं विशेषताएं देखने को मिलती है। इस संदर्भ में विभिन्न मनोवैज्ञानिकों ने विकास की विभिन्न अवस्थाओं के संबंध में अलग-अलग प्रकार के सिद्धांतों का प्रतिपादन किया है। विकास की विभिन्न अवस्थाओं से संबद्ध सिद्धांतों में जीन प्याजे (Jean Piaget), लॉरेंस कोहलबर्ग (Lawrence Kohlberg) एवं लेव व्यगोट्स्की (Lev Vygotsky) द्वारा प्रतिपादित सिद्धांत विशेष रूप से उल्लेखनीय हैं।

जीन प्याजे का विकास अवस्था से संबद्ध सिद्धांत (Principle of Jean Piaget's Stages of Development)

स्विट्जरलैंड निवासी जीन प्याजे ने अपने सिद्धांत के तहत मुख्यतः बालक के मानसिक विकास पर ध्यान केंद्रित किया है। उसका यह मानना है कि ज्ञानात्मक विकास की अवस्थाओं में एक क्रम होता है। हम बाद की अवस्थाओं की योग्यता समय से पूर्व प्राप्त नहीं कर सकते। उदाहरणार्थ– जैसे 5 वर्ष के बालक को M.Sc. स्तर की भौतिकी नहीं पढ़ाई जा सकती।

विकास के विभिन्न चरण/अवस्था (Different Stages of Development)

जीन प्याजे ने विकास की पांच अवस्थाओं का उल्लेख किया है, जो निम्नवत् हैं–

(i) **इन्द्रिय गामक आग्रहण की अवस्था (0-2 वर्ष):** यह अवस्था शिशु की उल्टी-सीधी हरकतों से आरंभ होती है और फिर बच्चा अभ्यास एवं संयोजन (इंद्रियजनित गामक अंगों– Sensori motor organ) द्वारा इस अवस्था तक आता है। दो वर्ष की समाप्ति पर जब बच्चा विभिन्न वस्तुओं के बीच में संयोजन करना सीख लेता है तो आरंभिक प्रत्यय का विकास होता है।

(ii) **सांकेतिक एवं पूर्व प्रत्ययी विचारों की अवस्था (2-4 वर्ष):** इस अवस्था में बच्चे के मस्तिष्क में विचार आने लगते हैं और चौथे वर्ष के अंत तक वह संकेतों का प्रयोग करने लगता है।

(iii) **स्वजनित विचारों की अवस्था (4-8 वर्ष):** इस अवधि में बालक विभिन्न प्रत्ययों को विभिन्न परिस्थितियों में प्रयोग कर सकता है अर्थात् उसके अंदर सामान्यीकरण की क्षमता आ जाती है।

(iv) **मूर्त क्रिया की अवस्था (8-12 वर्ष):** इस अवधि में बालक अपना ध्यान रूकी हुई अवस्था से हटा सकता है अर्थात् वह अपने वर्तमान अनुभवों के आधार पर अपने भविष्य को पहचान सकता है।

(v) **औपचारिक (अमूर्त) क्रिया की अवस्था (12-18 वर्ष):** इस अवस्था में बालक की चिंतन प्रक्रिया संश्लेषणात्मक तथा एकीकृत हो जाती है। बालक की चिंतन प्रक्रिया का मार्गदर्शन यथार्थ द्वारा किया जाता है। यह अवधि परिकल्पना के परीक्षण द्वारा अपने शीर्ष पर पहुंचती है।

लॉरेंस कोह्लबर्ग का नैतिक विकास अवस्था से संबद्ध सिद्धांत (Lawrence Kohlberg's Theory of Moral Development)

बालक में चरित्र निर्माण या नैतिक विकास के संदर्भ में लॉरेंस कोह्लबर्ग ने अपने खोज एवं अनुसंधान के आधार पर यह निष्कर्ष निकाला है कि बालकों में नैतिकता के विकास की कुछ निश्चित एवं सार्वभौमिक अवस्थाएं पाई जाती हैं। ये अवस्थाएं हैं–

1. पूर्व-नैतिक अवस्था (Pre-moral stage)— 4 से 10 वर्ष तक।
2. परंपरागत नैतिक अवस्था (Conventional morality stage)— 10 से 13 वर्ष तक।
3. आत्म अंगीकृत नैतिक मूल्य अवस्था (Self accepted moral principles stage)—13 वर्ष से प्रौढ़ावस्था तक।

कोह्लबर्ग द्वारा प्रतिपादित उपर्युक्त वर्गीकरण को विस्तृत रूप से पांच वर्गों में रखा जा सकता है–

(*i*) **पूर्व नैतिक अवस्था (Amoral Stage) :** यह अवस्था जन्म से लेकर दो वर्ष की आयु तक विद्यमान रहती है। इस अवस्था में बालक से नैतिकता एवं चारित्रिक मूल्यों आदि से संबद्ध बातों के विषय में किसी तरह की आशा करना बेमानी है, क्योंकि इस अवस्था में यह बातें उसकी समझ से बाहर होती है। इस अवस्था में उसे अपनी इच्छाओं, भावनाओं एवं संवेगों पर नियंत्रण करना नहीं आता और परिणामस्वरूप वह अपनी मर्जी के अनुसार इच्छित व्यवहार करता है।

(*ii*) **स्वकेंद्रित अवस्था (Self-Centred Stage) :** यह अवस्था 3 से 6 वर्ष तक होती है। इस अवस्था में बालक की सभी व्यावहारिक क्रियाएं अपनी वैयक्तिक आवश्यकताओं और इच्छाओं की पूर्ति के चारों ओर केंद्रित रहती हैं। उसके लिए वही नैतिक होता है जो उसके अपने कल्याण से जुड़ा होता है।

(*iii*) **परंपराओं को धारण करने की अवस्था (Conforming Conventional Stage) :** यह अवस्था सात वर्ष से किशोरावस्था के प्रारंभिक काल तक होती है। इस अवस्था का बालक सामाजिकता के गुणों को धारण करता है। ऐसे में उसमें समाज निर्मित नियमों एवं परंपराओं के धारण करने संबंधी नैतिकता का विकास होता है। इस अवस्था में उसे अच्छाई-बुराई का ज्ञान हो जाता है तथा वह यह समझने लगता है कि किस तरह के व्यवहार से दूसरे को हानि तथा ठेस पहुंच सकती है।

(*iv*) **आधारहीन आत्म चेतनावस्था (Irrational Conscientious Stage) :** यह अवस्था किशोरावस्था से जुड़ी हुई है। इस अवस्था में बालकों का सामाजिक, शारीरिक तथा मानसिक विकास अपनी चरम पर होता है तथा उसमें आत्म-चिन्तन का प्रादुर्भाव होता है। इस अवस्था में उसमें 'मैं' भावना अर्थात् मैं ऐसा व्यवहार करता हूँ, यह मेरा आचरण है आदि की उसे अनुभूति होने लगती है। साथ ही उसमें अपने आचरण, व्यवहार एवं व्यक्तिगत गुणों-अवगुणों के प्रति आलोचनात्मक प्रवृत्ति का भी विकास होता है। पूर्णता की चाह उसमें स्वयं से असंतुष्ट रहने का मार्ग प्रशस्त करती है। यह असंतुष्टि ही उसे समाज में होने वाली गलत कार्यों के प्रति विद्रोही रूख अपनाने के लिए प्रेरित करती है।

(*v*) **आधारयुक्त आत्मचेतना अवस्था (Rational Conscientious stage) :** यह नैतिक विकास की चरम अवस्था है। इसका विकास बालक के भली-भांति परिपक्वता ग्रहण करने के बाद होता है। इस अवस्था में जिस प्रकार के नैतिक आचरण और चारित्रिक मूल्यों की बात व्यक्ति विशेष से की जाती है उसके पीछे केवल उसकी भावनाओं का प्रवाह मात्र ही नहीं होता बल्कि वह अपनी मानसिक शक्तियों का उचित प्रयोग करते हुए अच्छी तरह सोच-समझकर किसी व्यवहार या आचरण विशेष को अपने व्यक्तिगत गुणों में शामिल करता है।

लेव व्यगोट्स्की का सामाजिक विकास से संबद्ध सिद्धांत (Social Development Theory of Lev Vygotsky)

सोवियत रूस निवासी लेव व्यगोस्ट्स्की द्वारा प्रतिपादित इस सिद्धांत में यह बताया गया है कि बालक के सभी प्रकार के विकास में उसके सामाजिक परिवेश का विशेष योगदान होता है। व्यगोट्स्की ने बताया कि समाज से अंतः क्रिया के परिणामस्वरूप ही बालक में विभिन्न प्रकार का विकास होता है। समाज में उसे जिस तरह की सुविधाएं उपलब्ध होंगी उसका विकास भी उसी प्रकार का होगा। सभी प्रकार की सुविधाओं की अनुपलब्धता की स्थिति में उसके विकास पर प्रतिकूल असर पड़ेगा।

जन्म के समय शिशु का व्यवहार सामाजिकता से काफी दूर होता है। वह अत्यधिक स्वार्थी होता है। उसे केवल अपनी शारीरिक आवश्यकताओं की पूर्ति करने की चाहत होती है। वह दूसरों की आवश्यकताओं और हित चिंतन के विषय में एकदम नहीं सोचता है। उस आयु में वह निर्जीव पदार्थों, यथा– गुड्डे-गुड़ियों, खिलौनों, मूर्तियों तथा सजीव पदार्थों, यथा– पशु-पक्षी व मनुष्य आदि में अंतर नहीं समझ पाता। शिशुओं के सामाजिक संपर्क का दायरा बहुत ही सीमित होता है। अतः सामाजिक विकास के दृष्टिकोण से उनसे बहुत आशा नहीं की जा सकती। बाल्यावस्था में प्रवेश करने के साथ ही अधिकांश बालक विद्यालय जाना प्रारंभ कर देते हैं और अब उनका सामाजिक दायरा बहुत विस्तृत होता चला जाता है।

जब बालक बाल्यावस्था से किशोरावस्था में प्रवेश करता है तो उसमें लिंग संबंधी चेतना तीव्र हो जाती है। इस आयु

में अधिकतर किशोर-किशोरियां अपने वय-समूह के सक्रिय सदस्य होते हैं। किशोरों में समूह के प्रति यह भावना अब केवल टोली या गिरोह विशेष तक ही सीमित नहीं रहती बल्कि यह विद्यालय, समुदाय, प्रांत और राष्ट्र तक व्यापक बन जाती है। इस अवस्था में सहानुभूति, सहयोग, सद्भावना, परोपकार और त्याग में अच्छा सामंजस्य देखने को मिलता है। किशोरावस्था को संवेगों की अभिव्यक्ति की अवस्था कहा जाता है। इस अवस्था में विशिष्ट रुचियों और सामाजिक संपर्कों का क्षेत्र भी अत्यधिक विस्तृत होता है। वैयक्तिक विशेषताओं के अतिरिक्त संस्कृति, परिवार की सामाजिक और आर्थिक स्थिति, यौन संबंधी स्वतंत्रता और जानकारी आदि सामाजिक रुचियों और सामाजिक संबंधों को प्रभावित करती है।

अभ्यास प्रश्न

1. ''बालक में सामाजिक भावना का विकास जन्मजात होता है।'' क्या आप इस कथन से–
A. पूर्णतः सहमत हैं
B. सम्भवतः सहमत हैं
C. असहमत हैं
D. कुछ सीमा तक सहमत हैं

2. सामाजिक परिवर्तन का कारक (Factor) है–
A. धर्म B. शिक्षा
C. विकास D. समाज

3. विद्यालय समाजीकरण के क्षेत्र में न केवल इसका अभिकरण है (Agency) अपितु वह समाज की सांस्कृतिक प्रगति का है–
A. संरक्षक B. संशोधक
C. आलोचक D. समर्थक

4. बच्चे का समाजीकरण तब होता है जब वह समाज के व्यवहार-प्रतिमानों (Behavioural Pattern) को–
A. स्वीकार करें
B. उनसे समायोजन कर लें
C. उपरोक्त A और B
D. उपरोक्त में से कोई नहीं

5. बालक के समाजीकरण (Socialization) हेतु शिक्षा का यह कार्य है–
A. शिक्षक अभिभावक सहयोग विकसित करना
B. संस्कृति का हस्तान्तरण (Transmission of Culture) का प्रयास करना
C. वैज्ञानिक व तकनीकी प्रगति से अवगत कराना
D. उपरोक्त A और B

6. बालकों में समाजीकरण की प्रक्रिया तीव्र करने हेतु निम्नांकित उपाय प्रभावी होते हैं–
A. अनुशासनहीन बालकों को दण्ड देना
B. अनुशासनहीन बालकों का सामाजिक बहिष्कार करना
C. शिक्षक अभिभावक सहयोग
D. उपरोक्त सभी

7. ''शिक्षा युवक पीढ़ी का विधिवत् समाजीकरण है।'' यह परिभाषा किसने दी है?
A. बोगार्डस (Bogardus)
B. बैण्डिस (Bandis)
C. स्मिथ (Smith)
D. दुर्खीम (Durkheim)

8. वे विद्यालय बालकों के समाजीकरण में असफल रहते हैं जो–
A. धर्म विशेष के आधार पर संचालित हैं
B. जाति विशेष के आधार पर संचालित हैं
C. भाषा विशेष के शिक्षण पर जोर देते हैं
D. उपरोक्त सभी

9. बालक के समाजीकरण के विद्यालय का यह पक्ष विशेष प्रभावी होता है–
A. खेल-कूद की सुविधा
B. अनुकूल पर्यावरण (Environment)
C. शाला-भवन
D. शाला-उपकरण

10. निम्नलिखित में से कौन-सी सामाजिक संस्था बालक को मातृभाषा सिखाती है?
A. परिवार B. पड़ोस
C. विद्यालय D. सामाजिक वर्ग

11. वेश-भूषा, रहन-सहन, आहार, धर्म, भाषा, तथा रीति-रिवाज इत्यादि व्यक्तित्व के कैसे निर्धारक हैं?
A. जैविक B. सांस्कृतिक
C. सामाजिक D. मनोवैज्ञानिक

12. निम्न में से कौन-सा बच्चे की सामाजिक-मनोवैज्ञानिक आवश्यकताओं के साथ संबद्ध ***नहीं*** है?
A. संवेगात्मक सुरक्षा की आवश्यकता
B. शरीर से अपशिष्ट पदार्थों का नियमित रूप से बाहर निकलना
C. सान्निध्य (संगति) की आवश्यकता
D. सामाजिक अनुमोदन अथवा सराहना की आवश्यकता

13. सबसे अधिक गहन और जटिल समाजीकरण होता है
A. पूर्व बाल्यावस्था के दौरान
B. प्रौढ़ावस्था के दौरान
C. व्यक्ति के पूरे जीवन में
D. किशोरावस्था के दौरान

14. पियाजे के अनुसार, निम्नलिखित में से कौन-सी अवस्था में बच्चा अमूर्त संकल्पनाओं के विषय में तार्किक चिंतन करना आरंभ करता है?

A. औपचारिक-संक्रियात्मक अवस्था (11 वर्ष एवं ऊपर)
B. संवेदी-प्रेरक अवस्था (जन्म-02 वर्ष)
C. पूर्व-संक्रियात्मक अवस्था (02-07 वर्ष)
D. मूर्त-संक्रियात्मक अवस्था (07-11 वर्ष)

15. पियाजे के अनुसार बौद्धिक विकास में आत्मसात्करण (Assimilation) एवं कौन-सी अन्य प्रक्रिया महत्वपूर्ण हैं?
A. आत्म-संज्ञान (Self-cognition)
B. समंजन (Accommodation)
C. कल्पना (Imagination)
D. प्रत्यक्षीकरण (Perception)

16. छात्रों में नैतिकता का विकास करने हेतु आप क्या आवश्यक समझते हैं?
A. धार्मिक प्रवचन
B. परिवार का वातावरण
C. पूजा-पाठ करना
D. प्रत्येक अवसर पर उन्हें अच्छे-बुरे का अंतर बताना

17. पियाजे के अनुसार विकास की पहली अवस्था (जन्म से लगभग 2 वर्ष आयु) के दौरान बच्चा .... सबसे बेहतर सीखता है।
A. अमूर्त तरीके से चिंतन द्वारा
B. भाषा के नए अर्जित ज्ञान के अनुप्रयोग द्वारा
C. इंद्रियों के प्रयोग द्वारा
D. निष्क्रिय (neutral) शब्दों को समझने के द्वारा

18. समाज तभी उन्नति कर सकता है जब बालिका-शिक्षा को बालक-शिक्षा से–
A. कम महत्व दिया जाए
B. समान महत्व दिया जाए
C. अधिक महत्व दिया जाए
D. इनमें कोई सम्बन्ध नहीं है

19. शिक्षक ही समाज को उन्नति के मार्ग पर ले जा सकता है, क्योंकि वह–
A. अपनी बात कम और समाज की बात अधिक सोचता है
B. भावी नागरिकों को सही मार्ग दिखा सकता है
C. समाज के प्रति समर्पित होता है
D. भी एक सामाजिक प्राणी है

20. नैतिक मूल्य नियमावली का अर्थ है–
A. कुछ निश्चित मापदण्ड जिनका पालन व्यवस्था विशेष में कार्यरत सभी व्यक्ति करते हैं
B. आदर्शों एवं सिद्धांतों का सूची-पत्र जिसे किसी व्यवसाय के प्रत्येक सदस्य पर लागू किया जाता है
C. ऐसे निश्चित मापदण्ड जिनका अनुमोदन उच्च अधिकारी करते हैं किन्तु पालन निम्न स्तर के कर्मचारी करते हैं
D. किसी व्यावसायिक जगत की एक आवश्यक बुराई है

21. वाइगोत्सकी के सिद्धान्त का निहितार्थ है–
A. प्रारम्भिक व्याख्या के बाद कठिन सवालों को हल करने में बच्चे की सहायता न करना
B. सहयोगात्मक समस्या-समाधान
C. प्रत्येक विद्यार्थी को व्यक्तिगत रूप से दत्त कार्य देना
D. बच्चे उन बच्चों की संगति में श्रेष्ठतम रूप से सीख सकते हैं जिनका बुद्धि-लब्धांक उनके बुद्धि-लब्धांक से कम होता है।

22. वाइगोत्सकी बच्चों के सीखने में निम्नलिखित में से किस कारक की महत्वपूर्ण भूमिका पर बल देते हैं?
A. सामाजिक B. नैतिक
C. शारीरिक D. आनुवंशिक

23. "बच्चे दुनिया के बारे में अपनी समझ का सृजन करते हैं।" इस सिद्धांत का श्रेय .... को जाता है।
A. पियाजे B. स्किनर
C. पावलॉव D. कोहलबर्ग

24. पियाजे के अनुसार, निम्नलिखित में से कौन-सी अवस्था में बच्चा अमूर्त संकल्पनाओं के विषय में तार्किक चिन्तन करना आरंभ करता है?
A. मूर्त-संक्रियात्मक अवस्था (07-11 वर्ष)
B. संवेदी-प्रेरक अवस्था (जन्म-02 वर्ष)
C. औपचारिक-संक्रियात्मक अवस्था (11 वर्ष से ऊपर)
D. पूर्व-संक्रियात्मक अवस्था (02-07 वर्ष)

25. मानसिक विकास की औपचारिक संक्रियात्मक अवस्था की मुख्य विशेषता है–
A. मूर्त चिन्तन B. अमूर्त चिन्तन
C. सामाजिक चिन्तन D. अहम्-केन्द्रित चिन्तन

26. विचार न केवल भाषा को निर्धारित करते हैं बल्कि उसे आगे भी बढ़ाते हैं। यह विचार किसके द्वारा रखा गया।
A. जीन पियाजे B. कोहलबर्ग
C. वाइगोत्सकी D. पावलॉव

27. बालक के समाजीकरण की प्रक्रिया कब प्रारंभ होती है?
A. जन्म से B. जन्म के 3 वर्ष के बाद
C. किशोरावस्था में D. वयस्क होने के बाद

28. सीबीएसई द्वारा प्रस्तावित समूह-परियोजना गतिविधि .... का एक सशक्त साधन है।
A. सामाजिक भागीदारिता को सुगम बनाने
B. शिक्षकों के भार को हल्का करने
C. रोजमर्रा के शिक्षण से होने वाले तनाव को दूर करने
D. अनेकता में एकता की संकल्पना का प्रचार-प्रसार करने

29. समाजीकरण है–
A. सामाजिक मानदण्डों में परिवर्तन
B. शिक्षक एवं पढ़ाए गए के बीच सम्बन्ध
C. समाज के आधुनिकीकरण की प्रक्रिया
D. समाज के मानदण्डों के साथ अनुकूलन

30. सबसे अधिक गहन और जटिल समाजीकरण होता है–
A. किशोरावस्था के दौरान
B. पूर्व बाल्यावस्था के दौरान
C. प्रौढ़ावस्था के दौरान
D. व्यक्ति के पूरे जीवन में

31. बच्चों के समाजीकरण में शिक्षक की भूमिका होती है–
A. उनका बौद्धिक विकास करना
B. उन्हें गृह-कार्य देना
C. उनके आर्थिक प्रयोग में सहयोग करना
D. उन्हें साम्प्रदायिक शिक्षा प्रदान करना

32. पियाजे के अनुसार, संज्ञानात्मक विकास के किस चरण पर बच्चा 'वस्तु स्थायित्व' को प्रदर्शित करता है?
A. मूर्त संक्रियात्मक चरण
B. औपचारिक संक्रियात्मक चरण
C. संवेदी-प्रेरक चरण
D. पूर्व संक्रियात्मक चरण

33. कोहलबर्ग के अनुसार, सही और गलत के प्रश्न के बारे में निर्णय लेने में शामिल चिन्तन-प्रक्रिया को कहा जाता है–
A. सहयोग की नैतिकता B. नैतिक तर्कणा
C. नैतिक यथार्थवाद D. अनैतिक यथार्थवाद

34. वह स्तर जिसमें बच्चा किसी वस्तु एवं घटना के बारे में तार्किक रूप से सोचना शुरू करता है, कहा जाता है
A. औपचारिक अवस्था B. पूर्व क्रियात्मक अवस्था
C. संवेदन प्रणोद अवस्था D. मूर्त क्रियात्मक अवस्था

35. छोटे शिक्षार्थियों को कक्षा-कक्ष में समवयस्कों के साथ अन्तः क्रिया करने के लिए प्रोत्साहित करना चाहिए, जिससे
A. वे एक-दूसरे से प्रश्नों के उत्तर सीख सके
B. वे पढ़ने के दौरान सामाजिक कौशल सीख सके
C. पाठ्यक्रम को बहुत जल्दी पूरा किया जा सके
D. शिक्षक कक्षा-कक्ष को बेहतर तरीके से नियन्त्रित कर सकें

36. समाजीकरण की प्रक्रिया में उन .... को प्राप्त किया जाता है, जिन्हें समाज में महत्व दिया जाता है।
A. मानकों B. मूल्यों
C. विश्वासों D. ये सभी

37. किसी बालक के समाजीकरण में धर्म का महत्व है–
(*i*) आदर्शों में (*ii*) अनुकरण में
(*iii*) संस्कार में
A. केवल (*i*) B. केवल (*ii*)
C. केवल (*iii*) D. ये सभी

38. शिक्षकों को यह सलाह दी जाती है कि वे अपने शिक्षार्थियों को सामूहिक गतिविधियों में शामिल करें क्योंकि सीखने को सुगम बनाने के अतिरिक्त, ये' .... में सहायता करती है।
A. दुश्चिंता B. समाजीकरण
C. मूल्य द्वन्द्व D. आक्रामकता

39. किसी बच्चे में समाजीकरण का प्रथम तत्व निम्नलिखित में से कौन-सा है?
A. परिवार B. अस्पताल
C. विद्यालय D. खेल का मैदान

40. पियाजे के अनुसार, ... वर्ष से कम आयु के बालकों में संज्ञानात्मक परिपक्वता का अभाव पाया जाता है?
A. 6 B. 9
C. 10 D. 12

41. वाइगोत्सकी के अनुसार, किसी बालक के विकास में सबसे महत्वपूर्ण योगदान निम्न में से किसका होता है?
A. परिवार का B. विद्यालय का
C. धर्म का D. समाज का

42. निम्नलिखित में कौन-सी संज्ञानात्मक क्रिया की दी गई सूचना के विश्लेषण के लिए प्रयोग में लाई जाती है?
A. वर्णन करना B. पहचान करना
C. अन्तर करना D. वर्गीकृत करना

43. कृतिका अक्सर घर में ज्यादा बात नहीं करती, लेकिन विद्यालय में वह काफी बात करती है। यह दर्शाता है कि–
A. विद्यालय हर समय बच्चों को खूब बात करने का अवसर देता है
B. शिक्षकों की यह माँग होती है कि बच्चे विद्यालय में खूब बात करे
C. कृतिका को अपना घर बिल्कुल पसन्द नहीं
D. उसके विचारों को विद्यालय में मान्यता मिलती है

44. कोहलबर्ग के अनुसार सही और गलत के बारे में बच्चे .... चिन्तन नहीं करते हैं।
A. अलग आयु में अलग तरीके से
B. अलग चरणों में समान तरीके से
C. सन्दर्भ के अनुसार
D. अभिभावकों द्वारा प्रदत्त निर्देशों के अनुसार

उत्तरमाला

1	2	3	4	5	6	7	8	9	10
C	B	A	C	D	C	D	D	B	A
11	12	13	14	15	16	17	18	19	20
B	B	D	D	B	D	C	B	B	C
21	22	23	24	25	26	27	28	29	30
B	A	A	A	B	C	A	A	D	A
31	32	33	34	35	36	37	38	39	40
A	D	B	B	B	D	D	B	A	A
41	42	43	44						
D	C	D	A						

4. बालकेंद्रित एवं प्रगतिशील शिक्षा की अवधारणा (Concept of Child-centered and Progressive Education)

बालकेंद्रित शिक्षा (Child-centred Education)

बालकेंद्रित शिक्षा, शिक्षा की वह विधा है जिसमें बालक की आयु और समझ को देखते हुए बालक की शिक्षा के लिए व्यवस्था की जाती है। दूसरे शब्दों में, बालक के मनोविज्ञान को समझते हुए शिक्षा की व्यवस्था करना एवं उसकी कठिनाइयों को दूर करना ही बालकेंद्रित शिक्षा है। विभिन्न कालों में शिक्षा का स्वरूप भिन्न-भिन्न रहा है। प्राचीन काल में जहां शिक्षा का उद्देश्य बालकों के मस्तिष्क में मात्र कुछ जानकारी भरना समझा जाता था वहीं आधुनिक काल में बालक का सर्वांगीण विकास शिक्षक का परम उद्देश्य बताया गया है। इस कार्य के लिए शिक्षक को बाल मनोविज्ञान की जानकारी जरूर होनी चाहिए। शिक्षक के लिए बाल मनोविज्ञान की उपयोगिता इसलिए भी जरूरी है ताकि वह इसका प्रयोग शिक्षा संबंधी विभिन्न क्षेत्रों यथा– अनुशासन, व्यवहार, जागरूकता आदि के क्षेत्र में कर सके। इससे यह स्पष्ट होता है कि एक शिक्षक को शिक्षा तथा छात्रों के प्रति क्या अभिवृति (Attitude) होनी चाहिए।

बाल-केंद्रित शिक्षा की मुख्य विशेषताएं (Characteristics of Child-centered Education)

बाल-केंद्रित शिक्षा की प्रकृति के कुछ भिन्न होने के कारण इसकी कुछ अलग प्रकार की विशेषताएं हैं। बाल-केंद्रित शिक्षा की मुख्य विशेषताएं निम्नवत् हैं–

1. **बालकों को ठीक से समझना (Perceive to Children)**: जब से मनोविज्ञान ने शिक्षा के क्षेत्र में प्रवेश किया है, शिक्षा का स्वरूप बाल-केंद्रित हो गया है। अब प्रत्येक बालक की ओर व्यक्तिगत रूप से अध्ययन-अध्यापन प्रक्रिया में ध्यान दिया जाता है। आज शिक्षा का उद्देश्य बालक के ऊपर ज्ञान थोपना नहीं वरन् उसका एकमात्र उद्देश्य बालक में निहित शक्तियों का विकास करना है। इस तरह बालक के व्यक्तित्व का सर्वांगीण विकास करना ही आज की शिक्षा का अंतिम उद्देश्य है।

   ऐसे में इस बात की आवश्यकता है कि शिक्षक को बालकों के मनोविज्ञान की जानकारी हो, अन्यथा वह उन्हें क्या सिखाएगा कहना बहुत मुश्किल है। अतः शिक्षक को बालक के व्यवहार के मूलाधारों, आवश्यकताओं, मानसिक स्तर, रुचियों, योग्यताओं, व्यक्तित्त्व आदि का विस्तृत ज्ञान होना चाहिए। व्यवहार के मूलाधारों का ज्ञान तो सबसे अधिक आवश्यक है, क्योंकि शिक्षा का उद्देश्य ही बालक के व्यवहार को परिमार्जित करना है। अतः शिक्षा बालक की प्रेरणाओं, संवेगों एवं मूल प्रवृत्तियों पर आधारित होनी चाहिए। व्यवहार के इन मूलाधारों को नई दिशा में मोड़ा जा सकता है, इनका शोधन किया जा सकता है, इनको बालक में से निकाला जा सकता है। इसलिए सफल शिक्षक उसे ही माना जाता है जो इसका शोधीकरण का प्रयास करता है। बालक जो कुछ सीखता है, उससे उसकी आवश्यकताओं का बड़ा निकट संबंध है। प्रायः ऐसा पाया गया है कि स्कूल में पिछड़े हुए समस्याग्रस्त बालकों में से अधिकतर ऐसे होते हैं, जिनकी आवश्यकताएं स्कूल में पूरी नहीं होती। इसलिए वे सड़कों पर लगे बिजली के बल्बों को फोड़ते हैं, स्कूल से भाग जाते हैं। आस-पड़ोस के लोगों को तंग करते हैं; आवारागर्दी करते हैं और मोहल्ले के बच्चों को पीटते हैं। मनोविज्ञान के ज्ञान के अभाव में शिक्षक मारपीट द्वारा बच्चों के उन दोषों को दूर करने का प्रयत्न करता है, परंतु बालकों को समझने वाला शिक्षक यह जानता है कि इन दोषों का मूल उनकी शारीरिक, सामाजिक अथवा मनोवैज्ञानिक आवश्यकताओं में ही कहीं न कहीं है।

2. **शिक्षण पद्धति (Teaching Method)**: शिक्षा शास्त्र शिक्षक को यह बताता है कि बालकों को क्या पढ़ाया जाए, परंतु असली समस्या यह है कि किस प्रकार पढ़ाया जाए। इस समस्या के समाधान में बाल मनोविज्ञान ही वह माध्यम है जो शिक्षक को सहायता करता है। बाल मनोविज्ञान सीखने की प्रक्रिया, विधियों, महत्त्वपूर्ण कारकों, लाभदायक और हानिकारक दशाओं, रुकावटों सीखने का वक्र तथा प्रशिक्षण संक्रमण आदि विभिन्न तत्त्वों से परिचित कराता है। इनसे प्राप्त ज्ञान से शिक्षक बालकों को सीखने में सहायता कर सकता है। शिक्षा मनोविज्ञान शिक्षण की विधियों का भी मनोवैज्ञानिक विश्लेषण करता है और उनमें सुधार के उपाय बतलाता है। बाल-केंद्रित शिक्षा में शिक्षण विधि को प्रयोग में लाते समय बाल-मनोविज्ञान को ही आधार बनाया जाता है।

3. **मूल्यांकन एवं परीक्षण विधि (Evaluation and Test)**: शिक्षण से ही शिक्षक की समस्या हल नहीं हो जाती।

उसे बालकों के ज्ञान और विकास का मूल्यांकन और परीक्षण करना होता है। मूल्यांकन से परीक्षार्थी की उन्नति का पता चलता है। शिक्षा की प्रक्रिया में शिक्षक और शिक्षार्थी बराबर यह जानना चाहते हैं कि वे कहां प्रगति कर रहे हैं और यदि उनको सफलता अथवा असफलता मिली है तो क्यों और उसमें क्या परिवर्तन किए जा सकते हैं। इस तरह के सभी प्रकार के प्रश्नों के समाधान में मूल्यांकन के साथ-साथ विभिन्न प्रकार के परीक्षणों और मापों की भी आवश्यकता पड़ती है। इस तरह स्पष्ट है कि बाल-केंद्रित शिक्षा में बालक का मूल्यांकन बाल-मनोविज्ञान के माध्यम से किया जाता है।

4. **पाठ्यक्रम की प्रकृति (Syllabus)** : समाज और व्यक्ति की आवश्यकताओं की पूर्ति को ध्यान में रखते हुए स्कूल के पाठ्यक्रम की प्रकृति व्यक्तिगत विभिन्नताओं, प्रेरणाओं, मूल्यों और सीखने के सिद्धांतों के मनोवैज्ञानिक ज्ञान पर आधारित होनी चाहिए। बालकेंद्रित शिक्षा में इस बात का विशेष ध्यान रखा जाता है कि पाठ्यक्रम की प्रकृति का विकास बालक की आवश्यकताओं उसकी आयु एवं विशेष अवस्थाओं आदि जैसे उसके विशेष गुण के अनुरूप ही हो।
5. **व्यवस्थापन एवं अनुशासन का प्रयोग (Management and Discipline)** : बालकेंद्रित शिक्षा में कक्षा एवं विद्यालय में अनुशासन एवं व्यवस्था बनाए रखने के लिए भी बाल मनोविज्ञान सहायक के रूप में कार्य करता है।
6. **प्रयोग एवं अनुसंधान (Practical and Research)** : बाल-केन्द्रित शिक्षा में बालकों को प्रयोग एवं अनुसंधान की ओर ले जाने के लिए बाल मनोविज्ञान का सहारा लिया जाता है। नई समस्याओं को सुलझाने के लिए शिक्षक को स्वयं प्रयोग करते रहना चाहिए और उससे निकले निष्कर्षों का उपयोग करना चाहिए।

प्रगतिशील शिक्षा (Progressive Education)

प्रगतिशील शिक्षा पारंपरिक शिक्षा की प्रतिक्रिया का परिणाम है। अमेरिकी मनोवैज्ञानिक **जॉन डीवी** (John Dewey) का प्रगतिशील शिक्षा के विकास में विशेष योगदान रहा है। प्रगतिशील शिक्षा का तात्पर्य शिक्षा का एकमात्र उद्देश्य बालक की शक्तियों का विकास है। वैयक्तिक विभिन्नता के अनुरूप शिक्षण प्रक्रिया में भी अंतर रखकर इस उद्देश्य को पूरा किया जा सकता है।

बालक में विभिन्न शक्तियों का विकास किस प्रकार से होगा, इसके लिए कोई सामान्य सिद्धांत निश्चित नहीं किया जा सकता, क्योंकि भिन्न-भिन्न रुचियों और योग्यताओं के बालकों में विकास भिन्न-भिन्न प्रकार से होता है। अध्यापक को बालक की योग्यताओं पर दृष्टि रखते हुए उसे निर्देश देना चाहिए। प्रगतिशील शिक्षा इस बात का बोध कराता है कि शिक्षा बालक के लिए है न कि बालक शिक्षा के लिए। अतः शिक्षा का उद्देश्य ऐसा वातावरण तैयार करना होना चाहिए ताकि प्रत्येक बालक को सामाजिक विकास का पर्याप्त अवसर मिले। प्रगतिशील शिक्षा का मुख्य उद्देश्य लोकतंत्रीय मूल्यों की स्थापना करना है ताकि बालकों में लोकतंत्रीय मूल्यों का विकास हो सके। शिक्षा के द्वारा हम ऐसे समाज का निर्माण करना चाहते हैं जिसमें व्यक्ति-व्यक्ति में कोई भेद न हो, सभी पूर्ण स्वतंत्रता और सहयोग से काम कर सकें। प्रत्येक व्यक्ति को अपनी स्वाभाविक प्रवृत्तियों, इच्छाओं और आकांक्षाओं के अनुसार विकसित होने का अवसर मिले तथा सभी को समान अधिकार दिए जाएं। ऐसे समाज का निर्माण तभी हो सकता है जबकि व्यक्ति और समाज के हित में कोई मौलिक अंतर न माना जाए। शिक्षा के द्वारा मनुष्य में परस्पर सहयोग और सामंजस्य की स्थापना होनी चाहिए। इस तरह प्रगतिशील शिक्षा का मुख्य उद्देश्य बालक के व्यक्तित्व का विकास करना और शिक्षा के माध्यम से लोकतंत्र की स्थापना करना है।

प्रगतिशील शिक्षा में मुख्य जोर शिक्षण विधि की व्यावहारिकता पर दिया जाता है। इस शिक्षण विधि में बालक के स्वयं करके सीखने की प्रक्रिया पर जोर दिया जाता है। इस शिक्षण विधा में बालक के जीवन, क्रियाओं और विषयों में एकता स्थापित की जाती है। यह बालक के जीवन की क्रियाओं को समग्र रूप से विकसित करने पर जोर देता है।

इस शिक्षा पद्धति में बालक की रुचि को महत्त्व दिया जाता है। जॉन डीवी ने प्रगतिशील शिक्षा के तहत शिक्षा में दो तत्त्वों को विशेष रूप से महत्त्वपूर्ण माना है– **प्रथम** रुचि एवं **द्वितीय** प्रयास। शिक्षक को बालक की स्वाभाविक रुचियों को समझकर उसके लिए उपयोगी कार्यों की व्यवस्था करनी चाहिए। बालक को स्वयं कार्यक्रम बनाने का अवसर दिया जाना चाहिए ताकि वे अपनी रुचियों के अनुसार कार्यक्रम बना सकें। ऐसा करने से उनमें किसी तरह का भय या दबाव नहीं रहेगा और वे कार्यक्रम को रुचि के अनुसार बना सकेंगे। फलतः स्कूल क्रिया आत्म-क्रिया बन सकेगी। जॉन डीवी के शिक्षा संबंधी इन विचारों के आधार पर ही आगे चलकर प्रोजेक्ट-प्रणाली का जन्म हुआ। प्रोजेक्ट-प्रणाली में यह उल्लेख किया गया कि बालक को ऐसे काम दिए जाने चाहिए कि उनमें स्फूर्ति, आत्म-विश्वास, आत्म-निर्भरता और मौलिकता का विकास हो सके।

प्रगतिशील शिक्षा में शिक्षक को सम्मानजनक और महत्त्वपूर्ण स्थान दिया गया है तथा इस बात का उल्लेख किया गया है कि शिक्षक समाज का सेवक है। इस शिक्षा पद्धति में शिक्षक से यह आशा की गई है कि वह विद्यालय में ऐसे वातावरण का निर्माण करे कि उसमें पल-बढ़कर बालक का सामाजिक व्यक्तित्त्व विकसित हो सके और वह लोकतंत्र का एक सफल एवं योग्य नागरिक बन सके। जॉन डीवी ने शिक्षक की महत्ता को और ऊँचाई देते हुए उसे ईश्वर का प्रतिनिधि तक कह दिया है। विद्यालय में स्वतंत्रता और समानता के मूल्य को बनाए रखने के लिए शिक्षक को स्वयं को बालक से बड़ा नहीं समझना चाहिए। शिक्षक को कभी भी अपनी आज्ञाओं एवं उपदेशों के माध्यम से अपने विचारों और प्रवृत्तियों को बालकों पर थोपने का प्रयास नहीं करना चाहिए। उसे बालकों का भली-भांति

परीक्षण करके उनकी रुचियों, योग्यताओं एवं गतिविधियों के अनुरूप कार्यों में लगाना चाहिए। इस प्रकार विद्यालय में शिक्षा बालकों की व्यक्तिगत विभिन्नताओं को ध्यान में रखकर दी जानी चाहिए। इस विधि से अध्यापन करने से विद्यालय के संचालन में कठिनाई बहुत कम होती है।

प्रगतिशील शिक्षा में अनुशासन का भी महत्त्वपूर्ण स्थान है लेकिन अनुशासन के नाम पर बालक की स्वाभाविक प्रवृत्तियों को कुंठित करने के प्रयास को अनुचित माना गया है। सही मायने में देखा जाए तो अनुशासन केवल बालक के निजी व्यक्तित्व से संबंधित न होकर उसकी सामाजिक परिस्थितियों से भी घनिष्ठ रूप से जुड़ा हुआ है। सच्चा अनुशासन एक प्रकार से सामाजिक अनुशासन है और यह बालक के विद्यालय के सामूहिक कार्यों में भाग लेने से उत्पन्न होता है। विद्यालय में ऐसे वातावरण का निर्माण किया जाना चाहिए ताकि बालक परस्पर सहयोग से रहने का अभ्यास कर सकें। विद्यालय में एक से उद्देश्य लेकर शारीरिक, सामाजिक, बौद्धिक एवं नैतिक कार्यों में एक साथ भाग लेने से बालकों में अनुशासन का भाव उत्पन्न होता है और उनमें नियमित रूप से कार्य करने की आदत विकसित होती है। विद्यालयों में होने वाले कार्यक्रमों का बालक के चरित्र-निर्माण में महत्त्वपूर्ण योगदान है। बालक को प्रत्यक्ष रूप से उपदेश न देकर उसे सामाजिक परिवेश उपलब्ध कराया जाना चाहिए और उसके सामने ऐसे उदाहरण प्रस्तुत किए जाने चाहिए ताकि उसमें आत्मानुशासन उत्पन्न हो और वह सही अर्थों में सामाजिक प्राणी बन सके। यह बात बिल्कुल ठीक है कि विद्यालय में शांतिपूर्ण वातावरण होने से काम अधिक अच्छा होता है किंतु शांति एकमात्र साधन है, साध्य नहीं। शिक्षक को अपनी ओर से बालकों को उनकी प्रवृत्तियों के अनुसार विविध प्रकार के कार्यों में लगाए रखना चाहिए और यदि इस प्रक्रिया से कभी-कभी कुछ अशांति भी उत्पन्न हो तो उसे दूर करने के लिए बालक की क्रियाओं पर रोक-टोक करना अनुचित है। आत्मानुशासन उत्पन्न करने में उत्तरदायित्व की भावना का विशेष महत्त्व है। उत्तरदायित्व का भाव उत्पन्न करने के लिए विद्यालय का अधिकतर कार्य स्वयं विद्यार्थियों को सौंप दिया जाना चाहिए। इनमें भाग लेने से उनमें अनुशासन की भावना उत्पन्न होती है।

वर्तमान में शिक्षा को अनिवार्य और सार्वभौमिक बनाने पर जो जोर दिया जा रहा है वह मुख्यतः प्रगतिशील शिक्षा के सिद्धांतों के ही समान है। शिक्षा का लक्ष्य व्यक्तित्व का विकास है और प्रत्येक व्यक्ति को उसके व्यक्तित्व का विकास करने के लिए शिक्षा प्राप्त करने का अवसर दिया जाना चाहिए। आधुनिक शिक्षा में वैज्ञानिक और सामाजिक प्रवृत्ति के जो तत्त्व विद्यमान हैं उनमें प्रगतिशील शिक्षा का योगदान है। इसके अनुसार शिक्षा एक सामाजिक आवश्यकता है। इसका लक्ष्य व्यक्ति और समाज दोनों का विकास है। इससे व्यक्ति का बौद्धिक, नैतिक, सामाजिक और शारीरिक विकास होता है।

सर्वशिक्षा अभियान (SSA)

सर्वशिक्षा अभियान भारत सरकार द्वारा 2000-01 में प्रारंभ किया गया था। इस अभियान के अन्तर्गत 'सब पढ़ें सब बढ़ें' का नारा दिया गया है। सर्वशिक्षा अभियान के अन्तर्गत निम्नलिखित लक्ष्य निर्धारित किए गए थे–

1. वर्ष 2003 तक सभी बच्चों को विद्यालय में लाना।
2. वर्ष 2007 तक 5 वर्ष की आयु वाले सभी बच्चों की प्राथमिक शिक्षा पूरी करवाना।
3. वर्ष 2010 तक 8 वर्ष की आयु वाले सभी बच्चों की प्रारम्भिक शिक्षा पूरी करवाना।

सर्वशिक्षा अभियान की उपलब्धियाँ इस प्रकार रही–

1. स्कूल दाखिला अनुपात जो 1950-51 में 31.1 प्रतिशत था 2003-04 में बढ़कर 85 प्रतिशत हो गया।
2. प्रथम कक्षा से 8वीं कक्षा तक पढ़ने वाली सभी लड़कियाँ एवं अनुसूचित जाति के लगभग 6 करोड़ बच्चों को निःशुल्क पाठ्य-पुस्तकें वितरित की गई।
3. 2001 के बाद लगभग 2 लाख नए स्कूल खोले गए। लगभग 5 लाख नए शिक्षकों की नियुक्ति की गई।
4. यद्यपि सर्वशिक्षा अभियान के फलस्वरूप विद्यालय छोड़ने वाले बच्चों की संख्या में भारी कमी लाने में सफलता प्राप्त हुई है, किन्तु वर्ष 2010 तक यह सफलता लक्षित अनुपात तक प्राप्त नहीं हुई है।

मध्याह्न भोजन योजना (Mid Day Meal Scheme)

1. 15 अगस्त, 1995 को पोषाहार समर्थन के राष्ट्रीय कार्यक्रम मध्याह्न भोजन योजना की शुरूआत की गई।
2. इस योजना के अन्तर्गत पहली से पाँचवीं कक्षा तक के बच्चों को 80 प्रतिशत उपस्थिति पर प्रतिमाह 3 किग्रा गेहूँ अथवा चावल दिए जाने की व्यवस्था की गई थी। किन्तु इस योजना का पूर्ण लाभ छात्र को न प्राप्त होकर उसके परिवार को मिल जाता था, इसलिए 1 सितम्बर 2004 से पके-पकाए भोजन उपलब्ध कराने की योजना आरंभ कर दी गई।
3. इस योजना के अन्तर्गत विद्यालयों में मध्यावकाश में छात्र-छात्राओं को सप्ताह में 4 दिन चावल से बने भोज्य पदार्थ तथा 2 दिन गेहूँ से बने भोज्य पदार्थ दिए जाने की व्यवस्था की गई है।

अभ्यास प्रश्न

1. किसी बालक की शैक्षिक प्रगति दिन-प्रतिदिन गिरावट की ओर जा रही है। इसका निम्न में से प्रमुख कारण होगाः

A. वह धन कमाने लगा है

B. वह गलत संगत में पड़ गया है

C. अध्यापक ठीक से नहीं पढ़ाते हैं

D. बालक की पढ़ने में रुचि नहीं है

2. वर्तमान में नारी-शिक्षा के सन्दर्भ में आपका मानना है कि–
   A. यह पर्याप्त तथा उपयोगी है
   B. यह अपर्याप्त एवं असम्बन्धित है
   C. यह अभी और थोड़ा विकास चाहती है
   D. इस पर व्यय नहीं करना चाहिए
3. साक्षरता अभियान में आप किस प्रकार अपना योगदान दे सकते हैं?
   A. नौकरी करके
   B. स्वयं को साक्षर करके
   C. साक्षरता का महत्व बताकर
   D. दो निरक्षर व्यक्तियों को साक्षर करके
4. एक अच्छा अध्यापक बनने के लिए आवश्यक है :
   A. समृद्ध परिवेश और ऊँची पहुँच
   B. व्यक्तिगत प्रयास और उपयुक्त प्रशिक्षण
   C. स्वस्थ शरीर और खानदानी संपन्नता
   D. उपयुक्त शिक्षा और आर्थिक संपन्नता
5. आपकी कक्षा का एक विद्यार्थी प्रायः विद्यालय में विलम्ब से आता है ऐसी दशा में आप :
   A. उसे दण्ड देकर सुधारने का प्रयास करेंगे/करेंगी
   B. उसके अभिभावकों को इसकी जानकारी देंगे/देंगी
   C. विलम्ब से आने का कारण जानकर उसके निराकरण का प्रयास करेंगे/करेंगी
   D. प्रधानाचार्य से उसकी शिकायत करेंगे/करेंगी
6. आपके विचार से शिक्षा के स्तरोन्नयन के लिए सर्वाधिक आवश्यक है–
   A. विद्यालय को पूरी सुविधा प्रदान करना
   B. अध्यापक को उच्च वेतनमान देना
   C. छात्र-अभिभावक-अध्यापक संबंध सुदृढ़ करना
   D. शिक्षण अधिगम प्रक्रिया को प्रभावी बनाना
7. नवोदय विद्यालय प्रारम्भ किए गए हैं–
   A. ग्रामीण बच्चों के लिए
   B. गरीब बच्चों के लिए
   C. मन्द बुद्धि बच्चों के लिए
   D. प्रतिभाशाली ग्रामीण बच्चों के लिए
8. नवोदय विद्यालयों में बालकों को प्रवेश दिया जाता है–
   A. कक्षा तृतीय से B. कक्षा पंचम् से
   C. कक्षा षष्ठम् से D. कक्षा नवम् से
9. राष्ट्रीय शैक्षिक अनुसंधान व प्रशिक्षण परिषद् (NCERT) का मुख्यालय है–
   A. इलाहाबाद B. नई दिल्ली
   C. चेन्नई D. मुम्बई
10. पाठ्यक्रम निर्माण में किस बात को मुख्य रूप से ध्यान में रखा जाता है?
   A. छात्रों को B. शिक्षा के उद्देश्यों को
   C. पाठ्य पुस्तकों को D. शिक्षण विधियों को
11. मूल्यांकन का क्षेत्र है :
   A. सीमित B. असीमित
   C. संकुचित D. व्यापक
12. वस्तुनिष्ठ परीक्षण के निर्माण में समय लगता है :
   A. अधिक B. कम
   C. कठिन D. सरल
13. राष्ट्रीय शिक्षा नीति (1986) में ग्रामीण क्षेत्रों को अच्छी शिक्षा उपलब्ध कराने हेतु निम्नांकित विद्यालयों का प्रावधान है–
   A. सैनिक विद्यालय B. नवोदय विद्यालय
   C. केन्द्रीय विद्यालय D. बुनियादी शिक्षा विद्यालय
14. ''ऑपरेशन ब्लैक बोर्ड'' (Operation Black Board) कार्यक्रम का उद्देश्य प्राथमिक शिक्षा का निम्नांकित पक्ष सबल करना है–
   A. गुणवत्ता (Quality)
   B. परिमाण (Quantity)
   C. शिक्षण सामग्री (Teaching Aids)
   D. उपरोक्त सभी
15. ''सर्वशिक्षा अभियान'' का यह उद्देश्य है–
   A. सार्वभौमिक शाला में नामांकन
   B. नगरीय क्षेत्र में सार्वभौमिक प्राथमिक शिक्षा
   C. सार्वभौमिक प्राथमिक शिक्षा
   D. उपरोक्त सभी
16. प्रतिभाशाली बालकों को निम्नांकित सहायता भी दी जा सकती है–
   A. विशिष्ट कक्षा या विद्यालय में शिक्षा
   B. प्रभावी निर्देशन (Guidance)
   C. वैयक्तिक (Individualize) शिक्षण
   D. उपरोक्त सभी
17. विशेष रूप से प्राथमिक स्तर पर विद्यार्थियों की सीखने सम्बन्धी समस्याओं को संबोधित करने का सबसे बेहतर तरीका है–
   A. महँगी और चमकदार सहायक सामग्री का प्रयोग करना
   B. सरल और रोचक पाठ्य-पुस्तकों का प्रयोग करना
   C. कहानी-कथन पद्धति का प्रयोग करना
   D. अक्षमता के अनुरूप विभिन्न शिक्षण-पद्धतियों का प्रयोग करना
18. आकलन को 'उपयोगी और रोचक' प्रक्रिया बनाने के लिए .... के प्रति सचेत होना चाहिए।
   A. विद्यार्थियों को बुद्धिमान या औसत शिक्षार्थी की उपाधि देना
   B. शैक्षिक और सह-शैक्षिक क्षेत्रों में विद्यार्थी के सीखने के बारे में जानकारी प्राप्त करने के लिए विविध तरीकों का प्रयोग करना

C. प्रतिपुष्टि (फीडबैक) देने के लिए तकनीकी भाषा का प्रयोग करना
D. अलग-अलग विद्यार्थियों में तुलना करना

19. मूल्यांकन (assessment) का मुख्य उद्देश्य होना चाहिए
A. यह निर्णय लेना कि क्या विद्यार्थी को अगली कक्षा में प्रोन्नत किया जाना चाहिए
B. सीखने में होने वाली कमियों का निदान और उपचार करना
C. शिक्षार्थियों की त्रुटियाँ निकालना
D. शिक्षार्थियों की उपलब्धि को मापना

20. मैं चाहता हूँ प्राथमिक कक्षा में सभी विद्यार्थीः
A. अध्यापक की तरफ ध्यान दें
B. पठन अथवा लेखन करें
C. अध्यापक से अन्तर्क्रिया करें
D. शान्तिपूर्वक अपना कार्य करें

21. भारत में माध्यमिक शिक्षा का सबसे दुर्बल पक्ष है–
A. अनुपयुक्त परीक्षा प्रणाली
B. अयोग्य शिक्षकों का होना
C. राजनीतिक हस्तक्षेप
D. शिक्षा का व्यवसायोन्मुखी न होना

22. शिक्षण-प्रशिक्षण के सन्दर्भ में पी.टी.टी. (P.T.T.) का अर्थ है–
A. प्री टेस्टिंग फॉर टीचर्स ट्रेनिंग
B. प्री सर्विस टीचर्स ट्रेनिंग
C. फिजिकल ट्रेनिंग फॉर टीचर्स
D. A तथा C दोनों ही

23. नवोदय विद्यालयों के शिक्षकों का व्यय वहन किया जाता है–
A. राज्य सरकार द्वारा
B. केन्द्र सरकार द्वारा
C. A तथा B दोनों ही
D. उपर्युक्त में से किसी के भी द्वारा नहीं

24. अनौपचारिक शिक्षा की व्यवस्था की गई है–
A. 6 से 11 वर्ष के बालकों के लिए
B. 9 से 14 वर्ष के बालकों के लिए
C. 15 से 35 आयु वर्ग के लिए
D. उपरोक्त में से किसी के लिए भी नहीं

25. कक्षा 6-10 तक की शिक्षा कहलाती है–
A. उच्चतर माध्यमिक शिक्षा
B. माध्यमिक शिक्षा
C. उच्च प्राथमिक शिक्षा
D. उपरोक्त में से कोई नहीं

26. भारतीय संविधान में कितने वर्ष के बच्चों के लिए अनिवार्य और निःशुल्क शिक्षा प्रदान करने का प्रावधान है?
A. 5 से 10 वर्ष तक के
B. 6 से 12 वर्ष तक के
C. 6 से 14 वर्ष तक के
D. 8 से 14 वर्ष तक के

27. राष्ट्रीय शिक्षा नीति के अन्तर्गत अनौपचारिक शिक्षा कार्यक्रम चलाया जा रहा है–
A. उन बच्चों के लिए जिन्होंने विद्यालय जाना छोड़ दिया है
B. विद्यालय विहीन टोले के बच्चों के लिए
C. काम-काजी बच्चों के लिए
D. उपर्युक्त सभी के लिए

28. 'बाल केन्द्रित शिक्षा' के लिए निम्नलिखित में से कौन-सा कारक आधार है?
A. वैयक्तिक अन्तर
B. बाल अधिकार
C. सभी बच्चे सभी सन्दर्भों में समान होते हैं
D. बच्चों की निःशुल्क और अनिवार्य शिक्षा का अधिकार अधिनियम, 2009

29. प्राथमिक स्तर पर एक शिक्षक में निम्न में से किसे सबसे महत्वपूर्ण विशेषता मानना चाहिए?
A. पढ़ाने की उत्सुकता
B. धैर्य और दृढ़ता
C. शिक्षण-पद्धतियों और विषयों के ज्ञान में दक्षता
D. अति मानक भाषा में पढ़ाने में दक्षता

30. शिक्षण के अधिगम पर बल देने वाला परिवर्तन हो सकता है–
A. परीक्षा परिणामों पर केन्द्रित होकर
B. बाल-केन्द्रित शिक्षा-पद्धति अपनाकर
C. रटने को प्रोत्साहित करके
D. अग्र शिक्षण की तकनीक अपनाकर

31. निम्नलिखित में से कौन-सी प्रगतिशील शिक्षा की विशेषता है?
A. समय-सारणी और बैठने की व्यवस्था में लचीलापन
B. केवल प्रस्तावित पाठ्य-पुस्तकों पर आधारित अनुदेश
C. परीक्षाओं में अच्छे अंक प्राप्त करने पर बल
D. बार-बार ली जाने वाली परीक्षाएँ

32. जब बच्चा 'फेल' होता है, तो इसका तात्पर्य है कि
A. बच्चा पढ़ाई के योग्य नहीं है
B. बच्चे ने उत्तरों को सही तरीके से याद नहीं किया है
C. बच्चे को प्राइवेट ट्यूशन लेनी चाहिए थी
D. व्यवस्था फेल हुई है

33. प्रोजेक्ट प्रणाली का प्रयोग निम्नलिखित में से किस शिक्षा-पद्धति के अन्तर्गत किया जाता है?
A. पारम्परिक शिक्षा B. प्रगतिशील शिक्षा
C. वैदिक शिक्षा D. इनमें से कोई नहीं

34. बाल-केन्द्रित शिक्षा का समर्थन निम्नलिखित में से किस विचारक द्वारा किया गया?
A. बी एफ स्किनर B. जॉन डीवी
C. एरिक इरिकसन D. चार्ल्स डार्विन

35. किस शिक्षा के अन्तर्गत पिछड़े हुए और मन्दबुद्धि तथा प्रतिभाशाली बालकों के लिए शिक्षा का विशेष पाठ्यक्रम देने का प्रयास किया जाता है?

A. प्रगतिशील शिक्षा B. नवीन शिक्षा

C. बाल-केन्द्रित शिक्षा D. सर्वशिक्षा

36. जॉन डीवी द्वारा समर्थित ''लैब विद्यालय'' के उदाहरण हैं–

A. फैक्ट्री विद्यालय

B. प्रगतिशील विद्यालय

C. पब्लिक विद्यालय

D. सामान्य विद्यालय

उत्तरमाला

1	2	3	4	5	6	7	8	9	10
B	B	D	B	C	C	D	C	B	B
11	**12**	**13**	**14**	**15**	**16**	**17**	**18**	**19**	**20**
A	A	D	A	C	D	D	B	D	C
21	**22**	**23**	**24**	**25**	**26**	**27**	**28**	**29**	**30**
D	D	C	B	B	C	D	D	B	B
31	**32**	**33**	**34**	**35**	**36**				
A	D	B	B	C	B				

5. बुद्धि निर्माण एवं उसके सिद्धांत (Construct of Intelligence and Its Principles)

आमतौर पर बुद्धि का प्रयोग प्रज्ञा, प्रतिभा, ज्ञान एवं समझ इत्यादि जैसे अनेक अर्थों में किया जाता है। यह वह शक्ति है, जो हमें समस्याओं का समाधान करने एवं उद्देश्यों को प्राप्त करने में सक्षम बनाती है।

बुद्धि की परिभाषा को उसके लक्षणों के आधार पर मुख्यतः पांच वर्गों में बांटा गया है–

1. सीखने की योग्यता।
2. समन्वित परिभाषा।
3. समस्या समाधान की योग्यता।
4. अमूर्त चिंतन की योग्यता।
5. समायोजन की योग्यता।

1. सीखने की योग्यता

सीखने की योग्यता के आधार पर निम्न विद्वानों ने बुद्धि की परिभाषा इस प्रकार दी है–

(*i*) **बकिंघम** के अनुसार, "सीखने की योग्यता बुद्धि है।"

(*ii*) **मैक्डूगल** के अनुसार, "बुद्धि जन्मजात प्रवृति को अतीत के अनुभव के प्रकाश में सुधारने की योग्यता है।"

(*iii*) **डियर बोर्न** के अनुसार, "बुद्धि सीखने या अनुभव का लाभ उठाने की योग्यता है।"

2. समन्वित परिभाषा

समन्वित परिभाषा के आधार पर निम्न विद्वानों ने बुद्धि की परिभाषा इस प्रकार दी है–

(*i*) **रेक्सनाइट** के अनुसार, "बुद्धि वह मानसिक योग्यता है जिसके द्वारा हम किसी उद्देश्य की पूर्ति या किसी समस्या का समाधान करने के लिए संबंधित वस्तुओं एवं विचारों को सोचते हैं।"

(*ii*) **वेक्सलर** के अनुसार, "बुद्धि व्यक्ति की संपूर्ण शक्तियों का भोग या सार्वभौमिक योग्यता है जिसके द्वारा वह उद्देश्यपूर्ण कार्य करता है, तर्कपूर्ण ढंग से सोचता है तथा प्रभावपूर्ण ढंग से वातावरण के साथ संपर्क स्थापित करता है।"

3. समस्या समाधान की योग्यता

समस्या समाधान की योग्यता के आधार पर निम्न विद्वानों ने बुद्धि की परिभाषा इस प्रकार दी है–

(*i*) **रेक्सनाइट** के अनुसार, "बुद्धि वह योग्यता है जो लक्ष्य की पूर्ति तथा समस्या समाधान के निमित्त हमारे मन में विचारों को जाग्रत करती है।"

(*ii*) **बर्ट** के अनुसार, "बुद्धि में अच्छी तरह निर्णय करने, समझने तथा तर्क करने की योग्यता है।"

4. अमूर्त चिंतन की योग्यता

अमूर्त चिंतन की योग्यता के आधार पर निम्न विद्वानों ने बुद्धि की परिभाषा इस प्रकार दी है–

(*i*) **स्पीयरमैन** के अनुसार, "बुद्धि सामवर्धिक चिंतन है।"

(*ii*) **विने** के अनुसार, "किसी समस्या को समझना, उसके विषय में तर्क करना तथा किसी निश्चित निर्णय पर पहुंचना बुद्धि की आवश्यक क्रियाएं हैं।"

(*iii*) **टरमन** के अनुसार, "एक व्यक्ति उसी अनुपात में बुद्धिमान है जिसमें वह अमूर्त चिंतन करने की योग्यता रखता है।"

5. समायोजन की योग्यता

समायोजन की योग्यता के आधार पर निम्न विद्वानों ने बुद्धि की परिभाषा इस प्रकार दी है–

(*i*) **कालविन** के अनुसार, "एक व्यक्ति उसी अनुपात में बुद्धि प्रकट करता है जिस अनुपात में वह अपने नए वातावरण में समायोजित होने की क्रिया सीख चुका है या सीख सकता है।"

(*ii*) **स्टर्न** के अनुसार, "नवीन परिस्थितियों में अपने विचारों को समायोजित करने की क्षमता बुद्धि है।"

(*iii*) **क्रूज** के अनुसार, "बुद्धि नवीन एवं विभिन्न परिस्थितियों में अच्छी तरह से समायोजन करने की योग्यता है।"

(*iv*) **बर्ट** के अनुसार, "सापेक्षतया नवीन परिस्थितियों में समायोजन करने की योग्यता को बुद्धि कहते हैं।"

विद्यालय में बुद्धि परीक्षणों के लाभ (Benefits of Intelligence in School)

1. **चुनाव हेतु :** विभिन्न विषयों, कारणों, छात्रवृत्तियों या सहगामी क्रियाओं में चयन के लिए बुद्धि-लब्धि (IQ) के आधार पर बुद्धि-परीक्षणों का चयन किया जाता है।

2. **मार्गदर्शन हेतु :** बालकों को शैक्षणिक और व्यावसायिक निर्देशन के लिए मार्गदर्शन हेतु बुद्धि परीक्षण की आवश्यकता होती है।

3. **बालकों का वर्गीकरण :** विद्यालयों में बालकों के वर्गीकरण के लिए इन परीक्षणों की उपयोगिता रहती है।

बुद्धि के सिद्धांत (Theories of Intelligence)

बुद्धि से संबद्ध विभिन्न पक्षों, यथा–बुद्धि क्या है और इसका निर्माण कैसे हुआ है? आदि प्रश्नों का उत्तर मनोवैज्ञानिक खोजने के लिए सदैव तत्पर रहे हैं। फलतः बुद्धि के उन्होंने अनेक सिद्धांत प्रतिपादित किए जो बुद्धि के स्वरूप का पर्याप्त विवरण देते हैं। इनमें से कुछ प्रमुख सिद्धांत निम्न प्रकार से हैं–

1. एक खंड का सिद्धांत।
2. दो खंड का सिद्धांत।
3. तीन खंड का सिद्धांत।
4. बहुखंड का सिद्धांत।
5. मात्रा सिद्धांत।

1. एक खंड का सिद्धांत (Uni-Factor Theory) : इस सिद्धांत के प्रतिपादक टर्मन और स्टर्न हैं। इनके अनुसार बुद्धि अखंड और अविभाज्य है। इस प्रकार इन्होंने बुद्धि को एक अखंड और अविभाज्य इकाई माना है।

2. दो खंड का सिद्धांत (Two-Factor Theory) : इस सिद्धांत के प्रतिपादक स्पीयरमैन हैं। उनके अनुसार, प्रत्येक व्यक्ति में दो तरह की बुद्धि होती है–सामान्य और विशिष्ट अर्थात् बुद्धि के दो तत्व होते हैं:

(*i*) सामान्य योग्यता।

(*ii*) विशिष्ट योग्यता।

(*i*) **सामान्य योग्यता :** स्पीयरमैन के अनुसार, "सामान्य योग्यता सब व्यक्तियों में कम या अधिक मात्रा में मिलती है।" इसकी मुख्य विशेषताएं हैं–

- यह प्रत्येक व्यक्ति में भिन्न होती है।
- यह उसके सभी मानसिक कार्यों में प्रयोग की जाती है।
- यह भाषा, विज्ञान, दर्शन आदि में सामान्य सफलता प्रदान करती है।
- यह योग्यता व्यक्ति में जन्मजात होती है।
- यह उसमें सदैव एक-सी रहती है।
- यह जिस व्यक्ति में जितनी अधिक होती है उतना ही वह अधिक सफल होता है।

(*ii*) **विशिष्ट योग्यताएं :** इन योग्यताओं का संबंध व्यक्ति के विशिष्ट कार्यों से होता है। इनकी मुख्य विशेषताएं हैं:

- ये योग्यताएं विभिन्न व्यक्तियों में विभिन्न और अलग-अलग मात्रा में होती है।
- जिस व्यक्ति में जो योग्यता अधिक होती है उसी से संबंधित कुशलता में वह विशेष अर्जित करता है।
- योग्यताएं अनेक और एक-दूसरे से स्वतंत्र होती हैं।
- ये योग्यताएं भाषा, विज्ञान, दर्शन आदि में विशेष सफलता प्रदान करती है।
- विभिन्न योग्यताओं का संबंध विभिन्न कुशल कार्यों में होता है।
- ये योग्यताएं अर्जित की जा सकती हैं।

3. तीन खंड का सिद्धांत (Tri-Factor Theory) : दो खंड का सिद्धांत प्रतिपादित करने के बाद स्पीयरमैन ने बुद्धि का एक खंड और बताया। उसने इसका नाम सामूहिक खंड या तत्त्व रखा। उसने इस खंड में ऐसी योग्यताओं को स्थान दिया जो सामान्य योग्यता से श्रेष्ठ और विशिष्ट योग्यताओं से निम्न होने के कारण उनके मध्य का स्थान ग्रहण करती हैं।

4. बहुखंड (Multi Factor) : स्पीयरमैन के बुद्धि के सिद्धांत पर आगे कार्य करके मनोवैज्ञानिकों ने 'बहुखंड का सिद्धांत' प्रतिपादित किया।

कैली ने अपनी पुस्तक में बुद्धि को निम्नलिखित खण्डों या योग्यताओं का समूह बताया है:

- शारीरिक योग्यता
- सामाजिक योग्यता
- शाब्दिक योग्यता
- संगीतात्मक योग्यता
- यांत्रिक योग्यता
- सांख्यिकीय योग्यता
- गामक योग्यता
- स्थान संबंधी विचार योग्यता
- रुचि

थर्स्टन ने अपनी पुस्तक में बुद्धि के 13 खंड या तत्त्व बताएं हैं। अन्य शब्दों में उसने बुद्धि को 13 मानसिक योग्यताओं का समूह बताया है।

5. मात्रा सिद्धांत (Theory of Quantity) : इस सिद्धांत के प्रतिपादक **थॉर्नडाइक** हैं। वह सामान्य मानसिक योग्यता के समान किसी तत्त्व को स्वीकार नहीं करते। उनके अनुसार मस्तिष्क का गुण स्नायु तंतुओं की मात्रा पर निर्भर करता है। इसका अभिप्राय है कि बुद्धि उतनी ही अच्छी होती है जितने अधिक मस्तिष्क और स्नायुमंडल के संबंध होते हैं।

आधुनिक विचारधारा को व्यक्त करने हेतु **हिवटमर** ने कहा है कि "यह कहने के बजाय कि व्यक्ति में बुद्धि है यह कहना अधिक उपयुक्त है कि वह अधिक बुद्धिमत्तापूर्ण व्यवहार करता है।"

बुद्धि के प्रकार (Types of Intelligence)

कुछ विद्वानों ने (विशेषतः थॉर्नडाइक एवं गैरिट) बुद्धि का वर्गीकरण निम्न प्रकार से किया है–

थॉर्नडाइक के अनुसार बुद्धि का वर्गीकरण

(*i*) **अमूर्त बुद्धि :** अमूर्त बुद्धि ज्ञानोपार्जन के लिए प्रयोग की जाती है। शब्दों, प्रतीकों, समस्या-समाधान आदि के रूप में अमूर्त रूप में अमूर्त बुद्धि का प्रयोग किया जाता है।

(*ii*) **सामाजिक बुद्धि :** इस बुद्धि के द्वारा व्यक्ति समाज में समायोजन करता है। विभिन्न व्यवसायों में सफलता प्राप्त करता है।

(*iii*) **मूर्त/यांत्रिक बुद्धि :** इस बुद्धि की सहायता से व्यक्ति यंत्रों तथा भौतिक वस्तुओं का परिचालन करता है। ऐसे व्यक्ति इंजीनियर, मैकेनिक, तकनीशियन आदि होते हैं।

गैरिट के अनुसार बुद्धि का वर्गीकरण

(*i*) **मूर्त/यांत्रिक बुद्धि :** इस बुद्धि का संबंध यंत्रों और मशीनों से होता है। जिस व्यक्ति में यह बुद्धि होती है वह यंत्रों और मशीनों के कार्य में विशेष रुचि लेता है। अतः इस बुद्धि के व्यक्ति अच्छे कारीगर मैकेनिक, इंजीनियर, औद्योगिक कार्यकर्त्ता आदि होते हैं।

(*ii*) **अमूर्त बुद्धि :** इस बुद्धि का संबंध पुस्तकीय ज्ञान से होता है। जिस व्यक्ति में यह बुद्धि होती है, वह ज्ञान का अर्जन करने में विशेष रुचि लेता है। अतः इस बुद्धि के व्यक्ति अच्छे वकील, डॉक्टर, दार्शनिक, चित्रकार, साहित्यकार आदि होते हैं।

(*iii*) **सामाजिक बुद्धि :** इस बुद्धि का संबंध व्यक्तिगत और सामाजिक कार्यों से होता है। जिस व्यक्ति में यह बुद्धि होती है, वह मिलनसार, सामाजिक कार्यों में रुचि लेने वाला और मानव-संबंध के ज्ञान से परिपूर्ण होता है। अतः इस बुद्धि के व्यक्ति अच्छे मंत्री, व्यवसायी, कूटनीतिज्ञ और सामाजिक कार्यकर्त्ता होते हैं।

बुद्धि की विशेषताएँ (Characteristics of Intelligence)

(*i*) बुद्धि एक जन्मजात शक्ति है।
(*ii*) बुद्धि विभिन्न योग्यताओं का समूह है।
(*iii*) बुद्धि में आत्म निरीक्षण की शक्ति होती है।
(*iv*) लिंग की भिन्नता के कारण, बुद्धि में कोई भिन्नता नहीं आती।
(*v*) किशोरावस्था के समाप्त हो जाने तक बुद्धि का विकास रूक जाता है।
(*vi*) वंश का बुद्धि पर प्रभाव पड़ता है।

बुद्धि-लब्धि (Intelligence Quotient)

बुद्धि-लब्धि से बालक या व्यक्ति की सामान्य योग्यता के विकास की गति मालूम पड़ती है।

कोल एवं **ब्रूस** के अनुसार, ''बुद्धि-लब्धि से यह ज्ञात होता है कि बालक या व्यक्ति की सामान्य योग्यता के विकास की गति कैसी है।''

कोल एवं **ब्रूस** के अनुसार, ''बुद्धि-लब्धि से यह ज्ञात होता है कि बालक की मानसिक योग्यता में किस गति से विकास हो रहा है।

मानसिक आयु ज्ञात करने का विचार प्रारंभ करने का श्रेय **बिने** को है। **टर्मन** ने बिने के विचार को स्वीकार कर परीक्षण किया और इस निष्कर्ष पर पहुंचा कि मानसिक आयु बालक के मानसिक विकास की बुद्धि के बारे में नहीं बता सकती। इस गति को मालूम करने के लिए टर्मन ने बुद्धि-लब्धि निकालने का सूत्र दिया :

$$\text{बुद्धि-लब्धि} = \frac{\text{मानसिक आयु}}{\text{वास्तविक आयु}} \times 100$$

उदाहरण– यदि बालक की मानसिक आयु 20 वर्ष तथा वास्तविक आयु 16 वर्ष है तो उसकी बुद्धि-लब्धि 125 होगी, जैसे–

$$\text{बुद्धि-लब्धि} = \frac{20}{16} \times 100 = 125$$

टर्मन ने बुद्धि-लब्धि का वर्गीकरण निम्नलिखित प्रकार से किया है :

बुद्धि-लब्धि	बुद्धि का प्रकार
140 से अधिक	प्रतिभाशाली
120 से 140	अति श्रेष्ठ बुद्धि
110-120	श्रेष्ठ बुद्धि
90-110	सामान्य बुद्धि
80-90	मंद बुद्धि
70-80	क्षीण-बुद्धि
70 से कम	निश्चित क्षीण बुद्धि
50-70	अल्प बुद्धि
20 या 25 से 50	मूर्ख बुद्धि
20 या 25 से कम	महामूर्ख

बुद्धि और ज्ञान में अंतर (Difference between Intelligence and Knowledge)

बुद्धि	ज्ञान
(*i*) बातों का जानकर उसका उपयोग करना, बुद्धि है।	बातों का जानना, ज्ञान है।
(*ii*) यह जन्मजात शक्ति है।	यह अर्जित शक्ति है।
(*iii*) बुद्धि से ज्ञान का विकास होता है।	अधिक ज्ञान से बुद्धि का विकास नहीं होता है।

मानसिक आयु (Mental Age)

मानसिक आयु व्यक्ति की मानसिक परिपक्वता की ओर संकेत करती है। एक व्यक्ति की मानसिक आयु जितनी अधिक होती है तो यह माना जाता है कि उसकी विभिन्न मानसिक योग्यताओं का विकास उतना ही अधिक हुआ है अथवा परिपक्व है।

उदाहरणार्थ– यदि 7 वर्ष का बच्चा 12 वर्ष के बच्चे के लिए निर्मित बुद्धि परीक्षण उतनी ही कुशलता से करता है जितना 12 वर्ष का बच्चा करता है तो 7 वर्ष के बच्चे की मानसिक आयु 12 वर्ष होगी और यदि 12 वर्ष का बच्चा 7 वर्ष के बच्चे के लिए निर्धारित परीक्षण को कर पाता है परंतु 12 वर्ष के बच्चों के लिए निर्धारित परीक्षण को नहीं कर पाता तो उसकी मानसिक आयु 7 वर्ष होगी। इस प्रकार मानसिक आयु व्यक्ति के द्वारा प्राप्त विकास की सीमा की वह अभिव्यक्ति है जो एक आयु-विशेष में प्रत्याशित उसके कार्य-निष्पादन के रूप में किया जाता है।

बुद्धि परीक्षाओं का वर्गीकरण (Classification of Intelligence Test)

बुद्धि परीक्षाओं को सामान्य रूप से दो वर्गों में विभाजित किया जाता है :

1. **वैयक्तिक बुद्धि परीक्षा :** यह परीक्षा एक समय में एक व्यक्ति की ली जाती है।
2. **सामूहिक बुद्धि परीक्षा :** यह परीक्षा एक समय में अनेक व्यक्तियों की ली जाती है।

बुद्धि परीक्षा के रूप

1. **भाषात्मक परीक्षा :** यह परीक्षा यह ज्ञात कराती है कि व्यक्ति को लिखने-पढ़ने का कितना ज्ञान है।
2. **क्रियात्मक परीक्षा :** इस परीक्षा विधि में वास्तविक वस्तुओं का प्रयोग किया जाता है तथा परीक्षार्थियों से कुछ समस्यापूर्ण कार्य करने के लिए कहा जाता है।

बुद्धि परीक्षा की उपयोगिता

1. **बालकों की क्षमता के अनुसार कार्य :** बुद्धि परीक्षाओं द्वारा बालकों की सामान्य योग्यता और मानसिक आयु को ज्ञात करके यह अनुमान लगाया जाता है कि उनमें कार्य करने की कितनी क्षमता है।
2. **बालकों की व्यावसायिक योग्यता का ज्ञान :** बुद्धि परीक्षाओं के द्वारा बालकों की व्यावसायिक योग्यताओं का अनुमान लगाया जाता है ताकि उनकी योग्यता के अनुसार व्यवसाओं का चयन करने हेतु परामर्श दिया जा सके।
3. **बालकों की विशिष्ट योग्यताओं का ज्ञान :** बालकों की विशिष्ट योग्यताओं को प्राप्त करके, उनको उचित शैक्षिक निर्देशन दिया जा सकता है।
4. **बालकों का वर्गीकरण :** बुद्धि परीक्षाओं के आधार पर कक्षा के बालकों को तेज बुद्धि, मन्द बुद्धि और साधारण बुद्धि वाले बालकों में विभाजित करके, उनको अलग-अलग शिक्षा दी जा सकती है।

बहुआयामी बुद्धि (Multi-Dimensional Intelligence)

केली एवं थर्सटन नामक मनोवैज्ञानिकों ने बताया कि बुद्धि का निर्माण प्राथमिक, मानसिक योग्यताओं के द्वारा होता है। केली के अनुसार, बुद्धि का निर्माण इन योग्यताओं से होता है–वाचिक योग्यता, गामक योग्यता, सांख्यिकी योग्यता, यांत्रिक योग्यता, सामाजिक योग्यता, संगीतात्मक योग्यता, स्थानिक संबंधों के साथ उचित ढंग से व्यवहार करने की योग्यता, रुचि और शारीरिक योग्यता। थर्सटन का मत है कि बुद्धि इन प्राथमिक मानसिक योग्यताओं का समूह होता है–प्रत्यक्षीकरण संबंधी योग्यता, तार्किक व वाचिक योग्यता, सांख्यिकी योग्यता, स्थानिक या दृश्य योग्यता, समस्या समाधान की योग्यता, स्मृति संबंधी योग्यता, आगमनात्मक योग्यता और निगमनात्मक योग्यता। वैसे तो अधिकतर मनोवैज्ञानिकों ने केली एवं थर्सटन के बुद्धि के सिद्धांतों की आलोचना की, किंतु अधिकतर मनोवैज्ञानिकों ने यह भी माना कि बुद्धि का बहुआयामी होना निश्चित तौर पर संभव है। बहुआयामी बुद्धि होने के कारण ही कुछ लोग कई प्रकार के कौशलों में निपुण होते हैं।

अभ्यास प्रश्न

1. बच्चों की वृद्धि के अनुरूप, उनकी रुचियाँ–
   A. बहुमुखी हो जाती हैं
   B. सुदृढ़ व सीमित हो जाती हैं
   C. अपेक्षाकृत अनियमित दिशा में अग्रसर होती है
   D. प्रकृति व संख्या में पहले के समान रहती है
2. क्षीण बुद्धि बच्चों की बुद्धिलब्धि (IQ) होती है–
   A. 70-80 के मध्य B. 70 से कम
   C. 50 से कम D. 80-90 के मध्य
3. एक बालक की बुद्धि-लब्धि 150 है तो वह बालक कहलायेगा :
   A. मन्दबुद्धि B. पिछड़ा
   C. प्रतिभाशाली D. असंतुलित
4. बुद्धि-लब्धि (IQ) का संबंध है :
   A. ज्ञान से B. विवेक से
   C. तर्क से D. बुद्धि से
5. बुद्धि-लब्धि (IQ) को ज्ञात करने का सूत्र किस मनोवैज्ञानिक ने दिया है?
   A. थर्स्टन B. स्टर्न
   C. स्पीयरमैन D. बिने
6. बुद्धि-लब्धि (IQ) निकालने का सही फार्मूला है :
   A. $\frac{\text{वास्तविक आयु}}{\text{मानसिक आयु}} \times 100$
   B. $\frac{\text{मानसिक आयु}}{\text{वास्तविक आयु}} \times 100$

C. $\frac{\text{मानसिक आयु}}{100} \times$ वास्तविक आयु

D. $\frac{\text{वास्तविक आयु}}{\text{मानसिक आयु}}$

7. मन्द-बुद्धि बालकों के तादात्मीकरण या निदान की (Diagnosis) विधियाँ हैं–
A. उपलब्धि-परीक्षण (Achievement Tests)
B. मानकीकृत नैदानिक परीक्षण (Standardized)
C. उपरोक्त A. और B.
D. उपरोक्त में से कोई नहीं

8. सामूहिक बुद्धि-परीक्षणों का विकास 1917 में किस नाम से हुआ?
A. आर्मी बीटा (Army Bita)
B. आर्मी गामा (Army Gama)
C. आर्मी अल्फा (Army Alfa)
D. आर्मी ओमेगा (Army Omega)

9. "द्वि-तत्व सिद्धान्त" (Two Factor Theory) किससे सम्बन्धित सिद्धान्त है?
A. व्यक्तित्व B. अभिवृत्ति
C. बुद्धि D. अभिरुचि

10. ज्ञान प्राप्त करने की जो विधियाँ मानी जाती हैं, उसमें से निम्न में जो विधि नहीं है, वह है–
A. सत्ता B. व्यक्तिगत अनुभव
C. निगमन विधि D. ज्ञान

11. निम्न में से कौन-सा बुद्धिमान बच्चे का लक्षण ***नहीं*** है?
A. वह जो प्रवाहपूर्ण एवं उचित तरीके से संप्रेषण करने की क्षमता रखता है–
B. वह जो अमूर्त रूप से सोचता रहता है
C. वह जो नए परिवेश में स्वयं को समायोजित कर सकता है
D. वह जो लंबे निबंधों को बहुत जल्दी रटने की क्षमता रखता है

12. एक शिक्षक को अपने विद्यार्थियों की क्षमताओं को समझने का प्रयास करना चाहिए। निम्नलिखित में से कौन-सा क्षेत्र इस उद्देश्य के साथ संबद्ध है?
A. सामाजिक दर्शन B. मीडिया-मनोविज्ञान
C. शिक्षा-मनोविज्ञान D. शिक्षा-समाजशास्त्र

13. बच्चों के बौद्धिक विकास की चार विशिष्ट अवस्थाओं की पहचान की गई
A. एरिकसन द्वारा B. स्किनर द्वारा
C. पियाजे द्वारा D. कोह्लबर्ग द्वारा

14. किसके अनुसार "बुद्धि, ज्ञान अर्जन करने की क्षमता है"?
A. वुडवर्थ B. टर्मन
C. वुडरो विल्सन D. रॉस

15. मानसिक आयु का प्रत्यय किसने दिया था?
A. बिने साइमन B. स्टर्न
C. टर्मन D. सिरिल बर्ट

16. बुद्धि का एक शक्ति सिद्धान्त किसने दिया है?
A. हैजालिट B. थार्नडाइक
C. स्पीयरमैन D. टर्मन

17. निम्नलिखित में से किन परिवारों के अध्ययन से बुद्धि आनुवांशिक मानी गई?
A. कालीकारक वंश B. फ्यूक्स परिवार
C. एडवर्ड्स वंश D. ये सभी

18. द्वि शक्ति (Two Factor) सिद्धांत के प्रतिपादक कौन थे?
A. स्पीयरमैन B. बिने
C. थार्नडाइक D. केटल

19. परिवार के वातावरण में निम्नलिखित में से किसका बौद्धिक विकास पर सबसे अधिक प्रभाव पड़ता है?
A. माता-पिता का चरित्र
B. माता-पिता और बालकों का सम्बन्ध
C. माता-पिता के परस्पर सम्बन्ध
D. परिवार का आर्थिक स्तर

20. गिलफोर्ड ने कारक विश्लेषण के आधार पर कितने कारकों का अस्तित्व प्राप्त कर लिया है?
A. 10 B. 25
C. 80 D. 50

21. मूर्त बुद्धि का अच्छा उदाहरण कौन-सा नहीं है?
A. इंजीनियर B. मैकेनिक
C. कारीगर D. दार्शनिक

22. टर्मन ने बुद्धि को क्या माना है?
A. समायोजन की योग्यता
B. अमूर्त चिन्तन की योग्यता
C. बहु-आयाम सिद्धांत
D. पदानुक्रमिक सिद्धांत

23. बुद्धि के सामूहिक परीक्षण किस प्रकार के होते हैं?
A. पेपर पेंसिल B. मौखिक
C. प्रयोगात्मक D. उपर्युक्त सभी

24. व्यक्तित्व अध्ययन की विषयगत विधि कौन-सी है?
A. हस्तरेखा अध्ययन B. समाजमिति
C. रोर्शा परीक्षण D. निर्धारणमान

25. बुद्धि लब्धि का क्या अर्थ है?
A. बुद्धि लब्धि आयु के साथ बढ़ती है।
B. बुद्धि लब्धि आयु के साथ घटती है।
C. बुद्धि लब्धि में परिवर्तन आता रहता है।
D. बुद्धि लब्धि घटती या बढ़ती नहीं है।

26. प्रतिभाशाली बालकों की बुद्धि-लब्धि प्रसार क्या है?
A. 90-100 B. 110-120
C. 80-90 D. 140 एवं ऊपर

27. बालक की मूल शक्तियों का प्रधान कारक क्या है?
A. वातावरण B. वंशानुक्रम
C. आर्थिक स्थिति D. सामाजिक स्थिति

28. निम्न में से कौन बुद्धि का प्रकार नहीं है?
A. मानसिक बुद्धि B. मूर्त बुद्धि
C. अमूर्त बुद्धि D. सामाजिक बुद्धि

29. टर्मन के अनुसार, सामान्य बुद्धि-लब्धि कितनी है?
A. 80-90 B. 90-110
C. 110-120 D. 120-140

30. बुद्धि का द्वि-तत्व सिद्धांत किसने दिया?
A. गिलफोर्ड B. स्टर्न
C. स्पीयरमैन D. बिने

31. सामूहिक बुद्धि परीक्षण का विकास 1972 में किस नाम से हुआ?
A. आर्मी बीटा B. आर्मी गामा
C. आर्मी एल्फा D. आर्मी ओमेगा

32. बुद्धि मॉडल की संरचना किसके द्वारा प्रस्तुत की गयी है?
A. स्पीयरमैन B. पियाजे
C. गिलफोर्ड D. थार्नडाइक

33. एक शिक्षक के लिए छात्र की बुद्धि-लब्धि की उपयोगिता निम्न में से किसमें है?
A. छात्र की उन्नति करने में
B. छात्र से शैक्षिक प्रत्याशा का मूल्यांकन करने में
C. छात्रों की ग्रेड प्रतिस्थापन करने में
D. पाठ्यक्रम के प्रकरणों को सुनिश्चित करने में

34. मानसिक आयु किसकी माप होती है?
A. मानसिक परिपक्वता
B. मानसिक वृद्धि दर
C. जन्मजात मानसिक शक्ति
D. उसकी आयु वर्ग के समकक्ष अन्य बालकों के बौद्धिक स्तर के समान

35. निम्नलिखित में से कौन-सा सिद्धान्त बुद्धि में अनेक कारक मानता है?
A. एक शक्ति सिद्धांत B. विशिष्ट शक्ति सिद्धांत
C. बहु-शक्ति सिद्धांत D. द्वि-शक्ति सिद्धांत

36. बुद्धि के एक शक्ति सिद्धांत के अनुसार बुद्धि की योग्यता निम्नलिखित में से कैसी है?
A. अकेली B. अनेक
C. कई D. दो

37. यदि एक 12 वर्ष के बालक की मानसिक आयु केवल 10 है, तो शिक्षक को क्या करना चाहिए?
A. छात्र को निम्न कक्षा में स्थानांतरित कर दे ताकि उसको पढ़ाई करने में कठिनाई न हो
B. छात्र में मंद गति से पढ़ने वाले बालकों के समूह में स्थानांतरित कर दें
C. जब तक कि उसका ठीक से परीक्षण न कर लें कोई भी अन्तिम निर्णय न लें।
D. प्रधानाचार्य को संस्तुति करें कि उसके लिए विशेष कक्षा का प्रबन्ध करें।

38. 16 वर्षीय बच्चा बुद्धि-लब्धि परीक्षण में 75 अंक प्राप्त करता है, उसकी मानसिक आयु .... वर्ष होगी।
A. 15 B. 12
C. 08 D. 14

39. निम्नलिखित में से कौन-सी बुद्धि की परिभाषा नहीं है?
A. बुद्धि, कार्य करने की एक विधि है
B. बुद्धि, ज्ञान अर्जन करने की क्षमता है
C. जीवन की अपेक्षाकृत नवीन परिस्थितियों से अपना सामंजस्य करने की व्यक्ति की योग्यता ही बुद्धि है
D. राजनीतिक, आर्थिक एवं सामाजिक शक्ति प्राप्त करने के लिए प्रयुक्त उक्ति बुद्धि है

40. यदि किसी बालक की मानसिक आयु 12 वर्ष एवं वास्तविक आयु 10 वर्ष हो, तो उसका बुद्धि-लब्धांक कितना होगा?
A. 120 B. 100
C. 124 D. 130

41. मनोवैज्ञानिक बिने किस देश के थे?
A. जर्मनी B. फ्रांस
C. अमेरिका D. रूस

42. अशाब्दिक बुद्धि परीक्षणों में शब्दों के स्थान पर किसका प्रयोग होता है?
A. रूप रेखाओं B. चित्रों
C. ज्यामितीय आकृतियों D. ये सभी

43. निम्नांकित में से कौन-सा सिद्धान्त गिलफोर्ड का बुद्धि सम्बन्धी है?
A. द्वि-आयाम सिद्धान्त B. त्रि-आयाम सिद्धान्त
C. बहु-आयाम सिद्धान्त D. पदानुक्रमिक सिद्धान्त

उत्तरमाला

1	2	3	4	5	6	7	8	9	10
A	C	C	D	B	B	C	C	C	D
11	12	13	14	15	16	17	18	19	20
D	C	C	C	D	A	D	A	B	C
21	22	23	24	25	26	27	28	29	30
D	B	A	A	D	D	B	A	B	C
31	32	33	34	35	36	37	38	39	40
C	C	A	A	B	A	C	B	D	A
41	42	43							
B	D	B							

6. भाषा और विचार (Language and Thought)

भाषा (Language)

भाषा व्यक्ति के भावों को अभिव्यक्त करने का माध्यम है। मनुष्य पशु से श्रेष्ठ इसलिए है, क्योंकि उसके पास एक भाषा है जिसे लोग समझ सकते हैं। पशु-पक्षियों की भी भाषा होती है किंतु उसे कोई समझ नहीं पाता। गूंगे-बहरे लोग भी अपने भावों को समझाने के लिए शरीर के अंगों का सहारा लेते हैं जिसे उसकी शरीर की भाषा कहा जाता है। भाषा एक ऐसा माध्यम है जिससे मनुष्य समाज में अपना एक पृथक स्थान बनाता है जो उसके व्यक्तित्त्व के निर्माण में महत्त्वपूर्ण भूमिका निभाती है। इस तरह स्पष्ट है कि भाषा जन्म के साथ उत्पन्न होती है। बच्चा जन्म के बाद रोता है जो उसकी प्रथम भाषा है। सही अर्थों में भाषा भावों के संप्रेषण का एक माध्यम है। भाषा बौद्धिक क्षमता को भी अभिव्यक्त करती हैं।

प्रायः हम लोग वाणी एवं भाषा दोनों को एक-दूसरे का पर्यायवाची समझते हैं और उसका प्रयोग करते हैं किंतु दोनों में बहुत अंतर होता है। भाषा एवं वाणी को हरलॉक ने निम्न रूप में स्पष्ट किया है–

''भाषा में संप्रेषण के वे सभी साधन आते हैं जिसमें विचारों और भावों को प्रतीकात्मक बना दिया जाता है जिससे कि अपने विचारों और भावों को एक-दूसरे से अर्थपूर्ण ढंग से कहा जा सके।''

''वाणी भाषा का एक स्वरूप है जिसमें अर्थ को दूसरों को व्यक्त करने के लिए कुछ ध्वनियों या शब्द उच्चारित किए जाते हैं।''

इस तरह कहा जा सकता है कि वाणी भाषा का एक विशिष्ट ढंग है। यह मनोक्रियात्मक कौशल है। वाणी केवल मांसपेशियों तथा वाचिक तंत्र में सहायक ही नहीं है अपितु इसका मानसिक पात है–जिसमें कुछ अर्थ जुड़ा रहता है। सभी बच्चों की आवाज वाणी नहीं है, वाणी वह होती है जिसमें पर्याप्त नियंत्रण होता है। बिना नियंत्रण और अर्थ के बोली गई वाणी को 'तोता वाणी' कह सकते हैं। वाणी अर्थयुक्त होती है तथा जिस समाज में बोली जाए उसे सभी लोग समझ सकें। इन दोनों कसौटियों का वाणी में होना आवश्यक है। भाषा व्यापक संकल्पना है। वाणी, भाषा का माध्यम है, भाषा कोई भी हो सकती है, यथा–फ्रेंच, अरबी, अंग्रेजी एवं फारसी इत्यादि। भाषा अर्थहीन भी हो सकती है जिसमें संकेत, हाव-भाव एवं अन्य बहुत-सी चीजें आती हैं। पक्षी और पशु की भी एक भाषा है, कहा जाता है कि पशु-पक्षियों के पास वाणी नहीं होती है। इन बातों का निष्कर्ष यह है कि वाणी वह मनोक्रियात्मक माध्यम है जिससे उसके समुदाय के लोग समझते हैं और प्रभावित होते हैं। **उदाहरणार्थ–**

ऐसी वाणी बोलिए मन का आपा खोय।
औरन को शीतल करे आपहु शीतल होय।।

अर्थात् वाणी में विचार, भाव, मानसिक संचेतना आदि गुण निहित होते हैं जो किसी व्यक्ति और समाज को प्रभावित कर सकते हैं। भाषा में ही वाणी सन्निहित होती है। आदिम मानव भी अपने विचारों का आदान-प्रदान करता था उसमें शरीर का संकेत, गले की आवाज, चिल्लाना अथवा विभिन्न प्रकार की आवाजें (अलग-अलग कार्यों के लिए) करना भी एक भाषा थी लेकिन धीरे-धीरे भाषा विज्ञान का विकास हुआ इसे व्यवस्थित नियम युक्त एवं संगठित किया गया।

भाषा का महत्त्व (Importance of Language)

भाषा किसी व्यक्ति के व्यक्तित्व के आईने के समान है। व्यक्ति का जैसा व्यक्तित्व होगा उसी प्रकार की उसकी भाषा होगी। भाषा से ही व्यक्ति को समाज में सम्मान और अपमान मिलता है। इस तरह भाषा में आकर्षण एवं विकर्षण दोनों गुण होते हैं। भाषा के महत्त्व को निम्न प्रकार से स्पष्ट किया जा सकता है :

1. **शैक्षिक उपलब्धि के महत्त्व :** कक्षा में जिन बालकों की भाषा एवं उच्चारण जितना अच्छा होता है उनकी शैक्षिक उपलब्धि भी उतनी ही अच्छी होती है। भाषा के माध्यम से ही एक छात्र अपनी कक्षा से संबद्ध समस्याओं को छात्रों एवं अध्यापकों के सामने स्पष्टता से रखकर उसे समझ सकता है लेकिन जिसकी भाषा कम प्रभावशाली है उस पर कोई ध्यान नहीं देता है। प्रायः देखा जाता है कि जिसकी भाषा और लिखावट कमजोर है वे कक्षा में अन्य छात्रों से कम अंक प्राप्त करते हैं। यद्यपि उनकी बौद्धिक क्षमता में उनमें कोई कमी नहीं होती है।
2. **सामाजिक मूल्यांकन में सहजता :** बालक समाज में क्या बोलता है? कैसे बोलता है? इसका मूल्यांकन समाज के लोग सामाजिक पृष्ठभूमि में करते हैं। उसकी भाषा ही उसकी योग्यता स्तर तथा यौन उपयुक्तता की मानदण्ड होती है। इससे बालक के भावों एवं विचारों का मूल्यांकन होता है।

3. **इच्छाओं और आवश्यकताओं की पूर्ति में सहायक :** भाषा व्यक्ति को अपनी आवश्यकता, इच्छा, पीड़ा अथवा मनोभाव दूसरे के समझ व्यक्त करने की क्षमता प्रदान करती है जिससे दूसरा व्यक्ति सरलता से उसकी आवश्यकता को समझ कर तत्संबंधी समाधान प्रदान करता है। उदाहरणार्थ–एक बालक यदि केवल रोता है अपने मनोभावों तथा आवश्यकताओं (भूख) को दूसरे के सामने व्यक्त नहीं कर पाता है तो माता-पिता को उसे समझने में कठिनाई होती है। लेकिन वही जब अपनी जुबान से बोल कर दूध या भोजन की मांग करता है तो तुरन्त इसकी पूर्ति हो जाती है और उसे संतुष्टि मिलती है।

4. **दूसरे के विचारों को प्रभावित करने में सहायक :** जिन बच्चों की भाषा प्रिय, मधुर एवं ओजस्वी होती है वे अपने समूह, परिवार अथवा समाज के व्यक्तियों को प्रभावित करते हैं। लोग उन्हीं को अधिक महत्त्व देते हैं जिनका व्यवहार प्रभावपूर्ण होता है।

5. **ध्यान आकर्षित करने में उपयोगी :** सभी बालक चाहते हैं कि लोग उनकी ओर ध्यान दें इसलिए वे अभिभावकों से प्रश्न पूछकर, कोई समस्या प्रस्तुत करके तथा विभिन्न तरीकों का प्रयोग कर उनका ध्यान अपनी ओर खींचते हैं। जो बच्चे चुपचाप रहते हैं या बोलते नहीं उनकी कभी-कभी उपेक्षा हो जाती है।

6. **आत्म-मूल्यांकन में महत्त्व :** बालक जब समाज में बोलता है तो उसके सुनने वालों की उसके प्रति क्या प्रतिक्रिया होती है, दूसरे लोग उसके विषय में क्या समझते हैं उनकी भाषा को सुनकर बालक स्वयं का मूल्यांकन करता है कि लोग उससे प्रभावित हैं या नहीं। समाज का दृष्टिकोण उसके प्रति किस प्रकार का है।

7. **सामाजिक संबंध के लिए महत्त्व :** वाणी से अपने भावों को बालक समाज में अभिव्यक्त करता है जिससे विचारों, भावों को लोग समझते हैं। इससे समाज के बीच आपसी ताल-मेल विकसित होता है जो बच्चे खुलकर अपने विचारों एवं भावों को दूसरों के सामने रखते हैं। उन्हें समाज में सबसे अधिक स्वीकृति मिलती है। दूसरे बालक उसी बालक के साथ उठना-बैठना, खेलना तथा मित्रता करना पसंद करते हैं जिनकी अभिव्यक्ति होती है। और जो अंतर्मुखी होते हैं उनके मित्र भी नहीं होते हैं। बालक अपनी भाषा के द्वारा ही समाज में अच्छा संबंध बनाता है। इसी के द्वारा वैयक्तित्त्व एवं सामाजिक समायोजन होता है।

भाषा के विकास के मुख्य सिद्धांत (Theory of Language Development)

मनुष्य की भाषा किस प्रकार विकसित होती है? उसकी प्रक्रिया क्या है? शब्दों का अर्थों में किस प्रकार समावेश होता है इसको जानने के लिए भाषा विकास के सिद्धांतों को समझना आवश्यक है। मनुष्य बोलने की योग्यता किस प्रकार अर्जित करता है। इस विषय पर विद्वानों ने अपने अध्ययन के आधार पर निम्न सिद्धांतों का प्रतिपादन किया है–

1. **अनुबंधन का सिद्धांत (Theory of Conditional) :** भाषा विकास में अनुबंधन या साहचर्य का बहुत योगदान है। शैशवावस्था में जब बच्चे शब्द सीखते हैं तो सीखना अमूर्त नहीं होता है। वरन किसी मूर्त वस्तु से जोड़कर उन्हें शब्दों की जानकारी दी जाती है। उदाहरण पेंसिल कहने के साथ उन्हें पेंसिल दिखाया जाता है, पानी या दूध कहने पर उन्हें पानी या दूध दिखाया जाता है, चाचा या ताऊ के संकेत के सहारे प्रत्यक्ष रूप से बताया जाता है। इससे बच्चे उस विशिष्ट वस्तु या व्यक्ति से साहचर्य स्थापित कर लेते हैं और अभ्यास हो जाने पर संबंधित वस्तु या व्यक्ति की उपस्थिति पर संबंधित शब्द से संबोधित करते हैं। उद्दीपक और प्रतिक्रिया के बीच संबंध स्थापित होने को ही अनुबंधन कहा जाता है। इसलिए छोटी कक्षाओं में लिखवाने के लिए शिक्षा उपकरणों का प्रयोग किया जाता है। स्किनर का कहना है कि अनुबंधन द्वारा भाषा विकास की प्रक्रिया को सरल बनाया जा सकता है।

2. **चोमस्की का भाषा अर्जित करने का सिद्धांत (Chomsky Theory for Language Acquire) :** चोमस्की का कहना है कि बच्चे शब्दों की निश्चित संख्या से कुछ निश्चित नियमों का अनुकरण करते हुए वाक्यों का निर्माण करना सीख जाते हैं। इन शब्दों से नए-नए वाक्यों एवं शब्दों का निर्माण होता है। इन वाक्यों का निर्माण बच्चे जिन नियमों के अंतर्गत करते हैं, उन्हें चोमस्की ने जेनेरेटिव की संज्ञा प्रदान की है।

3. **परिपक्वता का सिद्धांत (Theory of Maturity) :** परिपक्वता से तात्पर्य है भाषा अवयवों एवं स्वरों पर नियंत्रण होना। बोलने में जिह्वा, गला, तालू, होठ, दांत तथा स्वर यंत्र आदि जिम्मेदार होते हैं। इनमें किसी भी प्रकार की कमजोरी या कमी वाणी को प्रभावित करती है। इन सभी अंगों में जब परिपक्वता होती है तो भाषा पर नियंत्रण होता है और अभिव्यक्ति अच्छी होती है। विद्वानों के मतानुसार भाषा का विकास स्वरयंत्र की परिपक्वता पर निर्भर करती है, जिनकी स्वरयंत्र में परिपक्वता नहीं होती है, वे शब्दों का उच्चारण नहीं कर पाते हैं। गूंगे व्यक्तियों में स्वर यंत्रों का विकास नहीं होता इसलिए उनमें बोलने की क्षमता नहीं होती है।

4. **अनुकरण का सिद्धांत (Theory of Imitation) :** शर्ली, कर्टी, चैपिनीज तथा वैलेन्टाइन आदि मनोवैज्ञानिकों ने अनुकरण के द्वारा भाषा सीखने का अध्ययन किया है। इनका विचार है कि बालक अपने परिवारजनों तथा साथियों की भाषा का अनुकरण करके सीखता है जैसी

भाषा जिस समाज या परिवार या समूह में बोली जाती है बच्चे उसी भाषा को सीखते हैं। यदि भाषा में किसी प्रकार का दोष है तो अनुकरण से बच्चे वह भी सीख लेते हैं। अतः इस बात का ध्यान रखना चाहिए कि बच्चे दोषपूर्ण भाषा न सीखने पाएं। बच्चे शिष्टाचार के साथ अश्लील एवं अशिष्ट शब्दों का भी अनुकरण कर लेते हैं। इसे सामाजिक अधिगम भी कहा जाता है। बालक समाज से ही विशाल शब्दों का भंडार सीखता है। साथ ही बोलने के तौर-तरीके भी वह समाज से ही सीखता है।

उपरोक्त बातों से स्पष्ट है कि बालक समाज, परिवार तथा विद्यालय से शब्दों एवं वाक्यों का संग्रह करते हैं। इन शब्दों को वे गठित एवं व्यवस्थित करते हैं। इनकी समझ पैदा करते हैं और अंत में इन्हीं शब्दों के आधार पर नवीन वाक्यों की रचना करते हैं।

भाषा के विकास की मुख्य अवस्थाएं (Important Stages of Language Development)

भाषा के विकास की अवस्थाओं को मुख्यतः दो वर्गों में बांटा गया है–

(*i*) भाषा का प्रारंभिक रूप–रोना, बलबलाना, हाव-भाव या संकेत आदि।

(*ii*) वास्तविक भाषा की अभिव्यक्ति–आकलन या बोध शक्ति, शब्द भंडार, वाक्य निर्माण, शुद्ध उच्चारण आदि।

भाषा के विकास को प्रभावित करने वाले मुख्य कारक (Effecting Factors of Language Development)

सभी बालकों में भाषायी विकास एक समान नहीं होता है। किसी में भाषायी विकास तीव्रता से तो किसी में मंदता से होता है। भाषायी विकास पर कुछ तत्त्वों का प्रभाव पड़ता है, इनमें प्रमुख तत्त्व निम्नलिखित हैं–

(*i*) **व्यक्तित्त्व :** कुछ अध्ययनों में यह पाया गया है कि जो बच्चे उत्साही होते हैं उनमें भाषायी विकास शांत स्वभाव के बच्चों से अधिक होता है। फुर्तीले, चुस्त एवं बहिर्मुखी स्वभाव वाले बच्चों का भाषा विकास तीव्र होता है।

(*ii*) **परिपक्वता :** आवश्यक परिपक्वता के अभाव में भी भाषा का विकास प्रभावित होता है। हरलॉक का कहना है कि भाषा का प्रशिक्षण देते समय इस बात का ध्यान रखना चाहिए कि बच्चों में आवश्यक परिपक्वता आ चुकी है या नहीं। भाषा विकास में फेफड़े, स्वरयंत्रों, जीभ, दांत, तालू, होठ तथा वाणी केंद्र (मस्तिष्क में स्थित होता है) का परिपक्व होना आवश्यक है। ये अंग जितने अधिक परिपक्व होते हैं भाषा विकास उतना ही अधिक होता है।

(*iii*) **सामाजिक-आर्थिक स्तर :** प्रायः ऐसा देखा जाता है कि जिन बालकों का सामाजिक-आर्थिक स्तर निम्न होता है वे देर से बोलना सीखते हैं। जरसील्ड एवं गैसिल आदि जैसे मनोवैज्ञानिकों के अध्ययन से इस बात की पुष्टि हुई कि उच्च वर्ग के शिशु जल्दी बोलना सीखते हैं, अधिक बोलते हैं तथा उनका उच्चारण भी शुद्ध होता है। डेविस, आल्सटाइन, स्कील्स आदि जैसे मनोवैज्ञानिकों ने अनाथ बच्चों के अध्ययन से पाया कि इन बच्चों में भाषायी विकास कम होता है। इनका शब्द भंडार भी कम होता है। प्रायः यह भी देखा जाता है कि ग्रामीण क्षेत्र में पढ़ने वाले बच्चों की शाब्दिक क्षमता शहरो या अन्य पब्लिक स्कूल में पढ़ने वाले बच्चों से कम होती है।

(*iv*) **स्वास्थ्य :** जिन बच्चों का स्वास्थ्य जितना अच्छा होता है उनमें भाषा विकास की गति उतनी तीव्र होती है क्योंकि सामाजिक समूहों से उन्हें अच्छी प्रेरणा मिलती है, वे बच्चे अपने समूह के साथ खेलते हैं, अंतःक्रिया करते हैं, लेकिन बीमार बच्चे समूह में खेल नहीं पाते। शारीरिक अवयवों का भी विकास बाधित होता है। स्मिथ ने बच्चों की भाषा पर बीमारी के प्रभावों का अध्ययन करके निष्कर्ष निकाला कि बीमार बच्चों में भाषायी विकास की गति धीमी होती है। इसी प्रकार का अध्ययन लॉविल और मारकेल ने भी किया और पाया कि जो बच्चे लंबी अवधि तक बीमार रहते हैं उनमें भाषायी विकास कमजोर होता है।

(*v*) **प्रशिक्षण की विधियाँ :** अधिनायकवादी प्रशिक्षण जिसमें बच्चों की भावनाओं का ख्याल नहीं रखा जाता है एवं किसी चीज को डांट कर सिखाया जाता है तो ऐसे प्रशिक्षण में भाषा का विकास नहीं होता। जिस परिवार या विद्यालय में लोकतांत्रिक विधियों का प्रयोग होता है, बालक को स्वतंत्रता होती है, उसमें भाषा का विकास तीव्रता से होता है। भाषा सिखाने के लिए मूर्त से अमूर्त, सरल से कठिन, ज्ञात से अज्ञात की ओर चलने के सिद्धांतों का पालन करना चाहिए। उदाहरणार्थ–मातृभाषा से अंग्रेजी सिखाई जाए तो आसान होता है। एक साथ एक भाषा का प्रशिक्षण हो लेकिन यह देखा जा रहा है कि भारतवर्ष के आधुनिक पब्लिक स्कूलों में शिशुओं को एक साथ दो से अधिक भाषाएं सिखाई जाती हैं जो उचित नहीं हैं। मातृभाषा का पूर्ण ज्ञान हो जाए तो उस भाषा की सहायता से दूसरी भाषा सिखाना उचित होता है।

(*vi*) **द्वि-भाषावाद :** यदि कोई द्विभाषा-भाषी परिवार है, उदाहरणार्थ–पिता हिन्दी बोलने वाला और माता शुद्ध बांग्ला बोलने वाली हो तो ऐसे में बच्चों का भाषा विकास प्रभावित होता है क्योंकि बच्चे भ्रमित हो जाते हैं कि वे कौन-सी भाषा सीखें। वर्तमान समय में यह देखा जा रहा है कि बच्चों की भाषा क्षमता क्षीण होती

जा रही है तथा उसका बड़ा ही स्पष्ट कारण है कि हिन्दी भाषा-भाषी परिवार में उत्पन्न हुए बच्चों का 3 वर्ष की आयु में अंग्रेजी स्कूलों में प्रवेश करा दिया जाता है। इन स्कूलों में अंग्रेजी के अतिरिक्त दूसरी भाषा बोली ही नहीं जाती है और जैसे ही बालक स्कूल से घर में कदम रखता है वहां हिन्दी और भोजपुरी के अतिरिक्त अंग्रेजी की पृष्ठभूमि ही नहीं है। ऐसी स्थिति में बालक कौन-सी भाषा सीखे यह उसके सामने दुविधा होती है। अंग्रेजी भाषा का विकास हिन्दी पृष्ठभूमि में नहीं हो सकता। अतः भाषा विकास अवरुद्ध हो जाता है या इसमें अपेक्षित सफलता नहीं मिलती।

(vii) **बहुजन्मता :** किए गए एक अध्ययन में यह पाया गया है कि यदि एक साथ अधिक संतानें उत्पन्न होती हैं तो उनमें भाषायी विकास विलंब से होता है। इसका कारण है कि बच्चे एक-दूसरे का अनुकरण करते हैं और दोनों ही अपरिपक्व होते हैं। उनमें उपयुक्त प्रतिमान नहीं मिल पाता। उदाहरणार्थ–यदि एक बच्चा गलत उच्चारण करता है तो उसकी नकल करके दूसरा भी वैसा ही उच्चारण करेगा।

(viii) **लिंगीय भिन्नता :** वाणी विकास में लिंग का प्रभाव भी स्पष्ट दृष्टिगोचर होता है। इरविन और चेन ने लिंगीय भेद का अध्ययन करके निष्कर्ष निकाला कि प्रथम वर्ष में बालक एवं बालिकाओं की भाषा में अंतर नहीं होता लेकिन दूसरे वर्ष से बालिकाओं की क्षमता बालकों से अधिक हो गई। बालिकाओं का भाषा प्रवाह बालकों से अच्छा रहा। बालिकाएं जल्दी बोलना भी सीखती हैं, जहां बालक छोटे-छोटे वाक्य बोलते हैं वहीं लड़कियां बड़े वाक्यों को बोलने में सक्षम हो जाती हैं। बालिकाएं बालकों की अपेक्षा शुद्ध उच्चारण करती हैं।

(ix) **बुद्धि :** हरलॉक के अनुसार, जिन बच्चों की बुद्धि-लब्धि (I.Q.) उच्च होती है उनमें भाषा विकास अपेक्षाकृत कम बुद्धि वालों से अच्छा होता है। इरविन और स्पाईकर के मतानुसार बुद्धि-लब्धि और भाषा संबंधी योग्यता में घनिष्ठ संबंध है। टरमैन, फिशर और यम्बा का मानना है कि तीव्र बुद्धि बालकों का उच्चारण और शब्द भंडार अधिक होता है। प्रायः देखा जाता है कि प्रतिभाशाली बालक अपनी अवस्था के बालकों से पहले बोलना सीख लेते हैं, उनके शब्द भंडार की क्षमता भी सामान्य बालकों से अधिक होती है तथा वे बहुत स्पष्ट और शुद्ध उच्चारण भी करते हैं।

(x) **परिवार का आकार :** अकेला बालक या छोटे परिवार में बालक की भाषा शक्ति का विकास बड़े आकार के परिवार से अच्छा होता है क्योंकि छोटे परिवार में माता-पिता बच्चे के प्रशिक्षण उनसे वार्तालाप पर अधिक ध्यान दे पाते हैं जबकि बड़े परिवार में समय कम मिलता है।

(xi) **संवेगात्मक तनाव :** जिन बच्चों के संवेगों का कठोरता से दमन कर दिया जाता है ऐसे बच्चों में भाषा विकास देर से होता है। उदाहरणार्थ–यदि एक वर्ष के शिशु को सौतेली मां कटु या कठोर स्वभाव की मिल जाए और बात-बात पर उसे झिड़कती, डांटती, पीटती तथा उपेक्षित करती रहे तो बालक का विकास प्रभावित हो जाता है तथा वह देर में एवं अस्पष्ट बोलता है।

भाषा दोष एवं उसके प्रकार (Language Error and Its Types)

यदि बालक अपने स्वर यंत्रों पर नियंत्रण नहीं कर पाता है तो उसमें भाषा दोष उत्पन्न हो जाता है। ऐसे बालक समाज से कतराने लगते हैं। इनमें हीनता की भावना विकसित हो जाती है, ये अकेले में रहते हैं तथा किसी के सामने बोलने में झिझकते हैं। भाषा दोष का प्रभाव बालक के जीवन के अन्य क्षेत्रों पर भी पड़ता है। उनकी शैक्षिक उपलब्धि भी प्रभावित होती है। इन बालकों को पिछड़ा बालक कहा जाता है। भाषा दोष के मुख्य प्रकार निम्नवत् हैं–

1. अस्पष्ट उच्चारण,
2. ध्वनि परिवर्तन,
3. तीव्र अस्पष्ट,
4. हकलाना, और
5. तुतलाना।

चिंतन/विचार (Thought)

चिंतन विचार करने की वह मानसिक प्रक्रिया है, जो किसी समस्या के कारण आरंभ होती है और उसके अंत तक चलती रहती है। विभिन्न विद्वानों ने चिंतन की परिभाषा भिन्न-भिन्न प्रकार से दी है। कुछ विद्वानों द्वारा चिंतन की परिभाषा निम्न प्रकार से दी गई है–

रॉस के अनुसार, "चिंतन, मानसिक क्रिया का ज्ञानात्मक पहलू है या मन की बातों से संबंधित मानसिक क्रिया है।"

रायबर्न के अनुसार, "चिंतन, इच्छा-संबंधी प्रक्रिया है, जो किसी असंतोष के कारण आरंभ होती है और प्रयास एवं त्रुटि के आधार पर चलती हुई उस अंतिम स्थिति पर पहुंच जाती है, जो इच्छा को संतुष्ट करती है।"

वेलेण्टाइन के अनुसार, "चिंतन शब्द का प्रयोग उस क्रिया के लिए किया जाता है, जिसमें शृंखलाबद्ध विचार किसी लक्ष्य या उद्देश्य की ओर अविराम गति से प्रवाहित होते हैं।"

उपर्युक्त दी गई परिभाषाओं से स्पष्ट है कि चिंतन मानसिक क्रिया का ज्ञानात्मक पथ है। चिंतन की प्रक्रिया किसी विशेष उद्देश्य की ओर परिलक्षित होती है। इसमें इच्छा तथा असंतोष अत्यंत महत्त्वपूर्ण हैं क्योंकि इच्छा तथा असंतोष मनुष्य को चिंतन के लिए बाध्य करते हैं।

चिंतन के प्रकार (Types of Thought)

चिंतन के मुख्यतः चार प्रकार हैं–

1. **कल्पनात्मक चिंतन :** इस चिंतन का संबंध पूर्व-अनुभवों पर आधारित भविष्य से होता है। जब माता-पिता बाजार जाते हैं तब बालक कल्पना करता है कि वे वहां से लौटने पर उसके लिए टॉफी लाएगें। इस चिंतन में भाषा और नाम का प्रयोग नहीं किया जाता है।
2. **तार्किक चिंतन :** अमेरिकी मनोवैज्ञानिक जॉन डीवी ने तार्किक चिंतन को विचारात्मक चिंतन की संज्ञा दी है। यह सबसे उच्च प्रकार का चिंतन है। इसका संबंध किसी समस्या के समाधान से होता है।
3. **प्रत्ययात्मक चिंतन :** इस चिंतन का संबंध पूर्व-निर्मित प्रत्ययों से होता है, जिनकी सहायता से भविष्य के किसी निश्चय पर पहुंचा जाता है। कुत्ते को देखकर बालक अपने मन में प्रत्यय का निर्माण कर लेता है। अतः जब वह भविष्य में कुत्ते को फिर देखता है तब वह उसकी ओर संकेत करते हुए कहता है–'कुत्ता'। इस चिंतन में भाषा और नाम का प्रयोग किया जाता है।
4. **प्रत्यक्षात्मक चिंतन :** यह निम्न स्तरीय चिंतन है। अतः यह विशेष रूप से पशुओं और बालकों में पाया जाता है। इस चिंतन का संबंध पूर्व अनुभवों पर आधारित वर्तमान की वस्तुओं से होता है। माता-पिता के बाजार से लौटने पर यदि बालक को उनसे काफी दिनों तक टॉफी मिलती रहती है तो जब भी वे बाजार से लौटते हैं, तभी टॉफी का विचार उसके मस्तिष्क में आ जाता है और वह दौड़ता हुआ उनके पास जाता है।

चिंतन तथा भाषा (Thought and Language)

चिंतन प्रक्रिया प्रतीक और चिन्हों के आधार पर चलती है। प्रतीक और चिन्हों का आधार भाषा होती है। चिंतन के समय बालक के अंदर आंतरिक भाषण होता है। कई बार चिंतन करते समय बालक बोलने लगता है। कुछ अध्ययनों में यह देखा गया है कि जिस बालक में भाषा की योग्यता जितनी अधिक होती है उसमें चिंतन की योग्यता भी उसी रूप में उतनी अधिक होती है क्योंकि भाषा-वृद्धि के साथ-साथ बालकों में ज्ञान-वृद्धि होती है और ज्ञान-वृद्धि से चिंतन शक्ति का भी विकास होता है। भाषा के द्वारा बालक चिंतन को व्यक्त भी कर सकता है। बालक भाषा के द्वारा अपने अथवा दूसरों के चिंतन को रेकार्ड कर सकता है। इस प्रकार वह अपने चिंतन का दूसरों को लाभ दे सकता है तथा दूसरों के चिंतन का स्वयं लाभ उठा सकता है। अतः कहा जा सकता है कि चिंतन के लिए भाषा आवश्यक ही नहीं अपितु उसे व्यक्त करने का साधन भी है। भाषा के अभाव में चिंतन को व्यक्त करना कठिन है। जहां भाषा से चिंतन का विकास होता है वहां चिंतन भाषा को भी विकसित करता है। अतः कहा जा सकता है कि चिंतन और भाषा दोनों में घनिष्ठ संबंध है।

पहले ऐसा माना जाता था कि विचार प्रतिमा रहित या सहित होते हैं। परंतु आज यह माना जाता है कि विचार दोनों प्रकार के होते हैं–प्रतिमा रहित भी और प्रतिमा सहित भी। चिंतन के लिए यद्यपि भाषा बहुत आवश्यक है परंतु भाषा के बिना भी चिंतन संभव है क्योंकि व्यक्ति उन वस्तुओं के संबंध में भी चिंतन करते देखा गया है, जिनका कि वह नाम तक नहीं जानता है। कभी-कभी चिंतन को स्पष्ट करने के लिए भाषा पर्याप्ति नहीं होती है, इस अवस्था में चिंतन को चित्रों और मॉडल के द्वारा व्यक्त किया जाता है।

चिंतन तथा कल्पना में अन्तर (Difference between Thought and Imagination)

चिंतन	कल्पना
1. इसकी सहायता से बालक समस्या के विभिन्न पहलुओं को समझने की कोशिश करता है, क्योंकि इन पहलुओं को समझे बिना समस्या का समाधान संभव नहीं हो सकता।	1. इसमें समस्या के समाधान की परिस्थिति को नए-नए रूपों में देखा जाता है।
2. इसमें तर्क की प्रधानता होती है। समस्या समाधान में तर्क की सहायता से सूक्ष्म पहलुओं को जाना जाता है।	2. इसमें तर्क का अभाव होता है।
3. बालक में चिंतन बहुधा समस्या की उपस्थिति पर आरंभ होता है। अर्थात् जब बालक के सामने कोई समस्या आती है तभी उसमें चिंतन की प्रक्रिया होती है, व्यर्थ में बालक चिंता नहीं करता है।	3. कल्पना के लिए परिस्थिति या समस्या की विशेष आवश्यकता नहीं होती है।
4. चिंतन में समस्या समाधान में प्रयत्न और भूल की क्रिया रहती है।	4. कल्पना में प्रयत्न और भूल का अभाव होता है।
5. यह वास्तविकता से संबंधित होता है।	5. कल्पना का संबंध वास्तविकता से भी हो सकता है और नहीं भी।

चिंतन का विकास (Development of Thought)

चिंतन का विकास भाषा के विकास के कुछ समय बाद प्रारंभ हो जाता है। लगभग एक-दो वर्ष की अवस्था में बालक में चिंतन का विकास प्रारंभ हो जाता है। बालक में सर्वप्रथम प्रत्यक्षात्मक चिंतन का विकास प्रारंभ होता है। बालक के चारो ओर जो मूर्त वस्तुएं और उत्तेजनाएं होती है, सर्वप्रथम वह उनके संबंध में चिंतन प्रारंभ करता है। उदाहरणार्थ–मेज, कुर्सी, खिलौने तथा परिवार के सदस्यों आदि के संबंध में वह सर्वप्रथम चिंतन प्रारंभ करता है। पियाजे का विचार है कि

लगभग सात वर्ष की अवस्था तक बालक की प्रवृत्ति आत्मकेंद्रित प्रकार की होती है। अतः बालक अपने स्वयं के संबंध में ही चिंतन अधिक करता है। उसमें इस अवस्था के चिंतन में तार्किकता का अभाव होता है। लगभग पांच-छः वर्ष की अवस्था से बालक में कल्पनात्मक तथा प्रत्ययात्मक चिंतन प्रारंभ हो जाती है। वुडवर्थ ने इन दोनों प्रकार के चिंतनों को विचारात्मक चिंतन कहा है। बालक में इस अवस्था में प्रतीकों के माध्यम से भी चिंतन का अभाव होता है। लगभग सात वर्ष की अवस्था से लगभग पंद्रह वर्ष की अवस्था तक चिंतन का तीव्र गति से विकास होता है। आयु बढ़ने के साथ-साथ चिंतन में तर्क की प्रधानता भी बढ़ती जाती है।

3 से 7 वर्ष की अवस्था के बालकों के चिंतन में पियाजे ने निम्नलिखित विशेषताएं बताई हैं–

(*i*) इस समय उनके चिंतन का स्तर निम्न होता है। वे अधिकतर जीवन से संबंधित बातों पर चिंतन करते हैं।

(*ii*) उनके चिंतन में तार्किक संगति का अभाव पाया जाता है। इस आयु के बालकों में कार्य-कारण संबंध नहीं दिखाई देता है।

(*iii*) एक ही घटना के आधार पर सामान्यीकरण करना। अन्य शब्दों में, इस आयु के बालक एक घटना के आधार पर ही निष्कर्ष निकालते हैं। वह पूर्ण घटनाओं-अनुभवों का लाभ नहीं उठा पाते हैं।

(*iv*) इस आयु वर्ग के बालकों के चिंतन की प्रवृत्ति आत्म-केंद्रित प्रकार की होती है। अन्य शब्दों में, उनके चिंतन का विषय स्वयं के संबंध में होता है।

(*v*) इस आयु वर्ग का बालक अपने वातावरण के चारों ओर स्थित वस्तुओं को चाहे वह सजीव हो या निर्जीव सभी को चेतनामय या सजीव समझता है। अन्य शब्दों में, उसके चिंतन में जीववाद पाया जाता है।

क्रो और **क्रो** के अनुसार, चिंतन की योग्यता सफल जीवन के लिए आवश्यक है। अतः संरक्षकों और शिक्षकों को चाहिए कि बालकों में इस योग्यता के विकास पर ध्यान दें। चिंतन की योग्यता के विकास में निम्नलिखित उपाय सहायक हैं–

(*i*) बालकों को चिंतन के लिए प्रोत्साहित और प्रेरित करना चाहिए। बालकों के भाषा ज्ञान को उच्च करने के उपाय करने चाहिए जिससे वह समय-समय पर अपने विचारों की अभिव्यक्ति कर सके।

(*ii*) बालकों की रुचियों के विकास पर ध्यान देना चाहिए। रुचियों के अभाव में चिंतन योग्यता कठिनाई से विकसित हो पाती है।

(*iii*) शिक्षक और माता-पिता को बालकों को नवीन बातों की समय-समय पर अर्थात् उनकी आयु के अनुसार जानकारी देनी चाहिए जिससे उनमें चिंतन का विकास सुचारु रूप से चल सके।

(*iv*) बालकों को उनकी आयु के अनुसार समस्या का समाधान करना भी माता-पिता और शिक्षकों को सिखलाना चाहिए क्योंकि समस्या समाधान से भी चिंतन विकसित होता है।

(*v*) तर्क एवं वाद-विवाद की भी चिंतन योग्यता के विकास में महत्त्वपूर्ण भूमिका है, इनको भी सिखाने के अवसर देने चाहिए।

(*vi*) बालकों को ऐसा प्रेरक वातावरण समय-समय पर उपलब्ध कराना चाहिए जिससे वे चिंतन के महत्त्व को समझें और योग्यता को बढ़ाने के लिए प्रदत्त वातावरण का लाभ उठा सकें।

(*vii*) बालकों को उनकी आयु के अनुसार समय-समय पर ऐसे कार्य सौंपे जाने चाहिए जिससे उनमें उत्तरदायित्व की भावना का विकास हो सके और उत्तरदायित्व के निर्वाहन हेतु चिंतन के लिए प्रेरित हो सकें।

अभ्यास प्रश्न

1. वह खेल जिसमें बालक स्वयं कुछ बनाता है :

A. रचनात्मक B. काल्पनिक
C. स्वतन्त्र D. इनमें से कोई नहीं

2. भाषा विकास के क्रम में अंतिम क्रम (सोपान) है :

A. ध्वनि पहचानना
B. ध्वनि उच्चारण
C. शब्दोच्चारण
D. भाषा विकास की पूर्णावस्था

3. सृजनात्मक चिन्तन होता है–

A. उच्च अपसारी चिन्तन
B. अभिसारी चिन्तन
C. भाषा विकास
D. मूल्यांकन

4. किसी बच्चे के चिन्तन में आयु के बढ़ने के साथ-साथ किसकी प्रधानता बढ़ती है?

A. तर्क की B. सामान्यीकरण
C. आत्मकेन्द्रीकरण D. जीववाद की

5. कई पदों के योग से बने कौन-से पदबन्ध कहलाते हैं?

A. वाक्य B. शब्द
C. मुहावरे D. वाक्यांश

6. किसी बच्चे में चिन्तन का प्रमुख कारण क्या है?

(*i*) समस्या समाधान करना
(*ii*) निर्णय लेने की भावना
(*iii*) वातावरण के प्रति चैतन्य समायोजन करने हेतु

A. केवल (*i*) B. केवल (*iii*)
C. (*i*) एवं (*ii*) D. ये सभी

7. सार्थक शब्दों का व्यवस्थित समूह जिससे अपेक्षित अर्थ प्रकट हो .... कहलाता है।

A. रूपिम B. पदबन्ध
C. स्वनिम D. वाक्य

8. चिन्तन अनिवार्य रूप से है एक

A. संज्ञानात्मक गतिविधि B. मनोगतिक प्रक्रिया
C. मनोवैज्ञानिक परिघटना D. भावात्मक व्यवहार

9. सृजनात्मकता मुख्य रूप से .... से सम्बन्धित है।

A. मॉडलिंग B. अनुकरण
C. अभिसारी D. अपसारी चिन्तन

10. एक विद्यार्थी कहता है, "उसका दादा आया है।" एक शिक्षक होने के नाते आपकी प्रतिक्रिया होनी चाहिए।

A. अच्छा, उसके दादाजी आए हैं
B. बच्चे, आप सही वाक्य नहीं बोल रहे
C. "दादा आया है" की जगह पर "दादाजी आए हैं" कहना चाहिए
D. आप अपनी भाषा पर ध्यान दीजिए

11. थ, फ, च ध्वनियाँ है

A. स्वनिम B. रूपिम
C. लेखीम D. शब्दिम

12. भाषा में अर्थ की सबसे छोटी इकाई .... है।

A. संकेत प्रयोग विज्ञान (प्रैगमैटिक्स)
B. रूपिम
C. स्वनिम
D. वाक्य

13. निम्नलिखित में से कौन-सी समस्या-समाधान की वैज्ञानिक पद्धति का पहला चरण है?

A. प्राक्कल्पना का निर्माण करना
B. प्राक्कल्पना का परीक्षण करना
C. समस्या के प्रति जागरूकता
D. प्रासंगिक जानकारी को एकत्र करना

14. चिन्तन में .... शामिल हैं।

A. प्रतिमा, कल्पना, संकल्पना, प्रतिज्ञप्ति
B. कल्पना, भाषा, संकल्पना, प्रतिज्ञप्ति
C. प्रतिमा, भाषा, संकल्पना, प्रतिज्ञप्ति
D. प्रतिमा, संकल्पना, कल्पना, प्रतिज्ञप्ति

15. चिन्तन के सूचना प्रक्रमण सिद्धान्त में निम्नलिखित चरण आते हैं–

(*i*) प्रतिक्रिया क्रियान्वयन (*ii*) प्रतिक्रिया चयन
(*iii*) पूर्व-प्रक्रमण (*iv*) श्रेणीकरण

A. (*ii*), (*iv*), (*iii*), (*i*) B. (*iii*), (*i*), (*iv*), (*ii*)
C. (*iv*), (*iii*), (*ii*), (*i*) D. (*iii*), (*iv*), (*ii*), (*i*)

16. भाषा विकास में सहयोग करने का कौन-सा तरीका गलत है?

A. बच्चे को बिना टोके प्रकरण पर बात करना
B. उसकी अपनी भाषा के प्रयोग को अमान्य करना
C. उसके प्रयोगों का समर्थन करना
D. भाषा के प्रयोग के अवसर उपलब्ध कराना

17. "मैडम चाय खाती है" वाक्य

A. वाक्य-विन्यास की दृष्टि से सही है लेकिन अर्थ-विज्ञान की दृष्टि से गलत है
B. अर्थ-विज्ञान की दृष्टि से सही है लेकिन वाक्य-विन्यास की दृष्टि से गलत है
C. अर्थ-विज्ञान एवं वाक्य-विन्यास दोनों की दृष्टि से गलत है
D. अर्थ-विज्ञान एवं वाक्य-विन्यास दोनों की दृष्टि से सही है

18. निम्नलिखित में से कौन-सी विशेषता समस्या-समाधान का विशेष चिन्ह है?

A. समस्या मौलिक होती है
B. समस्या कथन में संकेत अन्तर्निहित रूप से दिया जाता है
C. समस्या केवल एक सिद्धान्त पर आधारित होती है
D. सही उत्तर प्राप्त करने का सामान्यतः एक उपागम होता है

19. बच्चे द्वारा 'संकल्पना-निर्माण' के सम्बन्ध में निम्नलिखित में से कौन-सा कथन सही है?

A. संकल्पनाएँ संवेगात्मक रूप से सुव्यवस्थित होती हैं
B. संकल्पनाएँ विकास की एक निश्चित संरचनात्मक व्यवस्था होती है
C. संकल्पनाओं की प्रकृति पदानुक्रमिक नहीं होती
D. संकल्पनाएँ वैयक्तिक नहीं होती

20. शिक्षक .... के अलावा निम्नलिखित सभी को करते हुए समस्या समाधान को विद्यार्थियों के लिए मजेदार बना सकता है।

A. मुक्त अन्त वाली सामग्री उपलब्ध कराने
B. मुक्त खेल के लिए समय देने
C. सृजनात्मक चिन्तन के लिए असीमित अवसर उपलब्ध कराने
D. जब विद्यार्थी से कोई कार्य कराने की कोशिश कर रहे हों, तो उनसे परिपूर्णता की अपेक्षा करने

उत्तरमाला

1	2	3	4	5	6	7	8	9	10
A	D	A	A	A	D	D	A	D	A
11	**12**	**13**	**14**	**15**	**16**	**17**	**18**	**19**	**20**
A	C	C	C	D	B	A	B	B	D

7. समाज निर्माण में लिंग की भूमिका (Role of Gender in Social Construct)

व्यक्ति एवं व्यक्ति, समुदाय एवं समुदाय, जाति एवं जाति के बीच पाई जाने वाली भिन्नता एक वैश्विक घटना है। ऐसे में एक प्रश्न उठता है कि आखिर ये भेद क्यों है एवं इसके लक्षण क्या हैं? इस प्रकार के भेदों का मापन शारीरिक तथा मनोवैज्ञानिक आधार पर किस प्रकार किया जाए?

लिंग और उसकी भूमिका (Role of Gender)

जब वर्ग भेद की चर्चा की जाती है जो उसके गुण-दोष एवं लक्षण आदि की भी चर्चा जरूरी है। इस वर्ग का कुछ आधार भी हो सकता है। यथा–व्यक्तित्त्व, सामाजिक-आर्थिक स्तर, जाति, लिंग अवस्था आदि। यदि हम इन समूहों के मध्य व्याप्त वर्गीकरण अथवा भेदों को जानने की रुचि रखते हैं तो हमें दैनिक जीवन की समस्याओं को सुलझाने में सहायता मिलती है।

वर्तमान परिदृश्य में समानता की मांग सामयिक मुद्दा है। इस समानता का तात्पर्य नकारात्मक न होकर सकारात्मक है। यहां समानता का तात्पर्य समान शैक्षिक योग्यता, समान क्षमता, समान अधिकार, समान कुशलता तथा पढ़ाई एवं कार्य के समान अवसर से है। अन्य शब्दों में कहा जा सकता है कि हम स्त्री-पुरुष में वर्ग के आधार पर लिंग भेद को मान्यता नहीं देते हैं। लिंग भेद का सिद्धांत मूलतः भेद पर ही आधारित है, अर्थात् स्त्री तथा पुरुष में कुछ भेद पाए जाते हैं भले ही हम कहें कि इनके बीच सामाजिक तथा शैक्षिक आधार पर कोई भेद नहीं है। इस भेद से एक महत्त्वपूर्ण प्रश्न उत्पन्न होता है कि क्या महिलाएं शारीरिक लक्षण, कौशल, जीवन मूल्य, दक्षता के आधार पर पुरुषों से कुछ भिन्न हैं अथवा नहीं? यदि इस आधार पर इनमें कोई भिन्नता नहीं पाई जाती है तो इस बात की जांच-पड़ताल आवश्यक है कि क्यों इनके साथ कुछ क्षेत्रों में भेद-भाव किया जाता है?

लैंगिक भेद-भाव (Gender Differentiation)

मनोविज्ञान के अध्ययन के क्षेत्र में लिंग भेद पर आधारित विषय अन्य विषयों की तुलना में काफी रुचिकर विषय हैं। शिक्षा, वैवाहिक संबंधों की सफलता, रहन-सहन तथा कार्यक्षेत्र संबंधी अनेक सामाजिक समस्याओं का संबंध इनकी सफलता से संबद्ध है। अनेक शिक्षाविदों तथा शिक्षा मनोवैज्ञानिकों ने महिला तथा पुरुषों की उपलब्धि की तुलना को अपने अनुसंधान का विषय-वस्तु बनाया है। इन्होंने अपने नमूनों (samples) को दो भागों–महिला और पुरुष में बांटा है। इन शोधों से प्राप्त तथ्यों के अनुसार सामाजिक तथा शारीरिक आधार पर महिला और पुरुष में भिन्नता है। इस अनुसंधान का मुख्य लक्ष्य था महिला और पुरुष के भेद को लिंग व्यवहार के आधार पर समुचित रूप से समझना। इस अनुसंधान का आधार सामान्यतः मनोवैज्ञानिक ही था। ये तथ्य इस अवधारणा की पुष्टि करते हैं कि शारीरिक बनावट के अनुसार स्त्री-पुरुष के संवेगों में भी अंतर होता है। हालांकि इस भेद का आधार सामाजिक न होकर लक्षण विशेष पर आधारित अनुसंधान है जिसमें बाह्य कारकों तथा अन्य लक्षणों के अंतःसंबंधों के परस्पर संबंधों को भी जानने एवं समझने का प्रयत्न किया गया है।

इन वर्ग भेदों में कौन-से मुख्य हैं और कौन-से गौण यह कहना बहुत मुश्किल है। जहां तक सामान्य बुद्धि की बात है वहां महिला और पुरुष वर्गों में समानता देखने को मिलती है। इनमें भेद कुछ विशेष योग्यताओं या लक्षणों को लेकर है। सामान्यतः पुरुषों में महिलाओं की तुलना में तर्क करने, वस्तुओं में समानता संबंधी खोज करने तथा सामान्य ज्ञान के क्षेत्र में कुछ श्रेष्ठता के संकेत पाए जाते हैं। पुरुष जहां स्थानिक संबंध की दृष्टि से भेद की सूक्ष्मता को पहचानने में अधिक सक्षम है वहां शाब्दिक अभिक्षमता तथा स्मरण शक्ति के क्षेत्र में महिलाएं अधिक सक्षम हैं। अनुसंधानों से यह बात भी सामने आयी है कि छात्राओं का भाषायी विकास छात्रों की तुलना में अल्पायु से ही अधिक होता है। अनुसंधानों से इस बात की भी पुष्टि हुई है कि विद्यालयपूर्व आयु वर्ग की बालिकाओं की शब्दावली इस आयुवर्ग के बालकों की तुलना में अधिक सक्षम होती है। इतना ही नहीं छात्राओं की पठन गति भी छात्रों से अधिक होती है। सामान्यतः दोनों वर्गों की बुद्धि अथवा शैक्षिक क्षमता में इतना भेद नहीं होता है कि वे किसी प्रदत्त कार्य को न्यूनाधिक क्षमता से सम्पन्न न करें। इन तथ्यों के आधार पर यही निष्कर्ष निकलता है कि शैक्षिक कार्यक्रम तथा पाठ्यक्रम के समायोजन के समय छात्र-छात्राओं में कोई भेदभाव नहीं बरतना चाहिए। छात्र-छात्राओं की पाठ्यचर्या में अंतर जन्मजात बौद्धिक स्तर के कारण नहीं होता है। उनमें अंतर का मुख्य कारण भावी जीवन की आवश्यकताओं के अनुसार निर्धारित होता है।

शैक्षिक अभ्यास (Educational Practice)

वर्तमान सामाजिक ढांचे में भी लड़की एवं लड़के में भिन्नता देखने को मिलती है। समाज लड़की को लड़के से कमतर आंकता है तथा उसे निश्चित रूढ़िगत कामों में लगा देता है। शिक्षण के दौरान शिक्षक भी लड़कियों पर अवांछित टिप्पणी

करते हैं जो शिक्षण की नीति के प्रतिकूल है। ऐसे शिक्षकों में प्रायः यह धारणा होती है कि लड़कियों के लिए ऐसी शिक्षा व्यवस्था होनी चाहिए जो उन्हें सद्गृहिणी तथा आदर्श माता बनने के लिए प्रेरक का कार्य करे। इस प्रकार का विचार न केवल व्यक्तित्त्व की भिन्नता संबंधी गुणों की अवहेलना करता है अपितु इस तथ्य की भी उपेक्षा करता है कि बालक-बालिकाओं को कुछ समान कौशल सिखाने की भी आवश्यकता है। जैसा कि पहले भी बताया जा चुका है कि बालक तथा बालिकाएं कुछ क्षेत्रों या योग्यताओं में अवश्य भिन्न हैं और इन क्षेत्रों में ये एक-दूसरे से आगे भी निकल जाते हैं। इसी आधार पर जन्मजात योग्यताओं के अधिकतम विकास के लिए विशेष शिक्षण रीति-नीति अपनाने की आवश्यकता है तथा अभाव के क्षेत्र को भी प्रबल करने के लिए विशेष पद्धतियों का आश्रय लेने की आवश्यकता है। एक अध्यापक को अध्यापक के नाते लिंग भेद आधारित भावना के विरुद्ध साहसिक कदम उठाना चाहिए। इसके साथ-साथ लड़के-लड़कियों के बीच पाए जाने वाले वास्तविक भेदों को भी पहचानना तथा उन्हें स्वीकार करना चाहिए। साथ ही साथ अध्ययन के समय उसी प्रकार की रीति-नीति का उपयोग करना चाहिए।

आज भी लड़कियों के प्रति सामाजिक दृष्टिकोण परंपरागत ही है। इसका महत्त्वपूर्ण प्रमाण उनके प्रति अपनाए जाने वाले व्यवहार और उनकी शिक्षा-दीक्षा के संबंध में देखने को मिलता है। यद्यपि ये बातें सभी जगह लागू नहीं होती किंतु यह प्रायः देखा जाता है। इस संबंध में भी वर्ग भेद पर्याप्त रूप से देखने को मिलता है। समाज के उच्च वर्ग की अपेक्षा निम्न वर्ग से आने वाली लड़कियों के संदर्भ में इस स्तर पर और भी भेद पाया जाता है। अनुसूचित जातियों, अनुसूचित जनजातियों तथा अन्य अभावग्रस्त व सुविधाविहीन सामाजिक स्तर से आने वाली लड़कियों को कुछ अन्य टिप्पणियों से भी दो-चार होना पड़ता है, जैसे- यह कि ये अभावग्रस्त परिवारों से हैं तथा यह कि ये आर्थिक दृष्टि से पिछड़े तथा दलित हैं। ऐसे में ये बातें उन्हें शैक्षिक तथा सामाजिक दृष्टिकोण से विकसित बनने में बाधा उत्पन्न करता है। इतना ही नहीं इस समुदाय के लोग यह भी सोचते हैं कि लड़कियों की पढ़ाई पर किए जाने वाले खर्च को यदि उनके विवाह पर खर्च किया जाए तो वह अधिक लाभप्रद और उपयोगी होगा। हालांकि वर्तमान में कई राज्य सरकारों ने लड़कियों की शिक्षा के लिए अनेक कल्याणकारी योजनाओं का शुभारंभ किया है फिर भी लड़कियों की एक बड़ी आबादी अभी भी विद्यालय तक नहीं पहुंच पाई है। ऐसे में लड़कियों की शिक्षा से संबंधित विभिन्न पहलुओं, यथा—सामाजिक, शैक्षिक एवं आर्थिक पर चिंतन करना शिक्षक का महत्त्वपूर्ण दायित्व बन जाता है।

अभ्यास प्रश्न

1. वैदिक काल में स्त्री-शिक्षा के प्रमाण स्वरूप निम्नांकित विदुषी महिला के नाम उल्लेखनीय है—

A. अपाला B. गार्गी
C. घोषा D. उपरोक्त सभी

2. अभिरुचि, अभिवृत्ति, उपलब्धि तथा लैंगिक कौन-सी विभिन्नताओं के क्षेत्र हैं?

A. व्यक्ति की आंतरिक विभिन्नताएँ
B. सामाजिक विभिन्नताएँ
C. वैयक्तिक विभिन्नताएँ
D. चारित्रिक विभिन्नताएँ

3. 'पुरुष स्त्रियों की अपेक्षा ज्यादा बुद्धिमान् होते हैं।' यह कथन

A. लैंगिक पूर्वाग्रह को प्रदर्शित करता है
B. बुद्धि के भिन्न पक्षों के लिए सही है
C. सही है
D. सही हो सकता है

4. लड़कियों को घर के काम-काज में अधिक ध्यान देने के लिए कहना किस को दर्शाता है?

A. रूढ़िबद्धता B. प्रगतिशील चिन्तन
C. मनोवैज्ञानिक चिन्तन D. मनोवैज्ञानिक प्रकृति

5. छात्र एवं छात्राओं के बीच लैंगिक प्रभावों को कम करने के लिए उपयुक्त उपाय है

(*i*) छात्राओं को छात्रों के समान अधिकार देना।
(*ii*) छात्राओं को छात्रों के समान कार्य के समान अवसर उपलब्ध कराना।
(*iii*) छात्राओं को छात्रों के समान शैक्षिक योग्यता की समानता उपलब्ध करना

A. केवल (*i*) B. केवल (*iii*)
C. केवल (*ii*) D. ये सभी

6. "भारत की 2011 की जनगणना (बाल्य आयु वर्ग) में लिंग अनुपात 2001 की जनगणना के अनुसार 927 से घटकर 914 ही रह गया है।" इसका सर्वाधिक प्रमुख कारण निम्नलिखित में से क्या हो सकता है?

A. लैंगिक भेदभाव
B. स्त्री शिक्षा को बढ़ावा देना
C. स्त्री-शिक्षा में कमी
D. स्त्रियों का खराब स्वास्थ्य

7. एक अच्छी पाठ्य-पुस्तक .... से बचाती है।

A. लैंगिक पूर्वाग्रह B. लैंगिक संवेदनशीलता
C. लैंगिक समानता D. सामाजिक उत्तरदायित्व

8. कक्षा-कक्ष में शिक्षक और विद्यार्थी किस प्रकार जेण्डर को .... करते हैं? यह सीखने के वातावरण ....।

A. परिभाषित; को कम प्रभावी बनाता है
B. व्याख्यायित; पर कोई प्रभाव नहीं डालता

C. निर्मित; पर प्रभाव नहीं डालता
D. रूपान्तरित; को क्षुब्ध करता है

9. सामाजिक भूमिकाओं के कारण न कि जीव वैज्ञानिक सम्पत्ति के कारण सौंपी गई विशिष्टताएँ .... कहलाती है।
A. जेंडर भूमिका रूढ़िबद्धता
B. जेंडर भूमिका दबाव
C. जेंडर भूमिका अभिवृत्ति
D. जेंडर भूमिका नेदानिकी

10. समाजीकरण में सम्मिलित हैं–सांस्कृतिक संचरण और ....।
A. संवेगात्मक समर्थन उपलब्ध कराना
B. बच्चों को लेबलों में समायोजित करना
C. वैयक्तिक व्यक्तित्व विकास
D. विद्रोहियों को निरूत्साहित करना

11. विद्यालय में लिंग भेदभाव से बचने का सर्वोत्तम तरीका हो सकता है
A. विद्यालय में लिंग भेदभाव को दूर करने के लिए नियम बनाना और कड़ाई से उसका पालन करवाना
B. संगीत प्रतियोगिता के लिए लड़कियों की अपेक्षा लड़कों का चयन करना
C. शिक्षकों द्वारा उनके लिंग-पक्षपातपूर्ण व्यवहारों का अधिसंज्ञान
D. पुरूष एवं महिला शिक्षकों को समान संख्या में भर्ती करना

12. छात्राओं के निजी संसार पर किसका प्रभाव पड़ता है?
(*i*) सामाजिक मान्यताओं का
(*ii*) लैंगिक भेद-भाव का
(*iii*) परिवार में उनके स्थान का
A. केवल (*iii*) B. केवल (*i*)
C. (*ii*) एवं (*i*) D. ये सभी

13. विज्ञान के प्रयोगों में, सामान्यतः लड़के उपकरणों का नियंत्रण अपने हाथों में लेते हैं और लड़कियों से आँकड़ों को रिकॉर्ड करने अथवा बर्तनों को धोने के लिए कहते हैं। यह प्रकृति यह दर्शाती है कि–
A. लड़कियाँ बेहतरीन अवलोकनकर्ता होती हैं और बिना किसी गलती के आँकड़ों का रिकॉर्ड रखती हैं
B. पुरूष और स्त्री की रूढ़िबद्ध भूमिकाएँ विद्यालय में भी होती है
C. लड़के उपकरणों को ज्यादा कुशलता से सम्भाल सकते हैं क्योंकि वे इस प्रकार के कार्यों को करने में प्राकृतिक रूप से सक्षम होते हैं
D. लड़कियाँ नाजुक होने के कारण ऐसे काम करना पसन्द करती हैं, जिनमें ऊर्जा की खपत कम होती है

14. मोनिका, जो गणित की शिक्षिका है, पूजा से एक प्रश्न पूछती है। पूजा से कोई उत्तर न मिलने पर वह तुरन्त करन से दूसरा प्रश्न पूछती है। जब उसे महसूस होता है कि करन उत्तर बनाने में संघर्ष कर रहा है, तो वह अपने प्रश्न के शब्दों को बदलती है। मोनिका की यह प्रवृत्ति यह प्रदर्शित करती है कि वह
A. इस तथ्य से पूर्णतः परिचित है कि पूजा रावालों के जवाब देने के योग्य नहीं है
B. अपने सवाल के प्रति थोड़ा घबरा गई है
C. पूजा को किसी उलझनपूर्ण स्थिति में नहीं डालना चाह रही है
D. करन का पक्ष लेकर लिंग भूमिकाओं में रूढ़िबद्धता को बढ़ावा दे रही है

15. कक्षा में जेंडर रूढ़िबद्धता से बचने के लिए एक शिक्षक को
A. लड़के-लड़कियों को एकसाथ अपारम्परिक भूमिकाओं में रखना चाहिए
B. लड़कों को जोखिम उठाने और निर्भीक बनने के लिए प्रोत्साहित करना
C. कुश्ती में भाग लेने के लिए लड़कियों को निरूत्साहित करना
D. 'अच्छी लड़की', 'अच्छा लड़का' कहकर शिक्षार्थियों के अच्छे कार्य की सराहना करनी चाहिए

16. राज्य स्तर की एक एकल-गायन प्रतियोगिता के लिए विद्यार्थियों को तैयार करते समय, एक विद्यालय लड़कियों को वरीयता देता है। यह दर्शाता है–
A. प्रगतिशील चिन्तन B. लैंगिक पूर्वाग्रह
C. वैश्विक प्रवृत्तियाँ D. प्रयोजनात्मक उपागम

17. पूर्व माध्यमिक कक्षाओं में छात्राएँ, छात्रों की अपेक्षा अधिक कुशल होती हैं–
A. पठन गति में B. बुद्धि में
C. शैक्षिक अभिक्षमता में D. ये सभी

18. एक अध्यापक को अपनी शैक्षिक क्रियाओं के अभियोजन के समय जातीय भेदभाव के सन्दर्भ में अपनी शिक्षण प्रक्रिया में क्या अपनाना चाहिए?
A. कठोरता व लचीलापन दोनों
B. न कठोरता न ही लचीलापन
C. लचीलापन
D. कठोरता

19. लैंगिक भेदभाव को दूर करने के लिए शिक्षा व्यवस्था में आवश्यक उपाय है
A. छात्र-छात्राओं के लिए विशिष्ट प्रावधान
B. छात्र-छात्राओं के लिए समान प्रावधान
C. छात्र-छात्राओं के लिए असमान प्रावधान
D. उपरोक्त में से कोई नहीं

20. आदिवासी जाति की छात्राओं के शिक्षण में आने वाली प्रमुख समस्या है
A. उनका उच्च सामाजिक स्तर

B. उनका मजबूत आर्थिक स्तर
C. सुविधाओं की अपर्याप्तता
D. उपरोक्त में से कोई नहीं

21. एक अध्यापक को अपनी कक्षा में निम्न में से किस तथ्य को नकारना चाहिए?
A. छात्र-छात्राओं के व्यवहार सम्बन्धी विकारों को
B. छात्र-छात्राओं के झगड़ों से सम्बन्धित मुद्दों को
C. छात्र-छात्राओं के पठन सम्बन्धी विकारों को
D. छात्र-छात्राओं के मध्य लैंगिक भेदभाव को

22. किसी व्यक्ति की व्यक्तिगत विभिन्नता के क्षेत्र हैं
A. शारीरिक संरचना B. मानसिक योग्यताएँ
C. लिंग भेद D. उपरोक्त सभी

उत्तरमाला

1	2	3	4	5	6	7	8	9	10
D	C	A	A	D	A	A	C	A	C
11	**12**	**13**	**14**	**15**	**16**	**17**	**18**	**19**	**20**
C	D	B	D	A	B	A	C	B	C
21	**22**								
D	D								

8. अधिगम का मूल्यांकन (Evaluation of Learning)

चूंकि शिक्षा का संबंध बच्चे के सर्वांगीण विकास (शारीरिक, सामाजिक, बौद्धिक एवं भावनात्मक आदि) से है। इसलिए बच्चे के विकास के सभी पहलुओं को आंके जाने की आवश्यकता है। वर्तमान समय में हम बच्चे को पूरे रूप में नहीं आंकते, बल्कि विशिष्ट क्षेत्रों में केवल उसकी शैक्षिक उपलब्धियों का मूल्यांकन करते हैं। हम शिक्षार्थी का मूल्यांकन बुनियादी रूप से उसके परीक्षा परिणामों के आधार पर करते हैं। हम सीखने के लिए किए गए प्रयास, कार्य निष्पादन, अभिवृत्तियों का और जो कुछ सीखा गया हैं, उसका उपयोग विभिन्न स्थितियों में करने की योग्यता का मूल्यांकन नहीं करते और न ही हम उनका मूल्यांकन इस आधार पर करते हैं कि वे तकनीकें कितनी प्रभावकारी रूप से कार्य करती हैं अथवा विभिन्न सिद्धांतों का मूल्यांकन कितने विवेचनात्मक ढंग से करते हैं।

इस प्रक्रिया के स्वरूप को अधिक व्यापक बनाने के लिए महत्त्वपूर्ण है कि बच्चे की शिक्षा-प्राप्ति का निर्धारण कक्षा के अंदर और बाहर हर प्रकार की स्थितियों और वातावरण में किया जाए। यह जरूरी है कि मूल्यांकन की प्रक्रिया सूचना प्रदान करने के तरीके और उस प्रत्युत्तर (Feedback) का भाग हो कि स्कूल और अध्यापक शिक्षा के प्रत्याशित परिणाम प्राप्त करने में किस हद तक सफल हुए हैं।

विद्यालय आधारित मूल्यांकन (School Based Evaluation)

विद्यालय आधारित मूल्यांकन विद्यालय शिक्षा बोर्डों द्वारा ली जाने वाली परीक्षाओं के विपरीत, स्कूल स्तर पर किया जाता है। यह मूल्यांकन विद्यालय द्वारा विकसित अनुसूची और बोर्ड द्वारा जारी किए गए मार्ग-निर्देशों के अनुसार अध्यापकों द्वारा किया जाता है। यद्यपि यह मूल्यांकन हमेशा विद्यालय के स्तर पर किया जाता रहा है, किंतु इस प्रणाली में कुछ त्रुटियां उत्पन्न हो गई हैं। इन त्रुटियों के मुख्य कारण निम्न हो सकते हैं :

(*i*) मूल्यांकन के स्थान एवं शिक्षा की प्रक्रिया में इसके महत्त्व के बारे में अध्यापकों की गलत धारणा।

(*ii*) बाह्य परीक्षा की प्रथा का अनुकरण जो सामान्य रूप से सत्र के अंत में ली जाती है।

वर्तमान दौर में मूल्यांकन की विद्यालय-आधारित प्रणाली में, मूल्यांकन के प्रयोजन का केंद्र-बिंदु बदल गया है। अब इसमें तत्परता परीक्षण, विकास की जांच परख, संज्ञानात्मक, भावात्मक और मनो-प्रेरक क्षेत्रों में कार्य निष्पादन का बार-बार सुनियोजित और प्रभावकारी तरीके से मूल्यांकन किया जाना शामिल है।

अन्य शब्दों में, विद्यालय-आधारित मूल्यांकन बाल-केंद्रित, विद्यालय-केंद्रित और बहुआयामी मूल्यांकन होता है। यह सही मायने में शिक्षार्थी के सर्वतोमुखी विकास का सूत्रपात करता है। यह विद्यालय के अंदर और विद्यालय के बाहर दोनों जगहों पर जीवन में सभी प्रकार की शिक्षा प्राप्ति को प्रोत्साहित करता है। यह बाल-केंद्रित होता है, क्योंकि यह विकास के वैयक्तिक स्वरूप की दृष्टि से विद्यार्थी को एक अद्वितीय अस्तित्व मानता है। यह अपनी शिक्षा के पहले से निर्धारित लक्ष्यों और उद्देश्यों को प्राप्त करने के लिए शिक्षार्थी का एक अलग व्यक्तित्व के रूप में, अन्य शिक्षार्थियों की तुलना में केवल उसकी स्थिति के रूप में नहीं बल्कि प्रत्येक बच्चे की अपनी वैयक्तिक योग्यताओं, प्रगति और विकास के आधार पर निर्माण करता है।

विद्यालय आधारित मूल्यांकन की विशेषताएं (Characteristics of School Based Evaluation)

I. विद्यार्थी से संबद्ध विशेषताएं

(*i*) यह पारंपरिक प्रणाली से अधिक विस्तृत, अधिक व्यापक और सतत होता है।

(*ii*) इसका मुख्य लक्ष्य शिक्षार्थी को सुनियोजित अधिगम और विकास की ओर उन्मुख करने में सहायता देना होता है।

(*iii*) यह भविष्य के जिम्मेदार नागरिक के रूप में शिक्षार्थी की आवश्यकताओं का ध्यान रखता है।

(*iv*) यह अधिक पारदर्शी, भविष्यात्मक और शिक्षार्थियों, अध्यापकों और माता-पिता के बीच सहयोजन की अधिक गुंजाइश मुहैया कराने वाला होता है।

(*v*) यह शिक्षार्थी को अपनी क्षमता का बेहतर तरीके से उपयोग करने में सहायता देता है।

II. अध्यापक से संबद्ध विशेषताएं

विद्यालय आधारित प्रणाली में अध्यापकों को अपने विद्यार्थियों के बारे में निम्नलिखित बातें जानने का अवसर मिलता है–

(*i*) वे क्या सीखते हैं?

(*ii*) वे कैसे सीखते हैं?

(*iii*) इकट्ठा सीखने में उन्हें किस प्रकार की कठिनाइयों अथवा सीमाओं का सामना करना पड़ता है?

(*iv*) बच्चे क्या सोचते हैं?

(*v*) बच्चे क्या महसूस करते हैं?

(*vi*) उनकी रुचियां और प्रवृत्तियां क्या हैं?

(*vii*) यह अध्यापकों को ऐसे तरीकों को ढूंढने के लिए पैनी दृष्टि प्रदान करता है, जो अलग-अलग शिक्षार्थियों के लिए अपनी समस्याओं और कठिनाइयों का समाधान करने में सहायक सिद्ध हो सकते हैं।

सतत् और व्यापक मूल्यांकन (CCE)

सतत् और व्यापक मूल्यांकन का तात्पर्य विद्यार्थियों के विद्यालय आधारित मूल्यांकन की उस प्रणाली के बारे में है, जिसमें विद्यार्थियों के विकास के सभी पहलुओं की ओर ध्यान दिया जाता है।

'सतत्' शब्द का उद्देश्य इस बात पर बल देना है कि बच्चों की 'संवृद्धि और विकास' के अभिज्ञात पहलुओं का मूल्यांकन एक घटना होने के बजाए एक सतत् प्रक्रिया है, जो अध्यापन-शिक्षा-प्राप्ति की संपूर्ण प्रक्रिया के अंदर निर्मित है और शैक्षिक सत्र की समूची अवधि में फैली होती है। इसका अर्थ है निर्धारण की नियमितता, यूनिट परीक्षण की आवृत्ति, शिक्षा-प्राप्ति की कमियों का निदान, सुधारात्मक उपायों का उपयोग, पुनः परीक्षण और अध्यापकों और छात्रों के स्व-मूल्यांकन के लिए उन्हें घटनाओं के प्रमाण का फीडबैक।

'व्यापक' का अर्थ है कि यह योजना विद्यार्थियों की संवृद्धि और विकास के शैक्षिक और सह-शैक्षिक दोनों क्षेत्रों को समाहित करने का प्रयास करती है। चूंकि योग्यताएं, अभिवृत्तियां और अभिरुचियां अपने आपको लिखित शब्दों से भिन्न अन्य रूपों में प्रकट करती हैं, इसलिए इस शब्द में विभिन्न प्रकार के साधनों और तकनीकों (परीक्षण और गैर-परीक्षण) के उपयोग और शिक्षा-प्राप्ति के क्षेत्रों में शिक्षार्थियों के विकास को आंकने के लक्ष्यों का उल्लेख किया गया है, यथा–

(*i*) ज्ञान,
(*ii*) समझना/बोध,
(*iii*) अनुप्रयोग,
(*iv*) विश्लेषण,
(*v*) मूल्यांकन और
(*vi*) सृजन।

इस प्रकार स्पष्ट है कि सतत एवं व्यापक मूल्यांकन एक पाठ्यचर्या संबंधी पहल है, जिसमें परीक्षण के स्थान पर संपूर्णवादी शिक्षा प्राप्ति पर जोर दिए जाने का प्रयास किया जाता है। इसका लक्ष्य अच्छे स्वास्थ्य, उपयुक्त कौशलों और वांछनीय गुणवत्ता वाले और इसके अलावा शैक्षिक उत्कृष्टता वाले अच्छे नागरिकों का निर्माण करना है।

सतत एवं व्यापक मूल्यांकन का उद्देश्य (Objective of Continuous and Comprehensive Evaluation (CCE))

(*i*) संज्ञानात्मक, मनोप्रेरक (साइकोमोटर) और प्रभावकारी कौशलों का विकास करने में सहायता देना।

(*ii*) चिंतन की प्रक्रिया पर जोर देना और कंठस्थ करने पर बल न देना।

(*iii*) मूल्यांकन को अध्यापन-शिक्षा-प्राप्ति की प्रक्रिया का अभिन्न अंग बनाना।

(*iv*) मूल्यांकन का उपयोग नियमित निदान और उसके बाद उपचारात्मक अनुदेश के आधार पर विद्यार्थियों की उपलब्धियों और अध्यापन-शिक्षा-प्राप्ति की कार्यनीतियों में सुधार करने के लिए करना।

(*v*) कार्य-निष्पादन का वांछित स्तर बनाए रखने के लिए मूल्यांकन का उपयोग एक गुणवत्ता नियंत्रण साधन के रूप में करना।

(*vi*) किसी कार्यक्रम की सामाजिक उपयोगिता, वांछनीयता अथवा प्रभावकारिता निर्धारित करना और शिक्षार्थी, शिक्षा-प्राप्ति की प्रक्रिया और शिक्षा-प्राप्ति के वातावरण के बारे में उपर्युक्त निर्णय लेना।

(*vii*) अध्यापन और शिक्षा-प्राप्ति की प्रक्रिया को शिक्षार्थी-केंद्रित क्रियाकलाप बनाना।

अधिगम का मूल्यांकन (Learning Evaluation)

अधिगम के मूल्यांकन में उपलब्ध प्रमाणों के साथ कार्य करना शामिल है, जो स्टाफ और व्यापक मूल्यांकन समुदाय को विद्यार्थियों की प्रगति की जांच करने और इस सूचना का अनेक तरीकों से इस्तेमाल करने में समर्थ बनाता है। मूल्यांकन के दो स्तर हैं– (*i*) रचनात्मक मूल्यांकन (Formative Assessment) एवं (*ii*) सारांशात्मक मूल्यांकन (Summative Assessment)।

(*i*) रचनात्मक मूल्यांकन (Formative Assessment) : इस मूल्यांकन को सीखने/अधिगम का मूल्यांकन भी कहा जाता है। इसका उपयोग अध्यापक द्वारा विद्यार्थी की प्रगति को एक ऐसे वातावरण में मॉनीटर करने के लिए किया जाता है, जो घबड़ाहट पैदा करने वाला न हो और प्रोत्साहन देने वाला हो। इसमें विद्यार्थी को नियमित प्रत्युत्तर मुहैया कराना और उसे अपने कार्य-निष्पादन पर विचार करने, सलाह प्राप्त करने और उसमें सुधार करने का अवसर प्रदान करना शामिल है। इसमें विद्यार्थियों को स्व-मूल्यांकन करने अथवा अपने समकक्षों का मूल्यांकन करने की कसौटियां तय करने के एक आवश्यक भाग के रूप में शामिल किया जाता है। यदि इसे प्रभावकारी रूप से उपयोग में लाया जाए तो यह बच्चे के आत्म-सम्मान को बढ़ाते हुए और अध्यापक के कार्य भार को घटाकर, विद्यार्थी के कार्य निष्पादन में जबरदस्त सुधार कर सकता है। इस प्रकार, रचनात्मक मूल्यांकन कार्य-संपादन अथवा शिक्षा प्रदान करने की प्रक्रियाओं और शिक्षा-प्राप्ति के क्रियाकलापों में उपयुक्त संशोधन करने के बारे में निर्णय लेने के लिए अध्यापकों और विद्यार्थियों दोनों को निरंतर प्रत्युत्तर (Feedback) मुहैया कराने के लिए शिक्षा की अवधि के दौरान किया जाता है।

रचनात्मक मूल्यांकन की विशेषताएं :

(*a*) यह नैदानिक एवं उपचारात्मक है।

(b) यह प्रभावकारी प्रत्युत्तर की व्यवस्था करता है।

(c) यह विद्यार्थियों को स्वयं अपनी शिक्षा प्राप्ति में सक्रिय रूप से शामिल होने के लिए मंच उपलब्ध कराता है।

(d) यह अध्यापकों को मूल्यांकन के परिणाम को ध्यान में रखते हुए उन्हें अध्यापन को समायोजित करने में समर्थ बनाता है।

(ii) **सारांशात्मक मूल्यांकन (Summative Assessment) :** यह मूल्यांकन शिक्षा पाठ्यक्रम के समाप्त होने पर किया जाता है। सारांशात्मक मूल्यांकन यह मापता अथवा जोड़ता है कि विद्यार्थी ने पाठ्यक्रम से क्या सीखा है। यह मुख्य रूप से एक श्रेणीकृत (Graded) परीक्षण होता है, अर्थात् इसमें एक पैमाने के अनुसार अथवा ग्रेडों के एक सेट के अनुसार अंक दिए जाते हैं।

वह मूल्यांकन, जो मुख्यतः सारांशात्मक प्रकृति का होगा, अपने आप में बच्चे की संवृद्धि और उसके विकास का कोई संगत एवं युक्तिसंगत पैमाना नहीं होगा। अधिक-से-अधिक यह एक समय-विशेष पर उपलब्धि के स्तर को प्रमाणित करता है। कागज-पेंसिल परीक्षण बुनियादी रूप से निर्धारण अथवा मूल्यांकन का एक-एक बार अपनाया जाने वाला तरीका है और किसी बच्चे के विकास के बारे में केवल इसका सहारा लेना न केवल अनुचित है, बल्कि अवैज्ञानिक भी है। केवल शैक्षिक पहलुओं पर ध्यान देते हुए परीक्षा में प्राप्त अंक पर बहुत जोर देने से, बच्चे यह मान लेते हैं कि मूल्यांकन (निर्धारण) शिक्षा प्राप्ति से भिन्न है, जिसका परिणाम 'सीखो और भूल जाओ' लक्षण होता है। सारांशात्मक मूल्यांकन प्रणाली पर आवश्यकता से अधिक जोर देने से अस्वास्थ्यकर प्रतियोगिता को प्रोत्साहन मिलने के अलावा शिक्षार्थियों पर बहुत अधिक दबाव पड़ता है और उनमें चिंता उत्पन्न होती है। इसी कारण से सतत् और व्यापक विद्यालय आधारित मूल्यांकन संकल्पना का प्रादुर्भाव हुआ है।

सारांशात्मक मूल्यांकन की विशेषताएं :

(a) शिक्षा-प्राप्ति का निर्धारण।

(b) सामान्य रूप से विद्यार्थियों द्वारा किसी यूनिट अथवा सेमेस्टर के समाप्त होने पर उसका सारांश प्रदर्शित करने के लिए किया जाता है, जो उन्होंने सीखा हो अथवा न सीखा हो।

(c) इस मूल्यांकन के तरीके अधिकतर विद्यार्थियों के कार्य का मूल्यांकन करने के पारंपरिक तरीके होते हैं।

अधिगम के मूल्यांकन की विशेषताएं (Characteristics of Learning Evaluation)

(i) यह मूल्यांकन शिक्षा-प्राप्ति के बाद किया जाता है।

(ii) सूचना अध्यापक द्वारा एकत्र की जाती है।

(iii) सूचना को सामान्य रूप से अंकों अथवा ग्रेडों में रूपांतरित किया जाता है।

(iv) अन्य विद्यार्थियों के कार्य-निष्पादन के साथ तुलना की जाती है।

(v) इसके पहले प्राप्त की गई शिक्षा पर नजर डालता है।

अधिगम के अच्छे मूल्यांकन के मानदंड (Norms of Good Learning Evaluation)

(i) वे युक्तिसंगत होते हैं (ठोस मानदंडों पर आधारित)।

(ii) वे विश्वसनीय होते हैं (मूल्यांकन और पद्धति का सही होना)।

(iii) वे तुलनीय होते हैं (जब उनकी तुलना अन्य विभागों अथवा विद्यालयों में की गई जांच-परख से की जाती है, तो वे ठीक पाए जाते हैं)।

अधिगम के मूल्यांकन के प्रयोजन/उद्देश्य (Objective of Learning Evaluation)

अधिगम के मूल्यांकन का सार यह है कि सारांशात्मक मूल्यांकन को किसी विशेष समय पर विषय-वस्तु के मानदंडों की तुलना में विद्यार्थी की शिक्षा को मापने का एक साधन समझा जाए।

सतत् और व्यापक मूल्यांकन की विशेषताएं (Characteristics of CCE)

(i) सतत् और व्यापक मूल्यांकन में 'सतत्' पहलू के तहत मूल्यांकन के 'सतत्' और 'आवधिक' पहलू का ध्यान रखा जाता है।

(ii) निरंतरता का अर्थ है शिक्षा के प्रारंभ में विद्यार्थियों का निर्धारण या स्थापन मूल्यांकन और शिक्षण प्रक्रिया के दौरान रचनात्मक मूल्यांकन, जो मूल्यांकन की बहुविध तकनीकों का उपयोग करके अनौपचारिक रूप से किया जाता है।

(iii) नियतकालिकता का अर्थ है कार्य-निष्पादन का मूल्यांकन जो यूनिट/अवधि के समाप्त होने पर बार-बार किया जाता है (सारांशात्मक)।

(iv) सतत् और व्यापक मूल्यांकन का 'व्यापक' संघटक बच्चे के व्यक्तित्व के सर्वतोमुखी विकास के निर्धारण का ध्यान रखता है। इसमें विद्यार्थियों के विकास के शैक्षिक और इसके अलावा सह-शैक्षिक पहलुओं का निर्धारण शामिल है।

(v) शैक्षिक पहलुओं में पाठ्यक्रम के क्षेत्र अथवा विषय-सापेक्ष क्षेत्र शामिल होते हैं, जबकि सह-शैक्षिक पहलुओं में जीवन-कौशल, सह-पाठ्यचर्या अभिवृत्तियां और मूल्य शामिल होते हैं।

(vi) शैक्षिक क्षेत्रों में निर्धारण, निरंतर और नियतकालिक रूप में मूल्यांकन की बहुविध तकनीकों का इस्तेमाल करके

अनौपचारिक और औपचारिक रूप से किया जाता है। नैदानिक मूल्यांकन यूनिट/परीक्षा के समाप्त होने पर किया जाता है। कुछ यूनिटों में घटिया कार्य निष्पादन के कारणों का पता नैदानिक परीक्षणों का उपयोग करते हुए लगाया जाता है। इसके बाद उपयुक्त रूप से हस्तक्षेप किया जाता है और कार्रवाई की जाती है और तत्पश्चात् पुनः परीक्षण किए जाते हैं।

(*vii*) सह-शैक्षिक क्षेत्रों में निर्धारण निर्धारित मानदंडों के आधार पर बहुविध तकनीकों का इस्तेमाल करते हुए किया जाता है, जब जीवन-कौशलों का मूल्यांकन, मूल्यांकन के सूचकों और जांच सूचियों के आधार पर किया जाता है।

सतत् और व्यापक मूल्यांकन : विचार एवं व्यवहार (CCE : Thought and Behaviour)

अध्यापन-शिक्षा-प्राप्ति प्रक्रिया में, मूल्यांकन से शैक्षिक और सह-शैक्षिक पहलुओं का ध्यान रखने की अपेक्षा की जाती है। यदि कोई किसी क्षेत्र में कमजोर है तो नैदानिक मूल्यांकन किया जाना चाहिए और उपचारी उपाय अपनाए जाने चाहिए। सतत् मूल्यांकन समय-समय पर बच्चे, अध्यापकों और माता-पिता को उपलब्धि के बारे में जागरूक बनाने में सहायता देता है। यदि उपलब्धि में कोई कमी हुई हो तो वे उसके संभावित कारणों की जांच कर सकते हैं और शिक्षा के उस क्षेत्र में जिसमें अधिक जोर देने की आवश्यकता हो उपचारी उपाय कर सकते हैं।

बहुत बार ऐसा होता है कि कुछ वैयक्तिक कारणों, पारिवारिक समस्याओं अथवा समायोजन की समस्याओं के कारण बच्चे अपने अध्ययन की उपेक्षा करना शुरू कर देते हैं जिसके परिणामस्वरूप उनकी उपलब्धि में अचानक गिरावट आ जाती है। यदि अध्यापक, बच्चे और माता-पिता को उपलब्धि में अचानक आई गिरावट का पता न चले तो बच्चे द्वारा अपने अध्ययन की उपेक्षा लंबे समय तक की जाती रहती है और इसके परिणामस्वरूप उपलब्धि घटिया हो जाती है और बच्चे की शिक्षा-प्राप्ति में स्थायी रूप से त्रुटि रह जाती है।

सतत् और व्यापक मूल्यांकन का मुख्य जोर विद्यार्थियों की निरंतर संवृद्धि पर और उनका बौद्धिक, भावनात्मक, शारीरिक, सांस्कृतिक और सामाजिक विकास सुनिश्चित करने पर होता है और इसलिए यह विद्यार्थी की केवल शैक्षिक उपलब्धियों को आंकने तक सीमित नहीं होगा। इस मूल्यांकन का उपयोग शिक्षार्थियों को अन्य कार्यक्रमों के लिए अभिप्रेरित करने, सूचना प्रदान करने, प्रत्युत्तर (Feedback) की व्यवस्था करने और शिक्षा-प्राप्ति में सुधार करने के लिए अनुवर्ती कार्रवाई करने और शिक्षार्थी के विवरणों की एक व्यापक तस्वीर प्रस्तुत करने के एक साधन के रूप में करता है।

सतत् और व्यापक मूल्यांकन के महत्त्वपूर्ण कार्य (Important Functions of CCE)

(*i*) यह अध्यापक को प्रभावकारी कार्यनीतियां आयोजित करने में सहायता देता है।

(*ii*) सतत् और व्यापक मूल्यांकन शिक्षार्थी की प्रगति की सीमा और मात्रा को नियमित रूप से आंकने में सहायता देता है (विशिष्ट शैक्षिक और सह-शैक्षिक क्षेत्रों के संदर्भ में योग्यता और उपलब्धि)।

(*iii*) सतत् और व्यापक मूल्यांकन कमजोरियों का निदान करने का कार्य करता है और अध्यापक को अलग-अलग शिक्षार्थियों की शक्तियों और कमजोरियों और उसकी आवश्यकताओं का पता लगाने में सहायता देता है। यह अध्यापक को तत्काल प्रत्युत्तर (Feedback) मुहैया कराता है, जो यह फैसला कर सकता है कि कोई विशेष यूनिट अथवा संकल्पना समूची कक्षा को फिर से पढ़ाए जाने की आवश्यकता है अथवा केवल कुछ शिक्षार्थियों को उपचारी शिक्षा की आवश्यकता है।

(*iv*) सतत् और व्यापक मूल्यांकन के द्वारा, बच्चे अपनी शक्तियों और कमजोरियों को जान सकते हैं। यह बच्चों को अध्ययन की अच्छी आदतें विकसित करने, गलतियों को सुधारने और क्रियाकलापों को वांछित लक्ष्य प्राप्त करने की दिशा में मोड़ने के लिए अभिप्रेरित कर सकता है। इससे शिक्षार्थी को शिक्षा के उन क्षेत्रों को निर्धारित करने में सहायता मिलती है, जिनमें अधिक जोर दिए जाने की आवश्यकता हो।

(*v*) सतत् और व्यापक मूल्यांकन अभिरुचियों और प्रवृत्ति वाले क्षेत्र अभिज्ञात करता है। यह अभिवृत्तियों और मूल्य प्रणालियों में होने वाले परिवर्तनों का पता लगाने में सहायता देता है।

(*vi*) यह विषयों, पाठ्यक्रमों और जीवनवृतियों (Carrier) के चुनाव के बारे में, भविष्य के लिए फैसला करने में सहायता देता है।

(*vii*) यह शैक्षिक और सह-शैक्षिक क्षेत्रों में विद्यार्थियों की प्रगति के बारे में सूचना/रिपोर्ट देता है और इस प्रकार शिक्षार्थी की भावी सफलताओं के बारे में पूर्वानुमान लगाने में सहायता देता है।

शिक्षार्थी के पढ़ाई स्तर के मूल्यांकन के लिए उचित प्रश्न-पत्र की आवश्यकता (Need of Right Question-paper for Evaluating the Student)

किसी भी शिक्षार्थी के पढ़ाई के स्तर की जांच में एक अच्छे प्रश्न-पत्र की महत्त्वपूर्ण भूमिका होती है। इस प्रश्न-पत्र के माध्यम से ही शिक्षक शिक्षार्थियों के विकास का मूल्यांकन करता है। एक प्रश्न-पत्र के निम्न कार्य होते हैं–

(*i*) यह उच्च उपलब्धि प्राप्त छात्रों एवं निम्न उपलब्धि प्राप्त छात्रों के बीच अंतर स्पष्ट करता है।

(*ii*) यह प्राप्तांकों के आधार पर शिक्षार्थी के वर्गीकरण में सहायक होता है।

(*iii*) यह शिक्षार्थी के शैक्षिक-प्रारूप का संपूर्णता में मूल्यांकन करने का महत्त्वपूर्ण माध्यम है।

उपर्युक्त बातों से स्पष्ट है कि प्रश्न-पत्र एक शिक्षार्थी के मूल्यांकन प्रक्रिया का महत्त्वपूर्ण अंग है। प्रश्न-पत्र निर्माण में कुछ खास बातों का ध्यान आवश्यक है, यथा– प्रश्न-पत्र अपने पूर्व निर्धारित प्रकार्यों पर खरा उतरे, प्रश्न-पत्र एक सृजनात्मक कार्य है। अतः एक निर्धारित योजना के अनुसार प्रश्नों का संकलन करना चाहिए।

परंपरागत प्रश्न-पत्र के दोष (Errors in Traditional Question Paper)

एक अच्छे प्रश्न-पत्र का निर्माण काफी श्रम-साध्य, समयबद्ध एवं सुनियोजित प्रक्रिया है। वर्तमान में अध्यापक जो प्रश्न-पत्र तैयार करते हैं वह प्रायः पारंपरिक प्रश्नों का ही अनुसरण करते हैं। इन पारंपरिक प्रश्नों में कमियां पाई जाती है। पारंपरिक प्रश्नों में निम्न प्रकार की कमियां पाई जाती हैं–

(*i*) पारंपरिक प्रश्न-पत्रों में घिसे-पिटे प्रश्नों की अधिकता रहती है। ये प्रश्न प्रायः निबंधात्मक एवं पाठ्य-पुस्तकोन्मुखी होते हैं। इस प्रकार के प्रश्न छात्रों की समस्याओं व उनकी वास्तविक क्षमताओं का मूल्यांकन करने में सक्षम साबित नहीं होते।

(*ii*) पारंपरिक प्रश्नों का प्रकार निबंधात्मक होने से प्रश्नों की संख्या कम होती है जिससे वे पाठ्यक्रम का अधिकांश भाग पूरा नहीं कर पाते।

(*iii*) कुछ प्रश्न ऐसे होते हैं जिनसे विद्यार्थियों में जानकारियों का स्मरण तथा कंठस्थ करने की प्रवृत्ति को बढ़ावा मिलता है। ऐसे प्रश्नों में पाठ्यक्रम समग्र रूप से समाहित नहीं होते। साथ ही ऐसे प्रश्न छात्रों की समझ और कौशल की जांच करने में समर्थ नहीं होते।

(*iv*) 'व्याख्या करें', 'स्पष्ट करें', 'आप क्या जानते हैं', 'संक्षिप्त टिप्पणी लिखिए', 'संक्षिप्त विवरण दें', विवेचना करें' आदि जैसे निर्देशक शब्द किसी भी प्रश्न-पत्र को अस्पष्ट बना देते हैं। ऐसे प्रश्नों में छात्र प्रायः यह निश्चित नहीं कर पाते कि क्या उत्तर देना है। परीक्षक स्वयं छात्रों से पूछे गए प्रश्नों के स्वरूप के बारे में असमंजस में रहते हैं। समान प्रकृति के प्रश्नों के लिए विभिन्न परीक्षकों द्वारा छात्रों को दिए गए अंकों में बहुत भिन्नता होती है। ऐसे में परीक्षा में छात्र का मूल्यांकन दोषपूर्ण हो जाता है।

(*v*) पारंपरिक प्रश्नों में प्रतीकों और आकृतियों के परिकलन (Calculation) और भौतिक कौशल पर अत्यधिक बल रहता है जबकि गणितीय ज्ञान और उनके अनुप्रयोग आदि से संबद्ध प्रश्नों पर एकदम ध्यान नहीं दिया जाता है।

(*vi*) पारंपरिक प्रश्नों में बहुधा विकल्प भी दिए जाते हैं और कहा जाता है कि सभी प्रश्नों के अंक समान तथा छात्र 10 या 12 प्रश्नों में से कोई 5 या 6 प्रश्न कर सकते हैं। इससे छात्रों में केवल चुने गए महत्त्वपूर्ण विषयों की तैयारी करने की प्रवृत्ति विकसित होती है तथा शेष को बिना किसी खतरे के छोड़ देने की स्वतंत्रता मिलती है।

प्रश्न-पत्रों के दोषों को दूर करने के उपाय (Solution for Removing Errors in Question Papers)

(*i*) निर्देशात्मक प्रकृति के प्रश्नों में अस्पष्टता नहीं होनी चाहिए।

(*ii*) अंक देने की प्रक्रिया वस्तुनिष्ठ होनी चाहिए। इसके लिए परीक्षकों को कुंजी (Key) तथा अंक देने की योजना भी उपलब्ध कराई जानी चाहिए।

(*iii*) प्रश्न-पत्र को इस तरह से तैयार किया जाना चाहिए कि छात्रों का विभिन्न कोणों से मूल्यांकन किया जा सके।

(*iv*) प्रश्नों को तैयार करने में उसकी भाषा की सरलता तथा स्पष्टता का विशेष ध्यान रखा जाना चाहिए ताकि विद्यार्थी को यह पता चले कि प्रश्न के उत्तर में क्या लिखना है।

(*v*) प्रश्न लघु-उत्तरीय प्रकार (Short Answer Type) और अति लघु-उत्तरीय प्रकार (Very Short Answer Type) का होना चाहिए। इससे पूरे पाठ्यक्रम से प्रश्न पूछने में सहूलियत होती है और छात्रों में समग्र अध्ययन की प्रवृत्ति का विकास होता है। कुछ निबंधात्मक प्रकार (Essay Type) के प्रश्न भी पूछे जा सकते हैं।

(*vi*) निम्नलिखित में से किन्हीं 5 या 6 प्रश्न का उत्तर दीजिए जैसे प्रकार के प्रश्न पूछने से बचना चाहिए। यदि जरूरी है तो प्रश्न के भीतर ही विकल्प देना चाहिए। ऐसा करने से छात्रों में चयनात्मक अध्ययन की प्रवृत्ति का ह्रास होता है और वे समग्र अध्ययन की ओर प्रवृत्त होते हैं।

एक अच्छे प्रश्न-पत्र की विशेषताएं/गुण (Characteristics of Good Question Paper)

(*i*) विश्वसनीयता।

(*ii*) वैधता।

(*iii*) प्रयोज्यता।

(*iv*) परिणामों की व्याख्या।

(*v*) प्रारूप।

अभ्यास प्रश्न

1. करके सीखना अधिक उपयोगी है क्योंकि–
A. यह अधिक रुचिकर है
B. कक्षा का अनुशासन बनता है
C. इससे बच्चे व्यस्त रहते हैं
D. बच्चे क्रियाशील पसन्द करते हैं

2. सीखने के मुख्य नियमों के अतिरिक्त गौण नियम भी हैं जो मुख्य नियमों को विस्तार देते हैं। गौण नियम हैं :
A. प्रयत्न व भूल का नियम
B. बहुप्रतिक्रिया नियम
C. अभ्यास का नियम
D. प्रभाव का नियम

3. निम्न में से जो अधिगम के स्थानान्तरण का सिद्धान्त नहीं है, वह है :
A. समान अंशों का सिद्धान्त
B. असमान अंशों का सिद्धान्त
C. सामान्यीकरण का सिद्धान्त
D. द्विपक्षीय सिद्धान्त

4. सीखना प्रभावित होता है :
A. मन से B. आत्मा से
C. वृद्धि से D. प्रेरणा से

5. अधिगम हेतु अभिप्रेरित करने में शिक्षार्थी की निन्दा की अपेक्षा प्रंशसा करना अधिक प्रभावी होता है क्योंकि निंदा उसे
A. भयभीत कर देती है
B. हतोत्साहित कर देती है
C. अपमानित कर देती है
D. उपरोक्त सभी

6. सीखना समृद्ध हो सकता है यदि–
A. कक्षा में अधिक-से-अधिक शिक्षण-सामग्री का प्रयोग किया जाए
B. शिक्षक विभिन्न प्रकार के व्याख्यान और स्पष्टीकरण का प्रयोग करें
C. कक्षा में आवधिक परीक्षाओं पर अपेक्षित ध्यान दिया जाए
D. वास्तविक दुनिया से उदाहरणों को कक्षा में लाया जाए जिसमें विद्यार्थी एक-दूसरे से अंतःक्रिया करें और शिक्षक उस प्रक्रिया को सुगम बनाए

7. सीखने का वह सिद्धांत जो पूर्ण रूप से और केवल '*अवलोकनीय व्यवहार*' पर आधारित है, सीखने के .... सिद्धांत से सम्बद्ध है।
A. व्यवहारवादी B. रचनावादी
C. संज्ञानवादी D. विकासवादी

8. निम्नलिखित में से किस कथन को 'सीखने' के लक्षण के रूप में ***नहीं*** माना जा सकता?
A. व्यवहार का अध्ययन सीखना है
B. अन-अधिगम (unlearning) भी सीखने का एक हिस्सा है
C. सीखना एक प्रक्रिया है जो व्यवहार में मध्यस्थता करती है
D. सीखना ऐसी चीज है जो कुछ अनुभवों के परिणामस्वरूप घटित होती है

9. निम्नलिखित में से कौन-सा कथन 'सीखने' के बारे में सही है?
A. सीखने के किसी भी चरण पर सीखना संवेगात्मक कारकों से प्रभावित नहीं होता।
B. सीखना मूल रूप से मानसिक क्रिया है।
C. बच्चों द्वारा की गई त्रुटियाँ यह संकेत करती है कि किसी तरह का सीखना नहीं हुआ।
D. सीखना उस वातावरण में प्रभावी होता है जो संवेगात्मक रूप से सकारात्मक हो और शिक्षार्थियों को संतुष्ट करने वाला हो।

10. निम्नलिखित में से कौन-सा रचनात्मक आकलन (Formative Assessment) के लिए उचित उपकरण ***नहीं*** है?
A. सत्र परीक्षा B. प्रश्नोत्तरी और खेल
C. दत्त कार्य D. मौखिक प्रश्न

11. विद्यार्थी के अधिगम का मूल्यांकन प्रमुख रूप से होना चाहिए:
A. सतत एवं व्यापक प्रक्रिया से
B. प्रत्येक सत्र के अन्त में
C. प्रत्येक पाठ के अन्त में
D. वार्षिक प्रक्रिया से

12. निबन्धात्मक प्रश्नों के स्थान पर वस्तुनिष्ठ प्रश्न विद्यालयों में क्यों पूछे जाते हैं?
A. छात्रों को समय का महत्त्व दर्शाने के लिए
B. कम समय में ज्यादा काम करने के लिए
C. ज्यादा प्रश्नों का उत्तर जानने के लिए
D. उत्तर-पुस्तिका हल करने में आसानी होती है

13. कक्षा में छात्र अगर आपके प्रश्न का उत्तर न दे सके तो–
A. शिक्षक को स्वयं उस उत्तर को बताना चाहिए
B. उसी प्रश्न को फिर अलग ढंग से पूछना चाहिए
C. उसी प्रश्न को कक्षा में बार-बार पूछना चाहिए
D. स्वयं उत्तर देकर छात्र से याद करवाना चाहिए

14. प्रयोगात्मक परीक्षाएं आयोजित करने का मुख्य उद्देश्य है–
A. विषय ज्ञान का आकलन करना
B. अवलोकन और यथार्थता की कार्यकुशलता की जाँच करना

C. तथ्यों को दोहराने की क्षमता की जाँच करना
D. फार्मूला और स्लाइड में पहचान करने की योग्यता की जाँच करना

15. सतत् और व्यापक मूल्यांकन के लिए तार्किक आधार है
A. शिक्षकों पर बोझ बढ़ाना
B. मानव व्यक्तित्व की समग्र प्रकृति
C. आकलन के अवसरों की अधिकता
D. सीखने के एक से अधिक पक्षों का आकलन

16. क्रिस्टिना अपनी कक्षा को क्षेत्र-भ्रमण पर ले जाती है और वापस आने पर अपने विद्यार्थियों के साथ भ्रमण पर चर्चा करती है। यह .... की ओर संकेत करता है।
A. आकलन का सीखना
B. सीखने के लिए आकलन
C. सीखने का आकलन
D. आकलन के लिए सीखना

17. सतत् और व्यापक मूल्यांकन की योजना में व्यापक शब्द .... के अलावा निम्नलिखित के द्वारा समर्थित किया जाता है।
A. बहुबुद्धि सिद्धान्त
B. एल एल थर्स्टन का प्राथमिक मानसिक योग्यताओं का सिद्धांत
C. सूचना प्रकमण सिद्धान्त
D. जेपी गिलफोर्ड का बुद्धि-संरचना का सिद्धांत

18. जब एक बावर्ची खाना पकाते समय खाने को चखता है, तो वह .... के समान है।
A. सीखने के लिए आकलन
B. सीखने का आकलन
C. आकलन और सीखना
D. सीखने के रूप में आकलन

19. सतत् और व्यापक मूल्यांकन .... पर बल देता है।
A. सीखने को किस प्रकार अवलोकित, रिकॉर्ड और सुधारा जाए इस प्रक्रिया
B. शिक्षण के साथ परीक्षाओं का सामंजस्य
C. सीखने को सुनिश्चित करने के लिए व्यापक स्केल पर निरन्तर परीक्षण
D. बोर्ड परीक्षाओं की अनावश्यकता

20. विद्यार्थियों के पोर्टफोलियो के लिए सामग्री का चयन करते समय .... का .... जरूर होना चाहिए।
A. विद्यार्थियों, बहिष्करण
B. अन्य शिक्षकों, समावेशन
C. विद्यार्थियों, समावेशन
D. अभिभावकों, समावेशन

21. सतत् और व्यापक मूल्यांकन .... होता है।
A. परीक्षा-आधारित B. निष्पादन-आधारित
C. विद्यार्थी-केन्द्रित D. अंक-आधारित

22. सीखने के लिए आकलन निम्नलिखित का ध्यान है सिवाय
A. विद्यार्थियों की त्रुटियाँ
B. विद्यार्थियों की आवश्यकताएँ
C. विद्यार्थियों की क्षमताएँ
D. विद्यार्थियों की अधिगम-शैलियाँ

23. एक शिक्षक प्रश्न-पत्र बनाने के बाद यह जाँच करता है कि क्या प्रश्न परीक्षण के विशिष्ट उद्देश्यों की परीक्षा ले रहे हैं। वह मुख्य रूप से प्रश्न-पत्र की/के .... बारे में चिन्तित है।
A. सम्पूर्ण विषय-वस्तु को शामिल करने
B. वैधता
C. विश्वसनीयता
D. प्रकार

24. सृजनात्मक उत्तरों के लिए आवश्यक है
A. प्रत्यक्ष शिक्षण एवं प्रत्यक्ष प्रश्न
B. विषय-वस्तु पर आधारित प्रश्न
C. एक अत्यन्त अनुशासित कक्षा
D. मुक्त-उत्तर वाले प्रश्न

25. मूल्यांकन का मुख्य उद्देश्य होना चाहिए
A. यह निर्णय लेना कि क्या विद्यार्थी को अगली कक्षा में प्रोन्नत किया जाना चाहिए
B. शिक्षार्थियों की त्रुटियाँ निकालना
C. शिक्षार्थियों की उपलब्धि को मापना
D. सीखने में होने वाली कमियों का निदान और उपचार करना

26. जब बच्चा फेल होता है, तो इसका तात्पर्य है कि
A. व्यवस्था फेल हुई है
B. बच्चे को प्राइवेट ट्यूशन लेनी चाहिए थी
C. बच्चे ने उत्तरों को सही तरीके से याद नहीं किया है
D. बच्चा पढ़ाई के लिए योग्य नहीं है

27. बच्चे के मूल्यांकन के लिए प्रश्न एक अच्छा तरीका है, किन्तु प्रश्न पूछते समय इस बात का ध्यान रखा जाना आवश्यक है कि इसमें एक अच्छे प्रश्न की अधिक विशेषताएँ अवश्य हों। एक अच्छे प्रश्न की विशेषता है–
A. प्रश्न में उत्तर की सीमा और क्षेत्र का उल्लेख किया जाना चाहिए
B. यह उद्देश्य पर आधारित होना चाहिए
C. प्रश्न परीक्षण किए जाने वाले विषय क्षेत्र से सम्बन्धित होना चाहिए
D. ये सभी

28. निम्नलिखित में से कौन-सा रचनात्मक आकलन के लिए उचित उपकरण नहीं है?
A. प्रश्नोत्तरी और खेल B. दत्त कार्य
C. मौखिक प्रश्न D. सत्र परीक्षा

29. शिक्षार्थियों को .... के लिए प्रोत्साहित नहीं करना चाहिए
A. कक्षा के अन्दर और बाहर अधिक-से-अधिक प्रश्न पूछने
B. शिक्षक जो पूछ सकते हैं उन सभी प्रश्नों के उत्तर याद करने
C. अधिक-से-अधिक पाठ्य-सहगामी क्रियाओं में हिस्सा लेने
D. समूह कार्य में दूसरे शिक्षार्थियों के साथ सक्रिय रूप से अन्तःक्रिया करने

30. विद्यार्थियों का सही मूल्यांकन करने वाले अच्छे प्रश्न-पत्र में निम्नलिखित में से कौन-सी विशेषता होनी चाहिए?
(*i*) वस्तुनिष्ठता (*ii*) व्यापकता
(*iii*) वैधता (*iv*) विश्वसनीयता
A. (*i*) एवं (*iii*) B. (*ii*) एवं (*iv*)
C. (*i*) एवं (*iv*) D. ये सभी

31. .... के अतिरिक्त निम्नलिखित सभी सीखने के रूप में आकलन को बढ़ावा देते हैं।
A. अवसर लेने हेतु शिक्षार्थियों के लिए सुरक्षित वातावरण का निर्माण करना
B. जितनी सम्भावना हो शिक्षार्थियों का लगातार परीक्षण लेना
C. शिक्षार्थियों को आन्तरिक पृष्ठपोषण लेने के लिए कहना
D. पढ़ाए गए विषय पर मनन करने के लिए शिक्षार्थियों को कहना

32. .... के अलावा निम्नलिखित घटना रिकॉर्ड की विशेषताएँ हैं।
A. यह बच्चे के व्यक्तिगत विकास अथवा सामाजिक अन्तःक्रियाओं को वर्णित करता है
B. यह घटनाओं का सही वर्णन है
C. यह व्यवहार का व्यक्तिनिष्ठ साक्ष्य है और इसलिए वह शैक्षणिक क्षेत्र के लिए प्रतिपुष्टि उपलब्ध नहीं कराता
D. यह पर्याप्त विस्तार से पूर्ण तथ्यात्मक प्रतिवेदन है

33. विद्यालय-आधारित आकलन मुख्य रूप से किस सिद्धांत पर आधारित होता है?
A. विद्यालय, बाह्य परीक्षा निकायों की अपेक्षा ज्यादा सक्षम है
B. किसी भी कीमत पर विद्यार्थियों को अच्छे ग्रेड मिलने चाहिए
C. बाह्य परीक्षकों की अपेक्षा शिक्षक अपने विद्यार्थियों की क्षमताओं को बेहतर जानते हैं
D. आकलन बहुत किफायती होना चाहिए

34. सीखने .... आकलन, आकलन और अनुदेश के बीच .... के दृढ़ीकरण द्वारा सीखने को प्रभावित करता है।
A. का, अन्तर B. का, भिन्नता
C. के लिए, सम्बन्धों D. के लिए, अन्तर

35. निम्नलिखित में कौन-सा वस्तुनिष्ठ प्रश्न है?
A. सत्य या असत्य B. निबन्धात्मक
C. अति लघु उत्तरीय D. लघु उत्तरीय

उत्तरमाला

1	2	3	4	5	6	7	8	9	10
D	B	B	D	D	D	A	A	D	A
11	**12**	**13**	**14**	**15**	**16**	**17**	**18**	**19**	**20**
D	C	D	B	D	B	D	A	A	C
21	**22**	**23**	**24**	**25**	**26**	**27**	**28**	**29**	**30**
C	B	A	D	C	A	D	D	B	D
31	**32**	**33**	**34**	**35**					
B	C	C	C	A					

9. समावेशी शिक्षा और विशेष समझ वाले बच्चों की आवश्यकताओं की अवधारणा (Concept of Inclusive Education and Understanding Children with Special Need)

समावेशी शिक्षा का अर्थ (Meaning of Inclusive Education)

असमर्थ बालकों को सामान्य बालकों के साथ-साथ विशेष सेवाएँ प्रदान करना समावेशी शिक्षा कहलाती है। समावेशी शिक्षा उस विद्यालयी शिक्षा व्यवस्था की ओर संकेत करती है, जो उनकी शारीरिक, बौद्धिक, सामाजिक या अन्य विभिन्न योग्यता स्थितियों को ध्यान में रखे बगैर सभी बच्चों को शामिल करती है। इस शिक्षा के अन्तर्गत सभी विशेष शैक्षिक आवश्यकता वाले विद्यार्थियों को विद्यालय में प्रवेश को रोकने की कोई प्रक्रिया नहीं होनी चाहिए। समावेशन की नीति को हर स्कूल और सारी शिक्षा व्यवस्था में व्यापक रूप से लागू किए जाने की आवश्यकता है। निर्धन, वंचित, अनुसूचित जाति एवं जनजाति तथा असंगठित घर से आने वाला बच्चा स्वतन्त्र अध्ययन में सबसे अधिक कठिनाई का अनुभव करता है। इसलिए इनके सफल समावेशन के लिए इस प्रकार के विशेष रूप से जरूरतमंद बच्चों की शिक्षा का प्रबन्ध दूसरे सामान्य बच्चों के साथ होना चाहिए।

अनुसूचित जाति वर्ग से संबद्ध छात्र (SC Classes Students)

भारत की सामाजिक संरचना में अनुसूचित जातियां समाज के सबसे निचले पायदान पर हैं। इन्हें परंपरागत रूप से निम्न कोटि का समझा जाता है। यह वर्ग सामाजिक एवं शैक्षिक रूप से बेहद पिछड़ा हुआ है। भारतीय संविधान में इस वर्ग के जातियों के विकास के उद्देश्य से ''राज्य स्तरीय नीतियों में दिशा-निर्देशन के सिद्धांत'' द्वारा सकारात्मक कार्यक्रमों के योजना तत्त्वों को प्रस्तुत किया गया है। अनुसूचित जाति, उन जातियों को कहा जाता है जिन्हें परम्परागत रूप से भारत में अछूत समझा जाता है। इस जाति के लोग निम्नस्तरीय समझे जाने वाले कार्यों, यथा– सफाई करना, झाड़ू लगाना, मृत पशुओं को उठाना, मैला साफ करना, जूता बनाने आदि का कार्य करते हैं। ये जातियां गांवों के एक किनारे निवास करती हैं। भारतीय धार्मिक ग्रंथों में इन्हें अंत्यज, पेरियार अछूत कहा गया है।

इस जाति के लोग ऐसे पेशे से संबद्ध हैं जिन्हें ऊपर की जाति के लोग घृणित समझते हैं। इन्हें कुछ दशक पहले तक सार्वजनिक जन-सुविधाओं, यथा- तालाब, कुंआ तथा मंदिर तक जाने की अनुमति नहीं थी। यद्यपि इस स्थिति में अब काफी परिवर्तन आ चुका है। फिर भी इनकी शैक्षिक स्थिति में बहुत अधिक सुधार नहीं आ पाया है। ये आज भी सामाजिक गतिशीलता से वंचित हैं। आज भी अनुसूचित जाति के लोग परंपरागत कार्यों को छोड़कर अन्य कुशल कार्य शुरू करने अथवा अपनाने में समर्थ नहीं हो पाए हैं। फलतः यह समुदाय आज भी जीवन के लगभग प्रत्येक क्षेत्र में पिछड़ा हुआ है।

भारत में 'शिक्षा' राज्य के अनेक दायित्वों में से एक है। अनुसूचित जाति के लोगों को सामाजिक गतिशीलता प्रदान करने के लिए, राज्य स्तर पर अनेक कल्याणकारी और विकासशील योजनाओं का निर्माण किया गया है। कुछ प्रमुख योजनाएं इस प्रकार हैं–

1. **विद्यार्थियों के लिए मैट्रिक के बाद छात्रवृत्ति :** इस योजना का उद्देश्य अनुसूचित जाति वर्ग के उन विद्यार्थियों को आर्थिक सहायता प्रदान करना है जो मैट्रिक के बाद या सेकेंडरी के बाद की शिक्षा के लिए अध्ययनरत हैं ताकि वह अपनी शिक्षा पूरी कर सकें। इस वित्तीय सहायता के अंतर्गत् विभिन्न श्रेणियों के पाठ्यक्रमों के लिए रखरखाव भत्ता, संस्थानों द्वारा वसूल की गई अनिवार्य अप्रति देय शुल्क का भुगतान, किताब बैंक और अन्य भत्ते शामिल हैं। यह छात्रवृत्ति केवल भारत में अध्ययन के लिए ही उपलब्ध है तथा यह आवेदकों से संबद्ध राज्यों एवं केंद्रशासित प्रदेशों के सरकारों की ओर से दी जाती है।
2. **विद्यार्थियों की योग्यता बढ़ाना :** इस कार्यक्रम का उद्देश्य आवासीय विद्यालयों में शिक्षा के माध्यम से चहुंमुखी विकास के लिए सुविधाएं उपलब्ध कराकर अनुसूचित जातियों के विद्यार्थियों की योग्यता बढ़ाना है। इसके तहत 9वीं से 12वीं कक्षाओं तक पढ़ रहे अनुसूचित जाति के विद्यार्थियों की योग्यता बढ़ाना है। इसके लिए निम्नलिखित उपायों को अमल में लाना प्रस्तावित है– (*i*) उनकी शैक्षणिक कमियों को दूर करना, (*ii*) उनकी योग्यता बढ़ाकर व्यावसायिक कोर्सों में प्रवेश करने हेतु प्रोत्साहन, (*iii*) उनमें आत्मबल एवं आत्म-निर्भरता का निर्माण करना।
3. **लक्षित समूह :** इस समूह के अंतर्गत् 9वीं कक्षा से 12वीं कक्षा में अध्ययन करने वाले अनुसूचित जातियों के विद्यार्थी आते हैं। 15,000 रुपए की आर्थिक सहायता प्रतिवर्ष प्रति विद्यार्थी को उपलब्ध करवाने के मद्देनजर राज्यों और केंद्रशासित प्रदेशों से शत-प्रतिशत

सहायता पैकेज के तौर पर मुहैया करवाई जाती है। अनुसूचित जाति के विकलांग विद्यार्थियों को कई विशेष भत्ते दिए जाते हैं, जैसे पाठक भत्ता, परिवहन भत्ता, मार्गरक्षण भत्ता इत्यादि।

4. **निःशुल्क कोचिंग व्यवस्था :** इस योजना का उद्देश्य विभिन्न प्रतियोगी परीक्षाओं में बैठने के इच्छुक अनुसूचित जाति वर्ग के छात्रों को परीक्षाओं के लिए तैयार करना है। इस निःशुल्क कोचिंग में संघ लोक सेवा आयोग की ग्रुप ए और ग्रुप बी की परीक्षाएं, कर्मचारी चयन आयोग, रेलवे भर्ती बोर्डों, राज्य लोक सेवा आयोग, बैंकों की अफसर ग्रेड परीक्षाओं, बीमा कंपनियां, पीएसयू (PSU) और निजी क्षेत्र में रोजगार हेतु नौकरी केंद्रित कोर्सों के लिए प्रशिक्षण दिए जाते हैं ताकि विद्यार्थी इन परीक्षाओं में सफलता के लिए दक्षता प्राप्त कर सकें।

   यह कार्यक्रम राज्य सरकारों/केंद्रशासित प्रदेशों के प्रशासकों द्वारा संचालित प्रसिद्ध कोचिंग संस्थानों और निजी क्षेत्र की संस्थानों द्वारा चलाया जाता है।

5. **बाबू जगजीवन राम छात्रावास योजना :** इस योजना का उद्देश्य अनुसूचित जाति के बालक और बालिकाओं को छात्रावास की सुविधा मुहैया कराना है जो माध्यमिक, उच्चतर माध्यमिक स्कूलों, कॉलेजों और विश्वविद्यालयों में पढ़ रहे हैं। इस योजना के तहत नए छात्रावासों के निर्माण तथा वर्तमान छात्रावासों के विस्तार के लिए राज्य विश्वविद्यालयों/संस्थानों को पात्रता के आधार पर केंद्रीय सहायता दी जाती है जबकि गैर-सरकारी संगठन (NGO) और निजी क्षेत्र के डीम्ड विश्वविद्यालयों की केवल मौजूदा छात्रावास सुविधाओं के विस्तार के लिए सहायता मिल सकती है।

अनुसूचित जनजाति वर्ग से संबद्ध छात्र (ST Classes Students)

भारत में अनुसूचित जनजाति उन लोगों को कहा जाता है, जो प्रायः छोटे और बिखरे हुए गांवों, ठाणियों एवं जंगलों में निवास करते हैं। इस वर्ग के लोग प्रायः सामान्य पहुँच से दूर रहते हैं जिससे इन्हें प्रतिदिन की सुविधाएं, यथा– भोजन, वस्त्र, आश्रय एवं शिक्षा आदि मुहैया होने में कठिनाई होती है।

इस वर्ग के छात्रों को पढ़ाते समय शिक्षक को कुछ विभिन्न तथ्यों यथा– उनकी भाषा और समझ एवं मानसिक स्तर का विशेष ध्यान रखना चाहिए। इस वर्ग के छात्रों के शिक्षा के खराब स्तर का कारण सामाजिक एवं आर्थिक हैं। ये कारण निम्न प्रकार से हैं–

(*i*) विद्यालय में इस वर्ग के छात्रों की कम संख्या होना।

(*ii*) इस वर्ग की शिक्षा का प्रचार-प्रसार न होना।

(*iii*) इनके शिक्षण के प्रति शिक्षकों का उदासीन रवैया।

(*iv*) इस वर्ग में व्याप्त घोर गरीबी।

(*v*) पाठ्यपुस्तकों में इस वर्ग की स्थानीय बातों एवं उदाहरणों का समावेश का न होना।

(*v*) इस वर्ग का बौद्धिक रूप से पिछड़ा होना।

इस वर्ग के शैक्षिक उत्थान के लिए सरकार द्वारा निम्न कार्यक्रम चलाए जा रहे हैं :

1. **बालक-बालिकाओं के लिए छात्रावासों की योजना :** इस योजना के तहत केंद्र सरकार इस वर्ग के लिए नए छात्रावासों के निर्माण और वर्तमान छात्रावासों के विस्तार हेतु सहायता देती है। इस योजना के तहत बालकों के छात्रावास निर्माण खर्च का वहन केंद्र एवं राज्य सरकारें 50 : 50 के अनुपात में करती हैं। जबकि बालिकाओं के छात्रावास निर्माण के लिए राज्य/केंद्रशासित प्रदेशों में संपूर्ण लागत केंद्र सरकार द्वारा वहन किया जाता है। केंद्रशासित प्रदेश एवं नक्सल प्रभावित क्षेत्रों में छात्रावास निर्माण का पूरा खर्च केंद्र सरकार वहन करती है। छात्रावास के निर्माण का उत्तरदायित्व संबद्ध राज्य/केंद्रशासित प्रदेश की है। इस प्रकार के छात्रावासों में सीटों की संख्या 100 होती हैं।

2. **आश्रम विद्यालयों की स्थापना :** इस प्रकार के विद्यालयों की स्थापना जनजातीय उपयोजना (TSP) वाले क्षेत्रों में की गई है। आश्रम विद्यालय योजना का उद्देश्य अनुसूचित जनजाति के विद्यार्थियों के लिए उनके परिचित वातावरण में आवासीय विद्यालयों की स्थापना करना है ताकि जनजातीय विद्यार्थियों में साक्षरता दर बढ़ाई जा सके और उनकी साक्षरता दर देश के अन्य लोगों की साक्षरता दर के बराबर लाई जा सके। इस योजना के तहत खर्च होने वाली धनराशि में राज्य एवं केंद्र दोनों की आधी-आधी (50 : 50) भागीदारी होती है जबकि केंद्रशासित प्रदेश में पूरा खर्च केंद्र वहन करता है।

3. **विद्यार्थियों की मेरिट का उन्नयन :** इस योजना का उद्देश्य 10वीं कक्षा और 12वीं कक्षा के अनुसूचित जनजाति के विद्यार्थियों को विशेष कोचिंग उपलब्ध कराना है जिससे वे इंजीनियरिंग और मेडिकल जैसे व्यावसायिक पाठ्यक्रमों में प्रवेश के लिए तैयारी कर सकें। राज्य/केंद्रशासित प्रदेशों में यह योजना शत-प्रतिशत केंद्रीय सहायता से मुहैया कराई जा रही है।

4. **विद्यार्थियों के लिए मैट्रिक पश्चात छात्रवृत्ति :** इस योजना का उद्देश्य अनुसूचित जनजाति के छात्रों को पंजीकृत पाठ्यक्रमों में मैट्रिक के बाद अध्ययन के लिए प्रोत्साहन देना है। इस योजना में पेशेवर, तकनीकी, गैर-पेशेवर तथा गैर-तकनीकी सभी स्तर के पाठ्यक्रमों को सम्मिलित किया गया है। इसमें दूरस्थ शिक्षा के लिए पत्राचार पाठ्यक्रम को भी सम्मिलित किया गया है। केंद्र की शत-प्रतिशत सहायता से इसका संचालन राज्यों/केंद्रशासित प्रदेशों द्वारा किया जाता है।

5. **व्यावसायिक प्रशिक्षण :** इस योजना का उद्देश्य जनजातीय युवाओं में रोजगार/स्वरोजगार के अवसर प्राप्त करने के लिए कौशल विकसित करना है। इस योजना को राज्य सरकारों, केंद्रशासित प्रदेशों के प्रशासन, संस्थाओं या संगठनों के जरिए सरकार द्वारा स्थापित स्वायत्तशासी निकाय, शैक्षिक और अन्य संस्थान जैसे स्थानीय निकाय, सहकारी समितियों और गैर-सरकारी संगठनों (NGO) द्वारा लागू किया जाता है। प्रत्येक व्यावसायिक प्रशिक्षण केंद्र की क्षमता 100 है जिसमें 50 लोगों के लिए छात्रावास की सुविधा भी शामिल है। क्षेत्र में उपलब्ध रोजगार केंद्र पांच व्यावसायिक प्रशिक्षण पाठ्यक्रम चलाता है। प्रत्येक जनजातीय बालक/बालिका को उनकी रुचि के दो कार्यों का प्रशिक्षण दिया जाता है। प्रत्येक पाठ्यक्रम की अवधि तीन महीने है। प्रशिक्षु को छह माह बाद उपनगरीय क्षेत्र के एक प्रशिक्षक शिल्पी से छह माह के लिए संबद्ध कर दिया जाता है ताकि वह प्राप्त प्रशिक्षण का व्यावहारिक प्रयोग कर सके। प्रत्येक पाठ्यक्रम के लिए यह अवधि तीन महीने की है। इसमें प्रशिक्षु को मासिक स्टाइपेंड और प्रशिक्षण सामग्री उपलब्ध कराई जाती है।

विशेष आवश्यकताओं वाले छात्र (Children with Special Need)

विशेष या असाधारण छात्रों से संबंधित शिक्षा को विशिष्ट शिक्षा भी कहा जाता है। शिक्षा के क्षेत्र में हम अनेक छात्रों अथवा बालकों को सामान्य बालकों से उच्च तथा अनेक को निम्न स्तर का पाते हैं। ऐसे दोनों प्रकार के बालक असाधारण या विशेष बालक कहे जाते हैं। शैक्षिक दृष्टि से बालक जिनके लिए सामान्य विद्यालयों की सुविधाएं पर्याप्त हो, सामान्य बालक समझे जाते हैं। बालकों अथवा छात्रों में वैयक्तिक भिन्नताएं होती हैं। जब ये वैयक्तिक भिन्नताएं इतनी गंभीर हो जाती हैं कि वे विद्यालय के सामान्य कक्षागत शिक्षण से लाभान्वित नहीं हो पाते और उनके लिए किसी विशिष्ट शिक्षा की आवश्यकता प्रतीत हो तो ऐसे छात्र या विद्यार्थी विशेष आवश्यकताओं वाले छात्र कहलाते हैं। ऐसे छात्रों को एक सामूहिक संज्ञा, शब्दों अथवा उप-वाक्य द्वारा संबोधित किया जा सकता है; जैसे–प्रतिभाशाली, विकलांग, मंदगति से सीखने वाला, बुद्धिमान आदि।

समायोजन (Adjustment)

मनुष्य जिस परिवेश में रह रहा है उसको उस परिवेश के अनुसार खुद को ढालना या अनुकूलित करना होता है। अतः किसी प्रतिकूल मनोभौतिक परिस्थितियों में स्वयं को अनुकूलित करना ही समायोजन (Adjustment) कहलाता है। यह समायोजन घर में माता-पिता तथा परिवार के अन्य सदस्यों के साथ समाज में मित्रों, सगे-संबंधियों आदि के साथ जरूरी है तो पाठशाला में शिक्षकों के साथ।

उपर्युक्त वर्णन के अनुसार समायोजन को इस तरह परिभाषित किया जा सकता है– "समायोजन एक अनवरत प्रक्रिया है जिसके द्वारा व्यक्ति स्वयं तथा अपने वातावरण के बीच अधिकाधिक सामंजस्य स्थापित करने की दृष्टि से अपने व्यवहार को परिवर्तित करता है।

समायोजन के विभिन्न रूप (Various Forms of Adjustment)

समायोजन के मुख्यतः तीन रूप होते हैं–

1. शिक्षक एवं शिक्षार्थियों के बीच।
2. शिक्षार्थियों एवं शिक्षार्थियों के बीच।
3. शिक्षार्थियों एवं शिक्षकों का वातावरण के साथ।

प्रतिभावान बालक अथवा छात्र (Talented Child Or Student)

प्रतिभावान/प्रतिभाशाली बालकों को विभिन्न मनोवैज्ञानिकों ने भिन्न-भिन्न दृष्टिकोण (Approach) से परिभाषित किया है। विभिन्न उपागमों/दृष्टिकोणों पर आधारित कुछ परिभाषाएं निम्नवत् हैं–

(*i*) **बुद्धि-लब्धि (I.Q.) उपागम–** इस उपागम के तहत प्रतिभाशाली बालक को बुद्धि-लब्धि की एक निश्चित क्षमता के अंतर्गत् माना जाता है। टरमैन ने प्रतिभाशाली बालकों के अध्ययन द्वारा निष्कर्ष निकाला कि ऐसे बालकों की बुद्धि-लब्धि 140 या इससे ऊपर होती है। अन्य मनोवैज्ञानिक 120 से 140 व उच्च बुद्धि-लब्धि वालों को ऐसा बालक होना मानते हैं।

(*ii*) **सामाजिक संभाव्यता उपागम–** इस उपागम के तहत प्रतिभावान शब्द उस बालक के लिए प्रयुक्त होता है जो अपनी आयु वर्ग में किसी एक योग्यता में श्रेष्ठ हो, जिससे वह हमारे समाज में जीवन के कल्याण व गुणवत्ता में उत्कृष्ठ योगदान करने वाला बन सके।

(*iii*) **सांख्यिकीय उपागम–** इस उपागम के अनुसार किसी बुद्धि परीक्षण में प्राप्त अंकों के आधार पर उच्चतम (Top most) 2 से 3 प्रतिशत बालकों को प्रतिभाशाली माना जाता है।

विशेषताएं (Characteristics)

डॉ. एस. एस. चौहान ने टरमैन (Terman) द्वारा किए गए अनुसंधान के आधार पर प्रतिभाशाली बालकों की विशेषताएं बताई है जो निम्नवत् हैं–

(*i*) **शारीरिक–** ऐसे बालक अपने वर्ग या समूह में औसत बुद्धि-लब्धि (I.Q.) वाले बालकों की अपेक्षा अच्छी शारीरिक विशेषता रखते हैं व उनका स्वास्थ्य अच्छा होता है।

(*ii*) **मानसिक–** प्रतिभाशाली बालक पठन, भाषा, गणितीय तर्क, विज्ञान, साहित्य व कला में उत्कृष्टता प्रदर्शित करते हैं। उनमें तर्क सामान्यीकरण व बोध की क्षमता अधिक होती है।

(*iii*) **अभिरुचियां**– ऐसे बालकों की विविध अभिरुचियां होती है। वे अच्छी पुस्तकों का अधिक मात्रा में सरलता से अध्ययन करना सीख लेते हैं तथा अमूर्त विषयों में रुचि लेते हैं।

(*iv*) **सामाजिक**– ऐसे बालकों में अहंकार की भावना कम होती है। साथ ही वे विश्वसनीय व कर्त्तव्यनिष्ठ अधिक होते हैं। उनमें सामाजिक अभिवृत्तियां व चारित्रिक गुण व्यापक होता है। वे संवेगात्मक परीक्षणों में अधिक अंक प्राप्त करते हैं।

(*v*) **अन्य विशेषताएं**– प्रतिभावान बालक सामान्य बालकों की तुलना में अच्छा प्रदर्शन करते हैं। शोध अध्ययनों से इस बात की पुष्टि निम्न रूप में हुई है–

(*a*) उच्च श्रेणी प्राप्त करना।
(*b*) अधिक सकारात्मक अभिवृत्तियां रखना।
(*c*) अधिकाधिक पाठ्यक्रम एवं सहभागी क्रियाकलापों में भाग लेना।
(*d*) अमूर्त विचारों में अधिक रुचि लेना।
(*e*) खेल-कूदों में उत्कृष्टता दिखाना।
(*f*) सुसमायोजित होना।
(*g*) अपने साथी मित्रों से अच्छे संबंध होना।
(*h*) अधिक आत्मविश्वासी होना।
(*i*) अधिक अंहशक्ति (Ego-Strength)।
(*j*) अधिक पठन योग्यता।
(*k*) अधिक वैयक्तिक स्वतंत्रता की भावना।
(*l*) बाह्य पर्यावरण के प्रति परिपक्व अनुक्रिया करना

किसी विशेष शैक्षिक क्षेत्र में उच्च स्तरीय योग्यता वाले बालक (Skilled Student in Special Field of Education)

कुछ बालक जो बौद्धिक व शैक्षिक रूप से तो सामान्य बालकों के समान होते हैं किंतु वे अन्य किसी विशिष्ट क्षेत्र में, यथा–कला, संगीत, यांत्रिकी आदि में विशिष्ट योग्यता रखते हैं। ऐसे प्रतिभासंपन्न बालकों की पहचान अभिभावक, शिक्षक, खेल-अनुदेशक, निर्देशन विशेषज्ञ आदि निम्न विधियों से कर सकते हैं–

(*i*) विद्यालय प्रगति अभिलेख
(*ii*) शिक्षकों के अभिमत
(*iii*) कक्षागत व्यवहार का अवलोकन
(*iv*) शिक्षकों द्वारा मूल्यांकन
(*v*) बुद्धि परीक्षण
(*vi*) पुस्तकालयाध्यक्ष का अभिमत
(*vii*) साक्षात्कार
(*viii*) अभिरुचि/अभिक्षमता परीक्षण

शैक्षिक कार्यक्रम (Educational Programme)

प्रतिभावान बालकों के लिए निम्न शैक्षिक कार्यक्रम अपनाया जाना चाहिए–

(*i*) **गतिवर्द्धन**– गतिवर्द्धन का अर्थ शैक्षिक कार्यक्रमों के द्वारा बालकों को दी जाने वाली ऐसी प्रगति से है जो उसे औसत से कम आयु में प्राप्त होती है। समान आयु के बालकों के साथ कक्षा में बैठाए जाने पर यह प्रतिभाशाली बालक शिक्षक द्वारा दिए गए कार्य को आसानी व शीघ्रता से पूरा कर लेते हैं। अतः इनके स्तर का कार्य देने के लिए आवश्यक हो जाता है कि उन्हें उस कक्षा में रखा जाए जिसका कार्य वह औसत प्रतिभा वाले बालकों के समान ही पूरा कर सकें। गतिवर्द्धन का औचित्य इस बात से भी प्रकट होता है कि प्रतिभाशाली बालकों को उनकी योग्यता को अधिकतम विकास तथा चुनौतीपूर्ण कार्य करने का अवसर मिलता है। साथ ही अभिभावकों के समय, शक्ति व धन की बचत होती है। इस तरह गतिवर्द्धन द्वारा विद्यार्थियों को निम्न क्षेत्र में लाभ पहुंचाया जा सकता है–

(*a*) निर्धारित आयु से पूर्व विद्यालय में प्रवेश।
(*b*) उसकी बौद्धिक व शैक्षिक योग्यताओं के आधार पर एक ही वर्ष में दो या दो से अधिक कक्षाओं के पाठ्यक्रम का अध्ययन।
(*c*) सामान्य से कम समय एवं आयु में किसी पाठ्यक्रम को उत्तीर्ण कर सकने की अनुमति।

(*ii*) **संवर्धित पाठ्यक्रम**–कोलेनिक्स के शब्दों में–"संवर्धन का तात्पर्य बालक को अधिक उच्च स्तर के अत्यंत विविधतापूर्ण अनुभव तथा कार्यों को करने का अवसर दिया जाए।" प्रतिभाशाली बालकों को पाठ्यक्रम में आवश्यक परिवर्तन कर उच्च कठिनाई के कार्य नियोजित किए जाएं। संवर्धन दो प्रकार से किया जा सकता है–(*a*) व्यक्तिगत तथा (*b*) समूहोन्मुख।

(*iii*) **विशेष कक्षाएं तथा विद्यालय**– प्रतिभाशाली बालकों को शिक्षण से लाभान्वित करने के लिए उन्हें विशेष कक्षाओं तथा विद्यालयों में पृथक से शिक्षा देना वांछनीय है। इसके लिए विस्तृत पाठ्यक्रम, अतिरिक्त क्रियाकलाप, प्रायोगिक कार्य आदि की व्यवस्था की जाती है।

(*iv*) **अन्य कार्यक्रम**– उपरोक्त सहायता के अतिरिक्त भारतीय परिस्थितियों के अनुकूल प्रतिभाशाली बालकों को निम्न प्रकार की सहायता भी दी जा सकती है–

(*a*) प्रभावी निर्देशन कार्यक्रम।
(*b*) विद्यालय कार्यक्रमों को वैयक्तिक व नमनीय बनाना।
(*c*) योग्यता के आधार पर वर्गीकरण।
(*d*) अतिरिक्त पाठ्यक्रम को बनाकर।
(*e*) विशिष्ट विषयों के विशेष पाठ्यक्रम बनाकर।
(*f*) प्रतिभाशाली बालकों हेतु ग्रीष्मावकाश काल में विद्यालय चलाकर।
(*g*) वैकल्पिक विषयों में नमनीयता लाकर।
(*h*) ऐसे छात्रों हेतु विशिष्ट अतिरिक्त कक्षाएं आयोजित कर।

सृजनात्मक बालक अथवा छात्र
(Creative Child or Student)

सृजनात्मकता की संकल्पना एवं अर्थ को विभिन्न विद्वानों ने भिन्न-भिन्न प्रकार से परिभाषित किया है। कुछ प्रमुख विद्वानों की परिभाषाएं निम्नवत् हैं–

स्टेन (Sten)– जब किसी कार्य का परिणाम उत्तम हो जो किसी निश्चित समय पर उचित या उपयोगी या संतोषप्रद स्वीकार किया जाए, वह सृजनात्मक कार्य कहलाता है।

बैरन (Baron)– पूर्व में विद्यमान पदार्थों या तत्त्वों को मिलाकर नया योग बनाने की क्षमता ही सृजनशीलता है।

जेम्स ड्रेवर (James Drever)– सृजनशीलता मूलतः नई वस्तु की रचना की योग्यता है, कल्पना के प्रयोग की योग्यता है जबकि विचारों व बिम्बो के नूतन मिश्रण से कोई रचना आत्मप्रेरित करनी हो तथा विचार संश्लेषण की योग्यता भी है जबकि मानसिक कार्य केवल विचारों का योगमात्र न हो।

गिलफोर्ड (J.P Guilford)– सृजनात्मकता, कभी सृजन की योग्यता की, कभी सृजनात्मक उत्पादन की और कभी सृजनात्मक उत्पादनशीलता का द्योतक है।

विशेषताएं (Characteristics)

विभिन्न विद्वानों ने सृजनात्मक बालकों की अलग-अलग विशेषताएं बताई हैं। इनमें से कुछ चुने हुए विद्वानों द्वारा दी गई विशेषताएं निम्नवत् हैं–

बैरन (Baron) के अनुसार ये विशेषताएं निम्न हैं–

(*i*) सृजनात्मक बालक किसी समस्या का निर्णय स्वयं एवं स्वतंत्र रूप से करता है।
(*ii*) एक ही समय अनेक विचारों पर केंद्रित रखने की योग्यता
(*iii*) जटिल घटनाओं को प्राथमिकता।
(*iv*) ऐसे बालक स्वयं की बात पर आग्रह अधिक करते हैं
(*v*) विभिन्न तत्त्वों के एकीकरण की योग्यता द्वारा उसमें समायोजन करने की क्षमता होती है।
(*vi*) ऐसे बालकों में उच्च मानसिक शक्ति स्तर पाया जाता है।
(*vii*) ये अवरोधों का अभाव तथा कल्पना की स्वतंत्रता प्रदर्शित करते हैं।

टॉरेंस (Torrance) ने बैरन के (*ii*) एवं (*iv*) के अतिरिक्त अन्य विशेषताएं बताई हैं–

(*i*) मौलिकता
(*ii*) विनोद प्रियता
(*iii*) जिज्ञासा
(*iv*) संवेदनशीलता

गिलफोर्ड (Guilford) ने निम्न विशेषताएं बताई हैं–

(*i*) दूरदर्शिता
(*ii*) समस्या से संबद्ध तथ्यों को पुनः परिभाषित करने की योग्यता
(*iii*) दूसरों को प्रभावित करने की योग्यता
(*iv*) समन्वय करने की क्षमता

डॉ. एस. एस. चौहान ने निम्न विशेषताएं बताई हैं–

(*i*) दृढ़ विश्वास का साहस
(*ii*) अंतर्दृष्टिवान
(*iii*) काल्पनिक
(*iv*) खतरा उठाने को उत्सुक
(*v*) कार्य में निष्ठा

शैक्षिक कार्यक्रम (Educational Programme)

सृजनात्मक बालकों के लिए निम्न शैक्षिक कार्यक्रम अपनाया जाना चाहिए–

(*i*) **कक्षा-कक्ष प्रक्रिया**– बालकों में सृजनात्मक चिंतन का विकास करने हेतु और सृजनात्मक बालकों के शिक्षण हेतु कक्षा-कक्ष प्रक्रिया की ओर विशेष ध्यान देना चाहिए। शिक्षक विश्वकोश (Educator's Encyclopaedia) में स्मिथ ने निम्न कक्षा-कक्ष क्रियाओं पर जोर दिया है–
(*a*) अध्यापक का कम प्रभाव,
(*b*) व्यक्ति भिन्नता को पहचानना,
(*c*) बालकों को अपनी सीमाओं के अंतर्गत् अपनी गति के अनुसार विकास करने देना,
(*d*) विद्यार्थियों की सहभागिता को प्रोत्साहन देना,
(*e*) असफलता के लिए दण्ड का भय दूर करना।

(*ii*) **पाठ्यक्रम**– बालकों में सृजनात्मकता को प्रोत्साहित करने हेतु पाठ्यक्रम को विशिष्ट बनाना जरूरी है। आजकल प्रचलित पाठ्यक्रम सामान्य बालकों को ध्यान में रखकर बनाया जाता है। सृजनात्मकता को ध्यान में रखकर उक्त पाठ्यक्रम में परिवर्तन करना चाहिए। पाठ्यक्रम ऐसा होना चाहिए जिससे मौलिक विचारों, धारा प्रवाहिता, लोच और अत्यधिक स्पष्टीकरण को बढ़ावा मिले। अधिक-से-अधिक सूचनाओं को पाठ्यक्रम के माध्यम से देना चाहिए, क्योंकि सूचनाओं के आधार पर ही विचार जन्म लेते हैं।

(*iii*) **अवरोधक तत्त्वों को दूर करना**– सृजनात्मक बालकों के शिक्षण और सृजनात्मकता के विकास के लिए अवरोधक तत्त्वों को दूर करना और शिक्षण की यथोचित विधियों और तकनीकों का प्रयोग करना उचित होगा। इन अवरोधक तत्त्वों में प्रमुख हैं–
(*a*) सामाजिक-आर्थिक
(*b*) मनोवैज्ञानिक
(*c*) चारित्रिक।

(*iv*) **सहायक तत्त्वों को बढ़ावा**– आलमशाह ने सृजनात्मकता को बढ़ावा देने अथवा सहायक के रूप में कार्य करने वाले निम्न चार प्रमुख तत्त्व बताएं हैं– (*a*) प्रेरणा (*b*) ग्रहणशीलता (*c*) योग्यता, (*d*) चयनात्मकता।

(*v*) **शैक्षिक साधन और सामग्री**– बालकों में सृजनात्मकता का विकास करने के लिए कुछ विशेष शैक्षिक साधन और सामग्री होनी चाहिए। इन शैक्षिक साधन और सामग्री में

कार्य पुस्तकें, निर्देशन पुस्तकें तथा विचार पुस्तकें उल्लेखनीय हैं। इसके अतिरिक्त दृश्य-श्रव्य सामग्री भी इसके लिए विकसित की जा सकती है।

विशेष रूप से अक्षम छात्र (Special Cases of Incapable Student)

ऐसे छात्रों को निम्न श्रेणियों में बांटा जा सकता है :

1. मानसिक रूप से विकलांग छात्र
2. दृष्टि बाधित छात्र
3. दृष्टिहीन छात्र
4. बधिर छात्र
5. शारीरिक रूप से विकलांग छात्र

1. मानसिक रूप से विकलांग छात्र (Mentally Disabled Children/Student)

सामान्यतः मानसिक विकलांगता वो विकलांगता है जो औसत से निम्न मानसिक कार्यक्षमता का उल्लेख करती है। इसका आरंभ बालक के विकास की अवधि में होता है और यह निम्न में से एक या अधिक से अनुकूल व्यवहार की कमी द्वारा संबंधित रहती है–

(*i*) परिपक्वता, (*ii*) अधिगम, (*iii*) सामाजिक समायोजन।

स्किनर ने मानसिक रूप से विकलांगों को अनेक नाम दिए हैं, यथा–अल्पबुद्धि (Mentally Deficient), विकल बुद्धि (Mentally Handicapped), धीमी गति से सीखने वाले (Slow Learners), पिछड़े हुए (Backward) और मूढ़ (Dull)।

क्रो और क्रो के अनुसार : "जिन बालकों की बुद्धि-लब्धि (I.Q) 70 से कम होती है, उन्हें मंदबुद्धि कहते हैं।"

स्किनर के अनुसार : "प्रत्येक कक्षा के छात्रों को एक वर्ष में शिक्षा का एक निश्चित कार्यक्रम पूरा करना पड़ता है। जो छात्र उसे पूरा कर लेते हैं उनको 'सामान्य छात्र' कहा जाता है। जो छात्र उसे पूरा नहीं कर पाते उनको 'मंदबुद्धि छात्र' की संज्ञा दी जाती है। विद्यालयों में यह धारणा बहुत लंबे समय से चली आ रही है और अब भी है।"

पोलक व पोलक के अनुसार : "मंदबुद्धि बालक को अब क्षीण बुद्धि बालकों के समूह में नहीं रखा जाता है, जिनके लिए कुछ भी नहीं किया जा सकता। अब हम यह स्वीकार करते हैं कि उनके व्यक्तित्व के उतने ही विभिन्न पहलू होते हैं, जितने सामान्य बालकों के व्यक्तित्त्व के होते हैं।"

मानसिक रूप से पिछड़े बालकों की पहचान (Identifying the Mental Backwardness of Children)

मानसिक रूप से पिछड़े बालकों की पहचान के निम्न लक्षण हैं–

(*i*) वे प्रायः शारीरिक रूप से अयोग्य होते हैं।
(*ii*) वे संवेगात्मक रूप से अस्थिर होते हैं।
(*iii*) इनकी शैक्षिक निष्पत्ति निम्न होती है।
(*iv*) इनकी पहचान व्यक्तित्व अध्ययन से भी हो जाती है।
(*v*) इनकी पहचान निम्न बुद्धि-लब्धि (Below I.Q) द्वारा की जा सकती है।
(*vi*) निम्न शैक्षिक तथा शारीरिक आलेख भी इनकी पहचान में सहायक होते हैं।

मानसिक पिछड़ेपन के आधार (Basis of Mental Backwardness)

मानसिक पिछड़ेपन के मुख्यतः तीन आधार हैं–शैक्षिक, सामाजिक और व्यावहारिक।

शैक्षिक

(*i*) ऐसे बालक सूक्ष्म चिंतन के योग्य नहीं होते हैं।
(*ii*) शैक्षिक क्षमता में वह अपने आयु समूह से बहुत नीचे होते हैं।

सामाजिक

(*i*) सामाजिक व्यवहार में कुशल नहीं होते हैं।
(*ii*) व्यक्तिगत व सामाजिक उत्तरदायित्वों को वहन नहीं कर पाते हैं।

व्यावहारिक

(*i*) अधिगम की क्षमता कम होती है।
(*ii*) संवेदनात्मक दोष होते हैं।

विशेषताएं (Characteristics)

विभिन्न विद्वानों ने मंदबुद्धि बालकों की भिन्न-भिन्न विशेषताओं का उल्लेख किया है–

(1) **क्रो एवं क्रो** के अनुसारः

(*i*) संवेगात्मक और सामाजिक असमायोजन।
(*ii*) विद्यालय में असफलताओं के कारण निराशा।
(*iii*) दूसरों को मित्र बनाने की अधिक इच्छा।
(*iv*) दूसरों के द्वारा मित्र बनाए जाने की कम इच्छा।

(2) **फ्रैड्सन** के अनुसारः

(*i*) आत्मविश्वास का अभाव
(*ii*) 50 से 70 या 75 तक बुद्धि-लब्धि (I.Q.)।
(*iii*) बहुधा भावावेशपूर्ण व्यवहार।
(*iv*) विभिन्न अवसरों, यथा–प्रेम, भय, मौन, चिंता, विरोध, पृथकता या आक्रमण पर विभिन्न प्रकार का व्यवहार।

(3) **स्किनर** के अनुसार :

(*i*) सीखी हुई बात को नई परिस्थितियों में प्रयोग करने में कठिनाई।
(*ii*) व्यक्ति और घटनाओं के प्रति ठोस और विशिष्ट प्रतिक्रियाएं।
(*iii*) मान्यताओं के संबंध में अटल विश्वास।
(*iv*) दूसरों की चिंता न करके केवल अपनी चिंता।

(*v*) किसी बात का निर्णय करने में परिस्थितियों की अवहेलना।

(*vi*) कार्य और कारण के संबंध में असंगत धारणाएं।

शिक्षण की पद्धतियां (Methods of Teaching)

मंदबुद्धि बालक की शिक्षा का वही स्वरूप होना चाहिए, जो पिछड़े बालक की शिक्षा का है। इनकी शिक्षा के लिए निम्न व्यवस्था होनी चाहिए–

(*i*) छोटे समूहों में शिक्षा

(*ii*) अध्ययन के विषय

(*iii*) हस्तशिल्पों की शिक्षा

(*iv*) अच्छे शिक्षकों की नियुक्ति

(*v*) सांस्कृतिक विषयों की शिक्षा

(*vi*) विशिष्ट विद्यालयों की स्थापना

(*vii*) विशिष्ट कक्षाओं की स्थापना

(*viii*) विशिष्ट विद्यालयों का संगठन

(*ix*) विशेष शिक्षण विधियों का प्रयोग

(*x*) विशेष पाठ्यक्रम का निर्माण

इनके माध्यम से मंदबुद्धि बालकों की शिक्षा को व्यावहारिक रूप प्रदान कर सकते हैं जो उनको किसी कार्य में दक्ष करके जीवनयापन करने के योग्य बनाती है।

संवर्द्धन कार्यक्रम (Development Programme)

जब बालक सामान्य स्कूल पाठ्यक्रम से किसी भी प्रकार से लाभान्वित नहीं होता तो उसे आवासीय स्कूल में भेजा जाता है जहाँ एक भली प्रकार बनाई गई निर्देशन योजना उनके सामाजिक सामंजस्य को प्रभावित करती है। इस प्रकार के बालकों के लिए शैक्षिक पाठ्यक्रम उतने ही सतर्क रूप से तैयार करना चाहिए जितना कि उन बालकों के लिए जो विशेष कक्षाओं में रखे जाते हैं।

मानसिक रूप से पिछड़े बालकों के लिए शैक्षिक व्यवस्था स्पष्ट, प्रबंधित तथा भली प्रकार निर्देशित होनी चाहिए। वहां पढ़ाई का हर सामान उपस्थित होना चाहिए तथा साथ ही कक्षाओं का प्रबंध होना चाहिए।

उपचारी कार्यक्रम (Remedial Programme)

मानसिक रूप से पिछड़े बालकों की आवश्यकताएं अधिकतर कानून द्वारा ऐसे अध्यापकों, मनोवैज्ञानिकों, मनोचिकित्सकों तथा व्यावसायिक सेवाओं द्वारा पूरी की जा रही है जो इस क्षेत्र में शिक्षित हैं। प्रायः सभी राज्यों ने ऐसे कानून बनाए हैं जो कि मानसिक अक्षम बालक के सुधार, उपचार तथा शिक्षा में सहायक हैं।

पिछले लगभग 50 वर्षों में मानसिक रूप से पिछड़े बालकों की उन्नति के लिए कानून, मेडिकल अनुसंधान, मनोविज्ञान तथा शैक्षिक क्षेत्र में बहुत उन्नति हुई है। इस क्षेत्र में किए गए कार्यों का वर्णन निम्नवत् है–

(*i*) **मनोविज्ञान–** मानसिक पिछड़ेपन पर महत्वपूर्ण मनोवैज्ञानिक अनुसंधान हुए हैं। कुछ अनुसंधान बालकों की प्रमुख तथा गौण विशेषताओं से संबंधित हैं। बालकों की मानसिक उन्नति पर वातावरण के प्रभाव का भी अध्ययन हो रहा है। इनमें से कुछ अध्ययन फ्रीमैन, सीलस तथा शैमिट द्वारा हुए हैं।

(*ii*) **कानून–** कानून द्वारा संस्थाओं को आर्थिक सहायता दी जाती है। कानूनों द्वारा विशेष स्कूलों की व्यवस्था, उनमें भर्ती, अध्यापकों का प्रशिक्षण आदि की सुविधा रहती है।

(*iii*) **मेडिकल अनुसंधान–**इस क्षेत्र में हो रहे अनुसंधान मानसिक स्तर की उन्नति की ओर संकेत करते हैं। इस प्रकार के अध्ययन दो बातों से संबंधित हैं–(*a*) मनोवेगात्मक पिछड़ेपन पर बेनजीड्राइन उपचार (*b*) मानसिक पिछड़ेपन पर गुलूटामी एसिड का प्रभाव। मेडिकल क्षेत्र के ये दोनों अनुसंधान शैक्षिक तथा मनोवैज्ञानिक दृष्टि से बहुत महत्त्वपूर्ण हैं।

(*iv*) **शैक्षिक समस्याएं–** न्यूयॉर्क का विशेष शिक्षा विभाग 1940 से पाठ्यक्रम तथा विधियों पर अनुसंधान कर रहा है। इन अनुसंधानों के परिणामों को मानसिक रूप से पिछड़े बालकों के शैक्षिक कार्यक्रम में सुझाव के रूप में लेना चाहिए।

2. दृष्टि बाधित छात्र (Visually Impaired Students)

दृष्टि बाधित बालक सामान्य से कम, निम्न या शून्य दृष्टि वाले होते हैं। इन बालकों की समस्या यह होती है कि वे कक्षा में श्याम-पट्ट (Black Board) पर अंकित लेख या दृश्य सहायक सामग्री को तथा अपनी पुस्तक पठन में कठिनाई का अनुभव करते हैं। ऐसे बालकों के लिए निम्न सावधानियां रखनी चाहिए–

(*i*) उन्हें कंजरवेशन (Conservation) कक्षाओं में पढ़ाना चाहिए जहां बड़े छापे की पुस्तकें व बड़े आकार की दृश्य सामग्री का प्रयोग किया जाता है।

(*ii*) ऐसे छात्रों को कक्षा में श्याम-पट्ट (Black Board) के निकट बैठना चाहिए।

(*iii*) उनकी दृष्टि की जांच कर उन्हें चश्मा लगाने की सलाह देनी चाहिए।

(*iv*) चिकित्सक से उनका उपचार कराना चाहिए।

(*v*) उनमें उचित रूप से पढ़ने-लिखने की विधि विकसित करनी चाहिए।

विशेषताएं (Characteristics)

(*i*) ऐसे बालक जो औसत दृष्टि वाले बालकों से भिन्न हैं, परन्तु जिनका मेडिकल रूप से इलाज हो सकता है, सामान्य बालकों के साथ पढ़ सकते हैं।

(ii) ऐसे बालक जिनमें कि अत्यंत गंभीर दृष्टि दोष है इनका उपचार मेडिकल सहायता तथा चश्मे से करने पर भी वे सामान्य बालकों के साथ पढ़कर यथोचित लाभ नहीं उठा सकते। फिर भी उनके पास इतनी दृष्टि है कि वे उन साधनों से उचित लाभ उठा सकते हैं जो कि अन्धे बालकों को दिए जाते हैं।

(iii) ऐसे बालक, जो कि मेडिकल इलाज तथा चश्में की सहायता मिलने पर भी शैक्षिक तथा व्यावसायिक रूप से दृष्टिहीन हैं।

बाधित की मात्रा

दृष्टि बाधा की मात्रा के लिहाज से बहुत कम देखने वाले बालकों को चार वर्गों में बांटा गया है–

(i) ऐसे बालक, जिनकी दृष्टि एक्यूटी (Visual Acuity) 20/70 तथा 20/200 के बीच है।

(ii) ऐसे बालक जो गंभीर तथा बढ़ने वाली दृष्टि संबंधी कठिनाइयों से पीड़ित हैं।

(iii) ऐसे बालक जो नेत्र संबंधी रोगों से पीड़ित हैं या ऐसे रोगों से जो दृष्टि को प्रभावित करते हैं।

(iv) ऐसे बालक, जो कि उपरोक्त बालकों में सम्मिलित नहीं हैं और जिनके पास औसत मस्तिष्क है तथा जो डॉक्टरों तथा शिक्षाशास्त्रियों के अनुसार कम देखने वाले बालकों को दिए गए साधनों तथा सामान द्वारा अधिक लाभान्वित हो सकते हैं।

शैक्षिक कार्यक्रम (Educational Programme)

(i) **विशेष कक्षाओं का आयोजन–** कम देखने वाले बालकों (दृष्टि बाधित) को शिक्षा देने का सबसे अच्छा तरीका विशेष कक्षाओं का आयोजन है। एक विद्यालय में ऐसे बालकों की संख्या 1 से 500 तक होती है। अध्यापक इस बात का निर्णय करे कि क्या उनके लिए विशेष कक्षा का आयोजन किया जाए तथा कौन-कौन सी सुविधाएं प्रदान की जाए। इस कक्षा में विभिन्न श्रेणियों के बालक हो सकते हैं। गांवों में भी आंशिक रूप से देखने वाले बालकों के लिए विशेष कक्षा का प्रबंध होना चाहिए।

(ii) **सहकारिता योजना–** पृथकीकरण अब आधुनिक शैक्षिक सिद्धांतों के अनुरूप नहीं है। अतः एक सहकारिता योजना का विकास किया गया है जिसके द्वारा कम देखने वाले बालक अपने कार्य एक विशेष सामान से युक्त एक योग्य शिक्षक के अंतर्गत करते हैं। अन्य कार्यक्रमों के लिए वे अन्य औसत बालकों के साथ मिल जाते हैं।

(iii) **पाठ्यक्रम–** कम देखने वाले और औसत बालकों का पाठ्यक्रम एक-सा होता है। अध्यापकों को इस ओर ध्यान देना चाहिए कि ऐसा कोई भी कार्य अधिक न करवाया जाए जिससे आंखों पर अधिक जोर पड़े।

(iv) **शैक्षिक माध्यम–** एक औसत बालक के लिए किताब 10 या 12 पॉइण्ट (Point) टाइप में होती है, पर आंशिक देखने वाले बालकों के लिए किताब 18 या 24 पॉइण्ट (Point) टाइप में होती है। प्रिंट साफ तथा विस्तृत होना चाहिए। दो शब्दों के बीच जगह होनी चाहिए। सफेद कागज पर काली स्याही से लिखा होना चाहिए। हाशिया तथा चित्र एवं मानचित्र पर काली स्याही से लिखा होना चाहिए। आर्ट तथा क्राफ्ट के लिए ऐसा सामान प्रयुक्त होना चाहिए कि आंखों पर अधिक जोर न पड़े। मशीनी तरीके, जैसे–टाइपराइटर, रेडियो आदि का प्रयोग होना चाहिए। साथ ही ऐसे बालकों को टाइपराइटर के छूने की विधि बतानी चाहिए।

(v) **रोशनी–** प्राकृतिक तथा बनावटी दोनों प्रकार की रोशनी सभी बालकों के लिए महत्व रखती है। कम देखने वाले बालकों के लिए यह और भी अधिक महत्व रखती है। ऐसे बालकों का कमरा हर स्थान से पूर्णरूप से रोशनीयुक्त होना चाहिए तथा उनमें चमक नहीं होनी चाहिए। भूरे तथा हरे बोर्ड में प्रत्यावर्तन अधिक होता है। अतः उनका प्रयोग करना चाहिए।

(vi) **फर्नीचर :** एक स्थान से दूसरे स्थान तक ले जा सकने वाले फर्नीचर से बालक उसे किसी भी स्थान पर ले जाकर पढ़ सकते हैं। फर्नीचर का रंग हल्का होना चाहिए।

3. दृष्टिहीन छात्र (Blind Students)

वे बालक जिनकी दृष्टि एक्यूटी 20/200 होती है तो उन्हें शैक्षिक कार्य के लिए नेत्रहीन समझा जाता है। इससे कम होने पर अथवा इसी प्रकार की कोई अन्य अक्षमता होने पर बालक दृष्टिहीन समझे जाते हैं। दृष्टिहीन बालक को अपनी अन्य इन्द्रियों पर निर्भर रहना पड़ता है। जिन बालकों में बहुत कम दृष्टि होती है वे रंगों का भेद कर सकते हैं। एक बालक को तभी दृष्टिहीन मानना चाहिए जबकि डॉक्टर ने उसकी ऐसी स्थिति बतायी हो। डाक्टर द्वारा बताए गए चश्में को पहनने से इनकी दृष्टि में सुधार हो सकता है समय-समय पर आंखों की परीक्षा लेना भी जरूरी है। अध्यापक को देखना चाहिए कि बालक ने चश्मा पहना है अथवा नहीं, चश्मा ठीक दशा में है अथवा नहीं। चूंकि दृष्टिहीन बालक हमेशा अपनी अन्य इंद्रियों पर निर्भर रहता है, उसकी अन्य इंद्रियों के स्वास्थ्य की परवाह करनी चाहिए।

दृष्टिहीन बालकों की समस्या अधिक विकट होती है। वे सामान्य विद्यालय व सामान्य कक्षाओं में शिक्षित होने में अधिक असुविधा का सामना करते हैं। उन्हें विद्यालय में आने-जाने, लिखने-पढ़ने जैसी क्रियाओं में दूसरों की सहायता लेनी पड़ती है। वे दूसरे व्यक्तियों के उपहास के पात्र बनते हैं जिससे उनमें हीन भावना का उदय होता है। ऐसे बालकों की शिक्षा में निम्न बिंदु उल्लेखनीय है–

(i) ऐसे बालकों के लिए पृथक एवं विशिष्ट विद्यालय होने चाहिए।

(*ii*) इन्हें ब्रेल (Braille) पद्धति से शिक्षित करना चाहिए, जिनमें एक मोटे कागज पर कुछ बिन्दु उभार कर उनके स्पर्श द्वारा दृष्टिहीन बालकों को अक्षर व लिपि का ज्ञान कराया जाता है।

(*iii*) उन्हें संगीत या हस्तकला में प्रशिक्षण दिया जाना चाहिए।

(*iv*) उन्हें टंकण (Typing) का प्रशिक्षण भी दिया जा सकता है।

(*v*) उन्हें समुचित सहानुभूति की अपेक्षा होती है।

दृष्टिहीन छात्रों के लिए शैक्षिक सुविधाएं (Educational Facilities for Blind Students)

(*i*) **सामान्य विद्यालय**– एक सामान्य दृष्टिहीन बालक सामान्य स्कूल में प्रवेश कर सकता है। इस अवस्था में उसे इस योग्य होना चाहिए कि वह कपड़े आदि स्वयं पहन सके। उसे नहाना और अपनी शारीरिक आवश्यकताओं की पूर्ति करना आना चाहिए। उसे जाने पहचाने वातावरण में चलने की आदत होनी चाहिए। उसे अपने आयु-वर्ग के बालकों से बोलना और उन्हें दोस्त बनाने आना चाहिए। इस संबंध में बालकों को किण्डरगार्टन में भेजने से अच्छे परिणाम निकलने चाहिए।

(*ii*) **ब्रेल कक्षाएं**– दृष्टिहीन बालकों के लिए स्कूल जाने से तात्पर्य अंधों के स्कूल जाने से है। वहाँ ऐसे बालकों को विशेष कक्षाओं में पढ़ाया जाता है। इन्हें ब्रेल कक्षा (Braille Class) कहते हैं। ब्रेल कक्षाओं तथा दृष्टिहीन बालकों के लिए स्कूल की व्यवस्था इसलिए की जाती है ताकि वे सामाजिक वातावरण से समायोजन कर सकें। आवासीय स्कूल भी बालकों की कक्षा से दूसरी कक्षा के लिए शिक्षा देता है। ब्रेल कक्षाएं ऐसी सहायता देती हैं जिनसे सामान्य कक्ष. की पढ़ाई को समझ सकें। ये दोनों ही प्रकार की पढ़ाई अपनी उद्देश्य पूर्ति में सफल हो सकती हैं। ब्रेल कक्षाओं में एक कुशल अध्यापक 10 या 12 विद्यार्थियों को वह विषय पढ़ाता है जो वे अन्य बालकों के साथ नहीं पढ़ सकते। अन्य कार्यों के लिए वे सामान्य बालकों के साथ मिल जाते हैं। उन्हें हाथ में कार्य, शारीरिक शिक्षा तथा संगीत की शिक्षा भी दी जाती है। ब्रेल कक्षाओं के लिए ब्रेल पुस्तकों की आवश्यकता होती है। अमेरिका में ये ब्रेल कक्षाएं American Printing House for the Blind से पुस्तकें प्राप्त करती हैं।

(*iii*) **विशेष विधियां**– दृष्टिहीन बालक की शिक्षा के समय यह ध्यान में रखना चाहिए कि वह एक सामान्य बालक है। अधिकतर मामलों में उसका बढ़ता हुआ ज्ञान, वृद्धि, संवेग तथा इच्छाएं अन्य बालकों की तरह है। दृष्टि दोष प्रत्येक बालक में भिन्न होता है। यदि बालक में थोड़ी दृष्टि है और अध्यापक उसे दृष्टिहीन समझता है तो इसका बालक पर प्रतिकूल प्रभाव पड़ेगा। दृष्टि एक्यूटी (Visual Acuity) सदा दृष्टि क्षमता को नहीं बताती। अक्सर कम दृष्टि वाले बालक अपनी दृष्टि का अच्छा उपयोग करते हैं। घर के वातावरण, सीखने की तत्परता एवं सीखने की क्षमता का इस पर प्रभाव पड़ता है। एक अंधे बालक की शिक्षा के लिए दो चीजों–(*i*) विशेष सामान तथा माध्यम और (*ii*) पढ़ाने के विशेष सिद्धांतों का प्रयोग आवश्यक है।

4. बधिर-छात्र (Deaf Students)

कानों के द्वारा सुनने में बाधा से उत्पन्न अयोग्यता व्यक्ति विशेष को श्रवण विकलांग बनाती है। यह विकलांगता ऐसे बालकों की श्रवण शक्ति दोषयुक्त होने से उन्हें शाब्दिक या बोलकर अभिव्यक्त करने में असमर्थ बनाती है। यही कारण है कि बहरे लोग गूंगे (Dumb) भी होते हैं। अतः सामान्य स्कूलों में शैक्षिक शिक्षण की अपेक्षा श्रवण विकलांगों की शिक्षा हेतु पृथक गूंगे-बहरों के विशिष्ट विद्यालयों की व्यवस्था की जाती है। जहां प्रशिक्षित अध्यापक विशिष्ट उपकरणों की सहायता से उनका विशिष्ट शिक्षण करते हैं।

प्रकार– बहरेपन अथवा श्रवण बाधिता को प्रायः दो प्रकारों में बांटा जाता है–

(*i*) बधिर या बहरे (Deaf), (*ii*) ऊंचा सुनने वाले (Hard of Hearing)। इन दोनों प्रकारों में भाषा को सीखने की योग्यता भिन्न-भिन्न होती है। ऊंचा सुनने वालों को श्रवण सहायक यंत्रों (Hearing Aids) की सहायता से शिक्षित किया जा सकता है किन्तु बधिरों की जिन्होंने कभी वाणी या भाषा सुनी ही नहीं, शिक्षा व्यवस्था विशिष्ट प्रकार की होती है।

विशेषताएं (Characteristics)

(*i*) बधिर या कम सुनने वाले श्रवण क्षतियुक्त बालक वे हैं जिन्होंने बोलने से पहले ही श्रवण शक्ति खो दी है। इस प्रकार के छात्रों के लिए विशेष प्रकार के शिक्षण की आवश्यकता होती है।

(*ii*) विद्यालय में कुछ बालक ऐसे होते हैं जिन्हें किसी न किसी प्रकार का और किसी न किसी स्तर का श्रवण दोष होता है।

(*iii*) श्रवण शक्ति बालक को अध्यापक द्वारा कही गई बातें सुनाई देती है। श्रवण शक्ति मौखिक संदेशवहन, अधिगम, मानसिक विकास और भाषा विकास का सबसे सशक्त साधन है। श्रवण बाधित बालक इन साधनों से लाभ नहीं उठा पाता।

(*iv*) कक्षा में बैठे श्रवण क्षतियुक्त बालकों को प्रभावशाली ढंग से उन विधियों से शिक्षा दी जा सकती है जिनसे सामान्य श्रवण योग्यता वाले बालक को देते हैं।

(*v*) बधिर बालकों की पहचान उनसे बोलने पर हो सकती है। परन्तु उनकी पहचान श्रवण यंत्रों के द्वारा करना उचित होगा।

(*vi*) श्रवण क्षतियुक्त बालकों की पहचान श्रवण यंत्रों, यथा श्रवणमापक तथा अन्य तकनीकों से की जाती है।

(*vii*) विद्यालय में श्रवण क्षतियुक्त बालक कई दिनों तक अध्यापक की दृष्टि में नहीं आता। अध्यापक को उसका पता तभी होगा जब वह बालक से अधिकतम अंतःक्रिया (Interaction) करेगा। जबकि अधिक संख्या वाली कक्षा में ऐसा होना संभव नहीं है। अतः बालकों के प्रवेश के समय ही उनका परीक्षण करवा लेना उचित है।

(*viii*) माता-पिता को बालक के जन्म के तीन महीने पश्चात् चिकित्सक द्वारा अपने बालक की श्रवण शक्ति की जांच अवश्य करा लेनी चाहिए। विद्यालय में प्रवेश दिलाते समय उन्हें अध्यापक को बालक की श्रवण स्थिति से अवगत करा देना चाहिए।

शैक्षिक कार्यक्रम (Educational Programme)

श्रवण बाधितों के शैक्षिक कार्यक्रमों को चार वर्गों– (1) संप्रेषण तकनीकें, (2) शिक्षण तकनीकें, (3) शैक्षिक सुविधाएं तथा (4) औपचारिक सुविधाएं में बांटा गया है।

(1) **संप्रेषण तकनीकें**– श्रवण क्षतियुक्त बालक के संबंध में सबसे बड़ी कठिनाई संप्रेषण के संबंध में है। अतः उसे भली प्रकार शिक्षित करने के लिए निम्न विशेष संप्रेषण तकनीकें अपनाई जानी चाहिए–

(*i*) **चिन्ह भाषा**– बधिर और अत्यधिक ऊंचा सुनने वाले बालकों के लिए चिन्ह भाषाओं का प्रचलन है, यथा–A. चिहित अंग्रेजी, (*b*) अमेरिकन चिह्न भाषा, (*c*) अंगुली वर्णमाला। ये चिन्ह भाषाएं एक-दूसरे से भिन्न होती हैं।

(*ii*) **ओष्ठ पठन**– ओष्ठ पठन में बालकों को ओठों के हिलाने और गति के आधार पर वर्णों और शब्दों को पढ़ने की शिक्षा दी जाती है।

(*iii*) **संकेत भाषा**– संकेत भाषा में ओठों को पढ़ने के साथ हाथ से मुंह के पास ही संकेत दिए जाते हैं। संकेत उसी भाषा के होते हैं जिसमें कि बोला जाता है। संकेत भाषा के लाभ निम्नवत् हैं–

(*a*) इसमें उसी व्याकरण का प्रयोग होता है जो बोली जाती है।

(*b*) इससे बालक सुनने वाले लोगों के साथ आसानी से संप्रेषण कर सकता है।

(*iv*) **स्पर्श विधि**– इसमें स्पर्श द्वारा कही गई बात को समझने का प्रावधान होता है।

(*v*) **गतिविधि**– इसमें शरीर से विभिन्न गतियां करवाकर बधिर बालकों के संप्रेषण में सहायता दी जाती है।

(*vi*) **प्रवर्धक प्रयोग**– ध्वनि प्रवर्धक यंत्रों का प्रयोग उन बालकों के लिए उपयोगी हो सकता है जो सामान्य से थोड़ा ऊंचा सुनते हैं।

(2) **शिक्षण तकनीकें**– श्रवण क्षतियुक्त बालकों के लिए निम्न शिक्षण तकनीकें अपनाई जानी चाहिए–

(*i*) शिक्षण विषय-वस्तु को सहायक सामग्री की सहायता से पढ़ाया जाना चाहिए। आकृतियां, चित्र, संकेत, शब्द, इशारे इत्यादि सहायक सामग्री प्रयोग की जा सकती है।

(*ii*) शिक्षक को बीच-बीच में प्रश्न पूछना अनिवार्य है। इससे यह पता लग सकता है कि बालक पढ़ाई गई बात को कितना समझ रहा है।

(*iii*) विलसन के अनुसार श्रवण क्षतियुक्त बालक को एक नोट लेने वाला व्यक्ति (Note-taker) प्रदान किया जाना चाहिए।

(*iv*) श्रवण क्षतियुक्त बालकों के लिए एक विशेष अध्यापक नियुक्त किया जाना चाहिए जो प्रशिक्षण प्राप्त हो।

(*v*) श्रवण क्षतियुक्त बालकों की अधिगम कमियों की ओर विशेष ध्यान दिया जाना चाहिए ताकि यह पता चले कि वे शब्दों को ठीक लिखते और बोलते हैं अथवा नहीं।

(*vi*) श्रवण क्षतियुक्त बालकों के लिए तकनीकी कार्यक्रम बनाने चाहिए। रोचेस्टर तकनीक विज्ञान संस्थान में इस तरह के प्रोग्राम उपलब्ध हैं।

(3) **श्रवण क्षतियुक्त बालकों की शैक्षिक सुविधाएं**– श्रवण क्षतियुक्त बालकों को दिन-प्रतिदिन के क्रियाकलाप में भली प्रकार से सहायता देने के लिए निम्न सुविधाएं दी जानी चाहिए–

(*i*) दृश्य-श्रव्य (Audio-Visual) संकेत सामग्री श्रवण क्षतियुक्त बालक के लिए अत्यंत लाभदायक सिद्ध हो सकती है। टेलीफोन में ध्वनि प्रवर्धक (Sound Amplifier) लगाने से बालक टेलीफोन पर बातचीत कर सकते हैं। आजकल बालकों के लिए टेलीफोन, टाइपराइटर और कंप्यूटर यंत्र बनाया गया है। इसमें टेलीफोन पर वार्ता टाइप होकर स्क्रीन में दिख जाती है। इससे बधिर बालक टेलीफोन पर वार्ता कर सकते हैं। यदि इसी प्रकार के अन्य यंत्र भी विद्यालयों में उपलब्ध कराएं जा सकें तो वे श्रवण क्षतियुक्त बालकों के लिए लाभप्रद होंगे।

(*ii*) वीडियो टेप्स का प्रयोग लाभकारी सिद्ध होता है।

(*iii*) फिल्म का प्रयोग किया जाना चाहिए।

(*iv*) उन सभी बालकों को कक्षा-कक्ष (Class-room) में समूह श्रवण सहायक (Group Hearing Aids) प्रदान किए जाने चाहिए जो किसी भी प्रकार की श्रवण क्षतियुक्तता से पीड़ित हैं।

(*v*) अध्यापक द्वारा ओवरहेड प्रोजेक्टर का प्रयोग अत्यंत अच्छा है।

(*vi*) श्रवण क्षतियुक्त बालकों को अजायबघर, ऐतिहासिक इमारतों, प्रसिद्ध स्थानों आदि जैसे सूचनाप्रद स्थलों पर भ्रमण के लिए ले जाना चाहिए।

5. शारीरिक रूप से विकलांग छात्र (Physically Disabled Students)

जब तक शरीर स्वस्थ नहीं होगा तब तक मनुष्य सामान्य रूप से कार्य नहीं कर सकता। शारीरिक स्वास्थ्य उसके कार्य व विकास को प्रभावित करता है। शारीरिक अक्षम अथवा अपंग बालक शारीरिक रूप से विकलांग कहलाते हैं। अपंग बालक चिरकालिक बीमार बालकों से संख्या में कहीं अधिक होते हैं। ऐसे बालक निरंतर असफल होते हैं और अंत में विद्यालय आना छोड़ देते हैं। अपंग और बीमार दोनों ही प्रकार के बालक विशिष्ट बालकों की श्रेणी में आते हैं। अतः वे विशेष शिक्षा के अधिकारी हैं।

विकलांगता का अर्थ व परिभाषा (Meaning or Definition of Disabled)

महेश भार्गव एवं भावना लवनिया के शब्दों में – "शैक्षिक दृष्टि से विकलांगता किसी भी प्रकार की निर्योग्यता हो सकती है जो बालक विशेष को औसत बालकों की भांति शिक्षा ग्रहण करने में असमर्थ बनाती है। ऐसे बालक सामान्य शिक्षा पद्धति से लाभान्वित नहीं हो पाते। उनके लिए अतिरिक्त सहायता विशिष्ट शिक्षण की आवश्यकता होती है।"

बाल गोविंद तिवारी के शब्दों में – "विकलांगता एक ऐसी स्थिति है जो किसी भी व्यक्ति को किसी भी अवस्था में उसके सामान्य व्यवहार, कार्य शक्ति, विचार एवं नियमित कृत्य को न्यूनाधिक प्रभावित कर आंगिक, मानसिक, सामाजिक व भावात्मक असंतुलन उत्पन्न कर देती है।"

विकलांगता के प्रकार (Types of Disabled)

(*i*) मेरुदण्ड का वक्र,
(*ii*) मेरुदण्डीय द्विशाखी,
(*iii*) मांसपेशीय डायसट्रॉफी,
(*iv*) लूले-लंगड़े, हथकटे,
(*v*) एक या इससे अधिक अंगों का लकवा,
(*vi*) पांवफिरा,
(*vii*) प्रमस्तिष्कीय पक्षाघात,
(*viii*) विकृत नितंब।

विशेषता (Characteristics)

एक बीमार बालक वह है जो काफी लंबे समय से बीमार है कुछ बालक काफी लंबे समय तक बीमार से ग्रस्त रहते हैं। इन बीमारियों में कुछ प्रमुख हैं–(*i*) दमा, (*ii*) मिर्गी, (*iii*) हृदय रोग, (*iv*) सूखा रोग, (*v*) तपेदिक, (*vi*) रक्त-अल्पता, (*vii*) श्वेत रक्तता (*viii*) धवल रोग, (*ix*) कैंसर, (*x*) मधुमेह, (*xi*) आमवातिक ज्वर, (*xii*) कृमिकोषीय तंतुशोच, (*xiii*) हंसिया-कोशिका खून की कमी।

कुछ बीमारियों के सामान्य लक्षण (Symptoms of Some Disease)

बालकों में विभिन्न प्रकार की बीमारियों के लक्षण भिन्न-भिन्न होते हैं। इनमें से कुछ सामान्य लक्षण निम्नवत् हैं–

(*i*) शरीर का पीला पड़ जाना।
(*ii*) थका-थका सा रहना।
(*iii*) अधिकतर समय थकान का अनुभव होना।
(*iv*) सांस लेने में कठिनाई का अनुभव होना।
(*v*) शैक्षिक उपलब्धि का निम्न होना।
(*vi*) स्वभाव में चिड़चिड़ापन होना।

शैक्षिक कार्यक्रम (Educational Programme)

शारीरिक विकलांग बालक, सामान्य बालक से अधिगम की सामर्थ्य की दृष्टि से कम होता है। अतः ऐसे बालकों की शिक्षा व्यवस्था भी विशिष्ट प्रकार की होनी चाहिए। इनमें से कुछ बालक तो सामान्य विद्यालयों की सामान्य कक्षाओं में शिक्षा प्राप्त करने में कठिनाई का अनुभव नहीं करते जबकि गंभीर रूप से शारीरिक विकलांग बालकों के लिए पृथक विशिष्ट कक्षाओं तथा विशिष्ट आवासीय विद्यालयों (Residential Schools) की व्यवस्था किया जाना आवश्यक होता है। शारीरिक विकलांग बालकों की शिक्षा हेतु निम्न उपाए अपनाए जाने चाहिए–

(*i*) **उपचार सुविधा–** अपंग तथा बीमार बालकों के उपचार के लिए समुचित व्यवस्था की जानी चाहिए। समय-समय पर उन्हें योग्य व कुशल चिकित्सक को दिखाना चाहिए। ऐसे बालकों के उपचार के लिए यदि अलग से कोष (Fund) की व्यवस्था की जाए तो और भी अच्छा होगा क्योंकि ऐसे बालकों को समय-समय पर चिकित्सालय में भर्ती करने की भी आवश्यकता पड़ सकती है। ऐसी स्थिति में उन्हें विद्यालय से समय-समय पर अनुपस्थित होना पड़ सकता है। अतः उपस्थिति संबंधी छूट दी जानी चाहिए। इस अनुपस्थिति का नकारात्मक प्रभाव उनके शैक्षिक ज्ञान और उपलब्धि पर पड़ सकता है। अतः ऐसे बालकों के लिए सफलता के मापदंड सामान्य बालक के समान नहीं बनाने चाहिए। ऐसे में इन बालकों के समुचित सामाजिक और संवेगात्मक विकास की ओर ध्यान देना शिक्षक का कर्त्तव्य है।

(*ii*) **विशिष्ट भ्रमणशील अध्यापक–** भ्रमणशील अध्यापकों (Visiting Teachers) में मनोविज्ञानशास्त्री, उच्चारण सुधारक, समाजसेवी, चिकित्सक आदि की सेवाएं शारीरिक विकलांगों को विद्यालयों में परामर्श व निर्देशन देने हेतु ली जानी चाहिए जो समय-समय पर इन विद्यालयों में भ्रमण कर सके।

(*iii*) **विशिष्ट कक्षाएं–** सामान्य विद्यालयों में कम विकलांग बालक/बालिकाओं हेतु पृथक कक्षा में विशिष्ट शिक्षण (Social Teaching) की व्यवस्था होनी चाहिए जिससे उनका उपचारात्मक शिक्षण (Remedial Teaching) हो सके। उन्हें विशिष्ट सहायक यंत्रों के उपयोग व प्रयोग का प्रशिक्षण भी दिया जाना चाहिए।

(*iv*) **विकलांग विद्यालय–** गंभीर रूप से विकलांग बालक-बालिकाओं हेतु पृथक विद्यालयों की व्यवस्था वांछनीय व अपरिहार्य है। ऐसे विद्यालयों में वैज्ञानिक विधि से शिक्षण, प्रशिक्षित अध्यापक, आवासीय व्यवस्था, खेल व मनोरंजन व्यवस्था, आजीविकोपयोगी उद्योगों का प्रशिक्षण, पुनर्वास, रुचिकार्य आदि का प्रावधान किया जाना चाहिए।

(*v*) **विशिष्ट पाठ्यक्रम–** विकलांग बालक/बालिकाओं की विकलांगता, सामर्थ्य, अभिरुचि व स्तर के अनुकूल विशिष्ट पाठ्यक्रम निर्मित कर उसे प्रभावी किया जाना चाहिए।

(*vi*) **अतिरिक्त कक्षा–** अतिरिक्त कक्षा उन अपंग तथा रोगी बालकों के लिए आयोजित की जा सकती है जो नियमित कक्षाओं से पूर्णतया लाभान्वित नहीं हो पाते। अतः विकलांग बालकों तथा रोगी बालकों के लिए स्कूल के उपरांत अथवा छुट्टियों के दिन भी थोड़े समय के लिए कक्षाओं का आयोजन करना चाहिए। इस प्रकार अध्यापक बालकों की व्यक्तिगत, सामाजिक तथा संवेगात्मक समस्याओं को समझा कर उन्हें हल कर सकेगा।

(*vii*) **जनमानस में अभिवृत्ति परिवर्तन–** प्रायः विकलांग बालकों को लोग हेयदृष्टि से देखते हैं। उन्हें दया योग्य, दान योग्य, भार तथा मजाक का पात्र समझा जाता है। यह भी समझा जाता है कि वे हर प्रकार के तिरस्कार को सह लेंगे। इस प्रकार की भावना विकलांग तथा रोगी बालकों में हीन भावना व निराशा भर देती है। अतः यह आवश्यक है कि जनमानस में व्याप्त इस अभिवृत्ति में परिवर्तन लाया जाए।

(*viii*) **समाजीकरण–** विकलांग और रोगी बालकों के समाजीकरण के लिए उन्हें ऐसे अवसर प्रदान किए जाने चाहिए जिससे वे अपने हम उम्र तथा अन्य लोगों से हिल-मिल सकें। यह कार्य पाठ्येत्तर क्रियाओं द्वारा संभव हो सकता है। उनसे विभिन्न प्रकार की मनोरंजक क्रियाएं करवायी जानी चाहिए। विकलांग व रोगी बालकों के मनोरंजन के लिए कुछ विशेष कार्यक्रम, यथा–सम्मेलन, गोष्ठी, सांस्कृतिक गायन आदि आयोजित किए जा सकते हैं। इस क्षेत्र में गैर-सरकारी संगठनों (NGOs) को भी प्रयास करना चाहिए। इसके लिए शिक्षक को इन संगठनों को प्रोत्साहित करना चाहिए।

अभ्यास प्रश्न

1. बालक के व्यक्तिगत अध्ययन की मनोवैज्ञानिक विधि है :

A. रेटिंग स्केल B. प्रश्नावली विधि
C. केस स्टेडी D. प्रायोगिक विधि

2. सृजनशील बालकों का लक्षण है :

A. समस्याओं के प्रति सजगता का अभाव
B. गतिशील चिन्तन का अभाव
C. अनमनीयता
D. जिज्ञासा

3. दृष्टिहीन बालकों को शिक्षण दिया जाता है :

A. दृश्य-श्रव्य सामग्री द्वारा B. टंकण द्वारा
C. ब्रेल पद्धति द्वारा D. गाने-बजाने द्वारा

4. वंचित वर्ग के बालकों के अन्तर्गत आते हैं :

A. दृष्टिहीन व अपंग बालक
B. मन्दबुद्धि व हकलाने वाले बालक
C. पूर्ण बधिर या आंशिक बधिर बालक
D. उपर्युक्त सभी

5. विकलांग बालकों के अन्तर्गत आते हैं :

A. नेत्रहीन बालक
B. शारीरिक विकलांग बालक
C. गूंगे तथा बहरे बालक
D. इनमें से सभी

6. प्रतिभाशाली बालक जो होते हैं :

A. जन्मजात B. बाद में
C. आनुवंशिक D. इनमें से कोई नहीं

7. मानसिक रूप से पिछड़े बालकों की विशेषता होती है :

A. संवेगात्मक रूप से अस्थिर
B. सीमित रुचि वाले
C. निरन्तर अव्यवस्था का होना
D. उपर्युक्त सभी

8. अच्छी शिक्षा-प्रणाली में निम्नांकित अनुशासन श्रेष्ठ होता है–

A. कठोर अनुशासन
B. आत्मानुशासन
C. स्वतंत्र अनुशासन
D. उपरोक्त में से कोई नहीं

9. विकलांगों (Handicapped) को शिक्षा के समान अवसर देने हेतु निम्नांकित उपयोगी है–

A. सामान्य शिक्षा प्रणाली में विशेष प्रयास किया जाये
B. विशिष्ट विद्यालयों में उन्हें पृथक शिक्षा दी जाये
C. उपरोक्त A और B
D. उपरोक्त में से कोई नहीं

10. समुदाय शिक्षा का इस प्रकार का अभिकरण होता है–

A. अनौपचारिक B. औपचारिक
C. निरोपचारिक D. इनमें से कोई नहीं

11. शिक्षा के वैयक्तिक एवं सामाजिक उद्देश्यों में यह होना वांछनीय है–

A. प्रतिद्वंद्विता B. प्रतियोगिता
C. समन्वय D. उपरोक्त सभी

12. समायोजन द्वारा निम्नांकित से उत्पन्न (Tension) तनाव कम होता है–

A. कुंठा B. द्वन्द्व

C. विरोध D. उपरोक्त सभी

13. निम्न में से कौन-सा शिक्षार्थियों में सृजनात्मकता का पोषण करता है?

A. प्रत्येक शिक्षार्थी की अंतर्जात प्रतिभाओं का पोषण करने एवं प्रश्न करने के अवसर उपलब्ध कराना

B. विद्यालयी जीवन के प्रारंभ से उपलब्धि के लक्ष्यों पर बल देना

C. परीक्षा में अच्छे अंकों के लिए विद्यार्थियों की कोचिंग करना

D. अच्छी शिक्षा के व्यावहारिक मूल्यों के लिए विद्यार्थियों का शिक्षण

14. पाँचवीं कक्षा के 'दृष्टिबाधित' विद्यार्थी–

A. के माता-पिता और मित्रों द्वारा उसे दैनिक कार्यों को करने में सहायता की जानी चाहिए

B. के साथ कक्षा में सामान्य रूप से व्यवहार किया जाना चाहिए और श्रव्य सी.डी. के माध्यम से सहायता उपलब्ध कराई जानी चाहिए

C. के साथ कक्षा में विशेष व्यवहार किया जाना चाहिए

D. को निचले स्तर के कार्य करने की छूट मिलनी चाहिए

15. विशेष आवश्यकता वाले बच्चों को शिक्षा उपलब्ध कराई जानी चाहिए

A. विशेष विद्यालयों में विशेष बच्चों के लिए विकसित पद्धतियों द्वारा

B. विशेष विद्यालयों में

C. विशेष विद्यालयों में विशेष शिक्षकों द्वारा

D. अन्य सामान्य बच्चों के साथ

16. 'डिस्लेक्सिया' किससे सम्बन्धित है?

A. गणितीय विकार B. पठन विकार

C. व्यवहार-सम्बन्धी विकार D. मानसिक विकार

17. सृजनात्मक शिक्षार्थी वह है जो

A. परीक्षा में हर बार अच्छे अंक प्राप्त करने के योग्य है

B. पार्श्व (लेट्रल) चिंतन और समस्या-समाधान में अच्छा है

C. ड्राइंग और पेंटिंग में बहुत विलक्षण है

D. बहुत बुद्धिमान् है

18. निःशक्त बच्चों के लिए समेकित शिक्षा की केंद्रीय प्रायोजित योजना का उद्देश्य है .... में निःशक्त बच्चों को शैक्षिक अवसर उपलब्ध कराना।

A. मुक्त विद्यालयों

B. 'ब्लाइंड रिलीफ एसोसिएशन' के विद्यालयों

C. नियमित विद्यालयों

D. विशेष विद्यालयों

19. सृजनात्मक उत्तरों के लिए आवश्यक है

A. मुक्त-उत्तर वाले प्रश्न

B. एक अत्यंत अनुशासित कक्षा

C. प्रत्यक्ष शिक्षण एवं प्रत्यक्ष प्रश्न

D. विषय-वस्तु आधारित प्रश्न

20. विद्यालय में छात्रों के लिए शैक्षिक भ्रमण क्यों आवश्यक है?

A. छात्रों का घूमने में मन लगता है

B. छात्रों पर पढ़ाई का बोझ न पड़े

C. छात्रों को प्रत्यक्ष संपर्क से स्थाई ज्ञान होता है

D. छात्र का मनोरंजन होता है

21. अनुसूचित जाति के बालकों की प्रमुख समस्या है–

A. जन सुविधाओं का उपयोग करने का पूर्ण अधिकार

B. समाज में इनका उच्च स्थान

C. ऊँची जाति के लोगों का इनसे घृणा करना

D. ये सभी

22. अनुसूचित जनजाति के बालकों की प्रमुख समस्या है–

A. अधिकतर परिवारों का गरीब होना

B. उनकी जाति में शिक्षा का प्रचार-प्रसार कम होना

C. विद्यालय में उनकी जाति के छात्रों की संख्या का कम होना

D. उपरोक्त सभी

23. एक अध्यापक को महत्त्व देना चाहिए

A. सभी को समान रूप से

B. अनुसूचित जनजाति के छात्रों को

C. अनुसूचित जाति के छात्रों को

D. पिछड़ी पृष्ठभूमि के छात्रों को

24. दृष्टि दोष वाले छात्रों में निम्न में से कौन-सा विकार नहीं पाया जाता है?

A. आँखों को बार-बार मलना

B. सिरदर्द की शिकायत रहना

C. आँखों के बहुत निकट लाकर पुस्तक को पढ़ना

D. शरीर के अंगों में अवांछित हलचल रहना

25. एक शारीरिक विकलांग बालक के लिए विद्यालय में निम्नलिखित में से क्या आवश्यक रूप से होना चाहिए?

A. बालक के लिए आवास का प्रबन्ध

B. बालक के लिए निःशुल्क शिक्षा का प्रबन्ध

C. बालक के लिए भोजन का प्रबन्ध

D. बालक के लिए कक्षा-कक्ष में प्रवेश की उचित सुविधा का प्रबन्ध

26. आपकी कक्षा की एक छात्रा मोनिका, जो मानसिक तौर पर एक पिछड़ी हुई बालिका है। आप उसको निम्न में से किस प्रकृति में रखेंगे?

A. निष्ठावान B. संवेदनशील

C. शक्तिशाली D. अनुशासनहीन

27. निम्न में से क्या प्रतिभाशाली बालक का संकेत है?
A. अभिव्यक्ति में नवीनता
B. जिज्ञासा
C. सृजनात्मक विचार
D. ये सभी

28. एक शिक्षक होने के नाते पिछड़े बालकों के प्रति आपका दृष्टिकोण होना चाहिए–
A. सहानुभूतिपूर्ण B. उपेक्षापूर्ण
C. कठोर D. इनमें से कोई नहीं

29. प्रतिभाशाली बालक की इन्द्रियाँ होती हैं
A. तीव्र B. उदात्त
C. सामान्य D. इनमें से कोई नहीं

30. वे बालक जो सामाजिक, भावात्मक, शैक्षिक आदि पक्षों में सामान्य बालकों से भिन्न होते हैं। उन्हें कहा जा सकता है–
A. क्रोधी बालक B. विशिष्ट बालक
C. अपराधी बालक D. विकलांग बालक

31. किसी समस्यात्मक बालक की विशेषता नहीं है–
A. चोरी करना B. झूठ बोलना
C. क्रोध करना D. आज्ञा का पालन करना

32. समायोजन का लक्षण निम्न में से कौन-सा नहीं है?
A. सामाजिकता B. अनुकूल वातावरण
C. असन्तुलन D. सन्तुष्टि

33. वंचित वर्ग के बालकों के अन्तर्गत कैसे बालक आते हैं?
A. मन्द-बुद्धि व हकलाने वाले बालक
B. पूर्ण बधिर या आंशिक बधिर
C. अन्ध व अपंग बालक
D. ये सभी

34. बहरे बच्चे को पढ़ाने की विधि कौन-सी है?
A. अंगुलिवाचन B. मौनवाचन
C. आत्मीकरण D. ये सभी

35. मन्द बुद्धि बालकों की विशेषता निम्न में कौन-सी नहीं हैं?
A. शारीरिक दोष
B. मौलिकता
C. सीखने की मन्द गति
D. अमूर्त चिन्तन का अभाव

36. व्यक्ति की पहचान करने में निम्न में से क्या सहायक हैं?
A. बाह्य विभिन्नताएँ
B. व्यक्ति की शिक्षा
C. व्यक्ति का मानसिक स्वास्थ्य
D. ये सभी

37. निम्न में से क्या बोलने के दोष से संबंधित नहीं है–
A. अशुद्ध उच्चारण
B. आवाज की समस्या
C. तेज बोलने वाले
D. हकलाना व तुतलाना

38. ब्रेल लिपि का प्रयोग किसके लिए किया जाता है?
A. श्रवण दोष युक्त बालकों के लिए
B. अन्धे बालकों के लिए
C. विकलांग बालकों के लिए
D. इनमें से कोई नहीं

39. श्रवण क्षतियुक्त बालकों की शिक्षा निम्न में से किसके द्वारा नहीं दी जा सकती?
A. ओष्ठ पाठन B. संकेत भाषा
C. चिन्ह भाषा D. संगीत भाषा

40. बालकों के समस्यात्मक व्यवहार के उपचार हेतु कौन-कौन सी विधियों का प्रयोग किया जा सकता है?
A. परिवार उपचार विधि
B. विद्यालय उपचार विधि
C. सरकार उपचार विधि
D. ये सभी

उत्तरमाला

1	2	3	4	5	6	7	8	9	10
C	D	C	D	A	D	D	B	C	A
11	12	13	14	15	16	17	18	19	20
C	D	A	B	D	B	B	C	A	C
21	22	23	24	25	26	27	28	29	30
C	D	A	D	D	B	D	D	A	B
31	32	33	34	35	36	37	38	39	40
D	C	D	C	B	A	C	B	D	B

10. अधिगम और शिक्षाशास्त्र (Learning and Pedagogy)

बच्चों का स्कूल में प्रदर्शन (Performance of Children in School)

ऐसा अक्सर सुनने, पढ़ने एवं देखने में आता है कि विद्यालय में बहुत से बच्चे पढ़ने के लिए प्रवेश तो ले लेते हैं परन्तु उनमें से कुछ बच्चों के लिए शिक्षण प्रक्रिया की मांग को पूरा कर पाना बहुत कठिन होता है। परिणामतः इनका स्कूलों में प्रदर्शन अच्छा नहीं हो पाता और ये बीच में ही पढ़ाई छोड़ देते हैं। बच्चों के अपने स्कूलों में अच्छा प्रदर्शन न कर पाने के लिए अनेक कारक जिम्मेवार हो सकते हैं; जैसे परिवार की गरीबी, सांस्कृतिक विश्वास और मानक, पर्यावरणीय प्रभाव एवं स्वास्थ्य आदि। उपर्युक्त कारकों में से कुछ बालक के स्वयं के व्यक्तित्व से जुड़े होते हैं तो कुछ का संबंध सामाजिक और शैक्षिक परिवेश से होता है। उन कारकों में से कुछ प्रमुख निम्नवत हैं–

(*i*) **तत्परता की कमी :** कोई भी कार्य बिना इच्छा के संभव नहीं है। ठीक यही स्थिति अधिगम के साथ है। इस तरह स्पष्ट है कि सीखने की चाह ही वास्तव में तत्परता है। स्कूली स्तर पर छात्रों में तत्परता की कमी पाई जाती है। यही कारण है कि बच्चे स्कूल में अच्छा प्रदर्शन नहीं कर पाते।

(*ii*) **अभ्यास की कमी :** एक बात सर्वदा सत्य है कि अभ्यास व्यक्ति को निपुण एवं कुशल बनाता है। यह बात एक लोक प्रचलित दोहे से स्पष्ट है– **''करत-करत अभ्यास के जड़मति होत सुजान। रसरी आवत-जात ते शिल पर परत निशान।''** अर्थात् निरंतर अभ्यास करने से जड़ अर्थात् मूर्ख आदमी भी सुजान (ज्ञानी) हो जाता है ठीक उसी तरह जिस तरह कि शिल (पत्थर) पर रस्सी के निरंतर आने-जाने से उस पर निशान बन जाता है।

उपर्युक्त दोहा इस बात की ओर संकेत करता है कि यदि सीखी गई चीजों का बार-बार अभ्यास किया जाए तो सीखने वालों की स्मृति उस चीज के विषय में स्थाई हो जाती है। स्कूल में बच्चे दिए गए कार्यों का बार-बार दुहराव या पुनरावृत्ति या पुनरावलोकन नहीं करते। परिणामतः वे कुछ समय के बाद उसे भूल जाते हैं जिसके कारण स्कूल में उनका प्रदर्शन गिर जाता है।

(*iii*) **शारीरिक तथा मानसिक स्वास्थ्य :** स्कूल में अच्छे प्रदर्शन के लिए छात्रों का शारीरिक तथा मानसिक रूप से स्वस्थ होना अत्यंत आवश्यक होता है। यदि कोई छात्र शारीरिक या मानसिक रूप से पूर्ण स्वस्थ नहीं है, तो उसके स्कूली-प्रदर्शन में गिरावट आ जाती है।

(*iv*) **परिवेश की उपयुक्तता :** स्कूल में बच्चों के मानसिक व शारीरिक विकास के लिए अनुकूल परिवेश एक आवश्यक एवं अत्यंत महत्त्वपूर्ण कारक है। छात्रों से अच्छा प्रदर्शन तभी लिया जा सकता है जब उन्हें स्कूल में एक अच्छा परिवेश दिया जाए। यदि स्कूल में अच्छा तथा छात्रों के अनुकूल परिवेश नहीं होगा, तो उनके प्रदर्शन में गिरावट आ जाएगी।

(*v*) **शिक्षण की विधि :** अध्यापक की शिक्षण विधि का भी छात्रों पर सीधा एवं सकारात्मक प्रभाव पड़ता है। स्कूल स्तर पर शिक्षक को छात्रों को सिखाने में सरल तथा प्रयोग सिद्ध विधियों का प्रयोग करने के साथ प्रदर्शन विधि को अपनाना चाहिए जिससे कि छात्रों की स्मृति में उसका प्रभाव लंबे समय तक रह सके। यदि अध्यापक शिक्षण विधि को छात्र नहीं समझ पाते, तो वह स्कूली स्तर पर असफल हो जाते हैं तथा उनका प्रदर्शन गिर जाता है।

शिक्षण एवं अधिगम की आधारभूत प्रक्रियाएं (Teaching and Learning Process)

शिक्षण की प्रक्रिया (Teaching Process)

शिक्षण एक उद्देश्यपूर्ण प्रक्रिया है। उसका सीखने से घनिष्ठ संबंध है। यही कारण है कि आधुनिक युग में शिक्षण व सीखना (Teaching and Learning) को एक ही संकल्पना माना जाता है। किसी भी पाठ्यवस्तु को शिक्षक विचारहीन (Thoughtless) स्थिति से लेकर विचारपूर्ण (Thoughtful) स्थिति तक तीन स्तरों पर प्रस्तुत करता है–

1. स्मृति स्तर (Memory Level)
2. बोध स्तर (Understanding Level)
3. चिंतन स्तर (Reflective Level)

1. स्मृति स्तर (Memory Level)

स्मृति एक विचारहीन स्थिति है। यह शिक्षण की प्रारंभिक अवस्था है। स्मृति एक मानसिक प्रक्रिया है जो प्रत्येक प्राणी में किसी न किसी मात्रा में पाई जाती है। जब व्यक्ति किसी

वस्तु, पदार्थ अथवा स्थान को देखता है तो उसे वस्तु, पदार्थ अथवा स्थान की प्रतिमा अथवा चित्र उसके दिमाग में बन जाते हैं। इन संचित चिन्हों अथवा पूर्व समय में सीखी हुई बातों को याद करना ही स्मृति कहलाती है।

स्मृति के विभिन्न सोपान (Various Steps of Memory)

(i) **अधिगम :** स्मृति अधिगम अथवा अनुभवों के अंकित होने पर आधारित होती है। अतः स्मृति की पहली अवस्था किसी वस्तु अथवा तथ्य के सीखने की है। सीखने का कार्य चेतन मन करता है। इसी अवस्था में जीवन के अनुभव मानसिक संस्कारों के रूप में मस्तिष्क में अंकित हो जाते हैं और आवश्यकता पड़ने पर पुनः वर्तमान चेतना में आ जाते हैं।

(ii) **पुनः स्मरण :** सीखे हुए अनुभवों को चेतना में लाना पुनःस्मरण कहलाता है। व्यक्ति की स्मृति का अच्छा अथवा बुरा होना उसके भूतकालीन अनुभवों को पुनःस्मरण करने पर ही निर्भर करता है कि उसने कितनी ही अच्छी तरह क्यों न सीखा हो यदि आवश्यकता पड़ने पर उसे कुछ याद नहीं आता तो वह व्यर्थ है। सीखी हुई बातों को चेतना में लाने के लिए मनोवैज्ञानिकों ने कुछ नियमों के पालन को आवश्यक बताया है, ये नियम हैं–

(a) समानता का नियम।
(b) सहचारिता का नियम।
(c) विरोध का नियम।
(d) लगातार रुचि का नियम।
(e) प्राथमिकता का नियम।
(f) नवीनता का नियम।
(g) प्रबलता का नियम।
(h) पुनरावृति का नियम।

(iii) **पहचान :** किसी वस्तु अथवा व्यक्ति को देखकर यह बता देना कि हमने उसे पहले भी कभी देखा है पहचान कहलाती है। पहचान एक मानसिक प्रक्रिया है जिसके द्वारा हम किसी वस्तु अथवा व्यक्ति के संपर्क में आकर यह बता देते हैं कि क्या वस्तु है अथवा कौन व्यक्ति है तथा उससे हमारा परिचय कब हुआ। पहचान और पुनःस्मरण का वही संबंध है जो मस्तिष्क का शरीर से है।

(iv) **धारण :** सीखे हुए पाठ्यक्रम अथवा संस्कारों को मस्तिष्क में स्थाई रूप से बनाए रखना धारण कहलाता है। धारण करने की शक्ति प्रत्येक व्यक्ति में अलग-अलग मात्रा में पाई जाती है। जो व्यक्ति किसी बात को जितने अधिक समय तक अपने मस्तिष्क में धारण करता है उसकी स्मृति उतनी ही अच्छी कहलाती है। प्रौढ़ व्यक्तियों की अपेक्षा किशोरों तथा किशोरियों की धारण शक्ति अधिक होती है। धारण शक्ति चार बातों पर निर्भर करती है–

(a) स्वास्थ्य, *(b)* मस्तिष्क,
(c) रुचि तथा *(d)* चिंतन।

अच्छी स्मृति की विशेषताएं (Characteristics of Good Memory)

(i) **शीघ्र अधिगम**–एक अच्छी स्मृति की विशेषता यह है कि कोई भी तथ्य सरलतापूर्वक तथा शीघ्रता से याद हो जाए। अतः केवल उन विद्यार्थियों की स्मृति को अच्छा कहा जाता है जो किसी तथ्य को शीघ्रता से सीख लेते हैं।

(ii) **पुनःस्मरण में शीघ्रता**–जो विद्यार्थी किसी बात को याद करके उसे पुनःस्मरण करते समय अपनी चेतना में उसे आसानी से और शीघ्रता से ज्यों का त्यों ले आते हों, जैसा कि उन्होंने सीखा था, वे अच्छी स्मृति वाले विद्यार्थी माने जाते हैं।

(iii) **धारण का स्थायित्व**–जिन विद्यार्थियों को सीखी हुई बातें अधिक देर तक याद रहती हैं। उनकी स्मृति अच्छी कही जाती है। इसके विपरीत ऐसे विद्यार्थियों की स्मृति को अच्छा नहीं कहा जा सकता जो किसी बात को याद तो जल्दी कर लेते हों परंतु उसे मस्तिष्क में अधिक देर तक धारण करने में असमर्थ हों।

(iv) **उपयोगिता**–कुछ विद्यार्थी ऐसे होते हैं जिन्हें बहुत कुछ याद होता है परंतु अवसर पड़ने पर उन्हें अप्रासंगिक सामग्री याद आती रहती है। केवल उन विद्यार्थियों की स्मृति अच्छी मानी जाती है जिन्हें अवसर के अनुसार उचित सामग्री याद आ जाती है अथवा जो आवश्यकतानुसार अनुभवों तथा प्रतिभाओं को तुरंत पहचान लेते हैं।

(v) **व्यर्थ की बातों को भूलना**–अच्छी स्मृति होने के लिए व्यर्थ की बातों को भूलना परम आवश्यक है। परीक्षा के समय व्यर्थ की बातों के याद आने से विद्यार्थियों को लाभ नहीं होता।

2. बोध स्तर (Understanding Level)

बोध स्तर एक विचारपूर्ण स्थिति है। यह स्मृति स्तर के शिक्षण से आगे की अवस्था है। बोध स्तर के शिक्षण के लिए यह आवश्यक है कि शिक्षण पहले स्मृति स्तर पर हो चुका हो। बोध स्तर के शिक्षण में शिक्षक यह प्रयास करता है कि विद्यार्थियों के बौद्धिक व्यवहारों को विकसित करने के लिए अधिक-से-अधिक अवसर प्रदान किए जाएं। इससे उनमें सामान्यीकरण, सूझ-बूझ तथा समस्याओं को सुलझाने के लिए आवश्यक क्षमताएं विकसित हो जाती हैं। बोध स्तर का शिक्षण करते समय शिक्षक तथा विद्यार्थी दोनों ही पाठ के विकास में सक्रिय रूप से भाग लेते हैं।

बोध स्तर के शिक्षण का सोपान (Educational Steps of Understanding Level)

बोध स्तर के शिक्षण सोपान का प्रतिपादन मौरीसन (Morrison) ने किया। अतः इसे मौरीसन के शिक्षण प्रतिमान की संज्ञा दी जाती है। मौरीसन ने इस सोपान के प्रारूप का वर्णन निम्न चार पक्षों में किया है–

(i) उद्देश्य *(ii)* संरचना
(iii) सामाजिक प्रणाली *(iv)* मूल्यांकन प्रणाली।

(*i*) **उद्देश्य**–मौरीसन के अनुसार बोध स्तर के शिक्षण का उद्देश्य यह है कि विद्यार्थी प्रत्यय (Concept) का स्वामित्व प्राप्त कर ले। बोध स्तर के शिक्षण में शिक्षक पाठ्यवस्तु के स्वामित्व पर बल देता है जिससे विद्यार्थियों के व्यक्तित्व में वांछित परिवर्तन हो जाए।

(*ii*) **संरचना**–मौरीसन ने बोध स्तर के शिक्षण की व्यवस्था को पांच सोपानों में विभाजित किया जिनका अनुसरण करते हुए शिक्षक बोध स्तर के लिए शिक्षण तथा अधिगम की परिस्थितियां उत्पन्न कर सकता है। इस प्रतिमान के पांच सोपानों का क्रम है–

(*a*) अन्वेषण। (*b*) प्रस्तुतीकरण। (*c*) परिपाक।
(*d*) व्यवस्था। (*e*) वर्णन।

(*iii*) **सामाजिक प्रणाली**–बोध स्तर के शिक्षण में सामाजिक प्रणाली विभिन्न सोपानों में बदलती रहती है। प्रस्तुतीकरण सोपान में शिक्षक अधिक क्रियाशील रहते हुए विद्यार्थियों के व्यवहार को स्मृति स्तर की भांति नियंत्रित करता है तथा आवश्यक प्रेरणा भी देता है। परिपाक कालांश में शिक्षक और विद्यार्थी दोनों क्रियाशील रहते हैं। शिक्षक विद्यार्थियों को आवश्यक निर्देश देता है तथा विद्यार्थी स्वतः प्रेरित होते हुए तन्मयता के साथ कार्य करते हैं। इस प्रकार बोध स्तर के शिक्षण में बाह्य तथा आंतरिक दोनों प्रकार की प्रेरणा का प्रयोग किया जाता है।

(*iv*) **मूल्यांकन प्रणाली**–बोध स्तर के शिक्षण में सामाजिक प्रणाली बदलती रहती है। अभ्यास में प्रयोग करने के लिए विद्यार्थियों को प्रस्तुतीकरण की परीक्षा पास करनी पड़ती है। व्यवस्था तथा वर्णन में प्रवेश करने के लिए उन्हें अभ्यास परीक्षा पास करनी होती है। इस प्रकार बोध स्तर के शिक्षण के विभिन्न सोपानों में मौखिक तथा लिखित दोनों प्रकार की परीक्षाएं होती हैं।

बोध स्तर के शिक्षण की सीमाएं (Limitations of Understanding Level in Education)

(*i*) इसमें पाठ्यवस्तु के स्वामित्व पर बल दिया जाता है, मानवीय व्यवहार को ध्यान में नहीं रखा जाता है।

(*ii*) पाठ्यवस्तु के स्वामित्व से विद्यार्थियों के भावात्मक तथा क्रियात्मक पक्षों का विकास न होकर ज्ञानात्मक पक्ष का ही विकास हो सकता है।

(*iii*) शिक्षण के इस प्रतिमान द्वारा विद्यार्थियों को पाठ्यवस्तु का गहनता के साथ बोध कराया जा सकता है। अतः इस प्रतिमान द्वारा शुद्ध अधिगम प्राप्त होता है।

(*iv*) मौरीसन द्वारा दिया हुआ शिक्षण का यह प्रतिमान मनोवैज्ञानिक तथा व्यावहारिक दृष्टि से प्रभावात्मक प्रतिमान माना जाता है।

बोध स्तर के शिक्षण को प्रभावशाली बनाने के लिए सुझाव

(*i*) बोध स्तर के प्रत्येक सोपान का अनुसरण क्रमबद्ध रूप में समुचित ढंग से किया जाना चाहिए।

(*ii*) बोध स्तर के शिक्षण की समस्याओं पर विचार करते हुए शिक्षक को उनके समाधान हेतु उचित प्रयास करना चाहिए।

(*iii*) पाठ्य-वस्तु में तल्लीन होते हुए शिक्षक को समय-समय पर मनोवैज्ञानिक प्रेरणा भी देनी चाहिए।

(*iv*) बोध स्तर के शिक्षण में विद्यार्थियों को उस समय प्रवेश दिया जाए जब वे पहले स्मृति स्तर के शिक्षण की परीक्षा पास कर लें।

3. चिंतन स्तर (Reflective Level)

शिक्षण का अंतिम स्तर चिंतन स्तर है। इसमें स्मृति तथा बोध दोनों सम्मिलित हैं। चिंतन स्तर के शिक्षण के लिए यह आवश्यक है कि व्यवस्था स्मृति तथा बोध दोनों स्तर पर हो चुकी हो। चिंतन स्तर के शिक्षण का तात्पर्य 'समस्या केन्द्रित' शिक्षण से है। इसमें कक्षा का वातावरण खुला हुआ होता है। शिक्षक विद्यार्थियों के सामने ऐसी समस्या उत्पन्न करता है कि विद्यार्थियों में काफी मानसिक तनाव पैदा हो जाता है जिससे वे स्वयं प्रेरित होते हुए सक्रिय होकर समस्या को सुलझाने के लिए अपनी संकल्पनाएं बनाकर इसका परीक्षण करना प्रारंभ कर देते हैं। अंत में एक समय ऐसा आता है कि समस्या सुलझ जाती है। संक्षेप में चिंतन स्तर का शिक्षण विद्यार्थियों के बौद्धिक व्यवहार को विकसित करने के अवसर प्रदान करते हुए उनमें सृजनात्मक क्षमताएं विकसित करने में सहयोग प्रदान करता है।

चिंतन स्तर के शिक्षण को स्पष्ट करते हुए बिग्गी महोदय ने ठीक ही लिखा है– "चिंतन स्तर पर कक्षा में अधिक सजीव, प्रेरणादायी, सक्रिय, आत्मलोचनात्मक तथा संवेदनशील वातावरण उत्पन्न किया जाता है। यह वातावरण नवीन तथा मौलिक चिंतन को खुला अवसर प्रदान करता है। इस प्रकार का शिक्षण बोध स्तर के शिक्षण की अपेक्षा अधिक उत्पादक होता है।"

चिंतन स्तर के शिक्षण का सोपान (Educational Steps of Reflective Level)

चिंतन स्तर के शिक्षण सोपान को प्रतिपादित करने का श्रेय हण्ट (Hunt) को है। इसलिए इस शिक्षण सोपान को 'हण्ट का शिक्षण सोपान' (Hunt's Model of Teaching) की संज्ञा दी जाती है। हण्ट के चिंतन स्तर के प्रतिमान के प्रारूप का वर्णन निम्न सोपान के तहत किया जा सकता है–

(*i*) उद्देश्य
(*ii*) संरचना
(*iii*) सामाजिक प्रणाली
(*iv*) मूल्यांकन प्रणाली।

(*i*) **उद्देश्य**– चिंतन स्तर के शिक्षण के निम्न तीन उद्देश्य हैं–

(*a*) विद्यार्थियों की स्वतंत्र तथा मौलिक चिंतन शक्ति को विकसित करना।

(*b*) विद्यार्थियों में समस्या समाधान की क्षमता विकसित करना।

(*c*) विद्यार्थियों में आलोचनात्मक तथा सृजनात्मक चिंतन विकसित करना।

(*ii*) **संरचना–** चिंतन स्तर के शिक्षण की संरचना का प्रारूप का वर्गीकरण व्यक्तिगत तथा सामाजिक दोनों प्रकार की प्रकृति को ध्यान में रखते हुए निम्नवत चार सोपानों में की जाती है–

(*a*) पहले में शिक्षक विद्यार्थियों के सामने समस्यात्मक परिस्थिति उत्पन्न करता है।

(*b*) दूसरे में विद्यार्थी समाधान हेतु उपकल्पना बनाते हैं। स्मरण रहे कि एक समस्या के समाधान हेतु एक से अधिक उपकल्पनाएं भी बनाई जा सकती है।

(*c*) तीसरे में विद्यार्थी उपकल्पनाओं की पुष्टि के लिए आवश्यक प्रदत्तों का संकलन करते हैं। इन प्रदत्तों के आधार पर यह निर्णय किया जाता है कि बनाई हुई उपकल्पना समस्या के समाधान में सहायता कर सकती है अथवा नहीं।

(*d*) चौथे में उपकल्पना का परीक्षण किया जाता है। इस परीक्षा के आधार पर निर्णय निकाले जाते हैं, जो विद्यार्थियों के मौलिक विचार होते हैं।

(*iii*) **सामाजिक प्रणाली–** चिंतन स्तर के शिक्षण में कक्षा का वातावरण पूर्ण रूप में स्वतंत्र और खुला हुआ होता है। ऐसे वातावरण में शिक्षक का स्थान गौण होता है तथा विद्यार्थी का मुख्य। इस स्तर पर शिक्षक के तीन प्रमुख कार्य होते हैं–

(*a*) विद्यार्थियों के सामने समस्या उत्पन्न करना।

(*b*) शिक्षण के समय वाद-विवाद तथा सेमीनार आदि का प्रयोग करना, तथा

(*c*) विद्यार्थियों के आकांक्षा स्तर को ऊंचा उठाना।

(*iv*) **मूल्यांकन प्रणाली :** चिंतन स्तर के शिक्षण की निष्पत्तियों के लिए वस्तुनिष्ठ परीक्षा उपयोगी नहीं होती। विद्यार्थियों की क्षमताओं का उचित मूल्यांकन केवल निबंधात्मक परीक्षाओं के द्वारा ठीक प्रकार से किया जा सकता है। चिंतन स्तर की परीक्षा लेते समय मुख्यतः निम्न बातों का ध्यान रखा जाना चाहिए–

(*a*) विद्यार्थियों की अभिवृत्तियों तथा विश्वासों का मूल्यांकन करना चाहिए।

(*b*) उनकी अधिगम की क्रियाओं में तल्लीनता की जांच करनी चाहिए।

(*c*) इस बात का भी मूल्यांकन करना चाहिए कि विद्यार्थियों की आलोचनात्मक तथा सृजनात्मक क्षमताओं का विकास कितना हुआ है।

हण्ट के चिंतन स्तर के शिक्षण सोपान की सीमाएं (Hunt's Limitation of Reflective Level in Education)

(*i*) इस स्तर पर शिक्षण समस्या केन्द्रित होता है।

(*ii*) इस स्तर के शिक्षण में केवल सामूहिक वाद-विवाद को ही प्रभावशाली युक्ति समझा जाता है।

(*iii*) इस स्तर का शिक्षण केवल पाठ्यक्रम, पाठ्यवस्तु तथा पाठ्य पुस्तक तक ही सीमित नहीं किया जा सकता।

(*iv*) इस स्तर के शिक्षण में विद्यार्थी अपने शिक्षक की खुलकर आलोचना कर सकते हैं।

(*v*) स्मृति तथा बोध स्तरों की भांति चिंतन स्तर में किसी निश्चित कार्यक्रम का अनुसरण नहीं किया जा सकता।

(*vi*) इस स्तर के शिक्षण की व्यवस्था केवल उच्च कक्षा के विद्यार्थियों के लिए ही की जा सकती है क्योंकि चिंतन स्तर के शिक्षण में आयु तथा परिपक्वता का विशेष महत्त्व होता है।

चिंतन स्तर के शिक्षण को प्रभावशाली बनाने हेतु हण्ट के सुझाव

(*i*) शिक्षक को विद्यार्थियों के सामने ऐसी समस्यात्मक परिस्थितियां उत्पन्न करनी चाहिए कि सभी विद्यार्थियों में मौलिक तथा सृजनात्मक चिंतन विकसित हो जाए।

(*ii*) शिक्षण के समय विद्यार्थियों के सामने ऐसा स्वतंत्र तथा खुला हुआ वातावरण होना चाहिए कि वे वाद-विवाद में सक्रिय रूप से भाग लेकर समस्या को सुलझा सकें।

(*iii*) शिक्षक को विद्यार्थियों के सामने समस्या को इस प्रकार से उत्पन्न करना चाहिए कि वे इसकी अनुभूति करके आवश्यक उपकल्पनाएं बना सकें।

(*iv*) शिक्षक को चाहिए कि वह विद्यार्थियों का आकांक्षा स्तर (Level of Aspiration) को ऊंचा उठाए।

(*v*) शिक्षक को चाहिए कि वह विद्यार्थियों को चिंतन के शिक्षण स्तर में प्रवेश उसी समय दें जब वे स्मृति तथा बोध स्तर की परीक्षाओं में सफल हो चुके हों।

(*vi*) शिक्षक को इस स्तर के चारों सोपानों का अनुसरण सतर्कता के साथ करना चाहिए।

अधिगम की प्रक्रिया (Learning Process)

क्रिया-प्रतिक्रिया निर्देशित सभी व्यवहार प्राणी में परिवर्तन तथा संशोधन लाते रहते हैं। इस तरह का व्यवहार परिवर्तन, अधिगम कहलाता है।

अधिगम में दो पूरक प्रक्रियाएं—विभेदीकरण व विशिष्टीकरण सम्मिलित होती हैं। विभेदीकरण पूर्ण को इसके खंडों या घटकों में बांटने की प्रक्रिया है तथा विशिष्टीकरण जो घटकों को संयुक्त कर समष्टि अथवा अखंड बनाने की प्रक्रिया है। उदाहरणार्थ– यदि एक सीखने वाले बालक को खिलौना दिया जाता है तो वह खिलौना के पुर्जे को खोलकर विखंडित कर देता है। इस कार्य से बच्चा खिलौना के अलग-अलग टुकड़े करके ढांचे अथवा उसकी कार्यविधियों को समझने का प्रयत्न करता है। इसके बाद बच्चा सभी टुकड़े को पुनः वापस में जोड़कर खिलौना बनाने का प्रयत्न कर सकता है।

अधिगम की मुख्य विशेषताएं (Characteristics of Learning)

(*i*) **अधिगम की प्रकृति का व्यक्तिगत होना :** प्राय ऐसा देखा जाता है कि कुछ बच्चे बहुत शीघ्रता से सीख जाते हैं तथा कुछ धीरे-धीरे सीखते हैं। वास्तव में, सीखने की गति प्रत्येक व्यक्ति में भिन्न-भिन्न होती है।

एक कक्षा में प्रत्येक छात्र स्वयं में अद्वितीय होते हैं तथा प्रत्येक छात्र की अपनी-अपनी समस्याएं, आवश्यकताएं, लक्ष्य, आकांक्षाएं, रुचियां, पसंद-नापसंद होती हैं। व्यक्तित्व के गुणों में इन अंतरों के कारण विद्यार्थियों की सीखने की गति व मात्रा में भिन्नता होती है। अधिगम व्यक्ति की उसकी संपूर्ण परिस्थिति के साथ परस्पर संक्रिया का फल है। कोई छात्र किसी एकाकी उद्दीपन के संदर्भ की अपेक्षा संपूर्ण अधिगम परिस्थिति के प्रति अनुक्रिया द्वारा सीखता है। इसके अतिरिक्त अधिगम अवस्था में अधिगमकर्ता के व्यक्तित्व के सभी तीनों पक्षों– शारीरिक पक्ष, मानसिक पक्ष व संवेगात्मक पक्ष प्रभावित होते हैं। अतः एक अधिगम परिस्थिति का सावधानी से निर्माण करते समय एक अच्छा प्राध्यापक जहां एक ओर पर्यावरण का ध्यान रखता है वहीं दूसरी ओर उन सभी अभिप्रेरणात्मक कारकों का ध्यान रखता है जो अधिगमकर्त्ता को प्रभावित कर सकते हैं।

(*ii*) **अधिगम एक निरंतर एवं सक्रिय प्रक्रिया के रूप में :** मान लिया जाए कि एक अध्यापक अपनी कक्षा के बालकों से यह अपेक्षा करता है कि वे गणित की दो से गुणा करने की प्रक्रिया सीखने के लिए दस तक का पहाड़ा (Table) याद करें। जहां तक इस अवस्था के अधिगम के उद्देश्य का प्रश्न है हम इसे सही एवं स्पष्ट रूप से समझते हैं। ऐसी अवस्था में उद्देश्य की प्राप्ति विचारणीय मुद्दा है। संभवतः अध्यापक को एक-एक करके क्रमशः सभी पहाड़ों को बोलना चाहिए और विद्यार्थियों को उन्हें दोहराने के लिए कहना चाहिए। इस प्रक्रिया को निरंतर दुहराने से कुछ समय बाद बच्चे इन 'पहाड़ों' को कण्ठस्थ कर लेंगे। बच्चे इस प्रक्रिया में जितना अधिक प्रयत्न करेंगे उतनी ही अच्छी प्रकार से उन्हें पहाड़े याद होंगे। अर्थात् पहाड़े याद करना बच्चे के प्रयत्न पर निर्भर करता है। इस प्रकार हम पाते हैं कि अधिगम एक सक्रिय तथा निरंतर चलने वाली प्रक्रिया है।

(*iii*) **अधिगम का लक्ष्य एवं प्रयोजन केंद्रित होना :** प्रत्येक व्यक्ति अपने जीवन में किसी न किसी लक्ष्य की प्राप्ति का इच्छुक होता है। ये लक्ष्य ऐसे भी हो सकते हैं कि जो तुरंत प्राप्य हों अथवा ऐसे जो कुछ समय पश्चात् प्राप्त हो सकें। इनको हम क्रमशः अल्पावधिक लक्ष्य तथा दीर्घकालीन लक्ष्य कहते हैं। यदि इन लक्ष्यों का स्पष्ट और निश्चित रूप में कथन कर दिया जाए तो अधिगमकर्ता के लिए अधिगम अर्थपूर्ण तथा सप्रयोजन होगा।

(*iv*) **अधिगम का स्वरूप समीक्षात्मक अथवा सृजनात्मक होना :** अधिगम पूर्व प्राप्त अनुभवों का योगमात्र नहीं है अपितु यह अधिगमकर्त्ता को ज्ञान व अनुभवों का एक सृजनात्मक संश्लेषण है। इस अर्थ में अधिगम कार्य करने की एक नई विधि है और इसका उद्देश्य है उच्च स्तर का चिंतन करना जिसे सृजनात्मक अथवा समीक्षात्मक चिंतन कह सकते हैं। यहां सृजनात्मक चिंतन का प्रयोग पूर्ण तकनीकी रूप में न होकर मानसिक प्रक्रिया से संबद्ध है।

अधिगम के संबंध में **क्रो** एवं **क्रो** (Crow and Crow) ने भी मानसिक प्रक्रियाओं की ओर संकेत दिया है। उनके अनुसार समीक्षात्मक चिंतन में निम्नलिखित प्रक्रियाएं शामिल हैं–

(*i*) **दिशा :** इस प्रक्रिया में अधिगमार्थी की रुचि व उसका ध्यान एक लक्ष्य की ओर होता है।

(*ii*) **चयन :** यह वह प्रक्रिया है जिसमें अधिगमार्थी उन पूर्व अनुभूतियों का अनुस्मरण तथा चयन करता है जो उसके लिए नई अधिगम परिस्थिति को समझने में सार्थक होती है।

(*iii*) **व्याख्या :** इस प्रक्रिया के अन्तर्गत् अधिगमार्थी विभिन्न प्रकार की उपलब्ध सूचनाओं के मध्य संबंध देखने का प्रयत्न करता है।

(*iv*) **अंतर्दृष्टि :** इस प्रक्रिया के दौरान सीखने वाला अपनी नई अनुभूतियों के मध्य संबंधों की पहचान करता है।

(*v*) **समालोचना :** यह वह प्रक्रिया है जिसके अंतर्गत् नए मानसिक प्रारूपों का निर्माण या समीक्षा कर ढूंढे गए समाधान का मूल्यांकन किया जाता है।

(*vi*) **सृजन :** इसके अंतर्गत् नई मानसिक संरचनाओं का निर्माण होता है।

अधिगम को प्रभावित करने वाले बालकों से संबद्ध कारक (Factors Affecting Learning Related to Children)

अधिगम एक व्यापक प्रक्रिया है। बालक जब प्रथम बार विद्यालय में प्रवेश करता है तो उस पर घर का वातावरण छाया रहता है। विद्यालय प्रांगण में आने पर उसके मन में अनेक जिज्ञासाएं उठती हैं जिनको वह शांत करना चाहता है। उसे नवीन वातावरण में समायोजन करना होता है। ऐसी स्थिति में अधिगम क्रिया अनेक कारकों से प्रभावित होती है जो निम्नवत् हैं–

(*i*) **बालक :** किसी भी क्रिया को सीखने का एक केंद्र बिंदु होता है। शिक्षा का उद्देश्य बालक का सर्वांगीण विकास करना है। इस दृष्टि से बालकों की रुचि, योग्यता, क्षमता, व्यक्तिगत भेद, बुद्धि आदि के आधार पर संपन्न की गई क्रिया प्रभावशाली सिद्ध हो सकती है। बालक शिक्षण-प्रक्रिया का आधार है इसलिए उसके अभाव में अधिगम की कल्पना भी नहीं की जा सकती।

(*ii*) **शैक्षिक पृष्ठभूमि :** अधिगम पर इस बात का बहुत प्रभाव पड़ता है कि सीखने वाले की शैक्षिक योग्यता क्या है? यदि छात्र किसी विषय में पिछड़ा है तो उस विषय से संबंधित नवीन ज्ञान सीखने में उसे कठिनाई

का सामना करना पड़ेगा। यदि किसी छात्र की एक विषय में शैक्षिक योग्यता सामान्य से अधिक है तो छात्र उस विषय में नया ज्ञान सुगमता से सीख लेता है।

(iii) **सीखने की इच्छा :** बालकों को नया ज्ञान देने से पूर्व यह नितांत आवश्यक है कि उनमें सीखने के प्रति जिज्ञासा उत्पन्न की जाए क्योंकि ऐसा होने पर विद्यार्थी प्रतिकूल परिस्थितियों में भी किसी बात को सीखने में सफल हो जाता है। सीखने की इच्छा के अतिरिक्त छात्रों का आकांक्षा स्तर भी उच्च कोटि का होना चाहिए जिससे बालक कठिन तथ्यों को भी आसानी से समझ सके।

(iv) **अधिगम प्रक्रिया :** किसी क्रिया को किस प्रकार से संपादित किया जाता है, इससे भी अधिगम प्रभावित होता है। यद्यपि मनोवैज्ञानिक अधिगम की प्रक्रिया के संपादन पर एक मत नहीं हैं, फिर भी यह बात अपनी जगह सत्य है कि बालक किसी भी क्रिया को अपने ही ढंग से ग्रहण करता है, चाहे अधिगम की प्रक्रिया किसी भी ढंग से क्यों न संपादित की जाए।

(v) **परिपक्वता :** अधिगम की प्रक्रिया को बालक की शारीरिक एवं मानसिक परिपक्वता अधिक प्रभावी बनाती है। छोटी कक्षाओं में बालक की मांसपेशियों को मजबूत बनाने की ओर ध्यान दिया जाता है ताकि वे पेन, किताब आदि को पकड़ना सीख जाए। उन्हें व्याकरण एवं पहाड़े आदि का ज्ञान भी इसी दृष्टि से बाद में कराया जाता है। बहुत-सी चीजें बालक तभी सीख पाता है जब उसमें परिपक्वता आ जाती है चाहे हम उसे कितना भी प्रशिक्षण क्यों न दें।

(vi) **बुद्धि :** तीव्र बुद्धि वाला छात्र किसी भी ज्ञान को शीघ्रता एवं सरलता से सीख लेता है तथा मंदबुद्धि वाले छात्र को सामान्य बुद्धि वाले छात्र के साथ भी सीखने में बाधा रहती है। बुद्धि-लब्धि (I.Q.) शैक्षिक लब्धि में उच्च सकारात्मक सह-संबंध होता है। अधिगम प्रक्रिया का बुद्धि सबसे महत्त्वपूर्ण घटक है।

(vii) **सीखने वाले की मनोवृत्ति :** यदि किसी विषय के प्रति छात्र की नकारात्मक मनोवृत्ति है तो शिक्षक चाहे जितना परिश्रम करे छात्र के अधिगम में उन्नति होने की संभावना नहीं होती है। इसके विपरीत यदि सीखने वाले की किसी विषय के प्रति सकारात्मक मनोवृत्ति है तो वह सरलता से उस विषय को सीख जाता है। किसी विषय के प्रति सीखने वाले का रुझान बहुत महत्त्वपूर्ण होता है।

(viii) **सीखने का समय तथा अवधि :** यदि छात्र अधिक देर तक किसी क्रिया को करता रहता है तो वह थकान का अनुभव करने लगता है और थकान अनुभव होने से उसके अधिगम की प्रक्रिया में शिथिलता उत्पन्न हो जाती है। विद्यालयों में समय-सारणी (Time Table) बनाते समय इस बात का ध्यान रखा जाता है कि पहले कठिन विषय तथा बाद में सरल विषय पढ़ाया जाए। मध्यावकाश की व्यवस्था इसी उद्देश्य से की जाती है

(ix) **अभिप्रेरणा :** सीखने की प्रक्रिया में अभिप्रेरणा (Motivation) का महत्त्वपूर्ण योगदान है। यदि बालक को किसी नवीनतम ज्ञान अथवा कार्य सीखने के लिए प्रेरित नहीं किया जाता है तो वह उस प्रक्रिया में रुचि नहीं लेगा। अभिप्रेरणा से सीखने की इच्छा प्रबल हो जाती है। अभिप्रेरणा उत्पन्न करने के लिए यह आवश्यक है कि बालक को उसका लक्ष्य स्पष्ट कर दिया जाए।

(x) **शारीरिक व मानसिक स्वास्थ्य :** सीखने से पहले बालक का शारीरिक एवं मानसिक रूप से स्वस्थ रहना भी नितांत आवश्यक है, क्योंकि बालक के ध्यान, रुचि व एकाग्रता पर उसका प्रभाव पड़ता है। किसी भी प्रकार की मानसिक विकृति, शारीरिक रुग्णता तथा मानसिक तनाव का प्रत्यक्ष प्रभाव बालकों के अधिगम पर प्रतिकूल रूप से पड़ता है। शारीरिक एवं मानसिक रूप से अस्वस्थ बालक शीघ्र ही थक जाते हैं।

अधिगम को प्रभावित करने वाले शिक्षकों से संबद्ध कारक (Factors Affecting Learning Related to Teachers)

अधिगम को प्रभावित करने वाले विभिन्न प्रकार के कारकों में से शिक्षकों से संबद्ध कारक भी महत्वपूर्ण हैं, ये कारक निम्नवत् हैं–

(i) **विषय की जानकारी :** अध्यापक का किसी विषय से संबंधित ज्ञान अनुभव एवं योग्यता आदि छात्रों के अधिगम को प्रत्यक्ष रूप से प्रभावित करते हैं। यदि अध्यापक को अपने विषय की जानकारी नहीं है तो वह छात्रों को बहुत कुछ जानकारी नहीं दे सकता। इसके विपरीत, यदि अध्यापक को अपने विषय का सटीक ज्ञान है तो वह आत्मविश्वास के साथ छात्रों को नवीन ज्ञान देने में सक्षम होगा तथा उसका शिक्षण प्रभावी होगा।

(ii) **शिक्षण विधि :** शिक्षण विधि का सीधा संबंध अधिगम प्रक्रिया से होता है। साथ ही प्रत्येक शिक्षक का पढ़ाने का तरीका भी भिन्न होता है तथा सभी छात्र एक ही विधि से नहीं सीख पाते। शिक्षण की विधि जितनी अधिक वैज्ञानिक एवं प्रभावशाली होगी उतनी ही सीखने की प्रक्रिया सरल एवं लाभप्रद होगी। बच्चों के संदर्भ में खेल विधि द्वारा सिखाना, करके सिखाना, निरीक्षण द्वारा सिखाना, योजना विधि द्वारा सिखाना, खोज विधि द्वारा सिखाना आदि का अपना अलग-अलग महत्व है।

(iii) **शिक्षक का व्यवहार :** शिक्षक का व्यवहार छात्रों के सीखने को प्रत्यक्ष रूप से प्रभावित करता है। शिक्षक में एक आदर्श शिक्षक के सभी गुण होने चाहिए। उसके व्यवहार में सहानुभूति, सहयोग, समानता, शिक्षण कला

में निपुणता, मृदुभाषी, संयत आदि गुण निहित हैं तो छात्र कक्षा वातावरण में सहज रूप से सब कुछ सीख सकेंगे। लेकिन यदि शिक्षक का व्यवहार अत्यंत कठोर है तो छात्र उसके कक्षा से अनुपस्थित रहते हैं। साथ ही अध्यापक को सभी छात्रों से एक जैसा ही व्यवहार करना चाहिए ताकि छात्रों के मन में उसके प्रति दुर्भावना पैदा न हो।

(iv) **व्यक्तित्व** : शिक्षक का व्यक्तित्व सफल शिक्षण का आधार होता है। इस दृष्टि से शिक्षक का व्यक्तित्व आकर्षक एवं अत्यंत प्रभावशाली होना चाहिए। उसे अपने कार्यों एवं व्यवहार में संतुलन बनाए रखते हुए छात्रों पर एक अनूठी छाप छोड़नी चाहिए। छात्र जाने-अनजाने शिक्षक के व्यवहार से बहुत-सी बातें स्वयं ही सीख लेते हैं। कहा भी गया है कि शिक्षक छात्रों के लिए श्रेष्ठ प्रेरणा का काम करता है। इस दृष्टि से एक अध्यापक को आत्मविश्वासी दृढ़ इच्छाशक्ति वाला, कर्त्तव्यनिष्ठ, निरोगी, श्रेष्ठ रुचियों एवं अभिरुचियों वाला होना चाहिए।

(v) **व्यक्तिगत भेदों की जानकारी** : प्रत्येक छात्र की बुद्धि, रुचि, योग्यता, क्षमता, अभिवृत्ति आदि अलग-अलग होती है। इन्हीं विशेषताओं के कारण कुछ छात्र अध्यापक द्वारा प्रदत्त ज्ञान को आसानी से आत्मसात कर लेते हैं और कुछ देर से करते हैं या बिल्कुल ही नहीं कर पाते। सामान्यतः एक कक्षा में अध्यापक को तीन प्रकार के छात्रों का सामना करना होता है—मेधावी, सामान्य तथा पिछड़े हुए बालक और इन्हीं के अनुरूप उसे अपने शिक्षण की व्यवस्था करनी होती है। व्यक्तिगत भेद अध्यापक को छात्र के समझने में पूरा-पूरा सहयोग देते हैं।

(vi) **मनोविज्ञान की जानकारी** : ऐसा कहा जाता है कि एक अध्यापक को मनोविज्ञान का ज्ञान अनिवार्य है। इस संदर्भ में यह बात बिल्कुल स्पष्ट हो जाती है कि जब तक एक अध्यापक को मनोविज्ञान के सिद्धांतों का ज्ञान नहीं होता तब तक वह इन सिद्धांतों का शिक्षा में प्रयोग कर उसे प्रभावी नहीं बना सकता। उसे बाल विकास प्रक्रिया, वंशानुक्रम, व्यक्तिगत विभेद, प्रेरणा, सीखने के सिद्धांत आदि का ज्ञान होना चाहिए। निःसंदेह आधुनिक शिक्षा के मनोविज्ञान ने एक नई दिशा प्रदान की है।

(vii) **अनुशासन** : शिक्षा मनोविज्ञान के सिद्धांतों के प्रचलन के कारण आज यह धारणा गलत साबित हो गई है कि 'डण्डा हाथ से छूटा और बालक बिगड़ा'। अब यह अनुभव किया जाने लगा है कि डण्डे, मारपीट, भय एवं आतंक के बल पर कक्षा में स्थायी अनुशासन की स्थापना नहीं की जा सकती। यह हो सकता है कि छात्र तुरंत कुछ समय के लिए अनुशासित हो जाएं लेकिन कुछ समय बाद वह अपनी पुरानी प्रवृत्तियों पर पुनः लौट जाएंगे। मनोवैज्ञानिक परीक्षणों ने यह सिद्ध कर दिया है कि छात्र अपराध करने पर दण्ड से डरते नहीं। लेकिन इसका अर्थ यह नहीं कि छात्र को मनमानी करने दी जाए। उसे उसके अपराध के अनुकूल दण्ड अवश्य दिया जाना चाहिए।

(viii) **पाठ्य-सहगामी क्रियाएं** : शिक्षा के क्षेत्र में मनोविज्ञान के योगदान के रूप में आज पाठ्यक्रम में अनेक महत्त्वपूर्ण सहगामी क्रियाओं को यथोचित स्थान दिया जाता है। पहले यह समझा जाता था कि पढ़ाई के अतिरिक्त क्रियाओं का आयोजन करने से छात्र अपना बहुमूल्य समय नष्ट करते हैं। लेकिन, अब यह विचार बदल गया है। परिणामतः वाद-विवाद प्रतियोगिता, निबंध-लेखन, कहानी, कविता, अन्त्याक्षरी प्रतियोगिता, बालचर शिक्षा, भ्रमण, छात्र-संघ, खेल-कूद, अभिनय तथा नाटक, संगीत आदि इसी प्रकार की अन्य क्रियाओं को पाठ्यक्रम में स्थान देने के कारण बालकों के सर्वांगीण विकास में बहुत सहयोग मिलता है।

(ix) **बालक केंद्रित शिक्षा** : बाल मनोविज्ञान ने आज शिक्षा की धारा एवं संकल्पना को पूरी तरह से बदल दिया है। प्राचीन काल में शिक्षा का केंद्र बालक न होकर अध्यापक था। बालक की आवश्यकताओं, रुचियों, अभिरुचियों एवं दृष्टिकोणों की परवाह किए बिना ही शिक्षण का केंद्र बिंदु बालक हो गया। अतः शिक्षक के लिए यह आवश्यक है कि वह जो भी ज्ञान छात्रों को प्रदान करे वह उनकी रुचियों, क्षमताओं एवं स्तर के अनुकूल होना चाहिए।

(x) **समय-सारणी** : शिक्षा मनोविज्ञान के कारण ही विद्यालयों में समय-सारणी बनाते समय ध्यान रखा जाता है कि कौन-सा विषय पहले लिया जाए और कौन-सा बाद में। पहले बालकों की थकान, विश्राम एवं अवधान पर कोई ध्यान नहीं रखा जाता था लेकिन अब इन सभी पहलुओं पर विशेष ध्यान दिया गया है। खेल के समय तथा दूसरी विविध क्रियाओं के आयोजन की भी व्यवस्था समय-चक्र में सूक्ष्म रूप से कर ली जाती है। साथ ही समय-सारणी बनाते समय मौसम, बालकों की योग्यता, रुचि एवं व्यक्तिगत विभेदों आदि पर भी ध्यान दिया जाना चाहिए।

उपरोक्त बातों से स्पष्ट है कि जब तक शिक्षक यह नहीं जानेंगे कि पढ़ाना क्या है तथा छात्र यह नहीं जानेगा कि सीखना क्या है तब तक अधिगम प्रक्रिया को चलाना असंभव है। इन दो प्रश्नों के उत्तर में विषय-वस्तु या पाठ्यक्रम का उल्लेख अपेक्षित है। क्रिया-कलाप, उद्देश्य तथा पाठ्यक्रम का व्यवस्थापन अथवा संगठन अधिगम-प्रक्रिया की प्रकृति के निर्धारक हैं। यद्यपि कक्षा में अधिगम परिस्थितियों को व्यवस्थित करने संबंधी निर्देश शिक्षक को पाठ्यक्रम द्वारा उपलब्ध करा दिए जाते हैं, परंतु यह तो शिक्षक के चातुर्य

अथवा उपाय कौशल पर निर्भर करता है कि शिक्षक उसका कितनी बुद्धिमत्ता से उपयोग करते हैं। इस तरह शिक्षक की उपाय कुशलता एक और महत्त्वपूर्ण घटक है जो शिक्षक के विद्यार्थियों के अधिगम को प्रभावित करती है।

अधिगम/सीखने के प्रमुख तरीके (Important Ways of Learning)

सीखना मानव के व्यवहार में परिवर्तन है और यह परिवर्तन विभिन्न नियमों के माध्यम से संभव हो पाता है। सीखने की प्रक्रिया में सामाजिक वातावरण एवं वंशानुक्रमण अपनी महत्त्वपूर्ण भूमिका निभाते हैं। सीखने के प्रमुख तरीके निम्नवत् हैं–

(i) **अनुकरण के माध्यम से सीखना :** प्रायः सभी बालकों में अनुकरण की प्रवृत्ति पाई जाती है और यह अनुकरण की प्रवृत्ति उसे सीखने की ओर प्रेरित करती है। विद्वानों का मानना है कि अनुकरण द्वारा सीखना भूल एवं प्रयास द्वारा सीखने की तुलना में उच्च कोटि का सीखना है। इस नियम द्वारा सीखने में वह दूसरों के अनुभवों का लाभ उठाता है। इस नियम द्वारा सीखने के लिए बुद्धि की आवश्यकता अधिक होती है।

हेगाटी ने अनुकरण द्वारा सीखने के विषय में एक प्रयोग किया। उसने लोहे की एक खोखली नली में केला डाल दिया और भूखे बंदर को कमरे में बंद करके उसे उस केले वाली खोखली को कमरे में डाल दिया। बंदर उस नली को बार-बार जमीन पर पटक कर उस केले को निकालने का प्रयास करने लगा किंतु उसे कामयाबी नहीं मिली। तभी बंदर ने देखा कि उसके पास एक छोटा-सा डंडा पड़ा हुआ है। उसने उस डंडे को उठाया और नली के अंदर डाल कर केला बाहर निकाल लिया और उसे खा गया। पहले बंदर द्वारा किए जा रहे प्रयास को एक दूसरे बंदर को भी दूर से दिखाया जा रहा था। थोड़ी देर बाद इसी प्रकार की नली में केला डालकर दूसरे बंदर के सामने डाला गया। दूसरे बंदर ने तुरंत ही डंडे की मदद से उस केले को बाहर निकाल कर खा लिया। इस परीक्षण से स्पष्ट हो जाता है कि पहले बंदर ने भूल एवं प्रयास के माध्यम से लक्ष्य तक पहुंचने में सफलता पाई जबकि दूसरे बंदर ने पहले बंदर का अनुकरण कर तुरंत लक्ष्य तक पहुंचने में सफलता पा ली। इस प्रकार **हेगाटी** ने स्पष्ट किया कि अनुकरण द्वारा सीखना, सीखने की एक महत्त्वपूर्ण विधि है।

(ii) **भूल एवं प्रयास के माध्यम से सीखना :** भूल एवं प्रयास के नियम का प्रतिपादक **थॉर्नडाइक** को माना जाता है। उन्होंने चूहों और बिल्लियों पर अनेक परीक्षण करने के पश्चात् यह पाया कि मानव और पशु दोनों ही भूल एवं प्रयास के तरीके से सीखते हैं। किसी कार्य को करने के लिए पहले प्रयास किया जाता है और यह आवश्यक नहीं है कि प्रथम प्रयास में ही वह कार्य पूरा हो जाए। क्योंकि उसमें कोई न कोई भूल हो जाने की संभावना रहती है और कार्य में सफलता नहीं मिलती। अब इसे दोहराया जाता है और दोबारा करते समय पहली भूल को ध्यान में रखते हुए प्रयास किया जाता है। जैसे-जैसे प्रयास किया जाता है पुरानी भूलों में कमी आती जाती है और कार्य संपन्न हो जाता है। इस प्रकार बार-बार प्रयास करने पर सीखने की प्रक्रिया पूर्ण हो जाती है और यह कार्य ठीक प्रकार से होने लगता है। प्रयास एवं भूल में मानव प्रेरणायुक्त होता है और अपने निश्चित लक्ष्य तक पहुंचने की ओर अग्रसर होता है। यद्यपि प्राणी का लक्ष्य अस्पष्ट होता वह अपने इस अस्पष्ट लक्ष्य को प्राप्त करने के लिए बार-बार प्रयास करता है। असफलता मिलने पर पुनः प्रयास करता है और अंत में अपने लक्ष्य तक पहुंच जाता है। सही लक्ष्य तक पहुंच जाना ही सीखने की प्रक्रिया को पूर्ण करता है। उदाहरणार्थ–मनुष्य का टाइप सीखना, गणित के सवाल निकालना, साइकिल चलाना सीखना आदि भूल एवं प्रयास द्वारा सीखने के कुछ ऐसे ही उदाहरण हैं।

(iii) **सूझ-बूझ के माध्यम से सीखना :** सूझ-बूझ के माध्यम से सीखने के सिद्धांत का प्रतिपादक **कोहलर** था। इस सिद्धांत के अनुसार मानव पहले परिस्थितियों का पूर्ण अवलोकन करता है। उसके बारे में सोचता है और फिर क्रियाओं के माध्यम से उसे सीखने का प्रयास करता है। कोई भी प्राणी जब किसी नवीन वातावरण में आता है तो उसका संबंध विभिन्न तत्वों के साथ स्थापित होता है। वह वातावरण को भलीभांति समझता है और फिर उसी के अनुरूप प्रतिक्रिया करता है। वातावरण को जानना एवं समझना उसकी सूझ-बूझ पर पर निर्भर करता है। सूझ-बूझ का यह सिद्धांत पशुओं की तुलना में मानवों पर अधिक लागू होता है। इस सिद्धांत को सिद्ध करने के लिए **कोहलर** ने चिम्पैंजियों पर परीक्षण किया। उसने एक चिम्पैंजी को पिंजड़े में बंद कर दिया और कुछ दूरी पर पिंजड़े से बाहर केले टांग दिए। पिंजड़े में दो बांस भी डाल दिए। केले पिंजड़े से इतनी दूरी पर थे कि चिम्पैंजी के हाथ वहां तक नहीं पहुंच पा रहे थे। चिम्पैंजी ने जब देखा कि उसके हाथ केले तक नहीं पहुंच पा रहे हैं तो उसने एक डंडे के सहारे केलों तक पहुंचने का प्रयास किया। लेकिन चिम्पैंजी को जब उसमें भी सफलता नहीं मिली तो वह कुछ सोचता रहा और कुछ देर के बाद उसने दोनों डंडों को आपस में जोड़ा और उनकी सहायता से उसने केलों को पिंजड़े में खींच कर खा लिया। इस तरह स्पष्ट है कि सूझ-बूझ के सिद्धांत में बुद्धि का होना आवश्यक है। यह परीक्षण चिम्पैंजी पर इसलिए

किया गया क्योंकि चिम्पैंजी में थोड़ी-बहुत बुद्धि होती है। उसने अपनी सूझ-बूझ का इस्तेमाल कर केलों को खाने में सफलता प्राप्त की।

***(iv)* आंशिक एवं पूर्ण तरीकों द्वारा सीखना :** इस विधि से छात्रों को समस्या का पूर्ण ज्ञान कराया जाता है, जिससे प्रथम बार में छात्रों को उस समस्या के बारे में कुछ न कुछ ज्ञान हो जाता है।

***(v)* सामूहिक तरीके के माध्यम से सीखना :** मानव एक सामाजिक प्राणी है। समाज से बाहर उसका कोई अस्तित्व नहीं है। अतः वह समाज में रहते हुए समूह में बहुत कुछ सीखता है। समूहों में रहते हुए उसका ज्ञान प्राप्त करना ही सामूहिक सीखना कहलाता है। प्रोजेक्ट डाल्टन तथा बेसिक विधि, वर्कशॉप विधि, वाद-विवाद, सेमीनार विधि आदि सीखने की सामूहिक विधियों के अच्छे उदाहरण हैं।

अभ्यास प्रश्न

1. अधिगम में शिक्षार्थी को उसके परिणामों से अवगत कराने से उसे इसके द्वारा अभिप्रेरण (Motivation) मिलता है–
A. असफलता की सूचना
B. सफलता की सूचना
C. प्रतिपुष्टि (Feedback) द्वारा पुनर्बलन (Reinforcement)
D. निंदा व प्रशंसा

2. अधिगम के सिद्धान्तों (Theory of Learning) में निम्नांकित प्रमुख है–
A. साहचर्यवाद (Association)
B. शास्त्रीय अनुबन्ध (Classical Conditioning)
C. क्रियाप्रसूत अनुबन्ध (Operant Conditioning)
D. उपरोक्त सभी

3. व्यक्तित्व के निर्माण का फ्रायड (Freud) के अनुसार कौन सा सिद्धान्त है–
A. मनोविश्लेषण सिद्धान्त (Psychoanalytic Theory)
B. प्रारूप सिद्धान्त (Type Theory)
C. विशेषक सिद्धान्त (Trait Theory)
D. उपरोक्त सभी

4. "व्यक्तित्व, व्यक्ति के व्यवहार का समग्र गुण है।" व्यक्तित्व (Personality) की यह परिभाषा निम्नांकित ने दी है–
A. वुडवर्थ (Woodworth)
B. वैलेन्टिन (Valentine)
C. बोरिंग (Boring)
D. वारेन (Warran)

5. निम्न में से कौन-से कथन को सीखने की प्रक्रिया की विशेषता ***नहीं*** मानना चाहिए?
A. सीखना एक व्यापक प्रक्रिया है
B. सीखना लक्ष्योन्मुखी होता है
C. अन-अधिगम भी सीखने की प्रक्रिया है
D. शैक्षिक संस्थान ही एकमात्र स्थान है जहाँ अधिगम प्राप्त होता है

6. व्यक्तिगत शिक्षार्थी एक-दूसरे से ...... में भिन्न होते हैं
A. विकास-क्रम
B. विकास की सामान्य क्षमता
C. वृद्धि एवं विकास के सिद्धांतों
D. विकास की दर

7. विद्यार्थियों के सीखने में जो रिक्तियाँ रह जाती हैं उनके निदान के बाद .... होना चाहिए।
A. सभी पाठों को व्यवस्थित रूप से दोहराना
B. शिक्षार्थियों और अभिभावकों को उपलब्धि के बारे में बताना
C. समुचित उपचारात्मक कार्य
D. सघन अभ्यास कार्य

8. एक छात्र की शिक्षण-अधिगम में सक्रिय भागीदारी होती है यदि वहः
A. सम्बन्धित प्रश्न पूछता है
B. शिक्षक के प्रश्नों के उत्तर देता है
C. दूसरों के विचारों पर प्रतिक्रिया व्यक्त करता है
D. उपर्युक्त सभी करता है

9. उत्तम अधिगम के लिए आवश्यक है–
A. शिक्षक व्याख्यानों तथा अधिगम परीक्षणों की
B. छात्रों द्वारा अप्रत्यक्ष रूप से अधिगमित सांस्कृतिक प्रतिमानों की
C. छात्रों द्वारा शैक्षिक सांस्कृतिक पक्षों के व्यवहारिक प्रशिक्षण की
D. छात्रों को अपनी पाठ्य-पुस्तकों की सामग्री को दैनिक रूप से रटने की

10. स्मृति की सर्वश्रेष्ठ प्रणाली कौन-सी है?
A. पहचानना B. पुनर्स्मरण करवाना
C. पुनर्संरचना D. पुनः याद करना

11. स्मृति मापने हेतु सरलतम प्रणाली प्रयुक्त की गई।
A. आकृति B. पुनः याद करना
C. अभ्यास D. पहचान

12. स्मृति का हस्तक्षेप सिद्धांत प्रतिपादित किया था–
A. मिलर ने B. बैटलटालट ने
C. एबिनगास ने D. मेकगोक ने

13. ''सीखने के पश्चात् उस बात को याद रखना या उसे पुनः प्रस्तुत करना स्मृति कहलाता है''–यह कथन किसका है?
A. फ्रायड B. मिलर
C. स्टाउट D. वुडवर्थ

14. स्मृति का पहला अंग कौन-सा है?
A. पुनः स्मरण B. सीखना
C. पहचान D. धारणा

15. सामाजिक अधिगम का सिद्धांत इनमें से किसने दिया–
A. बंडूरा B. थार्नडाइक
C. पॉवलाव D. स्कीनर

16. लिखना उदाहरण है–
A. मौखिक अधिगम
B. प्रेरक एवं संवेदी अधिगम
C. प्रेरक अधिगम
D. संवेदी अधिगम

17. शिक्षण-अधिगम की प्रक्रिया में बच्चों के ज्ञानार्जन का मुख्य तरीका है–
A. अनुकरण द्वारा अधिगम
B. करके सीखना
C. अनुभव द्वारा अधिगम
D. उपरोक्त सभी

18. एक शिक्षक को बच्चों को सिखाते समय ध्यान देना चाहिए–
A. शिक्षण पद्धति एवं निर्देशन पर
B. बालकों के वर्गीकरण पर
C. कक्षा के आकार पर
D. उपरोक्त सभी

19. 'अनुकरण द्वारा अधिगम' का नियम किसके द्वारा प्रतिपादित किया गया?
A. स्कीनर B. थॉर्नडाइक
C. हेंगाटी D. कोहलर

20. किसी कक्षा कक्ष में सीखने को प्रभावित करने वाला महत्वपूर्ण घटक है–
A. कक्षा-कक्ष का प्रशासनिक वातावरण
B. कक्षा-कक्ष का आर्थिक वातावरण
C. कक्षा-कक्ष का सामाजिक वातावरण
D. कक्षा-कक्ष का मनोवैज्ञानिक वातावरण

21. शिक्षण अधिगम के अन्तर्गत शिक्षक का प्रमुख कार्य है–
A. बालक को पढ़ाना
B. बालक का ज्ञानवर्धन करना
C. बालक को सीखने के लिए अभिप्रेरित करना
D. बालक को अच्छे संस्कारों में डालना

22. निम्नलिखित में से सीखना किस प्रकार की गतिविधि है?
A. सामाजिक B. व्यक्तिगत
C. व्यवहारिक D. उपरोक्त सभी

23. आपकी कक्षा में बच्चों का प्रदर्शन निरन्तर गिरता जा रहा है, इसका प्रमुख कारण हो सकता है
A. अभ्यास की कमी B. तत्परता
C. अनुकूल वातावरण D. इनमें से कोई नहीं

24. बच्चों में सीखने के लिए आवश्यक नियम है–
A. रटने का नियम
B. तत्परता का नियम
C. व्यवस्थित अधिगम प्रक्रिया नियम
D. बहुप्रतिक्रिया नियम

उत्तरमाला

1	2	3	4	5	6	7	8	9	10
C	D	A	A	D	D	C	D	C	A
11	**12**	**13**	**14**	**15**	**16**	**17**	**18**	**19**	**20**
B	D	D	B	A	B	D	D	C	D
21	**22**	**23**	**24**						
C	A	A	B						

11. बच्चा एक समस्या समाधानकर्त्ता तथा वैज्ञानिक अन्वेषक के रूप में (Child as a Problem-solver and a Scientific Investigator)

समस्या समाधान का अर्थ (Meaning of Problem Solving)

समस्या समाधान का अर्थ है कठिनाइयों पर विजय प्राप्त करके लक्ष्य को प्राप्त करना। यदि हम किसी निश्चित लक्ष्य पर पहुँचना चाहते हैं, पर किसी कारणवश नहीं पहुँच पाते, तब हमारे सामने एक समस्या खड़ी हो जाती है। यदि हम इस कठिनाई पर विजय प्राप्त करके अपने लक्ष्य पर पहुँच जाते हैं, तो हम अपनी समस्या का समाधान कर लेते हैं। कुछ समस्याओं का हल करने में कम समय लगता है और कुछ में अधिक। किसी समस्या का समाधान करने के लिए यदि समुचित साधन उपलब्ध नहीं होते तो समाधान का विकल्प देखना पड़ता है।

बच्चा एक समस्या समाधानकर्त्ता के रूप में (Child as a Problem Solver)

विद्यालय शिक्षा के दौरान एक बच्चे के समक्ष अनेक समस्याएं आती हैं तथा उसका समाधान भी उसे ही ढूँढना होता। ऐसे में बच्चों को इस स्तर के योग्य बनाने के लिए आवश्यक है कि उनके व्यक्तित्व का विकास इस प्रकार से किया जाए कि वह सभी प्रकार की परिस्थितियों का सही ढंग से सामना कर सकें। व्यक्तित्व का विकास निम्नलिखित तरीकों के माध्यम से किया जा सकता है–

(i) **आत्म पहचान का गुण विकसित करके :** इस तरीके के तहत बच्चों को ऐसे काम दिए जाने चाहिए जिनमें सफलता निश्चित हो। इन कामों को करने से बच्चे में आत्म-विश्वास बढ़ता है जो जिन्दगी में प्रसन्नता व सहयोग की भावना को बढ़ाता है। बच्चे का जन्मदिन मनाना चाहिए। इससे बच्चे की आत्म-अनुमोदन तथा सामाजिक अनुमोदन की भावना को संतुष्टि मिलती है समय-समय पर बच्चे के काम की प्रशंसा करनी चाहिए तथा छोटी-छोटी बातों पर भी उन्हें पुरस्कृत करना चाहिए जिससे कि वह भविष्य में अपनी समस्याओं का समाधान स्वयं कर सकें।

(ii) **स्वयं की कमियों को स्वीकार करना और सिखाकर दूर करना :** बच्चों में यह भावना पैदा करनी चाहिए कि कोई भी व्यक्ति संपूर्ण नहीं है। इसीलिए अपनी कमियों को मुस्कुराते हुए स्वीकार करना चाहिए तथा उन्हें दूर करने का प्रयत्न करना चाहिए। इसके लिए बच्चे को इससे संबंधित कहानियां सुनानी चाहिए। इसके अतिरिक्त कुछ रचनात्मक कार्यक्रम का भी आयोजन किया जाना चाहिए। उदाहरणार्थ–नाटक दिखाना एवं कठपुतली नृत्य आदि। बच्चे के गुणों की खुलकर प्रशंसा करनी चाहिए ताकि बच्चा अपनी कमियों को भूलकर अपनी प्रतिभा को निखार सके।

(iii) **स्वावलंबी बनने के लिए प्रेरित करके :** बच्चे को आत्मनिर्भर बनाने के लिए हमेशा प्रेरित करते रहना चाहिए। इसके लिए बच्चे को कहानियां सुनानी चाहिए, नाटक दिखाने चाहिए, लड़कियों को गुड़िया को कपड़े पहनाने, सफाई करने, कंघी करने जैसे काम करने देने चाहिए इससे बच्चों में आत्मनिर्भरता बढ़ती है। बच्चों को चुनौतीपूर्ण व उत्तरदायित्व वाले काम सौंपने चाहिए जिससे कि वह समस्याओं के समाधानों का हल सही दिशा में निकालने के लिए सक्षम हो सकें।

बच्चा एक वैज्ञानिक अन्वेषक के रूप में (Child as a Scientific Investigator)

किसी भी छात्र की समझ की सही जांच तब होती है जब वह समाज में रहकर सीखता है तथा अपने स्वयं के ज्ञान को एक अन्वेषक के रूप में प्रयोग करता है। एक बच्चे को वैज्ञानिक अन्वेषक के रूप में निम्नलिखित प्रकार से विकसित किया जा सकता है–

(i) किसी बच्चे को दैनिक जीवन में आने वाले व्यक्तियों के व्यवसाय के बारे में समझाने का प्रयास करना चाहिए। यथा–डॉक्टर, डाकिया, वकील, बढ़ई व सुनार आदि।

(ii) बच्चों को अलग-अलग जगहों पर भ्रमण के लिए ले जाना चाहिए ताकि वे भ्रमण के माध्यम से कुछ नए प्रकार के चीजों के संबंध में सोच सकें।

(iii) बच्चों को दुकान-दुकान आदि का खेल खेलना चाहिए ताकि वे खेल-खेल में दुकानदारी आदि के व्यवसाय आदि के बारे में जान सकें।

(iv) ऐसा उपाय करना चाहिए ताकि बच्चे वैज्ञानिक यंत्रों, धातुओं, वायु संचार आदि के बारे में स्वयं जानकारी प्राप्त कर सकें। ऐसा करने से उनमें (बच्चों में) एक वैज्ञानिक सोच के साथ-साथ अलग-अलग विषयों का अन्वेषण करने का गुण भी उत्पन्न होने लगता है।

अभ्यास प्रश्न

1. .... के अतिरिक्त निम्नलिखित समस्या समाधान की प्रक्रिया के चरण हैं–
A. सम्भावित युक्तियों को खोजना
B. समस्या को छोटे हिस्सों में बाँटना
C. समस्या की पहचान
D. परिणामों की आशा करना

2. बच्चों की सीखने की प्रक्रिया में माता-पिता को ...... भूमिका निभानी चाहिए।
A. अग्रोन्मुखी B. नकारात्मक
C. तटस्थ D. सहानुभूतिपूर्ण

3. चिन्तन तथा तर्क का उद्देश्य है–
A. संवेग को समाप्त करना
B. समस्या को जटिल बनाना
C. संज्ञान का अन्त करना
D. समस्या का समाधान करना

4. अधिगमकर्ता का स्व-नियमन का क्या अर्थ है?
A. विद्यार्थियों के व्यवहार के लिए विनियमों का निर्माण करना
B. विद्यार्थी निकाय द्वारा बनाए गए नियम एवं विनियम
C. अपने सीखने का स्वयं अनुवीक्षण करने की योग्यता
D. स्व-अनुशासन और नियन्त्रण

5. शिक्षार्थियों का 'आत्म नियमन' .... की ओर संकेत करता है।
A. स्व-अनुशासन और नियंत्रण
B. विद्यार्थियों के व्यवहार के लिए विनियम बनाना
C. अपने सीखने का स्वयं पर्यवेक्षण करने की उनकी योग्यता
D. विद्यार्थी-निकाय द्वारा बनाए गए नियम-विनियम

6. विद्यार्थियों के सीखने में जो रिक्तियाँ रह जाती हैं उनके निदान के बाद .... होना चाहिए।
A. समुचित उपचारात्मक कार्य
B. शिक्षार्थियों और अभिभावकों को उपलब्धि के बारे में बताना
C. सभी पाठों को व्यवस्थित रूप में दोहराना
D. सघन अभ्यास कार्य

7. सीमा ने हाथ से दाल और चावल खाना सीख लिया है। जब उसे दाल और चावल दिए जाते हैं तो वह दाल-चावल मिलाकर खाने लगती है। उसने चीजों को करने के लिए अपने स्कीम में दाल और चावल खाने को .... कर लिया है।
A. समुचितता B. अनुकूलित
C. समायोजित D. अंगीकार

8. शिक्षकों को अपने विद्यार्थियों की त्रुटियों का अध्ययन करना चाहिए क्योंकि वे प्रायः .... की ओर संकेत करते हैं।
A. भिन्न प्रकार की पाठ्यचर्या की आवश्यकता
B. योग्यताओं के अनुसार समूह बनाने हेतु दिशा-निर्देश
C. आवश्यक उपचारात्मक युक्तियों
D. उनके ज्ञान की सीमा

9. "समस्या-समाधान किसी लक्ष्य की प्राप्ति में बाधा डालती प्रतीत होती कठिनाइयों पर विजय पाने की प्रक्रिया है।" निम्न में से यह कथन किसका है?
A. स्टेनले B. स्किनर
C. पियाजे D. पावलॉव

10. बच्चों द्वारा की जाने वाली त्रुटियों के सम्बन्ध में निम्नलिखित में से कौन-सा कथन सत्य है?
A. यदि एक शिक्षक कक्षा-कक्ष में सभी बच्चों की त्रुटियों को सुधारने योग्य नहीं है तो यह संकेत करता है कि शिक्षक-शिक्षा की व्यवस्था असफल है।
B. स्वयं बच्चों द्वारा त्रुटियों को सुधारा जा सकता है इसलिए शिक्षक को उन्हें तुरन्त ही नहीं सुधारना चाहिए।
C. प्रत्येक त्रुटि को सुधारने में बहुत अधिक समय लगेगा तथा एक शिक्षक के लिए थकान वाला होगा
D. एक शिक्षक को प्रत्येक त्रुटि पर ध्यान नहीं देना चाहिए अन्यथा पाठ्यक्रम पूरा नहीं होगा।

11. एक शिक्षिका अपने शिक्षार्थियों को सदैव इस रूप में सहायता करती है कि वे एक विषय-क्षेत्र से प्राप्त ज्ञान को दूसरे विषय-क्षेत्रों के ज्ञान के साथ जोड़ सकें। इससे .... को बढ़ावा मिलता है।
A. वैयक्तिक भिन्नताओं
B. शिक्षार्थी-स्वायत्तता
C. ज्ञान के सह-सम्बन्ध एवं अन्तरण
D. पुनर्बलन

12. इरफान खिलौनों को तोड़ता है और उसके पुर्जों को देखने के लिए उन्हें अलग-अलग कर देता है। आप क्या करेंगे?
A. उसके जिज्ञासु स्वभाव को प्रोत्साहित करेंगे और उसकी ऊर्जा को सही दिशा में संचारित करेंगे
B. उसे समझाएँगे कि खिलौनों को तोड़ना नहीं चाहिए
C. इरफान को खिलौनों से कभी भी नहीं खेलने देंगे
D. उस पर हमेशा नजर रखेंगे

उत्तरमाला

1	2	3	4	5	6	7	8	9	10
B	A	D	C	C	A	B	C	B	A
11	**12**								
C	A								

12. संवेग और अभिप्रेरण (Emotion and Motivation)

संवेग (Emotion)

जब हम किसी विषय के बारे में बार-बार सोचते हैं तो हमारी राग-द्वेषात्मक मनोवृत्ति और प्रबल हो उठती है। बार-बार सोचे गए विषय को या तो हम प्रेम की दृष्टि से अथवा घृणा की दृष्टि से देखने लगते हैं। हमारी यह राग-द्वेषात्मक मनोवृत्ति और प्रबल हो उठती है। बार-बार सोचे गए विषय को या तो प्रेम की दृष्टि से अथवा घृणा की दृष्टि से देखने लगते हैं। हमारी यह राग-द्वेषात्मक मनोवृत्ति संवेग (Emotion) के कारण बनती है। संवेग भावों से उत्पन्न होता है। जब तक किसी विषय के संबंध में हमारे भाव सामान्य रहते हैं, संवेगों की उत्पत्ति नहीं होती है। जब उस विषय के भाव प्रबल हो जाते हैं, तब संवेग की उत्पत्ति होती है। भाव हमारे मन पर धीरे-धीरे प्रभाव डालता है। परंतु किसी प्रकार के संवेग के उत्पन्न होने पर हमारे मन में भारी उथल-पुथल हो जाती है।

संवेग की कुछ परिभाषाएं (Definitions of Emotion)

जरशील्ड के अनुसार, "संवेग शब्द किसी भी प्रकार के आवेश में आने से भड़क उठने अथवा उत्तेजित होने की दशा को सूचित करता है।"

मैक्डूगल के अनुसार, "संवेग एक प्रकार का अनुभव है जो किसी न किसी मूल प्रवृत्तीय क्रिया से संबद्ध होता है।"

क्रो एवं क्रो के अनुसार, "संवेग, व्यक्ति के आंतरिक समायोजन, मानसिक एवं शारीरिक-भौतिक अवस्थाओं से प्रभावित होकर उसके बाह्य व्यवहार में दिखाई देने वाला प्रभावशाली अनुभव है।"

वुडवर्थ के अनुसार, "संवेग जीव की उत्तेजनायुक्त अवस्था है।

निष्कर्ष (Result)

(*i*) प्रत्येक संवेग किसी न किसी मूल प्रवृत्ति या भावना से अवश्य ही संबद्ध होता है।

(*ii*) संवेग मानव की परिवर्तित आंतरिक भावना का बाह्य रूप होता है।

(*iii*) प्रत्येक संवेग किसी न किसी क्रिया से किसी रूप में अंवश्य ही संबद्ध होता है।

उपर्युक्त निष्कर्ष के आधार पर हम कह सकते हैं कि "किसी ज्ञात (प्रमुखतः) या अज्ञात (कभी-कभी) कारण से हमारी मनोदशा को प्रभावित करने वाले अस्थायी भाव, संवेग कहलाते हैं।"

संवेग की विशेषताएं/लक्षण (Characteristics of Emotion)

(*i*) प्रत्येक संवेग का संबंध किसी न किसी मूल प्रवृत्ति से होता है।

(*ii*) संवेगों का उभार सकारण होता है।

(*iii*) संवेग क्षणिक एवं अस्थायी होते हैं।

(*iv*) संवेग परिवर्तनशील होते हैं।

(*v*) संवेग सार्वभौमिक होते हैं।

(*vi*) संवेगों की तीव्रता वैयक्तिक अधिक होती है।

(*vii*) संवेगों की उत्पत्ति का कारण बाह्य जगत् से संबद्ध होता है।

(*viii*) संवेग मानव के व्यवहार को प्रभावित करते हैं।

संवेगों को प्रभावित करने वाले कारक (Factors Affecting Emotion)

निम्न कारक किसी न किसी रूप में संवेगों को प्रभावित करते हैं–

(*i*) वातावरण, (*ii*) मानसिक सक्रियता, (*iii*) शारीरिक स्वास्थ्य, (*iv*) वैयक्तिक रुचियां, (*v*) अभिवृत्तियां एवं मूल्य।

संवेगों से प्रभावित होने वाले कारक (Factors Affected by Emotion)

जिस प्रकार कुछ कारक संवेगों को प्रभावित करते हैं ठीक उसी प्रकार संवेग भी कुछ कारकों से प्रभावित होते हैं। ये कारक हैं–(*i*) शारीरिक स्वास्थ्य, (*ii*) मानसिक स्वास्थ्य, (*iii*) वाणी, (*iv*) सामाजिकता एवं अधिगम।

संवेग के विभिन्न प्रकार (Types of Emotion)

संवेगों का संबंध मूल प्रवृत्तियों से होता है। चौदह मूल-प्रवृत्तियों के चौदह संवेग हैं, जो इस प्रकार हैं–

1. भय, 2. घृणा, 3. करुणा एवं दुःख, 4. आश्चर्य, 5. आत्माभिमान, 6. भूख, 7. कृतिभाव, 8. क्रोध, 9. वात्सल्य, 10. कामुकता, 11. आत्महीनता, 12. एकाकीपन, 13. अधिकार भावना, 14. आमोद।

संवेग एवं शिक्षा में इसका महत्व (Importance of Emotion in Education)

शिक्षक, बालकों के संवेगों के प्रति ध्यान देकर उनका किस प्रकार हित कर सकते हैं, यह निम्नलिखित बातों से स्पष्ट हो जाता है–

(*i*) शिक्षक, बालकों की मानसिक शक्तियों के मार्ग को प्रशस्त करके, उन्हें अपने अध्ययन में अधिक क्रियाशील बनाने की प्रेरणा प्रदान कर सकता है।

(*ii*) शिक्षक, बालकों के संवेगों को परिष्कृत करके उनको समाज के अनुकूल व्यवहार करने की क्षमता प्रदान कर सकता है।

(*iii*) शिक्षक, बालकों के संवेगों का विकास करके, उनमें उत्तम विचारों, आदर्शों, गुणों और रुचियों का निर्माण कर सकता है।

(*iv*) शिक्षक, बालकों को अपने संवेगों पर नियंत्रण करने की विधियां बताकर उनको शिष्ट और सभ्य बना सकता है।

(*v*) शिक्षक, बालकों के संवेगों को जाग्रत करके, पाठ में उनकी रुचि उत्पन्न कर सकता है।

(*vi*) शिक्षक, बालकों के संवेगों का ज्ञान प्राप्त करके, उपयुक्त पाठ्यक्रम का निर्माण करने में सफलता प्राप्त कर सकता है।

(*vii*) शिक्षक, बालकों में उपयुक्त संवेगों को जाग्रत करके, उनको महान कार्यों को करने की प्रेरणा दे सकता है।

अभिप्रेरण (Motivation)

अभिप्रेरण में वे सब आंतरिक अवस्थाएं आ जाती है जो किसी क्रिया को छोड़ती है या उसको बनाए रखती है। प्रेरक (Motive) उद्दीपन (Stimulus) से भिन्न होता है, क्योंकि वह उत्तेजना के प्रकट होने के पहले से ही उपस्थित होता है। यदि आंतरिक अभिप्रेरणा न हो तो बाह्य उद्दीपन कितना भी तीव्र होने पर अनुक्रिया उत्पन्न नहीं कर सकता है।

अभिप्रेरणा एक प्रकार की शक्ति है जो छात्रों को अध्ययन तथा अन्य कार्यों को करने का जोश तथा रुचि उत्पन्न करती है। व्यक्ति जो भी कार्य करता है उसमें किसी न किसी प्रकार की अभिप्रेरणा की भूमिका आवश्यक होती है। अध्यापक के समक्ष यह बहुत बड़ी समस्या होती है कि छात्रों को किस प्रकार अधिक-से-अधिक अभिप्रेरित किया जाए। अध्यापक इसके लिए अनेक उपाय करता है। अभिप्रेरणा अधिगम के लिए कोई आवश्यक शर्त नहीं है परंतु फिर भी यह अधिगम प्रक्रिया को गतिशीलता प्रदान करती है। इसे ''सीखने का हृदय'' (Heart of Learning), ''सीखने का स्वर्ण पथ'' (Golden Road of Learning), तथा ''सीखने का मुख्य कारक'' (Important Factor of Learning) कहा गया है।

अभिप्रेरणा की कुछ परिभाषाएं (Definitions of Motivation)

स्किनर के अनुसार, ''अभिप्रेरणा, अधिगम का सर्वोच्च राजमार्ग है।''

बर्नार्ड के अनुसार, ''उत्प्रेरणा, शिक्षा में मनोविज्ञान की मूलभूत समस्या है।''

कैले के अनुसार, ''अधिगम की कुशल कला में उत्प्रेरणा केंद्रीय कारक है।''

निष्कर्ष (Result)

(*i*) उत्प्रेरणा और अधिगम का सीधा संबंध है।

(*ii*) उत्प्रेरणा किसी आंतरिक शक्ति का उभार है।

(*iii*) प्राणी या मनुष्य के अंदर निहित वे सभी तत्व जो उसके बाह्य व्यवहार को प्रभावित करते हैं, आंतरिक तत्व या आंतरिक शक्तियां कहलाती हैं। इनमें मूल प्रवृत्तियां, मन, बुद्धि, चित्त एवं अहंकार सभी आंतरिक शक्तियां हैं।

प्रेरणा के भेद (Types of Motivation)

प्रेरणा के दो भेद हैं–

(*i*) **सकारात्मक प्रेरणा (Positive Motivation):** इस प्रेरणा में बालक किसी कार्य को अपनी स्वयं की इच्छा से करता है। इस कार्य को करने से उसे सुख और संतोष प्राप्त होता है। इस प्रेरणा को आंतरिक प्रेरणा भी कहते हैं।

(*ii*) **नकारात्मक प्रेरणा (Negative Motivation):** इस प्रेरणा में बालक किसी कार्य को अपनी स्वयं की इच्छा से न करके, किसी दूसरे की इच्छा या बाह्य प्रभाव के कारण करता है। इस कार्य को करने से उसे किसी वांछनीय या निश्चित लक्ष्य की प्राप्ति होती है। इस प्रेरणा को बाह्य प्रेरणा भी कहते हैं।

प्रेरणा की प्रमुख विधियां (Main Process of Motivation)

मरसेल ने लिखा है कि प्रेरणा यह निश्चित करती है कि लोग कितनी अच्छी तरह से सीख सकते हैं और कितनी देर तक सीख सकते हैं। अतः उनको प्रेरणा प्रदान की जानी आवश्यक है। ऐसा निम्नांकित विधियों का प्रयोग करके किया जा सकता है–

(*i*) **रुचि (Interest):** प्रेरणा प्रदान करने की पहली विधि है बालकों की पाठ में रुचि उत्पन्न करना। अतः अध्यापक को पढ़ाए जाने वाले पाठ को बालक की रुचियों से संबंधित करना चाहिए। इस संबंध में प्रेसी, रॉबिन्स व हॉरक्स का कहना है कि ''रुचि, छात्रों का ध्यान आकर्षित करने का प्रथम उपाय है।''

(*ii*) **सफलता (Success):** सफलता के संबंध में फ्रेंडसन का विचार है कि सीखने के सफल अनुभव अधिक सीखने की प्रेरणा देते हैं।

(*iii*) **सामूहिक कार्य (Collective Work):** प्रेरणा प्रदान करने की इस विधि में बालकों को सामूहिक कार्यों में भाग लेने के लिए प्रोत्साहित किया जाता है।

(*iv*) **आवश्यकता का ज्ञान (Required Knowledge):** इस विधि के अंतर्गत् यह माना जाता है कि बालकों की मुख्य आवश्यकताएं उसके सीखने में उद्दीपन का कार्य करती हैं।

(*v*) **प्रशंसा (Admiration):** उचित समय और स्थान पर प्रयोग किए जाने पर प्रशंसा, प्रेरणा का एक महत्त्वपूर्ण कारक है।

(*vi*) **कक्षा का वातावरण (Environment of Class):** अच्छा शिक्षक प्रभावशाली प्रेरणा के लिए शिक्षण-सामग्री से संपन्न अर्थपूर्ण और निरंतर परिवर्तनशील कक्षा-कक्ष के वातावरण पर निर्भर रहता है।

(*vii*) **सामाजिक वर्गों में भाग (Participate in Social Group):** यह बालकों और युवकों को प्रेरणा देने की साधारणतया सबसे प्रभावशाली विधि है। यह बालकों को उन अर्थपूर्ण सामाजिक कार्यक्रमों में रचनात्मक कार्य करने का अवसर देता है जिनको व्यक्ति और समाज दोनों महत्त्वपूर्ण समझते हैं।

(*viii*) **प्रतिद्वन्द्विता (Competitor):** इसके अनुसार शिक्षाशास्त्र के संपूर्ण इतिहास में प्रतिद्वन्द्विता को प्रेरणा प्रदान करने के लिए प्रयोग किया गया है।

(*ix*) **खेल-विधि का प्रयोग (Use of Playing Method):** इस विधि के अनुसार बालकों को शिक्षा देने के लिए खेल-विधि का प्रयोग किया जाता है। अतः शिक्षक को खेल-विधि का प्रयोग करके बालकों को शिक्षा देनी चाहिए।

(*x*) **परिणाम का ज्ञान (Knowledge of Result):** इस विधि के अनुसार यह माना जाता है कि प्रेरणा, परिणामों के तात्कालिक ज्ञान से प्राप्त होती है।

प्रेरणा में योगदान देने वाले मुख्य कारक (Factors Contributing to Motivation)

(*i*) **प्रोत्साहन (Encouragement):** प्रोत्साहन लक्ष्य तक पहुंचने के साधन होते हैं। इनका स्वरूप पुरस्कार के रूप में भी हो सकता है और संकेत के रूप में भी। जब ये किसी ऐसे उद्दीपक से जुड़ जाते हैं, जो इनकी उपस्थिति बताता है तो ये प्राणी को उत्तेजित कर देतें हैं अर्थात् व्यक्ति के व्यवहार को उभारते हैं और उसे गति प्रदान करते हैं। हल एवं स्पेन्स मानते हैं कि यूँ तो प्राणी का व्यवहार मूलतः चालक द्वारा संचालित होता है लेकिन वे ये भी मानते हैं कि कभी-कभी आत्म-प्रोत्साहन प्रेरणा का कार्य करता है। स्कीनर कहते हैं कि पुनर्बलन ही प्रोत्साहन है, अर्थात् धनात्मक तथा ऋणात्मक पुनर्बलन ही प्रोत्साहन का काम करते हैं। धनात्मक पुनर्बलन धनात्मक पुरस्कार होता है तथा ऋणात्मक पुनर्बलन ऋणात्मक पुरस्कार होता है।

(*ii*) **दण्ड (Punishment):** दण्ड एक उद्दीपन के समान है, जिससे व्यक्ति बचने का प्रयास करता है अथवा उससे दूर भागना चाहता है। दण्ड के संबंध में विचार व्यक्त करते हुए बोम्पस स्मिथ कहते हैं कि "विद्यालयी दण्ड प्रतिशोध नहीं होता है। इसका उद्देश्य प्रशिक्षण है। सर्वप्रथम अपराधी का प्रशिक्षण। दूसरे, उसके अवलोकन से अन्य बालकों का प्रशिक्षण। साथ ही उसे तथा दूसरों को पुनः अपराध करने से बचाना है।"

(*iii*) **उत्तेजना (Excitement):** यह किसी प्राणी की उत्तेजित होने की सामान्य अवस्था है। इस संबंध में डोनाल्ड हैब ने विचार व्यक्त करते हुए कहा है कि "उत्तेजना अथवा जागरूकता शक्ति प्रदान करती है लेकिन दिशा-निर्देश प्रदान नहीं करती। यह इंजन के समान है लेकिन उसका मार्ग परिवर्तित करने वाला साधन नहीं।"

उत्तेजना व्यक्ति की सक्रियता का आवश्यक कारक माना गया है। इसके तीन स्तर हैं–उच्च, मध्य एवं निम्न। व्यक्ति को यह उत्तेजना दो स्रोतों (बाह्य एवं आंतरिक) से मिलती है।

(*iv*) **आकांक्षा (Ambition):** आकांक्षा का उत्तेजना स्तर से सीधा संबंध है। हम उस स्थिति में उत्तेजित हो उठते हैं जब हम देखते कुछ और हैं और देखना कुछ चाहते हैं। जो हम देख रहे होते हैं वह Perception है और जो हम देखना चाहते हैं वह Expectancy है। जब इन दोनों के मध्य अंतर (Discrepancy) हो जाता है तो हम उत्तेजित हो उठते हैं।

मैक्लेलैंड ने अपना विचार प्रकट करते हुए कहा है कि P तथा E में अंतर अधिक होने पर हमें दुःख होता है एवं अंतर कम होने पर सुख प्राप्त होता है। इसलिए अंतर (Discrepancy) का एक निश्चित स्तर घटना तथा आशाओं के बीच रखना चाहिए। पूर्व अनुमानित संतोष को हम Valance कहते हैं तथा वास्तविक संतोष को Valuel। इस प्रकार कोई व्यक्ति जिस बल से कार्य करता है वह Expectancy और Valance का गुणनफल होता है।

अर्थात् $F = E \times V$.

अभ्यास प्रश्न

1. मोटीवेशन शब्द की उत्पत्ति हुई है, लैटिन भाषा के :
A. मी धातु से B. मोट धातु से
C. मोटम धातु से D. मोम धातु से

2. अभिप्रेरणा को प्रभावित करने वाले कारक हैं :
A. आवश्यकताएं B. आकांक्षा स्तर एवं रुचि
C. संवेगात्मक स्थिति D. इनमें से सभी

3. अभिप्रेरणा (Motivation) का स्रोत निम्नांकित होता है–
A. पर्यावरणीय (Environmental)
B. आंतरिक (Intrinsic)
C. बाह्य (Extrinsic)
D. उपरोक्त B और C

4. निम्नलिखित में से किस मनोवैज्ञानिक ने प्रेरणा का मनोविश्लेषण सिद्धान्त प्रस्तुत किया?
A. एल्फ्रेड एडलर B. सिगमंड फ्रायड
C. सी. जी. युंग D. विलियम मैक्डुगल

5. ....को एक अभिप्रेरित शिक्षण का संकेतक माना जाता है।
A. शिक्षक द्वारा दिया गया उपचारात्मक कार्य–
B. विद्यार्थियों द्वारा प्रश्न पूछना
C. कक्षा में एकदम खामोशी
D. कक्षा में अधिकतम उपस्थिति

6. सीखने की प्रक्रिया में, अभिप्रेरणा–
A. पिछले सीखे हुए को नए अधिगम से अलग करती है
B. शिक्षार्थियों को एक दिशा में सोचने के योग्य बनाती है
C. शिक्षार्थियों में सीखने के प्रति रुचि का विकास करती है
D. शिक्षार्थियों की स्मरण-शक्ति को पैना बनाती है

7. 'संवेगात्मक विरेचन' का अर्थ है–
A. संवेगात्मक दमन को सहन करने की योग्यता को बढ़ाना
B. संवेगात्मक दमन से बाहर निकालना
C. बहुत अधिक अवसादग्रस्त महसूस करना
D. संवेगों को दबाना

8. निम्न में से कौन-सा बच्चे की सामाजिक-मनोवैज्ञानिक आवश्यकताओं के साथ सम्बद्ध नहीं है?
A. सान्निध्य (संगीत) की आवश्यकता
B. शरीर से अपशिष्ट पदार्थों का नियमित रूप से बाहर निकलना
C. संवेगात्मक सुरक्षा की आवश्यकता
D. सामाजिक अनुमोदन अथवा सराहना की आवश्यकता

9. व्यवहार का 'करना' पक्ष .... में आता है।
A. सीखने के भावात्मक क्षेत्र
B. सीखने के संज्ञानात्मक क्षेत्र
C. सीखने के मनोवैज्ञानिक क्षेत्र
D. सीखने के गतिक (कोनेटिव) क्षेत्र

10. निम्नलिखित में से कौन-सी विशेषता आन्तरिक रूप से अभिप्रेरित बच्चों के लिए सही नहीं है?
A. वे कार्य करते समय उच्च स्तर की ऊर्जा प्रदर्शित करते हैं
B. उन्हें कार्य करने में आनन्द आता है
C. ये हमेशा सफल होते हैं
D. वे चुनौती भरे कार्यों को पसन्द करते हैं

11. एक विद्यार्थी मेडिकल कॉलेज में दाखिला लेने के लिए कठिन परिश्रम करता है ताकि वह प्रवेश परीक्षा में उत्तीर्ण हो सके। यह विद्यार्थी .... रूप में अभिप्रेरित है।
A. बाह्य B. आन्तरिक
C. आनुभविक D. वैयक्तिक

12. आन्तरिक रूप से अभिप्रेरित विद्यार्थी–
A. के लिए औपचारिक शिक्षा की आवश्यकता नहीं है
B. का बाह्य रूप से अभिप्रेरित विद्यार्थी की तुलना में अभिप्रेरणा स्तर कम होता है
C. के लिए बाह्य पुरस्कार उसकी अभिप्रेरणा को बनाए रखने के लिए पर्याप्त नहीं है
D. के लिए पुरस्कार की बिल्कुल भी आवश्यकता नहीं है

13. ब्लूम की टेक्सोनॉमी .... की पदानुक्रमिक व्यवस्था है।
A. संज्ञानात्मक उद्देश्यों
B. पठन कौशल
C. पाठ्यचर्या सम्बन्धी घोषणाओं
D. उपलब्धि लक्ष्यों

14. किशोरों के सन्दर्भ में निम्नलिखित में से कौन-सा कथन सर्वाधिक उचित है?
A. चिन्तन का मूर्त क्रियाओं में प्रदर्शित होना
B. बुद्धि लब्धांक में अकस्मात् वृद्धि
C. संवेगात्मक प्रोत्थान की घटना बढ़ जाती है
D. पढ़ाई के प्रति लापरवाह रवैया

15. ''संवेग जीव की उत्तेजनायुक्त अवस्था है।'' यह कथन किसका है।
A. पियाजे B. वुडवर्थ
C. ड्रेवर D. स्किनर

16. अभिप्रेरणा के सिद्धान्तों के अनुसार, एक शिक्षक ...... के द्वारा सीखने को संवर्द्धित कर सकता है।
A. विद्यार्थियों से बहुत उच्च अपेक्षाएँ रखने
B. विद्यार्थियों से किसी प्रकार की अपेक्षाएँ न रखने
C. अपेक्षाओं का एक रूप स्तर रखने
D. विद्यार्थियों से वास्तविक अपेक्षाएँ रखने

17. निम्नलिखित में से कौन-सा सीखने के लिए अधिकतम रूप से अभिप्रेरित करता है?
A. असफलता से बचने के लिए अभिप्रेरण
B. बाह्य कारक
C. लक्ष्यों को प्राप्त करने में व्यक्तिगत सन्तुष्टि
D. बहुत सरल या कठिन लक्ष्यों का चयन करने की प्रवृत्ति

18. निम्नलिखित में से कौन-सा अधिगम को अधिकतम करने के लिए सर्वाधिक उचित है?
A. समान सांस्कृतिक पृष्ठभूमि वाले शिक्षार्थियों को एक कक्षा में रखना चाहिए ताकि मत वैभिन्न से बचा जा सके
B. शिक्षार्थियों में वैयक्तिक भिन्नता को सहज बनाने के लिए समान शिक्षार्थियों के जोड़ बनाए जा सकते हैं
C. शिक्षिका को अपनी संज्ञानात्मक शैली के साथ-साथ अपने शिक्षार्थियों की संज्ञानात्मक शैली की पहचान करनी चाहिए
D. अधिकतम परिणाम लाने के लिए शिक्षक केवल एक अधिगम शैली पर ध्यान केन्द्रित करता है

19. .... के अतिरिक्त निम्नलिखित सभी तथ्य संकेत करते हैं कि बच्चा कक्षा में संवेगात्मक और सामाजिक रूप से समायोजित है।
A. हम उम्र साथियों के साथ प्रतियोगिता पर दृढ़तापूर्वक ध्यान केन्द्रित करना
B. क्रोध तथा हर्ष दोनों को प्रभावी रूप से प्रबन्धित करना
C. चुनौतीपूर्ण कार्यों पर ध्यान केन्द्रित करना और उन्हें दृढ़तापूर्वक करते रहना
D. हमउम्र साथियों के साथ मधुर सम्बन्धों का विकास

20. गौरव को बच्चों को पढ़ाना अच्छा लगता है इसलिए वह बी.एड. की प्रवेश परीक्षा के लिए खूब मेहनत करता है। वह .... अभिप्रेरित है।
A. सक्रिय रूप से   B. बौद्धिक रूप से
C. बाह्य रूप से   D. आन्तरिक रूप से

21. उपलब्धि अभिप्रेरणा है–
A. असफलता से बचने की प्रवृत्ति
B. बिना विचारे, जल्दबाजी में कार्य करने की प्रवृत्ति
C. सफलता व असफलता को समान रूप से स्वीकार करने की तत्परता
D. चुनौतीपूर्ण कार्य करने में डटे रहने की प्रवृत्ति

22. जब बच्चे की दादी उसे उसकी माँ की गोद से लेती है, तो बच्चा रोने लगता है। बच्चा .... के कारण रोता है।
A. अजनबी दुश्चिंता   B. संवेगात्मक दुश्चिंता
C. सामाजिक दुश्चिंता   D. वियोग दुश्चिंता

23. निम्नलिखित में से कौन-सा कथन 'सीखने' के बारे में सही है?
A. सीखने के किसी भी चरण पर सीखना संवेगात्मक कारकों से प्रभावित नहीं होता
B. बच्चों द्वारा की गई त्रुटियाँ यह संकेत करती है कि किसी तरह का सीखना नहीं हुआ
C. सीखना उस वातावरण में प्रभावी होता है जो संवेगात्मक रूप से सकारात्मक हो और शिक्षार्थियों को सन्तुष्ट करने वाला हो
D. सीखना मूल रूप से मानसिक क्रिया है

24. अधिगम के प्रक्रम में अभिप्रेरण
A. नए सीखने वालों में अधिगम के लिए
B. एकदिशीय रूप से सोचने में सीखने वालों को प्रस्तुत करता है
C. पुराने अधिगम से नए अधिगम को विभेदित करता है
D. सीखने वालों की स्मृति को तेज बनाता है

25. "उत्प्रेरणा, शिक्षा में मनोविज्ञान की मूलभूत समस्या है।" यह कथन किसका है–
A. स्किनर   B. कैले
C. बर्नार्ड   D. क्रो एवं क्रो

26. विद्यालय में विद्यार्थियों को कैसे अभिप्रेरित करना उचित है?
A. चुने हुए अध्ययन द्वारा
B. प्रासंगिक अध्ययन द्वारा
C. गहन अध्ययन द्वारा
D. सस्वर अधिगम द्वारा

27. प्रेरणा का मुख्य कारक नहीं है–
A. प्रोत्साहन   B. आकांक्षा
C. आत्माभिमान   D. उत्तेजना

28. मानव की ऐसी अवस्था को क्या कहेंगे जो व्यवहार को लक्ष्य की ओर निर्देशित करती है?
A. संवेग   B. अभिप्रेरणा
C. स्मृति   D. इनमें से कोई नहीं

उत्तरमाला

1	2	3	4	5	6	7	8	9	10
C	D	D	C	B	C	A	B	B	C
11	**12**	**13**	**14**	**15**	**16**	**17**	**18**	**19**	**20**
B	C	A	C	B	A	C	C	A	D
21	**22**	**23**	**24**	**25**	**26**	**27**	**28**		
D	B	C	A	C	C	C	B		

13. अधिगम में योगदान करने वाले कारक (Factors Contributing to Learning)

अधिगम में योगदान करने वाले कारकों को मुख्यतः दो वर्गों में रखा गया है–I. व्यक्तिगत कारक एवं II. वातावरणीय कारक।

I. व्यक्तिगत कारक (Individual Factors)

(i) **व्यक्तिगत रुचियां (Individual Interest):** व्यक्तिगत रुचियां भी अधिगम प्रक्रिया में योगदान करने वाला एक महत्त्वपूर्ण कारक है। यदि किसी क्रियाकलाप में छात्र की रुचि उत्पन्न हो जाए तो शिक्षक उस दिशा में अधिक प्रयास कर सकते हैं। प्रयास किए बिना सीखना संभव नहीं है। यदि विद्यार्थी शिक्षक के शिक्षण एवं कक्षा के क्रियाकलापों में रुचि लेते हैं तो वे कभी भी अवरोध, थकान तथा ऊब महसूस नहीं करते। प्रायः ऐसा देखा गया है कि वास्तव में थकान अधिगम क्रियाओं में रुचि की कमी से पैदा होती है। अधिक मात्रा में तथा अच्छी गुणवत्ता से अधिगम की प्राप्ति हेतु विद्यालयों में रुचि का सहारा लेना आवश्यक है।

(ii) **शारीरिक क्रियाशील (Physical Work):** थकान मानसिक या शारीरिक होती है और थकान का अभ्यास करने वाला छात्र अधिगम की प्रक्रिया को कम कर देता है दूसरी शारीरिक क्रियाशीलता अधिगम प्रक्रिया में सहायक होती है तथा इसकी गति को तीव्र कर देती है।

(iii) **व्यक्तिगत अभिप्रेरणा (Individual Motivation):** अभिप्रेरणा अधिगम प्रक्रिया का मुख्य केंद्र है तथा अधिगम प्रक्रिया का एक महत्त्वपूर्ण कारक है। यह किसी व्यक्ति में किसी कार्य को करने की इच्छा जाग्रत करती है। पर्याप्त व्यक्तिगत अभिप्रेरणा विद्यार्थी को केवल किसी ऐसी क्रिया में व्यस्त ही नहीं रखती, जिसकी परिणति अधिगम में हो, बल्कि अधिगम को स्थायी बनाने तथा उसकी दिशा निर्दिष्ट करने का कार्य भी करती है। प्रायः दो प्रकार की व्यक्तिगत अभिप्रेरणाएं होती हैं–आंतरिक और बाह्य अभिप्रेरणाएं।

(iv) **संवेदीकरण तथा प्रत्यक्षीकरण (Sensible and Perceptuality):** विद्यार्थी के सामान्य स्वास्थ्य के अतिरिक्त संवेदना तथा प्रत्यक्षीकरण ऐसे मनोवैज्ञानिक कारक हैं जो अधिगम में सहायता करते हैं। संवेदना प्रत्यक्षीकरण के केंद्र में होती है। प्राणी में पांच संवेदी अंग होते हैं, यथा–त्वचा, कान, जिह्वा, आंखें तथा नाक। ये संवेदी अंग (ज्ञानेन्द्रियां) ज्ञान के द्वार होते हैं और वातावरण में स्थित विभिन्न उद्दीपनों के प्रत्यक्षीकरण में सहायक होते हैं। इनमें से किसी भी संवेदी अंग में किसी भी प्रकार का दोष हो जाने पर अधिगम का प्रभाव पड़ता है और अंततोगत्वा उससे ज्ञानार्जन भी प्रभावित होता है। उदाहरणार्थ–दृष्टि में दोष; जैसे मायोपिया (दूरदृष्टि दोष), हाइपरमैट्रोपिया (निकट दृष्टि दोष), स्टीकमेटिज्म (भेंगापन) इत्यादि के कारण सिर दर्द, चक्कर आना तथा अध्ययन में सामान्य रूप से अरुचि होना आदि।

(v) **अभिवृत्ति (Attitude):** अधिगम की प्रक्रिया विद्यार्थी की अभिवृत्ति से ही प्रभावित होती है। यदि वह पढ़ाई जाने वाली वस्तु के प्रति सजग हो तथा उसके प्रति रुचि रखता हो तो वह निश्चित रूप से इसके प्रति उचित अभिवृत्ति (Attitude) रखेगा। ऐसी अभिवृत्ति उसे अधिगम परिस्थितियों को जल्दी प्रसन्नतापूर्वक कम समय में तथा प्रभावी ढंग से सीखने में सहायता करता है। इसके विपरीत यदि वह पढ़ाई जाने वाली वस्तु में ध्यान नहीं देता या रुचि नहीं लेता तो इसकी अभिवृत्ति नकारात्मक हो जाती है। यह सामान्य अधिगम की प्रक्रिया में अवांछनीय दबाव तथा तनाव उत्पन्न करके सहज अधिगम में बाधा डालता है।

(vi) **आवश्यकताएं (Necessity):** विद्यार्थियों की जब तक शारीरिक आवश्यकताएं संतुष्ट न हो जाएं तब तक विद्यालयों में उनसे किसी भी प्रकार के बौद्धिक चिंतन की अपेक्षा नहीं की जा सकती है। एक गरीब विद्यार्थी जो कक्षा में भूखा है उसका ध्यान अध्ययन की अपेक्षा खाने की ओर अधिक केंद्रित होगा। इसी प्रकार कक्षा में बहुत ठंडा या गर्मी या कुर्सियों पर बैठने वाले विद्यार्थियों की संख्या अधिक होने पर अच्छे अधिगम की आशा नहीं की जा सकती है। इसी तरह से सुरक्षा और सम्मान की आवश्यकताएं अधिगम परिस्थितियों में शक्तिशाली प्रेरक के रूप में कार्य करती है। यदि एक विद्यार्थी अपने शिक्षक से डरता है या विद्यालयों में अधिक पिटाई किए जाने के कारण असुरक्षित महसूस

करता है या किसी अन्य प्रकार के दण्ड से भयभीत है तो वह सीख नहीं पाता। इसी तरह यदि उसे उत्साही संवर्धन तथा स्नेह की आवश्यकता बहुत उत्तेजक होती है तो बच्चे का अधिगम प्रभावी होता है।

(*vii*) **आयु तथा परिपक्वता (Age and Maturity):** अधिगम प्रत्यक्ष रूप से आयु तथा परिपक्वता पर निर्भर करता है। जब तक व्यक्ति सीखने के प्रति पर्याप्त रूप से परिपक्व नहीं होता तब तक अधिगम निष्पन्न नहीं होता। कुछ विद्यार्थी छोटी उम्र में ही अधिक सीख लेते हैं जबकि कुछ विद्यार्थी उसी पाठ्य-वस्तु को सीखने में अधिक देर लगाते हैं।

वास्तविक आयु के साथ-साथ मानसिक आयु भी बढ़ती जाती है और लगभग 16 वर्ष की आयु में यह वृद्धि रुक जाती है। आयु में वृद्धि का अभिप्राय बौद्धिक परिपक्वता से होता है। जिसके द्वारा कठिन समस्याओं का समाधान करने में सहायता मिलती है। परिपक्वन का नियम हमें इस बात की चेतावनी देता है कि विद्यार्थियों को जबरदस्ती तब तक अधिगम नहीं करवाना चाहिए जब तक कि वह विशिष्ट कौशलों के सीखने लायक परिपक्व न हो जाए। अध्यापकों को यह सिद्धांत उन अभिभावकों को भी समझाना चाहिए जो अपने बच्चों को बहुत ही जल्दी विद्यालय भेजने में अत्यधिक महत्वाकांक्षी तथा अत्यधिक उत्साही होते हैं।

(*viii*) **बुद्धि (Intelligence):** अधिगम प्रक्रिया में बुद्धि एक महत्वपूर्ण कारक है। बुद्धि जो बुद्धि-परीक्षा के आधार पर I.Q. के रूप में निर्दर्शित की गई है, सीखने से संबंधित होती है। प्रायः वे विद्यार्थी जिनका I.Q. अधिक होता है वे जल्दी सीखते हैं लेकिन विद्यार्थी का उच्च I.Q. होने मात्र से यह गारंटी नहीं होती कि उसका सीखना भी तेजी से होगा, बल्कि विद्यार्थी की आवश्यकताएं, रुचियां, अभिप्रेरणाएं तथा सिखाई जाने वाली विधियां भी महत्त्वपूर्ण होती हैं।

II. वातावरणीय कारक (Environmental Factors)

वातावरण के लिए 'पर्यावरण' शब्द का भी प्रयोग किया जाता है। पर्यावरण दो शब्दों से मिलकर बना है–'परि' + 'आवरण'। 'परि' का अर्थ है चारों ओर एवं 'आवरण' का अर्थ है 'ढकने वाला'। इस प्रकार पर्यावरण या वातावरण का अर्थ चारों ओर से ढके या घेरे हुए है। अतः हम कह सकते हैं कि व्यक्ति के चारों ओर जो कुछ है, वह उसका वातावरण है। इसमें वे सब तत्व सम्मिलित किए जा सकते हैं जो व्यक्ति के जीवन और व्यवहार को प्रभावित करते हैं।

वातावरण की कुछ परिभाषाएं (Definitions of Environment)

बोरिंग, लैंगफील्ड व वेल्ड के अनुसार, "जीन्स के अलावा व्यक्ति को प्रभावित करने वाली वस्तु वातावरण है।"

वुडवर्थ के अनुसार, "वातावरण में वे सब बाह्य तत्व आ जाते हैं जिन्होंने व्यक्ति को जीवन आरंभ करने के समय से प्रभावित किया है।"

डगलस व हॉलैंड के अनुसार, "वातावरण शब्द का प्रयोग उन सब बाह्य शक्तियों, प्रभावों और दशाओं का सामूहिक रूप से वर्णन करने के लिए किया जाता है, जो जीवित प्राणियों के जीवन स्वभाव, व्यवहार, बुद्धि विकास एवं परिपक्वता पर प्रभाव डालते हैं।"

रॉस के अनुसार, "वातावरण वह बाहरी शक्ति है जो हमें प्रभावित करती है।"

जिस्बर्ट के अनुसार, "वातावरण वह हर वस्तु है जो किसी अन्य वस्तु को घेरे हुए है और उस पर सीधे अपना प्रभाव डालती है।"

निष्कर्ष (Result)

(*i*) वातावरण किसी एक तत्व का नहीं अपितु एक समूह तत्व का नाम है।

(*ii*) यह वह हर वस्तु है जो व्यक्ति को प्रभावित करती है।

(*iii*) इसमें बाह्य तत्व आते हैं।

(*iv*) वातावरण व्यक्ति को प्रभावित करने वाला तत्व है।

उपरोक्त बातों से स्पष्ट है कि अधिगम की प्रक्रिया में विभिन्न प्रकार के वातावरण संबंधी कारकों का योगदान होता है। गर्भकाल के समय से ही बच्चे पर वातावरण का प्रभाव पड़ता है। मां की शारीरिक, मानसिक, संवेगात्मक दशाएं मां के गर्भ में पल रहे भ्रूण के विकास को प्रभावित करती हैं। बच्चे के जन्म के बाद से बाह्य वातावरण प्रारंभ होता है। बाह्य वातावरण घर, विद्यालय तथा पास-पड़ोस के चारों ओर के वातावरण से संबंधित होता है। इन स्थानों में बच्चा परिवार के सदस्यों, अध्यापकों, साथियों सहपाठियों, पड़ोसियों के साथ अंतःक्रिया करता है तथा उनके साथ संबंध स्थापित करता है। समाज के सदस्य तथा अपने चारों ओर के सदस्यों के साथ के संबंधों का बच्चे के विकास तथा सीखने के ढंग पर प्रभाव पड़ता है। अधिगम की प्रक्रिया में वातावरण में योगदान करने वाले महत्त्वपूर्ण कारक निम्नवत् हैं–

(*i*) **नजदीकी वातावरण (Close Environment):** अधिगम की प्रक्रिया में आस-पास का वातावरण बहुत महत्त्वपूर्ण योगदान देता है। वातावरण को मुख्यतः तीन रूपों प्राकृतिक, सामाजिक एवं सांस्कृतिक में बांटा गया है–

(*a*) **प्राकृतिक वातावरण (Natural Environment):** इसके अंतर्गत जलवायु तथा वायुमंडलीय दशाएं आती हैं। ये दशाएं अधिगम को प्रत्यक्ष रूप से प्रभावित करती हैं। यह पाया गया है कि अधिक ताप तथा आर्द्रता मानसिक क्षमता को कम करते हैं जिससे अधिगम प्रक्रिया रुक जाती है। दूसरी ओर गर्म स्थानों में रहने वाले व्यक्तियों की

बौद्धिक निष्पत्ति तथा सृजनात्मकता बहुत कम होती है इस तरह सुबह का समय हमेशा ही जटिल कार्यों को करने के लिए उचित माना जाता है। आर्द्रता तथा तापमान के बढ़ने के कारण मानसिक क्षमता कम हो जाती है। अतः हम कह सकते हैं कि अधिगम प्रक्रिया में प्राकृतिक वातावरण एक महत्त्वपूर्ण कारक है।

(*b*) **सामाजिक वातावरण (Social Environment):** घर, विद्यालय तथा बच्चे के आवासीय वातावरण से संबंधित होता है। घर की भौतिक दशाएं, यथा–बड़ा परिवार, छोटा परिवार, अपर्याप्त रोशनदान, अनुपयुक्त प्रकाश, अधिक या कम तापमान, रेडियो तथा टेलीविजन के प्रयोग के कारण शोरगुल वाला घर, शोरगुल वाला पड़ोस लगातार संबंधियों तथा मित्रों का आगमन विद्यार्थी के बौद्धिक अधिगम को प्रभावित करता है।

(*c*) **सांस्कृतिक वातावरण (Cultural Environment):** संस्कृति का प्रभाव सामाजिक तथा शैक्षिक संस्थाओं में सहज रूप से प्रतिबिंबित होता है। इसलिए बच्चे का सीखना संस्कृति की मांग तथा अपेक्षाओं के ऊपर बहुत कुछ निर्भर करता है। उदाहरणार्थ–एक कृषि आधारित समुदाय की शैक्षिक प्रक्रियाएं उन कौशलों के विकास पर केंद्रित होती हैं जो कृषि समुदाय के लिए आवश्यक होती है।

(*ii*) **अध्यापक के साथ संबंध (Relation with Teacher):** अधिगम प्रक्रिया में शिक्षक एक महत्त्वपूर्ण घटक है। वह विद्यार्थी के व्यवहार निर्माण में महत्त्वपूर्ण भूमिका अदा करता है। वह जिस तरह पढ़ाता है तथा कक्षा में विद्यार्थियों की व्यवस्था जिस प्रकार करता है उसका उनके अधिगम पर प्रभाव पड़ता है। अतः यदि एक विद्यार्थी के संबंध शिक्षक से अच्छे होंगे तो इस प्रकार का वातावरण अधिगम में सहायक होगा।

(*iii*) **संचार माध्यम (Communication Medium):** सूचनाओं के आदान-प्रदान के एक घटक के रूप में संचार माध्यम का महत्वपूर्ण स्थान है। ये अधिगम प्रक्रिया के तहत अच्छे वातावरण को तैयार करने में अपना विशेष योगदान दे सकते हैं। संचार माध्यमों से अधिगम को सुगम बनाया जा सकता है। संचार माध्यम मुख्यतः दो प्रकार के होते हैं–मुद्रित संचार माध्यम तथा अमुद्रित संचार माध्यम। मुद्रित संचार माध्यम कम खर्चीले होते हैं तथा एक अच्छे शैक्षिक वातावरण को तैयार करने में इनका योगदान प्रारंभ से लिया जा रहा है। दूसरी ओर अमुद्रित संचार माध्यम महंगे होते हैं। लेकिन अधिगम प्रक्रिया को सहज बनाने में इन्होंने काफी योगदान दिया है। उदाहरण के लिए फिल्म तथा उद्दीपनों का प्रयोग प्रायः विद्यार्थियों को वास्तविक जीवन या प्रयोगशाला जैसी अधिगम परिस्थितियां प्रस्तुत करने के लिए किया जाता है।

(*iv*) **अभिभावकों के साथ संबंध (Relation with Guardian):** विद्यार्थी की अधिगम प्रक्रियाओं में माता-पिता के साथ सम्बन्ध भी महत्वपूर्ण भूमिका अदा करता है। यदि बच्चे तथा माता-पिता के संबंध आपसी सम्मान और विश्वास पर आधारित होते हैं तो वह बच्चों को अच्छा स्वस्थ वातावरण प्रदान करते हैं, जिसके फलस्वरूप बच्चा अधिक सीखता है। दूसरी ओर विघटित तथा अस्वस्थ वातावरण विद्यार्थी के अधिगम में विपरीत प्रभाव डालता है। विद्यार्थी के सीखने में ऊर्ध्वगामी गतिशीलता सीखने में प्रतिरोध उत्पन्न करती है। ऐसे परिवारों में बच्चे अपने आपको असमायोजित महसूस करते हैं। अतः अभिभावकों के साथ अच्छा संबंध एक ऐसा वातावरण तैयार करता है जो अधिगम प्रक्रिया में सहायक होता है।

(*v*) **साथियों के साथ संबंध (Relation with Friends):** मित्रों के साथ स्वस्थ संबंध भी अधिगम में एक अच्छे वातावरण के निर्माण हेतु महत्वपूर्ण भूमिका अदा करते हैं। कक्षा, विद्यालय तथा समाज में विद्यार्थी-विद्यार्थी के बीच संबंध एक विशेष प्रकार के संवेगात्मक वातावरण का निर्माण करते हैं। यह वातावरण उनके आपसी संबंधों पर निर्भर करता है। अच्छे सौहार्दपूर्ण आपसी संबंध कक्षा में अधिक सीखने तथा अधिक प्रतिस्पर्धा करने में तनावमुक्त वातावरण का निर्माण करते हैं।

वातावरण का महत्व (Importance of Environment)

(*i*) बालक अपने परिवार, पड़ोस, मुहल्ले और खेल के मैदान में अपना पर्याप्त समय व्यतीत करता है और इससे प्रभावित होता है। शिक्षक इन स्थानों के वातावरण को ध्यान में रखकर ही बालक का उचित पथ-प्रदर्शन करता है।

(*ii*) अनुकूल वातावरण में जीवन का विकास होता है और व्यक्ति उत्कर्ष की ओर बढ़ता है। इस बात को समझने वाला शिक्षक अपने छात्रों की रुचियों, प्रवृत्तियों और क्षमताओं के अनुकूल वातावरण प्रदान करके उनको उत्कर्ष की ओर बढ़ने में सहायता दे सकता है।

(*iii*) वातावरण बालक के विकास की दशा निश्चित करता है। वातावरण ही निश्चित करता है कि बालक बड़ा होकर अच्छा या बुरा, चरित्रवान, संयमी या व्यभिचारी, व्यापारी या साहित्यकार, देशप्रेमी या देशद्रोही बनेगा। इस तथ्य पर मनन करने वाला शिक्षक अपने छात्रों के लिए ऐसे वातावरण का सृजन कर सकता है जिससे उनका विकास उचित दिशा में हो सके।

(*iv*) वातावरण के महत्व को समझने वाला शिक्षक, विद्यालय में बालकों के लिए ऐसा वातावरण उपस्थित कर सकता है, जिससे उनमें विचारों की उचित अभिव्यक्ति, शिष्ट

सामाजिक व्यवहार, कर्त्तव्यों और अधिकारों का ज्ञान, स्वाभाविक प्रवृत्तियों पर नियंत्रण आदि गुणों का अधिकतम विकास हो।

(*v*) **रुथ बैंडिक्ट के अनुसार,** व्यक्ति जन्म से ही एक निश्चित सांस्कृतिक वातावरण में रहता है और उसके आदर्शों के अनुरूप ही आचरण करता है। इस तथ्य को जानने वाला शिक्षक बालक को अपना सांस्कृतिक विकास करने में योगदान दे सकता है।

(*vi*) **सोरेन्सन के अनुसार,** शिक्षक का उत्तम वातावरण बालकों की बुद्धि और ज्ञान की वृद्धि में प्रशंसनीय योग देता है। इस बात की जानकारी रखने वाला शिक्षक अपने छात्रों के लिए उत्तम शैक्षिक वातावरण प्रदान करने की चेष्टा कर सकता है।

(*vii*) प्रत्येक समाज का एक विशिष्ट वातावरण होता है। बालक को इसी समाज के वातावरण से अपना अनुकूलन करना पड़ता है। इस बात से भलीभांति परिचित होने वाला शिक्षक, विद्यालय को लघु समाज का रूप प्रदान करके बालकों को अपने वृहत् समाज के वातावरण से अनुकूलन करने की शिक्षा दे सकता है।

(*viii*) यूनेस्को (UNESCO) के कुछ विशेषज्ञों का कथन है कि वातावरण का बालकों की भावनाओं पर व्यापक प्रभाव पड़ता है और इससे उनके चरित्र का निर्माण भी होता है। इस कथन में विश्वास करके शिक्षक बालकों के लिए ऐसे वातावरण का निर्माण कर सकता है, जिससे न केवल उनकी भावनाओं का संतुलित विकास हो, बल्कि उनके चरित्र का भी निर्माण हो।

अभ्यास प्रश्न

1. व्यक्तिगत शिक्षण (Individual Teaching) क्यों आवश्यक होता है?
A. व्यक्तिगत भेदों के कारण
B. वंशानुक्रम के कारण
C. पर्यावरण के कारण
D. उपरोक्त सभी

2. एक शिक्षक अपने लोकतांत्रिक स्वभाव के कारण विद्यार्थियों को पूरी कक्षा में कहीं भी बैठने की अनुमति देता है। कुछ शिक्षार्थी एक-साथ बैठते हैं और चर्चा करते हैं या सामूहिक पठन करते हैं। कुछ चुपचाप बैठकर अपने-आप पढ़ते हैं। एक अभिभावक को यह पसंद नहीं आता। इस स्थिति से निबटने का निम्न में से कौन-सा तरीका सबसे बेहतर हो सकता है?
A. अभिभावकों को प्रधानाचार्य से अनुरोध करना चाहिए कि वे उनके बच्चे का अनुभाग बदल दें
B. अभिभावकों को शिक्षक पर विश्वास व्यक्त करना चाहिए और शिक्षक के साथ समस्या पर चर्चा करनी चाहिए
C. अभिभावकों को उस विद्यालय से अपने बच्चे को निकाल लेना चाहिए
D. अभिभावकों को प्रधानाचार्य से शिक्षक की शिकायत करनी चाहिए

3. भारतीय समाज की बहुभाषिक विशेषता को .... देखा जाना चाहिए।
A. विद्यार्थियों को सीखने के लिए अभिप्रेरित करने हेतु शिक्षक-योग्यता की चुनौती के रूप में
B. शिक्षार्थियों के लिए विद्यालयी जीवन को एक जटिल अनुभव के रूप में बनाने के एक कारक के रूप में
C. शिक्षण-अधिगम प्रक्रिया में बाधा के रूप में
D. विद्यालयी जीवन को समृद्ध बनाने के संसाधन के रूप में

4. पर्यावरण-शिक्षा को शालाओं में पाठ्यक्रम का अंग बनाना उपयुक्त है, क्योंकि–
A. पर्यावरण से बचना मुश्किल है
B. पर्यावरण जीवन का महत्वपूर्ण अंग है
C. इससे पर्यावरण प्रदूषण पर प्रभाव पड़ेगा
D. इससे शिक्षकों को रोजगार मिलेगा

5. "वातावरण वह बाहरी शक्ति है जो हमें प्रभावित करती है।" यह कथन किसका है
A. जिस्बर्ट B. वुडवर्थ
C. स्किनर D. रॉस

6. शिक्षार्थी जो पहले सीख चुके हैं उसकी पुनरावृत्ति और प्रत्यास्मरण में शिक्षार्थियों की मदद करना महत्वपूर्ण है क्योंकि
A. पूर्व पाठों को दोहराने का यह एक प्रभावी तरीका है
B. यह शिक्षार्थियों की स्मृति को बढ़ाता है जिससे सीखना सुदृढ़ होता है
C. यह किसी भी कक्षा-अनुदेशन के लिए सुविधाजनक शुरुआत है
D. नई जानकारी को पूर्व जानकारी से जोड़ना सीखने को समृद्ध बनाता है

7. एक शिक्षिका अपनी कक्षा को शैक्षिक भ्रमण पर ले जाती है–
A. छात्रों को मनोरंजन कराने के लिए
B. छात्रों के माता-पिता को संतुष्ट करने के लिए
C. प्रत्यक्ष अवलोकन हेतु बच्चों को अवसर उपलब्ध कराने के लिए

D. विद्यालय में रोजाना शिक्षण से अवकाश उपलब्ध कराने के लिए

8. बालकों में अधिगम की प्रक्रिया में योगदान करने वाला महत्वपूर्ण कारक है–

A. अभिप्रेरणा
B. बालक की आयु
C. वातावरण
D. उपर्युक्त सभी

9. कौन-सा कारक बच्चों में अधिकतम अधिगम प्रचार हेतु आवश्यक है?

A. कक्षा-कक्ष में अधिकाधिक कार्य
B. लेखन-कार्य की अधिकता
C. गृह-कार्य की अधिकता
D. अध्ययन के प्रति उनकी वैयक्तिक रुचि

10. वह कौन-सा स्थान है जहाँ बच्चे के संज्ञानात्मक विकास को सबसे बेहतर तरीके से परिभाषित किया जा सकता है?

A. घर
B. खेल का मैदान
C. विद्यालय एवं कक्षा पर्यावरण
D. सभागार

11. कौन-सा मिलान उचित है?

A. संवेगात्मक विकास – परिपक्वता
B. सामाजिक विकास – वातावरण
C. शारीरिक विकास – वातावरण
D. संज्ञानात्मक विकास – परिपक्वता

12. आपकी कक्षा का एक छात्र गुटका खाकर आता है। आप किसे उसकी इस हरकत का जिम्मेदार मानेंगे?

A. कक्षा में स्वयं को सबसे अलग दिखाने का उसका तरीका
B. उसकी अन्तः इच्छा
C. उसका सामाजिक वातावरण
D. उसका आपके प्रति द्वेष

13. बच्चों में अधिगम की प्रक्रिया में योगदान देने वाला कारक है–

A. बालक की आयु B. वातावरण
C. अभिप्रेरणा D. उपर्युक्त सभी

14. अच्छा अध्यापक वह है जो–

A. सादा जीवन व्यतीत करता हो
B. अपने विद्यार्थियों से सच्ची लगन रखता हो
C. अपने विषय में प्रवीण हो
D. मेधावी व परिश्रमी हो

15. छोटी उम्र के बच्चों को अधिक योग्य बनाने के लिए आपको किस तरह का व्यवहार करना चाहिए?

A. उन्हें अच्छे वातावरण में रखना चाहिए
B. उन्हें दूसरों की नकल करने से बचाना चाहिए
C. उन्हें अधिक प्यार करना चाहिए
D. उन्हें कड़ी मेहनत के लिए कहना चाहिए

16. कक्षा में शांत वातावरण तभी रह सकता है, जब–

A. मनोरंजक कहानियाँ सुनाई जाए
B. केवल छात्रों का सहयोग हो
C. अध्यापक और छात्रों में परस्पर सहयोग हो
D. कठोर अनुशासन हो

उत्तरमाला

1	2	3	4	5	6	7	8	9	10
A	B	D	B	D	D	C	D	A	C
11	**12**	**13**	**14**	**15**	**16**				
B	C	D	B	A	C				

हिन्दी व्याकरण

व्याकरण

'व्याकरण' शब्द का अर्थ है– 'वाक् पृथक्करण-प्रक्रिया'। इसका निर्माण वि+आकरण यानि 'आ' उपसर्ग को 'कृ' धातु में जोड़कर जो रूप निष्पन्न होता है उसमें पुनः लुयुट् प्रत्यय जोड़ने से होता है। व्याकरण से भाषा में अनुशासन बना रहता है। वस्तुतः व्याकरण एक शास्त्र है। व्याकरण का निर्माण भाषा-विशेष के लिए होता है। अर्थात् प्रत्येक भाषा का अपना निजी व्याकरण होता है। इसके द्वारा भाषा विशेष के वर्ण, शब्द, ध्वनि और वाक्य के शुद्ध रूप एवं प्रयोग के नियम का सम्यक् निरूपण किया जाता है। दूसरे शब्दों में, व्याकरण वह शास्त्र है जिसका निर्माण भाषा-विशेष के लिए होता है और जिससे भाषा-विशेष के शुद्ध रूप तथा प्रयोग की नियमावली का ज्ञान होता है।

लिंग

हिन्दी में दो लिंग होते हैं–स्त्रीलिंग और पुल्लिंग। जो शब्द स्त्री जाति का बोध कराते हैं, उन्हें स्त्रीलिंग कहा जाता है, जैसे–राधा, लड़की, पुत्री, पुस्तक, शेरनी, चिड़िया आदि। इसके विपरीत जो शब्द पुरुष जाति का बोध कराते हैं, उन्हें पुल्लिंग कहा जाता है, जैसे–कृष्ण, शेर, बैल, गीदड़, पुत्र, लड़का। ध्यान रहे कि नपुंसक लिंग का प्रयोग संस्कृत में होता है, हिन्दी में नहीं होता।

कुछ शब्द जो प्रायः स्त्रीलिंग ही होते हैं–

(1) ईकारान्त शब्द। जैसे–चिट्ठी, पत्री, लेखनी, बोली, गोली, चोली, डोली इत्यादि।
अपवाद–मोती, घी, जी, पानी आदि शब्द पुल्लिंग हैं।

(2) नदियों के नाम। जैसे–गंगा, यमुना, सरस्वती, रावी इत्यादि। प्रायः सभी नदियों के साथ नदी शब्द का प्रयोग किया जा सकता है।

(3) संस्कृत के स्त्रीलिंग और नपुंसक लिंग जैसे–आशा, माता, दिशा इत्यादि।

(4) राशियों, तिथियों और नक्षत्रों के नाम। जैसे–मेष, वृष, मिथुन, कन्या, तीज, प्रतिपदा, आश्विन, रोहणी आदि।

(5) धातुओं के नाम जैसे–चांदी, मिट्टी, धातु आदि।

(6) कुछ समुदाय वाचक संज्ञाएं। जैसे–सेना, शाला, फौज, टोली, सभा, श्रेणी, कक्षा इत्यादि।

(7) अनाज, दालें इत्यादि। जैसे–अरहर, मकई आदि।

(8) कुछ प्राणीवाचक शब्द। जैसे–भगिनी, गाय, कोयल, चील, मैना, बिल्ली आदि।

कुछ शब्द जो प्रायः पुल्लिंग ही होते हैं–

(1) पर्वतों आदि के नाम। जैसे–हिमालय, शिवालिक, विंध्याचल आदि।

(2) भावनावाचक संज्ञाएं–जिनके अन्त में आव, पन, पा, त्व हों। जैसे–चढ़ाव, बहाव, बड़प्पन, बचपन, रंडापा, बुढ़ापा, महत्व, पुरुषत्व।

(3) महीने और दिनों के नाम। जैसे–ज्येष्ठ, बैसाख, चैत्र, मंगलवार, रविवार।

(4) ग्रहों के नाम। जैसे–मंगल, बुध, राहु, केतु आदि।

(5) वर्णमाला के सभी अक्षर–केवल इ, ई और ऋ को छोड़कर।

(6) संस्कृत के नपुंसक लिंग। जैसे–दही, मधु आदि।

(7) पेड़, अनाज सम्बन्धी शब्द। जैसे–बड़, पीपल, आम, चावल, गेहूँ, बाजरा, उड़द।

(8) द्रव्यवाचक शब्द। जैसे–सोना, तांबा, लोहा, मोती, माणिक आदि।

पुल्लिंग से स्त्रीलिंग बनाने के नियम–

(1) अकारान्त और आकारान्त शब्दों के अन्त में ई जोड़ देने से स्त्रीलिंग बन जाता है। जैसे–

नाना–नानी	लड़का–लड़की	दादा–दादी
चाचा–चाची	पुत्र–पुत्री	देव–देवी
गीदड़–गीदड़ी	कबूतर–कबूतरी	नट–नटी

(2) कुछ आकारान्त शब्दों के अन्त का 'आ' हटा कर 'इया' जोड़ दिया जाता है। जैसे–

चिड़ा–चिड़िया	चूहा–चुहिया	डिब्बा–डिबिया
कुत्ता–कुतिया	बेटा–बिटिया	बूढ़ा–बुढ़िया

(3) कुछ व्यापार-सूचक (अकारान्त, आकारान्त, इकारान्त) शब्दों के पीछे 'इन' प्रत्यय लगाकर स्त्रीलिंग बनाते हैं। जैसे–

जुलाहा–जुलाहिन	धोबी–धोबिन	कहार–कहारिन
चमार–चमारिन	ठठेरा–ठठेरिन	ग्वाला–ग्वालिन

(4) कुछ प्राणीवाचक शब्दों के पीछे 'नी' या 'इनी' प्रत्यय लगाया जाता है। जैसे–

हंस–हंसिनी	जाट–जाटिनी	हाथी–हथिनी
शेर–शेरनी		

(5) कुछ प्राणीवाचक शब्दों के पीछे 'आनी' प्रत्यय भी लगाया जाता है। जैसे–

नौकर–नौकरानी	जेठ–जेठानी	देवर–देवरानी
चौधरी–चौधरानी	सेठ–सेठानी	मेहतर–मेहतरानी

(6) कुछ अकारान्त शब्दों के अन्त में 'आ' प्रत्यय लगाने से, जैसे–

शिव–शिवा	शूद्र–शूद्रा	प्रिय–प्रिया
बाल–बाला	सुत–सुता	

(7) कुछ शब्दों के अन्त में 'वती' या 'मती' लगाने से, जैसे–

भगवान्–भगवती	गुणवान्–गुणवती	श्रीमान्–श्रीमती
रूपवान्–रूपवती	बुद्धिमान्–बुद्धिमती	धनवान्–धनवती

(8) कुछ उपनाम सम्बन्धी शब्दों के अन्त में 'आइन' प्रत्यय लगाने से, जैसे–

लाला–ललाइन	ठाकुर–ठकुराइन	बाबू–बबुआइन
दुबे–दुबाइन	पण्डित–पण्डिताइन	

(9) कुछ शब्दों के अन्त में 'अक' आता है। उनको स्त्रीलिंग बनाने के लिए 'अक' प्रत्यय का 'इका' कर लिया जाता है। जैसे–

अध्यापक–अध्यापिका	सेवक–सेविका	नायक–नायिका
बालक–बालिका	प्रेषक–प्रेषिका	लेखक–लेखिका

(10) कुछ शब्दों के अन्त में 'त्री' लगाने से स्त्रीलिंग बन जाता है। जैसे–

कवि–कवयित्री   कर्ता–कर्त्री

(11) कुछ इकारान्त शब्दों के अन्त में 'ई' प्रत्यय को 'इ' करके 'णी' लगाकर स्त्रीलिंग बना लिया जाता है। जैसे–

परोपकारी–परोपकारिणी   अधिकारी–अधिकारिणी

सहधर्मी–सहधर्मिणी   कल्याणकारी–कल्याणकारिणी

(12) कुछ पुल्लिंग शब्दों के स्त्रीलिंग सर्वथा भिन्न होते हैं, जैसे–

पिता–माता   वर–वधु

राजा–रानी   विद्वान–विदुषी

वचन

वचन का शाब्दिक अर्थ है- बोली। परन्तु हिन्दी में व्याकरण की दृष्टि में वचन का अर्थ संख्या से लिया जाता है। इसलिए वचन को परिभाषित करते हुए कहा जा सकता है– संज्ञा, सर्वनाम, विशेषण और क्रिया के जिस रूप से संख्या का बोध होता है, उसे वचन कहते हैं।

वचन के भेद

हिन्दी में वचन के दो भेद माने गए हैं (1) एकवचन (2) बहुवचन

(1) एकवचन (Singular Number) : जैसा कि नाम से स्पष्ट है, एकवचन विकारी शब्द का वह रूप है जिससे एक ही व्यक्ति या वस्तु का बोध होता है। उदाहरण- घोड़ा दौड़ता है। गाय चरती है। इन वाक्यों में 'घोड़ा' और 'गाय' से एक जानवर का बोध होता है। अतः ये एकवचन हैं।

(2) बहुवचन (Plural Number) : बहुवचन वह विकारी शब्द है जिससे एक से अधिक वस्तुओं, व्यक्तियों आदि का बोध होता है। जैसे- घोड़े चरते हैं। गायें दौड़ती हैं। 'घोड़े' और 'गायें' कहने से एक से अधिक जानवरों का बोध होता है। अतः ये बहुवचन हैं।

वचन के रूपान्तर : यद्यपि वचन के कारण संज्ञा, सर्वनाम, विशेषण और क्रिया के रूप में परिवर्तन होता है तथापि सर्वनाम, विशेषण और क्रिया के रूप मूलतः इनसे जुड़ी संख्या पर ही आधारित होते हैं। अतएव एकवचन में संज्ञा शब्दों के रूपान्तर की ही प्रमुखता है।

वचन के अधीन संज्ञा के रूप दो तरह से परिवर्तित होते हैं– (1) विभक्ति रहित (2) विभक्ति सहित

विभक्ति रहित संज्ञाओं के बहुवचन बनाने के नियम :

विभक्ति रहित संज्ञाओं का बहुवचन साधारणतः निम्नलिखित नियमों के अन्तर्गत बनाया जाता है-

1. पुल्लिंग संज्ञा के आकारान्त को एकारान्त कर बहुवचन बनाया जाता है। यथा-

एकवचन	बहुवचन	एकवचन	बहुवचन
घोड़ा	घोड़े	गधा	गधे
लड़का	लड़के		

अपवाद- मामा, नाना, बाबा, पिता, योद्धा, आत्मा, देवता, जामाता आदि। इन शब्दों के रूप दोनों वचनों में समान होते हैं।

2. पुल्लिंग आकारान्त शब्दों के अतिरिक्त अन्य मात्राओं से अन्त होने वाले शब्दों के रूप दोनों वचनों में एक समान रहते हैं। जैसे–

एकवचन	बहुवचन	एकवचन	बहुवचन
एक बालक	चार बालक	एक डाकू	चार डाकू
एक भाई	चार भाई	एक जौ	चार जौ

3. आकारान्त स्त्रीलिंग शब्दों के अन्त में 'एँ' जोड़ने से बहुवचन बनता है। जैसे–

एकवचन	बहुवचन	एकवचन	बहुवचन
शाखा	शाखाएँ	लता	लताएँ
माता	माताएँ	महिला	महिलाएँ

4. अकारान्त स्त्रीलिंग संज्ञा के बहुवचन शब्द में आगत अंतिम अ को यें कर देने से बनता है। जैसे–

एकवचन	बहुवचन	एकवचन	बहुवचन
गाय	गायें	रात	रातें
बात	बातें	आँख	आँखें
याद	यादें		

5. दीर्घ या ह्स्व इकारान्त संज्ञाओं को ह्स्व इकारान्त कर उनके अन्त में याँ जोड़ देने से बहुवचन बनता है। जैसे–

एकवचन	बहुवचन	एकवचन	बहुवचन
नारी	नारियाँ	पहेली	पहेलियाँ
लड़की	लड़कियाँ	सहेली	सहेलियाँ
नीति	नीतियाँ	नदी	नदियाँ
घड़ी	घड़ियाँ	छड़ी	छड़ियाँ
धोती	धोतियाँ	साड़ी	साड़ियाँ

6. जिन स्त्रीलिंग शब्दों के अन्त में 'या' आता है, 'या' पर चन्द्रबिन्दु लगाकर बहुवचन बनाया जाता है जैसे–

एकवचन	बहुवचन	एकवचन	बहुवचन
बुढ़िया	बुढ़ियाँ	चिड़िया	चिड़ियाँ
गुड़िया	गुड़ियाँ	डिबिया	डिबियाँ
दुनिया	दुनियाँ		

7. ह्स्व या दीर्घ ऊकारान्त स्त्रीलिंग संज्ञाओं को ह्स्व उकारान्त बनाकर अन्त में 'एँ' लगाने से बहुवचन का निर्माण होता है। जैसे-

एकवचन	बहुवचन	एकवचन	बहुवचन
धेनु	धेनुएँ	वस्तु	वस्तुएँ
बहू	बहुएँ	ऋतु	ऋतुएँ

8. कुछ शब्द समष्टि मूलक होते हैं। जैसे– गण, कुल, वृन्द, समूह, वर्ग, लोग, जन, मण्डल, दल, ग्राम, मण्डली आदि। ये शब्द विशेषतः वहाँ जोड़े जाते हैं, जहाँ दोनों वचनों में पुल्लिंग अथवा स्त्रीलिंग में एक ही रूप होते हैं।

उदाहरण :

एकवचन	बहुवचन	एकवचन	बहुवचन
पाठक	पाठकगण	आप	आप लोग
तुम	तुम लोग	छात्र	छात्रगण
विद्यार्थी	विद्यार्थीगण		

विभक्ति सहित संज्ञाओं के बहुवचन बनाने के नियम :-

सविभक्ति संज्ञाओं के बहुवचन बनाने के सामान्य नियम निम्नलिखित हैं–

1. संस्कृत शब्दों को छोड़कर हिन्दी के अकारान्त, आकारान्त तथा एकारान्त संज्ञाओं के अन्तिम अ, आ, ए के बदले बहुवचन बनाने में इसे 'ओ' कर दिया जाता है। जैसे-

एकवचन	बहुवचन
नर	नरों (का)
चीता	चीतों (द्वारा)
चोर	चोरों (ने)
घोड़ा	घोड़ों (को)

विभक्ति चिह्नों के साथ प्रयोग :

(क) नरों की कहानी।

(ख) चीतों का भय।

(ग) चोरों की पकड़।

(घ) घोड़ों की हिनहिनाहट।

कारक

संज्ञा या सर्वनाम के उस रूप को कारक कहते हैं जिससे उसका सम्बन्ध वाक्य के अन्य शब्दों विशेषतः क्रिया के साथ प्रकट होता है। वास्तव में, विभक्ति चिह्नों से युक्त संज्ञा या सर्वनाम शब्द ही वाक्य में अन्य शब्दों से सम्बन्ध प्रकट करते हैं।

ने, को, से, द्वारा– आदि विभक्ति चिह्न हैं। कारक का एक उदाहरण इस प्रकार है-'मोहन ने बाग में डण्डे से आम तोड़ा।' इस वाक्य में मोहन ने, डण्डे से, और आम संज्ञाओं के रूपान्तरण हैं। जिस तत्त्व के द्वारा इन रूपान्तरित संज्ञाओं का सम्बन्ध तोड़ा, क्रिया से स्पष्ट होता है, वही कारक है।

कारक-चिह्न

हिन्दी में कारक के आठ भेद माने जाते है :

	कारक	विभक्ति या कारक चिह्न
1.	कर्त्ता	ने
2.	कर्म	को
3.	करण	से, द्वारा
4.	सम्प्रदान	को, के लिए
5.	अपादान	से
6.	सम्बन्ध	का, के, की, रा, रे, री, ना, ने, नी
7.	अधिकरण	में, पर
8.	सम्बोधन	हे, हो, अरे, अजी, अहो आदि।

कारक-चिह्न/विभक्ति/परसर्ग

हिन्दी में कारक का ज्ञान कराने के लिए संज्ञा या सर्वनाम के साथ जो प्रत्यय लगाये जाते हैं, उन्हें ही व्याकरण में विभक्ति कहते हैं। हिन्दी में चूँकि विभक्ति चिह्न पद से अलग प्रयुक्त होते हैं इसलिए इन्हें 'परसर्ग' भी कहा जाता है। परसर्ग का शब्दिक अर्थ है- पीछे जुड़ना। कारक चिह्न सदैव संज्ञा या सर्वनाम के पीछे जुड़ते हैं।

(i) कर्त्ता कारक : कर्त्ता का अभिप्राय है, करने वाला। वाक्य में जो क्रिया सम्पन्न करता है, उसे कर्त्ता कहा जाता है। जैसे- राम पढ़ता है। सुरेश पत्र लिखता है। इन वाक्यों में राम और सुरेश कर्त्ता कारक हैं क्योंकि ये ही क्रिया को सम्पादित करने वाले हैं।

(ii) कर्म कारक : कर्त्ता द्वारा सम्पादित क्रिया का फल जिस पर पड़ता है, उसे 'कर्म' कहते हैं। जैसे– शीला ने राजेश को पढ़ाया। इस वाक्य में कर्त्ता है- शीला, क्रिया है– पढ़ाना। पढ़ाना क्रिया का फल राजेश पर स्पष्ट पड़ रहा है। इसलिए यहाँ राजेश कर्म कारक की स्थिति में है।

(iii) करण कारक : वाक्य में कारण कारक उस शब्द को कहते हैं जो क्रिया को पूर्ण करने में साधन के रूप में कर्ता का सहायक होकर आता है। जैसे– मैं कलम से लिखता हूँ। इस वाक्य में 'कलम से' करण कारक है क्योंकि लेखन-क्रिया में कलम साधन है।

(iv) सम्प्रदान कारक : कर्त्ता क्रिया की सिद्धि जिसके लिए करता है अथवा जिसको कुछ देता है, उसे प्रकट करने वाले शब्द रूप को सम्प्रदान कारक कहते हैं। जैसे– श्याम मीरा के लिए खिलौने लाया। राकेश शीला के लिए रोता है। इन वाक्यों में लाना और रोना क्रियाएँ क्रमशः मीरा और शीला के लिए सम्पादित की जा रही हैं। इसलिए मीरा और शीला के लिए शब्द रूप सम्प्रदान कारक है।

संधि

सन्धि शब्द का सामान्य अर्थ है– मेल अथवा मिलन। जब दो निकटवर्ती शब्दों का परस्पर मेल होता है, तो उसे संधि कहते हैं। संधि पहले वाले शब्द के अंतिम वर्ण और दूसरे वाले शब्द के प्रथम वर्ण (दोनों वर्णों) के मिलन से होती है। जब संधि होती है, तो दोनों शब्दों के मेल से बना शब्द (नया वाला शब्द) दोनों शब्दों का सामान्य संयोग मात्र नहीं होता, बल्कि उनके मेल से बना नया शब्द कुछ भिन्न होता है। यह भिन्नता या परिवर्तन उन्हीं दोनों वर्णों में होता है, जिनका मेल होता है। उदाहरण के लिए यदि हम 'हिम' और 'आलय' दोनों शब्दों की संधि करें, तो संधि से बनने वाला शब्द 'हिमालय' होगा। इसी प्रकार 'विद्या' और 'अर्थी' शब्दों की संधि से 'विद्यार्थी' शब्द बनता है।

संधि के मुख्य रूप से तीन भेद हैं– स्वर संधि, व्यंजन संधि और विसर्ग संधि।

(क) स्वर संधिः जब स्वर के साथ स्वर का मेल हो और स्वर में परिवर्तन हो, तो उसे स्वर संधि कहते हैं। उदाहरण के लिए 'छात्र' और आवास में 'त्र' और 'आ' का मेल होकर 'त्रा' बनेगा और संधि के फलस्वरूप बना शब्द 'छात्रावास' होगा।

इसी प्रकार 'रमा' और ईश' के मेल से 'रमेश' बनता है। 'महा' और 'ऋषि' के मेल से 'महर्षि' बनता है। 'यदि' और 'अपि' के मेल से 'यद्यपि' बनता है।

(ख) व्यंजन संधिः जब दो व्यंजनों के मेल से नया शब्द बनता है, तो उसे व्यंजन संधि कहते हैं। जैसे 'जगत' और 'नाथ' के मेल से 'जगन्नाथ' शब्द बनता है। 'तन्' और 'मय' के मेल से 'तन्मय' शब्द बनता है। 'सत्' और 'चित' के मेल से 'सच्चित' शब्द बनता है। 'सम्' और 'राट' के मेल से 'सम्राट' शब्द बनता है।

(ग) विसर्ग संधिः जब विसर्ग के साथ व्यंजन का मेल हो तो विसर्ग संधि होती है। जैसे– 'निः' और 'जन' के मेल से 'निर्जन' तथा 'दुः' और 'चरित्र' के मेल से 'दुश्चरित्र' बनता है।

संधि के प्रकार

हिन्दी में संधि के तीन प्रकार हैं–(1) स्वर संधि (2) व्यंजन संधि (3) विसर्ग संधि।

(1) स्वर संधि

दो स्वरों के मेल से जो विकार या वर्ण के रूप में परिवर्तन होता है, वही स्वर संधि कहलाता है।

स्वर संधि के भेदः स्वर संधि के निम्नलिखित पाँच भेद हैं :–

(क) दीर्घ संधि (ख) गुण संधि (ग) वृद्धि संधि (घ) यण् संधि (ङ) अयादि संधि।

(क) दीर्घ संधिः जब दो सवर्ण स्वरों का मेल होता है तो एक दीर्घ स्वर बन जाता है। यह दीर्घ संधि है। अ और आ सवर्ण स्वर हैं। इसी प्रकार इ ई उ ऊ और ऋ सवर्ण स्वर हैं। ह्रस्व या दीर्घ अ इ उ ऋ के बाद यदि पूर्ववत् ह्रस्व या दीर्घ स्वर हो तो दोनों के स्थान पर एक सवर्ण दीर्घ स्वर होता है।

जैसे– अ + अ = आ (नर + अधय = नराधय)
अ + आ = आ (कार्य + आलय = कार्यालय)
आ + अ = आ (विद्या + अर्थी = विद्यार्थी)
आ + आ = आ (महा + आशय = महाशय)
इ + इ = ई (मुनि + इन्द्र = मुनीन्द्र)
इ + ई = ई (कपि + ईश = कपीश)
ई + इ = ई (मही + इन्द्र = महीन्द्र)
ई + ई = ई (नदी + ईश = नदीश)
उ + उ = ऊ (साधु + उवाच = साधूवाच)

(ख) गुण संधिः अ या आ के बाद यदि इ या ई, उ या ऊ और ऋ आवे तो दोनों के मेल से क्रमशः ए, ओ अर हो जाता है।

जैसे– अ + इ = ए (नर + इन्द्र = नरेन्द्र)
आ + इ = ए (महा + इन्द्र = महेन्द्र)

(ग) वृद्धि संधिः अ या आ के बाद यदि ए या ऐ और ओ या औ का आगमन होता है, तो दोनों मिलकर क्रमशः ऐ और औ उत्पन्न करते हैं।

जैसे– अ + ए = ऐ (एक + एक = एकैक)
आ + ए = ऐ (तथा + एव = तथैव)

(घ) यण संधिः ह्रस्व या दीर्घ इ, उ, ऋ के अनन्तर यदि कोई असवर्ण स्वर आता है तो 'इ' का य्, उ का व् और ऋ का र् हो जाता है।

जैसे– इ + आ = या (अति + आनन्द = अत्यानन्द)
इ + ए = ये (प्रति + एक = प्रत्येक)

(ङ) अयादि संधिः ए ऐ ओ औ के अनन्तर यदि कोई असवर्ण स्वर आये तो ए का अय्, ऐ का आय, ओ का अव् और औ का आव हो जाता है।

जैसे– ए + अ = अय (ने + अन = नयन)
ऐ + अ = आय (नै + अक = नायक)

(2) व्यंजन संधि

व्यंजन संधि उसे कहते हैं जिसमें संधि होने वाले दो वर्णों में से प्रथम वर्ण व्यंजन हो और दूसरा स्वर या व्यंजन हो।

जैसे– दिक् + गज = दिग्गज।

व्यंजन संधि के प्रमुख नियम इस प्रकार हैं–

(क) यदि किसी वर्ण के पहले व्यंजन के अनन्तर किसी वर्ग का पंचम वर्ण आता है तो प्रथम व्यंजन वर्ग का परिवर्तन उसी वर्ग के पंचम वर्ण में होता है।

जैसे– जगत् + नाथ = जगन्नाथ।
वाक् + मय = वाङ्मय।

(ख) यदि म् के बाद किसी स्पर्श वर्ण का आगमन होता है तो म् अनुस्वार में बदल जाता है।

जैसे– किम + चित् = किंचित् या किञ्चित्।
अहम् + कार = अहंकार या अहङ्कार।

(ग) यदि म् के बाद य र ल व (अन्तस्थ) और श ष स ह (ऊष्म) वर्ण हों तो 'म्' अनुस्वार में बदल दिया जाता है।

जैसे– सम् + षय = संशय।
सम् + सार = संसार।

(घ) यदि वर्ग के प्रथम वर्ण के अनन्तर कोई स्वर हो या किसी वर्ग का तृतीय, चतुर्थ व्यंजन हो या य र ल व में से कोई वर्ण आए तो वर्ग के प्रथम वर्ण के स्थान पर तृतीय वर्ण हो जाता है।

जैसे– वाक् + दन्त = वाग्दन्त।
सत् + गति = सद्गति।

(ङ) यदि च अथवा ज के अनन्तर न का आगमन होता है तो दोनों का स्थान ञ ले लेता है।

जैसे– यज् + न = यज्ञ।

(3) विसर्ग संधि

विसर्ग के साथ स्वर अथवा व्यंजन के मेल से उत्पन्न विकार को विसर्ग संधि कहा जाता है।

जैसे– मनः + रथ = मनोरथ।

विसर्ग संधि के प्रमुख नियम

(क) विसर्ग के बाद च् या छ् ट् या ढ् तथा त् या य् आवे तो क्रमशः श, ष हो जाता है।

जैसे– निः + चय = निश्चय
निः + तार = निस्तार

(ख) यदि विसर्ग के बाद श, ष या स आवे तो विसर्ग को उसी परवर्ती सकार में बदल दिया जाता है।
जैसे– दुः + शासन = दुश्शासन
निः + सन्देह = निस्संदेह

(ग) यदि विसर्ग के पूर्व अ आवे और उसके बाद किसी वर्ग का तीसरा चौथा पाँचवां या य र ल व ह में से कोई व्यंजन आवे तो विसर्ग का 'उ' होता है और उ अपने पूर्ववर्ती अ के साथ जुड़कर ओ में रूपान्तरित हो जाता है।
जैसे– सरः + वर = सरोवर।
पयः + धर = पयोधर।

(घ) यदि विसर्ग के बाद र् व्यंजन आवे तो विसर्ग का पूर्ववर्त्ती स्वर दीर्घ हो जाता है साथ ही विसर्ग का लोप हो जाता है।
जैसे– निः + रव = नीरव।
निः + रोग = नीरोग।

(ङ) यदि विसर्ग के पूर्व अकार के अतिरिक्त कोई दूसरा स्वर हो और उसके बाद कोई स्वर हो अथवा किसी वर्ग का तीसरा, चौथा, पाँचवां वर्ण हो तो विसर्ग 'र' में रूपान्तरित होता है।
जैसे– दुः + गन्ध = दुर्गन्ध।
निः + रोग = नीरोग।

समास

अनेक शब्द जब मिलकर एक पद बन जाते हैं तो समास कहलाता है। अर्थात् जब दो या दो से अधिक पद अपने प्रत्ययों या विभक्तियों को छोड़कर मिलते हैं तब उस संयोग को समास कहते हैं।

समास की उपयोगिताः भाषा में समास की उपयोगिता कई दृष्टियों से है–

(क) समास से भाषा में संक्षिप्तता आती है।
(ख) समास से उच्चारण-प्रक्रिया में सहजता का बोध होता है।
(ग) भाषा समास के प्रयोग से चुस्त होती है।
(घ) भाषा के सौंदर्य में वृद्धि समास के प्रयोग से संभव है।

समास के भेद

पदों की प्रधानता को आधार मानकर समास को मुख्यतः चार भागों में विभाजित किया जाता है तथापि छः भेद स्वीकार किये जाते हैं।

(1) अव्ययीभाव समास – पहला पद प्रधान होता है।
(2) तत्पुरुष समास – दूसरा पद प्रधान होता है।
(3) द्वन्द्व समास – दोनों पद प्रधान होते हैं।
(4) बहुब्रीहि समास – कोई भी पद प्रधान नहीं होता है।

नोटः 'कर्मधारय' को तत्पुरुष का एक भेद माना गया है और 'द्विगु' को कर्मधारय का एक भेद माना गया है।

(1) अव्ययीभाव समास

अव्ययीभाव समास का पहला पद क्रिया-विशेषण अव्यय होता है और प्रधानता प्रायः प्रथम पद की ही होती है। जैसे– यथा समय (समय के अनुसार) प्रति वर्ष (प्रत्येक वर्ष)।

अव्ययीभाव समास के अन्तर्गत निम्नलिखित कोटि के पद आते हैं–

(क) अव्यय शब्दों के योग से बनने वाले समास– आचरण, व्यर्थ, यावज्जीवन, प्रतिदिन, यथा-संभव, आदि।
(ख) शब्दों की द्विरुक्ति से भी अव्ययीभाव समास बनता है। जैसे– वन-वन, घर-घर, मन्दिर-मन्दिर आदि।
(ग) द्विरुक्ति शब्दों के बीच में कभी-कभी ही, आ, ओं भी प्रयुक्त होते हैं। जैसे–एका-एक, हाथों-हाथ, मन-ही-मन आदि।

(2) तत्पुरुष समास

जिस समस्त पद में द्वितीय या अंतिम पद की प्रधानता को स्वीकारा जाता है उनमें तत्पुरुष समास होता है। जैसे :– राज-भवन (राजा का **भवन**)। उत्तर पद भवन प्रधान है।

तत्पुरुष समास के भेद

(i) व्यधिकरण तत्पुरुष– यह वास्तव में तत्पुरुष समास होता है।
(ii) समानाधिकरण तत्पुरुष– इस समास को कर्मधारय समास कहते हैं।

समस्त पदों में जिस कारक या विभक्ति चिह्न का लोप होता है उसी के आधार पर उसका नामकरण किया जाता है। तत्पुरुष समास में प्रथम पद कारक की स्थिति में होता है। इसके निम्नलिखित भेद हैं–

(क) **कर्म तत्पुरुषः** प्रथम पद कर्मधारय की स्थिति में होता है तथा कर्म की विभक्ति 'को' का लोप हो जाता है।
जैसे– गगन चुम्बी (गगन को चूमने वाला)
माखन चोर (माखन को चुराने वाला)

(ख) **करण तत्पुरुषः** प्रथम पद करण कारक की स्थिति में होता है और करण की विभक्ति चिह्न 'से' द्वारा 'के साथ' का लोप होता है।
जैसे– ईश्वर दत्त (ईश्वर द्वारा दत्त)
विश्व बन्ध (विश्व द्वारा बन्ध)

(ग) **सम्प्रदान तत्पुरुषः** प्रथम पद सम्प्रदान कारक में रहता है तथा सम्प्रदान की विभक्ति 'को', 'के लिए', 'निमित्त', 'हेतु' आदि का लोप होता है।
जैसे– स्वाधीनता संग्राम (स्वाधीनता के लिए संग्राम)

(घ) **अपादान तत्पुरुषः** इसमें भी प्रथम पद अपादान कारक में होता है तथा अपादान कारक के विभक्ति चिह्न 'से' का लोप हो जाता है।
जैसे– धर्म विमुख (धर्म से विमुख)

(ङ) **सम्बन्ध तत्पुरुषः** इसका पूर्व पद सम्बन्ध कारक में होता है तथा सम्बन्ध के विभक्ति चिह्न का, के, की का लोप होता है।
जैसे– वन मानुष (वन का मानुष)

(च) अधिकरण तत्पुरुषः अधिकरण तत्पुरुष में पहला पद अधिकरण कारक में होता है तथा अधिकरण कारक का विभक्ति चिह्न 'में' या 'पर' आदि का बोध होता है।
जैसे– आपबीती (आप पर बीती)

(3) द्वन्द्व समास

द्वन्द्व समास में दोनों ही पद प्रधान होते हैं और समस्त पद में दोनों पद संज्ञा या उसका समूह होता है। स्मरणीय है कि इसमें 'और', 'वा' 'अथवा', समुच्चय बोधक का लोप रहता है। इस समुच्चय बोधक के द्वारा दोनों पद जुड़े रहते हैं। द्वन्द्व समास के सामान्यतः निम्नलिखित भेद होते हैं :–

(क) इतरेतर द्वन्द्वः इतरेतर द्वन्द्व में समस्त पदों के बीच 'और' समुच्चय बोधक का लोप होता रहता है।

जैसे– माता-पिता (माता और पिता)
सीता-राम (सीता और राम)
देवर-भाभी (देवर और भाभी)

(ख) समाहार द्वन्द्वः समाहार द्वन्द्व में समस्त पद अपने अर्थ के अलावा उसी रूप के अन्य अर्थ का भी आभास देता है।

जैसे– नमक-रोटी (नमक और रोटी के अतिरिक्त और भी उसी कोटि की खाद्य-सामग्री) रुपया-पैसा, धन-दौलत, सेठ-साहूकार, मान-मर्यादा।

(ग) वैकल्पिक द्वन्द्वः वैकल्पिक द्वन्द्व में दोनों पदों के मध्य 'थ' और 'अथवा' समुच्चय बोधक का लोप रहता है। इस समस्त पद में साधारणतः दो परस्पर विरोधी शब्दों का योग होता है।

जैसे– मान-अपमान, धर्म-अधर्म, ज्ञान-अज्ञान, पाप-पुण्य, चार-छः, दो-चार, जात-कुजात, भला-बुरा।

(4) बहुब्रीहि समास

बहुब्रीहि समास उस समास को कहते हैं जिसमें दोनों ही पद अप्रधान होते हैं। उसमें एक नये अर्थ का संकेत मिलता है।

जैसे– चन्द्रशेखर (चन्द्रमा है शिखर पर जिसके अर्थात् शिव)
चतुर्भुज (चार भुजाएँ हैं जिनकी अर्थात् विष्णु)
गजानन (गज के समान मुख है जिसका अर्थात् गणेश)

(5) कर्मधारय (समानाधिकरण तत्पुरुष)

कर्मधारय समास में दोनों पद प्रधान होते हैं। इसके पदों में विशेषज्ञ-विशेषण, विषेशज्ञ-विशेषण, उपमान-उपमेय का भाव होता है।
जैसे– शशिमुख (शशि सम मुख), नीलाम्बर, पीताम्बर।

कर्मधारय के प्रकार– कर्मधारय के मुख्यतः दो भेद हैं– (1) विशेषता वाचक (2) उपमान वाचक।

(1) **विशेषता वाचक**

विशेषण पूर्वपदः पहला पद विशेषण होता है। जैसे– पीताम्बर, नीलकण्ठ, सुन्दर लाल, सद्गुण, खुशबू, बदबू, काली मिर्च, नीलगाय, छुटभैया।

विशेषणोत्तर पदः इसमें उत्तरपद विशेषण होता है। जैसे– पुरुषोतम, प्रभुदयाल, रामदहिन, देशान्तर, मुनीश्वर, युगान्तर, नराधम, जन्मान्तर।

विशेषणोभय पदः दोनों ही पद विशेषण होते हैं। जैसे– नील-पीत, मोटा ताजा, लाल पीला, श्याम सुन्दर, श्वेत-श्याम, भला-बुरा, खट्टा-मिट्टा।

विशेष्योभय पदः दोनों ही पद विशेष्य होते हैं। जैसे– प्राणप्रिय, वज्रदेह।

(2) **विशेषता वाचक**

उपमानोत्तर पदः उत्तर पद उपमान होता है। जैसे– मुखारविन्द, राजर्षि।

(6) द्विगु समास

द्विगु समास कर्मधारय समास का एक भेद है। इस समास में पहला पद संख्या बोधक होता है और द्वितीय पद प्रधान होता है। संख्यावाची शब्द समुदाय (समाहार) के अर्थ में प्रयुक्त होता है।

जैसे–नवरत्न (नवरत्नों का समूह), अष्टाध्यायी (आठ अध्यायों का समाहार), त्रिभुवन, तिमाही, पंसेरी, सप्तशती, त्रिकाल, चौमाल।

वर्तनी

हिन्दी शब्दों को लिखने में वर्तनी का बड़ा महत्व है। प्रायः विद्यार्थी लिखने में वर्तनी सम्बन्धी अशुद्धियां करते हैं। ये अशुद्धियाँ संयुक्त वर्ण, विभक्ति चिह्न, क्रिया पद में तो होती ही है साथ ही, व ब तथा श ष स में भी देखने को मिलती हैं। इन अशुद्धियों से बचने का सही उपाय है कि शुद्ध वर्तनी का ज्ञान हो। और यह निरन्तर अभ्यास से ही सम्भव है।

पर्यायवाची

एकार्थ बोधक शब्दों को पर्यायवाची शब्द कहा जाता है। पर्यायवाची शब्दों में से कुछ पूर्ण पर्याय तथा कुछ अपूर्ण पर्याय की श्रेणी में आते हैं। पूर्ण पर्याय—कपि, वानर, मर्कट, प्लवंग आदि बन्दर के पर्याय हैं। अपूर्ण पर्याय—कृपा, दया, करुणा को कहा जाता है, किन्तु इनके प्रयोग में बहुत अन्तर है। भाषा के सूक्ष्म अध्ययन की दृष्टि से अपूर्ण पर्यायों के मध्य सूक्ष्म अन्तर होता है। इस अन्तर को देखते हुए ही उनका प्रयोग किया जाता है। हिन्दी के शब्द-भंडार की पर्याप्त वृद्धि हुई है। इस दिशा में डॉ. रघुवीर जैसे भाषा-पंडितों ने बहुत काम किया है। भारत सरकार का केन्द्रीय हिन्दी निदेशालय, अनुवाद ब्यूरो तथा राजभाषा विधायी आयोग आदि संस्थाओं द्वारा किए जा रहे शब्द रचना के कार्य सराहनीय हैं। हमारे देश में संस्कृत समृद्ध भाषा है जिससे हिन्दी को बहुत-से शब्द प्राप्त हुए हैं, अतएव पर्यायवाची शब्दों की दृष्टि से हिन्दी समृद्ध है।

विलोमार्थी शब्द

ऐसे शब्दों को विपरीतार्थक, विलोमार्थी अथवा विरोधी शब्द कहा जाता है जो किसी शब्द के ठीक विपरीत अर्थ प्रकट करते हैं। अंग्रेजी में जिन

शब्दों को एण्टानिम्स (Antonyms) कहा जाता है हिन्दी में वही शब्द विलोमार्थी अथवा प्रतिकूल अर्थ के बोधक कहे जाते हैं। अतएव विलोमार्थी शब्दों को यदि हम परिभाषाबद्ध करना चाहें तो कह सकते हैं कि—'किसी एक शब्द के ठीक विपरीत अर्थ प्रकट करने वाले शब्द विलोम कहे जाते हैं। इन शब्दों को विपर्याय के रूप में भी जाना जाता है।'

विलोमार्थी शब्दों का महत्त्व

भाषा कोई भी क्यों न हो उसकी सम्पन्नता उसके शब्दों की संख्या से जानी जाती है। आज विश्व में सर्वाधिक सम्पन्न भाषा अंग्रेजी है जिसके शब्दों का निरंतर वार्धक्य होता जाता है। नये-नये विज्ञानों का प्रादुर्भाव होने से उससे सम्बन्धित शब्द भी गढ़े जाते हैं। और उन शब्दों के प्रतिकूल शब्दों की आवश्यकता भी अनुभव की जाती है। नतीजतन शब्दों का सृजन अनवरत गति से चलता रहा है। हिन्दी में भी यह काम काफी द्रुतगति से हो रहा है। कोई माने या न माने किन्तु जब से केन्द्र में हिन्दी को राजभाषा का गरिमामय पद मिला है तब से उसके विकास की गति भी बढ़ी है। विभिन्न क्षेत्रों में उसका प्रवेश हो रहा है। विज्ञान, इंजीनियरी, चिकित्साशास्त्र, आणविकी आदि सभी से सम्बन्धित शब्दों की रचना हिन्दी में अबाध गति से की जा रही है। ये सब प्रभावी लक्षण हैं। शब्दों के समानार्थी तथा विपरीतार्थी दोनों की जरूरत पड़ती रहती है और आज के युग में जबकि प्रतियोगिता का महत्त्व काफी बढ़ गया है विपरीतार्थी शब्द भी किसी के भाषाई ज्ञान की माप करने में उपादेय सिद्ध होते हैं।

इसके अतिरिक्त विपरीतार्थक शब्द किन्हीं दो अच्छी या बुरी वस्तुओं की तुलना करने के लिए भी काफी उपादेय सिद्ध होते हैं। ऐसे शब्दों के प्रयोग से भाषा में निखार आता है, भाषण प्रभावशाली बन जाता है तथा लेखन गरिमावान दिखाई पड़ने लगता है।

श्रुति समभिन्नार्थक शब्द

युग्म शब्द को श्रुतिसम भिन्नार्थक या समोच्चरित शब्द भी कहा जाता है। इस प्रकार के दो शब्दों में मामूली-सा अन्तर होता है। वह अन्तर मात्रागत या वर्णगत होता है। फलतः ऐसे शब्द सुनने में एक समान तो लगते हैं लेकिन अर्थ भिन्न-भिन्न होते हैं। हिन्दी में ऐसे शब्दों की संख्या अत्यधिक है। नीचे वैसे प्रमुख शब्द युग्मों को अर्थ सहित प्रस्तुत किया जा रहा है :

1. अंश = भाग/हिस्सा
   अंस = कन्धा
2. अपेक्षा = आवश्यकता/उम्मीद
   उपेक्षा = अवहेलना
3. अभिराम = सुन्दर
   अविराम = लगातार
4. अनल = आग
   अनिल = हवा
5. अवलम्ब = आश्रय/सहारा
   अविलम्ब = शीघ्र
6. अन्त = समाप्त/खतम
   अन्त्य = अन्तिम
7. अभिहित = कथित
   अविहित = अनुचित
8. अम्बुज = कमल
   अम्बुद = बादल
9. अलि = भ्रमर
   अली = सखी
10. उपकार = भलाई
    अपकार = बुराई
11. अजिक = ललाट
    अलीक = झूठ
12. अभिनय = स्वांग
    अविनय = उद्‌दण्डता
13. अतल = तलहीन
    अतुल = जिसकी तुलना न हो सके
14. अकथ = जो कहा नहीं जाय
    अथक = बिना थके हुए
15. अन्न = अनाज
    अन्य = दूसरा
16. आदि = आरम्भ/शुरू
    आदी = अभ्यस्त, अदरक
17. अभय = निर्भय
    उभय = दोनों
18. अर्जन = संग्रह
    अर्चन = पूजा
19. अमित = अत्यधिक
    अमीत = शत्रु
20. अणु = सूक्ष्म कण
    अनु = पीछे
21. अशक्त = असमर्थ
    असक्त = विरक्त
22. अब्ज = कमल
    अब्द = बादल
23. अवधि = समय
    अवधी = अवध की भाषा
24. अभ्यास = अनुशीलन
    अभ्याश = पड़ोस
25. आभरण = आभूषण
    आमरण = मरण तक
26. आकर = खान
    आकार = आकृति
27. आयत = चतुर्भुज
    आयात = बाहर से लाना
28. आर्त = दुःखी
    आर्द्र = गीला

29.	आवास	=	वास स्थान
	आभास	=	झलक
30.	आवृत्त	=	घिरा हुआ
	आवृत्ति	=	दुहराना
31.	इत्र	=	सुगन्धित पदार्थ
	इतर	=	दूसरा
32.	स्त्री	=	महिला
	इस्तिरी	=	कपड़े पर कलप करना
33.	अरि	=	दुश्मन
	अरी	=	स्त्री के लिए सम्बोधन
34.	उद्यत	=	तैयार, तत्पर
	उद्धत	=	उद्दण्ड
35.	ऋतु	=	मौसम
	ऋत	=	सत्य
36.	कश	=	चाबुक
	कष	=	कसौटी
37.	कुल	=	वंश
	कूल	=	किनारा
38.	कलि	=	कलियुग
	कली	=	अधखिला फूल
39.	कपिश	=	मटमैला
	कपीश	=	बन्दरों का राजा
40.	कर्म	=	कार्य
	क्रम	=	सिलसिला
41.	कंगाल	=	दरिद्र
	कंकाल	=	ठठरी (मानव की)
42.	कटिबद्ध	=	तैयार
	कटिबन्ध	=	कमर बन्द
43.	करोड़	=	सौ लाख की संख्या
	क्रोड़	=	गोद
44.	कृत	=	किया हुआ
	क्रीत	=	खरीदा हुआ
45.	कृपण	=	कंजूस
	कृपाण	=	कटार
46.	कृषाण	=	किसान
	कृशानु	=	आग
47.	क्रान्ति	=	उलटफेर, आन्दोलन
	कांति	=	चमक
48.	कुट	=	किला
	कूट	=	पहाड़ की चोटी
49.	कुजन	=	दुर्जन
	कूजन	=	पक्षियों का कलरव
50.	केशर	=	सिंह की गर्दन के बाल
	केसर	=	कुमकुम
51.	कोष	=	खजाना
	कोश	=	शब्द-संग्रह
	कोस	=	दो मील की दूरी
52.	खाद	=	उर्वरक
	खाद्य	=	खाने की सामग्री
53.	खोया	=	भूल गया
	खोआ	=	दूध से निर्मित खाद्य पदार्थ
54.	गिरि	=	पर्वत
	गिरी	=	बीज/गूदा
55.	चषक	=	प्याला
	चसक	=	आदत
56.	चरण	=	पैर
	चारण	=	भाट
57.	चिर	=	पुराना
	चीर	=	वस्त्र
58.	चिता	=	शव जलाने के लिए लकड़ियों की शय्या
	चीता	=	एक हिंसक पशु
59.	गृह	=	घर
	ग्रह	=	नक्षत्र
60.	करण	=	इन्द्रियाँ, करण कारक
	कर्ण	=	कान
61.	कुच	=	स्तर
	कूच	=	प्रस्थान
62.	कौर	=	ग्रास
	कोर	=	किनारा
63.	चतुष्पद	=	चौपाया
	चतुष्पथ	=	चौराहा
64.	चक्रवात	=	बवंडर
	चक्रवाक	=	चकवा पक्षी
65.	छत्र	=	छाता
	छात्र	=	विद्यार्थी
66.	क्षति	=	हानि
	क्षिति	=	पृथ्वी
67.	जलज	=	कमल
	जलद	=	बादल
68.	नीरज	=	कमल
	नीरद	=	बादल
69.	जघन्य	=	गर्हित
	जघन	=	जाँघ
70.	जगत्	=	संसार
	जगत	=	कुएँ का चबूतरा
71.	जामन	=	दूध जमाने के लिए प्रयुक्त पदार्थ
	जामुन	=	एक फल
72.	जेठ	=	वर्ष का एक महीना
	ज्येष्ठ	=	बड़ा (उम्र में)
73.	टुक	=	थोड़ा
	टूक	=	टुकड़ा
74.	टोटा	=	घाटा
	टोंटा	=	बन्दूक का कारतूस

75. तरणि = सूर्य
तरणी = नाव
76. दाई = धामी, नौकरानी
दायी = जवाबदेह
77. दारु = लकड़ी
दारू = शराब
78. दिवा = दिन
दीया = दीपक
79. दिन = दिवस
दीन = गरीब
80. द्विप = हाथी
द्वीप = टापू
81. दुर्ग = गढ़
दुर्गा = एक देवी
82. दमन = दबाना
दामन = आँचल
83. तक्र = मट्ठा
तर्क = बहस
84. द्रव्य = धन
द्रव = तरल पदार्थ
85. देव = देवता
दैव = भाग्य
86. नहर = कृत्रिम नदी
नाहर = सिंह
87. नग = पहाड़
नाग = सर्प
88. नगर = शहर
नागर = चतुर व्यक्ति
89. नाश = ध्वंश
नास = सुंघनी
90. नारी = स्त्री
नाड़ी = नब्ज
91. निसान = झण्डा
निशान = चिह्न, प्रतीक
92. निर्जर = देवता
निर्झर = झरना
93. निहित = छिपा हुआ
निहत = मरा हुआ
94. नियत = निश्चित
नीयत = इरादा
नियति = भाग्य
95. नमित = नत
निमित्त = कारण
96. नीर = जल
नीड़ = घोंसला
97. निर्माण = बनाना
निर्वाण = मोक्ष
98. नकल = अनुकरण
नकुल = नेवला, पाण्डवों में एक
99. निधन = मृत्यु
निर्धन = गरीब
100. नित = प्रतिदिन
नीत = लाया हुआ
101. नीम = एक पेड़
नींव = आधार
102. नेत्र = आँख
नेतृ = नेता
103. पुरुष = मर्द
परुष = कठोर
104. परिधान = वस्त्र
प्रधान = मुख्य
105. पवन = हवा
पावन = पवित्र
106. पाहन = पत्थर
पाहुन = अतिथि
107. परवाह = चिन्ता
प्रवाह = बहाव
108. प्रहर = समय
प्रहार = चोट
109. परिताप = दुःख
प्रताप = पराक्रम
110. पथ = मार्ग
पथ्य = रोगी का भोजन
111. पट्ट = तख्ता
पट = वस्त्र
112. प्रमाण = सबूत
प्रणाम = नमस्कार
113. परिणाम = फल
परिमाण = मात्रा
114. प्रणय = प्रेम
परिणय = विवाह
115. परदेश = दूसरा देश
प्रदेश = प्रान्त, राज्य
116. परीक्षा = इम्तहान
परिक्षा = कीचड़
117. प्रदीप = दीपक
प्रतीप = उल्टा
118. पानी = जल
पाणि = हाथ
119. पास = निकट
पाश = बन्धन
120. पिक = कोयल
पीक = पान का थूक

121. प्रेषित = भेजा हुआ
प्रोषित = प्रवासी
122. फन = कला
फण = साँप का फण
123. बलि = बलिदान
बली = वीर
124. बहन = भगिनी
वहन = ढोना
125. बहु = बहुत
बहू = पुत्रवधू
126. बार = दफा
वार = दिन
127. वाण = तीर
बान = आदत
128. बात = वचन
वात = हवा
129. भवन = घर
भुवन = संसार
130. भट = योद्धा
भट्ट = पण्डित
131. भाल = ललाट
भार = वजन
132. मल = गन्दगी
मल्ल = पहलवान
133. मणि = रत्न
मणी = सर्प
134. मद = अहंकार
मद्य = शराब
135. मनुज = मनुष्य
मनोज = कामदेव
136. मांस = गोश्त
मास = महीना
137. मात्र = केवल
मातृ = माता
138. मेध = यज्ञ
मेघ = बादल
139. मेदा = पेट
मैदा = बारीक आटा
140. रत = तल्लीन
रक्त = खून
141. रेचक = दस्तावर
रोचक = रूचिकर
142. लक्ष = लाख
लक्ष्य = उद्देश्य
143. लवण = नमक
लवन = खेत के फसल की कटाई
144. वस्तु = चीज
वास्तु = इमारत, भवन
145. अकुल = बिना कुल के
आकुल = व्याकुल
146. वरद = वर देने वाला
विरद = यश
147. वरण = चुनना
वरन् = बल्कि
148. वाद = विचार/सिद्धान्त
वाद्य = बाजा
149. वदन = मुख
बदन = शरीर
150. विस्मृत = भूला हुआ
विस्मित = आश्चर्य में पड़ा हुआ
151. विपिन = जंगल
विपन्न = दुःखी, निर्धन
152. वित्त = धन
वृत्त = गोलाकार
153. विष = जहर
विस = कमल का डण्ठल
बीस = उन्नीस से एक अधिक संख्या
154. सम = समान
शय = संचय
155. सहर = सबेरा
शहर = नगर
156. शव = लाश
शब = रात
157. सिता = चीनी
सीता = जानकी
158. शस्त्र = हथियार
शास्त्र = ग्रन्थ
159. सर = तालाब
शर = बाण
160. सुर = देवता
सूर = अंधा
शूर = वीर
161. सुत = बेटा
सूत = सारथी, धागा
162. सप्त = सात
शप्त = शाप ग्रस्त
163. शंकर = शिव
संकर = दोगला
164. सर्ग = काव्य का अध्याय
स्वर्ग = कल्पित लोक
165. स्वपच = स्वयंवाकी
श्वपच = चाण्डाल

166.	सत्व	=	सार
	स्वत्व	=	अधिकार
167.	समिति	=	सभा
	सम्मति	=	सलाह
168.	शय्या	=	बिछावन
	सज्जा	=	सजावट
169.	संग	=	साथ
	संघ	=	समिति, संगठन
170.	शाला	=	घर
	साला	=	पत्नी का भाई
171.	सबल	=	ताकतवर
	शवल	=	चितकबरा
172.	सर्व	=	सभी
	शर्व	=	शंकर
173.	सुगन्ध	=	खुशबू
	सौगन्ध	=	कसम
174.	शुक्ति	=	सीप
	सूक्ति	=	अच्छी उक्ति
175.	शीशा	=	काँच
	सीसा	=	एक धातु
176.	सती	=	पतिव्रता नारी
	शती	=	शताब्दी
177.	श्वेत	=	सफेद
	श्वेद	=	पसीना
178.	शुक	=	सुग्गा
	शूक	=	जौ
179.	शिखर	=	चोटी (पर्वत की)
	शेखर	=	सिर
180.	शक्ल	=	चेहरा
	सकल	=	सम्पूर्ण
181.	हरि	=	विष्णु
	हरी	=	हरे रंग की
182.	सुमन	=	फूल
	सुअन	=	पुत्र
183.	संदेह	=	शक
	सदेह	=	सशरीर
184.	स्व	=	अपना
	श्व	=	आने वाला दिन
185.	शुचि	=	पवित्र
	सूची	=	विषय क्रम
186.	सुधि	=	स्मरण
	सुधी	=	समझदार, विद्वान्
187.	हल	=	जोतने का यंत्र
	हल्	=	शुद्ध व्यंजन
188.	भंगि	=	लहर
	भंगी	=	मेहतर
189.	दूत	=	संवाददाता
	द्यूत	=	जुआ का खेल
190.	देश	=	राज्य
	द्वेष	=	शत्रुता
191.	तरंग	=	लहर
	तुरंग	=	घोड़ा
192.	चालक	=	ड्राइवर
	चालाक	=	चतुर
193.	लोम	=	रोवाँ
	लोभ	=	लालच
194.	बिना	=	रहित, अभाव
	वीणा	=	एक वाद्य यंत्र
195.	प्रसाद	=	कृपा
	प्रासाद	=	महल
196.	भित्ति	=	दीवार
	भीति	=	डर
197.	मूल	=	जड़
	मूल्य	=	दाम
198.	अक्ष	=	धुरी
	यक्ष	=	एक देव योनि
199.	अश्व	=	घोड़ा
	अश्म	=	पत्थर
200.	आसन	=	बैठने की वस्तु
	अशन	=	भोजन
201.	अह	=	दिन
	अहि	=	साँप
202.	अणि	=	सूई की नोक
	अनी	=	फौज
203.	दारा	=	पत्नी
	द्वार	=	दरवाजा
204.	पृथा	=	कुन्ती
	प्रथा	=	रीति
205.	श्रवण	=	कान
	स्रवन	=	बहना
206.	श्याम	=	श्री कृष्ण
	स्याम	=	एक देश
207.	वृन्द	=	समूह
	वृन्त	=	डण्ठल
208.	मित	=	थोड़ा
	मित्र	=	दोस्त
209.	दुरति	=	पाप
	दुरत	=	छिपा
210.	चार	=	चार की संख्या
	चारु	=	सुन्दर

वाक्यों की शुद्धता

वाक्य में शब्दों के प्रयोग पर हमें विशेष ध्यान रखना चाहिए। प्रत्येक शब्द का अपना एक विशेष अर्थ होता है। एक ही अर्थ देने वाले कई शब्द हो सकते हैं, किन्तु हमें ध्यान रखना चाहिए कि किस प्रसंग में कौन-सा शब्द प्रयुक्त होगा और कौन-सा शब्द वहां उपयुक्त नहीं बैठेगा। अनुपयुक्त शब्द का प्रयोग करने से अर्थ-भ्रान्ति पैदा होती है। शब्दों का ठीक प्रयोग करने से अभीष्ट अर्थ निकलेगा।

अशुद्धियों के कारणों का विश्लेषण करने के बाद हम देख सकते हैं कि वर्तनी की गलतियाँ होती हैं। ह्रस्व और दीर्घ मात्राओं की गलतियां होती हैं, संयुक्ताक्षरों की गलतियां होती हैं और वाक्यों के निर्माण में भी गलतियाँ होती हैं। मोटे तौर पर हम कह सकते हैं कि वर्ण, शब्द और वाक्य तीनों प्रकार की अशुद्धियाँ देखने को मिलती हैं। इन अशुद्धियों के कारण भाषा दूषित हो जाती है। यदि हम थोड़ी सी सावधानी बरतें, तो हम ऐसी अशुद्धियों से बच सकते हैं।

वाक्यांश के लिए एक शब्द

कथन में लम्बे-लम्बे वाक्यों का प्रयोग करने तथा शब्दों को परिभाषित करने के बजाय यदि एक शब्द का प्रयोग किया जाए तो कथन स्वत: संक्षिप्त और स्पष्ट हो जाता है। कुशल साहित्यकार अपनी रचनाओं में शब्दों का अपव्यय नहीं करते। वाक्य या वाक्यांश के लिए एक शब्द का प्रयोग कथन में आकर्षण और सौन्दर्य भर देता है। हिन्दी भाषा की यह विशेषता है कि उसे संस्कृत शब्दों का प्रचुर भण्डार सुलभ है। इसलिए हिन्दी भाषा कोश में ऐसे अनेक तत्सम शब्द हैं जो वाक्य या वाक्यांश के लिए प्रयोग में लाए जाते हैं।

अपने आशय और मन्तव्य को संक्षेप में प्रकट करने के लिए ही ऐसे शब्दों को गढ़ा गया है जिन्हें गागर में सागर कहा जा सकता है।

इसीलिए अपनी भाषा को समर्थ, प्रभावी तथा आकर्षक बनाने के लिए ऐसे शब्दों की जानकारी रखना नितान्त आवश्यक होता है। भाषा में शक्ति के स्रोत उसके शब्द माने जाते हैं। यहाँ इसी उद्देश्य से अनेक ऐसे शब्द संजोए गए हैं जिनका अर्थ पूरे वाक्य या वाक्यांश द्वारा ही स्पष्ट होता है। इनसे न केवल पाठकों के शब्द भण्डार में वृद्धि होगी वरन् वे हिन्दी भाषा लिखने में भी कुशल बन सकेंगे।

मुहावरा एवं लोकोक्तियां

मुहावरे

मुहावरा ऐसा शब्द-समूह होता है, जो अपने शब्दों के निहित अर्थ न देकर उससे भिन्न, किन्तु एक रूढ़ अर्थ देता है। मुहावरा अभिधेय अर्थ का अनुसरण नहीं करता : वह अपना विलक्षण अर्थ प्रकट करता है। चूँकि मुहावरा लोक-मानस की स्वाभाविक अभिव्यक्ति होता है, अत: इसमें दुरूहता नहीं होती। मुहावरा अपने लोक-परम्परागत रूप में ही शोभायमान और सार्थक होता है। इसका रूप और अर्थ दोनों ही प्राय: रूढ़ होते हैं।

मुहावरे का सम्बन्ध साहित्य से कम और भाषा से अधिक होता है। यह भाषा के सामर्थ्य का प्रतीक होता है। इसका सटीक अर्थ और निर्दिष्ट अर्थ होता है। मुहावरों के माध्यम से भाषा ऊर्जस्वी बनती है और अर्थ का सटीक सम्प्रेषण होता है। मुहावरेदार भाषा असरदार होती है।

मुहावरे एक दृष्टि से 'गागर में सागर' होते हैं। गुल खिलना, रंग में भंग होना, नौ-दो ग्यारह होना, गप हाँकना, चिकना घड़ा होना, नानी मरना आदि मुहावरे व्यापक अर्थ में परिपूर्ण हैं। इनका प्रयोग सुनते ही मन में इनका अर्थ अपने आप उभरने लगता है।

लोकोक्तियाँ

जैसाकि शब्द से ही स्पष्ट है लोकोक्ति का अर्थ है लोक + उक्ति; अर्थात् लोक में प्रचलित उक्ति। जो उक्ति समाज में चिरकाल से प्रचलित होती है, उसे लोक प्रचलित उक्ति अर्थात् लोकोक्ति कहते हैं। लोकोक्तियाँ भूतकाल के अनुभव और प्रेक्षण का संचय होती हैं। लोकोक्तियों में लोक-बोध, लोक-मान्यता और लोक-स्वीकृति होती है। कुछ लोकोक्तियाँ किसी अन्तर्कथा को अभिव्यक्त करती हैं। लोकोक्तियों के उद्भव को किसी स्थान या काल से नहीं जोड़ा जा सकता।

लोकोक्तियाँ अपने आप में पूर्ण वाक्य होती हैं। इनका उद्देश्य उक्ति चमत्कार पैदा करना नहीं होता। इनका अभिधात्मक अर्थ ही लिया जाता है। अत: इनके शाब्दिक अर्थ और सांकेतिक अर्थ में समानता होती है। इनका प्रयोग प्राय: दृष्टांत के लिए अथवा किसी बात का समर्थन करने के लिए किया जाता है। ये अभिव्यक्ति का सशक्त साधन हैं।

मुहावरों और लोकोक्तियों में अन्तर

मुहावरों और लोकोक्तियों में रूप सम्बन्धी और अर्थ सम्बन्धी भी अन्तर होता है।

रूप सम्बन्धी पहला अन्तर यह है कि मुहावरों के अन्त में अधिकांशत: **ना** होता है, जैसे सिर धुन**ना**, आँख लग**ना**, टेढ़ी खीर हो**ना**, मक्खी मार**ना**, आसमान सिर पर उठा**ना** आदि जबकि लोकोक्तियों के अन्त में **ना** नहीं होता; जैसे—आ बैल मुझे मार, का वर्षा जब कृषि सुखानी, दीवार के भी कान होते हैं, और धोबी का कुत्ता, घर का न घाट का, आदि।

रूप सम्बन्धी दूसरा अन्तर यह होता है कि मुहावरे मात्र शब्द-समूह होते हैं, जैसे 'गुल खिलाना'; इसे स्वतन्त्र रूप से प्रयोग में नहीं लाया जा सकता, किसी वाक्य में इसे उपयुक्त ढंग से प्रयुक्त किया जाता है; जैसे—'उस बूढ़ी औरत ने क्या गुल खिलाया'; इसके विपरीत लोकोक्ति का प्रयोग स्वतंत्र वाक्य के रूप में किया जा सकता है; जैसे—'न रहेगा बाँस, न बजेगी बाँसुरी'।

वस्तुनिष्ठ प्रश्न

संधि

1. 'मृत्यु + उपरांत' में संधि करने से एक शब्द होगा–
A. मृत्यूपरांत B. मृत्योपरांत
C. मृत्युपर्यन्त D. मर्त्योपरांत

2. 'अनधिकृत' शब्द का संधि-विग्रह होगा–
A. अन + अधिकृत B. अन् + अधिकृत
C. अन्य + अधिकृत D. अन्नधि + कृत

3. 'कपि + ईश' का सही संधि-संयोजन कीजिए–
A. कपिश B. कपीश
C. कपेश D. कपिशि

4. विसर्ग के साथ स्वर अथवा व्यंजन के संयोग से जो विकार उत्पन्न होता है, उसे किस संधि के नाम से जानते हैं?
A. स्वर संधि B. व्यंजन संधि
C. विसर्ग संधि D. इनमें से कोई नहीं

5. 'परोपकार' शब्द का संधि-विच्छेद होगा–
A. परा + उपकार B. परो + पकार
C. परोप + कार D. पर + उपकार

6. 'मनः + रमा' में संधि करने से जो शब्द बनेगा, उसका सम्बन्ध किस संधि से होगा?
A. विसर्ग संधि B. स्वर संधि
C. व्यंजन संधि D. भाव संधि

7. 'चन्द्रोदय' में कौन-सी संधि है?
A. यण संधि B. दीर्घ संधि
C. वृद्धि संधि D. गुण संधि

8. निम्नलिखित में से 'वृद्धि स्वर संधि' किस शब्द में है?
A. रजनीश B. महौषध
C. यतीन्द्र D. शोधार्थी

9. 'सदाशय' का सही संधि-विच्छेद होगा–
A. सद + आशय B. सतत + आशय
C. सत् + आशय D. सदा + आशय

10. 'सन्मार्ग' में कौन-सी संधि है?
A. स्वर संधि B. व्यंजन संधि
C. विसर्ग संधि D. इनमें से कोई नहीं

11. 'ज्ञानोदय' में कौन-सी संधि है?
A. स्वर संधि B. व्यंजन संधि
C. विसर्ग संधि D. इनमें से कोई नहीं

12. 'निराधार' में कौन-सी संधि है?
A. स्वर संधि B. व्यंजन संधि
C. विसर्ग संधि D. इनमें से कोई नहीं

13. निम्नलिखित शब्दों में से किसमें विसर्ग संधि है?
A. अतएव B. नरेन्द्र
C. सज्जन D. सदैव

14. निम्नलिखित शब्दों में से किसमें व्यंजन संधि है?
A. सप्तर्षि B. निराधार
C. सत्कार D. हिमालय

15. 'जगन्नाथ' किस संधि का उदाहरण है?
A. व्यंजन संधि B. विसर्ग संधि
C. दीर्घ स्वर संधि D. यण स्वर संधि

16. निम्नलिखित शब्द का संधि-विच्छेद क्या होगा?
भानूदय
A. भानु + उदय B. भानू + उदय
C. भानू + ऊदय D. भानु + ऊदय

17. 'निर्गुण' का संधि-विच्छेद होगा–
A. निर + गुण B. नि + गुण
C. निः + गुण D. निर + गुण

18. 'महेन्द्र' का संधि विच्छेद है–
A. मही + इन्द्र B. महो + इन्द्र
C. महा + इन्द्र D. इनमें से कोई नहीं

19. 'यद्यपि' का संधि विच्छेद है–
A. यदि + अपि B. यद् + द्यपि
C. यद्यि + अपि D. यद + अपि

20. निम्नलिखित में 'भारतेंदु' का सही संधि-विच्छेद है–
A. भारत + तेन्दु B. भार + तेन्दु
C. भारत + एन्दु D. भारत + इन्दु

21. 'उद्घाटन' शब्द का सही संधि-विच्छेद होगा–
A. उत् + घाटन B. उद् + घाटन
C. उद्ध + आटन D. इनमें से कोई नहीं

22. 'सत्कर्म' का संधि-विच्छेद है–
A. सत + कर्म B. सतत् + कर्म
C. सत् + कर्म D. सम + कर्म

23. 'अत्यन्त' शब्द का सही संधि-विग्रह है–
A. अत् + यन्त B. अति + यन्त
C. अति + अन्त D. अत् + अन्त

24. निम्नलिखित शब्द का सही संधि-विच्छेद चुनिए–
ब्रह्माण्ड
A. ब्रह्मा + अंड B. ब्रह्मण + अंड
C. बृहत् + अंड D. बृह + माण्ड

25. 'निरपेक्ष' शब्द का संधि-विच्छेद होगा–
A. निर् + पेक्ष B. नि + पेंक्ष
C. निर + पेक्ष D. निः + अपेक्ष

26. तत् + शंकर की संधि होगी–
A. तत्शंकर B. तच्छंकर
C. तक्षंकर D. उपर्युक्त में से कोई नहीं

27. 'कठोपनिषद्' का संधि-विच्छेद होगा–
A. कटु + उपनिषद् B. कठो + उपनिषद्
C. कठोप + निषद् D. कठ + उपनिषद्

28. 'भावुक' का संधि-विच्छेद होगा–
A. भाव + उक B. भो + ऊक
C. भव्य + उक D. भौ + उक

29. 'विद्यामंदिर' का विग्रह होगा–
A. विद्या का मंदिर B. विद्या के लिए मंदिर
C. विद्या और मंदिर D. विद्या के समान मंदिर

30. 'उत्कोच' का संधि विच्छेद होगा–
A. उद् + कोच B. उत् + कोच
C. उत + कोच D. उद + कोच

31. कौन-सा शब्द विसर्ग संधि का नहीं है?
A. यशोगान B. निष्कपट
C. मनोहर D. अभिषेक

32. 'मनीषा' का संधि-विच्छेद है–
A. मनि + ईषा B. मनी + ईषा
C. मनस् + ईषा D. मणि + ईशा

33. निम्नलिखित में से दीर्घ संधि का उदाहरण कौन-सा है?
A. नरेश B. नेति
C. मध्वाचार्य D. कामायनी

34. 'अति + उक्ति' शब्दों की संधि करने पर शब्द होगा–
A. अत्युक्ति B. अत्योक्ति
C. अतियुक्ति D. अतिउक्ति

35. 'निराधार' शब्द का संधि-विच्छेद है–
A. निः + आधार B. निरा + आधार
C. निरम् + आधार D. निर् + आधार

36. 'अन्वेषण' का संधि-विच्छेद होगा–
A. अन + वेषण B. अनु + एषण
C. अनु + ऐषण D. अन् + वेषण

37. 'सज्जन' का संधि-विच्छेद होगा–
A. सज् + जन B. सद् + जन
C. सत् + जन D. स + ज् + जन

38. 'इत्यादि' का सन्धि-विच्छेद होगा–
A. इत + आदि B. इति + यादि
C. इति + आदि D. इत्य + आदि

39. 'दुर्जन' का सन्धि-विच्छेद होगा–
A. दुर + जन B. दु + जन
C. दुः + जन D. दु + रजन

40. 'नमस्ते' शब्द का सन्धि-विच्छेद है–
A. नम + स्ते B. नमस् + ते
C. नमः + स्ते D. नमः + ते

41. 'महोत्सव' का संधि-विच्छेद है–
A. महा + उत्सव B. महो + उत्सव
C. मह + ओत्सव D. मही + उत्सव

42. 'पवन' का शुद्ध सन्धि-विच्छेद है–
A. पो + अन B. पव + अन
C. पः + अवन D. पव + न्

43. 'विष्णवे' का संधि-विच्छेद है–
A. विष्णु + ए B. विष्णो + ए
C. विष्णु + अए D. विष्णु + अवे

44. 'स्वागतम्' में कौन-सी संधि है?
A. गुण संधि B. यण् संधि
C. वृद्धि संधि D. दीर्घ संधि

45. 'उच्चारण' में कौन-सी संधि है?
A. व्यंजन संधि B. स्वर संधि
C. विसर्ग संधि D. विलोम संधि

46. 'उल्लेख' का संधि-विच्छेद है–
A. उल् + लेख् B. उत् + लेख
C. उल्ल + लेख D. उ + आलेख

47. 'अत्याचार' का शुद्ध संधि-विच्छेद है–
A. अत्य + आचार B. अति + चार
C. अत्या + चार D. अति + आचार

48. 'दिगम्बर' का संधि-विच्छेद क्या होगा?
A. दिग् + अम्बर B. दिक् + अम्बर
C. दिग + अम्बर D. दिक + अम्बर

49. 'पावक' का शुद्ध संधि-विच्छेद होगा–
A. पौ + अक B. पा + अवक
C. पव + अक् D. पाव + अक

50. 'उपैति' का संधि-विच्छेद बताइए–
A. अप + इति B. उपै + इति
C. उप + ऐति D. उप + एति

51. 'नवोढ़ा' का सन्धि-विच्छेद है–
A. नव + उढ़ा B. नवो + ढ़ा
C. नव + ऊढ़ा D. न + ओढ़ा

52. 'उड्डयनम' का सन्धि-विच्छेद होगा–
A. उत + डयनम् B. उद् + डयनम्
C. उड + अयनम् D. उड् + डयनम्

53. 'दिगंत' शब्द का संधि-विच्छेद होगा–
A. दिक् + अंत B. दिग् + अंत
C. दि + गंत D. दिग + अंत

54. 'परिच्छेद' में कौन-सी सन्धि है?
A. व्यंजन संधि B. दीर्घ संधि
C. विसर्ग संधि D. वृद्धि संधि

55. 'अन्यान्य' शब्द का संधि-विच्छेद होगा–
A. अ + न्यान्य B. अन्य + अन्य
C. अन् + यान्य D. अन्या + आन्य

56. व्यंजन संधि का उदाहरण नहीं है–
A. उत् + चारणम् = उच्चारणम्
B. रामस् + टीकते = रामष्टीकते
C. गंगा + उदकम = गंगोदकम्
D. सत् + चित् = सच्चित्

57. स्वस्त्यस्तु का संधि-विच्छेद होगा–
A. स्वस्ति + अस्तु B. स्वः + अस्त्यस्तु
C. स्वस्त्य + अस्तु D. स्व + स्त्यस्तु

58. 'तेजोमय' का सही सन्धि-विच्छेद है–
A. तेज + ओमय B. तेजः + अमय
C. तेजः + मय D. तेजो + मय

59. 'तथेति' का सन्धि-विच्छेद होगा–
A. तथ + इति B. ता + थेति
C. तथा + इति D. तथा + इत

60. 'वृहस्पति' का संधि-विच्छेद है–
A. वृहस + पति B. वृहस् + पति
C. वृहः + पति D. वृहश् + पति

61. 'व्याप्त' में संधि है–
A. गुण संधि B. दीर्घ संधि
C. यण् संधि D. अयादि संधि

62. 'पित्राकृतिः' का शुद्ध संधि विच्छेद है–
A. पितृ + आकृतिः B. पित्र + आकृतिः
C. पित्रृ + आकृतिः D. पितु + आकृतिः

63. 'न्यून' का संधि विच्छेद होगा–
A. नि + ऊन B. न्यू + नन
C. नव + ऊन D. नवी + नन

64. 'षडानन' में कौन-सी संधि है?
A. व्यंजन संधि B. वृद्धि संधि
C. यण संधि D. गुण संधि

65. 'धर्मात्मा' में कौन-सी संधि है?
A. स्वर संधि B. व्यंजन संधि
C. विसर्ग संधि D. यण संधि

66. 'रेखांकित' में प्रयुक्त संधि है–
A. गुण संधि B. वृद्धि संधि
C. दीर्घ संधि D. स्वर संधि

67. 'निश्छल' में कौन-सी संधि है?
A. गुण संधि B. विसर्ग संधि
C. दीर्घ संधि D. वृद्धि संधि

68. 'दुरुपयोग' में प्रयुक्त संधि है–
A. स्वर संधि B. यण संधि
C. गुण संधि D. दीर्घ संधि

69. 'अत्यावश्यक' का संधि विच्छेद है–
A. अ + आवश्यक B. अति + आवश्यक
C. अत्य + आवश्यक D. अत्या + वश्यक

70. 'वाङ्मय' का संधि विच्छेद है–
A. वांग + मय B. वाक् + मय
C. वान् + मय D. इनमें से कोई नहीं

71. 'उपर्युक्त' का संधि विच्छेद क्या है?
A. उप + रूक्त B. उपरि + उक्त
C. उपर + युक्त D. उपः + युक्त

72. 'चन्द्रोदय' शब्द में है–
A. स्वर संधि B. व्यंजन संधि
C. विसर्ग संधि D. इनमें से कोई नहीं

73. 'निष्कपट' का संधि विच्छेद है–
A. निः + कपट B. निष + कपट
C. नि + कपट D. इनमें से कोई नहीं

74. 'प्रत्युपकार' का सही संधि विच्छेद है–
A. प्रत्युप + कार B. प्रति + उपकार
C. प्रत्यु + उपकार D. प्रत्य + उपकार

75. 'स्वागत' शब्द का संधि विच्छेद है–
A. स्वा + गत B. स्व + आगत
C. स् + वागत D. सु + आगत

समास

निर्देश (प्र.सं. 1 से 70 तक): *नीचे दिए गए शब्दों में प्रयुक्त समास के नाम का चयन कीजिए–*

1. पीताम्बर–
A. तत्पुरुष B. अव्ययीभाव
C. बहुब्रीहि D. द्विगु

2. चरणकमल–
A. तत्पुरुष B. कर्मधारय
C. बहुब्रीहि D. अव्ययीभाव

3. घुड़सवार–
A. द्विगु B. कर्मधारय
C. तत्पुरुष D. अव्ययीभाव

4. स्वर्गप्राप्त–
A. कर्म तत्पुरुष B. करण तत्पुरुष
C. सम्प्रदान तत्पुरुष D. अपादान तत्पुरुष

5. गर्वशून्य–
A. कर्म-तत्पुरुष B. संप्रदान-तत्पुरुष
C. करण-तत्पुरुष D. अपादान-तत्पुरुष

6. 'लम्बोदर' में कौन-सा समास है?
A. तत्पुरुष B. बहुब्रीहि
C. द्विगु D. कर्मधारय

7. 'देवालय' में कौन-सा समास है?
A. तत्पुरुष B. बहुब्रीहि
C. द्विगु D. इनमें से कोई नहीं

8. 'खरा खोटा' शब्द में कौन-सा समास है?
A. द्वंद्व B. द्विगु
C. कर्मधारय D. बहुब्रीहि

9. 'निर्विवाद' में कौन-सा समास है?
A. कर्मधारय B. अव्ययीभाव
C. तत्पुरुष D. बहुब्रीहि

10. 'दहीबड़ा' में कौन-सा समास है?
A. तत्पुरुष B. द्विगु
C. बहुब्रीहि D. द्वन्द्व

11. 'चौराहा' में समास है–
A. तत्पुरुष B. द्वन्द्व
C. कर्मधारय D. द्विगु

12. 'माता-पिता' शब्द में समास है–
A. द्वन्द्व B. द्विगु
C. तत्पुरुष D. कर्मधारय

13. 'वज्रपाणि' शब्द में कौन-सा समास है?
A. तत्पुरुष B. बहुब्रीहि
C. द्वन्द्व D. द्विगु

14. 'देशभक्ति' शब्द में समास होगा–
A. अपादान तत्पुरुष B. सम्बन्ध तत्पुरुष
C. अधिकरण तत्पुरुष D. सम्प्रदान तत्पुरुष

15. 'सुनीता के बच्चे घास-फूस की तरह बढ़ रहे हैं।'
उपर्युक्त वाक्य में प्रयुक्त 'घास-फूस' शब्द में समास होगा–
A. कर्मधारय B. द्वन्द्व
C. द्विगु D. अव्ययीभाव

16. निम्नलिखित शब्दों में कौन-सा शब्द बहुब्रीहि समास का उदाहरण है?
A. शूलपाणि B. यथाक्रम
C. हँसमुख D. हथकड़ी

17. इनमें से कौन-सा शब्द 'द्विगु' समास है?
A. भुजदण्ड B. माखनचोर
C. पंचशील D. लज्जाशील

18. 'प्रतिदिन' शब्द में समास होगा–
A. द्विगु B. कर्मधारय
C. तत्पुरुष D. अव्ययीभाव

19. जिन समस्त पदों में पहला शब्द संख्यावाची हो और उससे समुदाय का बोध होता हो, तो उसे कहते हैं–
A. द्विगु समास B. द्वन्द्व समास
C. कर्मधारय समास D. अव्ययीभाव समास

20. जिसमें पहला शब्द विशेषण हो और दूसरा शब्द विशेष्य, तो उसे कौन-सा समास कहेंगे?
A. द्विगु B. कर्मधारय
C. द्वन्द्व D. तत्पुरुष

21. 'पंचवटी' शब्द के लिए दिए गए विकल्प में से उपयुक्त समास कौन-सा है?
A. द्विगु B. तत्पुरुष
C. बहुब्रीहि D. कर्मधारय

22. 'बुरा-भला' शब्द में कौन-सा समास है?
A. द्वन्द्व B. द्विगु
C. कर्मधारय D. तत्पुरुष

23. 'चिड़ीमार' शब्द में कौन-सा समास है?
A. द्विगु B. कर्मधारय
C. तत्पुरुष D. अव्ययीभाव

24. 'यथोचित' शब्द में समास बताइए–
A. अव्ययीभाव B. कर्मधारय
C. बहुब्रीहि D. तत्पुरुष

25. समास कहते हैं–
A. शब्दों के मेल को
B. अक्षर के मेल को
C. स्वर-से-स्वर के मेल को
D. स्वर के साथ व्यंजन के मेल को

26. 'शिवार्पण' शब्द में कौन-सा समास है?
A. अधिकरण तत्पुरुष B. करण तत्पुरुष
C. सम्प्रदान तत्पुरुष D. अपादान तत्पुरुष

27. निम्नलिखित में किसमें तत्पुरुष समास है?
A. पदप्राप्त B. शताब्दी
C. चौमासा D. भाई-बहन

28. 'रसगुल्ला' में कौन-सा समास है?
A. तत्पुरुष B. बहुब्रीहि
C. द्वन्द्व D. अव्ययीभाव

29. 'भुखमरा' का समास विग्रह होगा–
A. भूख से जो मर गया B. भूख से मरा हुआ
C. भूखों मर गया जो D. भूख द्वारा मरा हुआ

30. 'दशरथ सुत' में कौन-सा समास है?
A. तत्पुरुष B. बहुब्रीहि
C. द्विगु D. द्वन्द्व

31. 'अष्टाध्यायी' में कौन-सा समास है?
A. द्वन्द्व B. द्विगु
C. तत्पुरुष D. कर्मधारय

32. 'यथाशीघ्र' में कौन-सा समास है?
A. अव्ययीभाव B. द्वन्द्व
C. कर्मधारय D. तत्पुरुष

33. चौखंभा में कौन-सा समास है?

A. बहुब्रीहि B. द्वन्द्व
C. द्विगु D. तत्पुरुष

34. कौन-सा समास विशेषण के रूप में प्रयुक्त होता है?

A. अव्ययीभाव B. तत्पुरुष
C. कर्मधारय D. बहुब्रीहि

35. द्विगु समास का उदाहरण होगा–

A. षट्कोण B. कुपुत्र
C. प्रतिवर्ष D. सूरसागर

36. कौन-सा शब्द अव्ययीभाव समास का उदाहरण है?

A. नवग्रह B. गाँठकर
C. महात्मा D. आमरण

37. 'राजपुत्र' में कौन-सा समास है?

A. बहुब्रीहि B. तत्पुरुष
C. द्विगु D. कर्मधारय

38. निम्नलिखित में से तत्पुरुष समास किसमें है?

A. नील गाय B. राजकुमार
C. त्रिलोचन D. दशानन

39. निम्नलिखित में द्वन्द्व समास बताइए–

A. प्रतिदिन B. चौमासा
C. घी-शक्कर D. महादेव

40. 'आजीवन' में कौन-सा समास है?

A. अव्ययीभाव B. तत्पुरुष
C. कर्मधारय D. द्विगु

41. निम्नलिखित में 'यथाविधि' का सही समास कौन-सा है?

A. अव्ययीभाव B. तत्पुरुष
C. कर्मधारय D. बहुब्रीहि

42. 'पर्णकुटी' शब्द का समास है–

A. तत्पुरुष B. द्वन्द्व
C. कर्मधारय D. बहुब्रीहि

43. निम्नलिखित में 'द्वन्द्व समास' का शब्द है–

A. आज-कल B. रातों-रात
C. दिन-दिन D. वीर पुरुष

44. 'निशिदिन' शब्द में प्रयुक्त समास है–

A. द्वन्द्व B. अव्ययीभाव
C. कर्मधारय D. तत्पुरुष

45. जिस समास में पहला शब्द प्रधान होता है और समूचा शब्द क्रिया विशेषण अव्यय होता है, उसे कौन-सा समास कहते हैं?

A. अव्ययीभाव B. तत्पुरुष
C. बहुब्रीहि D. द्वन्द्व

46. 'जलपिपासु' में कौन-सा समास है?

A. तत्पुरुष B. अव्ययीभाव
C. द्वन्द्व D. बहुब्रीहि

47. 'वनवास' में कौन-सा समास है?

A. तत्पुरुष B. कर्मधारय
C. द्वन्द्व D. बहुब्रीहि

48. 'दिगम्बर' में कौन-सा समास है?

A. बहुब्रीहि B. द्वन्द्व
C. द्विगु D. कर्मधारय

49. 'नरोत्तम' में कौन-सा समास है?

A. द्वन्द्व B. तत्पुरुष
C. अव्ययीभाव D. कर्मधारय

50. 'आजन्म' में कौन-सा समास है?

A. द्विगु B. तत्पुरुष
C. कर्मधारय D. अव्ययीभाव

51. 'अकालपीड़ित' में समास होगा–

A. कर्मधारय B. द्वन्द्व
C. तत्पुरुष D. बहुब्रीहि

52. 'जय-पराजय' में कौन-सा समास है?

A. द्वन्द्व B. कर्मधारय
C. द्विगु D. तत्पुरुष

53. 'वियोग-विकल' शब्द में प्रयुक्त समास है–

A. तत्पुरुष B. कर्मधारय
C. द्वन्द्व D. द्विगु

54. इन युग्मों में से कौन-सा सही नहीं है?

A. नीलोत्पलम् – कर्मधारय समास
B. दशाननः – बहुब्रीहि समास
C. रामलक्ष्मणौ – अव्ययीभाव समास
D. दिवारात्रि – द्वन्द्व समास

55. 'तिरंगा' शब्द में समास है–

A. द्वन्द्व B. अव्ययीभाव
C. द्विगु D. कर्मधारय

56. 'लम्बोदर' उदाहरण है–

A. बहुब्रीहि समास का B. द्वन्द्व समास का
C. द्विगु समास का D. कर्मधारय समास का

57. निम्नलिखित में से कर्मधारय समास किसमें है?

A. चक्रपाणि B. चतुर्थुगम्
C. नीलोत्पलम् D. माता-पिता

58. 'चक्रपाणिदर्शनार्थ' पद में मान्य समास है–

A. कर्मधारय B. तत्पुरुष
C. अव्ययीभाव D. बहुब्रीहि

59. 'कठपुतली' में कौन-सा समास है?

A. सम्प्रदान तत्पुरुष B. सम्बन्ध तत्पुरुष
C. अधिकरण तत्पुरुष D. कर्म तत्पुरुष

60. 'कष्टापन्नः' शब्द में समास है–

A. अव्ययीभाव B. तत्पुरुष
C. बहुब्रीहि D. कर्मधारय

61. 'चन्द्रकान्तिः' में समास है–
A. बहुब्रीहि B. कर्मधारय
C. तत्पुरुष D. इनमें से कोई नहीं

62. 'चन्द्रशेखर' में प्रयुक्त समास है–
A. तत्पुरुष B. कर्मधारय
C. बहुब्रीहि D. द्विगु

63. 'रात-दिन' में कौन-सा समास होता है?
A. द्वन्द्व B. द्विगु
C. कर्मधारय D. अव्ययीभाव

64. 'बहन-भाई' में समास है–
A. बहुब्रीहि B. तत्पुरुष
C. द्वन्द्व D. द्विगु

65. 'दशमुख' में कौन-सा समास है?
A. तत्पुरुष B. बहुब्रीहि
C. द्वन्द्व D. कर्मधारय

66. 'यथाशक्ति' में समास है–
A. द्विगु B. तत्पुरुष
C. कर्मधारय D. अव्ययीभाव

67. 'देशभक्ति' में समास है–
A. तत्पुरुष B. बहुब्रीहि
C. द्विगु D. कर्मधारय

68. 'हस्तलिखित' में प्रयुक्त समास है–
A. कर्मधारय B. तत्पुरुष
C. बहुब्रीहि D. द्वन्द्व

69. 'त्रिनेत्र' में कौन-सा समास है?
A. तत्पुरुष B. बहुब्रीहि
C. द्विगु D. द्वन्द्व

70. 'भरपेट' में कौन-सा समास है?
A. अव्ययीभाव B. कर्मधारय
C. तत्पुरुष D. बहुब्रीहि

वर्तनी

निर्देश (प्र.सं. 1 से 80 तक): *नीचे के प्रश्नों में एक शब्द की चार अलग-अलग वर्तनियां दी हुई हैं। इनमें से सही वर्तनी छाँटकर उस पर निशान लगाइये:*

1. A. जयोत्स्ना B. ज्योत्स्ना
C. जोत्स्ना D. ज्योत्सना

2. A. कवयित्री B. कवियित्री
C. कवियत्री D. कवित्री

3. A. उत्ज्वल B. उज्जवल
C. ऊज्जवल D. उज्ज्वल

4. A. छः B. छह
C. छह् D. छै

5. A. जिजीविषा B. जिजीवषा
C. जजीवषा D. जिजिवीषा

6. A. दृश्य B. द्रश्य
C. दृष्य D. दृिश्य

7. A. इतिहासिक B. ऐतिहासिक
C. ऐतिहासीक D. ऐतीहासिक

8. A. वाङ्मय B. वाँङ्मय
C. वांग्मय D. वांगमय

9. A. सौर्हाद्र B. सैहार्द
C. सैर्हाद D. सौहार्द

10. A. आर्शीवाद B. आशिर्वाद
C. आशीर्वाद D. आर्शिवाद

11. A. भूगोलिक B. भूगौलिक
C. भोगौलिक D. भौगोलिक

12. A. सन्कीर्णता B. सन्कीरणता
C. संर्कीणता D. संकीर्णता

13. A. परचन्ड B. प्रचण्ड
C. प्रचान्ड D. परचण्ड

14. A. तार्क्रिक B. तार्किक
C. ताकृिक D. ताक्रिक

15. A. इर्षा B. ईर्षा
C. इर्ष्या D. ईर्ष्या

16. A. पूज्यनीय B. पुजनीय
C. पूजनीय D. पुज्यनीय

17. A. अधम्र B. अध्रम
C. अधर्म D. अधृम

18. A. अधिकृत B. अधिक्रित
C. अधिक्रित्त D. अधिर्कित

19. A. अनुकृम B. अनुक्रम
C. अनुकर्म D. अनुकम्र

20. A. अनवेषण B. अन्वेषण
C. अन्वेछण D. अन्वेशण

21. A. अभिशेक B. अभिषेख
C. अभिषेक D. अभीषेक

22. A. इच्छुक B. इक्षुक
C. इक्छुक D. इच्छिक

23. A. इर्न्दिय B. इन्दि्य
C. इन्दिय D. इन्द्रिय

24. A. उतकण्ठा B. उत्कण्ठा
C. उत्क्णठा D. उत्त्कन्ठा

25. A. उमृिला B. उम्रिला
C. उमिर्ला D. उर्मिला

26. A. रिषि B. ऋषि
C. ऋिषि D. ऋशि्

27. A. एकागृ B. एकाग्र
C. एकार्ग D. एक्राग्र

28. A. ओजश्वि B. ओजस्वी
C. ओजश्वी D. ओजष्वी

29. A. औशधी B. औषधी
C. औषधि D. औष्धि

30. A. करम B. क्राम
C. कम्र D. कर्म

31. A. ग्रिहीत B. ग्रहीत
C. गृहीत D. गर्हित

32. A. कृतज्ञ B. क्रतज्ञ
C. क्रितज्ञ D. क्रितग्य

33. A. चतुदर्श B. चर्तुदश
C. चतुर्दश D. चतुद्रश

34. A. जर्जर B. जरर्जर
C. जज्रर D. जरजर

35. A. जघ्नय B. जघ्रय
C. जघ्न्य D. जघन्य

36. A. जेष्ठ B. ज्येश्ठ
C. ज्येष्ठ D. ज्येस्ठ

37. A. तपस्वनी B. तपस्विनी
C. तपिस्वनी D. तपिस्विनी

38. A. तादातमय B. तदात्म्य
C. तादात्म्य D. तादात्यम

39. A. तृष्णा B. तिृष्णा
C. त्रिष्णा D. तृश्णा

40. A. त्रिमूर्ती B. त्रिमुर्ति
C. त्रिमूर्ति D. त्रृमूर्ति

41. A. दक्छ B. दक्च्छ
C. दक्ष D. दज्ञ

42. A. द्रर्पन B. दर्पन
C. दपर्ण D. दर्पण

43. A. दामपत्य B. दम्पत्य
C. दाम्पत्य D. दाम्पत

44. A. दीप्पित B. दीपति
C. दीप्ति D. दीप्ती

45. A. दीर्घायु B. दीरघायु
C. दीघार्यु D. दीर्घियु

46. A. दुर्निती B. दुनीर्ति
C. दुरनीति D. दुर्नीति

47. A. दुर्दषा B. दुह्शा
C. दुर्दशा D. दुद्रशा

48. A. दुर्योधन B. दुयोर्धन
C. दूरयोधन D. द्रुयोधन

49. A. दुरबुद्धि B. दुर्बुधि
C. दुबुद्धि D. दुर्बुद्धि

50. A. धनुष्विद्या B. धनुर्विद्या
C. धर्नुविद्या D. धनुर्वेद्या

51. A. धर्म B. धृर्म
C. ध्रर्म D. धम्र

52. A. ध्रुर्व B. धुव्र
C. ध्रुव D. धुर्व

53. A. नम्रदिश्वर B. नम्रदेश्वर
C. नमर्देश्वर D. नमर्दिश्वर

54. A. निरक्षेप B. निक्क्षेप
C. निक्षेप D. निक्छेप

55. A. निर्गह B. नृग्रह
C. निग्रह D. निगर्ह

56. A. निरजीव B. निर्जीव
C. निृजीव D. निज्रीव

57. A. निम्रूल B. निर्मूल
C. निरमूल D. नृर्मूल

58. A. निवृत्त B. निव्रत्त
C. निवृत D. निृवत्त

59. A. प्रिक्रमा B. परीक्रमा
C. परिकृमा D. परिक्रमा

60. A. प्रयटन B. पृयटन
C. पर्यटन D. प्रर्यटन

61. A. प्रक्रिति B. प्रकृति
C. प्रक्रति D. पृक्रति

62. A. बर्हिमुख B. बहिर्मुख
C. बहिम्रुख D. बहिमुर्ख

63. A. भरतस्ना B. भर्त्सना
C. भर्तसना D. भर्तृसना

64. A. मूर्ती B. मूर्ति
C. मूर्तृि D. मूरती

65. A. गिद्ध B. गीध
C. गिद्धा D. ग्रिद्ध

66. A. निकर्सन B. निर्कषन
C. निकर्षण D. निर्कषण

67. A. निकृष्ट B. निक्रस्ट
C. निकृस्ट D. निक्रिष्ट

68. A. पार्थिव B. पार्थ्रिव
C. पार्थीव D. पाथिर्व

69. A. विदूश्क B. विदूष्क
C. विदूशक D. विदूषक

70. A. फुर्तीला B. फुर्तीला
C. फुर्तिला D. फुर्तला

71. A. वर्ज B. वज्र
C. वजृ D. वज्रृ

72. A. ब्रम्हचर्य B. ब्रह्मचर्य
C. बृह्मचर्य D. ब्रह्मर्चय

73. A. मत्स्य B. मतस्य
C. मत्सत्य D. मत्श्य

74. A. भ्रित्य B. भर्त्य
C. भृत्य D. भ्रत्य

75. A. निग्रंध B. निर्गंध
C. र्निगंध D. नृगंध

76. A. प्रकर्श B. प्रकर्ष
C. पृकर्श D. पृकर्ष

77. A. भद्र B. भदृ
C. भर्द्र D. भर्द

78. A. मंजूशा B. मंजूषा
C. मंजुषा D. मंजुशा

79. A. मुर्मूषु B. मुमुर्षू
C. मुमुर्षु D. मुमूर्षु

80. A. ब्राह्मण B. बृाह्मण
C. ब्राम्हण D. बृाहम्ण

निर्देश (प्र.सं. 81 से 115 तक): *नीचे प्रत्येक प्रश्न में A, B, C और D अक्षरांक में चार शब्द दिए गए हैं। जिनमें से एक में वर्तनी सम्बन्धी त्रुटि हो सकती है। उस त्रुटियुक्त शब्द का अक्षरांक ही आपका उत्तर होगा। यदि चारों शब्दों की वर्तनी सही है तो उत्तर दीजिए E अर्थात् 'सभी सही हैं'।*

81. A. अप्रयुक्त B. अतीषयोक्ति
C. अशोध्य D. सम्मति
E. सभी सही हैं

82. A. अभ्युक्ति B. इष्टतम
C. अपुरित D. उपस्थित
E. सभी सही हैं

83. A. उत्तरजिवीता B. प्रारक्षित
C. क्षैतिज D. आयातित
E. सभी सही हैं

84. A. आस्थगित B. आतिथ्य
C. अंतरिम D. निर्धारित
E. सभी सही हैं

85. A. किफायत B. परिस्थिति
C. संतुलित D. असिंचीत
E. सभी सही हैं

86. A. तात्पर्य B. महोत्सव
C. दंभ D. कृशक
E. सभी सही हैं

87. A. लक्षण B. व्यंजन
C. पगडंडी D. पारंगत
E. सभी सही हैं

88. A. स्थानापन्न B. व्यावशयिक
C. कोशिका D. आर्थिक
E. सभी सही हैं

89. A. दांडधिकारी B. प्राधिकरण
C. आदित्य D. क्रियान्वयन
E. सभी सही हैं

90. A. गोपनीयता B. कार्यवाही
C. उत्रदायित्व D. वयस्क
E. सभी सही हैं

91. A. चूल्लु B. जीविका
C. ठिठोली D. तकली
E. सभी सही हैं

92. A. नजरिया B. पंडीताइ
C. फरियादी D. बधाई
E. सभी सही हैं

93. A. प्रकाशकीय B. फाल्गुन
C. बधिर D. भोतिक
E. सभी सही हैं

94. A. हौसला B. स्वीकृति
C. व्यवासायिक D. लिपाई
E. सभी सही हैं

95. A. फलित B. बटोही
C. भजनीक D. मंडली
E. सभी सही हैं

96. A. अनामिष B. अपरिहार्य
C. किफायती D. गिलाफ
E. सभी सही हैं

97. A. गोधुलि B. चांचल्य
C. जिजीविषु D. तमोली
E. सभी सही हैं

98. A. तितिक्षा B. दखलंदाजी
C. दिप्ति D. दैनिकी
E. सभी सही हैं

99. A. नजदिकी B. नियोक्ता
C. परिणीता D. पाणिग्रहण
E. सभी सही हैं

100. A. पुनीत B. प्रख्यापीत
C. फरोख्त D. बुजुर्गी
E. सभी सही हैं

101. A. अद्भुत B. व्यंग्य
C. अदृश्य D. समारंभ
E. सभी सही हैं

102. A. लक्षण B. महात्मन
C. सम्पर्क D. कर्तज्ञ
E. सभी सही हैं

103. A. गझिन B. आशय
C. निशपादन D. आकर्षण
E. सभी सही हैं

104. A. उत्तरीय B. स्थान्नापन
C. कुंभ D. असामान्य
E. सभी सही हैं

105. A. न्यायाधिश B. पुरस्कृत
C. वारिद D. अधिशासी
E. सभी सही हैं

106. A. चिनाई B. तंबूल
C. ठिठोली D. तन्मय
E. सभी सही हैं

107. A. अगड़ाइ B. गठीला
C. खिलाफ D. कल्पनातीत
E. सभी सही हैं

108. A. सूरत B. वैधव्य
C. लतीका D. रेगिस्तान
E. सभी सही हैं

109. A. इति B. अखिलेश
C. कबूतर D. खेरात
E. सभी सही हैं

110. A. चमत्कृत B. जिल्द
C. तमोली D. दमित
E. सभी सही हैं

111. A. प्रहसन B. तात्पर्य
C. महसूल D. पाणिगृहण
E. सभी सही हैं

112. A. मस्तिष्क B. प्रोत्साहन
C. सम्वत् D. क्रियाविधि
E. सभी सही हैं

113. A. विचारणीय B. क्रन्दन
C. पर्यावर्ण D. उपलब्धि
E. सभी सही हैं

114. A. विसतृत B. वाग्विलास
C. तात्कालिक D. अलंकार
E. सभी सही हैं

115. A. दृष्टांत B. रूढ़ि
C. सूचि D. आचमन
E. सभी सही हैं

पर्यायवाची

1. 'कमल' शब्द का पर्यायवाची होगा–
A. कन्दर्प B. अनंग
C. घनेश D. इन्दीवर

2. 'क्रोध' के लिए इन दिए गए पर्यायवाची शब्दों में एक गलत शब्द है, उसे चयनित कीजिए–
A. रोष B. अमर्ष
C. स्वत्व D. कोप

3. निम्नलिखित पर्यायवाची शब्दों में से जो एक शब्द 'मोर' का पर्यायवाची नहीं है, उसे चिन्हित कीजिए–
A. केकी B. कीश
C. शिखी D. शिखण्डी

4. इनमें से कौन-सा शब्द 'कृष्णा' का पर्यायवाची है?
A. राधा B. रुक्मिणी
C. द्रोपदी D. यशोदा

5. इनमें से एक शब्द 'बैल' का पर्यायवाची नहीं है, उसे चयनित कीजिए–
A. अश्म B. बृषभ
C. बलीवर्द D. गो

6. निम्नलिखित में से जो शब्द 'सौन्दर्य' का पर्यायवाची नहीं है, उसे चयनित कीजिए–
A. सुषमा B. शोभा
C. सुन्दरता D. रमणी

7. निम्नलिखित विकल्पों में से एक शब्द 'नदी' का पर्यायवाची नहीं है, उसे चयनित कीजिए–
A. तरंगिणी B. तटिनी
C. तरिणी D. सरिता

8. नीचे दिए गए विकल्पों में से एक शब्द 'घर' का पर्यायवाची नहीं है, उसे चयनित कीजिए–
A. भवन B. भुवन
C. निकेतन D. सदन

9. इनमें से कौन-सा शब्द 'पार्थ' का पर्यायवाची है?
A. भीष्म B. श्रीकृष्ण
C. युधिष्ठिर D. अर्जुन

10. 'दुःख' का पर्यायवाची शब्द निम्नलिखित में से कौन-सा है?
A. व्यथा B. पीड़ा
C. वेदना D. ये सभी पर्याय हैं

11. नीचे दिए गए शब्दों में से एक शब्द 'गीदड़' का पर्यायवाची नहीं है, उसका चयन कीजिए–
A. खगेश B. शृंगाल
C. सियार D. जम्बुक

12. निम्न में से कौन चन्द्रमा का पर्यायवाची नहीं है?
A. शशि B. हिमकर
C. शशांक D. रूपक

13. निम्न में से कौन गाय का पर्यायवाची नहीं है?
A. हेरम्ब B. गौरी
C. भद्रा D. धेनु

14. कुत्ता का पर्यायवाची शब्द निम्नलिखित में से कौन-सा है?
A. सारमेय B. क्रमेलक
C. कीर D. नागान्तक

15. आनंद का पर्यायवाची नहीं है–
A. हर्ष B. उल्लास
C. चाह D. आह्लाद

16. 'कृशानु' का पर्यायवाची शब्द है–
A. अनल B. पवन
C. दोहित्री D. अनिल

17. 'द्रौपदी' का पर्याय नहीं है–
A. द्रुपदसुता B. याज्ञसेनी
C. पांचाली D. रमणी

18. 'महादेव' का पर्यायवाची शब्द चुनिए–
A. गरुड़ध्वज B. नारायण
C. चन्द्रशेखर D. विश्वम्भर

19. 'चन्द्रमा' का पर्यायवाची शब्द चुनिए–
A. निशाकर B. निशाचर
C. तरणि D. कृशानु

20. 'धन' का पर्यायवाची जो शब्द नहीं है, उसे चुनिए–
A. द्रव्य B. द्रव
C. सम्पदा D. दौलत

21. 'पुत्री' का पर्यायवाची शब्द नहीं है–
A. तनय B. सुता
C. आत्मजा D. दुहिता

22. निम्नलिखित में से कौन-सा शब्द 'कमल' का पर्यायवाची शब्द नहीं है?
A. सरोज B. अरविन्द
C. सलिल D. पंकज

23. निम्नलिखित किस समूह में सभी शब्द 'कामदेव' के पर्यायवाची हैं?
A. कंदर्प, मदन, मनसिज, मारक
B. मदन, मन्मथ, अनंग, कंदर्प
C. मान, त्रिपुर, मन्मथ, अनंग
D. मन्मथ, मनसिज, त्रिपुर, अनंग

24. कौन-सा शब्द जंगल शब्द का पर्यायवाची नहीं है?
A. अटवी B. कान्ता
C. कान्तार D. कानन

25. कौन-सा शब्द 'अम्बर' का पर्यायवाची है?
A. आकाश B. अवनि
C. मेघ D. बादल

26. कौन-सा शब्द 'मित्र' का पर्याय नहीं है?
A. अलि B. सखा
C. सुहृद D. मीत

27. निम्नांकित में किस शब्द का अर्थ कमल होता है?
A. उत्पल B. उपल
C. जलद D. नीरद

28. निम्नलिखित में 'पुत्री' शब्द के पर्यायवाची शब्द-समूह कौन हैं?
A. भार्या, कान्ता, अबला, वनिता
B. लड़की, बेटी, अचला, वसुधा
C. सुता, धरा, वसुमती, अचला
D. तनया, आत्मजा, दुहिता, तनुजा

29. निम्नलिखित शब्द-समूह में 'बिजली' के पर्यायवाची कौन हैं?
A. ज्योति, रोशनी, चमक, प्रभा
B. विद्युत, तड़ित, चपला, दामिनी
C. उजाला, प्रभंजन, विहग, निशापति
D. मंदाकिनी, अश्म, प्रस्तर, प्रभा

30. 'जलधि' शब्द का पर्यायवाची क्या है?
A. नहर B. नाव
C. नदी D. समुद्र

31. 'पंकज' शब्द का पर्यायवाची क्या है?
A. सूर्य B. कमल
C. चन्द्रमा D. अमृत

32. 'तरकश' का पर्यायवाची शब्द है–
A. तीर B. धनुष
C. प्रत्यंचा D. निषंग

33. 'स्त्री' का पर्यायवाची शब्द नहीं है–
A. तरुणी B. प्रमदा
C. ललाम D. ललना

34. 'गणेश' का पर्यायवाची शब्द है–
A. सुधांशु B. कुबेर
C. एकदंत D. सुधाकर

35. निम्नलिखित में से कौन-सा शब्द 'तलवार' का पर्यायवाची नहीं है?
A. असि B. खड्ग
C. कृपण D. चंद्रहास

36. इनमें से कौन 'कौआ' का पर्यायवाची है?
A. वायस B. पाली
C. भद्रा D. उदक

37. निम्न में से कौन 'पत्ता' का पर्यायवाची नहीं है?
A. दल B. पर्ण
C. पल्लव D. प्रसून

38. निम्न में से कौन 'हंस' का पर्यायवाची है?
A. मराल B. सारंग
C. अनीक D. अरि

39. निम्न में से कौन 'रण' का पर्यायवाची नहीं है?
A. युद्ध B. संग्राम
C. समर D. सार

40. इनमें से कौन 'युवती' का पर्यायवाची नहीं है?
A. तरुणी B. किशोरी
C. श्यामा D. यामिनी

41. निम्न में से कौन 'इन्द्र' का पर्यायवाची नहीं है?
A. सुरपति B. मघवा
C. धनाधिप D. सुरेश

42. इनमें से कौन 'सरस्वती' का पर्यायवाची नहीं है?
A. वीणापाणि B. वाचा
C. धनद D. शारदा

43. निम्न में से कौन 'कन्या' का पर्यायवाची नहीं है?
A. तनुजा B. आत्मजा
C. नन्दिनी D. भार्या

44. इनमें से कौन 'मयूर' का पर्यायवाची नहीं है?
A. सारंग B. शिखी
C. विशिख D. केकी

45. इनमें से कौन 'शेर' का पर्यायवाची नहीं है?
A. तुरंग B. मृगेन्द्र
C. मृगराज D. व्याघ्र

46. निम्न में से कौन 'अग्नि' का पर्यायवाची है?
A. अनल B. धनद
C. सारंग D. जाह्नवी

47. 'अलंकेश' पर्यायवाची शब्द है–
A. बादल का B. कल्पवृक्ष का
C. कुबेर का D. चपला का

48. इनमें से किस शब्द के पर्यायवाची गलत हैं?
A. कमल – जलज, पंकज, सरोज
B. पुष्प – कुसुम, फूल, सुमन
C. सरस्वती – गिरा, भारती, वाणी
D. सूर्य – दिवस, याम, वासर

49. निम्नलिखित में कौन-सा शब्द 'पताका' का पर्यायवाची नहीं है?
A. झण्डा B. निशान
C. प्रस्तर D. ध्वज

50. निम्नलिखित शब्दों में से 'हनुमान' का पर्यायवाची शब्द नहीं है–
A. रामभक्त B. पवनपुत्र
C. बजरंगबली D. कपीश्वर

51. 'खेचर' का पर्याय होगा–
A. आकाश में चलने वाला B. पक्षी
C. ग्रह D. इनमें से सभी

52. 'बटोही' का पर्यायवाची निम्न में से कौन शब्द-समूह होगा?
A. बटमार, एकाकी B. असहाय, दुर्गम
C. पथिक, राहगीर D. पाथेय, मेघ

53. निम्न में से कौन-सा शब्द समूह 'विरद' का पर्यायवाची होगा?
A. यश, ख्याति B. बीज, मूल
C. वृक्ष, पौधा D. विरही, वियोगी

54. 'यातु' का पर्यायवाची निम्न में से कौन शब्द-समूह होगा?
A. पथिक, कष्ट B. काल, हवा
C. यातना, हिंसा D. राक्षस, निशाचर

55. 'विभु' का पर्यायवाची शब्द-समूह होगा–
A. सर्वव्यापक, नित्य B. ब्रह्म, आत्मा
C. महान, ईश्वर D. चिरस्थायी, दृढ़

56. 'क्षुद्र' का पर्यायवाची शब्द-समूह होगा–
A. कंजूस, कृपण B. निर्धन, दरिद्र
C. अल्प, मामूली D. नीच, अधम

57. 'कुबेर' शब्द का निम्नलिखित में से कौन- सा शब्द पर्यायवाची नहीं है?
A. श्वान B. कोषपाल
C. धनपति D. यक्षपति

58. 'सेवक' का पर्यायवाची है–
A. परिचर्या B. यायावर
C. शायक D. परिचारक

59. 'पार्वती' का पर्यायवाची है–
A. कमला B. इला
C. गौरा D. विभा

60. 'अग्र' शब्द का पर्यायवाची नहीं है–
A. शिखर B. अगला
C. ज्येष्ठ D. दावा

61. निम्नलिखित में से कौन-सा एक 'जानकी' का पर्यायवाची नहीं है?
A. जनकात्मजा B. वैदेही
C. जनकसूता D. वामा

62. 'पुष्प' का पर्यायवाची नहीं है–
A. सुमन B. प्रसून
C. कुसुम D. निलय

63. 'पत्थर' का पर्यायवाची है–

A. हिमगिरि B. पाषाण
C. गिरि D. शैल

64. 'पावक' का पर्यायवाची शब्द निम्नलिखित में से कौन-सा है?

A. पृथ्वी B. जल
C. अग्नि D. वायु

65. निम्नलिखित में से जो शब्द 'पत्नी' का पर्याय न हो, उसे चिन्हित कीजिए–

A. कलत्र B. दौहित्र
C. भार्या D. जाया

66. 'अर्वाचीन' शब्द का पर्यायवाची है–

A. आधुनिक B. विदेशी
C. चीनी D. प्राचीन

विलोमार्थी शब्द

निर्देश (प्र.सं. 1 से 75 तक): *सही-सही विलोम शब्द चुनिए–*

1. अनादर

A. मान B. सम्मान
C. आदर D. सत्कार

2. अभिज्ञ

A. अज्ञानी B. अनभिज्ञ
C. अनिपुण D. मूर्ख

3. अथ

A. इति B. समाप्त
C. खत्म D. संपूर्ण

4. करुण

A. कठोर B. निष्ठुर
C. निर्दय D. कोमल

5. ऋजु

A. सीधा B. सरल
C. तिर्यक् D. वक्र

6. मौन

A. मुखर B. मूक
C. वाचाल D. प्रगल्भ

7. निर्दय

A. निर्भय B. सहृय
C. सभय D. सदय

8. तिमिर

A. प्रकाश्य B. आलोक
C. ज्योतिर्मय D. आभास

9. तीक्ष्ण

A. मंद B. तीव्र
C. प्रखर D. क्षीण

10. कृत्रिम

A. प्राकृतिक B. स्वनिर्मित
C. स्वाभाविक D. स्वचालित

11. उदात्त

A. उद्धत B. दानशील
C. अनुदात्त D. क्षमावान्

12. उदार

A. कठोर B. निर्भय
C. अपव्यय D. अनुदार

13. शुक्ल

A. काला B. कृष्ण
C. असित D. श्यामल

14. प्रस्थान

A. आगमन B. गमनागमन
C. निगम D. निर्गम

15. शूल

A. मूल B. धूल
C. फूल D. तूल

16. अपेक्षा

A. कामना B. भावना
C. अभीप्सा D. उपेक्षा

17. निरक्षर

A. शिक्षित B. अशिक्षित
C. साक्षर D. अक्षर

18. प्रकट

A. गुप्त B. लुप्त
C. सुप्त D. विलुप्त

19. उर्वर

A. उपजाऊ B. बंजर
C. गत्वर D. शस्यश्यामल

20. संधि

A. अनुग्रह B. ग्रह
C. विच्छेद D. मैत्री

21. संयोग

A. प्रयोग B. सुयोग
C. नियोग D. वियोग

22. विकास

A. सीमा B. ह्रास
C. दुबला D. नीचा

23. उत्थान

A. नमन B. पतन
C. उदय D. ध्वंस

24. क्षुद्र
A. क्षुद्रतर B. महान्
C. तुच्छ D. अवमान

25. इहलोक
A. उपकार B. पाताल
C. आदि D. परलोक

26. ज्योति
A. पुंज B. दीपक
C. तम D. रोशनी

27. यथार्थ
A. मनोवांछित B. अनुमानित
C. कल्पित D. सत्य

28. अमर
A. देवता B. मरणशील
C. मर्त्य D. दानव

29. आघात
A. अनाघात B. विस्तीर्ण
C. स्निग्ध D. डरपोक

30. व्यष्टि
A. सृष्टि B. वृष्टि
C. समष्टि D. इनमें से कोई नहीं

31. सज्जन
A. चापलूस B. व्यभिचारी
C. सहयोगी D. दुर्जन

32. उत्कर्ष
A. अपकर्ष B. परामर्श
C. संघर्ष D. विमर्श

33. क्षुधा
A. तृषा B. तृष्ण
C. तृप्ति D. मृगतृष्णा

34. सुबह
A. प्रातः B. शाम
C. रात D. दिन

35. अनुकूल
A. प्रतिकूल B. अपकूल
C. अनुकूलन D. सानूकूल

36. आहूत
A. अनागत B. आगत
C. अनेक D. अनाहूत

37. श्रीगणेश
A. समापन B. इतिश्री
C. अंत D. अथ

38. निंदा
A. स्तुति B. संस्तुति
C. संवेदना D. स्तवन

39. आचार
A. आनाचार B. अनाचार
C. अत्याचार D. विचार

40. सहज
A. असहज B. असली
C. अप्राकृतिक D. निर्मित

41. प्राच्य
A. उदीच्य B. प्रतीच्य
C. पाश्चात्य D. अर्वाचीन

42. गुण
A. दोष B. पुण्य
C. अधिक D. विशाल

43. 'लाघव' शब्द का विपरीतार्थक शब्द है–
A. विस्तार B. संक्षेप
C. लम्बा D. दीर्घकालीन

44. आहार
A. प्रतिहार B. साहार
C. अनाहार D. विहार

45. 'ध्वंस' शब्द का विलोम बताइए–
A. विनाश B. निर्माण
C. विध्वंस D. उत्कर्ष

46. 'वादी' का विलोमार्थी शब्द बताएँ–
A. समवादी B. कुवादी
C. अनुवादी D. प्रतिवादी

47. अतिवृष्टि का विलोमार्थी शब्द है–
A. अन्तरवृष्टि B. अल्पवृष्टि
C. असमयवृष्टि D. अस्तवृष्टि

48. आदि
A. अंत B. प्रारम्भ
C. व्याधि D. बर्बादी

49. शाश्वत
A. मृत्यु B. मर्त्य
C. नश्वर D. क्षणिक

50. व्यस्त
A. विश्रांत B. अभ्यस्त
C. अव्यस्त D. अतिव्यस्त

51. गत्यात्मक
A. गतिभाव B. स्थिर
C. अस्थिर D. प्रत्यात्मक

52. अज्ञ
A. अनज्ञ B. सुमज्ञ
C. विज्ञ D. कुमज्ञ

53. कटु
A. मधुर B. पटु
C. मृदु D. मीठा

54. नीरस
A. रसीला B. सरस
C. विरस D. अरस

55. ओजस्वनी
A. तेजस्वनी B. निर्जस्वी
C. निस्तेज D. तपस्वी

56. अर्पण
A. ग्रहण B. तर्पण
C. समर्पण D. प्रत्यर्पण

57. अनभिज्ञ
A. भिज्ञ B. अज्ञ
C. अभिज्ञ D. अतिभिज्ञ

58. अन्यमनस्क
A. स्वस्थ B. प्रसन्न
C. सजग D. सतर्क

59. अपव्यय
A. अधिव्यय B. व्यय
C. मितव्यय D. इनमें से कोई नहीं

60. आवरण
A. अनावरण B. आचरण
C. सुवरण D. अवज्ञा

61. गमन
A. आना B. उतरना
C. रुकना D. आगमन

62. राजा
A. देवता B. साथी
C. विज्ञ D. प्रजा

63. विश्लेषण
A. संश्लेषण B. गवेषण
C. विशेषण D. अन्वेषण

64. दिवस
A. विभावरी B. अरविन्द
C. प्रवाहिणी D. विचक्षण

65. निर्मल
A. पवित्र B. शुद्ध
C. मलिन D. मृदु

66. उद्यम
A. प्रवीण B. आलस्य
C. नीरज D. नृप

67. द्युति
A. छवि B. प्रभा
C. ज्योति D. अन्धकार

68. रुक्ष
A. पिच्छल B. चिक्कण
C. स्निग्ध D. सरस

69. विघटन
A. सामूहिकता B. संगठन
C. एकीकरण D. समष्टि

70. गरिमा
A. कालिमा B. लघुमा
C. अरुणिमा D. लालिमा

71. सामिष
A. निरामिष B. वैष्णव
C. शाकाहारी D. मांसरहित

72. अंधेरा
A. सुबह B. उजाला
C. प्रकाश D. झुरमुट

73. उदय
A. अस्त B. अवसान
C. विनाश D. नाभ

74. कुटिल
A. संत B. उदार
C. साधु D. सरल

75. ग्राह्य
A. त्याज्य B. ग्रहण
C. तरल D. वाञ्छा

वाक्यों की शुद्धता

निर्देश (प्र.सं. 1 से 35 तक): *नीचे दिए गए प्रश्नों में चार वाक्यों में एक वाक्य शुद्ध है और तीन अशुद्ध हैं। शुद्ध वाक्य को चुनिए।*

1. A. मैंने एक रुपए का सामान खरीदा
B. मैं एक रुपए का सामान खरीदा
C. मुझने एक रुपया का सामान खरीदा
D. मैं एक रुपया का सामान खरीदी

2. A. उसे कॉफी बनाना नहीं आता
B. उसे कॉफी बनानी नहीं आता
C. उसे कॉफी बनाना नहीं आती
D. उसे कॉफी बनाने को नहीं आते

3. A. देश का सम्मान की रक्षा करो
   B. देश के सम्मान की रक्षा करो
   C. देश को सम्मान की रक्षा करो
   D. देश के लिए सम्मान की रक्षा करो

4. A. अतिथि को चाकू से काटकर फल खिलाओ
   B. चाकू से अतिथि को काटकर फल खिलाओ
   C. चाकू से फल काटकर अतिथि को खिलाओ
   D. फल को काटकर चाकू से अतिथि को खिलाओ

5. A. राम ने पेट भर मिठाई खाई
   B. राम ने पेट भर के मिठाई खाई
   C. राम ने भरपेट मिठाई खाई
   D. इनमें से सभी शुद्ध हैं

6. A. मैं आपकी सौजन्यता पर मुग्ध हूँ
   B. मैं आपके सौजन्य पर मुग्ध हूँ
   C. मैं आपके सुजन्य पर मुग्ध हूँ
   D. इनमें से तीनों वाक्य अशुद्ध हैं

7. A. लाओ एक पानी का गिलास
   B. एक पानी का गिलास लाओ
   C. गिलास एक पानी का लाओ
   D. एक गिलास पानी लाओ

8. A. हमारी सौभाग्यवती कन्या का विवाह होने जा रहा है।
   B. हमारी आयुष्मती कन्या का विवाह होने जा रहा है।
   C. हमारी सौभाग्यवती कन्या का विवाह होने जा रही है
   D. इनमें से सभी शुद्ध हैं

9. A. माँ बच्चे को दूध धाय से पिला रही है
   B. माँ बच्चे को दूध धाय से पिलवा रही है
   C. माँ बच्चे को दूध धाय से पी रही है
   D. माँ बच्चे को दूध धाय से चखा रही है

10. A. ये हमारे पास रहते हैं और वे दूर
    B. वे हमारे पास रहते हैं और ये दूर
    C. वे हमारे पास रहते हैं और वह दूर
    D. ये हमारे पास रहते हैं और वह दूर

11. A. वेदों के छः अंग माने जाते हैं
    B. वेदों में छः अंग माने जाते हैं
    C. वेदों से छः अंग माने जाते हैं
    D. वेदों पर छः अंग माने जाते हैं

12. A. भक्तों की सेना जा रही थी
    B. भक्तों की मंडली जा रही थी
    C. भक्तों की टुकड़ी जा रही थी
    D. भक्तों की भीड़ जा रही थी

13. A. आपकी शंका का परिहार हुआ कि नहीं
    B. आपकी शंका का निदान हुआ कि नहीं
    C. आपकी शंका का समाधान हुआ कि नहीं
    D. आपकी शंका निर्मूल हुई कि नहीं

14. A. यह ग्रंथ विद्वतापूर्ण लिखा गया है
    B. यह ग्रंथ विद्वतापूर्वक लिखा गया है
    C. यह ग्रंथ विद्वानपूर्ण लिखा गया है
    D. यह ग्रंथ विद्वानपूर्वक लिखा गया है

15. A. वह टका-सा उत्तर देता है
    B. वह टका-सा प्रश्न करता है
    C. वह टका-सा जवाब देता है
    D. इनमें से कोई नहीं

16. A. जो मिठाई पसन्द हों आप खा लो
    B. जो मिठाई पसन्द हों तुम खा लो
    C. जो मिठाइयाँ पसन्द हों तुम खा लो
    D. जो मिठाइयाँ पसन्द हों उन्हें आप खाइए

17. A. हम बचपन में वहाँ जायेंगे
    B. हम बचपन में वहाँ जाते रहे हैं
    C. मैं बचपन में वहाँ जाता रहा
    D. मैं बचपन में वहाँ जाऊँगा

18. A. प्रत्येक व्यक्ति कविता कर सकते हैं
    B. प्रत्येक व्यक्ति कविता नहीं कर सकते हैं
    C. प्रत्येक व्यक्ति कविता नहीं कर सकता
    D. हर व्यक्ति कविता कर सकते हैं

19. A. हेम नरेश की पुस्तक दी
    B. हेम ने नरेश को पुस्तक दी
    C. हेम नरेश का पुस्तक देगा
    D. हेम ने नरेश का पुस्तक दिया

20. A. मन्त्री ड्राइवर से कार चलवाता है
    B. मन्त्री ड्राइवर की कार चलवाता है
    C. मन्त्री ड्राइवर के लिए कार चलवाता है
    D. मन्त्री ड्राइवर पर कार चलवाता है

21. A. उसकी आयु तीस वर्ष है इस समय
    B. इस समय उसकी अवस्था तीस वर्ष है
    C. तीस वर्ष की अवस्था है इस समय उसकी
    D. इस समय तीस वर्ष की अवस्था है उसकी

22. A. रागिनी अपने आप चली गई
    B. रागिनी खुद से चली गई
    C. रागिनी अपने से ही चली गई
    D. रागिनी आपके आप चली गई

23. A. श्याम पौधे को जल से सींच रहा है
    B. पौधे को जल से सींच रहा है श्याम
    C. श्याम पौधे सींच रहा है
    D. जल से सींच रहा है श्याम पौधे को

24. A. वह उदद्ंडनीय है
    B. वह दण्ड भोगने के योग्य है
    C. वह दण्डयोग्य है
    D. वह दण्ड देने के योग्य है

25. A. हमारे यहाँ तरुण नवयुवकों की शिक्षा का अच्छा प्रबन्ध है
B. हमारे यहाँ तरुण नवयुवकों का शिक्षा का अच्छा प्रबन्ध है
C. हमारे नवयुवकों की शिक्षा का यहाँ अच्छा प्रबन्ध है
D. हमारे यहाँ नवयुवकों की शिक्षा का अच्छा प्रबन्ध है

26. A. मुरझाया हुआ फूल वर्षा की फुहार से अभिसिंचित होकर पुनः खिल उठा
B. मुरझाई हुई फूल वर्षा की फुहार से अभिसिंचित होकर पुनः खिल उठा
C. मुरझाया हुआ फूल वर्षा की फुहार से अभिसिंचित होकर पुनः खिल उठी
D. मुरझाया हुआ फूल वर्षा के फुहार द्वारा अभिसिंचित होकर पुनः खिल उठे

27. A. आपके दर्शन दुर्लभ हैं
B. वह विलाप करके रोने लगा
C. हम लोग कुशलपूर्वक से हैं
D. उसे मृत्युदण्ड की सजा मिली है

28. A. तीन महानगरों के नाम बताइए
B. इस समस्या की औषधि मेरे पास है
C. चरखा कातना चाहिए
D. यह एक इतिहासिक घटना है

29. A. मेरे को कल छुट्टी जाना होगा
B. आप ही तो मना किये थे
C. मुझको लौटने में विलम्ब हो गया
D. कपड़े डालकर तुमने मेरे साथ क्या करा?

30. A. राम का बहन गांधीजी पर कविता लिखी है
B. राम का बहन गांधीजी पर कविता लिखा है
C. राम की बहन ने गांधीजी पर कविता लिखी है
D. राम की बहन गांधीजी के ऊपर कविता लिखा है

31. A. कवि ने सम्पादक को एक कविता भेजा
B. अध्यापिका ने शिष्य से प्रश्न पूछी
C. बच्चे ने कहा था, पर आप ने नहीं सुनी
D. अमित ने जेब से दस रुपए का नोट निकाला

32. A. पेड़ की पत्ता गिरी
B. पेड़ में से पत्ता गिरा
C. पत्ता गिर पड़ा पेड़ों से
D. पेड़ से पत्ता गिरा

33. A. बैल और बकरी घास चरती हैं
B. बैल और बकरी घास चरते हैं
C. बैल और बकरी घास चरता है
D. बैल और बकरी घास चरती है

34. A. महात्मा गांधी का देश सदा आभारी रहेगा
B. देश महात्मा गांधी का सदा आभारी रहेगा
C. आभारी रहेगा देश सदा महात्मा गांधी का
D. देश आभारी रहेगा सदा महात्मा गांधी का

35. A. कश्मीर में अनेक दर्शनीय स्थल देखने योग्य हैं
B. अनेक दर्शनीय स्थल कश्मीर में देखने योग्य हैं
C. कश्मीर में अनेक दर्शनीय स्थल हैं
D. अनेक दर्शनीय स्थल देखने योग्य हैं कश्मीर में

निर्देश (प्र.सं. 36 से 80 तक): *नीचे दिया गया हर एक वाक्य चार भागों में बाँटा गया है जिन्हें (A), (B), (C) और (D) अक्षरांक दिए गए हैं। आपको यह देखना है कि वाक्य के किसी भाग में व्याकरण, भाषा, वर्तनी, शब्दों के गलत प्रयोग या इसी तरह की कोई त्रुटि तो नहीं है। त्रुटि अगर हो तो वाक्य के किसी एक भाग में ही होगी। उस भाग का अक्षरांक ही उत्तर है। अगर वाक्य त्रुटिरहित है तो उत्तर (E) दीजिए।*

36. कैक्टस के पौधे में कई चमत्कारी गुण (A)/ होते हैं लेकिन यह दुखदायी की बात (B)/ है कि हमारे देश में अभी तक इस पर (C)/ बहुत अधिक ध्यान नहीं दिया गया है। (D)/ त्रुटिरहित (E).

37. वाणिज्यिक वाहन निर्माताओं के (A)/ अनुसार, ईंधन की कीमतों में तेजी के (B)/ बावजूद बिक्री वाणिज्यिक वाहनों की (C)/ में तेजी दर्ज की गई है। (D)/ त्रुटिरहित (E).

38. जब तपती और धूल भरी (A)/ सड़कों पर मोटी-मोटी बूँदें गिरतीं तब (B)/ उमस के साथ मिट्टी की (C)/ भुनी भुनी गंध वातावरण में फैल जाती थी। (D)/ त्रुटिरहित (E).

39. औसत अगर मध्यवर्गीय (A)/ परिवार की बात करें तो उसमें (B)/ स्त्री मन को समझने की (C)/ गुंजाइश बहुत कम होती है। (D)/ त्रुटिरहित (E).

40. सुखद स्मृतियाँ चमकीले वर्तमान (A)/ से कहीं ज्यादा आनंददायक, (B)/ दुष्प्रेरणादायक और स्फूर्ति (C)/ प्रदान करने वाली होती हैं। (D)/ त्रुटिरहित (E).

41. किसी तंदरुस्त वृद्ध की देहयष्टि (A)/ देखकर लग पड़ता है (B)/ कि आयु ने उनके शरीर (C)/ पर अपना प्रभाव नहीं डाला है। (D)/ त्रुटिरहित (E).

42. कोशिश करने से मसले (A)/ समय रहते हल हो जाएं (B)/ तो ठीक वरना मन (C)/ में ग्रंथियाँ बन जाती हैं। (D)/ त्रुटिरहित (E).

43. यदि कोई विकलांग व्यक्ति (A)/ घर का मुखिया हो (B)/ तो वह गरीबी रेखा से (C)/ नीचे के दायरे में आएगा। (D)/ त्रुटिरहित (E).

44. एक मध्यवर्गीय भारतीय परिवार में पिता (A)/ काम के बोझ या दूसरे कारणों से अपने (B)/ बच्चों से कट जाता है, जिसका बच्चों (C)/ के मन पर प्रतिकूल प्रभावशाली पड़ता है। (D)/ त्रुटिरहित (E).

45. अर्थव्यवस्था विश्व के बदतर हो रहे (A)/ हालात से चिंतित वित्त मंत्री ने (B)/ कहा कि सरकार के पास नरमी (C)/ से निपटने के विकल्प सीमित हैं। (D)/ त्रुटिरहित (E).

46. बचत बैंक खातों (A)/ में बैंकों द्वारा (B)/ ब्याज की अदायगी (C)/ किया जाता है। (D)/ त्रुटिरहित (E).

47. वर्ष 2010 को आधार (A)/ बना कर राष्ट्रीय स्तर पर (B)/ नया उपभोक्ता तूल्य (C)/ सूचकांक जारी किया गया है। (D)/ त्रुटिरहित (E).

48. गुजरात की (A)/ राजरानी गांधीनगर (B)/ में एक बहुत बड़े समारोह का (C)/ आयोजन किया गया है। (D)/ त्रुटिरहित (E).

49. विमानन क्षेत्र का (A)/ नामी कम्पनी की (B)/ मुश्किलें दिनोंदिन (C)/ बढ़ती जा रही हैं। (D)/ त्रुटिरहित (E).

50. सरकार अपनी योजनाओं (A)/ का लाभ केवल कमजोर (B)/ वर्ग के लोगों तक सीमित (C)/ रखने के कक्ष में नहीं है। (D)/ त्रुटिरहित (E).

51. भारत सरकार द्वारा अर्जित (A)/ कुल राजस्व की (B)/ अधिकतम राशि आय कर (C)/ से प्राप्त होती है। (D)/ त्रुटिरहित (E).

52. दूरदर्शन के अधिकारियों (A)/ ने लोकप्रिय वाहिका (B)/ का प्रसारण बंद करने (C)/ का आदेश दिया है। (D)/ त्रुटिरहित (E).

53. राष्ट्रीय एकता तथा मानवीय (A)/ मूल्यों के मूलभूत सिद्धान्तों (B)/ को म्यान में रखकर (C)/ पाठ्य-सामग्री तैयार की गई है। (D)/ त्रुटिरहित (E).

54. दोनों देशों के वाणी (A)/ सचिवों की बैठक में (B)/ परस्पर व्यापार बढ़ाने (C)/ के लिए सहमति हो गयी। (D)/ त्रुटिरहित (E).

55. कोश के इस (A)/ नए संस्करण में बहुत (B)/ से नए शब्द (C)/ शामिल किए गए हैं। (D)/ त्रुटिरहित (E).

56. बैंक से जारी होने वाले (A)/ सभी परिपत्र, आदेश आदि (B)/ कागज के बजाय डिजिटल (C)/ माध्यमों से प्रेषित किया जाता है। (D)/ त्रुटिरहित (E).

57. नियंत्रण प्राधिकारियों से (A)/ भी अपेक्षा की गई है (B)/ कि वे प्रतिदिन प्रतिवेदन (C)/ का अध्ययन अवश्य करें। (D)/ त्रुटिरहित (E).

58. ग्लोबल वार्मिंग रूपी (A)/ शत्रु पर आक्रमण कर उसे (B)/ परस्त करने में सभी (C)/ का योगदान होना चाहिए। (D)/ त्रुटिरहित (E).

59. पेड़ नहीं सोंचते कि झोंका (A)/ आए तो झूमें या न (B)/ झूमें वे झूमते हैं और अपने (C)/ जड़ों पर यकीन रहते हैं। (D)/ त्रुटिरहित (E).

60. कितने वर्षो की अवधि (A)/ तक खाते में कोई भी लेन-देन न (B)/ होने पर खाते को (C)/ निष्कृत माना जाता है? (D)/ त्रुटिरहित (E).

61. सामाजिक कुरीतियों (A)/ का मुख्य कारण (B)/ अज्ञानता है (C)/ यह बात एकदम सही है। (D)/ त्रुटिरहित (E).

62. उसकी सौन्दर्यता (A)/ देखकर मन मयूर (B)/ नृत्य करने लगा (C)/ दिलीप ने श्याम को बताया। (D)/ त्रुटिरहित (E).

63. नगेन्द्र जी (A)/ हिन्दी के (B)/ लब्धप्रतिष्ठित (C)/ आलोचक एवं लेखक हैं। (D)/ त्रुटिरहित (E).

64. साहित्य (A)/ और जीवन का (B)/ घनघोर (C)/ सम्बन्ध है। (D)/ त्रुटिरहित (E).

65. दिल्ली से (A)/ अनेकों (B)/ पत्र-पत्रिकाओं का (C)/ प्रकाशन होता है। (D)/ त्रुटिरहित (E).

66. गाय को घास (A)/ खिलाने से और पंछी (B)/ को दाना डालने (C)/ से पूण्य मिलता है। (D)/ त्रुटिरहित (E).

67. एक संख्या का पाँच (A)/ बटा-नौ दूसरी संख्या (B)/ के पच्चीस प्रतिशत (C)/ के सम्मान है। (D)/ त्रुटिरहित (E).

68. दिनेश की मासिक (A)/ आय सुरेश की (B)/ मासिक आय से (C)/ चुगना है। (D)/ त्रुटिरहित (E).

69. इस कार की कीमत कम (A)/ होगी और कम्पनी इसमें ज्यादा से ज्यादा (B)/ भारतीय पूर्जे लगाने (C)/ की कोशिश कर रही है। (D)/ त्रुटिरहित (E).

70. कहतें हैं कि (A)/ हर दस कोश (B)/ पर बोली (C)/ बदलती है। (D)/ त्रुटिरहित (E).

71. वैश्वीकरण के इस (A)/ युग में हिन्दी भाषा (B)/ नीत नवीन शब्दों से (C)/ समृद्ध हो रही है। (D)/ त्रुटिरहित (E).

72. आज भी कई किसान (A)/ और कमजोर वर्ग के (B)/ लोग साहूकारों के अंगुल (C)/ में फँसे हुए हैं। (D)/ त्रुटिरहित (E).

73. हमें शिक्षा ऋण (A)/ लेने वाले ऋणकर्ताओं (B)/ से इस आश्रय की (C)/ शिकायतें प्राप्त हो रही हैं। (D)/ त्रुटिरहित (E).

74. बचत बैंक खाते में (A)/ एक महीना में अन्य (B)/ बैंक के ATM से (C)/ निःशुल्क 5 आहरणों की छूट हैं। (D)/ त्रुटिरहित (E).

75. कृपया बोधित (A)/ अनुदेश सभी पदाधिकारियों (B)/ को सूचित करने (C)/ की व्यवस्था करें। (D)/ त्रुटिरहित (E).

76. एक मादा सूअर अपनी (A)/ छः बच्चों के साथ जो (B)/ अभी नौ-नौ इंच से बड़े नहीं हुए (C)/ थे, रेलगाड़ी की तरह चलती जा रही थी। (D)/ त्रुटिरहित (E).

77. एक इरावती ही थी जिससे वह टूटी-फूटी (A)/ हिन्दी में बातां कर लेती थी, हालाँकि उसकी (B)/ पंजाबी हिन्दी और इरावती की कोंकणी (C)/ हिन्दी में जमीन- आसमान का फर्क था। (D)/ त्रुटिरहित (E).

78. अपने बेटे की वजह से ही वह (A)/ यहाँ परदेस में पड़ा था, जहाँ (B)/ न कोई उसकी जबान समझता था, न वह (C)/ किसी को जबान समझता था। (D)/ त्रुटिरहित (E).

79. चेचक के दागों और झुर्रियों से भरा (A)/ उसका चेहरा दीमक खाई लकड़ी की (B)/ तरह जाना पड़ता था, जो बदसूरत तो था (C)/ ही जुगुप्सा भी जगा देता था। (D)/ त्रुटिरहित (E).

80. शालिनी नित नेम की भांति दीपक जलाई (A)/ और एक अज्ञात देवता के सामने (B)/ हाथ जोड़ने की प्रक्रिया पूरी करके (C)/ घुटनों पर बाँहें रखे वहीं बैठी रही। (D)/ त्रुटिरहित (E).

वाक्यांश के लिए एक शब्द

1. एक स्थान से दूसरे स्थान पर जाना या ले जाना–
A. खिसका हुआ B. उखड़ा हुआ
C. स्थानच्युत D. विस्थापित

2. इंद्रियों को जीतने वाला–
A. अजातशत्रु B. इन्द्रस्वामी
C. जितेंद्रिय D. मुमुक्षु

3. एक ही कोख से जन्म लेने वाला–
A. संतति B. जातक
C. आत्मज D. सहोदर

4. अपनी इच्छा से चलने वाला–
A. स्वेच्छाचारी B. स्वच्छंद
C. अराजक D. स्वेच्छक

5. जो हर हाल में हो ही जाए–
A. होनहार B. अवश्यंभावी
C. भाग D. तत्पर

6. जो कठिनाई से समझ में आए–
A. दुर्गम B. दुर्बोध
C. दुर्लभ D. दुर्धर्ष

7. एक पर ही श्रद्धा अथवा आस्था रखने वाला–
A. एकाकी B. अलौकिक
C. अधिकारिक D. एकनिष्ठ

8. बड़ा बनने की इच्छा रखने वाला–
A. पदलोलुप B. चाटुकार
C. विवेकवान D. महत्वाकांक्षी

9. मन का दुर्भाव–
A. दृष्टिवैषम्य B. भेदभाव
C. मनोमालिन्य D. कलुषित

10. पूर्णतः स्वच्छ करना–
A. परिष्कार B. सुधार
C. आविष्कार D. पुनरोद्धार

11. जिसका जन्म उच्च कुल में हुआ हो–
A. सेठ B. अभद्र
C. अमीर D. कुलीन

12. ईश्वर को नहीं मानने वाला–
A. आस्तिक B. अधर्मवान
C. बंदा D. नास्तिक

13. उपकार मानने वाला–
A. कृतघ्न B. परोपकारी
C. अनोपचारी D. कृतज्ञ

14. किसी के पास रखी हुई दूसरे की वस्तु–
A. गिरवी B. जमानत
C. धरोहर D. सामान

15. एक स्थान से दूसरे स्थान को हटाया हुआ–
A. आंतरित B. प्रवासी
C. मुसाफिर D. स्थानांतरित

16. जिसे कठिनाई से भेदा जा सके–
A. अभेद्य B. दुर्भेद्य
C. दुर्दम्य D. अगम्य

17. जो सबको समान भाव से देखे–
A. दूरदर्शी B. क्रांतदर्शी
C. सूक्ष्मदर्शी D. समदर्शी

18. परलोक से सम्बन्धित–
A. पारलौकिक B. अलौकिक
C. इहलौकिक D. लौकिक

19. पीछे-पीछे चलने वाला–
A. अनुगामी B. प्रतिगामी
C. पश्चगामी D. अग्रगामी

20. जिसके हृदय में ममता नहीं है–
A. निर्दय B. कठोर
C. क्रूर D. निर्मम

21 जो व्यर्थ की बातें करता हो–
A. बहुभाषी B. कुवक्ता
C. वाचाल D. वाक्पटु

22. जो देखने में प्रिय लगता हो–
A. समदर्शी B. प्रियदर्शी
C. प्रियपात्र D. दर्शनप्रिय

23. अहसान न मानने वाला–
A. कृतज्ञ B. कृतघ्न
C. विश्वासघाती D. परोपजीवी

24. जिसे कठिनाई से जीता जा सके–
A. विजित B. अज्ञेय
C. अजेय D. दुर्जेय

25. बचपन और जवानी के बीच की अवस्था–
A. नवयुवा B. नवोढ़ा
C. वयःसंधि D. वयस्कता

26. पशुओं के समान व्यवहार करने वाला–
A. पाशविक B. पशुसा
C. क्रूर D. दानव

27. वह अग्नि जो जंगल में लग जाती है–
A. वनाग्नि B. दावानल
C. अनल D. प्रचंडाग्नि

28. वह वस्तु जो नाशवान है–
A. नाशक B. नासन्य
C. नासांतिक D. नश्वर

29. परिश्रम के बदले प्राप्त धनराशि–
A. मुद्रा B. करेंसी
C. पारिश्रमिक D. सिक्का

30. अधिक पढ़ी-लिखी महिला–
A. विदूषक B. विज्ञानी
C. अफसर D. विदुषी

31. दोपहर का समय–
A. अपराह्न B. पूर्वाह्न
C. अधपहर D. मध्याह्न

32. जिसके समान कोई दूसरा न हो–
A. असामान्य B. अद्वितीय
C. असाधारण D. महान्

33. जो अधिक व्यय न करता हो–
A. धन्नासेठ B. खर्चीला
C. अव्यय D. मितव्ययी

34. जो पृथ्वी से सम्बन्धित हो–
A. पार्थिव B. पृथ्वी
C. अलौकिक D. जड़

35. जो काटा न जा सके–
A. दो टूक B. तर्कातीत
C. अकाट्य D. निश्चित

36. जिसके पास कुछ भी न हो–
A. अकिंचन B. किंचित्
C. आकुंचन D. अलभ्य

37. अनिश्चित जीविका–
A. आंशिक सेवा B. अस्थायी सेवा
C. अर्द्ध रोजगार D. आकाशवृत्ति

38. जिस पर हमला न किया गया हो–
A. आक्रान्ता B. आक्रामक
C. अयोध्या D. अनाक्रान्त

39. जो बहुत मंद गति से कार्य करता हो–
A. मंथर B. दीर्घसूत्री
C. सत्वर D. मंदाक्रान्ता

40. उचित-अनुचित का ज्ञान रखने वाला–
A. विवेकी B. ज्ञानी
C. चतुर D. दूरदर्शी

41. जो अपने कर्त्तव्य का निश्चय न कर सके–
A. द्वन्द्वग्रस्त B. भ्रमित
C. किंकर्त्तव्यविमूढ़ D. द्विविधाग्रस्त

42. अनेक युगों से चला आने वाला–
A. समीचीन B. प्राचीन
C. कालान्तर D. सनातन

43. ऐसा कवि जो तत्काल रचना करता हो–
A. कविराज B. आशुकवि
C. महाकवि D. कवीश

44. जिस स्त्री का पति जीवित होता है–
A. कामिनी B. सुभगा
C. सधवा D. मधवा

45. अनुचित व्यय करने वाला–
A. अतिव्ययी B. मितव्ययी
C. दुर्व्ययी D. अपव्ययी

46. मुकदमा चलाने वाला–
A. प्रतिवादी B. मुकदमेबाज
C. वादी D. इनमें से कोई नहीं

47. जिस पर अभियोग लगाया गया हो–
A. प्रतिवादी B. अभियोगी
C. अभियुक्त D. याची

48. मोक्ष प्राप्त करने की इच्छा रखने वाला–
A. मोक्षेसु B. ममुक्ष
C. मुमुक्ष D. मुमुक्षु

49. 'वह स्त्री जिसका पति परदेस से आने वाला हो' के लिए एक शब्द है–
A. आगतपतिका B. प्रव्रत्स्यतपतिका
C. प्रेषितपतिका D. आगमिस्यतपतिका

50. 'जिसमें धैर्य न हो' के लिए एक शब्द है–
A. अधर B. धरातल
C. अधीर D. धीरता

51. 'जो पहले कभी न हुआ हो' के लिए एक शब्द है–
A. अद्भुत B. अभूतपूर्व
C. अपूर्व D. अनुपम

52. 'जिसे किसी से लगाव न हो' के लिए उपयुक्त एक शब्द है–
A. नश्वर B. लिप्सु
C. निर्लिप्त D. अलगाववादी

53. 'जो कुछ जानने की इच्छा रखता हो' के लिए एक शब्द है–
A. जिज्ञासु B. जननी
C. जानकी D. नीतिज्ञ

54. 'जो बात लोगों से सुनी गई हो' के लिए एक शब्द है–
A. अश्रुति B. सर्वप्रिय
C. लोकोक्ति D. किंवदन्ती

55. 'सबके समानाधिकार पर विश्वास' के लिए एक शब्द है–
A. अधिकारी B. समाजवाद
C. प्रगतिवाद D. अधिकारवाद

56. 'जिस बीमारी का ठीक होना सम्भव न हो' के लिए एक शब्द है–
A. असाध्य B. विकट
C. भयानक D. घातक

57. जिस पर विजय प्राप्त कर ली गई हो–
A. आक्रान्त B. अजेय
C. विजित D. पराजित

58. सूर्य के उदय होने का स्थान–
A. उदयाचल B. सूर्योदय
C. प्रभात स्थान D. गंधमादन

59. जो कहा न जा सके–
A. अकथित B. अकथनीय
C. अकथ्य D. नामुमकिन

60. जिसे बहुत बातें करनी आती हों–
A. वाचाल B. गम्भीर
C. समालोचक D. मुनि

61. जो स्त्री के वशीभूत हो–
A. स्त्रीदास B. गुलाम
C. स्त्रैण D. प्रेमी

62. जो समान न हो–
A. बराबर B. जटिल
C. अविषम D. विषम

63. जिसे पढ़ना-लिखना आता हो–
A. अल्पज्ञानी B. शिक्षित
C. बुद्धिजीवी D. साक्षर

64. जो खाना मुफ्त में मिलता हो–
A. भण्डार B. लंगर
C. खुराक D. राशन

65. जो अपने कर्त्तव्य को न जानता हो–
A. अनजान B. अज्ञानी
C. किंकर्त्तव्यविमूढ़ D. कर्त्तव्यहीन

66. 'युद्ध में स्थिर रहने वाला' के लिए एक शब्द है–
A. योद्धा B. साहसी
C. युधिष्ठिर D. वीर

67. 'जो ईश्वर में विश्वास रखता है' के लिए एक शब्द है–
A. आस्थावान B. धार्मिक
C. आध्यात्मिक D. आस्तिक

68. आयु में बड़ा व्यक्ति–
A. कनिष्ठ B. पूजनीय
C. ज्येष्ठ D. वरिष्ठ

69. नया उदित होने वाला–
A. नवोदित B. नवजात
C. नवागन्तुक D. इनमें से कोई नहीं

70. बहुत-सी भाषाओं को जानने वाला–
A. तत्वचिन्तक B. बहुज्ञ
C. बहुभाषाविद् D. भाषा-वैज्ञानिक

71. जो किसी की ओर मुँह किए हो–
A. अभिमुख B. अनमुख
C. सुमुख D. इनमें से कोई नहीं

72. 'सात सौ वाली' के लिए निम्नलिखित में से कौन-सा शब्द उपयुक्त है?
A. सतखड़ा B. सतनजा
C. सतमासा D. सतसई

73. 'तेज चलने वाला' के लिए एक शब्द है–
A. गतिशील B. चुस्त
C. कर्मठ D. द्रुतगामी

74. 'बिना स्वार्थ के कार्य करने वाला' के लिए एक शब्द होगा–
A. सहायक B. निस्वार्थी
C. पुण्यात्मा D. हितैषी

75. 'किसी की सहायता करने वाला' के लिए एक शब्द है–
A. सहकार B. सहायक
C. सहृदय D. सहचर

मुहावरा एवं लोकोक्तियाँ

1. 'सब्जबाग दिखाना' मुहावरा का अर्थ है–
A. बाग में घूमने जाना B. साग-सब्जी पैदा करना
C. प्रलोभन देना D. भयभीत करना

2. 'खुदा गंजे को नाखून न दे' लोकोक्ति का अभिप्राय है–
A. छोटे आदमी का प्रेम अस्थिर होता है
B. लज्जित होकर दूसरे पर क्रोध न निकाले
C. एक दोष पहले से था, दूसरा और आ गया
D. अत्याचारी को शक्ति नहीं मिलनी चाहिए

3. 'कभी नाव गाड़ी पर कभी गाड़ी नाव पर' लोकोक्ति का सही आशय है–
A. संघर्ष होना B. जीवन में उतार-चढ़ाव का क्रम
C. भलाई करना D. एक-से स्वभाव वाले होना

4. 'एक हाथ से ताली नहीं बजती' लोकोक्ति का अभिप्राय है–
A. शत्रुता दोनों पक्षों की गलती से होती है
B. संघर्ष बराबरी वाले दो पक्षों में होना चाहिए
C. एक आदमी से काम नहीं चलता
D. सराहना हेतु दोनों हाथ से ताली बजाएँ

5. 'उड़ती चिड़ियों के पंख गिनना' मुहावरा का सही अर्थ होगा–
A. अनुभवी होना B. वाक्चतुर होना
C. प्रतिभाशाली होना D. असंभव कार्य करना

6. 'नक्कारखाने में तूती की आवाज' मुहावरा का अर्थ है–
A. तूती की आवाज सबसे ऊँची होती है
B. नक्कारखाने में तूती नहीं बोलती
C. नकारे लोगों की सर्वत्र तूती बोलती रहती है
D. समर्थ व्यक्ति के सामने असमर्थ व्यक्ति का प्रभाव नहीं पड़ता

7. 'आँख के अंधे नाम नयनसुख' का सही अर्थ है–
A. गुणों के विरुद्ध नाम का होना
B. बुद्धिहीन, किन्तु पर्याप्त धनवान
C. अंधा आदमी प्रायः गुणवान होता है
D. एक आँख के अंधे को भी सभी सुखद आ सकते हैं

8. 'चिकना घड़ा होना' मुहावरा का सही अर्थ है–
A. चिकना चुपड़ा होना B. समृद्ध होना
C. निर्लज्ज होना D. मधुरभाषी होना

9. 'बेटा समय रहते न पढ़े, तो भविष्य में बुरी तरह पछताओगे' – वाक्य में 'बुरी तरह पछताओगे' के स्थान पर यह मुहावरा आ सकता है–
A. अंगारों पर लोटोगे B. आठ-आठ आँसू रोओगे
C. अंचरा पसारोगे D. कुएँ में गिरोगे

10. ''मुहावरे का प्रयोग वाक्य के अन्तर्गत होता है और लोकोक्ति पूर्ण वाक्य में होती है।'' यह कथन–
A. सही है
B. गलत है
C. कथन का प्रथम अंश सही है
D. कथन का अंतिम अंश सही है

11. 'समय के अनुसार काम करना चाहिए' अर्थ की बोधक लोकोक्ति है–
A. झूठ के पैर नहीं होते
B. जाके पांव न फटी बिवाई, सो क्या जाने पीर पराई
C. उँगली पकड़ कर पहुँचा पकड़ना
D. का बरसा जब कृषि सुखाने

12. 'भारत के अतुलित धन वैभव पर अंग्रजों ने दाँत गड़ा दिए'–वाक्य में प्रयुक्त 'दाँत गड़ा दिए' का अर्थ है–
A. किसी वस्तु को गलत ढंग से पाने की गहरी चाह
B. दूसरे की वस्तु देखकर ललचा जाना
C. दूसरे की वस्तु चुराने की चेष्टा करना
D. धोखे से दूसरे की वस्तु लेना

13. 'चाँद पर थूकना' मुहावरे का आशय है–
A. असम्भव काम करना
B. निरर्थक काम करना
C. सौंदर्य का अनादर करना
D. सम्माननीय का अनादर करना

14. 'नियम विरुद्ध कार्य करना' अर्थ के अनुकूल सही मुहावरा है–
A. सूरज को दिया दिखाना
B. उल्टी गंगा बहाना
C. दाई से पेट छिपाना
D. नौ दो ग्यारह हो जाना

15. 'खाला जी का घर' मुहावरे का क्या अर्थ है?
A. आसान कार्य B. मौसी का घर
C. भाई-भतीजावाद D. रिश्तेदार को लाभ पहुँचाना

16. 'सिर चढ़ाना' मुहावरे का अर्थ है–
A. मनमानी करने की छूट देना
B. सिर पर बैठाना
C. सिरदर्द का बहाना करना
D. सिर पर उठा लेना

17. किस लोकोक्ति का अर्थ ''वैभव क्षणिक होता है'' होगा?
A. साँच को आँच नहीं
B. अधजल गगरी छलकत जाए
C. पाँचों उँगलियाँ बराबर नहीं होतीं
D. चार दिन की चाँदनी फिर अँधेरी रात

18. 'आँधी के आम होना' मुहावरे का अर्थ है–
A. मुफ्त उपलब्ध होना
B. संयोगवश बहुत सस्ता उपलब्ध होना
C. वैभवशाली बनना
D. अत्यन्त प्रिय होना

19. 'पाँच सात की लकड़ी, एक जने का बोझ' लोकोक्ति का अर्थ है–
A. बहुत कठिन कार्य होना
B. असम्भव बड़ी शर्त रखना
C. छोटे या कमजोर व्यक्ति की बात को कोई नहीं मानता
D. मिलकर काम करने से कठिन कार्य भी सरल हो जाता है

20. इनमें से कौन एक लोकोक्ति है?
A. अंगूठा दिखाना B. अंधा होना
C. ऊँट के मुँह में जीरा D. इधर-उधर की हाँकना

21. 'कलम तोड़ना' मुहावरे का क्या अर्थ है?
A. सही लिखना
B. अच्छा लिखना
C. ज्यादा लिखना
D. बेकार लिखकर प्रायश्चित करना

22. 'ढाँक के तीन पात' का अर्थ है–
A. अपने स्थान पर अडिग रहना
B. साफ इनकार कर देना
C. बेकार घूमना
D. कभी किसी विशेषता से सम्पन्न न होना

23. 'घड़ों पानी पड़ जाना' मुहावरे का अर्थ है–
A. चिन्ता में डूब जाना B. बर्बाद हो जाना
C. पसीने से भीग जाना D. लज्जा से दब जाना

24. किस लोकोक्ति का अर्थ 'बिना परिश्रम के सफलता नहीं मिलती' होगा?
A. नौ दिन चले अढ़ाई कोस
B. जिन खोजा तिन पाइयाँ गहरे पानी पैठ
C. बालू से तेल निकालना
D. डूबते को तिनके का सहारा

25. 'हाथ कंगन को आरसी क्या' कहावत का अर्थ है–
A. समझदार के लिए उपदेश व्यर्थ है
B. प्रत्यक्ष के लिए प्रमाण की क्या आवश्यकता है
C. मूल्यवान वस्तु के सामने तुच्छ वस्तु का कोई महत्व नहीं
D. हाथ में कंगन ही चाहिए आरसी नहीं

26. 'दाँतों तले अंगुली दबाना' का अर्थ होगा–
A. मुसीबत में पड़ना B. बहुत हैरान होना
C. आश्चर्य करना D. दीनता प्रकट करना

27. 'अनिश्चितता' के भाव को प्रकट करने के लिए उपयुक्त मुहावरे का चयन कीजिए–
A. बंद मुट्ठी में क्या है
B. पर्दे के पीछे कौन है
C. न जाने भाग्य में क्या है
D. न जाने ऊँट किस करवट बैठेगा

28. 'कुपात्र की सहायता करना व्यर्थ है' इस उक्ति को चरितार्थ करने वाली कहावत है–
A. अंधे को न्यौता, दो जने आये
B. कुत्ते को खिलाई खीर, पाप में न पुण्य में
C. गधे की खाई खेती, न पाप में न पुण्य में
D. बन्दर क्या जाने अदरक का स्वाद

29. मूर्ख व्यक्ति के सामने ज्ञान की बातें करने के लिए उपयुक्त मुहावरा क्या होगा?
A. रेत से तेल निकालना B. अंधे के आगे रोना
C. भैंस के आगे बीन बजाना D. आकाश से बातें करना

30. निम्नलिखित मुहावरे का अर्थ बताइए–
'सिर से पानी गुजर जाना'
A. अच्छी चीज का और अच्छा हो जाना
B. अपमान सहन कर लेना
C. सहनशीलता की सीमा टूट जाना
D. बाढ़ आ जाना

31. 'बहती गंगा में हाथ धोना' इस मुहावरे का क्या अर्थ है?
A. अधिकाधिक उन्नति होना
B. अवसर का फायदा उठाना
C. असम्भव काम को सम्भव करना
D. बहुत परिश्रम करना

32. निम्नलिखित वाक्यों में मुहावरे का सही प्रयोग क्या है?
A. धोनी अच्छे क्रिकेट का प्रदर्शन करके राँची वापस पहुँचा तो लोगों ने मैदान मार लिया
B. धोनी अच्छे क्रिकेट का प्रदर्शन करके राँची वापस पहुँचा, तो लोगों के हाथ के तोते उड़ गए
C. धोनी अच्छे क्रिकेट का प्रदर्शन करके राँची वापस पहुँचा, तो लोगों ने तिल का ताड़ बना लिया
D. धोनी अच्छे क्रिकेट का प्रदर्शन करके राँची वापस पहुँचा, तो लोगों ने उसे सिर आँखों पर बिठा लिया

33. निम्नलिखित के लिए उपयुक्त मुहावरा क्या है?
'मुसीबत देखकर घबरा जाना'
A. नाक पर धब्बा लगना B. नौ दो ग्यारह होना
C. दाँतों तले अंगुली दबाना D. नानी याद आना

34. 'काठ की हांडी बार-बार नहीं चढ़ती' लोकोक्ति का अर्थ है–
A. बुरे लोग लाख प्रयत्न के बाद भी अपनी बुराई नहीं छोड़ते
B. कठिन काम अकेले आदमी के वश की बात नहीं है
C. छल कपट का काम एक बार ही होता है
D. दुष्ट व्यक्ति बात से नहीं, बल्कि दण्ड से ही मानता है

35. 'रंगा सियार' मुहावरे का अर्थ क्या है?
A. डरपोक व्यक्ति B. धोखेबाज व्यक्ति
C. झूठ बोलने वाला व्यक्ति D. वीर व्यक्ति

36. 'बेपेंदी का लोटा' मुहावरे का अर्थ क्या है?
A. निर्धन व्यक्ति
B. स्थिर विचारों का न होने वाला व्यक्ति
C. मूर्ख व्यक्ति
D. दुष्ट व्यक्ति

37. 'घी के दिए जलाना' मुहावरा का सही अर्थ है–
A. दीपावली मनाना B. खुशी मनाना
C. रईसी प्रकट करना D. अपने को विशिष्ट समझना

38. 'सोने में सुगन्ध' मुहावरा का सही अर्थ है–
A. सुन्दर वस्तु में और गुण होना
B. सुगन्ध से युक्त आभूषण
C. सुन्दर आभूषण होना
D. सुगन्धित सोना

39. 'आँख का अंधा गाँठ का पूरा' लोकोक्ति का सही अर्थ है–
A. अंधा परन्तु विवेकशील होना
B. मूर्ख धनी
C. अंधे के पास धन होना
D. आँखों का रोग

40. 'गोद में लड़का, शहर भर में ढिंढोरा' मुहावरा का सही अर्थ है–
A. छोटे शिशु को तलाशना
B. अत्यधिक शरारती बालक
C. पास में वस्तु रहते हुए चारों ओर खोजना
D. छोटे बालक की प्रशंसा करना

41. 'पानी का बुलबुला' मुहावरे का क्या अर्थ है?
A. शीघ्र नष्ट हो जाने वाला
B. स्वच्छंद हो जाना
C. हार कर भागना
D. कष्ट उठाना

42. 'चाँदी का जूता मारना' मुहावरे का सही अर्थ है–
A. लुभाना B. आदर करना
C. शोभा बढ़ाना D. रुपए के बल पर दबाना

43. 'आगे नाथ न पीछे पगहा' लोकोक्ति का क्या अर्थ है?
A. पूर्ण स्वतन्त्र B. अपने मन की करना
C. बन्धन रहित होना D. इधर-उधर भागना

44. 'अन्धे पीसे कुत्ते खाएं' लोकोक्ति का सही अर्थ क्या है?
A. बेहिसाब काम करना
B. असावधानी से अयोग्य को लाभ
C. लाचारी का अनुचित लाभ
D. अपना माल लुटाना

45. 'अधजल गगरी छलकत जाए' का क्या अर्थ है?
A. गगरी में छेद होना B. बेकायदे काम करना
C. व्यर्थ की बातें करना D. कम ज्ञान का अधिक प्रदर्शन

46. 'जस दूल्हा तसि बनी बराता' लोकोक्ति का क्या अर्थ है?
A. अच्छा दूल्हा और अच्छे साथी
B. अच्छा दूल्हा और खराब बराती
C. सभी लोगों का अच्छा होना
D. जैसा व्यक्ति वैसे साथी

47. 'तीन लोक से मथुरा न्यारी' लोकोक्ति का अर्थ है–
A. बहुत सुन्दर होना
B. दूर की वस्तु सुन्दर लगना
C. जरूरत से ज्यादा बड़ाई करना
D. कृष्ण भक्त होना

48. 'थोथा चना बाजे घना' लोकोक्ति का क्या अर्थ है?
A. बहुत अधिक बोलना
B. ओछे व्यक्ति अधिक दिखावा करते हैं
C. बढ़ा-चढ़ाकर बात करना
D. बहुत शोर करना

49. 'खग जाने खग ही की भाषा' का क्या अर्थ है?
A. पक्षियों की भाषा जानना
B. समान प्रवृत्ति वाले ही एक-दूसरे को समझते हैं
C. पक्षी अपनी भाषा स्वयं समझते हैं
D. पक्षियों की तरह बोलना

50. 'अदृश्य शत्रु' अर्थ के अनुरूप उपयुक्त मुहावरा है–
A. मीठी छुरी B. मुँह में राम बगल में छूरी
C. पेट में दाढ़ी D. आस्तीन का साँप

51. 'पापड़ बेलना' मुहावरे का क्या अर्थ है?
A. पापड़ बनाना B. मुसीबत उठाना
C. खाना बनाना D. पतली रोटी बेलना

52. 'पानी-पानी होना' मुहावरे का क्या अर्थ है?
A. घबड़ा जाना B. बहुत भीग जाना
C. बहुत लज्जित होना D. बाढ़ आ जाना

53. 'गूलर का फूल होना' मुहावरे का क्या अर्थ है?
A. सुगंधित होना B. फूल की तरह खिलना
C. दुर्लभ होना D. अति प्रसन्न होना

54. 'कान का कच्चा होना' मुहावरे का क्या अर्थ है?
A. कम सुनना B. सुनी बात पर विश्वास करना
C. दूसरे की बात न मानना D. कान का कमजोर होना

55. 'उन्नीस-बीस होना' मुहावरे का क्या अर्थ है?
A. बहुत कम अन्तर होना B. बहुत अन्तर होना
C. हिसाब जोड़ना D. भाग जाना

56. 'खून का घूँट पीना' मुहावरे का क्या अर्थ है?
A. गुस्सा करना B. खून की उल्टी करना
C. क्रोध दबाना D. दाँत से होठ कट जाना

57. 'पौ बारह होना' मुहावरे का सही अर्थ है–
A. सब तरह की सुख-सुविधाओं का होना
B. उपद्रव करना
C. पलायन कर जाना
D. प्रयासरत होना

58. 'कागजी घोड़े दौड़ाना' मुहावरे का सही अर्थ है–
A. प्रयास करना B. लिखा-पढ़ी करना
C. कागज काला करना D. व्यर्थ का काम करना

59. 'कान भरना' मुहावरे का अर्थ है–
A. धोखा देना B. चाणक होना
C. चुगली करना D. असर न होना

60. 'सिर उठाना' मुहावरे का सही अर्थ है–
A. रंग उतर जाना B. भेद प्रकट करना
C. बहुत पछताना D. विद्रोह करना

61. 'आडम्बर' बहुत, किन्तु वास्तविकता कुछ नहीं' के लिए सही लोकोक्ति है–
A. आँख का अंधा नाम नयनसुख
B. ऊँची दुकान, फीका पकवान
C. ऊँट के मुँह में जीरा
D. खोदा पहाड़, निकली चुहिया

62. 'चैन की वंशी बजाना' का अर्थ है–
A. साइकिल की चैन की बांसुरी बनाकर बजाना
B. मौज करना
C. फुर्सत में वंशी बजाना
D. बेरोजगार होना

63. 'आँख की किरकिरी होना' का अर्थ है–
A. अप्रिय लगना B. धोखा देना
C. कष्टदायक होना D. बहुत प्रिय होना

64. 'कीचड़ उछालना' मुहावरा का सही अर्थ है–
A. मल फेंकना
B. दूसरे के कपड़े गन्दे करना
C. बदनाम करना
D. दलदल में फँसना

65. 'अवांछित संवाद' अर्थ के लिए उपयुक्त मुहावरा है–
A. सिर खपाना B. सिर खाना
C. सिर नीचा होना D. सिर पड़ना

उत्तरमाला

संधि

1	2	3	4	5	6	7	8	9	10
A	A	B	C	D	A	D	B	C	B
11	12	13	14	15	16	17	18	19	20
A	C	A	C	A	A	C	C	A	D
21	22	23	24	25	26	27	28	29	30
A	C	C	A	A	B	D	D	A	B
31	32	33	34	35	36	37	38	39	40
D	C	C	A	A	B	C	C	C	D
41	42	43	44	45	46	47	48	49	50
A	A	B	B	A	B	D	B	A	C
51	52	53	54	55	56	57	58	59	60
C	A	A	A	B	C	A	C	C	C
61	62	63	64	65	66	67	68	69	70
C	A	A	A	A	C	B	A	B	B
71	72	73	74	75					
B	A	A	B	D					

समास

1	2	3	4	5	6	7	8	9	10
C	B	C	A	C	B	A	A	B	A
11	12	13	14	15	16	17	18	19	20
D	A	B	D	B	C	C	D	A	B
21	22	23	24	25	26	27	28	29	30
A	A	C	A	A	C	A	A	A	A
31	32	33	34	35	36	37	38	39	40
B	A	C	C	A	D	B	B	C	A
41	42	43	44	45	46	47	48	49	50
A	A	A	C	A	A	A	D	B	D
51	52	53	54	55	56	57	58	59	60
C	A	A	C	C	A	C	C	B	B
61	62	63	64	65	66	67	68	69	70
B	C	A	C	B	D	A	B	C	A

वर्तनी

1	2	3	4	5	6	7	8	9	10
B	A	D	B	A	A	B	A	D	C
11	12	13	14	15	16	17	18	19	20
D	D	B	B	D	C	C	A	B	B
21	22	23	24	25	26	27	28	29	30
C	A	D	B	D	B	B	B	C	D
31	32	33	34	35	36	37	38	39	40
C	A	C	A	D	C	B	C	A	C
41	42	43	44	45	46	47	48	49	50
C	D	C	C	A	D	C	A	D	B
51	52	53	54	55	56	57	58	59	60
A	C	D	C	C	B	B	A	D	C
61	62	63	64	65	66	67	68	69	70
B	B	B	B	A	C	A	A	D	B
71	72	73	74	75	76	77	78	79	80
B	B	A	C	B	B	A	B	D	A

81	82	83	84	85	86	87	88	89	90
B	C	A	A	D	D	E	B	A	C
91	92	93	94	95	96	97	98	99	100
A	B	D	C	C	A	A	C	A	B
101	102	103	104	105	106	107	108	109	110
E	D	C	B	A	B	A	C	D	E
111	112	113	114	115					
D	E	C	A	C					

पर्यायवाची

1	2	3	4	5	6	7	8	9	10
D	C	D	D	A	D	C	B	D	D
11	12	13	14	15	16	17	18	19	20
A	D	A	A	C	A	D	C	A	B
21	22	23	24	25	26	27	28	29	30
A	C	B	B	A	A	A	D	B	D
31	32	33	34	35	36	37	38	39	40
B	D	C	C	C	A	D	A	D	D
41	42	43	44	45	46	47	48	49	50
C	C	D	C	A	A	C	D	C	A
51	52	53	54	55	56	57	58	59	60
D	C	A	D	A	D	A	D	C	D
61	62	63	64	65	66				
D	D	B	C	B	A				

विलोमार्थी शब्द

1	2	3	4	5	6	7	8	9	10
C	B	A	B	D	A	D	A	A	A
11	12	13	14	15	16	17	18	19	20
C	D	B	A	C	D	C	A	B	C
21	22	23	24	25	26	27	28	29	30
D	B	B	B	D	C	C	C	A	C
31	32	33	34	35	36	37	38	39	40
D	A	C	B	A	D	B	A	B	A
41	42	43	44	45	46	47	48	49	50
C	A	A	C	B	D	B	A	D	C
51	52	53	54	55	56	57	58	59	60
B	C	A	B	D	A	C	C	C	A
61	62	63	64	65	66	67	68	69	70
D	D	A	A	C	B	D	C	B	B
71	72	73	74	75					
A	B	A	D	A					

वाक्यों की शुद्धता

1	2	3	4	5	6	7	8	9	10
A	A	B	C	C	B	D	A	B	A
11	12	13	14	15	16	17	18	19	20
A	B	C	B	C	D	C	C	B	A
21	22	23	24	25	26	27	28	29	30
B	A	C	C	D	A	A	A	C	C
31	32	33	34	35	36	37	38	39	40
D	D	B	B	C	B	C	D	A	C

41	42	43	44	45	46	47	48	49	50
A	E	A	D	A	D	C	B	A	D
51	52	53	54	55	56	57	58	59	60
C	B	C	A	B	D	A	C	C	D
61	62	63	64	65	66	67	68	69	70
C	A	C	C	B	D	D	D	C	B
71	72	73	74	75	76	77	78	79	80
C	C	C	B	A	A	B	D	C	A

वाक्यांश के लिए एक शब्द

1	2	3	4	5	6	7	8	9	10
D	C	D	A	B	B	D	D	C	A
11	12	13	14	15	16	17	18	19	20
D	D	D	C	D	B	D	A	A	D
21	22	23	24	25	26	27	28	29	30
C	B	B	D	C	A	B	D	C	D
31	32	33	34	35	36	37	38	39	40
D	B	D	A	C	A	D	D	A	A
41	42	43	44	45	46	47	48	49	50
C	D	B	C	D	C	C	D	D	C
51	52	53	54	55	56	57	58	59	60
B	C	A	D	B	A	C	A	B	A
61	62	63	64	65	66	67	68	69	70
C	D	D	B	C	C	D	C	A	C
71	72	73	74	75					
A	D	D	B	B					

मुहावरा एवं लोकोक्तियाँ

1	2	3	4	5	6	7	8	9	10
C	D	B	A	A	D	A	C	B	A
11	12	13	14	15	16	17	18	19	20
D	A	D	B	A	A	D	B	D	C
21	22	23	24	25	26	27	28	29	30
B	D	D	B	B	C	D	B	C	C
31	32	33	34	35	36	37	38	39	40
B	D	D	C	B	B	B	A	B	C
41	42	43	44	45	46	47	48	49	50
A	D	C	C	D	D	C	B	B	D
51	52	53	54	55	56	57	58	59	60
B	C	C	B	A	C	A	D	C	D
61	62	63	64	65					
B	B	A	C	B					

❑❑❑

हिन्दी साहित्य

हिन्दी साहित्य का इतिहास

पूर्वपीठिका

अतीत के किसी भी तथ्य, तत्त्व एवं प्रवृत्ति के वर्णन, विवरण, विवेचन व विश्लेषण को, जो कि कालविशेष या कालक्रम की दृष्टि से किया गया हो, इतिहास कहा जा सकता है।

यद्यपि उन्नीसवीं शती से पूर्व विभिन्न कवियों और लेखकों द्वारा अनेक ऐसे ग्रंथों की रचना हो चुकी थी जिनमें हिंदी के विभिन्न कवियों के जीवनवृत्त एवं कृतित्व का परिचय दिया गया है, जैसे : 'चौरासी वैष्णवन की वार्ता', 'दो सौ बावन वैष्णवन की वार्ता', 'भक्तिमाल', 'कविमाला', 'कालिदास हजारा' आदि; किंतु इनमें कालक्रम, सन्-सवंत् आदि का अभाव होने के कारण इन्हें 'इतिहास' की संज्ञा नहीं दी जा सकती। वस्तुतः अब तक की जानकारी के अनुसार, हिंदी साहित्य के इतिहास-लेखन का सबसे पहला प्रयास एक फ्रेंच विद्वान **गार्सा द तॉसी** का ही समझा जाता है, जिन्होंने फ्रेंच भाषा में 'इस्त्वार द ला लितरेत्युर ऐन्दुई ऐ ऐन्दुस्तानी' ग्रंथ लिखा, जिसमें हिंदी और उर्दू के अनेक कवियों का विवरण वर्णक्रमानुसार दिया गया है। इसका प्रथम भाग 1839 में तथा द्वितीय 1847 ई. में प्रकाशित हुआ था।

तॉसी की परंपरा को आगे बढ़ाने का श्रेय **शिवसिंह सेंगर** को है, जिन्होंने 'शिवसिंह सरोज' (1883) में लगभग एक सहस्र भाषा-कवियों का जीवनचरित उनकी कविताओं के उदाहरण सहित प्रस्तुत करने का प्रयास किया है। कवियों के जन्मकाल, रचनाकाल आदि के संकेत भी दिये गये हैं, यह दूसरी बात है कि वे संकेत बहुत विश्वसनीय नहीं हैं। इतिहास के रूप में इस ग्रंथ का भी महत्त्व अधिक नहीं है, किंतु फिर भी इसमें उस समय तक उपलब्ध हिंदी कविता संबंधी ज्ञान को संकलित कर दिया गया है।

सन् 1888 में एशियाटिक सोसायटी ऑफ बंगाल की पत्रिका के विशेषांक के रूप में **जार्ज ग्रियर्सन** द्वारा रचित ' द मॉडर्न वर्नेक्युलर लिटरेचर ऑफ हिंदुस्तान' का प्रकाशन हुआ, जो नाम से 'इतिहास' न होते हुए भी सच्चे अर्थ में हिंदी साहित्य का पहला इतिहास कहा जा सकता है।

मिश्रबंधुओं द्वारा रचित 'मिश्रबंधु-विनोद' चार भागों में विभक्त है, जिसके प्रथम तीन भाग 1913 ई. में प्रकाशित हुए तथा चतुर्थ भाग 1934 ई. में प्रकाशित हुआ। मिश्रबंधुओं ने अपने ग्रंथ को 'इतिहास' की संज्ञा न देते हुए भी भरसक इस बात का यत्न किया कि यह एक आदर्श इतिहास सिद्ध हो। इसे परिपूर्ण एवं सुव्यवस्थित बनाने के लिए उन्होंने एक ओर तो इसमें लगभग पांच हजार कवियों को स्थान दिया है तथा दूसरी ओर इसे आठ से भी अधिक काल-खंडों में विभक्त किया है।

हिंदी साहित्येतिहास की परंपरा में सर्वोच्च स्थान **आचार्य रामचंद्र शुक्ल** द्वारा रचित 'हिंदी साहित्य का इतिहास' (1929) को प्राप्त है, जो मूलतः नागरीप्रचारिणी सभा द्वारा प्रकाशित 'हिंदी-शब्द-सागर' की भूमिका के रूप में लिखा गया था तथा जिसे आगे परिवर्द्धित एवं विस्तृत करके स्वतंत्र पुस्तक का रूप दे दिया गया।

वस्तुतः आचार्य शुक्ल ने इतिहास के मूल विषय को आरम्भ करने के पूर्व ही हिन्दी साहित्य के 900 वर्षों (आदिकाल से लेकर छायावादी युग तक) के इतिहास को चार सुस्पष्ट काल-खंडों में विभक्त किया जो सच्चे अर्थों में साहित्य का इतिहास प्रतीत होता है। इसके बाद उन्हीं के अनुकरण पर अनेक इतिहास ग्रंथ लिखे गए, जिनमें कुछ प्रमुख निम्नांकित हैं–

1. इस्तवार द ला लितरे-त्यूर ऐन्दुई ऐन्दुस्तानी – फ्रेंच विद्वान गार्सा दा तासी, फ्रेंच भाषा में 1839 ई. में प्रथमतः प्रकाशित।
2. द माडर्न वर्नाक्यूलर लिटरेचर ऑफ हिन्दुस्तान – जार्ज ग्रियर्सन, सन् 1888
3. मिश्रबंधु विनोद-मिश्रबंधु-प्रथम तीन भाग 1913 में चतुर्थ भाग – 1934 में
4. शिवसिंह सरोज-शिवसिंह सेंगर – 1873
5. हिन्दी साहित्य का इतिहास-आ. रामचंद्र शुक्ल-1929 ना.प्र.स. वाराणसी
6. हिन्दी साहित्य की भूमिका–आ. हजारी प्रसाद द्विवेदी
7. हिन्दी साहित्य : उद्भव और विकास – हजारी प्रसाद द्विवेदी
8. हिन्दी साहित्य का आदिकाल – हजारी प्रसाद द्विवेदी
9. हिन्दी साहित्य का आलोचनात्मक इतिहास – डॉ. रामकुमार वर्मा – 1938
10. हिन्दी साहित्य का वृहत् इतिहास – नागरी प्रचारिणी सभा, 1961
11. हिन्दी साहित्य – डॉ. धीरेन्द्र वर्मा
12. हिन्दी साहित्य का इतिहास – सं. नगेन्द्र
13. राजस्थानी साहित्य की रूपरेखा–मोतीलाल मनेरिया, 1939
14. जैन इतिहास की पूर्व पीठिका तथा हमारा अभ्युत्थान् – हीरालाल जैन, 1939
15. Modern Hindi Literature–डॉ. इन्द्रनाथ मदान, 1939
16. A Scatch of Hindi Lit. – Adwin Greeks, 1917
17. A History of Hindi Lit. – एफ. इ. के. महोदय, 1920
18. हिन्दी भाषा और साहित्य – श्यामसुंदर दास, 1930
19. हिन्दी भाषा और उसके साहित्य का विकास – अयोध्या सिंह उपाध्याय, 1930
20. हिन्दी साहित्य का विवेचनात्मक इतिहास – सूर्यकांत शास्त्री, 1930
21. हिन्दी साहित्य का इतिहास–रमाशंकर शुक्ल रसाल, 1931
22. आधुनिक हिन्दी साहित्य का इतिहास – कृष्ण शंकर शुक्ल, 1934
23. हिन्दी साहित्य का अतीत – डॉ. विश्वनाथ प्रसाद मिश्र, 1960
24. हिन्दी साहित्य का संक्षिप्त इतिहास – डॉ. विश्वनाथ त्रिपाठी, 1985
25. हिन्दी साहित्य और संवेदना का विकास – रामस्वरूप चतुर्वेदी
26. हिन्दी साहित्य का दूसरा इतिहास – बच्चन सिंह

काल विभाजन और नामकरण

सामान्यतः इतिहास के लेखन में विद्वानों के काल विभाजन के लिए निम्नलिखित आधार रहे हैं–

1. ऐतिहासिक कालक्रम
2. शासक और उनका शासन काल
3. लोकनायक एवं उनका प्रभाव
4. साहित्यिक नेता एवं उसकी प्रभाव-परिधि

5. राष्ट्रीय, सामाजिक एवं सांस्कृतिक आन्दोलन
6. साहित्यिक प्रवृत्ति

सामान्यतः काल विभाजन का आधार निम्नानुसार होना चाहिए–

1. काल विभाजन साहित्यिक प्रवृत्तियों और आदर्शों में समानता के आधार पर
2. कालों का नामकरण मूल साहित्य-चेतना को आधार मानकर साहित्यिक प्रवृत्ति के अनुसार
3. कालों का सीमांकन मूल प्रवृत्तियों के आरम्भ और अवसान के अनुसार

इस लक्ष्य को आधार मान कर हिंदी साहित्य का कालविभाजन तथा नामकरण सामान्यतः इस प्रकार किया जा सकता है:

आदिकाल : सातवीं शती के मध्य से चौदहवीं शती के मध्य तक।

भक्तिकाल : चौदहवीं शती के मध्य से सत्रहवीं शती के मध्य तक।

रीतिकाल : सत्रहवीं शती के मध्य से उन्नीसवीं शती के मध्य तक।

आधुनिक काल : उन्नीसवीं शती के मध्य से अब तकः

1. पुनर्जागरणकाल (भारतेंदुकाल) 1857–1900 ई.
2. जागरणसुधारकाल (द्विवेदीकाल) 1900–1918 ई.
3. छायावादकाल 1918–1938 ई.
4. छायावादोत्तरकाल
   (क) प्रगति-प्रयोगकाल 1938–1953 ई.
   (ख) नवलेखनकाल 1953 ई. से अब तक

आचार्य शुक्ल का काल विभाजन

हिन्दी काव्य साहित्य का प्रारम्भ सामान्यतया 11वीं शताब्दी से माना जाता है। यद्यपि इससे पूर्व भी काव्य ग्रंथों की रचना हुई थी, लेकिन अधिकांश विद्वान उन्हें अपभ्रंश की रचनायें मानते हैं, हिन्दी की नहीं। 11वीं शताब्दी से लेकर अब तक हिन्दी काव्य की धारा स्वाभाविक गति से प्रवाहमान रही है। इस सम्पूर्ण काल का व्यवस्थित व क्रमबद्ध इतिहास उपलब्ध है।

11वीं शताब्दी से अब तक की अवधि को आचार्य रामचन्द्र शुक्ल ने चार कालों में विभाजित किया हैः (1) वीरगाथा काल, (2) भक्ति काल (3) रीति काल और (4) आधुनिक काल। इनका समय इस प्रकार हैः

वीरगाथा काल – (सं. 1050 से 1375 तक)

भक्ति काल – (सं. 1375 से 1700 तक)

रीति काल – (सं. 1700 से 1900 तक)

आधुनिक काल – (सं. 1900 से अब तक)

आचार्य शुक्ल ने उपरोक्त काल विभाजन, काल विशेष की रचनाओं की मुख्य प्रवृत्तियों के आधार पर किया है। किसी विशेष काल में जिस विशेष ढंग की रचनाओं की प्रचुरता रही, उसी के आधार पर उन्होंने उस काल का नामकरण किया। उदाहरण के लिए जिस काल में वीरों की गाथायें अधिक लिखी गईं, उसे उन्होंने वीरगाथा काल कहा। जिस काल में भक्ति की रचनाओं की प्रचुरता रही, उसे उन्होंने भक्ति काल का नाम दिया। इसी प्रकार जिस काल में रीति ग्रंथ अधिक लिखे गये, उस काल का नाम उन्होंने रीति काल रखा। आधुनिक विचारों, समस्याओं तथा नए अलंकारों, प्रतीकों, नए प्रयोगों और नई अभिव्यक्ति प्रणालियों से समृद्ध साहित्य वाले काल को उन्होंने आधुनिक काल की संज्ञा प्रदान की।

आदिकाल

वीरगाथा काल को आदि काल भी कहा जाता है। इस काल में भारत का राजनैतिक वातावरण अशान्त था। देश पर बाहर से आक्रमण हो रहे थे। देश के भीतर कोई शक्तिशाली केन्द्रीय सत्ता नहीं थी। अनेक छोटे-छोटे शासक थे, जिनके बीच पारस्परिक ईर्ष्या-द्वेष था। वे आपस में लड़ते भी रहते थे। अतः देश की राजसत्ता निरन्तर क्षीण होती जा रही थी।

जब देश में युद्ध और संघर्ष का वातावरण हो, तो स्वाभाविक ही था कि इस काल के कवि वीर रस की कवितायें लिखते। यद्यपि इस काल की रचनाओं में वीररस की प्रधानता थी, किन्तु शृंगार रस की भी उनमें प्रचुर मात्रा थी। कवियों ने जहां किसी राजा (प्रायः अपने आश्रयदाता) की वीरता, उसके यश और शौर्य का अतिशयोक्तिपूर्ण वर्णन किया है, वहीं वे राजकुमारियों के सौन्दर्य का सुन्दर अंकन करने में भी नहीं चूके हैं। अतः इस काल की कविता का सामान्य विषय है– किसी राजकुमारी के रूप पर किसी राजा का आसक्त होना; उसी राजकुमारी को लेकर दोनों पक्षों के बीच युद्ध होना। इन परिस्थितियों में कवियों को राजाओं के पराक्रम, शौर्य प्रशस्ति और राजकुमारियों के शृंगार, उनके स्वयंवर व हरण का विस्तृत एवं अतिरंजित वर्णन करने का सुअवसर मिला। अतः इस काल के कवियों की रचनायें वीर और शृंगार रस से परिपूर्ण हैं जिनमें वीर रस प्रधान है और शृंगार रस गौण है।

वीरगाथा काल की कविता युद्ध के उन्माद, खड्गों की झनकारों और विजय की हुंकारों की कविता है। अतः इसमें ओजपूर्ण शब्दावली की भरमार है।

सम्पूर्ण वीर गाथा काल की रचनाओं की गणना करना यहां आवश्यक नहीं है, किन्तु उपलब्ध साहित्य का सामान्य परिचय दिया जाता है।

इस काल की रचनायें दो रूप में मिलती हैं:– (*i*) प्रबन्ध काव्य के रूप में, और (*ii*) मुक्तक रूप में। मुक्तक रचनायें सामान्यतया वीर गीत हैं।

वीरगाथा काल का सबसे प्राचीन ग्रंथ 'खुमान रासो' है। इसका रचयिता दलपति विजय था। इस काल का सबसे प्रसिद्ध काव्य 'पृथ्वीराज रासो' है, जिसके रचनाकार चन्दबरदाई थे, जो पृथ्वीराज के समकालीन थे। पृथ्वीराज रासो में दिल्ली के शासक पृथ्वीराज चौहान की गौरवगाथा है। यह काव्य बड़ी मार्मिक और ओजपूर्ण भाषा में है।

इसमें नायक के प्रेम पक्ष और शौर्य – दोनों का बड़ा सजीव और प्रभावोत्पादक वर्णन मिलता है। इस काल की एक अन्य रचना 'आल्हा खण्ड' है। इसका लेखक जगनिक था। इस ग्रंथ में आल्हा और ऊदल की वीर-कथा का वर्णन है। यह बड़ी ओजस्वी रचना है। आजकल भी वर्षा ऋतु में देहातों में लोग बड़े उत्साह और उमंग से आल्हा गाते और सुनते हैं। नरपति नाल्ह रचित 'बीसलदेव रासो' नामक काव्य इस काल का एक अन्य प्रमुख ग्रंथ है। इसमें राजपूताना के राजा बीसलदेव की कीर्ति का वर्णन है। भट्ट केदार द्वारा लिखा गया 'जयचन्द प्रकाश' और मधुकर द्वारा रचित 'जय मयंक जस चन्द्रिका' इस काल के अन्य ग्रंथ हैं।

इस काल के अन्त के लगभग हमें दो अन्य कवियों की रचनायें मिलती हैं– अमीर खुसरो और विद्यापति। अमीर खुसरो ने पहेलियां और मुकरियां लिखी हैं और विद्यापति के शृंगार और भक्ति के गीतों का संग्रह पदावली में है। खुसरो की पहेलियों और मुकरियों में खड़ी बोली के प्रारम्भिक रूप का दर्शन होता है। विद्यापति की पदावली के गीतों पर मैथिली का प्रभाव है।

प्रमुख प्रवृत्तियाँ एवं विशेषताएँ

हिन्दी साहित्य का प्रथम काल जो वीरगाथा काल, आदिकाल, चारणकाल, संधिकाल आदि नामों से जाना जाता है, हिन्दी साहित्य का महत्त्वपूर्ण काल है। यह हिन्दी भाषा और हिन्दी काव्य का सूर्योदय काल है। इस काल की प्रमुख प्रवृत्तियाँ एवं विशेषताएँ निम्नलिखित हैं :–

आश्रयदाताओं की प्रशंसा : इस काल के कवियों ने अपने-अपने आश्रयदाताओं की बढ़-चढ़कर प्रशंसा की है। अपने आश्रयदाताओं को ऊँचा दिखाने के लिए इन्होंने अपनी पूरी ताकत खर्च कर दी है। स्वर्णमुद्रा के लोभ में इन कवियों ने राजाओं का झूठा यशोगान किया है। परिणामस्वरूप इस काल का साहित्य स्तुतिपरक होकर सिमट गया है।

ऐतिहासिकता का प्रभाव : इन रचनाओं में इतिहास प्रसिद्ध चरित्र नायकों को लिया गया है किन्तु उनका वर्णन ऐतिहासिक नहीं है। इनके कार्यकलापों की तिथियाँ इतिहास से मेल नहीं खातीं। इनमें इतिहास की अपेक्षा कल्पना की प्रधानता है। इनमें कवियों ने कल्पना और अतिरंजना का समिश्रण किया है।

संदिग्ध रचनाएँ : इस काल की रचनाओं की प्रामाणिकता संदिग्ध है। भाषा शैली और विषय वस्तु की दृष्टि से कई रचनाओं में व्यापक परिवर्तन मिलता है। लगता है, इन पुस्तकों में शताब्दियों तक परिवर्तन होने के कारण इनका वर्तमान स्वरूप संदिग्ध हो गया है।

युद्धों का सजीव वर्णन : इन ग्रंथों का मुख्य विषय युद्धों का वर्णन है। ये युद्ध वर्णन अत्यन्त सजीव हैं क्योंकि ये कवि राजाओं के साथ युद्ध भूमि में एक सैनिक की तरह भाग लेने वाले होते थे।

संकुचित राष्ट्रीयता : इस काल की रचनाओं में राष्ट्रीयता का पूर्ण अभाव है। इस काल के कवियों के आश्रयदाता ही उनके लिए राष्ट्र थे। राजाओं ने भी अपने सौ-पचास गाँवों को राष्ट्र समझ रखा था। यह देश का दुर्भाग्य था। राजाओं का आपसी संघर्ष ही राष्ट्रीयता के अभाव का प्रतीक है।

वीर और शृंगार रस : इन वीर गाथाओं में वीर तथा शृंगार रस का अच्छा समन्वय दिखाई पड़ता है। उस समय बालक से वृद्ध तक में युद्ध का उत्साह था। उस समय प्रचलित था–

बारह बरस तक कुकुर जीये, और तेरह तक जियै सियार।
बरस अठारह क्षत्रिय जीयै आगे जीवन को धिक्कार।।

युद्धों का कारण प्रायः सुन्दरियां होती थीं। अतः उनका नख-शिख-वर्णन करके राजाओं के मन में प्रेम जगाया जाता था। इस समय का शृंगार वासना से ऊपर नहीं उठ पाया था।

जन-जीवन के चित्रण का अभाव : इस काल के कवियों ने अपने आश्रयदाताओं की झूठी प्रशंसा में जन-जीवन को भुला दिया है।

काव्य के दो रूप : इस काल में मुक्तक तथा प्रबन्ध दोनों प्रकार की रचनाएँ मिलती हैं। जैन-साहित्य में चरित्र साहित्य, पुराण साहित्य, रामकाव्य, कृष्ण काव्य, रोमांटिक काव्य अधिक मिलते हैं। लोक-साहित्य गीति शैली में लिखे गए हैं।

विविध छन्दों का प्रयोग : छन्दों की विशेषता के लिए यह काल सर्वोपरि है। दोहा, रोला, तोटक, तोमर, आर्या आदि इस काल के प्रसिद्ध छन्द हैं। ये छन्द प्रयोग चमत्कार प्रदर्शन से युक्त हैं।

भाषा : इस काल की मुख्य भाषा 'डिंगल' भाषा है। यह भाषा उस समय राजस्थान की साहित्यिक भाषा थी। कुछ लोग इस भाषा को अपभ्रंश भाषा कहते हैं। जैन साहित्य पश्चिमी अपभ्रंश और सिद्ध साहित्य पूर्वी अपभ्रंश में लिखा गया है। वीर काव्य डिंगल-पिंगल में लिखे गए हैं। लौकिक काव्य पिंगल और खड़ी बोली की ओर उन्मुख है।

अन्तर्विरोध : आदिकाल अन्तर्विरोध, मतभेद और विभिन्नताओं का काल है। इसमें पूर्व और पश्चिम का भी भेद है। पश्चिम का साहित्य रूढ़िगत है। इसमें राजाओं की झूठी प्रशंसा है, शृंगारिकता रचनाओं में घोली गई है और मिथ्या नैतिकता का प्रचार किया गया है। पूर्व का साहित्य इसके विपरीत है। इसमें रूढ़ियों का विरोध, ब्राह्मणवाद और जातिभेद पर प्रहार है। इस काल के कवि के एक काव्य में अन्तर्विरोध खोजा जा सकता है। विद्यापति इसी काल के कवि हैं जो शैव भी हैं और वैष्णव भी। वे भक्त भी हैं और शृंगारी भी।

रासक शैली की प्रधानता : आदिकाल में जितने भी काव्य मिलते हैं उनमें अधिकांश की शैली 'रासक' शैली है। रासक गेय रूपक को कहते हैं। इन्हें ताल और लय के अनुसार नाच-नाच कर गाया जाता है। इस काल के रचना ग्रंथों में 'रासो' शब्द जुड़ा हुआ मिलता है। चन्दवरदाई, दलपति विजय, नरपतिनाल्ह, जगनिक आदि इस काल के प्रमुख कवि हैं उनकी श्रेणी में विद्यापति सर्वश्रेष्ठ हैं।

राहुल जी तथा अन्य अनेक विद्वान आदिकाल का आरम्भ सरहपा (हिन्दी के प्रथम कवि, 769 ई॰) से मानते हैं जिसे मानना उचित भी है। अपभ्रंश की साहित्यिक परम्परा पहले से ही चली आ रही थी और आदिकाल में हिन्दी के समान्तर लम्बे समय तक चलती रही। हम इस अध्याय में आदिकाल की समय-सीमा में रची गयी प्रमुख अपभ्रंश-रचनाओं का भी परिचय देंगे।

प्राकृत-/संस्कृत-/अपभ्रंश के लेखक –

1. **हेमचन्द्र (1088-1197)** – ने प्राकृत का व्याकरण 'सिद्ध हेमचन्द्र शब्दानुशासन' नाम से रचा। इसमें अपभ्रंश-रचनाओं से दोहे उद्धृत किये गये हैं। हेमचन्द्र जैन मुनि थे। इनकी अन्य रचनाएं हैं – 'कुमारपालचरित' तथा 'देशीनाम माला'।
2. **जैनाचार्य मेरूतुंग** – ने 'प्रबन्धचिन्तामणि' की रचना संस्कृत में की।
3. **सोमप्रभ सूरि** – की रचना है 'कुमारपाल प्रतिबोध'।
4. **प्राकृत पैंगलम्** – का रचनाकार अज्ञात है। इसमें प्राकृत और अपभ्रंश की स्फुट रचनाएं संग्रहित हैं। यह छंदशास्त्र संबंधी पुस्तक है। आचार्य शुक्ल ने इसमें मिले आठ छंदों के आधार पर ही 'हम्मीर रासो' के अस्तित्व का पता लगाया था तथा उसका रचयिता शार्ङगधर को बताया था। राहुल जी ने 'हम्मीर रासो' को जज्वल कवि की रचना बताया; परन्तु शुक्ल जी का मत ही सही लगता है।

अपभ्रंश साहित्य के प्रमुख कवि/रचनाएं –

वैय्याकरण ने 'अपभ्रंश भाषा' शब्द का उल्लेख किया था। आदि काल की समय सीमा में आने वाले अपभ्रंश भाषा के प्रमुख कवि नीचे दिये जा रहे हैं:

1. **कवि स्वयंभू (कर्नाटक, 783 ई॰ लगभग)** – की रचना 'पउमचरिउ' में राम के चरित्र का विस्तार से वर्णन है। इनकी अन्य कृतियां हैं – 'रिट्ठणेमि चरिउ', 'पंचमी चरिउ', 'स्वयंभू छन्द', 'हरिवंश पुराण'।

2. **पुष्पदंत** (10वीं सदी) शैव थे, बाद में जैन हो गये। इनकी रचना 'महापुराण' में 63 महापुरुषों का चरित्र है। अन्य रचनाएं हैं – 'णयकुमारचरिउ', 'जसहरचरिउ', 'हरवंशपुराण'।
3. **धनपाल** (10वीं सदी) की रचना 'भविसयत कहा' में एक वणिक की कथा में मनुष्य के हृदय की मार्मिक अभिव्यक्ति है।
4. **अद्दहमाण या अब्दुर्रहमान** की श्रृंगारिक रचना 'संदेशरासक' (खण्डकाव्य) में विक्रमपुर की एक वियोगिन की विरह कथा है।
5. **जिनदत्त सूरि** का 'उपदेशरसायन रास' एक नृत्यगीत (रासलीला) काव्य है।
6. **जोइन्दु कवि** की रचनाएं 'परमात्म प्रकाश' तथा 'योगसार' से अपभ्रंश में 'दोहा-काव्य' आरम्भ होता है।
7. **रामसिंह** (11वीं सदी) की रचना 'पाहुड दोहा' में इन्द्रियनिग्रह, त्याग एवं ज्ञान आदि की चर्चा है।
8. **कनकामर मुनि** की रचना है 'करकंडचरिउ'।
9. **विनय चन्द्र सूरि** की रचना 'नेमिनाथ चउपई' में पहली बार बारहमासा मिलता है।
10. **हरिभद्र सूरि** 'नेमिनाथ चरिउ'।

स्मरणीय है कि अपभ्रंश में रामकथा 'पउमचरिउ', 'पउचरियम्' या 'पउमपुराण' जैसे नाम वाले ग्रन्थों में कही गयी है जबकि कृष्णकथा 'हरिवंश पुराण' में।

हिन्दी साहित्य

1. **सिद्ध साहित्य :** सिद्धों की संख्या 84 बतायी जाती है जिनका समय 8वीं से 12वीं सदी तक फैला है। सिद्ध बौद्धधर्म के परवर्ती स्वरूप में वज्रयानी शाखा से सम्बन्धित थे, जिसका स्वरूप आगे गुह्य और विकृत होता चला गया। सिद्धों ने ही 'महासुखवाद' का प्रवर्तन किया।

   प्रथम सिद्ध सरहपाद हिन्दी के प्रथम कवि माने जाते हैं (राहुल जी के अनुसार)। इनके अन्य नाम हैं – सरहपा, सरोरूहपाद, सरोजवज्र। सरहपा ने सहजयान का प्रवर्तन किया। इनका समय राहुलजी ने 769 ई. माना है।

   सिद्धों ने नैरात्म्य भावना, कायासाधना, सहज, शून्य तथा समाधि की भिन्न-भिन्न अवस्थाओं का वर्णन किया है। इन्होंने ब्राह्मणवाद, जाति-पाति तथा झूठे आचारों का तीव्र खंडन किया है।

   सिद्धों की भाषा संधा-भाषा है जिसमें प्रतीकों के माध्यम से अंतस्साधनात्मक अनुभूतियों का संकेत होता है। सिद्धों ने चर्यापद (अनुष्ठान गीत) तथा दोहे रचे हैं। अन्य प्रमुख सिद्ध हैं – कण्हपा, लुईपा, शबरपा, डोम्भिपा। (रचनाएं 'डोम्बि-गीतिका तथा अक्षरद्विकोपदेश')।

   म.म. हरप्रसाद शास्त्री ने कुछ सिद्धों के चर्यागीतों और दोहाकोशों का 'बौद्धगान ओ दोहा' नाम से सन् 1917 में संपादन किया। प्रबोधचन्द्र बागची ने 'दोहाकोश' नाम से सिद्धों के दोहों को छपवाया। राहुल जी ने भी 'हिन्दी काव्यधारा' शीर्षक से चर्यापदों और दोहों का एक संकलन संपादित किया।

2. **नाथ साहित्य** – सिद्धों तथा नाथों में बहुत समानता है और केवल थोड़ा सा अन्तर। नाथ ब्रह्मचर्य और योगाभ्यास पर बल देते थे, जबकि सिद्ध कायासाधना पर। नाथों की संख्या 9 मानी जाती है। नाथ साहित्य के प्रारम्भकर्ता गोरखनाथ हैं जिनके गुरु मछंदरनाथ (मत्स्येन्द्रनाथ) एक सिद्ध थे। गोरखनाथ ने पतंजलि के योग को आधार बनाकर 'हठयोग' का प्रवर्तन किया।

   राहुल जी तथा हजारी प्रसाद द्विवेदी गोरखनाथ को दसवीं सदी का मानते हैं जबकि शुक्ल जी 13वीं सदी का। शुक्ल जी ने गोरखनाथ की दस हिन्दी पुस्तकों का उल्लेख किया है। डा. पीताम्बर दत्त बडथ्वाल ने गोरखनाथ की 40 रचनाएं मानी हैं। प्रमुख हैं– 'सबदी', 'पद', 'प्राणसंकली'। डा. बडथ्वाल ने सर्वप्रथम गोरख की बानियों का संग्रह 'गोरखबानी' (1930) नाम से छपवाया।

3. **जैन साहित्य** – जैन साहित्य मूलतः धार्मिक काव्य है, परन्तु उसमें काव्यत्व भी है। जैन साहित्य की रचना में आचार, रास, फागु, चरित आदि विभिन्न शैलियां मिलती हैं। हिन्दी में रचित जैन साहित्य की प्रमुख रचनाएं ये हैं–

   क. श्रावकाचार (933 ई.) – एक ग्रन्थ के रूप में हिन्दी की प्रथम रचना है। इसमें 250 दोहों में 'देवसेन' ने श्रावक-धर्म का प्रतिपादन किया है। देवसेन की अन्य रचनाएं हैं – 'दब्ब–सहाव–पयास' (= द्रव्यस्वभावप्रकाश; अपभ्रंश में रचित), लघुनयचक्र, (हिन्दी) 'दर्शनसार' (हिन्दी)।

   ख. भरतेश्वर-बाहुबली रास – शालिभद्र सूरि रचित 205 छन्दों का खण्डकाव्य है। मुनि जिनविजय ने इसे जैनधर्म की रास परम्परा का पहला ग्रन्थ माना है। इसमें भरतेश्वर और बाहुबली का चरित वर्णन है।

   ग. चन्दनबाला रास – में आसुग, कवि ने चन्दनबाला का चरितवर्णन किया है। इनकी अन्य रचनाएं हैं : 'जीवदया रास'।

   घ. स्थूलिभद्र रास – में जिन धर्म सूरि ने स्थूलिभद्र और कोशा वेश्या की कथा कही है।

   ङ. रेवन्तगिरि रास – में विजयसेन सूरि ने तीर्थकंर नेमिनाथ की प्रतिमा तथा रेवंतगिरि तीर्थ का वर्णन किया है।

   च. नेमिनाथ रास – में सुमति गणि ने 58 छन्दों में नेमिनाथ का चरित वर्णन किया है।

4. **रासो-साहित्य** – 'रासो' शब्द की उत्पत्ति आचार्य शुक्ल 'रसायण' से तथा हजारी प्रसाद द्विवेदी 'रासक' से मानते हैं।

   क. खुम्माण रासो – रचयिता 'दलपति विजय'।

   ख. रणमल्ल छंद (1397 ई.) – रचयिता 'श्रीधर'।

   (अनेक विद्वान् इसे आदिकाल में रचित न मानकर परवर्ती मानते हैं)

   ग. विजयपाल रासो – का रचयिता 'नल्ल सिंह' नामक कवि है। इसमें विजयपाल के पंग राजा से हुए युद्ध का वर्णन है। मिश्रबन्धुओं ने इसे यद्यपि 14वीं सदी की रचना कहा है लेकिन प्रायः सभी विद्वान् इसे आदिकाल से परवर्ती रचना मानते हैं।

   घ. बीसलदेव रासो – इसमें भोज परमार की पुत्री राजमती और अजमेर के चौहान राजा बीसलदेव तृतीय के विवाह, वियोग और पुनर्मिलन की कथा है। इसकी भाषा राजस्थानी हिन्दी है। रचयिता का नाम 'नरपति नाल्ह' है।

   ङ. परमाल रासो – इसे आल्ह खंड भी कहते हैं। इसके रचयिता 'जगनिक' कवि हैं। यह मौखिक परम्परा में इतना लोकप्रिय है कि

'आल्हा' लोकगीत की एक शैली बन गया है। यह पूरा का पूरा 'वीर' छन्द में है।

च. पृथ्वीराज रासो – राजस्थानी पिंगल (डिंगल मिश्रित पिंगल) शैली में लगभग 68 प्रकार के छन्दों में रचित यह ग्रन्थ हिन्दी का प्रथम महाकाव्य है। इस तरह 'चन्द' हिन्दी के प्रथम महाकवि ठहरते हैं।

5. लौकिक साहित्य –

क. ढोला-मारु-रा दूहा – कल्लोल कवि (कुशललाभ) द्वारा रचित यह ग्रन्थ श्रृंगारकाव्य है। कुछ लोग इसे आदि काल की समय सीमा (11वीं सदी) में रचित मानते हैं और कुछ लोग परवर्ती (भक्तिकाल में)। इसमें नरवर देश के राजकुमार ढोला (दूल्हा) और पूगल देश की राजकुमारी मारवणी के विवाहोत्तर प्रेम और विरह का मार्मिक निरुपण है। भाषा पुरानी राजस्थानी है तथा पूरी रचना दोहा, छन्द में है।

ख. बसन्त विलास – इसके रचयिता का पता नहीं चल सका है। इसमें 84 दोहों में प्रकृति और नारी पर बसन्त के मादक प्रभाव का मनोहारी चित्रण है। सर्वप्रथम 1952 में हाजी मुहम्मद स्मारक से यह रचना प्रकाशित हुई। केशवलाल हर्षदराय ध्रुव इसके प्रथम संपादक थे।

ग. 'जयचन्द प्रकाश' एवं 'जयमयंक जसचन्द्रिका' – 'जयचन्द प्रकाश' का रचयिता 'भट्ट केदार' हैं तथा 'जयमयंक जसचन्द्रिका' का रचयिता 'मधुकर' कवि। दोनों ही रचनाएं अप्राप्त हैं तथा दोनों का उल्लेख सिंघायच दयाल दास कृत 'राठौडॉ री ख्यात' में मिलता है। दोनों में पृथ्वीराज के शत्रु राजा जयचन्द की महिमा का वर्णन है।

घ. खड़ी बोली हिन्दी के प्रथम कवि 'अमीर खुसरो' (1253-1325) – खुसरो के गुरु ख्वाजा निजामुद्दीन औलिया थे। अमीर खुसरो ने फारसी और खड़ी बोली दोनों में प्रभूत मात्रा में रचना की है। इनके ग्रन्थों में 'खालिकबारी', 'पहेलिया', 'मुकरिया', 'गज़ल' एवं 'दो सुखने' प्रसिद्ध हैं।

ङ. मैथिल कोकिल 'विद्यापति (1360-1448) – विद्यापति का जन्म मिथिला के जिला दरभंगा (ग्राम बिसफी) में हुआ था। तिरहुत के राजा शिवसिंह के आश्रय में यह रहे। विद्यापति ने जयदेव (प. बंगाल) तथा चण्डीदास (बंगाल) की परम्परा में राधा-कृष्ण प्रेम की सरस अवतारणा की। उन्होंने संस्कृत, अपभ्रंश और मैथिली तीनों में रचना की है।

संस्कृत – शैवसर्वस्वसार, गंगावाक्यावली, भूपरिक्रमा, पुरुष परीक्षा, विभागसार, गोरक्षविजय नाटक आदि।

देशभाषा मिश्रित अपभ्रंश – कीर्तिलता, कीर्तिपताका

मैथिली – पदावली, लिखनावली।

6. गद्य साहित्य –

क. राउलबेल – यह शिलांकित कृति है। इसके रचयिता 'रोडा' नामक कवि माने जाते हैं। यह चम्पूकाव्य की प्राचीनतम हिन्दी कृति है। इसमें राउल नायिका का नखशिख-सौन्दर्य-वर्णन किया गया है। यह हिन्दी का पहला नख-शिख वर्णन का काव्य है। इसका पाठ बम्बई के प्रिंस ऑफ वेल्स संग्रहालय से उपलब्ध कराकर प्रकाशित कराया गया है। भाषा अपभ्रंश है।

ख. उक्तिव्यक्ति प्रकरण – का रचयिता 'दामोदर भट्ट' है। सुनीति कुमार चटर्जी ने इसकी भाषा को प्राचीन कोसली (अवधी) कहा है।

ग. वर्णरत्नाकर – यह मैथिली की पहली गद्य रचना है। इसके लेखक ज्योतिरीश्वर ठाकुर हैं। यह ग्रन्थ आठ कल्लोलों (अध्यायों) में विभक्त है।

भक्तिकाल

वीरगाथा काल समाप्त होते-होते भारत पर विदेशी प्रभुत्व स्थापित हो चुका था। भारतीय पराधीन हो गए थे; लोगों को अनेक प्रकार के अपमान सहने पड़े। निराशा और हताशा की अवस्था में प्रभु का स्मरण और अवलम्ब स्वाभाविक था। अतः धर्म आन्दोलन आरम्भ हुए और भक्ति-भावनाओं से पूर्ण कविताएं लिखी गईं। कुछ कवियों ने इस काल में ऐसी कविताएं लिखीं; जिससे हिन्दुओं और मुसलमानों के बीच द्वेष की भावना समाप्त हो जाये और वे परस्पर मिलजुल कर रहने लगें। इन कवियों ने संकुचित धार्मिक दृष्टिकोण की निन्दा की; आडम्बर, ढोंग और दिखावे की कटु आलोचना की और यह बताने का प्रयास किया कि सब मनुष्य उसी परमात्मा की सन्तान हैं। उनका आशय था कि जाति-पाति और धर्म का भेद निरर्थक है। उन्होंने एकेश्वरवाद और संसार की नश्वरता का संदेश दिया।

भक्ति काल में लिखे गये काव्य को मोटे तौर पर दो भागों में बांटा गया है–(1) निर्गुण भक्ति काव्य और (2) सगुण भक्ति काव्य। इसी आधार पर इस काल के कवियों को भी हम निर्गुण धारा और सगुण धारा वाले कवियों में बांट सकते हैं। भक्ति काल की कविता का मुख्य विषय ईश्वर की आराधना और भक्ति था। ईश्वर के निर्गुण रूप की आराधना करने वाले निर्गुण धारा के और सगुण रूप की आराधना करने वाले सगुण धारा के कवि कहलाये।

निर्गुण धारा के कवियों में कबीर, नानक, सुन्दरदास, मलूकदास, रज्जब, जायसी, कुतबन और मंझन आदि के नाम उल्लेखनीय हैं। सगुण भक्ति धारा के कवियों में सूरदास, तुलसीदास, मीराबाई, नंददास, रसखान, ध्रुवदास आदि के नाम प्रमुख हैं।

प्रमुख प्रवृत्तियाँ एवं विशेषताएँ

हिन्दी साहित्य के भक्तिकाल को कुछ लोग पूर्व मध्यकाल और कुछ लोग उत्तर मध्यकाल या धार्मिक काल कहते हैं। भक्ति काल में विभिन्न परिस्थितियों पर नजर डालने की आवश्यकता है–

राजनीतिक परिस्थिति : मुहम्मद गोरी के आक्रमण के बाद से ही उत्तरी भारत का शासन मुसलमानों के हाथ में जा चुका था। मुसलमान शासकों की शासन पद्धति इस्लाम के सिद्धान्त पर आधारित थी। उसका शासन सामन्ती था। हिन्दू शासक कमजोर हो गए थे। हिन्दू शासकों में मुसलमान शासकों के विरुद्ध सिर उठाने की शक्ति नहीं रह गई थी। हिन्दुओं की आँखों के समक्ष उनके मंदिर गिराए जा रहे थे। उनके धार्मिक ग्रंथों की होली जलाई जा रही थी। फलतः इस्लामी राजनीति से पीड़ित और लांक्षित हिन्दुत्व किसी अजेय शक्ति का आश्रय ढूँढ रहा था।

सामाजिक परिस्थिति : मुसलमानों के प्रवेश और उनके द्वारा राजसत्ता हस्तगत कर लेने के परिणामस्वरूप इस्लाम की पताका फहराने लगी। हिन्दू अपने ही घर में विदेशी बन बैठे और मुसलमान विदेशी होकर हिन्दुस्तानी का गौरव प्राप्त कर लिए। हिन्दू-समाज के रक्त से इनकी आमोद-प्रमोद और वैभव-विलास की वाटिका सिंचित की गई। इस्लाम ने अपना द्वार खोल दिया था। जातियों, उपजातियों एवं नाना प्रकार के वर्गों में विभाजित हिन्दू जाति अपने ही पैरों में कुल्हाड़ी मारकर अपना गला घोंट रही थी।

धार्मिक परिस्थिति : धर्म के क्षेत्र में उन लोगों का प्रभुत्व था जो इस देश के जन-जीवन को राहु बनकर ग्रास बना लेना चाहते थे। धर्म की वास्तविक आत्मा समाप्त हो गई थी। व्यभिचार, जादू टोना, मंत्र का जाल फैलाकर हिन्दू धर्म को पतन की कीचड़ में डाल दिया गया था। रूढ़िवादियों एवं परम्परा के अंधभक्तों ने समाज की धर्म रूपी नौका को मझधार में छोड़ दिया गया था। धर्म ने जिनके ऊपर अपनी रक्षा का भार छोड़ दिया था वे ही धर्म को भ्रष्ट करने लगे थे।

साहित्यिक परिस्थितियाँ : जिन धार्मिक सम्प्रदायों ने संत काव्य की दार्शनिक पृष्ठभूमि तैयार की उन सम्प्रदायों की साहित्यिक प्रवृत्तियों का सन्त काव्य में स्वतः समावेश हो गया। भक्तिकाल की काव्यगत विशेषताओं को नीचे की सूची से समझा जा सकता है –

भक्ति काल की काव्यगत विशेषताएँ

काव्य-धारा	प्रमुख-कवि	विशेषताएँ
ज्ञानाश्रयी या ज्ञान मार्गी शाखा (सन्त सम्प्रदाय)	कबीर	निर्गुण ब्रह्म की उपासना
	धर्मदास	ईश्वर-प्राप्ति हेतु सद्गुरु आवश्यक
	रैदास	प्रायःकवि निम्न जाति के थे और जाति-पाँति का बन्धन नहीं मानते थे।
	गुरु नानक	रूढ़िवादिता, आडम्बर आदि का विरोध
	दादू दयाल	इस्लाम और वैदिक धर्म के समन्वय पर जोर
	सुन्दरदास	भक्ति और साधना की सफल अभिव्यक्ति परन्तु, काव्य शास्त्र के नियमों का निर्वाह नहीं।
	मलूक दास	वैयक्तिक साधनों पर जोर।
प्रेमाश्रयी या प्रेममार्गी शाखा (सूफी सम्प्रदाय)	जायसी	लौकिकता के माध्यम से अलौकिकता का वर्णन
	कुतुबन	भौतिक प्रेम कथाओं द्वारा ईश्वरीय प्रेम का चित्रण
	मंझन	गुरु का सर्वाधिक महत्त्व, फारसी की मसनवी शैली का प्रयोग, सम्पूर्ण जगत् एक ही ब्रह्म की अभिव्यक्ति है, जीव पति है और परमात्मा पत्नी।
राम-भक्ति शाखा	तुलसी	लोकहित पर सर्वाधिक जोर
	नामदास	समन्वय की भावना, हिन्दू जाति को एक सूत्र में बाँधने का प्रयास, कल्याण की भावना, कला पक्ष और भावपक्ष का उत्कृष्ट रूप
कृष्ण-भक्ति शाखा	सूरदास, नन्ददास परमानन्द दास कृष्णदास कुम्भनदास	ब्रज भाषा का उत्कृष्ट रूप, मधुरता, सरसता एवं रसात्मकता की सफल व्यंजना, शृंगार और वात्सल्य रस का वर्णन, कहीं-कहीं शृंगार का घोर वर्णन, राम-काव्य के समान यह हमारे सामने उच्च आदर्श नहीं रखता, लोक और शास्त्र-मर्यादा का बन्धन अस्वीकार।

भक्तिकाल (हिन्दी साहित्य का स्वर्णयुग)

हिन्दी साहित्य के चार कालों में केवल भक्तिकाल को ही अपने सामाजिक, नैतिक, साहित्यिक मान्यताओं के कारण स्वर्णकाल कहा जा सकता है। आदिकाल में आश्रयदाताओं का प्रशस्ति गान हुआ है। युद्धों के भयानक नाद, तलवारों की झनझनाहट तथा तीरों की सनसनाहट के स्वर इस युग में तीव्र रहे हैं। इस युग का साहित्य केवल वीर तथा शृंगार रस तक सीमित है। हिन्दी का रीतिकाल वासना तथा विलासिता का कुंज है। आधुनिक काल साहित्यिक उपलब्धियों के होते हुए भी अपनी प्रवृत्तियों में नित्य परिवर्तनशील है। जबकि भक्तिकाल के साहित्य का उद्देश्य सर्व उत्थान है। तुलसी ने लिखा है–

"कीरति भनिति भूति भलि सोई,
सुरसरि सम सब कर हित होई।"

आचार्य द्विवेदी के शब्दों में समूचे भारतीय इतिहास में भक्ति काल का साहित्य अपने ढंग का अकेला साहित्य है। इसी का नाम भक्ति-साहित्य है। यहाँ जीवन के सभी विषाद, निराशाएँ तथा कुंठाएँ मिट जाती हैं। इसमें निमज्जन करने से भारतीय जनता को अलौकिक सुख और शांति मिलती है। यह सुख, शांति अन्य किसी कारण में सम्भव नहीं।

भक्तिकाल की ईश्वरोपासना, सगुणात्मक तथा निर्गुणात्मक दोनों प्रकार की है। यह भिन्नता केवल साधन की दृष्टि से है। मध्यकालीन भक्ति धारा हठयोग के रूप में कबीर आदि सन्तों की वाणी में प्रकट हुई है। दूसरी धारा

जयदेव तथा विद्यापति के माध्यम से मधुर पदों में व्यक्त हुई है। तीसरी धारा राम तथा श्रीकृष्ण की सगुण भक्ति के रूप में प्रकट हुई है। इसमें ज्ञान, कर्म और भक्ति की त्रिवेणी बहती है। भक्ति साहित्य में हृदय, मस्तिष्क भाव और विवेक का ऐसा मणिकांचन संयोग हुआ है कि पाठक को बार-बार कहना पड़ता है—'गिरा अनयन नयन बिनु वानी।'

इस समय के काव्य का सौंदर्य तथा धार्मिक भावुकता हृदय को आनंदित करते हैं। यह गौरव अन्य किसी काल को प्राप्त नहीं है। निर्विवाद है कि भक्ति काल का साहित्य जहाँ एक ओर उच्चतम धर्म की व्याख्या करता है वहीं उच्चतम काव्यों के भी दर्शन कराता है। इसमें आत्माभिव्यक्ति है, इस काव्य का जीवन स्रोत रसपूर्ण और कलेवर मानवीय है।

भक्तिकाल की महत्ता अन्य कालों में इसलिए भी बढ़ जाती है क्योंकि इसमें समन्वय की विराट् चेष्टा मिलती है। भाव, काव्य, सगुण-निर्गुण, काव्यरूप, भाषा रूप आदि सभी दृष्टियों से समन्वय की भावना दिखाई पड़ती है। भारतीय संस्कृति केवल भक्ति काल से ही सुरक्षित है। भारतीय संस्कृति की चर्चा करके इन कवियों ने लोक आदर्श का सुन्दर चित्र प्रस्तुत किया है।

इस प्रकार काव्य रूप, लोकप्रियता, संगीतात्मकता, रचना, शैली, आध्यात्मिकता आदि तत्त्वों के आधार पर हम इस निष्कर्ष पर पहुँचते हैं कि भक्ति काल ही हिन्दी साहित्य का स्वर्णकाल या स्वर्ण युग कहलाने का वास्तविक अधिकारी है।

निर्गुण धारा

निर्गुण धारा के कवियों ने ईश्वर के निर्गुण रूप की उपासना की और साथ ही आडम्बर, ढोंग और दिखावे की कटु निन्दा की। उन्होंने जाति-पांति और धर्म के भेदभाव की भी आलोचना की। इस धारा के कवियों को दो श्रेणियों में बांटा जा सकता है : ज्ञानमार्गी और प्रेममार्गी। ज्ञानमार्गी कवि ईश्वर को ज्ञान के आधार पर जानना चाहते थे, जबकि प्रेममार्गी कवि प्रेम के माध्यम से ईश्वर को प्राप्त करने का प्रयत्न करते थे। ज्ञानमार्गी कवियों में कबीरदास सर्वप्रमुख थे। इनके अतिरिक्त नानक, सुन्दरदास, मलूकदास, रैदास, दादूदयाल और रज्जब भी इसी कोटि में आते हैं। इन कवियों को संत कवि कहा जाता है। अधिकांश संत कवि निम्नवर्ग में उत्पन्न हुए थे और उन्होंने जाति-पांति के भेदभाव, धार्मिक पाखंड, आडम्बर, अन्ध-विश्वास, कर्मकाण्ड और रुढ़िवाद की आलोचना की। प्रेममार्गी कवियों में सर्वप्रमुख मलिक मुहम्मद जायसी हैं। उनके अतिरिक्त कुतबन, मंझन और उसमान भी इसी श्रेणी के कवि थे। प्रेममार्गी कवियों का कहना था कि ईश्वर प्रेमस्वरूप है। इन कवियों पर सूफी सम्प्रदाय का बहुत प्रभाव था। अतः इन्होंने हृदय-पक्ष का सहारा लेकर 'प्रेम की पीर' को अभिव्यक्ति प्रदान की। प्रेममार्गी कवियों ने प्रतीक और रूपक के माध्यम से आत्मा को पति या प्रियतम और परमात्मा को पत्नी या प्रियतमा के रूप में मानकर भक्ति का प्रतिपादन किया।

ज्ञानमार्गी कवियों की रचनायें दोहों और पदों में हैं। इनमें ज्ञान,साधना, एकेश्वरवाद, संसार की निस्सारता आदि विषयों का रोचक निरूपण हैं कबीरदास की कवितायें 'बीजक' में संग्रहीत हैं। सन्तों की भाषा खिचड़ी या सधुक्कड़ी है। इनकी रचनाओं में भाव पक्ष प्रधान है और कला पक्ष गौण है।

प्रेममार्गी कवियों ने हृदय पक्ष का सहारा लेकर प्रेम का संदेश दिया। मलिक मुहम्मद जायसी का काव्य 'पद्‌नावत' प्रेम के सर्वव्यापक रूप तथा मधुर भावना की रहस्यात्मक कविता का उत्कृष्ट उदाहरण है। कुतबन की 'मृगावती' और मंझन की 'मधुमालती' भी प्रेम-मार्ग का प्रतिपादन करती हैं।

प्रेममार्गी कवियों ने दोहा और चौपाई में प्रबंध काव्य लिखे। उन्होंने ठेठ अवधी भाषा का प्रयोग किया।

संत काव्य

प्रवर्तक : कबीरदास (1397 – 1518 ई॰)

आचार्य रामानन्द : भक्तमाल के अनुसार यह आचार्य रामानुज की शिष्य-परम्परा में चतुर्थ शिष्य थे। इनके दीक्षा गुरु स्वामी राघवानन्द हैं। भक्तमाल में रामानन्दजी के बारह शिष्य गिनाये गये हैं। अनंतानंद, सुखानंद, सुरसुरानन्द, नरहर्यानन्द, भावानन्द, पीपा, कबीर, सेन, धन्ना, रैदास, पद्मावती और सुरसरी।

''अनंतानंद, कबीर, सुखा, सुरसुरा, पदमावति, नरहरि।
पीपा, भवानन्द, रैदास, धना, सेन, सुरसर की घरहरि।।''
– भक्तमाल

रामानन्द जी ने रामावत सम्प्रदाय का प्रवर्तन किया, जो आगे चलकर श्री सम्प्रदाय से मिलकर एक जैसा हो गया। वस्तुतः दोनों में अन्तर है – श्री सम्प्रदाय के आराध्य नारायण (विष्णु) हैं। जबकि रामावत सम्प्रदाय के राम। इस सम्प्रदाय का मूलमंत्र 'राम' या सीताराम' है। रामानन्द जी के संस्कृत ग्रन्थ प्रसिद्ध हैं – 'वैष्णव मतादभास्कर' तथा 'श्री रामार्चन पद्धति'। इस शाखा का नामकरण विभिन्न विद्वानों ने इस प्रकार किया है। निर्गुण ज्ञानाश्रयी (रामचन्द्र शुक्ल), निर्गुण भक्तिधारा साहित्य (हजारी प्रसाद द्विवेदी) संतकाव्य परम्परा (डा॰ रामकुमार वर्मा) संत काव्य धारा के आरम्भिक कवि हैं – नामदेव, त्रिलोचन, सदना, बेनी, धन्ना, पीपा, सेन तथा रैदास

नामदेव के अनेक पद हिन्दी में हैं। मराठी में अनेक अभंग प्रसिद्ध हैं।

सूफी काव्य

सूफी काव्यधारा के प्रवर्तक – मुल्ला दाउद (रचना चन्दायन)

परिचय : हमारे यहां लोक में प्रेमकथाओं के कहने की लंबी परम्परा मिलती है। कालिदास ने भी मेघदूत में 'उदयनकथाकोविद ग्रामवृद्धों' का जिक्र किया है। जिस तरह आदिकाल में जैन कवियों ने इन्हें साम्प्रदायिक रंग में रंगकर 'भविस्सयत्त कहा' जैसी रचनाएं की, उसी तरह भक्तिकाल में सूफी कवियों ने लोकप्रचलित कथाओं को सूफी ढाँचों में कसा हो ऐसा नही है। सूफी काव्य के समान्तर लौकिक-प्रेम काव्य भी रचे जाते रहे। इनमें ईश्वर दास की सत्यवती कथा, ढोला मारू रा दूहा, माधवानल-कामकंदला (कुशललाभ और आलम) सारंगा सदावृक्ष पर लिखी गयी प्रेमकाव्य रचनाएं गिनी जा सकती हैं।

सूफी रचनाएं प्रतीकात्मक हैं तथा दोहरा अर्थ (लौकिक के साथ अलौकिक के साथ भी संकेत) देने लगती है। चंदायन पहली सूफी रचना है। सभी भारतीय प्रेमाख्यानों एवं सूफी काव्यों में कथानक रूढ़ियों का प्रायः प्रयोग किया गया है। कथानक रूढ़ि से तात्पर्य किसी ऐसी घटना प्रसंगादि से है जो एक बार प्रयोग में आने के बाद परवर्ती प्रेमाख्यानों में बार-बार दोहराई जाती है तथा इस तरह रूढिगत हो जाती है। जैसे नायक और नायिका का पहली बार किसी मंदिर या फुलवारी में मिलन।

सूफीकाव्य परम्परा : इस्लाम धर्म में शरा (सनातनी) और बेशरा (मस्तमौला फकीर) दो कोटियां हैं। बेशरा साधक मलामती कहलाते हैं। भारतीय सूफी पुष्पतः बेशरा सम्प्रदाय के हैं। इनके प्रमुख उप सम्प्रदाय हैं – चिश्ती, कादिरी, सुहरावर्दी, नक्शावंदी और सत्तारी। 'सूफी' शब्द की व्युत्पति जिन विभिन्न शब्दों से की गयी है, वे हैं – 'सुफ्फा (चबूतरा)' 'सफ्फ (अगली पंक्ति)', 'सफा (पवित्र जीवन बिताने वाला साधु)', सोफिस्त (ज्ञानी)', सूफा (अरबों की जाति विशेष)', 'सुफ्फाह (भक्त विशेष)', 'सूफ (सादा ऊन)'।

इस 'सूफ (सादा ऊन)' शब्द पर अधिकांश विद्वान आज असहमत हैं तथा 'इन्साइक्लोपीडिया ब्रिटानिका' एवं 'इनसाइक्लोपीडिय आव इस्लाम' में भी इसी की पुष्टि है। सूफी मत का आदि स्रोत शायी मत में मिलता है। सूफियों का प्रमुख तत्त्व प्रेम यहीं से आया है इसके अतिरिक्त सूफी मत के विकास में मानी मत तथा प्लेटिनस के चिन्तन का भी प्रभाव पड़ा है। सूफी मत का प्रभाव भक्तिकाल की प्रायः सभी धाराओं पर कुछ न कुछ पड़ा है। पर प्रेमाख्यानक काव्यधारा पर यह सर्वाधिक है। सूफी मत का अपना विश्व तत्व ज्ञान है किन्तु कथा प्रबंधन में तत्व ज्ञान का आग्रह घुलमिल गया है। इन्होंने परम-सत्ता के मधुर दाम्पत्य-भाव ही जोड़ा है, अन्य कोई भाव नहीं। संसार में उसी की प्रतिछवि हैं यह प्रतिछवि में उसका प्रतीक है। सूफह इस प्रतीक को प्रतीकार्य (परम-सत्ता) का साधन मानते हैं। इसलिए उनके यहां प्रेम और उसमें भी विरह की प्रधानता है। सूफी 'प्रेम की पीर' के कवि कहे जाते हैं। इन्होंने प्रबंधकाव्य ही लिखे हैं। अवधी भाषा में दोहा-चौपाई में कड़वक बद्ध हैं। केवल 'अनुराग बांसुरी' में दोहे की जगह बैरवे का प्रयोग है। सूफी प्रबंधकाव्य मसनवी-शैली में रचित है। अर्थात सर्गबद्ध नहीं है, काव्य को घटनाओं के शीर्षक में विभाजित किया गया है।

चाहे शुद्धरूप से लौकिक प्रेमाख्यान हों या सूफी काव्य, दोनों ही काव्यरूप की दृष्टि से प्राकृत अपभ्रंश परम्परा के रोमांचक आख्यानों से जुड़े हैं। मध्यकालीन प्रेमाख्यानों/कथाकाव्यों की यह परम्परा हमें प्रारम्भ से ही मिलती है। ऋग्वेद के उर्वशी-पुरूरवा आख्यान से यह परम्परा शुरू होती है, परन्तु महाभारत से उसका अविच्छिन्न क्रम मिलता है। संस्कृत में वासवदत्ता (सुबन्ध), कादम्बरी (बाण), दशकुमारचरित (दण्डी), नल दमयन्ती प्रसंग (महाभारत), अन्य पुराणों के आख्यान तथा जैन कवियों के प्राकृत एवं अपभ्रंश में अनेक चरितकाव्य मिलते हैं। हिन्दी प्रेमाख्यान परम्परा की पहली कृति चन्दायन मानी जाती है, परन्तु कुछ विद्वानों ने अलग मत भी दिया है–

कृति	मानने वाले आलोचक
मृगावती (कुतुबन)	आचार्य रामचन्द्र शुक्ल
सत्यवती कथा (ईश्वरदास)	आचार्य रामचन्द्र शुक्ल
हंसावली (असाइत)	मोतीलाल मेनारिया
चन्दायन (मुल्ला दाऊद)	रामकुमार वर्मा

कालक्रम से इनका क्रम इस प्रकार है – हंसावली, चन्दायन, सत्यवती कथा तथा मृगावती। हंसावली की भाषा राजस्थानी हिन्दी है, परन्तु गुजराती विद्वान इसे शुद्ध रूप से गुजराती मानते हैं। आजकल प्रायः सभी आलोचक सूफी काव्यधारा की पहली कृति चन्दायन को ही मानते हैं।

सगुण धारा

सगुण धारा के कवियों ने ईश्वर के सगुण रूप की उपासना की और उसके लोकरंजक, लोकरक्षक और लोकलायक रूप को प्रतिष्ठित किया। चूंकि निर्गुण भक्ति दुरुह और भारतीय अवतारवाद की भावना से परे थी, अतः वह अधिक लोकप्रिय न हो सकी। सगुण धारा के कवियों ने कृष्ण और राम की सगुण भक्ति की महिमा गाई और उनकी लीला का वर्णन किया। सूर, तुलसी, मीरा, नंददास, रसखान आदि इस धारा के प्रमुख कवि हैं।

सगुण भक्ति धारा के कवियों को भी दो भागों में बांटा जा सकता है–(1) कृष्ण भक्ति शाखा और (2) रामभक्ति शाखा। कृष्ण भक्ति शाखा के प्रमुख कवि सूरदास थे। उनके अतिरिक्त मीरा, नंददास और रसखान भी इस शाखा के उल्लेखनीय कवि हैं। कृष्ण भक्ति का सर्वांगसुन्दर रूप हमें सूरदास के 'सूर सागर' में मिलता है। सूरदास की भक्ति सख्य-भाव की भक्ति है। उन्होंने अपने आराध्यदेव श्रीकृष्ण की भक्ति, उनके सौन्दर्य और शील का मान किया। भक्ति, शृंगार और वात्सल्य का जितना हृदयग्राही वर्णन हमें सूरदास की रचनाओं में मिलता है, उतना अन्यत्र नहीं मिलता। भक्ति भावना की दृष्टि से मीरा भक्त कवियों में सर्वश्रेष्ठ हैं। मीरा ने भगवान कृष्ण को अपना पति मानकर उनकी भक्ति की। नंददास और रसखान ने भी अपनी लेखनी से कृष्ण-भक्ति की मधुर धारा बहाई।

रामभक्ति शाखा के अग्रणी कवि तुलसीदास हैं। उनका सर्वोत्कृष्ट ग्रंथ 'रामचरितमानस' है। इसके अतिरिक्त विनयपत्रिका, कवितावली, गीतावली आदि उनके उल्लेखनीय ग्रंथ हैं। तुलसी ने रामचरितमानस में ज्ञान-कर्म समन्वित भक्ति मार्ग की स्थापना की है। तुलसी की भक्ति सेवक भाव की भक्ति है। उन्होंने राम के लोकरक्षक, लोकरंजक एवं मर्यादापूर्ण जीवन का अनुपम चित्रण किया है।

सूरदास ने कृष्णलीला, गोपियों के वियोग, उद्धव संदेश और भक्ति भाव के अन्य पद लिखे। तुलसीदास का अवधी और ब्रजभाषा दोनों पर समान रूप से अधिकार था। उन्होंने श्री रामचरितमानस अवधी में लिखा। उनके अनेक पद ब्रजभाषा में हैं।

सगुण भक्ति काव्य

रामकाव्य : (आचार्य रामानुज, आलवार संत, रामानन्द, तुलसी तथा अन्य, प्राकृत-अपभ्रंश में राम काव्य परम्परा, हिन्दी रामकाव्य)

कृष्णकाव्य : (निम्बार्क, वल्लभ, हितहरिवंश, चैतन्य, सूर तथा अन्य कवि, विभिन्न सम्प्र. प्राकृत अपभ्रंश तथा हिन्दी कृष्णकाव्य)

मध्यकालीन भक्ति आन्दोलन : मध्यकालीन भक्ति आन्दोलन अखिल भारतीय था। इसकी सबसे बड़ी देन यही रही कि प्राकृत अपभ्रंश की परम्परा से पूरी तरह पल्ला छूटा तथा देश भाषाएं स्थापित हुई। भक्तिकालीन हिन्दी काव्य की प्रमुख भाषा ब्रजभाषा है जो ब्रजभूमि के बाहर भी काव्यभाषा के रूप में स्वीकृत हुई। इसीलिए भिरणीरीदास ने बाद में कहा है - 'ब्रजभाषा हेतु ब्रजभास ही न अनुमानौ।' बंगाल-असम से ब्रजभाषा प्रभावित बंगला-असमियां को 'ब्रजबुलि' कहा गया। भक्तिकाल की दूसरी भाषा अवधी है। भक्ति साहित्य अनेक विधाओं और छंदों में रचा गया है। गेय पद और दोहा-चौपाई में निबद्ध कडवक उसके प्रधान रचना रूप है। गेयपदों की परम्परा हिन्दी में सिद्धों से शुरू होती है। कडवक की परम्परा भी सरहपा से मिलने लगती है, किन्तु सरहपा ने कोई प्रबन्ध काव्य नहीं लिखा। अवधी में प्रबंधकाव्यों की परम्परा मिलती है - भीमकवि का 'दंगवै पुराण', सूरज की 'एकादशी कथा', पुरूषोत्तम का 'जैमिनी पुराण', ईश्वर दास की 'सत्यवती कथा', जायसी का 'पद्मावत', तुलसी का 'रामचरित मानस', आदि।

दोहे की परम्परा अपभ्रंश में मिलने लगती है। सरहपा का 'दोहाकोश' प्रसिद्ध है। दोहा नाम से आदिकाल में 'ढोला मारू रा दूहा' जैसा प्रबन्धकाव्य भी मिलता है। कबीर ने 'साखी' तथा तुलसी ने 'दोहावाली' दोहा छंद में लिखी। दोहे का ही एक रूप सोरठा है।

छप्पय, सवैया, कवित्त, भुजंग प्रभात, बैरवे, हरिगीतिका आदि भक्तिकाव्य के बहुप्रयुक्त छन्द हैं। सवैया, कवित्त हिन्दी के अपने (जातीय) छंद है जो भक्तिकाल में मिलते हैं, इनकी स्पष्ट परम्परा पहले नहीं मिलती। तुलसी ने नहछू, कलेऊ, सोहर, मंगलकाव्य जैसे काव्यरूपों का भी उपयोग किया है। मध्यकालीन भक्ति आन्दोलनों के अन्तर्गत सगुण और निर्गुण दोनों धाराएं आती हैं। हम यहां सगुण काव्यधारा की साम्प्रदायिक पृष्ठभूमि की संक्षिप्त चर्चा करेंगें।

धार्मिक पृष्ठभूमि : हिन्दू धर्म के अन्तर्गत शैव, शाक्त, सौर स्मार्त्त और गणपत्य की गणना की जाती थी। शैव धर्म के अन्तर्गत मध्यकाल में पाशुपत, वीरशैव, लिंगायत, कश्मीरी सम्प्र॰ विख्यात थे। वैष्णव धर्म के भागवत सम्प्रदाय से सगुण भक्तिकाव्य का सूत्रपात हुआ। वैष्णव धर्म के उपसम्प्रदायों में रावत, शास्तापूजक, धर्मठाकुर, सहजिया, सत्यपीर।

भागवत धर्म के प्रतिपादक तीन प्रमुख सम्प्रदाय हैं – नारायणी, सात्वत तथा पांचरात्र। भागवत धर्म अत्यन्त प्राचीन है। इसने विष्णु तथा वासुदेव में एक्य स्थापित किया। इसके पश्चात् सात्वत धर्म का स्थान आता है जिसके प्रवर्तक वासुदेव ही माने जाते हैं। 'वासुदेव' तथा 'सात्वत' शब्द पर्याय रूप में भी उपलब्ध हैं। उपर्युक्त दोनों के बाद 'पांचरात्र' धर्म का स्थान आता है। जो अधिक व्यापक शास्त्रीय आधार रखता है। 'पांचरात्र' शब्द में 'रात्र' का अर्थ है 'ज्ञान'। पंचवधि ज्ञान-वचन (परमत्व, मुक्ति, भुक्ति, योग, विषय या संसार) को पांचरात्र माना जाता है तथा उनके समवेत ग्रहण को पांचरात्र धर्म कहते हैं। भागवत धर्म में नवधा भक्ति मान्य हैं –

''श्रवणं, कीर्तनं, विष्णो, स्मरणां, पादसेवनम्।
अर्चनं, वदनं, दास्यम्, सख्यम्, आत्मनिवेदनम्।।''

नवधा भक्ति कहलाती है। मध्यकाल में प्रेम को भक्ति माना गया।

राम काव्य

राम को अवतार मानकर उनकी उपासना का सूत्रपात कब से हुआ यह बताना कठिन है, परन्तु जहां तक रामभक्ति के साम्प्रदायिक स्वरूप का प्रश्न है, वह आठवीं शताब्दी के पश्चात् प्रारम्भ हुआ। गुप्त साम्राज्य के पतन के बाद उत्तर भारत में भागवत धर्म का ह्रास होने लगा। वैष्णव साधना का गढ़ उत्तर भारत से दक्षिण में चला गया। जहां आलवारों ने रामभक्ति को अक्षुण्ण बनाए रखा। आलवारों का समय 800 ई॰- 1100 ई॰ के आसपास तक है। रंगनाथ मुनि (824-924 ई॰) ने इनके पदों का 'प्रबन्धम्' शीर्षक से संग्रह किया। 1100-1400 ई॰ में रंगनाथ मुनि (श्री सम्प्र॰) के परवर्ती आचार्यों पुण्डरीकाक्ष, रामानुज तथा राघवानन्द आदि का युग आता है, जिन्होंने रामभक्ति के दार्शनिक आधार को प्रतिष्ठित किया। चौदहवीं सदी के आरम्भ में रामानन्द ने भक्ति का पुनः उत्तर में प्रचार किया।

हिन्दी रामकाव्य परम्परा : हिन्दी रामकाव्य परम्परा में कुछ जैन कवियों की रचनाएं प्रारम्भ में आती हैं। रावण-मन्दोदरी संवाद (मुनि लावण्य), रामचरित या रामरास (ब्रह्मनिदास), हनुमन्तरास (ब्रह्मजिनदास), हनुमन्तगामी कथा (ग्रह्मराममल्ल), हनुमान चरित (सुन्दरदास)।

रामकाव्य की विशेषताएं

राम का स्वरूप : राम-भक्ति-काव्य-धारा के कवियों ने राम को विष्णु का अवतार और ब्रह्म का स्वरूप माना है। इनके राम दशरथ के पुत्र और शक्ति-शील तथा सौंदर्य के पुंज हैं। मानव का रूप धारण कर उन्होंने धर्म तथा सन्तों की रक्षा की है तथा दुष्टों एवं राक्षसों का संहार किया है। वे राम को अवतारी पुरुष मानते हैं–

"विप्र, धेनु, सुर, सन्त हित लीन्ह मनुज अवतार।"

आदर्श चरित्र : राम-काव्य में राम मर्यादापुरुषोत्तम तथा आदर्श चरित्र प्रधान हैं। भाई, पुत्र, पति आदि सभी रूपों में राम आदर्श चरित्र का प्रतिनिधित्व करते हैं। इस काव्य में राम के साथ-साथ अन्य पात्रों को भी आदर्श के रूप में चित्रित किया गया है। दशरथ आदर्श पिता, कौशल्या आदर्श माता, सीता आदर्श पत्नी, भरत आदर्श भाई तथा हनुमान आदर्श भक्त हैं।

भक्ति की प्रधानता : राम भक्ति-काव्य में भक्ति की ही प्रधानता है। ये कवि ज्ञान और कर्म से भक्ति को श्रेष्ठ मानते हैं। भक्ति द्वारा जीव का लोक-परलोक दोनों सुधरता है। तुलसीदास तो यहाँ तक कह देते हैं–

"तुलसीदास सब भाँति सकल सुख, जो चाहसि मन मेरो।
तो भजु राम काम सब पूरन, करहिं कृपा निधि तेरो।।"

समन्वय की भावना : राम-काव्य-धारा में विविध प्रकार की समन्वयात्मक प्रवृत्ति दिखलाई पड़ती है। तुलसी का काव्य तो समन्वय की विराट् चेष्टा है। इनमें ज्ञान, भक्ति तथा कर्म के साथ-साथ विविध देवी-देवताओं की स्तुति में भी समन्वय की चेष्टा की गई है। काव्य के कला पक्ष अर्थात् भाषा, छन्द में भी समन्वय देखा जा सकता है। उपासना में समन्वय दिखलाते हुए तुलसीदास लिखते हैं :–

"शिव द्रोही मम दास कहावा,
सो नर सपनेहुँ मोहि न भावा।"

उत्कृष्ट काव्य : विषय वस्तु ही नहीं रचना शैली की दृष्टि से भी राम भक्ति काव्य उच्चकोटि के हैं। भक्तिकाल में प्रबन्ध और मुक्तक दोनों प्रकार के काव्य लिखे गए हैं।

जन-जीवन के कवि : राम-काव्य की परम्परा के कवि सही अर्थ में जनकवि हैं। किसी राजा के आश्रय में रहकर उसकी खुशामद में ये काव्य नहीं लिखे गए हैं। यही कारण है कि इनके काव्य, जीवन का प्रतिनिधित्व करते हैं। ये सभी कवि विनीत और विनम्र हैं। इनकी रचना लोकहितार्थ हुई है।

काव्य-भाषा : राम काव्य-परम्परा की अधिकांश रचनाएँ अवधी भाषा में लिखी गई हैं। ब्रजभाषा में लिखी जाने वाली रचनाएँ कम संख्या में हैं।

निर्गुण तथा सगुण रूपों की स्वीकृति : इस धारा में कवियों ने अपने उपास्य राम के निर्गुण तथा सगुण दोनों रूपों को स्वीकार किया है। राम-काव्य-प्रणेताओं ने स्वीकार किया है–"सगुनहिं अगुनहिं नहिं कहु भेदा"।

सेवक-सेव्य भाव : इस शाखा के कवियों ने राम की भक्ति सेवक-सेव्य भाव से की है। इस भावना से वे मोक्ष में विश्वास करते हैं। तुलसीदास लिखते हैं–

"सेवक सेव्य भाव बिनु, भव न तरिय उरगारि।"

लौकिक पुरुष के वर्णन का अभाव : इन कवियों ने अपने काव्य में किसी लौकिक पुरुष, राजा-महाराजा आदि का वर्णन नहीं किया है। राम के अतिरिक्त किसी को काव्य में चित्रित करना ये काव्य और कवित्व का अपमान समझते थे।

छन्द : इन कवियों ने उस समय की प्रचलित सभी शैलियों–दोहा, सोरठा, चौपाई, छप्पय, कवित्त, सवैया, बरवै आदि को अपनाया है।

हिन्दी साहित्य में रामभक्ति विषयक काव्य देने का सर्वाधिक गौरव तुलसीदास को प्राप्त है। ये ही राम भक्ति काव्य के सम्राट् हैं। तुलसीदास कवि के रूप में क्रान्तिदर्शी थे। धर्म और समाज के साथ इन्होंने राजनीति का मार्ग प्रशस्त किया। अपने समय की प्रचलित सभी काव्य शैलियों को इन्होंने स्वीकार किया।

कृष्ण काव्य

कुछ तथ्य :

- डॉ॰ भण्डारकर तथा लोकमान्य तिलक वैदिक ऋषि आंगिरस कृष्ण तथा गीता के उपदेष्टा महाभारत कालीन कृष्ण को पृथक्-पृथक् मानते हैं। ऋग्वेद के प्रथम, अष्टम तथा दशम मंडल में भी कृष्ण का उल्लेख है। डॉ॰ भण्डारकर गोपाल कृष्ण को गीता का उपदेष्टा महाभारतकालीन कृष्ण से भिन्न मानते हैं।
- ग्रियर्सन, कैनेडी, वेबर आदि पाश्चात्य विद्वान् कृष्ण की बाललीलाओं को क्राइस्ट के चरित का अनुकरण मानते हैं। कृष्ण की लीलाओं के भक्त के लिए प्रसाद की प्राप्ति परमध्येय है। इसे उन्होंने लवफीस्ट कहा है।
- श्रीकृष्ण विषयक प्रमुख पुराण भागवत (इसकी रचना दक्षिण भारत में हुई थी।) में राधा को वह महत्वपूर्ण स्थान प्राप्त नहीं है। जो हरिवंश, ब्रह्मवैवर्त आदि पुराणों। रास पंचाध्यायी में तो रासलीला का मोहक वर्णन होते हुए भी राधा का स्पष्ट नामोल्लेख तक नही है।
- रामभक्ति के लिए प्रसिद्ध दक्षिण के आलवार भक्तों में से कई कृष्ण के भी उपासक थे।
- माधुर्य कृष्ण का वर्णन पुराणों से प्रारम्भ होता है। इसके पूर्व महाभारत में षडैश्वर्यशाली कृष्ण (ज्ञान, शक्ति, बल, ऐश्वर्य, वीर्य तथा तेज) का ही वर्णन है।
- सहजिया सम्प्रदाय में कृष्ण और राधा को 'रस' और 'रति' नाम से पुकारते हैं।

संस्कृत/प्राकृत/अपभ्रंश साहित्य में कृष्णकथा

- कृष्णलीलाओं का संस्कृत काव्यों में सबसे पहले उल्लेख अश्वघोष के 'ब्रह्मचरित' काव्य में मिलता है।
- कृष्णकथा की कुछ मुख्य रचनाएं हैं।

गाहा सतसई (हालकवि), वेणीसंहार (नाटक), नाट्यदर्पण, अलंकार कौसतुभ, कंदर्प मंजरी, कृष्ण कथामृत, श्रीकृष्ण लीलामृत तथा गीत गोविन्द (जयदेव)।

- 12वीं से 15वीं सदी के मध्य की प्रमुख रचनाएं हैं।

हरिलीला (बोपदेव), यादवाभ्युदय (वेदान्त देशिक), हरिचरित काव्य, गोपलीला, कंसनिधन महाकाव्य, ब्रजबिहारी, गोपालचरित, मुरारिविजय नाटक हरविलास।

16वीं सदी में कृष्ण चैतन्य (चैतन्य महाप्रभु) के शिष्य षट्गोस्वामियों ने कृष्णभक्ति साहित्य को साहित्यशास्त्र की रस-परिघाटी पर स्थापित किया। इन्होंने संस्कृत में दो ग्रन्थ रचे–उज्जवल नीलमणि (रूपगोस्वामी), हरिभक्तिरसामृत सिन्ध (रूपगोस्वामी), षटसंदर्भ (सनातन गोस्वामी), भगवत्संदर्भ (जीवगोस्वामी)।

कृष्ण काव्य की विशेषताएं

कृष्ण काव्य धारा के प्रमुख कवि सूरदास हैं। इस शाखा में पुष्टिमार्ग और अष्टछाप का विशेष योगदान रहा है। वल्लभाचार्य और उनके अनुयायियों ने कृष्ण की लीलाओं का कीर्तन-गान किया। इस शाखा के कवि कृष्ण के अनन्य उपासक हैं। सूरदास ने सखा के रूप में कृष्ण-चरित्र का वर्णन किया है। इस काव्य की विशेषताओं में निम्नलिखित प्रमुख हैं:–

कृष्ण की लीलाओं का वर्णन : इन कवियों का प्रमुख विषय कृष्ण की लीलाओं का गान है। वात्सल्य भाव के अन्तर्गत कृष्ण की बाल-लीलाओं, चेष्टाओं तथा माँ यशोदा के हृदय की झाँकी मिलती है। सख्य भाव के अन्तर्गत कृष्ण और ग्वालों के जीवन की मनोरंजक घटनाएँ मिलती हैं। माधुर्य भाव के अन्तर्गत गोपी लीला प्रमुख है।

विषय वस्तु की मौलिक उद्भावना : कृष्ण काव्य का आधार भागवत पुराण है किन्तु इन कवियों ने पर्याप्त मौलिक उद्भावनाओं से काम लिया है। इन कवियों ने जयदेव तथा विद्यापति का आधार लेते हुए भी यथेष्ट कल्पना शक्ति से काम लिया है। इन्होंने कृष्ण-चरित्र में नवीन रूप-रंग भरकर उसे उभारा तथा निखारा है।

भक्ति-भावना–कृष्ण-काव्य के सभी सम्प्रदायों ने कान्ता भाव को, भक्ति को अधिक महत्त्व दिया है।

रस-चित्रण : कृष्ण काव्य में एक ही रस है और वह रस है भक्ति रस। शास्त्रीय दृष्टि से वात्सल्य, शान्त एवं शृंगार रस कह सकते हैं। इस काव्य में रस का पूर्ण परिपाक हुआ है। रस की दृष्टि से यह साहित्य अत्यन्त भव्य बन पड़ा है। वात्सल्य एवं शृंगार चित्रण में कृष्ण काव्य के कवि अद्वितीय हैं। शृंगार के संयोग एवं वियोग दोनों पक्षों का वर्णन अत्यन्त मनोरम बन पड़ा है।

प्रकृति-चित्रण : प्रकृति-चित्रण भाव की पृष्ठभूमि में हुआ है। यह उद्दीपन भाव के लिए या अलंकारों के अप्रस्तुत विधान के रूप में हुआ है। प्रकृति का स्वतंत्र चित्रण नहीं के बराबर है।

पात्र एवं चरित्र-चित्रण : कृष्ण-काव्य पात्रों के चरित्र-चित्रण की एक विशेषता है– प्रतीकात्मकता।

राधा–माधुर्य भाव की भक्ति की उच्चतम प्रतीक हैं। श्रीकृष्ण परमात्मा हैं और गोपियाँ जीवात्माएँ हैं।

सामाजिक पक्ष : कृष्ण-काव्य लीलावादी काव्य है। लीला, लीला के लिए होती है। उसका लोक मंगल भावना से विशेष सम्बन्ध नहीं होता है किन्तु इस काव्य में उस समय की सामाजिक, धार्मिक और सांस्कृतिक अवस्था का थोड़ा बहुत यथार्थ वर्णन मिल जाता है। सूर के पदों में परोक्ष रूप से समाज की झलक मिलती है।

काव्य-रूप : कृष्ण-काव्य मुख्य रूप से गेय मुक्तक रूप में लिखा गया है। इन कवियों ने कृष्ण के जीवन के जिस अंश को अपने काव्य के लिए चुना वह मुक्तक के लिए ठीक था। इसमें गीति-काव्य का सुन्दर विकास हुआ है।

शैली : इस काव्य में प्रमुख रूप से गीति शैली का व्यवहार किया गया है, जिसमें गीति शैली के तत्त्व—भावात्मकता, संगीतात्मकता, वैयक्तिकता, संक्षिप्तता, एवं भाषा की कोमलता विद्यमान है।

छन्द : इस साहित्य में अधिकतर गीति पदों का प्रयोग है। इसमें कवित्त, सवैया, छप्पय, कुण्डलियां, गीतिका एवं कुछ अन्य छन्दों का भी प्रयोग मिलता है।

भाषा : कृष्ण-काव्य में लोक-प्रचलित ब्रजभाषा का प्रयोग हुआ है।

रीतिकाल

इस काल में राजाओं और सुल्तानों के दरबारों में कविता और कवियों को आश्रय मिला। भक्ति काल की भक्तिधारा धीरे-धीरे लुप्त होने लगी। राधा-कृष्ण के प्रेम के स्थान पर नायक-नायिका के प्रेम को स्थान दिया जाने लगा।

इस काल को रीति काल इसलिए कहा जाता है कि इस समय रीति ग्रंथों की रचना हुई। रीति का अर्थ है—काव्यशास्त्र के विभिन्न अंगों, रस, ध्वनि, अलंकार, काव्य के गुण-दोष आदि का वर्णन। इस काल में जो रीतिग्रंथ लिखे गये, उनमें नायिका-भेद, नख-शिख, षट्ऋतु वर्णन, ध्वनि, अलंकार और काव्य के लक्षणों की विवेचना की गई। इस काल की कविता में पाण्डित्य प्रदर्शन की भावना दिखाई पड़ती है। कवियों ने भावपक्ष की अपेक्षा कलापक्ष को संवारने में अधिक रुचि दिखाई।

रीतिकाल में मुख्यतः शृंगार, नीति और भक्ति सम्बन्धी कवितायें लिखी गईं—प्रधानता शृंगार सम्बन्धी रचनाओं की ही रही। इस काल की तीन मुख्य प्रवृत्तियाँ थीं—(1) शुद्ध शृंगारिक भाव, (2) रीति काव्य अथवा लक्षण ग्रंथों की विवेचना और (3) वीर रस की अभिव्यक्ति।

इस काल के कवियों ने कृष्ण और गोपियों के प्रेम की आड़ में नायक-नायिकाओं, उनके नख-शिख और अंग-प्रत्यंगों का वर्णन किया। इस वर्णन में अलंकारों का चमत्कार प्रचुर मात्रा में है। दरबारी कवियों ने अपने आश्रयदाताओं के बारे में लिखा।

बिहारीलाल, भूषण, मतिराम, देव, पद्माकर, सेनापति और घनानंद आदि इस काल के प्रमुख कवियों में हैं। केशवदास भक्त कवि थे किन्तु उन्हें रीति काल का आचार्य भी माना जाता है। इस काल के अन्य कवि ठाकुर, वृन्द, दीनदयाल गिरि, गिरधरदास, लाल, सूदन, नागरी दास आदि थे।

चिन्तामणि, मतिराम, देव, भिखारीदास, पद्माकर, बिहारी आदि कवियों ने जहां रीति ग्रंथों की रचना की, वहीं शृंगार, नख-शिख और नायिका भेद का भी मार्मिक चित्रण किया। भूषण ने वीर रस की कविताएं लिखीं। दीनदयाल गिरि की अन्योक्तियां उल्लेखनीय हैं। भूषण, सूदन और लाल की रचनायें राष्ट्रीय चेतना की द्योतक हैं। वृन्द और गिरधरदास ने सदाचार और नीति पर लिखा।

इस काल के कविता सम्राट् बिहारी थे। आपके दोहे बिहारी सतसई में संग्रहीत हैं। बिहारी ने छोटे-छोटे दोहों में गम्भीर भाव भर कर 'गागर में सागर' की उक्ति चरितार्थ की है। महाकवि देव ने इस काल में सबसे अधिक लिखा। वह कवि और आचार्य दोनों थे। स्वाभिमानी भूषण ने स्वदेश प्रेम की कविताएं लिखीं।

रीतिकालीन साहित्य मुक्तक रचनाओं में है। आचार्य केशन ने 'राम चन्द्रिका' नामक एक प्रबन्ध काव्य लिखा। अन्य कवियों ने प्रायः मुक्तक रचनायें लिखीं। इस काल में काव्य की भाषा ब्रजभाषा थी। दोहा, कवित्त, सवैया जैसे छंदों की प्रधानता रही—बिहारी ने केवल दोहे लिखे। फारसी और अरबी के शब्दों का प्रयोग करने में भी कवियों को कोई हिचकिचाहट नहीं थी। रीतिकालीन कवियों ने शृंगार रस को रसराज का स्थान दिया। इस काल में अलंकार आदि से कविता के बाह्य रूप को सजाया-संवारा गया। इसलिए इस काल की कविताएं कलात्मक सौन्दर्य की दृष्टि से बड़ी उत्कृष्ट हैं।

प्रमुख प्रवृत्तियाँ एवं विशेषताएं

रीतिकाल को शृंगार काल भी कहा जाता है। रीतिकाल का उदय उस समय हुआ जब महलों में तलवारों की झनझनाहट के स्थान पर चूड़ियों की खन-खनाहट सुनाई पड़ रही थी। समाज में सुरा, स्वर्ण और सुन्दरियों का आदर बढ़ता जा रहा था। इस काल के कवियों ने—'आगे के सुकवि रीझिहें तो कविताई न तो राधा गोविन्द सुमिरन को बहानो है'—कहकर संतोष कर लिया था। इस काल के कवियों में स्वान्तः सुखाय और परहिताय का अभाव है। इस काल की प्रमुख साहित्यिक प्रवृत्तियों एवं विशेषताओं को निम्नलिखित बिन्दुओं द्वारा स्पष्ट किया जा सकता है :—

लौकिक शृंगारिकता : इस काल के कवियों ने नायिका भेद, नखशिख आदि का जो कुछ भी वर्णन किया है सर्वत्र शृंगार की ही प्रधानता है। डॉ. नगेन्द्र ने ठीक ही कहा है—"साँचा चाहे जैसा भी रहा हो इसमें ढाली शृंगारिकता ही है। इसकी अभिव्यक्ति में किसी प्रकार का संकोच नहीं किया गया है। इस काल की कविता से विवेकहीन एवं विलासमयी वासना की दृष्टि होने लगी। शृंगार रस के संयोग एवं वियोग दोनों पक्षों को अच्छी तरह सजाया गया।" इस काल के कवियों ने संयोग में स्पर्श सुख का भी खुलकर वर्णन किया है। देव की रचना का एक उदाहरण है—

'श्वेद बढ्यो तन कम्प उरोजनि,
आँखिन आँसू कपोलन हाँसी।'

लक्षण ग्रंथों का निर्माण : इस काल में कवि और आचार्य दोनों का काम एक ही व्यक्ति को करना पड़ा है। दोनों में से किसी को भी इस काल के कवि भली-भाँति निभा नहीं सके। उनमें संतुलित विवेचन शक्ति का अभाव था। संस्कृत आचार्यों का अनुकरण वे ठीक तरह से नहीं कर सके। स्वतंत्र और मोलिक रूप से काव्य शास्त्र का विवेचन नहीं हो सका। इस युग में दो प्रकार के कवि हुए। प्रथम श्रेणी के कवियों ने लक्षण लिखकर स्वरचित उदाहरण प्रस्तुत किए। जैसे—भूषण, देव आदि। द्वितीय श्रेणी के कवियों ने केवल उदाहरण दिए। जैसे—बिहारी लाल।

अलंकारिता : इस काल के कवि अलंकार प्रिय थे। उन्हें अपनी कविता-कामिनी को भली-भाँति सजाकर आश्रयदाताओं के समक्ष प्रस्तुत करना पड़ता था। सरस और सीधी सादी कविता उत्तेजना रहित होने के

कारण पसन्द नहीं की जाती थी। राज दरबार में सम्मान प्राप्त करने के लिए कवि को अलंकार शास्त्र का ज्ञान रखना अनिवार्य था।

ब्रजभाषा की प्रधानता : इस काल की प्रमुख साहित्यिक भाषा ब्रजभाषा थी। कोमलता और मधुरता की दृष्टि से भारतीय भाषाओं में इसका बहुत सम्मान है। अपने माधुर्य गुण के कारण यह अनेक मुसलमान कवियों द्वारा भी अपनाई गई।

मुक्तक काव्य शैली की प्रधानता : रीतिकाल प्रबन्ध रचना के लिए उपयुक्त नहीं था। उस समय कवियों में प्रतिक्षण बाजी जीतने की होड़ थी। वासना तृप्ति के लिए मुक्तक काव्य शैली ही उपयुक्त थी। कवि में प्रबन्ध काव्य लिखने के लिए धैर्य नहीं था। कवियों का मन कवित्त, सवैया और दोहा लिखने में विशेष रूप से रम गया।

भक्ति और नीति : रीतिकाल के कवियों का उद्देश्य-अपने आश्रयदाता को रिझाना था। भक्ति की ओट में उन्होंने यह काम किया।

प्रकृति का उद्यीपन रूप : इस काल के कवियों ने प्रकृति के उद्यीपन रूप का ही चित्रण किया है। उन्हें प्रकृति के उन्मुक्त प्रांगण में विचरने और उसके स्वतंत्र रूप से चित्रण का अवकाश कहाँ था? संयोग और वियोग के उदाहरणों के लिए प्रकृति को माध्यम बनाया गया। वियोगिनी नायिका चन्द्रमा को कोसती हुई कहती है–

ए रे मतिमन्द चन्द, आवत न तोहि लाज,
होके द्विजराज, काज करत कसाई के।

नारी-चित्रण : नारी सौंदर्य ही वह धुरी है जिसके चारों ओर रीतिकाल की कविता चक्कर लगाती रही। रीतिकाल की नारी अपने आँगन में लाल के द्वारा उड़ाए हुए पतंग की छाया को चूमती फिरती है। ऐसा लगता है जैसे वासना ही उसके जीवन का सब कुछ हो–

उड़ी गुड़ी लखि लाल की अँगना अँगना माह।
बौरी लै दौरी फिरै छुवत छबीली छाँह।।

यहाँ नारी कोई व्यक्ति या समाज के संगठन की इकाई नहीं बल्कि सब प्रकार की विशेषताओं से यथासम्भव मुक्त विलास का एक उपकरण मात्र है। देव ने कहा है–

कौन गने पुखन नगर कामिनी एकै रीति,
देखत हटे विवेक को, चित्त हटै करि प्रीति।

इस प्रकार हम कह सकते हैं कि रीतिकाल, काव्य-शास्त्र की दृष्टि से चाहे इतना महत्त्वपूर्ण न हो, कवित्त की दृष्टि से बड़ा मनोरम है और इसका साहित्यिक मूल्य अक्षुण्ण है।

रीतिकाल में दो तरह की रचना शैलियां रही हैं– एक वे रचनाएं हैं जो लक्षण-लक्ष्य की परम्परा में आती है। इन्हें रीतिपरक रचनाएं कहते हैं। दूसरी वे रचनाएं हैं जो इस परम्परा से पूर्णतः या अधिकांशतः मुक्त हैं। ये रचनाएं रीतिमुक्त रचनाएं कही जाती हैं। काव्यशास्त्र की परिपाटी पर की गयी काव्य रचना को 'लक्ष्य ग्रन्थ' कहते हैं तथा इन लक्ष्यों को लिखने हेतु निर्मित काव्यशास्त्र 'लक्षण ग्रन्थ' कहलाते हैं। शास्त्र को सुगम बनाने के लिए लक्षणों के साथ प्रायः उदाहरण के रूप भी मिलते हैं जबकि 'लक्ष्य ग्रन्थों में केवल लक्षणों के आधार पर रचा गया काव्य न कि लक्षण'। लक्षण ग्रन्थों को रचने वाले आचार्य कहलाते हैं। विश्वनाथ प्रसाद मिश्र ने इन्हें रीतिबद्ध कवि कहा है तथा डा॰ नगेन्द्र ने रीतिसिद्ध कवि। हम सीधे-सीधे 'लक्षण ग्रन्थकार' एवं 'लक्ष्यग्रंथकार' कह कर ही उनका परिचय देंगे।

लक्षणग्रन्थकार : केशव, चिन्तामणि, कुलपति मिश्र, देव, मतिराम, भिखारीदास, जसवंतसिंह, तोष, सुरति मिश्र, श्रीपति, जनराज, कुमारमणि, सोमनाथ, याकूब खां, रामसिंह, सेवादास, बेनीप्रवीन, पद्माकर, उदयनाथ, कृष्णकवि, कालिदास, भूषण, गोप, दलपतिराम, रघुनाथ, दूलह, बैरीसाल, सुखदेव मिश्र, माखन, जयकृष्ण, भुजंगदास, दशरथ, रामसहाय आदि।

लक्ष्यग्रन्थकार : सेनापति, बिहारी, रसनिधि, वृंद आदि।

रीतिमुक्त कवि : घनानन्द, आलम, ठाकुर बोधा, द्विजदेव।

रीतिकाल की अन्य काव्य प्रवृत्तियां

संतकाव्य–

प्रमुख सन्त : यारी साहब, दरिया साहब, जगजीवनदास, पलटूसाहब, चरनदास, शिवनारायण, तुलसी साहब, गुरु तेगबहादुर, आनन्दघन (जैन), अक्षर अक्षन्य, प्राणनाथ, धरणीदास, बूला साहब, गरीबदास, दयाबाई एवं सहजोबाई।

सम्प्रदाय-प्रवर्तक : सतनामी सम्प्रदाय (जगजीवनदास), चरनदासी सम्प्रदाय (चरनदास), साहबपन्थ (तुलसी साहब), गरीबदास सम्प्रदाय (गरीबदास), राधास्वामी सत्संग (स्वामी शिवदयाल)।

प्रमुख रचनाएं : ज्ञानदीपक (दरिया साहब), गुरु अन्यास (शिवनारायण), घटरामायण (तुलसी साहब), प्रेम प्रगास (धरणीदास), रत्नावली (धरणीदास), शब्दसागर (बूला साहब), सहज प्रकाश (सहजोबाई), ककहरा, शब्द, रमैनी (महाराज विश्वनाथ सिंह)।

सूफी/प्रेमाख्यान काव्य

प्रमुख कवि : कासिमशाह, नूरमुहम्मद, शेख निसार, सूरदास, दुखहरनदास, दामोदर, हंस, बोधा, केसि तथा अन्य।

रामकाव्यधारा

प्रमुखकवि : सेनापति, लालदास, गुरुगोविन्द सिंह, जानकीरसिकशरण, भगवन्तराम खींची, जनकराजकिशोरीशरण, नवलसिंह कायस्थ, विश्वनाथसिंह, रामप्रियाशरणदासजी, रसिकअली, सरजूराम पण्डित, कृपानिवास, मधुसूदन, जानकीशरणजी, बाल अजीजू, गोकुलनाथ, मनियार सिंह, ललकदास, गणेश, प्रेमसखी, रामचरणदास, जीवाराम, युगनान्यशरण।

कृष्णकाव्यधारा

प्रमुखकवि : गुमान मिश्र, ब्रजवासीदासी, मंचित कवि, रूपरसिकदेव, नागरीदास, अलबेली अलि, चाचा हितवृन्दावनदास, भगवतरसिक, वृन्दावनदेव, पीताम्बरदास, सुन्दरी कुंवरिबाई, प्रेमसखीजी, सहचरिसरनदास, मंजरीदास, कृष्णदास, रत्नकुंवरि, दामोदर चौधरी 'उरदाम' भोला भण्डारडी, बणी-ठणी जी।

नीतिकाव्य

वृन्द (वन्द सतसइ), गिरिधर कविराय (कुण्डलियां : लिखी हैं जिनमें 'गिरधर कविराय' की छाप है), बैताल ('विक्रम' को सम्बोधित करके कुण्डलियां लिखी हैं।)। सम्मन (दोहे लिखे हैं), रामसहायदास (राम सतसई, ककहरा), दीनदयाल गिरि (अन्योक्तिकल्पद्रम)।

रीतिकालीन गद्य साहित्य

ब्रजभाषा गद्य : चौरासी वैष्णवन की वार्ता (गोकुलनाथ), दो सौ बावन वैष्णवन की वार्ता, (गोकुलनाथ), हरतालिका कथा, (मीनराज प्रधान, 17वीं सदी), अष्टांग योग (अक्षरअनन्य 17वीं सदी), भावना संज्ञक टिप्पणी वाले वल्लभ सम्प्रदायी ग्रन्थ जैसे 'निजवार्ताभावना', 'भावभावना', आदि (हरिराय 18वीं सदी), पुष्टि प्रवाह मर्यादा (हरिराय), सेवक जू कोचरिग (प्रियादास), बैताल पच्चीसी (सूरति मिश्र), हितोपदेश ग्रन्थ महाप्रबोधिनी (देवीचन्द), स्वप्न प्रसंग (अनन्य अली), राजनीति (लल्लू लाल 19वीं सदी), ग्रन्थसजीवन (आलम 19वीं सदी)।

काव्यशास्त्रीय ग्रन्थ जिनमें टिप्पणी ब्रजभाषा गद्य प्रयुक्त है–

शृंगार मंजरी (चिन्तामणि), कविकल्पतरू (चिन्तामणि), रसरहस्य (कुलपति), काव्यनिर्णय (भिखारीदास), अलंकार रत्नाकर (दलपतिराय), रसपीयूषनिधि (सोमनाथ), अलंकार शिरोमणि (बेनी कवि), रसिक गोविन्दानन्दघन (रसिकगोविन्द), पिंगल (सुखदेव मिश्र), वृत्ततरंगिणी (रामसहाय दास), बलभद्रप्रकाश (करनेस), व्यंग्यार्थ कौमुदी (प्रतापसिंह), काव्यविलास (प्रतापसिंह), अलंकार भ्रमभंजन (ग्वाल), पद प्रसंगमाला (नागरीदास), अणभौविलास (रामचरणदास), प्रबोधचन्द्रोदय (जसवन्त सिंह), माधोविलास (लल्लू लाल)।

खड़ी बोली गद्य : 'फर्सनामा' या 'पोथीसलोत्री की' (रचनाकार अज्ञात), सुरासुर निर्णय (मुंशी सदा सुख लाल), मोक्ष मार्ग प्रकाश (टोडरमल जैन), चिद्‌विलास (दीप चन्द्र जैन), वार्तिक (मुंशी सदा सुख लाल), भाषा योग वशिष्ठ (रामप्रसाद निरंजनी), भाषा पद्‌पुराण या 'पदमपुराण वचनिका' (दौलतराम जैन), सुदृष्टि तरंगिणी वचनिका (टेकचन्द जैन), गीतानुवाद (बीरबल), सूर्य सिद्धान्त (पं. कामोदानन्द मिर अनूदित)।

फोर्ट विलियम कॉलेज : नासिकेतोपाख्यान (सदलमिश्र – कठोपनिषद् के नचिकेता प्रसंग पर), प्रेम सागर (लल्लूलाल), रानी केतकी की कहानी या उदयभान चरित (इंशा अल्ला खां), सुखसागर (मुंशी सदा सुख लाल नियाज), रामचरित्र (सदल मिश्र), सिंहासन बत्तीसी (लल्लूलाल), बैताल पच्चीसी (लल्लूलाल)।

दक्खिनी गद्य : रिसाले बजूदिया (शाह बुरहानुद्दीन कादिरी), गंजमखफी (मोहम्मद शरीफ)।

राजस्थानी गद्य : मौलिक गद्य रूप हैं – बात, ख्यात, वचनिका, वर्णन, दशवैत, सलोका, पत्र, वंशावली, पदावली, विगत, पीढी। अनूदित गद्य रूप हैं – बालाबोध, टीका, टिप्पण, भाषा।

भोजपुरी : गद्य रूप हैं – पत्र, दस्तावेज, सनद, पंचनामा आदि।

अवधी गद्य : रसविनोद (भानुमिश्र), उड्डील (नित्यनाथ), 'मानस' टीका (रामचरण), सगुनावली (गौतम ऋषि), व्यवहारदास (प्रियादास), कबीरदास टीका (विश्वनाथ), परमधर्मनिर्णय (विश्वनाथ सिंह)।

आधुनिक काल

इस काल में राष्ट्रीय भावनायें पनपने लगी थीं। राजनीति, धर्म, समाज, अर्थशास्त्र आदि क्षेत्रों में नए विचार आये; नई शिक्षा ने लोगों में नई चेतना, राष्ट्रभक्ति और देश प्रेम पैदा किया। इन सबके समग्र प्रभाव से देश में एक नई लहर पैदा हो गई, जिसे राष्ट्रीयता की लहर कहा जा सकता है।

आधुनिक काल की रचनायें उपरोक्त प्रवृत्तियों और आन्दोलनों से प्रेरित हैं। अध्ययन की सुविधा के लिए आधुनिक काल को तीन भागों में बांटा जा सकता है–(1) प्रथम उत्थान, (2) द्वितीय उत्थान, (3) तृतीय उत्थान। मोटे तौर पर भारतेन्दु बाबू के समय को हम प्रथम उत्थान, महावीर प्रसाद द्विवेदी के समय को द्वितीय उत्थान और उसके बाद के समय को तृतीय उत्थान मान सकते हैं।

प्रमुख प्रवृत्तियाँ एवं विशेषताएं

सामान्यतः आधुनिक काल का प्रारम्भ सन् 1843 ई. से माना गया परन्तु किसी भी नवीन युग की प्रवृत्तियों का जन्म अकस्मात् एक दिन में नहीं हो जाता। युग परिवर्तन की एक निश्चित तिथि का उल्लेख करना या उसकी स्थिर स्पष्ट विभाजन रेखा खींच देना बहुत कठिन है। आचार्य रामचन्द्र शुक्ल ने भी आधुनिक काल का प्रारम्भ सं. 1900 से माना परन्तु हिन्दी में नवीन विचारधाराओं का आगमन या आधुनिक कालीन प्रवृत्तियों का बीजारोपण इसके चालीस पचास वर्ष पूर्व ही हो चुका था। शिक्षा प्रसार और भाषा सम्बन्धी समस्याओं को सुलझाने के लिए सन् 1800 ई. में ही कोलकाता में फोर्ट विलियम कॉलेज की स्थापना हो चुकी थी। खड़ी बोली के विकास की नींव इस कॉलेज की स्थापना के साथ पड़ी। इस प्रकार आधुनिक काल का पूर्ववर्ती काल तभी से प्रारम्भ हुआ माना जाता है।

यह हिन्दी का एक महत्त्वपूर्ण काल है। इस काल में राष्ट्रीयता, स्वाधीनता और स्वदेश प्रेम की लहर फैली। इसमें साहित्यकारों ने राष्ट्र की अधोगति पर आठ-आठ आँसू बहाये, गद्य और पद्य दोनों का विकास हुआ। प्रिय प्रवास, साकेत, कामायनी, गोदान, चित्रलेखा, चन्द्रगुप्त आदि उच्चकोटि के ग्रंथों की रचना हुई। छायावाद, रहस्यवाद, प्रगतिवाद, प्रयोगवाद आदि के माध्यम से कवियों ने माँ सरस्वती का अनुपम शृंगार किया। इसकी प्रमुख प्रवृत्तियों का वर्णन निम्न बिन्दुओं के आधार पर किया जा सकता है–

गद्य का विकास : इस युग की सबसे बड़ी विशेषता गद्य का बहुमुखी विकास है। इस युग के पूर्व विशेषतः मुद्रण यंत्र के अभाव में केवल कविता का ही विकास हो पाया था। पद्य ही साहित्य का पर्यायवाची बना रहा। गद्य के विकास और उन्नति के कारण अनेक आलोचक इस युग को गद्यकाल के नाम से पुकारते हैं। वस्तुतः गद्य अपने विविध रूपों–नाटक, निबन्ध, कहानी, उपन्यास, समालोचना, जीवन चरित्र आदि के साथ इस युग को गौरवान्वित कर रहा है।

खड़ी बोली की प्रधानता : खड़ी बोली की प्रधानता हिन्दी पद्य और गद्य दोनों के लिए स्वीकार की गई। नव-युग की चेतना की अभिव्यक्ति के लिए खड़ी बोली ही उपयुक्त भाषा मानी गई। यही खड़ी बोली बढ़ते-बढ़ते राष्ट्र भाषा के उच्च पद पर आसीन होने योग्य हुई। इसका सम्बन्ध देश की प्रादेशिक भाषाओं से निरन्तर बढ़ता जा रहा है, जो राष्ट्रीय एकता के लिए सर्वथा वांछनीय है।

राष्ट्रीय भावना की वृद्धि : आधुनिक हिन्दी साहित्य में राष्ट्रीय भावना की वृद्धि इसकी तीसरी महान् विशेषता है। इस देश में राजनीतिक चेतना धीरे-धीरे बढ़ी। इसके रूप विभिन्न उत्थानों में परिवर्तित होते रहे। प्रथम उत्थान (भारतेन्दु काल) में साहित्यकारों का ध्यान राजभक्ति और देशभक्ति

दोनों की ओर था। भारत के अतीत गौरव का गान किया गया और उसके वर्तमान पर क्षोभ और असंतोष की भावनाएँ व्यक्त की गईं।

द्वितीय उत्थान (द्विवेदी युग) में राजनीतिक चेतना का विस्तार हुआ। काँग्रेस के कार्यक्रम बढ़े। कितने और मजदूर सामने आए। राष्ट्र-प्रेम का सन्देश देशभर में भली-भाँति गूँज उठा। चतुर्थ उत्थान में राष्ट्र प्रेम की भावना और अधिक प्रबल हो उठी। किसान, श्रमिक और हरिजन, सभी राष्ट्र प्रेम के महत्त्व को समझकर देश के लिए अपना सब कुछ बलिदान करने को प्रस्तुत हो गए और देश स्वतंत्र हुआ।

साधारण जन-जीवन का साहित्य : वीरगाथा काल में राजाओं और सामन्तों से सम्बन्धित काव्य रचना हुई। भक्तिकाल में राम और कृष्ण का गुणगान हुआ। रीतिकाल में आश्रयदाता राजाओं को रिझाने के उद्देश्य से काव्य-सुन्दरी को सँवारा गया। आधुनिक काल में हमारे साहित्यकारों का ध्यान सर्वसाधारण की ओर गया। जो गिरे हुए थे उन्हें उठाने की आवश्यकता महसूस की गई। कृषक, मजदूर, विधवा आदि सहानुभूति के पात्र बने।

कवि के व्यक्तित्व की प्रधानता : आधुनिक युग के पहले हमारे कवियों ने एक प्रकार से दूसरों को प्रसन्न करने के लिए काव्य-रचना की। उन्होंने वीर गाथा काल और रीतिकाल में यही किया। रीतिकाल की कविता खानापूरी मात्र थी। आधुनिक काल की कविता में कवि के व्यक्तित्व की प्रधानता है। इसी कारण इसका झुकाव मुक्तक की ओर अधिक और प्रबन्ध काव्य की ओर कम है।

प्रकृति का सुन्दर वर्णन : प्रकृति चित्रण की दृष्टि से हिन्दी का प्राचीन काव्य संस्कृत की ह्रासोन्मुख प्रवृत्ति और परम्परा का पोषण करता रहा। प्रकृति को नए प्राण देने की क्षमता आधुनिक युग के कवियों में ही पाई जाती है। इन्होंने प्रकृति का वर्णन उद्दीपन रूप में न करके आत्मालम्बन रूप में ही अधिक किया है। श्रीधर पाठक द्वारा रचित 'कश्मीर-सुषमा' में देश के शोभामय गौरव की मनोहर झलक है। पंत ने प्रकृति की कल्पना प्रेमी के रूप में की है। इनके अतिरिक्त महादेवी, प्रसाद, निराला आदि हिन्दी काव्य के प्रकृति-उद्यान में ऐसे कवि माली हैं जिन्होंने कविता-क्यारियों को सुन्दर काव्य पुष्पों से भली-भाँति सजा दिया है।

शृंगार की भावना का विकास : रीतिकालीन शृंगार की भावना का आधुनिक काल में विरोध किया गया। उसे अश्लील माना गया और त्याज्य समझा गया। छायावाद युग में उच्चकोटि के प्रेम काव्य की रचना हुई। शृंगार का शुद्ध, स्वच्छ और निखरा हुआ रूप सामने आया है। जैसे–

शशिमुख पर घूँघट डाले, आँचल में दीप छिपाए,
जीवन की गोधूली में कौतूहल से तुम आए।

वादों की प्रधानता : आधुनिक काल में वादों की प्रधानता रही। इस काल में वादों की बाढ़-सी आ गई। इनसे युग-साहित्य में वृद्धि हुई। इस काल के प्रमुख वाद हैं–छायावाद, रहस्यवाद, प्रगतिवाद, प्रयोगवाद आदि। इन विविध वादों के कारण इस युग का बौद्धिक विकास हुआ और इन्हें अपनाने वाले साहित्यकारों की वृद्धि के कारण साहित्य-निर्माण का क्षेत्र विस्तृत हुआ।

साहित्य पर अंग्रेजी का प्रभाव : आधुनिक युग पर अंग्रेजी साहित्य का प्रभाव भी कम महत्त्व नहीं रखता है। इस युग के पूर्व हमारे साहित्य पर पश्चिम का प्रभाव नहीं था। हिन्दी काव्य, नाटक, उपन्यास, कहानी, निबन्ध, आलोचना आदि विधाओं पर अंग्रेजी का प्रभाव प्रत्यक्ष और अप्रत्यक्ष रूप से पड़ा है। इससे भाषा और भाव दोनों दृष्टियों से हमारे पद्य और गद्य के विविध रूपों का विकास और परिष्कार हुआ है।

मनोविज्ञान का समावेश : आधुनिक काल के साहित्य में मनोविज्ञान का समावेश महत्त्वपूर्ण विशेषता है। मानव मन का अध्ययन मनोविज्ञान कहा जाता है। नाटक, कहानी, उपन्यास आदि के पात्रों का मनोवैज्ञानिक अध्ययन प्रस्तुत करना अच्छी आलोचना का प्रधान कर्त्तव्य है। मनोविज्ञान के आधार पर प्रस्तुत की गई कहानियाँ विशेष आकर्षण रखती हैं।

मार्क्सवाद का प्रभाव : आर्थिक विषमता का विरोध आधुनिक युग के साहित्य की एक बड़ी विशेषता है। वर्तमान युग मानव-मानव में आर्थिक दृष्टि से बहुत अधिक अन्तर नहीं देखना चाहता। यह प्रभाव मार्क्सवाद का है। दिनकर, रामवृक्ष बेनीपुरी, डॉ. देवराज, राम विलास शर्मा, शलभ श्रीराम सिंह आदि का साहित्य मार्क्सवाद से स्पष्टतः प्रभावित है।

भारतेन्दु युग

इस काल में कवियों की वाणी में देशभक्ति का स्वर था। अतः लोक-हित, मातृ-भाषा और समाज-सुधार जैसे विषयों पर कवितायें लिखी गईं। इस काल के आरम्भ में कविता की भाषा ब्रजभाषा ही थी : परन्तु बाद में धीरे-धीरे खड़ी बोली में कवितायें लिखी जाने लगीं। उस समय के प्रमुख कवियों में भारतेन्दु हरिश्चन्द्र, श्रीधर पाठक, जगन्नाथ दास रत्नाकर, प्रताप नारायण मिश्र आदि के नाम उल्लेखनीय हैं। भारतेन्दु बाबू ने भारत के अतीत के गौरव और वर्तमान भारत की दुर्दशा का बड़ा मार्मिक चित्रण किया। इस काल में कविता का हृदय बिल्कुल बदला हुआ था। प्रथम उत्थान काल के साथ ही हिन्दी कविता ने एक नई करवट ली।

रीतिकाल के समापन के समय ब्रजभाषा अपने सशक्त रूप में थी। खड़ी बोली आधुनिक युग की अनिवार्यता के रूप में उभरी। ब्रजभाषा तथा खड़ी बोली का लंबे समय तक संघर्ष चला जो छायावादी युग में जाकर निर्मूल हुआ। भारतेन्दु युग में यह विचित्र अन्तर्विरोध था कि हर कवि खड़ी बोली में एक ओर तो आधुनिक बोध वाली रचनायें कर रहा था, दूसरी ओर ब्रजभाषा में रीतिपरक, शृंगारी तथा भक्तिपरक काव्य रचनायें भी।

भारतेन्दु बाबू ने ब्रजभाषा में प्रभूतमात्रा में काव्यरचना की। प्रमुख हैं- प्रेममालिका, प्रेम सरोवर, गीतगोविन्दानन्द, वर्षाविनोद, विनय प्रेमपचासा, प्रेममाधुरी, प्रेमफुलवारी, वेणु-गीत आदि।

भारतेन्दु उर्दू में 'रसा' उपनाम से कविता करते थे। उन्होंने पहेलियां, मुकरियां, व्यंग्यगीत (पैरोडी, स्यापा, गाली), समस्यापूर्तियाँ तथा खड़ी बोली में देश की स्थिति पर कवितायें रचीं। प्रमुख हैं-

- अमानत के नाटक 'इन्दर सभा' की पैरोडी - 'बन्दर सभा'
- उर्दू की स्यापा (है है उर्दू हाय-हाय / कहाँ सिधारी हाय-हाय)
- समस्यापूर्ति (पिय प्यारे तिहारे निहारे बिना)
- खडी बोली की प्रसिद्ध कवितायें - विजयिनी विजय वैजयन्ती, भरतभिक्षा, विजयवल्लरी, रिपनाष्टक, प्रबोधिनी, बसन्त होली, प्रात समीरन (यह बंगला के पयार छंद में है।) आदि हैं।

द्विवेदी युग

द्वितीय उत्थान काल के अग्रणी साहित्यकार महावीर प्रसाद द्विवेदी थे। उनकी प्रेरणा से हिन्दी की खड़ी बोली में कवितायें धड़ाधड़ लिखी जाने लगीं। इससे खड़ी बोली का अधिकाधिक परिष्कार और संस्कार हुआ। इस काल में खड़ी बोली के प्रमुख कवियों के नाम अयोध्यासिंह उपाध्याय 'हरिऔध', मैथिलीशरण गुप्त और राम नरेश त्रिपाठी थे। इनके अलावा पं. रामचन्द्र शुक्ल, ठाकुर गोपालशरण सिंह, नाथूराम शर्मा शंकर और गया प्रसाद शुक्ल 'सनेही' के नाम भी उल्लेखनीय हैं। इस काल में ब्रजभाषा के प्रमुख कवि वियोगी हरि और श्री सत्यनारायण कविरत्न थे।

भारतेन्दु युग की ही भांति इस युग में भी अधिकांश रचनायें राष्ट्र-प्रेम, देश-भक्ति, समाज-सुधार, राष्ट्रीय अतीत का गौरव, देश की वर्तमान करुणापूर्ण अवस्था, ग्राम्य जीवन की महत्ता आदि विषयों पर लिखी गईं। इस समय तक खड़ी बोली कविता के लिए पूर्ण समर्थ हो गई थी।

द्विवेदी युग के बाद से अब तक का समय तृतीय उत्थान काल माना जाता है। हिन्दी कविता के लिए यह उत्कर्ष का काल है। इस काल में नए-नए छंदों, अलंकारों का प्रयोग शुरू किया गया। अतुकान्त, छंदमुक्त कविता और अकविता भी इसी काल में लिखी गई। कविता के वस्तुविधान में भी परिवर्तन आया। प्रकृति-चित्रण, राष्ट्रीयता, आर्थिक वैषम्य, सामजिक कुरीतियों और करुणा-वेदना को कविता के माध्यम से व्यक्त किया गया। इसी प्रकार काव्यगत पद-लालित्य, अभिव्यंजना शैली, प्रतीक आदि का उत्कर्ष इस काल में हुआ।

इस काल के प्रमुख कवियों में जयशंकर प्रसाद, सूर्यकान्त त्रिपाठी 'निराला', सुमित्रानंदन पंत, महादेवी वर्मा, रामकुमार वर्मा, बालकृष्ण शर्मा 'नवीन', रामधारी सिंह 'दिनकर', हरिवंशराय बच्चन, श्यामनारायण पाण्डेय, सोहनलाल द्विवेदी, सियाराम शरण गुप्त, सुभद्राकुमारी चौहान, माखनलाल चतुर्वेदी, अज्ञेय, गिरिजा कुमार माथुर, भवानीप्रसाद मिश्र, धर्मवीर भारती आदि के नाम विशेष रूप से उल्लेखनीय हैं।

तृतीय उत्थान काल के विकास-क्रम में छायावाद, रहस्यवाद, प्रगतिवाद और प्रयोगवाद का प्रादुर्भाव स्मरणीय है।

छायावाद

छायावाद स्थूल के प्रति सूक्ष्म का विद्रोह है। छायावादी कविता में व्यक्तिवाद, अतृप्त प्रेम, निराशा और प्रकृति के मानवीकरण का चित्रण मिलता है। नए छन्द-विधान, नए प्रतीकों तथा लाक्षणिक शब्दावली का प्रयोग भी छायावाद की ही देन है। छायावादी कवियों में जयशंकर प्रसाद, सूर्यकान्त त्रिपाठी 'निराला', सुमित्रानन्दन पंत, महादेवी वर्मा और डा. रामकुमार वर्मा के नाम प्रमुख हैं।

रहस्यवादी कवि हृदय की भावुकता की सहायता से प्रकृति के विभिन्न अंगों में ब्रह्म का दर्शन करता है। रहस्यवादी कविता में लाक्षणिक भाषा, प्रतीकों और रूप-विधानों के माध्यम से अनुभूति की अभिव्यक्ति की जाती है। महादेवी वर्मा प्रमुख रहस्यवादी कवयित्री हैं और प्रसादजी की कविता में छायावाद और रहस्यवाद दोनों की छटा देखने को मिलती है। इस तरह छायावादी युग में कवियों ने अपनी अन्तर्मुखी अभिव्यक्ति द्वारा अत्यन्त गहराई की बात सोचने लगे तथा दुनिया की बात न कहकर अपने हृदय की बात कहने लगे।

प्रगतिवाद

प्रगतिवाद का अर्थ है—पुरानी अवांछनीय, हानिकर परम्पराओं का त्याग कर उन्हें बदले हुए समय के अनुरूप बदले हुए रूप में ग्रहण करना। वास्तव में प्रगतिवाद, साम्यवाद का साहित्यिक रूप है। प्रगतिवादी काव्य की मूल चेतना मार्क्स के विचारों से अनुप्राणित है और द्वन्द्वात्मक भौतिकवाद के नाम से जानी जा सकती है। प्रगतिवादी कविता में पीड़ित, शोषित और दलित समाज के प्रति सहानुभूति की तथा पूंजीवाद की कटु आलोचना की अभिव्यक्ति मिलती है। दिनकर और नरेन्द्र शर्मा इस कोटि के अग्रणी कवियों में गिने जाते हैं। इनके अतिरिक्त नागार्जुन, डा. रामविलास शर्मा, गजानन माधव मुक्तिबोध के नाम गिने जा सकते हैं।

प्रयोगवाद

प्रयोगवादी कवियों में अज्ञेय, गिरिजाकुमार माथुर, प्रभाकर माचवे, धर्मवीर भारती, डा. जगदीश गुप्त और नरेश मेहता के नाम उल्लेखनीय हैं। प्रयोगवादी रचनाओं का आरंभ 1943 से माना जाता है, जब 'तार सप्तक' प्रकाशित हुआ। उसके बाद 1950 के लगभग 'प्रतीक' के प्रकाशन से प्रयोगवाद को ठोस भूमि मिली। प्रयोगवादी कविताओं में व्यक्तिवाद की तीव्रतम अनुभूतियाँ अपने स्वाभाविक रूप में प्रकाश में आती हैं। प्रयोगवादी रचनायें बुद्धिवादी और विचित्रतापूर्ण होती हैं। इनमें नवीन विषय, नवीन भाषा और नवीन सृजन शैली और यहां तक कि सब कुछ नवीन होता है। प्रयोगवादी कविता के कवियों ने प्राचीन मूल्यों और परम्पराओं से हटकर नया प्रयोग करने का साहस किया है।

नई कविता

आधुनिक काल के कुछ कवियों ने किसी वाद या विचारधारा से बंधे बिना स्वतंत्र रूप में रचनायें लिखीं। ऐसे कवियों में सुभद्राकुमारी चौहान, सियारामशरण गुप्त, सोहनलाल द्विवेदी, श्यामनारायण पाण्डेय और बालकृष्ण शर्मा 'नवीन' के नाम विशेष उल्लेखनीय हैं।

नई कविता के क्षेत्र में उल्लेखनीय नाम हैं : नरेश मेहता, लक्ष्मीकान्त वर्मा, विजयदेव नारायण साही, सर्वेश्वरदयाल सक्सेना, कुंवरनारायण, रघुवीर सहाय, श्रीकान्त वर्मा, केदार सिंह आदि।

लोक जीवन से सम्बन्धित विषयों पर मधुर गीत लिखने वालों में शम्भूनाथ सिंह, गोपालदास 'नीरज', वीरेन्द्र मिश्र, सोम ठाकुर के नाम स्मरणीय हैं।

हिन्दी काव्य नये विषय, नवीन परिधान, नूतन प्रतीक, शैली और अनुभूतियों से सम्पन्न होकर निरन्तर प्रगति पथ पर अग्रसर हो गई।

वस्तुनिष्ठ प्रश्न

आदि काल

1. निम्नलिखित में से कौन हिन्दी का कवि था?
A. कालिदास B. बाणभट्ट
C. भारवि D. हेमचन्द्र

2. बौद्ध और जैन धर्म साहित्य किस भाषा में बहुलता से मिलता है?
A. हिन्दी में B. अवधी में
C. मागधी में D. पाली में

3. शौरसेनी भाषा किस क्षेत्र में प्रचलित थी?
A. सौराष्ट्र में B. महाराष्ट्र में
C. मथुरा में D. मगध में

4. प्राकृत भाषा की अन्तिम अवस्था जो लोकप्रिय हुई, क्या कहलाई?
A. अपभ्रंश B. मागधी
C. खड़ी बोली D. कन्नौजी

5. आदि काल/वीरगाथा काल का समय था–
A. 11वीं से 14वीं शताब्दी B. 7वीं से 14वीं शताब्दी
C. 7वीं से 11वीं शताब्दी D. 8वीं से 14वीं शताब्दी

6. निम्नलिखित में से कौन सिद्ध नहीं था?
A. सरहपा B. लूईपा
C. कण्हपा D. कल्हण

7. सिद्धों की साधना किस नाम से विख्यात हुई?
A. वज्रयान B. हीनयान
C. सहजयान D. नाथ पंथ

8. 'गोरखवाणी' का रचयिता कौन था?
A. मत्स्येन्द्रनाथ B. गोरखनाथ
C. मलूकदास D. दादू

9. निम्नलिखित प्रवृतियों में से कौन-सी प्रवृति आदिकाल के साहित्य की नहीं थी?
A. धर्म B. वीरता
C. शृंगार D. वात्सल्य

10. वीरगाथा काल की रचनाओं में वीर रस के साथ ही–
A. शान्त रस भी है B. शृंगार रस भी है
C. भक्ति रस भी है D. हास्य रस भी है

11. अमीर खुसरो–
A. फारसी और संस्कृत दोनों के विद्वान थे
B. विनोदी और सहृदय थे
C. की मुकरियां बहुत सरल हैं
D. उपरोक्त सभी

12. खालिकबारी किसकी रचना है?
A. निजामुद्दीन औलिया B. गुरु नानक
C. अमीर खुसरो D. कुतबन

13. अमीर खुसरो की मसनवियां किस भाषा में हैं?
A. उर्दू B. फारसी
C. हिन्दी D. अरबी

14. 'अभिनव जयदेव' की उपाधि किसे मिली थी?
A. चैतन्य महाप्रभु को B. विद्यापति को
C. भट्ट केदार को D. उपरोक्त में से कोई नहीं

15. 'खुमानरासो' का रचयिता कौन था?
A. दलपति विजय B. नरपति नाल्ह
C. चन्दबरदाई D. जगनिक

16. 'पृथ्वीराज रासो' का रचयिता कौन था?
A. नरपति नाल्ह B. चन्दबरदाई
C. शांरगधर D. परमाल

17. हिन्दी का प्रथम महाकाव्य किसे माना जाता है?
A. पृथ्वीराज रासो B. खुमान रासो
C. बीसलदेव रासो D. सन्देश रसिक

18. आल्हा खण्ड में किसकी वीरता का वर्णन है?
A. आल्हा और ऊदल की B. राजा हमीर की
C. पृथ्वीराज की D. बीसलदेव की

19. कुछ लोगों का विचार है कि पृथ्वीराज रासो ग्रंथ को चन्दबरदाई के पुत्र ने पूरा किया, जिसका नाम था–
A. जल्हण B. कल्हण
C. विल्हण D. उपरोक्त में से कोई नहीं

20. वीर काव्य के बारे में कौन-सा कथन गलत है?
A. इसमें युद्धों का वर्णन है
B. इसमें वीर रस के साथ शृंगार रस भी है
C. इनकी भाषा ओजपूर्ण है
D. ये पूर्णतः प्रामाणिक माने जाते हैं

21. अमीर खुसरो की रचना कौन-सी है?
A. आखिरी कलाम B. खालिकबारी
C. मधुमालती D. मृगावती

22. विद्यापति की विख्यात रचना कौन-सी है?
A. पद्मावत B. पदावली
C. मधुमालती D. मृगावती

23. शारंगधर द्वारा रचित ग्रंथ है–
A. आल्ह खण्ड B. वीसलदेव रासो
C. पृथ्वीराज रासो D. हम्मीर रासो

24. निम्नलिखित में से किस ग्रंथ में वीर रस की अपेक्षा शृंगार रस अधिक है?
A. पृथ्वीराज रासो B. हम्मीर रासो
C. बीसलदेव रासो D. आल्ह खण्ड

25. वीरगाथा काल की एक रचना 'संदेश रसिक' है। इसका रचयिता कौन था?

A. शारंगधर B. अमीर खुसरो
C. अब्दुल रहमान D. हेमचन्द्र

26. एक प्रतिष्ठित ग्रंथ 'उक्तिव्यक्ति प्रकरण' किसका लिखा हुआ है?

A. विद्याधर का B. मधुकर का
C. श्रीधर का D. दामोदर भट्ट का

27. किस ग्रंथ में राधा-कृष्ण के प्रेम का अनूठा वर्णन है?

A. पद्मावत B. पदावली
C. मृगावती D. मधुमालती

28. संस्कृत साहित्य में जो स्थान जयदेव का है, हिन्दी साहित्य में वही स्थान–

A. दलपति विजय का है B. विद्यापति का है
C. जगनिक का है D. चैतन्य का है

29. अमीर खुसरो की भाषा पर किसका प्रभाव दिखता है?

A. ब्रजभाषा का B. अवधी का
C. मागधी का D. भोजपुरी का

30. पृथ्वीराज रासो में वीर रस के साथ है–

A. भक्ति रस B. करुण रस
C. शान्त रस D. शृंगार रस

31. दलपति विजय की रचना है–

A. कीर्तिपताका B. पदावली
C. खुमान रासो D. बीसलदेव रासो

32. विद्यापति की पदावली में–

A. वीर रस प्रधान है
B. संयोग शृंगार नहीं, वियोग शृंगार है
C. भक्ति और शृंगार दोनों हैं
D. आश्रयदाता की प्रशंसा है

33. खुमान रासो में–

A. राजा शिवसिंह की वीरता का वर्णन है
B. चित्तौड़ के खुमान के युद्धों का वर्णन है
C. पृथ्वीराज के यश का वर्णन है
D. आल्हा-ऊदल की वीरता का वर्णन है

34. आदि काल में निम्नलिखित में से कौन-सी रचना तिरहुत के शासक की प्रशंसा में लिखी गई थी?

A. परमाल रासो B. कीर्तिलता
C. मृगावती D. मधुमालती

35. कौन-सा ग्रंथ-लेखक जोड़ा सही है?

A. पद्मावत – विद्यापति
B. पृथ्वीराज रासो – चन्दबरदाई
C. आल्ह खण्ड – नरपति लाल्ह
D. बीसलदेव रासो – जगनिक

36. किस कवि को हिन्दी का आदि गीतकार माना जाता है?

A. जायसी को B. जगनिक को
C. जयदेव को D. विद्यापति को

37. अपभ्रंश काव्य अधिकतर किस छंद में लिखा गया है?

A. रोला में B. छप्पय में
C. कवित्त में D. दूहा (दोहा) में

38. विद्यापति रचित मैथिली का विख्यात ग्रंथ है–

A. कीर्तिलता B. कीर्तिपताका
C. पदावली D. पद्मावत

39. आदिकाल को कुछ साहित्यकारों ने–

A. महाकाव्य काल कहा है B. आचार्य काल कहा है
C. चारण काल कहा है D. साधना काल कहा है

40. अमीर खुसरो की पहेलियां और मुकरियां किस भाषा में हैं?

A. अरबी में B. फारसी में
C. अवधी में D. खड़ी बोली में

भक्ति काल

41. निम्नलिखित में से कौन निर्गुण भक्ति धारा का कवि नहीं था?

A. जायसी B. कबीर
C. मीरा D. नानक

42. निम्नलिखित में से कौन सगुण भक्ति धारा का कवि नहीं था?

A. रसखान B. सूरदास
C. नन्द दास D. कुतबन

43. कौन-सा कवि ज्ञानमार्गी शाखा का नहीं था?

A. कबीर दास B. मलूक दास
C. दादू दयाल D. जायसी

44. 'प्रेम की पीर' की अभिव्यक्ति किन कवियों ने की?

A. प्रेममार्गी कवियों ने B. ज्ञानमार्गी कवियों ने
C. सगुण धारा के कवियों ने D. उपरोक्त में से कोई नहीं

45. 'बीजक' में किसकी कविताएँ संग्रहीत हैं?

A. जायसी की B. कबीर की
C. रहीम की D. नानक की

46. प्रेममार्गी कवियों पर किसका गहरा प्रभाव था?

A. सूफी सम्प्रदाय का B. अवतारवाद का
C. विशिष्टाद्वैत का D. नाथ सम्प्रदाय का

47. 'पद्मावत' की रचना किसने की थी?

A. मंझन ने B. कुतबन ने
C. जायसी ने D. रज्जब ने

48. प्रेममार्गी कवियों की रचनायें–

A. खड़ी बोली में हैं B. ब्रज भाषा में हैं
C. ठेठ अवधी में हैं D. मागधी में हैं

49. निम्नलिखित में से किसकी भक्ति सख्य भाव की थी?
A. मीरा की
B. तुलसीदास की
C. रसखान की
D. सूरदास की

50. सूरदास की रचनाओं में हमें किसका हृदयग्राही वर्णन मिलता है?
A. भक्ति का
B. शृंगार का
C. वात्सल्य का
D. उपरोक्त तीनों का

51. ज्ञानमार्गी कवियों की रचनाओं में हमें किसका वर्णन मिलता है?
A. ज्ञान का
B. साधना का
C. एकेश्वरवाद का
D. उपरोक्त तीनों का

52. निर्गुण भक्ति अवतारवाद की धारणा से–
A. ओतप्रोत थी
B. पोषित थी
C. परे थी
D. निसृत थी

53. निम्नलिखित में से कौन कृष्ण भक्ति शाखा का कवि नहीं था?
A. सूर
B. मीरा
C. रसखान
D. केशव

54. 'लहरतारा' स्थान का सम्बन्ध किस कवि से है?
A. जायसी से
B. रसखान से
C. कबीर से
D. मलूकदास से

55. कबीरदास किसके शिष्य थे?
A. रामानंद के
B. वल्लभाचार्य के
C. रामानुजाचार्य के
D. गोरखनाथ के

56. 'मगहर' और 'लोई' से किसका सम्बन्ध है?
A. रैदास का
B. दादू दयाल का
C. मलूकदास का
D. कबीर का

57. कबीरदास के सम्बन्ध में कौन-सा कथन गलत है?
A. वे गुरु-महिमा को मानते थे
B. वे अवतारवाद को मानते थे
C. वे धार्मिक पाखंडों के विरोधी थे
D. वे जीव और ब्रह्म की एकता में विश्वास करते थे

58. जायसी का पद्मावत काव्य–
A. मसनवी शैली में लिखा गया है
B. भक्ति काव्य है
C. खड़ी बोली में है
D. उपरोक्त सभी

59. सूरदास ने 'भ्रमरगीत' में–
A. निर्गुण ब्रह्म का उपहास किया है
B. निर्गुण ब्रह्म में आस्था प्रकट की है
C. कृष्ण की बाल लीलाओं का वर्णन किया है
D. यशोदा के वात्सल्य का अनूठा वर्णन है

60. 'रासपंचाध्यायी' किसकी विख्यात रचना है?
A. नंददास
B. रसखान
C. कुम्भनदास
D. स्वामी हरिदास

61. निम्नलिखित में से कौन 'अष्टछाप' के आठ कवियों में सम्मिलित नहीं था?
A. सूरदास
B. नंददास
C. कुम्भनदास
D. कबीर दास

62. बांदा जिले का राजापुर गांव किस कवि का जन्म-स्थान था?
A. बिहारी लाल
B. मैथिलीशरण गुप्त
C. तुलसीदास
D. भूषण

63. 'कवितावली' का रचयिता कौन है?
A. नंददास
B. तुलसीदास
C. नरहरिदास
D. केशवदास

64. तुलसीदास रचित 'विनय पत्रिका' में–
A. विनय और भक्ति के पद हैं
B. वैराग्य के पद हैं
C. बाल लीला के पद हैं
D. उपरोक्त सभी

65. राम भक्ति काव्य में–
A. ज्ञान को श्रेष्ठता प्रदान की गई है
B. भक्ति को श्रेष्ठ माना गया है
C. वैराग्य को श्रेष्ठ माना गया है
D. उपरोक्त दोनों को बराबर का स्थान दिया गया है

66. केशवदास कवि होने के साथ-साथ–
A. गायक भी थे
B. आचार्य भी थे
C. संत भी थे
D. पाखण्ड-विरोधी भी थे

67. किस कवि को 'कठिन काव्य का प्रेत' कहा जाता है?
A. घनानंद
B. सूरदास
C. केशवदास
D. तुलसीदास

68. केशवदास की रचनाओं में सबसे महत्वपूर्ण रचना कौन-सी है?
A. कविप्रिया
B. रसिकप्रिया
C. रामचन्द्रिका
D. विज्ञानगीता

69. रहीमदास के दोहों में–
A. नीति है
B. भक्ति है
C. उपदेश है
D. उपरोक्त सभी हैं

70. 'कवित-रत्नाकर' का रचयिता कौन था?
A. नरोत्तमदास
B. केशवदास
C. सेनापति
D. नंददास

71. 'भक्तमाल' का रचयिता कौन था?
A. अग्रदास
B. नाभादास
C. नंददास
D. नरोत्तमदास

72. ''अजगर करै न चाकरी, पंछी करै न काम'', यह उक्ति किसकी है?
A. कबीरदास
B. मलूकदास
C. नंददास
D. रहीमदास

73. दादू दयाल–
A. पर कबीर का प्रभाव था
B. सरलता व सादगी में विश्वास करते थे
C. ने गुरु को बहुत महत्व दिया
D. उपरोक्त दोनों

74. सूफी सम्प्रदाय के प्रमुख कवि थे–
A. जायसी
B. रहीम
C. रसखान
D. केशवदास

75. ''खीरा सिर से काटिये, मलियत नमक लगाय'', यह उक्ति किसकी है?
A. कबीर
B. रहीम
C. रसखान
D. दादू दयाल

76. 'अखरावट' और 'आखिरी कलम' किसकी रचनायें हैं?
A. रसखान
B. खुसरो
C. जायसी
D. कुतबन

77. 'मधुमालती' किसकी रचना है?
A. जायसी की
B. कुतबन की
C. मंझन की
D. रसखान की

78. नागमती का विरह वर्णन हिन्दी साहित्य का सर्वश्रेष्ठ विरह-वर्णन है? यह किस ग्रंथ में है?
A. अखरावट में
B. पद्मावत में
C. मधुमालती में
D. मृगावती में

79. सूफी कवियों के प्रेमाख्यानों में–
A. किसी धर्म-सम्प्रदाय का खंडन-मंडन नहीं है
B. शृंगार रस की प्रधानता है
C. आत्मा को प्रियतम और परमात्मा को प्रिया माना गया है
D. उपरोक्त सभी

80. मीरा के पदों में–
A. राजस्थानी भाषा का प्रयोग हुआ है
B. अवधी का प्रयोग हुआ है
C. खड़ी बोली का प्रयोग हुआ है
D. उपरोक्त सभी

81. 'प्रेमवाटिका' किसकी रचना है?
A. मीराबाई
B. रसखान
C. जायसी
D. विद्यापति

82. महाप्रभु वल्लभाचार्य ने पुष्टिमार्ग की स्थापना की। पुष्टिमार्ग में ईश्वर प्राप्ति का सबसे मुख्य साधन है–
A. ज्ञान
B. वैराग्य
C. भक्ति
D. गुरु

83. अष्टछाप के कवि–
A. सूफी थे
B. निर्गुण ब्रह्म के उपासक थे
C. कृष्णभक्त थे
D. रामभक्त थे

84. अष्टछाप के कवियों ने–
A. केवल ब्रजभाषा में लिखा
B. कृष्णभक्ति के केवल माधुर्य पक्ष को ग्रहण किया
C. किसी महाकाव्य की रचना नहीं की, केवल स्फुट रचनायें लिखीं
D. उपरोक्त सभी

85. केशवदास की रचनाओं में–
A. कला पक्ष की प्रधानता है
B. काव्य सरसता है
C. भाव पक्ष की प्रधानता है
D. प्रकृति का अनूठा चित्रण है

86. ''इन मुसलमान हरिजनन पै, कोटिक हिन्दू वारिये'', यह उक्ति किस कवि के बारे में है?
A. जायसी के बारे में
B. रहीम के बारे में
C. रसखान के बारे में
D. खुसरो के बारे में

87. जायसी की रचना 'पद्मावत'–
A. प्रेमाख्यान है
B. रीति ग्रंथ है
C. भक्ति काव्य है
D. वीर काव्य है

88. कौन-सा कथन सही नहीं है?
A. सूफी काव्य प्रायः अवधी में लिखा गया है
B. सूफी सम्प्रदाय खंडन-मंडन को महत्व देता है
C. सूफी सम्प्रदाय में गुरु की बड़ी महिमा है
D. सूफी संतों ने भारतीय लोकाचार को अपनाया

89. जायसी के ग्रंथ पद्मावत में 'हीरामन तोता' की क्या भूमिका है?
A. नायक की
B. खलनायक की
C. गुरु की
D. साधक की

90. श्री वल्लभाचार्य की शिष्य परम्परा में–
A. निराकार ब्रह्म की आराधना होती है
B. राम की उपासना होती है
C. कृष्ण की उपासना होती है
D. गुरु की महिमा का गान होता है

91. निम्नलिखित में से किसने 'ब्रह्म सत्यं जगन्मिथ्या' का उपदेश दिया था?
A. वल्लभाचार्य ने
B. शंकराचार्य ने
C. विट्ठलनाथ ने
D. रामानुजाचार्य ने

92. 'अलवार' संतों ने किस भाषा में लिखा?
A. तेलुगु
B. उड़िया
C. गुजराती
D. तमिल

93. गोस्वामी तुलसीदास ने रामचरितमानस की रचना किस उद्देश्य से की थी?
A. लोकरंजन के लिए
B. मोक्ष प्राप्ति के लिए
C. राम कथा का स्मरण करने-कराने के लिए
D. स्वान्तः सुखाय

94. निम्नलिखित में से किसने श्री राधावल्लभ सम्प्रदाय नामक नया पंथ चलाया?
A. हितहरिवंश
B. वल्लभाचार्य
C. छीतस्वामी
D. कृष्णदास

95. किस रस की अभिव्यक्ति में सूरदास संसार के सर्वश्रेष्ठ कवियों में गिने जाते हैं?
A. शृंगार
B. शान्त
C. वात्सल्य
D. उपरोक्त सभी

96. सूरदास का प्रमुख ग्रंथ 'सूर सागर' है। जनश्रुति के आधार पर इसमें कुल कितने पद थे?

A. एक लाख B. सवा लाख

C. दस हजार D. साठ हजार

97. सूरदास की एक रचना 'साहित्य लहरी' है। इसमें सूरदास ने–

A. कृष्ण की बाल-लीलाओं का चित्रण किया है

B. राधा का नख-शिख वर्णन किया है

C. कृष्ण की रास-लीलाओं का वर्णन किया है

D. उद्धव-गोपी संवाद लिखा है

98. रसखान ने किस भाषा में रचना की?

A. खड़ी बोली में B. अवधी में

C. ब्रजभाषा में D. भोजपुरी में

99. पुष्टिमार्ग के प्रवर्तक कौन थे?

A. रामानंद B. वल्लभाचार्य

C. रामानुजाचार्य D. शंकराचार्य

100. अष्टछाप के कवियों में सबसे बड़ा स्थान किसे प्राप्त है?

A. नंददास को B. छीतस्वामी को

C. सूरदास को D. विट्ठलनाथ को

101. "जाति-पाति पूछे नहीं कोई, हरी को भजै सो हरि का होई", उक्त पंक्तियां किस कवि की हैं?

A. नानक की B. कबीर की

C. रहीम की D. मलूक की

102. रतनसेन और पद्मावती की प्रेम-गाथा का वर्णन किस ग्रंथ में है?

A. रतन सेन में B. पद्मावत में

C. ज्ञान बोध में D. मधुमालती में

103. मृगावती किस कवि की रचना है?

A. मंझन की B. जायसी की

C. कुतबन की D. शेखनबी की

104. कृष्णभक्ति का प्रचार कब हुआ था?

A. 15वीं शताब्दी में B. 10वीं शताब्दी में

C. 19वीं शताब्दी में D. 11वीं शताब्दी में

105. श्री वल्लभाचार्य की उपासना में किस पर जोर दिया गया?

A. प्रभु कीर्तन पर

B. राम धुन पर

C. बाल कृष्ण की उपासना पर

D. ब्रह्म की उपासना पर

106. लगभग सारा कृष्ण काव्य–

A. खड़ी बोली में है B. ब्रजभाषा में है

C. अवधी में है D. खिचड़ी भाषा में है

107. चर्यापद किसकी रचना है?

A. विद्यापति की B. खुसरो की

C. जगनिक की D. सरहपा कण्हपा की

108. निर्गुण भक्ति धारा के कवियों ने निम्नलिखित में से किस पर जोर नहीं दिया?

A. निराकार ब्रह्म की उपासना B. आत्मशुद्धि

C. वैयक्तिक साधना D. अवतारवाद

109. निर्गुण भक्ति की प्रेमाश्रयी शाखा के विकास में किसका योगदान प्रमुख रहा?

A. सूफी कवियों का B. मीरा का

C. कबीर का D. नानक का

110. निर्गुण भक्ति की प्रेमाश्रयी शाखा के कवियों की रचनाओं की मुख्य विशेषता है–

A. विरह-वेदना की तीव्रता B. रोचक कथानक

C. प्रेम की पीर D. उपरोक्त सभी

111. निम्नलिखित में से कौन निर्गुण भक्ति धारा का नहीं है?

A. रैदास B. नानक

C. कबीर D. विद्यापति

112. सूफी कवियों ने कैसी प्रेम गाथाओं को अपने काव्य के लिए चुना?

A. अरबी B. फारसी

C. भारतीय D. तीनों

113. रामचरितमानस–

A. मुक्तक रचनाओं का संग्रह है

B. राम के जीवन के कुछ अंशों का वर्णन करता है

C. दोहा-चौपाई में लिखा गया है

D. भक्ति गीतों का संग्रह है

114. कबीरदास–

A. अनपढ़ थे

B. व्यवसाय के जुलाहे थे

C. पर नाथपंथ के हठयोग का प्रभाव था

D. उपरोक्त तीनों

115. रामानंदजी किसके गुरु थे?

A. मीर के B. नंददास के

C. कबीर के D. सूरदास के

116. मगहर नामक स्थान पर किस कवि की मृत्यु हुई थी?

A. केशव की B. चैतन्य की

C. विद्यापति की D. कबीर की

117. संत कबीर–

A. गृहस्थ थे

B. सूफी मत से प्रभावित थे

C. अवतारवाद में विश्वास नहीं करते थे

D. उपरोक्त सभी

118. कुल मिलाकर कबीरदास की भाषा कैसी थी?

A. अपभ्रंश B. खड़ी बोली

C. सधुक्कडी D. अवधी

119. 'भक्तमाल' ग्रंथ का रचयिता कौन है?
A. नंददास B. रामानंद
C. नाभादास D. विट्ठलनाथ

120. किस कवि का जन्म उत्तर प्रदेश के रायबरेली जिले के जायस गांव में हुआ था?
A. नंददास B. जायसी
C. केशवदास D. उपरोक्त में से कोई नहीं

121. किस कवि की निधन तिथि के सम्बन्ध में यह दोहा प्रसिद्ध है
"संवत सोरह सौ असी, असी गंग के तीर"
A. सूरदास B. मीरा
C. कबीर D. तुलसीदास

122. किसका बचपन का नाम 'रामबोला' था?
A. विद्यापति का B. केशवदास का
C. तुलसीदास का D. सूरदास का

123. तुलसी के काव्य में–
A. साधुमत है
B. लोकमत है
C. उपरोक्त दोनों हैं
D. उपरोक्त दोनों में से कोई भी नहीं है

124. कबीर की कविताओं में निम्नलिखित में से एक नहीं है?
A. नीति B. रहस्यवाद
C. सर्वात्मवाद D. छायावाद

125. काल-क्रम की दृष्टि से कौन सबसे पहले हुआ था?
A. कबीर B. मीरा
C. तुलसीदास D. सूरदास

रीति काल

126. रीतिकाल का अभ्युदय–
A. भक्ति काल से पहले हुआ
B. भक्ति काल के बाद हुआ
C. वीरगाथा काल के साथ-साथ हुआ
D. निर्गुण भक्ति और सगुण भक्ति काल के बीच हुआ

127. रीतिकालीन कविता का आरम्भ केशवदास की–
A. 'रामचन्द्रिका' से माना जाता है
B. 'रसिकप्रिया' से माना जाता है
C. 'विज्ञान गीता' से माना जाता है
D. उपरोक्त तीनों से माना जाता है

128. निम्नलिखित में से कौन कवि और आचार्य दोनों रूप में प्रतिष्ठित है?
A. सुमित्रानंदन पन्त B. नाभादास
C. नंददास D. केशवदास

129. कला पक्ष की प्रधानता किस काल की रचनाओं की प्रमुख विशेषता है?
A. वीरगाथा काल B. भक्ति काल
C. रीति काल D. उपरोक्त तीनों

130. रीतिकालीन कवियों ने मुख्यतः किस छंद का प्रयोग किया?
A. चौपाई B. दोहा
C. कवित्त D. कवित्त-सवैया

131. केशवदास किस राजा के आश्रय में थे?
A. बूंदी के राजा भावसिंह B. छत्रसाल
C. शिवाजी D. ओरछा के राजा इन्द्रजीत सिंह

132. नरोत्तम दास की विख्यात कृति कौन-सी है?
A. सुदामाचरित B. कवित्त रत्नाकर
C. नखसिख D. प्रिय-प्रवास

133. रहीम के दोहों में–
A. नीति की बातें हैं B. भक्ति की अभिव्यंजना है
C. उपदेशों की भरमार है D. उपरोक्त तीनों हैं

134. किस कवि की दानशीलता की तुलना 'कर्ण' की दानशीलता के साथ की जाती है?
A. देव B. बिहारी
C. भूषण D. रहीम

135. निम्नलिखित में से कौन-सा ग्रंथ 'रहीमदास' का है?
A. शृंगार सोरठ B. ध्यान मंजरी
C. महारामायण D. हनुमन्नाटक

136. 'कवित्त रत्नाकर' का लेखक कौन है?
A. बलभद्र मिश्र B. नरोत्तमदास
C. सेनापति D. केशवदास

137. तुलसी कृत 'रामचरितमानस' कितने काण्डों (अध्यायों) में है?
A. ग्यारह B. नौ
C. सात D. तेरह

138. तुलसी कृत 'रामचरितमानस'–
A. अवधी में है
B. ब्रज और अवधी दोनों में है
C. मागधी में है
D. उपरोक्त में से किसी में भी नहीं

139. चिन्तामणि किस काल के कवि थे?
A. आधुनिक काल B. भक्ति काल
C. रीति काल D. वीरगाथा काल

140. रीति काल की रचनाओं के विशेष लक्षण हैं–
A. रस, अलंकार B. नायिका-भेद, नख-शिख वर्णन
C. षट्ऋतु वर्णन D. उपरोक्त सभी

141. हिन्दी साहित्य का रीतिकालीन युग मोटे तौर से कबसे कब तक रहा?
A. बाबर से अकबर तक
B. अकबर से औरंगजेब तक
C. जहांगीर से बहादुरशाह तक
D. शाहजहां से बहादुरशाह तक

142. रीतिकालीन काव्य में निम्नलिखित में से किसे महत्व नहीं दिया गया?
A. चमत्कारपूर्ण उक्तियों को B. भावों की नज़ाकत को
C. कल्पना की मौलिकता को D. हृदय पक्ष या भाव पक्ष को

143. रीतिकालीन काल लगभग कितनी शताब्दियों तक चला?
A. चार शताब्दियों तक B. एक शताब्दी तक
C. तीन शताब्दियों तक D. दो शताब्दियों तक

144. निम्नलिखित में से कौन वीर रस का कवि नहीं था?
A. भूषण B. लाल
C. सूदन D. पद्माकर

145. रीतिकालीन कवियों ने मुख्यतः शृंगार रस की कवितायें लिखीं। उन्होंने शृंगार रस की रचनाओं के लिए किस छंद को प्रधानतः अपनाया?
A. कवित्त B. सवैया
C. हरिगीतिका D. छप्पय

146. रीतिकालीन कवियों ने नारी के केवल एक ही रूप का अंकन किया। वह था–
A. माता रूप B. शक्ति रूप
C. नायिका रूप D. जगदम्बा रूप

147. लगभग सभी रीतिकालीन कवियों ने लक्षण ग्रंथों (रीतिग्रंथों) की रचना की। निम्नलिखित रीतिकालीन कवियों में से किसने लक्षण ग्रंथ की रचना नहीं की?
A. बिहारी लाल B. मतिराम
C. भूषण D. पद्माकर

148. रीतिकालीन साहित्य में–
A. प्रबन्ध काव्यों की अपेक्षा मुक्तक काव्यों की अधिक रचना हुई
B. नवीन विचारों का अभाव रहा
C. नारी के विभिन्न रूपों (चरित्र) का अंकन प्रायः नहीं हुआ
D. उपरोक्त सभी

149. रीतिकाल में स्वच्छन्द कविता लिखने वाले एक कवि थे–
A. घनानंद B. नंददास
C. भिखारीदास D. देव

150. रीतिकाल के कवियों में नीति सम्बन्धी रचनायें किसने लिखीं?
A. वृन्द B. आलम
C. भिखारीदास D. जोधराज

151. कवि गिरधर की–
A. सूक्तियां प्रसिद्ध हैं B. सतसई प्रसिद्ध हैं
C. अन्योक्तियां प्रसिद्ध हैं D. कुण्डलियां प्रसिद्ध हैं

152. बेनी कवि किस प्रकार की रचनाओं के लिए विख्यात हैं?
A. नीति B. वैराग्य
C. भक्ति D. व्यंग्य

153. ध्रुवदास–
A. रीति काल के आचार्य थे
B. रीति काल के वीर रस के कवि थे
C. रीति काल के कृष्ण भक्त कवि थे
D. रीति काल के राम भक्त कवि थे

154. मधुसूदनदास द्वारा रचित ग्रंथ है–
A. रामाश्वमेध B. राम रसायन
C. सीतायन D. गोविन्द रामायण

155. रीतिकालीन आचार्य-कवि चिन्तामणि की सर्वाधिक विख्यात रचना है–
A. कवि कल्पतरु B. पिंगल
C. काव्यदर्पण D. ललित ललाम

156. निम्नलिखित ग्रंथों में से किस एक के रचनाकार मतिराम नहीं है?
A. रस राज B. वृत्तकौमुदी
C. साहित्यसार D. कविकल्पतरु

157. रीतिकालीन कवियों में केवल एक ग्रंथ लिखकर सर्वाधिक सम्मान पाने वाला कवि कौन-सा है?
A. मतिराम B. बिहारी
C. देव D. पद्माकर

158. निम्नलिखित में से किस कवि की रचनाओं के बारे में 'गागर में सागर भरने' की बात कही जाती है?
A. देव B. मतिराम
C. कबीर D. बिहारी

159. शृंगार का सर्वश्रेष्ठ कवि किसे माना जाता है?
A. देव B. मतिराम
C. बिहारी D. पद्माकर

160. 'भावविलास' किस कवि की रचना है?
A. रत्नाकर B. पद्माकर
C. देव D. मतिराम

161. 'काव्य निर्णय' का रचयिता कौन है?
A. बिहारी B. भिखारीदास
C. घनानंद D. मतिराम

162. हिन्दी में उपालम्भ का सर्वश्रेष्ठ कवि किसे कहा जाता है?
A. पद्माकर B. बिहारी
C. घनानंद D. लाल कवि

163. रीतिकालीन कौन-सा कवि 'सुजान' नामक वेश्या पर अनुरक्त था और इसी प्रसंग में उसने 'सुजानसागर' नामक ग्रंथ की रचना की?
A. आलम B. रसलीन
C. ग्वाल D. घनानंद

164. 'गंगा लहरी' के रचयिता कौन थे?
A. देव B. मतिराम
C. आलम D. पद्माकर

165. 'पद्माभरण' का रचयिता कौन था?
A. पद्माकर B. जायसी
C. मतिराम D. देव

166. आचार्य केशव का ग्रंथ 'रामचन्द्रिका'–
A. खण्ड काव्य है B. प्रबन्ध काव्य है
C. मुक्तक रचना है D. उपरोक्त में से कोई नहीं

167. कवि भूषण ने शिवाजी की वीरता व यश गान किया है : लाल कवि ने किसका यश गान किया है?

A. राणा प्रताप का B. छत्रसाल का
C. हिम्मत बहादुर D. गोरा-बादल का

168. निम्नलिखित रचनाओं में से एक रचना भूषण की नहीं है?

A. छत्रसाल दशक B. शिवाबावनी
C. शिवराजभूषण D. अष्टयाम

169. 'बिहारी सतसई' में कितने दोहे हैं?

A. 700 B. 701
C. 725 D. 719

170. 'रसकेलिवल्ली' किसकी रचना है?

A. गंग B. घनानंद
C. रसखान D. देव

171. ब्रजभाषा का कौन-सा कवि ऋतु वर्णन के लिए विख्यात है?

A. सेनापति B. पद्माकर
C. देव D. मतिराम

172. कहा जाता है कि सम्राट् अकबर ने एक कवि की रचना से प्रभावित होकर गोवध बंद करवा दिया था। वह कवि था–

A. नरहरि बन्दीजन B. गंग
C. सेनापति D. आलम

173. रीतिकालीन कवियों की रचनाओं का मुख्य प्रयोजन था–

A. साहित्य की समृद्धि B. स्वान्तः सुखाय
C. आश्रयदाताओं का यशगान D. ऋतु वर्णन

174. हिन्दी साहित्य में रीतिकालीन काव्य परम्परा किसने प्रारम्भ की?

A. देव B. मतिराम
C. सेनापति D. केशव

175. केशवदास ने एक आध्यात्मिक ग्रंथ लिखा, जिसका नाम था–

A. रामचन्द्रिका B. कविप्रिया
C. रसिकप्रिया D. विज्ञान गीता

176. कहा जाता है कि निम्नलिखित पंक्तियों ने एक राजा के जीवन में परिवर्तन ला दिया था–

नहि पराग नहि मधुर मधु, नहि विकास इहि काल।
अली कली ही सों विध्यों, आगे कौन हवाल।।

इन पंक्तियों के रचयिता थे–

A. सेनापति B. पद्माकर
C. रहीम D. बिहारी

177. बिहारी ने अपने काव्य में किस छंद को अपनाया?

A. कवित्त B. छप्पय
C. सवैया D. दोहा

178. 'रसराज' ग्रंथ का रचयिता कौन था?

A. मतिराम B. पद्माकर
C. देव D. चिन्तामणि

179. यह किसकी उक्ति है?

'तबही लौं जीवो भलो, दीवो होय न धीम'

A. कबीर B. रहीम
C. तुलसी D. बिहारी

180. रहीम के सम्बन्ध में कौन-सा कथन गलत है?

A. वह विद्या व्यसनी थे
B. वह योद्धा और राजनीतिज्ञ भी थे
C. वह कलामर्मज्ञ थे
D. वह अनपढ़ थे

181. ज्योतिष ग्रंथ "खेट कौतुकम" का रचयिता कौन था?

A. नंददास B. पद्माकर
C. रहीम D. सेनापति

182. महाकवि भूषण–

A. का नाम ही भूषण था B. की जाति भूषण थी
C. की उपाधि भूषण थी D. उपरोक्त में से कोई नहीं

183. भूषण–

A. की भाषा प्रधानतः ब्रज थी
B. ने फारसी और बुन्देलखंडी के शब्दों का भी काफी प्रयोग किया
C. ने शब्दों को तोड़ा-मरोड़ा भी
D. उपरोक्त सभी

184. 'जगद्विनोद' एक श्रेष्ठ रीति ग्रंथ है। इसका रचयिता कौन था?

A. देव B. मतिराम
C. सेनापति D. पद्माकर

185. पद्माकर का सर्वश्रेष्ठ ग्रंथ किसे माना जाता है?

A. प्रबोध पचासा B. गंगालहरी
C. पद्माभरण D. राम रसायन

186. 'कूलन में केलि में कछारन में कुंजन में,
क्यारिन में कलित कलीन किलकंत है।

उपरोक्त अनुप्रासपूर्ण सुन्दर रचना किस कवि की है?

A. पद्माकर B. सेनापति
C. मतिराम D. देव

187. जायसी के पद्मावत में रतनसेन और राजकुमारी पद्मावती के प्रेम का वर्णन है। पद्मावती कहां की राजकुमारी थी?

A. चित्तौड़ B. सिंहलद्वीप
C. नागदेश D. अवन्तिका

188. 'सीतायन' का रचयिता कौन था?

A. मधुसूदनदास B. रसिक बिहारी
C. चिन्तामणि D. रामप्रिया शरण

189. नागरी दास

A. कृष्ण भक्त कवि थे B. राम भक्त कवि थे
C. रीति ग्रंथ कवि थे D. निर्गुण भक्त कवि थे

190. 'पाहन पूजे हरि मिलै, तो मैं पूजूं पहार' यह उक्ति किसकी है?

A. रसखान B. रहीम
C. कबीर D. मलूकदास

191. हिन्दी के किस कवि को वात्सल्य रस का सम्राट् माना जाता है?

A. मीरा B. सूरदास
C. नंददास D. नरोत्तमदास

192. किस कवि का सारा काव्य सरस और गेय है?

A. तुलसीदास B. सूरदास
C. रसखान D. कबीरदास

193. "तन चितउर मन राजा कीन्हा,
हिय सिंहल बुधि पदमिनि चीन्हा।"
उपरोक्त पंक्तियां किस ग्रंथ की हैं?

A. बीजक B. पद्‌मावत
C. इश्कनामा D. उपरोक्त में से कोई नहीं

194. "अमिय हलाहल मद भरे
श्वेत श्याम रतनार
उठत, गिरत, उठ गिरि परत
जेहिं चितवत इक बार"
ये पंक्तियां किस कवि की हैं?

A. इलह कवि B. लाल कवि
C. रसखान D. रसलीन

195. निम्नलिखित में से किस कवि ने उलटवासियां लिखीं हैं?

A. वृन्द B. गिरधर राय
C. रहीम D. कबीर

196. केशवदास की काव्य भाषा थी–

A. भोजपुरी B. अवधी
C. ब्रज D. बुन्देलखण्डी

197. बिहारी सतसई के दोहों में किस रस की प्रधानता है?

A. शान्त रस B. भक्ति रस
C. वीर रस D. शृंगार रस

198. निम्न पंक्तियां किस कवि का परिचय देती हैं?
"जन्म ग्वालियर जानिए, खंड बुन्देले बाल
तरुणाई आई लसत, बसि मथुरा ससुराल"

A. केशव B. पद्‌माकर
C. सेनापति D. बिहारी

199. किस कवि की यह पंक्ति है?
'मेरी भव बाधा हरो, राधा नागरि सोय'

A. सूर B. मीरा
C. घनानंद D. बिहारी

200. भूषण के काव्य की भाषा थी–

A. अवधी B. राजस्थानी
C. भोजपुरी D. ब्रज

आधुनिक काल

201. हिन्दी साहित्य का आधुनिक काल सामान्यतया कब से आरम्भ माना जाता है?

A. 1700 ई. से B. 1750 ई. से
C. 1850 ई. से D. 1900 ई. से

202. हिन्दी के आधुनिक काल के काव्य की एक विशेषता यह है कि–

A. यह जन-जीवन के साथ चला
B. इसमें करुण रस को प्रधानता मिली
C. इसमें जीवन की विभिन्न समस्याओं और उनके समाधान को स्थान मिला
D. उपरोक्त सभी

203. आधुनिक काल की काव्य रचनाओं में–

A. राष्ट्रगौरव जगा
B. राष्ट्रीयता उजागर हुई
C. समाज सुधार की भावनायें मुखरित हुईं
D. उपरोक्त सभी

204. आधुनिक काल के काव्य में–

A. कवितायें खड़ी बोली में लिखी जाने लगीं
B. कवितायें ब्रजभाषा में ही लिखी जाने लगीं
C. कवितायें अवधी में ही लिखी जाती रहीं
D. कवितायें केवल ब्रज व अवधी में लिखी गई

205. आधुनिक काल के काव्य में–

A. छायावाद आया B. रहस्यवाद अवतरित हुआ
C. प्रगतिवाद का प्रचलन हुआ D. उपरोक्त सभी

206. भारतेन्दु हरिश्चन्द्र ने काव्य धारा को किस ओर मोड़ा?

A. शृंगार प्रियता की ओर B. रीति ग्रंथों की ओर
C. निर्गुण भक्ति की ओर D. स्वदेश प्रेम की ओर

207. हिन्दी कविता के वर्तमान युग का प्रवर्तक किसे माना जाता है?

A. बालकृष्ण भट्ट B. जयशंकर प्रसाद
C. महादेवी वर्मा D. भारतेन्दु हरिश्चन्द्र

208. हिन्दी कविता में राष्ट्रीयता की तान सबसे पहले किसने छेड़ी?

A. मैथिलीशरण गुप्त B. माखनलाल चतुर्वेदी
C. रामधारी सिंह 'दिनकर' D. भारतेन्दु हरिश्चन्द्र

209. भारतेन्दु बाबू के सम्बन्ध में निम्नलिखित में से कौन-सा कथन सही नहीं है?

A. वह रसिक कवि थे
B. वह कविता के लिए किसी वाद से बंधे नहीं थे
C. उन्होंने भक्ति, प्रकृति-चित्रण, हास्य-विनोद पर भी कविताएं लिखीं
D. वह राम भक्त थे

210. निम्नलिखित में से कौन-सी रचना भारतेन्दु की नहीं है?

A. प्रेम पचीसी B. प्रेम माधुरी
C. प्रेम फुलवारी D. प्रेम प्रलाप

211. भारतेन्दु की रचनाओं का संग्रह किस नाम से है?
A. भारतेन्दु दर्पण B. भारतेन्दु प्रसून
C. भारतेन्दु ग्रंथावली D. भारतेन्दु वाणी

212. भारतेन्दु युग को किस नाम से जाना जाता है?
A. समाज-सुधार युग B. छायावादी युग
C. राष्ट्रीय चेतना युग D. महाकाव्य युग

213. "अंगरेज राज सुख साज सजे सब भारी।
पै धन विदेश चलि जात यहै अतिख्वारी"।।
उपरोक्त पंक्तियां किस कवि की हैं?
A. मैथिलीशरण गुप्त B. बालकृष्ण शर्मा 'नवीन'
C. श्रीधर पाठक D. भारतेन्दु हरिश्चन्द्र

214. 'अनुराग रत्न' का रचयिता कौन है?
A. श्रीधर पाठक B. नाथूराम शर्मा शंकर
C. प्रतापनारायण मिश्र D. बदरीनारायण चौधरी 'प्रेमधन'

215. भारतेन्दुजी ने गंगा वर्णन में–
A. हास्य-विनोद लिखा है B. प्रकृति-चित्रण किया है
C. व्यंग्य लिखा है D. रसिकता का परिचय दिया है

216. भारतेन्दुजी ने जो मुकरियां लिखीं, उनमें–
A. धार्मिक पाखण्ड पर व्यंग्य है
B. दिखावटी मित्रता पर व्यंग्य है
C. शासन, शिक्षा की समस्याओं पर मार्मिक चोट है
D. सामाजिक व्यवस्था पर करारी चोट है

217. 'सरस्वती' नामक पत्रिका, जिसके सम्पादक आचार्य महावीर प्रसाद द्विवेदी थे, कहां से प्रकाशित होती थीं?
A. काशी से B. मथुरा से
C. कानपुर से D. प्रयाग से

218. आचार्य महावीर प्रसाद द्विवेदी ने–
A. खड़ी बोली का परिष्कार किया
B. छायावादी कविताएं लिखीं
C. 'प्रिय प्रवास' की रचना की
D. बालकोपयोगी साहित्य लिखा

219. श्रीधर पाठक की 'देहरादून' कविता किस दृष्टि से उल्लेखनीय है?
A. समाज सुधार B. प्रकृति-चित्रण
C. ग्राम्य जीवन D. नारी-उत्थान

220. अयोध्या सिंह उपाध्याय 'हरिऔध' की सर्वोत्तम रचना कौन-सी है?
A. वैदेही वनवास B. रसकलश
C. प्रिय प्रवास D. उपरोक्त में कोई नहीं

221. प्रिय प्रवास का वर्ण्य-विषय क्या है?
A. कृष्ण का मथुरा-प्रवास B. सीता का करुणापूर्ण चित्र
C. राम-वनवास D. बुद्ध का गृहत्याग

222. 'चोखे-चौपदे' किसकी रचना है?
A. रामनरेश त्रिपाठी की B. जगन्नाथ दास रत्नाकर की
C. लाला भगवानदीन की D. उपरोक्त में से किसी की नहीं

223. प्रिय प्रवास–
A. महाकाव्य है
B. खड़ी बोली में है
C. प्रकृति वर्णन की दृष्टि से प्रशंसनीय है
D. उपरोक्त सभी

224. किस ग्रंथ में जगन्नाथदास रत्नाकर को यश मिला?
A. हरिश्चन्द्र B. उद्धवशतक
C. उपरोक्त दोनों D. उपरोक्त में से कोई नहीं

225. 'गंगावतरण' किसकी कृति है?
A. सत्यनारायण 'कविरत्न' B. रामचरित उपाध्याय
C. जगन्नाथ दास 'रत्नाकर' D. लाला भगवान 'दीन'

226. निम्नलिखित में से कौन-सा कवि 'त्रिशूल' नाम से कविता लिखता था?
A. कामता प्रसाद गुरु B. राय देवी प्रसाद 'पूर्ण'
C. गया प्रसाद शुक्ल 'सनेही' D. सत्यनारायण 'कविरत्न'

227. 'जयद्रथ वध' का रचयिता कौन था?
A. रूपनारायण पाण्डेय B. माखनलाल चतुर्वेदी
C. महावीर प्रसाद द्विवेदी D. मैथिलीशरण गुप्त

228. चिरगांव, झांसी किस कवि का जन्म स्थान है?
A. रामनरेश त्रिपाठी B. बालकृष्ण शर्मा 'नवीन'
C. मैथिलीशरण गुप्त D. रामकुमार वर्मा

229. मैथिलीशरण गुप्त की दो अमर रचनाएं हैं–
A. साकेत और यशोधरा B. साकेत और नहुष
C. यशोधरा और अनघ D. यशोधरा और सिद्धराज

230. मैथिलीशरण गुप्त का 'जयद्रथ वध'
A. खण्ड काव्य है
B. ब्रजभाषा में है
C. राष्ट्रीय भावना से ओतप्रोत है
D. महाकाव्य है

231. 'भारत-भारती' का रचयिता कौन था?
A. अयोध्यासिंह उपाध्याय 'हरिऔध'
B. महावीरप्रसाद द्विवेदी
C. रामधारी सिंह 'दिनकर'
D. मैथिलीशरण गुप्त

232. मैथिलीशरण गुप्त के किस ग्रंथ में लक्ष्मण की पत्नी उर्मिला का सुन्दर चरित्र-चित्रण है?
A. भारत भारती B. पंचवटी
C. साकेत D. द्वापर

233. मैथिलीशरण गुप्त का कृष्णकाव्य कौन-सा है?
A. नहुष B. द्वापर
C. सिद्धराज D. चन्द्रहास

234. गौतम बुद्ध की पत्नी के उज्ज्वल चरित्र के अंकन के लिए मैथिलीशरण गुप्त ने किस ग्रंथ की रचना की?

A. द्वापर B. यशोधरा
C. भारत भारती D. अनघ

235. "मैं घमण्डों में भरा ऐंठा हुआ
एक दिन जब था मुंडेरे पर खड़ा
आ अचानक दूर से उड़ता हुआ
एक तिनका आँख में मेरी पड़ा"
उपरोक्त पंक्तियां किस कवि की हैं?

A. मैथिलीशरण गुप्त B. अयोध्यासिंह उपाध्याय
C. रामनरेश त्रिपाठी D. भारतेन्दु हरिश्चन्द्र

236. 'पथिक', 'मिलन' और 'स्वप्न' किसकी रचनायें हैं?

A. रामनरेश त्रिपाठी B. माखनलाल चतुर्वेदी
C. सियारामशरण गुप्त D. लोचनप्रसाद पाण्डेय

237. "हम कौन थे, क्या हो गए हैं और क्या होंगे अभी।
आओ विचारें आज मिलकर ये समस्यायें सभी।।"

ये पंक्तियां किस कवि की हैं?

A. रामधारी सिंह 'दिनकर' B. माखनलाल चतुर्वेदी
C. श्यामनारायण पाण्डेय D. मैथिलीशरण गुप्त

238. "मुझे तोड़ लेना वनमाली,
उस पथ पर देना तुम फेंक।
मातृभूमि पर शीश चढ़ाने,
जिस पथ जायें वीर अनेक।।"

ये पंक्तियां राष्ट्रप्रेम से ओतप्रोत हैं। इनका रचयिता कौन है?

A. सियारामशरण गुप्त B. जयशंकर प्रसाद
C. माखनलाल चतुर्वेदी D. गयाप्रसाद शुक्ल 'सनेही'

239. 'हिमकिरीटिनी' और 'हिमतरंगिणी' किसकी रचनायें हैं?

A. माखनलाल चतुर्वेदी B. रामधारी सिंह 'दिनकर'
C. सुमित्रानंदन पंत D. महादेवी वर्मा

240. कौन-सा कवि 'एक भारतीय आत्मा' के नाम से कविता लिखता था?

A. मैथिलीशरण गुप्त B. बालकृष्ण शर्मा 'नवीन'
C. माखनलाल चतुर्वेदी D. सोहनलाल द्विवेदी

241. "कवि कुछ ऐसी तान सुनाओ
जिससे उथल-पुथल हो जाये।"

ये पंक्तियां किस कवि की हैं?

A. माखनलाल चतुर्वेदी B. बालकृष्ण शर्मा 'नवीन'
C. सियारामशरण गुप्त D. रामेश्वर शुक्ल 'अंचल'

242. द्विवेदी युग में किस कवि ने अन्य कवियों को खड़ी बोली में कविता लिखने हेतु प्रोत्साहित किया?

A. अयोध्यासिंह उपाध्याय B. जगन्नाथ दास 'रत्नाकर'
C. भारतेन्दु हरिश्चन्द्र D. महावीर प्रसाद द्विवेदी

243. जगन्नाथ दास 'रत्नाकर'

A. की काव्य-भाषा ब्रज भाषा है
B. को गंगावतरण से बड़ी ख्याति मिली
C. का भक्ति काव्य 'उद्धव शतक' है
D. उपरोक्त सभी

244. मैथिलीशरण गुप्त की पहली रचना कौन-सी थी?

A. साकेत B. सिद्धराज
C. यशोधरा D. जयद्रथ वध

245. खड़ी बोली का पहला महाकाव्य कौन-सा है?

A. साकेत B. गंगावतरण
C. प्रिय प्रवास D. कामायनी

246. 'प्रिय प्रवास' में किस रस की प्रधानता है?

A. श्रृंगार रस B. वात्सल्य रस
C. करुण रस D. शान्त रस

247. मैथिलीशरण गुप्त के साहित्यिक गुरु कौन थे?

A. पं. रामचन्द्र शुक्ल B. पं. प्रतापनारायण मिश्र
C. पं. महावीर प्रसाद द्विवेदी D. भारतेन्दु हरिश्चन्द्र

248. गुप्तजी के ग्रन्थ 'साकेत' की नायिका कौन है?

A. कैकेई B. सीता
C. कौशल्या D. उर्मिला

249. 'नवीन' उपनाम से कविता लिखने वाला कवि था–

A. बालकृष्ण शर्मा B. रूपनारायण पाण्डेय
C. सत्यनारायण D. गया प्रसाद शुक्ल

250. 'आर्द्रा' के रचनाकार थे–

A. रामकुमार वर्मा B. सियारामशरण गुप्त
C. सोहनलाल द्विवेदी D. तारा पाण्डे

251. काशी से प्रकाशित होने वाली साहित्यिक पत्रिका कौन-सी थी?

A. इंदु B. सरस्वती
C. कर्मवीर D. मतवाला

252. अयोध्या सिंह उपाध्याय की काव्य-रचना की एक विशेषता है–

A. सधुक्कड़ी हिन्दी का प्रयोग
B. शुद्ध ब्रजभाषा का प्रयोग
C. संस्कृत की समासयुक्त पदावली का प्रयोग
D. उर्दू बहुक्त पदावली का प्रयोग

253. 'पुष्प की अभिलाषा' राष्ट्रीय विचारधारा की कविता है, जिसके शब्द हैं–

"चाह नहीं मैं सुरबाला के गहनों में गूँथा जाऊं"

इस कविता का रचयिता कौन है?

A. मैथिलीशरण गुप्त
B. रामधारी सिंह 'दिनकर'
C. सियारामशरण गुप्त
D. माखनलाल चतुर्वेदी

254. सियारामशरण गुप्त की 'मौर्य विजय'–
A. करुण रस प्रधान रचना है
B. वीर रस प्रधान रचना है
C. पौराणिक घटना पर आधारित है
D. समसामयिक विषय से सम्बन्धित है

255. "स्वर्ग की तुलना उचित ही है यहां।
किन्तु सुरसरिता कहां, सरयू यहां।
वह मरों को मात्र पार उतारती
यह यहीं से जीवितों को तारती।"
उपरोक्त पंक्तियां किस कवि की हैं?
A. मैथिलीशरण गुप्त B. सुमित्रानंदन पंत
C. रामकुमार वर्मा D. भारतेन्दु हरिश्चन्द्र

256. किस कवि को साधारणतया गांधीवादी कवि कहा जाता है?
A. रामधारी सिंह 'दिनकर'
B. सोहनलाल द्विवेदी
C. मैथिलीशरण गुप्त
D. अयोध्यासिंह उपाध्याय 'हरिऔध'

257. निम्नलिखित में से एक सोहनलाल द्विवेदी का काव्य संग्रह है, वह है–
A. भैरवी B. आर्द्रा
C. चेतना D. गुंजन

258. बालकृष्ण शर्मा 'नवीन' के सम्बन्ध में कौन-सा कथन सही नहीं है?
A. उनकी अधिकांश रचनायें जेल में लिखी गईं
B. वह फकीर बादशाह थे
C. 'हम विषपायी जनम के' उनकी प्रसिद्ध रचना है
D. वह छायावाद के प्रतिनिधि कवि थे

259. खड़ी बोली के प्रथम महाकाव्य रचयिता कौन थे?
A. अयोध्यासिंह उपाध्याय 'हरिऔध'
B. जयशंकर प्रसाद
C. रामधारी सिंह 'दिनकर'
D. मलिक मुहम्मद जायसी

260. हरिऔधजी का ग्रंथ 'प्रियप्रवास' किस भाषा में है?
A. अवधी B. खड़ी बोली
C. संस्कृतनिष्ठ खड़ी बोली D. ब्रज

261. श्यामनारायण पाण्डेय का सुविख्यात महाकाव्य कौन-सा है?
A. राणा प्रताप B. मेघनाद वध
C. हल्दीघाटी D. कुरुक्षेत्र

262. 'चित्राधार' किस कवि की ब्रजभाषा की प्रथम कृति है?
A. रामधारी सिंह 'दिनकर' B. जयशंकर प्रसाद
C. जगन्नाथ दास 'रत्नाकर' D. उपरोक्त में से कोई नहीं

263. 'आंसू' किसकी कृति है?
A. सोहनलाल द्विवेदी B. सुमित्रानंदन पंत
C. हरिवंश राय बच्चन D. जयशंकर प्रसाद

264. प्रसादजी की खड़ी बोली की प्रथम काव्य रचना थी–
A. प्रेम पथिक B. चित्राधार
C. कामायनी D. इनमें से कोई नहीं

265. 'निराला' जी का पूरा नाम क्या था?
A. रमाकान्त त्रिपाठी B. उपाकान्त त्रिपाठी
C. सूर्यकान्त त्रिपाठी D. चन्द्रकान्त त्रिपाठी

266. प्रसादजी का महाकाव्य 'कामायनी'
A. वीर रस का श्रेष्ठ काव्य है
B. भक्ति भाव का अनूठा ग्रंथ है
C. आनन्दवाद की श्रेष्ठ रचना है
D. उपरोक्त सभी

267. प्रसादजी का सारा काव्य किससे प्रभावित दिखता है?
A. राष्ट्र प्रेम से B. भारतीय संस्कृति से
C. बौद्ध धर्म से D. उपरोक्त तीनों से

268. प्रसादजी की भाषा–
A. संस्कृतगर्भित है B. चित्रमय है
C. माधुर्य गुण सम्पन्न है D. उपरोक्त सभी

269. प्रसादजी का गीति काव्य है–
A. कानन-कुसुम B. लहर
C. झरना D. उपरोक्त सभी

270. "किरण! तुम क्यों बिखरी हो आज,
रंगी हो तुम किसके अनुराग।"
प्रकृति-चित्र की उपरोक्त पंक्तियां किस कवि की हैं?
A. सुमित्रानंदन पंत B. रामकुमार वर्मा
C. महादेवी वर्मा D. जयशंकर प्रसाद

271. आधुनिक हिन्दी साहित्य में रहस्यवाद का जन्मदाता किसे माना जाता है?
A. भगवतीचरण वर्मा B. महादेवी वर्मा
C. सूर्यकान्त त्रिपाठी 'निराला' D. जयशंकर प्रसाद

272. 'बीती विभावरी, जांग री
अम्बर पनघट में डुबा रही
तारा-घट ऊषा नागरी'
उपरोक्त रूपक की एकरूपता वाली पंक्तियां लिखने वाला/वाली कवि/कवयित्री है–
A. महादेवी वर्मा B. सुमित्रानंदन पंत
C. जयशंकर प्रसाद D. मैथिलीशरण गुप्त

273. निम्न पंक्तियां किस कवि की हैं–
"ले चल मुझे भुलावा देकर, मेरे नाविक धीरे-धीरे"
A. सुमित्रानंदन पंत B. सूर्यकान्त त्रिपाठी 'निराला'
C. महादेवी वर्मा D. जयशंकर प्रसाद

274. प्रसादजी की कामायनी में पात्र-प्रतीकों के निम्नलिखित जोड़ों में से कौन-सा गलत है?
A. मनु – मन का प्रतीक
B. इड़ा – बुद्धि का प्रतीक

C. श्रद्धा – हृदय का प्रतीक
D. वृषभ – आनंद का प्रतीक

275. 'आँसू' में किस रस की प्रधानता है?
A. शृंगार रस की B. शान्त रस की
C. करुण रस की D. अद्‌भुत रस की

276. प्रसादजी की रचनाओं में–
A. सांस्कृतिक प्रौढ़त्व है B. विवेक है
C. अनुभूति की गहराई है D. उपरोक्त सभी हैं

277. प्रसादजी का 'आँसू' काव्य–
A. अनुभूति और कल्पना प्रधान है
B. में चमत्कार और उक्ति वैचित्र्य है
C. में उपदेशात्मकता है
D. में विश्वबन्धुत्व की भावना है

278. किस क्षेत्र की रचनाओं के लिए प्रसादजी को अग्रणी कवि माना जाता है?
A. प्रयोगवादी B. प्रगतिवादी
C. छायावादी D. उपरोक्त में से कोई नहीं

279. किस ग्रंथ को प्रसादजी का सर्वोत्कृष्ट काव्य-ग्रंथ माना जाता है?
A. झरना B. लहर
C. आँसू D. कामायनी

280. खड़ी बोली के किस कवि को द्विवेदी युग के बाद विभिन्न साहित्यिक प्रवृत्तियों का जन्मदाता; संक्रान्ति काल का उच्चतम साहित्यकार और रोमांटिक साहित्य का प्रवर्तक माना जाता है?
A. महादेवी वर्मा B. सूर्यकान्त त्रिपाठी 'निराला'
C. जयशंकर प्रसाद D. सुमित्रानंदन पंत

281. निम्नलिखित में से किस प्रतिभाशाली कवि की मृत्यु जवानी में ही (50 वर्ष से कम आयु में) हो गई थी?
A. महादेवी वर्मा B. सुमित्रानंदन पंत
C. जयशंकर प्रसाद D. सूर्यकान्त त्रिपाठी 'निराला'

282. खड़ी बोली के किस कवि को हिन्दी साहित्य का 'शिव' कहा जाता है?
A. जयशंकर प्रसाद B. महादेवी वर्मा
C. सूर्यकान्त त्रिपाठी 'निराला' D. उपरोक्त में से कोई नहीं

283. "दिवस का अवसान समीप था,
गगन था कुछ लोहित हो चला।"
यह प्रकृति-चित्रण किस महाकाव्य से है?
A. प्रिय प्रवास B. कामायनी
C. उर्वशी D. साकेत

284. हिन्दी कविता में स्वच्छंद छंद रचना का सूत्रपात करने वाला कवि था–
A. मैथिलीशरण गुप्त
B. अयोध्यासिंह उपाध्याय 'हरिऔध'
C. जयशंकर प्रसाद
D. सूर्यकान्त त्रिपाठी 'निराला'

285. 'निराला' जी का प्रथम काव्य संग्रह था–
A. आराधना B. अणिमा
C. अर्चना D. अनामिका

286. 'जूही की कली' नामक सुविख्यात कविता किसकी है?
A. सुमित्रानंदन पंत B. भगवती चरण वर्मा
C. महादेवी वर्मा D. सूर्यकान्त त्रिपाठी 'निराला'

287. निराला के काव्य में–
A. भाषा ओजपूर्ण है
B. भाषा संस्कृतनिष्ठ खड़ी बोली है
C. स्वर-लय की प्रधानता है
D. उपरोक्त सभी

288. 'वर दे, वीणावादिनी, वर दे'
यह सरस्वती वंदना किस कवि ने लिखी है?
A. जयशंकर प्रसाद B. सूर्यकान्त त्रिपाठी 'निराला'
C. सुमित्रानंदन पंत D. उपरोक्त में कोई नहीं

289. "नारी तुम केवल श्रद्धा हो,
विश्वास रजत नग पग-तल में।
पीयूष स्रोत-सी बहा करो,
जीवन के सुन्दर समतल में।"
नारी के सम्बन्ध में उपर्युक्त उद्‌गार किस कवि के हैं?
A. सुमित्रानंदन पंत B. मैथिलीशरण गुप्त
C. सोहनलाल द्विवेदी D. जयशंकर प्रसाद

290. नारी के सम्बन्ध में निम्नलिखित उद्‌गार किस कवि का है–
"वह इष्टदेव के मन्दिर की पूजा-सी
वह दीप-शिखा-सी शान्त, भाव में लीन"
A. नरेन्द्र शर्मा B. सुमित्रानंदन पंत
C. शान्तिप्रिय द्विवेदी D. सूर्यकान्त त्रिपाठी 'निराला'

291. 'कुकुरमुत्ता' किस कवि की रचना है?
A. बालकृष्ण शर्मा 'नवीन' B. जयशंकर प्रसाद
C. अज्ञेय D. सूर्यकान्त त्रिपाठी 'निराला'

292. निराला जी की निम्नलिखित पंक्तियां उनकी किस कविता से है?
"वह आता–
दो टूक कलेजे के करता
पछताता पथ पर आता।
पेट-पीठ दोनों मिलकर हैं एक
चल रहा लकुटिया टेक"
A. कृषक B. मजदूर
C. भिक्षुक D. एक भारतीय

293. 'निराला' जी की कविताओं में–
A. छायावाद है B. रहस्यवाद है
C. प्रगतिवाद है D. तीनों का समन्वय है

294. हिन्दी गीति-काव्य की परम्परा डालने वाला/वाली कवि/कवयित्री है–
A. महादेवी वर्मा B. सूर्यकान्त त्रिपाठी 'निराला'
C. रामधारी सिंह 'दिनकर' D. अज्ञेय

295. 'निराला' की प्रयोगवादी रचना है–
A. वनवेला B. कुकुरमुत्ता
C. नये पत्ते D. बादल राग

296. 'निराला जी' की 'तुम और मैं' कविता उच्चकोटि की–
A. छायावादी रचना है B. रहस्यवादी रचना है
C. प्रयोगवादी रचना है D. प्रगतिवादी रचना है

297. 'राम की शक्ति पूजा' किसकी कविता है?
A. तुलसीदास B. मैथिलीशरण गुप्त
C. सूर्यकान्त त्रिपाठी 'निराला' D. जयशंकर प्रसाद

298. ''दिवसावसान का समय, मेधमय आसमान से उतर रही है : वह सन्ध्या सुन्दरी परी सी धीरे-धीरे।''
प्रकृति सौन्दर्य की ये अनुपम पंक्तियां निराला जी की किस कविता से है?
A. भारती वन्दना B. यामिनी जागो
C. पंचवटी D. सन्ध्या सुंदरी

299. हिन्दी का 'सुकुमार कवि' किसे कहा जाता है?
A. अज्ञेय B. सुमित्रानंदन पंत
C. नरेन्द्र शर्मा D. उपरोक्त में से कोई नहीं

300. पंतजी का महाकाव्य है–
A. शिल्पी B. लोकायतन
C. चिदम्बरा D. गुंजन

उत्तरमाला

आदि काल

1	2	3	4	5	6	7	8	9	10
D	D	C	A	A	D	C	B	D	B
11	12	13	14	15	16	17	18	19	20
D	C	B	B	A	B	A	A	A	D
21	22	23	24	25	26	27	28	29	30
B	B	D	C	C	D	B	B	A	D
31	32	33	34	35	36	37	38	39	40
C	C	B	B	B	D	D	C	C	D

भक्ति काल

41	42	43	44	45	46	47	48	49	50
C	D	D	A	B	A	C	C	D	D
51	52	53	54	55	56	57	58	59	60
D	C	D	C	A	D	B	A	A	A
61	62	63	64	65	66	67	68	69	70
D	C	B	A	B	B	C	C	D	C
71	72	73	74	75	76	77	78	79	80
B	B	D	A	B	C	C	B	D	A
81	82	83	84	85	86	87	88	89	90
B	C	C	D	A	C	A	B	C	C
91	92	93	94	95	96	97	98	99	100
B	D	D	A	C	B	B	C	B	C
101	102	103	104	105	106	107	108	109	110
B	B	C	A	C	B	D	D	A	D
111	112	113	114	115	116	117	118	119	120
D	C	C	D	C	D	D	C	C	B
121	122	123	124	125					
D	C	C	D	A					

रीति काल

126	127	128	129	130	131	132	133	134	135
B	B	D	C	D	D	A	D	D	A
136	137	138	139	140	141	142	143	144	145
C	C	A	C	D	D	D	D	D	B

146	147	148	149	150	151	152	153	154	155
C	A	D	A	A	D	D	C	A	A
156	157	158	159	160	161	162	163	164	165
D	B	D	C	C	B	C	D	D	A
166	167	168	169	170	171	172	173	174	175
B	B	D	D	B	A	A	C	D	D
176	177	178	179	180	181	182	183	184	185
D	D	A	B	D	C	C	D	D	A
186	187	188	189	190	191	192	193	194	195
A	B	D	A	C	B	B	B	D	D
196	197	198	199	200					
C	D	D	D	D					

आधुनिक काल

201	202	203	204	205	206	207	208	209	210
C	D	D	A	D	D	D	D	D	A
211	212	213	214	215	216	217	218	219	220
C	C	D	B	B	C	D	A	B	C
221	222	223	224	225	226	227	228	229	230
A	D	D	B	C	C	D	C	A	A
231	232	233	234	235	236	237	238	239	240
D	C	B	B	B	A	D	C	A	C
241	242	243	244	245	246	247	248	249	250
B	D	D	D	C	C	C	D	A	B
251	252	253	254	255	256	257	258	259	260
A	C	D	B	A	B	A	D	A	C
261	262	263	264	265	266	267	268	269	270
C	B	D	A	C	C	D	D	D	D
271	272	273	274	275	276	277	278	279	280
D	C	D	D	C	D	A	C	D	C
281	282	283	284	285	286	287	288	289	290
C	C	A	D	D	D	D	B	D	D
291	292	293	294	295	296	297	298	299	300
D	C	D	B	D	B	C	D	B	B

❑ ❑ ❑

हिन्दी गद्य साहित्य का विकास

हिन्दी का गद्य-साहित्य बहुत पुराना नहीं है। इसके विपरीत हिन्दी-कविता की जड़ें कम-से-कम एक हजार वर्ष पुरानी हैं। ठीक अर्थों में हिन्दी के वास्तविक गद्य का विकास ईसा की ग्यारहवीं सदी से ही हुआ। वैसे इसके पहले की भी कुछ रचनाएं उपलब्ध होती हैं, लेकिन उनकी भाषा क्षेत्रीय भाषा-मिश्रित खड़ी बोली थी। सन् 1530 में गंग कवि की लिखी 'चन्द्र बरनन की महिमा' और सन् 1624 में जटमल-रचित 'गोरा बादल की कथा' हिन्दी-गद्य की उल्लेखनीय कृतियां मानी जाती हैं। लेकिन इन दोनों पुस्तकों की भाषा में ब्रज बोली और खड़ी बोली का मिश्रण है। सन् 1732 के लगभग पं. रामप्रसाद निरंजनी ने संस्कृत के ग्रंथ 'योग वशिष्ठ' का हिन्दी गद्यानुवाद किया। इसकी भाषा अपेक्षाकृत अधिक परिष्कृत है। तब भी हिन्दी के गद्य का वास्तविक सूत्रपात 19वीं सदी के उत्तरार्ध में ही हुआ। इसे 'खड़ी बोली' कहा गया। यह नामकरण फोर्ट विलियम कालेज की स्थापना के बाद लल्लूलाल ने किया। उन्होंने अपने ग्रंथ 'प्रेम-सागर' में सबसे पहली बार 'खड़ी बोली' शब्द का प्रयोग भाषा-विशेष के लिए किया।

आधुनिक हिन्दी गद्य के उन्नायकों में मुंशी सदासुखलाल (रचनाकाल संवत् 1803-1821), मुंशी इंशाअल्ला खां (संवत् 1855-56), पं. लल्लूलाल (संवत् 1820-22) और सदल मिश्र (संवत् 1884-1905) को माना जाना चाहिए। इन चारों में मुंशी सदासुखलाल की भाषा में सबसे अधिक व्यावहारिक और निखरी हुई खड़ी बोली का रूप मिलता है। मुंशी इंशाअल्ला खां ने 'रानी केतकी की कहानी' में हिन्दी और उर्दू दोनों को देवनागरी लिपि के माध्यम से पास लाने का प्रयत्न किया। उन्होंने 'हिन्दी छुट किसी और का पुट नहीं' लिखकर अपना संकेत 'खड़ी' बोली के लिए ही किया था।

हिन्दी के उक्त चारों लेखकों का रचना-काल लगभग एक ही है। फिर भी इसमें से किसी की भी भाषा पूरी तरह साफ-सुथरी और चुस्त-दुरुस्त नहीं है। किसी में अधिक पंडिताऊपन है, तो किसी में फारसीपन। इन लेखकों के बाद ईसाई मिशनरियों द्वारा हिन्दी गद्य का प्रचार हुआ। मिशनरियों ने अपने धर्म-प्रचार के लिए गद्य में छोटी-छोटी पुस्तकें प्रकाशित कीं। इसी समय सर चार्ल्स वुड ने शिक्षा के प्रचार के लिये गांवों और कस्बों में देशी-स्कूल खुलवाये। उसी समय यह प्रश्न उठा कि शिक्षा का माध्यम हिन्दी हो या उर्दू। काशी के राजा शिवप्रसाद ने, जिनकी शिक्षा-विभाग में इन्सपेक्टर के पद पर नियुक्ति हुई थी, हिन्दी का पक्ष ग्रहण किया। राजा शिवप्रसाद के प्रयत्नों से सरकारी स्कूलों में हिन्दी की शिक्षा को भी स्थान मिला। उन्होंने कतिपय लेखकों से हिन्दी में पाठ्य-पुस्तकें तैयार करवाईं तथा स्वयं भी लगभग 22 पुस्तकें लिखीं। राजा शिवप्रसाद का विरोध उर्दू भाषा से नहीं बल्कि फारसी लिपि से था। वे चाहते थे कि स्कूलों में फारसी लिपि के साथ-साथ नागरी लिपि का भी व्यवहार हो। इसके अतिरिक्त आगरा के राजा लक्ष्मणसिंह ने भी हिन्दी का पक्ष ग्रहण किया। राजा लक्ष्मण सिंह ने राजा शिवप्रसाद की 'उर्दू परस्ती' के विरुद्ध आवाज उठाई। उन्होंने हिन्दी में फारसी-अरबी के प्रचलित शब्दों के प्रयोग तक को अनुचित ठहराया। फारसी के प्रभाव से हिन्दी को मुक्त करने के लिए उन्होंने सन् 1832 में 'प्रजा-हितैषी' नामक पत्रिका निकाली। 'अभिज्ञान शाकुन्तल', 'मेघदूत' तथा 'रघुवंश' के भी हिन्दी में अनुवाद किये। वैसे उनकी भाषा में भी यत्र-तत्र बेढंगे तथा पुराने प्रयोग मिलते हैं, फिर भी उन्होंने हिन्दी गद्य को प्रथम बार पुष्ट एवं व्यवस्थित साहित्यिक रूप दिया। आर्य समाज तथा उसकी स्थापना करने वाले स्वामी दयानन्द सरस्वती ने भी गद्य के विकास में हाथ बंटाया। स्वामी दयानन्द ने अपने मत के प्रचार के लिए एकमात्र पुस्तक 'सत्यार्थ प्रकाश' की रचना हिन्दी में की। वे अपने उपदेश भी खड़ी बोली गद्य में ही दिया करते थे। सन् 1816 में ब्रह्म समाज के संस्थापक राजा राममोहन राय ने वेदान्त-सूत्रों का स्वतन्त्र भाष्य हिन्दी में छपवाया।

सन् 1857 के राजद्रोह के बाद **भारतेन्दु हरिश्चन्द्र** का हिन्दी रंगमंच पर उदय हुआ। भारतेन्दु की भाषा-शैली का प्रभाव उनके समकालीन लेखकों पर भी पड़ा उनकी भाषा-शैली में तत्सम् शब्दों का अभाव था। उन्होंने प्रतिदिन व्यवहार में आने वाले उर्दू शब्दों का भी प्रयोग किया। भारतेन्दु के समकालीन लेखकों में बालकृष्ण भट्ट, प्रतापनारायण मिश्र, बालमुकुन्द गुप्त, बदरी नारायण चौधरी 'प्रेमघन' आदि प्रमुख हैं। इन लेखकों ने हिन्दी में मौलिक नाटक, कविता, उपन्यास, निबन्ध, आलोचना आदि साहित्य के विविध रूपों को जन्म देकर हिन्दी के आरम्भिक विकास में सहायता दी। भारतेन्दु हरिश्चन्द्र को हिन्दी-गद्य का प्रवर्तक मानना चाहिये। उन्होंने गद्य का रूप निर्धारित किया और उसे दो छोरों के झगड़ों से बचाया। एक छोर था राजा शिवप्रसाद सितारेहिंद का, जो उर्दू-प्रधान शैली के उन्नायक थे और दूसरे छोर थे राजा लक्ष्मणसिंह, जो संस्कृत की तत्सम प्रधान शैली का समर्थन कर रहे थे। इन दोनों राजाओं के हाथ से मोर्चे को छीनकर भारतेन्दुजी ने गद्य के विकास और प्रभाव के लिये कई रास्ते निकाले। उन्होंने नाटक, उपन्यास, कहानी, निबन्ध, समालोचना, समाचार-पत्र आदि विविध विधाओं से गद्य को नवजीवन दिया। भारतेन्दु के ही प्रयत्नों से हिन्दी में पत्र-पत्रिकाओं का प्रकाशन आरम्भ हुआ और इससे ही हिन्दी गद्य के परिष्कार में वास्तविक सहायता मिली।

इन्हीं के बाद हुए **महावीरप्रसाद द्विवेदी**। भाषा को परिमार्जित और शुद्ध करने की ओर सबसे पहले द्विवेदीजी ने ही ध्यान दिया। उन्होंने 'सरस्वती' का सम्पादन किया और इस पत्रिका के माध्यम से उन्होंने अशुद्ध गद्य लिखने वालों की आलोचना की। स्वयं शुद्ध भाषा लिखकर उन्होंने सही खड़ी बोली का नमूना उपस्थित किया। उन्होंने अन्य लेखकों को शुद्ध हिन्दी लिखने की प्रेरणा दी। इस तरह समकालीन लेखकों पर द्विवेदीजी का काफी प्रभाव पड़ा। इन लेखकों में माधवप्रसाद मिश्र, चन्द्रधर शर्मा 'गुलेरी', गोपालराम गहमरी, श्यामसुन्दर दास, पूर्णसिंह, पद्मसिंह शर्मा, बदरीनाथ भट्ट आदि मुख्य थे। मिश्र बन्धुओं, आचार्य रामचन्द्र शुक्ल और श्यामसुन्दर दास ने भी उन्हीं के समय लिखना आरम्भ किया। आगे चलकर आचार्य रामचन्द्र शुक्ल ने समास-प्रधान शैली को जन्म देकर आधुनिक हिन्दी गद्य को नया रूप दिया। उन्होंने पहली बार हिन्दी साहित्य का प्रामाणिक इतिहास लिखा। इसी युग में कहानी और उपन्यास के क्षेत्र में प्रेमचन्द का आविर्भाव हुआ। नाटक के क्षेत्र में जयशंकर प्रसाद ने नवीन शैली को जन्म दिया और हिन्दी के नाटकों को एक सुव्यवस्थित रूपरेखा मिली। प्रसाद ने ऐतिहासिक और पौराणिक कथाओं के आधार पर कई नाटक लिखे; उनमें 'अजातशत्रु', 'स्कन्दगुप्त', 'चन्द्रगुप्त',

'जनमेजय का नागयज्ञ', 'ध्रुवस्वामिनी' जैसे साहित्यिक कोटि के नाटक आते हैं।

इस तरह आचार्य रामचन्द्र शुक्ल के बाद से ही हिन्दी का आधुनिक काल आरम्भ होता है। यही हिन्दी के गद्य-विकास का चरम सोपान है और वह नाटक, उपन्यास, कहानी आदि अनेक रूपों में निखर कर सामने आया है।

निबंध

निबन्ध का आविर्भाव और विकास साहित्य में अपेक्षाकृत विलम्ब से होता है : अच्छे निबन्धों की रचना के लिए पहले अन्य साहित्य-विधाओं में श्रेष्ठ साहित्य के निर्माण की शर्त इसलिए होती है कि निबन्ध में प्राण-संचार करने के लिए परिष्कृत रुचि और बुद्धि के पाठक अन्य साहित्य-विधाओं से ही तैयार होते हैं। निबन्ध में केवल साहित्य-सृजन ही नहीं होता, वरन् साथ ही साथ जीवन तथा साहित्य की व्याख्या और आलोचना भी होती है। व्यक्तित्व की छाप साहित्य के अन्य रूपों की अपेक्षा निबन्ध में अधिक दिखाई पड़ती है। शैली के यथार्थ रूप का निखार गद्य में ही होता है। हिन्दी के निबन्ध का यथार्थ विकास भारतेन्दु बाबू से ही प्रारम्भ होता है। भारतेन्दु-युग भारत में राष्ट्रीय नवचेतना का युग था। मध्ययुगीन सामंतीय प्रथा का अन्त होकर समाज का निर्माण एक नये बौद्धिक आधार पर होना आरम्भ हो गया था। तत्कालीन साहित्य में हमें नवचेतना और नव-जागरण के दर्शन होते हैं।

भारतेन्दु-युग के निबन्धों और लेखों में इसी प्रकार हमें सजीवता का पूरा-पूरा आभास मिलता है। प्राचीन रूढ़ियों के प्रति उदासीनता के साथ नये आलोक की माँग उसमें है। उस युग के लेखकों की भाषा प्रवाहपूर्ण, मुहावरेदार, सजीव और चटपटी है। जीवन का ज्वलंत उल्लास और आमोद उसमें छलकता हुआ प्रतीत होता है। उस समय के निबन्ध-लेखक अपनी जिंदादिली का पूरा प्रमाण अपने लेखों और निबंधों में ही देते थे। वे जीवन के सभी क्षेत्रों से विषयों का चयन करते और बिना किसी अड़चन के उन पर स्वच्छंद रीति से प्रवाहमयी भाषा में सशक्त अभिव्यक्ति करते थे। यही कारण है कि भारतेन्दु-युग के निबन्ध-लेखकों की तुलना फ्रांसीसी लेखक मोंटेन और अंग्रेज लेखक बेकन से की जाती है। भारतेन्दु, प्रतापनारायण मिश्र, बालकृष्ण भट्ट और 'प्रेमघन', उस युग के प्रसिद्ध लेखक हैं। भारतेन्दु-युग के लेखकों ने जिस शैली से निबन्ध लिखना प्रारम्भ किया था, यदि वह परम्परा चलती रहती तो निस्संदेह आज हिन्दी निबन्ध अनेक दृष्टियों से बहुत आगे बढ़ गया होता। इस युग के निबन्ध-लेखक अपनी आभ्यन्तर प्रेरणा से ही लिखने में प्रवृत्त होते थे, उन्हें किसी बाह्य प्रेरणा की आवश्यकता नहीं थी। इसी कारण उनके निबंधों में वैयक्तिकता की मात्रा बहुत अधिक है।

भारतेन्दु युग के बाद निबन्ध साहित्य का विकास बहुत संतोषजनक रूप में नहीं हुआ। द्विवेदी युग गद्य तथा पद्य की भाषा के परिष्कार का युग था। स्वयं द्विवेदीजी का ध्यान भाषा को व्याकरण-सम्मत बनाने तथा कविता के अनुरूप करने में रहा। फलतः मौलिक निबन्ध तथा लेख लिखने वालों को भाषा की अशुद्धियों का भय अधिक बना रहा और व्याकरण के कठोर शासन ने त्रस्त होकर स्वच्छंद रूप में लिखने की प्रवृत्ति कम हो गयी। भारतेन्दु-युगीन लेखक बड़े निरंकुश भाव से लिखते थे—वैसी निरंकुशता द्विवेदी युग में नहीं रही। हिन्दी गद्य को व्यवस्थित बनाने के प्रयत्नों से मौलिक निबन्ध लेखकों का अभाव हुआ और जिंदादिली भी कम होती गई। द्विवेदी युग के केवल दो लेखक ही हमें ऐसे दृष्टिगत होते हैं, जो बड़ी स्वतंत्र शैली में लेख निबन्ध लिखने में लीन रहे। बाबू बालमुकुन्द और सरदार पूर्णसिंह ने इस युग में जो निबन्ध लिखे, वे बहुत ही उत्तम कोटि के हैं और उनमें प्रवाह के साथ पूरी मौलिकता विद्यमान है। महावीर प्रसाद द्विवेदी के निबंधों में वैसी मौलिकता तथा वैयक्तिकता नहीं है जैसी इन दोनों लेखकों में पाई जाती है। 'बंगवासी' नामक पत्र में सम्पादक के रूप में गुप्तजी ने जो टिप्पणियाँ और लेख लिखे, वे बहुत मार्मिक और व्यंग्यपूर्ण हैं।

द्विवेदी युग के अन्तिम चरण में एक मौलिक एवं समर्थ निबन्ध-लेखक साहित्य क्षेत्र में अवतरित हुए, जिन्होंने अपने समीक्षात्मक तथा विचारात्मक निबन्धों द्वारा हिन्दी निबन्धों को परिपूर्ण बनाने में सबसे अधिक योग दिया; उनका नाम है आचार्य रामचन्द्र शुक्ल। शुक्लजी हिन्दी के सर्वश्रेष्ठ विवेचक निबन्धकार हैं। उनके निबन्धों का क्षेत्र भाव और मनोविकार के साथ काव्यालोचन था। पहले उन्होंने समीक्षात्मक निबन्ध लिखे, जो जायसी, तुलसी और सूर ग्रन्थावली में भूमिका रूप में प्रकाश में आये। ये निबन्ध विशाल होने के कारण प्रबन्ध कोटि के हैं। इसके बाद ही उन्होंने काव्यशास्त्र के समालोचना-पक्ष से सम्बद्ध विषयों पर फुटकर निबन्ध लिखे। भाव और मनोविकारों पर लिखे हुए उनके निबन्ध हिन्दी साहित्य की अमूल्य निधि हैं। 'चिन्तामणि' उनके निबन्धों का संग्रह है। शुक्लजी के पथ-प्रदर्शन के कारण विचारात्मक तथा भावात्मक निबन्धों का ताँता लग गया। एक ओर आलोचना में स्पष्टता तथा स्वच्छन्दता का समावेश हुआ, तो दूसरी ओर निबन्ध की सीमा-मर्यादा में भी विस्तार हुआ।

आलोचना के शास्त्रीय तथा प्रयोग पक्ष पर निबन्ध लिखने वालों में आचार्य हजारी प्रसाद द्विवेदी, गुलाबराय, शान्तिप्रिय द्विवेदी, डा. नगेन्द्र, डा. विजयेन्द्र स्नातक, नन्ददुलारे वाजपेयी, नलिनविलोचन शर्मा, रामविलास शर्मा और डा. देवराज आदि प्रमुख हैं।

निबन्ध-साहित्य के अन्तर्गत समीक्षात्मक लेख, भावात्मक लेख, विचारात्मक लेख आदि सभी वर्गों के फुटकर गद्य-लेखों का भी समावेश होता है।

नाटक

हिन्दी में लोक-रंगमंच और नाटकों का विकास 15वीं-16वीं सदी में हो गया था। परन्तु इन नाटकों में पद्य की प्रमुखता होती थी। उस समय रामलीला, रासलीला, कीर्तन मंडलियां ही इस कार्य को किया करती थीं। हिन्दी गद्य नाटकों का वास्तविक परिवर्तन भारतेन्दु हरिश्चन्द्र ने किया। उनका प्रहसन 'वैदिकी हिंसा हिंसा न भवति' इस क्षेत्र में प्रथम मौलिक रचना है। भारतेन्दु को संस्कृत, अंग्रेजी और बंगला भाषाओं का ज्ञान था। वे रंगमंच की आवश्यकताओं को भी पूरा ध्यान रखते थे। उन्होंने राजनैतिक, सामाजिक, पौराणिक और प्रेम-प्रधान सभी तरह के नाटक लिखे। उनकी कला में प्राचीन के प्रति श्रद्धा की भावना थी, तो वर्तमान चेतना का भी सुन्दर समन्वय था।

भारतेन्दु ने स्वयं नाटक तो लिखे ही, अपने समकालीन लेखकों को भी नाटक लिखने के लिए प्रेरित किया। उस काल में लाला श्रीनिवासदास का स्थान महत्त्वपूर्ण है। उन्होंने नाट्यशास्त्र के नियमों के अनुसरण के साथ-साथ नवीनता को भी अपनाया। इसके बाद बदरीनारायण चौधरी 'प्रेमघन', राधाकृष्ण दास, किशोरीलाल गोस्वामी, देवकीनन्दन खत्री तथा प्रतापनारायण मिश्र के नाम आते हैं।

आधुनिक नाटकों के विकास का श्रेय जयशंकर प्रसाद को है। प्रसाद ने भारतीय नाट्य-शास्त्र के सिद्धान्तों को पाश्चात्य नाट्य-शास्त्र के सिद्धान्तों के साथ सफलतापूर्वक समन्वय किया। उन्होंने नाटकों में चरित्र-चित्रण की ओर विशेष ध्यान दिया। हिन्दी में ऐतिहासिक नाटक लिखकर प्रसाद ने हिन्दी-नाट्य-साहित्य को एक नई दिशा दी। उन्होंने तेरह नाटक लिखे। उनके नाटकों में प्राचीन भारत की संस्कृति का एक वृहद वित्र देखने को मिलता है।

प्रसाद के पश्चात् उनकी परम्परा का अनुसरण कर लिखने वाले अन्य नाटककार हैं–लक्ष्मीनारायण मिश्र, उदयशंकर भट्ट, हरिकृष्ण प्रेमी, सेठ गोविन्द दास, विष्णु प्रभाकर आदि। पूरे नाटकों के साथ-साथ एकांकी नाटकों का आविर्भाव भी भारतेन्दु के ही समय में हुआ था। परन्तु प्रसाद के बाद उनको विशेष गति मिली। डा. रामकुमार वर्मा, जगदीशचन्द्र माथुर और उपेन्द्रनाथ 'अश्क' ने कई एकांकी नाटक लिखे।

उपन्यास

देवकीनन्दन खत्री को हिन्दी के प्रारम्भिक मौलिक उपन्यासकारों में सबसे ख्याति मिली। उनका लिखा 'चन्द्रकान्ता संतति' रोचक वर्णन और तिलिस्म तथा जासूसी से भरी घटनाओं के कारण जनसाधारण में इतना लोकप्रिय हुआ कि उसको पढ़ने के लिए कई लोगों ने हिन्दी सीखी। किशोरीलाल गोस्वामी ने 60 से ऊपर उपन्यास लिखे। गोपालराम गहमरी के उपन्यास भी उस समय रुचि के साथ पढ़े जाते थे।

हिन्दी की कहानी के बारे में कहा जाता है कि किशोरीलाल गोस्वामी की 'इन्दुमती' ही पहली वास्तविक कहानी थी, लेकिन कहानी और उपन्यास इन दोनों विधाओं को गम्भीर रूप से यदि किसी ने प्रतिष्ठित किया, तो यह थे मुंशी प्रेमचंद। प्रेमचंद ने उपन्यास और कहानी दोनों ही के माध्यम से अपने युग की स्थितियों को समझा। और उन्हें सही ढंग से चित्रित किया। भाषा से लेकर शैली और कथानक तक में प्रेमचन्द ने एकदम नये प्रयोग किए। उस समय के यथार्थ को आदर्श के धरातल पर प्रस्तुत कर उन्होंने साहित्य को जन सामान्य के बीच पहुंचाने का काम किया। प्रेमचंद का सबसे प्रसिद्ध उपन्यास है 'गोदान'। उनके अन्य प्रमुख उपन्यास हैं : रंगभूमि, प्रेमाश्रम, कायाकल्प, कर्मभूमि, गबन आदि।

प्रेमचंद के समय ही जयशंकर प्रसाद ने 'कंकाल' और 'तितली' दो उपन्यास लिखे। वृन्दावनलाल वर्मा ने ऐतिहासिक उपन्यासों की परम्परा को जन्म दिया। चतुरसेन शास्त्री, राहुल सांकृत्यायन और प्रतापनारायण श्रीवास्तव ने भी ऐतिहासिक उपन्यास लिखे।

असल में प्रेमचन्द के उदय के साथ ही हिन्दी में उपन्यास और कहानी साहित्य की प्रगति इस गति से हुई कि दोनों को अलग-अलग करके देखा ही नहीं जा सकता। कौशिक से लेकर जैनेन्द्र, यशपाल, अज्ञेय, अश्क और भगवतीचरण वर्मा ने यदि कहानियां लिखीं, तो उपन्यास भी लिखे। अपने लेखन में इन सबने नये-नये प्रयोग किये। उन्होंने कहानी में सामान्य मानववादी परम्परा को ऊँचे धरातल तक उठा दिया।

यह समय राजनैतिक चेतना का था और विज्ञान की प्रगति काफी हो चुकी थी। संचार के साधनों के बढ़ते हुए आयामों से दुनिया की दूरी कम होती गयी, इसलिए हिन्दी का लेखन विदेशों की श्रेष्ठ रचनाओं से भी प्रभावित हुआ। वहां की श्रेष्ठ कृतियों के हिन्दी में अनुवाद हुए। उनसे हिन्दी-लेखकों को नयी प्रेरणायें मिलीं। इसलिए लेखन के कई स्तरों में बड़े-बड़े प्रयोग हुए।

सन् 1947 में देश आजाद हुआ। आजाद होते ही हिन्दी-साहित्य ने मुक्त रूप से विकास पाया। आज की हिन्दी कहानी और उपन्यासों में इतने अधिक विस्तार हुए हैं कि उनका एक बंधा-बंधाया रूप-रंग ही नहीं रह गया। मुक्त प्रयोगों और नए विचार-दर्शन से कथा-साहित्य प्रभावित हुआ। देहातों को नयी संस्कृति का केन्द्र मानकर नये ढंग से लिखने की प्रेरणा मिली। इस दृष्टि से 'रेणु' कृत 'मैला आंचल' की काफी चर्चा हुई। आज हिन्दी उपन्यास और कहानी में कई ऐसे नाम हैं, जो एकदम सामने आये हैं। उनमें कुछ नाम हैं–धर्मवीर भारती, मोहन राकेश, फणीश्वर नाथ रेणु, कमलेश्वर, लक्ष्मीनारायण लाल, शैलेश मटियानी, भीष्म साहनी, राजेन्द्र यादव, निर्मल वर्मा आदि।

कहानी

कहानी जीवन की मार्मिक अनुभूति की सोद्देश्य अभिव्यक्ति है। इसलिए लेखक का दृष्टिकोण सुधारवादी, आदर्शवादी या प्रगतिवादी हो सकता है। कहानी की घटनाएं यथार्थ और आदर्श में से किसी भी चिन्ताधारा की ओर उन्मुख हो सकती हैं। किन्तु आवश्यक यह है कि कहानी में प्रस्तुत चिन्ताधारा स्वस्थ हो। लक्ष्य की पूर्ति ही कहानी की सफलता है। श्रेष्ठ कहानी में उद्देश्य की अभिव्यक्ति उपदेश के रूप में नहीं, अपितु संकेत द्वारा की जाती है।

कहानी के भेद

साधारण रूप से हिन्दी की कहानियों को चार भागों में बांट सकते हैं–

(1) घटना प्रधान, (2) चरित्र प्रधान, (3) वातावरण प्रधान और (4) भाव प्रधान।

(1) घटना प्रधान कहानी–जिस कहानी में विविध परिस्थितियों के निर्माण के आधार पर कथानक आगे बढ़ता है, उसे घटना प्रधान कहानी कहते हैं। दूसरे शब्दों में घटना प्रधान कहानी में पात्रों और परिस्थितियों के सम्बन्धों को प्रमुखता दी जाती है। सामान्यतया घटना प्रधान कहानी हम उस कहानी को कह सकते हैं, जिसमें लेखक एक पात्र को विभिन्न परिस्थितियों में डालता है और कहानी आगे बढ़ती रहती है। घटना प्रधान कहानी में घटनाओं की बहुलता होती है। जासूसी और तिलस्मी कहानियां प्रायः इसी श्रेणी में आती हैं। कला की दृष्टि से घटना प्रधान कहानी सबसे साधारण कोटि की मानी जाती है।

(2) चरित्र प्रधान कहानी–इस कोटि की कहानियों में लेखक का उद्देश्य कहानी के विभिन्न पात्रों के चरित्र का सुन्दर चित्रण होता है। ऐसी कहानी में लेखक किसी पात्र के चरित्र के किसी एक पक्ष को निखारना या उभारना चाहता है। इसी लक्ष्य को ध्यान में रखकर वह विविध परिस्थितियों तथा प्रसंगों की सृष्टि करता है, ताकि उस पात्र के चरित्र का सुन्दर और प्रभावशाली चित्रण हो सके। संक्षेप में कह सकते हैं कि ऐसी कहानी में कहानीकार का ध्येय चरित्र-निरूपण रहता है। गुलेरीजी की कहानी 'उसने कहा था' एक उत्कृष्ट चरित्र प्रधान कहानी है।

(3) वातावरण प्रधान कहानी–वातावरण प्रधान कहानी में उसकी परिस्थितियों के किसी एक अंग या किसी एक भावना को कथानक के विकास का माध्यम बनाकर कहानी को प्रभावोत्पादक बनाया जाता है। संक्षेप में इस प्रकार की कहानी में किसी घटना काल के वातावरण को सजीव तथा अनुप्राणित बनाया जाता है। कला की दृष्टि से वातावरण प्रधान कहानियां उच्च कोटि की मानी जाती हैं। ऐसी कहानियों में कहानीकार को अपनी

प्रतिभा, चातुर्य और कलात्मकता प्रदर्शित करने का पर्याप्त अवसर मिलता है। किसी वातावरण के चित्रण में कहानीकार अनोखे रंग भर सकता है और लाक्षणिक सौन्दर्य की राशि बिखेर सकता है और उनकी अभिव्यक्ति में अपनी कला को निखार सकता है।

(4) भाव प्रधान कहानी–भाव प्रधान कहानी में चरित्र, वातावरण या घटना की अपेक्षा भाव की प्रधानता होती है। इसी भाव के आधार पर कहानी के कथानक का विकास किया जाता है। ऐसी कहानी में कहानीकार पाठकों पर एक विशेष भाव की छाप छोड़ना चाहता है। इसी को दृष्टि में रखकर वह वातावरण तथा चरित्र की सृष्टि करता है। ऐसी कहानियां भी कला की दृष्टि से अच्छी मानी जाती हैं।

कहानी का विकास

आधुनिक हिन्दी कहानी का आरंभ 'सरस्वती' और 'सुदर्शन' के प्रकाशन से 1900 ई. से माना जा सकता है। इसी आधार पर कहानी साहित्य के विकास को तीन भागों में बांटा जा सकता है–(1) आरम्भ काल (1900-1910), (2) विकास काल (1911-1946), और (3) उत्कर्ष काल (1946 से अब तक)।

आरम्भ काल (1900-1910 ई.)–हिन्दी की सर्वप्रथम आधुनिक कहानी किशोरीलाल गोस्वामी की 'इन्दुमती' थी, जो 1900 ई. में 'सरस्वती' में प्रकाशित हुई। इस कहानी को पूर्णतः मौलिक कहानी नहीं माना जा सकता, क्योंकि इस पर शेक्सपीयर के नाटक 'दी टेम्पेस्ट' (The Tempest) की छाप स्पष्ट दिखती है। इसी समय रामचन्द्र शुक्ल की मौलिक कहानी 'ग्यारह वर्ष का समय' (1903 ई.) प्रकाश में आई। इसके बाद अनेक अनूदित, रूपान्तरित और मौलिक कहानियां लिखी गईं। इसके अतिरिक्त पार्वती नन्दन, उदयनारायण बाजपेयी, स्वामी सत्यदेव और गिरजाकुमार घोष ने भी कहानियां लिखीं।

आरम्भ काल की सबसे सुन्दर तथा महत्वपूर्ण कहानी बंग महिला की 'दुलाई वाली' (सरस्वती, मई 1907 ई.) है। इस कहानी में सामान्य जीवन की एक साधारण-सी घटना का यथार्थवादी चित्रण बहुत प्रभावशाली ढंग से किया गया है। इस कहानी में कहानी कला के समुचित निर्वाह का प्रयास दृष्टिगोचर होता है। अतः यह कहा जा सकता है कि आधुनिक कहानी का आरंभ तो हो गया परन्तु उसमें प्रौढ़ता नहीं आ सकी थी।

विकास काल (1911-1946 ई.)–विकास काल में हिन्दी कहानी में चरित्र-चित्रण और भाव पक्ष सभी को महत्व प्रदान किया गया। विषय की दृष्टि से जहां एक ओर ग्राम जीवन की झांकी, पारिवारिक जीवन की समस्याओं और ऐतिहासिक-सांस्कृतिक गाथाओं का चित्रण किया गया, वहां दूसरी ओर यथार्थवादी, मनोवैज्ञानिक, कलात्मक और हास्य रस की कहानियां भी लिखी गईं।

इस युग के कहानी-लेखकों में चन्द्रधर शर्मा गुलेरी, प्रेमचन्द, जयशंकर प्रसाद, विश्वम्भर नाथ कौशिक, सुदर्शन, चतुरसेन शास्त्री, सियारामशरण गुप्त, वृन्दावनलाल वर्मा, उग्र, यशपाल, भगवती प्रसाद वाजपेयी, भगवतीचरण वर्मा, जैनेन्द्र, सुभद्राकुमारी चौहान, पदुमलाल पुन्नालाल बख्शी, होमवती देवी, शिवपूजन सहाय, उषा देवी मित्रा, रायकृष्ण दास, इलाचन्द्र जोशी, अज्ञेय, विष्णु प्रभाकर और मन्मथनाथ गुप्त के नाम स्मरणीय हैं। इनमें से कुछ का संक्षिप्त वर्णन नीचे दिया गया है–

हिन्दी कथा साहित्य में श्री चन्द्रधर शर्मा गुलेरी का नाम सदैव आदर से लिया जायेगा। उनकी कहानी 'उसने कहा था' हिन्दी की सर्वश्रेष्ठ कहानी मानी गई। पवित्र प्रेम के निःस्वार्थ बलिदान की इस अमर कहानी ने गुलेरीजी को अमर बना दिया। यह कहानी कला-विधान की दृष्टि से अनूठी तथा हिन्दी की पहली यथार्थवादी कहानी है।

प्रेमचन्दजी ने हिन्दी कहानी को एक नई दिशा दी। चरित्र-चित्रण तथा मनोवैज्ञानिक विश्लेषण की दृष्टि से प्रेमचंद की कहानियां अद्वितीय हैं। उनकी प्रसिद्ध कहानियां–बूढ़ी काकी, मंत्र, बड़े घर की बेटी, नशा, पंच परमेश्वर, इस्तीफा, पूस की रात और आत्माराम हैं। प्रेमचंदजी ने राजनैतिक, सामाजिक और धार्मिक सभी समस्याओं पर कहानियां लिखीं तथा खोमचे वाले, तांगे वाले, विद्यार्थी, डॉक्टर, वकील, दुकानदार, बालक, वृद्ध और युवा सबका यथार्थ चित्रण किया।

श्री विश्वम्भरनाथ शर्मा कौशिक की 'ताई' तथा राधिकारमण प्रसादजी की 'कानों में कंगना' कहानी विशेष प्रसिद्ध हुई।

1911 ई. में 'इन्दु' में जयशंकर प्रसाद की सर्वप्रथम कहानी 'ग्राम' प्रकाशित हुई। इसी वर्ष जी.पी. श्रीवास्तव की प्रथम कहानी 'पिकनिक' प्रकाशित हुई। इन कहानियों से हिन्दी कहानी को एक नई दिशा मिली। इनके बाद प्रसादजी ने अन्य कई भाव प्रधान कहानियां लिखीं; जैसे–ममता, इन्द्रजाल, पुरस्कार, आकार दीप, स्वर्ग के खण्डहर आदि। अपनी कहानियों में प्रसादजी ने मानव हृदय के द्वन्द्व को बड़ी सफलता से चित्रित किया। इन कहानियों में ऐतिहासिक, यथार्थवादी, मनोवैज्ञानिक, प्रतीकात्मक, प्रेममूलक और भावनात्मक सब प्रकार की कहानियां हैं।

सुदर्शन की 'हार की जीत' कहानी में मानव-चरित्र के सूक्ष्म अन्तःरहस्यों का अनूठा उद्घाटन है। उनकी अन्य कहानियां न्याय मंत्री, अंधेरी दुनियां, कमल की बेटी आदि हैं।

'भिक्षुराज' चतुरसेन शास्त्री की सुन्दर ऐतिहासिक कहानी है। सियारामशरण गुप्त का एक कहानी संग्रह 'मानुषी' है। वृन्दावनलाल वर्मा के तीन कहानी संग्रह हैं–हरसिंगार, दबे पांव और कलाकार का दण्ड। उग्र ने प्राकृतवादी कहानियाँ लिखी हैं।

यशपाल की कहानियाँ मानव-प्रकृति का सूक्ष्म विश्लेषण करती हैं। उनकी शैली यथार्थवादी है, और आर्थिक समस्याओं को उन्होंने अपनी कहानियों की विषयवस्तु बनाया है। उनकी व्यंग्यात्मक शैली बड़ी समर्थ है। यशपालजी के कहानी संग्रह 'पिंजड़े की उड़ान', 'अभिशप्त', 'ज्ञानदान' और 'सच बोलने की भूल' आदि हैं।

भगवती प्रसाद वाजपेयी सामाजिक समस्याओं तथा पारिवारिक जीवन के सुयोग्य शिल्पी हैं। उनकी 'मिठाई वाला' कहानी में सुन्दर मनोवैज्ञानिक चित्रण है। भगवतीचरण वर्मा की कहानियों में यथार्थ का सुन्दर वर्णन मिलता है। उनके दो कहानी संग्रह 'दो बांके' और 'इन्सटालमेंट' हैं। 'प्रायश्चित' उनकी एक सुन्दर कहानी है।

जैनेन्द्रजी, प्रेमचंदजी की परिपाटी में आते हैं। उनके सात कहानी संग्रह प्रकाशित हो चुके हैं। जैनेन्द्रजी ने अपनी कहानियों के लिए प्रायः सामाजिक और पारिवारिक विषय चुने हैं; परन्तु उनकी कुछ कहानियों में यथार्थ और व्यंग्य का सुघर सम्मिश्रण मिलता है। 'एक रात', 'अपना-अपना भाग्य', 'वातायन', 'नीलम देश की राजकुमारी', 'पाजेब', आदि उनकी उत्कृष्ट कल्पना और भावुकतापूर्ण कहानियां हैं। पदुमलाल पुन्नालाल बख्शी की 'नन्दिनी' एक सुन्दर कहानी है। रायकृष्णदास की 'रमणी का रहस्य' एक सुन्दर कहानी है।

अज्ञेयजी वैयक्तिक व सामाजिक समस्याओं के सूक्ष्म निरीक्षक हैं। उनकी कहानियों में समाज पर करारा व्यंग्य मिलता है। इलाचन्द जोशी ने प्रायः मनोवैज्ञानिक सूझ-बूझ की बारीकी के आधार पर जीवन के चित्र उपस्थित किए हैं।

उत्कर्ष काल (1947 से अब तक)–इस काल में देश की बदली हुई परिस्थितियों का प्रभाव कहानी लेखकों पर भी पड़े बिना न रहा। अब राजनैतिक व सामाजिक विषयों के अलावा राष्ट्र निर्माण की योजनाओं को कहानी का विषय बनाया गया। अनेक मनोवैज्ञानिक और मार्क्सवादी कहानियों का प्रणयन भी किया गया। ऐसी कहानियों में या तो प्रतीकों के माध्यम से कुंठाओं की अभिव्यक्ति की गई है, या फिर लेखकों ने शोषक और शोषित वर्ग को कहानी की विषयवस्तु बनाया है। राहुल, रांगेय राघव और गिरीश अष्ठाना मार्क्सवादी विचारधारा के पोषक हैं। चन्द्रगुप्त विद्यालंकार, इलाचन्द्र जोशी और अज्ञेयजी मनोवैज्ञानिक विश्लेषण करने वाले कहानीकार हैं।

इस काल के अन्य कहानी लेखकों में धर्मवीर भारती, विष्णु प्रभाकर, मार्कण्डेय, रावी, मोहन राकेश, कमलेश्वर, राजेन्द्र यादव, राजेन्द्र अवस्थी, नागार्जुन, भीष्म साहनी और श्रीराम शर्मा के नाम विशेष रूप से उल्लेखनीय हैं।

उत्कर्ष काल में कहानी की दो नई विधाओं का जन्म हुआ। इसमें से एक को आंचलिक कहानी कहते हैं और दूसरी को नई कहानी। आंचलिक कहानी वास्तव में किसी विशेष क्षेत्र (अंचल) के सामाजिक, आर्थिक और सांस्कृतिक जीवन को उभारने का एक सफल प्रयत्न होती है। नई कहानी किसी घटना या विषय की प्रामाणिकता को चित्रित करती है। इस प्रकार के कहानीकारों में मोहन राकेश, राजेन्द्र यादव तथा कमलेश्वर के नाम उल्लेखनीय हैं।

कहानी के विकास में लेखिकाओं ने भी महत्वपूर्ण योग दिया है। इनमें सुभद्राकुमारी चौहान, तेजरानी पाठक, कमलादेवी चौधरी, उषा देवी मित्रा, होमवती, सत्यवती मलिक, चन्द्रवती, महादेवी वर्मा, मन्नू भंडारी, चन्द्रकिरण सोनरिक्सा आदि के नाम उल्लेखनीय हैं। सुभद्राकुमारी चौहान की 'कदम्ब के फूल', उषा देवी मित्रा की 'सान्ध्य तारा', सत्यवती मलिक की 'भाई बहन', कमला देवी चौधरी की 'अधूरा चित्र' होमवती देवी की 'मां' और महादेवी वर्मा की 'लछमा' कहानियाँ विशेष प्रसिद्ध हैं।

हिन्दी गद्य की लघु विधाएं

हिन्दी गद्य-साहित्य के प्रारम्भ में जिन विधाओं का विकास हुआ उनमें–कहानी, उपन्यास, निबन्ध, आलोचना आदि का नामोल्लेख आवश्यक है। किन्तु आगे चलकर अन्य विधाएँ प्रचलित हुईं उन्हें भी जानना उतना ही आवश्यक है। ये नवीन विधाएँ हैं–जीवनी, आत्मकथा, यात्रावृत्त, संस्मरण, रेखाचित्र, रिपोर्ताज, इन्टरव्यू, पत्र-लेखन, अभिनन्दन-ग्रंथ, स्मृति-ग्रंथ, डायरी आदि।

जीवनी

छायावादोत्तर काल में जीवनी-साहित्य का बहुमुखी विकास हुआ है। लोकप्रिय नेताओं, सन्तों, महात्माओं, साहित्यकारों, विदेशी महापुरुषों, वैज्ञानिकों, खिलाड़ियों आदि से सम्बन्धित जीवनियाँ प्रचुर परिमाण में लिखी गई हैं। महात्मा गाँधी इस युग के सर्वाधिक लोकप्रिय नेता थे, फलस्वरूप उनसे सम्बन्धित जीवनियाँ सर्वाधिक संख्या में प्राप्त होती हैं। घनश्याम दास बिड़ला, काका कालेलकर, सुमंगल प्रकाश, सुशीला नायर, डॉ. राजेन्द्र प्रसाद तथा जैनेन्द्र कुमार द्वारा लिखित महात्मा गाँधी की जीवनियाँ उल्लेखनीय हैं। हरिकृष्ण त्रिवेदी, छविनाथ पाण्डेय, गिरीशचन्द्र जोशी आदि ने नेताजी सुभाष चन्द्र बोस की जीवनियाँ लिखी हैं। जवाहर लाल नेहरू की जीवनी लिखने वालों में माता सेवक पाठक, लक्ष्मण सुमन, जगदीश झा विकल, रामवृक्ष बेनीपुरी, वाल्मीकि चौधरी, इन्द्र विद्या वाचस्पति आदि प्रमुख हैं। कई अन्य लेखकों ने भी राष्ट्र नेताओं से सम्बद्ध प्रेरणास्पद जीवनी-ग्रंथों का प्रणयन किया है। सन्तों-महात्माओं के जीवन-चरित लेखन की दिशा में मदन्त आनन्द कौशल्यायन, सुन्दरलाल, दीनदयाल उपाध्याय और बलदेव उपाध्याय उल्लेखनीय हैं। भारतीय इतिहास से सम्बद्ध महापुरुषों की जीवनी लिखने वालों में सीताराम कोहली, लाजपत राय, द्वारका प्रसाद शर्मा, भीमसेन विद्यालंकार, श्री निवास बालाजी हार्डीकर आदि नाम उल्लेख्य हैं। विदेशी महापुरुषों की जीवनी-भाषा को आधार बनाकर लिखने वालों में बनारसी दास चतुर्वेदी, राम इकबाल सिंह, त्रिलोकीनाथ, अनन्त प्रसाद विद्यार्थी, श्रवण लाल अग्रवाल, राहुल सांकृत्यायन आदि के नाम लिये जा सकते हैं। साहित्यकारों के जीवन-चरित्र को प्रस्तुत करने वालों में गंगा प्रसाद पाण्डेय, शिवरानी देवी, उमेशचन्द्र मिश्र, मदन गोपाल, अमृतराय, डॉ. राम विलास शर्मा, शांति जोशी तथा विष्णु प्रभाकर के नाम उल्लेखनीय हैं। जीवनी साहित्य के संदर्भ में यही कहा जा सकता है कि वर्तमानकालीन जीवनी-साहित्य विषय और परिमाण की दृष्टि से तो पर्याप्त सम्पन्न है लेकिन शैली की दृष्टि से आंशिक समृद्ध हैं। विशेष रूप से ध्यातव्य है कि किसी की जीवनी कोई भी लिख सकता है।

आत्मकथा

जीवनी साहित्य की भाँति आत्मकथा-लेखन की प्रवृत्ति छायावादोत्तर काल में बलवती रही है। सामाजिक, राजनीतिक, साहित्यिक आदि विभिन्न क्षेत्रों के महत्त्वपूर्ण व्यक्तियों ने अपनी आत्मकथाएँ लिखकर इस विधा को पल्लवित-पुष्पित किया है। सामाजिक क्षेत्र में कार्य करने वाले जिन व्यक्तियों ने आत्मकथाएँ लिखी हैं, उनमें भवानी दयाल संन्यासी तथा सत्यदेव परिव्राजक उल्लेखनीय हैं। डॉ. राजेन्द्र प्रसाद, जवाहर लाल नेहरू, डॉ. राधा कृष्णन तथा मौलाना अबुल कलाम आजाद इस युग के ऐसे राजनीतिक महापुरुष रहे हैं जिन्होंने सक्रिय राजनीति में भाग लेने के साथ-साथ अत्यन्त महत्त्वपूर्ण आत्मकथाएँ भी लिखी हैं। हिन्दी के जिन साहित्यकारों की आत्मकथाएँ प्रकाशित हुई हैं उनमें डॉ. श्याम सुन्दर दास, राहुल सांकृत्यायन, वियोगी हरि, यशपाल, शांतिप्रिय द्विवेदी, पदुमलाल पुन्नालाल बख्शी, सेठ गोविन्द दास, पाण्डेय बेचन शर्मा उग्र, आचार्य चतुरसेन शास्त्री, डॉ. हरिवंशराय बच्चन आदि उल्लेखनीय हैं। ध्यातव्य है कि अपने जीवन के विषय में खुद लिखा जाता है तो उसे आत्मकथा कहते हैं।

संस्मरण

स्मृतिं के आधार पर किसी विषय या व्यक्ति के सम्बन्ध में लिखित लेख या ग्रंथ को संस्मरण कह सकते हैं। व्यापकरूप से संस्मरण आत्मचरित के अन्तर्गत आ जाता है। परन्तु इन दोनों के दृष्टिकोणों में मौलिक अन्तर है। आत्मचरित के लेखक का मुख्य उद्देश्य अपनी जीवन-कथा का वर्णन करना रहता है। इसमें कथा का प्रमुख पात्र स्वयं लेखक होता है और अन्य इतिहास की घटनाओं तथा परिस्थितियों का केवल वही रूप उसमें आता है, जो उसके जीवनक्रम को प्रभावित, संचालित या नियंत्रित करता है अथवा जो उससे प्रभावित होता है।

इसके विपरीत संस्मरण का दृष्टिकोण अलग है। इसमें लेखक अपने समय के इतिहास को लिखना चाहता है। वह जो स्वयं देखता है, जिसका वह स्वयं अनुभव करता है, उसी का वर्णन करता है। उसके वर्णन में उसकी अनुभूतियाँ, संवेदनाएँ भी रहती हैं। इस दृष्टि से शैली में वह निबंधकार के समीप है पर वास्तव में वह अपने चतुर्दिक जीवन का सर्जन सम्पूर्ण भावना और जीवन के साथ करता है। रेखाचित्र और संस्मरण में बहुत दूर तक समानता है। जब हम अपने बारे में संस्मरण न लिखकर दूसरों के बारे में लिखते हैं और वह भी संक्षिप्त रूप में तो वह बहुधा रेखाचित्र के समीप होता है। वस्तुतः संस्मरण, रेखाचित्र और आत्मचरित का एक-दूसरे से इतना घनिष्ठ सम्बन्ध है कि एक की सीमा दूसरे से कहाँ मिलती है और कहाँ अलग हो जाती है, इसका निर्णय करना कठिन है।

हिन्दी के प्रारम्भिक संस्मरण-लेखकों में पद्मसिंह शर्मा प्रमुख हैं। इनके अतिरिक्त बनारसी दास चतुर्वेदी, रामवृक्ष बेनीपुरी, शांतिप्रिय द्विवेदी, कन्हैयालाल मिश्र प्रभाकर, राहुल सांकृत्यायन, जगदीश चन्द्र माथुर, सेठ गोविन्द दास, माखनलाल चतुर्वेदी, रामधारी सिंह दिनकर आदि को प्रमुख संस्मरण लेखकों में गिना जाता है। इस कड़ी में हरिवंशराय बच्चन का नामोल्लेख अनिवार्य हो जाता है।

वर्तमान युग में कतिपय अन्य लेखकों ने भी अपनी अमूल्य रचनाओं द्वारा हिन्दी संस्मरण-साहित्य को समृद्ध किया है। इनमें कतिपय उल्लेखनीय हस्ताक्षर हैं–सत्यजीवन शर्मा भारतीय, हरिभाऊ उपाध्याय, रायकृष्णदास, महेन्द्र भटनागर, कुंतल गोयन, डॉ. हर गुलाल, पदमिनी मेनन और लक्ष्मी नारायण सुधांशु आदि।

रेखाचित्र

रेखाचित्र अंग्रेजी के 'स्केच' शब्द का पर्याय है जिसे हिन्दी में शब्दचित्र भी कहते हैं। जो चित्र रेखा द्वारा खींचे जाते हैं उन्हें हम रेखाचित्र कहते हैं। साहित्य में रेखा का काम शब्दों से लिया जाता है। शिवदान सिंह चौहान ने रेखाचित्र के विषय में कहा है–रेखाचित्र पढ़कर किसी वस्तु का चित्र ही हमारे सामने नहीं खिंच जाता, बल्कि अभिव्यक्ति और चित्रण के पीछे अनासक्तिभाव का उपक्रम किये लेखक की छिपी सहानुभूति से भी अप्रत्यक्ष रूप से पाठक प्रभावित होता है, वास्तविकता के उस टुकड़े को उस विराट् संदर्भ से हटाकर जैसे खुर्दबीन से देखकर वह उसे पूरी तौर पर जान लेता है और उसके सम्पूर्ण स्वरूप से उसके आंतरिक सम्बन्धों को पहचान लेता है।

छायावादोत्तर साहित्य में रेखाचित्र-साहित्य के विकास की दिशा में 'हँस' पत्रिका का रेखाचित्र विशेषांक सर्वप्रथम उल्लेखनीय है। इसमें हिन्दी के अतिरिक्त अन्य भारतीय भाषाओं के लेखकों के भी रेखाचित्र प्रकाशित किए गए थे। इन विधाओं के हिन्दी लेखकों में बनारसी दास चतुर्वेदी का स्थान सर्वोच्च है। रेखाचित्र लेखकों में प्रकाश चन्द्र गुप्त, विनय मोहन शर्मा, कन्हैया लाल मिश्र प्रभाकर, शिवपूजन सहाय, सत्यवती मल्लिक, शांतिप्रिय द्विवेदी, सेठ गोविन्ददास, जगदीश चन्द्र माथुर आदि नाम उल्लेख्य हैं।

रेखा चित्र संस्मरणात्मक भी होते हैं। हिन्दी में संस्मरणात्मक रेखाचित्र को उन्नत करने वालों में सत्यजीवन वर्मा, ओंकार शरद, प्रेमनारायण टण्डन, विनोद शंकर व्यास, हरिभाऊ उपाध्याय, राम कृष्ण दास, महेन्द्र भटनागर, कुन्ताव गोयल, डॉ. हरगुलाल, पदमिनी मेनन, लक्ष्मी नारायण सुधांशु , इन्द्र विद्यावाचस्पति आदि प्रमुख हैं।

यात्रा-साहित्य

यात्राओं के वर्णन को साहित्य के रंग से रंजित कर रोचक बनाने वाली रचना को 'यात्रावृत्त' नाम दिया गया। यह इतना रोचक हो गया कि साहित्य की एक विधा के रूप में इसे स्वीकृत कर लिया गया। पाठक को यात्रावृत्त से कहानी और उपन्यास का आनन्द मिलने लगा।

छायावादोत्तर काल में स्वामी सत्यदेव परिव्राजक की कृति 'मेरी पाँचवी जर्मनी यात्रा' से यात्रावृत्त का क्रम प्रारम्भ होता है। कन्हैया लाल मिश्र की भी एक रचना 'मेरी इराक यात्रा' इसी समय प्रकाशित हुई, जिसमें यात्रा मार्ग में पड़ने वाले स्थानों का भी सविस्तार वर्णन किया गया।

यात्रावृत्त को समृद्ध बनाने में राहुल सांकृत्यायन का योगदान अविस्मरणीय है। 'मेरी लद्दाख यात्रा,' 'किन्नर देश में' 'राहुल यात्रावली' 'यात्रा के पन्ने' 'रूस में पच्चीस मास', 'एशिया के दुर्गम भूखण्डों में' आदि उनकी कतिपय उल्लेखनीय रचनाएँ हैं। रामवृक्ष बेनीपुरी ने 'पैरों में पंख बाँधकर' तथा 'उड़ते चलो उड़ते चलो' के माध्यम से यूरोपीय रंगमंच, देहात आदि का हृदयग्राही विवरण अंकित किया है।

यात्रावृत्त का महत्त्व दो कारणों से हैं। एक तो यात्रा के बीच में जहाँ-जहाँ हम रुकते हैं, नए-नए दृश्य देखते हैं और नया-नया अनुभव प्राप्त करते हैं। दूसरे, साहित्यिक भाषा और शैली में वर्णन अत्यन्त रोचक हो जाता है। यात्रावृत्त किसी कहानी या उपन्यास से कम रोचक नहीं होता है। यही कारण है कि साहित्य में इसे विधा के रूप में स्वीकार कर लिया गया है। इतना ही नहीं आजकल यह साहित्य की एक लोकप्रिय विधा है।

गद्य काव्य

'गद्यकाव्य' से अभिप्राय उस रचना से है, जिसमें वैयक्तिक आशा-निराशा, सुख-दुख आदि घनीभूत भावनाओं को साधारण गद्य से भिन्न भावपूर्ण गद्य में व्यक्त किया जाता है–उसमें संवेदनशीलता एवं रसात्मकता तो छंदोबद्ध काव्य के समान होती है, किंतु माध्यम गद्य ओता है। हिंदी में इस प्रकार की रचनाएं रवींद्रनाथ ठाकुर की प्रसिद्ध कृति 'गीतांजलि' के प्रभाव स्वरूप लिखीं गयीं। राय कृष्णदास (1892-1980), वियोगी हरि (1896-1988), चतुरसेन शास्त्री (1891-1960), दिनेशनंदिनी चौरड्या (1915-2006), माखनलाल चतुर्वेदी (1889-1968) और डॉ. रघुवीर सिंह (1908-1991) इस विधा के मुख्य कृतिकार हैं।

वस्तुनिष्ठ प्रश्न

1. हिन्दी साहित्य में गद्य का विकास–
A. पद्य के साथ-साथ हुआ
B. पद्य से पहले हुआ
C. पद्य के बाद हुआ
D. उपरोक्त में से कोई नहीं

2. आधुनिक काल में कुल मिलाकर–
A. पद्य और गद्य बराबर लिखा गया
B. पद्य अधिक लिखा गया
C. गद्य अधिक लिखा गया
D. उपरोक्त में से कोई नहीं

3. हिन्दी में गद्य का प्राचीनतम रूप किस ग्रंथ में मिलता है?
A. चौरासी वैष्णवन की वार्ता B. चन्द छंद बरनन की महिमा
C. पद्मपुराण D. सुख सागर

4. 'चौरासी वैष्णवन की वार्ता' का रचयिता कौन था?
A. विट्ठलनाथ जी B. गोकुलनाथ जी
C. नाभादास जी D. गंग कवि

5. 'अष्टयाम' किसकी रचना है?
A. गोकुलनाथ जी B. विट्ठलनाथ जी
C. नाभादास जी D. रामप्रसाद निरंजनी

6. प्रारम्भिक गद्य की भाषा क्या थी?
A. अपभ्रंश B. खड़ी बोली
C. अवधी D. ब्रजभाषा

7. जैन 'पद्म पुराण' का अनुवाद किसने किया था?
A. लक्ष्मण सिंह B. दौलत राम
C. श्रद्धाराम फिल्लौरी D. रामप्रसाद निरंजनी

8. 19वीं शताब्दी के आरम्भ में हिन्दी गद्य के चार मुख्य लेखक हुए। उनमें से एक ने 'सुखसागर' लिखा। उसका नाम क्या था?
A. सदल मिश्र B. लल्लू लाल
C. सदासुख लाल D. इंशाअल्ला खां

9. 'रानी केतकी की कहानी' किसने लिखी थी?
A. इंशाअल्ला खां B. लक्ष्मण सिंह
C. बालकृष्ण भट्ट D. प्रताप नारायण मिश्र

10. नीचे पुस्तकों और लेखकों के जोड़े दिये गए हैं। इनमें एक जोड़ा गलत है। बताइये कौन-सा जोड़ा गलत है?
A. भाषा योगवशिष्ट – नाभादास
B. नासिकेतोपाख्यान – सदल मिश्र
C. शृंगार रस मंडन – विट्ठल नाथ
D. प्रेमसागर – लल्लू लाल

11. ईसाई पादरियों ने किस प्रकार हिन्दी गद्य के प्रसार में योगदान किया?
A. उन्होंने गद्य लेखन पर पुरस्कार दिये
B. स्वयं हिन्दी गद्य में लिखा
C. बाइबिल का हिन्दी में अनुवाद कराया और उसे बांटा
D. उपरोक्त सभी

12. 'सितारे हिन्द' किसकी उपाधि थी?
A. राजा शिवप्रसाद B. राजा लक्ष्मण सिंह
C. देवकीनंदन खत्री D. श्रीनिवास दास

13. 'इतिहास तिमिर नाशक' ग्रंथ का रचयिता कौन है?
A. भारतेन्दु हरिश्चन्द्र
B. बालकृष्ण भट्ट
C. राजा शिवप्रसाद 'सितारे हिन्द'
D. राजा लक्ष्मण सिंह

14. भारतेन्दु हरिश्चन्द्र के समय में हिन्दी गद्य की बड़ी उन्नति हुई। इसमें इनके दो सहयोगियों की प्रमुख भूमिका थी, जिनमें एक का नाम था प्रतापनारायण मिश्र और दूसरे का नाम था–
A. देवकीनंदन खत्री B. श्यामसुंदर दास
C. श्रीनिवास दास D. बालकृष्ण भट्ट

15. भारतेन्दु हरिश्चन्द्र के काल में हिन्दी गद्य में–
A. नाटक लिखे गये B. निबंध लिखे गये
C. आलोचना लिखी गई D. उपरोक्त तीनों लिखे गये

16. द्विवेदी युग में हिन्दी गद्य–
A. का रूप पूर्णतः स्थिर हो गया
B. उर्दू मिश्रित हो गया
C. की उपेक्षा हुई
D. में केवल कुछ कहानियां लिखी गईं

17. द्विवेदी-युग में रामचन्द्र शुक्ल ने साहित्य के किस क्षेत्र में मूल्यवान योगदान किया?
A. उपन्यास के क्षेत्र में B. कहानी के क्षेत्र में
C. नाटक के क्षेत्र में D. आलोचना के क्षेत्र में

18. मिश्र बंधु का योगदान गद्य के किस क्षेत्र में रहा?
A. नाटक के क्षेत्र में B. कहानी के क्षेत्र में
C. आलोचना के क्षेत्र में D. उपन्यास के क्षेत्र में

19. द्विवेदी युग में ही हिन्दी के महान् उपन्यासकार की रचनायें प्रकाश में आईं। वह उपन्यासकार थे–
A. जैनेन्द्र कुमार B. यशपाल
C. प्रेमचन्द D. इलाचन्द जोशी

20. छायावादी कवियों में जयशंकर प्रसाद ने गद्य की किस विधा को समृद्ध बनाया?
A. नाटक B. उपन्यास
C. निबन्ध D. कहानी

21. छायावादी कवि निराला का प्रसिद्ध उपन्यास है–
A. अलका B. चन्द्रकला
C. सावित्री D. इन्द्रा

22. महादेवी वर्मा की रचना 'अतीत के चलचित्र'–
A. कहानी संग्रह है B. उपन्यास है
C. निबन्ध-संग्रह है D. संस्मरणों का संग्रह है

23. 'भारत दुर्दशा' नाटक का लेखक कौन है?
A. भारतेन्दु हरिश्चन्द्र B. देवकीनंदन खत्री
C. बालकृष्ण भट्ट D. प्रतापनारायण मिश्र

24. 'चन्द्रकान्ता संतति' उपन्यास के कितने खण्ड निकले थे?
A. 14 खण्ड B. 8 खण्ड
C. 3 खण्ड D. 24 खण्ड

25. तिलिस्म और ऐयारी से भरे 'चंद्रकान्ता संतति' उपन्यास का सबसे बड़ा योगदान यह रहा कि–
A. उपन्यास के नए क्षेत्र खुल गए
B. हिन्दी गद्य का रूप निखर गया
C. इसी किस्म के बहुत-से उपन्यास लिखे गये
D. असंख्य लोगों ने इस उपन्यास को पढ़ने के लिए हिन्दी भाषा सीखी

26. मुंशी प्रेमचंद के 'गोदान' उपन्यास में मुख्य पात्र (हीरो) का नाम क्या है?
A. मधुवा B. होरी
C. विशाल देव D. दिव्या

27. निराला के उपन्यास 'निरूपमा' में किस समस्या का वर्णन है?
A. ग्राम्य-जीवन की वास्तविकतायें
B. दहेज प्रथा
C. मध्यवर्गीय समाज की आर्थिक विपन्नता
D. प्रादेशिक भेदभाव और सामाजिक कुरीतियां

28. कुछ विद्वान 'परीक्षा गुरु' को हिन्दी का प्रथम उपन्यास मानते हैं। इसके लेखक हैं–
A. रामचन्द्र शुक्ल B. श्रीनिवास दास
C. बालकृष्ण भट्ट D. बाबू राधाकृष्ण दास

29. बालकृष्ण भट्ट का उपन्यास 'सौ अजान एक सुजान' कैसा उपन्यास है?
A. सांस्कृतिक B. ऐतिहासिक
C. तिलिस्मी D. उपदेशात्मक

30. निम्नलिखित उपन्यासों में से कौन-सा उपन्यास अम्बिकादत्त व्यास का है?
A. नूतन ब्रह्मचारी B. मरता क्या न करता
C. मृण्मयी D. आश्चर्य वृतान्त

31. उपन्यासों के विकास के प्रारम्भिक चरण के सम्बन्ध में कौन-सा कथन सही है?
A. कुछ उपन्यास मौलिक हैं
B. कुछ उपन्यास अनूदित हैं
C. इनका लाभ यह हुआ कि मौलिक उपन्यास लेखन की प्रवृति बढ़ी
D. उपरोक्त सभी

32. निम्नलिखित उपन्यासों में से कौन-सा उपन्यास अयोध्या सिंह उपाध्याय 'हरिऔध' का नहीं है?
A. वेनिस का बाँका B. ठेठ हिन्दी का ठाठ
C. अधलिखा फूल D. रसिक लाल

33. हिन्दी के प्रथम मौलिक उपन्यासकारों में देवकीनंदन खत्री विख्यात हैं। इनका सर्वाधिक लोकप्रिय उपन्यास 'चन्द्रकान्ता संतति' है। इसके अलावा भी इनका एक अन्य उपन्यास है, जिसका नाम है–
A. अंगूठी का नगीना B. भूतनाथ
C. दिल्ली के दलाल D. युगान्तर

34. 'संन्यासी' एक प्रसिद्ध उपन्यास है। इसके लेखक का नाम है–
A. वृन्दावनलाल वर्मा B. यशपाल
C. उपेन्द्रनाथ अश्क D. इलाचन्द्र जोशी

35. निम्नलिखित उपन्यासों में से कौन-सा उपन्यास यशपालजी का नहीं है?
A. दादा कामरेड B. दिव्या
C. देशद्रोही D. भिखारिणी

36. किसको 'उपन्यास सम्राट' माना जाता है?
A. जैनेन्द्र कुमार B. यशपाल
C. उपेन्द्रनाथ अश्क D. प्रेमचंद

37. 'चित्रलेखा' एक अति लोकप्रिय उपन्यास है। इसके लेखक का नाम है–
A. चतुरसेन शास्त्री B. पाण्डेय बेचन शर्मा 'उग्र'
C. वृन्दावनलाल वर्मा D. भगवतीचरण वर्मा

38. जयशंकर प्रसाद के दो उपन्यासों में एक का नाम 'कंकाल' है, और दूसरे का–
A. तीन वर्ष B. मां
C. तितली D. वैशाली की नगरवधू

39. मुंशी प्रेमचंद के उपन्यास–
A. ऐतिहासिक हैं B. सामाजिक हैं
C. रोमांटिक हैं D. मनोवैज्ञानिक हैं

40. निम्नलिखित उपन्यासों में से कौन-सा उपन्यास प्रेमचंदजी का नहीं है?
A. गबन B. निर्मला
C. गोदान D. विसर्जन

41. 'वैशाली की नगरवधू' किसका उपन्यास है?
A. जैनेन्द्र कुमार B. चतुरसेन शास्त्री
C. वृन्दावनलाल वर्मा D. इलाचन्द्र जोशी

42. ऐतिहासिक उपन्यासों के लिए कौन-सा नाम विख्यात है?
A. यशपाल B. अज्ञेय
C. उपेन्द्रनाथ अश्क D. वृन्दावनलाल वर्मा

43. 'शेखर-एक जीवनी' किसका बहुचर्चित उपन्यास है?
A. राहुल सांकृत्यायन B. धर्मवीर भारती
C. अमृतलाल नागर D. अज्ञेय

44. नीचे कुछ उपन्यासों और उनके लेखकों के नामों के जोड़े दिये गए हैं। इनमें से कौन-सा जोड़ा सही नहीं है?
A. जयशंकर प्रसाद – तितली
B. देवकीनंदन खत्री – भूतनाथ
C. जैनेन्द्र कुमार – सुनीता
D. अज्ञेय – दिव्या

45. 'मैला आँचल' उपन्यास का लेखक कौन है?
A. फणीश्वरनाथ रेणु B. धर्मवीर भारती
C. अज्ञेय D. नरेश मेहता

46. 'शेखर-एक जीवनी' अज्ञेय का लिखा हुआ उपन्यास है। यह–
A. अपनी ऐतिहासिक पृष्ठभूमि के लिए विख्यात है
B. अपने सांस्कृतिक मूल्यों के लिए विख्यात है
C. नवीन शैली व पैनी मनोवैज्ञानिक दृष्टि के लिए विख्यात है
D. सामाजिक कुरीतियों का पर्दाफाश करने के लिए विख्यात है

47. प्रेमचन्द जी के 'गोदान' में–
A. जीवन के जीते-जागते चित्र हैं
B. जीवन की कठोर वास्तविकता का सूक्ष्म विवेचन है
C. ग्राम-जीवन की रीतियों का सूक्ष्म विवेचन है
D. उपरोक्त सभी

48. प्रसादजी के 'कंकाल' उपन्यास में–
A. सामाजिक बंधनों की विषमता और व्यक्ति की सहज प्रवृत्तियों का संघर्ष अंकित है
B. समाज-व्यवस्था पर तीखा व्यंग्य है
C. आदर्श और यथार्थ के बीच खड़ी खाई का रूप है
D. उपरोक्त सभी

49. निम्नलिखित में कौन-सा एक उपन्यास वृन्दावनलाल वर्मा का नहीं है?
A. गढ़ कुण्डार B. झांसी की रानी
C. विराटा की पद्मिनी D. देशद्रोही

50. 'बूंद और समुद्र' किसका विख्यात उपन्यास है?
A. उदय शंकर भट्ट B. फणीश्वरनाथ रेणु
C. शैलेश मटियानी D. अमृतलाल नागर

51. निम्नलिखित आंचलिक उपन्यासों में से एक फणीश्वरनाथ रेणु का नहीं है। वह है–
A. मैला आँचल B. परती परिकथा
C. द्वामा D. पल्टू बाबू रोड

52. 'चिट्ठीरसैनी' किसका प्रसिद्ध उपन्यास है?
A. उपेन्द्रनाथ अश्क B. हरिकृष्ण प्रेमी
C. शैलेश मटियानी D. यशपाल

53. 'चित्रलेखा' और 'तीन वर्ष' के अतिरिक्त भगवतीचरण वर्मा के अन्य उपन्यास हैं–
A. टेढ़े-मेढ़े रास्ते B. भूले-बिसरे चित्र
C. सीधी-सच्ची बातें D. उपरोक्त सभी

54. 'गिरती दीवारें' किसका उत्तम उपन्यास है?
A. उपेन्द्रनाथ अश्क B. धर्मवीर भारती
C. अमृतलाल नागर D. नागार्जुन

55. 'मृगनयनी' किसका उपन्यास है?
A. जैनेन्द्र कुमार का B. वृन्दावनलाल वर्मा का
C. अमृतलाल नागर का D. उपरोक्त में से कोई नहीं

56. निम्नलिखित सूची-I का सूची-II से मिलान कीजिए तथा नीचे दिए गए कूट की सहायता से सही उत्तर का चयन कीजिए :

सूची-I	सूची-II
(*a*) अपने-अपने अजनबी	1. धर्मवीर भारती
(*b*) सूरज का सातवां घोड़ा	2. अज्ञेय
(*c*) खाली कुर्सी की आत्मा	3. इलाचंद जोशी
(*d*) प्रेत और छाया	4. लक्ष्मीकान्त वर्मा

कूट :

	(*a*)	(*b*)	(*c*)	(*d*)
A.	2	1	4	3
B.	1	2	4	3
C.	1	2	3	4
D.	3	4	2	1

57. हरिवंश राय बच्चन की रचना "क्या भूलूं क्या याद करूं" किस कोटि के अन्तर्गत आती है?
A. आत्मकथा B. यात्रा वृत्तान्त
C. इंटरव्यू D. रेखाचित्र

58. महादेवी वर्मा की रचना 'पथ के साथी' किस कोटि के अन्तर्गत आती है?
A. संस्मरण B. रेखाचित्र
C. यात्रा वृत्तान्त D. जीवनी

59. नीचे कुछ रचनायें दी हुई हैं और उनके सामने उनके लेखकों के नाम हैं। कौन-सा जोड़ा गलत है?
A. अरे यायावर याद रहेगा – अज्ञेय
B. मैं इनसे मिला – पद्मसिंह शर्मा कमलेश
C. जंजीरें और दीवार – रामवृक्ष बेनीपुरी
D. माटी हो गई सोना – महादेवी वर्मा

60. धर्मवीर भारती की रचना 'ठेले पर हिमालय' किस कोटि की है?
A. जीवनी B. यात्रा वृत्तान्त
C. संस्मरण D. इंटरव्यू

61. 'एक बूंद सहसा उछली' किसका विख्यात यात्रा संस्मरण है?
A. निर्मल वर्मा का B. रामवृक्ष बेनीपुरी का
C. अज्ञेय का D. डा. रघुवंश का

62. हिन्दी की सर्वप्रथम मौलिक कहानी किसे माना जाता है?

A. इन्दुमती B. आकाशदीप
C. ग्यारह वर्ष का समय D. उसने कहा था

63. हिन्दी की सर्वप्रथम मौलिक कहानी 'इन्दुमती' का लेखक कौन था?

A. गिरिजादत्त वाजपेयी B. किशोरी लाल गोस्वामी
C. रामचन्द्र शुक्ल D. प्रताप नारायण मिश्र

64. चन्द्रधर शर्मा 'गुलेरी' की सुविख्यात कहानी कौन-सी है?

A. छाया B. उसने कहा था
C. बड़े घर की बेटी D. शतरंज के खिलाड़ी

65. प्रेमचंद का सर्वोत्कृष्ट उपन्यास कौन-सा है?

A. निर्मला B. सेवासदन
C. रंगभूमि D. गोदान

66. मुंशी प्रेमचंद ने अपने उपन्यासों में किस समस्या को प्रस्तुत किया है?

A. विधवा विवाह B. अनमेल विवाह
C. दहेज प्रथा D. उपरोक्त तीनों

67. 'मधुआ' कहानी किसकी है?

A. प्रेमचन्द की B. प्रसादजी की
C. यशपाल की D. अज्ञेय की

68. 'जार्ज पंचम की नाक' कहानी का लेखक कौन है?

A. कमलेश्वर B. हरिकृष्ण प्रेमी
C. भीष्म साहनी D. अज्ञेय

69. प्रेमचंद की 'पूस की रात' कहानी–

A. भारतीय किसान की टूटन की कहानी है
B. भारतीय मध्यवर्ग के मिथ्याभिमान की कहानी है
C. वर्ग संघर्ष की कहानी है
D. अशिक्षा के अभिशाप की कहानी है

70. प्रसादजी की मधुआ कहानी एक–

A. शराबी के हृदय-परिवर्तन की कहानी है
B. रईस की हृदयहीनता की कहानी है
C. बालक के शोषण की कहानी है
D. उपरोक्त में से कोई नहीं

71. यशपाल ने अपनी कहानी 'खच्चर और आदमी' में क्या बताया है?

A. खच्चर आदमी से श्रेष्ठ है
B. आदमी खच्चर से श्रेष्ठ है
C. जो अपने को परिस्थितियों में ढाल ले वही बच पाता है
D. मनुष्य परिस्थितियों का दास है

72. अज्ञेय की 'शरणदाता' कहानी–

A. मानव संघर्ष की कहानी है
B. साम्प्रदायिकता-विरोधी कहानी है
C. नारी ममता की कहानी है
D. उपरोक्त तीनों

73. 'कानों में कंगना' नामक कहानी का लेखक कौन है?

A. विश्वम्भर नाथ शर्मा 'कौशिक'
B. राधिकारमण प्रसाद
C. पदुमलाल पुन्नालाल बख्शी
D. रायकृष्ण दास

74. 'ताई' कहानी का लेखक कौन है?

A. वृन्दावनलाल वर्मा B. राजेन्द्र यादव
C. मन्नू भंडारी D. विश्वम्भर नाथ शर्मा 'कौशिक'

75. निम्नलिखित कहानियों में से कौन-सी कहानी उषा देवी मित्रा की लिखी हुई है?

A. भाई-बहन B. लछमा
C. अधूरा चित्र D. सान्ध्य तारा

76. 'आत्माराम' और 'पंच परमेश्वर' किसकी कहानियां हैं?

A. सुदर्शन B. शिवपूजन सहाय
C. चंडी प्रसाद 'हृदयेश' D. प्रेमचंद

77. गिरिजादत्त वाजपेयी की एक उत्तम कहानी है–

A. रानी सारंधा B. प्रतिध्वनि
C. हार की जीत D. पंडित और पंडितानी

78. 'पुरस्कार' और 'आकाशदीप' कहानियां किसकी हैं?

A. रायकृष्ण दास B. सुदर्शन
C. चन्द्रकिरण सौनरिक्सा D. जयशंकर प्रसाद

79. 'हार की जीत' नामक अत्यन्त लोकप्रिय और महान् चरित्र वाली कहानी का लेखक कौन है?

A. सुदर्शन B. चतुरसेन शास्त्री
C. विष्णु प्रभाकर D. यशपाल

80. गुलेरीजी की 'उसने कहा था' कहानी का सार क्या है?

A. अमृतसर का जन-जीवन B. युद्ध की निस्सारता
C. निःस्वार्थ बलिदान D. अपराध का मनोविज्ञान

81. 'बैताल पचीसी' और 'सिंहासनबत्तीसी' कहानियों को हिन्दी में किसने अनूदित किया?

A. लल्लू लाल B. शिवप्रसाद 'सितारे हिन्द'
C. भारतेन्दु हरिश्चन्द्र D. उपरोक्त में से कोई नहीं

82. 'रानी केतकी की कहानी' कहानी के बारे में कौन-सा कथन सही नहीं है?

A. यह कहानी ठेठ हिन्दी में है
B. इसमें रानी केतकी और उदयभान की प्रेम-कथा का वर्णन है
C. इसके लेखक सदल मिश्र हैं
D. इसके लेखक इंशाअल्ला खां हैं

83. 'राजा भोज का सपना' किसकी कहानी है?

A. शिवप्रसाद 'सितारे हिन्द' B. चतुरसेन शास्त्री
C. उषा देवी मित्रा D. सुदर्शन

84. मनोवैज्ञानिक कहानीकारों में किसकी गणना नहीं की जाती?

A. राजेन्द्र यादव B. अज्ञेय
C. इलाचन्द्र जोशी D. पाण्डेय बेचन शर्मा 'उग्र'

85. जैनेन्द्रजी कहानी के सम्बन्ध में प्रेमचंद की परिपाटी में आते हैं; क्योंकि उन्होंने अपनी कहानियों के लिए
A. मनोवैज्ञानिक विषय चुने
B. सामाजिक और पारिवारिक विषय चुने
C. राष्ट्र निर्माण के विषयों को अपनाया
D. उपरोक्त तीनों

86. 'मिठाई वाला' कहानी का लेखक कौन है?
A. भगवतीचरण वर्मा B. भगवती प्रसाद वाजपेयी
C. यशपाल D. सुदर्शन

87. निम्नलिखित कहानियों में से कौन-सी कहानी रायकृष्ण दास की है?
A. रमणी का रहस्य B. अपना-अपना भाग्य
C. नन्दिनी D. कमल की बेटी

88. प्रसाद जी की प्रथम कहानी कौन-सी थी?
A. ग्राम B. मधुआ
C. आकाशदीप D. पुरस्कार

89. निम्नलिखित में से कौन-सा कहानी संग्रह प्रसाद जी का नहीं है?
A. छाया B. आकाशदीप
C. कोठरी की बात D. प्रतिध्वनि

90. 'रक्षा बन्धन' किसकी कहानी है?
A. शिवपूजन सहाय की B. जैनेन्द्र की
C. सुदर्शन की D. कौशिक की

91. निम्नलिखित में से कौन-सा कहानी संग्रह वृन्दावनलाल वर्मा का नहीं है?
A. हर सिंगार B. दबे पांव
C. कलाकार का दण्ड D. मानुषी

92. 'नई कहानी' वर्ग के कहानीकारों में निम्न में से किसका नाम नहीं आता?
A. मोहन राकेश का B. राजेन्द्र यादव का
C. कमलेश्वर का D. विष्णु प्रभाकर का

93. 'दुलाई वाली' कहानी किसकी थी?
A. रामचन्द्र शुक्ल की
B. विश्वम्भर नाथ शर्मा 'कौशिक' की
C. प्रेमचंद की
D. वंग महिला की

94. कहानी के विकास-क्रम में महत्वपूर्ण भूमिका निभाने वाली पत्रिका का नाम है–
A. सरस्वती B. इन्दु
C. उपरोक्त दोनों D. इन्दुमती

95. जैनेन्द्रजी का चिन्तन एवं दृष्टिकोण–
A. गांधीवादी B. प्रगतिशील
C. यथार्थवादी D. साम्यवादी

96. आंचलिक कहानी संग्रह 'ठुमरी' किसका है?
A. उपेन्द्र नाथ 'अश्क' B. शैलेश मटियानी
C. रघुवीर सहाय D. फणीश्वर नाथ 'रेणु'

97. विष्णु प्रभाकर की 'अधूरी कहानी' का उद्देश्य–
A. साम्प्रदायिक सद्भाव है B. नारी-उत्थान है
C. कुंठा-उन्मूलन है D. अहंकार का पतन है

98. 'काकी' कहानी किसकी है?
A. सुदर्शन B. कौशिक
C. सियारामशरण गुप्त D. प्रेमचन्द

99. 'परदा' कहानी में यशपालजी का उद्देश्य–
A. मध्यम वर्ग की निर्धनता का वर्णन करना है
B. उन्माद की निंदा करना है
C. झूठी प्रतिष्ठाप्रियता की पोल खोलना है
D. परदा-प्रथा की बुराइयां बताना है

100. 'दो बांके' किसका कहानी संग्रह है?
A. भगवती प्रसाद वाजपेयी B. भगवतीचरण वर्मा
C. मन्नू भंडारी D. होमवती देवी

101. कालिदास के 'शकुन्तला' नाटक का हिन्दी अनुवाद किसने किया?
A. भारतेन्दु हरिश्चन्द्र B. राजा लक्ष्मण सिंह
C. बाबू गोपाल चन्द्र D. प्रताप नारायण मिश्र

102. निम्नलिखित नाटकों में से कौन-सा नाटक भारतेन्दुजी द्वारा लिखित नहीं है?
A. भारत दुर्दशा B. भारत-सौभाग्य
C. नील देवी D. अन्धेर नगरी

103. भारतेन्दुजी के 'चन्द्रावली' नाटक में–
A. भारत की दयनीय दशा का चित्रण है
B. शासन-व्यवस्था पर व्यंग्य है
C. आदर्श प्रेम का चित्रण है
D. ऐतिहासिक खोज है

104. 'दुखिनी बाला' किसका नाटक है?
A. भारतेन्दु बाबू B. राधाकृष्ण दास
C. प्रतापनारायण मिश्र D. अम्बिकादत्त व्यास

105. द्विवेदी युग में–
A. मौलिक नाटक खूब लिखे गए
B. नाटकों के अनुवाद खूब हुए
C. नाटकों का मनुष्य के जीवन में निकट का सम्बन्ध रहा
D. उपरोक्त सभी

106. द्विजेन्द्र लाल राय के बंगला नाटकों का हिन्दी अनुवाद किसने किया?
A. श्रीनिवास दास B. बाबू सीताराम
C. सत्य नारायण D. रूप नारायण

107. प्रसाद युग से पूर्व मैथिलीशरण गुप्त का कौन-सा नाटक आया था?
A. चन्द्रगुप्त B. चन्द्रहास
C. चन्द्रकला D. चन्द्रोदय

108. प्रसादजी के नाटकों में–
A. साहित्यिक भाषा है
B. ऐतिहासिक पुट है
C. भारतीय सभ्यता और संस्कृति के गौरव का चित्रण है
D. उपरोक्त सभी

109. निम्नलिखित नाटकों में से कौन-सा नाटक प्रसादजी द्वारा लिखित नहीं है?
A. राज्यश्री
B. स्कन्दगुप्त
C. अजातशत्रु
D. विश्वामित्र

110. उदयशंकर भट्टजी के नाटक–
A. राष्ट्रीयता प्रधान हैं
B. पौराणिक हैं
C. ऐतिहासिक हैं
D. अन्तर्द्वन्द्व प्रधान हैं

111. 'अम्बा' और 'मतस्यगंधा' किसके नाटक हैं?
A. हरिकृष्ण प्रेमी
B. विश्वम्भर नाथ शर्मा 'कौशिक'
C. सुदर्शन
D. उदय शंकर भट्ट

112. 'सिन्दूर की होली' किसका विख्यात नाटक है?
A. लक्ष्मीनारायण मिश्र
B. उपेन्द्रनाथ अश्क
C. सेठ गोविन्द दास
D. माखनलाल चतुर्वेदी

113. मोहन राकेश की ख्याति किस नाटक से फैली?
A. शशिगुप्त
B. कर्तव्य
C. आषाढ़ का एक दिन
D. रेशमी टाई

114. निम्नलिखित में से कौन-सा नाटक लक्ष्मी नारायण लाल का नहीं है?
A. अंधा कुआं
B. मादा कैक्टस
C. सूखा सरोवर
D. लहरों का राजहंस

115. हिन्दी का प्रथम एकांकी नाटककार कौन था?
A. प्रसादजी
B. रामकुमार वर्मा
C. भगवतीचरण वर्मा
D. उपेन्द्र नाथ अश्क

116. हिन्दी का सर्वप्रथम एकांकी नाटक किसे माना जाता है?
A. बड़ा आदमी
B. एक बूंद
C. कारवां
D. दस मिनट

117. 'देवताओं की छाया में' किसका एकांकी-संग्रह है?
A. उपेन्द्रनाथ अश्क
B. रामकुमार वर्मा
C. भुवनेश्वर मिश्र
D. सेठ गोविन्द दास

118. 'सबसे बड़ा आदमी' किसका एकांकी है?
A. भगवतीचरण वर्मा
B. विष्णु प्रभाकर
C. जगदीश चन्द्र माथुर
D. उदय शंकर भट्ट

119. 'गरुड़ध्वज' और 'दशाश्वमेध' किसके विख्यात ऐतिहासिक नाटक हैं?
A. रामकुमार वर्मा
B. हरिकृष्ण प्रेमी
C. उपेन्द्रनाथ अश्क
D. लक्ष्मीनारायण मिश्र

120. 'युगे-युगे क्रान्ति' नाटक किसका है?
A. जगदीशचन्द्र माथुर
B. सेठ गोविन्द दास
C. विष्णु प्रभाकर
D. देवराज दिनेश

121. जगदीश चन्द्र माथुर का एकांकी संकलन है–
A. कुलीनता
B. रंगमंच
C. भोर का तारा
D. मां का बेटा

122. 'आधे-अधूरे' किसका नाटक है?
A. नरेश मेहता
B. देवराज दिनेश
C. विपिन अग्रवाल
D. मोहन राकेश

123. निम्नलिखित नाटकों में से कौन-सा लक्ष्मीकांत वर्मा का है?
A. आदमी का जहर
B. तीन अपाहिज
C. नया-पुराना
D. उपरोक्त में से कोई नहीं

124. 'पृथ्वीराज की आँखें' और 'कैलेण्डर का आखिरी पन्ना' किसके विख्यात एकांकी हैं?
A. सेठ गोविन्द दास
B. विष्णु प्रभाकर
C. रामकुमार वर्मा
D. उदय शंकर भट्ट

125. सेठ गोविन्द दास के एकांकियों में–
A. गांधीवादी विचारधारा है
B. राजनैतिक एवं सामाजिक समस्याओं का चित्रण है
C. ऐतिहासिक पृष्ठभूमि है
D. उपरोक्त A और B दोनों

126. सेठ गोविन्ददास के प्रसिद्ध कहानी संग्रह हैं–
A. नवरस
B. एकादशी
C. स्पर्द्धा
D. उपरोक्त तीनों

127. उदय शंकर भट्ट के एकांकियों में–
A. मनोविश्लेषणात्मक शैली है
B. अन्तर्द्वन्द्व का चित्रण है
C. भाषा पात्रों के अनुकूल है
D. उपरोक्त तीनों

128. 'एकला चलो रे' किसका विख्यात एकांकी है?
A. उदय शंकर भट्ट
B. हरिकृष्ण प्रेमी
C. उपेन्द्र नाथ अश्क
D. विष्णु प्रभाकर

129. 'अधिकार का रक्षक' और 'लक्ष्मी का स्वागत' किसके विख्यात एकांकी हैं?
A. हरिकृष्ण प्रेमी
B. रेवती शरण शर्मा
C. धर्मवीर भारती
D. उपेन्द्र नाथ अश्क

130. लोकप्रिय एकांकी 'रीढ़ की हड्डी' किसकी रचना है?
A. गिरजा कुमार माथुर
B. लक्ष्मीकान्त वर्मा
C. भारत भूषण अग्रवाल
D. जगदीश चन्द्र माथुर

131. 'मुझे जीने दो' किसका लोकप्रिय एकांकी है?
A. लक्ष्मीकान्त मिश्र
B. जयनाथ नलिन
C. रेवती शरण शर्मा
D. उपरोक्त में से कोई नहीं

132. 'लस्सी का गिलास' एकांकी का लेखक कौन है?
A. सद्गुरु शरण अवस्थी B. विष्णु प्रभाकर
C. जयनाथ नलिन D. विनोद रस्तोगी

133. निम्नलिखित में से कौन-सा एकांकी विमला लूथरा का नहीं है?
A. लाइन क्लीअर B. मुन्ने का नामकरण
C. प्रीतिभोज D. डाक्टर बीबी

134. 'रसोईघर में प्रजातंत्र' विष्णु प्रभाकर का एकांकी है, जिसमें–
A. व्यंग्य है B. क्षोभ है
C. उद्बोधन है D. निराशा है

135. निम्नलिखित में से किसे हिन्दी का सशक्त नाटककार माना जाता है?
A. मुंशी प्रेमचंद B. सेठ गोविन्द दास
C. जयशंकर प्रसाद D. भारतेन्दु हरिश्चन्द्र

136. 'विशाख' और 'एक घूंट' नाटकों का लेखक कौन है?
A. हरिकृष्ण प्रेमी B. लक्ष्मी नारायण लाल
C. जयशंकर प्रसाद D. उदय शंकर भट्ट

137. 'लहरों का राजहंस' किसका प्रसिद्ध नाटक है?
A. मोहन राकेश B. जगदीश चन्द्र माथुर
C. जयशंकर प्रसाद D. उदय शंकर भट्ट

138. 'आनरेरी मजिस्ट्रेट' का लेखक कौन है?
A. भगवती प्रसाद वाजपेयी B. रामकुमार वर्मा
C. देवकीनंदन खत्री D. हरिकृष्ण प्रेमी

139. 'अम्बपाली' किसकी रचना है?
A. श्रीनिवास दास B. उदय शंकर भट्ट
C. रामवृक्ष बेनीपुरी D. उपेन्द्र नाथ अश्क

140. ऐतिहासिक तथ्यों और काल्पनिक प्रसंगों के मिश्रण से जगदीश चन्द्र माथुर ने किस नाटक की रचना की?
A. क्षत्राणी B. शिवानी
C. कोणार्क D. सूर्यरथ

141. 'धूर्त रसिक लाल' का लेखक कौन है?
A. गोपालराम गहमरी B. भगवतीचरण वर्मा
C. शिवपूजन सहाय D. पं. लज्जा राम मेहता

142. प्रेमचंद रचित 'मान सरोवर' के कितने भाग हैं?
A. तीन भाग B. पांच भाग
C. सात भाग D. आठ भाग

143. 'वयं रक्षामः' किसका उपन्यास है?
A. गुरुदत्त का B. चतुरसेन शास्त्री का
C. भगवतीचरण वर्मा का D. इलाचन्द्र जोशी का

144. 'मुण्डमाल' किसकी रचना है?
A. कौशिक B. रामकुमार वर्मा
C. शिवपूजन सहाय D. उपरोक्त में से कोई नहीं

145. 'कोठरी की बात' कहानी-संग्रह किसका है?
A. यशपाल का B. जैनेन्द्र का
C. अज्ञेय का D. धर्मवीर भारती का

146. 'चारुमित्रा' और 'तैमूर की हार' किस लेखक के एकांकी हैं?
A. उपेन्द्र नाथ अश्क B. भुवनेश्वर प्रसाद
C. विष्णु प्रभाकर D. रामकुमार वर्मा

147. उपेन्द्रनाथ अश्क के अधिकांश एकांकी–
A. आदर्शवादी हैं B. राजनैतिक हैं
C. सामाजिक व पारिवारिक हैं D. मनोवैज्ञानिक हैं

148. 'यशस्वी भोज' किसका एकांकी है?
A. लक्ष्मी नारायण लाल B. देवराज दिनेश
C. उदय शंकर भट्ट D. सेठ गोविन्द दास

149. 'चिरंजीव' का विख्यात एकांकी है–
A. दो कलाकार B. माटी की मूरत
C. पंचकन्या D. दादी मां जागी

150. 'ध्रुवस्वामिनी' प्रसादजी का–
A. सामाजिक नाटक है B. ऐतिहासिक नाटक है
C. पारिवारिक नाटक है D. पौराणिक नाटक है

151. प्रसादजी का ध्रुवस्वामिनी नाटक–
A. व्यंग्यात्मक है
B. नायिका-प्रधान है
C. एक संस्कृत नाटक का हिन्दी अनुवाद है
D. उपरोक्त सभी

152. मोहन राकेश के निम्नलिखित नाटकों में से किस नाटक में कालिदास और मल्लिका के प्रेम का वर्णन है?
A. लहरों का राजहंस B. आधे-अधूरे
C. आषाढ़ का एक दिन D. उपरोक्त में से कोई नहीं

153. 'आहुति' हरिकृष्ण प्रेमी का प्रसिद्ध–
A. ऐतिहासिक उपन्यास है B. राष्ट्रीयतावादी उपन्यास है
C. पारिवारिक उपन्यास है D. व्यंग्यात्मक उपन्यास है

154. हिन्दी निबन्धकारों में सर्वश्रेष्ठ स्थान किसका माना जाता है?
A. जयशंकर प्रसाद का B. बालमुकुन्द गुप्त का
C. रामचन्द्र शुक्ल का D. प्रतापनारायण मिश्र का

155. 'चिन्तामणि' में किसके निबन्ध संग्रहीत हैं?
A. बाबू गुलाबराय B. मिश्रबन्धु
C. महावीर प्रसाद द्विवेदी D. रामचन्द्र शुक्ल

156. 'क्रोध', 'उत्साह' और 'मित्रता' जैसे मनोवैज्ञानिक निबन्ध किसने लिखे?
A. डा. नगेन्द्र B. डा. इन्द्रनाथ मदान
C. नंददुलारे वाजपेयी D. रामचन्द्र शुक्ल

157. 'विचारवीथी' में किसके निबन्ध संग्रहीत हैं?
A. महादेवी वर्मा B. सरदार पूर्ण सिंह
C. माधव प्रसाद मिश्र D. रामचन्द्र शुक्ल

158. निम्नलिखित में से कौन व्यंग्यात्मक और हास्य-प्रधान लेखों के लिए प्रसिद्ध है?

A. बालकृष्ण भट्ट B. बालमुकुंद गुप्त
C. प्रतापनारायण मिश्र D. रामचन्द्र शुक्ल

159. 'बात' और 'भौ' जैसे विषयों पर सुन्दर निबन्ध किसने लिखे?

A. श्यामसुन्दर दास ने B. गुलाबराय ने
C. बालमुकुंद गुप्त ने D. प्रतापनारायण मिश्र ने

160. ''शिवशम्भू का चिट्ठा'' किसका विख्यात व्यंग्यात्मक निबन्ध है?

A. अम्बिका दत्त व्यास B. बदरी नारायण 'प्रेमघन'
C. बालमुकुंद गुप्त D. महावीर प्रसाद द्विवेदी

161. 'फिर निराश क्यों' और 'मेरी कलम का राज्य' किस विद्वान के प्रसिद्ध निबन्ध हैं?

A. माधव प्रसाद मिश्र B. बाबू गुलाबराय
C. सरदार पूर्ण सिंह D. रामचन्द्र शुक्ल

162. निम्नलिखित में से कौन-सा निबंध संग्रह महादेवी वर्मा का है?

A. अशोक के फूल B. मेरी असफलताएं
C. स्मृति की रेखायें D. कला का विवेचन

163. 'कालीदास की निरंकुशता' किसकी विख्यात आलोचना-कृति है?

A. भारतेन्दु की B. श्रीनिवास दास की
C. महावीर प्रसाद द्विवेदी की D. कृष्ण बिहारी मिश्र की

164. 'नैषध चरित चर्चा' किसकी आलोचनात्मक कृति है?

A. महावीर प्रसाद द्विवेदी की B. रामचन्द्र शुक्ल की
C. डा. नगेन्द्र की D. श्याम सुन्दर दास की

165. 'हिन्दी साहित्य का इतिहास' किस विद्वान की अमर कृति है?

A. बाबू श्यामसुंदर दास की B. हजारी प्रसाद द्विवेदी की
C. नंद दुलारे वाजपेयी की D. रामचन्द्र शुक्ल की

166. 'साहित्य लोचन' का लेखक कौन है?

A. बाबू श्यामसुंदर दास B. हजारी प्रसाद द्विवेदी
C. गुलाबराय D. महादेवी वर्मा

167. निम्नलिखित में से कौन-सी रचना रामचन्द्र शुक्ल की नहीं है?

A. कल्पना का आनंद B. चिन्तामणि
C. काव्य में रहस्यवाद D. हिन्दी साहित्य और हिन्दी भाषा

168. हिन्दी व्याकरण के क्षेत्र में किसका महत्वपूर्ण योगदान है?

A. अयोध्या सिंह उपाध्याय B. कामता प्रसाद गुरु
C. रामचन्द्र शुक्ल D. बाबू गुलाबराय

169. निम्नलिखित में से किस विद्वान ने बेकन के अंग्रेजी निबन्धों का हिन्दी में 'बेकन विचार रत्नावली' नाम से अनुवाद किया?

A. रामचन्द्र शुक्ल B. महावीर प्रसाद द्विवेदी
C. श्याम सुंदर दास D. प्रतापनारायण मिश्र

170. महावीर प्रसाद द्विवेदी का नाम किस रूप में स्मरणीय है?

A. व्याकरण की शुद्धता B. व्यास शैली
C. शैली के प्रवर्तक D. उपरोक्त सभी

171. 'हिन्दी साहित्य की भूमिका' और 'सूर साहित्य' किसकी प्रौढ़ रचनायें हैं?

A. बाबू गुलाबराय
B. श्याम सुंदर दास
C. महावीर प्रसाद द्विवेदी
D. हजारी प्रसाद द्विवेदी

172. 'सिद्धान्त और अध्ययन' किसका आलोचना सम्बन्धी ग्रंथ है?

A. श्याम सुंदर दास B. हजारी प्रसाद द्विवेदी
C. नंद दुलारे वाजपेयी D. बाबू गुलाबराय

173. 'बीसवीं शती' किसके आलोचनात्मक निबन्धों का संग्रह है?

A. डा. नगेन्द्र B. डा. दीनदयाल गुप्त
C. डा. भगीरथ मिश्र D. नंददुलारे वाजपेयी

174. 'रीति काव्य की भूमिका' किसकी रचना है?

A. डा. नगेन्द्र B. हजारी प्रसाद द्विवेदी
C. नंददुलारे वाजपेयी D. बाबू गुलाबराय

175. निम्नलिखित में से कौन-सी रचना डा. नगेन्द्र की नहीं है?

A. विचार और अनुभूति B. काव्य-बिम्ब
C. साकेत–एक अध्ययन D. कबीर

176. निम्नलिखित में से रामचन्द्र शुक्ल का निबन्ध संग्रह कौन-सा है?

A. रस मंजरी B. निबन्धावली
C. चिन्तामणि D. आत्म निरीक्षण

177. मिश्र बन्धुओं की समालोचना पुस्तक का नाम है–

A. साहित्यालोक B. हिन्दी नवरत्न
C. नवरस D. काव्य के रूप

178. 'संयोगिता स्वयंवर' किसकी रचना है?

A. राम विलास शर्मा B. वियोगी हरि
C. रामवृक्ष बेनीपुरी D. लाला श्रीनिवास दास

179. 'सच्ची वीरता' निबन्ध का लेखक कौन है?

A. अध्यापक पूर्ण सिंह B. माधव प्रसाद मिश्र
C. डा. श्यामसुंदर दास D. जगन्नाथ प्रसाद चतुर्वेदी

180. नीचे कुछ लेखकों और उनकी रचनाओं के जोड़े दिये हुए हैं। इनमें एक जोड़ा गलत है। बताइये कौन-सा जोड़ा गलत है?

A. नामवर सिंह – बकलम खुद
B. महावीर प्रसाद द्विवेदी – रसज्ञ रंजन
C. श्यामसुंदर दास – साहित्यालोचन
D. हजारी प्रसाद द्विवेदी – खरगोश के सींग

181. निम्नलिखित लेखकों और उनकी रचनाओं का कौन-सा जोड़ा गलत है?
A. त्रिशंकु – अज्ञेय
B. प्रतिक्रियायें – धर्मवीर भारती
C. आत्मनेपद – अज्ञेय
D. भाषा और संवेदना – रामस्वरूप चतुर्वेदी

182. आधुनिक हिन्दी आलोचना का सूत्रपात किस समय हुआ?
A. द्विवेदी युग में B. प्रसाद युग में
C. भारतेन्दु युग में D. शुक्ल युग में

183. निम्नलिखित में से कौन-सी रचना नंद दुलारे वाजपेयी की नहीं है?
A. हिन्दी साहित्य–बीसवीं सदी
B. विचार और अनुभूति
C. प्रसाद की काव्यकला
D. आधुनिक साहित्य

184. आचार्य हजारी प्रसाद द्विवेदी उच्च कोटि के समीक्षक थे। साथ ही उन्होंने एक उत्तम उपन्यास भी लिखा, जिसका नाम था–
A. बाणभट्ट की आत्मकथा B. कल्पना का आनंद
C. शिवशम्भू का चिट्ठा D. उपरोक्त में से कोई नहीं

185. हिन्दी साहित्य में संस्मरण लेखन आरम्भ करने का श्रेय–
A. बनारसीदास चतुर्वेदी को है B. महादेवी वर्मा को है
C. पद्मसिंह शर्मा को है D. श्रीराम शर्मा को है

186. निम्नलिखित में से कौन-सा एक संस्मरण महादेवी वर्मा का लिखा हुआ नहीं है?
A. पथ के साथी B. स्मारिका
C. वे जीते कैसे हैं D. मेरा परिवार

187. रामवृक्ष बेनीपुरी ने 'मील के पत्थर' नामक संस्मरण लिखा। इसमें–
A. महापुरुषों के संस्मरण हैं
B. राजनीतिज्ञों के संस्मरण हैं
C. साहित्यिक व्यक्तियों के संस्मरण हैं
D. उनके सम्पर्क में आने वाले व्यक्तियों के संस्मरण हैं

188. 'मंटो मेरा दुश्मन' संस्मरण किसने लिखा है?
A. रामवृक्ष बेनीपुरी B. श्रीराम शर्मा
C. उपेन्द्र नाथ अश्क D. रामधारी सिंह दिनकर

189. निम्नलिखित में से कौन-सा संस्मरण-लेखक जोड़ा गलत है?
A. भूले हुए चेहरे – कन्हैया लाल मिश्र
B. सन् पर के संस्मरण – श्रीराम शर्मा
C. वे क्रान्ति के दिन – महावीर त्यागी
D. दिन और रात – राम विलास शर्मा

190. साहित्यिक विधा के रूप में जीवनी लेखन का प्रारम्भ कब हुआ?
A. प्रसाद युग में B. रामचन्द्र शुक्ल युग में
C. भारतेन्दु युग में D. महावीर प्रसाद द्विवेदी युग में

191. बनारसीदास चतुर्वेदी ने–
A. क्रान्तिकारियों की जीवनियां लिखीं
B. साहित्यकारों की जीवनियां लिखीं
C. स्वतंत्रता-संग्राम के सेनानियों की कहानियां लिखीं
D. उपरोक्त A और C दोनों

192. नीचे कुछ जीवनियों और उनके लेखकों के जोड़े दिये हुये हैं। बताइये इनमें कौन-सा जोड़ा गलत है?
A. कलम का सिपाही – अमृत राय
B. कलम का मजदूर – राम विलास शर्मा
C. आवारा मसीहा – विष्णु प्रभाकर
D. महात्मा बुद्ध – राहुल सांकृत्यायन

193. 'मालवीय जी के साथ तीन दिन' जीवनी का लेखक कौन है?
A. सीताराम चतुर्वेदी B. रामनरेश त्रिपाठी
C. छविनाथ पाण्डेय D. राधाकृष्ण दास

194. निम्नलिखित में से कौन-सा यात्रावृत्त मोहन राकेश का लिखा हुआ है?
A. सूखे सुनसान नालों में B. आखिरी चट्टान तक
C. धूप में सोई नदी D. अरे यायावर याद रहेगा?

195. निम्नलिखित में से कौन-सा यात्रावृत्त भदन्त आनन्द कौसल्यायन का लिखा हुआ है?
A. रेल का टिकट B. ठेके पर हिमालय
C. सुबह के रंग D. उपरोक्त सभी

196. नीचे कुछ रेखा-चित्र और उनके लेखकों के नाम के जोड़े दिये हुए हैं। बताइये इनमें कौन-सा जोड़ा गलत है?
A. खंडहर बोलते हैं – रास बिहारी लाल
B. हलाकू – वृन्दावनलाल वर्मा
C. माटी हो गई सोना – प्रकाश चन्द्र गुप्त
D. स्मृति की रेखायें – महादेवी वर्मा

197. 'चीड़ों पर चांदनी' किसका यात्रावृत्त है–
A. रघुवंश B. मोहन राकेश
C. अज्ञेय D. निर्मल वर्मा

198. कुछ पत्रिकाओं और उनके संपादक साहित्यकारों के जोड़े दिये गए हैं। बताइये कौन-सा जोड़ा गलत है?
A. सरस्वती – महावीर प्रसाद द्विवेदी
B. हंस – प्रेमचंद
C. माधुरी – रूपनारायण पाण्डेय
D. सुधा – सुमित्रानंदन पंत

199. 'क्या भूलूं क्या याद करूं'' किसकी लिखी हुई सुन्दर आत्मकथा है?
A. यशपाल B. अमृतलाल नागर
C. हरिवंश राय बच्चन D. राहुल सांकृत्यायन

200. निराला जी ने कुछ समय तक सम्पादन किया था–
A. प्रभा का B. समालोचना का
C. सरस्वती का D. मतवाला का

उत्तरमाला

1	2	3	4	5	6	7	8	9	10
C	C	A	B	C	D	B	C	A	A
11	12	13	14	15	16	17	18	19	20
C	A	C	D	D	A	D	C	C	A
21	22	23	24	25	26	27	28	29	30
A	D	A	D	D	B	D	B	D	D
31	32	33	34	35	36	37	38	39	40
D	D	B	D	D	D	D	C	B	D
41	42	43	44	45	46	47	48	49	50
B	D	D	D	A	C	D	A	D	D
51	52	53	54	55	56	57	58	59	60
C	C	D	A	B	A	A	A	D	B
61	62	63	64	65	66	67	68	69	70
C	A	B	B	D	D	B	A	A	A
71	72	73	74	75	76	77	78	79	80
C	A	B	D	D	D	D	D	A	C
81	82	83	84	85	86	87	88	89	90
A	C	A	A	B	B	A	A	C	D
91	92	93	94	95	96	97	98	99	100
D	D	D	C	A	D	A	C	C	B
101	102	103	104	105	106	107	108	109	110
B	B	C	B	B	D	B	D	D	B
111	112	113	114	115	116	117	118	119	120
D	A	C	D	A	B	A	A	D	C
121	122	123	124	125	126	127	128	129	130
C	D	A	C	D	D	D	A	D	D
131	132	133	134	135	136	137	138	139	140
C	C	D	A	C	C	A	A	C	C
141	142	143	144	145	146	147	148	149	150
D	D	B	C	C	D	C	B	D	B
151	152	153	154	155	156	157	158	159	160
B	C	A	C	D	D	D	C	D	C
161	162	163	164	165	166	167	168	169	170
B	C	C	A	D	A	D	B	B	D
171	172	173	174	175	176	177	178	179	180
D	D	D	A	D	C	B	D	A	D
181	182	183	184	185	186	187	188	189	190
B	D	B	A	C	C	A	C	D	C
191	192	193	194	195	196	197	198	199	200
D	B	B	B	A	C	D	D	C	D

❑ ❑ ❑

हिन्दी के रचनाकार एवं उनकी रचनाएँ

भारतेन्दु युग

1. भारतेन्दु हरिश्चन्द्र (1850-1885) :- नाटक

(अ) **मौलिक :-** वैदिकी हिंसा हिंसा न भवति, चंद्रावली, विषस्य विषमौषधम्, भारत दुर्दशा (1876), नीलदेवी, प्रेमजोगनी और सती प्रताप (अधूरा), अंधेर नगरी (1881), सत्यवादीहरिश्चन्द्र तथा भारत जननी।

(ब) **अनूदित :-** विद्यासुंदर, पाखंड-विडम्बन, धनंजय-विजय, कर्पूरमंजरी, मुद्रा राक्षस, रत्नावली, दुर्लभ बंधु।

निबंध :- कार्तिक-कर्म-विधि, माघ-स्नान-विधि, अथ अंग्रेज स्तोत्र लिख्यते, पाँचवां पैगम्बर, वैष्णवता और भारतवर्ष आदि। चरितावली (जीवनियां), उदयपुरोदय (ज़ीवनी), बूँदी का राजवंश (जीवनी), बादशाह दर्पण (इतिहास), कश्मीर कुसुम (इतिहास), जयदेव का जीवनवृन्त

उपन्यास :- पूर्णप्रकाश और चन्द्रप्रभा (बंगाली से अनुवाद)।

आलोचना :- नाटक (निबंध)–यह सैद्धान्तिक आलोचना की पहली हिन्दी रचना है।

कहानी :- 'एक कहानी कुछ आपबीती कुछ जगबीती'।

पत्र-पत्रिकायें :- कवि वचनसुधा (1868), हरिश्चन्द्र मैगजीन (मासिक, 1873), 1874 में 'हरिश्चन्द्र मैगजीन' का नाम बदल कर 'हरिश्चन्द्र चन्द्रिका' हो गया। 'बालाबोधिनी' (1874, स्त्री शिक्षा संबंधी)।

2. बाल कृष्ण भट्ट :-

आचार्य रामचन्द्र शुक्ल ने बालकृष्ण भट्ट और प्रताप नारायण मिश्र को हिन्दी का 'स्टील' और 'एडीसन' कहा है।

नाटक :- कविराज की सभा, रेल का विकट खेल, दमयन्ती स्वयंवर, बाल विवाह, चन्द्रसेन शर्मिन्दा, वृहभला, वेणुसंहार और जैसा काम वैसा परिणाम आदि।

निबंध :- भय, दृढता, प्रेम, भक्ति, चन्द्रोदय, रूचि, ईश्वर भी क्या ठठोल है, चली सो चली, देवताओं से हमारी बातचीत, नये तरह का जुनून, खटका, बाल विवाह आदि।

उपन्यास :- नूतन ब्रह्मचारी, सौ अजान एक सुजान

आलोचना :- सच्ची समालोचना (1886 : लाला श्रीनिवासदास के नाटक 'संयोगिता स्वयंवर' की 'हिन्दी प्रदीप' में समीक्षा, जहाँ से व्यावहारिक समीक्षा की हिन्दी में शुरूआत होती है।), रणधीर प्रेममोहिनी, नीलदेवी, परीक्षा गुरु तथा एकान्तवासी योगी की 'हिन्दी-प्रदीप' में आलोचनायें छपी।

(3) प्रताप नारायण मिश्र :-

नाटक :- भारतदुर्दशा, कलिकौतुक रूपक, संगीत शाकुन्तल, हठी हमीर, गोसंकट, जुआरी-खुआरी, कलि प्रभाव।

निबंध :- प्रायः 200 निबंध लिखे । कुछ हैं - धोखा, खुशामद, आप, बात, दांत, भौं, मुच्छ, नारी, परीक्षा, ह, द, मनोयोग, समझदार की मौत आदि।

उपन्यास :- बंकिम चंद्र चटर्जी के चार उपन्यासों 'राजसिंह', 'इन्दिरा', 'राधारानी' तथा 'युगलांगुरीय' का अनुवाद।

पत्र-पत्रिकायें :- ब्राह्मण (मासिक 1883, कानपुर) ; इस पत्र को चलाते रहने के लिए प्रताप नारायण मिश्र को एक बार इन शब्दों में चन्दा माँगना पड़ा था।

''आठ मास बीते जजमान। अब तो करौ दच्छिना दान।।''

कविता :-

प्रेम पुष्पावली, मन की लहर, लोकोक्ति शतक, तृप्यन्ताम्, श्रृंगार विलास आदि। मिश्र जी कसीदा, शेर, मरसिया भी लिखते थे तथा लोकशैलियों लावनी, कजली, आल्हा का प्रयोग भी करते थे। उनकी एक समस्यापूर्ति 'पपीहा जब पूछिहै पीव कहाँ' बहुत प्रसिद्ध है। वह कानपुर के समस्या पूर्ति मंच 'रसिक समाज' के प्रधान कार्यकर्ता थे ।

4. बदरीनारायण चौधरी 'प्रेमघन' :-

उर्दू में 'अब्र' उपनाम से कविता करते थे।

नाटक : भारत सौभाग्य, प्रयाग रामागमन, वीरांगना रहस्य, बुद्ध विलाप।

आलोचना : 'संयोगिता स्वयंवर' (लाला श्रीनिवासदास) तथा बाबू गदाधर सिंह के अनुवाद बंगविजेता की 'आनंद कादम्बिनी' में समीक्षा।

पत्र-पत्रिकायें : 'नागरी नीरद' तथा 'आनंद कादम्बिनी' (मासिक, 1881 मिर्जापुर)

कविता : जीर्ण जनपद (प्रबंधकाव्य), अलौकिक लीला (प्रबंधकाव्य), मयंक महिमा (प्रबंध अपूर्व) जैसे–आनन्द अरूणोदय, हार्दिक हर्षादर्श, वर्षाबिन्दु आदि इनकी एक समस्यापूर्ति प्रसिद्ध है–

'चरचा चलिबे की चलाइए ना'।

5. लाला श्रीनिवासदास :

नाटक :- प्रह्लाद चरित्र, तप्तासंवरण, रणधीर प्रेममोहिनी, संयोगिता स्वयंवर (1885)।

उपन्यास : परीक्षागुरू (1882, हिन्दी का पहला मौलिक उपन्यास है।)

पत्र-पत्रिकायें : सदादर्श (1874, दिल्ली)।

प्रमुख रचनायें : नाटक : हिन्दी का प्रथम नाटक 'आनन्दरघुनन्दन नाटक' (महाराजा विश्वनाथ सिंह रीतिकाल), खडी बोली हिन्दी का प्रथम नाटक 'शकुन्तला नाटक' (राजा लक्ष्मण सिंह अनुवाद, पूर्वाभास काल), 'नहुष' (बाबू गोपालचन्द्र गिरधर दास, पूर्वाभास काल)।

उपन्यास :

'देवरानी जेठानी की कहानी' (गौरीदत्त शुक्ल), भाग्यवती (1871, श्रद्धाराम फिल्लौरी), परीक्षागुरू (1882 लाला श्रीनिवास दास), परीक्षागुरू हिन्दी का पहला मौलिक अंग्रेजी छन्द का उपन्यास है। भाग्यवती हिन्दी का पहला उपन्यास है।

उपदेश प्रधान सामाजिक उपन्यास : पूर्ण प्रकाश और चन्द्रप्रभा (भारतेन्दु), भाग्यवती (श्रद्धाराम फिल्लौरी), परीक्षागुरू (लाला श्रीनिवास दास), नूतन ब्रह्मचारी, सौ अजान एक सुजान (बालकृष्णभट्ट), निस्सहाय हिन्दू (राधाकृष्णदास), विधवा विवाह (राधाकृष्ण गोस्वामी तथा देवी प्रसाद शर्मा), जया (कार्तिक प्रसाद खत्री), लवंग लतिका, कुसुम कुमारी, लीलावती वा आदर्श सती, पुनर्जन्मवा सौतिया डाह, अंगूठी का नगीना, त्रिवेणी वा सौभाग्य श्रेणी, हृदाहारिणी वा आदर्श रमणी (किशोरी लाल गोस्वामी), सास पतोहू, बडा

भाई, नये बाबू (गोपालराम गहमरी), धूर्त रसिकलाल, स्वतंत्र रमा और परतंत्र लक्ष्मी चक्र हिन्दी गृहस्थ, आदर्श दम्पति, बिगडों का सुधार, सुशीला विधवा, आदर्श हिन्दू (मेहता लज्जाराम शर्मा), अधखिला फूल, ठेठ हिन्दी का ठाठ (हरिऔध), सौन्दर्योपासक, राधाकान्त (ब्रजनन्दन सहाय), रामलाल (मन्नन दुबे), वनजीवन वा प्रेमलहरी (राधिकारमण प्रसाद सिंह), वीरमणि (1917, मिश्रबंधु) - कोष्ठक के अन्दर की रचनायें द्विवेदी युग की हैं।

ऐतिहासिक उपन्यास : हृदयहारिणी वा आदर्शरमणी (1890), लवंगलता वा आदर्श बाला, तारा (1902), राजकुमारी (1902), कनक कुसुम वा मस्तानी (1903), लखनऊ की कब्र वा शाही महलसरा (1906), रजिया बेगम, प्रणयिनी परिणय, त्रिवेणी, चपला, मल्लिका देवी वा बंग सरोजनी, अंगूठी का नगीना (किशोरी लाल गोस्वामी)।

रोमानी उपन्यास : ठाकुर जगमोहन सिंह का 'श्यामा स्वप्न' आश्चर्य वृतान्त (अम्बिका दत्त व्यास)।

तिलस्मी-ऐयारी उपन्यास : चन्द्रकान्ता (1891), चन्द्रकान्ता सन्तति, नरेन्द्र मोहिनी, वीरेन्द्र वीर अथवा कटोरा भर खून, कुसुम कुमारी, काजर की कोठरी, अनूठी बेगम, गुप्त गोदना, भूतनाथ : छह भाग (देवकीनन्दन खत्री), कुसुमलता, मयंकमोहिनी या मायामहल, कमल कुमारी, निराला नकाबपोश, भयानक खून (हरिकृष्ण जौहर), तिलस्मी शीशमहल (किशोरीलाल गोस्वामी), पुतलीमहल (रामलाल वर्मा), भूतनाथ के शेष भाग (दुर्गाप्रसाद खत्री)।

जासूसी उपन्यास : अद्भुत लाश, बेकसूर की फाँसी, गुप्तचर, सरकती लाश, खूनी कौन, बेगुनाह का खून, जासूस की भूल, अद्भुत खून, खूनी का भेद, गुप्त भेद (गोपालराम गहमरी)।

अनूदित उपन्यास : बंगविजेता (गदाधर सिंह, बंगला), दुर्गेशनन्दिनी (गदाधर सिंह, बंगला), मृण्मयी (राधाचरण गोस्वामी, बंगला), आँख की किरकिरी (रवीन्द्र नाथ टैगोर), वृतान्तमाला (रामकृष्ण वर्मा, उर्दू), पूना में हलचल (गंगाप्रसाद गुप्त, उर्दू), छत्रसाल (रामचन्द्र मराठी), स्वर्णलता, मरता क्या न करता (राधाकृष्णदास, बंगला), दीपनिर्वाण (मुंशी उदित नारायण लाल), इला प्रमिला, जया, मधुमालती (कार्तिक प्रसाद खत्री), चतुरचंचला, भानमती, नये बाबू (गोपालराम गहमरी), वीरेन्द्र (पुरोहित गोपीनाथ), गुप्तचर (गोपालराम गहमरी), संसार दर्पण अमला वृतान्तमाला, ठग वृतान्तमाला, पुलिस वृतान्तमाला (रामकृष्ण वर्मा), बिरजा जावित्री (राधाचरण गोस्वामी, बंगला)।

यात्रावृत्त : सरयू पार की यात्रा, लखनऊ की यात्रा (भारतेन्दु), गया यात्रा (बालकृष्ण भट्ट), विलायत यात्रा (प्रतापनारायण मिश्र), लन्दन यात्रा (श्रीमती हरदेवी), लन्दन का यात्री (भगवान दास वर्मा), मेरी पूर्व दिग्यात्रा, मेरी दक्षिण दिग्यात्रा (दामोदर शास्त्री), ब्रजविनोद (तोताराम वर्मा), बदरी-केदार यात्रा (कल्याण चन्द्र), ब्रजयात्रा (देवीप्रसाद)।

द्विवेदी युग

(1) **आचार्य महावीर प्रसाद द्विवेदी (1864-1938)**

मौलिक काव्य ग्रन्थ : काव्य मंजूषा, सुमन, कान्यकुब्ज, अबला-विलाप

अनूदित कविता : कुमारसंभवसार, कविता कलाप, गंगालहरी, ऋतुतरंगिणी।

विविध गद्य : सम्पत्तिशास्त्र (1908), हिन्दी महाभारत, बेकन विचार रत्नावली (अनुवाद)।

निबंध : रसज्ञ रंजन, लेखांजलि, कवि कर्त्तव्य, क्या हिन्दी नाम की कोई भाषा ही नहीं आदि।

समालोचना : हिन्दी भाषा की उत्पत्ति, कालिदास की निरंकुशता, कालिदास और उनकी कविता, सुकवि संकीर्तन, साहित्य संदर्भ, आलोचनांजलि, साहित्य सीकर, समालोचना समुच्चय (1930), विक्रमांक देव चरित चर्चा, नैषध चर्चा।

(2) **श्रीधर पाठक**

कवितायें : जगत सच्चाई सार, कश्मीर सुषमा, जार्ज वंदना, श्रीगोखले प्रशस्ति, सांध्य अटन, गुनवंत हेमंत, भारतगीत, स्वर्गीय वीणा।

अनूदित : 'गोल्डस्मिथ' के 'हरमिट', 'डेजर्टेड विलेज' तथा 'ट्रैवलर' के अनुवाद क्रमशः एकान्तवासी योगी (1886, खडी बोली), ऊजड ग्राम (ब्रजभाषा), श्रांतपथिक (खडी बोली)।

(3) **रामनरेश त्रिपाठी**

काव्य : मिलन, पथिक (1920), स्वप्न (1939), मानसी

अन्य : बाल साहित्य, कविता कौमुदी (संकलन : इसके एक भाग में ग्रामगीत संकलित है जो हिन्दी में पहला प्रयास है।)

आलोचना : तुलसीदास और उनकी कविता

संस्मरण : तीस दिन : मालावीय जी के साथ (1942)

(4) **अयोध्या सिंह उपाध्याय 'हरिऔध' :** दो बार 'हिंदी साहित्य सम्मेलन' के सभापति रहे।

काव्य संग्रह : प्रियप्रवास (यह खडी बोली हिन्दी का पहला महाकाव्य है। इस पर मंगलाप्रसाद पारितोषिक मिला। वैदेही वनवास (खडी बोली, प्रबंधकाव्य), रसकलश (ब्रजभाषा), चोखे-चौपदे, चुभते चौपदे, पद्यप्रसून, बोलचाल।

नाटक : प्रद्युमन विजय व्यायोग, रूक्मिणी परिणय नाटक

उपन्यास : ठेठ हिन्दी का ठाठ (1899), अखखिला फूल (1907), वेनिस का बाँका (पहली गद्य पुस्तक)।

(5) **मैथिलीशरण गुप्त (1886-1964)**

गुप्तजी की पहली कविता 'हेमन्त' 1905 की सरस्वती में छपी। आरम्भिक रचनायें 'वैश्योपकारक' (कलकत्ता) से छपती थी।

काव्य ग्रन्थ : रंग में भंग (खण्डकाव्य, 1909), जयद्रथ-बध, भारत-भारती (1912), पंचवटी, साकेत (1932) महाकाव्य है। लक्ष्मण की पत्नी उर्मिला को नायिका बनाकर रामकथा कही गयी है। यशोधरा (1932) महाकाव्य है। नायिका गौतम बुद्ध की पत्नी यशोधरा है। नहुष, जयभारत (1952), विष्णुप्रिया (1957 महाकाव्य), विकट भट, गुरूकुल, किसान, सिद्धराज, जयिनी (यह मार्क्स की पत्नी जैनी पर रचित रचना है।), शकुन्तला, त्रिपथगा, झंकार, काबा और कर्बला, मंगलघट, स्वदेश संगीत, कुणाल गीत, अजित, द्वापर, वैतालिक।

अनुवाद : प्लासी का युद्ध, मेघनाद वध, वृत्त संहार।

नाटक : तिलोत्तमा, चन्द्रहास, अनघ (गीतिनाट्यं)।

(6) **बालमुकुंद गुप्त**

निबंध : शिवशंभु के चिट्ठे (1905), चिट्ठे और खत

कविता : ब्रज और खडी बोली में स्फुट रचनायें

अनुवाद : मडेल भगिनी (1892, बंगला उपन्यास का अनुवाद), रत्नावली (हर्ष की नाटिका का अनुवाद)।

समाचार पत्र संपादन : उर्दू : अखबारे चुनार, कोहेनूर

हिन्दी : हिन्दोस्थान (1889-91), हिन्दी बंगवासी, भारत मित्र (1899-1907)।

(7) **श्यामसुन्दर दास (1875-1945)**

आलोचना : साहित्यालोचन (1922), रूपक रहस्य, भाषा विज्ञान, हिन्दी भाषा और साहित्य।

जीवनी : हिन्दी कोविद रत्नमाला : पहला भाग 1909, दूसरा भाग 1914

आत्मकथा : मेरी आत्मकहानी (1941)

पत्रकारिता : सरस्वती (1900-1902)

संपादन : हिन्दी शब्द सागर (1929), हस्तलिखित ग्रन्थों के खोज विवरण, रामचरितमानस, पृथ्वीराज रासो, कबीर ग्रन्थावली, द्विवेदी अभिनन्दन ग्रन्थ (1933)।

प्रमुख रचनायें : काव्य ग्रन्थ

नाथूराम शर्मा 'शंकर' : अनुराग रत्न, शंकर-सरोज, गर्भरण्डा रहस्य, शंकर सर्वस्व।

राय देवीप्रसाद पूर्ण : बसन्त वियोग, स्वदेशी कुण्डल, मृत्युंजय।

रामचरित उपाध्याय : रामचरित चिन्तामणि (महाकाव्य), राष्ट्रभारती, देवसभा, देवदूत, विचित्र विवाह।

गया प्रसाद शुक्ल 'सनेही' : ('सुकवि' पत्रिका के सम्पादक भी थे।) कृषक-क्रन्दन, प्रेम पचीसी, कुसुमांजलि, करूणा कादम्बिनी, राष्ट्रीय मंत्र, राष्ट्रीय वीणा, त्रिशूल तरंग (यह 'त्रिशूल' उपनाम से कविता करते थे।)

रूपनारायण पाण्डेय : पराग, वनवैभव

मुकुटधर पाण्डेय : पूजा-फूल, कानन कुसुम (द्विवेदी युग के सर्वश्रेष्ठ प्रगीतकार थे।)

रामचन्द्र शुक्ल : 'हृदय का मधुरभार', बुद्धचरित (लाइट ऑफ एशिया का ब्रजभाषा में अनुवाद), कल्पना का आनन्द (एडिसन के 'ऐसे आन इमेजिनेशन का अनुवाद)।

लाला भगवानदीन : वीर क्षत्राणी, वीर बालक, वीर पंचरत्न, नवीन बीन

सैयद अमीर अली मीर : अलाहनापंचक, अन्योक्तिशतक

लोचनप्रसाद पाण्डेय : प्रवासी, मेवाडगाथा, महानदी, पद्यपुष्पांजलि, मृगी दुःखमोचन

ठाकुर गोपालशरण सिंह : माधवी, मानवी, संचिता, ज्योतिष्मती

कामताप्रसाद गुरु : भौमासुर वध (ब्रजभाषा), विनयपचासा (ब्रजभाषा), पद्य पुष्पावली (खडी बोली) : इनका एक प्रसिद्ध व्याकरण ग्रन्थ भी है।

निबंध

सरदार पूर्णसिंह : 'सच्ची वीरता', 'कन्यादान', 'नयनों की गंगा', 'पवित्रता', 'आचरण की सभ्यता', 'मजदूरी और प्रेम', 'अमरीका का मस्त जोगी वाल्ट ह्विटमैन' नामक छह निबंध।

चन्द्रधर शर्मा 'गुलेरी' : 'पुरानी हिन्दी', 'काशी', 'जय जमुना मैया जी', 'कछुवा धरम', 'मारेसि मोंहि कुठाँव'। चर्चित कहानी 'उसने कहा था'।

महावीर प्रसाद द्विवेदी : म्युनिसपैलिटी के कारनामे, आत्मनिवेदन, प्रभात, सुतापराधे जनकस्य दण्ड, रसज्ञ रंजन, लेखांजलि, कवि कर्त्तव्य, 'क्या हिन्दी नाम की कोई भाषा ही नहीं' आदि।

माधव प्रसाद मिश्र : पुष्पांजलि (1916, संकलन)।

जगन्नाथ प्रसाद चतुर्वेदी : ब की बहार, पिक्चरपूजा, अनुप्रास का अन्वेषण।

गंगा प्रसाद अग्निहोत्री : निबंधमालादर्श (चिपलूणकर के मराठी निबंधों का अनुवाद।)

नाटक

मौलिक : वेणुसंहार (बालकृष्ण भट्ट), करूणालय, राज्यश्री (जयशंकर प्रसाद), कृष्णार्जुन युद्ध (माखनलाल चतुर्वेदी), सेनापति उदल (वृन्दावल लाल वर्मा), भारत दुर्दशा (प्रताप नारायण मिश्र), चुंगी की उम्मीदवारी (बदरीनाथ भट्ट), अलट फेर, नोंक झोंक (जी. पी. श्रीवास्तव), चौपट चपट, मयंक मंजरी (किशोरी लाल गोस्वामी), रूक्मिणी परिणय, प्रद्युमन विजय व्यायोग (हरिऔध), सुदामा (शिवनंदन सहाय), चंद्रकला भानुकुमार (राय देवीप्रसाद 'पूर्ण'), कुरूवनदन (बदरीनाथ भट्ट)।

उपन्यास

काजर की कोठरी (1902), अनूठी बेगम, गुप्त गोदना, भूतनाथ : छह भाग (देवकीनन्दन खत्री), मयंक मोहिनी या मायामहल (1901), कमलकुमारी, निराला नकाबपोश, भयानक खून (हरे कृष्ण जौहर), तिलस्मी शीशमहल (किशोरी लाल गोस्वामी), पुतली महल (1908) (रामलाल वर्मा), सरकटी लाश, चक्करदार चोरी (1901), जासूस की भूल, जासूस पर जासूसी (1904), जासूस चक्कर में, इन्द्रजालिक जासूस, गुप्त भेद, जासूस की ऐयारी (1914) (गोपालराम गहमरी), प्रेम का फल या मिस जौहरा (निहालचन्द वर्मा), अद्‌भुत भूत (1916) (दुर्गाप्रसाद खत्री), नवजीवन वा प्रेमलहरी (राधिकारमण प्रसाद सिंह) : प्रेमा (1907), रूठी रानी (1907), सेवासदन (1918) (प्रेमचन्द)।

कहानी

किशोरीलाल गोस्वामी की कहानी 'इन्दुमति' (1900 ई0) को आचार्य शुक्ल ने हिन्दी की पहली कहानी माना है।

अन्य महत्वपूर्ण कहानियाँ : गुलबहार (किशोरीलाल गोस्वामी), पंडित और पंडितानी (गिरिजा दत्त), ग्राम (1911, जयशंकर प्रसाद की पहली कहानी), रसिया बालम (बालम), सौत (1915, प्रेमचंद), बडे घर की बेटी (1916, प्रेमचन्द), टोकरी भर मिट्टी (1901, माधवराव सप्रे), 'इन्दुमती' या 'प्रणयिनी-परिणय' (1900 किशोरीलाल गोस्वामी), सज्जनता का दंड (1916), ईश्वरीय न्याय (1917), दुर्गा का मंदिर (1917) (प्रेमचन्द), रानी सारंधा (प्रेमचन्द)।

आलोचना : 'अलंकार मंजूषा'–लाला भगवानदीन

छायावादी युग

1. **जयशंकर प्रसाद (1890-1937)**

   काव्य :- चित्राधर (1918, ब्रजनाथ), यह प्रसाद का पहला काव्य संग्रह है। इसमें एक साथ 10 ग्रन्थ संकलित थे। कानन कुसुम, प्रेमपथिक, महाराणा का महत्व, करूणालय, सम्राट चंद्रगुप्त मौर्य, छाया, उर्वशी (चंपू), राज्यश्री, प्रायश्चित और कल्याणी परिणय। पहले चार इसमें से कविता संग्रह हैं। कानन कुसुम (1912, खड़ी बोली तथा ब्रजभाषा), प्रेमपथिक (1909 ब्रजभाषा, 1914 खडी बोली), करूणालय (1913), महाराणा का महत्व (1914), झरना (1918), आँसू (1925), लहर (1935), तथा कामायनी (1937, पांडुलिपि संस्करण 1971)।

   नाटक : सज्जन कल्याणी-परिणय, प्रायश्चित, करूणालय, राज्यश्री, विशाख, अजातशत्रु (1922), कामना (अन्यापदेशिक नाटक या महानाटक), जनमेजय का नागयज्ञ, स्कन्दगुप्त (1928), चन्द्रगुप्त मौर्य (1931), ध्रुवस्वामिनी (1933), एक घूँट (एकांकी), अग्निमित्र (1980)।

   उपन्यास : कंकाल (1929), तितली (1934), इरावती (अपूर्ण, 1940)

   निबंध : काव्य और कला तथा अन्य निबंध (1939)

   कहानियाँ : ग्राम (1911), पुरस्कार, आकाशदीप, मधुवा, गुंडा, सालवती आदि।

   'ग्राम' प्रसाद की पहली कहानी थी। उनके कहानी संग्रह हैं–छाया, प्रतिध्वनि, आकाशदीप, आँधी, इन्द्रजाल।

2. **सूर्यकान्त त्रिपाठी 'निराला' (1899-1961 ई॰)**

काव्यग्रन्थ : अनामिका (1923, प्राचीन), परिमल (1929), गीतिका (1936), तुलसीदास (1938), अनामिका (1938, नवीन), कुकुरमुत्ता (1942), अणिमा (1943), बेला (1946), नये पत्ते (1946), अर्चना (1950), आराधना (1953), गीतकुंज (1954), सांध्यकाकली (1969)।

उपन्यास : अप्सरा (1931), अलका (1933), प्रभावती (1936), निरूपमा (1937), चोटी की पकड़ (1946), काले कारनामे (1950)।

कहानी : लिली (1930), सुकुल की बीबी (1941) आदि।

संस्मरण : कुल्ली भाट (1939), बिल्लेसुर बकरिहा (1942)

समीक्षा : रवीन्द्र कविता कानन, पन्त और पल्लव (1928)

अन्य जानकारियाँ : निराला की अत्यधिक प्रसिद्ध कवितायें निम्नलिखित हैं - जूही की कली (परिमल, 1916,यह उनकी पहली रचना है।), रेखा, शेफालिका, जागो फिर एक बार, कवि, पंचवटी प्रसंग, जागरण, बादल राग, महाराज शिवाजी का पत्र (परिमल); वर दे वीणावादिनी वर दे (गीतिका), नव-बेला, सरोज-स्मृति, राम की शक्तिपूजा (अनामिका), सम्राट अष्टम एडवर्ड के प्रति, तोडती पत्थर (अनामिका), कुकुरमुत्ता (नये पत्ते) तथा तुलसीदास।

3. **सुमित्रानन्दन पन्त (1900-1977 ई॰)**

काव्य ग्रन्थ : पहली कविता 'गिरजे का घण्टा' (1916), ग्रन्थि, पल्लव (1926), वीणा (1927), गुंजन (1932), युगांत (1936), युगवाणी (1939), ग्राम्या (1940), स्वर्णकिरण (1947), स्वर्णधूलि (1947), युगपथ (1949), उत्तरा (1949), अतिमा (1955), वाणी (1958), पतझर, कला और बूढा चाँद (1959), लोकायतन (1964, महाकाव्य), सत्यकाम (1975)।

काव्यनाटक : ज्योत्स्ना (1934), रजत शिखर (1952), शिल्पी (1952)

उपन्यास : हार (1960)

आलोचना : गद्यपथ (1953), शिल्प और दर्शन (1961), छायावाद : पुनर्मूल्यांकन (1965)

आत्मकथा : साठ वर्ष एक रेखांकन (1960)

अन्य जानकारियाँ :- पन्त जी की अत्यधिक प्रसिद्ध कवितायें ये हैं–उच्छ्वास, आँसू की बालिका, पर्वत प्रदेश में पावस, बादल, छाया, परिवर्तन, एक तारा, नौकाविहार, मधुस्मिति, भावी पत्नी के प्रति, अनंग, चाँदनी, अप्सरा आदि।

4. **महादेवी वर्मा (1907-1987 ई॰)**

काव्य ग्रन्थ : नीहार (1930), रश्मि (1932), नीरजा (1934), सांध्यगीत (1936), यामा (इसमें ऊपर की चारों काव्य रचनाओं को एक साथ संकलित कर दिया गया), दीपशिखा (1942)।

रेखाचित्र संस्मरण : अतीत के चलचित्र (1941), स्मृति की रेखायें (1943), पथ के साथी (1956)।

निबंध : शृंखला की कड़ियाँ (1942), क्षणदा (1956)।

आलोचना : साहित्यकार की आस्था तथा अन्य निबंध (1962, सम्पादक–गंगाप्रसाद पाण्डेय)।

5. **प्रेमचन्द (1880-1936 ई॰) :** पहले नवाबराय नाम से लिखते थे। प्रेमचन्द का लेखन उर्दू में 1905 से तथा हिन्दी में 1918 से 'सेवासदन' के साथ शुरू होता है।

उपन्यास : सेवासदन (1918, प्रमुख पात्र–सुमन, दरोगा कृष्णचन्द्र, वेश्या जीवन की समस्या पर रचित), वरदान (1921, पहले उर्दू में लिखा जा चुका था, बाद में हिन्दी में आया), प्रेमाश्रम (1921, प्रमुख पात्र–प्रेमशंकर, किसान जीवन पर रचित), रंगभूमि (1924, प्रमुख पात्र–सूरदास, विनय और सोफिया, सुभागी; राष्ट्र की बहुआयामी परिस्थितियों तथा चेतना पर लिखा गया एक राष्ट्रीय उपन्यास), कायाकल्प (1926, प्रमुख पात्र–चक्रधर-मनोरमा, शंखधर-देवप्रिया हिन्दू-मुस्लिम दंगा तथा पुनर्जन्म के साथ अनेक चीजें जैसे समाज-सेवा, राजसी विलास आदि समेटने की कोशिश की गयी है।), निर्मला (1927, निर्मला-तोताराम, रूक्मिणी, मंशाराम, जियाराम और सियाराम दहेज और अनमेल विवाह की समस्या पर रचित), प्रतिज्ञा (1929, उर्दू में पहले ही रचा जा चुका था), गबन (1930, रमानाथ-जालपा, मनोवैज्ञानिक छवि से भरपूर मध्यवर्गीय जीवनयथार्थ पर केन्द्रित रचना है), कर्मभूमि (1932, अमरकान्त-सकीना, सुखदा, डॉ॰ शान्तिकुमार, एक बहुआयामी उपन्यास जिसमें राजनीतिक, सामाजिक तथा आर्थिक चेतना के स्वर गुथे हुए हैं), गोदान (1936, पात्र- होरी, धनिया, गोबर, सिलिया, रायसाहब, मालती तथा मेहता आदि, किसान जीवन पर की समानान्तर कथा), मंगलसूत्र (अपूर्ण, मरणोपरान्त प्रकाशन 1948)।

कहानी : सप्तसरोज (संकलन : 1917), मानसरोवर : आठ भाग।

6. **रामचन्द्र शुक्ल (1884-1941 ई॰)**

निबंध : आचार्य शुक्ल का निबंध 'कविता क्या है' (1909) पहली बार सरस्वती में छपा। उनके मनोविकार संबंधी निबंध हैं–भाव या मनोविकार, उत्साह, श्रद्धा-भक्ति, करूणा, लज्जा और ग्लानि, लोभ और प्रीति, ईर्ष्या, भय और क्रोध। अन्य महत्वपूर्ण निबंध हैं–मानस की धर्मभूमि, काव्य में लोकमंगल की साधनावस्था, साधारणीकरण और व्यक्ति वैचित्र्यवाद तथा रसात्मक बोध के विविधरूप।

संकलन : चिंतामणि, भाग-1 (1939), भाग-2(1945)।

कहानी : ग्यारह वर्ष का समय (1930 'सरस्वती' में छपी)।

कविता : मधुस्रोत (1971, संकलन)

आलोचना : गोस्वामी तुलसीदास (1923), जायसी ग्रन्थावली की भूमिका (1924), भ्रमरगीत सार (1925), रस मीमांसा (1949)।

इतिहास : हिन्दी साहित्य का इतिहास (मूल रूप 'हिन्दी शब्द सागर' की प्रस्तावना के रूप में) 1939, संशोधित-संवर्धित रूप 1940।

अनुवाद : प्रमुख हैं–विश्व प्रपंच (रिड्ल ऑफ दि यूनीवर्स का अनुवाद 1920), शशांक (राखालदास बंद्योपाध्याय के उपन्यास का अनुवाद 1922), बुद्धचरित ('लाइट आफ एशिया' का अनुवाद 'काव्यभाषा' शीर्षक मौलिक भूमिका सहित 1922)।

सम्पादन : हिन्दी शब्द सागर 1929।

उपन्यास

1. **विश्वम्भर नाथ 'कौशिक' :** भिखारिणी (1929), माँ (1929)
2. **जयशंकर प्रसाद :** कंकाल (1929, पात्र : निरंजन, वाथम आदि, धार्मिक विसंगतियों एवं वासनात्मक सांसारिक मनोवृत्तियों पर केन्द्रित), तितली (पात्र : मधुआ, इन्द्रदेव-शैला, नंदरानी, तितली आदि प्रसाद की भारतीय दृष्टि और कृषि सभ्यता की गहरी पहचान का उपन्यास), इरावती।

3. **पाण्डेय बेचन शर्मा 'उग्र'** : उग्र की सामाजिक यथार्थ दृष्टि कुछ अंश में प्रकृतिवाद की ओर उन्मुख है। उनके प्रधान उपन्यास हैं– चन्द हसीनों के खतूत (1927, पत्रात्मक शैली का पहला उपन्यास, हिन्दू युवक और मुसलमान युवती के प्रेम की कहानी), 'बुधुवा की बेटी' या 'मनुष्यानन्द' (1928, पात्र–भंगी बुधुवा, रधिया, अघोरी मनुष्यानन्द, अछूत समस्या के आर्थिक सामाजिक पहलुओं पर रचित), शराबी, घंटा, दिल्ली का दलाल, सरकार तुम्हारी आँखों में, जीजी जी, कढी में कोयला और फागुन के दिन चार।
4. **मन्नन द्विवेदी** : कल्याणी, रामलाल
5. **दुर्गाप्रसाद** : लालपंजा
6. **मदारीलाल गुप्त** : सखाराम
7. **चतुरसेन शास्त्री** : ह्रदय की प्यास, 'अमर अभिलाषा' या 'बहते आँसू' ह्रदय की परख, आत्मदाह
8. **ऋषभचरण जैन** : भाई, मंदिरदीप, सत्याग्रह, दिल्ली का कलंक, दिल्ली का व्यभिचार, वेश्यापुत्र, रहस्यमयी
9. **वृन्दावन लाल वर्मा** : लगन, संगम, प्रत्यागत, कुंडली चक्र, प्रेम की भेंट
10. **राधिकारमण प्रसादसिंह** : राम-रहीम
11. **प्रताप नारायण श्रीवास्तव** : विदा, विजय, विकास
12. **चंडीप्रसाद 'ह्रदयेश'** : मनोरमा, मंगलप्रभात
13. **सियाराम शरण 'गुप्त'** : गोद, अंतिम आकांक्षा
14. **शिवपूजन सहाय** : देहाती दुनिया (1926)
15. **अनूपलाल मंडल** : समाज की वेदी, रूपरेखा (दोनों उपन्यासों में पत्रात्मक प्रविधि का प्रयोग)।

नाटक

ऐतिहासिक-सांस्कृतिक नाटक :

1. **मिश्रबन्धु** : पूर्व भारत (1922), उत्तर भारत (1923)
2. **बदरीनाथ भट्ट** : कुरूवन दहन (1912), वेन चरित, तुलसीदास, चन्द्रगुप्त, दुर्गावती
3. **कौशिक** : भीष्म
4. **माखनलाल चतुर्वेदी** : कृष्णार्जुन युद्ध (1918)
5. **वियोगी हरि** : छद्मयोगिनी (1923)
6. **सियाराम शरणगुप्त** : पुण्य पर्व (1933)
7. **ब्रजनन्दन सहाय** : सत्यभामा (1930)
8. **जगन्नाथ प्रसाद मिलिन्द** : प्रताप प्रतिमा (1928)

एकांकी :

जयशंकर प्रसाद (एक घूँट - प्रथम एकांकी है), उग्र (चार बेचारेः संग्रह), भुवनेश्वर प्रसाद (कारवाँ : संग्रह), रामकुमार वर्मा (बादल की मृत्यु : आधुनिक ढंग की पहली एकांकी), जगदीश चन्द्र माथुर (भोर का तारा), भगवतीचरण वर्मा (सबसे बडा आदमी), भुवनेश्वर प्रसाद (स्ट्राइक), अश्क (लक्ष्मी का स्वागत)।

हास्य प्रहसन :

1. **बदरीनाथ भट्ट** : चुंगी की उम्मीदवारी (1919), चबडघोंघों (1926), विवाह का विज्ञापन (1927), मिस अमेरिका (1929)
2. **जी. पी. श्रीवास्तव** : गडबडझाला (1912), दुमदार आदमी (1917), उलटफेर (1918), मर्दानी औरत, न घर का न घाट का, भूलचूक (1926), साहित्य का सपूत
3. **सुदर्शन** : माई हेड (1926)

सामाजिक समस्या प्रधान नाटक :

1. **प्रेमचन्द** : संग्राम (1922), कर्बला (1924), प्रेम की बेदी (1933)
2. **सुदर्शन** : ऑनररी मजिस्ट्रेट (1927)
3. **रूपनारायण पाण्डेय** : प्रायश्चित (1928)
4. **रामनरेश त्रिपाठी** : वफाती चाचा (1927)
5. **लक्ष्मण सिंह 'चौहान'** : कुली प्रथा (1913), गुलामी का नशा (1924), उत्सर्ग, एक ही समाधि।

कहानी :

1. **गुलेरी** : उसने कहा था (1915), सुखमय जीवन (1911), बुद्धू का काँटा।
2. **प्रेमचन्द** : पंचपरमेश्वर, नमक का दरोगा, बडे घर की बेटी, रानी सारंधा, सारंगा सदावृक्ष, सवा सेर गेहू, दो बैलों की कथा, दतरी, जुलूस, दीक्षा, लाटरी, माता का ह्रदय, मैकू, शंखनाथ, अलग्योझा, बूढी काकी, आत्माराम, गरीब की हाय, दुर्गा का मंदिर, ब्रजपात,सेवामार्ग, आभूषण, ठाकुर का कुआँ, शतरंज के खिलाडी, दिल की रानी, मैकू, दो बैलों की कथा, रामलीला, ईदगाह, बडे भाई साहब, नशा, मिस पद्मा, पूस की रात, मोटेराम शास्त्री, इस्तीफा, तावान, कजाकी, कफन, दामुल का कैदी (इस कहानी में पुनर्जन्म का कथा में प्रयोग है।)
3. **'कौशिक'** : रक्षाबंधन, ताई, पगली, उद्धार
   कहानी संग्रह - चित्रशाला, मणिमाला, कल्पमंदिर, कल्लोल
4. **विश्वम्भरनाथ 'जिज्जा'** : संग्रह है - 'घूँघट वाली'
5. **सुदर्शन** : हार की जीत, कवि की स्त्री, एथेंस का सत्यार्थी, कमल की बेटी।
   संग्रह है - सुदर्शन सुधा, तीर्थयात्रा, पुष्पलता, गल्पमंजरी, सुप्रभात, परिवर्तन, पनघट
6. **उग्र** : देशभक्त
   संकलन–चिनगारियां, शैतान मंडली, इन्द्रधनुष, बलात्कार, चाकलेट, दोजख की आग, निर्लज्जा
7. **रायकृष्णदास** : अंतःपुर का आरम्भ, रमणों का रहस्य
8. **चतुरसेन शास्त्री** : दुखवा मै कासो कहूँ मोरी सजनी (हरिसाधन मुखोपाध्याय की कहानी 'सेलिसमा बेगम' का रूपांतर), अंबपालिका, प्रबुद्ध, भिक्षुराज, बावर्चिन, हल्दीघाटी में, बाणवधू।
9. **जयशंकर प्रसाद** : आकाशदीप, देवदासी, रसिया बालम, आँधी, मधुआ, पुरस्कार, ममता, इन्द्रजाल, सालवती, गुंडा।

निबंध :

1. **बाबू गुलाबराय** : ठलुआ क्लब, फिर निराशा क्यों, मेरी असफलताएं, कुछ उथले कुछ गहरे
2. **रघुवीर सिंह** : निबंध संग्रह हैं 'शेष स्मृतियाँ'
3. **शिवपूजन सहाय** : निबंध संग्रह है 'कुछ'
4. **निराला** : संग्रह है : प्रबंध प्रतिमा, चयन, चाबुक

5. **पदुमलाल पुन्नालाल बख्शी :** संग्रह हैं - 'पंचपात्र'। एक प्रसिद्ध निबंध है- 'क्या लिखूँ'

6. **गुलेरी :** विक्रमोवर्शी की मूल कथा, अमंगल के स्थान में मंगलशब्द।

छायावादोत्तर युग

कविता : प्रगति प्रयोग काल के समानान्तर अन्य कई तरह की काव्य रचनायें भी होती रहीं। इनका मुख्य स्वर या तो गाँधीवादी है या फिर विप्लव अथवा मस्ती का। हम पहले इन्हीं का परिचय यहाँ पर दे रहे हैं।

1. **हरिवंशराय बच्चन :** मधुशाला (1935), मधुबाला (1936), मधुकलश (1937), निशा-निमन्त्रण (1938), एकांत संगीत (1939), आकुल अंतर (1943), सतरंगिणी, मिलनयामिनी तथा प्रणय पत्रिका।
   अंतिम चरण में बच्चन ने सामाजिक-राजनीतिक कवितायें लिखीं। ये हैं–बंगाल का अकाल, खादी के फूल, सूत की माला, धार के इधर-उधर, आरती और अंगारे, बुद्ध और नाचघर, त्रिभंगिमा, चार खेमे चौसठ खूँटे, दो चट्टानें, जाल समेटा।
   बच्चन ने उमर खैय्याम की रूबाइयों का अनुवाद 1935 में 'खैय्याम की मधुशाला' नाम से किया।
2. **रामकुमार वर्मा :** रूपराशि, निशीथ, चित्ररेखा, आकाशगंगा, अंजलि, चन्द्रकिरण, एकलव्य (वर्मा जी छायावादी ढंग की ही कविता करते थे।)
3. **माखनलाल चतुर्वेदी :** हिमकिरीटिनी, हिमतंरगिणी, वेणु लो गूँजे धरा, माता, युगचरण, मरणज्वार, बिजुली काजल आँज रही, समर्पण। इनकी कविता 'पुष्प की अभिलाषा' अत्यंत प्रसिद्ध है।
4. **सियारामशरण गुप्त :** इनकी कविता 'एक फूल की चाह' बहुत प्रसिद्ध है। प्रमुख काव्य ग्रन्थ हैं - मौर्य विजय, अनाथ, दूर्वादल, विषाद, आर्द्रा, आत्मोत्सर्ग, पाथेय, मृष्मयी, बापू, उन्मुख, दैनिकी, नकुल, नोआखाली, गोपिका।
   प्रबंधकाव्य : उन्मुक्त (युद्ध की विभीषिका और मानवीय करुणा पर रचित ; अत्याचारी लौह द्वीप के लोग शान्तिप्रिय कुसुमद्वीप को युद्ध पर मजबूर कर देते हैं।)
5. **बालकृष्ण शर्मा 'नवीन' :** इनकी 'साकी' कविता अत्यन्त प्रसिद्ध है। 'आज खड्ग की धार कुंठिता' और 'कवि कुछ ऐसी तान सुनाओ' भी प्रसिद्ध कवितायें हैं। इनके काव्यग्रंथ है- उर्मिला (प्रबन्धकाव्य), कुंकुम (पहला काव्य संग्रह है), रश्मिरेखा और अपलक, विनोबास्तवन, क्वासि, हम विषपायी जन्म के।
6. **भगवती चरण वर्मा :** 'हम दीवानों की क्या हस्ती, हैं आज यहां कल वहां चले।' तथा 'चली आ रही भैंसागाडी' भी इनकी एक चर्चित कविता है। इनके काव्यग्रन्थ हैं–मधुकण, प्रेमसंगीत तथा मानव।
7. **सुभद्राकुमारी चौहान :** झाँसी की रानी, जलियाँवाला बाग में वसंत आदि कवितायें।
8. **रामधारीसिंह 'दिनकर' :** रेणुका (1935), हुंकार, सामधेनी, रसवन्ती, द्वन्द्वगीत, यशोधरा, कुरूक्षेत्र (युद्ध की समस्या पर रचित प्रबंधकाव्य है, जो मुख्यतः भीष्म-युधिष्ठिर संवाद पर आधारित है।), उर्वशी (ज्ञानपीठ पुरस्कार से सम्मानित प्रबंधकाव्य, जिसका उपजीव्य 'उर्वशी-पुरूरवा प्रेमाख्यान' है।), रश्मिरथी (महाभारत के 'कर्ण' को नायक बनाकर रचित प्रबंधकाव्य है।), आत्मा की आँखें, परशुराम की प्रतीक्षा (प्रबंधकाव्य) है। इतिहास के आँसू, धूप और धुआँ, दिल्ली, नीम के पत्ते तथा हारे को हरिनाम। 'संचयिता' हाल में किया गया संकलन है।
9. **नरेन्द्र शर्मा :** शूल-फूल, कर्णफूल, प्रभातफेरी, प्रवासी के गीत, पलाशवन, ग्राम्या, मिट्टी के फूल, हंसमाला, रक्तचंदन, अग्निशस्त्र, कदलीवन, उत्तरजय (प्रबंधकाव्य, युधिष्ठिर तथा अश्वत्थामा के खण्डित और पीड़ाभोगी व्यक्तियों की गाथा), द्रौपदी (महाभारत में 'द्रौपदी' के चरित्र पर आधारित खंडकाव्य।)
10. **रामेश्वर शुक्ल 'अंचल' :** मधुलिका, अपराजिता, लाल चूनर, किरणबेला, करील और वर्षान्त के बादल, अपराधिता (प्रबंधकाव्य)।
11. **सोहन लाल द्विवेदी :** कुणाल, चित्रा, युगाधार।
12. **श्यामनारायण पाण्डेय :** हल्दीघाटी, जौहर।
13. **उदयशंकर भट्ट :** विसर्जन, मानसी, अमृत और विष, युगदीप, यथार्थ और कल्पना, एकला चलो रे, विजयपथ।
14. **जानकी बल्लभ शास्त्री :** रूप-अरूप, शिप्रा, मेघगीत, अवन्तिका।
15. **गुरूभक्तसिंह 'भक्त' :** विक्रमादित्य (प्रबंधकाव्य, कथानक विशाखदत्त के 'देवी चन्द्रगुप्त' नाटक पर आधारित), नूरजहाँ (प्रबन्धकाव्य)।
16. **मोहनलाल महतो 'वियोगी' :** आर्यावर्त (पृथ्वीराज चौहान-गौरी युद्ध पर रचित प्रबन्धकाव्य)
17. **केदारनाथ मिश्र 'प्रभात' :** कैकयी (प्रबंधकाव्य), कर्ण (खण्डकाव्य), शुभ्रा (गीतिकाव्य), बैठो मेरे पास तथा ऋतम्बरा प्रबंधकाव्य है। प्रलयवर्णन से प्रारम्भ होकर मानव-सृष्टि के भविष्य पर रचित।
18. **ठाकुर प्रसादसिंह :** महामानव (प्रबंधकाव्य : गाँधी जी के जीवन पर।)

प्रगतिवादी काव्य

1. **नागार्जुन :** (वास्तविक नाम वैद्यनाथ मिश्र) इन्होंनें 'यात्री' नाम से मैथिली में भी कवितायें रची है। प्रमुख कविता-संग्रह हैं - सतरंगे पंखों वाली, प्यासी पथरायी आँखें, युगधारा, ऐसे भी हम क्या, ऐसे भी तुम क्या, आखिर ऐसा क्या कह दिया मैंने, पुरानी जूतियों का कोरस, रत्नगर्भ, तालाब की मछलियां, तुमने कहा था, खिचडी विप्लव देखा हमने, हजार-हजार बाँहों वाली, पंका है यह कटहल, भूमिजा (खण्डकाव्य)।
   नागार्जुन की बहुत प्रसिद्ध कविताओं में से कुछ हैं–
   बादल को घिरते देखा है, पाषाणी, चन्दना, रवीन्द्र के प्रति, सिंदूर तिलकित भाल, तुम्हारी दंतुरित मुस्कान, ओ जन-मन के सजग चितेरे (यह केदारनाथ अग्रवाल पर लिखी गई है।), गुलाबी चूडियाँ, तन गयी रीढ़, यह तुम थी, जोत की फाँक, भादों की तलैया, प्रेत का बयान, मास्टर तथा अकाल।
2. **केदारनाथ अग्रवाल :** संग्रह है–युग की गंगा, फूल नहीं रंग बोलते हैं, पंख और पतवार, गुलमेंहदी, कहे केदार खरी-खरी, अपूर्वा, आत्मगंध, नीद के बादल, लोक तथा आलोक। केदार की प्रसिद्ध कवितायें हैं -
   बसंती हवा, चन्द्रगहना से लौटती बेर, आज नदी बिल्कुल उदास थी, केन किनारे पाल्थी मारे, केन हमारी तड़प रही है आदि।
3. **रांगेय राघव :** अजेय खंडहर, मेधावी, पांचाली (खंडकाव्य), पिघलते पत्थर, राह के दीपक (संकलन)।
4. **त्रिलोचन :** संग्रह है–धरती, मिट्टी की बारात, ताप के तापे हुए दिन, फूल नाम है एक, शब्द, उस जनपद का कवि हूँ, गुलाब और बुलबुल, दिगंत, अरघान, तुम्हें सौंपता हूँ, सबका अपना आकाश तथा अनकहनी भी कुछ कहनी है। त्रिलोचन का प्रिय छंद 'सॉनेट' है।

5. **'सुमन' :** संग्रह हैं–जीवन के गान, प्रलय-सृजन, हिल्लोल।
6. **रामविलास शर्मा :** ने भी कतिपय काव्य रचना की है, जो प्रगतिवादी काव्य के अंतर्गत ही आती है। इनके संग्रह का नाम है - 'रूपतरंग'।

प्रयोगवादी काव्य

अज्ञेय (1911-1987 ई॰) : के कविता संग्रह है - भग्नदूत (1933), चिंता (1942), इत्यलम् (1946), हरी घास पर क्षण भर (1949), बावरा अहेरी (1954), इंद्रधनुष रौंदे हुए (1957), अरी ओ करूणा प्रभामय (1959), आँगन के पार द्वार (1961), कितनी नावों में कितनी बार (1967), क्योंकि मैं उसे जानता हूँ (1970), सागर मुद्रा (1970), पहले मैं सन्नाटा बुनता हूँ (1974), महावृक्ष के नीचे (1977), नदी की बाँक पर छाया (1981), प्रिजन डेज एण्ड अदर पोएम्स (अंग्रेजी, 1946)। चारों सप्तकों का संपादन।

अज्ञेय की अत्यधिक प्रसिद्ध कवितायें हैं - नदी के द्वीप (संग्रह- हरी घास पर क्षण भर), असाध्य वीणा (आँगन के पार द्वार : संग्रह)। यह दीप अकेला, पूर्वा, सुनहरे शैवाल आदि।

मुक्तिबोध (1917-1964) : के दो काव्य संग्रह है - चाँद का मुँह टेढा है (1964), भूरि-भूरि खाक धूल (1980)। अत्यधिक प्रसिद्ध कवितायें हैं - एक आत्मवक्तव्य, चाँद का मुँह टेढा है, चकमक की चिंगारियाँ, भूल-गलती, दिमागी गुहान्धकार, ब्रह्मराक्षस तथा अँधेरे में।

शमशेरबहादुर सिंह (1911-1993) : के काव्यसंग्रह हैं–सुकून की तलाश में, कुछ कविताएं, कुछ और कविताएं, चुका भी हूँ नही मैं, इतने अपने पास, बात बोलेगी, काल तुझसे होड़ है मेरी, टूटी हुई बिखरी हुई, विविध-शमशेर, कहीं बहुत दूर से सुन रहा हूँ। शमशेर की कुछ अत्यधिक प्रसिद्ध कविताएं हैं–

'वाम, वाम, वाम दिशा', अमनराग, उदिता, चुका भी हूँ नहीं मैं, टूटी हुई बिखरी हुई, एक पीली शाम, सलोना जिस्म आओ न तथा 'अभिव्यक्ति का संघर्ष'।

भवानीप्रसाद मिश्र : कमल के फूल, वाणी की दीनता, टूटने का सुख, सतपुड़ा के जंगल, सन्नाटा, गीतफरोश, असाधारण, स्नेहशपथ, आदि कवितायें दूसरा सप्तक में संग्रहीत हैं। 'सतपुड़ा के जंगल' में प्रबंधत्व की विशेषता है।

काव्य संग्रह हैं–अनाम तुम आते हो, त्रिकाल संध्या, परिवर्तन जिए, मानसरोवर दिन, बुनी हुई रस्सी, खुशबू के शिलालेख। कालजयी (प्रबन्धकाव्य है)।

नरेश मेहता : के काव्य ग्रन्थ हैं–बनपाखी सुनो (1957), बोलने दो चीड़ को (1962), संशय की एक रात (1962), उत्सवा, मेरा समर्पित एकांत (1953), महाप्रस्थान (1975), शबरी (1977), प्रवाद पर्व (1977), 'समय देवता' इनकी एक प्रसिद्ध लंबी कविता है, जो 'मेरा समर्पित एकांत' में संकलित हैं। संशय की एक रात, महा प्रस्थान, शबरी तथा प्रवाद पर्व इनकी महत्वपूर्ण काव्य रचनायें हैं। 'संशय की एक रात' एक पौराणिक काव्य रूपक (नाट्य शैली में रचित लम्बी कविता) है, जिसमें राम-रावण युद्ध से पूर्व राम के मन का संशय चित्रित हुआ है। 'महाप्रस्थान' भी पौराणिक काव्य-रूपक है जिसमें पांडवों के हिमालय में गलने की प्रसिद्ध कथा वर्णित है। 'प्रवाद-पर्व' सीता-बनवास के करूण प्रसंग पर आधारित खण्डकाव्य है। 'शबरी' प्रबंधकाव्य में शबरी (राम कथा से सम्बद्ध) की कथा है। 'चैत्या' हाल मे किया गया संग्रह है।

धर्मवीर भारती : की रचनायें हैं–ठंडा लोहा (काव्य संग्रह, 1952), अंधा युग (1955, प्रतीकवादी काव्य नाटक है, जिसमें महाभारत के अंतिम दिन के युद्ध से लेकर कृष्ण के गोलोकवास तक की घटनाओं को समेटा गया है।), सात गीत वर्ष (1959, 'प्रथुम्य गाथा' इस संग्रह की प्रसिद्ध लम्बी कविता है।), कनुप्रिया (1959, युद्ध और इतिहास की व्यर्थता को संकेतित करता, राधाकृष्ण-प्रेम पर रचित काव्य ग्रन्थ), संकलन : मेरी वाणी गैरिक वासना।

नेमिचन्द जैन : का कविता संग्रह है 'एकांत', 'अचानक हम फिर'।

कुँवरनारायण : की रचनायें हैं–चक्रव्यूह (काव्यसंग्रह), परिवेशः हम तुम (काव्य संग्रह), आत्मजयी (कठोपनिषद के 'नचिकेता-प्रसंग' पर आधारित चिंतनपरक प्रबंधकाव्य है), अपने सामने (काव्य संग्रह), कोई दूसरा नहीं (काव्य संग्रह)।

सर्वेश्वरदयाल सक्सेना : के कविता संग्रह है - काठ की घंटियाँ, बाँस का पुल, एक सूनी नाव में, कुआनों नदी, जंगल का दर्द, खूँटियों पर टंगे लोग। बाद में 'कवितायें-1' तथा 'कवितायें-2' नाम से दो भागों में कुछ रचनायें प्रकाशित हुई हैं।

रघुवीर सहाय (1929-1990) ई॰ : के कविता-संग्रह है - सीढ़ियों पर धूप में (1960), आत्महत्या के विरूद्ध (1967), हँसो हँसो जल्दी हँसो (1975), लोग भूल गये हैं (1982), कुछ पते कुछ चिट्ठियाँ (1989)। रामदास की हत्या इनकी प्रमुख राजनीतिक कविता है।

केदारनाथ सिंह : के कविता संग्रह हैं–अभी बिल्कुल अभी (1960), जमीन पक रही है (1980), यहाँ से देखो, अकाल में सारस, उत्तर कबीर, 'बाघ' प्रसिद्ध लम्बी कविता है।

विजयदेवनारायण साही : कविता संग्रह हैं–'मछलीघर', 'साखी', तथा 'छठवाँ दशक'। हाल में किया गया संग्रह है 'संवाद तुमसे'।

गिरिजाकुमार माथुर : के काव्य संग्रह हैं–मंजीर (1941), नाश और निर्माण (1946), धूप के धान (1955), शिलापंख चमकीले (1961), छाया मत छूना मन, भीतरी नदी की यात्रा, साक्षी रहे वर्तमान, कल्पांतर, अभी कुछ और, मै वक्त के हूँ सामने, 'पृथ्वीकल्प', मुझे और अभी कहना है।

भारत-भूषण अग्रवाल : के काव्य संग्रह हैं–अनुपस्थित लोग, कागज के फूल, छवि के बन्धन, मुक्तिमार्ग, जागते रहो, ओ अप्रस्तुत मन, उतना वह सूरज है।

प्रबन्ध काव्य–'अग्निलीक' (सीता की अग्निपरीक्षा पर रचित)।

प्रभाकर माचवे : के काव्य संग्रह हैं–स्वप्नभंग, मेपल, क्षणभंगुर।

देवराज : दो प्रबंधकाव्य रचे–'आहत आत्माएं', 'इला और अमिताभ'। काव्य संग्रह हैं–धरती और स्वर्ग, उर्वशी ने कहा।

जगदीश गुप्त : काव्य-संग्रह हैं–'नाव के पांव', 'हिमदंश' तथा 'आदिम एकान्त'। प्रबन्धकाव्य 'शंबूक'।

लक्ष्मीकान्त वर्मा : काव्य संग्रह हैं–अतुकांत, तीसरा पक्ष तथा 'आधुनिक कवि - 15'।

इनकी कुछ कवितायें हैं–अपना-अपना जूता, सिर पर जूता पैर में टोपी। चित्रकूट चरित (खंडकाव्य)।

उपन्यास :

प्रेमचन्द के बाद उपन्यास कई धाराओं में बँट गया। विभिन्न धाराओं को अलग-अलग देने के पहले हम यहां पर प्रेमचन्द के समकालीन अन्य उपन्यासकारों की रचनाओं की सूची संक्षेप में दे रहे हैं -

जयशंकर प्रसाद : कंकाल (धार्मिक पाखण्डों पर केन्द्रित), तितली (प्रमुख पात्रा - मधुवन और तितली, इन्द्रदेव और शैल), इरावती (अपूर्ण, पुष्यमित्र के पुत्र अग्निमित्र शुंग और इरावती की प्रेमकथा)।

'कौशिक' : माँ, भिखारिनी

चण्डीप्रसाद शर्मा 'हृदयेश' : मनोरमा, मंगलप्रभात

शिवपूजन सहाय : देहाती दुनियां

सियारामशरण गुप्त : गोद, अंतिम आकांक्षा, नारी

पाण्डेय बेचन शर्मा 'उग्र' : चन्द हसीनों के ख़तूत (हिन्दी में पत्रात्मक प्रविधि का पहला उपन्यास, 1927), 'बुधुआ की बेटी' या 'मनुष्यानन्द', शराबी, घंटा, दिल्ली का दलाल, सरकार तुम्हारी आँखों में, जीजी जी, कढ़ी में कोयला, फागुन के दिन चार।

वृन्दावनलाल वर्मा : लगन, संगम, प्रत्यागत, कुण्डलीचक्र, प्रेम की भेंट (1931), लोककथा पर आधारित - सोना (1950) तथा अमरबेल (1952)।

चतुरसेन शास्त्री : हृदय की परख (1931), अमर अभिलाषा, आत्मदाह (1934), बहते आँसू ; परवर्ती उप॰ - 'पत्थर युग के दो बुत' (1960, बंबई के नानावरी काण्ड पर)।

राजा-राधिकारमण प्रसाद सिंह : राम-रहीम (1936), पुरूष और नारी (1939), सूरदास, संस्कार, पूरब और पश्चिम।

भगवतीप्रसाद बाजपेयी : मीठी चुटकी, पतिता की साधना, पिपासा, निमंत्रण

प्रतापनारायण 'श्रीवास्तव' : विदा, विनाश के बादल, बेकसी का मज़ार

उषादेवी 'मित्रा' : वचन का मोल, जीवन की मुस्कान, पिया, पथचारी

भगवतीचरण वर्मा : चित्रलेखा (1934, पाप और पुण्य की समस्या पर रचित, प्रमुख पात्र–कुमारगिरि, चाणक्य, बीजगुप्त, चित्रलेखा और चन्द्रगुप्त।

रामेश्वर शुक्ल 'अंचल' : चढ़ती धूप, नयी इमारत, उल्का, मरूप्रदीप

जैनेन्द्र कुमार : (मनोवैज्ञानिक उपन्यासकार) : परख (पात्रा : कट्टो), सुनीता (पात्रा : श्रीकान्त, सुनीता और हरिप्रसन्न), त्याग पत्र (पात्र : मृणाल), जयवर्द्धन, कल्याणी, मुक्तिबोध, दशार्क, सुखदा, विवर्त, व्यतीत, अनंतर, अनामस्वामी।

इलाचन्द्र जोशी (मनो॰ उपन्यासकार) : सन्यासी (1941, पात्रा('रामदास की हत्या' कविता से) नन्दकिशोर) पर्दे की रानी (पात्र : निरंजना, मनमोहन तथा इन्द्रमोहन), प्रेतछाया (पात्र : पारसनाथ), निर्वासित (पात्रः महीप), जिप्सी (पात्र : रंजन, मनिया, शोभना), जहाज का पंछी, लज्जा, मुक्तिपथ, सुबह के भूले, भूत का भविष्य, ऋतुचक्र, घृणामयी (पात्रा : लज्जा)

'अज्ञेय' (मनो॰ उपन्यासकार) : शेखर : एक जीवनी (दो भाग 1941-44, पात्र : शशि, शेखर), नदी के द्वीप (1951 : पात्र : भुवन, रेखा, गौरा और चन्द्रमोहन), अपने-अपने अजनबी (1961; पात्र : योटके, सेल्मा, अनेक आलोचक इसे अस्तित्ववादी उपन्यास भी मानते हैं।)

देवराज (मनो॰ उपन्यासकार) : अजय की डायरी, पथ की खोज, बाहर-भीतर, रोड़े और पत्थर, मै वे और आप, न भेजे गए पत्र।

मन्मथनाथ गुप्त : बहता पानी, शहीद और शोहदे

यशपाल (प्रगतिवादी उपन्यासकार) : अमिता, दिव्या (ऐतिहासिक उपन्यास ; पात्रा : दिव्या, पृथुसेन, मारिश, रूद्रधीर तथा देवी मल्लिका), दादा कॉमरेड (पात्रा : शैला, हरीश), पार्टी कॉमरेड, देशद्रोही, मनुष्य के रूप, झूठा-सच (देश विभाजन), मेरी तेरी उसकी बात, बारह घंटे, अप्सरा का श्राप, क्यों फँसे।

अमृतलाल नागर (सामाजिक यथार्थ-वादी उपन्यासकार) : महाकाल ('बंगाल के अकाल' पर ; 1946), सेठ बांकेमल, बूँद और समुद्र, शतरंज के मोहरे, सुहाग के नुपूर, अमृत और विष, सात घूँघट वाला मुखड़ा, एकदा नैमिषारण्ये, नाच्यो बहुत गोपाल, खंजन नयन, बिखरे तिनके, अग्निगर्भा, करवट, पीढ़ियाँ, मानस का हंस, नवाबी मसनद।

उपेन्द्रनाथ 'अश्क' (सामाजिक यथार्थवादी उपन्यासकार) : सितारों के खेल, गिरती दीवारें (1947 : पात्र चेतन), गर्म राख, बड़ी-बड़ी आँखें, पत्थर-अल-पत्थर, निमिषा, शहर में घूमता आईना, एक नन्हीं कन्दील, बाँधों न नाव इस ठाँव (दो भाग- 1974), पलटती धारा।

भगवती चरण वर्मा (सामाजिक यथार्थवादी उपन्यासकार) : पतन, धुप्पल (आत्मकथात्मक उपन्यास), चित्रलेखा (ऐतिहासिक उपन्यास), तीन वर्ष, टेढ़े-मेढ़े रास्ते, भूले बिसरे चित्र, सामर्थ्य और सीमा, रेखा, सीधी सच्ची बातें, सबहिं नचावत राम गोसाईं, प्रश्न और मरीचिका, आखिरी दाँव, युवराज चूण्डा, चाणक्य, अपने खिलौने।

धर्मवीर भारती (मनो॰ उपन्यासकार) : गुनाहों का देवता (पात्र : चन्दर, सुधा, पम्मी, गेसू, विनती), सूरज का सातवाँ घोडा (धर्म कथा शैली में रचित, पात्रा : किस्सागो 'मणिक मुल्ला', यह एक प्रयोगधर्मी रचना है।)

वृन्दावन लाल वर्मा (ऐतिहासिक उपन्यासकार) : गढ़कुण्डार (बुन्देलों और अंगारों पर; पात्र : नागदेव, अग्निदत्त, हेमवती, मानवती), विराटा की पद्मिनी (पात्र : कुमुद, कुंजर), झाँसी की रानी, मृगनयनी (पात्र : राजा मानसिंह, मृगनयनी, अटल, लाखी), माधवजी, सिंधिया, टूटे कांटे (पात्र : मस्तानी), कीचड़ और कमल (पात्र : पद्मावती), कचनार, भुवनविक्रम (पात्र : रोमक, विक्रम, नील, फणिश, हिमानी), मुसाहिबजू, अचल मेरा कोई, अमरबेल, लगन, प्रत्यागत, प्रेम की भेंट, कुण्डली चक्र, संगम, सोना, अहिल्याबाई, आहत, उदयकिरण।

राहुल सांकृत्यायन (प्रगतिवादी उपन्यासकार) : जीने के लिए (सामाजिक उपन्यास), सिंह सेनापति (ऐति0 उप0 ; लिच्छवि सेनापति, रोहिणी, आचार्य बाहुलाश्व, भामा आदि मुख्य पात्र हैं।) मधुर स्वप्न, जय यौधेय, विस्मृत यात्री, दिवोदास।

चतुरसेन शास्त्री (ऐतिहासिक उपन्यासकार) : वैशाली की नगरबधू (दो भाग, पात्रा : अम्बपाली, बिम्बसार, सोम, बुद्ध आदि), वयं रक्षामः, सोमनाथ, आलमगीर, गोली, सोना और खून, धर्मपुत्र, मोती।

हजारीप्रसाद द्विवेदी (ऐतिहासिक उपन्यासकार) : बाणभट्ट की आत्मकथा (1944, बाण, भट्टिनी, निपुणिका), चारूचन्द्रलेखा (सीदीमौला, राजा सातवाहन, चन्द्रलेखा), पुनर्नवा (समुद्रगुप्त, आर्थक, देवरात, सुमेर काका, चन्द्रा, लोरिक-चन्दा की कथा इसी में नियोजित की गई है।) अनामदास का पोथा।

रांगेय राघव (प्रगतिवादी उपन्यासकार) **:** घरौंदे, विषादमठ, हुजूर, सीधा-साधा रास्ता, राई और पर्वत, छोटी सी बात, प्रतिदान, उबाल शहरी जीवन से सम्बन्धित उपन्यास है।

पथ का पाप, आखिरी आवाज ग्राम जीवन से सम्बन्धित आवाज है।

कब तक पुकारूं (1957), धरती मेरा घर आंचलिक उपन्यास है।

ऐतिहासिक उपन्यास हैं–

मुर्दो का टीला (1948, मोहन जोदडो की पृष्ठभूमि में आर्य-आक्रमण को लेकर) चीवर, अंधेरे के जुगनू, पक्षी और आकाश, राह न रूकी जीवनचरितात्मक उपन्यास है - देवकी का बेटा, यशोधरा जीत गयी, लोई का ताना, रत्ना की बात, भारती का सपूत, लखिमा की आँखे, धूनी का धुँआ।

शिवप्रसाद मिश्र 'रूद्र' : बहती गंगा (ऐतिहासिक उपन्यास)

नागार्जुन (प्रगतिवादी उपन्यासकार) : इनके उपन्यासों में आंचलिकता के तत्व मिलते हैं, परन्तु वे पूरी तरह आंचलिक नहीं हैं। इनके उपन्यास रतिनाथ की चाची (1948), बलचनमा (1952), नई पौध, बाबा बटेसरनाथ (1954), दुखमोचन (1956), वरूण के बेटे (1957), कुंभीपाक, हीरक जयन्ती, उग्रतारा, इमरतिया, जमनिया के बाबा, चेहरे नए पुराने।

फणीश्वरनाथ रेणु (आंचलिक उपन्यासकार) : मैला आंचल (1954 ; मिथिला के पूर्णिया जिले के मीरगंज गाँव पर केन्द्रित प्रमुख पात्र : बालदेव, कालीचरण, लक्ष्मी, बावनदास, कमली तथा डॉक्टर) ; परती परिकथा, जुलूस, दीर्घतपा, पल्टू बाबू रोड, कितने चौराहे, कलंकमुक्ति।

उदयशंकर भट्ट (आंचलिक उपन्यासकार) : वह जो मैंने देखा, नये मोड, लोक-परलोक, सागर लहरें और मनुष्य, (1956, बम्बई की मछुवा बस्ती बरसोवा पर केन्द्रित, पात्र : रत्ना, माणिक, डॉक्टर पांडुरंग), एक नीड दो पंछी, शेष-अशेष।

लक्ष्मीनारायण लाल (प्रयोगशील उपन्यासकार) : धरती की आँखें, बया का घोंसला और साँप, रूपाजीवा, प्रेम एक पवित्र नदी, काले-काले फूलों का पौधा, बसन्त की प्रतीक्षा, देवीना, मन वृन्दावन, बडी चम्पा-छोटी चम्पा।

विष्णुप्रभाकर : ढलती रात, निशिकांत, तट के बंधन, स्वप्नमयी, दर्पण का व्यक्ति, कोई तो, अर्द्धनारीश्वर, संकल्प (तीन उपन्यासों का संकलन)।

भैरवप्रसाद गुप्त (प्रगतिवादी उपन्यासकार) : शोले, मशाल, गंगा मैया, जंजीरें और नया आदमी, सत्ती मैया का चौरा, धरती, आशा, कालिन्दी, रंभा, बांदी, नौ जबान, भाग्यदेवता, अंतिम अध्याय (व्यंग्य उपन्यास), नौजवान, आदमी और जंजीरें।

अमृतराय (प्रगतिवादी उपन्यासकार) : बीज, हाथी के दांत, नागफनी का देश, धुआँ, सुख-दुख, भटियाली, जंगल।

भीष्मसाहनी (प्रगतिवादी उपन्यासकार) : झरोखे, कडियाँ, तमस (1973), बसन्ती, मय्यादास की माड़ी, कुंतो।

स्वातन्त्र्योत्तर हिन्दी साहित्य

उपन्यासकार

राही मासूम रजा : आधा गाँव, (गाजीपुर के एक गाँव गंगोली पर केन्द्रित), टोपी शुक्ला, हिम्मत जौनपुरी, ओस की बूँद, दिल एक सादा कागज, सीन - 75, कटरा बी-आर्जू।

रामदरश मिश्र : पानी के प्राचीर, जल टूटता हुआ, सूखता हुआ तालाब।

विवेकी राय : बबूल, पुरुष पुराण, लोकऋण, श्वेत पत्रा, सोनामाटी, समर शेष है, मंगल भवन।

शैलेश मटियानी : हौलदार, चिट्ठी रसैन, चौथी मुट्ठी, मुख सरोवर के हंस, बोरीवली से बोरीबंदर तक, आकाश कितना अनन्त है, बावन नदियों का संगम, जलतरंग, छोटे-छोटे पक्षी, मुठभेड़, किस्सा नर्मदाबेन गंगूबाई।

राजेन्द्र अवस्थी : सूरज किरण की छाँव, जंगल के फूल।

सच्चिदानन्द धूमकेतु : माटी की महक।

उदयराज सिंह : अँधेरे के विरूद्ध।

हिमांशु जोशी : कगार की आग, बुराँश फूलते तो हैं, समय साक्षी है, छाया मत छूना मन।

हिमांशु श्रीवास्तव : रथ के पहिए, कथा सूर्य की नई यात्रा।

ठाकुरप्रसाद सिंह : सात घरों का गाँव, कुब्जा सुन्दरी।

प्रभाकर माचवे (प्रयोगधर्मी रचनाकार) : साँचा, परन्तु, जो, द्वाभा, किसलिए, द्यूत, दर्द के पैबंद, तीस-चालीस-पचास।

गिरिधर गोपाल (प्रयोगधर्मी रचनाकार) : चाँदनी रात के खण्डहर, कंदील और कुहासे।

लक्ष्मीकान्त वर्मा (प्रयोगधर्मी रचनाकार) : खाली कुर्सी की आत्मा, टेरीकोटा, एक कटी हुई जिन्दगी, एक कटा हुआ कागज।

भारतभूषण अग्रवाल (प्रयोगधर्मी रचनाकार) : लौटती लहरों की बाँसुरी।

सर्वेश्वर दयाल सक्सेना (प्रयोगधर्मी रचनाकार) : सोया हुआ जल, पागल कुत्तों का मसीहा, कच्ची सड़क, उड़ते हुए रंग, अंधेरे पर अन्धेरा।

रामदरश मिश्र : बीच का समय, अपने लोग, रात का सफर, आकाश की छत, बिना दरवाजे का मकान, दूसरा घर।

राजेन्द्र अवस्थी : बीमार शहर, जाने कितनी आँखें, मछली बाजार।

कृष्णचन्द्र शर्मा 'भिक्खु' : लाल ढांग, मौत की सराय (ऐतिहासिक उपन्यास)।

विश्वंभरनाथ उपाध्याय : रीछ, जोगी मत जा

नरेश मेहता : डूबते मस्तूल, यह पथ बंधु था, धूमकेतु : एक श्रुति, उत्तरकथा, दो एकान्त, नदी यशस्वी है।

चन्द्रकिरण सोनरिक्सा : चंदन चांदनी।

आनन्द प्रकाश जैन (ऐति॰ उपन्यासकार) : कुड़ाल की आँखें, ताँबे के पैंसे

नरेन्द्र कोहली : अवसर, युद्ध की ओर, युद्ध, अभिज्ञान, दीक्षा (इसमें रामकथा को वर्तमान परिप्रेक्ष्य में देखा गया है। तथा अनेक राष्ट्रीय, अन्तर्राष्ट्रीय तथा मानवीय पक्षों से जोडा गया है।), जंगल की कहानी, साथ सहा गया दुख, टप्पर गाड़ी, शंखनाद, क्षमा करना जीजी।

वीरेन्द्रकुमार जैन : अनुत्तर योगी (तीन खंड, ऐतिहासिक उप॰, भगवान महावीर के जीवन पर), मुक्तिदूत।

कन्हैया लाल ओझा : मकड़ी का जाल, अर्थान्तर, सिन्धु-सीमान्त, सर्वनाम, सम्भवामि (ऐति॰ उपन्यास है, हड़प्पा सभ्यता पर केन्द्रित)

राजीव सक्सेना : पणिपुत्री सोमा (ऐतिहासिक उपन्यास)

मुक्तिबोध : विपात्र

कृष्णबलदेव वैद : उसका बचपन, गुज़रा हुआ ज़माना, नसरीन, विमल उर्फ जाएँ तो कहाँ, दर्द-ला-दवा, काला-कोलॉज, नर-नारी

मोहनराकेश : अँधेरे बन्द कमरे, न आने वाला कल, अन्तराल

राजेन्द्र यादव : उखड़े हुए लोग, सारा आकाश, मंत्रविद्ध, एक इंच मुस्कान, प्रेत बोलते हैं, अनदेखे अनजाने पुल, शह और मात

शानी : काला जल, कस्तूरी, साँप और सीढ़ी, पत्थरों में बंद आवाज, नदी और सीपियाँ।

निर्मल वर्मा : वे दिन (पात्र : मैं, रायना) लाल टीन की छत, एक चिथड़ा सुख, रात का रिपोर्टर।

गिरिराज किशोर : लोग, जुगलबंदी, यथा प्रस्तावित यात्रायें, चिड़ियाघर, पहला गिरमिटिया (गाँधी जी के अफ्रीका प्रवास काल पर), दो परिशिष्ट, अंतर्ध्वंस ढाई घर, इंद्रसुनें, दावेदार, तीसरी सत्ता।

गिरीश अस्थाना : धूप छाहीं रंग, धूलभरे चेहरे।

जगदम्बा प्रसाद दीक्षित (महानगरीय बोध के उपन्यासकार) : मुरदाघर, कटा हुआ आसमान, अकाल।

गोपाल उपाध्याय : एक टुकड़ा इतिहास।

महीपसिंह (महानगरीय बोध के उपन्यासकार) : यह भी नहीं।

श्रीकान्त वर्मा : दूसरी बार।

शिवसागर मिश्र : अक्षत, दूब जनम आयी, जनमेजय बचो, मगध की जय, अजन्मा वह, राज तिलक।

गंगाप्रसाद विमल : मृगांतक, मरीचिका, कहीं कुछ और, अपने से अलग

ख्वाज़ा बदी उज्जमा : एक चूहे की मौत (महानगरीय जीवन पर), छठा तन्त्र, सभापर्व, छाको की वापसी।

कमलेश्वर : एक सड़क सत्तावन गलियाँ, काली आँधी, समुद्र में खोया हुआ आदमी, डाक बँगला, आगामी अतीत, लौटे हुए मुसाफिर, तीसरा आदमी, कितने पाकिस्तान (साहित्य अकादमी द्वारा पुरस्कृत)।

देवेश ठाकुर : भ्रमभंग, प्रिय शबनम

योगेश गुप्त : उनका फैसला

मनोहर श्याम जोशी : कुरू कुरू स्वाहा (व्यंग्य उप॰), कसप, ट-टा-प्रोफेसर, हरिया हरकुलिस की कहानी, हमजाद, नेता जी कहिन।

गोविन्द मिश्र : लाल-पीली जमीन, हुजूर दरबार, वह अपना चेहरा, उतरती हुई धूप, तुम्हारी रोशनी में, धीर-समीर, पाँच आंगनों वाला घर, फूल इमारतें और बंदर।

हरिशंकर परिसांई : रानी नागफनी की कहानी (व्यंग्य उप॰)

श्रीलाल शुक्ल (व्यंग्य उपन्यासकार) : अज्ञातवास, रागदरबारी (1968, रिपोर्ताज शैली का प्रयोग), पहला पड़ाव, मकान, सीमाएं टूटती हैं, आदमी का जहर, बिस्रामपुर का संत।

अमरकान्त : सूखा पत्ता, ग्राम सेविका, कंटीली राह के फूल, काल उजले दिन, दीवार और आँगन।

राजकमल चौधरी : नदी बहती थी, मछली मरी हुई, एक अनारः एक बीमार, देहगाथा, बीस रानियों का बाईस्कोप, अग्निस्नान, शहर था शहर नहीं था, ताश के पत्तों का शहर।

केवल सूद : मुर्गीखाना

महेन्द्र भल्ला : एक पति के नोट्स, दूसरी तरफ, उड़ने से पेश्तर, दो देश और तीसरी उदासी।

रमेश बक्षी : अठारह सूरज के पौधे, बैसाखियों वाली इमारत, खुले आम, चलता हुआ लावा, एक घिसा हुआ चेहरा, हम तिनके।

शिवप्रसाद सिंह : अलग-अलग वैतरणी, गली आगे मुड़ती है, शैलूष, औरत, मंजुशिमा, वैश्वानर, नीला चाँद, कुहरे में युद्ध, दिल्ली दूर है।

मार्कण्डेय : अग्निबीज, सानेल का फूल

हृदयेश : हत्या, एक कहानी अंतहीन, सफेद घोडा काला सवार, सांड, पुनर्जन्म, दंडनायक, पगली घंटी, गांठ।

जगदीश चन्द्र : यादों का पहाड़, आधा पुल, मुट्ठी भर काँकर, कभी न छोड़ें खेत, टुण्डा लाट, धरती धन न अपना, नरक कुण्ड में वास, घासगोदाम।

काशीनाथ सिंह : अपना मोर्चा (छात्र-आन्दोलन पर)

सतीश जमाली : प्रतिबद्ध

दुष्यन्त कुमार : आँगन में एक वृक्ष

रमाकान्त : जुलूस वाला आदमी, तीसरा देश, प्यारा फर्जी अदब, छोटे-छोटे महायुद्ध।

स्वयंप्रकाश : बीच में विनय

रमेश उपाध्याय : दण्डद्वीप, स्वप्नजीवी, हरे फूल की खुशबू

कामतानाथ : समुद्र तट पर खुलने वाली खिड़की, एक और हिन्दुस्तान, तुम्हारे नाम, कालकथा

पंकज बिष्ट : लेकिन दरवाजा (महानगरीय जीवन पर), उस चिड़िया का नाम

मंजूर एहतेशाम : सूखा बरगद, दास्तान-ए-लापता

अब्दुल बिस्मिल्लाह : झीनी-झीनी बीनी चदरिया, मुखडा क्या देखे

रमेशचन्द्र शाह : गोबर गणेश, किस्सा गुलाम, आखिरी दिन, पुनर्वास

संजीव : किसनगढ़ के अहेरी, सर्कस, सावधान ! नीचे आग है, धार, जंगल जहाँ से शुरू होता है

वीरेन्द्र जैन : डूब, पार, पंचनामा

सुरेन्द्र वर्मा : अंधेरे से परे, मुझे चाँद चाहिए (1993, पात्र : यशोदा, वर्षा वशिष्ठ (नायिक), दिव्या कात्याल, हर्ष (नायक)), दो मुर्दों के लिए गुलदस्ता

सुरेश कांत : धम्मं शरणम्

कमलाकान्त त्रिपाठी : पाहीघर (1857 के स्वाधीनता संग्राम की पृष्ठभूमि में अवध की जनता में मानसिक उद्वेलन की कथा), बेदखल

अजगर बजाहत : सात आसमान

विनोद कुमार शुक्ल : नौकर की कमीज (1979), खिलेगें तो देखेंगे (1996), दीवार में एक खिडकी रहती थी (1997)

मणि मधुकर : सफेद मेमने, पिंजरे में पन्ना

रामकुमार भ्रमर : कांचघर

शमशेरसिंह नरूला : एक पंखड़ी की तेज धार

प्रयाग शुक्ल : गठरी, लौट कर आने वाला दिन

श्याम व्यास : एक प्यासा तालाब

ओमप्रकाश दीपक : कुछ जिन्दगानियाँ बेमतलब

हरिप्रकाश त्यागी : दूसरा आदमी लाओ

सुरेन्द्र तिवारी : फिर भी कुछ

रवीन्द्र कालिया : खुदा सही सलामत है

यादवेन्द्र शर्मा चन्द्र : हजार घोडों का सवार, ढ़ोलन कुंजकली

सुदर्शन चोपडा : सम्मोहन

द्रोणवीर : टूटे हुए सूर्य

अनिरूद्ध पाण्डेय : पन्ना पुखराज

मुद्राराक्षस : हम सब मंसाराम, दण्डविधान

पानू खोलिया : बिम्ब

भगवानसिंह : अपने-अपने राम, महाभीषण

रवीन्द्र वर्मा : निन्यानबे

दूधनाथ सिंह : नमो अन्धकार

प्रकाश मनु : पापा के जाने के बाद

मायानंद मिश्र : पुरोहित

प्रियंवद : परछाईं नाच

रामविलास शर्मा : चार दिन

भगवानदास मोरवाल : काला पहाड़

रघुवंश : अर्थहीन

जगदीश चतुर्वेदी : कनॉट प्लेस

महिला उपन्यासकार

कृष्णासोबती : मित्रो मरजानी (लंबी कहानी के रूप में चर्चित), डार से बिछुड़ी (1958), सूरजमुखी अँधेरे के (1972 पात्र : रती), जिंदगीनामा (1979, की पंजाब की विभाजन पूर्व स्थिति पर), दिल-ओ दानिश (1993), यारों के यार, आदमीनामा, ए-लड़की!

उषा प्रियंवदा : पचपन खंभे लाल दीवारें (सुषमा (नायिका)), रुकोगी नहीं .... राधिका ?, जय यात्रा

मन्नू भण्डारी : आपका बंटी (पात्र : शकुन और जय), महाभोज (राजनीतिक विसंगतियों पर रचित, पात्र : दा साहब, बिसेसर, बिंदा)

शशिप्रभा शास्त्री : अमलतास, नावें, सीढ़ियां, उम्र एक गलियारे की, मीनारें

ममता कालिया : बेघर, नरक दर नरक, प्रेम कहानी, एक पत्नी के नोट्स, साँची

मृदुला गर्ग : उसके हिस्से की धूप, चित्तकोबरा, अनित्य, मैं और मैं, कठगुलाब, वंशज

राजी सेठ : तत्सम्, निष्कवच

निरूपमा सेवती : पतझड़ की आवाजें, बंटता हुआ आदमी, मेरा नरक अपना है

मृणाल पाण्डेय : विरूद्ध, पटरंगपुर पुराण, देवी, रास्तों पर भटकते हुए

मंजुल भगत : अनारो, लेडी क्लब

कमल कुमार : अपार्थ

कुसुम कुमार : हीरामन हाईस्कूल

चित्रा मुद्‌गल : एक जमीन अपनी

इला डालमियां : छत पर अपर्णा

नासिरा शर्मा : सात नदियाँ : एक समुन्दर, शाल्मली, जिंदा मुहावरे, ठीकर की मंगनी

प्रभा खेतान : आओ, पेपे घर चलें, छिन्नमस्ता (पात्र : प्रिया), अपने अपने चेहरे, पीली आँधी।

मैत्रेयी पुष्पा : बेतवा बहती रही, इदन्नमम् (नायिका : मंदा), चाक, झूला नट, स्मृतिदंश, विजन, अग्नपांखी, अल्मा कबूतरी

मेहरून्निसा परवेज : उसका घर, आँखों की दहलीज

सुनीता जैन : बिन्दु

सूर्यबाला : मेरे सन्धिपत्रा

कुसुम अंसल : अपनी-अपनी यात्रा

अलका सरावगी : कलिकथा : वाया बाईपास, शेष कादम्बरी

शिवानी : चौदह फेरे, कृष्णकली

कृष्णा अग्निहोत्री : टपरेवाले

मालती लफकर : इन्नी

रजनी पणिक्कर : महानगर की गीता, दूरियाँ

मालती जोशी : पाषाण युग

मीनाक्षी पुरी : जाने पहचाने अजनबी

कांता भारती : रेत की मछली

मैत्रेयी देवी : झिपय्या, न हन्यते

पद्‌मा सचदेवा : भटको नही धनंजय

ऋता शुक्ल : अग्निपर्व

प्रतिभा डावर : वह मेरा चाँद

नाटककार

लक्ष्मीनारायण मिश्र (समस्यामूलक नाटककार) : अशोक, संन्यासी, राक्षस का मंदिर, मुक्ति का रहस्य, राजयोग, सिन्दूर की होली, आधीरात, गरूड़ध्वज, नारद की वीणा, वत्सराज, दशाश्वमेघ, कवि भारतेन्दु, वितस्ता की लहरें, चक्रव्यूह, वैशाली में वसन्त, जगतगुरू, अपराजिता, धरती का हृदय, चित्रकूट, मृत्यंजय।

हरिकृष्ण प्रेमी : रक्षाबन्धन, शिवसाधना, प्रतिशोध, आहुति, स्वप्नभंग, मित्र, विषपान, प्रथम जौहर, शतरंज के खिलाड़ी, प्रकाशस्तम्भ, भग्नप्राचीर, विदा, साँपों की सृष्टि, रक्तदान, सोहिनी-महिवाल, अमरगान, सीमा संरक्षण, अमर बलिदान, शक्तिसाधना, अमृतपुत्री, स्वर्णविहान, पातालविजय, आन का मान, जौहर, छाया उद्धार, बन्धन।

पाण्डेय बेचन शर्मा 'उग्र' : गंगा का बेटा, माधव महाराज, महात्मा ईसा

गोविन्द वल्लभ 'पंत' : वरमाला, अंतःपुर का छिद्र, ययाति, अप्सरा, तुलसीदास, काशी का जुलाहा, कंजूसी की खोपड़ी, अंगूर की बेटी, राजमुकुट, सिंदूर की बिंदी, सुहागबिंदी।

वृन्दावनलाल वर्मा : सेनापति ऊदल, फूलों की बोरी, हंस मयूर, पूर्व की ओर, ललित विक्रम, झाँसी की रानी, बीरबल

आचार्य चतुरसेन शास्त्री : उत्सर्ग, अमर राठौर, मेघनाद, श्रीराम, अजीत सिंह, पग ध्वनि, छत्रसाल, गांधारी शशि गुप्त, सन्तोष कहाँ

सेठ गोविन्ददास : कुलीनता, शेरशाह, कर्ण, कर्तव्य, सिंहल द्वीप, रहीम, कवि भारतेन्दु महाप्रभु, वल्लभाचार्य, अशोक, भिक्षु से गृहस्थ, गृहस्थ से भिक्षु, स्नेह या स्वर्ग (गीतिनाट्य)।

रामवृक्ष बेनीपुरी : अम्बपाली, तथागत, विजेता चाणक्य, सीता की माँ

चन्द्रगुप्त विद्यालंकार : अशोक, रेखा, देव और दानव, न्याय की रात

परिपूर्णानन्द वर्मा : नाना फड़नवीस, सन् सत्तावन की क्रान्ति, वाजिद अलीशाह

उदयशंकर भट्‌ट : सागर विजय, विक्रमादित्य, विद्रोहिणी, अम्बा, कमला, मुक्तिदूत, शक विजय, अंतहीन अंत, क्रान्तिकारी, नया समाज, पार्वती, यह स्वतंत्रता का युग है, दाहर अथवा सिन्ध पतन; इनके सात काव्य नाटक हैं–विश्वामित्र, मत्स्यगंधा, राधा, अशोक वननंदिनी, कालिदास, नहुषनिपात, एकला चलो रे

सिद्धनाथ कुमार : सृष्टि की साँझ और अन्य काव्य नाटक

बलराज साहनी : मशाल, जादू की कुर्सी

रामकुमार वर्मा : कौमुदी महोत्सव, विजय पर्व, अशोक का शोक, नौहर की ज्योति, नाना फड़नवीस, महाराणा प्रताप, जय आदित्य, जय बांग्ला, अग्निशिखा, पृथ्वी का स्वर्ग, संत तुलसीदास, समुद्रगुप्त पराक्रमांक, भगवान बुद्ध, अहिल्याबाई, स्वयंवरा, अनुशासन पर्व, सम्राट कनिष्क, कुन्ती का परिताप, सरजा शिवाजी, कर्मवीर कर्ण।

राधिकारमण प्रसाद सिंह : धर्म की धुरी, अपना पराया

रांगेयराघव : स्वर्गभूमि का यात्री, रामानुज, विरूढ़क

भगवती चरण वर्मा : कर्ण, सबसे बडा आदमी, रूपया तुम्हें खा गया, वसीयत, तारा (काव्यनाटक)।

उपेन्द्रनाथ अश्क : जय पराजय, अंधीगली, उड़ान, छटा बेटा, पैंतरे, कैद, अलग अलग रास्ते, बड़े खिलाडी, अंजोदीदी, तूफान से पहले, स्वर्ग की झलक, पड़ोसिन का कोट, भँवर, आपस का समझौता, पर्दा उठाओ पर्दा गिराओ, लौटता हुआ दिन।

जगदीश चन्द्र माथुर : कोणार्क, शारदीया, पहला राजा, दशरथनन्दन, रघुकुल रीति, कुँवरसिंह की टेक

भुवनेश्वर : ऊसर (1938, एकांकी), ताँबे के कीड़े, (1946), एकाकी, कारवां (संकलन)

विष्णुप्रभाकर : डॉक्टर, नव-प्रभात, समाधि, युगे-युगे क्रान्ति, टूटते परिवेश, कुहासा और किरण, सत्ता के आर-पार, अब और नहीं, गांधार की भिक्षुणी, श्वेतकमल, बंदिनी (प्रभात कुमार मुखोपाध्याय के 'देवी' का नाट्यानुवाद)

हंसकुमार तिवारी : कच-देवयानी

केदारनाथ मिश्र 'प्रभात' : अंगुलिमाल

देवराज दिनेश : मानव प्रताप, यशस्वी भोज

धर्मवीर भारती : अंधा युग

गिरिजाकुमार माथुर : इन्दुमती, पृथ्वीकल्प, रोटी और कमल

भारतभूषण अग्रवाल : पलायन, सेतुबंधन, अग्निलीक

दुष्यन्त कुमार : एक कंठ विषपायी, मसीहा मर गया

अज्ञेय : उत्तर प्रियदर्शी

अमृतलाल नागर : युगावतार, उतार-चढाव, बात की बात, चंदन वन, चक्करदार सीढ़ियाँ और अन्धेरा, चुक्कड पर

नरेश मेहता : खण्डित यात्राएं, संशय की एक रात, अपराधी कौन, सरोवर के फूल, महाप्रस्थान, सुबहे के घण्टे

भीष्मसाहनी : हानुश, कबिरा खडा बाजार में, माधवी, मुआवजे

कमलेश्वर : अधूरी आवाज, चारूलता

शिवप्रसाद सिंह : घाटियाँ गूँजती हैं, चिरंजीत, तस्वीर उसकी

रमेश बक्शी : देवयानी का कहना है, तीसरा हाथी, बामाचार, कसे हुए तीर

ख्वाजा अहमद अब्बास : मैं कौन हूँ

शील : बेकारी, संघर्ष

गिरिराज किशोर : प्रजा ही रहने दो, घास और घोडा, चेहरे-चेहरे किसके चेहरे, नरमेध, केवल मेरा नाम लो, जुर्म आयद

मृणाल पाण्डेय : मौजूदा हालात को देखते हुए, जो राम रचि राखा, काजर की कोठरी, आदमी जो मछुवारा नहीं था, चोर निकल के भागा

नरेन्द्र कोहली : शम्बूक की हत्या

सुदर्शन चोपड़ा : अपनी पहचान

मन्नू भण्डारी : बिना दीवारों के घर, महाभोज (उपन्यास का नाट्य रूपान्तर)

भैरव प्रसाद गुप्त : चन्दवरदायी

सुरेन्द्र तिवारी : दीवारें

अमृत नाहटा : किस्सा कुरसी का

प्रियदर्शी प्रकाश : सभ्य साँप

गंगाप्रसाद विमल : आज नहीं कल

कृष्णबलदेव वैद : हाय हाय क्या

ममता कालिया : आप न बदलेंगे

रमेशचन्द्र शाह : मारा जाई खुसरो

विभुकुमार : तालों में बंद प्रजातंत्र, कहें ईसा सुनें मूसा

आशीष सिन्हा : एक उदास शाम

जगदीश चतुर्वेदी : पीली दोपहर

सुदर्शन नारंग : शवयात्रा

विश्वेश्वर : बहिष्कार

राजेश जोशी : जादू जंगल

मधुकर सिंह : सुबह के लिए

मोहन राकेश : आषाढ़ का एक दिन, लहरों के राजहंस, आधे-अधूरे, पैर तलें की जमीन, छतरियाँ, रात बीतने तक (ध्वनि नाटक), पाँच परदे

लक्ष्मीनारायण लाल : अंधा कुआँ, सुन्दर रस, मादा कैक्टस, रातरानी, दर्पन, सूर्यमुख, कलंकी, मि॰ अभिमन्यु, कर्फ्यू, अब्दुला दीवाना, रक्तकमल, गंगाद्वार, व्यक्तिगत, खेल नहीं नाटक, यक्ष प्रश्न, चतुर्भुज राक्षस, एक सत्य हरिश्चन्द्र, संस्कार ध्वज, सगुन पंछी, गंगा माटी, पंच पुरूष, सूखा सरोवर, उत्तर युद्ध, नरसिंह कथा, राम की लड़ाई

दयाप्रकाश सिन्हा : साँझ सबेरा, भँवर, दुश्मन, इतिहास चक्र, ओह अमरीका, कथा एक कंस की, सादर आपका, मेरे भाई मेरे दोस्त, सीढियाँ

ललित सहगल : हत्या एक आकार की, वरदान, गुफावासी

नागबोडस : खूबसूरत बहू

अमृतराय : चिन्दियों की झालर, शताब्दी, हम लोग।

ललितमोहन थपलियाल : मछलियों का तालाब, सुबह होती है शाम होती है, काला राजा, चिमटे वाले बाबा, अलग-अलग राहें

ज्ञानदेव अग्निहोत्री : नेफा की एक शाम, वतन की आबरू, चिराग जल उठा, शुतुरमुर्ग, अनुष्ठान, माटी जागी रे

विपिन कुमार अग्रवाल : तीन अपाहिज, ऊँची' नीची टाँग का जंघिया, उत्तर प्रश्न, उल्टा-सीधा स्वेटर, रेल कब आयेगी, यह पूरा नाटक एक शब्द है, कूड़े का पीपा, लोटन, खोये हुए आदमी की खोज।

शंकर शेष : मूर्तिकार, नयी सभ्यता के नये नमूने, रत्नगर्भा, विवाह मण्डप, बेटों वाला बाप, तिल का ताड, बिन बाती के दीप, बंधन अपने अपने, फन्दी, खजुराहों का शिल्पी, एक और द्रोणाचार्य, घरौंदा, अरे मायावी सरोवर, रत्नगर्भा आधी रात के बाद, बाढ का पानी।

मृदुला गर्ग : एक और अजनबी, तुम लौट जाओ, जादू का कालीन।

असगर वजाहत : इन्ना की आवाज, वीरगति, फिरंगी लौट आये, सबसे सस्ता गोश्त (संकलन), पाँच नाटक (संकलन), जिस लाहौर नही देखया वो जन्मेई नई।

बृजमोहन शाह : त्रिशंकु, शह ये मात, युद्धमन, अलगोजा

मुद्राराक्षस : तिलचट्टा, योर्स फेथफुली, मरजीना, तेंदुआ, गुफाँए, सन्तोला, आला अफसर

हमीदुल्ला : समय संदर्भ, एक और युद्ध, उलझी आकृतियाँ, दरिन्दे, घरवन्द, दूसरा पक्ष, अपना अपना दर्द, उत्तर उर्वशी, हर बार

सुशील कुमार सिंह : बापू की हत्या हजारहवीं बार, सूरज जल धरती पर, अँधेरे के राही, सिंहासन खाली है, चार यारों की यार, नागपाश, गुडबाई स्वामी, नारी की सलीब।

सर्वेश्वर दयाल सक्सेना : बकरी, लडाई, कल भात आयेगा, अब गरीबी हटाओ।

सुरेन्द्र वर्मा : सेतुबंध, 'नायक, खलनायक और विदूषक', द्रौपदी, सूर्य की अन्तिम किरण से सूर्य की पहली किरण तक, आठवाँ सर्ग, नींद क्यों रात भर नही आती, वे नाक से बोलते हैं, मरणोपरान्त, हरी घास पर घण्टे भर, शनिवार को दो बजे, छोटे सैयद बडे सैयद, शकुन्तला की अंगूठी, एक दूनी एक, कैद-ए-हयात

मणि मधुकर : रस गंधर्व, बुलबुल सराय, दुलारी बाई, खेला पोलमपुर, इकतारे की आँख, सारे सर्वनाम, इलायची बेंगम, सुने बोधिवृक्ष, छत्रभंग (संगीत), फूले मंदे (काव्यनाटिका), सलवटों में संवाद (एकांकी संग्रह)

कुसुम कुमार : ओम क्रान्ति-क्रान्ति, सुनो शेफाली, दिल्ली ऊँची सुनती है, सुनती है, संस्कार को नमस्कार, रावणलीला, मरसिया, पवन चतुर्वेदी की डायरी, मादा मिट्टी।

चिरंजीत (हास्यनाटककार) : बेकारी, संघर्ष

बलराज पण्डित : पाँचवाँ सवार, लोग उदासी, एक और तथागत, जनाने दाँत का अस्पताल।

प्रभाकर श्रोत्रिय : इला, फिर से जहाँपनाह।

शरद जोशी : अंधों का हाथी, एक था गधा उर्फ अलादाद खाँ

शंकर पुण्ताम्बेकर : बचाओ मुझे डॉक्टरों से बचाओ, शीशे के टुकड़े।

विलास गुप्ते : आदमी का गोश्त, आपके कर कमलों से

सतीश जमाली : आदमी आजाद है

आलोक शर्मा : चेहरों का जंगल

लक्ष्मीकान्त वर्मा : आदमी का जहर, अपना अपना जूता

सत्यव्रत सिन्हा : अमृतपुत्र

विनोद रस्तोगी : आजादी के बाद, नया हाथ, बर्फ की मीनार

डॉ॰ विनय : एक प्रश्न मृत्यु, पहला विद्रोही

सन्तोषकुमार नौटियाल : चाय पार्टियाँ

कणद ऋषि 'भटनागर' : जहर, जनता का सेवक

रमेश उपाध्याय : पेपर वेट

हबीब तनवीर : आगरा बाजार, राज चम्बा और चार भाई, गाँव के नॉव ससुरार मोर नॉव दामाद, ख्याल ठाकुर पृथ्वीपालसिंह, चरनदास चोर

सत्यप्रकाश संगर : दीप से दीप जले

रेवतीशरण शर्मा : अपनी धरती

रामकुमार वर्मा : जग बंग्ला

रघुवीर सहाय : बरनम वन

रामविलास शर्मा : पाप के पुजारी

काशीनाथ सिंह : घोआस

दूधनाथ सिंह : यमगाथा

शीला भाटिया : दर्द आएगा दबे पाँव (फैज के जीवन पर)

बलवन्त गार्गी : चाकू

राजेश जैन : कोयल चली हंस की चाल

शंभूनाथ सिंह : दीवार की वापसी

सुरेन्द्र गुलारी (हास्य नाटककार) : दाल में काला, शाबाश अनारकली

कहानीकार

उषादेवी मित्रा : पिंड कहाँ

राहुल सांकृत्यायन : सतमी के बच्चे, वोल्गा से गंगा

भगवती चरण वर्मा : दो बाँके, मुगलों ने सल्तनत बख्श दी, इन्स्टालमेंन्ट, प्रायश्चित, राख और चिंगारी, प्रजेन्ट्स

राधिकारमण प्रसाद सिंह : दरिद्रनारायण, पैसे की घुघनी

भगवती प्रसाद बाजपेयी : मिठाई वाला, निंदिया लागी

सुभद्राकुमारी चौहान : बिखरे मोती, उन्मादिनी, पापी पेट

'उग्र' : देशभक्त, खुदाराम, चिन्गारियां, इन्द्रधनुष, चाकलेट, दोजख की आग, बलात्कार

अमृतलाल नागर : गरीब की हाय, नवाबी चक्कर, गोरखधन्धा, कालदण्ड की चोरी

उपेन्द्रनाथ 'अश्क' : गोखरू, अंकुर, चट्टान, डाची, पिंजरा, मेमने, काले साहब, कैप्टेन रशीद, टेबुल लैण्ड, जादुई शासन की गति, (संग्रह), कांगडा का तेली

जैनेन्द्र कुमार : तत्सत्, जाह्नवी, हत्या, खेल, वातायन, अपना-अपना भाग्य, बाहुबली, ध्रुवतारा, नीलम देश की राजकन्या, कः पन्थः, फाँसी, एक रात, पाजेब, स्पर्धा, दो चिडियाँ, एक दिन, पत्नी

'अज्ञेय' : अमरवल्लरी, शरणार्थी, विपथगा, परम्परा, कोठरी की बात, जयदोल, पठार का धीरज, गैंग्रीन, ये तेरे प्रतिरूप, रोज, मेजर चौधरी की वापसी, शत्रु, हिली बोन की बतखें, पुलिस की सीट, कडियाँ, मैना, सिगनिलर, रेल की सीटी, हरसिंगार

'मुक्तिबोध' : काठ का सपना, क्लाड ईथरली, विपात्र, सतह से उठता आदमी

यशपाल : परदा, मक्रील, कुछ न समझ सका, सूखी गण्डेरी, ज्ञानदान, अभिशप्त, तर्क का तूफान, भस्मावृत चिनगारी, वो दुनियाँ, फूलों का कुर्ता, धर्मयुद्ध,

उत्तराधिकारी, उत्तमी की माँ, तुमने क्यों कहा कि मै सुन्दर हूँ, पिंजरे की उडान, चित्र का शीर्षक, दो मुँह की बात, पाप का कीचड, सच बोलने की भूल।

विद्यालंकार : एक और हिन्दुस्तानी का जन्म हुआ, हूक

विष्णुप्रभाकर : धरती अब भी घूम रही है

कमल जोशी : शीराजी, पत्थर की आँखें

निर्मल वर्मा : परिन्दे, दहलीज, लंदन की एक रात, कुत्ते की मौत, जलती झाडी, बीच बहस में, हिल स्टेशन, लवर्स, एक दिन का मेहमान, पिछली गर्मियों में, कव्वे और कालापानी

राजेन्द्र यादव : शहर के बीच एक वृक्ष, किनारे से किनारे तक, मेहमान, टूटना, अभिमन्यु की आत्महत्या, देवताओं की मूर्तियां, जहाँ लक्ष्मी कैद है, छोटे-छोटे ताजमहल, प्रतीक्षा, ढोल और अपने पार, एक दुनियाः समानान्तर (संग्रह), वहां तक पहुँचने की दौड

मोहन राकेश : कई एक अकेले, पाँचवे माले का लैट, मिस पाल, मलबे मालिक, सेफ्टीपिन, एक और जिन्दगी, ज़ख्म, ठहरा हुआ चाकू, जानवर और जानवर, मवाली,

भीष्मसाहनी : चीफ की दावत, इन्द्रजाल, वांगचू, पहला पाठ, भटकी राख, शोभायात्रा, निशाचरी।

कमलेश्वर : राजा निरबंसिया, खोया हुआ आदमी, तलाश, पीला गुलाब, खोई हुए दिशाएं, एक अश्लील कहानी, नीली झील, मांस का दरिया, इतने अच्छे दिन, देवा की माँ, कस्बे का राजा, हमपेशा

अमरकान्त : जिन्दगी और जोंक, बहादुर, दोपहर का भोजन, डिप्टी कल्कटरी, खलनायक, हत्यारे, बस्ती, मूस, सप्ताहांत, मकान

फणीश्वरनाथ रेणु : तीसरी कसम, लाल पान की बेगम, ठुमरी

कमलाकान्त वर्मा : खंडहर, तकली, पगडण्डी

शैलेश मटियानी : प्यास, घोडे, हारा हुआ

मन्नू भण्डारी : क्षण, यही सच है, आकाश के आईने में, कृषक, मै हार गयी, तीन निगाहों की एक तस्वीर, एक लैट सैलाब, आँखों देखा झूठ, रेत की दीवार, त्रिशंकु, अलगाव, तीसरा आदमी, एखाने आकाश नेई।

शिवानी : सती, करिये छिमा

नरेश मेहता : चाँदनी, अनबीता व्यतीत, तथापि, निशाजी, एक समर्पित महिला

श्रीकान्त वर्मा : टेरसो, टुकडों में बंटी जिन्दगी ठंड

सुरेश सिन्हा : पानी की मीनारें, नीली धुंध के आरपार, कई कुहरे, एक अपरिचित दायरा

मार्कण्डेय : हंसा जाई अकेला, आदर्शो का नायक, बीच लोग, भूदान, माही, गुलरा के बाबा, महुए का पेड, पानफूल

ज्ञानरंजन : फेस के इधर और उधर, घण्ट, बहिर्गमन, एक और अनुभव, पिता, संबंध, रचनाप्रक्रिया, यात्रा, शेष होते हुए, सपना नहीं

शेखर जोशी : दाज्यू, कोसी का घटवार, शुभो दीदी, प्रश्नवाचक आकृतियाँ, मेंटल, बोझ, बच्चे का सपना, गाइड, प्रथम साक्षात्कार, नौरंगी, बीमार है, विडुवा, संवादहीन, किस्सागो, बिरादरी, नेकलेस, निर्णय, आशीर्वचन, डांगरीवाले, बदबू, हलवाहा।

भैरव प्रसाद गुप्त : चाय का प्याला, मंगली की टिकुली, चुपचाप, ज्योतिष, झण्डा बाबा, लोहे की दीवार, सोने का पिंजडा, एक खामोश मौत, अपरिचय का घेरा, यही जिन्दगी है, कदम के नीचे, घुरघुआ, फूल एक मकान एक मौत, आप क्या कर रहे हैं, आँख की पट्टी, चरम बिन्दु

रांगेय राघव : पंच परमेश्वर, गदल

सतीश जमाली : प्रथम पुरूष, सहपाठी, निर्णय, चुनौती

काशीनाथ सिंह : सुधीर घोषाल, कहानी सराय मोहन की, अपना रास्ता लो बाबा, चाय घर में मृत्यु चोट, हस्तक्षेप, सूचना, कविता की नई तारीख, लालकिले का बाज

रमेश उपाध्याय : किसी बहाने

गिरिराज किशोर : नया, चार मोती, बेआब, नीम के फूल, पेपरवेट, रिश्ता

भुवनेश्वर : सूर्यपूजा, भेडिये

इलाचन्द्र जोशी : खंडहर की आत्माएं, डायरी के नीरस पृष्ठ, आहुति, दीवाली और होली

भगवानदास मोरवाल : पहली हत्या, ललिहार, जीने के लिए, सूर्यास्त से पहले

उदयप्रकाश : डिबिया, तिरिछ, हीरालाल का भूत, दद्दू तिवारी, रामसजीवन की प्रेमकथा, टेपचू, वारेन हेस्टिंग्स का साँड, पॉलगोमरा का स्कूटर, दरियाई घोडा और अंत में प्रार्थना, पीली छतरी वाली लड़की, दिल्ली की दीवार

दूधनाथ सिंह : गुप्त दान, रीछ, इंतजार, दुःस्वप्न, आइसबर्ग, सपाट चेहरे वाला आदमी, माई का ,शोकगीत, सुखांत, ममी तुम उदास क्यों हो, प्रतिशोध, रक्तपात

रवीन्द्र कालिया : कहानी अधूरी ही है, छाया मद्ध

जितेन्द्र भादिया : शहादतनामा

मधुकर सिंह : तीसरी सांस, शिकस्त

नीरज सिंह : मोहभंग, उसकी वापसी, जमीन, एक होते हुए, तिलचट्टा

विवेकानन्द : गुंजन शर्मा बीमार है, देर से आई बारात, लाल लकीर, शरीफ लोग, शिवालिंगम्, चोंचले, मटुआ छाया

रघुवीर सहाय : रास्ता इधर से है, जो आदमी हम बना रहे हैं, सीढ़ियों पर धूम में (कहानी, कविता, संस्मरण आदि का संग्रह)

धर्मवीर सहाय : गुलकी बन्नो, सावित्री नम्बर-2, बंद गली का आखिरी मकान, चाँद और टूटते हुए लोग, स्पर्श और पृथ्वी

रामदरश मिश्र : खाली घर, एक वह, दिनचर्या, सर्पदंश, सड़क

मृदुला गर्ग : कितनी कैदें, टुकड़ा-टुकड़ा आदमी उर्फ सैम, डैफोडिल जल रहे हैं,, ग्लेशियर से, शहर के राम, दुनिया का कायदा, उसका विद्रोह

मैत्रीयी पुष्पा : चिन्टार, ललमलियाँ

कृष्णा सोबती : मित्रो मरजानी, डार से बिछुड़ी, यारों की यार, तीन पहाड़, नामपट्टिका का, से लड़की (लंबी कहानियाँ हैं।), बादलों के घेरे (संग्रह)

शिवप्रसाद सिंह : खैरा पीपल कभी न डोले, नन्हो, आरपार की माला, मुर्दासराय, इन्हें इतजार है, दादी माँ, बिन्दा महाराज

उषा प्रियंवदा : वापसी, जिंदगी और गुलाब के फूल, एक कोई दूसरा, फिर बसंत आया

गंगाप्रसाद विमल : प्रश्नचिन्ह, एक और विदाई

हरिशंकर परसाई : भोलाराम का जीव

अमृतराय : ओर से पहले

मुद्राराक्षस : मुठभेड़

अखिलेश : जलडमरूमध्य, शापग्रस्त

महेन्द्र भल्ला : तीन चार दिन

प्रकाश : अंधेरे के सिलसिले (संग्रह)

गोविन्द्र मिश्र : गिद्ध, आसमान कितना नीला, हताबाज

इसराइल : अर्थहीन

योगेश गुप्त : एन्क्लोजर

वेद राही : हर रोज

अजगर बजाहत : केक

अमितेश्वर : हुक्कापाली, तीलियाँ

दिनेश पालीवाल : तोताचश्य, स्वीकारोक्ति, गिरता जटायु

मंजुल भगत : सफेद कौआ, मृत्यु की ओर, बूँद, गुलमोहर के गुच्छे

रमेश बत्तरा : थप्पड, लडाई

सुरेन्द्रतिवारी : वार्ड नम्बर टू

यादवेन्द्र शर्मा 'चन्द्र' : स्वयं के निगलते हुए, महापुरूष

मंजूर एहतेशाम : तसबीह

विनोदकुमार शुक्ल : महाविद्यालय

अलका सरावगी : कहानी की तलाश में, दूसरी कहानी

मृणाल पाण्डेय : चार दिन की जवानी तेरी, यानि कि एक बात थी, बचुली चौकीदारिन

नाग बोडस : पाजामें में आदमी

कुँवरनारायण : अकारों के आसपास

संजीव : आप यहां हैं

विकल गौतम : शापित गंधर्व

नासिरा शर्मा : खुदा की वापसी

राजी सेठ : यह कहानी नहीं, पुल

विजयमोहन सिंह : शेरपुर 15 मील, एक बंगला बने न्यारा, गमे हस्ती का हो किसके

त्रिलोचन : देशकाल

शानी : इमारत ढहाने वाले

अब्दुल बिस्मिल्लाह : सुलह

निबन्धकार

गुलाबराय : ठलुवा क्लब, फिर निराशा क्यों, मेरी असफलताएं, कुछ उथल कुछ गहरे, मन की बातें, मेरे निबन्ध

निराला : प्रबंध प्रतिमा, चाबुक, चयन, संग्रह

रघुवीर सिंह : शेष कहानियाँ

पदुमलाल पुन्नालाल बख्शी : पंचपात्र

जयशंकर प्रसाद : काव्य कला और अन्य निबंध

महादेवी वर्मा : शृंखला की कडियाँ, क्षणदा, साहित्यकार की आस्था और अन्य निबंध

प्रेमचन्द : साहित्य का उद्देश्य

गुलेरी : विक्रमादित्य की मूल कथा, अमंगल के स्थान में मंगल शब्द

'अज्ञेय' : आत्मनेपद, भवन्ती, त्रिशंकु, आलावाल, लिखि कागद कोरे, हिन्दी साहित्य, एक आधुनिक परिदृश्य, केन्द्र और परिधि अद्यतन, स्रोत और सेतु, युगसंधियों पर घाट के किनारे, सर्जना और संदर्भ, जाग लिखी, अन्तरा, सब रंग कुछ राग (कुट्टिचातन नाम से)

नन्ददुलारे वाजपेयी : जयशंकर प्रसाद, आधुनिक साहित्य, नया साहित्य : प्रश्न

हजारी प्रसाद द्विवेदी (ललित निबंधकार) : नाखून क्यों बढते हैं, ठाकुर की बटोर, कालिदास की लालित्य योजना, अशोक के फूल, विचार और वितर्क, कल्पता, विचार-प्रवाह, कुटज, मध्यकालीन धर्मसाधना, आलोकपर्व, शिरीष का फूल, बसंत आ गया, देवदारू, आम फिर बौरा गये आदि।

जैनेन्द्र कुमार : पूर्वोदय, मंथन, समय और हम, जड की बात, साहित्य का श्रेय और प्रेय, सोच-विचार, ये और वे इतस्ततः

शान्तिप्रिय द्विवेदी : संचारिणी, युग और साहित्य, सामयिकी, धरातल, प्रतिष्ठान, आधान, वृन्त और विकांस, साकल्य।

दिनकर : अर्द्धनारीश्वर, मिट्टी की ओर, रेती के फूल, हमारी सांस्कृतिक एकता, पंत, प्रसाद और मैथिलीशरण, संस्कृति के चार अध्याय, शुद्ध कविता की खोज, राष्ट्रभाषा और राष्ट्रीय साहित्य

नगेन्द्र : यौवन के द्वार पर, चेतना के बिम्ब, आस्था के चरण, आलोचक की आस्था

रामवृक्ष बेनीपुरी : गेहूँ और गुलाब, बन्दे वाणी विनायकौ

देवेन्द्र सत्यार्थी : धरती गाती है, एक युग एक प्रतीक, रेखायें बोल उठी

भदन्त आनन्द कोसल्यायन : जो भूल न सका

वासुदेवशरण अग्रवाल : पृथ्वीराज, कला और संस्कृति

यशपाल : चक्कर क्लब, देखा सोचा समझ गया, बात बात में बात, गाँधी की शव परीक्षा, न्याय का संघर्ष

बनारसीदास चतुर्वेदी : साहित्य और जीवन, हमारे आराध्य

माखनलाल चतुर्वेदी : अमीर इरादे : गरीब इरादे

कन्हैयालाल मिश्र 'प्रभाकर' : जिन्दगी मुस्कराई, बाजे पायलिया के घुंघरू, कारवां आगे बढ गये, जिन्दगी लहलहायी, माटी हो गयी सोना, महके आँगन चहके द्वार

भगवतशरण 'उपाध्याय' : ठूँठा आम

'अश्क' : मंटो : मेरा दुश्मन

प्रभाकर माचवे : खरगोश के सींग

विद्यानिवास मिश्र (ललित निबंधकार) : तुम चन्दन हम पानी, मेरे राम का मुकुट भीग रहा है, जीवन अलभ्य है, जीवन सौभाग्य है, शिरीष की याद आयी, चितवन की छाँह, आँगन का पंछी और बनजारा मन, मैने सिल पहुँचाई

धर्मवीर भारती : ठेले पर हिमालय, कहनी-अनकहनी, पश्यन्ती

शिवप्रसाद सिंह : शिखरों के सेतु

कुबेरनाथ राय (ललित निबंधकार) : प्रिया नीलकण्ठी, रस आखेटक, गन्धमादन, निषाद बाँसुरी, विषाद योग, दृष्टि अभिसार, कामधेनु

विद्यानिवास मिश्र : हिन्दू धर्म : जीवन में सनातन की खोज, परम्परा बन्धन नही, बसन्त आ गया पर उत्कण्ठा नही, कँटीले तारों के आर पार, संचारिणी, कौन तू फुलवा बीननहारी, अस्मिता के लिये, भ्रमरानन्द के पत्र, अंगद की नियति, कदम की फूली डाल साहित्य की चेतना, महाभारत का काव्यार्थ, लागौ रंग हरी, अग्निरथ, देश-धर्म और साहित्य, तमाल के झरोखे से, व्यक्ति व्यंजना

मुक्तिबोध : नयी कविता का आत्मसंघर्ष, नये साहित्य का सौन्दर्यशास्त्र, समीक्षा की समस्या, एक साहित्यिक की डायरी

विजयदेव नारायण 'साही' : लघुमानव के बहाने हिन्दी कविता पर एक बहस, शमशेर की काव्यानुभूति की बनावट, अपनी-अपनी ढपली अपना-अपना राग, हस्ताक्षर, ठलुवा बुद्धिजीवी, हँसना मना है अतिथि की मूर्खता पर

निर्मल वर्मा : शब्द और स्मृति, कला का जोखिम, हर बारिश में, शताब्दी के ढलते वर्षों में, दूसरे शब्दों में

नेमिचन्द्र जैन : अधूरे साक्षात्कार, रंगदर्शन, बदलते परिप्रेक्ष्य, जनान्तिक

रमेश कुन्तल मेघ : क्योंकि समय एक शब्द है, अथातो सौन्दर्य जिज्ञासा, साक्षी है सौन्दर्य प्राश्निक

राहुल सांकृत्यायन : घुमक्कडशास्त्र, अथातो घुमक्कड जिज्ञासा

रामविलास शर्मा : आस्था और सौन्दर्य, भाषा साहित्य और संस्कृति, विराम चिन्ह, मार्क्सवाद और प्रगतिशील साहित्य, परम्परा का मूल्यांकन, मानव सभ्यता का विकास, भाषा युगबोध और कविता, कथा-विवेचना और गद्यशिल्प, भारत में अंग्रेजीराज और मार्क्सवाद, मार्क्स और पिछडे हुए समाज

विवेकीराय : बबूल, फिर बैतलवा डाल पर, जलूस रूका है, गंवई पाँव की गंध में

रवीन्द्रनाथ त्यागी : शोकसभा, देवदार के पेड, अतिथिकक्ष

हरिशंकर परसाई (व्यंग्यकार) : भूत के पाँव पीछे, विन्दारस, सदाचार का ताबीज, निठल्ले की डायरी, जैसे उनके दिन फिरे

शरद जोशी (व्यंग्यकार) : तिलस्म, जीप पर सवार इल्लिया, यथासंभव, श्रीगणेशाय नमः, भैसन्ह मांह रहता नित, बकुला, हम भ्रष्टन के भ्रष्ट हमारे, सरकार का जादू, बिल्लियों का अर्थशास्त्र, दूतावासों के चक्कर, हर फूल दिल्लीमुख, बंसी वाले का पुजारी, साहित्य का महाबली, बुद्धिजीवी, अर्थब्रहम, नदी में खड़ा कवि, प्रभु हमें डॉक्ट्रेट से बचा, अब मै रीतिकाल की ओर लौट रहा हूँ, मधुबाला से टीवी बाला तक, नये मेघदूत यत्र-तत्र सर्वत्र

भवानी प्रसाद मिश्र : जिन्होंने मुझे रचा, कुछ नीति कुछ राजनीति

रघुवीर सहाय : लिखने का कारण, दिल्ली मेरा परदेश, अर्थात्, और होगें जो मारे जायेंगे, ऊबे हुए सुखी, 'सीढियों पर धूप में' के कुछ निबंध हैं (ये हैं–लेखक के चारों ओर, दिल्ली-बसंत, आदि दिल्ली के एक सम्पादक से भेंट आदि)

श्रीकान्त वर्मा : जिरह

जगदीश चतुर्वेदी : दस्तावेज

अशोक वाजपेयी : फिलहाल, कवि कह गया है

रमेशचन्द्र शाह : समानान्तर, बागार्थ, शैतान के बहाने, साहित्य में आज का गतिरोध, समकालीन रचना में स्वतंत्रता का अर्थ

विष्णु प्रभाकर : हम जिनके ऋणी

जानकी वल्लभ शास्त्री : मन की बात, जो न बिक सकी

कृष्णदत्त पालीवाल : नया सृजन नया बोध

दूधनाथ सिंह : लौट आ ओ धार

गोविन्द मिश्र : परतों के बीच

श्रीनारायण चतुर्वेदी : राजभवन की सिगरेटदानी

लक्ष्मीचन्द्र : कागज की किश्तियां

लक्ष्मीकान्त : मैंने कहा

केदारनाथ अग्रवाल : समय-समय पर

नामवर सिंह : बकलमखुद

कृष्णबिहारी मिश्र : बेहया का जंगल, चुनाव जीत गया गाँव हार गया

विष्णुकान्त शास्त्री : कुछ चन्दन की कुछ कपूर की

मृदुला गर्ग : रंग ढंग

नन्दकिशोर नवल : कविता की मुक्ति, प्रेमचंद का सौन्दर्यशास्त्र, शब्द जहाँ सक्रिया हैं, दृश्यालेख

समालोचक

नंददुलारे वाजपेयी : आधुनिक साहित्य, नया साहित्य-नये प्रश्न, कवि निराला, जयशंकर प्रसाद, राष्ट्रीय साहित्य, प्रकीर्णिका, हिन्दी साहित्य-बीसवीं शताब्दी, महाकवि सूरदास, आधुनिक काव्यः रचना और विचार,
सम्पादन - सूरसागर, रामचरितमानस

शान्तिप्रिय द्विवेदी (प्रभाववादी समीक्षा के जनक) : साहित्यकी, कवि और काव्य, सामयिकी, संचारिणी, युग और साहित्य, ज्योति विहग (सुमित्रानन्दन पन्त पर), हमारे साहित्य निर्माता

आचार्य हजारी प्रसाद द्विवेदी (1907-1979 ई॰) : हिन्दी साहित्य की भूमिका (1940), सूर-साहित्य, कबीर (1942), हिन्दी साहित्य का आदिकाल (1952), मध्यकालीन बोध का स्वरूप (1970), मेघदूत एक कहानी, कालिदास की लालित्य योजना, भाषा साहित्य और देश, हिन्दी साहित्य का उद्भव और विकास, संदेश रासक (आलोचना)

डॉ॰ नगेन्द्र (1915-2000 ई॰) : सुमित्रानन्दन पन्त (1938), साकेत : एक अध्ययन (1939), शोध और सिद्धान्त, काव्यबिम्ब, हिन्दी साहित्य की प्रवृतियां, विचार और अनुभूति, रीतिकाव्य की भूमिका, देव और उनकी कविता, रस सिद्धान्त (1964), मिथक और साहित्य, आधुनिक हिन्दी नाटक, कामायनी के अध्ययन की समस्यायें, नयी समीक्षा : नये संदर्भ, साहित्य का समाजशास्त्र, भारतीय सौन्दर्य की भूमिका, आधुनिक हिन्दी कविता की मुख्य प्रवृत्तियां, शैली विज्ञान, भारतीय समीक्षा और आचार्य शुक्ल की काव्य दृष्टि

अनुवाद : अभिनव भारती, वक्रोक्ति जीवत, ध्वन्यालोक तथा नाट्यदर्पण (नगेन्द्र की देख-रेख में आचार्य विश्वम्भर ने किया) अरस्तू का काव्यशास्त्र, काव्य में उदान्त तत्व (द सब्लाइम–लोंजाइनिस), काव्य कला (आर्स पोएतिका - होरेस), पाश्चात्य काव्यशास्त्र की परम्परा (लोसाई क्रिटिकाई - सेन्ट्सबरी)

निराला : रवीन्द्र कविता कानन, पन्त और पल्लव

सुमित्रानन्दन पन्त : गद्यपथ, शिल्प और दर्शन, छायावाद पुनर्मूल्यांकन

प्रेमचंद : साहित्य का उद्देश्य

दिनकर : पंत, प्रसाद और मैथिलीशरण, शुद्ध कविता की खोज

गुलाबराय : सिद्धान्त और अध्ययन, काव्य के रूप, अध्ययन और आस्वाद, नवरस

विश्वनाथ प्रसाद मिश्र : वाङमय विमर्श, बिहारी की वाग्विभूति, हिन्दी साहित्य का अतीत, हिन्दी का सम सामयिक साहित्य, हिन्दी नाट्य साहित्य का विकास

संपादन : घनआनंद ग्रंथावली, पद्माकर ग्रन्थावली, केशव ग्रन्थावली, भिखारीदास ग्रन्थावली, रामचरित मानस

पं॰ कृष्णशंकर शुक्ल : केशव की काव्यकला, कविवर रत्नाकर

लक्ष्मीनारायण सुधांशु : काव्य में अभिव्यंजनावाद, जीवन के तत्व और काव्य के सिद्धान्त

रामकुमार वर्मा : साहित्य समालोचना, कबीर का रहस्यवाद, हिन्दी साहित्य का आलोचनात्मक इतिहास

जनार्दन प्रसाद झा 'द्विज' : प्रेमचंद की उपन्यास कला

गिरिजादत्त शुक्ल गिरीश : महाकवि हरिऔध, गुप्त की काव्य धारा

रामनाथ सुमन : प्रसाद की काव्य कला

सत्येन्द्र : गुप्तजी की कला

शिवदानसिंह चौहान (पहले मार्क्सवादी आलोचक) : 1937 ई॰ के 'विशाल भारत' में चौहान जी का एक महत्वपूर्ण लेख 'भारत में प्रगतिशील साहित्य की आवश्यकता' छपा था। इनकी प्रमुख पुस्तकें है : प्रगतिवाद, साहित्य की परख, आलोचना के मान, साहित्य की समस्याएं, साहित्यनुशीलन

प्रकाशचंद्र गुप्त (मार्क्सवादी आलोचक) : नया हिन्दी साहित्य, आधुनिक हिंदी साहित्य, हिन्दी सहित्य की जनवादी परम्परा

रामविलास शर्मा (प्रगतिशील आलोचक) : प्राचीन भारत के भाषा-परिवार, मार्क्स और पिछडे हुए समाज, प्रगति और परम्परा, प्रगतिशील साहित्य की समस्याएं, आस्था और सौंन्दर्य, भाषा साहित्य और संस्कृति, मार्क्सवाद और प्राचीन साहित्य का मूल्यांकन, आचार्य रामचन्द्र शुक्ल और हिन्दी आलोचना, महावीर प्रसाद द्विवेदी और हिन्दी नवजागरण, निराला की साहित्य साधना, लोकजागरण और हिन्दी साहित्य, नयी कविता और अस्तित्ववाद, भारतेन्दु हरिश्चन्द्र, भारतेन्दु युग और हिन्दी भाषा की विकास परम्परा, भाषा और समाज, परम्परा का मूल्यांकन, भारतीय इतिहास की समस्याएं, मार्क्सवाद और प्रगतिशील साहित्य, स्वाधीनता और राष्ट्रीय साहित्य, कथा विवेचन और गद्य शिल्प, मार्क्स, त्रातस्की और एशियाई समाज, प्रगतिशील विचारधारा और केदारनाथ अग्रवाल, भारतीय इतिहास और ऐतिहासिक भौतिकवाद, निराला, भारत में अंग्रेजी राज्य और मार्क्सवाद, प्रेमचन्द और उनका युग

अमृतराय (मार्क्सवादी आलोचक) : नयी समीक्षा

नामवरसिंह (प्रगतिशील) : इतिहास और आलोचना, आधुनिक साहित्य की प्रवृत्तियां, छायावाद, कहानी : नई कहानी, कविता के नये प्रतिमान, दूसरी परम्परा की खोज, कला के विकास में अपभ्रंश का योग, वाद विवाद संवाद, काल मार्क्स : कला और साहित्यचिंतन, पृथ्वीराज रासो : भाषा और साहित्य

चन्द्रबली सिंह (प्रगतिशील आलोचक) : लोकदृष्टि और साहित्य

'अज्ञेय' : त्रिशंकु, आत्मनेपद, अद्यतन, संवतसर, कवि-दृष्टि, हिन्दी साहित्य : एक आधुनिक परिदृश्य, लिखि कागद कोरे, सर्जन और संदर्भ, जोग लिखी

पं॰ देवराज : छायावाद का पतन, साहित्य चिन्ता, आधुनिक समीक्षा प्रतिक्रियाएं

इलाचन्द्र जोशी : साहित्य सर्जना, विवेचना, साहित्य सन्तरण, विशेषण, साहित्य चिन्तन

देवराज उपाध्याय : आधुनिक हिन्दी कथा साहित्य और मनोविज्ञान

मुक्तिबोध : कामायनी : एक पुनर्विचार, एक साहितियक की डायरी, नयी कविता का आत्म संघर्ष, नये साहित्य का सौन्दर्यशास्त्र, भारत : इतिहास और संस्कृति (प्रतिबंधित)

विजयदेवनारायण साही : इतिहास और परम्परा, गोदान, राजनीति और साहित्य, जनवादी साहित्य, साहित्य क्यों, धर्मसापेक्ष और धर्मनिरपेक्ष तत्वों की तलाश हिन्दी साहित्य और उसके आसपास, 'पद्मावत' (जायसी की रचना 'पद्मावत' की समीक्षा है)

रमेशचन्द्र शाह : छायावाद की प्रासंगिकता, जयशंकर प्रसाद, वागर्थ, समानान्तर भारतीय साहित्य के निर्माता, अज्ञेय : भागर्थ का वैभव

रमेशकुन्तल मेघ : आधुनिकताबोध और आधुनिकीकरण, मध्ययुगीन रसदर्शन, अथातो सौन्दर्य जिज्ञासा, क्योंकि समय एक शब्द है, साक्षी है सौन्दर्य प्राश्निक

नेमिचन्द्र जैन : अधूरे साक्षात्कार, रंगदर्शन, बदलते, परिप्रेक्ष्य, जनान्तिक

मैनेजर पाण्डेय : साहित्य का समाजशास्त्र, साहित्य और इतिहास दृष्टि, भक्ति आंदोलन और सूरदास का काव्य, शब्द और कर्म अनभै साँचा।

रामस्वरूप चतुर्वेदी : मध्ययुगीन हिन्दी काव्यभाषा, नवलेखन, भाषा और संवेदना, अज्ञेयः आधुनिक रचना की समस्या, कामायनीः पुनर्मूल्यांकन, हिन्दी साहित्य और संवेदना का विकास, समकालीन हिन्दी साहित्य : विविध परिदृश्य

लक्ष्मीकान्त वर्मा : नयी कविता के प्रतिमान, नये प्रतिमान पुराने निकष

रवीन्द्रनाथ श्रीवास्तव : शैलीविज्ञान की भूमिका, संरचनात्मक शैली विज्ञान, शैली विज्ञान और हिन्दी का समाजशास्त्र, हिन्दी भाषा के संरचना के विविध आयाम, आलोचना की नयी भूमिका, भाषा विज्ञान : सैद्धान्तिक चिन्तन

धर्मवीर भारती : साहित्य और मानव मूल्य, पश्यन्ती

रघुवंश : साहित्य का नया परिप्रेक्ष्य, आधुनिक साहित्य का परिप्रेक्ष्य

देवीशंकर अवस्थी : विवेक के रंग, नयी कहानी : संदर्भ और प्रकृति, साहित्य विधाओं की प्रकृति

इन्द्रनाथ मदान : प्रेमचन्द : एक विवेचन, आलोचना और काव्य, आधुनिक कविता का मूल्यांकन, आज का हिन्दी उपन्यास, आधुनिकता और हिन्दी आलोचना, महादेवी, कामायनी : मूल्यांकन और मूल्यांकन

बलदेव उपाध्याय : भारतीय साहित्यशास्त्र

रामदहिन मिश्र : काव्य दर्पण, काव्य विमर्श

बच्चनसिंह : समकालीन साहित्य : आलोचना को चुनौती, आलोचक और आलोचना, आधुनिक हिन्दी आलोचना के बीजशब्द, साहित्य का समाजशास्त्र और रूपवाद, आधुनिक हिन्दी साहित्य का इतिहास, हिन्दी साहित्य का दूसरा इतिहास, हिन्दी नाटक

निर्मला जैन : पाश्चात्य साहित्य चिन्तन, इतिहास और आलोचना के वस्तुवादी सरोकार, अंतस्थल का पूरा विप्लव : अंधेरे में, हिन्दी आलोचना की बीसवीं सदी, कविता का प्रतिसंसार, नयी समीक्षा के प्रतिमान, रस सिद्धान्त और सौन्दर्यशास्त्र, आधुनिक साहित्य : मूल्य और मूल्यांकन

विद्यानिवास मिश्र : रीतिविज्ञान, नयी कविता की मुक्तधारा, साहित्य का प्रयोजन

परमानन्द श्रीवास्तव : समकालीन कविता का व्याकरण, शेखर एक जीवनी का महत्व, काव्य शास्त्र

भगीरथ मिश्र : हिन्दी काव्यशास्त्र का इतिहास, हिन्दी रीतिसाहित्य, भारतीय काव्यशास्त्र

आनन्दप्रकाश दीक्षित : रस सिद्धान्त : स्वरूप और विश्लेषण, रस चिन्तन के विविध आयाम

रामानन्द तिवारी : सत्यं शिवम् सुन्दरम्

सुरेशचन्द गुप्त : आधुनिक हिन्दी कवियों के काव्यसिद्धान्त

गिरिजाकुमार माथुर : नयी कविता : सीमायें और संभावनायें

भोलानाथ तिवारी : अभिव्यक्ति विज्ञान

गंगाप्रसाद विमल : समकालीन कहानी का रचना विधान

रामचन्द्र तिवारी : आचार्य रामचन्द्र शुक्ल, हिन्दी गद्य साहित्य

कृष्णदत्त पालीवाल : आचार्य रामचन्द्र शुक्ल का चिन्तन जगत्

जगदीश गुप्त : नयी कविता : शक्ति और सीमा, नयी कविताः स्वरूप और समस्यायें

जगदीशकुमार : शमशेर का काव्यलोक

प्रभाकर श्रोत्रिय : संवाद, रचना एक यातना है, कालयात्री है कविता, मेघदूत : एक अन्तर्यात्रा, जयशंकर प्रसाद की प्रासंगिकता

नरेन्द्र मोहन : लंबी कविता का रचना विधान

केदारनाथ सिंह : आधुनिक हिन्दी कविता में बिम्बविधान, मेरे समय के शब्द

मलयज : कविता से साक्षात्कार

दूधनाथ सिंह : निराला : आत्महंता आस्था

अशोक बाजपेयी : फिलहाल, कविता का गल्प, कविता का जनपद, कवि कह गया है, कुछ पूर्वाग्रह

विश्वनाथ त्रिपाठी : लोकवादी तुलसीदास, हिंदी आलोचना

नन्दकिशोर नवल : निराला और मुक्तिबोध : चार लंबी कवितायें, हिन्दी आलोचना का विकास, महावीर प्रसाद द्विवेदी, मुक्तिबोध : ज्ञान और संवेदना, समकालीन हिन्दी कवि

राममूर्ति त्रिपाठी : भारतीय काव्यशास्त्र : नव मूल्यांकन

मार्कण्डेय : कहानी की बात

मधुरेश : आज की हिन्दी कहानी : विचार और प्रतिक्रिया, **सिलसिला :** समकालीन कहानी की पहचान, हिन्दी कहानी : अस्मिता की तलाश, हिन्दी कहानी का विकास, हिन्दी उपन्यास का विकास, यशपाल : एक समर्पित व्यक्तित्व, राहुल का कथाकर्म

रामदरश मिश्र : हिन्दी उपन्यास : एक अन्तर्यात्रा

सुनीति कुमार चटर्जी : भारतीय आर्यभाषा और हिन्दी

हरदेव बाहरी : भाषा विज्ञान

कुमार विमल : सौंन्दर्यशास्त्र के तत्व, कला विवेचन

चंद्रभूषण तिवारी : आलोचना की धार

विजयमोहन सिंह : कथा समय

देवेन्द्रनाथ शर्मा : भाषा विज्ञान की भूमिका, पाश्चात्य काव्यशास्त्र, काव्य के तत्व

प्रेमशंकर : प्रसाद का काव्य, भक्ति काव्य का समाजशास्त्र, भक्तिकाव्य की भूमिका, हिन्दी स्वच्छंदतावादी काव्य

विजयेन्द्र स्नातक : कबीर

मन्नू भण्डारी : संकल्प का सौन्दर्यशास्त्र

शेफालिका : रेणु का कथा संसार

रेखा खरे : निराला की कवितायें और काव्य भाषा

गोपालराम : हिन्दी उपन्यास कोश

अशोक चक्रधर : मुक्तिबोध की कविताई, मुक्तिबोध की समीक्षाई

नलिन विलोचन शर्मा : साहित्य का इतिहास-दर्शन

निर्मल वर्मा : शब्द और स्मृति

विपिन कुमार अग्रवाल : आधुनिकता के पहलू

वस्तुनिष्ठ प्रश्न

1. 'बादल की मृत्यु' एकांकी के रचनाकार हैं–
A. रामकुमार वर्मा B. आचार्य शुक्ल
C. प्रसाद D. विष्णु प्रभाकर

2. धर्मवीर भारती के एकांकी का नाम है–
A. निशानेबाज B. नदी प्यासी थी
C. उपर्युक्त दोनों D. इनमें से कोई नहीं

3. अमृतराय की एकांकी है–
A. राह चलते B. रूसी लोग
C. उपर्युक्त दोनों D. इनमें से कोई नहीं

4. 'एक साहित्यिक की डायरी' के लेखक हैं–
A. अज्ञेय B. मुक्तिबोध
C. धर्मवीर-भारती D. अमृतराय

5. उपन्यास और रचनाकारों को सुमेलित करें–

रचनाकार	उपन्यास
(*i*) राजेन्द्र यादव	(*a*) अंधेरे बंद कमरे
(*ii*) मोहन राकेश	(*b*) एक सड़क सत्तावन गलियाँ
(*iii*) कमलेश्वर	(*c*) आँचल में कोई
(*iv*) वृन्दावन लाल वर्मा	(*d*) कुलटा

	(*i*)	(*ii*)	(*iii*)	(*iv*)
A.	(*a*)	(*d*)	(*c*)	(*b*)
B.	(*b*)	(*d*)	(*c*)	(*a*)
C.	(*d*)	(*a*)	(*b*)	(*c*)
D.	(*b*)	(*a*)	(*d*)	(*c*)

6. 'टेढ़े-मेढ़े रास्ते' उपन्यास के लेखक हैं–
A. रांगेय राघव B. अमृतराय
C. मन्नू भंडारी D. भगवती चरण वर्मा

7. 'निशिकान्त' उपन्यास के लेखक हैं–
A. विष्णु प्रभाकर B. प्रभाकर माचवे
C. नरेश मेहता D. राम नरेश त्रिपाठी

8. 'अपने-अपने अजनबी' उपन्यास लिखा है–
A. मुक्तिबोध B. अज्ञेय
C. चतुरसेन शास्त्री D. शमशेर

9. 'नागार्जुन' के उपन्यास का नाम है–
A. हीरक जयंती B. मशाल
C. जंजीरे D. उपर्युक्त सभी

10. 'दीर्घतपा' उपन्यास लिखा है–
A. नरेश मेहता B. रांगेय राघव
C. रेणु D. मन्नू भण्डारी

11. उषा प्रियंवदा के उपन्यास का नाम है–
A. हम तिनके B. पचपन खम्भे, लाल दीवारें
C. जंगल के फूल D. धूमकेतु

12. भीष्म साहनी का उपन्यास है–
A. सोनल का फूल B. वृषित
C. गंगामैया D. बसन्ती

13. अमृतराय के उपन्यास का नाम है :
A. धुँआ B. छोटे-छोटे पक्षी
C. कुरू-करू स्वाहा D. नई ईमारत

14. 'नवनिधी' किसका कहानी संग्रह है?
A. पंकज बिष्ट B. नागार्जुन
C. प्रेमचंद D. अज्ञेय

15. 'कोठरी की बात' कहानी संग्रह के रचयिता हैं–
A. मुक्तिबोध B. अज्ञेय
C. लाला श्रीनिवासदास D. प्रभाकर माचवे

16. यशपाल के कहानी संग्रह का नाम है–
A. फूलों का कुर्ता B. पिंजड़े की उड़ान
C. उपर्युक्त दोनों D. इनमें से कोई नहीं

17. 'संगीनों का साया' किसका काव्य संग्रह है?
A. प्रभाकर माचवे B. राहुल सांकृत्यायन
C. यशपाल D. अज्ञेय

18. कहानी संग्रह और लेखकों के नाम को सुमेलित करें–

लेखक	कहानी संग्रह
(*i*) मोहन राकेश	(*a*) फिर बसन्त आया
(*ii*) कमलेश्वर	(*b*) पहला पाठ
(*iii*) भीष्म साहनी	(*c*) नए बादल
(*iv*) उषा प्रियंवदा	(*d*) मांस का दरिया

	(*i*)	(*ii*)	(*iii*)	(*iv*)
A.	(*d*)	(*a*)	(*c*)	(*b*)
B.	(*d*)	(*c*)	(*d*)	(*a*)
C.	(*c*)	(*d*)	(*b*)	(*a*)
D.	(*a*)	(*c*)	(*b*)	(*d*)

19. 'मेरी जीवन रेखा' आत्मकथा के रचयिता हैं–
A. हजारी प्रसाद द्विवेदी B. महावीर प्रसाद द्विवेदी
C. राहुल सांकृत्यायन D. प्रभाकर माचवे

20. 'मेरा जीवन साथो' किसकी आत्मकथा है?
A. नंद दुलारे वाजपेयी B. अज्ञेय
C. राम कुमार वर्मा D. प्रेमचंद

21. 'मेरी जीवन यात्रा' किसकी रचना है?
A. नागार्जुन B. राहुल सांकृत्यायन
C. महावीर प्रसाद द्विवेदी D. मुक्तिबोध

22. 'आत्मकथा' किसकी रचना है?
A. महात्मा गाँधी B. जवाहर लाल नेहरू
C. डॉ॰ राजेन्द्र प्रसाद D. लाल बहादुर शास्त्री

23. 'मेरी आत्म कहानी' आत्मकथा किसने लिखी है?
A. चतुरसेन शास्त्री B. महावीर प्रसाद द्विवेदी
C. राहुल सांकृत्यायन D. महात्मा गाँधी

24. 'सौष्ठववादी' किसकी समीक्षा पद्धति को कहा जाता है?
A. डॉ॰ नगेन्द्र B. हजारी प्रसाद द्विवेदी
C. आचार्य शुक्ल D. नंद दुलारे वाजपेयी

25. रामविलास शर्मा द्वारा लिखित है–
A. प्रगति और परम्परा B. भाषा, युगबोध और कविता
C. परम्परा का मूल्यांकन D. उपर्युक्त सभी

26. 'भारतीय साहित्य के इतिहास की समस्याएँ' लिखा है–
A. राम कुमार वर्मा B. राम विलास शर्मा
C. नंद दुलारे वाजपेयी D. हजारी प्रसाद द्विवेदी

27. 'पाप के पुजारी' नाटक के रचयिता हैं–
A. प्रभाकर माचवे B. दिनकर
C. रामविलास शर्मा D. नरेश मेहता

28. 'आचार्य रामचन्द्र शुक्ल और हिन्दी आलोचना' लिखा है–
A. डॉ॰ नगेन्द्र B. रामविलास शर्मा
C. हजारी प्रसाद द्विवेदी D. नामवर सिंह

29. 'मार्क्स, त्रात्सकी और एशियाई समाज' लिखा है–
A. रामकुमार वर्मा B. डॉ॰ नगेन्द्र
C. हजारी प्रसाद द्विवेदी D. राम विलास शर्मा

30. 'ऐन्दुई हिन्दुस्तानी' का प्रकाशन हुआ–
A. 1849 ई॰ B. 1839 ई॰
C. 1832 ई॰ D. 1843 ई॰

31. रीतिकाव्य की भूमिका किसने लिखी?
A. रामविलास शर्मा B. डॉ॰ राम कुमार वर्मा
C. आचार्य शुक्ल D. डॉ॰ नगेन्द्र

32. शुक्ल जी ने रासो शब्द की उत्पत्ति किसके द्वारा मानी है?
A. रास शब्द से B. रासक शब्द से
C. रसायण शब्द से D. रस शब्द से

33. रोमांस शब्द आया है–
A. अंग्रेजी भाषा में B. यूनानी भाषा में
C. जर्मन भाषा में D. फ्रांसीसी भाषा में

34. भारत में रोमांटिक कथाओं का उद्‌भव काल माना जाता है–
A. हड़प्पा काल से B. वेद काल से
C. महाभारत काल से D. आदि काल से

35. 'विकलांग श्रद्धा का दौर' के लेखक हैं–
A. प्रभाकर माचवे B. नरेश मेहता
C. बालकृष्ण भट्ट D. हरिशंकर परसाई

36. परसाई जी की कृति है–
A. निठल्ले की डायरी B. तुलसी भूषण
C. राम रत्नाकर D. रुक्मिणी परिणय

37. भारतेन्दु की भक्ति परक रचना का नाम है–
A. भक्त सर्वस्त B. रुक्मिणी परिणय
C. उपर्युक्त दोनों D. इनमें से कोई नहीं

38. भारतेन्दु की प्रेम संबंधी रचना का नाम है–
A. प्रेम सरोवर B. प्रेम मालिका
C. उपर्युक्त दोनों D. इनमें से कोई नहीं

39. अम्बिका दत्त व्यास की प्रसिद्ध कृति का नाम है–
A. षटऋतु B. प्रेमतरंग
C. प्रेम माधुरी D. बिहारी बिहार

40. 'प्रेम पथिक' के रचनाकार हैं–
A. अम्बिकादत्त व्यास B. नरेश मेहता
C. ठाकुर जगमोहन सिंह D. वियोगी हरि

41. 'बैशाख माहात्म्य' रचना है–
A. बालकृष्ण भट्ट B. भारतेन्दु
C. वियोगी हरि D. ठाकुर जगमोहन सिंह

42. 'नये जमाने की मुकरी' के रचनाकार का नाम है–
A. अम्बिकादत्त व्यास B. प्रताप नारायण मिश्र
C. बद्रीनारायण चौधरी D. भारतेन्दु

43. 'हिन्दी हिन्दू, हिन्दुस्तान' के रचयिता हैं–
A. भारतेन्दु B. प्रतापनारायण मिश्र
C. वियोगी हरि D. अम्बिकादत्त व्यास

44. नीचे कुछ रचनाकारों और रचनाओं के नाम दिए जा रहे हैं, उन्हें सुमेलित करें।

रचनाकार	**रचना**
(i) प्रताप नारायण मिश्र	*(a)* युगल स्त्रोत
(ii) राधाचरण गोस्वामी	*(b)* शिवशम्भू के चिट्ठे
(iii) बालमुकुन्द गुप्त	*(c)* नव भक्त माल
(iv) बद्री नारायण चौधरी	*(d)* मन की लहर

	(i)	*(ii)*	*(iii)*	*(iv)*
A.	*(d)*	*(b)*	*(a)*	*(c)*
B.	*(d)*	*(c)*	*(b)*	*(a)*
C.	*(b)*	*(c)*	*(a)*	*(d)*
D.	*(a)*	*(b)*	*(c)*	*(d)*

45. खड़ी बोली के लिए सशक्त आंदोलन चलाया–
A. आचार्य शुक्ल B. हजारी प्रसाद द्विवेदी
C. महावीर प्रसाद द्विवेदी D. नंद दुलारे वाजपेयी

46. 'विरहिणी ब्रजांगना' के रचयिता हैं–
A. माखनलाल चतुर्वेदी B. मैथिलीशरण गुप्त
C. दिनकर D. श्रीधर पाठक

47. 'मिलन' किसकी रचना है?
A. राम नरेश त्रिपाठी B. रामचरित उपाध्याय
C. श्रीधर पाठक D. मैथिलीशरण गुप्त

48. 'शाकुन्तलम्' के रचयिता हैं–
A. दिनकर B. केदारनाथ अग्रवाल
C. माखनलाल चतुर्वेदी D. मैथिलीशरण गुप्त

49. 'काव्य मंजूषा' और 'सुमन' किसकी पद्य रचनाएँ हैं?
A. महावीर प्रसाद द्विवेदी B. प्रसाद
C. मैथिलीशरण गुप्त D. अज्ञेय

50. मैथिलीशरण गुप्त की पद्य रचना है–
A. किसान B. स्वर्गीय पीपा
C. प्रेम प्रबंध D. रस कलश

51. 'पारिजात' महाकाव्य किसके द्वारा रचित है?
A. मैथिलीशरण गुप्त B. सियाराम शरण गुप्त
C. हरिऔध D. श्रीधर पाठक

52. प्रिय प्रवास आधारित है–
A. स्कंध पुराण पर B. उपनिषद पर
C. महाभारत पर D. भागवत पुराण पर

53. 'दिवस का अवसान समीप था' कहाँ से उद्धृत है?
A. प्रिय प्रवास से B. करुणालय से
C. झरना से D. युगांत से

54. सियाराम शरण गुप्त की रचना है–
A. मौर्य विजय B. रसिक रहस्य
C. विष्णुप्रिया D. स्वदेश संगीत

55. 'वीर क्षत्राणी' के रचनाकार हैं–
A. देवी प्रसाद पूर्ण B. सियाराम शरण गुप्त
C. लाला भगवानदीन D. रामचरित उपाध्याय

56. 'महामानव' प्रबंध काव्य किसने लिखा?
A. मोहन लाल महतो वियोगी B. गुरुभक्त सिंह
C. मैथिलीशरण गुप्त D. ठाकुर प्रसाद सिंह

57. 'छायावाद को स्थूल के प्रति सूक्ष्म का विद्रोह' किसने माना है–
A. आचार्य शुक्ल B. हजारी प्रसाद द्विवेदी
C. नंद दुलारे वाजपेयी D. डॉ॰ नगेन्द्र

58. छायावाद पर किसका प्रभाव है?
A. द्वैतवाद का B. अद्वैतवाद का
C. विशिष्ट द्वैतवाद का D. मार्क्सवाद का

59. किसे 'भारतीय आत्मा' कहा जाता है?
A. दिनकर B. मैथिलीशरण गुप्त
C. प्रसाद D. माखनलाल चतुर्वेदी

60. 'उच्छ्वास' किसका काव्य संग्रह है?
A. प्रसाद B. निराला
C. हरिऔध D. पंत

61. छायावाद की प्रथम कृति का नाम है–
A. आँसू B. गुंजन
C. झरना D. पल्लव

62. रजत शिखर और शिल्पी किसके द्वारा लिखे गए?
A. निराला द्वारा B. प्रसाद द्वारा
C. पंत द्वारा D. महादेवी वर्मा

63. 'ग्रंथि' काव्य संग्रह के रचयिता हैं–
A. निराला B. पंत
C. मैथिलीशरण गुप्त D. प्रसाद

64. 'चित्रलेखा' के रचयिता हैं–
A. चन्द्रधर शर्मा 'गुलेरी' B. भगवती चरण वर्मा
C. जैनेन्द्र D. प्रसाद

65. बच्चन जी की प्रमुख काव्य कृति है–
A. निशा निमंत्रण B. अभिशाप
C. चित्राधार D. महाराणा का महत्व

66. 'सृजन के क्षण' किसका प्रमुख काव्य है?
A. अज्ञेय B. मुक्तिबोध
C. भगवतीचरण वर्मा D. दिनकर

67. 'महाराणा का महत्व' किसकी रचना है?
A. निराला B. प्रसाद
C. पंत D. केदारनाथ अग्रवाल

68. 'हिमकिरीटिनी' किसका प्रसिद्ध काव्य संग्रह है?
A. धूमिल B. आरसी प्रसाद सिंह
C. माखनलाल चतुर्वेदी D. दिनकर

69. 'उर्मिला' किसका काव्य संग्रह है?
A. प्रेमचंद B. भारतेंदु
C. मैथिलीशरण गुप्त D. नवीन जी

70. द्वन्द्व गीत किसका काव्य संग्रह है?
A. जगन्नाथ प्रसाद मिलिन्द B. दिनकर
C. माखनलाल चतुर्वेदी D. देवराज दिनेश

71. 'इतिहास के आँसू' काव्य संग्रह के रचयिता हैं–
A. दिनकर B. माखनलाल चतुर्वेदी
C. मैथिलीशरण गुप्त D. हरिवंश राय बच्चन

72. 'स्वर्णोदय' और 'कर्ण' किसका काव्य संग्रह है?
A. हरिऔध B. श्रीधर पाठक
C. मुक्तिबोध D. केदारनाथ मिश्र

73. 'ऋतुम्भरा' किसका काव्य संग्रह है?
A. माखन लाल चतुर्वेदी B. प्रसाद
C. सुभद्रा कुमारी चौहान D. दिनकर

74. 'मेघगीत' व 'अवन्तिका' किसका काव्य संग्रह है?
A. देवकी नंदन विभव B. जानकी वल्लभ शास्त्री
C. महेश चंद प्रसाद D. सुभद्रा कुमारी चौहान

75. 'रूप रश्मि' किसका काव्य संग्रह है?
A. हरिकृष्ण B. शम्भूनाथ सिंह
C. देवकी नंदन विभव D. नवीन

76. कवि और उनके काव्य संग्रह को सुमेलित करें–

कवि	काव्य संग्रह
(*i*) नरेन्द्र शर्मा	(*a*) प्रवास के गीत
(*ii*) उपेन्द्रनाथ 'अश्क'	(*b*) उर्मियां
(*iii*) विद्यावती कोकिल	(*c*) कुसुमांजलि
(*iv*) देवकी नंदन विभव	(*d*) सुहागिन

	(*i*)	(*ii*)	(*iii*)	(*iv*)
A.	(*a*)	(*b*)	(*c*)	(*d*)
B.	(*d*)	(*a*)	(*c*)	(*b*)
C.	(*a*)	(*b*)	(*d*)	(*c*)
D.	(*b*)	(*d*)	(*c*)	(*a*)

77. 'आधुनिक कवि' किसका काव्य संग्रह है?
A. दिनकर B. भारतेन्दु
C. हरिऔध D. उपेन्द्रनाथ 'अश्क'

78. पेरिस में प्रगतिशील लेखक संघ की स्थापना कब हुई?
A. 1931 ई॰ B. 1932 ई॰
C. 1934 ई॰ D. 1935 ई॰

79. निराला की भिक्षुक, विधवा और बादल कविताएँ संग्रहीत हैं–
A. अनामिका में B. परिमल में
C. गीतिका में D. तुलसीदास में

80. 'मधुकण' किसका काव्य संग्रह है?
A. दिनकर B. भगवती चरण वर्मा
C. पंत D. प्रसाद

81. कालक्रम से हिन्दी के प्रथम प्रगतिवादी कवि हैं–
A. केदारनाथ अग्रवाल B. रांगेय राघव
C. रामेश्वर करूण D. रामविलास शर्मा

82. कवि और उनके द्वारा रचित काव्य संग्रह को सुमेलित करें।

कवि	काव्य संग्रह
(*i*) केदारनाथ अग्रवाल	(*a*) युगधारा
(*ii*) नागार्जुन	(*b*) रूप तरंग
(*iii*) रामविलास शर्मा	(*c*) नींद के बादल
(*iv*) शिवमंगल सिंह	(*d*) कल्लोल

	(*i*)	(*ii*)	(*iii*)	(*iv*)
A.	(*a*)	(*b*)	(*d*)	(*c*)
B.	(*a*)	(*c*)	(*b*)	(*d*)
C.	(*d*)	(*a*)	(*c*)	(*b*)
D.	(*b*)	(*c*)	(*a*)	(*d*)

83. 'अजेय खण्डहर' काव्य संग्रह है–
A. रांगेय राधव B. नागार्जुन
C. रामविलास शर्मा D. माखनलाल चतुर्वेदी

84. 'दूब के आंसू' किसका काव्य संग्रह है?
A. रणजीत B. सुदर्शन
C. कमलेश D. मुक्तिबोध

85. 'नई कविता' नाम का प्रचार किया–
A. कमलेश ने B. डॉ॰ जगदीश गुप्त ने
C. हरिनारायण विद्रोही D. अज्ञेय ने

86. 'नई कविता' पत्रिका का संपादन वर्ष है–
A. 1952 ई॰ B. 1953 ई॰
C. 1954 ई॰ D. 1955 ई॰

87. नकेनवादी परम्परा के प्रतिनिधि कवि हैं–
A. नलिन विलोचन शर्मा B. केसरी कुमार
C. नरेश मेहता D. उपर्युक्त सभी

88. प्रतीकवाद की स्थापना कहाँ हुई?
A. इटली B. फ्रांस
C. जर्मनी D. यूनान

89. बिम्बवाद की स्थापना हुई–
A. इंग्लैंड B. यूनान
C. जर्मनी D. फ्रांस

90. दादावाद के विकसित रूप को कहते हैं–
A. प्रयोगवाद B. यथार्थवाद
C. अतियथार्थवाद D. आदर्शवाद

91. 'भग्नदूत' किसका काव्य संग्रह है?
A. मुक्तिबोध B. अज्ञेय
C. माखन लाल चतुर्वेदी D. कमलेश

92. 'मंजीर' काव्य संग्रह के रचयिता हैं–
A. प्रयाग नारायण त्रिपाठी B. दिनकर
C. गिरिजा कुमार माथुर D. रामस्वरूप चतुर्वेदी

93. 'सात गीत वर्ष' किसका काव्य संग्रह है?
A. गिरिजा कुमार माथुर B. नलिन विलोचन
C. लक्ष्मीकांत वर्मा D. धर्मवीर भारती

94. 'जागते रहो' किसका काव्य-संग्रह है?
A. गिरिजा कुमार माथुर B. केदारनाथ अग्रवाल
C. भारतभूषण अग्रवाल D. दिनकर

95. नीचे कवि और उसके काव्य संग्रह को सुमेलित करें।

कवि	काव्य संग्रह
(*i*) शमशेर	(*a*) मेपल
(*ii*) डॉ॰ रघुवीर सहाय	(*b*) कुछ कविताएँ, कुछ और कविताएँ
(*iii*) दुष्यंत कुमार	(*c*) लोग भूल गए हैं
(*iv*) प्रभाकर माचवे	(*d*) सूर्य का स्वागत

	(*i*)	(*ii*)	(*iii*)	(*iv*)
A.	(*a*)	(*b*)	(*d*)	(*c*)
B.	(*b*)	(*c*)	(*a*)	(*d*)
C.	(*d*)	(*b*)	(*c*)	(*a*)
D.	(*b*)	(*c*)	(*d*)	(*a*)

96. 'चन्द्रगुप्त मौर्य' रचना की–
A. बालकृष्ण शर्मा B. श्याम नारायण प्रसाद
C. नटवर लाल सनेही D. राम खेलावन

97. 'संशय की एक रात' के रचनाकार हैं–
A. नवीन B. नरेश मेहता
C. दिनकर D. मुक्तिबोध

98. 'दिग्विजय' के रचयिता हैं–
A. अरूण पोद्धार B. आचार्य तुलसी
C. कमलेश D. बलदेव प्रसाद मिश्र

99. नीचे रचनाकार और रचनाओं को सुमेलित करें–

रचनाकार	रचना
(*i*) नागार्जुन	(*a*) सुवर्णा
(*ii*) नरेन्द्र शर्मा	(*b*) भस्मांकुर
(*iii*) परमानंद	(*c*) उत्तरायण
(*iv*) रामकुमार वर्मा	(*d*) निष्कासिका

	(*i*)	(*ii*)	(*iii*)	(*iv*)
A.	(*b*)	(*a*)	(*c*)	(*d*)
B.	(*b*)	(*a*)	(*d*)	(*c*)
C.	(*a*)	(*d*)	(*c*)	(*b*)
D.	(*c*)	(*a*)	(*d*)	(*b*)

100. नीचे रचनाकार और रचनाओं को सुमेलित करें–

रचनाकार	रचना
(*i*) नरेश मेहता	(*a*) सत्यकाम
(*ii*) सुमित्रानंदन पंत	(*b*) प्रणभंग
(*iii*) दिनकर	(*c*) महाप्रस्थान
(*iv*) भारतभूषण अग्रवाल	(*d*) अग्निलीक

	(*i*)	(*ii*)	(*iii*)	(*iv*)
A.	(*a*)	(*b*)	(*c*)	(*d*)
B.	(*b*)	(*a*)	(*d*)	(*c*)
C.	(*a*)	(*d*)	(*c*)	(*b*)
D.	(*c*)	(*a*)	(*d*)	(*b*)

101. नीचे दिए गए रचनाकार और रचनाओं को सुमेलित करें–

रचनाकार	रचना
(*i*) भवानी प्रसाद मिश्र	(*a*) कालजयी
(*ii*) पंत	(*b*) पुरूषोत्तम राम
(*iii*) नरेंद्र शर्मा	(*c*) द्रौपदी
(*iv*) केदार नाथ मिश्र	(*d*) ऋतुम्भरा

	(*i*)	(*ii*)	(*iii*)	(*iv*)
A.	(*a*)	(*d*)	(*c*)	(*b*)
B.	(*a*)	(*b*)	(*d*)	(*c*)
C.	(*c*)	(*a*)	(*d*)	(*b*)
D.	(*a*)	(*b*)	(*c*)	(*d*)

102. 'सारथी' के रचनाकार हैं–
A. अनूपशर्मा
B. भारतभूषण अग्रवाल
C. राम गोपाल शर्मा
D. नरेन्द्र शर्मा

103. नीचे रचनाकारों और रचनाओं को सुमेलित करें?

रचनाकार	रचना
(*i*) बालकृष्ण शर्मा नवीन	(*a*) कालजयी (प्रबंध काव्य)
(*ii*) देवेन्द्र शर्मा	(*b*) प्राण अपर्ण
(*iii*) उपेन्द्रनाथ 'अश्क'	(*c*) सुनंदा (प्रबंध काव्य)
(*iv*) सियाराम शरण गुप्त	(*d*) चांदनी रात

	(*i*)	(*ii*)	(*iii*)	(*iv*)
A.	(*a*)	(*b*)	(*d*)	(*c*)
B.	(*b*)	(*a*)	(*d*)	(*c*)
C.	(*c*)	(*a*)	(*d*)	(*b*)
D.	(*d*)	(*b*)	(*a*)	(*c*)

104. 'नई कविता' के प्रमुख कवि हैं-
A. दिनकर B. प्रसाद
C. निराला D. अज्ञेय

105. नवगीत के प्रवर्तन का श्रेय किसे है?
A. राजेन्द्र प्रसाद सिंह B. अज्ञेय
C. डॉ॰ देवराज D. शमशेर

106. प्रज्ञा नामक साहित्यिक संस्था है–
A. कोलकाता में B. इलाहाबाद में
C. दिल्ली में D. मेरठ में

107. रंगायन संस्था है–
A. मुम्बई में B. कोलकाता में
C. दिल्ली में D. हैदराबाद में

108. साहित्यिक संस्था कहाँ है?
A. मुम्बई B. दिल्ली
C. बनारस D. कोलकाता

109. नवगीत परम्परा में सर्वाधिक प्रसिद्धि किसे मिली?
A. राजेन्द्र प्रसाद सिंह B. अज्ञेय
C. नीरज D. इनमें से कोई नहीं

110. नीचे दिए गए कवि और उनके काव्य संग्रह को सुमेलित करें।

कवि	काव्य संग्रह
(*i*) नीरज	(*a*) संघर्ष
(*ii*) रवीन्द्र भ्रमर	(*b*) सोन मछरी मन बसो
(*iii*) राजेन्द्र प्रसाद सिंह	(*c*) मिट्टी बोलती है
(*iv*) रमेश रंजक	(*d*) संजीवनी कहाँ

	(*i*)	(*ii*)	(*iii*)	(*iv*)
A.	(*a*)	(*b*)	(*c*)	(*d*)
B.	(*a*)	(*d*)	(*b*)	(*c*)
C.	(*b*)	(*c*)	(*a*)	(*d*)
D.	(*a*)	(*b*)	(*d*)	(*c*)

111. नीचे दिए गए कवि और उनकी रचनाओं को सुमेलित करें–

कवि	रचना
(*i*) रामदरथ मिश्र	(*a*) मेंहदी और महावर
(*ii*) जगदीश श्रीवास्तव	(*b*) वंशी और बादल
(*iii*) ठाकुर प्रसाद सिंह	(*c*) कंधे पर सूरज
(*iv*) उमाकांत मालवीय	(*d*) तारीख

	(*i*)	(*ii*)	(*iii*)	(*iv*)
A.	(*c*)	(*b*)	(*a*)	(*d*)
B.	(*a*)	(*b*)	(*d*)	(*c*)
C.	(*c*)	(*d*)	(*b*)	(*a*)
D.	(*d*)	(*b*)	(*a*)	(*c*)

112. अभिव्यक्ति पत्रिका का प्रकाशन किसने किया?
A. उमाकांत मालवीय B. जगदीश श्रीवास्तव
C. इंद्रनाथ मदान D. श्याम परमार

113. ओम ने किस पत्रिका का सम्पादन किया?
A. भारत दर्पण B. विशाल भारत
C. भारत मिश्र D. उपर्युक्त सभी

114. जगदीश चतुर्वेदी किसके अन्तर्गत आते हैं?
A. प्रगतिवाद B. प्रयोगवाद
C. नई कविता D. अकविता

115. राजकमल चौधरी आते हैं–
A. नई कविता B. अकविता
C. छायावाद D. प्रगतिवाद

116. 'संघर्षमूलक' या 'वाम कविता' का प्रवर्तक किसे माना जाता है?
A. राजेन्द्र प्रसाद सिंह B. जगदीश श्रीवास्तव
C. शलभ श्री राम सिंह D. रवीन्द्र भ्रमर

117. 'चिंता' और 'पूर्वा' किसकी कविताएँ हैं–
A. प्रसाद B. अज्ञेय
C. निराला D. मुक्तिबोध

118. नवल किशोर का किस पत्रिका से संबंध है?
A. नया प्रतीक B. युयुत्सा
C. प्रतीक D. कविता

119. वातायन पत्रिका का सम्पादन कौन करता था?
A. जगदीश चतुर्वेदी B. इंद्रनाथ मदान
C. शलभ श्री राम सिंह D. हरीश मादानी

120. आज की कविता आंदोलन चलाया–
A. राजकमल चौधरी B. जगदीश चतुर्वेदी
C. हरीश मादानी D. नवल किशोर

121. वीरेंद्र कुमार जैन किस पत्रिका का प्रकाशन करते थे?
A. भारती B. आर्य दर्पण
C. नया प्रतीक D. सैनिक

122. सहज कविता आंदोलन के प्रवर्तक हैं–
A. रवीन्द्र भ्रमर B. परमानंद श्रीवास्तव
C. रामदरश मिश्र D. विश्वनाथ त्रिपाठी

123. इसमे कौन-सा रीति ग्रंथ है?
A. चुभते चौपदे B. चोखे चौपदे
C. रस कलश D. बोलचाल

124. 'त्रिशूल' उपनाम से काव्य रचना किया करते थे?
A. गया प्रसाद शुक्ल B. रामचरित उपाध्याय
C. रायदेवी प्रसाद 'पूर्ण' D. सैयद अमीर अली 'मीर'

125. मैथिलीशरण गुप्त की प्रथम रचना का नाम बतावें–
A. झंकोर B. पंचवटी
C. जयद्रथ वध D. वृत्त-संहार

126. आचार्य रामचन्द्र शुक्ल खड़ी बोली की पहली पुस्तक कौन-सी मानते हैं?
A. श्रांत पथिक B. उजड़ ग्राम
C. एकांतवासी योगी D. इनमे से कोई नहीं

127. 'प्रिय-प्रवास' की विशेषता नहीं है–
A. संस्कृत के वर्ण वृत्त B. कोमलकांत पदावली
C. खंडकाव्य D. भाव व्यंजनात्मय

128. 'नागरी तेरी यह दशा' कविता के रचयिता हैं–
A. अयोध्या सिंह उपाध्याय B. भारतेन्दु हरिशचंद्र
C. अम्बिकादत्त व्यास D. महावीर प्रसाद द्विवेदी

129. महावीर प्रसाद द्विवेदी मूलतः किससे प्रभावित थे?
A. कीट्स B. वर्डस्वर्थ
C. शैली D. क्रोचे

130. महावीर प्रसाद द्विवेदी की काव्य-रचना की विशेषता नहीं है–
A. वर्डसवर्थ का प्रभाव B. इतिवृत्तात्मकता
C. संस्कृत वृतों का प्रयोग D. गद्यात्मकता

131. द्विवेदी-युग में समस्या पूर्ति का केन्द्र था–
A. बनारस B. कानपुर
C. इलाहाबाद D. मेरठ

132. मैथिलीशरण गुप्त के काव्य की विशेषता नहीं है–
A. इतिवृत्तात्मकता B. मात्रिक छन्द
C. संस्कृत वृत्तों का प्रयोग D. खड़ी बोली का प्रयोग

133. कुणाल-गीत के रचयिता का नाम बतावें।
A. माखनलाल चतुर्वेदी B. मैथिलीशरण गुप्त
C. मुक्तिबोध D. दिनकर

134. 'उर्वशी' महाकाव्य के रचयिता हैं–
A. बालकृष्ण शर्मा B. दिनकर
C. रामनरेश त्रिपाठी D. विश्वनाथ त्रिपाठी

135. बालकृष्ण शर्मा नवीन की रचना नहीं है–
A. हल्दी घाटी B. क्वासि
C. उर्वशी D. विप्लव ग्राम

136. जयद्रथ वध का प्रकाशन वर्ष बतावें–
A. 1905 B. 1910
C. 1912 D. 1913

137. मैथिलीशरण गुप्त की रचना नहीं है–
A. पंचवटी B. विष्णुप्रिया
C. करूणा कादम्बिनी D. वृत-संहार

138. 'प्रथम रश्मि का आना' कविता पंत के किस संग्रह से है–
A. वीणा B. पल्लव
C. ग्रन्थि D. इनमे से कोई नहीं

139. रवीन्द्र नाथ टैगोर-कृत गीतांजलि को नोबेल पुरस्कार कब मिला?
A. 1903 ई॰ B. 1907 ई॰
C. 1909 ई॰ D. 1913 ई॰

140. 'राम की शक्ति पूजा' पर किसका प्रभाव है?
A. बांग्ला रामायण B. वाल्मीकी रामायण
C. रामचरित मानस D. रामचन्द्रिका

141. सरोज स्मृति का रचना वर्ष क्या है?
A. 1935 B. 1936
C. 1937 D. 1934

142. 'पंत' का आरम्भिक काव्य-ग्रंथ है–
A. ग्रंथि B. गुंजन
C. उच्छ्वास D. वीणा

143. 'हिमतरंगिनी' के रचयिता हैं–
A. दिनकर B. माखनलाल चतुर्वेदी
C. रामनरेश त्रिपाठी D. सियाराम शरण गुप्त

144. कौन 'कवि सम्राट' की उपाधि से विभूषित हुआ?
A. माखनलाल चतुर्वेदी B. मैथिलीशरण गुप्त
C. दिनकर D. महावीर प्रसाद द्विवेदी

145. नीहार काव्य संग्रह के रचयिता हैं–
A. सुमित्रानंदन पंत B. महादेवी वर्मा
C. रामचरित उपाध्याय D. श्रीकांत वर्मा

146. सुमित्रानंदन पंत को ज्ञानपीठ पुरस्कार प्राप्त हुआ–
A. कला और बूढ़ा चाँद B. चिदम्बरा
C. पल्लव D. युगांत

147. 'मधुकण' कृति के रचयिता हैं–
A. भगवतीचरण वर्मा B. रामकुमार वर्मा
C. महादेवी वर्मा D. दिनकर

148. 'बादल-राग' कविता के कवि हैं–
A. नागार्जुन B. निराला
C. पंत D. केदारनाथ अग्रवाल

149. 'मांझी न बजाओ वंशी' कविता किस कवि की है?
A. केदारनाथ अग्रवाल B. रामविलास शर्मा
C. शिवमंगलसिंह सुमन D. त्रिलोचन शास्त्री

150. 'वैद्यनाथ मिश्र' किस कवि का उपनाम है?
A. रांगेय राधव B. सर्वेश्वर दयाल सक्सेना
C. नागार्जुन D. केदारनाथ सिंह

151. 'यात्री' नाम से नागार्जुन किस भाषा में कविता लिखते थे?
A. खड़ी बोली B. मैथिली
C. उर्दू D. ब्रजभाषा

152. दूसरा तार-सप्तक के कवि नहीं हैं–
A. हरिनारायण व्यास B. शमशेर बहादुर सिंह
C. भवानी प्रसाद मिश्र D. अज्ञेय

153. प्रथम तार-सप्तक के कवि नहीं है–
A. शकुंतला माथुर B. मुक्तिबोध
C. रामविलास शर्मा D. प्रभाकर माचवे

154. पृथ्वी-कल्प काव्य-नाटक के रचयिता हैं–
A. शमशेर बहादुर सिंह B. गिरिजा कुमार माथुर
C. भारतभूषण अग्रवाल D. प्रभाकर माचवे

155. जापानी लोक कथा पर आधारित कविता है–
A. शब्द B. असाध्य वीणा
C. अँधेरे में D. ब्रह्मराक्षस

156. 'मन' का राग कविता के रचनाकार हैं–
A. भारतभूषण अग्रवाल B. शमशेर
C. जगदीश गुप्त D. बालकृष्ण भट्ट

157. फैंटेसी शिल्प पर आधारित रचनाकार का नाम बतावें।
A. भवांनी प्रसाद मिश्र B. मुक्तिबोध
C. शमशेर बहादुर सिंह D. गिरिजा कुमार माथुर

158. 'कनुप्रिया' कृति का काव्य-रूप है–
A. प्रबंध B. मुक्तक
C. खंड काव्य D. गीतिनाट्य

159. 'नई कविता' पत्रिका का प्रकाशन स्थल है–
A. काशी B. प्रयाग
C. कोलकाता D. कानपुर

160. 'अमर का राग' कविता का काव्य-रूप है–
A. प्रगीत B. गीत
C. काव्य-नाटक D. लंबी कविता

161. 'अतुकांत' काव्य संकलन से संबंधित है–
A. कुंवर नारायण B. लक्ष्मीकांत वर्मा
C. केदारनाथ सिंह D. केदारनाथ अग्रवाल

162. 'आत्मजयी' कृति का प्रकाशन वर्ष है–
A. 1955 B. 1958
C. 1961 D. 1965

163. 'माया-दर्पण' कविता के रचयिता हैं–
A. श्री राम वर्मा B. दुष्यन्त कुमार
C. श्रीकान्त वर्मा D. दूधनाथ सिंह

164. विश्व काव्य चयनिका के सम्पादक हैं–
A. रामविलास शर्मा B. नगेन्द्र
C. नंद दुलारे वाजपेयी D. नामवर सिंह

165. 'मधुस्त्रोत' के रचयिता हैं–
A. जगदीश गुप्त B. बच्चन
C. रामचन्द्र शुक्ल D. केदारनाथ सिंह

166. 'शंख-ध्वनि' के रचयिता हैं–
A. पंत B. भवानी प्रसाद मिश्र
C. केदारनाथ अग्रवाल D. भारतभूषण अग्रवाल

167. 'इति' के रचयिता हैं–
A. दिनेश नंदिनी डालमिया B. त्रिलोचन
C. अज्ञेय D. नरेश मेहता

168. 'इला और अमिताभ' के रचनाकार हैं–
A. देवराज B. दिनेशनंदिनी डालमिया
C. त्रिलोचन D. नरेश मेहता

169. 'जलते हुए वन का वसंत' के रचयिता हैं–
A. देवराज B. दुष्यंत कुमार
C. जगूडी D. धूमिल

170. तीसरा अंधेरा के रचयिता हैं–
A. धूमिल B. अशोक वाजपेयी
C. कैलाश वाजपेयीं D. दुष्यंत कुमार

171. 'मिट्टी की बारात' किसकी रचना है?
A. शिवमंगल सिह सुमन B. दिनेश कुमार शुक्ल
C. नागार्जुन D. दिनकर

172. 'शून्य पुरुष और वस्तुएँ' के रचनाकार हैं–
A. उदय प्रकाश B. राजेश जोशी
C. वीरेन्द्र कुमार जैन D. भवानी प्रसाद मिश्र

173. 'आस्था' के रचयिता–
A. रमेशचन्द्र शाह B. पंत
C. आलोक धन्वा D. बौधिसत्व

174. 'कछुए की पीठ पर' के रचयिता हैं–
A. प्रभाकर माचवे B. रमेशचन्द्र शाह
C. शकुन्तला माथुर D. मंगलेश डबराल

175. 'खुशबू के शिलालेख' के रचयिता हैं–
A. सर्वेश्वर B. शमशेर
C. भवानी प्रसाद मिश्र D. भारतभूषण अग्रवाल

176. 'गन्धवीथी' के रचयिता हैं–
A. पंत B. जगुड़ी
C. शमशेर D. धूमिल

177. 'जाल समेटा' के रचयिता हैं–
A. पंत B. भवानी प्रसाद मिश्र
C. केदारनाथ अग्रवाल D. बच्चन

178. 'युग्म' के रचयिता हैं–
A. पंत B. जगदीश गुप्त
C. जगदीश चतुर्वेदी D. रघुवीर सहाय

179. 'व्यक्तिगत' के रचयिता हैं–
A. भवानी प्रसाद मिश्र B. शमशेर
C. सर्वेश्वर D. धर्मवीर भारती

180. 'तालाब की मछलियाँ' के रचनाकार हैं–
A. केदारनाथ सिंह B. नागार्जुन
C. दुष्यंत कुमार D. अज्ञेय

181. 'दीवारों पर खून से' के रचनाकार हैं–
A. मंगलेश डबराल B. वल्लभ डोभाल
C. चंद्रकात देवताले D. बलदेव जोशी

182. 'महा प्रस्थान' के रचनाकार हैं–
A. रघुवीर सहाय B. प्रयाग शुक्ल
C. नरेश मेहता D. कैलाश वाजपेयी

183. 'अग्निलीक' के रचयिता हैं–
A. भवानी प्रसाद मिश्र B. केदारनाथ अग्रवाल
C. भारतभूषण अग्रवाल D. बच्चन

184. 'जंगल का दर्द' के रचयिता हैं–
A. सर्वेश्वर B. शमशेर
C. रघुवीर सहाय D. धर्मवीर भारती

185. 'प्रवाद पर्व' के रचयिता हैं–
A. नरेश मेहता B. पंत
C. भवानी प्रसाद मिश्र D. केदारनाथ अग्रवाल

186. 'बची हुई पृथ्वी' के रचयिता हैं–
A. जगूड़ी B. धूमिल
C. सर्वेश्वर D. लक्ष्मीकांत वर्मा

187. 'पानी की पुकार' के रचनाकार हैं–
A. रामदरश मिश्र B. गोविन्द मिश्र
C. विद्यानिवास मिश्र D. बच्चन

188. 'आमने-सामने' के रचयिता हैं–
A. इब्बार रब्बी B. गिरधर लाठी
C. कुंवर नारायण D. भवानी प्रसाद मिश्र

189. 'सामना होने पर' के रचयिता हैं–
A. गिरधर लाठी B. सोमदत्त
C. नरेन्द्र मोहन D. जगूडी

190. 'आदिम एकान्त' के रचनाकार हैं–
A. जगदीश गुप्त B. शमशेर
C. बच्चन D. नागार्जुन

191. 'उदिता' के रचयिता हैं–
A. त्रिलोचन B. सर्वेश्वर
C. शमशेर D. केदारनाथ सिंह

192. 'जमीन पक रही है' के रचयिता हैं–
A. रामदरश मिश्र B. केदारनाथ सिंह
C. वेणु गोपाल D. नागार्जुन

193. 'जिप्सी लड़की' के रचयिता हैं–
A. सोमदत्त B. राजेश जोशी
C. सुमन राजे D. अवधेश कुमार

194. 'मंटो मेरा दुश्मन' के रचनाकार हैं–
A. हरिनारायण व्यास B. उपेन्द्रनाथ 'अश्क'
C. मदन वात्स्यायन D. प्रयाग शुक्ल

195. 'यह एक दिन है' के रचयिता हैं–
A. सोमदत्त B. प्रयाग शुक्ल
C. प्रयाग त्रिपाठी D. नंद किशोर आचार्य

196. 'सुनो कारीगर' के रचनाकार हैं–
A. उदय प्रकाश B. प्रयाग शुक्ल
C. गिरधर राठी D. सोमदत्त

197. 'माया दर्पण' के रचयिता हैं–
A. श्रीकांत वर्मा B. रघुवीर सहाय
C. नरेश मेहता D. कैलाश वाजपेयी

198. 'अपूर्वा' के रचयिता हैं–
A. अज्ञेय B. केदारनाथ अग्रवाल
C. भवानी प्रसाद मिश्र D. अरूण कमल

199. 'हजार-हजार बाहों वाली' के रचयिता हैं–
A. नागार्जुन B. लक्ष्मीकांत वर्मा
C. जगदीश गुप्त D. केदारनाथ सिंह

200. 'मगध' के रचयिता हैं–
A. कैलाश वाजपेयी B. अशोक वाजपेयी
C. श्रीकांत वर्मा D. नरेश मेहता

201. 'पहाड पर लालटेन' के रचयिता हैं–
A. मंगलेश डबराल B. इब्बार रबी
C. चंद्रकांत देवताले D. विनोद कुमार शुक्ल

202. 'फूल नहीं रंग बोलते हैं' के रचयिता हैं–
A. केदारनाथ अग्रवाल B. त्रिलोचन
C. शमशेर D. सर्वेश्वर

203. 'कटौती' के रचयिता हैं–
A. मदन वात्स्यायन B. कीर्ति चौधरी
C. सुमन राजे D. निलय उपाध्याय

204. 'मगर एक आवाज' के रचनाकार हैं–
A. जगूड़ी B. लीलाधर मंडलोई
C. विनोद कुमार शुक्ल D. मंगलेश डबराल

205. 'हम जो नदियों का संगम है' के रचयिता हैं–
A. गीतांजलि श्री B. नमिता सिंह
C. अनामिका D. बौधिसत्व

206. 'घर का रास्ता' के रचयिता हैं–
A. मंगलेश डबराल B. इब्बार रबी
C. अरूण कमल D. प्रयाग शुक्ल

207. 'कोई दूसरा नहीं' के रचनाकार का नाम है–
A. अशोक वाजपेयी B. कुंवर नारायण
C. अरूण कमल D. विनोद कुमार शुक्ल

208. 'मैं हूँ वक्त के सामने' के रचयिता हैं–
A. विनोद कुमार शुक्ल B. सर्वेश्वर
C. शमशेर D. गिरिजाकुमार शुक्ल

209. 'खूँटियों पर टंगे लोग' के रचयिता हैं–
A. रघुवीर सहाय B. शमशेर
C. सर्वेश्वर D. धर्मवीर भारती

210. 'आग का आइना' के रचयिता हैं–
A. भवानी प्रसाद मिश्र　B. केदारनाथ अग्रवाल
C. भारतभूषण अग्रवाल　D. केदार नाथ सिंह

211. 'परीक्षा गुरु' उपन्यास का नायक है–
A. ब्रजकिशोर　B. मदनमोहन
C. चुन्नीलाल　D. शम्भूदयाल

212. 'नूतन ब्रह्मचारी' उपन्यास के लेखक हैं–
A. बालकृष्ण भट्ट　B. प्रेमधन
C. प्रतापनारायण मिश्र　D. श्रीनिवासदास

213. 'कंकाल' उपन्यास की कथावस्तु है–
A. सामाजिक　B. ऐतिहासिक
C. बौद्धकालीन　D. सांस्कृतिक

214. बौद्धकालीन परिदृश्य पर आधारित उपन्यास है–
A. कंकाल　B. इरावती
C. तितली　D. चित्रलेखा

215. 'गोदान' उपन्यास में गाँधी और मार्क्स को जैसे प्रेमचन्द ने 'फेंट कर मिलाया हो'– कथन किसका है?
A. रामविलास शर्मा　B. नंदकिशोर आचार्य
C. नामवर सिंह　D. रामस्वरूप चतुर्वेदी

216. निम्न में कौन प्राकृतवादी उपन्यासकार नहीं है–
A. चतुरसेन शास्त्री　B. पांडेय बेचन शर्मा 'उग्र'
C. ऋषभचरण जैन　D. अमृतलाल नागर

217. प्राकृतवादी उपन्यासों के जनक माने जाते हैं–
A. जोला　B. चतुरसेन शास्त्री
C. उपेन्द्रनाथ 'अश्क'　D. ऋषभचरण जैन

218. 'शहर में घूमता आईना' उपन्यास के रचयिता हैं–
A. अमृतलाल नागर　B. चतुरसेन शास्त्री
C. बेचन शर्मा 'उग्र'　D. उपेन्द्रनाथ 'अश्क'

219. 'मुक्तिबोध' उपन्यास के रचयिता हैं–
A. लक्ष्मीनारायण लाल　B. जैनेन्द्र
C. रामेश्वर शुक्ल अंचल　D. मुक्तिबोध

220. जैनेन्द्र का अन्तिम उपन्यास है–
A. अनाम स्वामी　B. दर्शाक
C. व्यतीत　D. मुक्तिबोध

221. गाँधी जी के दक्षिण अफ्रीकी जीवन पर आधारित उपन्यास है–
A. ढ़ाई घर
B. पहला गिरमिटिया
C. दीवार में एक खिड़की रहती थी
D. कालिकथा : वाया बाइपास

222. 'आलोक पूर्व' रचना की विधा है–
A. उपन्यास　B. कहानी
C. संस्मरण　D. निबंध

223. नागार्जुन का पहला उपन्यास है–
A. नई पौध　B. रतिनाथ की चाची
C. कुम्भीपाक　D. इमरतिया

224. राही मासूम रजा का उपन्यास नहीं है–
A. आधा गाँव　B. जाग मछंदर गोरख आया
C. दिल एक सादा कागज　D. असंतोष के दिन

225. हरिजनों के उत्पीड़न की कथा पर आधारित उपन्यास है–
A. कटरा बी आरजू　B. धरती धन न अपना
C. सात धूँधट वाला मुखड़ा　D. मुर्दो का टीला

226. नरेश मेहता का उपन्यास नहीं है–
A. डूबते मस्तूल　B. प्रथम फाल्गुन
C. उत्तर कथा　D. अन्तराल

227. आधुनिकता बोध का आशय है–
(*a*) अकेलेपन का बोध
(*b*) विजातीयता की अनुभूति
(*c*) उदासी, तनाव तथा जीव की निरर्थकता
(*d*) महायुद्ध का संत्रास
A. केवल (*a*)　B. केवल (*a*), (*b*)
C. केवल (*b*), (*c*), (*d*)　D. सभी (*a*), (*b*), (*c*), (*d*)

228. उषा प्रियम्वदा के उपन्यास 'पचपन खम्भे लाल दीवारें' की नायिका है–
A. राधिका　B. नमिता
C. अनु　D. सुषमा

229. द्वितीय महायुद्ध के बाद की स्थिति पर केन्द्रित उपन्यास है–
A. वे दिन　B. रात का रिपोर्टर
C. लाल टीन की छत　D. एक चिथड़ा सुख

230. 'स्मृतिलेखा' के रचयिता हैं–
A. प्रेमचन्द　B. जैनेन्द्र
C. अज्ञेय　D. शरतचन्द्र

231. 'मृगनयनी' उपन्यास के रचयिता हैं–
A. वृंदावनलाल वर्मा　B. भगवती चरण वर्मा
C. निर्मल वर्मा　D. रांगेय राधव

232. गाँधी-इरविन समझौते से संबंधित उपन्यास है–
A. कायाकल्प　B. कर्मभूमि
C. रंगभूमि　D. गबन

233. 'चितकोबरा' उपन्यास की लेखिका हैं–
A. मन्नू भण्डारी　B. कृष्णा सोबती
C. मृदुला गर्ग　D. मंजुल भगत

234. 'डूब' उपन्यास का संबंध है–
A. विनोद कुमार शुक्ल　B. वीरेन्द्र जैन
C. मैत्रेयी पुष्पा　D. कमलेश्वर

235. 'अन्तराल' उपन्यास के लेखक हैं–
A. गिरिराज किशोर　B. मणि मधुकर
C. मोहन राकेश　D. महेन्द्र भल्ला

236. नागार्जुन का उपन्यास नहीं है–
A. कुम्भीपाक　B. नदी बहती थी
C. गरीबदास　D. मर्यादा पुरूषोत्तम

237. अमृतलाल-नागर का उपन्यास नहीं है–
A. एक इंच मुस्कान B. उग्रतारा
C. बिखरे तिनके D. नाच्यो बहुत गोपाल

238. मृदुला गर्ग का उपन्यास नहीं है–
A. कठगुलाब B. वेशज
C. जुलूस D. चितकोबरा

239. 'एक चूहे की मौत' के रचयिता हैं–
A. रामदरश मिश्र B. राही मासूम रजा
C. बदी उज्जमां D. संजीव

240. 'सफेद मेमने' उपन्यास लिखा है–
A. मणि मधुकर B. गिरिराज किशोर
C. जगदीश चन्द्र D. अखिलेश

241. 'कटा हुआ आसमान' के उपन्यासकार हैं–
A. अब्दुल विस्मिल्लाह B. राही मासूम रजा
C. नागार्जुन D. मोहन राकेश

242. 'अन्तराल' के रचयिता हैं–
A. भीष्म साहनी B. मोहन राकेश
C. राजेन्द्र यादव D. कमलेश्वर

243. 'प्रेम एक अपवित्र नदी' के रचनाकार हैं–
A. अमृतलाल नागर B. लक्ष्मीनारायण लाल
C. अखिलेश D. नागार्जुन

244. 'बीस रानियों के बाइस्कोप' के रचयिता हैं–
A. नागार्जुन B. शिवानी
C. रांगेय राधव D. राजकमल चौधरी

245. 'सूरजमुखी अँधेरे के' उपन्यास के रचयिता हैं–
A. कृष्णा सोबती B. शिवानी
C. ममता कालिया D. महेन्द्र भल्ला

246. 'तमस' उपन्यास लिखा है–
A. भीष्म साहनी B. राजेन्द्र यादव
C. कृष्णा सोबती D. उदय प्रकाश

247. 'पुनर्नवा' उपन्यास के लेखक हैं–
A. कृष्णा सोबती B. भीष्म साहनी
C. अमृतलाल नागर D. हजारी प्रसाद द्विवेदी

248. 'सीमाएँ टूटती हैं' उपन्यास लिखा है–
A. श्रीलाल शुक्ल B. गिरिराज किशोर
C. शिवप्रसाद सिंह D. निर्मल वर्मा

249. 'काली आँधी' के रचयिता हैं–
A. मोहन राकेश B. कमलेश्वर
C. शिवप्रसाद सिंह D. काशीनाथ सिंह

250. 'मुर्दाघर' उपन्यास के रचनाकार हैं–
A. जगदम्बा प्रसाद दीक्षित B. गोविन्द मिश्र
C. महीप सिंह D. बदी उज्जमां

251. 'लाल टीन की छत' उपन्यास लिखा है–
A. जैनेन्द्र कुमार B. निर्मल वर्मा
C. अमृतलाल नागर D. मोहन राकेश

252. 'नरक-दर-नरक' उपन्यास लिखा है–
A. रवीन्द्र कालिया B. ममता कालिया
C. वदी उज्जमां D. मृदुला गर्ग

253. 'मुठ्ठी भर कांकर' के रचनाकार हैं–
A. गोविन्द मिश्र B. जगदीश चन्द्र
C. रांगेय राघव D. वीरेन्द्र जैन

254. 'लाल-पीली जमीन' के रचयिता हैं–
A. उदय प्रकाश B. गोविंद मिश्र
C. रामदरश मिश्र D. शैलेश मटियानी

255. 'तीसरा आदमी' के उपन्यासकार हैं–
A. जैनेन्द्र कुमार B. मोहन राकेश
C. हिमांशु जोशी D. कमलेश्वर

256. 'एक चिथड़ा सुख' उपन्यास के रचयिता हैं–
A. निर्मल वर्मा B. मृणाल पाण्डेय
C. राजेन्द्र यादव D. मन्नु भण्डारी

257. 'कसम' के रचयिता हैं–
A. कृष्ण बलदेव वैद B. मनोहर श्याम जोशी
C. कमलेश्वर D. प्रभाकर माचवे

258. यथार्थवादी लेखन की विशेषता है कि वह–
A. आदर्श का अनुकूल प्रयोग करता है
B. फोटोग्राफिक चित्रण करता है
C. ब्यौरेवार चित्रण नहीं करता
D. कल्पना प्रधान होता है

259. मानवतावादी लेखक की विशेषता यह है कि वह–
A. प्रकृतिवादी लेखक का अनुसरण करता है
B. प्रकृतिवादी लेखक का अनुसरण नहीं करता
C. प्रकृतिवादी लेखक से सद्‌भाव बनाता है
D. यथार्थवाद का विरोधी होता है

260. प्रेमचंद की कहानी 'कफन' का प्रकाशन वर्ष है–
A. 1933 B. 1934
C. 1935 D. 1936

261. 'आँधी' किस लेखक की कहानी है?
A. भगवती प्रसाद वाजपेयी B. जयशंकर प्रसाद
C. कमलेश्वर D. पाण्डेय बेचन शर्मा 'उग्र'

262. प्रेमचंद को कबीर के बाद हिन्दी का सबसे बड़ा व्यंग्यकार किसने माना है?
A. नंद दुलारे वाजपेयी B. रामविलास शर्मा
C. विजयदेव नारायण साही D. नामवर सिंह

263. जनवादी विचार मंच की स्थापना सन् 1977 ई॰ में किस विश्वविद्यालय में हुई?
A. दिल्ली विश्वविद्यालय B. काशी हिन्दू विश्वविद्यालय
C. कोलकाता विश्वविद्यालय D. इलाहाबाद विश्वविद्यालय

264. वैराग्य कथा-संग्रह के रचनाकार हैं–
A. अलका सरावगी B. गीतांजलि श्री
C. मैत्रेयी पुष्पा D. वीरेन्द्र जैन

265. 'वारेन हेस्टिंग्ज का सांड' कहानी के लेखक हैं–
A. स्वयं प्रकाश B. उदय प्रकाश
C. काशीनाथ सिंह D. बाल मुकुन्द गुप्त

266. अज्ञेय की कहानियों की विशेषता है–
A. को-संघर्ष B. व्यक्ति का आत्मसंघर्ष
C. पैना व्यंग्य D. अर्थ का असामंजस्य

267. हिन्दी के प्रथम नाटक 'नहुष' का रचना वर्ष है–
A. 1835 B. 1836
C. 1859 D. 1869

268. दुःखिनी बाला' नाटक का प्रकाशन वर्ष है–
A. 1876 B. 1880
C. 1882 D. 1886

269. मोहन राकेश का पहला नाटक है–
A. लहरों के राजहंस B. आषाढ़ का एक दिन
C. आधे-अधूरे D. इनमे से कोई नहीं

270. गोदान उपन्यास का नाट्य रूपान्तर किया–
A. प्रतिभा अग्रवाल B. गिरीश रस्तोगी
C. मृदुला गर्ग D. मृणाल पाण्डेय

271. 'कर्फ्यू' के रचयिता हैं–
A. रामकुमार वर्मा B. उदयशंकर भट्ट
C. लक्ष्मीनारायण लाल D. रमेश बक्षी

272. 'अमृत पुत्र' के रचयिता हैं–
A. लक्ष्मीनारायण लाल B. रामकुमार वर्मा
C. सत्यव्रत सिन्हा D. ब्रजमोहन शाह

273. 'बकरी' के रचयिता हैं–
A. सर्वेश्वर B. निर्मल वर्मा
C. ज्ञानदेव अग्निहोत्री D. रमेश बक्षी

274. 'दरिन्दे' के रचयिता हैं–
A. सर्वेश्वर B. हमीदुल्ला
C. मुद्राराक्षस D. रमेश बक्षी

275. 'सत्य हरिशचन्द्र' के रचनाकार हैं–
A. लक्ष्मीनारायण लाल B. रामगोपाल गोयल
C. अज्ञात D. सुरेन्द्र तिवारी

276. 'उत्तर उर्वशी' के रचयिता हैं–
A. अज्ञेय B. दिनकर
C. हमीदुल्ला D. लक्ष्मीनारायण लाल

277. गोपालराम गहमरी कृत 'चीन देश का विवरण' की विधा है–
A. यात्रा-साहित्य B. संस्मरण
C. निबंध D. उपन्यास

278. 'रेल का टिकट' निबंध संग्रह है–
A. धीरेन्द्र वर्मा का B. शान्ति प्रिय द्विवेदी का
C. यशपाल का D. भदन्त आनंद कौसल्यायन का

279. 'साहित्यकार की आस्था तथा अन्य निबंध नामक निबंध संग्रह संबंधित है–
A. जयशंकर प्रसाद B. बालकृष्ण भट्ट
C. महादेवी वर्मा D. महावीर प्रसाद द्विवेदी

280. हजारी प्रसाद द्विवेदी की निबंध कला की विशेषता नहीं है–
A. मनुष्य की जय यात्रा
B. समस्या का सांस्कृतिक समाधान
C. लालित्य और आत्मव्यंजना
D. गाँधी और रवीन्द्रनाथ टैगोर का प्रभाव

281. हजारी प्रसाद द्विवेदी का प्रथम निबंध संग्रह है–
A. कल्पलता B. साहित्य सहचर
C. अशोक के फूल D. विचार प्रवाह

282. 'प्रगतिशील साहित्य की समस्याएँ' निबंध संग्रह के लेखक हैं–
A. रामविलास शर्मा B. विजयेन्द्र स्नातक
C. नगेन्द्र D. विद्यानिवास मिश्र

283. आस्था के चरण निबंध संग्रह का प्रकाशन वर्ष है–
A. 1949 B. 1961
C. 1966 D. 1968

284. विद्यानिवास मिश्र का पहला निबंध संग्रह है–
A. कदम की फूली डाल B. छितवन की छाँह
C. तमाल के झरोखे से D. गाँव का मन

285. इनमें से कौन सहज कविता के कवि नहीं हैं–
A. परमानंद श्रीवास्तव B. रामदरश मिश्र
C. प्रभाकर माचवे D. विश्वनाथ त्रिपाठी

286. समकालीन कविता आंदोलन का सूत्रपात किसने किया?
A. विश्वम्भरनाथ उपाध्याय B. वीरेन्द्र कुमार जैन
C. शलभ श्री राम सिंह D. जगदीश चतुर्वेदी

287. समकालीन कविता की भूमिका पुस्तक किसने लिखी है?
A. प्रभाकर माचवे B. विश्वम्भरनाथ उपाध्याय
C. अज्ञेय D. नवल किशोर

288. निम्न में कौन-सी पत्रिका निराला द्वारा संपादित नहीं है?
A. मतवाला B. गंगा पुस्तक माला
C. सुधा D. इनमे से कोई नहीं

289. निम्न में कौन-सा उपन्यास निराला का नहीं है?
A. निष्पक्ष B. नीला चांद
C. चोटी की पकड़ D. काले कारनामे

290. निम्न में निराला के रेखाचित्र बताएं–
A. बिल्लेसुर बकरीहा B. कुल्ली भाट
C. उपर्युक्त दोनों D. इनमें से कोई नहीं

291. निराला के कहानी संग्रह का नाम है–
(a) लिली *(b)* सखी
(c) चतुरी चमार *(d)* सुकुल की बीबी
A. केवल *(a)*, *(b)* B. केवल *(a)*, *(c)*, *(d)*
C. केवल *(c)*, *(d)* D. सभी *(a)*, *(b)*, *(c)*, *(d)*

292. 'रवीन्द्र कविता कानन' किसकी समीक्षा पुस्तक हैं?
A. नंद दुलारे वाजपेयी B. हजारी प्रसाद द्विवेदी
C. निराला D. अज्ञेय

293. इनमे से कौन निराला का नाट्य संग्रह नहीं है?
A. समाज B. अमृत और विष
C. शकुन्तला D. उषा अनिरूद्ध

294. पंत को साहित्य अकादमी पुरस्कार किस कृति पर मिला?
A. कला और बूढ़ा चाँद B. पल्लव
C. वीणा D. गुंजन

295. पंत को सोबियत पुरस्कार मिला–
A. वीणा पर B. उच्छ्वास पर
C. लोकायतन पर D. ग्रन्थि पर

296. पंत को ज्ञानपीठ पुरस्कार मिला–
A. युगान्त पर B. चिदम्बरा पर
C. स्वर्णधूलि पर D. रजतशिखर पर

297. 'हार' किसका उपन्यास है?
A. प्रसाद B. निराला
C. पंत D. दिनकर

298. मधुवन कहानी किसकी है?
A. सियाराम शरण गुप्त B. नवीन
C. निराला D. पंत

299. उमर-खय्याम की रूबाइयों का हिन्दी में अनुवाद किसने किया था?
A. आचार्य शुक्ल B. केदारनाथ अग्रवाल
C. पंत D. भवानी प्रसाद मिश्र

300. 'महावृक्ष के नीचे' किसकी काव्य रचना है?
A. मुक्तिबोध B. पंत
C. अज्ञेय D. दिनकर

301. 'कल्पना' फिल्म के लिए किसने गीत लिखे थे?
A. हरिवंश राय बच्चन B. पंत
C. मैथिलीशरण गुप्त D. माखनलाल चतुर्वेदी

302. 'साहित्यकार' किसके द्वारा संपादित मुख्य पत्र था?
A. प्रसाद B. निराला
C. पंत D. महादेवी वर्मा

303. 'पथ के साथी' हिन्दी की कौन-सी विधा है?
A. उपन्यास B. कहानी
C. संस्मरण D. इनमे से कोई नहीं

304. 'साहित्यकार की आस्था' किसका निबंध संग्रह है?
A. हजारी प्रसाद द्विवेदी B. आचार्य शुक्ल
C. अज्ञेय D. महादेवी वर्मा

305. महादेवी की प्रौढ़तम काव्य रचना कौन है?
A. यामा B. रश्मि
C. सान्ध्यगीत D. दीपशिखा

306. 'मैं नीर भरी....' कहाँ की पंक्ति है–
A. नीरजा B. सान्ध्यगीत
C. नीहार D. रश्मि

307. 'अरूणोदय' कविता के लेखक हैं–
A. प्रसाद B. बच्चन
C. दिनकर D. माखनलाल चतुर्वेदी

308. 'पथिक' के काव्य-संग्रह किसका है?
A. महादेवी का B. सियाराम शरण गुप्त
C. रामनरेश त्रिपाठी D. प्रभाकर माचवे

309. 'प्रणमंत्र' खंडकाव्य के रचयिता हैं–
A. जगदीश चतुर्वेदी B. मैथिलीशरण गुप्त
C. शमशेर D. दिनकर

310. इनमें से कौन दिनकर का मुक्तक काव्य संग्रह नहीं है–
A. इतिहास के आंसू B. नील कुसुम
C. उतना वह सूरज है D. धूप-छांह

311. 'सीपी और शंख' के रचयिता हैं–
A. सुरेन्द्र वर्मा B. सर्वेश्वर दयाल सक्सेना
C. त्रिलोचन D. दिनकर

312. आत्मा की आँखें के रचयिता हैं–
A. विष्णु प्रभाकर B. दिनकर
C. नरेश मेहता D. केदारनाथ सिंह

313. 'हुंकार' किसका काव्य संग्रह है?
A. मुक्तिबोध B. धूमिल
C. दिनकर D. श्रीकांत वर्मा

314. इनमें से दिनकर का निबंध-संग्रह कौन नहीं है–
A. अर्द्धनारीश्वर B. वट वृक्ष
C. धर्म, नैतिकता और विज्ञान D. इनमें से कोई नहीं

315. 'कस्मैदे वाय' नामक कविता के रचयिता कौन हैं?
A. दिनकर B. हजारी प्रसाद द्विवेदी
C. भारत भूषण अग्रवाल D. श्रीकांत वर्मा

316. 'भारत' नामक पत्र का सम्पादन किसने किया?
A. निर्मल वर्मा B. केदारनाथ अग्रवाल
C. नरेन्द्र शर्मा D. अज्ञेय

317. निम्न में कौन सी रचना नरेंद्र शर्मा की नहीं है–
A. अरण्य B. प्रवासी के गीत
C. रक्त चंदन D. द्रौपदी

318. 'अंधेरे में' के लेखक हैं–
A. नरेश मेहता B. मुक्ति बोध
C. दिनकर D. सियाराम शरण गुप्त

319. सबसे पुराने साहित्यिक पत्र का नाम है–
A. कर्मवीर B. भारत जीवन
C. आर्य दर्पण D. ब्राह्मण

320. 'भारतेन्दु का साहित्य व्यापक स्तर पर गदर से प्रभावित' उक्ति है–
A. आचार्य शुक्ल B. हजारी प्रसाद द्विवेदी
C. डॉ॰ रामविलास शर्मा D. डॉ॰ नगेन्द्र

321. 'भारतेन्दु जी साहित्य के नए युग प्रवर्तक तथा नवजागरण के अग्रदूत हैं'- उक्ति है–
A. आचार्य शुक्ल B. नंद दुलारे वाजपेयी
C. नामवर सिंह D. रामविलास शर्मा

322. भारतेन्दु रचित "स्वर्ग की विचार सभा" साहित्य की विधा है–
A. कविता B. संस्मरण
C. निबंध D. कहानी

323. निम्न में कौन प्रतापनारायण मिश्र का निबंध नहीं है–
A. खुशामद B. भौं
C. कवि और कविता D. नारी

324. 'यमलोक की यात्रा' क्या है?
A. कहानी B. नाटक
C. संस्मरण D. निबंध

325. 'यमलोक की यात्रा' के रचनाकार हैं–
A. बालकृष्ण भट्ट B. प्रतापनारायण मिश्र
C. भारतेन्दु हरिश्चन्द्र D. राधाचरण गोस्वामी

326. निम्न में कौन-सा निबंध बाल कृष्ण भट्ट का नहीं है?
A. बाल विवाह B. आँख
C. देश सेवा महत्व D. इनमें से कोई नहीं

327. इनमें से कौन-सा नाटक भारतेन्दु कृत नहीं है–
A. चंद्रावली B. हठी हमीर
C. अंधेर नगरी D. सती प्रताप

328. निम्न में कौन-सा नाटक प्रतापनारायण मिश्र का नहीं है–
A. प्रेम जोगिनी B. कलि कौतुक रूपक
C. गौ संकट D. भारत दुर्दशा

329. राधाकृष्ण दास रचित नाटक है–
A. महाराणा प्रताप B. दुःखिनी बाला
C. उपर्युक्त दोनों D. इनमें से कोई नहीं

330. 'संयोगिता स्वयंवर' नाटक लिखा है–
A. लाला श्री निवासदास B. राधाकृष्ण दास
C. राधाचरण गोस्वामी D. भारतेंदु

331. इनमे से कौन गोपाल राम गहमरी का नाटक नहीं है–
A. प्रहलाद चरित्र B. बूढ़े मुँह मुँहासे
C. तन-मन-धन D. श्रीदामा अमर सिंह राठौर

332. प्रेमघन के नाटक का नाम है–
A. विषस्य विषमौषधम B. भारत सौभाग्य
C. मयंक मंजरी D. तप्तासंवरण

333. किशोरी लाल गोस्वामी का नाटक है–
A. प्रणियिनी B. चंद्रावली
C. जुआरी-खुआरी D. प्रहलाद चरित्र

334. हिन्दी का पहला दुःखांत नाटक माना जाता है–
A. भारत दुर्दशा B. सती प्रताप
C. दुःखिनी बाला D. तप्ता संवरण

335. 'भाग्यवती' उपन्यास के रचयिता हैं–
A. लाला श्रीनिवास दास B. श्रद्धाराम फुल्लौरी
C. किशोरी लाल गोस्वामी D. गोपाल राम गहमरी

336. 'रहस्य कथा' उपन्यास लिखा है–
A. बालकृष्ण भट्ट B. लाला श्री निवासदास
C. भारतेन्दु D. लाल कृष्ण भट्ट

337. 'हिन्दी कालिदास की आलोचना है'- किसका कथन है?
A. नंद दुलारे वाजपेयी B. आचार्य शुक्ल
C. हजारी प्रसाद द्विवेदी D. महावीर प्रसाद द्विवेदी

338. किसने कहा था कि "खड़ी-बोली नीरस और कर्णकटु है।"
A. बालकृष्ण भट्ट B. लाला भगवान दीन
C. पद्मसिंह शर्मा D. राधाचरण गोस्वामी

339. रामचन्द्र शुक्ल ने हिन्दी साहित्य का आरंभ माना है–
A. वि. सं. 1043 B. वि. सं. 1047
C. वि. सं. 1050 D. वि. सं. 1052

340. 'मनुष्य ही साहित्य का लक्ष्य है।' किसकी उक्ति है?
A. नंद दुलारे वाजपेयी B. डॉ. नगेन्द्र
C. आचार्य शुक्ल D. हजारी प्रसाद द्विवेदी

341. साकेत लिखा गया–
A. 1930 ई. B. 1931 ई.
C. 1932 ई. D. 1933 ई.

342. कामायनी की रचना हुई–
A. 1932 ई. B. 1934 ई.
C. 1936 ई. D. 1937 ई.

343. इनमे से कौन सियाराम शरण गुप्त की रचना नहीं है–
A. विषाद B. रक्त चंदन
C. बापू D. नकुल

344. 'हार की जीत' कहानी के लेखक हैं–
A. सुदर्शन B. कौशिक
C. जैनेन्द्र D. प्रेमचंद

345. लक्ष्मीकांत वर्मा किससे संबंधित हैं–
A. प्रगतिवाद B. प्रयोगवाद
C. नई कविता D. अकविता

346. 'औरंगजेब की आखिरी रात', एकांकी के लेखक हैं–
A. माखनलाल चतुर्वेदी B. दिनकर
C. मैथिलीशरण गुप्त D. रामकुमार वर्मा

347. कौन-सी नाट्य रचना भारतेन्दु की नहीं है?
A. भारत दुर्दशा B. नील देवी
C. अंधेर नगरी D. भारत भारती

निर्देश : नीचे दो वक्तव्य दिए गए हैं। एक को **कथन (A)** और दूसरे को **कारण (R)** कहा गया है। दोनों वाक्यों का सावधानी पूर्वक परीक्षण करें और निर्णय करें कि क्या **कथन A** और **कारण R** स्वतंत्र रूप से सही हैं और यदि ऐसा है तो क्या **कारण (R) कथन (A)** का सही स्पष्टीकरण है। इन प्रश्नों का उत्तर नीचे दिए गए कूटों की सहायता से चुनिए।

कूट :
A. कूट A और R दोनों सही हैं, और R, A का सही स्पष्टीकरण है।
B. A और R दोनों सही हैं, किन्तु R, A का सही स्पष्टीकरण नहीं है।
C. A सही है परन्तु R गलत है।
D. A गलत है परन्तु R सही है।

348. **कथन (A) :** महादेवी प्रगतिवादी कवयित्री हैं।
कारण (R) : उन्हें आधुनिक युग की मीरा कहा जाता है।

349. सुमेलित कीजिए–

सूची-क (रचना)	**सूची-ख (रचनाकार)**
(*a*) राम रावण विरोध	1. रामनरेश त्रिपाठी
(*b*) वैदेही वनवास	2. राय देवी प्रसाद पूर्ण
(*c*) मुक्तावली	3. हरिऔध
(*d*) मिलन	4. राम चरित उपाध्याय

कूट :	(a)	(b)	(c)	(d)
A.	1	2	3	4
B.	4	3	2	1
C.	2	3	4	1
D.	3	2	4	1

350. सुमेलित कीजिए–

सूची-क (रचना)	सूची-ख (रचनाकार)
(a) विचित्र प्रवाह	1. अज्ञेय
(b) वसन्त वियोग	2. दिनकर
(c) रसवंती	3. राम चरित उपाध्याय
(d) महावृक्ष के नीचे	4. राय देवी प्रसाद पूर्ण

कूट :	(a)	(b)	(c)	(d)
A.	1	2	3	4
B.	3	4	2	1
C.	4	3	2	1
D.	3	2	1	4

351. सुमेलित कीजिए–

सूची-क (रचना)	सूची-ख (रचनाकार)
(a) आंसू	1. निराला
(b) आर्द्रा	2. प्रसाद
(c) अपरा	3. मुक्ति बोध
(d) भूल गलती	4. सियाराम शरण गुप्त

कूट :	(a)	(b)	(c)	(d)
A.	4	3	2	1
B.	1	2	3	4
C.	3	2	1	4
D.	2	4	1	3

352. सुमेलित कीजिए–

सूची-क (रचना)	सूची-ख (रचनाकार)
(a) चुभते चौपदे	1. राम नरेश त्रिपाठी
(b) देव सभा	2. हरिऔध
(c) मृत्युंजय	3. राम चरित उपाध्याय
(d) पथिक	4. राय देवी प्रसाद पूर्ण

कूट :	(a)	(b)	(c)	(d)
A.	2	3	4	1
B.	1	2	3	4
C.	4	3	2	1
D.	2	1	4	3

353. सुमेलित कीजिए–

सूची-क (रचना)	सूची-ख (रचनाकार)
(a) समर्पण	1. राम नरेश त्रिपाठी
(b) चोखे चौपदे	2. रामचरित उपाध्याय
(c) राम चरित चिंतामणि	3. हरिऔध
(d) मानसी	4. माखन लाल चतुर्वेदी

कूट :	(a)	(b)	(c)	(d)
A.	2	1	4	3
B.	4	3	2	1
C.	3	2	1	4
D.	1	2	3	4

354. सुमेलित कीजिए–

सूची-क (रचना)	सूची-ख (रचनाकार)
(a) सूक्ति	1. राम चरित उपाध्याय
(b) रस कलश	2. हरि औध
(c) स्वप्न	3. राम नरेश त्रिपाठी
(d) वेणुलो गूंजे धरा	4. माखन लाल चतुर्वेदी

कूट :	(a)	(b)	(c)	(d)
A.	1	2	3	4
B.	4	3	2	1
C.	1	4	3	2
D.	4	2	1	3

निर्देश : नीचे दो वक्तव्य दिए गए हैं। एक को **कथन (A)** और दूसरे को **कारण (R)** कहा गया है। दोनों वाक्यों का सावधानी पूर्वक परीक्षण करें और निर्णय करें कि क्या **कथन A** और **कारण R** स्वतंत्र रूप से सही हैं और यदि ऐसा है तो क्या **कारण (R) कथन (A)** का सही स्पष्टीकरण है। इन प्रश्नों का उत्तर नीचे दिए गए कूटों की सहायता से चुनिए।

कूट :

A. कूट A और R दोनों सही हैं, और R, A का सही स्पष्टीकरण है।

B. A और R दोनों सही हैं, और R, A का सही स्पष्टीकरण नहीं है।

C. A सही है परन्तु R गलत है।

D. A गलत है परन्तु R सही है।

355. कथन (A) : निराला ने बड़ी संख्या में यथार्थवादी कविताएँ लिखीं हैं।

कारण (R) : उनके अनुसार 'कविता परिवेश की पुकार' है।

356. सुमेलित कीजिए–

सूची-क (रचना)	सूची-ख (रचनाकार)
(a) अनाथ	1. राम नरेश त्रिपाठी
(b) युगदीप	2. मोहन लाल महतो वियोगी
(c) निर्माल्य	3. उदयशंकर भट्ट
(d) मिलन	4. सियाराम शरण गुप्त

कूट :	(a)	(b)	(c)	(d)
A.	4	3	2	1
B.	1	2	3	4
C.	4	3	2	1
D.	2	4	3	1

357. सुमेलित कीजिए–

सूची-क (रचना)	सूची-ख (रचनाकार)
(a) पथिक	1. उदयशंकर भट्ट
(b) अमृत और विष	2. रामनरेश त्रिपाठी
(c) प्रिय प्रवास	3. रामचरित उपाध्याय
(d) राष्ट्रभारती	4. हरिऔध

कूट :	(*a*)	(*b*)	(*c*)	(*d*)
A.	1	4	2	3
B.	4	3	2	1
C.	2	1	4	3
D.	1	2	3	4

358. सुमेलित कीजिए–

सूची-क (रचना)	**सूची-ख (रचनाकार)**
(*a*) आर्द्रा	1. हरिऔध
(*b*) एकतारा	2. सियाराम शरण गुप्त
(*c*) युगचारण	3. मोहन लाल महतो वियोगी
(*d*) प्रद्यप्रसून	4. माखन लाल चतुर्वेदी

कूट :	(*a*)	(*b*)	(*c*)	(*d*)
A.	1	2	3	4
B.	2	3	4	1
C.	4	3	2	1
D.	3	4	1	2

359. सुमेलित कीजिए–

सूची-क (रचना)	**सूची-ख (रचनाकार)**
(*a*) रश्मि रेखा	1. उदयशंकर भट्ट
(*b*) करूणा कादम्बिनी	2. सियाराम शरण गुप्त
(*c*) पाथेय	3. गयाप्रसाद शुक्ल सनेही
(*d*) राका	4. बालकृष्ण शर्मा नवीन

कूट :	(*a*)	(*b*)	(*c*)	(*d*)
A.	1	2	3	4
B.	4	3	1	2
C.	3	2	4	1
D.	4	3	2	1

360. सुमेलित कीजिए–

सूची-क (रचना)	**सूची-ख (रचनाकार)**
(*a*) मृण्मयी	1. गयाप्रसाद शुक्ल सनेही
(*b*) प्रेम पचीसी	2. माखन लाल चतुर्वेदी
(*c*) हिम किरीटिनी	3. उदयशंकर भट्ट
(*d*) मानसी	4. सियाराम शरण गुप्त

कूट :	(*a*)	(*b*)	(*c*)	(*d*)
A.	4	2	1	3
B.	1	2	3	4
C.	4	1	2	3
D.	4	3	2	1

361. सुमेलित कीजिए–

सूची-क (रचना)	**सूची-ख (रचनाकार)**
(*a*) हिम तरंगिनी	1. सियाराम शरण गुप्त
(*b*) त्रिशूल तरंग	2. गया प्रसाद शुक्ल सनेही
(*c*) बापू	3. माखन लाल चतुर्वेदी
(*d*) विसर्जन	4. उदयशंकर भट्ट

कूट :	(*a*)	(*b*)	(*c*)	(*d*)
A.	3	2	1	4
B.	3	1	2	4
C.	4	2	3	1
D.	1	2	3	4

362. सुमेलित कीजिए–

सूची-क (रचना)	**सूची-ख (रचनाकार)**
(*a*) जय भारत	1. गयाप्रसाद शुक्ल सनेही
(*b*) कविता कलाप	2. बालकृष्ण शर्मा नवीन
(*c*) क्वासि	3. मैथिलीशरण गुप्त
(*d*) कृषक क्रन्दन	4. महावीर प्रसाद द्विवेदी

कूट :	(*a*)	(*b*)	(*c*)	(*d*)
A.	1	2	3	4
B.	4	3	2	1
C.	1	3	2	4
D.	3	4	2	1

363. सुमेलित कीजिए–

सूची-क (रचना)	**सूची-ख (रचनाकार)**
(*a*) हम विषपायी जन्म के	1. महावीर प्रसाद द्विवेदी
(*b*) नहुष	2. बालकृष्ण शर्मा नवीन्
(*c*) काव्य मंजूषा	3. मैथिलीशरण गुप्त
(*d*) दूर्वादल	4. सियाराम शरण गुप्त

कूट :	(*a*)	(*b*)	(*c*)	(*d*)
A.	1	3	2	4
B.	2	3	1	4
C.	1	2	3	4
D.	3	4	2	1

364. सुमेलित कीजिए–

सूची-क (रचना)	**सूची-ख (रचनाकार)**
(*a*) विषाद	1. महावीर प्रसाद द्विवेदी
(*b*) कान्यकुब्ज अबला विलाप	2. सियाराम शरण गुप्त
(*c*) विनोबा स्तवन	3. गया प्रसाद शुक्ल सनेही
(*d*) राष्ट्रीय वीणा	4. बालकृष्ण शर्मा नवीन

कूट :	(*a*)	(*b*)	(*c*)	(*d*)
A.	2	4	3	1
B.	4	3	2	1
C.	2	1	4	3
D.	1	2	3	4

365. सुमेलित कीजिए–

सूची-क (रचना)	**सूची-ख (रचनाकार)**
(*a*) द्वापर	1. नाथू राम शर्मा शंकर
(*b*) बिहार विहार	2. मैथिली शरण गुप्त
(*c*) अनुराग रत्न	3. बाल कृष्ण शर्मा नवीन
(*d*) कुंकुम	4. अम्बिका दत्त व्यास

कूट :	(*a*)	(*b*)	(*c*)	(*d*)
A.	2	4	1	3
B.	1	2	3	4
C.	4	3	2	1
D.	1	2	4	3

366. सुमेलित कीजिए–

सूची-क (रचना)	**सूची-ख (रचनाकार)**
(*a*) कंसवध	1. नाथू राम शर्मा शंकर
(*b*) यशोधरा	2. अम्बिका दत्त व्यास
(*c*) शंकर सरोज	3. मैथिलीशरण गुप्त
(*d*) उर्मिला	4. बालकृष्ण शर्मा नवीन

कूट :	(*a*)	(*b*)	(*c*)	(*d*)
A.	1	2	3	4
B.	2	3	1	4
C.	4	3	2	1
D.	1	3	4	2

367. सुमेलित कीजिए–

सूची-क (रचना)	**सूची-ख (रचनाकार)**
(*a*) झंकार	1. मैथिलीशरण गुप्त
(*b*) अपलक	2. बालकृष्ण शर्मा नवीन
(*c*) गर्भरण्डा रहस्य	3. नाथूराम शर्मा शंकर
(*d*) मौर्य विजय	4. सियाराम शरण गुप्त

कूट :	(*a*)	(*b*)	(*c*)	(*d*)
A.	1	2	3	4
B.	1	3	4	2
C.	2	3	1	4
D.	4	1	2	3

368. सुमेलित कीजिए–

सूची-क (रचनाकार)	**सूची-ख (रचना)**
(*a*) नरेन्द्र मोहन	1. एक अग्निकाण्ड जगहें बदलता
(*b*) वीरेन्द्र कुमार डंगवाल	2. दुष्चक्र में सृष्टा
(*c*) बिजेन्द्र	3. त्रास
(*d*) पंकज सिहं	4. कुछ आहटें आसपास

कूट :	(*a*)	(*b*)	(*c*)	(*d*)
A.	1	2	3	4
B.	1	4	2	3
C.	3	2	1	4
D.	4	3	2	1

369. सुमेलित कीजिए–

सूची-क (रचना)	**सूची-ख (रचनाकार)**
(*a*) एक दिन लौटेगी लड़की	1. ऋतुराज
(*b*) इस हादसे में	2. अनामिका शिव
(*c*) कोई और नाम दो	3. नरेन्द्र मोहन
(*d*) अंगीरस	4. गगन गिल

कूट :	(*a*)	(*b*)	(*c*)	(*d*)
A.	3	2	4	1
B.	4	3	2	1
C.	4	1	2	3
D.	2	3	1	4

370. सुमेलित कीजिए–

सूची-क (रचना)	**सूची-ख (रचनाकार)**
(*a*) एक मरण धर्मा और अन्य	1. पंकज सिंह
(*b*) पवन जैसे पानी	2. ऋतुराज
(*c*) आकाश विभाजित है	3. कात्यायनी
(*d*) इस पौरूषपूर्ण समय में	4. विष्णुचन्द्र शर्मा

कूट :	(*a*)	(*b*)	(*c*)	(*d*)
A.	1	2	3	4
B.	4	3	2	1
C.	4	2	3	1
D.	2	1	4	3

371. सुमेलित कीजिए–

सूची-क (रचना)	**सूची-ख (रचनाकार)**
(*a*) अपनी केवल धार	1. लीलाधर मण्डलोई
(*b*) घर-घर घूमा	2. कैलाश वाजपेयी
(*c*) महास्वप्न का मध्यांतर	3. स्वप्निल श्रीवास्तव
(*d*) ईश्वर एक लाठी है	4. अरूण कमल

कूट :	(*a*)	(*b*)	(*c*)	(*d*)
A.	2	1	4	3
B.	4	3	1	2
C.	4	1	2	3
D.	1	2	3	4

372. सुमेलित कीजिए–

सूची-क (रचना)	**सूची-ख (रचनाकार)**
(*a*) खिलाफ हवा से गुजरते हुए	1. केदारनाथ सिंह
(*b*) नए इलाके में	2. विनोददास
(*c*) यहां से देखो	3. अरूण कमल
(*d*) प्रकाश वर्ष	4. संजय चतुर्वेदी

कूट :	(*a*)	(*b*)	(*c*)	(*d*)
A.	1	2	3	4
B.	2	3	1	4
C.	4	3	2	1
D.	3	4	1	2

373. सुमेलित कीजिए–

सूची-क (रचना)	**सूची-ख (रचनाकार)**
(*a*) सबूत	1. केदारनाथ सिंह
(*b*) एक और अयोध्या	2. विनोददास
(*c*) अकाल में सारस	3. धूमिल
(*d*) सुदामा पाण्डेय का प्रजातंत्र	4. अरूण कमल

कूट :	(*a*)	(*b*)	(*c*)	(*d*)
A.	1	2	3	4
B.	3	1	2	4
C.	2	4	1	3
D.	4	2	1	3

374. सुमेलित कीजिए–

सूची-क (रचनाकार)	**सूची-ख (रचना)**
(*a*) राजेश जोशी	1. समरगाथा
(*b*) धूमिल	2. पटकथा
(*c*) राजकमल चौधरी	3. दास कवि
(*d*) सौमित्र मोहन	4. लुकमान अली

कूट :	(*a*)	(*b*)	(*c*)	(*d*)
A.	1	2	3	4
B.	2	4	1	3
C.	1	3	4	2
D.	2	4	3	1

375. सुमेलित कीजिए–

सूची-क (रचनाकार)	**सूची-ख (रचना)**
(*a*) कुमार विकल	1. रात में हारमोनियम
(*b*) विमल कुमार	2. अनंतिम
(*c*) कुमार अंबुज	3. यह मुखौटा किसका है
(*d*) उदय प्रकाश	4. एक छोटी सी लड़ाई

कूट :	(*a*)	(*b*)	(*c*)	(*d*)
A.	3	1	4	2
B.	1	2	3	4
C.	2	4	3	1
D.	4	3	2	1

376. सुमेलित कीजिए–

सूची-क (रचना)	**सूची-ख (रचनाकार)**
(*a*) अबूतर कबूतर	1. बलदेव वंशी
(*b*) किवाड़	2. ललित शुक्ल
(*c*) अंतर्गत	3. उदय प्रकाश
(*d*) बच्चे की दुनिया	4. कुमार अंबुज

कूट :	(*a*)	(*b*)	(*c*)	(*d*)
A.	1	3	2	4
B.	4	3	2	1
C.	3	4	2	1
D.	1	2	3	4

377. सुमेलित कीजिए–

सूची-क (रचना)	**सूची-ख (रचनाकार)**
(*a*) मोचीराम	1. ठाकुर प्रसाद सिंह
(*b*) जमीन पक रही है	2. धूमिल
(*c*) अन्न हैं मेरे शब्द	3. केदारनाथ सिंह
(*d*) हारी हुई लड़ाई लड़ते हुए	4. एकांत श्रीवास्तव

कूट :	(*a*)	(*b*)	(*c*)	(*d*)
A.	2	3	4	1
B.	1	2	3	4
C.	4	3	2	1
D.	3	2	1	4

378. सुमेलित कीजिए–

सूची-क (रचना)	**सूची-ख (रचनाकार)**
(*a*) कल सुनना मुझे	1. उदय प्रकाश
(*b*) प्रार्थना बन्द करो	2. आलोक धन्वा
(*c*) क से कबूतर	3. धूमिल
(*d*) दुनिया रोज बनती है	4. ज्ञानेन्द्रपति

कूट :	(*a*)	(*b*)	(*c*)	(*d*)
A.	1	2	3	4
B.	3	4	1	2
C.	4	3	2	1
D.	1	4	3	2

379. सुमेलित कीजिए–

सूची-क (रचना)	**सूची-ख (रचनाकार)**
(*a*) सुनो कारीगर	1. राजेश जोशी
(*b*) एक दिन बोलेंगे पेड़	2. उदय प्रकाश
(*c*) संसद से सड़क तक	3. विमल कुमार
(*d*) सपने में एक औरत से बातचीत	4. धूमिल

कूट :	(*a*)	(*b*)	(*c*)	(*d*)
A.	1	2	4	3
B.	3	2	4	1
C.	1	2	3	4
D.	2	1	4	3

380. सुमेलित कीजिए–

सूची-क (रचना)	**सूची-ख (रचनाकार)**
(*a*) रोशनी के मैदान की तरफ	1. चन्द्रकांत देवताले
(*b*) अत्याचारी के प्रमाण	2. मंगलेश डबराल
(*c*) यह एक दिन है	3. प्रयाग शुक्ल
(*d*) साथ चलते हुए	4. विश्वनाथ प्रसाद तिवारी

कूट :	(*a*)	(*b*)	(*c*)	(*d*)
A.	1	2	3	4
B.	4	3	2	1
C.	2	1	4	3
D.	3	4	1	2

381. सुमेलित कीजिए–

सूची-क (रचना)	**सूची-ख (रचनाकार)**
(*a*) बेहतर दुनिया के लिए	1. राजकमल चौधरी
(*b*) दीवारों पर खून से	2. धूमिल
(*c*) भाषा की रात	3. चन्द्रकांत देवताले
(*d*) मुक्ति प्रसंग	4. विश्वनाथ प्रसाद तिवारी

कूट :	(*a*)	(*b*)	(*c*)	(*d*)
A.	1	2	3	4
B.	4	2	1	3
C.	1	3	2	4
D.	4	3	2	1

382. सुमेलित कीजिए–

सूची-क (रचना)	सूची-ख (रचनाकार)
(*a*) लुकमान अली तथा अन्य कविताएं	1. मुक्ति बोध
(*b*) कंकावती	2. सौमित्र मोहन
(*c*) जो नितांत मेरी है	3. राजकमल चौधरी
(*d*) चांदा का मुंह टेढ़ा है	4. बाल स्वरूप राही

कूट :	(*a*)	(*b*)	(*c*)	(*d*)
A.	2	3	4	1
B.	1	2	3	4
C.	4	3	1	2
D.	2	1	4	3

383. सुमेलित कीजिए–

सूची-क (रचना)	सूची-ख (रचनाकार)
(*a*) उदय प्रकाश	1. इतना जो मिला
(*b*) श्याम विमल	2. पहाड़ पर लालटेन
(*c*) बलदेव वंशी	3. बच्चे की दुनिया
(*d*) मंगलेश डबराल	4. महापुरूष

कूट :	(*a*)	(*b*)	(*c*)	(*d*)
A.	4	1	3	2
B.	1	2	3	4
C.	4	3	2	1
D.	1	2	4	3

384. सुमेलित कीजिए–

सूची-क (रचना)	सूची-ख (रचनाकार)
(*a*) कोई आवाज नहीं	1. मणि मधुकर
(*b*) घर का रास्ता	2. मलयज
(*c*) बलराम के हजारों हाथ	3. बलदेव वंशी
(*d*) जख्म पर धूल	4. मंगलेश डबराल

कूट :	(*a*)	(*b*)	(*c*)	(*d*)
A.	1	2	3	4
B.	3	4	1	2
C.	1	2	4	3
D.	4	3	2	1

385. सुमेलित कीजिए–

सूची-क (रचना)	सूची-ख (रचनाकार)
(*a*) लक्कड़ बग्घा हंस रहा है	1. दिविक रमेश
(*b*) हम जो देखते हैं	2. चन्द्रकांत देवताले
(*c*) मुझे मालूम है	3. मंगलेश डबरवाल
(*d*) खुली आंखों का आकाश	4. कन्हैयालाल नन्दन

कूट :	(*a*)	(*b*)	(*c*)	(*d*)
A.	2	1	4	3
B.	4	3	2	1
C.	2	3	4	1
D.	1	2	3	4

386. सुमेलित कीजिए–

सूची-क (रचना)	सूची-ख (रचनाकार)
(*a*) भूरी भूरी खाक धूल	1. रणजीत मिश्र
(*b*) नाटक जारी है	2. मुक्ति बोध
(*c*) मंजीर	3. लीलाधर जगूड़ी
(*d*) इतिहास का दर्द	4. गिरिजा कुमार माथुर

कूट :	(*a*)	(*b*)	(*c*)	(*d*)
A.	1	2	3	4
B.	2	3	4	1
C.	4	3	2	1
D.	3	2	4	1

387. सुमेलित कीजिए–

सूची-क (रचना)	सूची-ख (रचनाकार)
(*a*) झुलसा हुआ रक्त कमल	1. लीलाधर जगूड़ी
(*b*) ब्रह्म राक्षस	2. गिरिजा कुमार माथुर
(*c*) रात अब भी मौजूद है	3. मुक्तिबोध
(*d*) नाश और निर्माण	4. रणजीत मिश्र

कूट :	(*a*)	(*b*)	(*c*)	(*d*)
A.	4	3	1	2
B.	1	2	3	4
C.	4	3	2	1
D.	2	1	4	3

388. सुमेलित कीजिए–

सूची-क (रचना)	सूची-ख (रचनाकार)
(*a*) बची हुई पृथ्वी	1. लीलाधर जगूड़ी
(*b*) अंधेरे में	2. गिरिजा कुमार माथुर
(*c*) बेरंग बेनाम चिट्ठियां	3. मुक्ति बोध
(*d*) धूप के धान	4. रामदरश मिश्र

कूट :	(*a*)	(*b*)	(*c*)	(*d*)
A.	2	1	4	3
B.	4	3	2	1
C.	1	2	3	4
D.	1	3	4	1

389. सुमेलित कीजिए–

सूची-क (रचना)	सूची-ख (रचनाकार)
(*a*) घबराए हुए शब्द	1. रामदरश मिश्र
(*b*) भूल गलती	2. गिरिजा कुमार माथुर
(*c*) साक्षी रहे वर्तमान	3. मुक्तिबोध
(*d*) कंधे पर सूरज	4. लीलाधर जगूड़ी

कूट :	(*a*)	(*b*)	(*c*)	(*d*)
A.	4	3	2	1
B.	1	2	3	4
C.	3	4	2	1
D.	2	3	4	1

390. सुमेलित कीजिए–

सूची-क (रचना)	**सूची-ख (रचनाकार)**
(*a*) दिन एक नदी बन गया	1. रामदरश मिश्र
(*b*) भीतरी नदी की यात्रा	2. गिरिजा कुमार माथुर
(*c*) तीसरा पक्ष	3. लक्ष्मीकांत वर्मा
(*d*) कलम के फूल	4. भवानी प्रसाद मिश्र

कूट :	(*a*)	(*b*)	(*c*)	(*d*)
A.	2	3	1	4
B.	1	4	2	3
C.	2	3	4	1
D.	1	2	3	4

391. सुमेलित कीजिए–

सूची-क (रचना)	**सूची-ख (रचनाकार)**
(*a*) अतुकांत	1. अजित कुमार
(*b*) कविताएं	2. लक्ष्मीकांत वर्मा
(*c*) शिलापंख चमकीले	3. कीर्ति चौधरी
(*d*) अंकित होने दो	4. गिरिजा कुमार माथुर

कूट :	(*a*)	(*b*)	(*c*)	(*d*)
A.	2	1	4	3
B.	4	3	2	1
C.	2	3	4	1
D.	1	2	3	4

392. सुमेलित कीजिए–

सूची-क (रचनाकार)	**सूची-ख (रचना)**
(*a*) साही	1. संवाद तुम से
(*b*) भवानी प्रसाद मिश्र	2. सन्नाटा
(*c*) रघुवीर सहाय	3. आत्महत्या के विरूद्ध
(*d*) सौमित्र मोहन	4. चाकू से खेलते हुए

कूट :	(*a*)	(*b*)	(*c*)	(*d*)
A.	1	2	3	4
B.	4	3	2	1
C.	2	1	3	4
D.	3	4	1	2

393. सुमेलित कीजिए–

सूची-क्र (रचनाकार)	**सूची-ख (रचना)**
(*a*) रघुवीर सहाय	1. इतिहास पुरूष
(*b*) धर्मवीर भारती	2. गीत फरोश
(*c*) भवानी प्रसाद मिश्र	3. अंधायुग
(*d*) डा. देवराज	4. हंसो-हंसो जल्दी हंसो

कूट :	(*a*)	(*b*)	(*c*)	(*d*)
A.	1	2	3	4
B.	4	3	2	1
C.	2	1	3	4
D.	4	3	2	1

394. सुमेलित कीजिए–

सूची-क (रचना)	**सूची-ख (रचनाकार)**
(*a*) भटका मेघ	1. भवानी प्रसाद मिश्र
(*b*) ठण्डा लोहा	2. श्रीकांत वर्मा
(*c*) लोग भूल गए हैं	3. धर्मवीर भारती
(*d*) चूंकि है दुख	4. रघुवीर सहाय

कूट :	(*a*)	(*b*)	(*c*)	(*d*)
A.	3	2	1	4
B.	4	3	2	1
C.	2	3	4	1
D.	1	2	3	4

395. सुमेलित कीजिए–

सूची-क (रचना)	**सूची-ख (रचनाकार)**
(*a*) अकेले कण्ठ की पुकार	1. भवानी प्रसाद मिश्र
(*b*) छायामत छूना	2. हरिनारायण व्यास
(*c*) मृग और तृष्णा	3. अजित कुमार
(*d*) वाणी की दीनता	4. गिरिजाकुमार माथुर

कूट :	(*a*)	(*b*)	(*c*)	(*d*)
A.	1	2	3	4
B.	3	4	2	1
C.	4	3	1	2
D.	1	2	4	3

396. सुमेलित कीजिए–

सूची-क (रचना)	**सूची-ख (रचनाकार)**
(*a*) टूटने का सुख	1. हरिनारायण व्यास
(*b*) मछली घर	2. भवानी प्रसाद मिश्र
(*c*) पृथ्वी कल्प	3. साही
(*d*) त्रिकोण पर सूर्योदय	4. गिरिजा कुमार माथुर

कूट :	(*a*)	(*b*)	(*c*)	(*d*)
A.	2	1	4	3
B.	4	3	1	2
C.	2	3	4	1
D.	1	2	3	4

397. सुमेलित कीजिए–

सूची-क (रचना)	**सूची-ख (रचनाकार)**
(*a*) कल्पांतर	1. भवानी प्रसाद मिश्र
(*b*) साखी	2. रघुवीर सहाय
(*c*) सतपुड़ा के जंगल	3. गिरिजा कुमार माथुर
(*d*) सीढ़ियों पर धूप में	4. साही

कूट :	(*a*)	(*b*)	(*c*)	(*d*)
A.	1	2	3	4
B.	4	3	2	1
C.	2	3	4	1
D.	3	4	1	2

398. सुमेलित कीजिए–

सूची-क (रचनाकार)	**सूची-ख (रचना)**
(*a*) रघुवीर सहाय	1. अंधेरी कविताएं
(*b*) धर्मवीर भारती	2. माया दर्पण
(*c*) श्रीकांत वर्मा	3. कुछ पते कुछ चिट्ठियां
(*d*) भवानी प्रसाद मिश्र	4. कनुप्रिया

कूट :	(*a*)	(*b*)	(*c*)	(*d*)
A.	2	1	3	4
B.	4	3	2	1
C.	3	4	2	1
D.	1	2	3	4

399. सुमेलित कीजिए–

सूची-क (रचनाकार)	**सूची-ख (रचना)**
(*a*) श्रीकांत वर्मा	1. सूर्य का स्वागत
(*b*) भवानी प्रसाद मिश्र	2. मगध
(*c*) धर्मवीर भारती	3. गांधी पंचशती
(*d*) दुष्यंत कुमार	4. देशांतर

कूट :	(*a*)	(*b*)	(*c*)	(*d*)
A.	2	1	4	3
B.	2	3	4	1
C.	4	3	1	2
D.	1	2	3	4

400. सुमेलित कीजिए–

सूची-क (रचनाकार)	**सूची-ख (रचना)**
(*a*) दुष्यंत कुमार	1. बुनी हुई रस्सी
(*b*) नरेश मेहता	2. दिनारंभ
(*c*) श्रीकांत वर्मा	3. वनपांखी सुनो
(*d*) भवानी प्रसाद मिश्र	4. जलते हुए वन का वसंत

कूट :	(*a*)	(*b*)	(*c*)	(*d*)
A.	3	4	1	2
B.	1	3	2	4
C.	1	2	3	4
D.	4	3	2	1

उत्तरमाला

1	**2**	**3**	**4**	**5**	**6**	**7**	**8**	**9**	**10**
A	B	C	B	C	D	A	B	A	C
11	**12**	**13**	**14**	**15**	**16**	**17**	**18**	**19**	**20**
B	D	A	C	B	C	A	C	B	D
21	**22**	**23**	**24**	**25**	**26**	**27**	**28**	**29**	**30**
B	C	A	D	D	B	C	B	D	B
31	**32**	**33**	**34**	**35**	**36**	**37**	**38**	**39**	**40**
D	C	D	C	D	A	A	C	D	D
41	**42**	**43**	**44**	**45**	**46**	**47**	**48**	**49**	**50**
B	D	B	B	C	B	A	D	A	A
51	**52**	**53**	**54**	**55**	**56**	**57**	**58**	**59**	**60**
C	D	A	A	C	D	D	B	D	D
61	**62**	**63**	**64**	**65**	**66**	**67**	**68**	**69**	**70**
C	C	B	B	A	A	B	C	D	B
71	**72**	**73**	**74**	**75**	**76**	**77**	**78**	**79**	**80**
A	D	C	B	B	C	C	D	B	B
81	**82**	**83**	**84**	**85**	**86**	**87**	**88**	**89**	**90**
C	B	A	C	B	C	D	B	A	C
91	**92**	**93**	**94**	**95**	**96**	**97**	**98**	**99**	**100**
B	C	D	C	D	D	B	C	B	C
101	**102**	**103**	**104**	**105**	**106**	**107**	**108**	**109**	**110**
D	C	B	D	A	C	A	D	C	D
111	**112**	**113**	**114**	**115**	**116**	**117**	**118**	**119**	**120**
C	C	B	D	B	C	B	D	D	C
121	**122**	**123**	**124**	**125**	**126**	**127**	**128**	**129**	**130**
A	A	C	A	C	C	C	D	B	A
131	**132**	**133**	**134**	**135**	**136**	**137**	**138**	**139**	**140**
B	C	B	A	A	B	C	A	D	A
141	**142**	**143**	**144**	**145**	**146**	**147**	**148**	**149**	**150**
A	C	B	D	B	B	A	B	A	C
151	**152**	**153**	**154**	**155**	**156**	**157**	**158**	**159**	**160**
B	D	A	B	B	B	B	A	B	D

161	162	163	164	165	166	167	168	169	170
B	D	C	B	C	A	A	A	B	C
171	172	173	174	175	176	177	178	179	180
A	C	B	B	C	A	D	B	A	B
181	182	183	184	185	186	187	188	189	190
C	C	C	A	A	A	C	C	C	A
191	192	193	194	195	196	197	198	199	200
C	B	D		B	A	A	A	A	C
201	202	203	204	205	206	207	208	209	210
A	A	D	B	D	A	B	D	C	B
211	212	213	214	215	216	217	218	219	220
B	A	A	B	D	D	A	D	B	C
221	222	223	224	225	226	227	228	229	230
B	D	B	B	B	D	D	D	A	C
231	232	233	234	235	236	237	238	239	240
A	B	C	B	A	B	A	B	C	A
241	242	243	244	245	246	247	248	249	250
A	B	B	D	C	A	D	A	B	A
251	252	253	254	255	256	257	258	259	260
B	B	B	B	D	A	B	B	B	D
261	262	263	264	265	266	267	268	269	270
B	B	A	B	B	B	C	B	B	A
271	272	273	274	275	276	277	278	279	280
C	C	A	B	A	C	C	D	C	D
281	282	283	284	285	286	287	288	289	290
C	A	D	B	C	A	B	D	B	C
291	292	293	294	295	296	297	298	299	300
D	C	B	A	C	B	C	B	C	C
301	302	303	304	305	306	307	308	309	310
B	D	C	D	D	B	C	C	D	C
311	312	313	314	315	316	317	318	319	320
D	B	C	D	A	C	A	B	A	C
321	322	323	324	325	326	327	328	329	330
A	C	C	D	D	D	B	A	C	A
331	332	333	334	335	336	337	338	339	340
A	B	A	D	B	A	D	C	C	D
341	342	343	344	345	346	347	348	349	350
C	C	B	A	C	D	D	D	C	B
351	352	353	354	355	356	357	358	359	360
D	A	B	A	A	A	C	B	D	C
361	362	363	364	365	366	367	368	369	370
A	D	B	C	A	B	A	A	B	D
371	372	373	374	375	376	377	378	379	380
C	B	D	A	D	C	A	B	D	A
381	382	383	384	385	386	387	388	389	390
D	A	A	B	C	B	A	D	A	D
391	392	393	394	395	396	397	398	399	400
C	A	D	C	B	C	D	C	B	D

❑ ❑ ❑

काव्य के भेद

काव्यशास्त्रीय दृष्टिकोण से काव्य का विभाजन अनेक प्रकार से किया गया है। संस्कृत काव्यशास्त्र में व्यंग्यार्थ की प्रधानता और अप्रधानता के आधार पर काव्य के मुख्यतः तीन भेद बताए गए हैं–

1. **उत्तम काव्य :** जिस काव्य में वाच्यार्थ की अपेक्षा व्यंग्यार्थ अनेक चमत्कारी होता है, उसे उत्तम काव्य माना जाता है। इसे ध्वनि काव्य भी कहा जाता है, क्योंकि इसमें ध्वनि (व्यंग्यार्थ) की प्रधानता होती है।
2. **मध्यम काव्य :** जिस काव्य में व्यंग्यार्थ अथवा ध्वनि का चमत्कार वाच्यार्थ के चमत्कार की अपेक्षा न्यून होता है अथवा वाच्यार्थ के समान होता है, उस काव्य को मध्यम काव्य माना जाता है। इसे गुणीभूत व्यंग्य काव्य भी कहा जाता है, क्योंकि व्यंग्यार्थ वाच्यार्थ की अपेक्षा गौण होता है।
3. **अधम काव्य :** जिस काव्य में व्यंग्यार्थ अस्फुट रूप में हो तथा शब्दालंकार, अर्थालंकार तथा वर्ग व्यंजनकता आदि का प्राधान्य हो, उस काव्य को अधम कोटि का काव्य माना जाता है।

रस

काव्य को पढ़ने या सुनने में उसमें वर्णित वस्तु या विषय का शब्द-चित्र मन में बनता है। इससे मन को अलौकिक आनन्द प्राप्त होता है। इस आनन्द और इसकी अनुभूति को शब्दों में व्यक्त नहीं किया जा सकता, केवल अनुभव किया जा सकता है। यही काव्य में रस कहलाता है। किसी विनोदपूर्ण कविता को सुनकर हँसी से वातावरण गूँज उठता है। किसी करुण-कथा या कविता को सुनकर हृदय में दया का स्रोत उमड़ पड़ता है। यह रस की अनुभूति है।

स्थायी भाव : भाव आनन्द है। काव्य में नौ भाव प्रधान माने गए हैं–प्रेम (रति), हास, शोक, क्रोध, उत्साह, भय, घृणा (जुगुप्सा), विस्मय (आश्चर्य) और निर्वेद या वैराग्य। ये मनुष्य के मन में सदैव सुप्तावस्था में विद्यमान रहते हैं। लेकिन अनुकूल अवसर पाकर (कोई काव्य सुनने या पढ़ने पर या कोई नाटक देखने पर) जाग उठते हैं। ये मन में आस्वाद का मूल-भाव होते हैं। चूँकि ये मन में स्थायी रूप से विद्यमान रहते हैं, इसीलिए इन्हें स्थायी भाव कहा जाता है। इन्हीं के फलस्वरूप क्रमशः श्रृंगार, हास्य, करुण, रौद्र, वीर, भयानक, वीभत्स, अद्‌भुत और शान्त रस की उत्पत्ति होती है।

काव्य के दो अंग होते हैं–भाव और विभाव।

भाव : भाव मन की वह स्थिति है, जो किसी विशेष वस्तु या व्यक्ति के प्रति किसी विशेष दशा में होती है।

विभाव : जिस वस्तु या व्यक्ति के प्रति वह भाव प्रकट होता है, उसे विभाव कहते हैं।

आश्रय : जिसके मन में भाव संचरित होता है, उसे आश्रय कहते हैं। जैसे सीता-स्वयंवर के अवसर पर लक्ष्मण की बातों से परशुराम क्रुद्ध हो जाते हैं। क्रोध का संचार परशुराम के मन में हुआ, अतः परशुराम आश्रय हुए।

आलम्बन : जिसके प्रति भाव उत्पन्न होता है, उसे आलम्बन कहते हैं। उपर्युक्त उदाहरण में परशुराम आश्रय हैं और लक्ष्मण आलम्बन।

उद्दीपन : भावों को उद्दीप्त करने वाले कार्यों या वस्तुओं को उद्दीपन कहते हैं। जैसे उपर्युक्त उदाहरण में लक्ष्मण के कठोर वचन सुनकर परशुराम का क्रोध बढ़ जाता है। अतः लक्ष्मण के कठोर वचन उद्दीपन हैं।

संचारी या व्यभिचारी भाव : जो भाव स्थायी भावों को पुष्ट करते हैं या उनके सहकारी का काम करते हैं और अपना काम करने के बाद स्थायीभाव में ही लुप्त हो जाते हैं, उन्हें संचारी या व्यभिचारी भाव कहते हैं। संचारी या व्यभिचारी भाव 33 माने गए हैं; जैसे–निर्वेद, ग्लानि, शंका, असूया, मद, श्रम, आलस्य, दैन्य, चिन्ता, मोह, स्मृति आदि।

रस के भेद

1. **श्रृंगार रस :** कामदेव का अंकुरित होना या प्रादुर्भाव। इसकी उत्पत्ति का कारण, अधिकांश उत्तम प्रकृति से युक्त रस 'श्रृंगार' कहलाता है।

   स्थायी भाव–रति अथवा प्रेम।
2. **हास्य रस :** अनोखे अलंकरण आदि असंगतिपूर्ण वस्तुओं या क्रियाओं को देखकर हृदय में जो विनोद का भाव उत्पन्न होता है, वही हास्य रस कहलाता है।

   स्थायी भाव–किसी अनोखे वेश, मूर्खतापूर्ण वचन, ऊटपटाँग चेष्टा आदि अथवा असाधारण कुरूप व्यक्ति को देखने से उत्पन्न रस हास्य रस कहलाता है।
3. **करुण रस :** प्रिय व्यक्ति के पीड़ित या इष्ट वस्तु के अभाव और अनिष्ट वस्तु के प्राप्त होने से हृदय को जो क्षोभ होता है, वह करुण रस कहलाता है।

   स्थायी भाव–शोक।
4. **रौद्र रस :** शत्रु पक्ष या किसी अविनीत की चेष्टाओं, कृतियों अथवा गुरुजनों की निन्दा आदि के कारण उत्पन्न मनोविकार को क्रोध कहते हैं। उससे रौद्र रस का संचार होता है।

   स्थायी भाव–क्रोध
5. **वीर रस :** शत्रु का उत्कर्ष, उसकी ललकार आदि से जो मन में 'उत्साह' उत्पन्न और क्रियाशील होता है वह वीर रस कहलाता है।

   स्थायी भाव–उत्साह।
6. **भयानक रस :** किसी डरावने जीव, प्राणी या पशु आदि को देखने से या घोर अपराध के लिए दण्ड पाने की कल्पना आदि से मन की व्याकुलता को भय कहते हैं।

   स्थायी भाव–भय।
7. **वीभत्स रस :** गंदी, भद्दी, घृणा उत्पन्न करने वाली अशुद्ध वस्तुओं, व्यक्तियों, स्थलों, कार्यों आदि के वर्णन से हृदय में जो ग्लानि होती है, उसी से वीभत्स रस का जन्म होता है।

   स्थायी भाव–जुगुप्सा व घृणा।

8. **अद्‌भुत रस :** 'आश्चर्य' का भाव होने से किसी वर्णन में 'अद्‌भुत रस' का संचार होता है।

स्थायी भाव–विस्मय या आश्चर्य।

9. **शांत रस :** संसार की असारता, सभी वस्तुओं की नश्वरता आदि का बोध होने से मन को विश्राम मिलता है, जो हृदय में 'शांत रस' का उद्‌भाव करता है।

स्थायी भाव–निर्वेद।

10. **वात्सल्य रस :** शिशुओं के सौंदर्य, उनके क्रिया-कलाप आदि को देखकर मन बरबस उनकी ओर खिंचता है। फलतः मन में जो स्नेह उत्पन्न होता है, वह वात्सल्य रस कहलाता है।

स्थायी भाव–स्नेह।

छंद

अर्थ

छन्द शब्द नियम विशेष के आधार पर गति-लय-युक्त रचना होती है। इसमें वर्ण तथा मात्राओं का विशेष प्रतिबन्ध रहता है। इस प्रकार 'पद्य' या 'छन्द' ऐसी शब्द-योजना है, जिसमें मात्राओं तथा वर्णों का नियमित क्रम होता है और उसमें विराम, गति या प्रवाह आदि की व्यवस्था होती है।

छंद रचना

छन्द रचना के शब्दों की मात्राएँ तथा उनके वर्ण होते हैं। मात्रा के आधार पर रचित छन्द या पद्य 'मात्रिक' या 'जाति' और वर्ण के आधार पर निर्मित पद्य 'वृत' या 'वर्णिक' कहे जाते हैं। अक्षर या वर्ण दो प्रकार के होते हैं– ह्रस्व या लघु तथा दीर्घ या गुरु। लघु का चिह्न एक खड़ी पाई (।) और गुरु का चिह्न टेढ़ी रेखा (ऽ) है। लघु-गुरु का संक्षिप्त रूप ल और गु भी है।

मात्रिक विचार

मात्रिक छन्दों में मात्राओं की गणना होती है। 'लघु' में 'एक' तथा 'गुरु' में 'दो' मात्राएँ मानी जाती हैं। यथा–राज शब्द में रा 'दो' मात्रा वाला तथा ज 'एक' मात्रा वाला है। इस प्रकार 'राज' में कुल तीन मात्राएँ हुईं।

लघु मात्राएँ

1. जिन वर्णों के उच्चारण में कम समय लगे अर्थात् अ, इ, उ, ऋ तथा उनसे युक्त वर्ण।
2. जिन वर्णों के ऊपर चन्द्रबिन्दु लगा हो किन्तु वर्ण ह्रस्व हो जैसे हँसना का 'हँ'।
3. पद का अन्तिम वर्ण गति एवं लय के आधार पर दीर्घ होते हुए भी ह्रस्व मान लिया जाता है।
4. कभी-कभी संयुक्ताक्षर के पूर्व का अक्षर लघु मान लिया जाता है जैसे तुम्हारा, कुम्हड़ा।

गुरु मात्राएँ

1. जिन वर्णों के उच्चारण में अधिक समय एवं बल लगे अर्थात् आ, ई, ऊ, ए, ऐ, ओ, औ और उनसे युक्त वर्ण।
2. जिन वर्णों में अनुस्वार अथवा विसर्ग के चिह्न लगे हों जैसे मंजन का 'मं', या दुःख का 'दुः'।
3. पद का अन्तिम वर्ण गति एवं लय के आधार पर लघु होते हुए भी दीर्घ हो सकता है।
4. संयुक्ताक्षर के पूर्व का अक्षर ह्रस्व होते हुए भी दीर्घ माना जाता है यथा–धर्म का 'ध'।

वर्णिक-विचार

वर्णिक छन्दों में वर्णों अथवा गणों का ध्यान रखना होता है। गण तीन वर्णों में होता है। गणों की संख्या आठ है। नीचे के सूत्र से गणों का बोध सरल है–

।ऽऽऽ।ऽ।।।ऽ

यमाताराज भानसलगा

इस सूत्र का प्रत्येक अक्षर गण का सूचक है। तीन-तीन अक्षरों का समूह बनाकर पहले अक्षर से उनका नाम और उन अक्षरों के लघु-गुरु से उनके स्वरूपों का बोध करना चाहिए। जैसे-यमाता (।ऽऽ) यगण, मतारा (ऽऽऽ) मगण, ताराज (ऽऽ।) तगण, राजभा) (ऽ।ऽ) रगण, जमान (।ऽ।) जगण, मानस, (ऽ।।) भगण, नसत (।।।) नगण, सलगा (।।ऽ) सगण, ल (।) लघु और गा (ऽ) गुरु।

गणों की पहचान के लिए निम्न बातों पर ध्यान देना चाहिए।

गण	वर्ण क्रम	चिह्न मात्राएँ	उदाहरण
यगण	लघु गुरु गुरु	।ऽऽ	कहानी, अनूठी
मगण	गुरु गुरु गुरु	ऽऽऽ	आजादी, यूनानी
तगण	गुरु गुरु लघु	ऽऽ।	मारीचि, आमोद
रगण	गुरु लघु गुरु	ऽ।ऽ	सभ्यता, वीरता
जगण	लघु गुरु लघु	।ऽ।	विज्ञान, समाज
भगण	गुरु लघु लघु	ऽ।।	धार्मिक, लोहित
नगण	लघु लघु लघु	।।।	कमल, दिवस
सगण	लघु लघु गुरु	।।ऽ	कमला, जिसकी

प्रत्येक छन्द के चार चरण, होते हैं जो 'पद' या 'पाद' भी कहलाते हैं। बहुत से छन्दों के चारों चरण दो ही पंक्तियों में लिखे जाते हैं। जैसे–दोहा, सोरठा, बरवै आदि ऐसे छन्दों की प्रत्येक पंक्ति 'दल' नाम से प्रसिद्ध है। वर्णिक तथा मात्रिक छन्दों की मुख्य पहचान यह है कि वर्णिक छन्दों में वर्ण लघु-गुरु-क्रम से समान संख्या में होते हैं। इसी कारण इनकी मात्राएँ भी समान होती हैं। इनमें वर्णों की संख्या, समानता को प्रमुखता दी जाती है।

मात्रिक छन्दों में वर्णों की संख्या तथा लघु-गुरु के क्रम का नियम नहीं होता। उनमें मात्राओं में समानता होती है। जैसे–

ऽऽ। ऽ।। ऽ। ।।ऽ ।। ।ऽ ऽऽऽ।ऽ = 28 मात्रा।

निश्चेष्ट होकर बैठे रहना यह महा दुष्कर्म है। = 20 अक्षर।

ऽऽ। ।।ऽ ऽ। ऽऽ ऽ। ऽऽ ऽ।ऽ = 28 मात्रा।

न्यायार्थ अपने बन्धु को भी दण्ड देना धर्म है। = 17 अक्षर।

स्पष्ट है कि दोनों चरणों में मात्राएँ 28-28 हैं किन्तु अक्षर 20,17 हैं। लघु-गुरु का कोई भी क्रम नहीं है। अतः यह मात्रिक छन्द हुआ।

नीचे के चरणों को देखिए–

।।। ऽ।। ऽ। ।ऽ। ऽ = 4 गण।

दिवस का अवसान समीप था। = 12 वर्ण।

।।। ऽ।। ऽ। ।ऽ। = 4 गण।

गगन था कुछ लोहित हो चला।

ऊपर के चरणों में वर्णों का लघु गुरु क्रम भी समान है। अतः यह वर्णिक वृत हुआ।

झिल्ली झनकारे पिक, चातक पुकारे वन। = 8, 8 वर्ण।

इसमें केवल वर्णों की संख्या समान है।

कुछ मात्रिक छन्द

चौपाई– यह मात्रिक सम छन्द है। इसके प्रत्येक चरण में 16 मात्राएँ होती हैं; चरण के अन्त में जगण (।ऽ।) या तगण (ऽऽ।) नहीं होते हैं। प्रथम और द्वितीय चरणों में तुक समान होते हैं।

16 मात्रा।

बरनि न जाई मनोहर जोरी। = 16 मात्रा।

शोभा बहुत मोरी मति थोरी।। = 16 मात्रा।

राम लखन सिय सुन्दरताई। = 16 मात्रा।

सब चितवहिं चित मन मति लाई।।

रोला– यह मात्रिक सम छन्द है। इसके प्रत्येक चरण में 11, 13 मात्राओं के विराम से कुल 24 मात्राएँ होती हैं। अन्त में दो लघु या गुरु आना उत्तम है। जैसे–

= 11+13 = 24 मात्रा।

पर सहमा यह, रूप देख होता है विस्मय।

= 11+13 = 24 मात्रा।

आर्य लोग क्या एक समय थे ऐसे निर्भय 11

= 11+13 = 24 मात्रा।

क्या हम सब जो आज, बने हैं निर्बल कामी।

= 11+13 = 24 मात्रा।

रहते थे स्वाधीन समर में होकर नामी।।

हरिगीतिका–यह मात्रिक सम छन्द है। इसके प्रत्येक चरण में 16 और 12 विराम से कुल 28 मात्राएँ होती हैं। अन्त में रगण (ऽ।ऽ) होने से सुनने में मधुर होता है। इसमें 5वीं, 12वीं, 18वीं मात्राएँ लघु होनी चाहिए। जैसे–

= 28 मात्रा।

अधिकार खोकर बैठ रहना यह महा दुष्कर्म है।

= 28 मात्रा।

न्यायार्थ अपने बन्धु को भी दण्ड देना धर्म है।।।

= 28 मात्रा।

इस ध्येय पर ही कौरवों और पाण्डवों का रण हुआ।।

= 28 मात्रा।

जो भव्य भारतवर्ष के कल्पांत का कारण हुआ।।

दोहा–यह मात्रिक अर्द्धसम छन्द है। इसके पहले और तीसरे चरण में 13, 13 और दूसरे तथा चौथे चरण में 11, 11 मात्राएँ होती हैं। दूसरे-चरण के अन्त में गुरु, लघु होते हैं। जैसे–

222 11 212 1112 11 21

= 13+11 = 24 मात्रा।

थोरेई गुन रीझते बिसराई वह बानि।

= 13+11 = 24 मात्रा।

तुमहू कान्ह मनौ भये, आजु-काल्हि के दानि।।

सोरठा–यह दोहे के ठीक विपरीत होता है, अर्थात् इसके पहले और तीसरे चरण में 11,11 और दूसरे तथा चौथे चरण में 13, 13 मात्राएँ होती हैं। जैसे–

= 11+13 = 24 मात्रा।

रहिमन मोहिं न सुहाय, अमिय पियावत मान बिनु।

= 11+13 = 24 मात्रा।

जो विष देय बुलाय, मान सहित मरिबो भलो।।

छप्पय–यह मात्रिक विषय तथा संयुक्त छन्द होता है। इसमें छः चरण होते हैं। इसके प्रथम चार चरणों में चौबीस-चौबीस मात्राएँ तथा अन्त के दोनों चरणों में अट्ठाइस-अट्ठाइस मात्राएँ होती हैं। प्रथम चार चरणों तक 12-13 पर यति होती है तथा पाँचवें और छठे चरणों में 15-13 पर यति होती है। छः पद होने के कारण इसे षट्पदी भी कहते हैं।

उदाहरण– निर्मल तेरा नीर, अमृत के सम उत्तम है,
शीतल मन्द-सुगन्ध, पवन हर लेता श्रम है।
षड्ऋतुओं का विविध, दृश्ययुक्त अद्भुत क्रम है,
हरियाली का फर्श, नहीं मखमल से कम है,
शुचि सुधा सींचता रात में, तुझ पर इन्द्र प्रकाश है।
हे मातृभूमि! दिन में तरणि, करता तम का नाश है।

बरवै–यह मात्रिक अर्द्धसम छन्द है जिसके प्रथम और तृतीय चरणों में 12 तथा द्वितीय और चतुर्थ चरणों में 7 मात्राएँ होती हैं। सम अर्थात् द्वितीय और चतुर्थ चरणों में जगण या तगण के प्रयोग से कविता में सरसता पैदा होती है। यथा–

=12+7 = 19 मात्रा।

संकट सोच विमोचन, मंगल-गेहु

=12+7 = 19 मात्रा।

तुलसी राम नाम पर, करिय सनेहु

कुण्डलियां–यह मात्रिक विषय छन्द है जो दोहा और रोला छन्दों के मेल से बनता है। इसमें 6 चरण होते हैं। आरम्भ में दोहा तथा तत्पश्चात् दो छन्द रोला के होते हैं। इस तरह प्रत्येक चरण में 24 मात्राएँ होती है। दोहे के अन्त के शब्द रोला के आरम्भ में आते हैं। यथा–

जुगनू बोले सूर्य सों, हम बिन जग अँधियाला।
दिन के ठाकुर तुम भये, रात के हम कोतवाला।।
रात के हम कोतवाल, जुगनू अस नाम हमारो।
तुम आकाश में रहौ, हमरो पृथ्वी हारो।।
कह गिरधर कविराय, सुनों हो मन के मगनू।
ऐंडि ऐंडि बतराय, सूर्य के सम्मुख जुगनू।।

कुछ वर्णिक शब्द

द्रुतविलम्बित–यह वर्णिक समवृत छन्द है। इसके प्रत्येक चरण में अक्षरों की संख्या 12 होती है, तथा गणों की दृष्टि से क्रमशः नगण (।।।) भगण (ऽ।।) भगण (ऽ।।) और रगण (ऽ।ऽ) होता है। जैसे–

ᑊᑊᑊ ऽ ᑊ ᑊऽᑊ ᑊऽᑊ ऽᑊऽ
दिवस का अवसान समीप था।
ᑊᑊᑊ ऽᑊᑊ ऽᑊᑊ ऽᑊ ऽ
गगन था कुछ लोहित हो चला।
ᑊᑊ ᑊऽᑊᑊऽ ᑊᑊ ऽᑊऽ
तरु शिखा पर थी अब राजती।
ᑊᑊᑊ ऽ ᑊᑊ ऽᑊᑊ ऽᑊ ऽ
कमलिनी-कुल-बल्लभ की प्रभा।।

मनहरण–यह वर्णिक समृत छन्द है। इसके प्रत्येक चरण में 16, 15 अक्षरों के विराम से कुल 31 अक्षर होते हैं। अन्त में एक 'गुरु' वर्ण होता है। चारों चरणों में तुक होता है। यथा–

साजि चतुरंग सैन अंग मैं उमंग धारि =16 अक्षर।
सरजा शिवाजी जंग जीतन चलत हैं। =15 अक्षर।
'भूषन' भनत नाद बिहद नगारन के, =16 अक्षर।
नदी-नद मद गैबरन के रलत हैं। =15 अक्षर।
ऐल-फैल खैल भैल खलफ में गैस-गैल =16 अक्षर।
गजन की ठैल-पैल सैल उसलत है। =15 अक्षर।
तारा सो तरनि धूरि धारा मैं लगत जिनि =16 अक्षर।
थारा पर पारा पारावार यों हलत हैं। =15 अक्षर।

शिखरिणी–इस छन्द में चार चरण होते हैं। प्रत्येक चरण में यगण (।ऽऽ), मगण (ऽऽऽ) नगण (।।।), सगण (।।ऽ) भगण (ऽ।।) तथा अन्त में लघु-गुरु होता है और प्रत्येक चरण में 17 वर्ण होते हैं। 6 और 11 वर्णों या अक्षरों पर यति होती है।

ᑊऽऽ ऽऽ ᑊᑊᑊ ᑊᑊऽ ᑊᑊऽ
उदाहरण– अनूठी आभा से सरस सुषमा से सुरस से।
बना जो देती थी, वह गुणमयी भू विपिन को।
निराले फूलों की, विविध दलवाली अनुपमा।
जड़ी-बूटी हो, हो, बहु फलवती थी विलसती।

मालिनी–यह समवृत वर्णिक छन्द है। इसके चार चरणों में प्रत्येक चरण 15 वर्ण या अक्षर का होता है तथा गणों की दृष्टि से हर चरण में एक नगण (।।।) एक मगण (ऽऽऽ) और अन्त में दो यगण (।ऽऽ) होते हैं। क्रमशः सात और आठ वर्णों या अक्षरों पर यति होती है।

ᑊᑊ ᑊᑊ ᑊᑊ ऽऽऽ ᑊऽऽ ᑊऽऽ
उदाहरण– प्रियपति! वह मेरा प्राण-प्यारा कहाँ है?
दुःख-जलनिधि डूबी का सहारा कहाँ है?
मुख लख जिसका मैं आज लौं जी सकी हूँ–
वह हृदय हमारा नयन-तारा कहाँ है?

वंशस्थ–यह समवृत वर्णिक छन्द है। इसके चार चरणों में से प्रत्येक चरण में 12 वर्ण होते हैं, पहला, दूसरा, छठा, सातवाँ, नवाँ तथा ग्यारहवाँ वर्ण या अक्षर लघु तथा शेष अक्षर गुरु होते हैं। इस प्रकार प्रत्येक चरण में क्रमशः जगण (।ऽ।), तगण (ऽऽ।), जगण (।ऽ।) तथा रगण (ऽ।ऽ) होते हैं।

ᑊऽᑊ ऽऽ ᑊᑊऽ ᑊऽᑊऽ
उदाहरण– दिनांत था थे दिननाथ डूबते।
सधेनु आते गृह ग्वाल बाल थे।
दिगंत में गो राज थी समुत्थिता।
विषाण नाना बजते सवेणु थे।।

अलंकार

काव्य की शोभा बढ़ाने वाले शब्दों को अलंकार कहते हैं। जिस प्रकार नारी के सौन्दर्यवर्द्धन के लिए अनेक आभूषण होते हैं, उसी प्रकार भाषा के सौन्दर्य के उपकरणों को अलंकार कहते हैं।

शब्द और अर्थ के विशेष प्रयोग के कारण काव्य की भाषा में जो लालित्य या सौन्दर्य आ जाता है, उसे अलंकार कहते हैं।

अलंकार के भेद–इनके तीन भेद होते हैं।

1. शब्दालंकार 2. अर्थालंकार 3. उभयालंकार

1. शब्दालंकार

जहाँ वर्णों की पुनरावृत्ति अथवा समान शब्दों के एक से अधिक बार प्रयोग से भाषा में लालित्य उत्पन्न हो, वहाँ शब्दालंकार होता है।

शब्दालंकार के भेद–

शब्दालंकार के तीन भेद होते हैं– 1. अनुप्रास 2. यमक 3. श्लेष

1. अनुप्रास अलंकार : अनुप्रास शब्द अनु (बार-बार) और प्रास (चमत्कारित ढंग से रचना) दो शब्दों के मेल से बना है, अर्थात् जहाँ समान वर्णों की चमत्कारित ढंग से पुनरावृत्ति एक या अनेक बार हो भले ही स्वरों में वैषम्य हो, वहाँ अनुप्रास अलंकार होता है।

उदाहरण–'सम ससुर गुरु सुजन सुहाई।
सुठि सुन्दर सुशील सुखदाई।।'

अनुप्रास अलंकार के भेद–

अनुप्रास अलंकार के तीन भेद होते हैं।

(अ) छेकानुप्रास
(ब) वृत्यानुप्रास
(स) लाटानुप्रास

(अ) छेकानुप्रास– जहाँ एक या अनेक वर्णों की आवृत्ति केवल दो बार होती है उसे छेकानुप्रास कहते हैं, जैसे–

''राधा के घर बैन सुनि, चीनी चकित सुभाय।
दास दुखी मिशरी मुरी, सुधा रही सकुचाय।''

इसमें च, द, म और स की आवृत्ति भाव दो बार हुई है। अतः यहाँ छेकानुप्रास है।

(ब) वृत्यानुप्रास–जहाँ एक या अनेक वर्णों की आवृत्ति बार-बार हो वहाँ वृत्यानुप्रास होता है, जैसे–

''तरनि-तनूजा तट तमाल तरुवर बहु छाये।''

यहाँ 'त' शब्द की आवृत्ति बार-बार होने से वृत्यानुप्रास हुआ।

(स) लाटानुप्रास–जहाँ शब्दों या वर्णों की आवृत्ति बार-बार हो तथा प्रत्येक स्थान पर अर्थ भी वही रहे पर अन्वय करने पर भिन्नता आ जाय वहाँ लाटानुप्रास होता है, जैसे–

"लाली मेरे लाल की जित देखो तित लाल''।
''लाली देखन मैं चली मैं भी हो गयी लाल''।

यहाँ पर दोनों स्थानों में 'लाल' और 'लाली' शब्द देखने से एक ही प्रतीत होते हैं पर दोनों में अन्वय करने पर भिन्नता आ जाती है।

2. यमक अलंकार : जहाँ एक ही शब्द अधिक बार प्रयुक्त हो लेकिन अर्थ हर बार भिन्न हो, वहाँ यमक अलंकार होता है।

उदाहरण– कनक-कनक तें सौगुनी, मादकता अधिकाय।
वा खाये बौराय जग, वा पाये बौराय।।

यहाँ कनक शब्द की दो बार आवृत्ति हुई है जिसमें एक कनक का अर्थ धतूरा, और दूसरे का स्वर्ण है।

3. श्लेष : जहाँ पर एक शब्द के दो अर्थ होते हैं, श्लेष अलंकार होता है।

उदाहरण– चिर जीवो जोरी जुरै, क्यों न सनेह गम्भीर
को घटि ये वृषभानुजा, 'व हलधर के वीर।।

यहाँ 'वृषभानुजा' और हलधर के दो-दो अर्थ हैं 'वृषभानुजा' शब्द का एक अर्थ है-वृषभानु की पुत्री राधिका और दूसरा अर्थ है–वृषभ की अनुजा अर्थात् बैल की बहन (गाय)। इसी प्रकार 'हलधर' के दो अर्थ हैं–एक हलधर अर्थात् श्री कृष्ण के भाई बलराम और दूसरा हलधर-हल को धारण करने वाला अर्थात् बैल। इन दोनों शब्दों के अर्थों से दोहे के अलग-अलग दो अर्थ निकलते हैं। अतः यह श्लेष अलंकार है।

2. अर्थालंकार : जहाँ शब्द के आन्तरिक अर्थ से भाषा या वाणी का सौन्दर्य बढ़े, वहाँ अर्थालंकार होता है।

अर्थालंकार के भेद–अर्थालंकार के 9 भेद होते हैं।

1. **उपमालंकारः** जहाँ दो वस्तुओं में अन्तर रहते हुए भी आकृति एवं गुण की समता दिखाई जाय वहाँ उपमालंकार होता है।

उपमालंकार के अंग–

उपमा के चार अंग हैं– 1. उपमेय 2. उपमान, 3. साधारण धर्म, और 4. वाचक।

1. **उपमेय**–जिस वस्तु का वर्णन किया जाता है उसे उपमेय कहते हैं।
2. **उपमान**–जिस वस्तु से समता की जाती है उसे उपमान कहते हैं।
3. **साधारण धर्म**–जिस विशेषता के कारण उपमेय और उपमान की समानता दिखाई जाती है उसे साधारण धर्म कहते हैं।
4. **वाचक**–जिस शब्द से उपमेय और उपमान की समता सूचित की जाती है, उसे वाचक कहते हैं।

वाचक शब्द ये हैं–

सो, से, सी, इव, तूल, लौ, सम, सदृश, समान।
ज्यों, जैसे, इयि, सरिस, जिमि, उपमा वाचक जान।।

उपमा का उदाहरण– "दादुर धुनि चहुँदिशा सुहाई।
वेद पढ़त जनु वटु समुदाई"।।

इसमें 'दादुर' उपमेय, 'बटु' उपमान, 'धुनि' साधारण धर्म और 'जनु' वाचक है।

उपमालंकार के भेद– उपमा के दो भेद होते हैं– 1. पूर्णोपमा और 2. लुप्तोपमा।

1. **पूर्णोपमा**–इसमें उपमा के सभी अंग जैसे– उपमेय, उपमान, साधारण धर्म एवं वाचक उपस्थित होते हैं, अतः यह पूर्णोपमा कहलाती है, यथा–
"सागर-सा गम्भीर हृदय हो,
गिरि-सा ऊँचा हो जिसका मन"।
इसमें सागर तथा गिरि उपमान, मन और हृदय उपमेय, सा वाचक, गम्भीर एवं ऊँचा साधारण धर्म हैं।
2. **लुप्तोपमा**–जहाँ उपमा के चारों अंगों में से किसी एक, दो या तीनों का लोप हो वहाँ लुप्तोपमा होती है।
"कल्पना-सी अतिशय कोमल।"
इसमें उपमेय लुप्त है। इसमें कल्पलता उपमान है, 'अतिशय कोमल' साधारण धर्म।

2. **रूपक अलंकार**–जहाँ उपमेय पर उपमान का आरोप किया जाय वहाँ रूपक अलंकार होता है अर्थात् उपमेय और उपमान में कोई अन्तर न दिखाई पड़े।

उदाहरण– उदित उदय गिरि मंच पर रघुबर बाल पतंग।
बिकसे सन्त सरोज सब हरषे लोचन भृंग।।

यहाँ 'मंच' में उदय गिरि पर्वत का, 'रघुबर' में मोर के शिशु-सूर्य का, 'सन्त' में सरोज का तथा 'लोचन' में भृंग का अर्थात् भ्रमर का आरोप किया गया है।

रूपक अलंकार के भेद

रूपक अलंकार के तीन भेद होते हैं–

1. सम   2. अधिक   3. न्यून

(अ) सांग   (ब) निरंग   (ख) परंपरित

1. **सम रूपक**–इसमें उपमेय एवं उपमान में समानता दिखाई जाती है। कोई भी एक दूसरे की अपेक्षा कम या अधिक नहीं होता है– तब सम, अभेद या तद्रूप रूपक होता है।
जैसे–मुख चंद्र है।
2. **अधिक रूपक**–जहाँ उपमेय में उपमान की तुलना में कुछ अधिकता दिखाई जाती है, तब वहाँ अधिक रूपक होता है। जैसे–मुख निष्कलंक चंद्रमा है।
3. **न्यून रूपक**–जब उपमान की तुलना में उपमेय को न्यून दिखाया जाता है, तब उसे न्यून रूपक कहते हैं। जैसे–मुख घर को प्रकाशित करने वाला चंद्रमा है।

(अ) सांग रूपक–इसमें रूपक के सभी अंग उपस्थित रहकर उपमान का उपमेय पर आरोप प्रकट करते हैं।

(ब) निरंग रूपक–इसमें उपमेय पर उपमान के प्रधान गुण का आरोप होता है।

(स) परंपरित रूपक–इसमें दो रूपक होते हैं अर्थात् रूपक अपने स्पष्टीकरण के लिए अप्रधान रूपक पर आश्रित होता है।

उदाहरण–

"टूक-टूक हवै है मन मुकुट हमारे, हाथ।
चूकिहू कठोर बैन-पाहन चलाओ ना।
एक मनमोहन तो हिय बसि के उजारयौं हमें
हिय में अनेक मनमोहन बसाओ ना।।"

इनमें मन पर मुकुट का एवं बैन पर पाहन का आरोप किया गया है।

3. **उत्प्रेक्षा अलंकार :** जब उपमेय में उपमान से भिन्नता जानते हुए भी उसमें उपमान की संभावना की जाती है, तब उत्प्रेक्षा अलंकार होता है। इस अलंकार के वाचक शब्द मनु, मानो, इव, जनु, जानो, आदि होते हैं।

उदाहरण–

"लता-भवन ते प्रगट में तेहि अवसर दोऊ भाई।
निकसे जनु जुग विमल विधु जलद पटल बिलगाई।"

इसमें लता भवन से निकलते हुए दोनों भाई अर्थात् राम एवं लक्ष्मण को बादलों से निकलते हुए दो चन्द्रमा बताया गया है। यहाँ भिन्नता से अभिन्नता दिखाई गई है अतः उत्प्रेक्षा है।

उत्प्रेक्षा अलंकार के भेद :

उत्प्रेक्षा अलंकार के तीन भेद होते हैं–

(अ) वस्तुप्रेक्षा (ब) हेतुत्प्रेक्षा (स) फलोत्प्रेक्षा

(अ) वस्तुप्रेक्षा–जहाँ प्रस्तुत में अप्रस्तुत की सम्भावना प्रकट की जाय उसे वस्तुप्रेक्षा कहते हैं।

उदाहरण–

"सखि सोहत गोपाल के, उर गुज्जन की माल।
बाहर लसत मनो पिये, दावानल की ज्वाल।"

(ब) हेतु प्रेक्षा–जहाँ अहेतु में हेतु की सम्भावना की जाती है। अर्थात् जहाँ वास्तविक कारण को छोड़कर अन्य हेतु को मान लिया जाता है।

(स) फलोत्प्रेक्षा–इनमें वास्तविक फल के न होने पर भी उसी को फल मान लिया जाता है।

उदाहरण–

"खंजरी नहिं लखि परत कुछ रिन साँची बात।
बाल दृगन सम हीन को करन मनो तप जात।।"

4. **अपहनुति अलंकार :** अपहनुति का अर्थ ही होता है 'छिपना', अतः इस अलंकार में उपमेय को छिपाकर उपमान को स्थापित किया जाता है। अर्थात् इसमें सत्य को छिपाकर असत्य को सत्य बना दिया जाता है।

उदाहरण–

"उड़न पराग न चित्त उड़ावत।
भ्रमर भ्रमत नहीं जीव भ्रमावत।।"

अपहनुति अलंकार के भेद–इस अलंकार के छः भेद होते हैं :

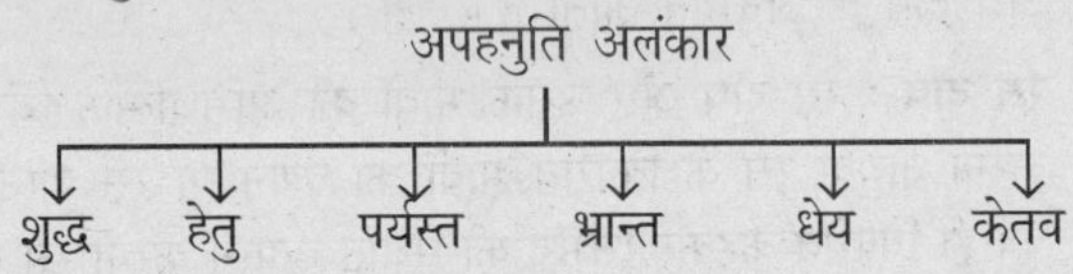

5. **सन्देह अलंकार :** जहाँ दो वस्तुओं में समता होने के कारण दोनों के एक ही होने का सन्देह हो जाता है, पर निश्चय नहीं हो पाता, सन्देह अलंकार कहते हैं, अर्थात् उपमेय का उपमान के रूप में वर्णन किया जाता है।

उदाहरण–

"साड़ी बीच नारी है कि नारी बीच साड़ी है,
कि साड़ी ही की नारी है कि नारी ही की साड़ी है।"

इसमें चीर हरण के समय बढ़ती हुई द्रौपदी की साड़ी को देखकर नारी में सारी एवं सारी में नारी का सन्देह होता है। सन्देह और भ्रान्तिमान, अलंकार में यही अन्तर होता है कि सन्देह अलंकार में निश्चय नहीं होता, मात्र संशय ही रहता है परन्तु भ्रान्तिमान अलंकार में निश्चय रहता है।

6. **भ्रान्तिमान अलंकार :** जहाँ उपमान एवं उपमेय दोनों को एक साथ देखने पर उपमान का निश्चयात्मक भ्रम हो जाए अर्थात् जहाँ एक वस्तु को देखने पर दूसरी वस्तु का भ्रम हो जाए, वहाँ भ्रान्तिमान अलंकार होता है।

उदाहरण–

"पाँव महावर दैन को नाइनि बैठी आय।
फिरि-फिरि जानि महावरी एँड़ी मोड़ती जाय।

इसमें नायिका की लाल एँड़ियों को देखकर नाइन महावर समझ कर रगड़ती जाती है।

एक अन्य उदाहरण–

"नाक का मोती अधर की कांति से
बीज दाड़िम का समझ कर भ्रान्ति से।
देखकर सहसा हुआ शुक मौन है
सोचता है, अन्य शुक यह कौन है?

इसमें नायिका की नुकीली नाक को देखकर तोता नाक में पहने मोती को अनार का दाना समझता है।

7. **दृष्टांत अलंकार :** जहाँ दो वाक्यों में बिम्ब-प्रतिबिम्ब का भाव हो अर्थात् जहाँ दो वाक्यों के गुण तो अलग-अलग हों परन्तु प्रथम वाक्य को स्पष्ट करने के लिए दूसरे वाक्य का प्रयोग होता है। उसे दृष्टांत अलंकार कहते हैं।

उदाहरण–

"बड़े न छूजै गुननु, विरद बड़ाई पाइ।
कहत धतूरे सौ कनक, गहनों गदयों न जाई"

यहाँ पर गुणों से बना होना एक बात और 'गहने गढ़ना 'दूसरी बात है। फिर भी 'बिना गुणों के बड़ा होना 'तथा धतूरे से गहना गढ़ना दोनों धर्म समान ज्ञात होते हैं और पुनः प्रथम कथन का स्पष्टीकरण द्वितीय से किया गया है। अतः यहाँ दृष्टांत अलंकार है।

8. **व्याजस्तुति अलंकार :** इसमें किसी की व्यंग रूप में स्तुति की जाती है, अर्थात् जो इस स्तुति के योग्य नहीं है उसकी भी स्तुति की जाती है मात्र दिखाने के लिए पर वास्तव में यह स्तुति नहीं होती– यह एक प्रकार का व्यंग्य होता है।

उदाहरण–

"ऊधौ भलो कियो तुम आयो,
पर निर्गुण भक्ति की यह गठरी क्यों लायो!"

इसमें ब्रज-गोपियाँ ऊधो को आया देखकर चिढ़ जाती हैं कि ये क्यों चले आये और श्याम को क्यों नहीं लाये। घर पर आये मेहमान का स्पष्ट शब्दों में अनादर नहीं करके व्याज़ स्तुति द्वारा प्रशंसा करती हैं (वे कहती हैं कि ऊधो अच्छा हुआ कि तुम आ गये लेकिन निर्गुण भक्ति की गठरी क्यों उपहार स्वरूप हमारे लिए लाये हो? हमें यह गठरी नहीं चाहिए।

9. **अर्थान्तरन्यास अलंकार :** जहाँ सामान्य कथन का किसी भी विशेष कथन द्वारा समर्थन किया जाता है, वहाँ अर्थान्तरन्यास अलंकार होता है।

उदाहरण–

लोकन के अपवाद को डर करिए दिन-रैन।
रघुपति सीता परिहरी सुनत रजक कर बैन।।

इस उदाहरण में सामान्य कथन तो यह है कि लोक अपवाद से डरना चाहिए और विशेष कथन द्वारा समर्थन किया है कि राम ने भी धोबी की निंदा सुनकर सीता का परित्याग कर दिया था।

उभयालंकार : जहाँ शब्द में भी अलंकार हो और अर्थ में भी अलंकार हो वहाँ उभयालंकार की स्थिति होती है। उभयालंकार कोई अलंकार नहीं है। यह एक स्थिति है जिसमें शब्द और अर्थ दोनों में चमत्कार दिखते हैं। उभयालंकार का मतलब ही है– दोनों अलंकार यानी शब्द में भी अलंकार (शब्दालंकार) और अर्थ में भी अलंकार (अर्थालंकार)। वस्तुतः विद्यार्थी

शब्दालंकार और अर्थालंकार ही पढ़ते हैं। काव्य शास्त्रवेत्ताओं ने उभयालंकार को अलंकार के भेदों में जोड़ कर तीन भेद कर डाले हैं। वस्तुतः अलंकार के दो ही भेद हैं– शब्दालंकार और अर्थालंकार। उभय (दोनों) + अलंकार = उभयालंकार। श्रेष्ठ कवियों की रचनाओं में उभयालंकार प्राप्त होते हैं।

काव्य गुण

सर्वप्रथम आचार्य भरतमुनि ने नाट्यशास्त्र में दस गुणों को निर्धारित किया है, जो निम्न हैं–श्लेष, प्रसाद, समता, समाधि, माधुर्य, ओज, पद सौकुमार्य, अर्थ, व्यक्ति उदारता तथा कान्ति।

"श्लेषः प्रसादः सामाधिर्माधुर्य भोजः पदसौकुमार्यम।
अर्थस्थ च व्यक्तिरुदारता च कान्तिश्च काव्यार्थगुणा दशैते।।"

काव्य में आकर्षण, प्रवाह, ओज एवं चमत्कार उत्पन्न करने वाले तत्वों को गुणों की संज्ञा दी जाती है। तात्पर्य है–काव्य शोभा की वृद्धि करने वाले तत्व गुण हैं।

"काव्य-शोभायाः कर्त्तारो धर्मा गुणोंः।"

आचार्य भामह ने काव्य के केवल तीन गुण माने हैं, जो इस प्रकार हैं–माधुर्य, ओज तथा प्रसाद।

1. **माधुर्य :** सानुनासिक वर्णों (ङ्, ञ्, ण्, न्, म्) से युक्त छोटे-छोटे समास तथा कोमल वर्णों से परिपूर्ण गुण माधुर्य कहलाता है। शृंगार, करुण तथा शान्त रस में इस गुण का प्रयोग प्रभावशाली होता है। प्रेम, करुणा अथवा शान्ति के क्षणों में माधुर्यगुणयुक्त रचना सुनकर चित्त प्रसन्न हो उठता है।
2. **ओज :** कठोर वर्णों, लम्बे-लम्बे समासों से युक्त तथा ट वर्ग विशेष के प्रयोग वाला गुण ओज कहलाता है। यह गुण चित्त में उत्साह बढ़ाने वाला तथा दीप्ति लाने वाला है। इसका प्रयोग वीर, रौद्र तथा वीभत्स रसों में उपयुक्त होता है।
3. **प्रसाद :** प्रसाद गुण सरल शब्दावली से युक्त होता है, इसमें क्लिष्टता नाममात्र की भी नहीं होती। इसे सुनते ही अर्थ स्पष्ट हो जाता है। प्रसाद गुण का प्रयोग सभी रसों और सभी प्रकार की रचनाओं में होता है।

काव्य दोष

'दोष' शब्द 'दुण' धातु से बना है, जिसका सामान्य अर्थ है–भूल, त्रुटि, रोग, गुणरहित। आचार्य भरत ने गुण के अभाव को ही दोष माना है। आचार्य विश्वनाथ ने अनुसार, "दोष वह तत्व है, जो रस की हानि करता है।" आचार्य मम्मट मुख्यार्थ में बाधक तत्त्वों को दोष मानते हैं–"मुख्यार्थ हतिदोष।" उपरोक्त तथ्यों से यह स्पष्ट होता है कि काव्यानुभूति में अवरोध पैदा करने वाले, रस में बाधक और शब्दार्थ को नष्ट या कम करने वाले तत्व दोष माने जाते हैं।

काव्य-दोष के प्रमुख भेद निम्न हैं–

1. **शब्द दोष :** रस भाव के कर्णकटु शब्दों का प्रयोग, अप्रचलित, ग्रामीण, अश्लील, क्लिष्ट तथा अनुचितार्थ वाले शब्दों का प्रयोग शब्द दोष के अन्तर्गत आता है।
2. **अर्थ दोष :** काल का ध्यान न रखना, एक ही शब्द या भाव बार-बार दोहराना, शास्त्र विरुद्ध कथन और लोकविरुद्ध कथन अर्थ दोष के अन्तर्गत आता है।
3. **रस दोष :** रस दोष और उसके भावों की अभिधात्मक व्यंजना करना अथवा रस के विपरीत भावों का वर्णन या रस पुष्टि के पूर्व ही विपरीत कहकर रसभंग की स्थिति उत्पन्न करना रस दोष के अन्तर्गत आता है।

वस्तुनिष्ठ प्रश्न

1. काव्य में कितने स्थायी भाव प्रधान माने गए हैं?
A. पाँच B. सात
C. नौ D. ग्यारह

2. मन में जिसके प्रति भाव (स्थायी भाव) प्रकट होता है, इसे कहते हैं–
A. आलम्बन B. आश्रय
C. उद्दीपन D. संचारी भाव

3. संचारी भाव कितने माने गए हैं?
A. ग्यारह B. बाईस
C. तैंतीस D. सात

4. शृंगार रस का स्थायी भाव क्या है?
A. उत्साह B. शोक
C. रति D. विनोद

5. संचारी भाव
A. स्थायी भाव को पुष्ट करता है
B. स्थायी भाव के सहयोगी का काम करता है
C. अपना काम करने के बाद स्थायी भाव में ही लुप्त हो जाता है
D. उपरोक्त तीनों

6. रौद्र रस का स्थायी भाव क्या है?
A. शोक B. जुगुप्सा
C. क्रोध D. भय

7. वात्सल्य रस का स्थायी भाव क्या है?
A. स्नेह B. उत्साह
C. प्रेम D. जुगुप्सा

8. जिसके कारण हृदय में भाव प्रवृत्त होता है, वह क्या कहलाता है?
A. विभाव B. आलम्बन
C. उद्दीपन D. आश्रय

9. हास्य रस के कितने भेद हैं?
A. दो B. तीन
C. छह D. आठ

10. करुण रस का स्थायी भाव क्या है?

A. क्रोध B. भय
C. जुगुप्सा D. शोक

11. रस का आधार क्या है?

A. अनुभूति B. काव्य
C. संचारी भाव D. अलंकार

12. एक ओर अजगरहिं लखि एक ओर मृग राय।
विकल बटोही बीच ही परयौ मूरछा खाय।

उक्त पद में रस कौन-सा है?

A. करुण रस B. रौद्र रस
C. वीभत्स रस D. भयानक रस

13. जशोदा हरि पालने झुलावै।
हलरावै दुलरावै जोई सोई कछु गावै।

उक्त पद में रस कौन-सा है?

A. शृंगार रस B. वात्सल्य रस
C. वीभत्स रस D. वीर रस

14. 'क्या भाग रहा है भार देख?
तू मेरी ओर निहार देख
मैं त्याग चला निस्सार देख
अटकेगा मेरा कौन काम?

उक्त पद में रस कौन-सा है?

A. शांत रस B. वात्सल्य रस
C. रौद्र रस D. करुण रस

15. 'अखिल भुवन चर-अचर सब, हरि मुख में लखि मातु।
चकित भई गद्गद् वचन, विकसित दृग पुलकातु।'

उक्त पद में रस कौन-सा है?

A. शांत रस B. वात्सल्य रस
C. अदभुत रस D. वीभत्स रस

16. इसमें रस कौन-सा है–

'बरतस लालच लाल की मुरली धरी लुकाय।
सौंह करै, भौंहन हँसै, दैन कहै, नटिं जाय।।'

A. करुण रस B. हास्य रस
C. शृंगार रस D. रौद्र रस

17. 'सभय बिलोके लोग सब जानि जानकी भीर।
हृदय न हरप विषाद कछु बोले श्रीरघुवीर।।

उक्त पद में रस कौन-सा है?

A. शांत रस B. शृंगार रस
C. वीर रस D. करुण रस

18. वीर रस कितने प्रकार के होते हैं?

A. तीन B. चार
C. पाँच D. छह

19. रस की भांति भाव के भी शुद्ध रूप में न होने और किसी विकार या दोष से युक्त होने के कारण उसे कहा जाता है–

A. रसाभाव B. भावाभाव
C. भाव-सन्धि D. भाव सबलता

20. जहाँ किसी भाव के शांत होते ही सहसा किसी दूसरे भाव के उदय होने का वर्णन होता है, वहां–

A. भावोदय होता है B. भाव-संधि होती है
C. भावसबलता होती है D. रसाभाव होता है

21. 'चेतक के पीछे दो काल, पड़े हुए ये ले असि ढाल।
उसके पथ में उनको मार, पावन की अपनी करवान।'

उक्त पंक्तियों में क्या है?

A. भाव-संधि B. भावोदय
C. भाव-शांति D. भावाभास

22. जहाँ दो भावों का संचार एक ही साथ वर्णन किया जाए, वहाँ क्या होता है?

A. भावाभास B. रसाभाव
C. भाव-शांति D. भाव-संधि

23. जहाँ दो से अधिक परस्पर विरोधी व उदासीन भावों के गड्डमड्ड होने अथवा एक साथ उदय होने का भाव हो, वहाँ क्या होता है–

A. भावाभास B. भाव-संधि
C. भाव-शांति D. भावसबलता

24. रस में विरोध कितने प्रकार का माना जाता है?

A. दो B. तीन
C. चार D. पाँच

25. जो स्वर दो स्वरों के योग से उच्चारित होते हैं, वे क्या कहलाते हैं?

A. ह्रस्व B. दीर्घ
C. व्यंजन D. गुरु

26. स्वर के उच्चारण में जो समय लगता है, उस अवधि को क्या कहते हैं?

A. मात्रा B. ह्रस्व
C. लघु D. वर्ण

27. लघु वर्ण की कितनी मात्रा होती है?

A. एक B. दो
C. चार D. पाँच

28. गुरु वर्ण की कितनी मात्रा होती है?

A. एक B. दो
C. चार D. तीन

29. 'मान्धाता' शब्द में तीनों मात्राएँ क्या हैं?

A. लघु B. गुरु
C. ह्रस्व D. दीर्घ

30. छंदों में प्रवाह होना चाहिए, जिससे पढ़ने में रुकावट न हो। इस प्रवाह को क्या कहते हैं?

A. क्रम B. यति
C. गण D. गति

31. चरणों में रुकावट, विराम, विश्राम को क्या कहते हैं?
A. गण B. क्रम
C. गति D. यति

32. छंद में गण शब्द का क्या तात्पर्य है?
A. दो अक्षरों का समूह B. तीन अक्षरों का समूह
C. पाँच अक्षरों का समूह D. छह अक्षरों का समूह

33. छंदों में त्रि-वर्ण के कितने समूह हैं?
A. तीन B. चार
C. सात D. आठ

34. छंद के दो या चार चरणों के अन्त में जब कोई एक स्वर आता है, तब उस अक्षर की एकता को क्या कहते हैं?
A. यति B. गति
C. क्रम D. तुक

35. छंदों के कितने भेद हैं?
A. दो B. तीन
C. चार D. आठ

36. चौपाई छंद के एक चरण में कितनी मात्राएँ होती हैं?
A. 16 B. 14
C. 17 D. 13

37. 'खंजन मंजु तिरीछे नयननि, निज पति कहेउ तिन्हहि सिय सयननि।'
प्रस्तुत छंद क्या है?
A. चौपाई B. सोरठा
C. दोहा D. रोला

38. वर्णों के अनुसार गणों का मिलान कीजिए तथा दिए गए कूट की सहायता से सही उत्तर का चयन कीजिए–

गण	वर्ण
(*a*) रगण	1. सावन
(*b*) तगण	2. सौतेला
(*c*) भगण	3. साधना
(*d*) मगण	4. साकार

कूट :

	(*a*)	(*b*)	(*c*)	(*d*)
A.	3	4	1	2
B.	1	2	4	3
C.	1	2	3	4
D.	3	4	2	1

39. वर्णों के अनुसार गणों का मिलान कीजिए तथा दिए गए कूट की सहायता से सही उत्तर का चयन कीजिए–

गण	वर्ण
(*a*) नगण	1. सुभाषा
(*b*) यगण	2. सुजाता
(*c*) जगण	3. सरिता
(*d*) सगण	4. सरत

कूट :

	(*a*)	(*b*)	(*c*)	(*d*)
A.	2	1	4	3
B.	4	2	1	3
C.	1	2	3	4
D.	3	4	2	1

40. मगण गण में गण का क्या लक्षण है?
A. पहला वर्ण गुरु B. बीच वर्ण गुरु
C. अन्त वर्ण गुरु D. तीनों वर्ण गुरु

41. तगण गण में गण का क्या लक्षण है?
A. अन्त का वर्ण लघु B. बीच का वर्ण लघु
C. तीनों वर्ण लघु D. पहला वर्ण लघु

42. जगण गण में गण का क्या लक्षण है?
A. बीच का वर्ण लघु B. बीच का वर्ण गुरु
C. अन्त का वर्ण लघु D. अन्त का वर्ण गुरु

43. निम्न में अर्द्धमात्रिक छंद कौन-सा है?
A. दोहा B. रोला
C. सोरठा D. चौपाई

44. निम्न में अर्द्धसममात्रिक छंद कौन-सा है?
A. दोहा B. रोला
C. सोरठा D. कुण्डलिया

45. छंदों में विषम चरणों से तात्पर्य है–
A. पहला और दूसरा चरण
B. दूसरा और तीसरा चरण
C. पहला और चौथा चरण
D. पहला और तीसरा चरण

46. दोहे के सम्बन्ध में कौन-सा कथन सही नहीं है?
A. यह अर्द्ध मात्रिक छंद है
B. प्रत्येक दल में 24 मात्राएँ होती हैं
C. विषम चरणों में 11 मात्राएँ, सम चरणों में 13 मात्राएँ होती हैं
D. दूसरे और चौथे चरण की तुक मिलती है

47. चौपाई के एक चरण में कितनी मात्राएँ होती हैं?
A. 16 मात्राएँ B. 13 मात्राएँ
C. 11 मात्राएँ D. 17 मात्राएँ

48. अर्द्धाली किसे कहते हैं?
A. एक चरण की चौपाई को
B. दो चरण की चौपाई को
C. चार चरण की चौपाई को
D. सोरठा छंद को

49. दोहे का उल्टा रूप किसे कहा जाता है?
A. सोरठा छंद B. रोला छंद
C. कुण्डलियां छंद D. चौपाई छंद

50. हरिगीतिका के प्रत्येक चरण में कितनी मात्राएँ होती हैं?
A. 4 मात्राएँ B. 3 मात्राएँ
C. 6 मात्राएँ D. 8 मात्राएँ

51. रोला के प्रत्येक चरण में कुल कितनी मात्राएँ होती हैं?
A. 2 मात्राएँ B. 6 मात्राएँ
C. 4 मात्राएँ D. 8 मात्राएँ

52. निम्न पद्य में कौन-सा छंद है?
'जीती जाती हुई जिन्होंने भारत बाजी
निज बल दल मेट विरोधी सबल कुराजी
जिनके आगे ठहर सके जंगी न जहाजी
हैं ये वही प्रसिद्ध छत्रपति भूप शिवाजी।'
A. सोरठा B. रोला
C. चौपाई D. कुण्डलिया

53. कुण्डलियां में कुल कितने पद होते हैं?
A. दो B. चार
C. छह D. आठ

54. कुण्डलियां में कुल कितनी मात्राएँ होती हैं?
A. 134 मात्राएँ B. 140 मात्राएँ
C. 142 मात्राएँ D. 144 मात्राएँ

55. वंशस्थ के प्रत्येक चरण में कितनी मात्राएँ होती हैं?
A. 10 मात्राएँ B. 12 मात्राएँ
C. 14 मात्राएँ D. 17 मात्राएँ

56. वंशस्थ में कौन-सा गण है?
A. ज त र B. र म ज
C. त स य D. भ न य

57. मालिनी छंद में प्रत्येक चरण में कितनी मात्राएँ होती हैं?
A. 15 मात्राएँ B. 17 मात्राएँ
C. 22 मात्राएँ D. 24 मात्राएँ

58. वसन्ततिलका छंद में कौन-सा गण है?
A. त भ र र म B. त भ ज ज ग
C. त भ ग म स D. त भ र ज म

59. वसन्ततिलका छंद में कितनी मात्राएँ होती हैं?
A. 11 मात्राएँ B. 12 मात्राएँ
C. 14 मात्राएँ D. 24 मात्राएँ

60. "केवल मनोरंजन न कवि का कर्म होना चाहिए।
उसमें उचित उपदेश का भी मर्म होना चाहिए।।"
उक्त छंद कौन-सा है?
A. कुण्डलियां B. शिखरिणी
C. वंशस्थ D. हरिगीतिका

61. मनहरण छंद का दूसरा नाम क्या है?
A. कवित्त B. घनाक्षरी
C. गीतिका D. दण्डवृत्त

62. छप्पय में कुल कितने चरण होते हैं?
A. दो B. चार
C. छह D. पाँच

63. सरसी के प्रत्येक चरण में कितनी मात्राएँ होती हैं?
A. 12 मात्राएँ B. 24 मात्राएँ
C. 26 मात्राएँ D. 27 मात्राएँ

64. गीतिका के प्रत्येक चरण में कितनी मात्राएँ होती हैं?
A. 12 मात्राएँ B. 24 मात्राएँ
C. 26 मात्राएँ D. 28 मात्राएँ

65. तीमर के प्रत्येक चरण में कितनी मात्राएँ होती हैं?
A. 4 मात्राएँ B. 5 मात्राएँ
C. 10 मात्राएँ D. 12 मात्राएँ

66. उल्लाला के प्रत्येक चरण में कितनी मात्राएँ होती हैं?
A. 6 मात्राएँ B. 8 मात्राएँ
C. 10 मात्राएँ D. 13 मात्राएँ

67. हिन्दी में कौन-सा छंद विषम कहलाता है?
A. चौपाई B. दोहा
C. सोरठा D. छप्पय

68. मात्राओं और वर्णों की संख्या के विचार से सम छंदों के कितने भेद होते हैं?
A. दो B. तीन
C. चार D. छह

69. अलंकार के कितने मुख्य भेद होते हैं?
A. दो B. तीन
C. चार D. पाँच

70. काव्य का अस्थिर धर्म क्या है?
A. रस B. शब्द शक्ति
C. अलंकार D. छंद

71. जहाँ एक साथ शब्द और अर्थ दोनों में विशेषता हो, वहाँ–
A. शब्दालंकार होता है B. अर्थालंकार होता है
C. अनुप्रास अलंकार होता है D. उभयालंकार होता है

72. जब किसी कविता में एक शब्द का एक ही बार प्रयोग हो, परन्तु उसके दो या अधिक अर्थ हों, तब कौन-सा अलंकार होता है?
A. रूपक B. उपमा
C. प्रतीप D. श्लेष

73. निम्न में कौन-सा शब्दालंकार नहीं है?
A. उपमा, रूपक B. व्यतिरेक, दृष्टांत
C. अनुप्रास, यमक D. श्लेष, वक्रोक्ति

74. 'कुन्द इन्दु सम देह, उमा रमन करुण अयन'
उक्त पद में अलंकार कौन-सा है?
A. श्लेष B. उपमा
C. अनुप्रास D. रूपक

75. ‘कनक कनक ते सौ गुना मादकता अधिकाय।
वा खाये बौराय जग या पाये बौराय।’
उक्त पद में अलंकार कौन-सा है?

A. यमक B. अनुप्रास
C. रूपक D. प्रतीप

76. ‘स्वर्ग की तुलना उचित ही है यहाँ, किन्तु सुरसरिता कहाँ सरयू कहाँ?
वह मरों को मात्र पार उतारती, यह यहीं से जीवितों को तारती।’
उक्त पद में अलंकार कौन-सा है?

A. श्लेष B. व्यतिरेक
C. रूपक D. भ्रान्तिमान

77. ‘हनुमान की पूँछ में लगन न पाई आग।
लंका सिगरी जल गई, गए निसाचर भाग।’
उक्त पद में अलंकार कौन-सा है?

A. उत्प्रेक्षा B. भ्रान्तिमान
C. दृष्टान्त D. अतिशयोक्ति

78. ‘एक राज्य न हो बहुत से हों जहाँ, राष्ट्र का बल बिखर जाता है वहाँ,
बहुत तारे थे अँधेरा कब मिटा, सूर्य का आना सुना जब तब मिटा।’
उक्त पद में अलंकार कौन-सा है?

A. दृष्टान्त B. व्यतिरेक
C. भ्रान्तिमान D. उपमा

79. ‘मेरी भव बाधा हरौ, राधा नागरि सोई।
जो तन की झाईं परत, स्यामु हरित दुति होई।’
उक्त पद में अलंकार कौन-सा है?

A. व्यतिरेक B. श्लेष
C. उपमा D. अनुप्रास

80. जब शब्द (पद) में एक या कई व्यंजन एक से अधिक बार एक ही क्रम में आएं, वह कौन-सा अलंकार होता है?

A. यमक B. दृष्टान्त
C. भ्रान्तिमान D. अनुप्रास

81. काव्य में शब्दगत और अर्थगत सौंदर्य की वृद्धि उत्पन्न करने वाले साधन को क्या कहते हैं?

A. अलंकार B. रस
C. छंद D. शब्द-शक्ति

82. निम्न पंक्तियों में कौन-सा अलंकार है?

‘‘बहुरि अंजली बांधि ध्यान विधि को विधिवत गहि।
माँगी गंग उमंग सहित पूरब प्रसंग कहि।।’’

A. अनुप्रास B. उत्प्रेक्षा
C. मालोपमा D. भ्रान्तिमान

83. अनुप्रास के कितने भेद होते हैं?

A. दो B. तीन
C. चार D. पाँच

84. जब कविता में एक ही शब्द दो या अधिक बार आये हर बार उसका अर्थ भिन्न हो, तो कौन-सा अलंकार होता है?

A. यमक B. अतिशयोक्ति
C. अनुप्रास D. प्रतीप

85. किस अलंकार में लक्षण से चमत्कार घटित होता है?

A. प्रतीप B. रूपक
C. अतिशयोक्ति D. अनन्वय

86. किस अलंकार में प्रसिद्ध उपमानों को उपमेय के रूप में कर लिया जाता है?

A. रूपक B. अनुप्रास
C. प्रतीप D. उपमा

87. प्रस्तुत वर्ण्य को बढ़ा-चढ़ाकर अतिरंजित रूप में अभिव्यक्त करने से कौन-सा अलंकार होता है?

A. अतिशयोक्ति B. दृष्टान्त
C. विभावना D. विशेषोक्ति

88. किस अलंकार में कविता में उपमेय और उपमान बिम्ब-प्रतिबिम्ब भाव से होते हैं?

A. अतिशयोक्ति B. प्रतीप
C. विशेषोक्ति D. दृष्टान्त

89. जब भ्रववश किसी एक चीज को देखकर उसके समान की किसी अन्य वस्तु का भ्रम हो तो कौन-सा अलंकार होता है?

A. विभावना B. उत्प्रेक्षा
C. भ्रान्तिमान D. विशेषोक्ति

90. उपमान की अपेक्षा उपमेय के वर्णन में जब उत्कृष्टता दिखाई जाती है, तो कौन-सा अलंकार होता है?

A. प्रतीप B. विभावना
C. उत्प्रेक्षा D. व्यतिरेक

91. किस अलंकार में उपमेय में उपमान की सम्भावना की जाती है?

A. उत्प्रेक्षा B. विभावना
C. प्रतीप D. अनुप्रास

92. कविता में जब बिना पर्याप्त कारण के कार्य सम्पन्न होने का चमत्कार घटित होता है, तो कौन-सा अलंकार होता है?

A. प्रतीप B. उत्प्रेक्षा
C. अतिशयोक्ति D. विभावना

93. प्रबल कारणों के उपस्थित होते हुए भी जब कार्य सिद्ध न होने का वर्णन किया जाए तो कौन-सा अलंकार होता है?

A. विशेषोक्ति B. विभावना
C. व्यतिरेक D. प्रतीप

94. जहाँ किसी उक्ति में वक्ता के अभिप्रेत आशय से भिन्न अर्थ की कल्पना की जाये, वहाँ कौन-सा अलंकार होता है?

A. प्रतीप B. अनुप्रास
C. वक्रोक्ति D. विभावना

95. जहाँ सादृश्य के कारण किसी वस्तु को देखकर यह निश्चय न हो सके कि यह वही वस्तु है या अन्य, अर्थात् दोनों में दुविधा वही वस्तु है या अन्य, अर्थात् दोनों में दुविधा बनी रहे, वहाँ कौन-सा अलंकार होता है?

A. भ्रान्तिमान B. विभावना
C. सन्देह D. प्रतीप

96. जहाँ सामान्य कथन का विशेष कथन द्वारा और विशेष कथन का सामान्य कथन द्वारा समर्थन किया जाता है, वहाँ कौन-सा अलंकार होता है?

A. विशेषोक्ति B. विभावना
C. अर्थान्तरन्यास D. वक्रोक्ति

97. जहाँ कविता में एक ही चीज उपमान और उपमेय भाव से कही जाती है, वहाँ कौन-सा अलंकार होता है?

A. प्रतीप B. अनन्वय
C. अनुप्रास D. रूपक

98. वर्णन में जो प्रस्तुत विषय के रूप में होता है (जैसे सीता का मुख) उसे क्या कहते हैं?

A. उपमेय
B. उपमान
C. धर्म
D. वाचक

99. वर्ण्य वस्तु क़ी शोभा बढ़ाने के लिए जिस अप्रस्तुत (जैसे चन्द्रमा) की कल्पना की जाती है, उसे क्या कहते हैं?

A. धर्म B. वाचक
C. उपमान D. उपमेय

100. जिस गुण के कारण उपमेय और उपमान में समानता स्थापित की जाती है (जैसे सुन्दर), उसे क्या कहते हैं?

A. उपमेय B. उपमान
C. वाचक D. धर्म

उत्तरमाला

1	2	3	4	5	6	7	8	9	10
C	A	C	C	D	C	A	C	C	D
11	12	13	14	15	16	17	18	19	20
A	D	B	A	C	B	C	B	B	A
21	22	23	24	25	26	27	28	29	30
B	D	D	B	B	A	A	B	B	D
31	32	33	34	35	36	37	38	39	40
D	B	D	D	C	A	A	A	B	D
41	42	43	44	45	46	47	48	49	50
A	B	A	C	D	C	A	B	A	D
51	52	53	54	55	56	57	58	59	60
C	B	C	D	B	A	A	B	C	D
61	62	63	64	65	66	67	68	69	70
A	C	D	C	B	D	D	A	A	C
71	72	73	74	75	76	77	78	79	80
D	D	B	C	A	B	D	A	B	D
81	82	83	84	85	86	87	88	89	90
A	A	D	A	B	C	A	D	C	D
91	92	93	94	95	96	97	98	99	100
A	D	A	C	C	C	B	A	C	D

❑ ❑ ❑

हिन्दी की बोलियाँ

हिंदी भाषा का क्षेत्र हिमाचल प्रदेश, पंजाब का कुछ भाग, हरियाणा, राजस्थान, दिल्ली, उत्तर प्रदेश, उत्तराखंड, छत्तीसगढ़, झारखंड, मध्य प्रदेश तथा बिहार है, जिसे हिंदी (भाषी) प्रदेश कहते हैं।

इस पूरे क्षेत्र में हिंदी की पांच उपभाषाएं हैं, जिनके अंतर्गत मुख्यतः 10 बोलियां हैं:

भाषा	उपभाषाएं	बोलियां
हिंदी	1. पश्चिमी हिंदी	1. खड़ी बोली या कौरवी, 2. ब्रजभाषा 3. हरियाणी, 4. बुंदेली, 5. कन्नौजी
	2. पूर्वी हिंदी	1. अवधी, 2. बघेली, 3. छत्तीसगढ़ी
	3. राजस्थानी	1. पश्चिमी राजस्थानी (मारवाड़ी), 2. पूर्वी राजस्थानी (जयपुरी), 3. उत्तरी राजस्थानी (मेवाती), 4. दक्षिणी राजस्थानी (मालवी)
	4. पहाड़ी	1. पश्चिमी पहाड़ी, 2. मध्यवर्ती पहाड़ी (कुमाऊंनी-गढवाली),
	5. बिहारी	1. भोजपुरी, 2. मगही, 3. मैथिली

खड़ी बोली

'खड़ी बोली' शब्द का प्रयोग दो अर्थों में होता हैः एक तो साहित्यिक हिंदी खड़ी बोली के अर्थ में और दूसरे, दिल्ली-मेरठ के आसपास की लोक बोली के अर्थ में। यहाँ दूसरे अर्थ में ही इस शब्द का प्रयोग किया जा रहा है। इसी अर्थ में 'कौरवी' का भी प्रयोग कुछ लोग करते हैं। 'खड़ी बोली' में 'खड़ी' शब्द का अर्थ विवादास्पद है। कुछ लोगों ने 'खड़ी' का अर्थ 'खरी' (Pure) अर्थात् शुद्ध माना है, तो दूसरों ने 'खड़ी' (Standing)। कुछ अन्य लोगों ने इसका संबंध खड़ी बोली में अधिकता से प्रयुक्त खड़ी पायी 'ा' (गया, बड़ा, का) तथा उसके ध्वन्यात्मक प्रभाव कर्कशता से जोड़ा है। यों, अभी तक यह प्रश्न अनिश्चित है। खड़ी बोली या कौरवी का उद्भव शौरसेनी अपभ्रंश के उत्तरी रूप से हुआ है तथा इसका क्षेत्र देहरादून का मैदानी भाग सहारनपुर, मुजफ्फरनगर, मेरठ, दिल्ली का कुछ भाग, बिजनौर, रामपुर तथा मुरादाबाद है। लोक-साहित्य की दृष्टि से खड़ी बोली बहुत संपन्न है और इसमें पवाड़ा, नाटक, लोककथा, लोकगीत आदि पर्याप्त मात्रा में मिलते हैं। इनका काफी अंश प्रकाशित भी हो चुका है। हिंदी, उर्दू, हिंदुस्तानी तथा दक्खिनी एक सीमा तक खड़ी बोली पर आधारित हैं।

ब्रजभाषा

ब्रज का पुराना अर्थ 'पशुओं' या 'गौओं का समूह' या 'चरागाह' आदि है। पशुपालन के प्राधान्य के कारण यह क्षेत्र ब्रज कहलाया, और इसी आधार पर इसकी बोली ब्रजभाषा कहलायी। इसका विकास शौरसेनी अपभ्रंश के मध्यवर्ती रूप से हुआ है। ब्रजभाषा आगरा, मथुरा, अलीगढ़, धौलपुर, मैनपुरी, एटा, बदायूं, बरेली तथा आसपास के क्षेत्रों में बोली जाती है। साहित्य और लोकसाहित्य दोनों ही दृष्टियों से ब्रजभाषा बहुत संपन्न है। हिंदी प्रदेश के बाहर भी भारत के अनेक क्षेत्रों में ब्रजभाषा में साहित्य-रचना होती रही है। सूरदास, तुलसीदास, नंददास, रहीम, रसखान, बिहारी, देव, रत्नाकर आदि इसके प्रमुख कवि हैं।

हरियाणी

'हरियाना' शब्द की व्युत्पत्ति विवादास्पद है। हरि + यान (कृष्ण का यान इधर से ही द्वारका गया था), हरि + अरण्य (हरा वन) तथा अहीर + आना (राजपूताना, तिलंगाना की तरह) आदि कई मत दिये गये हैं, किंतु कोई भी सर्वमान्य नहीं है। हरियाणी का विकास उत्तरी शौरसेनी अपभ्रंश के पश्चिमी रूप से हुआ है। खड़ी बोली, अहीरवाटी, मारवाड़ी, पंजाबी से घिरी इस बोली को कुछ लोग खड़ी बोली का पंजाबी से प्रभावित रूप मानते हैं। इसका क्षेत्र मोटे रूप से हरियाणा तथा दिल्ली का देहाती भाग है। हरियाणी में केवल लोकसाहित्य है, जिसका कुछ अंश मुद्रित भी है।

बुंदेली

बुंदेले राजपूतों के कारण मध्यप्रदेश तथा उत्तरप्रदेश की सीमारेखा के झांसी, छतरपुर, सागर आदि तथा आसपास के भाग को बुंदेलखंड कहते हैं। वहीं की बोली बुंदेली या बुंदेलखंडी है। इसका क्षेत्र झांसी, जालौन, हमीरपुर, ग्वालियर, ओरछा, सागर, नृसिंहपुर, सिवनी, होशंगाबाद तथा आसपास का क्षेत्र है। बुंदेली का विकास शौरसेनी अपभ्रंश से हुआ है। बुंदेली में लोकसाहित्य काफी है, जिसमें ईसुरी के फाग बड़े प्रसिद्ध हैं। कहा जाता है कि हिंदी प्रदेश की प्रसिद्ध लोकगाथा 'आल्हा', जिसे हिंदी साहित्य में भी स्थान मिला है, मूलतः बुंदेली की एक उपबोली बनाफरी में लिखी गयी थी।

कन्नौजी

कन्नौज (संस्कृत कान्यकुब्ज) इस बोली का केंद्र है, अतः इसका नाम कन्नौजी पड़ा है। यह इटावा, फर्रुखाबाद, शाहजहांपुर, कानपुर, हरदोई, पीलीभीत आदि में बोली जाती है। कन्नौजी भी शौरसेनी अपभ्रंश से ही निकली है। यह ब्रजभाषा से इतनी अधिक समान है कि कुछ लोग इसे ब्रजभाषा की ही एक उपबोली मानते हैं। कन्नौजी में केवल लोकसाहित्य मिलता है, जिसमें से कुछ अंश प्रकाशित भी हो चुका है।

अवधी

इस बोली का केंद्र अयोध्या है। 'अयोध्या' का ही विकसित रूप 'अवध' है, जिससे 'अवधी' शब्द बना है। इसके उद्भव के संबंध में विवाद है। अधिकांश विद्वान इसका संबंध अर्धमागधी अपभ्रंश से मानते हैं, किंतु कुछ लोग इससे पाली की समानता के आधार पर इस मत को नहीं मानते। अवधी का क्षेत्र लखनऊ, इलाहाबाद, फतेहपुर, मिर्जापुर (अंशतः), उन्नाव; रायबरेली, सीतापुर, फैजाबाद, गोंडा, बस्ती, बहराइच, सुल्तानपुर, प्रतापगढ़, बाराबंकी आदि है। अवधी में साहित्य तथा लोकसाहित्य दोनों ही पर्याप्त मात्रा में हैं। इसके प्रसिद्ध कवि मुल्ला दाऊद, कुतुबन, जायसी, तुलसीदास, उस्मान, सबलसिंह आदि हैं।

बघेली

बघेले राजपूतों के आधार पर रीवा तथा आसपास का इलाका बघेलखंड कहलाता है, और वहाँ की बोली को बघेलखंडी या बघेली कहते हैं। बघेली का उद्भव अर्धमागधी अपभ्रंश के ही एक क्षेत्रीय रूप से हुआ है। यद्यपि जनमत इसे अलग बोली मानता है, किंतु भाषा वैज्ञानिक स्तर पर यह अवधी की ही एक उपबोली ज्ञात होती है और इसे दक्षिणी अवधी कह सकते हैं। इसका क्षेत्र रीवां, नागौद, शहडोल, सतना, महर तथा आसपास का क्षेत्र है। कुछ अपवादों को छोड़ कर बघेली में केवल लोकसाहित्य है।

छत्तीसगढ़ी

मुख्य क्षेत्र छत्तीसगढ़ होने के कारण इसका नाम छत्तीसगढ़ी पड़ा है। अर्धमागधी अपभ्रंश के दक्षिणी रूप से इसका विकास हुआ है। इसका क्षेत्र सरगुजा, कोरिया, बिलासपुर, रायगढ़, खैरगढ़, रायपुर, दुर्ग, नंदगांव, कांकेर आदि है। छत्तीसगढ़ी में भी लोकसाहित्य है।

पश्चिमी राजस्थानी

राजस्थानी का यह रूप पश्चिमी राजस्थान अर्थात जोधपुर, अजमेर, किशनगढ़, मेवाड़, सिरोही, जैसलमेर, बीकानेर आदि में बोला जाता है। इसे मारवाड़ी भी कहते हैं। शौरसेनी अपभ्रंश से इसका विकास हुआ है। मारवाड़ी में साहित्य तथा लोकसाहित्य दोनों ही पर्याप्त मात्रा में हैं। मीरा के पद इसी भाषा में हैं।

उत्तरी राजस्थानी

उत्तरी राजस्थान में इसका क्षेत्र अलवर, गुड़गांव, भरतपुर तथा आसपास है। मेओ जाति के इलाके मेवात के नाम पर इसे 'मेवाती' भी कहते हैं। इसकी एक मिश्रित बोली अहीरवाटी है, जो गुड़गांव, दिल्ली तथा करनाल के पश्चिमी क्षेत्रों में बोली जाती है। इस पर हरियाणी का बहुत प्रभाव है। मेवाती में केवल लोकसाहित्य है। उत्तरी राजस्थानी का उद्भव शौरसेनी अपभ्रंश से हुआ है।

पूर्वी राजस्थानी

राजस्थान के पूर्वी भाग में जयपुर, अजमेर, किशनगढ़ आदि में यह बोली जाती है। इसकी प्रतिनिधि बोली जयपुरी है, जिसका केंद्र जयपुर है। जयपुरी को 'ढूंढाणी' भी कहते हैं, क्योंकि इस क्षेत्र का नाम ढूंढाण है। शौरसेनी अपभ्रंश से विकसित इस बोली में केवल लोक-साहित्य है।

दक्षिणी राजस्थानी

इंदौर, उज्जैन, देवास, रतलाम, भोपाल, होशंगाबाद तथा इनके आसपास इसका क्षेत्र है। इसकी प्रतिनिधि बोली मालवी है, जिसका मुख्य क्षेत्र मालवा है। शौरसेनी अपभ्रंश से विकसित इस बोली में कुछ साहित्य तथा पर्याप्त लोकसाहित्य है।

पश्चिमी पहाड़ी

जौनसार, सिरमौर, शिमला, मंडी, चंबा तथा आसपास इसका क्षेत्र है। शौरसेनी अपभ्रंश से विकसित इस बोली में केवल लोक साहित्य है।

मध्यवर्ती पहाड़ी

शौरसेनी अपभ्रंश से विकसित इस बोली का क्षेत्र गढ़वाल, कुमाऊं तथा आसपास का कुछ क्षेत्र है। वस्तुतः यह गढ़वाली और कुमाऊंनी, इन दो बोलियों का ही सामूहिक नाम है। इन बोलियों में लोकसाहित्य तो पर्याप्त मात्रा में है, साथ ही कुछ साहित्य भी है।

भोजपुरी

बिहार के शाहाबाद जिले के भोजपुर गांव के नाम के आधार पर इस बोली का नाम 'भोजपुरी' पड़ा है। मागधी अपभ्रंश के पश्चिमी रूप से विकसित इस बोली का क्षेत्र बनारस, जौनपुर, मिर्जापुर, गाजीपुर, बलिया, गोरखपुर, देवरिया, आजमगढ़, बस्ती, शाहाबाद, चंपारन, सारन तथा आसपास का कुछ क्षेत्र है। हिंदी प्रदेश की बोलियों में भोजपुरी बोलने वाले सबसे अधिक हैं। भोजपुरी में मुख्यतः लोकसाहित्य ही मिलता है, शिष्ट साहित्य बहुत कम है। भारतेंदु, प्रेमचंद, प्रसाद आदि इसी क्षेत्र के रहे हैं, किंतु साहित्य में इन्होंने इसका प्रयोग नहीं किया।

मगही

संस्कृत 'मगध' से विकसित शब्द 'मगह' पर इसका नाम आधारित है। मागधी अपभ्रंश से विकसित यह बोली पटना, गया, पलामू, हजारीबाग, मुंगेर, भागलपुर तथा उनके आसपास बोली जाती है। इसमें लोकसाहित्य काफी है। कुछ ललित साहित्य भी है।

मैथिली

मागधी अपभ्रंश के मध्यवर्ती रूप से विकसित यह बोली हिंदी और बांग्ला क्षेत्र की संधि पर मिथिला में बोली जाती है। दरभंगा, मुजफ्फरपुर, सहरसा, पूर्णिया तथा मुंगेर आदि में इसका क्षेत्र है। लोकसाहित्य की दृष्टि में मैथिली बहुत संपन्न है, साथ ही इसमें साहित्य-रचना अत्यंत प्राचीन काल से होती चली आयी है। हिंदी साहित्य को विद्यापति जैसे रससिद्ध कवि देने का श्रेय मैथिली को ही है। इनके अतिरिक्त ज्योतिरीश्वर ठाकुर, गोविंददास, उमानाथ, हरिमोहन झा आदि भी इनके अच्छे साहित्यकार हैं।

हिन्दी की शब्द सम्पदा

शब्द

ध्वनियों के मेल से बने सार्थक वर्ण समुदाय को 'शब्द' कहते हैं। दूसरे शब्दों में– एक अक्षर या एक से अधिक अक्षरों का समूह, जिसका कुछ अर्थ होता है, शब्द कहा जाता है।

जैसे– पुष्प, पहाड़, लड़का, मैं, तुम आदि।

शब्दों का वर्गीकरण

साधारणतः शब्दों का वर्गीकरण चार आधारों पर किया जाता है। ये आधार निम्नलिखित हैं :

(1) व्युत्पत्ति के आधार पर
(2) उत्पत्ति के आधार पर
(3) अर्थ के आधार पर
(4) विकार के आधार पर

(1) व्युत्पत्ति के आधार पर

व्युत्पत्ति के आधार पर शब्दों के तीन भेद होते हैं :-
(क) रूढ़ (ख) यौगिक (ग) योगरूढ़

(क) **रूढ़ :** रूढ़ वे शब्द हैं जिनका खण्ड नहीं हो सकता। यदि इन शब्दों को खण्डित कर दिया जाता है तो उनके खण्डों का कोई अर्थ नहीं होता। जैसे- नाक, कान, घर, जल, फल, शीला, सीता, राम, हल, रात आदि।

(ख) **यौगिक :** वे शब्द जिनका निर्माण अन्य शब्दों के या प्रत्ययों के जोड़ से होता है, यौगिक कहे जाते हैं। जैसे- पाठशाला, दहीवाली, नाकवाला, शक्तिवान, पानीवाला आदि।

(ग) **योगरूढ़ :** योगरूढ़ शब्द दूसरे शब्दों के योग से निर्मित होते हैं। खण्ड करने पर इनके प्रत्येक खण्ड या योग का अपना अर्थ होता है। परन्तु जब दोनों खण्डों को एक कर दिया जाता है तो उस शब्द का अपना एक विशेष अर्थ होता है। इस प्रकार, योगरूढ़ वे शब्द हैं जो दूसरे शब्दों के योग से बनते हैं और प्रत्येक योग का अपना अर्थ होता है तथापि उनका एक बिशेष अर्थ होता है। उदाहरणतः जलज में जल का अर्थ है पानी और 'ज' का अर्थ है– जन्म लेने वाला। इस प्रकार दोनों का अर्थ हुआ जल में जन्म लेने वाला। परन्तु यह शब्द जल में उत्पन्न होने वाले सेवार आदि अन्य पदार्थों के लिए व्यवहत नहीं होता है, वरन् कमल के लिए रूढ़ हो गया है और उससे मात्र कमल का बोध होता है। इसी प्रकार जलद, कुशल, पीताम्बर, लम्बोदर आदि शब्द हैं।

(2) उत्पत्ति के आधार पर

उत्पत्ति के अनुसार शब्दों का वर्गीकरण निम्नलिखित है : (क) तत्सम (ख) तद्भव (ग) देशज (घ) विदेशज

(क) **तत्सम :** तत्सम मूलतः संस्कृत के शब्द हैं। संस्कृत के इन शब्दों के प्रयोग हिन्दी में ज्यों-के-त्यों होते हैं। जैसेः- कवि, घृत, अग्नि, रवि, माता, भ्राता, पिता, अमृत, महान् आदि।

(ख) **तद्भव :** तद्भव वे शब्द हैं जिनका विकास संस्कृत के शब्दों से हुआ है। तद्भव का अर्थ है- 'तत्' (तस्य) = उसके अर्थात् 'संस्कृत से' और 'भव' अर्थात् उत्पन्न। जैसे- घृतः = घी, अग्नि = आग, कर्म = काम, दाद्य = दही, अमृत = अमरित, कार्य = कारज, दुग्ध = दूध, जन्म = जनम, धर्म = धरम आदि।

(ग) **देशज :** देशज का अर्थ है– देश में उत्पन्न। हिन्दी भाषा के वे शब्द जो भारत की विभिन्न बोलियों एवं भाषाओं से आए हैं, देशज कहे जाते हैं। जैसे- कटोरी, थाली, पेट, पैर, पेड़, लोटा, डोरी आदि।

(घ) **विदेशज :** हिन्दी भाषा के वे शब्द जिनका आगम विदेशी भाषाओं से हुआ है, विदेशज शब्द कहे जाते हैं। जैसे- चाकू, मोटर, ट्रेन, स्टेशन, आदमी, अमीर, फालतू, किताब, तारीख़, तकिया, गवाह, देहात, जहर, बाल्टी, चेहरा, लगाम, कालीन, कैंची, बेग़म, तम्बाकू, बहादुर, प्रेस, पार्टी, स्टेशन, गजट, डायरी, रेडियो, नम्बर, नोटिस आदि।

(3) अर्थ के आधार पर

अर्थ के अनुसार शब्दों के दो भेद हैं : (क) सार्थक (ख) निरर्थक

(क) **सार्थक :** सार्थक शब्द वे हैं, जिनका कुछ अर्थ होता है। जैसे- घर, घोड़ा, कमल, कलम, पुस्तक आदि। ये सभी शब्द सार्थक हैं, क्योंकि इन शब्दों के कहने से किसी परिचित पदार्थ का बिम्ब बनता है। जैसे– पुस्तक कहने से पढ़ने के काम में आने वाली किताब का बोध होता है। इस प्रकार ऊपर सभी शब्द सार्थक हैं।

(ख) **निरर्थक :** निरर्थक शब्द वे हैं जिनका कुछ भी अर्थ नहीं होता है। जैसे– अल्ल, बल्ल, गर्र, फर्र, मलक, नीपा, धदू आदि।

(4) विकार के आधार पर

विकार के अनुसार सार्थक शब्दों के दो भेद किए गए हैं : (क) विकारी (ख) अविकारी

(क) **विकारी शब्द :** विकारी शब्द वे शब्द हैं, जिनके रूप में विकार या परिवर्तन होता है। यह विकार लिंग, वचन और कारक में होता है। जैसे– घोड़ा।

लिंग के कारण परिवर्तन	घोड़ा से घोड़ी।
वचन के कारण परिवर्तन	घोड़ा से घोड़े, घोड़ों।
कारक के कारण परिवर्तन	घोड़ा से घोड़ों ने, घोड़े से आदि।

विकारी शब्दों के भेद

विकारी शब्दों के चार भेद हैं : (i) संज्ञा (ii) सर्वनाम (iii) विशेषण (iv) क्रिया

(i) **संज्ञा :** संज्ञा का अर्थ है नाम। किसी वस्तु, व्यक्ति, स्थान आदि के नाम को संज्ञा कहते हैं। जैसे- घर, पटना, कलम, बुढ़ापा आदि।

(ii) **सर्वनाम :** सर्वनाम उन शब्दों को कहते हैं जिनका प्रयोग संज्ञा के स्थान पर होता है। जैसे- वह, मैं, तुम, उस, आप, वे आदि।

(iii) **विशेषण :** संज्ञा अथवा सर्वनाम की विशेषता प्रकट करने वालें शब्द को विशेषण कहते हैं। जैसे- सुन्दर, मोटा, लाल, काला, दुबला आदि।

(iv) **क्रिया :** क्रिया उन शब्दों को कहते हैं जिनसे किसी काम का होना या करना प्रकट हो, जैसे- खाना, रोना, हँसना, लिखना आदि।

(ख) अविकारी शब्द : वे शब्द जिनके रूप में विकार अथवा परिवर्तन नहीं होता है, अविकारी शब्द कहलाते हैं, अर्थात लिंग वचन और कारक की दृष्टि से कोई परिवर्तन या विकार नहीं होता है। अविकारी शब्द 'अव्यय' भी कहलाते हैं।

अविकारी शब्दों के चार भेद हैं-

(i) क्रिया विशेषण (ii) समुच्चय बोधक (iii) सम्बन्ध बोधक (iv) विस्मयादि बोधक

- **(i) क्रिया विशेषण :** क्रिया की विशेषता प्रकट करने वाले शब्द क्रिया विशेषण कहलाते हैं। जैसे- धीरे-धीरे, जल्दी-जल्दी आदि।
- **(ii) समुच्चय बोधक :** समुच्चय बोधक शब्द वे हैं जो दो शब्दों, वाक्यों या वाक्यांशों को परस्पर जोड़ते हैं। जैसे- परन्तु, किन्तु, तथा और आदि।
- **(iii) सम्बन्ध बोधक :** सम्बन्ध बोधक वे अव्यय हैं जो एक शब्द का दूसरे शब्द से सम्बन्ध स्थापित करते हैं। जैसे- ऊपर, नीचे, समीप, पास, निकट आदि।
- **(iv) विस्मयादि बोधक :** विस्मय, हर्ष, शोक, घृणा, आदि भावों को प्रकट करने के लिए जिन शब्दों का प्रयोग किया जाता है, उन्हें विस्मयादि बोधक अव्यय कहते हैं। जैसे- हाय! छिः! अरे! हे! आदि।

प्रमुख विदेशी शब्द

अंग्रेजी भाषा के शब्द : अफसर, अपील, अस्पताल, ऑर्डर, ऑर्डरली, इंच, इंजन, इन्जीनियर, इन्सपेक्टर, एजेन्ट, एजेन्सी, कप्तान, कम्पनी, कमिश्नर, कमीशन, कैम्प, कोर्ट, क्वार्टर, क्रिकेट, केबिन, गार्ड, गजट, गवर्नर, गारंटी, जेलर, जेल, डॉक्टर, डायरी, डेयरी, डिप्टी, डिस्ट्रिक्ट, ट्यूशन, टीचर, पेन, पेंसिल, पॉकेट, नोटिस, नर्स, नम्बर, पार्टी, पार्सल, प्लेट, पाउडर, मीटिंग, मिनिस्टर, मोनीटर, मेनेजमेंट, मार्केट, म्युनिस्पेलटी, पार्लियामेंट, क्वालिटी, कॉलेज, कस्टमर, टिकट, चेन, चैलेंज, टेलीविजन, रेडियो, कम्प्यूटर, मीडिया, मेम्बर, ट्राफिक, ट्रेन, प्लेटफार्म, ड्रेस, ड्रामा, कार्बन, हेलिकॉप्टर, कॉर्पोरेशन आदि।

अरबी भाषा के शब्द : अमीर, अजीब, अजब, अहमियत, आखिर, आदमी, अक्ल, असर, आदत, इनाम, इज्जत, इमारत, इलाज, ईनाम, औरत, औलाद, कसूर, कदम, कर्ज, किस्त, किस्मत, कसम, कीमत, कसरत, कुर्सी, किताब, खबर, खत्म, खराब, गरीब, जवाब, तक़दीर, तारीख, तकिया, तमाशा, तरक्की, दिमाग, दवा, दावा, दावत, दावात, दफ्तर, दुकान, दौलत, नतीजा, नशा, नकद, नकल, नहर, फकीर, फैसला, बहस, मुहावरा, माल, मालूम, मल्लाह, मवाद, मौसम, मुसाफिर, लिफाफा, लायक, वकील, शराब, हिम्मत, हैजा, कैद, हक, हुक्म, हाल, हवालात, हाकिम आदि।

तुर्की भाषा के शब्द : उर्दू, कालीन, कैंची, कुली, कुर्की, चेचक, चमचा, चुगली, चकमक, तमगा, तलाश, तोप, बहादुर, बेगम, लफंगा, लाश, सुराग, कुर्ता, खच्चर, दारोगा, बारूद आदि।

पुर्तगाली भाषा के शब्द : अलकतरा, अनन्नास, आया, आलपीन, आलमारी, इंसान, इस्तिरी, कमीज, किरानी, कमरा, काजू, गमला, गोदाम, गोभी, चाभी, तम्बाकू, तौलिया, नीलाम, पादरी, पिस्तौल, फीता, मेज, लबादा, साया आदि।

फारसी भाषा के शब्द

आराम, आमदनी, अफसोस, आतिशबाजी, आवारा, आफत, आवाज, आईना, उम्मीद, कबूतर, कमीना, कुश्ती, किशमिश, कमरबन्द, किनारा, खाल, खुद, खामोश, खरगोश, खुश, खुराक, खूब, गल्ला, गवाह, गिरफ्तार, गरम, गुलाब, चाबुक, चिराग, चश्मा, चर्खा, चूंकि, चेहरा, जहर, जिन्दगी, जादू, जान, जुर्माना, जोश, तमाशा, तेज, तीर, ताक, ताजा, दीवार, देहात, दुकान, दरबान, दंगल, दिल, दवा, नाव, पलंग, पैदावार, पलक, पुल, पारा, पेशा, बहरा, बीमार, मुफ्त, मोर्चा, मुर्गा, मरहम, याद, यार, रंग, रात, लेकिन, शादी, शोर, सितारा, सरदार, सरकार, सूद, सौदागर आदि।

तत्सम-तद्भव शब्द

तत्सम	तद्भव	तत्सम	तद्भव
आम्र	आम	अग्नि	आग
उष्ट्र	ऊँट	वत्स	बच्चा
नव	नौ	मध्य	में
शलाका	सलाई	गृह	घर
पुष्प	फूल	मयूर	मोर
नारिकेल	नारियल	हरिद्रा	हल्दी
कर्पूर	कपूर	घृत	घी
सक्तु	सत्तू	हस्त	हाथ
चतुर्दश	चौदह	क्षीर	खीर

हिन्दी की ध्वनियाँ

वर्ण

वर्ण वह मूल ध्वनि है जिसका खण्ड नहीं किया जा सकता है। जैसे- अ, आ, क्, ख्, ग्, च्, ट् आदि।

वर्ण को लिखने के लिए जिन चिह्नों का प्रयोग किया जाता है, उसे अक्षर कहते हैं। अक्षर का अर्थ है, जिसका क्षर न हो अर्थात् जो नष्ट न हो।

वर्णमाला : वर्णों के समूह को वर्णमाला कहते हैं। अंग्रेजी में इसे ही Alphabet कहते हैं। हिन्दी वर्णमाला को दो भागों में विभक्त किया जा सकता है– (i) स्वर (ii) व्यंजन

स्वर (Vowel)

स्वर उन मूल ध्वनियों या वर्णों को कहा जाता है जिनका उच्चारण बिना किसी अवरोध के होता है। वस्तुतः इनका उच्चारण अबाध एवं स्वतंत्रतापूर्वक होता है। हिन्दी के भाषा-वैज्ञानिकों ने स्वर वर्णों की संख्या ग्यारह निर्धारित की है। स्वर निम्नलिखित हैं :- अ, आ, इ, ई, उ, ऊ, ए, ऐ, ओ, औ, ऋ।

विद्वानों का एक वर्ग 'ऋ' को अब हिन्दी वर्णमाला के अन्तर्गत नहीं रखता है। क्योंकि इसका प्रयोग मात्र तत्सम शब्दों में ही होता है। वास्तव में 'ऋ' के प्रयोग की अपनी सीमाएँ हैं।

स्वरों का वर्गीकरण : सामान्यतः स्वरों का वर्गीकरण चार आधारों पर किया जाता है–(i) उच्चारण काल (ii) उत्पत्ति (iii) जाति (iv) उच्चारण स्थान।

उच्चारण-काल का आधार

उच्चारण-काल का आधार स्वर के उच्चारण में लगे हुए समय हैं। कुछ स्वर ऐसे हैं जिनके उच्चारण में कम समय लगता है और कुछ ऐसे हैं जिनके उच्चारण में अधिक। उच्चारण में लगे समय का मापन मात्रा से किया जाता

है। उच्चारण के काल-मान को मात्रा कहते हैं। उच्चारण-काल के आधार पर स्वरों के दो भेद किये जाते हैं :

(क) ह्रस्व स्वर (Short Vowel) (ख) दीर्घ स्वर (Long Vowel)

(क) ह्रस्व स्वर : जिनके उच्चारण में समय कम लगता है उन स्वरों को ह्रस्व स्वर कहते हैं। जैसे– अ, इ, उ, ए, ऋ।

(ख) दीर्घ स्वर : जिनके उच्चारण में अधिक समय लगता है, उन्हें दीर्घ स्वर कहते हैं। जैसे– आ, ई, ऊ, ऐ, औ।

उत्पत्ति का आधार

उत्पत्ति को आधार मानकर भी स्वरों का वर्गीकरण दो रूपों में किया गया है-(i) मूल स्वर (ii) संधि स्वर

(i) मूल स्वर : मूल स्वर उन स्वरों को कहते हैं जिनकी उत्पत्ति में दूसरे स्वरों की आवश्यकता नहीं होती है। जैसे- अ, इ, उ, ऋ।

(ii) संधि स्वर : संधि स्वर उन स्वरों को कहते हैं जिनकी उत्पत्ति मूल स्वरों के योग से होती है। संधि स्वर के भी दो भेद हैं- (अ) दीर्घ संधि स्वर (ब) संयुक्त संधि स्वर

(अ) दीर्घ संधि स्वर : किसी एक मूल स्वर में उसी मूल स्वर के योग से बने स्वर को दीर्घ संधि कहते हैं। जैसे : आ, ई, ऊ।

(ब) संयुक्त संधि स्वर : दो भिन्न स्वरों के मेल से निर्मित स्वर संयुक्त संधि स्वर कहे जाते हैं। जैसे- अ + इ = ए, अ + उ = ओ, आ + ए = ऐ, आ + ओ = औ। इस प्रकार- ए, ऐ, ओ, औ– संयुक्त संधि स्वर हैं।

जाति का आधार

जाति के आधार पर स्वरों को निम्नलिखित वर्गों में विभक्त किया गया है–(i) सवर्ण स्वर (ii) असवर्ण स्वर

(i) सवर्ण स्वर : सवर्ण स्वर वे हैं जिनका उच्चारण समान स्थान तथा प्रयत्न से होता है। इन्हें सजातीय स्वर भी कहते हैं। जैसे : अ, आ, इ, ई, उ, ऊ।

(ii) असवर्ण स्वर : असवर्ण स्वर वे हैं जिनका उच्चारण अलग-अलग स्थानों तथा असमान प्रयत्नों से होता है। इसे विजातीय स्वर भी कहते हैं। जैसे : अ + इ = ए, आ + ए = ऐ, अ + उ = ओ, अ + ओ = औ।

उच्चारण-स्थान का आधार

स्वरों के उच्चारण में जिह्वा तथा ओष्ठ की विशेष भूमिका है। अतएव इनको आधार मानकर स्वरों के अनेक भेद किये गये हैं।

जिह्वा के भागों के आधार पर

स्वरों के उच्चारण में कभी जिह्वा का अग्रभाग काम करता है तो कभी पश्चभाग और कभी मध्यभाग। अतः इस दृष्टि से स्वरों के निम्नलिखित भेद हो सकते हैः

(i) अग्रस्वर : ये वे स्वर हैं जिनके उच्चारण में जिह्वा का अग्रभाग कार्य करता है। जैसे- इ, ई, ए, ऐ।

(ii) मध्य स्वर : यह स्वर जिह्वा के मध्य भाग से उच्चरित होता है। जैसे-अ।

(iii) पश्च स्वर : पश्च स्वर वे स्वर हैं जिनका उच्चारण जिह्वा के पश्चभाग से होता है। जैसे- आ, उ, ऊ, ओ, औ।

जिह्वा की ऊँचाई के आधार पर : तालु और जिह्वा के मध्य की ऊँचाई के अनुसार स्वरों के निम्नलिखित चार भेद हैं :-

(i) **संवृत :** संवृत स्वरों के उच्चारण में जिह्वा तालु से नीचे सटी रहती है। जैसे- इ, ई, उ, ऊ।

(ii) **अर्द्ध संवृत :** अर्द्ध संवृत स्वरों के उच्चारण करते समय जिह्वा अपेक्षाकृत कम सटी रहती है। जैसे- ए, ओ।

(iii) **विवृत :** विवृत स्वर के उच्चारण में जिह्वा ऊपर उठी रहती है। जैसे–आ।

(iv) **अर्द्ध विवृत :** अर्द्ध विवृत स्वर के उच्चारण में जिह्वा विवृत की अपेक्षा कुछ समय ऊपर जाती है। जैसे- ऐ, औ।

ओष्ठ की स्थिति के आधार पर

इसके अनुसार स्वरों के तीन भेद किये गए हैं :

(i) **वर्तुल :** वर्तुल स्वर वे हैं जिनके उच्चारण में ओष्ठ की स्थिति गोलाकार हो जाती है। जैसे-उ, ऊ।

(ii) **अर्द्ध वर्तुल :** इन स्वरों के उच्चारण में ओष्ठ वर्तुल स्वरों की अपेक्षा कुछ कम गोल होते हैं। जैसे- ओ, औ।

(iii) **अवर्तुल :** ऐसे स्वर जिनके उच्चारण में ओष्ठ फैले रहते हैं, अवर्तुल कहे जाते हैं। जैसे- इ, ई, ए, ऐ, अ, आ।

व्यंजन (Consonant)

व्यंजन : वे ध्वनियाँ जिनके उच्चारण में बाहर निकलती हुई वायु मुख विवर में किसी न किसी स्थान पर बाधित होती है, व्यंजन कहलाती हैं। व्यंजन ध्वनि का उच्चारण स्वतंत्र रूप से नहीं होता है। अर्थात् इनके उच्चारण में स्वर की सहायता की आवश्यकता पड़ती है। जैसे- क, च, ट, त, प, आदि। हिन्दी में व्यंजन ध्वनियों की संख्या 33 है।

व्यंजन की परिभाषा दूसरे प्रकार से भी दी जा सकती है। जिन वर्णो का उच्चारण किसी दूसरे वर्ण की सहायता से (स्वर की सहायता से) होता है या स्वरों की सहायता के बिना नहीं हो सकता– उन्हें व्यंजन वर्ण कहते हैं। 'अ' के बिना व्यंजन का उच्चारण संभव नहीं है। उदाहरण- क् + अ = क, ग् + अ = ग आदि।

व्यंजनों को निम्नलिखित वर्गों में रखा जाता है :

क वर्ग	क ख ग घ ङ
च वर्ग	च छ ज झ ञ
ट वर्ग	ट ठ ड ढ ण
त वर्ग	त थ द ध न
प वर्ग	प फ ब भ म
अन्तस्थ	य र ल व
उष्म	श ष स ह
संयुक्त व्यंजन	क्ष त्र ज्ञ
द्विगुण व्यंजन	ड़ ढ़
अनुस्वार	(ं)
विसर्ग	(:)

हिन्दी व्यंजन ध्वनियों का उच्चारण निम्नलिखित आधार पर किया जाता है–

(i) उच्चारण स्थान के आधार पर

(ii) उच्चारण प्रयत्न के आधार पर

उच्चारण स्थान के आधार पर

ध्वनि का उच्चारण मुख के जिस स्थान विशेष से होता है उसको उस ध्वनि विशेष का उच्चारण स्थान कहा जाता है। उच्चारण स्थान को दृष्टि में रखकर व्यंजन के निम्नलिखित भेद किये गये हैं :

(क) कंठ्य (ख) तालव्य (ग) मूर्धन्य (घ) दन्त्य (ङ) ओष्ठ्य (च) दन्तोष्ठ्य (छ) नासिक्य (ज) कण्ठ तालव्य (झ) कण्ठोष्ठ्य

(क) **कंठ्य :** कंठ से उच्चरित ध्वनियों को कंठ्य ध्वनियाँ कहते हैं। जैसे- क, ख, ग, घ, ङ। अ, आ, और विसर्ग भी।

(ख) **तालव्य :** तालु से उच्चारण की जाने वाली ध्वनियाँ तालव्य ध्वनियाँ कही जाती हैं। जैसे- च, छ, ज, झ, ञ, श, य। इ, ई भी।

(ग) **मूर्धन्य :** मूर्धा का स्थान कठोर तालु और कोमल तालु के मध्य है। जैसे : ट, ठ, ड, ढ, ण।

(घ) **दन्त्य :** दन्त्य ध्वनियाँ वे हैं जिनके उच्चारण में जिह्वा ऊपर की दन्तावली का स्पर्श करती है। जैसे- त, थ, द, ध, न, ल, स।

(ङ) **ओष्ठ्य :** वे ध्वनियाँ जिनका उच्चारण दोनों ओष्ठों के सम्पर्क में आने से होता है ओष्ठ्य कहलाती है। जैसे- प, फ, ब, भ, म। उ, ऊ भी।

(च) **दन्तोष्ठ्य :** दन्तोष्ठ्य वे ध्वनियाँ हैं जिनका उच्चारण ऊपर की दन्तावली और अधरोष्ठ के सम्पर्क से होता है।

(छ) **नासिक्य :** जिन ध्वनियों के उच्चारण में नासिका की सहायता लेनी पड़ती है उन्हें नासिक्य या आनुनासिक ध्वनियाँ कहते हैं। जैसे- ङ, ञ, ण, न, य।

(ज) **कण्ठ तालव्य :** जिन ध्वनियों के उच्चारण में तालु और कण्ठ दोनों को सहयोग करना पड़ता है, उन्हें कण्ठ तालव्य ध्वनियाँ कहते हैं। जैसे- ए, ऐं।

(झ) **कण्ठोष्ठ्य :** वे ध्वनियाँ कण्ठोष्ठ्य हैं जिनका उच्चारण कण्ठ और ओष्ठ्य के मिले-जुले प्रयत्न से होता है। जैसे- ओ, औ।

उच्चारण प्रयत्न के आधार पर

व्यंजन ध्वनियों के उच्चारण-काल में उनमें स्पष्टता लाने के लिए जो क्रिया करनी पड़ती है उसे 'प्रयत्न' कहते हैं।

उच्चारण-प्रयत्न की दृष्टि से हिन्दी के व्यंजनों का वर्गीकरण निम्नलिखित है—

(क) **स्पर्श :** इन व्यंजनों के उच्चारण के समय वागेन्द्रिय विभिन्न उच्चारण अवयवों को संस्पर्शित करती है। वस्तुतः इनके उच्चारण-काल में वायु बाहर निकलते समय अवरुद्ध होती है। तद्न्तर वायु वेग से बाहर निकलती है और उसी समय व्यंजन ध्वनि का निर्माण करती है। इस प्रक्रिया से उत्पन्न व्यंजन को स्पर्श व्यंजन कहते हैं। क वर्ग, च वर्ग, ट वर्ग, तथा प वर्ग की व्यंजन ध्वनियाँ स्पर्श हैं।

(ख) **उष्म :** कुछ ध्वनियों के उच्चारण के समय वायु पूर्ण रूप से अवरुद्ध नहीं होती वरन् आंशिक रूप में अवरुद्ध होती है। इस समय वायु मुख-विवर से संकीर्ण मार्ग से बाहर निकलती है जिससे उसका संघर्षण होता है। इस संघर्षण की क्रिया से उत्पन्न ध्वनि को उष्म कहते हैं। श, ष, स, ह उष्म व्यंजन ध्वनियाँ हैं।

(ग) **पार्श्विक :** पार्श्विक ध्वनि के उच्चारण में जिह्वा का अगला हिस्सा मसूड़े को स्पर्श करता है और वायु जिह्वा के दाहिने तथा बायें पार्श्व से बाहर निकल जाती है। केवल 'ल' ध्वनि पार्श्विक है।

(घ) **लुण्ठित :** लुण्ठित ध्वनि वह है जिसके उच्चारण में जिह्वा का अग्रांश दन्त मूल को छूता है और छूते समय उसमें कम्पन उत्पन्न होता है। केवल 'र' लुण्ठित व्यंजन ध्वनि है।

(ङ) **उत्क्षिप्त :** इन ध्वनियों को उच्चारित करते समय जिह्वा का निचला हिस्सा कठोर तालु को ताड़ित करता है अर्थात् उसमें ठोकर मारता है और तेजी से सामान्य स्थिति में लौट आता है। ड़, ढ़ उत्क्षिप्त ध्वनियाँ हैं।

(च) **अल्पप्राण :** जिन वर्णों के उच्चारण में अल्पप्राण अर्थात् कम वायु की आवश्यकता पड़ती है, उन्हें अल्पप्राण कहते हैं। प्रत्येक वर्ण की प्रथम, तृतीय, पंचम ध्वनियाँ अल्पप्राण होती हैं। जैसे- क, ग, ङ, च, ज, ञ, ट, ड, ण, त, द, न, प, ब, म तथा य, र, ल, व अल्पप्राण हैं।

(छ) **महाप्राण :** महाप्राण ध्वनियाँ वे हैं जिनके उच्चारण में अधिक वायु की जरूरत होती है। इन ध्वनियों के उच्चारण में हकार की ध्वनि सुनाई देती पड़ती है। प्रत्येक वर्ग के द्वितीय, और चतुर्थ व्यंजन महाप्राण हैं। जैसे- ख, घ, छ, झ, ठ, ढ़, थ, ध, फ, भ, तथा श, ष, ह।

(ज) **घोष व्यंजन :** घोष व्यंजन वे हैं जिनके उच्चारण में स्वर यंत्रों में प्रकम्पन होते हैं। इन्हें नाद ध्वनियाँ भी कहते हैं। प्रत्येक वर्ग का तीसरा, चौथा और पाँचवा व्यंजन घोष या नाद वर्ण है। जैसे- ग, घ, ङ, ज, झ, ञ, द, ध, न, ब, भ, म।

(झ) **अघोष व्यंजन :** अघोष व्यंजन के उच्चरित होने में स्वर यंत्रों में कम्पन नहीं होता है। प्रत्येक वर्ग का प्रथम और द्वितीय वर्ण अघोष होता है। जैसे- क, ख, च, छ, त, थ, प, फ।

(ञ) **अन्तस्थ वर्ण :** य और व को अंतस्थ माना जाता है।

नवागत ध्वनियाँ

हिन्दी में कुछ विदेशी ध्वनियों का आगम हुआ है। ये ध्वनियाँ मूलतः अरबी-फारसी की हैं जो उर्दू के माध्यम से हिन्दी में पहुँची हैं। इन ध्वनियों को हिन्दी ने आत्मसात् कर लिया है। जैसे—क़, ख़, ग़, ज़, फ़।

अनुस्वार और विसर्ग

अनुस्वार और विसर्ग भी व्यंजन वर्ण हैं। अनुस्वार के लिए एक बिन्दु तथा विसर्ग के लिए दो बिन्दुओं का प्रयोग किया जाता है। अनुस्वार का प्रयोग स्वर/व्यंजन के ऊपर तथा विसर्ग का स्वर/व्यंजन के बाद किया जाता है। जैसे—अं, अः, पं, तः।

देवनागरी लिपि नामकरण

डॉ. धीरेन्द्र वर्मा के अनुसार, मध्यकाल की एक स्थापत्य शैली का नाम नगर था, जिसकी आकृतियाँ चौकोर होती थीं, नागरी लिपि के अधिकतर अक्षर भी चौकोर हैं। अतएव इसी साम्य पर यह लिपि नागर या नागरिक कहलाई। बाद में, सम्मानसूचक देव शब्द के जुड़ने पर इसका नाम 'देवनागरी' हो गया।

उपरोक्त मत कल्पना अथवा अनुमान पर ही आधारित हैं। वास्तव में वर्तमान नागरी लिपि का विकास प्राचीन नागरी से ही हुआ है और इसमें देव शब्द इसी प्रकार जुड़ गया, जैसे संस्कृत को देवभाषा या देववाणी, आदि कहते हैं।

भारत की प्राचीन लिपियों में सिन्धु घाटी की लिपि, खरोष्ठी लिपि और ब्राह्मी लिपि प्रसिद्ध हैं। सिन्धु घाटी की लिपि कुछ चित्राक्षर और कुछ ध्वन्याक्षर रूप में थी। यह लिपि 400 ई.पू. से पहले भारत के उत्तर-पश्चिमी प्रदेश में प्रचलित थी। खरोष्ठी लिपि दाएँ से बाएँ की ओर लिखी जाती थी। यह लिपि उत्तर-पश्चिमी भारत में एक हजार वर्ष तक प्रचलन में थी। कुछ विद्वानों का मत है कि ब्राह्मी लिपि का विकास वैदिक काल की किसी लिपि से हुआ है। लिपि विज्ञान के आचार्य डॉ. राजबली पाण्डे का मत है कि ब्राह्मी लिपि का आविष्कार ब्रह्म या वेद की रक्षा के लिए हुआ था।

विशेषताएँ

- देवनागरी लिपि का यह गुण है कि वह उच्चारण के अनुसार हिन्दी भाषा को अंकित करने में पूर्णतया समर्थ है। इससे उच्चारणगत एकरूपता लाने में सहायता मिलती है साथ ही स्थिरता एवं सुव्यवस्था आ गई।
- व्याकरण का भाषा के मानकीकरण में आवश्यक योगदान होता है। महावीर प्रसाद द्विवेदी की प्रेरणा से कामता प्रसाद गुरू ने व्याकरण का निर्माण किया।
- केन्द्रीय हिन्दी निदेशालय ने नागरीलिपि और अंकों में एक रूपता लाने हेतु उपयोगी सुझाव प्रसारित किये हैं। शिक्षा के क्षेत्र में विश्वविद्यालयों का योगदान भी सराहनीय रहा। वैज्ञानिक और तकनीकी शब्दावली आयोग ने विज्ञान, आयुर्विज्ञान, अभियांत्रिकी, मानविकी आदि विश्वविद्यालीय विषयों पर अनेक शब्दावलियों को प्रकाशित करके उच्चतम् शिक्षा में हिन्दी के प्रयोग में भारी सहायता पहुंचाई है – गैर सरकारी स्तर पर हिन्दी के मानकीकरण में सिनेमा, रेडियो, पत्र-पत्रिकाओं, छापेखानों और उनसे निकलने वाली असंख्य पुस्तकों ने सहायता पहुंचाई।
- वर्तनी का मानकीकरण किया गया।
- शब्दावली का मानकीकरण किया।
- व्याकरण निश्चित किया।

त्रुटियाँ

- देवनागरी लिपि चिह्नों के अनेक रूपता है : जैसे–श्र, अ रण, अ, रा, ण, भ्न, झ, ळ, ल आदि।
- देवनागरी लिपि में कुछ चिह्नों के रूप समान होने के कारण भ्रम उत्पन्न करते हैं : जैसे–ख, र, व अर्थात् ख पढ़ते समय र, व भी प्रतीत होता है।
- कुछ ऐसे चिह्नों का प्रयोग होता है, जिनमें सम्बन्धित ध्वनियाँ हिन्दी में नहीं हैं, जैसे–ऋ, ॠ, ष आदि।
- संयुक्त अक्षरों की बनावट भ्रम उत्पन्न करती है, जैसे–धर्म में 'र' का उच्चारण 'म' से पहले चिह्न बनाकर लिखा जाता है।
- उच्चारण की दृष्टि से स्वरों की मात्राएँ व्यंजनों के पीछे लगनी चाहिए, परन्तु वे व्यंजनों के आगे, पीछे, ऊपर और नीचे लगती हैं।

सुधार के प्रयत्न

भारत की पुरातन लिपियों में सिंधुघाटी की लिपि, खरोष्ठी और ब्राह्मी लिपि प्रसिद्ध है। सिंधुघाटी सभ्यता की लिपि कुछ चित्राक्षर थी और कुछ ध्वन्याक्षर। सन् 400 ई.पू. से पूर्व इस भाषा को भारत के उत्तर-पश्चिमी प्रदेश में व्यवहृत किया जाता था। खरोष्ठी लिपि का प्रचलन उत्तर-पश्चिमी भारत में एक हजार वर्ष तक रहा। यह दाहिनें से बायें ओर चलती हुई लिखी जाती थी। इन दोनों लिपियों का देवनागरी से कोई प्रत्यक्ष सम्बंध नहीं रहा। व्यवहार में ब्राह्मी लिपि की प्रचलितता प्रमाणित होती है। डा. राजबली पाण्डेय का मत है कि ब्राह्मी का आविष्कार ब्रह्म या वेद की रक्षा के लिए हुआ था। ब्राह्मी लिपि के बहुत से अक्षर सिंधु घाटी की लिपि से मिलते-जुलते हैं।

देवनागरी का सर्वप्रथम प्रयोग गुजरात के राजा जयभट्ट (7वीं-8वीं शती ई.) के एक शिलालेख में हुआ है। राष्ट्रकूट नरेशों और विजयनगर के राजाओं के राज्यकाल में इसका भरपूर प्रसार हुआ। इस समय यह लिपि हिन्दी प्रदेश के अतिरिक्त महाराष्ट्र और नेपाल में प्रचलित है। इसका वैदिक और संस्कृत वाङ्मय देवनागरी लिपि में उपलब्ध है।

मानकीकरण

सन् 1996 में 'मानक देवनागरी वर्णमाला' प्रकाशित की गई। इसके अनुसार देवनागरी के जो वर्ग एक से अधिक रूपों में लिखे जाते थे, उनके स्थान पर प्रत्येक वर्ण का एक ही मानक रूप निर्धारित किया गया।

- 1967 में 'हिन्दी वर्तनी' का मानकीकरण' नामक पुस्तिका प्रकाशित की।
- 1983 में केन्द्रीय हिन्दी निदेशालय की ओर से देवनागरी लिपि तथा हिन्दी वर्तनी का मानकीकरण का प्रकाशन हुआ।

हिन्दी प्रसार के आंदोलन

भारत के संविधान में स्वीकृत भाषाओं की संख्या बाईस है, जिनमें संघ की राजभाषा हिन्दी है, जिसकी लिपि देवनागरी है। इसके साथ ही, अनुच्छेद-351 के अनुसार हिन्दी भाषा का प्रसार करना, उसका विकास करना ताकि वह भारत की सामाजिक संस्कृति के तत्वों की अभिव्यक्ति का माध्यम् हो सके, भारतीय भाषाओं के रूप, शैली और पदावली को आत्मसात करते हुए, जहाँ आवश्यक या वांछनीय हो वहाँ, उसके शब्द भंडार के लिए मुख्यतः संस्कृत से तथा गौणत अन्य भाषाओं से शब्द ग्रहण करते हुये उसकी समृद्धि सुनिश्चित करना संघ का कर्तव्य होगा।

पहला शिक्षा आयोग सन् 1949 ई. में डॉ. सर्वपल्ली राधाकृष्णन की अध्यक्षता में 'विश्वविद्यालय आयोग' के नाम से नियुक्त हुआ। उसे 'राधाकृष्णन आयोग' के नाम से भी अभिहित किया गया। इस आयोग ने उच्चशिक्षा का माध्यम् मातृ भाषा हो इस पर विचार किया।

डा. ताराचंद की अध्यक्षता में एक उच्चस्तरीय समिति गठित की गई, जो संघीय राजभाषा के माध्यम् पर विचार करने के लिए बनायी गई। इस समिति ने मातृभाषा के अतिरिक्त संघीय भाषा हिन्दी को उच्च बेसिक स्तर पर अनिवार्य करने की सिफारिश की।

- सन् 1952 में 'माध्यमिक शिक्षा आयोग' बना जिसके अध्यक्ष डॉ. लक्ष्मण स्वामी मुदूलियार थे। मातृ भाषा या क्षेत्रीय भाषा के प्रयोग पर इस समिति ने बल दिया।
- सन् 1956 में केन्द्रीय शिक्षा परामर्शदात्री परिषद् ने त्रिभाषा-सूत्र का आविष्कार किया। मातृभाषा हिन्दी और अंग्रेजी पर बल दिया।
- गुजरात का सरदार पटेल विश्वविद्यालय (वल्लभ विद्यानगर) सबसे पहला विश्वविद्यालय था जिसने हिन्दी को उच्चस्तरीय शिक्षा का माध्यम् बनाया था।

भारत में पुनर्जागरण की लहर बंगाल में तदनंतर उत्तर भारत में आयी। बंगाल में राजा राजमोहन राय इसके कर्णधार बने और स्वभाषा प्रचार का कार्य किया।

– उत्तर भारत में पुनर्जागरण का श्रेय स्वामी दयानंद सरस्वती को है। स्वामी जी ने अपनी मातृभाषा गुजराती और प्रत्यत्लब्ध संस्कृत को छोड़कर हिन्दी द्वारा सुधार-आंदोलन चलाया और दर्जनों ग्रंथों का हिन्दी में प्रचलन किया। पुनर्जागरण की उस लहर में भारतेंदु हरिश्चंद्र युग के लेखक पूरी तरह से योगदान देते रहे। महावीर प्रसाद द्विवेदी, प्रेमचन्द, मैथिलीशरण गुप्त, श्रीधर पाठक आदि इसी युग की देन हैं।

– इटली के भाषाविद् जान टी. प्लेट्स ने अपने व्याकरण में उर्दू को स्वतंत्र भाषा न मानकर हिंदुस्तानी ही माना है। इन विद्वानों के अतिरिक्त हिन्दी भाषा और साहित्य पर विचार करने वाले जॉन शेक्सपीयर, विलियम प्राइस, विलियम परे, जेम्स आर. वैलटाइन, सैड फोर्ट आनर्ट आदि हैं। इन सभी ने हिन्दी को स्वतंत्र भाषा मानते हुये उसे माध्यम के रूप में प्रचालित करने की सिफारिश की है। 'भाषा भास्कर' लिखने वाले रेवरैंड विलियम ऐथरिंगटन थे।

श्री राजगोपालाचारी दक्षिणी हिन्दी प्रचार सभा, मद्रास के संस्थापकों में थे।

★ हिन्दी के प्रचार में संलग्न प्रमुख संस्थायें

1. अखिल भारतीय हिन्दी संस्था संघ, दिल्ली – 5 अगस्त, 1964
2. नागरीप्रचारणी सभा, काशी – 1893
3. दक्षिण भारत हिन्दी प्रचार सभा, मद्रास – 1918
4. केन्द्रीय सचिवालय हिन्दी परिषद्, नई दिल्ली – 3 मई, 1980
5. महाराष्ट्र राष्ट्रभाषा सभा, पूना –1937
6. गुजरात विद्यापीठ, अहमदाबाद
7. राष्ट्रभाषा प्रचार समिति, बर्धा – 1936
8. केरल हिन्दी प्रचार सभा, तिरूअनन्तपुरम – 1934
9. बिहार राष्ट्रभाषा परिषद्, पटना – 1947
10. असम राष्ट्रभाषा प्रसार समिति, गुवाहाटी – 1954
11. मणिपुर हिन्दी परिषद्, इम्फाल – 1953
12. प्रगतिशील लेखक संघ, लखनऊ – 1936
13. हिन्दी साहित्य सम्मेलन, प्रयाग –1910
14. सरस्वती पत्रिका – चिंतामणि घोष द्वारा संस्थापित – 1900
15. परिमल – 1935
16. दक्षिण भारत हिन्दी प्रचार संस्था, मद्रास में – गांधी जी द्वारा स्थापित – 1915
17. संगीत नाटक अकादमी – 1953
18. राष्ट्रीय नाटक अकादमी – 1959
19. साहित्य अकादमी – 1955
20. IPTA (Indian Peoples Theatre Association) 1942
21. हिन्दी भाषा संवर्द्धनी सभा, अलीगढ़
22. अखिल भारतीय संगीत परिषद् – 1919
23. फोर्ट विलियम कॉलेज –1801 ई॰

★ राजभाषा के रूप में हिन्दी

राजकाज संचालन हेतु किसी न किसी भाषा की आवश्यकता पड़ती है। स्वतंत्रता के बाद राजसत्ता जनता के हाथ में आ गई। लोकतांत्रिक व्यवस्था में यह आवश्यक हो गया कि देश का राजकाज, लोक की भाषा में हो, अतः राजभाषा के रूप में हिन्दी को स्वीकार किया गया। 14 सितम्बर, 1949 ई॰ को भारत के संविधान में हिन्दी को मान्यता प्रदान की गई।

संविधान की धारा 120 के अनुरूप संसद का कार्य हिन्दी में या अंग्रेजी में किया जाता है।

धारा 210 के अंतर्गत राज्यों के विधानमंडलों का कार्य अपने-अपने राज्य की राजभाषा या हिन्दी में या अंग्रेजी में किया जा सकता है।

धारा 343 – संघ की राजभाषा हिन्दी और लिपि देवनागरी होगी और अंकों रूप भारतीय अंकों का अंतर्राष्ट्रीय रूप होगा।

धारा 344 – राष्ट्रपति द्वारा निर्धारित किया जाएगा कि कौन-2 से शासकीय कार्यों हेतु हिन्दी का प्रयोग अधिकाधिक किया जाये। 345, 346, 347, 348, 349, 350, 351 आदि सभी में राजभाषा के विकास और प्रसार का वर्णन है।

राजभाषा और राष्ट्रभाषा

राजभाषा का अर्थ है राजा या राज्य की भाषा – वह भाषा जिसमें शासक या शासन का काम होता है और राष्ट्र भाषा वह है जिसका व्यवहार राष्ट्र के सामान्य जन करते हैं। राजभाषा का क्षेत्र सीमित होता है। राष्ट्रभाषा सारे देश की संपर्क भाषा है। राष्ट्र भाषा के साथ जनता का भावात्मक लगाव रहता है क्योंकि उसके साथ जनसाधारण की सांस्कृतिक परम्परायें जुड़ी रहती हैं। राजभाषा के प्रति वैसा सम्मान हो तो सकता है, लेकिन नहीं भी हो सकता है, क्योंकि वह अपने देश की भी हो सकती है। किसी गैर देश से आए शासक की भी हो सकती हैं।

वस्तुनिष्ठ प्रश्न

1. भाषा किसका साधन है?
   A. लिखने का B. बोलने का
   C. अध्ययन का D. अभिव्यक्ति का
2. भाषा—
   A. जड़ होती है B. विकासोन्मुख होती है
   C. बोधगम्य होती है D. उपर्युक्त तीनों
3. भाषा में किन शब्दों का बाहुल्य होता है?
   A. तत्सम B. तद्भव
   C. विदेशी D. लोक व्यवहार के
4. हिन्दी के विकास के आदिकाल में इस पर किसका प्रभाव रहा?
   A. संस्कृत का B. देशज शब्दों का
   C. ब्रज भाषा का D. अपभ्रंश का
5. खड़ी बोली का विकास कब हुआ?
   A. आधुनिक युग में B. मध्य युग में
   C. आदिकाल में D. उपर्युक्त में से कोई भी नहीं

6. अपभ्रंश भाषा का व्याकरण किसने लिखा?
A. हेमचन्द्र B. चन्द्रनाथ
C. उमानाथ D. धर्मेन्द्र

7. निम्नलिखित में से कौन-सी बिहारी बोली है?
A. ब्रज B. मैथिली
C. बुन्देली D. अवधी

8. भाषा को बोलने में किसका प्रयोग किया जाता है?
A. लिपि का B. ध्वनियों का
C. दोनों का D. दोनों में से कोई भी नहीं

9. व्याकरण—
A. भाषा की लिपि निर्धारित करता है
B. भाषा को सुबोध बनाता है
C. भाषा का रूप निर्धारित करता है
D. भाषा के वर्णों का अध्ययन करता है

10. वर्ण—
A. स्वर हैं B. व्यंजन हैं
C. ध्वनियाँ हैं D. उच्चारण हैं

11. हिन्दी में कितने वर्ण हैं?
A. 56 B. 26
C. 44 D. 36

12. स्वर/स्वरों—
A. मूल ध्वनियाँ हैं
B. को किसी अन्य ध्वनि की सहायता के बिना उच्चरित किया जा सकता है
C. की संख्या 11 है
D. उपरोक्त सभी

13. जिन स्वरों के उच्चारण में 'अ' के उच्चारण के बराबर समय लगता है, उन्हें क्या कहते हैं?
A. दीर्घ स्वर B. ह्रस्व स्वर
C. प्लुत स्वर D. पूर्ण स्वर

14. संयुक्त स्वर का एक उदाहरण है—
A. आ B. अ
C. इ D. उ

15. क् + ष =
A. श B. क्ष
C. ष D. उपर्युक्त में से कोई नहीं

16. व्यंजन तीन प्रकार के होते हैं–(i) स्पर्श, (ii) अन्तस्थ और (iii) . . . .
A. ऊष्म B. कन्ठ्य
C. दन्तोष्ठ D. नासिका

17. त, थ, द, ध, का उच्चारण—
A. दाँतों के साथ जिह्वा के मेल से होता है
B. कंठ और ओठों के मेल से होता है
C. केवल ओठों से होता है
D. जीभ के प्रयोग के बिना होता है

18. एक या एक से अधिक वर्णों के संयोग से बनी ध्वनियों को क्या कहते हैं?
A. स्वर B. व्यंजन
C. शब्द D. रूढ़ि

19. व्युत्पत्ति के आधार पर शब्दों के तीन भेद होते हैं—(i) रूढ़ि, (ii) यौगिक और (iii) . . .
A. मिश्र B. योगरूढ़ि
C. तद्भव D. उपर्युक्त में से कोई भी नहीं

20. 'पाठशाला' शब्द किस वर्ग का है?
A. यौगिक B. रूढ़ि
C. योगरूढ़ि D. उपर्युक्त में से कोई भी नहीं

21. 'नीलकंठ' शब्द किस वर्ग का है?
A. यौगिक B. रूढ़ि
C. योगरूढ़ि D. उपर्युक्त में से कोई भी नहीं

22. जो शब्द संस्कृत के हैं और जिन्हें हिन्दी में ज्यों-का-त्यों इस्तेमाल किया जाता है, क्या कहलाते हैं?
A. तत्सम B. तद्भव
C. देशज D. उपर्युक्त में से कोई भी नहीं

23. 'अग्नि' शब्द किस वर्ग का है?
A. तत्सम B. तद्भव
C. देशज D. उपरोक्त में से कोई नहीं

24. संस्कृत मूल वाले शब्दों को जब हिन्दी में कुछ परिवर्तन के साथ इस्तेमाल किया जाता है, तो उन्हें क्या नाम दिया जाता है?
A. अविकारी B. तद्भव
C. तत्सम D. देशज

25. 'खेत' शब्द किस वर्ग का है?
A. देशज B. तत्सम
C. तद्भव D. विदेशी

उत्तरमाला

1	2	3	4	5	6	7	8	9	10
D	B	D	D	A	A	B	B	C	C
11	**12**	**13**	**14**	**15**	**16**	**17**	**18**	**19**	**20**
C	D	B	A	B	A	A	C	B	A
21	**22**	**23**	**24**	**25**					
C	A	A	B	C					

❑ ❑ ❑

English Language

1

Comprehension Passages

ENGLISH LANGUAGE COMPREHENSION

The objective of language comprehension test is to ascertain the ability of the candidates to understand the passage properly.

Therefore candidates are required to take notice of the following points:

1. Read the full passage very attentively and intelligently.
2. Try to comprehend the gist of it.
3. Make a mental note of all the important details and points given in the passage.
4. Read the passage for the second time in case you have not been able to understand it satisfactorily.
5. Divide the time proportionately for all the passages.
6. Answer the questions on the basis of facts, as given in the paragraph.
7. Don't waste much time in answering the questions of any one passage.
8. Check all the answers once again, very carefully, to see whether any question is left unanswered by mistake.

MODEL QUESTIONS (FOR PRACTICE)

Directions: *Each of the following passages is followed by five questions. Read the passage carefully and then answer the questions that follow each. For each question, four probable answers A, B, C and D are given. Only one out of these is correct. Choose the correct answer.*

PASSAGE-1

The use of words like 'welcome', 'thank you', 'please', etc., at the right moment reflects a polite nature. The civic sense also lies within the scope of good manners. We should not shout or talk loudly in public places like hospitals and libraries and create disturbance. We should not cheat people or make fun of them. Cleanliness is also necessary. We must not throw the waste on roads and make use of dustbins. We should not harm the public property as it belongs to all of us. While in a queue, discipline should be maintained. We must give fair chance to others.

1. Expressions like 'welcome' 'thank you' and 'please' reflect
   A. happiness B. discipline
   C. civic sense D. polite nature
2. While in a library, we should
   A. respect others B. avoid arguments
   C. talk in low tone D. be courteous
3. A public property belongs to
   A. nobody B. all of us
   C. government D. one who maintains it
4. Discipline is
   A. the rule of proper conduct or action
   B. the rule of road sense
   C. making use of dustbins
   D. forming a queue
5. The most appropriate title for this passage would be
   A. Polite Nature B. Courtesy
   C. Good Manners D. Civic Sense

PASSAGE-2

There is an old proverb 'Early to bed and early to rise makes a man healthy and wise.' I am in the habit of getting up early in the morning and have formed the habit of taking long morning walks in the past two years. It is a light exercise and best for physical fitness. The morning air which is fresh and pure is beneficial for the lungs. The early rays of the rising sun are good for healthy skin. 'Health is wealth' and doctors also recommend morning walk to their patients for gaining sound health and freshness of energy.

1. What is good for lungs?
   A. Sunrays B. Fresh air
   C. Sound sleep D. Light exercise
2. What is a light exercise?
   A. Early to bed B. Early to rise
   C. Morning walk D. Gaining sound health
3. What is good for skin?
   A. Fresh air B. Morning air
   C. Morning walk D. Rising sun's rays
4. What is best for physical fitness?
   A. Light exercise B. Long morning walk
   C. Early to rise D. Fresh and pure air
5. Long morning walk
   A. bring sound sleep
   B. ensures physical fitness
   C. ensures healthy skin
   D. keeps healthy, wealthy and wise

PASSAGE-3

Mahatma Gandhi lived a splendid long life and has set great moral standards before us. He showed to the world the true way to peace. He wished to see India prosper but he became a martyr for the noble cause of Hindu-Muslim unity at the time of partition when a religious fanatic, Nathuram Godse, shot him dead on January 30, 1948. His last words were 'Hey Ram'. He lived and died for his country and countryman.

1. Mahatma Gandhi showed the world the true way to
A. prosperity B. love
C. truth D. peace

2. Mahatma Gandhi became a martyr for the noble cause of
A. truth B. non-violence
C. freedom of India D. Hindu-Muslim unity

3. Mahatma Gandhi was shot dead
A. before India achieved independence
B. by a mad man
C. by an intolerant religious person
D. by a non-religious person

4. Mahatma Gandhi set great moral standards. It means
A. he was a great religious teacher
B. he was a great moralist
C. he made India morally stronger
D. moral was everything to him

5. Gandhiji lived and died for his country and countryman. It means
A. he was born in India and died in India
B. he was a patriot
C. he was a great moralist
D. he sacrified his life for India and her people

PASSAGE-4

On one hot day a crow felt very thirsty. He flew from one place to another in search of water. After long hours of labour he found a pitcher. Eagerly, he perched on the mouth of the pitcher. He found that the water was at the bottom of the vessel. He tried his best to dip his beak but did not succeed. He did not know what to do. Suddenly some pebbles lying nearby gave him an idea. One by one he dropped the pebbles with his beak into the pitcher. The level of water slowly came up to the mouth of the pitcher. The crow then drank the water and quenched his thirst.

1. The crow found a pitcher
A. as it flew
B. after many hours of labour
C. full of water
D. which was empty

2. What is the moral of the passage?
A. No pains, no gains
B. God helps those who help themselves
C. Necessity is the mother of invention
D. Try and try again, you will succeed at last

3. The crow flew from place to place
A. in search of pitcher B. in search of pebbles
C. in search of water D. in search of a vessel

4. The pitcher, the crow found
A. was full of water
B. was dry
C. had little water in the bottom
D. had water up to its mouth

5. As the crow dropped pebbles into the pitcher, what happend?
A. The pitcher broke down
B. The water leaked one of the pitcher
C. The level of water into the pitcher rose up slowly
D. Water level immediately rose to the mouth of the pitcher

PASSAGE-5

Once upon a time a crane and a fox lived in a forest. They were good friend. One day the fox invited the crane to a feast. He made a tasty food and served it before the crane on a plate. The crane could not eat anything because of the long beak. But the fox licked all his food. The crane felt insulted. He decided to teach the fox a lesson. Next day he invited the fox. He prepared the same tasty food and placed it in front of the fox inside a narrow glass. The crane ate easily while the fox looked on. Now, it was the fox's turn to remain hungry.

1. What is the moral of the passage?
A. Beware of the wicked
B. One good turn deserves another
C. Be contented with what you have
D. Tit for tat

2. The crane could not eat tasty food because the
A. food was served in a shallow plate
B. food was very hot
C. food was served in a long jar
D. crane was not hungry

3. The fox had to remain hungry because
A. the food served was not enough in quantity
B. the food was served inside a narrow glass
C. the food served was not tasty
D. the food was all liquid

4. Why did the crane feel insulted?
A. Because he was invited to feast but he could not eat anything
B. Because the food was served in a shallow plate and he could not eat
C. Because the food was too hot
D. Because the fox gulped all the food quickly

5. The crane successfully taught a lesson to the fox when he invited the fox to a feast and served the food
A. in a narrow glass B. in a large plate
C. in a broken plate D. in a long jar

PASSAGE-6

The family set down at the table and began to talk about the summer holidays. They had to decide a place to visit during the vacation. Should they go to their village or to a hill station? The parents preferred the village while the children wished to go the hill station. After few moments of discussion the elders decided to visit both the places. First they shall go to the village for a week and then stay at the hill station for the remaining days. For the first time the family shall be together during the holidays. The children were happy with the holiday plan.

1. The purpose for which the family set down at the table was
   A. to decide a place to visit during the vacation
   B. to educate the children how to carry articles during a visit to a hill station
   C. to decide the date when they should start their journey
   D. to tell the children that they will visit a hill station during this vacation
2. The final plan was to visit
   A. their village
   B. a hill station
   C. their village as well as a hill station
   D. their home town
3. The final decision was made by
   A. the boys B. the girls
   C. the women D. the elders
4. They decided first to go to their village and stay there for
   A. a day B. a week
   C. ten days D. a fortnight
5. Why were children happy?
   A. Because a hill station was included in their holiday plan
   B. Because a visit to their village was excluded from their holiday plan
   C. Because their choice prevailed
   D. Because they were going all alone to the hill station

PASSAGE-7

Once Govind intended to go on pilgrimage with his family. He asked Mirind to accompany. But for his trade's reason, he did not go with him. So Govind thought it safe to leave the box of his jewellery with him, as it was dangerous to leave it in a lone house or take it on the journey. So he went to him with the box. He took him to a lonely place under a tree and handed it over to him. He told Mirind, "Keep it safe with you. I shall return from the journey after six month then I shall take it back from you." Mirind said, "Don't worry, I shall keep it as safe as own."

1. Govind intended to go
   A. for a business trip
   B. to a hill station
   C. on a long journey to a sacred place
   D. to his home town for a long period
2. Why did Govind leave his box of jewellery with Mirind?
   A. Because it was not safe to take the box with him on a long journey
   B. Because Mirind was his fast friend
   C. Because the box was very heavy
   D. Because his house was unsafe
3. Why did Govind take Mirind to a lonely place?
   A. To tell him that the box contained valuable jewellery
   B. So that no third person could see box
   C. To show him what was within the box
   D. To tell him that the box will remain with him
4. Where did Govind hand over the box of jewellery to Mirind?
   A. At Mirind's house
   B. At his own house
   C. In a lonely place
   D. In a lonely place under a tree
5. It was not safe to leave the box in a lone house. Here the word 'lone house' means
   A. a house in a deserted place
   B. a house where none lives
   C. a house without door and lock
   D. a house near the forest

PASSAGE-8

Zahir-ud-din Babar was the first Mughal emperor of India. A descendent of Timur on father's side and Changez Khan on his mother's side, Babar was a brave warrior. After defeating Ibrahim Lodhi in the First Battle of Panipat in 1526 he entered Delhi and soon gained control over Agra. After many more battles with Rajputs he extended his empire over Punjab, Uttar Pradesh and north Bihar. He died at a young age of 48 years in 1530 at his capital Agra without getting much time to consolidate his victories.

1. Zahir-ud-din Babar was the first
   A. Muslim ruler of India B. Mughal ruler of India
   C. Afghan ruler of India D. Turk ruler of India
2. Babar was born in the years
   A. 1480 B. 1482
   C. 1492 D. 1962
3. Babar first occupied
   A. Punjab B. Agra
   C. Delhi D. Panipat
4. Babar was a brave warrior. Here brave warrior means
   A. courageous soldier B. a kind hearted soldier
   C. a clever fighter D. a victorious general
5. Babar extended his empire over Punjab and Uttar Pradesh after many more battles with the
   A. Afghans B. Rajputs
   C. Mughals D. Lodhies

PASSAGE-9

Our National Flag is tricolour. It has three equal horizontal strips. The strip at the top is saffron, in the middle is white and at the bottom is green. The ratio of width to length of the flag is 2 : 3. In the centre of the white strip is a wheel in navy blue. The wheel represents the *chakra.* Its design is similar to the wheel which appears on the abacus of the Sarnath Lion Capital of Ashoka. Its diameter approximates to the width of the white strip. The wheel has 24 spokes. It was adopted by Constituent Assembly on July 22, 1947. We love our national flag. We respect it. We are ready to sacrifice our life to protect its honour. It represents the nation. So it is a symbol of national honour.

1. In our national flag the wheel is located in the centre of

A. saffron strip B. white strip
C. green strip D. blue strip

2. In our national flag which of the strips is at the bottom in our national flag

A. blue C. saffron
B. white D. green

3. Why do we love our national flag?

A. Because it is tricolour
B. Because it has three strips
C. Because it has a wheel at the centre
D. Because it is a symbol of national honour

4. Our national flag was approved by

A. President
B. Lok Sabha
C. Parliament
D. Constituent Assembly

5. The diameter approximates to the width of the white strip. Here the word 'approximates' means

A. is more or less equal
B. is exactly equal
C. is not equal
D. is related

PASSAGE-10

Distance in large cities are long. All the people do not have their own means of transport. They have to depend upon the state or private buses. The number of bus users is very large. Every bus stop is, therefore, crowded. The number of buses is not adequate. Thus people suffer the torture of long wait at the bus stop. Some bus stops are quite orderly. People form queues and get into the buses turn by turn. However, often this order is forgotten and confusion spreads when the bus comes and the law of jungle prevails.

1. Why are the bus stops crowded?

A. Because they are small is size
B. Because the number of passengers is very large
C. Because they are situated at some busy centre
D. Because people do not form queues

2. Long wait at the bus stop is the result of

A. over-crowding in the buses
B. late running of buses
C. shortage of buses
D. slow speed of buses

3. Some bus stops are quite orderly where

A. there is no crowd
B. the number of buses is adequate
C. people do not have to wait for long
D. people form queues and enter the buses one by one

4. Most of the people who travel by buses are

A. non-working
B. do not have their own vehicles
C. have to go a long distance
D. live in large cities

5. What happens when people do not have their own transport?

A. They have to wait for a bus at a bus stop
B. They have to depend upon the state or private buses
C. They have to travel long distances
D. They form queues and get into buses one by one

ANSWERS

Passage	1	2	3	4	5
Passage 1.	D	C	B	A	C
Passage 2.	B	C	D	B	B
Passage 3.	D	D	C	B	D
Passage 4.	B	C	C	C	C
Passage 5.	D	A	B	B	A
Passage 6.	A	C	D	B	A
Passage 7.	C	A	B	D	B
Passage 8.	B	B	C	A	B
Passage 9.	B	D	D	D	A
Passage 10.	B	C	D	B	B

●●●

2

English Grammar

PARTS OF SPEECH

Part of speech	Definition or Function	Examples
Noun	Name of a person, place, animal, quality or thing	Ram, boy, dog pen, sun, Delhi, truth, honesty
Pronoun	Used in place of a noun	I, you, he she, they
Articles & Determiners	Points out indefinite and definite nouns	a, an, the, few, some
Adjective	Describes a noun or pronoun	big, honest, wooden valuable, quiet, deep, soft, narrow
Adverb	Describes a verb, an adjective or another adverb	silently, widely, softly, quietly, very, carefully
Verb	Tells about action or state of something or someone	is, am, was, have, do, like, walk, work, make, throw, tell
Conjuction	Joins words, clauses or sentences	and, but, when, yet, while, else
Preposition	Links a noun or pronoun to another word	at, to, after, on for, under, over, with
Interjection	Expresses sudden feelings or emotions	Ah!, Alas!, oh!, ouch!, hi!, well!, Hurrah!

NOUNS

A word which denotes a person, a thing, an animal or a place is said to be a noun.

There are two noun numbers in English — the *Singular* and the *Plural*.

Singular Numbers : A noun that denotes one person or one thing, is said to be in the Singular number. For example — book, pencil, bird, dog, hen etc. are in singular number.

Plural Number : A noun that denotes more than one person or one thing is said to be in plural number. For example — boys, pens, lions, girls, men etc. are in plural number.

REMEMBER

Singular	*Plural*	*Singular*	*Plural*
Cat	Cats	Book	Books
Pen	Pens	Room	Rooms
Tree	Trees	Bus	Buses
Bush	Bushes	Box	Boxes
Glass	Glasses	Dish	Dishes
Judge	Judges	Tax	Taxes
Watch	Watches	Calf	Calves
Thief	Thieves	Knife	Knives
Scarf	Scarves	Wife	Wives
Leaf	Leaves	Wolf	Wolves
Half	Halves	Monarch	Monarchs
Roof	Roofs	Hoof	Hoofs
Gulf	Gulfs	Staff	Staffs
Radio	Radios	Bamboo	Bamboos
Folio	Folios	Hero	Heroes
Volcano	Volcanoes	Mango	Mangoes
Potato	Potatoes	Photo	Photos
Piano	Pianos	Baby	Babies
Fly	Flies	Country	Countries
Lady	Ladies	Boy	Boys
Monkey	Monkeys	Ox	Oxen
Child	Children	Man	Men
Woman	Women	Tooth	Teeth
Axis	Axes	Basis	Bases
Foot	Feet	Goose	Geese
Englishman	Englishmen	Radius	Radii
Vertex	Vertices	Stimulus	Stimuli

1. Note the plurals of the following nouns:

Singular	*Plural*	*Singular*	*Plural*
copy	copies	cry	cries
baby	babies	duty	duties
body	bodies	country	countries
family	families	diary	diaries
fly	flies	fairy	fairies
city	cities	spy	spies
army	armies	storey	storeys
bay	bays	monkey	monkeys

2. The following nouns do not undergo any change in plural form, in general.

Singular	*Plural*	*Singular*	*Plural*
deer	deer	sheep	sheep
thousand	thousand	pair	pair
hundred	hundred	score	score
dozen	dozen	gross	gross

Note: We can write—

(*a*) thousands of men; (*b*) two pairs of shoes; (*c*) dozens of mangoes; (*d*) scores of people etc. But—
(*a*) two thousand rupees; (*b*) three hundred men; (*c*) five dozen eggs, etc.

3. The following nouns are usually used in plural forms. They take a plural verb after them—

eatables	fetters	surroundings
riches	alms	spectacles
trousers	pants	scissors
premises	thanks	annals
congratulations	goods	shorts
tongs	pains	arms
breeches	(for troubles)	

4. The following are the nouns which are plural in appearance but are usually used in singular number. They are followed by a singular verb—

news	politics	physics
mathematics	economics	ethics
politics	classics	gallows
statistics	athletics	innings
mechanics	summons	mumps

5. Collective nouns often used as plurals—

public	police	cattle
audience	clergy	folk
people	poultry	nation
elite	gentry	glitterati

6. The nouns that are usually used in singular forms—

advice	hair	rice
fuel	alphabet	machinery
offspring	issue	furniture
mischief	stationery	luggage
bedding	information	abuse

7. Material nouns are always used in singular number—

gold	copper	milk
water	silk	wool

Note: They may be used in plural with a different meaning. copper coins (coppers), chains or fetters (irons), cans made of tin (tins).

GENDERS

The difference in sex is denoted by Gender in grammar. The various genders are as follows :

1. **Masculine Gender :** A noun that denotes a male is said to be of the masculine gender, as man, uncle, ox, boy etc.
2. **Feminine Gender :** A noun that denotes a female is said to be of feminine gender, as woman, aunt, princess, cow etc.
3. **Common Gender :** Nouns which denote both males and females are said to be of the common gender, as friend, cousin, person, parent, baby etc.
4. **Neuter Gender :** A noun that denotes the name of object without life is said to be of neuter gender, as file, table, pencil.

REMEMBER

Masculine	*Feminine*
Boy	Girl
Son	Daughter
Brother	Sister
Murderer	Murderess
Sorcerer	Sorceress
Son-in-law	Daughter-in-law
Father-in-law	Mother-in-law
Man-servant	Maid-servant
Land-lord	Land-lady
Bachelor	Maid
Gentleman	Lady
Monk	Nun
Earl	Countess
Lad	Lass
Sir	Madam
Duke	Dutchess
Emperor	Empress
Milk-man	Milk-maid
Pea-cock	Pea-hen
Step-father	Step-mother
Hero	Heroine
Viceroy	Vicerine
Mr.	Mrs.
Governor	Governess
Master	Mistress
Wizard	Witch
Heir	Heiress
Host	Hostess
Lion	Lioness
Mayor	Mayoress
Actor	Actress
Buck	Doe
Colt	Filly
Dog	Bitch
Horse	Mare
Count	Countess
Hunter	Huntress
Prince	Princess
Abbot	Abbess
God	Goddess
Author	Authoress
Ox	Cow
Widower	Widow
Grand-father	Grand-mother
He-goat	She-goat
Milk-man	Milk-woman
Bridegroom	Bride
Tiger	Tigress
Priest	Priestess
Poet	Poetess
Shepherd	Shepherdess
Nephew	Niece
Stag	Hind

PRONOUNS

The repetition of a noun in a sentence or a set of sentences is really boring. So, instead of repeating the noun, we can use a word (for that noun) called the pronoun.
"A pronoun is a word that we use instead of a noun".

Example:
This is *Sachin. He* plays cricket.
Note: *He* is the pronoun used in place of *Sachin.*

Kinds of Pronouns

1. **Personal pronouns :** A pronoun which is used instead of the name of a person is known as a 'Personal Pronoun'. A list of the 'Personal pronouns' is listed below :
   I, my, mine, me, we (First Person)
   You, your, yours (Second Person)
   He, his, him, she, her, hers, it,
   its, they, their, theirs, them (Third Person)
2. **Demonstrative, Indefinite and Distributive Pronouns :**
   (a) Demonstrative Pronouns : Pronouns used to point out the objects to which they refer are called Demonstrative Pronouns.
   Examples :
   (i) *This* is a present from my uncle.
   (ii) *These* are merely excuses.
   (iii) Bembay mangoes are better than *those* of Bangaluru.
   (b) Indefinite Pronouns : All pronouns which refer to persons or things in a general way and do not refer to any particular person or thing are called Indefinite Pronouns.
   Examples :
   (i) *Somebody* has stolen my watch.
   (ii) *Few* escaped unhurt.
   (iii) Did you ask *anybody* to come?
   (c) Distributive Pronouns : Each, either, neither are called distributive pronouns because they refer to persons or things one at a time. For this reason they are always singular and followed by the verb in singular.
   Examples :
   (i) *Each* of the men received a reward.
   (ii) *These* men received *each* a reward.
   (iii) *Either* of you can go.
3. **Relative Pronouns :** A relative pronoun refers or relates to some noun going before, which is called its Antecedent.
   Examples :
   (i) I met Hari *who* used to live here.
   (ii) I have found the pen *which* I had lost.
   (iii) Here is the book *that* you lent me.
4. **Interrogative Pronouns :** These pronouns, are used for asking questions.
   Examples :
   (i) *Whose* book is this?
   (ii) *What* will all the neighbours say?
   (iii) *Which* do you prefer, tea or coffee?
   Note : Interrogative pronouns can also be used in asking indirect questions. Consider the following examples :
   (i) I asked *who* was speaking.
   (ii) Tell me *what* you have done.
   (iii) Say *which* you would like best.

Behaviour of the Pronouns

1. If three pronouns are used together in the same sentence they are arranged in the following order :
   2 + 3 + 1
   ↓ ↓ ↓
   Second Person, Third Person, First Person
   Examples :
   I, you and he must help *that* poor man. (Incorrect)
   You, he and I must help *that* poor man. Correct)
2. When two or more singular nouns are joined by and, the pronoun used for them should be plural.
   Examples :
   Mohan and Sohan are friends. *They* play football. *They* live at Lajpat Nagar.
3. But if these nouns joined by and refer to the same person or thing, the pronoun used should be singular.
   Examples :
   (i) Delhi, the beautiful city and the capital of India, is famous for *its* historical monuments.
   (ii) The manager and owner of the firm expressed *his* views on the demands of the workers.
4. When two nouns are used with as well as, the pronoun agrees with the first subject.
   Examples :
   (a) Mohan as well as his friends is doing *his* work.
   (b) The students as well as their teachers are doing *their* work.
5. When two singular nouns joined by 'and' are preceded by *each* or *every,* the pronoun used must be singular and should agree in gender with the second noun.
   Examples :
   (a) Every man and every woman will do *her* best for the nation.
   (b) Each boy and each girl went to *her* house.
6. When two nouns are joined by using 'with', the pronoun agrees with the noun coming before 'with'.
   Examples :
   (a) The boy with *his* parents has gone to see a movie.
   (b) The children with *their* parents have gone to picnic.
7. When two different nouns are joined by either......... or; neither .... nor, the pronoun is used according to the number and gender of the second noun.

Examples :

(a) Either your sister or you have done *your* work.

(b) Neither the students nor the teacher was in *his* class.

8. The pronoun coming after '*than*' must be in the same case as that coming before '*than*'.

Examples :

(a) She plays better than *me*. (Incorrect)
She plays better than *I*. (Correct)

(b) His elder brother is more intelligent than *him*. (Incorrect)
His elder brother is more intelligent than *he*. (Correct)

9. 'Many a' always takes a singular pronoun and singular verb.

Example :

Many a soldier has met *his* death in the battle field.

10. 'Who', 'Whose', 'Whom' are used only for persons.

Examples :

(a) *Who* is knocking at the door?

(b) *Whose* pen is this?

(c) *What* do you want?

11. 'Which' is used for things.

Example : *Which* game do you like?

MULTIPLE CHOICE QUESTIONS

Directions: *In the following questions choose the correct options to fill the blanks.*

1. The place was so dirty that ..... wished to run away from there.
A. everybody B. anybody
C. few D. some

2. ..... was there to help me.
A. Somebody B. Anything
C. Anybody D. Nobody

3. Is there .... to eat?
A. some B. something
C. any D. few

4. ..... of the students were making a great noise.
A. Anyone B. Somebody
C. Many D. Nobody

5. ..... of the students can solve this sum.
A. Someone B. Anybody
C. Somebody D. None

6. ...... of us should try our best to make India a heaven.
A. Any B. Somebody
C. Anybody D. All

7. ...... of us do not know the real meaning of our lives.
A. Any B. Something
C. Several D. Many

8. My .... black.
A. hairs are B. hair is
C. hairs shall D. hair will

9. She saw two .... on the last Sunday.
A. thiefs B. theifs
C. thieves D. theives

10. My sister is a ....
A. bacheloress B. bachelor
C. unmaried D. spinster

11. One is supposed to do ....
A. our duty B. their duty
C. one's duty D. his duty

12. Take anything .... you want.
A. that B. which
C. than D. then

13. I cannot tolerate ....
A. separated you B. your separation
C. separation from you D. you separated

14. He is .... faithful partner.
A. Yours B. You
C. Your D. Your's

15. Ajay is more smart than ....
A. her B. hers
C. herself D. she

16. Vivek works harder than ....
A. me B. I
C. her D. his

17. They should help ....
A. the poor people B. the poor
C. the poor persons D. the poor peoples

18. .... are mad.
A. All his sons B. His all sons
C. Sons all his D. All sons his

19. The poor fellow .... to fate.
A. resigned B. resigned himself
C. resigned itself D. resigned themselves

20. Nobody will help you but ....
A. I B. me
C. ours D. his

21. It is a good chance, You must avail ...... this opportunity.
A. of B. yourself of
C. for D. from

22. The person who is elected .... my relative.
A. is B. he is
C. his D. him

23. He made ....
A. yours mention B. mention of you
C. mention for you D. mention about you

24. .... I know, he is quite faithful.
A. As far as B. So far as
C. So far this D. So far so

25. It is a duty of a person to take .... for his family.

A. pain　　B. pains
C. pain-killers　　D. pained

26. She does not love .... husband.

A. his　　B. her
C. its　　D. their

27. Let .... work together.

A. him and me　　B. he and I
C. he and him　　D. I and me

28. Copper, Silver and Gold ....

A. each will do　　B. either will do
C. any one will do　　D. any will do

29. Jessica and Roma are very irregular .... habits.

A. in her　　B. in their
C. in its　　D. in every

30. One likes to enjoy .... who was a great poet.

A. The sonnets of Shakespeare
B. Shakespeare's sonnets
C. Sonnets
D. Shakespeare

ANSWERS

1	2	3	4	5	6	7	8	9	10
A	D	B	C	D	D	D	B	C	D
11	12	13	14	15	16	17	18	19	20
C	A	C	C	D	B	B	A	B	B
21	22	23	24	25	26	27	28	29	30
B	A	B	A	B	B	A	C	B	A

ARTICLES

The family of the articles has only three members. They are : A, An and The. However, they fall under two groups :

(a) Definite Article *(b)* Indefinite Article

'The' is known as definite article whereas 'a' and 'an' are known as indefinite articles.

Use of the Definite Article 'The'

'The' is used before

1. The superlative degree :
   He is the ablest man of the town.
   (ablest is a superlative degree)
2. The name of states, countries etc. having a descriptive name :
   (i) The J & K is a small state. (J & K is a descriptive name)
   (ii) He lives in the U.S.A. (U.S.A. is a descriptive name)
   (But the Delhi and the America are wrong because neither Delhi nor America is a descriptive name)
3. The names of the scriptures :
   The Gita is a holy book. (Gita is a scripture)
4. Name of newspapers :
   The Tribune is published from Chandigarh.
5. Name of rivers, canals, seas, oceans, bays, gulfs, groups of islands etc. :
   (i) The Ganga is a holy river.
   (ii) The Indian Ocean is the deepest ocean.
   (iii) The Persian Gulf is a narrow gulf.
6. The name of famous buildings :
   The Taj is one of the best buildings in India.
7. The names of nationals, sects and communities:
   (i) The English defeated the Germans in the World War.
   (ii) The rich should help the poor.
   (iii) The Hindus believe in the caste system.
8. Proper nouns used as common nouns :
   (i) Kalidas is the Shakespeare of India.
   (ii) Delhi is the London of India.
9. Famous historical events :
   The Industrial Revolution changed the face of England.
10. The directions and the celestial bodies:
    The sun rises in the east.
11. Titles : Akbar, the Great was loved by his subjects.

Do not use 'the'

1. Before languages :
   The English is an international language. (Incorrect)
   English is an international language. (Correct)
2. Before the names of games :
   The hockey is a popular game. (Incorrect)
   Hockey is a popular game. (Correct)

Use of the Indefinite Articles 'A' and 'An'

'A' is used before :

1. All singular common nouns beginning with a consonant :
   (i) A boy sings a song.
   (ii) A black and a white cow were grazing in the field.
2. If a word begins with a vowel but gives the sound of a consonant, 'a' should be used before it :
   (i) He was helped in his work by a European.
   (ii) He is a one-eyed man.
   (iii) It is a useful work.

'An' is used as follows :

1. All singular common nouns beginning with a vowel (*i.e.*, a, e, i, o, u) :
   (i) He is an artist. (ii) He is an old man. (iii) I intend to buy an umbrella.
2. If a word starts with a consonant but gives the sound of a vowel, "an" should be used before it :
   (i) Brutus is an honourable man.
   (ii) He is an honour to his profession.
   (iii) He is an L.L.B.

Demonstratives, that, these and those

1. The demonstrative adjectives and pronouns are for objects nearby the speaker:
   this (singular) those (plural)
   and for objects far away from the speaker.
   That (singular) those (plural)
2. Demonstratives are the only adjectives that agree in number with their nouns.
   That hat is nice.
   Those hats are nice.
3. When there is the idea of selection, the pronoun "one" (or "ones") often follows the demonstrative.
   I want a book. I'll get this (one).
   If the demonstrative is followed by an adjective, "one"(or "ones") must be used.
   I want a book. I'll get this big one.

MULTIPLE CHOICE QUESTIONS

Directions: *In the following questions choose the correct options to fill the blanks.*

1. .... will have to be paid for this material.
A. Half rupee B. Half a rupee
C. A half rupee D. An half rupee

2. .... is taking keen interest in India.
A. The USA B. USA
C. An USA D. A USA

3. Only .... can save our country.
A. the Hitler B. a Hitler
C. Hitler D. an Hitler

4. I can run for ....
A. hundred miles B. the hundred miles
C. a hundred miles D. an hundred miles.

5. .... man-eater has been killed.
A. The B. A
C. An D. Either A or B

6. What .... fine idea!
A. the B. an
C. a D. No article

7. .... earth is moving around the sun.
A. An B. A
C. The D. No article

8. This is .... first example while I got.
A. the B. a
C. an D. No article

9. This is .... house which was built during earthquake.
A. a B. an
C. the D. No article

10. .... America is a rich country.
A. The B. An
C. A D. No article

11. .... U.S.A. is a developed country.
A. A B. An
C. The D. No article

12. .... Bible is a holy book.
A. A B. The
C. An D. No article

13. .... rich should help the poor.
A. The B. A
C. An D. No article

14. .... Gold is a costly metal.
A. The B. A
C. An D. No article

15. Kalidas is .... Shakespeare of India.
A. a B. an
C. the D. No article

16. I cannot do .... difficult work.
A. a such B. the such
C. such the D. such a

17. How foolish .... plan it is!
A. a B. an
C. the D. No article

18. An ink is .... useful article.
A. an B. a
C. the D. No article

19. There are .... husband and wife.
A. a B. an
C. the D. No article

20. He is learning .... French
A. the B. a
C. an D. No article

ANSWERS

1	2	3	4	5	6	7	8	9	10
B	A	B	C	D	C	C	A	C	D
11	**12**	**13**	**14**	**15**	**16**	**17**	**18**	**19**	**20**
C	B	A	D	C	D	A	B	D	D

ADJECTIVES & ADVERBS

An Adjective is a word which adds something to the meaning of a noun or a pronoun.

Mridula is an *intelligent* girl. He has a *black* goat.
He is a *brilliant* student. She is a *clever* girl.
It is a *beautiful* picture.

In the sentences given above, the words in italics are adjectives.

An Adverb is a word which qualifies the meaning of a Verb, an Adjective or another Adverb.

(*i*) He talks *slowly*.
(*ii*) He is a *very* good student.
(*iii*) He talks *very* slowly.

In sentence (*i*), *slowly* qualifies the verb *talks*.
In sentence (*ii*), *very* qualifies the adjective *good*.
In sentence (*iii*), *very* qualifies the adverb *slowly*.

Adjectives have three degrees of comparison :

1. **Positive Degree :** It expresses the common form of an adjective.

   Example :
   Ram is a *tall* boy.
   In the above sentence *tall* is an adjective and expresses the common form.

2. **Comparative Degree :** It expresses the more of the same form.

   Example :
   Ram is *taller* than Mahesh.
   In the above sentence *taller* is an adjective that expresses the more of the common form of the adjective *tall*.

   "When and How to Use" Comparative Degree?

   (a) Comparative Degree is used when two persons or two groups of persons or things are compared.
   Examples :
   (a) He is *wiser* than his younger brother.
   (b) This glass is *cleaner* than the other.

   (b) When two different qualities in the same person are compared, more is used instead of 'er' to form the comparative. The formula used in this case should be :
   More + Positive Degree
   She is *fairer* than polite. (Incorrect)
   She is *more fair* than polite. (Correct)

   (c) When selection of one out of two persons or things is meant, the degree of comparison is followed by of and *the* is used before it.
   Example :
   Zia is abler of *the* two sisters.

   (d) If two comparatives are used in the same sentence to impress upon an idea, both should be preceded by the definite article.
   Examples :
   (i) The higher you go, the cooler it is.
   (ii) The more we get, the more we desire.

   (e) When one person or thing is compared with another of the same kind, other is used after the comparative degree. In such sentences other is normally preceded by any or all.
   Examples :
   (i) Kalidas is greater than any dramatist. (Incorrect)
   Kalidas is greater than any other dramatist. (Correct)
   (ii) Lead is heavier than all metals. (Incorrect)
   Lead is heavier than all other metals. (Correct)

   (f) Senior, junior, superior, inferior, prior, anterior (earlier than) and posterior (later than) are always followed by 'to'.
   Examples :
   (i) Ram is senior *to* Mohan by three years.
   (ii) That pen is inferior *to* that.
   (iii) He is junior *to* me in rank.
   (iv) This event was posterior *to* that.

   Note: Never use *than* after the above mentioned adjectives.

Important Information

(a) 'Preferable' is also used as an adjective of the comparative degree. As such, it is always followed by *to* and not *a*.
Death is preferable than dishonour. (Incorrect)
Death is preferable *to* dishonour. (Correct)

(b) To intensify the Degree of comparison, we use *far* or *much* before the comparative.
Examples :
(i) This book is *far* better than that.
(ii) His performance was *much* better than Mohan's.
Warning : Always avoid the use of double comparatives.
Don't say : Ram is more cleverer than his younger brother.
Say: Ram is cleverer than his younger brother.

3. **Superlative Degree :** It expresses the most of the common form of an adjective.

   Example :
   He is the ablest man of the town.

How and when to use the Superlative Degree?

(a) The Superlative Degree is used when more than two persons or things are compared.
(b) The Superlative Degree is generally preceded by 'the' and followed by 'of' in most of the cases or otherwise.
(c) When an adjective of the superlative degree is preceded by a Possessive Adjective or a Noun in the Possessive case, 'the' should not be used before it.
Example :
Which is Kalidas' best play?

It will be a blunder to use 'the' before the Superlative Degree in such cases.

Don't say : Which is Kalidas' the best play.

(d) To intensify the degree of comparison, *by far* is used before the superlative degree.

Example :

India is *by far* the most beautiful country of the world.

Note: Always avoid the use of double superlatives.

Don't say : He is the most strongest boy in the class.

Say : He is the strongest boy in the class.

Use of some Important Adjectives

1. (a) **'Some'** is used as follows :
   (i) With countable nouns where it means— a little, a small quantity.
   (ii) In a question which shows some request.

   Examples :
   (i) There is some water in the bottle.
   (ii) Some of the students were absent yesterday.
   (iii) Will you have some milk?
   (iv) Will you buy some fruit for me?

   (b) **'Any'** is used as follows :
   (i) In negative sentences.
   (ii) In interrogative sentences.
   (iii) After 'Hardly', 'Scarcely' and 'Barely'.
   (iv) After 'If'.

   Examples :
   (i) There is not any sugar in the pot.
   (ii) We haven't any rice in the house.
   (iii) I have hardly any money.
   (iv) There are scarcely any plants in this field.
   (v) If there is any danger, blow the whistle.

2. (a) **Older :** Older (and oldest) are used for persons animals and things. But 'Older' and 'Oldest' refer to the persons who do not belong to the same family.

   Examples :
   (i) Radha is older than Shyama.
   (ii) John is the oldest member of the staff.
   'Older' and 'Oldest' refer to the persons who do not belong to the same family.

   (b) **Elder** (and **eldest**) are used in respect of the members of the same family like sons, daughters, brothers, sisters.

   Examples :
   (i) My elder sister is a lecturer.
   (ii) Meenakshi is the eldest of the three sisters.

   Note :
   (i) 'Elder' is not followed by 'than'.
   (ii) 'Elder' and 'Eldest' cannot be used for things.

3. (a) **'Few'** is negative and is the opposite of 'Many'. It means 'not many'.
   (b) **'A few'** is positive and means 'some at least'. It is the opposite of 'None'.
   (c) **'The few'** means 'minority' and suggests 'whether there is'.

   Examples :
   (i) We have few holidays in school.
   (ii) Only a few boys will fail in the examination.
   (iii) The few poems that he wrote are very popular.

4. (a) **Further** means 'something additional'.
   (b) **Farther** means 'a greater distance'.

   Examples :
   (i) Further discussion will be held in the office of the principal.
   (ii) Amritsar is farther from Delhi than Ambala.

5. (a) **Little** is negative. It means, 'not much', or 'hardly any'.
   (b) **A little** is positive. It means 'some quantity'.
   (c) **The little** denotes quantity. It means, 'not much but all that is, or whatever quantity there is'.

   Examples :
   (i) There is little hope of his success.
   (ii) He knows a little of everything.
   (iii) I have spent the little money I had.
   (iv) The little knowledge of shoe-making proved very useful to me.

6. (a) **'Much'** expresses 'quantity'.
   (b) **'Many'** expresses 'number'.
   (c) **'Many a'**—'Singular noun' and 'Singular verb' are used with 'many a'.

   Examples :
   (i) There is not *much* water in the jug.
   (ii) *Many* boys are absent today.
   (iii) *Many* a battle has been fought on the soil of India.

7. (a) **'Less'** denotes 'in a small degree'.
   (b) **'Fewer'** denotes 'number'.

   Examples :
   (i) He devotes less time to his studies.
   (ii) There are no fewer than ten chairs in this room.

8. (a) **'Each'** is used for a single number of 'two persons' or 'things'.
   (b) **'Every'** is used for a single number of 'many persons' or 'things'.

   Examples :
   (i) Each boy must take part in games.
   (ii) There are only two poets. Each poet recited his poem.
   (iii) Every man dies in this world.
   (iv) Every man is expected to do his duty.

9. (a) **'Either'** means one of the two or both.
   (b) **'Neither'** is negative of the either.

   Examples :
   (i) You may buy either of these two chairs.
   (ii) Neither of them could speak on the stage.

10. (a) **'Later'** expresses 'late in time'.
   (b) **'Latter'** means 'second in position or order'.

   Examples :
   (i) My father reached later than I expected.
   (ii) The latter position was better than the former.

Use of some Important Adverbs

1. (a) Also, too, enough:
   (i) He taught English. Also, he edited the school magazine
   (ii) He is a writer and also he is a painter.
   (iii) He is too obstinate to listen to any reason.
   (iv) This is too difficult a piece for the junior students.
   (v) Sarla was kind enough to help the poor.
   (vi) He is brave enough to help the truth.
   Note: 'Too' is used in a negative sense, but enough is used in a positive sense.

   (b) Fairly and rather: Both suggest the meaning 'moderately'. But, mainly 'fairly' is used with the words that denote a positive meaning and rather is used with the words that denote a negative meaning:
   (i) Rita did fairly well in that competition, but her performance was rather poor in sports.
   (ii) Mona is fairly rich, but she is rather stingy.
   Note: 'Rather' can also be used in a positive sense.
   (i) This is a rather interesting job.
   (ii) That boy is rather smart.

   (c) Hardly, barely, scarcely: These words mostly convey the negative suggestions and are almost similar.
   (i) I have hardly any strength now.
   (ii) There was barely any supply to the township,
   (iii) There were scarcely a hundred guests present.
   Note: With slight variance in the meaning, the words given above convey the idea of 'very little', 'not enough', 'lack of quantity and number'.

   (d) Yet, Still: These adverbs can often be used to connect the sentence units:
   (i) He has been defeated many times in the contest; still he wants to be a competitor.
   (ii) Mona was sick; yet she went on doing her work.

   (e) Alone:
   (i) He alone (none else) is capable of handling that fire,
   (ii) He hunted all alone in the forest. (not in any company)

Special Note:

(a) Apart from their conventional positions the adverbs might be used in different positions with different meanings and angles.
   (i) He had only four books.
   (ii) John only contacted his friend in need.
   (iii) He greeted me only.
   (iv) Only he greeted me there.

(b) Inversion: Some adverbs can be inverted *i.e.* placed in the beginning of the sentence and then be followed by an interrogative form. The most common of these adverb are: so, seldom, never, nowhere, under no circumstances, hardly, scarcely etc.
   (i) So big was the bus that it could not enter the narrow lane.
   (ii) Hardly had he reached the station when he received the message.

MULTIPLE CHOICE QUESTIONS

Directions: *In the following questions choose the correct options to fill the blanks.*

1. The girl whom you met is the .... sister of Ravi.
A. eldest B. elder
C. older D. oldest

2. The historical place is ....
A. seeing worth B. worthy of seeing
C. worth seeing D. worthy seeing

3. These flowers smell ....
A. sweet B. sweetly
C. more sweetly D. sweetest

4. .... aspirant cannot pass the entrance examination.
A. Each B. Every
C. All D. No

5. Harivansh Rai .... second Shakespeare.
A. is a B. is
C. is the D. is an

6. .... student in the class got prizes.
A. Each and every B. Every and each
C. Every D. Never

7. It is .... picture than the one we saw last Monday.
A. interesting B. much interesting
C. more interesting D. most interesting

8. She is clever ....
A. that her mother is B. as her mother is
C. to her mother is D. than her mother is

9. They will get ....
A. Red, green and black paper
B. Red, green black paper
C. Red and green and black paper
D. Red green black paper

10. Health is .... wealth.
A. preferable to B. more preferable than
C. more preferable to D. most preferable then

11. .... water that was in the jug evaporated.
A. Little B. The little
C. Small D. A small

12. He has not sung .... songs.
A. much B. most
C. more D. many

13. Srishti has searched .... office.
A. whole the B. the whole
C. a whole D. some whole

14. Premchand was .... best and .... famous writer.
A. a, the most B. the, a most
C. the, more D. the, the most

15. William Shakespeare is famous as ....
A. a poet and a dramatist
B. a poet and dramatist
C. the poet and the dramatist
D. a poet and the dramatist

16. What does .... leader suggest?
A. other B. another
C. others D. anothers

17. He .... money.
A. has few B. have few
C. has little D. have little

18. The .... boys are rewarded.
A. first two B. two first
C. firsts two D. two's first

19. He is .... brave.
A. stronger than
B. stronger then
C. more strong then
D. more strong than

20. No sooner said ....
A. so done B. and done
C. then done D. but done

21. She returned .... than I had thought.
A. quickly B. more quicker
C. more quickly D. quicker

22. He is .... foolish person.
A. rather the B. a rather
C. rather a D. rather

23. This pen .... rupees.
A. costs twenty B. twenty costs only
C. costs only twenty D. only costs twenty

24. It is .... pride.
A. nothing else but B. nothing else than
C. else nothing than D. but

25. This tea is .... to drink.
A. too hot B. very hot
C. enough hot D. much hot

ANSWERS

1	2	3	4	5	6	7	8	9	10
A	C	A	B	A	C	C	C	A	A
11	**12**	**13**	**14**	**15**	**16**	**17**	**18**	**19**	**20**
B	D	B	D	B	B	C	A	D	C
21	**22**	**23**	**24**	**25**					
C	C	C	A	A					

DETERMINERS

Determiners are actually Adjectives. They are always followed by nouns.

Determiners are of the following kinds:

1. **Demonstrative Determiners :** this, that, these, those
2. **Possessive Determiners :** my, our, your, his, her, its, their
3. **Quantitative Determiners :** some, any, much, enough, sufficient, whole, a little, the little, little, all, both
4. **Numerical Determiners:** a few, some, few, the few, any, several, many, no, etc.
   One, two, three ... (Cardinals)
   First, second, third ... (Ordinals)
5. **Distributive Determiners:** either, neither
6. **Articles: Indefinite:** a, an, **Definite:** the

MULTIPLE CHOICE QUESTIONS

Directions: *In the following questions choose the correct options to fill the blanks.*

1. Give me .... rice.
A. some B. few
C. a few D. any

2. ...... sheep grazing on the slope of the hill had gone away.
A. Any B. The few
C. This D. Much

3. Have you got .... magazines to read?
A. all B. much
C. some D. little

4. I have .... money that I want to spend on shares.
A. any B. much
C. less D. some

5. There is .... owl on the branch of the tree.
A. a B. the
C. an D. some

6. My brother is .... MBA.
A. a B. an
C. the D. any

7. Have you got .... cheese?
A. some B. many
C. a few D. few

8. No, I have not got .... cheese.
A. many B. few
C. any D. some

9. There is only .... milk left in the bottle.
A. enough B. few
C. much D. a little

10. There is .... hope of his recovery.
A. any B. little
C. many D. few

11. .... dogs were barking at the strangers.
A. Some B. Any
C. Much D. Less

12. The girl bought her father .... juice.
A. few B. some
C. any D. many

13. You should take .... honey everyday.
A. any B. many
C. a little D. a few

14. .... boy was punished by the teacher.
A. Either B. All
C. Any D. Many

15. .... girl was asked to join the army.
A. None B. Neither
C. All D. Any

16. .... water in the jug has been drunk by Mohan.
A. The little B. The few
C. A few D. Few

17. I shall play .... piano at the party.
A. some B. any
C. the D. few

18. .... labourers were found dead in the mine.
A. Any B. Fewer
C. Many D. Less

19. Could I borrow .... umbrella?
A. our B. your
C. yours D. my

20. My brother is standing in the .... row.
A. any B. many
C. some D. first

ANSWERS

1	2	3	4	5	6	7	8	9	10
A	B	C	D	C	B	A	C	D	B
11	**12**	**13**	**14**	**15**	**16**	**17**	**18**	**19**	**20**
A	B	C	A	B	A	C	C	B	D

THE VERB

A Verb is a word that tells something about the action or state of or happenning to a person or thing.

A Verb tells the following:

1. What a person or thing does.
Sachin goes to school daily.
The bell *rang* loudly.
Many birds fly in the sky.
She *sang* a song.

2. What a person or thing is.
India *is* the biggest democracy in the world.
Ram Mehar *is* very rich.
They *are* happy.

3. What is done to a person or thing.
You *are liked* by all.
Two thieves *were arrested.*
Four students *were punished* by the teacher.

4. What happens to a person or thing.
His maternal uncle *died* last week.
Two ships *sank* yesterday.
Leaves *turn* yellow in autumn.

5. What a person or thing has, had, and so on.
I *have* a new car.
He *had* a scooter last year.
He *has* several cows and goats.

It goes without saying that a verb is the most important part of a sentence. No sentence is complete without a Verb.

Important Information

1. If two or more singular nouns are joined by 'and' the verb used will be plural.
   Example:
   (i) He and I were going to the market.
   (ii) Ram and Mohan are friends.
2. If two singular nouns joined by 'and' points out to the same thing or person, the verb used must be singular.
   Example:
   (i) Rice and curry is the favourite food of the Punjabis.
   (ii) The Collector and District Magistrate is away.
3. In case two subjects are joined by 'as well as' the verb agrees with the first subject.
   Example :
   (i) Kanta as well as her children is playing.
   (ii) Children as well as their mother are playing.
   In the case of first sentence the verb (is) agrees with Kanta and in the case of second sentence the verb (are) agrees with the children.
4. 'Neither', 'Either', 'Every', 'Each', 'Everyone', and 'Many a' are followed by a singular verb.
   Example :
   (i) Either of the plans is to be adopted.
   (ii) Neither of the two brothers is sure to pass.
   (iii) Every student is expected to be obedient.
   (iv) Everyone of them desires this.
   (v) Many a person is drowned in the sea.

5. If two subjects are joined by 'Either .... or' / 'Neither .... nor', the verb agrees with the subject near to it.
Example :
(i) Either my brother or I am to do this work.
(ii) Neither he nor they are prepared to do this work.

6. 'A great many' is always followed by a 'plural noun' and a 'plural verb'. For example :
A great many students have been declared successful.

7. Similarly if two subjects are joined by 'with', 'together with'', 'no less than', in addition to 'and not', etc. the verb agrees with the first subject.
Example :
(i) The boy with his parents has arrived.
(ii) He, no less than I, is to blame.

8. Nouns, plural in form, but singular in meaning, take a singular verb.
Example :
This news was broadcast from television yesterday.

MULTIPLE CHOICE QUESTIONS

Directions: *In the following questions choose the correct options to fill the blanks.*

1. The bus with all its passengers .... lost.
A. were B. was
C. are D. would

2. You as well as I .... responsible for this work.
A. am B. are
C. was D. is

3. Raghava like all his companions .... a spoiled child.
A. are B. were
C. is D. will be

4. Pen and ink .... required for me.
A. are B. were
C. is D. has required

5. Every girl and every boy .... attended the seminar.
A. have B. has
C. is D. are

6. Not only she but all her sisters ...... been married.
A. has B. have
C. is D. are

7. There .... nothing but miseries in life.
A. is B. are
C. were D. will be

8. Neither prose nor poem .... given.
A. were B. was
C. has D. have

9. Either he or I .... wrong.
A. is B. are
C. am D. were

10. Either Sulekha or Rekha .... coming here.
A. are B. is
C. were D. have

11. .... the child or his parents to blame?
A. Is B. Are
C. Were D. Has

12. You and I .... neighbours.
A. am B. are
C. was D. has

13. The house with all its belongings ..... sold away.
A. were B. are
C. was D. must

14. Either water or juice .... required.
A. is B. are
C. were D. has

15. There were not as many tables as .... required.
A. was B. were
C. is D. are

16. They each .... a book.
A. have B. are
C. has D. is

17. He and I .... class friends.
A. is B. am
C. was D. are

18. She as well as I .... guilty.
A. is B. are
C. am D. must be

19. Purushottam .... not read more on this chapter.
A. needs
B. has been need
C. need
D. had been need

20. He came .... to his aunt.
A. run B. running
C. to run D. in run

ANSWERS

1	2	3	4	5	6	7	8	9	10
B	B	C	C	B	B	A	B	C	B
11	**12**	**13**	**14**	**15**	**16**	**17**	**18**	**19**	**20**
A	B	C	A	B	A	D	A	C	B

CONJUNCTIONS

A conjunction is a word which connects words, clauses or sentences.

Look at the following sentences.

(i) He bought apples *and* mangoes.

(ii) God made the country *and* man made the town.

(iii) The door was open *but* there was no one in the house.

(iv) He knows that I am here *and* that I want to see him.

In the sentence (i), *and* connects two words—*apples* and *mangoes.*

In the sentence (ii), *and* connects two sentences—*God made the country* and *man made the town.*

In the sentence (iii), *but* connects two sentences— *The door was open* and *there was no one in the house.*

In the sentence (iv), *and* connects two clauses—*that I am here* and *that I want to see him.*

The main coordinating conjunctions are:

and, but, for, or, nor, also, either ..... or, neither ..... nor.

There are some conjunctions which are used in pairs. They are:

either .... or, ... neither .... nor, both .... and, though .... yet, whether .... or, not only .... but also.

Example: *Either* take it *or* leave it.

It is *neither* useful *nor* ornamental.

They *both* like *and* respect me.

Though he is suffering from high fever, *yet* he does not cry.

He does not care *whether* you go *or* stay.

He is *not only* doltish, *but also* obstinate.

The conjunctions which are used in pairs in this way, are called correlative conjunctions, or merely correlatives.

Use of Important Conjunctions

1. **As soon as :** As soon as denotes simultaneous time.
   Example : As soon as he saw his enemy, he took to his heels.
2. **No sooner .... than :**
   (a) 'No sooner' is always followed by 'than'.
   (b) Please remember that 'No sooner' is always followed by do/does/did. As such only first form of the verb should be used after the subject.
   Example :
   No sooner did he see his enemy than he took to his heels.
3. **Hardly :** Hardly is followed by when.
   Examples :
   (i) Hardly had I left the house when it started raining.
   (ii) We had hardly come into the room when his father began chastising him.
   Note :
   A. Hardly is never followed by than.
   B. 'Scarcely' can also be used in the sense and manner of 'Hardly'.
4. **Lest :** Lest is used in the sense of so that .... not. It is always followed by should. Lest is negative in sense. Hence 'not' should never be used with it.
   Example :
   Work hard lest you should fail.
   Note : 'Lest' is always followed by 'should' and not 'may'.
5. **Unless :** Unless expresses condition. It is also used in the negative sense. Use of 'not' is not allowed with unless because unless is already in the negative sense.
   Example :
   Unless you labour hard you will not pass.
6. **Until :** 'Until' expresses time. It means 'till not'.
   Example : Wait here until I return.
   Note : Until is in the negative sense. So 'not' should not be used with it. Example :
   Wait here until I do not return. (Incorrect)
   Wait here until I return. (Correct)
7. **As well as :** When two subjects are joined by 'as well as', the verb always agrees with the first subject.
   Examples :
   (i) The teacher as well as students is playing.
   (ii) Students as well as the teacher are playing.
   Note : 'Both' and 'as well as' cannot be used together in the same sentence.
   Examples :
   Both Sita as well as Kanta are beautiful. (Incorrect)
   Sita as well as Kanta is beautiful. (Correct)
   Both Sita and Kanta are beautiful. (Correct)
8. **As if :** 'As if' is used in the sense of pretension. While using 'as if' in a sentence, we should see that even the third person singular subject gets 'were'.
   Example : He talks as if he were mad.
9. **Till :** Till expresses time. Till is always used in the affirmative.
   Example :
   We did not come back till sunset.
10. **Rather than :** 'Rather than' is used in the sense of 'preference'. 'Rather' is always followed by 'than'.
    Example :
    I would rather die than submit.
11. **As long as/so long as :** Both express time during which an action or event takes place.
    Example :
    As long as there is life, there is hope.
12. **However :** It is both a subordinate and co-ordinate clause.
    Examples :
    (a) Mala worked hard, she however, failed.
    (b) However hard he may work, he cannot pass.
13. **Such as :** 'Such as' gives us the sense of 'like'. Such is always followed by 'as'.
    Example :
    Life is such a puzzle as cannot be solved.

MULTIPLE CHOICE QUESTIONS

Directions: *In the following questions choose the correct options to fill the blanks.*

1. Neither he .... his friend is good.
A. or B. and
C. but D. nor

2. The officer asked the peon .... why he was late.
A. that B. if
C. but D. No word needed

3. Both Ajay .... Vijay are intelligent.
A. or B. nor
C. and D. No word needed

4. No Sooner did the thief see the public .... he ran away.
A. then B. and
C. but D. than

5. Abhinav .... his brothers was going to Mumbai.
A. but
B. yet
C. No word needed
D. together with

6. He behaves .... he were the captain of the team.
A. as if B. as
C. No word needed D. that

7. Either Rupali .... Sonali is going to attend the meeting.
A. and B. but
C. nor D. or

8. Neither Nirmal .... Ashwinee is going to listen the speech.
A. and B. but
C. nor D. or

9. Ravi .... Prakash are going to Kolkata.
A. or B. nor
C. but D. and

10. Rice .... curry is my usual breakfast.
A. and B. but
C. then D. than

11. Hardly had he left .... his brother came.
A. then B. than
C. when D. that

12. I would rather have a copy .... a book.
A. then B. than
C. when D. that

13. He is no other .... my friend.
A. then B. than
C. when D. but

14. He saw a snake ....he awoke.
A. then B. when
C. than D. No word needed

15. Ten years have passed .... my grandmother died.
A. since B. when
C. then D. than

16. She is .... good .... bad.
A. either, not B. neither, or
C. neither, nor D. neither, than

17. The cellphone is both cheap .... best.
A. than B. and
C. then D. or

18. No sooner did the rogue see the police .... he disappeared.
A. then B. than
C. so D. because

19. Srishti will go .... Sanju goes.
A. if B. than
C. then D. although

20. She is wise .... timid.
A. and B. yet
C. but D. however

21. Make hay .... the sun shines.
A. though B. while
C. after D. before

22. He is so weak .... he cannot walk.
A. but B. that
C. then D. so

23. Although he is rich, ... he is unhappy.
A. but B. yet
C. so D. still

24. Wait here .... I come back.
A. till B. until
C. before D. after

25. He is my friend .... I shall help him.
A. so B. hence
C. that is why D. therefore

26. He must go away .... he will be beaten.
A. otherwise B. and
C. or D. else

27. God loves good men .... good men love God.
A. and B. or
C. that D. those

28. He was late .... he was not punished.
A. but B. yet
C. still D. therefore

29. Walk slowly ...., you may fall.
A. and B. or
C. so D. otherwise

30. Work hard, ... you will fail.
A. and B. or
C. otherwise D. else

ANSWERS

1	2	3	4	5	6	7	8	9	10
D	D	C	D	D	A	D	C	D	A
11	12	13	14	15	16	17	18	19	20
C	B	B	B	A	C	B	B	A	C
21	22	23	24	25	26	27	28	29	30
B	B	B	A	B	C	A	C	D	D

PREPOSITIONS

A *Preposition* is a word which is placed before a noun or a pronoun to show its relation to some other word in the sentence.

1. I saw a goat *in* the field.
2. I am fond *of* hot coffee.

In sentence 1, the word *in* shows the relation between two things—*goat* and *field.*

In sentence 2, the word *of* shows the relation between the attribute expressed by the adjective *found* and *tea.*

The words *in* and *of* are here used as prepositions.

The noun or pronoun which is used with a preposition is called its object. The noun or pronoun is in the objective case. It is governed by the preposition. Now it is absolutely clear that in sentence 1, the noun *field* is in the objective case. The word *field* is governed by the preposition *in.*

A preposition may have two or more objects.

The road runs over *hill* and *plain.*

Here, the words *hill* and *plain* are used as objects.

Use of Important Prepositions

1. Among, Between

'**Among**' is used for more than two persons or things; '**Between**' is used only for two.

Examples :

(i) Distribute these sweets *among* the poor students of the class.

(ii) Distribute these books *between* Ram and Shyam.

2. Among, In

'**Among**' is used before collective plural nouns. '**In**' is used before collective singular nouns.

Examples :

(i) I found him standing *among* the crowd.

(ii) I saw him in the crowd.

3. Beside, Besides

'**Beside**' means 'by the side of'. '**Besides**' means 'in addition to'.

Examples :

(i) The daughter was sitting *beside* her mother.

(ii) *Besides* his relatives, he invited his friends also.

4. In, Within

'**In**' means at the expiry of a period of time in future, '**Within**' means before the expiry of a period of time in any tense.

Examples :

(i) She will return *in* a week.

(ii) I shall finish my work *within* a weak.

5. On, Upon

'**On**' is used for things at rest; '**Upon**' is used for things in motion.

Examples :

(i) He is sitting *on* the floor.

(ii) The dog sprang *upon* the table.

6. By, With

'**By**' denotes the agent or doer, '**With**' denotes the instrument with which anything is done.

Examples :

(i) The bird was killed *by* the hunter with an arrow.

(ii) He beat the dog *with* a stick.

(iii) I shall reach here *by* five o'clock.

7. After, In

'**After**' means at the end of a period of time in the past. '**In**' means at the end of a period of time in future.

Examples :

(i) I shall return your book *in* a week.

(ii) He returned the book *after* a week.

8. For, From, Since

'**For**' is used before a noun denoting a period of time with all the tenses. '**From**' is used before a noun or phrase denoting a point of time, it is used in all the tenses. '**Since**' is used before a noun or phrase denoting some point of time and is always produced by a verb in the perfect continuous tense or third form of a verb.

Examples :

(i) We have been playing cards *for* two hours.

(ii) She stayed with her uncle *from* the 15th of March to the 15th of May.

(iii) I have been reading this book *since* morning.

9. Above, Over

'**Above**' means 'higher from', **Over** is used in the following four senses :

(i) In the sense of 'above' :
At noon, the sun is *over* our heads.

(ii) In the sense of 'beyond' :
I cannot get *over* my disappointment.

(iii) In the sense of 'Superiority' :
God *over* all blesses for ever more.

(iv) In the sense of 'Conclusion' :
It is all *over* with me.

10. At, Towards

'**At**' denotes the idea of aim, '**Towards**' denotes the idea of destination.

Examples :

(i) He threw the stone *at* the cat.

(ii) He went *towards* the house.

11. At, In, On

'At' is used as follows :

(i) 'At' is used with small towns and villages. **Examples:**

(a) He was born *at* Sonepat.

(b) He lives *at* village Bangra. (Bangra is a village)

(ii) **'At'** is used before a noun denoting a definite point of time.

Example :

He called on me *at* 9 p.m. yesterday.

'In' is used as follows :

(iii) **'In'** is used with the names of big cities, provinces and countries.

Examples :

(a) His father lives *in* England.

(b) His younger brother lives *in* Calcutta.

(iv) **'In'** is used before the names of months and years.

Example :

His elder sister was born *in* 1972 *in* the month of May.

'On' is used with dates and names of days. **Examples:**

(a) I joined college *on* the 26th April.

(b) He will leave for Kolkata *on* Wednesday next.

Important Information

1. **'In'** is also used in the following phrases :
   In the morning; In the evening, In winter, In summer.
2. **'In'** also denotes a place inside anything.
   He travelled *in* a crowded bus.
3. **'At'** is used in the following phrases :
   At home, *At* the station, *At* work, *At* play.

12. Below, Beneath

Below means 'of lower level in position, dignity and expectation' etc. *Beneath* means 'under'.

Examples :

(i) It is *below* my dignity to talk to her.

(ii) They rested *beneath* the shade of a tree.

13. In, Into, To

'In' expresses Rest or Motion inside anything. **'Into'** expresses Motion towards the inside of anything or change from one medium to another. **'To'** denotes motion from one place to another.

Examples :

(i) The boys are *in* the room.

(ii) Translate this passage from English *into* Hindi.

(iii) Every morning he goes *to* the temple.

14. Till, By, Of, Off

- 'Till' means upto or not earlier than.
- 'By' means not later than.
- 'Of' shows cause, source, separation, quality, contents, possession, apposition, point of reference, space in time etc.
- 'Off' shows separation at a near distance, and detached condition.

Consider the following examples:

(i) I shall work *till* 5 a.m.

(ii) Madhu died *of* cancer.

(iii) The nib *of* the pen is made *of* gold.

(iv) He presented me a bottle *of* perfume.

(v) Our principal is a man *of* principle.

(vi) He lived in the house *of* his friend.

(vii) *By* this time tomorrow, I'll have finished my job.

(viii) My house is *off* the road.

(ix) The book fell *off* the table.

MULTIPLE CHOICE QUESTIONS

Directions: *Tick the correct preposition for the blank in each of the following sentences.*

1. He applied ...... the manager.
A. for B. to
C. with D. by

2. Trust ...... God and do the right.
A. in B. for
C. to D. with

3. She is worthy ...... a prize.
A. with B. for
C. to D. of

4. Mr. Gomes has no taste ...... music.
A. of B. for
C. with D. to

5. You are hard ...... hearing.
A. at B. of
C. with D. for

6. He is sure ...... his success
A. for B. with
C. on D. of

7. Preeti was warned ...... the danger ahead.
A. for B. at
C. of D. about

8. I am thankful ...... you for a good advice.
A. for B. with
C. to D. of

9. Deepak would not surrender ...... the police.
A. with B. to
C. for D. on

10. The small plant in your lawn is very sensitive ...... touch.
A. on B. with
C. to D. about

11. Divya was sure to succeed ..... the examination.
A. for B. in
C. to D. with

12. Geeta was jealous ...... Ravina's beauty.
A. to B. with
C. for D. of

13. He was ignorant ..... what was happening there.
A. for B. of
C. to D. with

14. Your pen is inferior ...... mine.
A. than B. with
C. from D. to

15. Reenu is no match ...... Meenu.
A. to B. for
C. with D. upon

16. It is necessary ...... you to apply for this job.
A. on B. with
C. for D. to

17. Be loyal ...... your country.
A. for B. to
C. on D. with

18. Mukesh is junior ...... me.
A. than B. to
C. from D. of

19. Deepika was innocent ...... the crime.
A. of B. with
C. from D. to

20. I am desirous.... joining the Indian cricket team.
A. for B. of
C. to D. on

ANSWERS

1	2	3	4	5	6	7	8	9	10
B	A	D	B	B	D	D	D	B	D
11	**12**	**13**	**14**	**15**	**16**	**17**	**18**	**19**	**20**
B	D	B	D	B	D	B	B	A	B

SYNONYMS

A synonym is a word which conveys a meaning similar to the given word.

REMEMBER

Words	*Synonyms*
Add	Increase
Adequate	Enough
Adjust	Adapt
All	Aggregate
Allow	Permit
Abode	Dwelling
Apt	Proper
Assess	Appraise
Accuse	Calumniate
Abashed	Timid
Annoy	Displease
Ample	Enough, Sufficient
Amplify	Increase
Apathetic	Unenthusiastic
Accost	Address
Authentic	True
Adjust	Fit
Approve	Assent, Allow, Accept
Adapt	Conform
Adversary	Opponent, Rival, Competitor
Beat	Whack
Benign	Kind
Breeze	Zephyr
Baffle	Puzzle
Booty	Spoil

Words	*Synonyms*
Beauty	Charm
Beast	Animal
Bandit	Robber
Blaze	Shine
Bond	Tie
Bend	Twist
Bate	Diminish
Beg	Plead
Barbaric	Wild, Savage
Bashful	Shy, Reserved
Begin	Start
Blend	Mix, Mingle
Bizarre	Funny
Below	Under
Bedevil	Confuse
Bemoan	Lament
Babble	Nonsense
Blame	Fault
Behaviour	Demeanour
Call	Accost
Copy	Imitate
Close	Shut
Caress	Love
Camp	Stay
Connect	Attach
Cut	Injure, Curtail
Cling	Stick
Conical	Funny
Convey	Carry
Conspicuous	Pronінent
Cheerful	Happy, Pleasant

Words	*Synonyms*
Curtail	Decrease
Cheerless	Sad, Dejected
Curious	Strange
Circumstance	Factor, Situation, Condition
Competent	Capable
Congruent	Overlapping
Cope	Deal, Endure
Confident	Sure
Complex	Intricate
Cajole	Coax, Flatter
Cunning	Crafty
Delectable	Joyful, Delightful
Devilish	Diabolical
Delicate	Soft
Devil	Fiend
Delay	Postpone
Dislike	Repugnance
Destroy	Ruin
Dwell	Live, Dilate
Declare	Pronounce
Drunk	Flushed
Deficient	Lacking
Damn	Condemn, Curse
Decrease	Diminish
Destruction	Devastation
Efficient	Competent
Ethnic	Racial
Enthral	Enslave
Earnest	Serious
Envious	Jealous
Ending	Final
Egg	Incite
Extempore	At once
Extensive	Far-ranging
Extra	Surplus
Existence	Life
Exceed	Overstep
Enormous	Vast
Excessive	Superfluous
Free	Unhindered
Frigid	Cold
Feed	Cater
Fame	Reputation
Frame	Make
First	Initial
Frighten	Terrorise, Intimidate
Fervent	Fervid
Fall	Decline
Feeble	Frail
Fickle	Changeable
Finish	Conclude
Fraud	Deception
Forgiving	Placable

Words	*Synonyms*
Grow	Develop
Greed	Avidity
Greet	Welcome
Grave	Serious
Group	Constellation
Given	Bestowed
Gratitude	Thankfulness
Have	Possess
Hire	Rent
Hit	Strike
Handsome	Beautiful
Hinder	Prevent
Heap	Pile
Hope	Expect
Hard	Harsh
Help	Aid
Hymn	Song
Henpecked	Enslaved
Hoodwink	Mystify, Cheat
Humble	Polite, Urbane, Modest
Harass	Vex, Trouble
Impart	Instil
Intact	Untouched
Instal	Establish
Indict	Impeach
Imitate	Ape
Instigate	Incite
Initiate	Start, Introduce
Inimical	Unfriendly
Insufferable	Intolerable
Impartiality	Justice
Jolly	Merry
Joyful	Delectable
Join	Conjoin
Kind	Benign
Kill	Murder
Kindred	Similar
Kinship	Relationship
Keen	Sharp
Knowledge	Scholarship
Lazy	Slothful
Large	Substantial, Gargantuan
Listless	Careless, Lackadaisical
Lax	Loose
Little	Small
Lifelike	Realistic
Lofty	High
Lenient	Soft, Gentle
Lacking	Deficient, Wanting
Lessen	Decrease
Middleclass	Bourgeois
Mitigate	Lessen, Abate
Modesty	Humility, Lowliness

Words	Synonyms
Mix	Mingle, Blend
Mixture	Mingling
Mixed	Assorted
Modify	Decrease
Mean	Imply
Multifarious	Varied
Miscarry	Abort
Note	Notice
Noble	Stately
Native	Indigenous
Needful	Necessary
Notify	Declare
Nervous	Shaky, Tremulous, Timid
Natural	Spontaneous
Near	Close
Normal	Natural
Offend	Displease
Oppress	Persecute, Tyrannize
Opponent	Adversary
Obstruct	Hinder, Check
Offence	Fault
Offender	Villain
Overstep	Exceed
Overlapping	Congruent
Occult	Mystic
Profane	Unholy
Patience	Forbearance
Pornographic	Obscene
Plenitude	Abundance
Prominent	Important
Prodigal	Spender
Procrastinate	Postpone
Promote	Develop, Honour
Persecute	Tyrannise
Profess	Claim
Pliant	Flexible
Plebian	Common
Polished	Sophisticated
Quake	Shake
Quit	Leave
Queer	Eccentric
Quell	Suppress
Quantify	Allot
Reply	Answer
Relinquish	Retire
Read	Peruse
Relation	Reference
Render	Do
Remainder	Residuals
Repeat	Reiterate
Repentant	Contrite
Retaliative	Retaliatory
Rumour	Hearsay
Reveal	Divulge

Words	Synonyms
Ritualistic	Ceremonious
Soft	Delicate
Sort	Kind, Choose, Select
Selfish	Egoistic
Sensual	Earthly
Suppress	Quell, Check
Stimulate	Provoke
Tasteless	Insipid
Travel	Journey
True	Authentic, Faithful, Truthful
Turbulence	Turmoil
Tragedy	Calamity
Tasteful	Tasty, Delicious
Touching	Painful
Thankful	Grateful
Tremendous	Great, Huge
Tough	Strong
Terminate	Conclude, End
Theory	Doctrine
Tell	Relate
Tremble	Shake, Shiver
Urge	Spur
Unbeaten	Unsubdued
Use	Utilize, Practise
Underhand	Unfair, Undue
Unfair	Unjust
Unravel	Reveal, Divulge
Unimportant	Common
Unconcerned	Apathetic
Unimitated	Inimitable
Unfortunate	Unlucky
Understand	Perceive, Comprehend
Vain	Proud, Haughty, Conceited, Shameless
Vale	Valley, Dale, Dell
Vice	Fault
Virtue	Quality
Veracity	Reality
Value	Price, Prize
Vex	Tease
Vibrate	Quiver, Shake
Violent	Excessive
Vivid	Clear, Lucid
Victory	Triumph
Vulgar	Indecent
Virtuous	Honest
Variegated	Varied, Multifarious
Well	Good
Yell	Cry, Shout
Yonder	There
Yearn	Wish, Desire
Yoke	Slavery
Zest	Earnestness, Enthusiasm
Zealous	Earnest

ANTONYMS

A antonym is a word which conveys a meaning opposite to the given word.

REMEMBER

Words	*Antonyms*
Abhor	Love
Abnormal	Normal
Able	Unable
Acceptable	Unacceptable
Adequate	Inadequate
Amusing	Boring
Angry	Calm
Apex	Bottom
Attract	Repel
Bad	Good
Barren	Fertile
Beautiful	Ugly
Bitter	Sweet
Brave	Cowardly
Brief	Lengthy
Bright	Dull
Calm	Violent
Careful	Careless
Clear	Vague, Cloudy
Cold	Hot
Cruel	Kind
Dear	Cheap
Deep	Shallow
Difficult	Easy
Direct	Indirect
Dishonest	Honest
Disobey	Obey
Encourage	Discourage
Enormous	Tiny
Excellent	Bad
Expensive	Cheap
Eat	Fast
Fair	Unfair
Fake	Authentic
False	True
Famous	Notorious
Fool	Genius
Generous	Miserly
Genius	Fool
Genuine	Unauthentic
Gigantic	Tiny
Glad	Depressed
Good	Bad
Great	Little
Happy	Sad
Hard	Soft
Hate	Love
Honest	Dishonest
Idle	Busy

Words	*Antonyms*
Immoral	Moral
Include	Exclude
Incorrect	Correct
Intelligent	Unintelligent
Kind	Cruel
Like	Dislike
Long	Short
Lucid	Vague
Major	Minor
Naive	Experienced
Nadir	Apex
Neat	Clumsy
Obedient	Disobedient
Obscure	Clear
Oppose	Support
Optimistic	Pessimistic
Out	In
Patience	Impatience
Peaceful	Belligerent
Pious	Impious
Polite	Impolite
Potent	Impotent
Prominent	Unimportant
Proper	Improper
Pure	Impure
Quick	Slow
Quiet	Disturbance
Real	False, Unreal
Reject	Select, Choose
Reliable	Unreliable
Respect	Disrespect
Right	Wrong
Robust	Feeble, Weak
Sad	Happy
Secret	Open
Sensible	Insensible
Severe	Mild
Sharp	Blunt
Simple	Complex
Sociable	Unsociable
Tall	Short
Tidy	Untidy
Uncanny	Canny
Violent	Calm
Vivid	Vague
Strong	Weak
Big	Small
Easy	Difficult
Fast	Slow
High	Low
Catchy	Unattractive
Ugly	Handsome, Beautiful, Tidy
Tasty	Insipid
Sonorous	Harsh

MULTIPLE CHOICE QUESTIONS

Directions (Qs. 1 to 20): *In the following questions choose the word which best expresses the meaning of the given word.*

1. ABSURD
A. Foolish B. Simple
C. Courageous D. Silly

2. ABANDON
A. Lose B. Profit
C. Vacate D. Foil

3. CAJOLE
A. Pause B. Lenient
C. Blast D. Lure

4. COMBAT
A. Fight B. Conflict
C. Shoot D. Quarrel

5. LAMENT
A. Condone B. Console
C. Complain D. Contribution

6. DEBACLE
A. Disgrace B. Defeat
C. Collapse D. Decline

7. SHIVER
A. Fear B. Tremble
C. Shake D. Ache

8. TORTURE
A. Terror B. Harassment
C. Torment D. Tranquility

9. LAUDABLE
A. Lovable B. Commendable
C. Profitable D. Oblivious

10. FIXED
A. Sterile B. Static
C. Stubborn D. Parennial

11. QUEER
A. Unfamiliar B. Cute
C. Curious D. Strange

12. SUFFICIENT
A. Fit B. Proper
C. Adequate D. Vast

13. GLOSS
A. Brightness B. Soothing
C. Rubbing D. Miracle

14. LONGING
A. Prune B. Apathy
C. Curtail D. Craving

15. JEER
A. Applaud B. Magnanimity
C. Avoid D. Scoff

16. ZENITH
A. Minimum B. Nadir
C. Plant D. Peak

17. GARB
A. Distort B. Dress
C. Trivial D. Rage

18. ABHOR
A. Rude B. Reconcile
C. Crave D. Detest

19. YIELD
A. Shum B. Incisive
C. Retain D. Surrender

20. YOKE
A. Twist B. Release
C. Link D. Extra

Directions (Qs. 21 to 26): *In the following questions choose the word which best expresses the opposite of the given word.*

21. TRAGIC
A. Dramatic B. Strong
C. Gentle D. Comic

22. ORAL
A. Verbal B. Sane
C. Minor D. Written

23. ADMIRE
A. Hate B. Unlike
C. Dislike D. Enough

24. VIOLENT
A. Gentle B. Savage
C. Haughty D. Decline

25. ADVERSITY
A. Windfall B. Inprosperity
C. Prosperity D. Slave

26. GENUINE
A. Spurious B. Obscure
C. Countless D. Apathetic

ANSWERS

1	2	3	4	5	6	7	8	9	10
D	C	D	A	C	C	B	C	B	B
11	12	13	14	15	16	17	18	19	20
D	C	A	D	D	D	B	D	D	C
21	22	23	24	25	26				
D	D	C	A	C	A				

●●●

3

Sentence Completion

It is such an exercise which starts with the primary schools and continues in the highest level of competitive examinations. One must practise it regularly to score well.

Directions (Qs. 1 to 15): *Pick out the most effective word(s) from the given words to fill in the blanks to make the sentence meaningfully complete.*

1. The student ...... that book from the library to study at home.
A. issued B. borrowed
C. hired D. lent

2. I wish I ...... a king.
A. was B. am
C. should be D. were

3. He ...... to listen to my arguments and walked away.
A. denied B. disliked
C. objected D. refused

4. The flow of blood was so ...... that the patient died.
A. intense B. adequate
C. profuse D. extensive

5. When I met her yesterday, it was the first time I ...... her since Christmas.
A. saw B. have seen
C. had seen D. have been seing

6. Can you pay ...... all these articles?
A. for B. of
C. off D. out

7. I ...... you to be at the party this evening.
A. expect B. hope
C. look forward to D. desire

8. ...... being a handicapped person, he is very cooperative and self-reliant.
A. Because B. Although
C. Since D. Despite

9. The child broke ...... from his mother and ran towards the painting.
A. away B. after
C. down D. with

10. With his ...... income, he finds it difficult to live a comfortable life.
A. brief
B. sufficient
C. meagre
D. huge

11. He could ...... a lot of money in such a short time by using his intelligence and working hard.
A. spend
B. spoil
C. exchange
D. accumulate

12. Though the brothers are twins, they look ......
A. alike B. handsome
C. indifferent D. different

13. Unfavourable weather conditions can ..... illness.
A. cure B. detect
C. treat D. enhance

14. No sooner did the bell ring, ... the actor started singing.
A. when B. than
C. after D. before

15. If I ...... realised it, I would not have acted on his advice.
A. was B. had
C. were D. have

Directions (Qs. 16 to 25): *In each question, an incomplete statement (Stem) followed by four fillers is given. Pick out the best one which can complete the incomplete stem correctly and meaningfully.*

16. Unless you work harder you will fail, means .....
A. if you fail you will work harder.
B. you must at least plan well than you will not fail.
C. hardly you will fail if you do not desire so.
D. if you do not put more efforts, then you will fail.

17. Even if it rains I shall come, means .....
A. if I come it will not rain.
B. if it rains I shall not come.
C. I will certainly come whether it rains or not.
D. whenever there is rain I shall come.

18. Dinesh is as stupid as he is lazy means .....
A. Dinesh is stupid because he is lazy.
B. Dinesh is lazy because he is stupid.
C. Dinesh is either stupid or lazy.
D. Dinesh is equally stupid and lazy.

19. He is so lazy that he .....
A. cannot depend on others for getting his work done.
B. cannot delay the schedule of completing the work.
C. can seldom complete his work on time.
D. dislike to postpone the work that he undertakes to do.

20. He always stammers in public meetings, but his today's speech .....
A. was fairly audible to everyone present in the hall.
B. was not received satisfactorily.
C. could not be understood properly.
D. was free from that defect.

21. In order to raise the company's profit, the employees.....
A. demanded two additional increments.
B. decided to go on paid holidays.
C. requested the management to implement new welfare schemes.
D. offered to work overtime without any compensation.

22. Although, he is reputed for making very candid statements, ...
A. his today's speech was not fairly audible.
B. his promises had always been realistic.
C. his speech was very interesting.
D. his today's statements were very ambiguous.

23. I felt somewhat more relaxed .....
A. but tense as compared to earlier.
B. and tense as compared to earlier.
C. as there was already no tension at all.
D. and tension-free as compared to earlier.

24. With great efforts his son succeeded in convincing him not to donate his entire wealth to an orphanage ....
A. and lead the life of a wealthy merchant.
B. but to a home for the forsaken children.
C. and make an orphan of himself.
D. as the orphanage needed a lot of donations.

25. Even though it is a very large house, ...
A. there is a lot of space available in it for children.
B. there is hardly any space available for children.
C. there is no dearth of space for children.
D. the servants take a long time to clean it.

ANSWERS

1	2	3	4	5	6	7	8	9	10
B	D	D	C	C	A	A	D	A	C
11	**12**	**13**	**14**	**15**	**16**	**17**	**18**	**19**	**20**
D	D	D	B	B	D	C	D	C	D
21	**22**	**23**	**24**	**25**					
D	D	D	C	B					

●●●

4

Spotting Errors

The most common errors in English are of spellings, grammar and usage of words. By regular practice, the errors can be easily spotted and minimised.

MULTIPLE CHOICE QUESTIONS

Directions: *In the following questions some of the sentences have errors and some are correct. Find out which part of a sentence has an error, the number of that part is your answer. If a sentence is free from errors, then your answer is D i.e., No error.*

1. (A) Either Ram or/(B) you is responsible/(C) for this action./(D) No error.

2. (A) The student flatly denied/(B) that he had copied/(C) in the examination hall./(D) No error.

3. (A) By the time you arrive tomorrow/(B) I have finished/(C) my work./(D) No error.

4. (A) The captain with the members of his team/(B) are returning/(C) after a fortnight./(D) No error.

5. (A) After returning from/(B) an all-India tour/(C) I had to describe about it./(D) No error.

6. (A) The teacher asked his students/(B) if they had gone through/(C) either of the three chapters included in the prescribed text./(D) No error.

7. (A) Do you know/(B) how old were you/(C) when you came here?/(D) No error.

8. (A) Beware of/(B) a fair-weather friend/(C) who is neither a friend in need nor a friend indeed./(D) No error.

9. (A) Copernicus proved/(B) that Earth/(C) moves round the Sun./(D) No error.

10. (A) The property/(B) was divided/(C) among the two brothers./(D) No error.

11. (A) I am quite certain/(B) that the lady is not only greedy/(C) but miserly./(D) No error.

12. (A) The brilliant success in the examination/(B) as well as his record in sports/(C) deserves high praise./(D) No error.

13. (A) I cannot find/(B) where has he gone/(C) though I have tried may best./(D) No error.

14. (A) If I was/(B) the Prime Minister of India/(C) I would work wonders/(D) No error.

15. (A) If it weren't/(B) for you,/(C) I wouldn't be alive today./(D) No error.

16. (A) He looked like a lion/(B) baulked from/(C) its prey./(D) No error.

17. (A) Widespread flooding/(B) is affecting/(C) large areas of the villages./(D) No error.

18. (A) If we really set to/(B) we can get the whole house/(C) cleaned in an afternoon./(D) No error.

ANSWERS

1	2	3	4	5	6	7	8	9	10
B	D	B	B	C	C	D	D	B	C
11	**12**	**13**	**14**	**15**	**16**	**17**	**18**	**19**	**20**
C	D	B	A	C	C	C	A	A	C

EXPLANATORY ANSWERS

1. Replace 'is' by 'are'.
2. No error.
3. Replace 'have' by 'would have'.
4. Replace 'are' by 'is'.
5. Replace 'had to describe' by 'described'.
6. Replace 'either' by 'any'.
7. No error.
8. No error.
9. Omit 'that'.
10. Replace 'among' by 'between'.
11. Add 'also'.
12. No error.
13. Replace 'has he' by 'he has'.
14. Replace 'was' by 'were'.
15. Replace 'wouldn't be' by 'would not have been'.
16. Replace 'its' by 'his'.
17. Replace 'areas' by 'area'.
18. Replace 'set to' by 'set on'.

●●●

One Word Substitution

There are many single words in English language which can be perfectly used for a number of words. These words help in expressing ideas in a short and correct manner for the right occasion. Such words not only increase the vocabulary but also enable you to economise in the use of words to a great extent.

Multiple Word Expression	*Substitution*
One who always looks towards the bright side of things	Optimist
One who always looks towards the dark side of things	Pessimist
The time when one develops from a child into an adult	Adolescence
The process of growing more plants in order to form a forest.	Afforestation
The science which deals with farming	Agriculture
From some other country or place etc.	Alien
A term, etc. giving more than one meaning	Ambiguous
A vehicle which is used to carry sick persons	Ambulance
An animal which can live both in water and on land	Amphibian
A lawless situation when there is no government	Anarchy
Belonging to the history of thousands of years old	Ancient
Once a year	Annual
A very old object but still valuable	Antique
Words of opposite meanings	Antonyms
Words of similar meanings	Synonyms
Signatures of a famous person	Autograph
A government led by one person with absolute authority	Autocracy
A written work of one's own life history	Autobiography
A person who has never been married	Bachelor
A person usually having no hair on his head	Bald
A place where one can deposit money and get interest	Bank
A person who cuts our hair	Barber
A building/group of buildings where soldiers live	Barracks
A person who makes buns and biscuits	Baker
A person who lives by asking people for food and money without doing any useful job	Beggar
The crime of having married to two persons at the same time	Bigamy
The branch of science which deals with the study of plants	Botany
Able to speak two languages	Bilingual
Able to speak more than two languages	Polyglot
The branch of science which deals with the living organisms	Biology
A powerful snow storm	Blizzard
A great successful book or movie	Blockbuster
A short news on the radio or TV	Bulletin
A system in which the most important works are organised by the government officials	Bureaucracy
A person who has no vision in his eyes	Blind
A page or a series of pages on which the information of days, weeks, months, etc. is given	Calendar
A person who eats human flesh	Cannibal
A complete list of items often arranged alphabetically	Catalogue
A sudden disaster	Catastrophe
A period of 100 years	Century

Multiple Word Expression	*Substitution*
A branch of science which deals with chemicals	Chemistry
A printed leaf usually issued by banks that we sign to carry certain financial deal	Cheque
A person who makes or mends shoes	Cobbler
A group of people who has been chosen by others to make decisions on their own	Committee
A building in which nuns live	Convent
An animal which feeds on other animals	Carnivorous
A person who does criticism	Critic
A person who cannot hear	Deaf
A condition in which one loses a lot of water from one's body because of vomiting, etc.	Dehydration
A system of government in which the people cast their votes to elect their leaders	Democracy
The study of skin problems	Dermatology
A long piece of land covered with sand	Desert
The art of managing relationships between countries	Diplomacy
A piece of information about the words in a book form	Dictionary
A piece of information about the telephone numbers of the people in a book from	Directory
A person in charge of a newspapers, magazine etc.	Editor
A person who thinks he is better than the others	Egoist
To leave your country and settle in some other country	Emigrate
A book or series of books giving almost all knowledge about an area or some persons etc.	Encyclopaedia
Study of insects	Entomology
Time when day and night are of the same duration	Equinox
To sell things out of the country	Export
To purchase things from some other country	Import
A plant or animal no longer in existence	Extinct
A situation when there is a shortage of food for a long period of time	Famine
An amount of money that we pay for some action or services	Fee
Related to women	Feminine
An animal strong and aggressive	Ferocious
A piece of land where plants grow easily from the soil that is favourable to them	Fertile
A work of literature having some imaginary events	Fiction
A large amount of water covering certain area	Flood
A person who sells flowers	Florist
A religious ceremony for burying or cremating a dead person	Funeral
A substance which kills fungus	Fungicide
A person studying or having studied the diseases and the related things of female reproductory system	Gynaecologist
The murder of the person of the same group race or country	Genocide
A substance which kills germs	Germicide
A situation in which many people die because of fire during war	Holocaust
The act of killing a person deliberately	Homicide
A word having the pronunciation as the other one does but it differs in meaning	Homophone
A word having the same spelling as the other one does but it is pronounced in some other way	Homonym
A person who is attracted towards the person of the same sex	Homosexual
Go across and parallel to the ground	Horizontal
A substance which kills the insects	Insecticide
That cannot be corrected	Incorrigible
That cannot be defeated	Invincible
That cannot be eaten	Inedible
That cannot be seen	Invisible
A place in a school or college where books are kept for the benefit of students, teachers etc.	Library
A place in a school or college where scientific experiments are performed	Laboratory

Multiple Word Expression	*Substitution*
An official who is a judge in the lowest court	Magistrate
A piece of music or a book before it is printed	Manuscript
Related to men	Masculine
One who believes in the existence of God	A theist
One who does not believe in the existence of good	An atheist
That can be believed	Credible
That cannot be believed	Incredible
That which dissolves in a solvent	Soluble
That which does not dissolves in a solvent	Insoluble
Hard writing that can be read	Legible
Hard writing that cannot be read	Illegible
A person who does jobs beneficial to mankind	Philanthropist
A person who goes on foot	Pedestrian
A person who fights for his own country	Patriot
An act of killing oneself	Suicide
A woman whose husband is dead	Widow
A man whose wife is dead	Widower
A person who eats vegetarian and non-vegetarian diets	Omnivorous
Something which is everywhere at the same time	Omnipresent
One who knows everything	Omniscient
A child who does not have parents	Orphan
An award etc. given after the death of the person	Posthumous
The place where animals are kept for amusement and to increase the knowledge of the public	Zoo
The science which deals with the study of animals	Zoology

MULTIPLE CHOICE QUESTIONS

Directions: *In questions given below, out of the four alternatives, choose the one which can be substituted for the given words/sentences.*

1. Something that relates to everyone in the world
A. General B. Common
C. Usual D. Universal

2. An expression of mild disapproval
A. Warning B. Denigration
C. Impertinence D. Reproof

3. One who is not easily pleased by anything
A. Maiden B. Medieval
C. Precarious D. Fastidious

4. Murder of a king
A. Infanticide B. Matricide
C. Genocide D. Regicide

5. A remedy for all diseases
A. Stoic B. Marvel
C. Panacea D. Recompense

6. A dramatic performance
A. Mask B. Mosque
C. Masque D. Mascot

7. Study of birds
A. Orology B. Optology
C. Ophthalmology D. Ornithology

8. Ready to believe
A. Credulous B. Credible
C. Creditable D. Incredible

9. Incapable of being seen through
A. Ductile B. Opaque
C. Obsolete D. Potable

10. One who eats everything
A. Omnivorous B. Omniscient
C. Irresistible D. Insolvent

11. A place where bees are kept is called
A. An apiary B. A mole
C. A hive D. A sanctuary

12. One who cannot be corrected
A. Incurable B. Incorrigible
C. Hardened D. Invulnerable

13. One who is in charge of a museum
A. Curator B. Supervisor
C. Caretaker D. Warden

14. Continuing fight between parties, families, clans, etc.
A. Enmity B. Feud
C. Quarrel D. Skirmish

15. A voice loud enough to be heard
A. Audible B. Applaudable
C. Laudable D. Oral

16. A paper written by hand
A. Handicraft B. Manuscript
C. Handiwork D. Thesis

17. Habitually silent or talking little
A. Serville B. Unequivocal
C. Taciturn D. Synoptic

18. To slap with a flat object
A. Chop B. Hew
C. Gnaw D. Swat

19. A person who speaks many languages
A. Linguist B. Monolingual
C. Polyglot D. Bilingual

20. A light sailing-boat built specially for racing
A. Canoe B. Yacht
C. Frigate D. Dinghy

21. A fixed orbit in space in relation to earth
A. Geological B. Geo-synchronous
C. Geo-centric D. Geo-stationary

22. A style in which a writer makes a display of his knowledge
A. Pedantic B. Verbose
C. Pompous D. Ornate

23. A religious discourse
A. Preach B. Stanza
C. Sanctorum D. Sermon

24. A place that provides refuge
A. Asylum B. Sanatorium
C. Shelter D. Orphanage

25. Detailed plan of a journey
A. Travelogue B. Travelkit
C. Schedule D. Itinerary

26. A person who insists on something
A. Disciplinarian B. Stickler
C. Instantaneous D. Boaster

27. A drawing on transparent paper
A. Red print B. Blue print
C. Negative D. Transparency

28. One who believes that all things and events in life are predetermined is a
A. Fatalist B. Puritan
C. Egoist D. Tyrant

29. A school boy who cuts classes frequently is a
A. Defeatist B. Sycophant
C. Truant D. Martinet

30. The act of violating the sanctity of the church is
A. Blasphemy B. Heresy
C. Sacrilege D. Desecration

31. A place where monks live as a secluded community
A. Cathedral B. Diocese
C. Convent D. Monastery

32. One who is fond of fighting
A. Bellicose B. Aggressive
C. Belligerent D. Militant

33. Tending to move away from the centre or axis
A. Centrifugal B. Centripetal
C. Axiomatic D. Awry

34. Words inscribed on tomb
A. Epitome B. Epistle
C. Epilogue D. Epitaph

35. Leave or remove from a place considered dangerous
A. Evade B. Evacuate
C. Avoid D. Exterminate

36. Original inhabitants of a country
A. Abroge B. Aborger
C. Aborgory D. Aborigins

37. Government by the officials
A. Theocracy B. Plutocracy
C. Bureaucracy D. Democracy

38. Incapable of being exhausted
A. Inexhaustible B. Inaexhaustible
C. Exhaustable D. Non-tired

39. A person of good understanding, knowledge and reasoning power
A. Expert B. Intellectual
C. Snob D. Literate

40. One absorbed in his own thoughts and feelings rather than in things outside
A. Scholar B. Recluse
C. Introvert D. Intellectual

ANSWERS

1	2	3	4	5	6	7	8	9	10
D	D	D	D	C	C	D	A	B	A
11	12	13	14	15	16	17	18	19	20
A	B	A	B	A	B	C	D	A	B
21	22	23	24	25	26	27	28	29	30
D	A	D	A	D	B	D	A	C	C
31	32	33	34	35	36	37	38	39	40
D	A	A	D	B	B	C	A	B	C

6

Spelling Errors

There are thousands of words in English language. It is difficult to remember the spellings and meanings of all at once. Try to learn as many as you can. Use a dictionary regularly.

Directions: *Find the correctly spelt words.*

1. A. Damage B. Dammage C. Damaige D. Dammege

2. A. Efficiant B. Effecient C. Efficient D. Eficient

3. A. Schedule B. Schdule C. Schedale D. Schedeule

4. A. Occurad B. Occurred C. Ocurred D. Occured

5. A. Grieff B. Grief C. Grieef D. Grrief

6. A. Guarantee B. Garuntee C. Guaruntee D. Gaurantee

7. A. Meddicine B. Medicine C. Medicene D. Medicinne

8. A. Benefeted B. Benefitted C. Benifited D. Benefited

9. A. Acommodation B. Acomodation C. Accomodation D. Accommodation

10. A. Querrelsome B. Quarrelsame C. Quarrelsome D. Querralsome

11. A. Sympathetic B. Smypathetic C. Sympothetic D. Sympethetic

12. A. Prograssive B. Progressive C. Progresive D. Prograsive

13. A. Uncivilized B. Uncevilized C. Uncivillized D. Uncevelized

14. A. Extravagant B. Extreragent C. Extreregant D. Extravegent

15. A. Missunderstood B. Miesunderstood C. Misunderstood D. Misunderstod

16. A. Belligerent B. Beligirent C. Belligarant D. Belligerrent

17. A. Astonished B. Astronished C. Astoneshed D. Asstonished

18. A. Sincerely B. Sencerely C. Sincerelly D. Sincerrely

19. A. Rigourous B. Rigerous C. Rigorous D. Regerous

20. A. Satellite B. Sattellite C. Satelite D. Sattelite

21. A. Pesanger B. Passenger C. Pessenger D. Pasanger

22. A. Humurous B. Humorous C. Humoreus D. Humorrous

23. A. Exeggerate B. Exaggerate C. Exadgerate D. Exagerate

24. A. Fariegn B. Forein C. Foriegn D. Foreign

25. A. Excesive B. Excessive C. Exccessive D. Exccesive

26. A. Forcaust B. Forcast C. Forecast D. Forecaste

27. A. Paralleted B. Paralelled C. Parralleled D. Parallelled

28. A. Ocasion B. Occassion C. Occasion D. Ocassion

29. A. Boquet B. Bouquet C. Bouquete D. Bouquette

30. A. Chettering B. Chaterring C. Chattering D. Chatering

31. A. Discourage B. Disscourage C. Discourege D. Discaurage

32. A. Curageous B. Courageous C. Courrageous D. Couregeous

33. A. Abandon B. Abanddon C. Abendon D. Abbandon

34. A. Embarassment B. Emberrassement C. Embarrassment D. Embbaresment

35. A. Eccintric B. Eccentrie C. Eccentric D. Eccintrie

36. A. Occasional B. Occassional C. Occesional D. Occessional

37. A. Querrel B. Querral C. Quarrel D. Quarel

38. A. Contrebution B. Contribution C. Contributtion D. Conterbution

39. A. Desgrace B. Disgrece
 C. Disgrice D. Disgrace

40. A. Harassment B. Herassment
 C. Harasment D. Harassmient

41. A. Imaginative B. Imeginative
 C. Imagenative D. Imaginetive

42. A. Suficient B. Suficiant
 C. Sufficient D. Sufficiant

43. A. Adequate B. Edequate
 C. Adaquete D. Edaquete

44. A. Exparienced B. Experianced
 C. Experienced D. Experrienced

45. A. Flatering B. Fletering
 C. Flattering D. Fletaring

46. A. Cuttiveted B. Culltrivated
 C. Cultivated D. Caltivated

47. A. Praiceworthy B. Peiseworthy
 C. Praiseworthy D. Praisaworthy

48. A. Profesional B. Professionel
 C. Professional D. Profissional

49. A. Ameteur B. Amateur
 C. Amataur D. Amateor

50. A. Unfevourable B. Unfevaurable
 C. Unfavourable D. Unfivourable

ANSWERS

1 A	2 C	3 A	4 B	5 B	6 A	7 B	8 B	9 D	10 C
11 A	12 B	13 A	14 A	15 C	16 A	17 A	18 A	19 C	20 A
21 B	22 B	23 B	24 D	25 B	26 C	27 A	28 C	29 B	30 C
31 A	32 B	33 A	34 C	35 C	36 A	37 C	38 B	39 D	40 A
41 A	42 C	43 A	44 C	45 A	46 C	47 C	48 C	49 B	50 C

•••

हिंदी

व्याकरण

व्याकरण वह शास्त्र है जिसके द्वारा किसी भी भाषा के शब्दों और वाक्यों के शुद्ध स्वरूपों एवं शुद्ध प्रयोगों का ज्ञान कराया जाता है।

व्याकरण के चार अंग हैं : (i) वर्ण विचार (ii) शब्द विचार (iii) पद विचार और (iv) वाक्य विचार

भाषा : भाषा अभिव्यक्ति का एक ऐसा साधन है जिसके द्वारा मनुष्य अपने विचारों को दूसरों पर प्रकट कर सकता है और दूसरों के विचार जान सकता है। भाषा के दो रूप हैं–(i) मौखिक और (ii) लिखित।

बोली : भाषा का क्षेत्रीय रूप बोली कहलाता है।

लिपि : किसी भी भाषा के लिखने की विधि को लिपि कहते हैं।

वर्ण : हिन्दी भाषा में प्रयुक्त सबसे छोटी ध्वनि वर्ण कहलाती है। जैसे–अ, आ, ई, क्, ख्, आदि

वर्णमाला : वर्णों के समुदाय को वर्णमाला कहते हैं। हिन्दी वर्णमाला में 44 वर्ण हैं। जिनमें 11 स्वर तथा 33 व्यंजन हैं।

स्वरवर्ण : उन वर्णों को कहते हैं, जिनका उच्चारण बिना किसी दूसरे वर्ण की सहायता से होता है। हिन्दी में 11 स्वर हैं–अ, आ, इ, ई, उ, ऊ, ए, ऐ, ओ, औ, ऋ।

व्यंजन वर्ण : उन वर्णों को कहते हैं, जिनका उच्चारण स्वर वर्णों की सहायता के बिना नहीं हो सकता है। इनकी संख्या 33 है–

क ख ग घ ड़ च छ ज झ ञ ट ठ

ड ढ़ ण त थ द ध न प फ ब भ

म य र ल व श ष स ह।

वर्ण : एक या अधिक वर्णों से बनी हुई स्वतन्त्र सार्थक ध्वनि शब्द कहलाती है।

शब्दों को तत्सम, तद्भव, देशज और विदेशी भागों में बाँटा जाता है।

तत्सम : जो शब्द संस्कृत भाषा से हिन्दी में बिना किसी परिवर्तन के लिए जाते हैं वे तत्सम कहलाते हैं, जैसे– अग्नि, क्षेत्र, मित्र, नासिका आदि।

तद्भव : उन शब्दों को कहते हैं, जो संस्कृत से ही लिए गए हैं, परन्तु हिन्दी में आने पर जिनका रूप बदल गया है। जैसे–आग, खेत, रात आदि।

देशज : उन शब्दों को कहते हैं, जो बोलचाल तथा देश की अन्य भाषाओं से लिए गए हैं। जैसे–कटोरा, झंझत, डिबिया, लोटा आदि।

विदेशज या विदेशी : उन शब्दों को कहते हैं, जो किसी विदेशी भाषा से आए हैं। जैसे–स्कूल, कार, कमरा, खुदा, जोश, सरकार आदि।

शब्द सम्पदा

तत्सम शब्दों के तद्भव रूप

तत्सम	तद्भव	तत्सम	तद्भव
अग्नि	आग	अद्य	आज
अष्ट	आठ	अक्षि	आँख
अर्ध	आधा	अस्थि	हड्डी
अश्रु	आँसू	आम्र	आम
ग्राम	गाँव	गर्दभ	गधा
गृध्र	गीध	गौर	गोरा
गृह	घर	घट	घड़ा
धातु	धात	धृत	घी
लक्ष	लाख	सप्त	सात
त्वम्	तुम	दुग्ध	दूध
रत्न	रतन	वर्ष	बरस
भक्त	भगत	मर्कट	बन्दर
रात्रि	रात	उलूक	उल्लू
अन्धकार	अन्धेरा	क्षीर	खीर
निद्रा	नींद	पृष्ठ	पीठ
ज्येष्ठ	जेठ	स्वर्ण	सोना
श्वास	साँस	काक	काग
कार्य	काज	कर्ण	कान

तत्सम	तद्भव	तत्सम	तद्भव
पाद	पाँव	हस्त	हाथ
नासिका	नाक	कंटक	काँटा
दश	दस	दधि	दही
दीप	दीया	निद्रा	नींद
नव	नौ	पत्र	पत्ता
प्रस्तर	पत्थर	जिह्वा	जीभ
हस्ती	हाथी	दन्त	दाँत
क्षेत्र	खेत	नृत्य	नाच
सूचिका	सूई	स्वर्णकार	सुनार
लोक	लोग	पर्यड़्क	पलंग
स्वप्न	सपना	कातर	कायर
पुत्र	पूत	मानव	मनुष्य
शत	सौ	पुष्प	फूल
पक्व	पक्का	कृषक	किसान
कर्म	कार्य	आम्र	आम
कर्ण	कान	अष्ट	आठ
घंटिका	घंटी	चन्द्र	चन्द
यव	जौ	धूम्र	धुआँ

विराम चिह्न

विराम का अर्थ रुकना। अपने विचारों को ठीक ढंग से प्रकट करने के पढ़ते अथवा लिखते समय हमें कुछ रुकना पड़ता है। इस प्रकार के रुकने को विराम कहते हैं।

प्रत्येक-विराम के लिए अलग-अलग चिह्न हैं–

पूर्ण विराम	[।]
अल्प विराम	[,]
अर्ध विराम	[;]
प्रश्न बोधक	[?]
विस्मयादि बोधक	[!]
योजक	[–]
उद्धरण	[" "]

कारक

कारक शब्द उस रूप को कहते हैं, जिससे संज्ञा या सर्वनाम वाक्य के साथ सम्बन्ध जाना जाता है। जैसे–शीला कलम **से** लिखती है।

यह सीमा **की** पुस्तक है।

कारक के भेद विभक्ति चिह्नों सहित

कारक	**विभक्ति**
कर्त्ता	ने
कर्म	को
करण	से
सम्प्रदान	के लिए
अपादान	से
सम्बन्ध	का, के, की
अधिकरण	में, पर
सम्बोधन	हे, अरे!

पर्यायवाची शब्द

जिन शब्दों से एक समान अर्थ का बोध होता है, उन्हें पर्यायवाची या समानार्थी शब्द कहते हैं।

कुछ पर्यायवाची शब्दों के उदाहरण निम्नलिखित हैं–

आग – अग्नि, अनल, पावक, हुताशन, ज्वाला।
आकाश – नभ, आसमान, गगन, लोभ।
असुर – राक्षस, दानव, निशाचर, दैत्य।
अमृत – अभिय, पीयूष, सुधा, सोम।
अन्धकार – अन्धेरा, तिमिर, तम, तमिस्त्र।
आँख – नेत्र, नयन, लोचन, चक्षु, दृग।
कमल – जलज, पंकज, नीरज, राजीव।
इन्द्र – सुरपति, देवेन्द्र, सुरेन्द्र, देवेश।
ईश्वर – प्रभु, भगवान, जगदीश, दीनबन्धु।
पक्षी – खग, विहग, चिड़िया, नभचर।
बादल – घन, जलधर, वारिद, नीरद।
गंगा – सुरसरि, जाह्नवी, त्रिपथगा, देवनदी, विष्णुपदी।
चन्द्रमा – शशि, मयंक, निशाकर, सुधाकर, सुधांशु, सोम हिमांशु, राकेश।
जल – पानी, नीर, लोभ, अम्बु, सलिल, क्षीर, वारि।
फूल – पुष्प, कुसुम, सुमन, प्रसून, सारंग।
पृथ्वी – भू, भूमि, धरा, वसुन्धरा, वसुधा, धरती क्षमा, लोक।
कपड़ा – पट, वस्त्र, चीर, अम्बर, दुकूल।
घर – गृह, गेह, निकेतन, आलय, निलय, भवन, शाला, धाम, सदन।
जंगल – वन, कानन, अरण्य, विपिन।
तालाब – सरोवर, ताल, जलाशय, तड़ाग।
दिन – दिवस, वासर, वार।
पहाड़ – गिरि, पर्वत, गूधर, नग, महीधर, मेरू।
पत्थर – पहाड़, प्रस्तर, पाहन।
पवन – वायु, समीर, हवा, मारुत, अनिल।
पुत्र – सुत, तनय, पूत, आत्मज।
बिजली – तड़ित, चपला, दामिनी।
वृक्ष – तरू, रूख, विटप, पेड़।
मनुष्य – नर, मानव, मनुज, आदमी।
हाथी – करि, हस्ती, गज।
मित्र – सखा, मीत, सहचर, दोस्त।
राजा – नरेश, नृप, महीप, भूप।
समुद्र – सागर, सिन्धु, जलधि, नीरधि।
सरस्वती – शारदा, वागेश्वरी, भारती, महाश्वेता।
साँप – पन्नग, सर्प, विषधर, अहि, व्याल।
सूर्य – दिनकर, दिवाकर, रवि, भानु, भास्कर।
स्त्री – नारी, महिला, दारा, वामा।
शरीर – देह, तन, काया, गात, बदन।
गणेश – गजानन, गणपति, विनायक, एकदन्त, गजवदन लम्बोदर, विघ्न नाशक।
घोड़ा – तुरंग, बाजि, हय, अश्व, घोटक।
युद्ध – समर, रण, संग्राम।
सिंह – केसरी, मृगराज, केहरी।
शत्रु – अरि, रिपु, बैरी।
विष्णु – हरि, कमलेश, रमापति, चक्रपाणि, केशव, माधव, पीताम्बर।
कोष – खजाना, भण्डार, निधि।
धन – दौलत, द्रव्य, मुद्रा।

तलवार – कृपाण, असि, खड्ग।
अंग – भाग, हिस्सा, अवयव।
चोर – तस्कर, दस्यु, रजनीचर।
पत्नी – भार्या, दारा, गृहिणी।
पुत्र – तनय, सुत, लड़का, बेटा।
पुत्री – तनया, सुता, लड़की, बेटी।
माता – जननी, अम्बा, अम्बिका, अम्मा, माँ, धात्री।
मोर – शिखी, नीलकण्ठ, मयूर।
मृत्यु – मौत, काल, देहान्त।
रक्त – रुधिर, शोणित, खून, लहू।
विष – जहर, हलाहल, गरल।
सोना – कंचन, स्वर्ण, कनक।
हृदय – उर, छाती, वक्ष, वक्षस्थल, हिय, हिया।
सभा – अधिवेशन, परिषद्, बैठक, महासभा, समागम, समिति, सम्मेलन।
यमुना – कालिन्दी, कृष्णा, जमुना, रविसुता तरणि-तनुजा।

विलोम-शब्द

शब्दों के अपने निश्चित अर्थ होते हैं। उन अर्थों के विपरीत अर्थ देने वाले शब्द को विलोम-शब्द कहते हैं।

शब्द	विलोम	शब्द	विलोम
अमृत	विष	उदार	संकीर्ण
अनुकूल	प्रतिकूल	अनुराग	विराग
आदि	अन्त	उत्थान	पतन
इच्छा	अनिच्छा	उचित	अनुचित
अल्पायु	दीर्घायु	अनुज	अग्रज
उन्नति	अवनति	आकाश	पाताल
अधिक	न्यून	आयात	निर्यात
एक	अनेक	अन्धकार	प्रकाश
अर्थ	अनर्थ	उदय	अस्त
परकीया	स्वकीया	जड़	चेतन
जय	पराजय	अनिवार्य	वैकल्पिक
नकद	उधार	अपेक्षा	उपेक्षा
उपस्थित	अनुपस्थित	आदर	अनादर
अन्धेरा	उजाला	अपना	पराया
उत्तम	अधम	आय	व्यय
सुपुत्र	कुपुत्र	स्वाधीन	पराधीन
आहार	निराहार	कठोर	कोमल
दाता	याचक	दोषी	निर्दोषि
खेद	प्रसन्नता	धनी	निर्धन
निकट	दूर	चर	अचर
देव	दानव	खरा	खोटा
गरीब	अमीर	प्रेम	घृणा
जीवन	मृत्यु	बुरा	भला
सजीव	निर्जीव	मित्र	शत्रु
सुगन्ध	दुर्गन्ध	मौखिक	लिखित
संक्षेप	विस्तार	कटु	मधुर
आरम्भ	अन्त	कड़वा	मीठा
कृतज्ञ	कृतघ्न	दिन	रात
साक्षर	निरक्षर	प्रवित्र	अपवित्र
पाप	पुण्य	जल	थल
धीर	अधीर	निर्मल	मलिन

शब्द	विलोम	शब्द	विलोम
गुण	अवगुण	नश्वर	अनश्वर
निन्दा	स्तुति	भारी	हल्का
मनुष्यता	पशुता	सरस	नीरस
मान	अपमान	क्रय	विक्रय
धर्म	अधर्म	गहरा	उथला
गुरु	शिष्य	पक्ष	विपक्ष
जन्म	मृत्यु	बन्धन	मुक्ति
यश	अपयश	ज्ञान	अज्ञान
आदर	अनादर	पूर्ण	अपूर्ण
सफल	असफल	शान्त	अशान्त
कीर्ति	अपकीर्ति	वादी	प्रतिवादी
आस्तिक	नास्तिक	स्वदेश	परदेश
सज्जन	दुर्जन	राग	द्वेष
ऊसर	उर्वर	उदार	कृपण
अगला	पिछला	अगम	सुगम
अग्नि	जल	अति	अल्प
अर्थ	अनर्थ	अतल	वितल
अत्यधिक	स्वल्प	अधः	उपरि
अधिकतम	न्यूनतम	अतिवृष्टि	अनावृष्टि
अनाथ	सनाथ	ईश्वर	जीव
अनुलोम	विलोम	अर्पण	ग्रहण
अवनि	अम्बर	अस्त	उदय
आकर्षण	विकर्षण	आगे	पीछे
आजाद	गुलाम	आदान	प्रदान
आधुनिक	प्राचीन	आना	जाना
आय	व्यय	आयात	निर्यात
आवश्यक	अनावश्यक	आशा	निराशा
आस्था	अनास्था	इहलोक	परलोक
उच्च	निम्न	उत्थान	पतन
उपकार	अपकार	उपयोग	दुरुपयोग
एकता	अनेकता	कल	आज
कृत्रिम	प्राकृत	कृष्ण	शुक्ल
कपूत	सपूत	कोमल	कठोर
गगन	धरा	ज्ञान	अज्ञान

लिंग

लिंग का अर्थ है 'चिह्न'। लिंग शब्द उस चिह्न को कहते हैं जिससे वस्तु के पुरुष या स्त्री होने की कल्पना हो। लिंग दो प्रकार के होते हैं— (1) पुल्लिंग (2) स्त्रीलिंग

पुल्लिंग–पुल्लिंग संज्ञा के उस रूप को कहते हैं जिससे उसके पुरुष होने का ज्ञान होता है। जैसे–राम, श्याम, घोड़ा, हाथी, कुत्ता आदि।

स्त्रीलिंग–स्त्रीलिंग संज्ञा के उस रूप को कहते हैं जिससे उसके स्त्री होने का ज्ञान हो। जैसे–भैंस, गाय, बकरी, सीता, रमा इत्यादि।

पुल्लिंग	स्त्रीलिंग	पुल्लिंग	स्त्रीलिंग
इन्द्र	इन्द्राणी	मेहतर	मेहतरानी
नौकर	नौकरानी	जेठ	जेठानी
देवर	देवरानी	सेठ	सेठानी
पण्डित	पण्डिताइन	ओझा	ओझाइन
बनिया	बनियाइन	दुबे	दुबाइन
हलवाई	हलवाइन	चौबे	चौबाइन
गुरु	गुरुआइन	लड़का	लड़की
दास	दासी	कबूतर	कबूतरी
हिरण	हिरणी	क्षत्रिय	क्षत्राणी
मुगल	मुगलानी	हिन्दू	हिन्दुआनी
चौधरी	चौधरानी	भव	भवानी
लाला	ललाइन	पण्डा	पण्डाइन
ठाकुर	ठकुराइन	बाबू	बबुआइन
घोड़ा	घोड़ी	गूँगा	गूँगी
बच्चा	बच्ची	चाचा	चाची
बकरा	बकरी	मामा	मामी
मुर्गा	मुर्गी	साला	साली
चींटा	चींटी	रस्सा	रस्सी
देव	देवी	ब्राह्मण	ब्राह्मणी
बेटा	बेटी	बूढ़ा	बुढ़िया
चूहा	चुहिया	डिब्बा	डिबिया
गुड्डा	गुड़िया	कुम्हार	कुम्हारिन
सुनार	सुनारिन	नाती	नातिन
जुलाहा	जुलाहिन	दर्जी	दर्जिन
पापी	पापिन	हाथी	हथिनी

पुल्लिंग	स्त्रीलिंग	पुल्लिंग	स्त्रीलिंग
पिता	माता	बैल	गाय
कवि	कवयित्री	विधुर	विधवा
बाप	माँ	बादशाह	बेगम
नर	मादा	मर्द	औरत
युवक	युवती	वर	वधू
सम्राट्	सम्राज्ञी	साढू	साली
फूफा	बुआ	पुत्र	पुत्री
पहाड़	पहाड़ी	गोप	गोपी
गधा	गधी	तरुण	तरुणी
नर्तक	नर्तकी	बेटा	बिटिया
बछड़ा	बछिया	चिड़ा	चिड़िया
बन्दर	बन्दरिया	कुत्ता	कुतिया
नाई	नाइन	धोबी	धोबिन
ग्वाला	ग्वालिन	भंगी	भंगिन
स्वामी	स्वामिनी	विद्वान्	विदुषी
साधु	साध्वी	पुरुष	स्त्री
पति	पत्नी	वीर	वीरांगना
साहब	मेम	सास	ससुर
मियाँ	बीबी	राजा	रानी
बिलाड़	बिल्ली	अनुज	अनुजा
छात्र	छात्रा	महोदय	महोदया
प्रिय	प्रिया	मामा	मामी
लोटा	लुटिया	मोर	मोरनी
शेर	शेरनी	जाट	जाटिन
डाक्टर	डाक्टरनी	मालिक	मालकिन
माली	मालिन	बाघ	बाघिन
हाथी	हथिनी	स्वामी	स्वामिनी
बालक	बालिका	धनवान	धनवती
धावक	धाविका	नेता	नेत्री
गुणवान	गुणवती	नर	मादा
अभिनेता	अभिनेत्री	प्राचार्य	प्राचार्या
प्रबन्धकर्ता	प्रबन्धकर्ती	दाता	दात्री
ननदोई	ननद	अध्यापक	अध्यापिका

वचन

शब्द के जिस रूप से उसके एक अथवा अनेक होने का बोध हो, उसे वचन कहते हैं।

हिन्दी में दो वचन होते हैं–

(1) एकवचन और (2) बहुवचन

एकवचन–शब्द के जिस रूप से एक ही वस्तु का बोध हो, उसे एकवचन कहते हैं। जैसे–लड़का, गाय, बकरी, घोड़ा, राम, सीता आदि।

बहुवचन–शब्द के जिस रूप से अनेकता का बोध हो उसे बहुवचन कहते हैं। जैसे–लड़के, कपड़े, गायें आदि।

एकवचन	बहुवचन	एकवचन	बहुवचन
लड़का	लड़के	कौवा	कौवे
बेटा	बेटे	कमरा	कमरे
कपड़ा	कपड़े	बहन	बहनें
चीज	चीजें	गधा	गधे
रुपया	रुपये	घोड़ा	घोड़े
नहर	नहरें	रात	रातें
बात	बातें	सड़क	सड़कें
दाना	दाने	लोटा	लोटे
पैसा	पैसे	पुस्तक	पुस्तकें
कन्या	कन्याएँ	वधू	वधुएँ
नारी	नारियाँ	लड़की	लड़कियाँ
मुर्गा	मुर्गे	घण्टा	घण्टे
गद्दा	गद्दे	हीरा	हीरे
बच्चा	बच्चे	प्याला	प्याले
छाता	छाते	गाय	गायें
कथा	कथाएँ	कविता	कविताएँ
बहू	बहुएँ	टोपी	टोपियाँ
नाली	नालियाँ	बेटा	बेटे
ताला	ताले	जूता	जूते

एकवचन	बहुवचन	एकवचन	बहुवचन
डिबिया	डिबियाँ	नाक	नाकें
पूँछ	पूँछें	मूँछ	मूँछें
चिड़िया	चिड़ियाँ	सरिता	सरिताएँ
बालिका	बालिकाएँ	चाभी	चाभियाँ
कहानी	कहानियाँ	दरवाजा	दरवाजे
कलम	कलमें	कुटिया	कुटियाँ
रानी	रानियाँ	नाई	नाइयों
माता	माताएँ	बाल	बालों
हाथ	हाथों	मुख	मुख
कोट	कोट	दाँत	दाँतों
नाखून	नाखूनों	पैर	पैरों
बैल	बैलों	माली	मालियों
राजा	राजाओं	पिता	पिता
चन्द्रमा	चन्द्रमा	कवि	कवियों
मुनि	मुनियों	कौआ	कौए
छात्रा	छात्राएँ	सेना	सेनाएँ
दिशा	दिशाएँ	गुड़िया	गुड़ियाँ
मेज	मेजें	भैंस	भैंसें
अंगूर	अंगूरों	समुद्र	समुद्र

अनेक शब्दों के लिए एक शब्द

जिसकी कोई उपमा न हो : **अनुपम**
तेज बुद्धि वाला : **कुशाग्रबुद्धि**
कल्पना से परे हो : **कल्पनातीत**
जो उपकार नहीं मानता है : **कृतघ्न**
जो उपकार मानता है : **कृतज्ञ**
किसी की हँसी उड़ाना : **उपहास**
ऊपर कहा हुआ : **उपर्युक्त**
ऊपर लिखा हुआ : **उपरलिखित**
जिस पर उपकार किया गया हो : **उपकृत**
इतिहास का ज्ञाता : **इतिहासज्ञ**
आलोचना करने वाला : **आलोचक**
ईश्वर में आस्था रखने वाला : **आस्तिक**
बिना वेतन का : **अवैतनिक**
जो कहा न जा सके : **अकथनीय**
जो गिना न जा सके : **अगणित**
जिसका कोई शत्रु ही न जन्मा हो : **अजातशत्रु**
जिसके समान कोई दूसरा न हो : **अद्वितीय**
जो परिचित न हो : **अपरिचित**
आकाश में उड़ने वाला : **नभचर**
जो टुकड़े-टुकड़े हो गया हो : **खण्डित**

मछली की तरह आँखों वाली : **मीनाक्षी**
मयूर की तरह आँखों वाली : **मयूराक्षी**
बच्चों के लिए काम की वस्तु : **बालोपयोगी**
जिसकी बहुत अधिक चर्चा हो : **बहुचर्चित**
जिस स्त्री को कभी सन्तान न हुई हो : **बन्ध्या (बाँझ)**
फेन से भरा हुआ : **फेनिल**
प्रिय बोलने वाली स्त्री : **प्रियम्वदा**
जिसकी उपमा न हो : **निरुपम**
जो थोड़ी देर पहले पैदा हुआ हो : **नवजात**
जिसका कोई आधार न हो : **निराधार**
नगर में वास करने वाला : **नागरिक**
रात में घूमने वाला : **निशाचर**
ईश्वर में विश्वास न रखने वाला : **नास्तिक**
माँस न खाने वाला : **निरामिष**
बिल्कुल बर्बाद हो गया : **ध्वस्त**
जिसकी धर्म में निष्ठा हो : **धर्मनिष्ठ**
देखने योग्य : **दर्शनीय**
बहुत तेज चलने वाला : **द्रुतगामी**
जो किसी पक्ष में न रहे : **तटस्थ**
तत्त्व को जानने वाला : **तत्त्वज्ञ**

तप करने वाला	: **तपस्वी**
जिसे देखकर डर लगे	: **डरावना**
जो जन्म से अन्ध हो	: **जन्मान्ध**
जीने की प्रबल इच्छा	: **जिजीविषा**
जिसने इन्द्रियों को जीत लिया हो	: **जितेन्द्रिय**
चिन्ता में डूबा हुआ	: **चिन्तित**
जो बहुत समय तक ठहरे	: **चिरस्थायी**
जिसकी चार भुजाएँ हों	: **चतुर्भुज**
जिसके हाथ में चक्र हों	: **चक्रपाणि**
जिससे घृणा की जाए	: **घृणित**
जिसे गुप्त रखा जाए	: **गोपनीय**
गणित ज्ञाता	: **गणितज्ञ**
आकाश को चूमने वाला	: **गगनचुम्बी**
जिसका आदि न हो	: **अनादि**
जो कुछ न जानता हो	: **अज्ञ**
जो अनुकरण करने योग्य हो	: **अनुकरणीय**
जिसका अन्त न हो	: **अनन्त**
जो कभी न मरे	: **अमर**
जो कम बोलता हो	: **अल्पभाषी**
जिसका इलाज न हो	: **लाइलाज**
जिसका कोई नाथ न हो	: **अनाथ**
कम जानने वाला	: **अल्पज्ञ**
जहाँ जाना सम्भव न हो	: **अगम**
बड़ा भाई	: **अग्रज**
कम खाने वाला	: **अल्पाहारी**
जो बात पहले कभी न हुई हो	: **अभूतपूर्व**
दूसरों के पीछे चलने वाला	: **अनुचर**
जो पहले न पढ़ा हो	: **अपठित**
जिसके आर-पार दिखाई देता हो	: **पारदर्शी**
आज्ञा पालन करने वाला	: **आज्ञाकारी**
काम से जी चुराने वाला	: **कामचोर**
प्रतिदिन होने वाला	: **दैनिक**
जिसका कोई अर्थ न हो	: **निरर्थक**
हाथ से लिखा हुआ	: **हस्तलिखित**
आँखों के सामने होने वाला	: **प्रत्यक्ष**
जिसका आचरण अच्छा हो	: **सदाचारी**
वह पुरुष जिसकी पत्नी मर गई हो	: **विधुर**
वह स्त्री जिसका पति मर गया हो	: **विधवा**
जिसका रूप अच्छा न हो	: **कुरूप**
सदा सत्य बोलने वाला	: **सत्यवादी**
बड़ी इमारत के टूटे-फूटे भाग	: **खण्डहर**
प्रशंसा के योग्य	: **प्रशंसनीय**
जहाँ अनाथ रहते हों	: **अनाथालय**
प्रत्येक मास होने वाला	: **मासिक**
जहाँ पानी के जहाज आकर रुकते हैं	: **बन्दरगाह**
प्रत्येक सप्ताह होने वाला	: **साप्ताहिक**
प्रत्येक वर्ष होने वाला	: **वार्षिक**
जो कठिनाई से मिले	: **दुर्लभ**
जिसका आकार हो	: **साकार**
जिसका आकार न हो	: **निराकार**
जो कभी बूढ़ा न हो	: **अजर**
बहुत बोलने वाला	: **वाचाल**
पृथ्वी पर रहने वाला	: **थलचर**
जल में रहने वाला	: **जलचर**
नभ में विचरण करने वाला	: **नभचर**
जल-थल दोनों में रहने वाला	: **उभयचर**
जिसमें रस न हो	: **नीरस**
पढ़ने वाला	: **पाठक**
जो भाषण देता हो	: **वक्ता**
जो साथ में पढ़ता हो	: **सहपाठी**
जिसके नीचे रेखा खींची हो	: **रेखांकित**
जानने की इच्छा रखने वाला	: **जिज्ञासु**
जिसकी कोई सन्तान न हो	: **निःसन्तान**
जिसका कोई मूल्य न हो	: **अमूल्य**
जो वन में घूमता हो	: **वनचर**
जो इस लोक के बाहर की बात हो	: **अलौकिक**
जो इस लोक की बात हो	: **लौकिक**
जिसका सम्बन्ध पश्चिम से हो	: **पाश्चात्य**
जो स्थिर रहे	: **स्थावर**
दुःखान्त नाटक	: **त्रासदी**
ज्ञान देने वाली	: **ज्ञानदा**
भूत, वर्तमान भविष्य को देखने वाला	: **त्रिकालदर्शी**
जो क्षमा के योग्य हो	: **क्षम्य**
हिंसा करने वाला	: **हिंसक**
हित चाहने वाला	: **हितैषी**
सब कुछ जानने वाला	: **सर्वज्ञ**
जो स्वयं पैदा हुआ हो	: **स्वयंभू**
जो शरण में आया हो	: **शरणागत**
जिसका वर्णन न किया जा सके	: **वर्णनातीत**
व्याकरण जानने वाला	: **वैयाकरण**
रचना करने वाला	: **रचयिता**
खून से रंगा हुआ	: **रक्तरंजित**
अत्यन्त सुन्दर स्त्री	: **रूपसी**
कीर्तिमान पुरुष	: **यशस्वी**

महत्त्वपूर्ण शब्दों की भाववाचक संज्ञा

शब्द	भाववाचक संज्ञा	शब्द	भाववाचक संज्ञा	शब्द	भाववाचक संज्ञा	शब्द	भाववाचक संज्ञा
दास	दासता	क्षत्रिय	क्षत्रियत्व	अहं	अहंकार	अपना	अपनापन
पशु	पशुता	बालक	बालकपन	व्यक्ति	व्यक्तित्व	मीठा	मिठास
बन्धु	बन्धुत्व	मित्र	मित्रता	गरीब	गरीबी	सफल	सफलता
बूढ़ा	बुढ़ापा	सती	सतीत्व	बुरा	बुराई	स्वस्थ	स्वास्थ्य
सेवक	सेवा	शिशु	शैशव	सरल	सरलता	कंजुस	कंजुसी
अपना	अपनत्व	पराया	परायापन	कमजोर	कमजोरी	हरा	हरियाली
पण्डित	पाण्डित्य	पुरुष	पुरुषत्व	गर्म	गर्मी	मोटा	मोटाई
ब्राह्मण	ब्राह्मणत्व	बच्चा	बचपन	चालाक	चालाकी	गम्भीर	गम्भीरता
प्रभु	प्रभुता	नारी	नारीत्व	पढ़ना	पढ़ाई	लिखना	लिखाई
देव	देवत्व	लड़का	लड़कपन	थकना	थकावट	लिखना	लिखावट
मनुष्य	मनुष्यता	दानव	दानवता	लूटना	लूट	लड़ना	लड़ाई
निज	निजता	स्व	स्वत्व	हँसना	हँसी	आप	अपनत्व

महत्त्वपूर्ण शब्दों के विशेषण

शब्द	विशेषण	शब्द	विशेषण	शब्द	विशेषण	शब्द	विशेषण
अंक	अंकित	अर्थ	आर्थिक	वन	वन्य	विष्णु	वैष्णव
इतिहास	ऐतिहासिक	उदासी	उदास	शहर	शहरी	तप	तपस्वी
कलंक	कलंकित	कुसुम	कुसुमित	जापान	जापानी	तेज	तेजस्वी
जटा	जटिल	भार	भारी	तत्त्व	तात्त्विक	दया	दयालु
बनारस	बनारसी	बाजार	बाजारू	देव	दैविक	निंदा	निंदक
प्यास	प्यासा	पुराण	पौराणिक	नव	नवीन	पोषण	पोषक
पंक	पंकित	पक्ष	पाक्षिक	पेट	पेटू	पाप	पापी
धन	धनी	दो	दूसरा	पूजा	पूज्य	भूख	भूखा
तीन	तीसरा	झगड़ा	झगड़ालू	फेन	फेनिल	भारत	भारतीय
ठण्ड	ठण्डा	जाति	जातीय	माया	मायावी	रंग	रंगीन
काँटा	कँटीला	विदेश	विदेशी	विष	विषैला	श्री	श्रीमान
रोज	रोजाना	भूगोल	भौगोलिक	सुर	सुरीला	विवाह	वैवाहिक
पीड़ा	पीड़ित	पुत्र	पुत्रवान	आदर	आदरणीय	ऋण	ऋणी
आलस्य	आलसी	अंतर	आंतरिक	किताब	किताबी	क्रम	क्रमिक
ईर्ष्या	ईर्ष्यालु	कर्म	कर्मठ	ग्राम	ग्रामीण	घर	घरेलू
करुणा	कारुणिक	कृपा	कृपालु	चतुर	चतुरता	जहर	जहरीला
गुण	गुणी	जल	जलमय	सप्ताह	साप्ताहिक	अनुभव	अनुभवी
जीव	जैविक	तट	तटस्थ	ओज	ओजस्वी	कल्पना	काल्पनिक
तर्क	तार्किक	धर्म	धार्मिक	कुल	कुलीन	गाँव	गँवार
नमक	नमकीन	पत्थर	पथरीला	चमक	चमकीला	चाचा	चचेरा
पल्लव	पल्लवित	पान	पनवाड़ी	दीन	दीनता	नगर	नागरिक
मुख	मुखर	मिठास	मीठा	नागपुर	नागपुरी	परिवार	पारिवारिक
मास	मासिक	मद	मादक	पुष्प	पुष्पित	पिता	पैतृक
रक्त	रक्तिम	रस	रसीला	फ्रांस	फ्रांसीसी	बाहर	बाहरी

शब्द	विशेषण	शब्द	विशेषण
भय	भयभीत	मधु	मधुर
मौन	मौनी	मन	मानसिक
मानव	मानवीय	रक्षा	रक्षक
रघु	राघव	रोग	रोगी
वर्ष	वार्षिक	शक्ति	शक्तिशाली
श्रम	श्रमिक	अंत	अंतिम
कागज	कागजी	मर्म	मार्मिक
शब्द	शाब्दिक	अज्ञान	अज्ञानी
गुलाब	गुलाबी	प्रकृति	प्राकृतिक
परिचय	परिचित	पूजा	पुजारी
रोग	रोगी	ग्राम	ग्रामीण
सुगंध	सुगंधित	मैं	मेरा
जो	जैसा	आप	आप-सा
तुम	तुम्हारा	कौन	कैसा
वह	वैसा	पढ़ना	पढ़ाकू

शब्द	विशेषण	शब्द	विशेषण
गाना	गायक	बेचना	बिकाऊ
भागना	भगोड़ा	वन्द	वन्दनीय
चलना	चलती	घूमना	घुमक्कड़
चलना	चालू	मरना	मरियल
भूलना	भुलक्कड़	पीछे	पिछला
भीतर	भीतरी	नीचे	निम्न
अणु	आणविक	अधिकार	आधिकारिक
अनुभव	अनुभवी	अन्याय	अन्यायी
अपमान	अपमानित	अभ्यास	अभ्यासी
अवश्य	आवश्यक	आदि	आदिम
आयु	आयुष्मान्	उदय	उदित
उपज	उपजाऊ	एकता	एक
अंत	अंतिम	कुल	कुलीन
खर्च	खर्चीला	खून	खूनी
गुण	गुणी		

श्रुतिसम भिन्नार्थक शब्द

शब्द	अर्थ	शब्द	अर्थ
आदि	आरम्भ	आदी	अभ्यस्त
कुल	वंश	कूल	किनारा
अरि	शत्रु	अरी	सम्बोधन
अगम	दुर्गम	आगम	शास्त्र
अयश	अपकीर्ति	अयस्क	लोहा
अपेक्षा	चाहना, तुलना में	उपेक्षा	निरादर
अनिल	हवा	अनल	आग
अवधि	काल, समय	अवधी	अवध की भाषा
आयात	बाहर से आना	आयत	एक आकृति
चिर	पुराना	चीर	कपड़ा
तनु	पतला	तनू	पुत्र, गाय
तरंग	लहर	तुरंग	घोड़ा
दारा	स्त्री	द्वार	दरवाजा
दूत	संदेशवाहक	द्यूत	जुआ
जलद	बादल	जलज	कमल
प्रदीप	दीपक	प्रतीप	उल्टा
प्रसाद	कृपा	प्रासाद	महल
पास	निकट	पाश	बन्धन
द्विप	हाथी	द्वीप	टापू
देव	देवता	दैव	भाग्य
नीर	जल	नीड़	घोंसला
पवन	वायु	पावन	पवित्र

शब्द	अर्थ	शब्द	अर्थ
बन्द	खुला नहीं	बद	बुरा
पथ	रास्ता	पथ्य	रोगी का भोजन
पुर	नगर	पूर	बाढ़
भवन	महल	भुवन	संसार
लक्ष्य	उद्देश्य	लक्ष	लाख
सर	तालाब	शर	बाण
सर्ग	अध्याय	स्वर्ग	एक लोक
कर्म	कार्य	क्रम	सिलसिला
चिता	शव जलाने के लिए लकड़ियों का ढेर	चीता	बाघ
शव	लाश	शब	रात
शस्त्र	हथियार	शास्त्र	ग्रन्थ
श्रवण	सुनना	श्रमण	बौद्ध संन्यासी
मत	विचार	मत्त	मस्त
शोक	दुःख	शौक	चाव
ग्रह	नक्षत्र	गृह	घर
कपट	धोखा	कपाट	दरवाजा
उपयुक्त	ठीक	उपर्युक्त	ऊपर कहा गया
सुत	बेटा	सूत	धागा
शूर	वीर	सूर	अंधा
श्याम	कृष्ण	शाम	संध्या
दिन	वार	दीन	गरीब
कटिबद्ध	तैयार रहना	करबद्ध	हाथ जोड़ना

अनेकार्थक शब्द

शब्द	विभिन्न अर्थ
अंक	संख्या, गोद
अक्षर	वर्ण, ईश्वर
पानी	जल, प्रतिष्ठा
अचल	पवर्त, स्थिर
आम	फल, सामान्य
अंबर	वस्त्र, आकाश
अवस्था	आयु, दशा
उत्तर	दिशा, जबाव
विधि	तरीका, भाग्य
कर	हाथ, टैक्स
कनक	सोना, धतुरा
गुरु	श्रेष्ठ, शिक्षक
हान	भारी हथौड़ा, बादल
जड़	मूर्ख, मूल
कल	मशीन, आनेवाला कल, चैन
सुर	देवता, स्वर

शब्द	विभिन्न अर्थ
द्विज	पक्षी, ब्राह्मण
तीर	किनारा, बाण
प्रकृति	स्वभाव, कुदरत
पत्र	चिट्ठी, पत्र
पद	पैर, उपाधि
फल	परिणाम, फल
तनु	पतला, कोमल
वर्ण	रंग, जाति
हल	समाधान, खेत जोतने का साधन
अशोक	राजा, वृक्ष
आभीर	अहीर, एक राग
एकाक्ष	काना, कौआ
खल	दुष्ट, खलिहान
घट	घड़ा, हृदय
जलज	कमल, मछली
हेम	सोना, जल

सामान्य अशुद्धियाँ

अशुद्ध	शुद्ध	अशुद्ध	शुद्ध
दुनियां	दुनिया	श्रीमति	श्रीमती
सामिग्री	सामग्री	वापिस	वापस
प्रदर्शिनी	प्रदर्शनी	द्वारिका	द्वारका
ऊत्थान	उत्थान	दुसरा	दूसरा
प्रशाद	प्रसाद	अमावश्या	अमावस्या
बसंत	वसंत	बर्ष	वर्ष
विना	बिना	बन	वन
दाइत्व	दायित्व	सम्वाद	संवाद
कुन्डली	कुण्डली	मॉसिक	मानसिक
कन्ठ	कण्ठ	अगामी	आगामी
सप्ताहिक	साप्ताहिक	संसारिक	सांसारिक
आधीन	अधीन	हस्ताक्षेप	हस्तक्षेप
बरात	बारात	क्षत्रीय	क्षत्रिय
तिथी	तिथि	कालीदास	कालिदास
पुर्ती	पूर्ति	अतिथी	अतिथि
नीती	नीति	ग्रहणी	गृहिणी
क्यूँ	क्यों	साधू	साधु
वधु	वधू	रेणू	रेणु
नुपुर	नूपुर	निर्वान	निर्वाण
जादु	जादू	द्रश्य	दृश्य

अशुद्ध	शुद्ध	अशुद्ध	शुद्ध
अनुग्रहीत	अनुगृहीत	बृज	ब्रज
बनस्पति	वनस्पति	श्राप	शाप
सैना	सेना	सेनिक	सैनिक
इतिहासिक	ऐतिहासिक	प्रथक	पृथक
सम्पति	सम्पत्ति	कृतघन	कृतघ्न
बिमारी	बीमारी	व्यक्तिक	वैयक्तिक
वितीत	व्यतीत	निस्वार्थ	निःस्वार्थ
परिस्थित	परिस्थिति	रचियता	रचयिता
मैथिलिशरण	मैथिलीशरण	आर्शिवाद	आशीर्वाद
निरिक्षण	निरीक्षण	पत्नि	पत्नी
शताब्दि	शताब्दी	लड़ायी	लड़ाई
स्थाई	स्थायी	लिखायी	लिखाई
अलोकिक	अलौकिक	कृप्या	कृपया
गंवार	गँवार	असोक	अशोक
दुस्कर	दुष्कर	मूल्यावान	मूल्यवान्
नवम्	नवम	क्षात्र	छात्र
छमा	क्षमा	प्रन्तु	परन्तु
प्रीक्षा	परीक्षा	मरयादा	मर्यादा
दुदर्शा	दुर्दशा	विषेश	विशेष
उज्वल	उज्ज्वल	आल्हाद	आहलाद्

अशुद्ध	शुद्ध	अशुद्ध	शुद्ध
महत्व	महत्त्व	उपलक्ष	उपलक्ष्य
लीये	लिये	पिओ	पियो
हुये	हुए	कवित्री	कवयित्री
प्रमात्मा	परमात्मा	घनिष्ट	घनिष्ठ
यथेष्ठ	यथेष्ट	पियास	प्यास
व्यस्क	वयस्क	त्यौहार	त्योहार
मुसलिम	मुस्लिम	ऐनक	ऐनक
नोकरी	नौकरी	कल्यान	कल्याण
पाणी	पानी	आसा	आशा
हुदय	ह्रदय	ध्रणा	घृणा
श्रंगार	शृंगार	हिन्दुस्थान	हिन्दुस्तान
प्रशन	प्रश्न	ग्यान	ज्ञान
अन्धेरा	अँधेरा	पेड	पेड़
महयान्हन	मध्यान्ह	मेंहदी	मेहंदी
शमशान	श्मशान	चिन्ह	चिह्न
कुंज	कुञ्ज	ग्रहस्थ	गृहस्थ
अजोध्या	अयोध्या	अनधिकार	अनाधिकार
अनिष्ठा	अनिष्ट	अनुकुल	अनुकूल
अनुसंगिक	आनुषंगिक	अनुशरण	अनुसरण
अभिसेक	अभिषेक	अरमाण	अरमान
अहिल्या	अहल्या	आदरनीय	आदरणीय
आविस्कार	आविष्कार	उँचाई	ऊँचाई
उत्तरदाई	उत्तरदायी	उपर	ऊपर
उपरोक्त	उपर्युक्त	उश्रृंखल	उच्छृंखल
कलस	कलश	कल्यान	कल्याण
गनित	गणित	जबाब	जवाब
तत्व	तत्त्व	तलाब	तालाब
तिरष्कार	तिरस्कार	त्रिवार्षिक	त्रैवार्षिक
दिपिका	दीपिका	देहिक	दैहिक
द्वन्द	द्वन्द्व	नरायन	नारायण
निरव	नीरव	निरोग	नीरोग
पुष्टी	पुष्टि	पुस्प	पुष्प
पेत्रिक	पैतृक	प्रनय	प्रणय

अशुद्ध	शुद्ध	अशुद्ध	शुद्ध
प्रनाम	प्रणाम	प्रयाप्त	पर्याप्त
प्रसंशा	प्रशंसा	प्रांगन	प्रांगण
प्रान	प्राण	पृष्ट	पृष्ठ
ब्रत	व्रत	भगीरथी	भागीरथी
भरथ	भरत	भष्म	भस्म
मंत्रीमंडल	मंत्रिमण्डल	रसायण	रसायन
राज्यमहल	राजमहल	रामायन	रामायण
वनोवास	वनवास	वानी	वाणी
वाल्मीकी	वाल्मीकि	वास्प	वाष्प
व्योहार	व्यवहार	सन्यासी	संन्यासी
सम्राज	साम्राज्य	सविनयपूर्वक	सविनय
सिंदुर	सिंदूर	स्त्रवण	श्रवण
हरीश्चन्द्र	हरिश्चन्द्र	हिन्दु	हिन्दू
हिन्दूस्तान	हिन्दुस्तान	बुद्धिवान	बुद्धिमान्
भाग्यमान	भाग्यवान	विद्वान	विद्वान्
श्रीमान	श्रीमान्	आंख	आँख
ऊंट	ऊँट	कंगना	कँगना
गँगा	गंगा	गांधी	गाँधी
जांच	जाँच	तांगा	ताँगा
दांत	दाँत	मंहगा	महँगा
मांस	माँस	मुंह	मुँह
सांप	साँप	सांस	साँस
हुँकार	हुंकार	निर्पेक्ष	निरपेक्ष
भाष्कर	भास्कर	सन्मुख	सम्मुख
माताहीन	मातृहीन	विद्यार्थि	विद्यार्थी
गुणि	गुणी	द्वैवाषिक	द्विवार्षिक
पूज्यनीय	पूजनीय	अकाश	आकाश
इद	ईद	इसलाम	इस्लाम
ऐसा	ऐसा	दोसरा	दूसरा
पुत्रि	पुत्री	प्रस्तूत	प्रस्तुत
हरयाली	हरियाली	दिवाली	दीवाली
राष्ट्रिय	राष्ट्रीय	एकहरा	इकहरा
एतबार	इतबार		

वाक्यगत अशुद्धियाँ

अशुद्ध	शुद्ध
हम अच्छी भाषण दिए थे।	हमने अच्छा भाषण दिया था।
आप खाए कि नहीं?	आपने खाया कि नहीं?
वह मुझे देखा तो घबरा गया।	उसने मुझे देखा तो घबरा गया।
मैं किताब पढ़ा हूँ।	मैंने किताब पढ़ी है।
मैं सारी पुस्तक पढ़ डाली।	मैंने सारी पुस्तक पढ़ डाली।
सीता भात खायी।	सीता ने भात खाया।

अशुद्ध	शुद्ध
राम रोटी खाया।	राम ने रोटी खायी।
लड़की ने दही गिरा दी।	लड़की ने दही गिरा दिया।
शुद्ध गाय की घी दो।	गाय का शुद्ध घी दो।
तुम, मैं और वह चलेगा।	तुम, वह और मैं चलूँगा।
राम और सीता आयी थी।	राम और सीता आए थे।
भाई-बहन जा रही हैं।	भाई-बहन जा रहे हैं।

अशुद्ध	शुद्ध	अशुद्ध	शुद्ध
वह लड़की को बुलाओ।	उस लड़की को बुलाओ।	ये सब मेरा पुस्तक है।	ये सब मेरी पुस्तकें हैं।
मेरे लिए पढ़ता हूँ।	अपने लिए पढ़ता हूँ।	सूरज पूरब में उगते हैं।	सूरज पूर्व में उगता है।
सीता राम की आज्ञाकारी पत्नी थी।	सीता राम की आज्ञाकारिणी पत्नी थीं।	वह लौट आए।	वे लौट आए।
		वहाँ अनेकों लोग थे।	वहाँ अनेक लोग थे।
देरी न करना।	देर न करना।	मेरे को मत मारो।	मुझे मत मारो।
उसे मृत्युदण्ड की सजा मिली।	उसे मृत्युदण्ड मिला।	मोहन ने पत्र को पढ़ा।	मोहन ने पत्र पढ़ा।
हमारे शिक्षक प्रश्न पूछते हैं।	हमारे शिक्षक प्रश्न करते हैं।	पुस्तक पर नहीं लिखो।	पुस्तक पर मत लिखो।
कै बजे? तीन बजा।	कितना बजा? तीन बजे।	वह सज्जन पुरुष है।	वह सज्जन है।
उसका प्राण उड़ गया।	उसके प्राण उड़ गये।	आप हमारे घर आओ।	आप हमारे घर आइए।
मैंने आँख से देखा।	मैंने आँखों से देखा।	हम आपसे कुछ कहे थे।	हमने आपसे कुछ कहा था।
अपन को पढ़ना है।	मुझे पढ़ना है।	मकान की दायीं ओर सड़क है।	मकान के दायीं ओर सड़क है।
पुस्तक फट गया।	पुस्तक फट गई है।	पिताजी घर नहीं हैं।	पिताजी घर पर नहीं हैं।
घोड़ी तेज दौड़ता है।	घोड़ी तेज दौड़ती है।	घर पर सब कुशल हैं।	घर में सब कुशल हैं।
मेरा प्रणम स्वीकार करो।	मेरा प्रणाम स्वीकार करो।	उसे भारी दुःख हुआ।	उसे बहुत दुःख हुआ।
दो बालक खेलता है।	दो बालक खेलते हैं।	सड़क में मत खेलो।	सड़क पर मत खेलो।

मुहावरे तथा लोकोक्तियाँ

- अँगूठी का नगीना–अत्यन्त महत्त्वपूर्ण।
- अंधा दरबार–न्यायहीन स्थान।
- अंधेर नगरी–न्याय का अभाव।
- अक्ल का दुश्मन–मूर्ख।
- अक्ल का दुम–मूर्ख।
- आँख का तारा–अतिप्रिय।
- ईद का चाँद–बहुत दिनों के बाद दिखाई देना।
- कछुआ चाल–धीमी गति।
- काला नाग–दुष्ट आदमी।
- किताबी कीड़ा–सदैव कुछ-न-कुछ पढ़ना।
- किस्मत का मारा–भाग्य का मन्द।
- कोल्हू का बैल–बहुत कठिन परिश्रम करनेवाला।
- कोड़ी का तीन–तुच्छ।
- खाली हाथ–पैसे का अभाव।
- गाजर-मूली–अशक्त।
- गुलर का फूल–दुर्लभ वस्तु।
- गोबर-गणेश–निरामूर्ख।
- घर का उजाला–कुल-दीपक।
- घड़ियाली आँसू–बनावटी शोक।
- चलता-पुरजा–चालाक।
- चाँद का टुकड़ा–परम सुन्दर वस्तु या व्यक्ति।
- चाँदी का जूता–रिश्वत।
- चार दिन की चाँदनी–थोड़े समय का सुख।
- जलती आँख–क्रोधाभिभूत।
- जीभ का पतला–लालची।
- टेढ़ी खीर–विकट काम।
- ठिकाने की बात–न्यायसंगत बात।
- अढ़ाई दिन की हुकूमत–थोड़े समय का ऐश्वर्य।
- तकदीर का सिकन्दर–भाग्य का बलवान्।
- थाली का बैंगन–मत बदलते रहना।
- दाँत कटी रोटी–घनिष्ठता।
- दाहिना हाथ–सहायक।
- दिल का बादशाह–बहुत बड़ा उदार।
- दूध का दूध और पानी का पानी–उचित न्याय।
- दूध का धोआ–निर्दोष।
- दो दिन का मेहमान–बहुत थोड़े समय ठहरने वाला।
- धरती का फूल–ऐसा व्यक्ति जो हाल में अमीर हुआ है।
- धोबी का कुत्ता–निकम्मा।
- नसीब का मारा–बुरे दिन देखनेवाला।
- निन्यानबे का फेरा–धन बढ़ाने की चिन्ता।
- पत्थर का कलेजा–हर दुःख सहने की शक्ति।
- पत्थर की लकीर–चिरस्थायी सदा सत्य।
- फूलों की सेज–आनन्ददायक कार्य।
- बगुला-भगत–कपटी व्यक्ति।

- बच्चों का खेल–साधारण काम।
- बलि का बकरा–निःसहाय व्यक्ति।
- बरसाती बादल–अस्थायी।
- बात का पक्का–सत्यवादी।
- बायें हाथ का खेल–सरल काम।
- बिन बादल बरसात–असमय लाभ।
- बे-पेंदी का लोटा–बे ठिकाने का आदमी।
- भागीरथ प्रयत्न–अत्यधिक परिश्रम।
- भीष्म प्रतिज्ञा–दृढ़ संकल्प।
- मक्खी चूस–कंजूस।
- मिट्टी के मोल–बहुत सस्ता।
- मोटा असामी–मूर्ख मालदार।
- राम कहानी–आत्मवृतान्त।
- लँगोटिया यार– बचपन का मित्र।
- हवाई महल–कोरी कल्पना।
- आँख लगना–नींद आना।
- आँख खुलना–होश में आना।
- आँखें दिखाना–क्रोध से घूरना।
- आँसू पोंछना–धैर्य बँधाना।
- अन्धे की लकड़ी–एकमात्र सहारा।
- कान भरना–चुगली करना।
- कान पर जूँ न रेंगना–कोई असर न होना।
- नाक कटना–प्रतिष्ठा खत्म होना।
- नाक रगड़ना–दीनता दिखाना।
- नाकों चने चबवाना–खूब सताना।
- मुँह की खाना–बुरी तरह हारना।
- आस्तीन का साँप–विश्वासघाती मित्र।
- कन्धे से कन्धा मिलाना–पूरा सहयोग करना।
- ईंट से ईंट बजाना–पूरी तरह नष्ट कर देना।
- नौ दो ग्यारह होना–भाग जाना।
- दाँत खट्टे करना–बुरी तरह हराना।
- हाथ मलना–पछताना।
- खून का प्यासा–जानी दुश्मन।
- घी के दिए जलाना–खुशी मनाना।
- चार चाँद लगाना–प्रतिष्ठा बढ़ाना।
- तीन तेरह होना–अलग-अलग होना।
- पानी फेर देना–नाश कर देना।
- गाल बजाना–डींगे मारना।
- जान से हाथ धो बैठना–मारा जाना।
- पानी-पानी होना–बहुत लज्जित होना।
- फूला न समाना–बहुत प्रसन्न होना।
- अपना उल्लू सीधा करना–अपना मतलब निकालना।
- आँखें चुरा लेना–अनदेखा कर देना।
- अन्धे की लाठी–एकमात्र सहारा।
- आसमान पर चढ़ना–बहुत अभिमान करना।
- आँखें खुलना–होश आना।
- चोरी और सीना जोरी–दोषी होकर धमकाना।
- आग में घी डालना–क्रोध को भड़काना।
- अँगुली पर नचाना– अच्छी तरह वश में करना।
- एक आँख से देखना–समान दृष्टि से देखना।
- एक ही थैले के चट्टे-बट्टे–एक जैसे।
- ओखली में सिर देना–जान-बूझकर आपत्ति मोल लेना।
- कलेजा मुँह को आना–बहुत दुःखी होना।
- कफन बाँधकर चलना–मौत से न घबराना।
- काँटे बिछाना–बाधा डालना।
- कलेजा ठण्डा होना–सन्तोष होना।
- कमर कसना–तैयार होना।
- खून खौलना–जोश में आना।
- खाक छानना–मारे-मारे फिरना।
- गागर में सागर भरना–थोड़े शब्दों में बहुत कुछ कह देना।
- घाव पर नमक छिड़कना–दुखी को अधिक दुखी करना।
- घी के दिए जलाना–खुशी मनाना।
- घोड़े बेचकर सोना–गहरी नींद में सोना।
- चल बसना–परलोक सिधारना।
- छठी का दूध याद आना–भारी संकट में पड़ना।
- छाती पर साँप लोटना–बहुत ईर्ष्या होना।
- जमीन पर पैर न रखना–अधिक घमण्ड होना।
- झक मारना–व्यर्थ समय खोना।
- टेढ़ी खीर–कठिन काम।
- डींग मारना–अपनी झूठी प्रशंसा करना।
- डूब मरना–बहुत लज्जित होना।
- तलवे चाटना–चापलूसी करना।
- ताक में रहना–मौका ढूँढ़ते रहना।
- दंग रह जाना–आश्चर्य में पड़ जाना।
- दाल न गलना–वश न चलना।
- दाल में काला होना–संदेह होना।
- पीठ दिखाना–हारकर भागना।
- मुँह तोड़ उत्तर देना–खरा उत्तर देना।

वस्तुनिष्ठ प्रश्न

अभ्यास-1

निर्देशः *नीचे प्रत्येक शुद्ध शब्द की वर्तनी के लिए चार विकल्प दिए गए हैं। आपको सही विकल्प का चयन करना है।*

1. A. ऋषि B. ऋषी
C. रिषी D. ऋसि

2. A. विषेसन B. विशेषण
C. विसेशन D. विशेशन

3. A. दुशासन B. दुसाशन
C. दूशाषण D. दुःशासन

4. A. संस्कृति B. संसकृति
C. संष्कृति D. संस्कृती

5. A. दूनियां B. दुनियां
C. दुनिया D. दूनिआ

6. A. टिपनी B. टिप्पणि
C. टिप्पणी D. टिप्पनी

7. A. शाषण B. साशन
C. शासन D. शाशन

8. A. किसमस B. किरसमस
C. क्रिसमस् D. कृसमस

9. A. अनुग्रहित B. अनुग्रहीत
C. अनुगृहीत D. अनुग्रहित

10. A. पराकम B. प्रांक्रम
C. पराक्रम D. प्राकर्म

11. A. नायका B. नाइका
C. नाइक D. नायिका

12. A. समरिधी B. समद्धी
C. समृद्धि D. समरिद्धि

13. A. युधिष्ठर B. यूधिष्ठर
C. युधिष्ठिर D. युधिष्टर

14. A. वाल्मीकि B. बाल्मीकि
C. बालमीकि D. बाल्मिक

15. A. परलोकिक B. प्रलौकिक
C. पारलौकिक D. परलौकिक

16. A. त्रितीय B. तर्तीय
C. तृतीय D. तिरतीय

17. A. व्योहार B. व्यौहार
C. व्यवहार D. ब्यवहार

18. A. अहिल्या B. अहल्या
C. अहिलया D. अहीलया

19. A. आदरनीय B. आदरणीय
C. आदरनीया D. आदरणीया

20. A. आर्द B. आद्र
C. आर्द्र D. आर्दृ

21. A. आधीन B. अधिन
C. अधीन D. अधीम

22. A. आविस्कार B. आविष्कार
C. आवीस्कार D. आविश्कार

23. A. आसा B. आषा
C. आशा D. अशा

24. A. उज्वल B. उजज्ज्वल
C. उजज्वल D. उज्ज्वल

25. A. उन्नती B. उन्नित
C. उन्नति D. उन्नती

26. A. कलस B. कलष
C. कलश D. कलशा

27. A. गनीत B. गनित
C. गणीत D. गणित

28. A. तलाव B. तालाव
C. तलाब D. तालाब

29. A. दुष्ट B. दूष्ट
C. दुस्त D. दुश्त

30. A. निरोग B. निररोग
C. नीरोग D. नीरोगी

उत्तरमाला

1. A	**2.** B	**3.** D	**4.** A	**5.** C
6. C	**7.** C	**8.** C	**9.** C	**10.** C
11. D	**12.** C	**13.** C	**14.** A	**15.** C
16. C	**17.** C	**18.** B	**19.** B	**20.** C
21. C	**22.** B	**23.** C	**24.** D	**25.** C
26. C	**27.** D	**28.** D	**29.** A	**30.** C

अभ्यास-2

निर्देशः *नीचे कुछ शब्द दिए गए हैं। प्रत्येक के पर्यायवाची के चार विकल्प दिए गए हैं। इनमें से एक विकल्प सही पर्यायवाची है, उसका चयन कीजिए :*

1. अग्नि
A. अनिल B. अनल
C. गर्म D. ताप

2. अमृत
A. पीयूष B. गरल
C. सरस D. जीवनदायनी

3. आँख
A. लोचन B. आस्थि
C. वदन D. जलज

4. आकाश
A. अनन्त B. पाताल
C. वितल D. तल

5. कपड़ा
A. परिधान B. पटिका
C. पीताम्बर D. लँहगा

6. कमल
A. सरोज B. सरोवर
C. पंक D. पुष्प

7. गंगा
A. पाताल नदी B. हिमनदी
C. भागीरथ D. त्रिपथगा

8. चाँद
A. मयंक B. भानु
C. दिनकर D. रवि

9. नदी
A. सरिता B. प्रवाह
C. धारा D. जलधर

10. पर्वत
A. पत्थर B. चट्टान
C. शिखर D. मेरू

11. पवन
A. अनिल B. अनल
C. अग D. विहग

12. पति
A. साजन B. प्रिया
C. भार्या D. दारा

13. पानी
A. मही B. मेदिनी
C. अम्बु D. तरणी

14. पुत्र
A. आत्मज B. तनया
C. सुता D. आत्मजा

15. पुत्री
A. सुता B. सुत
C. आत्मज D. नन्दन

16. फूल
A. बहार B. मधु
C. माधव D. सुमन

17. वृक्ष
A. विटप B. अम्र
C. प्रसून D. रसा

18. बादल
A. अज B. व्यामोह
C. नीरद D. मधुप

19. बिजली
A. चंचला B. खटका
C. त्रास D. संत्रास

20. माता
A. धात्री B. धरणी
C. धरित्री D. श्यामा

21. घोषणा
A. आवाज B. पुकारना
C. ऐलान D. ललकारना

22. उत्कर्ष
A. आकर्षण B. विकर्षण
C. उन्नति D. निष्कर्ष

23. उदय
A. अन्त B. विकास
C. प्रगट D. व्यस्त

24. दक्ष
A. निपुण B. समर्थ
C. कर्मठ D. मेहनती

25. संवाद
A. विवाद B. झगड़ा
C. सम्बोधन D. वार्तालाप

उत्तरमाला

1. B	**2.** A	**3.** A	**4.** A	**5.** A
6. A	**7.** D	**8.** A	**9.** A	**10.** D
11. A	**12.** A	**13.** C	**14.** A	**15.** A
16. D	**17.** A	**18.** C	**19.** A	**20.** A
21. C	**22.** C	**23.** C	**24.** A	**25.** D

अभ्यास-3

निर्देशः *नीचे चार-चार शब्दों के समूह दिए गए हैं। प्रत्येक समूह में एक शब्द बेमेल है तथा शेष तीन शब्द पर्यायवाची हैं, आपको उस शब्द का चयन करना है, जो बेमेल है :*

1. A. तम B. अंधकार
C. तिमिर D. अंश

2. A. अनल B. आग
C. दहन D. तमिस्त्रा

3. A. अतुल B. अद्वितीय
C. अनुपम D. शुष्मा

4. A. अहं B. अहंकार
C. दर्प D. निराला

5. A. पता B. खोज
C. जाँच D. शोध

6. A. गरल B. पीयूष
C. सुधा D. सोम

7. A. कानन B. जंगल
C. पादप D. वन

8. A. अश्व B. गज
C. घोड़ा D. तुरंग

9. A. दानव B. मानव
C. दैत्य D. राक्षस

10. A. आँख B. चक्षु
C. नयन D. मुख

11. A. अन्तरिक्ष B. वसुन्धरा
C. आसमान D. गगन

12. A. इच्छा B. अभिलाषा
C. कामना D. प्रयोजन

13. A. कपड़ा B. चीर
C. वसन D. पोशाक

14. A. अब्ज B. कमल
C. राजीव D. आम्र

15. A. कोयल B. पिक
C. काग D. वनप्रिय

16. A. गंगा B. देवनदी
C. गोदावरी D. भागीरथी

17. A. गणेश B. एकदन्त
C. देवराज D. गणपति

18. A. घर B. निलय
C. निकेतन D. झोपड़ी

19. A. चाँद B. हिमांशु
C. विनायक D. सुधांशु

20. A. नदी B. तरणी
C. तटिनी D. सरिता

21. A. पक्षी B. चिड़िया
C. सुमन D. विहग

22. A. पवन B. अचला
C. वात D. वायु

23. A. समीर B. पृथ्वी
C. भू D. भूमि

24. A. पानी B. समीर
C. अम्बु D. जल

25. A. पुत्र B. तनया
C. तनय D. सुत

26. A. पुत्र B. तनया
C. सुता D. कन्या

27. A. गृहिणी B. आदमी
C. पुरुष D. नर

28. A. मधु B. फूल
C. पुष्प D. सुमन

29. A. माधव B. तरु
C. पेड़ D. वृक्ष

30. A. माता B. अम्बु
C. अम्मा D. जननी

उत्तरमाला

1. D	**2.** D	**3.** D	**4.** D	**5.** A
6. A	**7.** C	**8.** B	**9.** B	**10.** D
11. B	**12.** D	**13.** D	**14.** D	**15.** C
16. C	**17.** C	**18.** D	**19.** C	**20.** B
21. C	**22.** B	**23.** A	**24.** B	**25.** B
26. A	**27.** A	**28.** A	**29.** A	**30.** B

अभ्यास-4

निर्देशः ***गहरे काले शब्द के विलोम शब्द का चयन कीजिएः***

1. उसे हर काम में **सफलता** मिल रही है।
A. असफलता B. सफल
C. कुशलता D. निपुणता

2. कभी किसी की **निन्दा** नहीं करनी चाहिए।
A. गुणगान B. स्तुति
C. प्रशंसा D. यशोगान

3. आलस्य व्यक्ति का सबसे बड़ा **दुश्मन** है।
A. शत्रु B. घातक
C. मित्र D. सहायक

4. वे बुढ़ापे से **दुखी** हैं।
A. अप्रसन्न B. सुखी
C. खुश D. नाराज

5. यहाँ उसकी **चतुराई** नहीं चली।
A. चालाकी B. बहादुरी
C. निपुणता D. मूर्खता

6. शहद की **मिठास** कम नहीं होती।
A. मीठा B. तीखा
C. कडुवा D. खहा

7. साहसी के **साहस** को देखकर मैं चकित रह गया।
A. हिम्मत B. बहादुरी
C. निडर D. भय

8. फिल्मोत्सव में सर्वश्रेष्ठ **अभिनेता** को पुरस्कार प्रदान किया गया।
A. हीरोइन B. नेत्री
C. मीनाक्षी D. अभिनेत्री

9. नाटक में नायक और **नायिका** की भूमिका महत्वपूर्ण होती है:
A. हीरो B. नायक
C. नेत्र D. नेता

10. कवि-सम्मेलन में एक कवि और एक **कवयित्री** को आमंत्रित किया गया था।
A. लेखक B. सम्पादक
C. नेता D. कवि

11. विद्यालय के वार्षिकोत्सव के लिए नेता और एक **नेत्री** को आमंत्रित किया गया।
A. अभिनेता B. विद्वान्
C. विदुषी D. नेता

12. मोहन बहुत **चतुर** है।
A. निपुण B. तेज
C. सुस्त D. मूर्ख

13. सोहन अब पूर्ण **स्वस्थ** है।
A. प्रसन्न B. खुश
C. अस्वस्थ D. अप्रसन्न

14. पक्षी **आकाश** में उड़ते हैं :
A. गगन B. नभ
C. धरती D. पाताल

15. वह विद्यालय में देर से आया और **अनुपस्थित** हो गया।
A. पूर्व B. उपस्थित
C. प्रवेश D. समयपूर्व

16. **बालक** चाँद की ओर देख रहा है।
A. बालिका B. लड़का
C. बच्चा D. बच्ची

17. मैं उसके विचार से बिल्कुल **सहमत** नहीं हूँ।
A. समर्थन B. सहमति
C. असहमत D. प्रशंसक

18. उसकी हालत **अधिक** खराब है।
A. बहुत B. कम
C. ठीक D. कुशल

19. **धर्म** की सर्वत्र विजय होती है:
A. अधर्म B. ज्ञान
C. भक्ति D. ईमानदारी

20. अच्छे चरित्र के बिना जीवन **निरर्थक** है:
A. व्यर्थ B. अर्थपूर्ण
C. सार्थक D. कुशल

21. **ईमानदारी** बड़ी दुर्लभ वस्तु है:
A. सच्चाई B. भलाई
C. बेइमानी D. परोपकारी

22. एवरेस्ट संसार का सबसे **ऊँचा** पर्वत है:
A. नीचा B. वितल
C. पाताल D. मध्यम

23. वह विश्वास के **योग्य** नहीं है:
A. काबिल B. विश्वासी
C. अयोग्य D. बेकार

24. क्या वह इतना **मूर्ख** है?
A. चालाक B. विद्वान्
C. बुद्धिमान D. धूर्त

25. कितना सुहावना **दृश्य** है!
A. अदृश्य B. दर्शनीय
C. सुन्दर D. व्यर्थ

उत्तरमाला

1. A	**2.** C	**3.** C	**4.** B	**5.** D
6. C	**7.** D	**8.** D	**9.** B	**10.** D
11. D	**12.** D	**13.** C	**14.** D	**15.** B
16. A	**17.** C	**18.** B	**19.** A	**20.** C
21. C	**22.** A	**23.** C	**24.** C	**25.** A

अभ्यास-5

निर्देशः नीचे प्रत्येक **काले गहरे शब्द** के चार विलोम दिए गए हैं। इनमें सही विलोम का चयन कीजिए :

1. अग्नि
A. आग B. अनल
C. दहन D. जल

2. अग्रज
A. अनुज B. भ्राता
C. भाई D. अम्बा

3. अच्छा
A. बुरा B. खराब
C. गंदा D. भ्रष्ट

4. अंत
A. प्रारम्भ B. समाप्त
C. शेष D. अल्प

5. अचल
A. विचल B. वितल
C. सजल D. चल

6. **अति**
A. अधिक B. बहुत
C. अल्प D. कम

7. **अत्यधिक**
A. अल्प B. अधिक
C. स्वल्प D. न्यूनतम

8. **अंधकार**
A. अंधेरा B. प्रकाश
C. रात्रि D. दिन

9. **अतिवृष्टि**
A. अनावृष्टि B. वृष्टि
C. वर्षा D. वर्षण

10. **अनाथ**
A. नाथ B. स्वामी
C. मासिक D. सनाथ

11. **अनुकूल**
A. मनोकूल B. प्रतिकूल
C. अनुकरण D. मनस्वी

12. **अनुराग**
A. राग B. विराग
C. विग्रह D. स्नेह

13. **अन्त**
A. श्री गणेश B. आदि
C. शुरुआत D. समाप्त

14. **अपना**
A. अपनत्व B. पराया
C. मित्र D. शत्रु

15. **अपमान**
A. मान B. सम्मान
C. वर्तमान D. स्वाभिमान

16. **अपेक्षा**
A. इच्छा B. स्वेच्छा
C. प्रविच्छा D. उपेक्षा

17. **अमर**
A. मर्त्य B. मृत्यु
C. सुधा D. गरल

18. **अल्पायु**
A. चिरायु B. उमरदराज
C. नश्वर D. सनातन

19. **अस्त**
A. उदय B. विकास
C. निर्माण D. सृष्टि

20. **आकर्षण**
A. प्रतिकर्षण B. विकर्षण
C. सम्मोहन D. विरत

21. **आकाश**
A. गगन B. नभ
C. वसुन्धरा D. पाताल

22. **आगे**
A. पीछे B. पूर्व
C. पृष्ट D. पृष्ठ

23. **आजाद**
A. स्वतंत्र B. स्वतंत्रतता
C. परतंत्र D. गुलाम

24. **आदान**
A. आयात B. निर्यात
C. प्रदान D. निदान

25. **आधुनिक**
A. अर्वाचीन B. नूतन
C. प्राचीन D. वर्तमान

उत्तरमाला

1. D	**2.** A	**3.** A	**4.** A	**5.** D
6. D	**7.** C	**8.** B	**9.** A	**10.** D
11. B	**12.** B	**13.** A	**14.** B	**15.** B
16. D	**17.** A	**18.** A	**19.** A	**20.** B
21. D	**22.** A	**23.** D	**24.** C	**25.** C

अभ्यास-6

निर्देशः *नीचे कुछ शब्द दिए गए हैं प्रत्येक शब्द के चार वैकल्पिक अर्थ दिए गए हैं। सही अर्थ का चयन कीजिए :*

1. **सुरक्षित**
A. कुशल B. घटना
C. दुर्घटना D. बचाव

2. **प्रतिभाशाली**
A. सज्जन B. कुशाग्र
C. विद्वान् D. वैभवशाली

3. **आत्मसमर्पण**
A. अपने आप को सौंपना B. समर्पण
C. अर्पण D. त्यागज

4. **सिद्धहस्त**
A. निपुण B. कर्मठ
C. मेहनती D. परिश्रमी

5. **सुशोभित**
A. मजेदार B. सुस्वागतम्
C. अच्छा D. शोभा पाना

6. **स्वादिष्ट**
A. मजेदार B. बेकार
C. मीठा D. तीखा

7. स्वावलम्बी
A. निर्भर B. परालंबी
C. आत्मनिर्भर D. अतिथि

8. उपकरण
A. साधन B. युक्ति
C. यंत्र D. मशीन

9. कीमत
A. क्रय B. विक्रय
C. मूल्य D. बिक्री

10. संगठन
A. एकता B. अनेकता
C. समूह D. संस्था

11. विपत्ति
A. दुख B. विपदा
C. मुसीबत D. सुख

12. तृण
A. तिनका B. धूल
C. धूप D. लकड़ी

13. आश्चर्य
A. निरीक्षण B. दृष्टिगोचर
C. हैरानी D. थकावट

14. हार्दिक
A. हृदय से B. शरीर से
C. मन से D. मस्तिष्क से

15. नियति
A. भाग्य B. किनारा
C. समय D. पवित्र

16. सुगन्धित
A. दुर्गन्ध B. खुशबू वाला
C. फूल D. कमल

17. उत्साह
A. होश B. हवास
C. जोश D. हिम्मत

18. सहयोग
A. मिलन सार B. मेहनती
C. परोपकारी D. आपसी सहायता

19. मुसीबत
A. विपत्ति B. सुशोभित
C. सहायता D. मदद

20. निरक्षर
A. साक्षर B. दर्शनीय
C. पठनीय D. अनपढ़

21. उपवन
A. वन B. तीर
C. जंगल D. बाग

22. मेघ
A. बादल B. पंकज
C. राजीव D. मेघनाद

23. आधुनिक
A. प्राचीन B. पुरातन
C. भूतकाल D. आज का

24. तीर
A. वाण B. धनुष
C. किनारा D. नदी

25. परीक्षण
A. जाँच B. पड़ताल
C. परीक्षा D. इम्तहान

26. अभिवादन
A. नमस्ते B. प्रणाम
C. बधाई D. शुभकामना

27. सर्वत्र
A. नश्वर B. सजीव
C. ईश्वर D. सभी जगह

28. हलवाहा
A. चरवाहा B. किसान
C. मजदूर D. हल चलाने वाला

29. शिखर
A. पर्वत B. पहाड़
C. टीला D. चोटी

30. भयानक
A. डरावना B. भयभीत
C. डरना D. खूँखार

उत्तरमाला

1. D	**2.** B	**3.** A	**4.** A	**5.** D
6. A	**7.** C	**8.** C	**9.** C	**10.** A
11. C	**12.** A	**13.** C	**14.** A	**15.** A
16. B	**17.** C	**18.** D	**19.** A	**20.** D
21. D	**22.** A	**23.** D	**24.** A	**25.** A
26. B	**27.** D	**28.** D	**29.** D	**30.** A

अभ्यास-7

निर्देशः *नीचे कुछ शब्द दिए जा रहे हैं। प्रत्येक शब्द के* **उपसर्ग** *के सन्दर्भ में चार विकल्प दिए गए हैं। आपको सही विकल्प का चयन करना है :*

1. अलबत्ता
A. अ B. अल
C. लब D. त्ता

2. अलगरज
A. अल B. लग
C. गर D. रज

3. कमसिन
A. क B. कम
C. सि D. सिन

4. अनमोल
A. अ B. अन
C. मो D. मोल

5. अनजान
A. अ B. अन
C. जा D. जान

6. अनपढ़
A. अ B. पढ़
C. प D. अन

7. अधखिला
A. अ B. अध
C. ला D. खिला

8. अधजला
A. अ B. ज
C. अध D. ला

9. अधपका
A. अ B. अध
C. पका D. का

10. अघखिला
A. अ B. अघ
C. खिला D. ला

11. उन्नीस
A. उन B. उन्
C. नीस D. स

12. उनसठ
A. उ B. उन
C. सठ D. ठ

13. दुकाल
A. द B. दुक
C. दु D. काल

14. दुबला
A. दब B. दुब
C. ला D. दु

15. निकम्मा
A. नि B. निक
C. कम्मा D. मा

16. निर्लज्ज
A. निर B. निल
C. नि D. लज्ज

17. बिनब्याहा
A. बि B. बिन
C. ब्याहा D. हा

18. भरपेट
A. भर B. पेट
C. पे D. ट

19. भरपाई
A. भ B. र
C. पा D. भर

20. कुपात्र
A. कु B. कुप
C. पा D. पात्र

21. सुजान
A. सु B. सुज
C. सुजा D. जान

22. गैर कानूनी
A. गै B. गैर
C. कानु D. नुनी

23. गैरसरकारी
A. गैर B. सर
C. का D. कारी

24. अपमान
A. अ B. अप
C. मा D. मान

25. अनुशासन
A. अ B. शासन
C. सन D. अनु

26. अविनीत
A. अवि B. अ
C. नी D. नीत

27. अभिमान
A. अभि B. अ
C. मा D. मान

28. अभियान
A. अ B. मान
C. यान D. अभि

29. अध्ययन
A. अध् B. अधि
C. यन D. न

30. निश्चल
A. नि B. निर
C. निस D. चल

उत्तरमाला

1. B	**2.** A	**3.** B	**4.** B	**5.** B
6. D	**7.** B	**8.** C	**9.** B	**10.** B
11. A	**12.** B	**13.** C	**14.** D	**15.** B
16. A	**17.** B	**18.** A	**19.** D	**20.** A
21. A	**22.** B	**23.** A	**24.** B	**25.** D
26. B	**27.** A	**28.** D	**29.** B	**30.** A

अभ्यास-8

निर्देशः *निम्नलिखित शब्दों में प्रयुक्त प्रत्यय सम्बन्धी चार विकल्प दिए गए हैं, सही विकल्प का चयन कीजिए :*

1. भलाई
A. ई B. लाई
C. आई D. भला

2. चतुराई
A. चतु B. रा
C. ई D. आई

3. भूखा
A. भू B. भूख
C. खा D. आ

4. भिड़न्त
A. भिड़् B. भि
C. न्त D. अन्त

5. प्यासा
A. आस B. सा
C. आसा D. सा

6. बिकाऊ
A. बिक B. काऊ
C. आऊ D. ऊ

7. तैराक
A. तै B. तैर
C. राक D. आक

8. सन्नाटा
A. सन् B. सन्ना
C. नाटा D. आटा

9. लोहार
A. लोह B. आरा
C. आरी D. आर

10. मिलान
A. आना B. आने
C. आनी D. आन

11. चढ़ाव
A. चढ़ B. चढ़ा
C. आव D. व

12. लगाव
A. लग B. अव
C. आव D. गाव

13. लिखावट
A. लिख B. लिखा
C. वट D. आवट

14. मिलावट
A. मिल B. वट
C. आवट D. ट

15. मिठास
A. मिठ B. ठास
C. आस D. स

16. चिकनाहट
A. चिक B. नाहट
C. हट D. आहट

17. सड़ियल
A. सड़ B. यल
C. ड़ियल D. इयल

18. मरियल
A. मर B. यल
C. मरि D. इयल

19. गड़रिया
A. गड़ B. इया
C. रिया D. या

20. सजीला
A. ईला B. इला
C. ला D. स

21. लुटेरा
A. लुट B. एरा
C. ऐरा D. रा

22. लठैत
A. ए B. ऐ
C. ऐत D. त

23. भगोड़ा
A. ओ B. ओड़ा
C. ड़ा D. भगो

24. खपत
A. ख B. प
C. त D. पत

25. जीवट
A. व B. अट
C. जीव D. जी

उत्तरमाला

1. C	**2.** D	**3.** D	**4.** D	**5.** D
6. C	**7.** D	**8.** D	**9.** D	**10.** D
11. C	**12.** C	**13.** D	**14.** C	**15.** C
16. D	**17.** D	**18.** D	**19.** B	**20.** A
21. B	**22.** C	**23.** B	**24.** C	**25.** B

अभ्यास-9

निर्देशः नीचे कुछ मुहावरे दिए गए हैं। प्रत्येक के अर्थ के लिए चार विकल्प दिए गए हैं। आपको सही विकल्प का चयन करना है :

1. अक्ल पर पत्थर पड़ना
A. बुद्धि काम न करना B. दुविधा होना
C. संकट में होना D. परेशान होना

2. अपना उल्लू सीधा करना
A. अवसर देखना B. काम निकालना
C. मतलब साधना D. मूर्ख बनाना

3. अपने मुँह मियाँ-मिट्ठू बनना
A. मिठाई खाना B. प्रशंसा करना
C. निंदा करना D. अपनी प्रशंसा स्वयं करना

4. अपने पाँव पर आप कुल्हाड़ी मारना
A. हानि पहुँचाना B. खेद होना
C. अपना पैर काटना D. अपनी हानि स्वयं करना

5. आँखें चुरा लेना
A. भाग जाना B. छिप जाना
C. अनदेखा करना D. मिल जाना

6. अक्ल का दुश्मन
A. मित्र होना B. शत्रु होना
C. महामूर्ख D. महाविद्वान्

7. अंधे की लाठी
A. एक मात्र सहारा B. मित्र होना
C. शत्रु होना D. दुख पहुँचाना

8. आकाश-पाताल एक करना
A. भाग-दौड़ करना B. परेशान होना
C. थक जाना D. कठिन परिश्रम करना

9. घड़ों पानी पड़ना
A. लज्जित होना B. तुच्छ समझना
C. लाभ होना D. थकावट

10. अगर-मगर करना
A. नुकसान करना B. बहाने बनाना
C. बदनाम करना D. कपट करना

11. मुँह की खाना
A. गिर जाना B. हार जाना
C. भाग जाना D. व्यर्थ होना

12. आस्तीन का साँप होना
A. शत्रु B. मित्र
C. कपटी मित्र D. दयालु

13. एक आँख से देखना
A. बुरा व्यवहार B. समान व्यवहार
C. कपट करना D. लज्जित होना

14. बाल-बाँका न होना
A. घायल होना B. साफ बच जाना
C. क्रोधित होना D. स्वस्थ होना

15. दाँतों तले उँगली दबाना
A. उँगली काटना B. चिंतित हो जाना
C. चकित रह जाना D. प्रसन्न हो जाना

16. जान के लाले पड़ना
A. मरने का खतरा होना B. भाग जाना
C. हार जाना D. मुश्किल में पड़ना

17. बोली मारना
A. ताना देना B. सताना
C. मजाक करना D. याद दिलाना

18. अंधों में काना राजा
A. मूर्खों में अल्पज्ञ को विद्वान् माना जाना
B. सबको मूर्ख समझना
C. अत्यधिक महत्त्वपूर्ण
D. काना राजा

19. अक्ल के घोड़े दौड़ाना
A. बुद्धि लड़ाना
B. कल्पना करना
C. तरह-तरह के उपाय सोचना
D. ज्ञान-प्राप्त करना

20. पानी उतर जाना
A. शर्म करना B. लज्जित न होना
C. भाग जाना D. इज्जत करना

21. तीन-पाँच करना
A. तितर-बितर करना
B. वचन देकर फिर जाना
C. घुमा-फिरा कर बातें करना
D. परेशान करना

22. हथियार डाल देना
A. हार जाना B. जीत जाना
C. धोखा देना D. विजय होना

23. आँख खुलना
A. होश में आना B. अत्यन्त प्यार होना
C. उल्टा काम करना D. क्रोध करना

24. कमर सीधी करना
A. थक जाना B. थकावट दूर करना
C. काम करना D. परिश्रम करना

25. पगड़ी रखना
A. चैन की सांस लेना B. अपमान करना
C. दया की भीख माँगना D. अपमान होना

26. लोहा मानना
A. संघर्ष करना B. विजय होना
C. श्रेष्ठता स्वीकार करना D. खुशामद करना

27. काठ मार जाना
A. दुःखी होना B. चुप होना
C. सफल होना D. मर जाना

28. चाँद पर थूकना

A. अपमान करना
B. बढ़कर बातें करना
C. महान पुरुष पर लांछन लगाना
D. महत्त्वाकांक्षी होना

29. उगल देना

A. अपराध स्वीकार कर लेना
B. सच बोलना
C. उल्टी करना
D. अनपच होना

30. हाथ मलना

A. पश्चाताप करना B. सर्दी मिटाना
C. दुख करना D. तैयार होना

उत्तरमाला

1. A	**2.** C	**3.** D	**4.** D	**5.** C
6. C	**7.** A	**8.** D	**9.** A	**10.** B
11. B	**12.** C	**13.** B	**14.** B	**15.** C
16. D	**17.** A	**18.** A	**19.** A	**20.** B
21. C	**22.** A	**23.** A	**24.** B	**25.** C
26. C	**27.** B	**28.** C	**29.** A	**30.** A

अभ्यास-10

निर्देशः *नीचे कुछ वाक्य खण्ड दिए गए हैं, पूरे वाक्य खण्ड के लिए एक शब्द का चयन कीजिए।*

1. जिसका आदि न हो

A. अनंत B. अमर
C. शाश्वत D. अनादि

2. जो कुछ न जानता हो

A. मूर्ख B. महामूर्ख
C. ज्ञानी D. अज्ञ

3. जो अनुकरण करने योग्य हो

A. अनुकरणीय B. अद्वितीय
C. आदरणीय D. अगम

4. जिसका अंत न हो

A. अनंत B. अनादि
C. आदि D. परलोक

5. जो कभी न मरे

A. मर्त्य B. मुर्त्त
C. अर्मुत्त D. अमर

6. जिसके समान दूसरा न हो

A. अनुकूल B. प्रतिकूल
C. कृतज्ञ D. अद्वितीय

7. जो कम बोलता हो

A. मृदुभाषी B. वाचाल
C. अल्पभाषी D. अल्पज्ञ

8. जिसका इलाज न हो

A. मरणशील B. अमरत्व
C. बिमारी D. लाइलाज

9. जिस का विश्वास न किया जा सके

A. विश्वसनीय B. अविश्वसनीय
C. विश्वासी D. धूर्त्त

10. जिसका कोई नाथ न हो

A. सनाथ B. स्वामी
C. नाथ D. अनाथ

11. कम जानने वाला

A. अल्पज्ञ B. अज्ञ
C. विद् D. विद्वान

12. जहाँ जाना संभव न हो

A. दुर्गम B. अगम
C. तल D. वितल

13. कम खाने वाला

A. बहुभोजी B. पेटु
C. कंजूस D. अल्पाहारी

14. जो बात पहले कभी न हुई हो

A. भूतपूर्व B. अभूतपूर्व
C. प्राचीन D. अर्वाचीन

15. जिस स्त्री के सन्तान न हों

A. बाँझ B. कुलटा
C. पतिता D. विधवा

16. जो कहा न जा सके

A. अकथनीय B. अकथ्य
C. करणीय D. सम्भव

17. एहसान न मानने वाला

A. कृतज्ञ B. कृतघ्न
C. आस्तिक D. विश्वासी

18. जिसने देश के साथ विश्वासघात किया हो

A. विश्वासघाती B. द्रोही
C. आतंकवादी D. देश द्रोही

19. जिसने राष्ट्र के हित में अपना जीवन बलिदान कर दिया हो

A. देशभक्त B. शहीद
C. राष्ट्रभूत D. भारतपुत्र

20. वह जमीन जिसमें कुछ भी पैदा न हो

A. ऊसर B. बंजर
C. उर्वर D. पथरीला

21. वह वस्तु जिसकी चाह हो

A. श्रेष्ठ B. आवश्यक
C. इच्छित D. अभीष्ट

22. दूसरों के पीछे चलने वाला
A. अनुयायी B. अनुज
C. अनुचर D. अनुकरणीय

23. जो पहले न पढ़ा हो
A. पठित B. अपठित
C. पठनीय D. अपठनीय

24. जिसके आर-पार दिखाई देता हो
A. अपारदर्शी B. गम्य
C. अगम्य D. पारदर्शी

25. आज्ञा पालन करने वाला
A. शिष्य B. शिष्या
C. अनुचर D. आज्ञाकारी

26. काम से जी चुराने वाला
A. कामचोर B. आलसी
C. कर्मठ D. परिश्रमी

27. प्रतिदिन होने वाला
A. दैनिक B. शाश्वत
C. सनातन D. अमर

28. जिसका कोई अर्थ न हो
A. सार्थक B. निरर्थक
C. आर्थिक D. अनार्थिक

29. उपकार मानने वाला
A. कृतज्ञ B. कृतध्न
C. विश्वासी D. अनुयायी

30. हाथ से लिखा हुआ
A. पठनीय B. अपठनीय
C. स्पष्ट D. हस्तलिखित

उत्तरमाला

1. D	**2.** D	**3.** A	**4.** A	**5.** D
6. D	**7.** C	**8.** D	**9.** B	**10.** D
11. A	**12.** A	**13.** D	**14.** B	**15.** A
16. A	**17.** B	**18.** D	**19.** B	**20.** A
21. C	**22.** C	**23.** B	**24.** D	**25.** D
26. A	**27.** A	**28.** B	**29.** A	**30.** D

अभ्यास-11

निर्देशः *नीचे कुछ संज्ञा शब्द दिए जा रहे हैं। प्रत्येक के संज्ञा-भेद के लिए चार विकल्प दिए गये है। सही विकल्प का चयन कीजिए :*

1. तुलसीदास
A. जातिवाचक B. भाववाचक
C. व्यक्तिवाचक D. समूहवाचक

2. यमुना
A. व्यक्तिवाचक B. जातिवाचक
C. समूहवाचक D. भाववाचक

3. बच्चा
A. जातिवाचक B. समूहवाचक
C. भाववाचक D. व्यक्तिवाचक

4. मानवता
A. भाववाचक B. जातिवाचक
C. द्रव्यवाचक D. समूहवाचक

5. हिमालय
A. व्यक्तिवाचक B. जातिवाचक
C. भाववाचक D. समूहवाचक

6. भारत
A. जातिवाचक B. भाववाचक
C. व्यक्तिवाचक D. समूहवाचक

7. एशिया
A. व्यक्तिवाचक B. भाववाचक
C. द्रव्यवाचक D. समूहवाचक

8. महाराष्ट्र
A. जातिवाचक B. व्यक्तिवाचक
C. समूहवाचक D. द्रव्यवाचक

9. सूर सागर
A. व्यक्तिवाचक B. भाववाचक
C. द्रव्यवाचक D. समूहवाचक

10. सोमवार
A. जातिवाचक B. व्यक्तिवाचक
C. द्रव्यवाचक D. समूहवाचक

11. खटमल
A. जातिवाचक B. व्यक्तिवाचक
C. द्रव्यवाचक D. समूहवाचक

12. मैना
A. जातिवाचक B. व्यक्तिवाचक
C. द्रव्यवाचक D. समूहवाचक

13. चाँदी
A. द्रव्यवाचक B. समूहवाचक
C. भाववाचक D. व्यक्तिवाचक

14. अच्छाई
A. भाववाचक B. समूहवाचक
C. जातिवाचक D. व्यक्तिवाचक

15. पीतल
A. द्रव्यवाचक B. भाववाचक
C. व्यक्तिवाचक D. जातिवाचक

16. वीरता
A. भाववाचक B. जातिवाचक
C. द्रव्यवाचक D. समूहवाचक

17. रूस
A. जातिवाचक B. व्यक्तिवाचक
C. भाववाचक D. द्रव्यवाचक

18. लम्बाई
A. भाववाचक B. समूहवाचक
C. द्रव्यवाचक D. व्यक्तिवाचक

19. दल
A. जातिवाचक B. व्यक्तिवाचक
C. समूहवाचक D. द्रव्यवाचक

20. मार्च
A. समूहवाचक B. व्यक्तिवाचक
C. द्रव्यवाचक D. जातिवाचक

21. झुण्ड
A. समूहवाचक B. जातिवाचक
C. व्यक्तिवाचक D. द्रव्यवाचक

22. टोली
A. जातिवाचक B. व्यक्तिवाचक
C. समूहवाचक D. द्रव्यवाचक

23. सुभाष चौक
A. जातिवाचक B. समूहवाचक
C. व्यक्तिवाचक D. भाववाचक

24. संघ
A. जातिवाचक B. द्रव्यवाचक
C. समूहवाचक D. भाववाचक

25. गिरोह
A. समूहवाचक B. द्रव्यवाचक
C. जातिवाचक D. भाववाचक

उत्तरमाला

1. C	**2.** A	**3.** A	**4.** A	**5.** A
6. C	**7.** A	**8.** B	**9.** A	**10.** B
11. A	**12.** A	**13.** A	**14.** A	**15.** A
16. A	**17.** B	**18.** A	**19.** C	**20.** B
21. A	**22.** C	**23.** C	**24.** C	**25.** A

अभ्यास-12

निर्देश: *नीचे दिए गए वाक्य में रिक्त स्थान है। प्रत्येक वाक्य के नीचे कारक चिह्न दिए गए हैं। रिक्त स्थान की पूर्ति के लिए उपयुक्त कारक चिह्न का चयन कीजिए :*

1. निम्नलिखित शब्दों........अर्थ बताइए
A. का B. के
C. से D. पर

2. सरकार मुझे नौकरी........मत निकालिए
A. पर B. में
C. से D. को

3. इस कथन........पुष्टि कीजिए
A. को B. से
C. की D. ने

4. छात्र-छात्राएँ राष्ट्र........सम्पत्ति और उसके भावी कर्णधार होते हैं
A. के B. की
C. को D. में

5. प्रत्येक प्रश्न........चार सम्भावित उत्तर दिए गए हैं
A. के लिए B. में
C. के D. से

6. माता बच्चे........पढ़ाती है
A. को B. के
C. की D. से

7. गुरुजी........सबसे छोटे लड़के को एक नारंगी दी
A. ने B. को
C. से D. के लिए

8. मोहन सोहन से मिलने........गया है
A. से B. के
C. को D. के लिए

9. उसने कलम........लिखा
A. के B. में
C. पर D. से

10. मैं ड्राइवर........गाड़ी चलवाता हूँ
A. के B. पर
C. में D. से

11. शिक्षक छात्रों........पुस्तक पढ़वाते हैं
A. के लिए B. में
C. पर D. से

12. मैंने दाढ़ी........उसे मुसलमान समझ लिया
A. से B. के
C. को D. के लिए

13. श्याम अपने भाई हरि........आम लाया है
A. के B. के लिए
C. का D. पर

14. मोहन घर........आता है
A. में B. पर
C. से D. का

15. उसे पाँच दिनों........मूर्च्छा आया करती है
A. पर B. से
C. के D. को

16. मेधावी छात्र परीक्षा........चोरी नहीं करते
A. में B. पर
C. से D. के लिए

उत्तरमाला

1. A	**2.** C	**3.** C	**4.** B	**5.** C
6. A	**7.** A	**8.** D	**9.** D	**10.** D
11. D	**12.** A	**13.** B	**14.** C	**15.** B
16. D				

गद्यांश (अपठित-बोध)

गद्यांश 1

यदि हम निरन्तर प्रयत्न करेंगे तो निश्चय ही अपने सभी लक्ष्यों को प्राप्त कर लेंगे, किन्तु प्रायः देखा जाता है कि अधिक आशावादी लोग थोड़ा सा प्रयत्न करके अधिक फल की कामना करने लगते हैं और मनोवांछित फल प्राप्त न होने पर निराश हो जाते हैं। अतः जीवन में सफलता प्राप्त करने के लिए परिस्थितियों के समक्ष घुटने न टेकें, बल्कि दृढ़ता से उनका मुकाबला करें। याद रखें, जितना कठोर हमारा परिश्रम होगा उसका फल भी उतना ही मीठा होगा।

उपर्युक्त गद्यांश को ध्यानपूर्वक पढ़ें और निम्न प्रश्नों के उत्तर के लिए सही विकल्प को चुनें:

1. फल न मिलने पर कौन निराश हो जाते हैं?
A. आशावादी लोग B. कम आशावादी लोग
C. अधिक आशावादी लोग D. निराशावादी लोग

2. लक्ष्य प्राप्ति के लिए क्या किया जाना चाहिए?
A. फल की कामना B. हिम्मत से मुकाबला
C. निरन्तर प्रयत्न D. परिस्थितियों से मुकाबला

3. आशावादी शब्द का विलोम शब्द है:
A. निराश B. निराशावादी
B. दुखी D. अप्रसन्न

4. मनोवांछित शब्द का क्या अर्थ है?
A. इच्छित B. परीक्षित
C. लाभदायक D. मन को खुश करने वाले

5. परिश्रम शब्द का अर्थ है:
A. साहस B. हिम्मत
C. काम D. कठिन मेहनत

गद्यांश 2

पन्द्रह अगस्त 1947 को हमारा देश स्वतंत्र हुआ। स्वतन्त्रता प्राप्ति के बाद विश्व के दूसरे देशों के साथ भारत के राजनयिक एवं सांस्कृतिक सम्बन्ध जुड़े। पर्यटकों के साथ-साथ राजनीतिज्ञों और साहित्यकारों को भी विदेश यात्रा के पर्याप्त अवसर मिले। विभिन्न प्रकार की छात्रवृत्तियों के माध्यम से बहुत से लोग विदेशों में पढ़ने गए। बहुत से लोगों ने विदेशों में उपलब्ध आजीविका के अवसरों का लाभ उठाया। इन सबके परिणामस्वरूप प्रचुर मात्रा में यात्रावृत्तांत लिखे गए। विदेश-विषयक यात्रावृतांत्तों में रूस और स्वदेश-विषयक यात्रावृतांत्तों में लेखकों की दृष्टि कश्मीर से कन्याकुमारी तक व्याप्त हुई।

उपर्युक्त गद्यांश को ध्यानपूर्वक पढ़ें और निम्नलिखित प्रश्नों के उत्तर के लिए सही विकल्प को चुनें:

1. भारत कब स्वतंत्र हुआ?
A. 15 अगस्त 1947 B. 15 अगस्त 1946
C. 15 अगस्त 1948 D. 15 अगस्त 1949

2. स्वतंत्र भारत के अन्य देशों के साथ किस प्रकार के संबंध जुड़े?
A. राजनीतिक
B. राजनयिक
C. धार्मिक
D. राजनयिक एवं सांस्कृतिक

3. आजीविका का क्या अर्थ है?
A. उपार्जन B. वेतन
C. मेहनत D. रोजगार

4. यात्रा-वृत्तांत का क्या अर्थ है?
A. भ्रमण B. पर्यटन
C. सफरनामा D. विदेशभ्रमण

5. स्वतंत्र का विलोम शब्द है:
A. परतंत्र B. आजाद
C. गुलामी D. मुक्ति

गद्यांश 3

युवा वर्ग का मस्तिष्क नई-नई बातों की ओर ज्यादा तेज दौड़ता है। उसमें अन्य वर्ग के व्यक्तियों से अधिक आवेश और शक्ति होती है। इस अवस्था में यदि सही शिक्षा और उचित मार्ग-दर्शन न मिले तो यही शक्ति प्रेरणा और निर्माण के स्थान पर विनाश की ओर ले जाती है। बिगड़ने और बनने की यही आयु होती है। दुर्भाग्य से हमारे देश में शिक्षा पद्धति केवल उपाधि बाँटने का काम ही करती है। एक सम्पूर्ण व्यक्तित्वपूर्ण मनुष्य बनाना आज की शिक्षा पद्धति के लिए मुश्किल है।

उपर्युक्त गद्यांश को ध्यानपूर्वक पढ़ें और निम्नलिखित प्रश्नों के उत्तर के लिए सही विकल्प को चुनें।

1. निर्माण का विलोम शब्द क्या हैं?
A. रचना B. बनावट
C. विनाश D. सृजन

2. मार्ग-दर्शन का क्या अर्थ है?
A. उपाधि B. रास्ता
C. उद्देश्य D. रास्ता दिखलाना

3. शक्ति विनाश की ओर कब अग्रसर होती है?
A. अधिक आवेश और शक्ति के अभाव में
B. सही शिक्षा और उचित मार्ग दर्शन के अभाव में
C. दुर्भाग्यपूर्ण शिक्षा पद्धति के कारण
D. इनमें से कोई नहीं

4. हमारे देश की शिक्षा पद्धति क्या कार्य करती है?
A. मार्ग-दर्शन B. शक्ति प्रेरणा
C. उपाधि देना D. उपर्युक्त सभी

5. दुर्भाग्य का विपरीत शब्द है:
A. भाग्य B. सौभाग्य
C. भाग्यशाली D. भाग्यवान

गद्यांश 4

भिखारी की भाँति गिड़गिड़ाना प्रेम की भाषा नहीं है। यहाँ तक कि मुक्ति के लिए भगवान् की उपासना करना भी अधम उपासना में गिना जाता है। प्रेम कोई पुरस्कार नहीं चाहता। प्रेम सर्वथा प्रेम के लिए ही होता है। भक्त इसलिए प्रेम करता है कि बिना प्रेम किए वह रह ही नहीं सकता। जब तुम किसी मनोहर प्राकृतिक दृश्य को देखकर उस पर मोहित हो जाते हो तो तुम किसी फल की याचना नहीं करते और न वह दृश्य ही तुमसे कुछ माँगता है। फिर भी उस दृश्य का दर्शन तुम्हारे मन को आनंद से भर देता है।

उपर्युक्त गद्यांश को ध्यानपूर्वक पढ़ें और निम्नलिखित प्रश्नों के उत्तर के लिए सही विकल्प का चयन करें:

1. प्रेम का उद्देश्य क्या होता है?
   A. मुक्ति B. उपासना
   C. भक्ति D. प्रेम
2. मुक्ति का अर्थ है:
   A. आजादी B. स्वतंत्रता
   C. परतंत्र D. निर्वाण
3. कैसी उपासना अधम मानी गई है?
   A. प्रेम की उपासना B. भगवान की उपासना
   C. मुक्ति की उपासना D. भक्ति की उपासना
4. मनोहर शब्द हैं:
   A. विशेषण B. संज्ञा
   C. सर्वनाम D. अव्यव
5. प्राकृतिक शब्द का अर्थ है:
   A. ईश्वरीय B. मानव संबंधी
   C. प्रकृति संबंधी D. प्रेम संबंधी

गद्यांश 5

कुछ लोग भाग्यवादी होते हैं और सब-कुछ भाग्य के सहारे छोड़कर कर्म से विरत हो जाते हैं। ऐसे लोग समाज के लिए बोझ हैं। वे कभी कोई बड़ा काम नहीं कर पाते। बड़ी-बड़ी खोज, बड़े-बड़े आविष्कार और बड़े-बड़े निर्माण कार्य कर्मशील लोगों के द्वारा ही संभव हो सके हैं। हम अपनी बुद्धि और प्रतिभा तथा कार्य-क्षमता के बल पर सही मार्ग पर चल सकते हैं, किन्तु बिना कठिन श्रम के अपने लक्ष्य तक नहीं पहुँच सकते। कठिन परिश्रम करने के बाद पाई गई सफलता हमारे मन को अलौकिक आनंद से भर देती है। यदि हम अपने कार्य में अपेक्षित श्रम नहीं करते तो हमारा मन ग्लानि का अनुभव करता है।

उपर्युक्त गद्यांश को ध्यानपूर्वक पढ़ें और निम्नलिखित प्रश्नों के उत्तर के लिए सही विकल्प चुनें:

1. ''आविष्कार'' शब्द का अर्थ है :
   A. अनुसंधान B. खोज
   C. निर्माण D. विनाश
2. **अलौकिक** शब्द का क्या अर्थ है?
   A. संसारिक B. भौतिक
   C. अमानुषी D. प्राकृतिक
3. सफलता का विलोम क्या है?
   A. सफल B. असफल
   C. सफलतापूर्वक D. असफलता
4. परिश्रम करने और न करने से हमारे जीवन पर क्या प्रभाव पड़ता है?
   A. लोग भाग्यवादी बन जाते हैं
   B. कर्म से विरत हो जाते हैं
   C. मन में ग्लानि का अनुभव होता है
   D. इनमें से कोई नहीं
5. किस प्रकार के लोग समाज के लिए बोझ हैं?
   A. भाग्यवादी B. कर्मठ
   C. परिश्रमी D. प्रतिभाशाली

गद्यांश 6

वैदिक काल से हिमालय के पहाड़ बहुत पवित्र माने जाते हैं। इसमें कोई सन्देह नहीं कि हिमालय के पहाड़ों का दृश्य अति सुन्दर है। उसकी विशालता को देखकर मन में आनन्द और कृतज्ञता की लहर उठती है। ऐसा लगता है कि यह विशाल सृष्टि प्रभु की अनुपम देन है। सारी सृष्टि के प्रति समभाव जाग्रत होता है। वस्तुतः यह दृष्टि कोरी कल्पनात्मक या आध्यात्मिक नहीं है। देखा जाए तो सारे भारत की जलवायु का समतोल करने वाले यह हिमालय के पहाड़ हैं, विशेषकर उत्तरी भारत को वर्षा और पानी देने वाले ये ही हैं। गंगोत्री, यमुनोत्री, बद्री, केदार को तीर्थ माना जाता है, जो व्यर्थ कल्पना नहीं है। उन स्थानों से निकलने वाली पवित्र नदियाँ ही वास्तव में हमारी प्राणदात्री रही हैं।

उपर्युक्त गद्यांश को ध्यानपूर्वक पढ़ें और निम्नलिखित प्रश्नों के उत्तर के लिए सही विकल्प चुनें :

1. हिमालय के पर्वत बहुत पवित्र कब से माने जाते हैं?
   A. पाषाण काल से B. वैदिक काल से
   C. प्राचीन काल से D. आधुनिक काल से
2. विशालता शब्द है :
   A. जातिवाचक B. भाववाचक
   C. विशेषण D. सर्वनाम
3. भारत की जलवायु को समतोल कौन करता है?
   A. गंगोत्री B. यमुनोत्री
   C. केदार D. हिमालय
4. सृष्टि का समानार्थक शब्द है :
   A. सृजन B. रचना
   C. प्रकृति D. संसार
5. प्राणदात्री का क्या अर्थ है?
   A. गंगोत्री
   B. यमुनोत्री
   C. प्राणसंचार करने वाली
   D. समभाव जाग्रत करने वाली

गद्यांश 7

सच्चा मित्र एक शिक्षक की भाँति होता है। जिस प्रकार शिक्षक अपने छात्र को सन्मार्ग की ही ओर अग्रसर करता है, उसी प्रकार एक सच्चा मित्र अपने मित्र को पाप के गर्त में गिरने से बचाता है। मानव-जीवन अधिक रहस्यपूर्ण है। कभी-कभी जीवन में ऐसे अवसर उपस्थित हो जाते हैं, जब मनुष्य की धर्मबुद्धि नष्ट हो जाती है और उसका मन द्रुत गति से पाप की ओर दौड़ता है। ऐसे समय में मित्र का ही उपदेश अधिक कल्याणकारी सिद्ध होता है। मित्र के उपदेश का जितना प्रभाव हृदय पर पड़ता है, उतना और किसी का नहीं पड़ता है।

उपर्युक्त गद्यांश को ध्यानपूर्वक पढ़ें और निम्नलिखित प्रश्नों के उत्तर के लिए सही विकल्प चुनें :

1. सच्चा मित्र किस प्रकार का होता है?

A. विपत्ति में सहायता देने वाला
B. गलत मार्ग पर चलने से रोकने वाला
C. शिक्षक के भाँति
D. धार्मिक गुरु की तरह

2. सन्मार्ग शब्द का विपरीत शब्द है :

A. अग्रसर B. कुमार्ग
C. सुमार्ग D. मार्गदर्शक

3. व्यक्ति को पाप के गर्त्त में गिरने से कौन बचाता है?

A. शिक्षक B. भाई
C. पिता D. सच्चा मित्र

4. मानव पाप की ओर कब दौड़ता है?

A. जब स्वार्थी बन जाता है
B. जब धर्म-बुद्धि नष्ट हो जाती है
C. जब सच्चामित्र साथ छोड़ देता है
D. जब धनवान बन जाता है

5. उपदेश में कौन-सा उपसर्ग है?

A. उ B. उप
C. दे D. देश

गद्यांश 8

सब तरह के भावों को प्रकट करने की योग्यता रखने वाली और निर्दोष होने पर भी यदि कोई भाषा अपना निज का साहित्य नहीं रखती, तो वह रूपवती भिखारिन की तरह कदापि आदरणीय नहीं हो सकती। उनकी शोभा, उसकी बड़ी सम्पन्नता, उसकी मान-मर्यादा उसके साहित्य पर ही अवलम्बित रहती है। उसके विचारों और राजनैतिक स्थितियों का प्रतिबिम्ब देखने को यदि कहीं मिल सकता है, तो उसके ग्रन्थ साहित्य में मिल सकता है। सामाजिक शक्ति या सजीवता, सामाजिक अशक्ति या निर्जीवता और सामाजिक सभ्यता तथा असभ्यता का निर्णायक एकमात्र साहित्य है।

उपर्युक्त गद्यांश को ध्यानपूर्वक पढ़ें और निम्नलिखित प्रश्नों के उत्तर के लिए सही विकल्प चुनें :

1. साहित्य विहीन भाषा किस प्रकार की होती है?

A. आदरणीय B. भिखारिन
C. रूपवती D. रूपवती भिखारिन

2. रूपवती का पुल्लिंग रूप है:

A. रूपवान B. सुन्दर
C. सुन्दरी D. रूपवत

3. भाषा की मान मर्यादा किस पर निर्भर करती है?

A. लिपि पर B. साहित्यकार पर
C. भक्ति पर D. साहित्य पर

4. "सम्पन्नता" शब्द का विपरीत शब्द है:

A. गरीबी B. विपन्न
C. अमीर D. विपन्नता

5. राजनैतिक, सामाजिक शक्ति का दर्शन हमें किसमें मिलता है?

A. समाज B. राज्य
C. नेता D. साहित्य

गद्यांश 9

स्वतंत्र भारत का सम्पूर्ण दायित्व आज विद्यार्थियों के ही ऊपर है, क्योंकि आज जो विद्यार्थी हैं, वे ही कल स्वतंत्र भारत के नागरिक होंगे। भारत की उन्नति, उसका उत्थान उन्हीं की उन्नति और उत्थान पर निर्भर करता है। अतः विद्यार्थियों को चाहिए कि वे अपने भावी जीवन का निर्माण बड़ी सतर्कता और सावधानी के साथ करें। उन्हें प्रत्येक क्षण अपने राष्ट्र, अपने समाज, अपने धर्म, अपनी संस्कृति को अपनी आँखों के सामने रखना चाहिए, जिससे उनके जीवन से राष्ट्र को कुछ बल प्राप्त हो सके। जो विद्यार्थी राष्ट्रीय दृष्टिकोण से अपने जीवन का निर्माण नहीं करते, वे राष्ट्र और समाज के लिए भार-स्वरूप हैं।

उपर्युक्त गद्यांश को ध्यानपूर्वक पढ़ें और निम्नलिखित प्रश्नों के उत्तर के लिए सही विकल्प चुनें :

1. भारत की उन्नति किस पर निर्भर करती है?

A. युवाओं पर B. नेताओं पर
C. साहित्यकारों पर D. विद्यार्थियों पर

2. **उन्नति** का समानार्थक शब्द है :

A. पतन B. उत्थान
C. विकास D. उदय

3. **उत्थान** का विपरीत शब्द है :

A. उदय B. पतन
C. पराजय D. हार

4. किसे अपने जीवन का निर्माण सतर्कता और सावधानी से करना चाहिए?

A. युवाओं को B. नेताओं को
C. बच्चों को D. विद्यार्थियों को

5. धर्म, संस्कृति तथा समाज का रक्षक कौन है?

A. नागरिक B. ग्रामीण
C. विद्यार्थी D. युवा

गद्यांश 10

हास्य एक ऐसा माध्यम है, जो नीरस-जीवन को भी सुखद बना देता है। हास्य का जादू इतना प्रभावशाली होता है कि वह छूत के रोग की तरह चारों ओर फैल जाता है। जिसने कभी हँसना नहीं सीखा, सचमुच उसने जीना नहीं सीखा। सामान्यतः मनुष्य को जीवन में इतनी मुसीबतें झेलनी पड़ती हैं कि वह अपने जीवन को पहाड़ समझने लगता है। ऐसे दूभर जीवन को यदि जीने योग्य बनाना हो तो उसके लिए आवश्यक है कि जीवन में हँसने की गुंजाइश हो। हँसी के सहारे मनुष्य अपने कष्टों को भुलाने का प्रयत्न करता है। संघर्ष, तनाव, व्यस्तता, घुटन यदि आज के जीवन की सहज देन हैं, तो इनसे बचने के लिए यह आवश्यक है कि हम हँसना सीखें।

उपर्युक्त गद्यांश को ध्यानपूर्वक पढ़ें और निम्नलिखित प्रश्नों के उत्तर के लिए सही विकल्प चुनें :

1. नीरस जीवन को कौन सुखद बना देता है?
   A. संगीत B. गीत
   C. आमोद प्रमोद D. हास्य
2. **नीरस** का संधि विच्छेद है :
   A. नी + रस B. नि + रस
   C. निः + रस D. नीः + रस
3. किसका जीवन व्यर्थ है?
   A. जिसने रोना नहीं सीखा
   B. जिसने हँसना नहीं सीखा
   C. जिसने गाना नहीं सीखा
   D. इनमें से कोई नहीं
4. **हँसना** शब्द है :
   A. संज्ञा B. विशेषण
   C. क्रिया विशेषण D. क्रिया
5. तनाव और घुटन से बचने के लिए क्या करना चाहिए?
   A. रोना चाहिए B. गाना चाहिए
   C. हँसना चाहिए D. काम करना चाहिए

गद्यांश 11

किसी पुस्तक को पढ़ने में जल्दी नहीं करनी चाहिए, जो कुछ लेखक कहता है, उसे समझने की चेष्टा करनी चाहिए। प्रत्येक शब्द का अर्थ समझने की चेष्टा करनी चाहिए। यदि लेखक योग्य है, तो दूसरी बार वह पुस्तक और अधिक आनन्द देगी और तीसरी बार और अधिक। प्रत्येक बार अध्ययन करने पर आपको नवीन सुन्दर और नए विचार मिलेंगे और उसे आप जितना ही पढ़ेंगे, उतना ही स्नेह करने लगेंगे। सहस्रों व्यक्तियों ने गीता और रामायण तथा कुरान और बाइबिल को बार-बार पढ़ा है। उनका अनुभव है कि प्रत्येक बार उन्हें नई सूझ और नए विचार मिलते गए। कुछ लोग तो इस बात पर गर्व करते हैं कि उन्होंने अमुक पुस्तक को अनेक बार पढ़ा है, उन्हें कंठस्थ हो गई है।

उपर्युक्त गद्यांश को ध्यानपूर्वक पढ़ें और निम्नलिखित प्रश्नों के उत्तर के लिए सही विकल्प चुनें :

1. किसे समझने की चेष्टा करनी चाहिए?
   A. पुस्तक B. रामायण
   C. महाभारत D. गीता
2. पुस्तक की सजीवता किस पर निर्भर करती है?
   A. लेखक B. प्रकाशक
   C. पाठक D. चिन्तक
3. **आनन्द** का विपरीत शब्द है :
   A. शोक B. दुख
   C. संताप D. खुशी
4. नवीन, सुन्दर और नए विचार हमें कहाँ से प्राप्त होता हैं?
   A. पुस्तक को बार-बार पढ़कर
   B. सुनकर
   C. भाषण से
   D. अच्छे व्यक्तियों से मिलने पर
5. **कंठस्थ** शब्द का शब्दार्थ है :
   A. कंठ में स्थित B. सुंदर कंठ
   C. जबानी याद D. पंडित जी

गद्यांश 12

अहिंसा परम धर्म है और हिंसा आपद् धर्म। मनुष्य बराबर अहिंसा की ओर चलना चाहता है, किन्तु परिस्थितियाँ उससे हिंसा कराती है, अर्थात् परमधर्म की रक्षा के लिए आदमी बराबर आपद्धर्म से काम लेता रहा है। भारत अपनी सेनाओं को विघटित कर दे, तब भी उसका अपमान उससे अधिक होने वाला नहीं, जितना नेफा में हुआ। किन्तु परमधर्म पर टिकने की सामर्थ्य अगर भारत में नहीं है, तो आपद्धर्म पर उसे आना चाहिए। व्यवहारतः आपद्धर्म परमधर्म का विरोधी नहीं, उसका रक्षक है।

उपर्युक्त गद्यांश को ध्यानपूर्वक पढ़ें और निम्नलिखित प्रश्नों के उत्तर के लिए सही विकल्प चुनें :

1. **परमधर्म** का विपरीत शब्द है :
   A. महान धर्म B. आपद्धर्म
   C. सच्चाधर्म D. इनमें से कोई नहीं
2. आपद्धर्म किसे कहा जाता है?
   A. अहिंसा B. सत्याग्रह
   C. विपत्ति D. हिंसा
3. मानव से हिंसा कौन करवाती है?
   A. लोभ B. स्वार्थ
   C. द्वेष D. परिस्थितियाँ
4. **सामर्थ्य** का शब्दार्थ है :
   A. संघर्ष B. परिश्रम
   C. शक्ति D. पराक्रम
5. **परमधर्म** की रक्षा कौन करता है?
   A. अहिंसा B. हिंसा
   C. आपदधर्म D. युद्ध

गद्यांश 13

वर्तमान काल विज्ञापन का युग माना जाता है। समाचार-पत्रों के अतिरिक्त रेडियो और टेलीविजन भी विज्ञापन के सफल साधन हैं। विज्ञापन का मूल उद्देश्य उत्पादक और भोक्ता में सीधा सम्पर्क स्थापित करना होता है। जितना अधिक विज्ञापन किसी पदार्थ का होगा, उतनी ही उसकी लोकप्रियता बढ़ेगी। इन विज्ञापनों पर धन तो अधिक व्यय होता है, पर इनसे बिक्री बढ़ जाती है। ग्राहक जब इन आकर्षक विज्ञापनों को देखता है तो वह उस वस्तु-विशेष के प्रति आकृष्ट होकर उसे खरीदने को बाध्य हो जाता है।

उपर्युक्त गद्यांश को ध्यानपूर्वक पढ़ें और निम्नलिखित प्रश्नों के उत्तर के लिए सही विकल्प चुनें :

1. वर्तमान को किसका युग माना जाता है?
A. फैशन　B. विज्ञापन
C. संगीत　D. धन

2. उत्पादक तथा भोक्ता के बीच कौन संबंध स्थापित करता है?
A. टेलीविजन　B. समाचार-पत्र
C. रेडियो　D. विज्ञापन

3. **वर्तमान** शब्द का विपरीत शब्द है :
A. अर्वाचीन　B. आधुनिक
C. आजकल　D. प्राचीन

4. **आकर्षक** का शब्दार्थ है :
A. विकर्षक　B. सुन्दर
C. मनमोहक　D. आश्चर्यजनक

5. भोक्ता किस कारण वस्तुओं को खरीदने के लिए बाध्य हो जाता है?
A. विज्ञापन
B. आकर्षक विज्ञापन
C. लोकप्रियता के कारण
D. आसानी से उपलब्ध होना

गद्यांश 14

लगभग दो सौ वर्ष की गुलामी ने भारत के राष्ट्रीय स्वाभिमान को पैरों से रौंद डाला, हमारी संस्कृति को समाप्त कर दिया, हमारे विश्वासों को हिला दिया और हमारे आत्मविश्वास को चकनाचूर कर दिया, किन्तु अपने इस बूढ़े देश से प्यार करने वाले, इसके एक सामान्य संकेत पर प्राण न्यौछावर करने वाले दीवानों का अभाव न था। एक आवाज उठी और देखते ही देखते राष्ट्र का दबा हुआ आत्माभिमान उन्मत्त हो उठा। इतिहास साक्षी है जाने और अनजाने सहस्त्रों देशभक्त स्वतंत्रता की अनमोल निधि को पाने के लिए शहीद हो गए।

उपर्युक्त गद्यांश को ध्यानपूर्वक पढ़ें और निम्नलिखित प्रश्नों के उत्तर के लिए सही विकल्प चुनें :

1. **स्वाभिमान** का संधि विच्छेद है:
A. स्वा + भिमान　B. स्वः + अभिमान
C. स्व + अभिमान　D. स्वा + अभिमान

2. भारत का राष्ट्रीय स्वाभिमान किस कारण समाप्त हो गया था?
A. लम्बे गुलामी से　B. निरंकुश शासक से
C. स्वार्थी मानव से　D. धर्म के विनाश से

3. **आत्मविश्वास** का शब्दार्थ है
A. घमण्ड　B. गर्व
C. अपने पर विश्वास　D. अभिमान

4. भारत की अनमोल निधि को पाने के लिए कौन शहीद हो गए?
A. देशभक्त　B. नेता
C. युवा　D. युवती

5. **अनमोल निधि** का शब्दार्थ है:
A. अनन्त खजाना　B. अमूल्य खजाना
C. बहुमूल्य　D. स्वतंत्रता

गद्यांश 15

दुनिया के विभिन्न देशों के विकास पर विहंगम दृष्टि डालने से यह स्पष्ट हो जाता है कि आज जिस देश ने वैज्ञानिक उपलब्धियों के सहारे अपना औद्योगीकरण कर लिया, उसी को उन्नत देश कहा जाता है। जिस देश में औद्योगीकरण का स्तर नीचा है, वह पिछड़ा हुआ देश कहा जाता है। वैज्ञानिक आविष्कारों और औद्योगीकरण के आधार पर ही किसी देश की प्रगति को आँका जाता रहा है। विज्ञान ने मानव को पूरी तरह बदल दिया है।

उपर्युक्त गद्यांश को ध्यानपूर्वक पढ़ें और निम्नलिखित प्रश्नों के उत्तर के लिए सही विकल्प चुनें :

1. **विहंगम दृष्टि** का क्या अर्थ है?
A. एक झलक　B. गहन दृष्टि
C. गहन चिन्तन　D. इनमें से कोई नहीं

2. **विकास** का विपरीत शब्द है :
A. उत्थान　B. उदय
C. पतन　D. विनाश

3. **वैज्ञानिक** शब्द में कौन-सा प्रत्यय हैं?
A. निक　B. वै
C. ईक　D. इक

4. मानव जीवन को किसने बदल दिया है :
A. विकास　B. वैज्ञानिक
C. विज्ञान　D. उद्योग

5. किसी भी देश की स्तर को किससे नापा जाता है?
A. उपलब्धियों पर　B. औद्योगीकरण से
C. वैज्ञानिकों से　D. आविष्कारों से

गद्यांश 16

विश्व का वर्तमान उन्नत रूप मानव-श्रम की ही कहानी कह रहा है। गगन चुंबी अट्टालिकाएँ, लंबी-चौड़ी सड़कें, बड़े-बड़े विशाल नगर आकाश में उड़ते वायुयान तथा मानव-जीवन को सुखी और समृद्ध बनाने में योगदान करने वाले ज्ञान-विज्ञान के अनन्त रूप-ये सभी मनुष्य के श्रम का जयघोष करते हैं। स्पष्ट है कि मनुष्य और उसका शरीर विधाता की अनुपम रचना है जो निश्चय ही महान उद्देश्यों की संपूर्ति के

लिए दिया गया है। इस दुर्लभ तन को यदि हम आलस्य, प्रसाद अथवा घटिया कामों में गँवा देते हैं तो उस विधाता के प्रति अन्याय करते हैं।

उपर्युक्त गद्यांश को ध्यानपूर्वक पढ़ें और निम्नलिखित प्रश्नों के उत्तर के लिए सही विकल्प चुनें :

1. विश्व का वर्तमान रूप किसका उद्योतक है?
   A. चिन्तक का B. नेता का
   C. वैज्ञानिक का D. मानव श्रम
2. **गगन चुंबी अट्टालिकाएँ** का अर्थ है :
   A. आकाश में उड़ने वाला B. आकाश को छूने वाला
   C. बहुमंजिली इमारत D. इनमें से कोई नहीं
3. आकाश का समानार्थक शब्द है :
   A. वसुन्धरा B. धरा
   C. पयोद D. गगन
4. **सुखी** का विपरीत शब्द है :
   A. प्रसन्न B. अप्रसन्न
   C. दुखी D. उदासी
5. विधाता की अनुपम रचना क्या है?
   A. मानव शरीर B. समुद्र
   C. वन D. पृथ्वी

गद्यांश 17

हमारे देश में एक ऐसा भी युग था जब नैतिक और आध्यात्मिक विकास ही जीवन का वास्तविक लक्ष्य माना जाता था। अहिंसा की भावना सर्वोपरि थी। आज पूरा जीवन दर्शन ही बदल गया है। सर्वत्र पैसे की हाय-हाय तथा धन का उपार्जन ही मुख्य ध्येय हो गया है, भले ही धन-उपार्जन के तरीके गलत ही क्यों न हों? इन सबका असर मनुष्य के प्रतिदिन के जीवन पर पड़ रहा है। समाज का वातावरण दूषित हो गया है—

बाह्य वातावरण तो दूषित है ही, आज सब जानते हैं पर्यावरण की समस्याएँ कितनी चिन्तनीय हो उठी है। इन सबके कारण मानसिक और शारीरिक तनाव-खिंचाव और व्याधियाँ पैदा हो रही हैं।

उपर्युक्त गद्यांश को ध्यानपूर्वक पढ़ें और निम्नलिखित प्रश्नों के उत्तर के लिए सही विकल्प चुनें :

1. भारत का प्राचीन आदर्श था :
   A. सत्य और अहिंसा B. नैतिक और आध्यात्मिक विकास
   C. धन उपार्जन D. इनमें से कोई नहीं
2. **अहिंसा** का विपरीत शब्द है :
   A. हिंसा B. सत्याग्रह
   C. विनम्रता D. नैतिकता
3. जीवन दर्शन क्यों बदल गया है?
   A. हिंसा के कारण B. अहिंसा के कारण
   C. धन लिप्सा के कारण D. आध्यात्मिक विकास के कारण
4. समाज का वातावरण दूषित क्यों हो गया है?
   A. शारीरिक तनाव B. मानसिक व्याधियाँ
   C. पर्यावरण की समस्याएँ D. धन उपार्जन के गलत तरीके
5. **पर्यावरण** का शब्दार्थ है:
   A. जलमंडल B. स्थलमंडल
   C. वायुमंडल D. वातावरण

उत्तरमाला

गद्यांश 1

1. C 2. D 3. B 4. A 5. D

गद्यांश 2

1. A 2. D 3. D 4. C 5. A

गद्यांश 3

1. C 2. D 3. B 4. C 5. B

गद्यांश 4

1. D 2. D 3. C 4. A 5. C

गद्यांश 5

1. B 2. D 3. D 4. C 5. A

गद्यांश 6

1. B 2. B 3. D 4. A 5. C

गद्यांश 7

1. C 2. B 3. D 4. B 5. B

गद्यांश 8

1. D 2. A 3. D 4. D 5. D

गद्यांश 9

1. D 2. B 3. B 4. D 5. C

गद्यांश 10

1. D 2. C 3. B 4. D 5. C

गद्यांश 11

1. A 2. A 3. A 4. A 5. C

गद्यांश 12

1. B 2. D 3. D 4. C 5. C

गद्यांश 13

1. B 2. D 3. D 4. C 5. B

गद्यांश 14

1. C 2. A 3. C 4. A 5. B

गद्यांश 15

1. A 2. D 3. C 4. C 5. B

गद्यांश 16

1. D 2. C 3. D 4. C 5. A

गद्यांश 17

1. B 2. A 3. C 4. D 5. D

●●●

तार्किक योग्यता
(Reasoning Ability)

1

श्रृंखला (Series)

अक्षर श्रृंखला (Letter Series)

अक्षर श्रृंखला में निहित अक्षरों का एक निश्चित क्रम होता है। दी गई अक्षर श्रृंखला में अक्षर वर्णमाला के सीधे क्रम में भी हो सकते हैं और वर्णमाला के विपरीत क्रम में भी।

वर्णमाला के सीधे क्रम में अक्षरों की श्रृंखला है :

A B C D E F G H I J K L M N O P Q R S T U V W X Y Z

A ↓ पहला, E ↓ 5वाँ, J ↓ 10वाँ, O ↓ 15वाँ, T ↓ 20वाँ, Y ↓ 25वाँ

वर्णमाला के विपरीत या उल्टे क्रम में अक्षरों की श्रृंखला है :

Z Y X W V U T S R Q P O N M L K J I H G F E D C B A

Z ↓ पहला, V ↓ 5वाँ, Q ↓ 10वाँ, L ↓ 15वाँ, G ↓ 20वाँ, B ↓ 25वाँ

टिप्पणी : Z पर पहुंचकर श्रृंखला A से पुन: शुरू होती है और A पर पहुंचकर श्रृंखला Z से पुन: शुरू होती हैं।

अभ्यास

निर्देश : *नीचे दी गई प्रत्येक श्रृंखला में अक्षरों का क्रम निर्धारित करें। तत्पश्चात् दिए गए विकल्पों में से उस विकल्प का चयन करें जिससे दी गई श्रृंखला में प्रश्न चिह्न प्रतिस्थापित होता हो।*

1. B Y C X D W E ?
(*a*) S (*b*) T
(*c*) U (*d*) V

2. A D C G E ?
(*a*) G (*b*) J
(*c*) I (*d*) L

3. X O I F ?
(*a*) D (*b*) F
(*c*) B (*d*) E

4. Z A A Y B B X C ?
(*a*) W (*b*) C
(*c*) V (*d*) D

5. A Z Y B X W C V U D T S E ?
(*a*) R S (*b*) S T
(*c*) R Q (*d*) Q R

उत्तरमाला

1	2	3	4	5
(*d*)	(*b*)	(*b*)	(*b*)	(*c*)

व्याख्यात्मक उत्तर

1. दी गई श्रृंखला में बारी-बारी से दो अक्षर श्रृंखलाएं अंतर्निहित हैं।

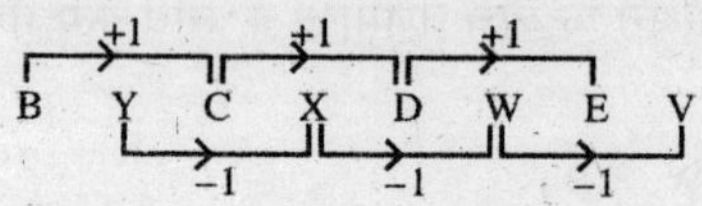

श्रृंखला I : BCDE (वर्णमाला के सीधे क्रम में)

श्रृंखला II : YXWV (वर्णमाला के विपरीत क्रम में)

3. श्रृंखला में दो सन्निकट अक्षरों के बीच वर्णमाला के विपरीत क्रम में क्रमश: 3 की कमी होती जाती है, अर्थात्

5. श्रृंखला में बारी-बारी से दो श्रृंखलाएं अंतर्निहित हैं।

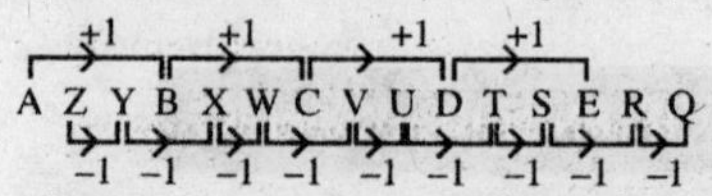

श्रृंखला I : ABCDE (वर्णमाला के सीधे क्रम में)

श्रृंखला II : ZY XW VU TS RQ (वर्णमाला के विपरीत क्रम में एक साथ दो अक्षर)

गलत या बेमेल अक्षर-श्रृंखला (Wrong Letter Series)

इस प्रकार के प्रश्नों में दी गई श्रृंखला में अभ्यर्थियों को ऐसे अक्षर या अक्षर-समूह ज्ञात करने की आवश्यकता नहीं होती जिनसे दी गई श्रृंखला पूर्ण होती है बल्कि उन्हें ऐसे अक्षर का पता लगाना होता है जो श्रृंखला में गलत या बेमेल हो।

अभ्यास

निर्देश : *नीचे के प्रत्येक प्रश्न में दी गई अक्षर-शृंखला में कौन-सा अक्षर या अक्षर-समूह गलत या बेमेल है ?*

1. C H M S W B
(*a*) C (*b*) S
(*c*) B (*d*) W

2. Z A W B X C
(*a*) D (*b*) C
(*c*) X (*d*) W

3. D K R Y F L
(*a*) L (*b*) D
(*c*) R (*d*) Y

4. XW, DC, CB, NM, PQ
(*a*) NM (*b*) CB
(*c*) PQ (*d*) XW

5. Z T P K H F
(*a*) Z (*b*) P
(*c*) T (*d*) F

उत्तरमाला

1	2	3	4	5
(*b*)	(*d*)	(*a*)	(*c*)	(*b*)

व्याख्यात्मक उत्तर

1. शृंखला में दो सन्निकट अक्षरों के बीच वर्णमाला के सीधे क्रम में +5 का अंतर है।

C H M R W B
+5 +5 +5 +5 +5

अत: शृंखला में S के स्थान पर R होना चाहिए। (शृंखला Z पर पहुंचने के बाद A से पुन: शुरू होती है।)

4. शृंखला कोई भी दो क्रमागत अक्षरों को वर्णमाला के विपरीत क्रम में शामिल करके निर्मित की गई है।

XW DC CB NM QP
← ← ← ← ←

संख्या-शृंखला (Number Series)

इस प्रकार की शृंखला में दी गई संख्याओं के समुच्चय एक दूसरे से एक विशेष पैटर्न या रुप में संबंधित होते हैं। संख्याओं के बीच संबंध—

(*i*) क्रमागत विषम/सम संख्याओं;

(*ii*) क्रमागत अविभाज्य संख्याओं;

(*iii*) किसी संख्या (या संख्याओं) का वर्गफल/घनफल जिसमें किसी संख्या को जोड़ने या घटाने पर परिवर्तन होता है/नहीं होता;

(*iv*) पूर्ववर्ती संख्याओं का योग/गुणनफल/अंतर;

(*v*) किसी संख्या से योग/घटाव/गुणा/भाग; और

(*vi*) उपर्युक्त संबंधों के अनेक और भी संयोजनों पर आधारित होता है।

अभ्यास

निर्देश : *शृंखलाओं को पूरा करने के लिए दिए गए विकल्पों में से लुप्त पद/संख्या ज्ञात करें।*

1. 1, 6, 12, 19, 27, ?
(*a*) 38 (*b*) 35
(*c*) 36 (*d*) 54

2. 2, 3, 6, 18, 108, ?
(*a*) 1944 (*b*) 1658
(*c*) 648 (*d*) 1008

3. 3, 8, 13, 24, 41, ?
(*a*) 65 (*b*) 75
(*c*) 70 (*d*) 80

4. 0, 5, 22, 57, ?, 205
(*a*) 198 (*b*) 116
(*c*) 172 (*d*) 92

5. 1, 2, 5, 12, 27, 58, 121, ?
(*a*) 246 (*b*) 247
(*c*) 248 (*d*) 249

उत्तरमाला

1	2	3	4	5
(*c*)	(*a*)	(*c*)	(*b*)	(*c*)

व्याख्यात्मक उत्तर

1. शृंखला के आरंभिक पदों अर्थात् 1 और 6 के बीच 5 का अंतर है और तत्पश्चात् शृंखला की आनुक्रमिक संख्याओं के बीच अंतर में क्रमश: 1 की वृद्धि होती जाती है।

1 6 12 19 27 36
+5 +6 +7 +8 +9

4. शृंखला निम्नलिखित पैटर्न का अनुपालन करती है :
1 से आरंभ करके प्राकृतिक संख्याओं का घनफल घटा 1 से आरंभ करके एकांतर विषम संख्याएं

0	5	22	57	116	205
↓	↓	↓	↓	↓	↓
1^3-1	2^3-3	3^3-5	4^3-7	5^3-9	6^3-11

आवृत्ति शृंखला (Repetitive Series)

इस प्रकार की शृंखला में अक्षरों का समुच्चय निर्मित करने के लिए अंग्रेजी वर्णमाला के छोटे अक्षरों का प्रयोग किया जाता है जिनकी शृंखला में पुनरावृत्ति होती है।

अभ्यास

निर्देश : *दी गई अक्षर-शृंखलाओं को पूरा करने के लिए दिए गए अक्षर-समूहों के विकल्पों में से सही विकल्प का चयन करें।*

1. ab---b-bbaa-
(*a*) babba (*b*) abaab
(*c*) abbab (*d*) baaab

2. aa-ab--aaa-a
(*a*) baaa (*b*) abab
(*c*) aaab (*d*) aabb

3. -baa-aab-a-a
(*a*) baab (*b*) abab
(*c*) aaba (*d*) aabb

4. -a cca-ccca-acccc-aaa
(*a*) ccaa (*b*) acca
(*c*) caac (*d*) caaa

5. c-bbb--abbbb-abbb-
(*a*) abccb (*b*) bacbb
(*c*) aabcb (*d*) abacb

उत्तरमाला

1	2	3	4	5
(*d*)	(*c*)	(*b*)	(*d*)	(*a*)

व्याख्यात्मक उत्तर

2. दी गई अक्षर शृंखला है : aaaaba, aaaaba

4. दी गई अक्षर शृंखला है : c, a, cc, aa, ccc, aaa, cccc, aaaa

5. दी गई अक्षर शृंखला है : cabbbb, cabbbb, cabbbb

●●●

2

सादृश्य या संबंध (Analogies or Relationships)

शब्द सादृश्य (Word Analogy)

संबंध या सादृश्य परीक्षा में दिए गए दो शब्दों के बीच संबंध स्थापित किया जाता है और उसी संबंध को दिए गए अन्य शब्दों पर अनुप्रयुक्त किया जाता है। दिए गए दो शब्दों के बीच विभिन्न प्रकार के संबंध हो सकते हैं, अत: इस प्रकार के प्रश्नों को हल करते समय सर्वप्रथम यह ज्ञात करना होता है कि दिए गए दो शब्दों के बीच किस प्रकार का संबंध है।

अभ्यास

निर्देश (प्र.सं. 1–5): *पूछे गए प्रत्येक प्रश्न में पहले दिए गए दो शब्दों के बीच संबंध स्थापित करें। तत्पश्चात् दिए गए विकल्पों में से उस विकल्प का चयन करें जिसके शब्द और प्रश्न में दिए गए तीसरे शब्द के बीच ठीक वैसा ही संबंध या सादृश्य हो जैसा कि पहले के दो शब्दों के बीच है।*

1. जो संबंध 'उन्माद' और 'सनक' में है वही संबंध 'भय' और निम्नलिखित में से किसमें है?
(*a*) इच्छा (*b*) शौक
(*c*) आवश्यकता (*d*) डर

2. 'हकलाना' जिस प्रकार 'वाणी' से संबंधित है उसी प्रकार 'बहरापन' का संबंध निम्नलिखित में से किससे है?
(*a*) कान (*b*) सुनना
(*c*) शोर (*d*) चुप्पी

3. जिस प्रकार 'नेता', 'अनुयायी' से संबंधित है, उसी प्रकार .... संबंधित है सिपाही से।
(*a*) कैप्टन (*b*) यूनिट
(*c*) सेना (*d*) बैरक

4. जिस प्रकार 'चिल्लाहट', 'फुसफुसाहट' से संबंधित है, उसी प्रकार 'मारना' निम्नलिखित में से किससे संबंधित है?
(*a*) थप्पड़ मारने (*b*) छूना
(*c*) क्रोध (*d*) शोरगुल

5. जिस प्रकार 'पंजा', 'बिल्ली' से संबंधित है उसी प्रकार 'खुर' निम्नलिखित में से किससे संबंधित है?
(*a*) घोड़ा (*b*) मेमना
(*c*) हाथी (*d*) शेर

निर्देश (प्र.सं. 6–10): *नीचे दिए गए प्रत्येक प्रश्न में :: चिह्न की बाईं ओर दो शब्द दिए गए हैं। इन दोनों शब्दों में कुछ संबंध है। वैसा ही संबंध :: चिह्न की दाईं ओर के दो शब्दों में है जिनमें से एक शब्द के स्थान पर प्रश्नवाचक चिह्न (?) है। प्रश्नवाचक चिह्न (?) के स्थान पर दिए गए विकल्पों में से एक उपयुक्त विकल्प का चयन करें।*

6. शिकारी : बंदूक :: लेखक : ?
(*a*) पुस्तक (*b*) कलम
(*c*) कविता (*d*) पृष्ठ

7. भोजन : आमाशय :: ईंधन : ?
(*a*) इंजन (*b*) ऑटोमोबाइल
(*c*) रेल (*d*) वायुयान

8. जल : रेत :: महासागर : ?
(*a*) द्वीप (*b*) नदी
(*c*) मरुभूमि (*d*) तरंगें

9. वयस्क : बच्चा :: फूल : ?
(*a*) बीज (*b*) कली
(*c*) फल (*d*) तितली

10. मोती : कंठहार :: फूल : ?
(*a*) पौधा (*b*) बगीचा
(*c*) पँखुड़ी (*d*) गुलदस्ता

निर्देश (प्र.सं. 11–15): *दिए गए विकल्पों में से उस शब्द-युग्म का चयन कीजिए जिसमें युग्म के शब्दों के बीच ठीक उसी प्रकार का संबंध हो जिस प्रकार का संबंध प्रश्न में दिए गए मूल शब्द-युग्म के बीच है।*

11. राज्य : निर्वासन
(*a*) पुलिस : गिरफ्तार (*b*) न्यायाधीश : अभियुक्त
(*c*) संविधान : संशोधन (*d*) चर्च : धर्म-बहिष्करण

12. चंचलता : विश्वसनीयता
(*a*) तात्कालिक : भविष्य सूचक (*b*) अविश्वसनीय : अमानवीय
(*c*) दृढ़निश्चयी : व्यवहार्यता (*d*) स्वेच्छाचारी : सनकी

13. अनिच्छुक : बल-प्रयोग
(*a*) घृणित : दुलारा (*b*) चिढ़ना : प्यार करना
(*c*) क्रुद्ध : प्रतिरोध (*d*) विमुख : मान-मनोव्वल

14. शल्क : मछली
(*a*) महिला : ड्रेस (*b*) पेड़ : पत्तियां
(*c*) पक्षी : पंख (*d*) त्वचा : मुनष्य

15. वृक्ष : बालवृक्ष
(*a*) झोंपड़ी : महल (*b*) लंबा-तगड़ा : बौना
(*c*) घोड़ा : बछेड़ा (*d*) चींटी : हाथी

उत्तरमाला

1	2	3	4	5
(*d*)	(*b*)	(*a*)	(*b*)	(*a*)
6	**7**	**8**	**9**	**10**
(*b*)	(*a*)	(*c*)	(*b*)	(*d*)
11	**12**	**13**	**14**	**15**
(*d*)	(*d*)	(*d*)	(*d*)	(*c*)

व्याख्यात्मक उत्तर

1. संबंधित शब्द पर्यायवाची हैं।

3. जिस प्रकार 'अनुयायी' अपने 'नेता' से मार्ग-दर्शन प्राप्त करते हैं उसी प्रकार 'सिपाही' को अपने 'कैप्टन' से मार्गदर्शन प्राप्त होता है।

5. 'बिल्ली' के 'पैर में' 'पंजा' होता है जबकि 'घोड़ा' के पैर में 'खुर' होता है।

6. 'शिकारी' का हथियार 'बंदूक' है और 'लेखक' का हथियार 'कलम' है।

9. 'बच्चा' विकसित होकर 'वयस्क' बनता है और 'कली' खिलकर 'फूल' बनती है।

11. राज्य से बाहर कर देना 'निर्वासन' और चर्च से बाहर कर देना 'धर्म-बहिष्करण' कहलाता है।

14. मछली का शरीर 'शल्कों' से ढका होता है और मनुष्य का शरीर उसकी 'त्वचा' से ढका होता है।

15. नवजात वृक्ष को 'बालवृक्ष' कहते हैं और नवजात घोड़े को 'बछेड़ा' कहते हैं।

अक्षर सादृश्य (Letter Analogy)

इस प्रकार के सादृश्य में अक्षरों के दो दिए गए समुच्चयों के बीच संबंध स्थापित किया जाता है और तत्पश्चात् अक्षरों के दिए गए तीसरे समुच्चय पर पहले दो अक्षर समुच्चयों के बीच के संबंध को अनुप्रयुक्त करके अक्षरों के चौथे अपेक्षित समुच्चय को ज्ञात किया जाता है।

अभ्यास

निर्देश: *नीचे के प्रत्येक प्रश्न में एक लुप्त पद है। प्रश्न में :: चिह्न की बायीं ओर के दो अक्षर-समूहों में जो समानता या सादृश्य है वैसी ही समानता या सादृश्य :: चिह्न की दायीं ओर के दो अक्षर समूहों में है जिनमें से एक अक्षर समूह के स्थान पर प्रश्नवाचक चिह्न (?) लगा है। प्रश्न-वाचक चिह्न (?) के स्थान पर लुप्त पद ज्ञात करें।*

1. BCF : DEG : : MNQ : ?
(*a*) OPR (*b*) PQS
(*c*) OPP (*d*) QRT

2. NATION : ANITNO : : HUNGRY : ?
(*a*) HNUGRY (*b*) UNHGYR
(*c*) YRNGUH (*d*) UHGNYR

3. ACE : FGH : : LNP : ?
(*a*) QRS (*b*) PQR
(*c*) QST (*d*) MOQ

4. BOQD : ERTG : : ANPC : ?
(*a*) DQSF (*b*) FSHU
(*c*) SHFU (*d*) DSQF

5. RUX : TRP : : BEH : ?
(*a*) SQN (*b*) QON
(*c*) QOM (*d*) QNL

6. BCDE : WVUT : : QRST : ?
(*a*) EFHG (*b*) JIHG
(*c*) POML (*d*) GEDC

7. ABC : ZYX : : IJK : ?
(*a*) RST (*b*) RQP
(*c*) RTS (*d*) RPQ

8. CIRCLE : RICELC : : SQUARE : ?
(*a*) UQSERA (*b*) QUSERA
(*c*) QSUERA (*d*) UQSAER

9. PSQR : CFED : : JMKL : ?
(*a*) UXVW (*b*) WZYX
(*c*) YVXZ (*d*) YZWX

10. FHJL : VTRP : : MOQS : ?
(*a*) JHFD (*b*) IGFD
(*c*) IGED (*d*) JHED

उत्तरमाला

1	2	3	4	5
(*a*)	(*d*)	(*a*)	(*a*)	(*c*)
6	**7**	**8**	**9**	**10**
(*b*)	(*b*)	(*a*)	(*b*)	(*a*)

व्याख्यात्मक उत्तर

2. पहले समूह के अक्षरों को दो-दो अक्षरों के खंडों में विभाजित करके प्रत्येक खंड के अक्षरों को उल्टे क्रम में लिखने पर दूसरा अक्षर-समूह प्राप्त होता है।

4. प्रत्येक अक्षर समूह में पहले और चौथे अक्षरों के बीच एक अक्षर छूटा हुआ है तथा दूसरे और तीसरे अक्षरों के बीच भी एक अक्षर छूटा हुआ है।

BOQD : ERTG :: ANPC : DQSF

P, C | S, F | O, B | R, E

5. पहले समूह के अक्षरों में +3 का और दूसरे समूह के अक्षरों में –2 का अंतर है।

R U X : T R P :: B E H : Q O M

+3 +3 | –2 –2 | +3+3 | –2 –2

7. पहले अक्षर समूह में क्रमागत अक्षर वर्णमाला के सीधे क्रम में हैं और दूसरे अक्षर समूह में अक्षर वर्णमाला के विपरीत क्रम में समस्थानिक अक्षर हैं।

ABC → : ZYX ← :: IJK → : RQP ←

8. प्रथम अक्षर-समूह को दो बराबर खंडों में विभक्त करके प्रत्येक खंड के अक्षरों को उल्टे क्रम में लिखने पर दूसरा अक्षर-समूह प्राप्त होता है।

CIRCLE : RICELC :: SQUARE : UQSERA

संख्या सादृश्य (Number Analogy)

संख्या सादृश्य में भी पहले दो दी गई संख्याओं के बीच संबंध स्थापित किया जाता है और तत्पश्चात् इस ज्ञात संबंध को संख्याओं के दूसरे जोड़े पर प्रयुक्त करके उसके लुप्त पद को ज्ञात किया जाता है। संख्याओं के बीच संबंध किसी भी एक पैटर्न पर आधारित हो सकता है,

अभ्यास

निर्देश : *नीचे के प्रत्येक प्रश्न में चिह्न ': :' के पहले दो संख्याएं दी गई हैं जिनमें आपस में एक संबंध है तथा ': :' चिह्न के बाद में एक तीसरी संख्या दी गई है। दिए गए विकल्पों में से उस संख्या का चयन करें जिसका तीसरी संख्या के साथ वैसा ही संबंध हो जैसा संबंध संख्याओं के पहले जोड़े के बीच है।*

1. 14 : 20 : : 16 : ?
(*a*) 23 (*b*) 10
(*c*) 48 (*d*) 32

2. 0.16 : 0.0016 : : 1.02 : ?
(*a*) 10.20 (*b*) 0.102
(*c*) 0.0102 (*d*) 1.020

3. 5 : 24 : : 8 : ?
(*a*) 65 (*b*) 63
(*c*) 62 (*d*) 64

4. 65 : 30 : : 44 : ?
(*a*) 79 (*b*) 62
(*c*) 28 (*d*) 16

5. 30 : 42 : : 56 : ?
(*a*) 92 (*b*) 21
(*c*) 38 (*d*) 72

6. 6 : 18 : : 4 : ?
(*a*) 2 (*b*) 6
(*c*) 8 (*d*) 16

7. 162 : 9 : : 310 : ?
(*a*) 33 (*b*) 27
(*c*) 16 (*d*) 4

8. 123 : 149 : : 201 : ?
(*a*) 202 (*b*) 404
(*c*) 401 (*d*) 227

9. 6 : 21 : : 14 : ?
(*a*) 82 (*b*) 75
(*c*) 60 (*d*) 41

उत्तरमाला

1	2	3	4	5
(*a*)	(*c*)	(*b*)	(*d*)	(*d*)
6	**7**	**8**	**9**	
(*c*)	(*d*)	(*c*)	(*a*)	

व्याख्यात्मक उत्तर

1. संख्याओं के बीच संबंध निम्नवत् है:

14 : 20 : : 16 : 23
↓ ↓ ↓ ↓
7×2 $(7 \times 3)–1$ 8×2 $(8 \times 3)–1$

4. दूसरी संख्या पहली संख्या के अंकों का गुणनफल है:

$\frac{60:30}{(6\ \ 5)} :: \frac{44:16}{(4\ \ 4)}$

7. पहली संख्या के अंकों का योगफल दूसरी संख्या के बराबर है:

162 : 9 : : 310 : 4
$1+6+2$ $3+1+0$

●●●

3 वर्गीकरण या विजातीय छांटना (Classification or Odd One Out)

विजातीय छांटना–शब्दों पर आधारित समस्याएं

इस प्रकार के वर्गीकरण में चार शब्द दिए जाते हैं जिनमें से तीन शब्द तथ्य या अर्थ की दृष्टि से या अन्य किसी न किसी रूप में आपस में संबंधित होते हुए एक समूह बनाते हैं जबकि शेष केवल एक शब्द अन्य तीनों से भिन्न होता है।

अभ्यास

निर्देश : *यहां दिए गए प्रत्येक प्रश्न में तीन शब्द किसी न किसी प्रकार से समान हैं और इस कारण वे एक समूह बनाते हैं जबकि एक शब्द अन्य तीनों से भिन्न है। इस भिन्न या विजातीय शब्द को ज्ञात करें।*

1. (*a*) अस्तबल (*b*) बिल (*c*) डोंगी (*d*) सूअर-बाड़ा

2. (*a*) खुश (*b*) उदास (*c*) प्रसन्नचित्त (*d*) प्रसन्न

3. (*a*) सीसा (*b*) पारद (*c*) तांबा (*d*) लोहा

4. (*a*) अतिवृष्टि (*b*) अनावृष्टि (*c*) भूस्खलन (*d*) युद्ध

5. (*a*) सिंहशावक (*b*) चूजा (*c*) सूअर (*d*) पिल्ला

6. (*a*) खरगोश (*b*) मगरमच्छ (*c*) केंचुआ (*d*) घोंघा

7. (*a*) पेड़ (*b*) पत्ता (*c*) झाड़ी (*d*) शाकीय पौधे

8. (*a*) अलंकृत करना (*b*) रमणीय (*c*) सजाना (*d*) सुंदर बनाना

9. (*a*) ट्यूटर (*b*) प्रिंसिपल (*c*) छात्र (*d*) प्रोफेसर

10. (*a*) निवेदित भाव (*b*) शुल्क (*c*) कर (*d*) चुंगी

उत्तरमाला

1	2	3	4	5
(*c*)	(*b*)	(*b*)	(*d*)	(*c*)
6	**7**	**8**	**9**	**10**
(*a*)	(*b*)	(*b*)	(*c*)	(*a*)

व्याख्यात्मक उत्तर

1. डोंगी एक छोटी नाव होती है। अन्य सभी पशु-पक्षियों के निवासस्थलों के नाम हैं।

2. अन्य सभी आनन्द की अनुभूति को अभिव्यक्त करते हैं।

3. अन्य सभी ठोस धातुएं हैं।

5. अन्य सभी शब्द विभिन्न जंतुओं के शिशुओं के नाम हैं।

9. अन्य सभी शिक्षा प्रदान करते हैं जबकि छात्र इन सभी से शिक्षा प्राप्त करता है।

10. अन्य सभी विभिन्न प्रकार के कर हैं।

विजातीय छांटना-अक्षरों पर आधारित समस्याएं

इस कोटि के अंतर्गत विकल्प के रूप में चार अक्षर-समूह या अक्षरों की एक श्रृंखला दी जाती है। परीक्षार्थी को इनमें से ऐसे विकल्प का चयन करना होता है जो अन्यों से भिन्न अर्थात् विजातीय हो।

अभ्यास

निर्देश : *नीचे के प्रत्येक प्रश्न में अक्षर समूहों के रूप में चार विकल्प दिए गए हैं जिनमें से तीन में किसी न किसी प्रकार की समानता है और इस कारण वे एक समूह बनाते हैं। उस अक्षर समूह का चयन करें जो समूह से संबंधित नहीं है।*

1. (*a*) ACE (*b*) LOR (*c*) GIK (*d*) VXZ

2. (*a*) EFLM (*b*) KJSR (*c*) XWHG (*d*) EDYX

3. (*a*) JOPK (*b*) BOPC (*c*) QOPR (*d*) TOPS

4. (*a*) BdfH (*b*) FHJL (*c*) RTvX (*d*) uVwX

5. (*a*) MKGA (*b*) PNID (*c*) RPLF (*d*) VTPJ

6. (*a*) ABJNM (*b*) QRTUZ (*c*) IXYOQ (*d*) WGFPO

7. (*a*) CFIL (*b*) ABCD (*c*) ACDF (*d*) EFGH

8. (*a*) KNOS (*b*) QTUY (*c*) DFGJ (*d*) BEFJ

9. (*a*) FKP (*b*) LPU (*c*) HMR (*d*) DIN

10. (*a*) TBVD (*b*) JOKQ (*c*) AXCZ (*d*) FRHT

उत्तरमाला

1	2	3	4	5
(*b*)	(*a*)	(*d*)	(*d*)	(*b*)
6	**7**	**8**	**9**	**10**
(*c*)	(*c*)	(*c*)	(*b*)	(*b*)

व्याख्यात्मक उत्तर

1. शेष सभी अक्षर समूहों में अगला अक्षर अपने पूर्ववर्ती अक्षर से वर्णमाला के सीधे क्रम में 2 अक्षर आगे का है जबकि विकल्प (*b*) के अक्षर समूह में +3 अनुक्रम का पालन होता है।

A B C D E (+2, +2) L M N O P Q R (+3, +3)

G H I J K (+2, +2) V W X Y Z (+2, +2)

6. शेष समूहों में कम से कम दो जोड़े अक्षर वर्णमाला के क्रम में हैं, अर्थात्

A B J N M ; Q R T U Z ; W G F P O

विकल्प (*c*) में केवल एक जोड़ा अक्षर-ही वर्णमाला के क्रम में है।

I X Y O Q

9. शेष सभी अक्षर समूहों में +5 पैटर्न का अनुपालन होता है।

F K P : H M R ; D I N
+5 +5   +5 +5   +5 +5

विकल्प (*b*) में +4, +5 पैटर्न का अनुपालन होता है।

L P U
+4 +5

10. शेष समूहों में तीसरा अक्षर पहले अक्षर से और चौथा अक्षर दूसरे अक्षर से वर्णमाला के सीधे क्रम में 2 अक्षर आगे का अक्षर है। अर्थात् :

T B V D; A X C Z; F R H T
+2 +2   +2 +2   +2 +2

विकल्प (*b*) में निम्नवत् पैटर्न दिखाई पड़ता है :

J O K Q
+1 +2

विजातीय छांटना–संख्याओं पर आधारित समस्याएं

इस प्रकार के वर्गीकरण में विकल्पों के रूप में विभिन्न संख्याएं दी जाती हैं। इन संख्याओं में से एक को छोड़कर जो अन्य से भिन्न होती है, शेष किसी न किसी रूप में आपस में संबंधित होती हैं और इस प्रकार एक समूह बनाती हैं।

अभ्यास

निर्देश : *यहां प्रत्येक प्रश्न में चार विकल्प दिए गए हैं जिनमें से तीन किसी न किसी रूप में आपस में संबंधित होते हुए एक समूह बनाते हैं, जबकि शेष एक संख्या अन्य से भिन्न है। उस भिन्न संख्या का चयन करें जो समूह से संबंधित नहीं है।*

1. (*a*) 1948   (*b*) 2401   (*c*) 966   (*d*) 1449

2. (*a*) 182   (*b*) 169   (*c*) 130   (*d*) 158

3. (*a*) 3215   (*b*) 9309   (*c*) 4721   (*d*) 2850

4. (*a*) 1776   (*b*) 2364   (*c*) 1976   (*d*) 3776

5. (*a*) 7658   (*b*) 1234   (*c*) 9876   (*d*) 6543

6. (*a*) 18   (*b*) 12   (*c*) 30   (*d*) 20

7. (*a*) 9875432   (*b*) 98765   (*c*) 98756   (*d*) 9876543

8. (*a*) 5243   (*b*) 9251   (*c*) 4256   (*d*) 3257

9. (*a*) 2553   (*b*) 1224   (*c*) 7992   (*d*) 3885

10. (*a*) 3223   (*b*) 4554   (*c*) 6116   (*d*) 9887

उत्तरमाला

1	2	3	4	5
(*a*)	(*d*)	(*b*)	(*b*)	(*a*)
6	**7**	**8**	**9**	**10**
(*a*)	(*c*)	(*a*)	(*b*)	(*d*)

व्याख्यात्मक उत्तर

1. शेष संख्याएं 7 से विभाज्य हैं।

2. शेष संख्याएं 13 का गुणज हैं।

4. शेष संख्याओं में आखिरी दो अंक एक से हैं।

8. शेष सभी संख्याओं में 25 बीच में है और सिरे के दो अंकों का योग 10 के बराबर है।

10. शेष सभी संख्याओं में अंतिम दो अंक पहले दो अंकों को उलटे क्रम में लिखने पर प्राप्त होते हैं।

विजातीय छांटना–शब्द समूहों से संबंधित समस्याएं

शब्दों, अक्षरों या संख्याओं के समूह का वर्गीकरण एकल शब्द, अक्षर या संख्या के वर्गीकरण से अधिक भिन्न नहीं होता।

अभ्यास

निर्देश : *नीचे के प्रत्येक प्रश्न में शब्दों के उस जोड़े का चयन करें जो शेष तीन जोड़ों से भिन्न हो।*

1. (*a*) कुर्सी–फर्नीचर   (*b*) शर्ट–वस्त्र   (*c*) कंठहार–आभूषण   (*d*) बोगी–इंजन

2. (*a*) चित्रांकनी–कागज   (*b*) पेंसिल–लेड   (*c*) कलम–स्याही   (*d*) बुरुश–रंग

3. (*a*) युद्ध–शांति   (*b*) वास्तविक–सहज   (*c*) अग्रगण्य–प्रथम   (*d*) क्रोध–गुस्सा

4. (*a*) दिन–रात   (*b*) चालाक–मूर्ख   (*c*) स्पष्ट–धुंधला   (*d*) पहुंचना–आना

5. (*a*) भतीजी–भतीजा   (*b*) भाई–बहन   (*c*) पति–पत्नी   (*d*) पिता–माता

6. (*a*) पेट्रोल–कार   (*b*) तेल–लैम्प   (*c*) डीजल–लकड़ी   (*d*) मोम–मोमबत्ती

7. (*a*) गंगा–नर्मदा   (*b*) थार–गोबी   (*c*) आमाशय–हाथ   (*d*) एवरेस्ट–पर्वत

8. (*a*) औषधि–चिकित्सक   (*b*) फूल–कलाकार   (*c*) जूता–मोची   (*d*) त्वचा–त्वचारोग विशेषज्ञ

9. (*a*) प्राधिकार–मंजूरी   (*b*) प्रतिकर्षण–आकर्षण   (*c*) तुनकमिजाज–दुस्तोषणीय   (*d*) श्वास–अस्तित्व

10. (*a*) पोलो–बर्फ का मैदान (रिंक)
(*b*) गोल्फ–लॉन
(*c*) टेनिस–कोर्ट
(*d*) शतरंज–बोर्ड

उत्तरमाला

1	2	3	4	5
(*d*)	(*a*)	(*a*)	(*d*)	(*a*)
6	**7**	**8**	**9**	**10**
(*c*)	(*d*)	(*b*)	(*b*)	(*a*)

व्याख्यात्मक उत्तर

1. बोगी रेलगाड़ी का एक हिस्सा होता है जो परिवहन का एक साधन है। कुर्सी, शर्ट और कंठहार क्रमशः फर्नीचर, वस्त्र और आभूषण हैं।

3. शेष सभी शब्द-युग्म समानार्थक शब्दों के युग्म हैं जबकि विकल्प (*a*) में दिया गया शब्द-युग्म विपरीतार्थक शब्दों का युग्म है।

4. शेष शब्द-युग्म एक दूसरे के विपरीतार्थक हैं।

5. संबंधित शब्द-युग्मों में पहला पुल्लिंग और दूसरा स्त्रीलिंग है। विकल्प (*a*) में पहले स्त्रीलिंग और तत्पश्चात् पुल्लिंग दिया गया है।

8. चिकित्सक का औषधि, मोची का जूता और त्वचारोग विशेषज्ञ का संबंध त्वचारोग से है। फूलों की देख-रेख करने वाले व्यक्ति को माली कहते हैं।

●●●

4

सांकेतिक भाषा परीक्षण (Coding and Decoding)

भाग-I

कूटलेखन या 'कोडिंग' संवाद-संप्रेषण की एक प्रक्रिया है जिसमें एक गुप्त भाषा का प्रयोग वास्तविक तथ्यों शब्दों/मूल्यों की अभिव्यक्ति या प्रस्तुतिकरण को एक ऐसी भाषा में परिवर्तित करने के लिए किया जाता है जिसे संवाद के प्रेषक और प्राप्तकर्ता के अतिरिक्त कोई तीसरा व्यक्ति समझ न सके।

अभ्यास

निर्देश : *निम्नलिखित प्रश्नों में दिए गए शब्दों या अक्षरों के लिए इंगित कूटभाषा के शब्द या अक्षर ज्ञात करें।*

1. यदि किसी कूट भाषा में CHAIR को FKDLU के रूप में लिखा जाए तो उसी कूटभाषा में RAID शब्द को किस प्रकार लिखा जाएगा?

(*a*) ULGD (*b*) ULKG
(*c*) ULDG (*d*) UDLG

2. किसी कूटभाषा में COME को XLNV और ABLE को ZYOV लिखा जाता है। इसी कूटभाषा में MOLLY किस प्रकार लिखा जाएगा?

(*a*) NLOBO (*b*) NLBOO
(*c*) LNOOB (*d*) NLOOB

3. यदि किसी कूटभाषा में ACTION को ZXGRLM लिखा जाता हो तो उसी कूटभाषा में HEALTH को कैसे लिखा जाएगा?

(*a*) SVZOGS (*b*) TVZOGT
(*c*) RUZPGR (*d*) QVGOZQ

4. यदि PHILOSOPHY को HPLISOPOYH लिखा जाता हो तो ORNAMENTAL कैसे लिखा जाएगा?

(*a*) ROANEMNTLA
(*b*) ONRAMNEALT
(*c*) ROANEMTNLA
(*d*) ROANEMNATL

5. यदि किसी कूटभाषा में लिखे गए शब्द OPFGBCST का अर्थवाचन NEAR के रूप में किया जाता हो तो उसी कूटभाषा में कूटबद्ध IJVWHI का अर्थ निम्नलिखित में से क्या होगा?

(*a*) HAG (*b*) HUG
(*c*) HUT (*d*) KEG

6. किसी विशेष कूटलिपि में PUNCTUAL को 16598623 के रूप में कूटबद्ध कियेा जाता है। इसी कूटलिपि में ACTUPULN निम्नलिखित में से किस प्रकार लिखा जाएगा?

(*a*) 29861653 (*b*) 29861635
(*c*) 28916135 (*d*) 29851536

7. यदि BAD को 7 के रूप में और HIS को 9 के रूप में कूटबद्ध किया जाए तो LOW निम्नलिखित में से किसके द्वारा सूचित किया जाएगा?

(*a*) 50 (*b*) 8
(*c*) 23 (*d*) 5

8. किसी विशेष कूटभाषा में REGISTRY को VAKEWPVU लिखा जाता है। इसी कूटभाषा में ENTRY कैसे लिखा जाएगा?

(*a*) IJXNC (*b*) ARPVW
(*c*) ARPVU (*d*) IJXMC

9. निम्नलिखित शब्दों में अक्षरों के संख्या कोड दिए गए हैं : BRAIN–12345, GRADE–72308, DRAIN–02345, STATE–78388। इन शब्दों में 'D' के लिए किस संख्या कोड का प्रयोग किया गया है?

(*a*) 3 (*b*) 2
(*c*) 0 (*d*) 4

उत्तरमाला

1	2	3	4	5
(*d*)	(*d*)	(*a*)	(*c*)	(*b*)
6	**7**	**8**	**9**	
(*b*)	(*d*)	(*a*)	(*c*)	

व्याख्यात्मक उत्तर

1. शब्द को कूटबद्ध करने के लिए उसके अक्षरों से वर्णमाला के क्रम में +3 चरण आगे के अक्षर लिए गए हैं।

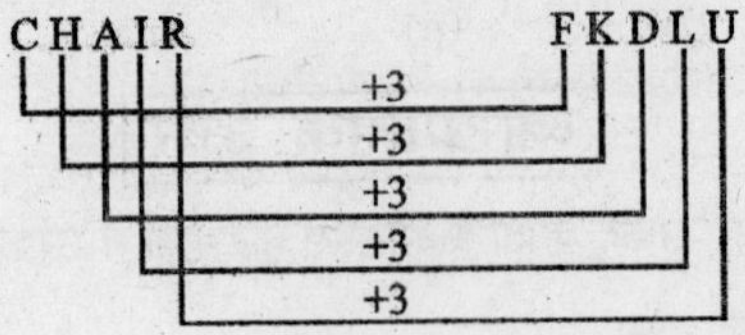

इसी प्रकार,

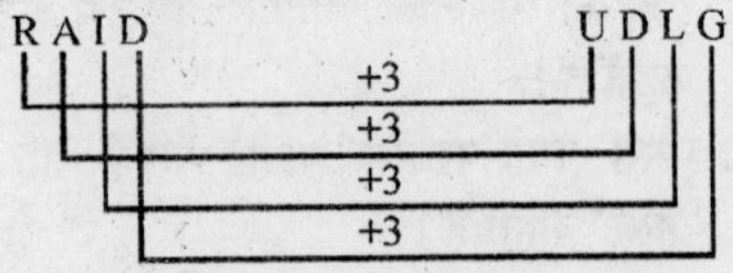

4. शब्द को कूटबद्ध करने के लिए उसके दो क्रमागत अक्षरों को एक दूसरे के स्थान पर लिखा जाता है।

इसी प्रकार,

5. कूटबद्ध शब्द का अर्थ-निर्वचन निम्नलिखित रूप में किया गया है :

↓OP ↓ FG ↓ BC ↓ ST → कूट

N E A R → दिया गया शब्द

अतः कूटबद्ध शब्द का अर्थ-निर्वचन करने के लिए वर्णमाला के अनुक्रम में दो क्रमागत अक्षरों से पहले के अक्षर लिए जाते हैं।

इसी प्रकार,

↓ IJ ↓ VW↓ HI→ दिया गया शब्द

H U G → उत्तर शब्द

6. शब्द PUNCTUAL के अक्षरों को यादृच्छिक क्रम में लेकर ACTUPULN शब्द लिखा गया है।

इसी प्रकार संख्या कूट भी लिखा जाएगा

P U N C T U A L→ दिया गया शब्द

1 6 5 9 8 6 2 3 → कूट

इसी प्रकार,

A C T U P U L N → कूटबद्ध किया जाने वाला शब्द

2 9 8 6 1 6 3 5 → उत्तर कोड

9. जिन शब्दों में D का अक्षर निहित है, वे शब्द हैं :

G R A D E और D R A I N → अक्षर

7 2 3 0 8   0 2 3 4 5 → कूट

अतः यह स्पष्ट है कि 'D' का कूट '0' है।

भाग-II

एक अन्य प्रकार के कूट लेखन में किसी शब्द को कूट नाम दिए जाते हैं जिन्हें आगे भी कूटबद्ध किया जाता है। इस पैटर्न पर आधारित प्रश्न अर्थहीन प्रतीत हो सकते हैं किंतु कूट यथार्थता की बुनियादी बातों से हटकर नहीं होने चाहिए।

अभ्यास

निर्देश : *प्रत्येक प्रश्न में दी गई कूटबद्ध सूचना को अच्छी तरह समझें और दिए गए विकल्पों में से सही उत्तर का चयन करें।*

1. यदि किसी कूटभाषा में 'पानी' को 'नीला', 'नीला' को 'लाल', 'लाल' को 'सफेद', 'सफेद' को 'आकाश', 'आकाश' को 'वर्षा', 'वर्षा' को 'हरा', 'हरा' को 'हवा' और 'हवा' को 'मेज' कहा जाए, तो इस कूटभाषा में दूध के रंग को क्या कहेंगे?

(*a*) सफेद (*b*) वर्षा
(*c*) आकाश (*d*) हरा

2. यदि किसी कूटभाषा में 'प्रकाश' को 'अंधकार', 'अंधकार' को 'हरा', 'हरा' को 'नीला', 'नीला' को 'लाल', 'लाल' को 'सफेद' और 'सफेद' को 'पीला' कहा जाता हो तो इस कूटभाषा में रक्त का रंग क्या कहलाएगा?

(*a*) लाल (*b*) अंधकार
(*c*) सफेद (*d*) पीला

3. यदि किसी कूटभाषा में 'आकाश' को 'समुद्र', 'समुद्र' को 'पानी', 'पानी' को 'हवा', 'हवा' को 'बादल' और 'बादल' को 'नदी' कहा जाता हो तो प्यास लगने पर इस कूटभाषा में पीने के लिए किस चीज की मांग करेंगे?

(*a*) आकाश (*b*) हवा
(*c*) पानी (*d*) समुद्र

4. यदि किसी कूटभाषा में 'पीला' का अर्थ 'लाल', 'सफेद' का अर्थ 'हरा', 'लाल' का अर्थ 'नारंगी', 'नीला' का अर्थ 'सफेद' और 'हरा' का अर्थ 'नीला' हो तो उस कूटभाषा में आकाश का रंग क्या है?

(*a*) सफेद (*b*) हरा
(*c*) नीला (*d*) पीला

5. यदि किसी कूटभाषा में 'घर' को 'झोपड़ी', 'झोपड़ी' को 'नहर', 'नहर' को 'स्कूल', 'स्कूल' को 'मैदान', 'मैदान' को 'सुराही' और 'सुराही' को 'तार' कहा जाए तो इस कूटभाषा में छात्रों के पढ़ने की जगह को क्या कहेंगे?

(*a*) मैदान (*b*) सुराही
(*c*) झोपड़ी (*d*) स्कूल

6. यदि किसी कूटभाषा में 'बिल्ली' को 'घोड़ा', 'घोड़ा' को 'चूहा', 'कुत्ता' को 'खरगोश', 'खरगोश' को 'बिल्ली', 'चूहा' को 'कुत्ता' और 'शेर' को 'चींटी' कहा जाए तो इस कूटभाषा मे प्रयुक्त कूटों के आधार पर भौंकने वाले पशु को क्या कहेंगे?

(*a*) कुत्ता (*b*) बिल्ली
(*c*) शेर (*d*) खरगोश

7. यदि 'भूमि' को 'झील', 'झील' को 'पत्थर', 'पत्थर' को 'भारी', 'भारी' को 'स्टेडियम', 'स्टेडियम' को 'महासागर', 'महासागर' को 'वर्षा' और 'वर्षा' को 'आग' कहा जाए तो क्रिकेट के टेस्ट मैच खेले जाने वाले स्थान क्या कहलाते हैं?

(*a*) भारी (*b*) महासागर
(*c*) पत्थर (*d*) भूमि

8. यदि किसी कूटभाषा में 'चिड़िया' को 'राजा', 'राजा' को 'फूल', 'फूल' को 'घन', 'घन' को 'मेज', 'मेज' को 'मनुष्य' और 'मनुष्य' को 'चिड़िया' कहा जाए तो इस कूटभाषा में 'गुलाब' क्या है?

(*a*) मेज (*b*) फूल
(*c*) घन (*d*) मनुष्य

9. यदि किसी कूटभाषा में 'पानी' को 'पत्थर', 'पत्थर' को 'तेल', 'तेल' को 'हवा', 'हवा' को 'लकड़ी', 'लकड़ी' को 'गैस' और 'गैस' को 'द्रव' कहा जाए तो इस कूटभाषा में फर्नीचर किस चीज से बनता है?

(*a*) गैस (*b*) हवा
(*c*) तेल (*d*) द्रव

10. यदि किसी कूटभाषा में 'पिंजड़ा' को 'रॉकेट', 'रॉकेट' को 'फंदा', 'फंदा' को 'ग्रह', 'ग्रह' को 'हवाई जहाज', 'हवाई जहाज' को 'साइकिल' और 'साइकिल' को 'कार' कहा जाए तो इस कूटभाषा में पृथ्वी को क्या कहेंगे?

(*a*) साइकिल (*b*) रॉकेट
(*c*) ग्रह (*d*) हवाई जहाज

उत्तरमाला

1	2	3	4	5
(*c*)	(*c*)	(*b*)	(*a*)	(*a*)
6	**7**	**8**	**9**	**10**
(*d*)	(*b*)	(*c*)	(*a*)	(*d*)

व्याख्यात्मक उत्तर

1. दूध का रंग 'सफेद' होता है और इस कूटभाषा में 'सफेद' को 'आकाश' कहते हैं।

2. रक्त का रंग 'लाल' होता है और इस कूटभाषा में 'लाल' को 'सफेद' कहते हैं।

3. प्यास लगने पर हम 'पानी' पीते हैं और इस कूटभाषा में 'पानी' को 'हवा' कहते हैं।

4. आकाश का रंग 'नीला' होता है और नीला का अर्थ 'सफेद' है।

5. छात्र 'स्कूल' में पढ़ते हैं और 'स्कूल' को इस कूटभाषा में 'मैदान' कहा जाता है।

6. भौंकने वाला पशु 'कुत्ता' है और 'कुत्ता' को इस कूटभाषा में 'खरगोश' कहते हैं।

●●●

5

कथन विश्लेषण (Statement Analysis)

तर्कबुद्धि परीक्षण से संबंधित इस प्रकार के प्रश्नों में कुछ कथन दिए जाते हैं। इन कथनों में कतिपय तथ्यों को अलग-अलग रूपों में तोड़-मरोड़ कर प्रस्तुत किया जाता है। ऐसे प्रश्नों को हल करने के लिए अभ्यर्थियों से यह अपेक्षा की जाती है कि वे दिए गए कथनों का विश्लेषण करें, दिए गए तथ्यों को सुव्यवस्थित और वर्गीकृत करें तथा तत्पश्चात् दिए गए कथनों से संबंधित प्रश्नों के उत्तर दें।

अभ्यास

1. A, B, C, D और E पांच मित्र हैं जिनमें से A का वजन B से अधिक है, C का वजन D से कम है, B का वजन D से कम है किंतु E से अधिक है। इनमें से किसका वजन सबसे अधिक है?

(*a*) B (*b*) C
(*c*) A (*d*) कहा नहीं जा सकता

2. विपुल, हंस से लंबा है। हंस, आनंद से लंबा है। आलोक, अशोक से लंबा है। अशोक, हंस से लंबा है। इन पांचों मित्रों से कौन सबसे अधिक लंबा है?

(*a*) विपुल (*b*) आलोक
(*c*) अशोक (*d*) कहा नहीं जा सकता

3. प्रमोद, गोपाल से लंबा है। गोपाल, मधु से कम लंबा है। यह जानने के लिए कि इनमें सबसे अधिक लंबा कौन है, निम्नलिखित में से कौन-सी अतिरिक्त जानकारी आवश्यक है?

(*a*) मधु, गोपाल से लंबी है
(*b*) मधु, प्रमोद के भाई से कम लंबी है
(*c*) प्रमोद, मधु से लंबा है
(*d*) प्रमोद, मधु के भाई से लंबा है

4. विक्रम की लंबाई राजन से अधिक किंतु ऐनी से कम है। जमाल, ऐनी से अधिक लंबा है। सीता, विक्रम से अधिक लंबी है। राजन, सीता से कम लंबा है। इस समूह में सबसे कम लंबाई किसकी है?

(*a*) सीता (*b*) राजन
(*c*) विक्रम (*d*) कहा नहीं जा सकता

5. प्रमोद आयु में जयेश और सुधीर से बड़ा है। विकास, अनिल से छोटा है। इनमें किसकी आयु सब से अधिक है, यह जानने के लिए निम्नलिखित में से कौन-सी अतिरिक्त जानकारी अपेक्षित है?

(*a*) सुधीर, जयेश से बड़ा है (*b*) अनिल, जयेश से बड़ा है
(*c*) विकास, प्रमोद से बड़ा है (*d*) विकास, प्रमोद से छोटा है

निर्देश (प्र.सं. 6 और 7): *(A) गोपाल की लंबाई अशोक से कम किंतु केशव से अधिक है; (B) नवीन की लंबाई केशव से कम है; (C) जयेश की लंबाई नवीन से अधिक है; (D) अशोक की लंबाई जयेश से अधिक है।*

6. इनमें सबसे अधिक लंबा कौन है?

(*a*) गोपाल (*b*) अशोक
(*c*) जयेश (*d*) नवीन

7. उपर्युक्त प्रश्न का उत्तर देने के लिए निम्नलिखित में से कौन-सी सूचना आवश्यक नहीं है?
   (*a*) A (*b*) B
   (*c*) C (*d*) D

निर्देश (प्र.सं. 8–10): *नीचे उल्लिखित कथन को ध्यानपूर्वक पढ़ें और पूछे गए प्रश्नों के उत्तर दें:*

एक समूह में A, B, C, D और E पांच व्यक्ति हैं। इनमें से दो पुरुष हैं। केवल तीन व्यक्ति तैरना जानते हैं जिनमें एक पुरुष है। इस समूह में एक विवाहित जोड़ा भी है जिसमें पति को तैरना आता है। A, D की छोटी बहन है और B, E का पति है। C तैराकी का चैम्पियन है।

8. समूह में अविवाहित पुरुष कौन है?
   (*a*) C (*b*) B
   (*c*) A (*d*) D
9. निम्नलिखित में से कौन-सी दो महिलाएं तैरना जानती हैं?
   (*a*) A और C (*b*) C और D
   (*c*) D और E (*d*) A और E
10. निम्नलिखित में से किन दो व्यक्तियों को तैरना नहीं आता?
   (*a*) B और D
   (*b*) D और E
   (*c*) A और E
   (*d*) A और D

उत्तरमाला

1	2	3	4	5
(*d*)	(*d*)	(*c*)	(*b*)	(*c*)
6	7	8	9	10
(*b*)	(*c*)	(*d*)	(*a*)	(*b*)

व्याख्यात्मक उत्तर

1. वजन के घटते क्रम में इन मित्रों को निम्नवत् श्रेणीबद्ध किया जा सकता है : A/D, B/C, E या A/D, B, C/E अत: इन मित्रों में से A या D का वजन सबसे अधिक है।
2. लंबाई के घटते क्रम में इन व्यक्तियों के नाम हैं: विपुल/आलोक, अशोक, हंस, आनंद। अत: विपुल या आलोक में से कोई एक सबसे अधिक लंबा है।
4. लंबाई के घटते क्रम में इन व्यक्तियों को निम्नवत् विन्यस्त किया जा सकता है :
   जमाल/सीमा, ऐनी, विक्रम, राजन *या*
   जमाल, सीता/ऐनी, विक्रम, राजन
6. लंबाई के घटते क्रम में इन व्यक्तियों को निम्नवत् विन्यस्त किया जा सकता है :
   अशोक, गोपाल/जयेश, केशव, नवीन *या*
   अशोक, गोपाल, केशव/जयेश, नवीन

प्रश्न संख्या 8 से 10 तक के प्रश्नों के उत्तर के लिए सूचना चार्ट नीचे दिया गया है :

A. महिला (D की छोटी बहन) : तैराकी जानती है।
B. पुरुष (E का पति) : तैराकी जानता है।
C. महिला : तैराकी की चैम्पियन
D. पुरुष (A का भाई)
E. महिला (B की पत्नी)

विवाहित जोड़े B और E में से पति (B) तैराकी जानता है। C तैराकी की एक चैम्पियन है। तीन व्यक्ति तैरना जानते हैं जिनमें केवल B ही पुरुष है। अत: तैराकी जानने वाली दो महिलाएं C और A (D की छोटी बहन) हैं। पांच व्यक्तियों के इस समूह में दो पुरुष हैं जिनमें एक B है और दूसरा D होगा।

●●●

6

स्थान व्यवस्थीकरण (Place Arrangement)

स्थान व्यवस्थीकरण का सामान्य अर्थ है दी गई सूचनाओं के आधार पर व्यक्तियों या वस्तुओं का स्थान-क्रम निर्धारित करना। इसके लिए आवश्यक है कि स्थान-क्रम को अच्छी तरह समझा जाए और तत्पश्चात् दिए गए प्रश्नों को उपलब्ध कराई गई सूचना के आधार पर हल करने का प्रयास किया जाए।

अभ्यास

निर्देश (प्र.सं. 1–6): *निम्नलिखित प्रश्नों में व्यवस्थीकरण के पैटर्न को समझें और तत्पश्चात् दिए गए विकल्पों में से सही उत्तर का चयन करें:*

1. मिनी, रजनी के दाएं और अनंता के बाएं बैठी है। सत्या, मिनी के दाएं बैठी है किंतु वह जया के बाएं है। यदि सभी लड़कियां उत्तर दिशा की ओर मुंह किए बैठी हों तो इनमें से सबसे बाएं छोर पर कौन बैठी है?
   (*a*) जया (*b*) मिनी
   (*c*) रजनी (*d*) सत्या
2. A, B, C, D और E एक दूसरे के पीछे दौड़ रहे हैं। C, E के निकट नहीं है और A, D के निकट नहीं है। B, A के पीछे है और E, D के निकट नहीं है। इनके बीच में कौन व्यक्ति है?
   (*a*) B (*b*) E
   (*c*) A (*d*) कहा नहीं जा सकता
3. O, P, Q, R, S और T एक बेंच पर अपनी लंबाई के घटते क्रम में खड़े हैं। P, O से अधिक लंबा है किंतु S से उसकी लंबाई कम है। केवल S ही T से अधिक लंबा है। R, P से कम लंबा है किंतु वह Q से अधिक लंबा है। इनमें किसकी लंबाई सबसे कम है?

(*a*) O (*b*) Q
(*c*) P (*d*) कहा नहीं जा सकता

4. छह मित्र एक गोल घेरे में बैठकर ताश खेल रहे हैं। केनी, डैनी की बायीं ओर बैठा है। माइकल, बॉब और जॉन के बीच बैठा है। रॉजर, केनी और बॉब के बीच बैठा है। माइकल की दाहिनी ओर कौन बैठा है?

(*a*) डैनी (*b*) जॉन
(*c*) केनी (*d*) बॉब

5. 10 पुस्तकों के एक ढेर में 3 पुस्तकें इतिहास की, 3 हिंदी की, 2 गणित की और 2 अंग्रेजी की पुस्तकें हैं। यदि ऊपर से देखा जाए तो इतिहास और गणित की एक-एक पुस्तकों के बीच अंग्रेजी की एक पुस्तक है, गणित और अंग्रेजी की एक-एक पुस्तकों के बीच इतिहास की एक पुस्तक है, अंग्रेजी और गणित की एक-एक पुस्तकों के बीच एक हिंदी की पुस्तक है, हिंदी की दो पुस्तकों के बीच गणित की एक पुस्तक है तथा गणित और इतिहास की एक-एक पुस्तकों के बीच हिंदी की दो पुस्तकें हैं। इस ढेर में किस विषय की पुस्तक ऊपर से छठे स्थान पर है?

(*a*) अंग्रेजी (*b*) हिंदी
(*c*) इतिहास (*d*) गणित

6. छह मित्र A, B, C, D, E और F एक गोल घेरे में खड़े हैं। B, F और C के बीच में है, A, E और D के बीच में है, F, D की बायीं ओर है। A और F के बीच कौन है?

(*a*) C (*b*) B
(*c*) D (*d*) E

निर्देश (प्र.सं. 7 और 8): *निम्नलिखित कथनों को सावधानी पूर्वक पढ़ें और पूछे गए प्रश्नों के उत्तर दें:*

एक शेल्फ में पांच कमीजें एक ढेर में एक के ऊपर एक रखी हुई हैं। इस ढेर में लाल कमीज नीली कमीज के ऊपर रखी गई है और हरे रंग की कमीज नारंगी रंग की कमीज के नीचे रखी गई है। नीली कमीज नारंगी रंग की कमीज के ऊपर तथा सफेद कमीज हरी कमीज के नीचे रखी गई है।

7. लाल और नारंगी रंग की कमीजों के बीच रखी कमीज किस रंग की है?

(*a*) सफेद रंग की (*b*) हरे रंग की
(*c*) नीले रंग की (*d*) आंकड़े अपर्याप्त हैं

8. सबसे नीचे किस रंग की कमीज है?

(*a*) लाल (*b*) सफेद
(*c*) नारंगी (*d*) कहा नहीं जा सकता

उत्तरमाला

1	2	3	4	5
(*c*)	(*a*)	(*d*)	(*d*)	(*b*)
6	7	8		
(*c*)	(*c*)	(*b*)		

व्याख्यात्मक उत्तर

2. दौड़ते समय ये व्यक्ति निम्नलिखित क्रम में एक दूसरे के पीछे होंगे :

E E
A A
B या B
C D
D C

4. इन छह मित्रों के बैठने का निम्नलिखित क्रम है :

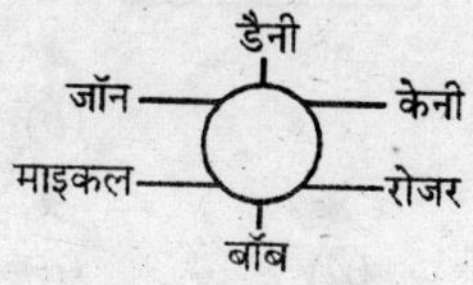

6. ये मित्र निम्नलिखित क्रम में एक दूसरे की बगल में खड़े हैं

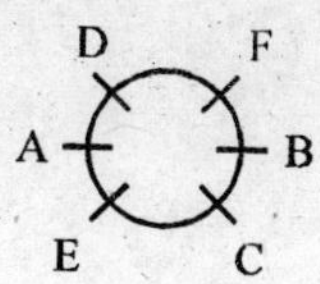

●●●

7 दिशा ज्ञान परीक्षण (Direction Sense)

इस प्रकार के प्रश्न अभ्यर्थियों की सही दिशा-निर्देशों को समझने की योग्यता की जांच करने हेतु पूछे जाते हैं। ऐसे प्रश्न दिशा-चार्ट पर आधारित होते हैं :

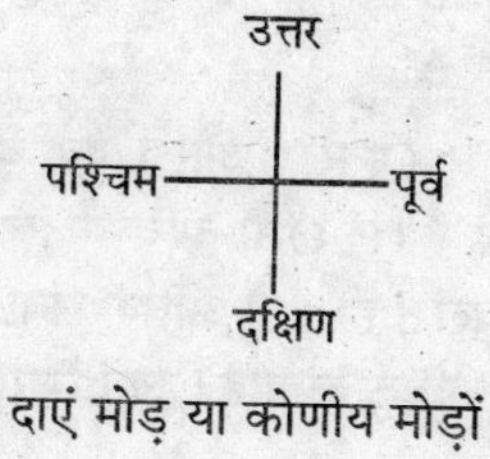

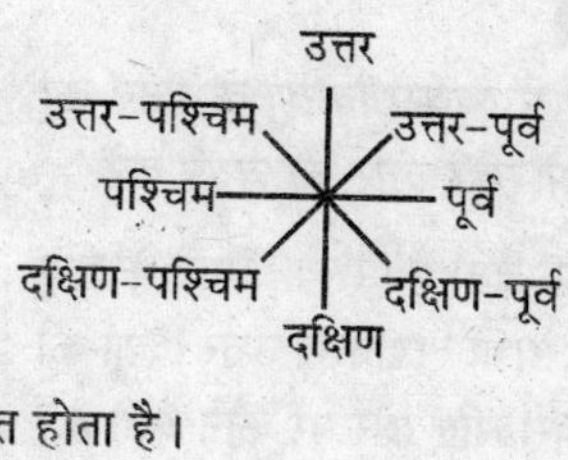

विभिन्न दिशाओं का बोध बाएं या दाएं मोड़ या कोणीय मोड़ों द्वारा निर्देशित होता है।

अभ्यास

निर्देश : *नीचे के प्रत्येक प्रश्न में सही दिशा/ दूरी दर्शाने के लिए दिए गए विकल्पों से सही उत्तर का चयन करें।*

1. एक व्यक्ति पश्चिम दिशा में अपनी गाड़ी चला रहा है। वह दक्षिण दिशा में चले इसके लिए उसे निम्नलिखित में से कौन से मोड़ मुड़ने चाहिए?

(*a*) बायीं ओर, दायीं ओर, दायीं ओर

(*b*) दायीं ओर, दायीं ओर, बायीं ओर

(*c*) बायीं ओर, बायीं ओर, बायीं ओर

(*d*) दायीं ओर, दायीं ओर, दायीं ओर

2. ऋचा अपनी गाड़ी से दक्षिण दिशा में 8 किमी आगे चलकर बायीं ओर मुड़ जाती है और 5 किमी. आगे चलती है। वहां वह एक बार फिर से बायीं ओर मुड़कर 8 किमी. आगे चलती है। अब वह अपने शुरू के स्थान से कितनी दूरी पर है?

(*a*) 3 किमी. (*b*) 5 किमी.

(*c*) 8 किमी. (*d*) 13 किमी.

3. देबू पहले पूर्व की ओर और तब उत्तर की ओर चलता है तथा वहां वह 45° दायें मुड़कर कुछ देर आगे चलता है और अंततः बायीं ओर मुड़ जाता है। अब वह किस दिशा में चल रहा है?

(*a*) उत्तर (*b*) पूर्व

(*c*) दक्षिण-पूर्व (*d*) उत्तर-पश्चिम

4. मैं अपने घर से उत्तर दिशा में चला और तब बायीं ओर मुड़ गया। अब कुछ देर तक आगे चलने के बाद मैं फिर से बायीं ओर मुड़ा और तब दायीं ओर मुड़ गया। बाद में आगे चलते हुए मैं बायीं ओर और एक बार फिर से बायीं ओर मुड़ा। बताइए कि अब मैं किस दिशा में चल रहा हूँ?

(*a*) उत्तर (*b*) दक्षिण

(*c*) पूर्व (*d*) पश्चिम

5. राज पश्चिम दिशा में चल रहा है। वह आगे चलते हुए अपने दाएं, फिर दाएं और तब बाएं, हर बार 45° के कोण पर मुड़ा। बताइए कि अब वह किस दिशा में चल रहा है?

(*a*) उत्तर-पूर्व (*b*) दक्षिण-पूर्व

(*c*) पूर्व (*d*) पश्चिम

6. एक महिला उत्तर दिशा में 12 किमी. चलती है, तब वह दक्षिण दिशा में 6 किमी. चलती है और तत्पश्चात् पूर्व दिशा में 8 किमी चलती है। इस समय वह अपने आरंभिक बिंदु से कितनी दूरी पर है और किस दिशा में चल रही है?

(*a*) 5 किमी., उत्तर-पूर्व (*b*) 5 किमी., पूर्व

(*c*) 10 किमी., उत्तर-पूर्व (*d*) 10 किमी., पश्चिम

7. रवि अपनी गाड़ी से पश्चिम दिशा में 12 किमी. जाता है। वहां वह दक्षिण दिशा में मुड़कर 3 किमी. आगे की यात्रा करता है, जहां वह पूर्व दिशा में मुड़कर 8 किमी. की यात्रा करता है। बताइए कि इस समय वह अपने आरंभिक बिंदु से कितनी दूरी पर है?

(*a*) 3 किमी. (*b*) 5 किमी.

(*c*) 7 किमी. (*d*) 11 किमी.

8. यदि सभी दिशाएं घूम जाएं अर्थात् यदि उत्तर दिशा घूमकर पश्चिम दिशा हो जाए और पूर्व दिशा घूमकर उत्तर दिशा हो जाए तथा इसी प्रकार अन्य दिशाएं भी घूम जाएं तो उत्तर-पश्चिम दिशा बदल कर कौन-सी दिशा हो जाएगी?

(*a*) दक्षिण-पश्चिम (*b*) उत्तर-पूर्व

(*c*) पूर्व-उत्तर (*d*) पूर्व-पश्चिम

9. A और B किसी एक बिंदु से एक साथ चलना आरंभ करते हैं। वे उत्तर दिशा में 10 किमी. जाते हैं। वहां A बायीं ओर मुड़ कर 5 किमी. आगे जाता है जबकि B दायीं ओर मुड़कर 3 किमी. आगे जाता है जहां से A एक बार फिर से बायीं ओर मुड़कर 15 किमी. आगे जाता है और B दायीं ओर मुड़कर 15 किमी. आगे जाता है। बताइए कि अब A और B एक दूसरे से कितनी दूरी पर हैं?

(*a*) 18 किमी. (*b*) 10 किमी.

(*c*) 5 किमी. (*d*) 8 किमी.

10. तरुण पूर्व दिशा में चल रहा है। यदि वह उत्तर दिशा में चलना चाहता है तो उसे निम्नलिखित से में कौन से मोड़ नहीं मुड़ने चाहिए?

(*a*) दायां, दायां, बायां, दायां, दायां

(*b*) दायां, दायां, बायां, बायां, बायां

(*c*) दायां, दायां, दायां

(*d*) दायां, बायां, दायां, बायां

11. सोनी और मोनी किसी एक स्थान से चलना शुरू करती हैं। सोनी पश्चिम दिशा में और मोनी दक्षिण दिशा में चलती है। 20 किमी. आगे जाने के बाद सोनी बायीं ओर मुड़ जाती है और 15 किमी. आगे बढ़ती है। मोनी 10 किमी. आगे जाने के बाद बायीं ओर मुड़ती है और तब 5 किमी. आगे जाती है। इसी समय सोनी अपने स्थान से बायीं ओर मुड़कर 25 किमी. आगे जाती है जबकि मोनी अपने स्थान से दाहिनी ओर मुड़ती है और 5 किमी. आगे जाती है। बताइए कि यहां सोनी और मोनी एक दूसरे से कितनी दूरी पर हैं।

(*a*) 5 किमी.

(*b*) वे अपने आरंभिक बिंदु पर वापस पहुंच गए हैं

(*c*) वे अपनी यात्रा समाप्ति पर एक ही स्थान पर पहुंचती हैं

(*d*) दी गई सूचना अपर्याप्त है

12. सीता के घर का मुख्य दरवाजा दक्षिण दिशा में खुलता है। वह अपने घर से निकलकर सामने की दिशा में 10 मीटर जाती है, वहां से बायीं ओर मुड़कर वह 5 मीटर आगे जाती है और तब फिर से बायें मुड़कर 15 मीटर आगे जाती है और तब एक बार फिर से बायें मुड़कर 10 मीटर आगे जाती है। अंततः वह दायें मुड़ती है और 5 मीटर आगे जाकर अपने मित्र के घर पहुंचती है। सीता के मित्र के घर का मुख्य दरवाजा किस दिशा में खुलता है?

(*a*) उत्तर (*b*) दक्षिण

(*c*) पश्चिम (*d*) पूर्व

उत्तरमाला

1	2	3	4	5	6
(*d*)	(*b*)	(*d*)	(*c*)	(*a*)	(*c*)
7	**8**	**9**	**10**	**11**	**12**
(*b*)	(*a*)	(*d*)	(*d*)	(*c*)	(*b*)

व्याख्यात्मक उत्तर

1.

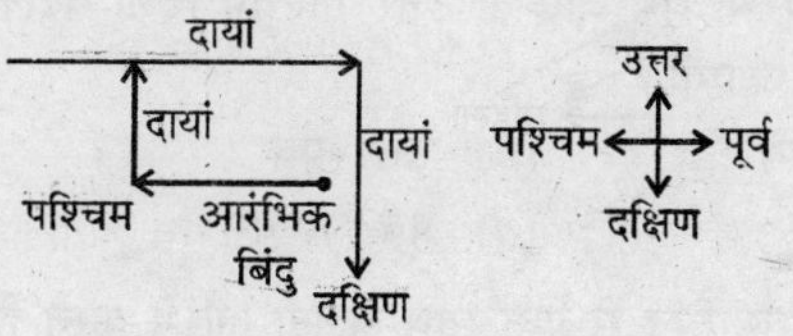

2.

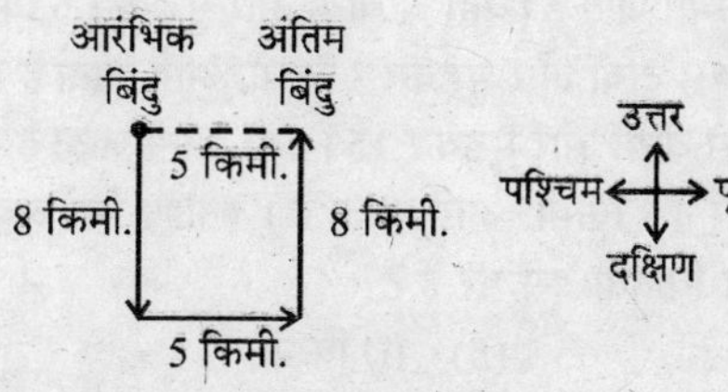

3.

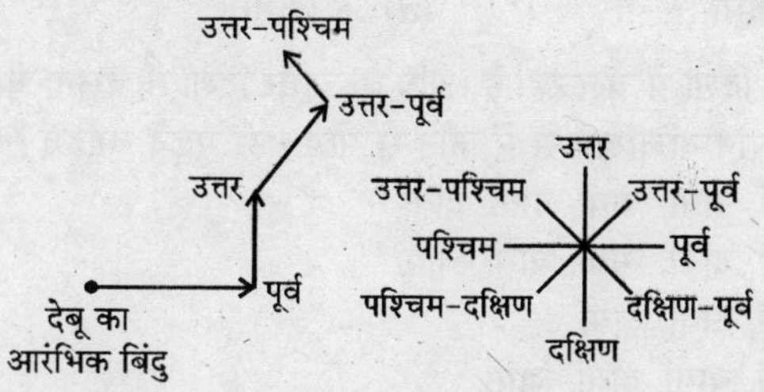

4.

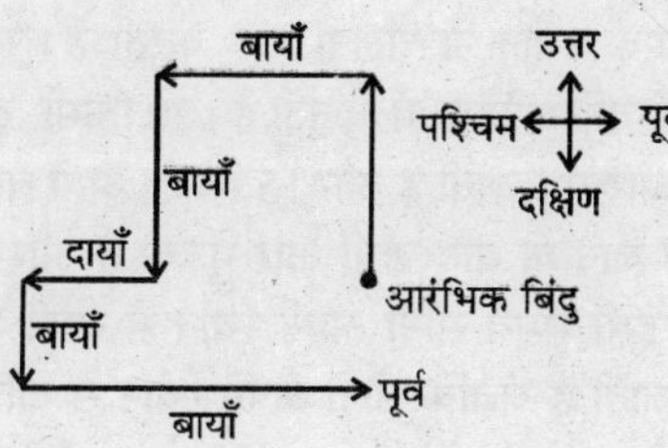

7. $ab = \sqrt{bc^2 + ca^2}$

$ab = \sqrt{3^2 + 4^2} = \sqrt{9+16} = \sqrt{25} = 5$

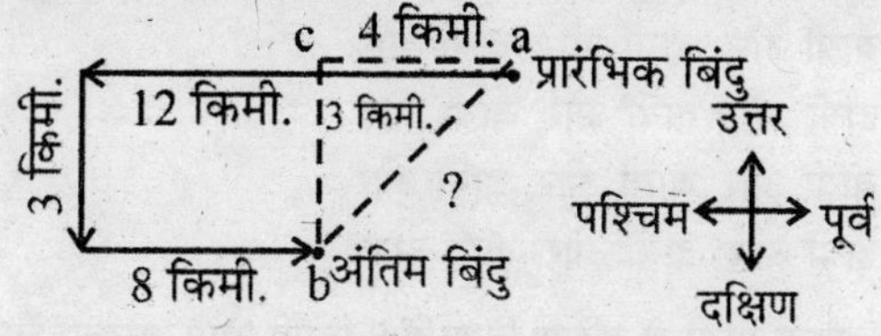

9.

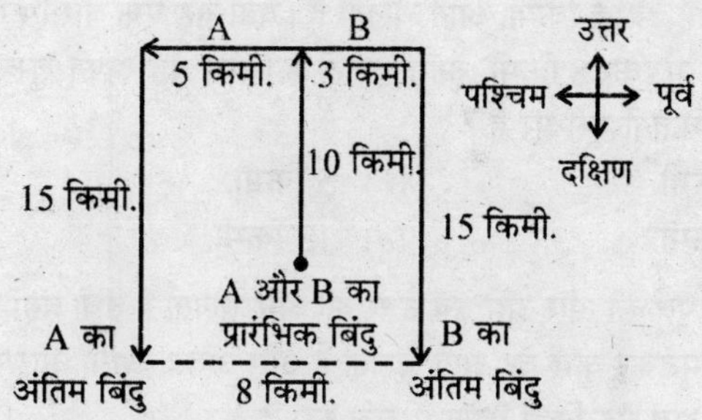

12.

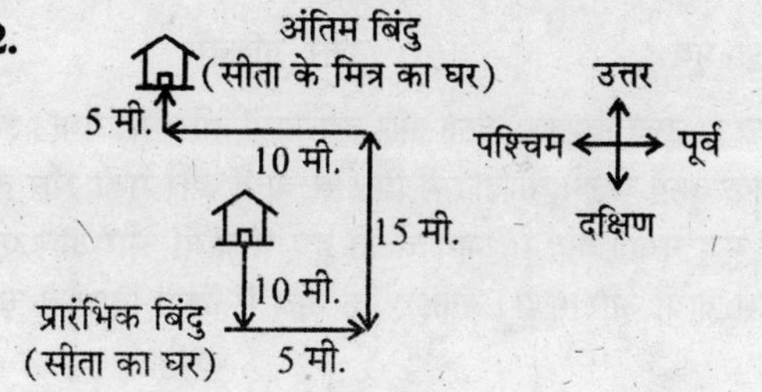

●●●

8

रक्त संबंधी परीक्षण (Blood Relationships)

रक्त संबंधों पर आधारित प्रश्नों को हल करने के लिए यह आवश्यक है कि परीक्षार्थी रिश्तों की जटिलता को तत्काल समझ सकें और किन्हीं दो व्यक्तियों के बीच किस प्रकार के संबंध हो सकते हैं, इस बारे में उन्हें स्पष्ट जानकारी हो। इस प्रकार के प्रश्नों को पूछने का अभिप्राय मुख्यत: यह सुनिश्चित करना है कि परीक्षार्थी कतिपय जटिल भाषा में व्यक्त रिश्तों को कितनी तत्परता से समझ सकते हैं और उत्तर के रूप में सही विकल्प का चयन कर सकते हैं।

अभ्यास

निर्देश: *नीचे के प्रत्येक प्रश्न में व्यक्तियों के बीच उल्लिखित संबंधों को सावधानीपूर्वक समझें और तब दिए गए विकल्पों में से सही उत्तर का चयन करें:*

1. A, B और C का पिता है। B, A का पुत्र है किंतु C, A का पुत्र नहीं है। C का A से क्या संबंध है?

(*a*) पुत्री (*b*) पुत्र
(*c*) भतीजी (*d*) भतीजा

2. एक महिला ने कहा, ''वहां खड़ी लड़की मेरे दादा जी के एकमात्र पुत्र की पुत्री है''। उस महिला का उस लड़की से क्या संबंध है?

(*a*) बहन (*b*) मां
(*c*) चाची (*d*) भतीजा

3. अजय, विजय का भाई है। शुभा, अजय की बहन है। संजय, राहुल का भाई है और मेहुल विजय की पुत्री है। संजय का चाचा कौन है?

(*a*) राहुल (*b*) अजय
(*c*) मेहुल (*d*) दी गई सूचना अपर्याप्त है

4. आदित्य, रवि का भाई है। भरत, जयंत के पिता हैं। ईला, रवि की मां है। आदित्य और जयंत आपस में भाई हैं। ईला का भरत से क्या संबंध है?

(*a*) बहन (*b*) मां

(*c*) पुत्री (*d*) पत्नी

5. वरुण ने अरुण की ओर संकेत करते हुए कहा, "वह मेरी बहन के एकमात्र भाई का पुत्र है।" अरुण का वरूण से क्या संबंध है?

(*a*) पुत्र (*b*) भाई

(*c*) भतीजा (*d*) दी गई सूचना अपर्याप्त है

6. एक व्यक्ति की ओर संकेत करते हुए एक महिला ने कहा "उसके भाई के पिता मेरे दादाजी के एकमात्र पुत्र हैं।" वह महिला उस व्यक्ति की क्या लगती है?

(*a*) मां (*b*) बहन

(*c*) पुत्री (*d*) चाची

7. विद्या, गोपी की पत्नी है और गोपी, अखिल का भाई है। अखिल, विजय का चाचा है। विजय, विद्या का कौन है?

(*a*) पुत्र (*b*) भतीजा

(*c*) देवर (*d*) भाई

8. यदि अमित के पिता बिल्लू के पिता के एकमात्र पुत्र हैं और बिल्लू का कोई भी भाई नहीं है और न ही उसकी कोई पुत्री है तो अमित और बिल्लू के बीच क्या संबंध है?

(*a*) चाचा-भतीजा (*b*) पिता-पुत्री

(*c*) पिता-पुत्र (*d*) चचेरा भाई

9. A, B की बहन है। B, C का पुत्र है तथा E, D की पुत्री और A की बहन है। D, C का कौन है?

(*a*) भाई (*b*) पति

(*c*) पत्नी (*d*) दी गई सूचना अपर्याप्त है

10. यदि M + N का अर्थ है कि 'M', 'N' का भाई है,
M – N का अर्थ है कि 'M', 'N' की बहन है,
M × N का अर्थ है कि 'M', 'N' की मां है और
M ÷ N का अर्थ है कि 'M', 'N' का पिता है, तो निम्नलिखित में से किसका अर्थ यह होगा कि E, F की बुआ है?

(*a*) $E - G \div F$ (*b*) $E + G \times F$

(*c*) $E \times F - G$ (*d*) $F \times G + E$

उत्तरमाला

1	2	3	4	5
(*a*)	(*a*)	(*d*)	(*d*)	(*a*)
6	**7**	**8**	**9**	**10**
(*b*)	(*b*)	(*c*)	(*d*)	(*a*)

व्याख्यात्मक उत्तर

1.

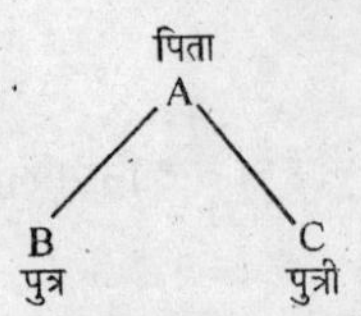

C, A का पुत्र नहीं है किंतु A, C का पिता है। अत: C, A की पुत्री है।

2.

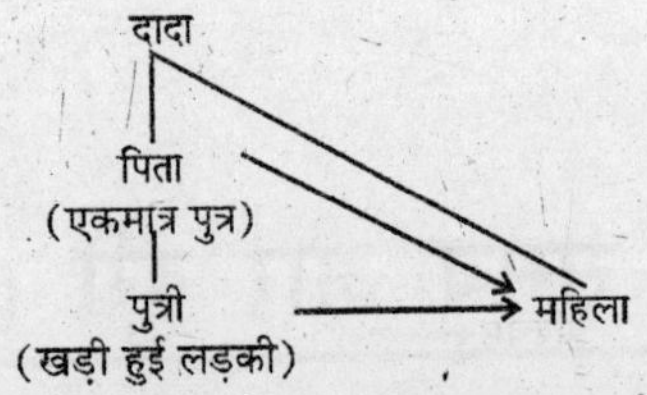

उस महिला के दादा का पुत्र उसके पिता हैं तथा पिता की पुत्री निश्चित ही उस महिला की बहन होगी।

3. 1. शुभा ⟶ अजय ⟶ विजय ↓ मेहुल (पुत्री)

2. संजय ⟶ राहुल (भाई)

यहां दो संबंध-समुच्चयों का उल्लेख किया गया है। दी गई सूचना अपर्याप्त है और इन दो भिन्न संबंध-समुच्चयों के बीच कोई संबंध स्थापित नहीं किया जा सकता।

5.

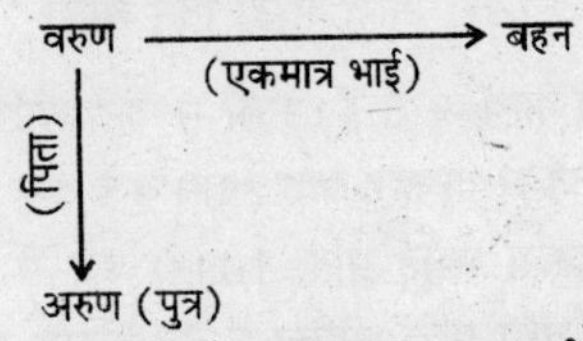

वरुण की बहन का एकमात्र भाई स्वयं वरुण है और उसका पुत्र अरुण है।

8. प्रश्न पर आधारित संबंध-चार्ट है :

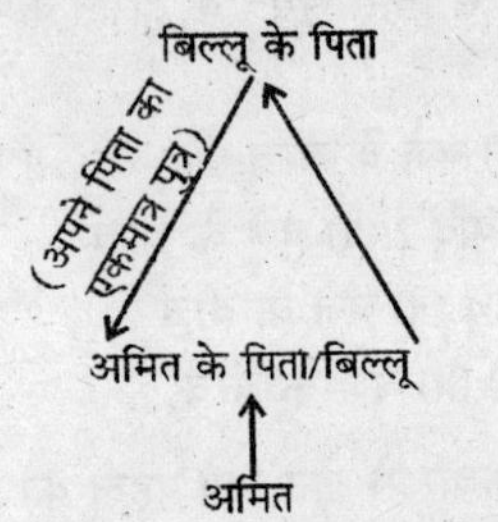

अमित के पिता बिल्लू के पिता के एकमात्र पुत्र हैं, और बिल्लू अपने पिता का एकमात्र पुत्र है (बिल्लू का कोई भाई नहीं है)। इससे यह स्पष्ट होता है कि बिल्लू ही अमित का पिता है। चूंकि बिल्लू की कोई पुत्री नहीं है, अत: अमित ही उसका एकमात्र पुत्र है।

9.

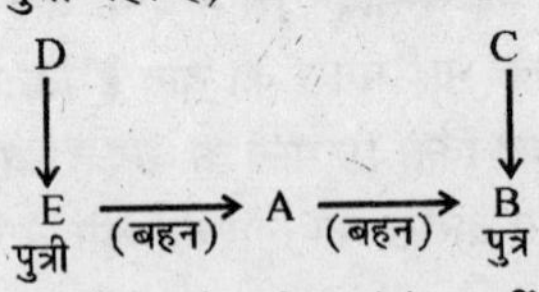

D और C के बीच संबंध नहीं बताया गया है, अत: इनके बीच कोई संबंध नहीं बताया जा सकता है।

10. E – G का अर्थ है 'E, G की बहन है' और G ÷ F का अर्थ है कि 'G, F का पिता है।'

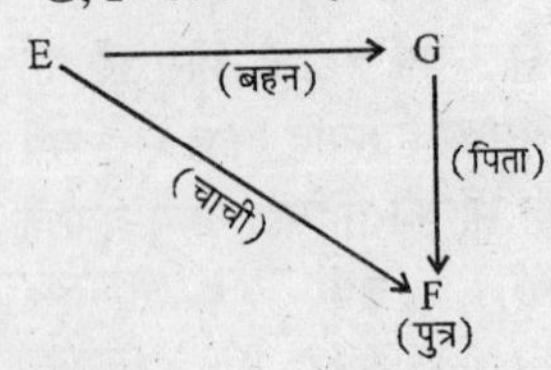

●●●

9

कैलेंडर, घड़ी, समय और दूरी (Calendar, Clock, Time and Distance)

इस प्रकार की गणितीय तर्क बुद्धि परीक्षा घड़ी या कैलेंडर द्वारा समय के परिकलन तथा गतिमान वस्तु की चाल या उसके द्वारा तय की गई दूरी के परिकलन के संबंध में अभ्यर्थियों की योग्यता की जांच करने के लिए आयोजित की जाती है।

अभ्यास

1. यदि परसों बृहस्पतिवार था तो रविवार कब होगा?
(*a*) कल (*b*) परसों
(*c*) आज (*d*) आज से दो दिन बाद

2. किसी कार्यालय में बीस व्यक्ति कार्य करते हैं। इनमें से पांच व्यक्तियों का पहला समूह प्रात: 8:00 बजे से दोपहर बाद 2:00 बजे तक काम करता है। दस व्यक्तियों का दूसरा समूह प्रात: 10:00 बजे से शाम 4:00 बजे तक काम करता है तथा पांच व्यक्तियों का तीसरा समूह दोपहर 12:00 बजे से संध्या 6:00 बजे तक काम करता है। इस कार्यालय में तीन कंप्यूटर हैं जिन्हें सभी कर्मचारी बार-बार प्रयोग में लाते हैं। बताइए कि निम्नलिखित में से किस समय के दौरान कंप्यूटर पर सर्वाधिक काम होगा?
(*a*) दोपहर बाद 1:00 बजे से 3:00 बजे के बीच
(*b*) दोपहर 12:00 बजे से दोपहर बाद 2:00 बजे के बीच
(*c*) दोपहर बाद 2:00 बजे से शाम 4:00 बजे के बीच
(*d*) प्रात: 10:00 बजे से दोपहर 12:00 बजे के बीच

3. यदि किसी माह का सातवां दिन शुक्रवार से तीन दिन पहले का दिन हो तो उस माह का उन्नीसवां दिन सप्ताह का कौन-सा दिन होगा?
(*a*) रविवार (*b*) सोमवार
(*c*) बुधवार (*d*) शुक्रवार

4. राधा को याद है कि उसके पिता का जन्मदिन 16 मार्च के बाद किंतु 21 मार्च से पहले है जबकि उसके भाई मंगेश को याद है कि उनके पिता का जन्मदिन 22 मार्च से पहले किंतु 19 मार्च के बाद है। बताइए कि उनके पिता का जन्मदिन किस तारीख को निश्चित रूप से है?
(*a*) 19 मार्च
(*b*) 20 मार्च
(*c*) 21 मार्च
(*d*) कहा नहीं जा सकता

5. एक व्यक्ति आयु में अपनी पत्नी से 3 वर्ष बड़ा है और उसकी आयु उसके पुत्र की आयु के 4 गुने के बराबर है। यदि आज से 3 वर्ष बाद पुत्र की आयु 15 वर्ष हो तो उसकी मां की वर्तमान आयु क्या है?
(*a*) 60 वर्ष (*b*) 51 वर्ष
(*c*) 48 वर्ष (*d*) 45 वर्ष

6. एक घड़ी इस प्रकार रखी गई है कि दोपहर ठीक 12.00 बजे इसकी मिनट की सूई उत्तर-पूर्व दिशा को सूचित करती है। दोपहर बाद 1.30 बजे इस घड़ी की घंटे की सूई किस दिशा को सूचित करेगी?
(*a*) पूर्व (*b*) पश्चिम
(*c*) उत्तर (*d*) दक्षिण

7. दो भाइयों को एक ही दिन घर वापस लौटना था। रजत पूर्व निर्धारित दिन से 3 दिन पहले घर लौटा जबकि रोहित निर्धारित दिन से चार दिन बाद घर लौटा। यदि रजत वृहस्पतिवार को घर लौटा हो तो उनके घर लौटने का पूर्व-निर्धारित दिन क्या था तथा रोहित किस दिन घर लौटा?
(*a*) बुधवार, रविवार (*b*) बृहस्पतिवार, सोमवार
(*c*) रविवार, बृहस्पतिवार (*d*) सोमवार, शुक्रवार

निर्देश (प्र.सं. 8–10): *निम्नलिखित सूचना को ध्यानपूर्वक पढ़ें और नीचे पूछे गए प्रश्नों के उत्तर दें:*

(*i*) एक सिटी बस कंपनी M, N, O, P, Q, R और S सात बसें चलाती है जिनमें से प्रत्येक बस शहर के दर्शनीय स्थलों के टूर पर प्रतिदिन एक बार 4 घंटे के लिए रवाना होती है।
(*ii*) सोमवार से शुक्रवार तक पहली बस ठीक आठ बजे रवाना होती है जिसके बाद की बसें बारी-बारी से 45 मिनट, जिसके बाद 30 मिनट और फिर 45 मिनट, जिसके बाद 35 मिनट और फिर 45 मिनट और उसके बाद 40 मिनट के अंतराल पर रवाना होती हैं।
(*iii*) शनिवार और रविवार को पहली बस प्रात: 7:30 बजे रवाना होती है और उसके बाद की बसें बारी-बारी से एक-एक घंटे के अंतर पर रवाना होती हैं।
(*iv*) बस 'Q' बस 'M' के ठीक बाद रवाना होती है जिसके ठीक बाद बस 'S' रवाना होती है।
(*v*) बस 'O' अंतिम बस है जिसके बाद और कोई बस नहीं जाती।
(*vi*) बस 'R' बस 'M' से ठीक पहले रवाना होती है किंतु यह बस 'P' के ठीक बाद नहीं जाती।

8. शनिवार को बस 'M' कितने बजे रवाना होती है?
(*a*) प्रात: 10 बजे
(*b*) प्रात: 9:45 बजे
(*c*) प्रात: 10:30 बजे
(*d*) सूचना अपर्याप्त है

9. रविवार को बस 'P' द्वारा अपना टूर पूरा कर लेने के बाद निम्नलिखित में से कौन-सी बस रवाना होती है?
(*a*) Q (*b*) S
(*c*) O (*d*) सूचना अपर्याप्त है

10. यदि शनिवार-रविवार को बस 'M' के रवाना होने के बाद दूसरी बसों के रवाना होने के समय-अंतराल में 30 मिनट की वृद्धि कर दी जाए, तो बस 'O' का टूर कितने बजे पूरा होगा?

(*a*) दोपहर बाद 3:00 बजे (*b*) दोपहर बाद 2:00 बजे
(*c*) शाम 6:00 बजे (*d*) शाम 7:00 बजे

उत्तरमाला

1	2	3	4	5
(*a*)	(*b*)	(*a*)	(*b*)	(*d*)
6	**7**	**8**	**9**	**10**
(*a*)	(*c*)	(*c*)	(*a*)	(*d*)

व्याख्यात्मक उत्तर

1. बृहस्पतिवार —बीता परसों
शुक्रवार —बीता कल
शनिवार —आज
रविवार — आने वाला कल

4. पिता का जन्मदिन

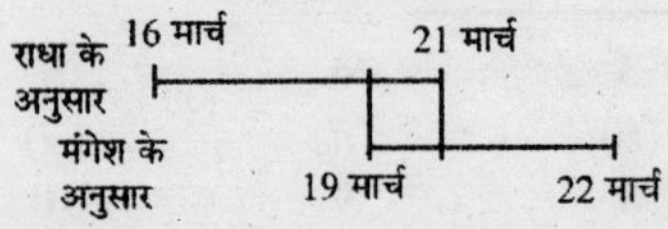

∴ अतः उनके पिता का जन्मदिन 20 मार्च को है।

6.

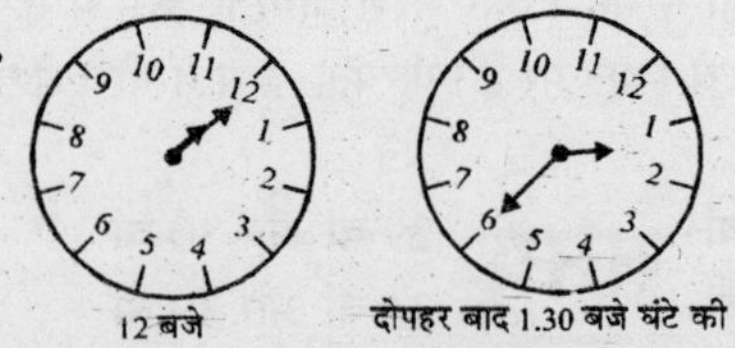

12 बजे

दोपहर बाद 1.30 बजे घंटे की सूई पूर्व दिशा की ओर सूचित करेगी

8-10.

बसों के रवाना होने का क्रम	सोमवार से शुक्रवार तक रवानगी का समय	शनिवार और रविवार को रवानगी का समय
P	प्रात: 8:00 बजे	प्रात: 7:30 बजे
N	प्रात: 8:45 बजे	प्रात: 8:30 बजे
R	प्रात: 9:15 बजे	प्रात: 9:30 वजे
M	प्रात: 10 बजे	प्रात: 10:30 बजे
Q	प्रात: 10:35	प्रात: 11:30 बजे
S	प्रात: 11:20 बजे	दोपहर बाद 12:30 बजे
O	दोपहर 12 बजे	दोपहर बाद 1:30 बजे

10. बस M प्रात: 10:30 बजे रवाना होती है। यदि 1 घंटे के समय अंतराल में 30 मिनट की वृद्धि कर दी जाए तो बस Q दोपहर 12:00 बजे रवाना होगी, बस S दोपहर बाद 1:30 बजे और बस O दोपहर बाद 3:00 बजे रवाना होगी। बस O अपना चार घंटे का टूर शाम 7:00 बजे पूरा करेगी।

●●●

10

श्रेणी एवं क्रम (Rows and Ranks)

इस प्रकार के प्रश्न किसी पंक्ति या लाइन में व्यवस्थित वस्तुओं की संख्या या कुछ छात्रों की एक कक्षा में किसी छात्र के क्रम-स्थान (कोटि) या कक्षा में छात्रों की कुल संख्या ज्ञात करने के लिए कतिपय सरल गणितीय परिकलनों पर आधारित होते हैं।

अभ्यास

1. पेड़ों की एक पंक्ति में कोई एक पेड़ पंक्ति के दोनों छोरों से पांचवें स्थान पर है। इस पंक्ति में कुल कितने पेड़ हैं?

(*a*) 11 (*b*) 8
(*c*) 10 (*d*) 9

2. 53 छात्रों की एक कक्षा में जया का योग्यता-क्रम में 5 वां स्थान है। कक्षा में योग्यता-क्रम में नीचे से उसका क्रम-स्थान क्या है?

(*a*) 49 वां (*b*) 48 वां
(*c*) 47 वां (*d*) 50 वां

3. पैंसठ छात्रों की एक कक्षा में योग्यता-क्रम में मोहन का क्रम स्थान इक्कीसवां है। यदि योग्यता-क्रम में सबसे नीचे के छात्र का क्रम-स्थान 1 माना जाए तो योग्यता-क्रम में नीचे से मोहन का क्रम-स्थान क्या होगा?

(*a*) 44 वां (*b*) 45 वां
(*c*) 46 वां (*d*) दी गई सूचना अपर्याप्त है

4. लड़कों की एक पंक्ति में राहुल दाहिने से 12 वें स्थान पर और बाएं से चौथे स्थान पर खड़ा है। इस पंक्ति में और कितने लड़कों को शामिल करने पर पंक्ति में लड़कों की कुल संख्या 28 हो जाएगी?

(*a*) 12 (*b*) 14
(*c*) 20 (*d*) 13

5. लड़कों की एक पंक्ति में राजन दाहिने से दसवें स्थान पर है और सूरज बाएं से दसवें स्थान पर है। यदि राजन और सूरज आपस में अपना स्थान बदल लें तो सूरज बाएं से सताइसवें स्थान पर आ जाएगा। राजन अब पंक्ति में दाहिने से कितने स्थान पर खड़ा है?

(*a*) दसवें (*b*) छब्बीसवें
(*c*) उन्तीसवें (*d*) सताइसवें

6. 41 छात्रों की एक कक्षा में महेश और सुरेश योग्यता-क्रम में ऊपर से क्रमश: 11 वें और 12 वें स्थान पर हैं। योग्यता-क्रम में नीचे से इनका क्रम-स्थान क्या है?

(*a*) 32 वां और 33 वां (*b*) 29 वां और 30 वां
(*c*) 30 वां और 31 वां (*d*) 31 वां और 30 वां

7. किसी कक्षा में उमा योग्यता-क्रम में ऊपर से 8 वें और नीचे से 37 वें स्थान पर है। इस कक्षा में कुल कितने छात्र हैं?

(*a*) 47 (*b*) 46
(*c*) 45 (*d*) 44

8. एक पंक्ति में सादिक सामने से 14 वें स्थान पर और जोसफ अंत से 17 वें स्थान पर खड़ा है जबकि जेन, सादिक और जोसफ के बीच खड़ा है। यदि सादिक, जोसफ से आगे खड़ा है और पंक्ति में कुल 48 व्यक्ति खड़ें हो, तो सादिक और जेन के बीच पंक्ति में कितने व्यक्ति खड़े हैं?

(*a*) 5 (*b*) 6
(*c*) 7 (*d*) 8

9. किसी कक्षा में वार्षिक परीक्षा में उत्तीर्ण हुए छात्रों में योग्यता-क्रम में रोहन नीचे से सताइसवें स्थान पर और ऊपर से ग्यारहवें स्थान पर आया। यदि वार्षिक परीक्षा में इस कक्षा के 12 छात्र अनुत्तीर्ण घोषित किए गए हों तो परीक्षा में इस कक्षा के कितने छात्र शामिल हुए थे?

(*a*) 48 (*b*) 49
(*c*) 50 (*d*) कहा नहीं जा सकता

10. कुछ लड़के एक पंक्ति में बैठे हैं। P पंक्ति में बाएं से चौदहवें स्थान पर और Q दाहिने से सातवें स्थान पर बैठा है। यदि P और Q के बीच चार लड़के बैठे हों, तो इस पंक्ति में कुल कितने लड़के हैं?

(*a*) 19 (*b*) 21
(*c*) 25 (*d*) 23

निर्देश (प्र.सं. 11 से 15): *प्रत्येक दिए गए विकल्पों से उस एक शब्द का चयन करें जिसे प्रश्न में दिए गए शब्द के अक्षरों का प्रयोग करके लिखा नहीं जा सकता।*

11. ROTATION
(*a*) TORN (*b*) NOTE
(*c*) TART (*d*) RAIN

12. INSUFFICIENT
(*a*) ENTICE (*b*) SCENT
(*c*) SUFFICE (*d*) THENCE

13. CATASTROPHE
(*a*) TASTE (*b*) CHEAP
(*c*) POUCH (*d*) STARE

14. MASTERPIECE
(*a*) MINCE (*b*) TRAMP
(*c*) PESTER (*d*) SPRITE

15. PROGNOSTICATION
(*a*) RONTGEN (*b*) SPITOON
(*c*) ROGATION (*d*) START

निर्देश (प्र.सं. 16 से 20): *यहाँ प्रत्येक प्रश्न में दिए गए विकल्पों से उस एक शब्द का चयन करें जिसे प्रश्न के आरंभ में दिए गए शब्द के अक्षरों का प्रयोग करके लिखा जा सकता है।*

16. INVESTIGATE
(*a*) INVERT (*b*) GLIDE
(*c*) STING (*d*) ACTED

17. ADVENTURE
(*a*) AWARE (*b*) EVENT
(*c*) TRUCE (*d*) DRIED

18. THANKSGIVING
(*a*) AVENGE (*b*) HAUNTS
(*c*) GRAINS (*d*) SAVING

19. BLANDISHMENT
(*a*) BOARD (*b*) METAL
(*c*) SHAPE (*d*) CRASH

20. UNDISCHARGED
(*a*) CHANGED (*b*) DISARMED
(*c*) GROUNDED (*d*) SHARPEN

उत्तरमाला

1	2	3	4	5
(*d*)	(*a*)	(*b*)	(*d*)	(*d*)
6	**7**	**8**	**9**	**10**
(*d*)	(*d*)	(*d*)	(*b*)	(*c*)
11	**12**	**13**	**14**	**15**
(*b*)	(*d*)	(*c*)	(*a*)	(*a*)
16	**17**	**18**	**19**	**20**
(*c*)	(*b*)	(*d*)	(*b*)	(*a*)

व्याख्यात्मक उत्तर

1.

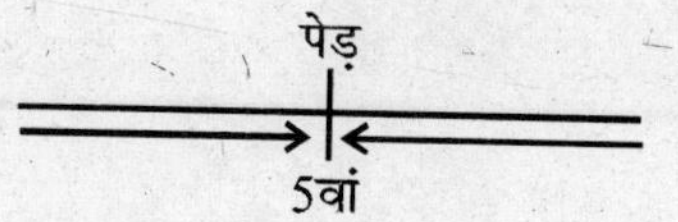

पंक्ति में पेड़ों की कुल संख्या
= (5 + 5) –1 = 9

2.

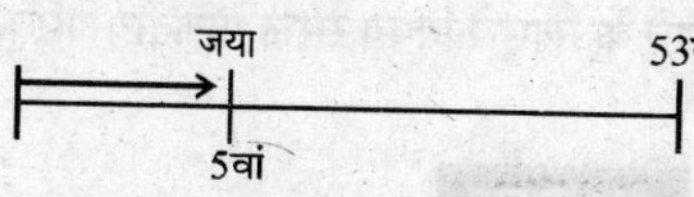

योग्यता-क्रम में नीचे से जया का स्थान
= (53 – 5) +1 = 49 वां

7.

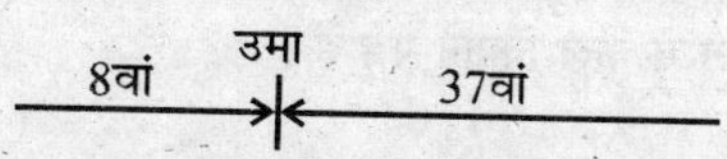

कक्षा में छात्रों की कुल संख्या = (8 + 37) – 1 = 44

10.

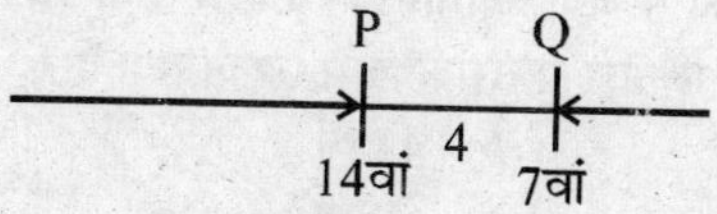

पंक्ति में लड़कों की संख्या = (14 + 4 + 7) = 25

11

प्रतीक (चिह्न) प्रतिस्थापन (Symbol Substitution)

इस प्रकार के प्रश्नों को हल करना अत्यधिक सरल है। ऐसे प्रश्नों को हल करने की एकमात्र अपेक्षा यह है कि उम्मीदवार दिए गए प्रतीकों या चिह्नों को प्रतिस्थापित करने और परिकलन की विद्या में पारंगत हों और अत्यधिक त्वरित गति से दिए गए प्रश्नों का हल ज्ञात कर सके। इस श्रेणी में पूछे गए कुछ सामान्य प्रकार के प्रश्न नीचे हल किए गए हैं।

अभ्यास

1. यदि "+" का अर्थ "–" हो; "–" का अर्थ "×" हो; "×" का अर्थ "÷" हो और "÷" का अर्थ "+" हो, तो
$15 \times 5 \div 10 + 5 - 3 = ?$
(*a*) 9.5 (*b*) 0
(*c*) – 2 (*d*) 24

2. यदि "+" का अर्थ "–" हो; "–" का अर्थ "×" हो; "×" का अर्थ "÷" हो; और "÷" का अर्थ "+" हो, तो
$15 \times 3 \div 15 + 5 - 2 = ?$
(*a*) 0 (*b*) 10
(*c*) 20 (*d*) 6

3. यदि "+" का अर्थ "÷" हो; "×" का अर्थ "–" हो; "÷" का अर्थ "+" हो और "–" का अर्थ "×" हो, तो
$16 \div 8 \times 6 - 2 + 12 = ?$
(*a*) 22 (*b*) 24
(*c*) 23 (*d*) 20

4. यदि "+" का अर्थ "×" हो; "–" का अर्थ "÷" हो; "×" का अर्थ "–" हो और "÷" का अर्थ "+" हो, तो
$5 + 8 - 4 \times 2 \div 9 = ?$
(*a*) 15 (*b*) 13
(*c*) 17 (*d*) 11

5. यदि × का आशय जोड़ की संक्रिया से हो, ÷ का आशय घटाव की संक्रिया से हो, + का आशय गुणा की संक्रिया से हो और – का आशय भाग की संक्रिया से हो तो $(20 \times 6 \div 6 \times 4)$ निम्नलिखित में से किसके बराबर है?
(*a*) 5 (*b*) 24
(*c*) 25 (*d*) 80

उत्तरमाला

1	2	3	4	5
(*c*)	(*b*)	(*c*)	(*c*)	(*b*)

व्याख्यात्मक उत्तर

1. $15 \div 5 + 10 - 5 \times 3$
$3 + 10 - 15 = -2$

3. $16 + 8 - 6 \times 2 \div 12$
$16 + 8 - 1 = 23$

4. $5 \times 8 \div 4 - 2 + 9,$
$10 - 2 + 9 = 17$

5. $20 + 6 - 6 + 4 = 24$

●●●

12

कृत्रिम मान और लुप्त संख्याएँ (Artificial Values and Missing Numbers)

इस प्रकार के प्रश्नों को हल करने के लिए संख्या संबंधी प्रश्नों को हल करने में निपुणता और गणितीय कौशल का होना अपेक्षित है। उत्तर प्राप्त करने के लिए अभ्यर्थियों के लिए यह अपेक्षित है कि वे अंकगणितीय चिह्नों या प्रतीकों के सही संयोजन का चयन करें जिसे दिए गए प्रश्नों में प्रश्न चिह्न के स्थान पर प्रतिस्थापित किया जा सके।

अभ्यास

निर्देश : *नीचे दिए गए प्रत्येक प्रश्न में बताएँ कि प्रश्न चिह्न (?) के स्थान पर कौन-सी संख्या रखी जा सकती है?*

1.

(*a*) 693 (*b*) 939
(*c*) 981 (*d*) 993

2.
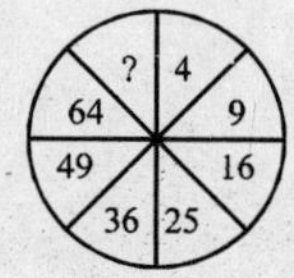

(*a*) 68 (*b*) 100
(*c*) 72 (*d*) 81

3.

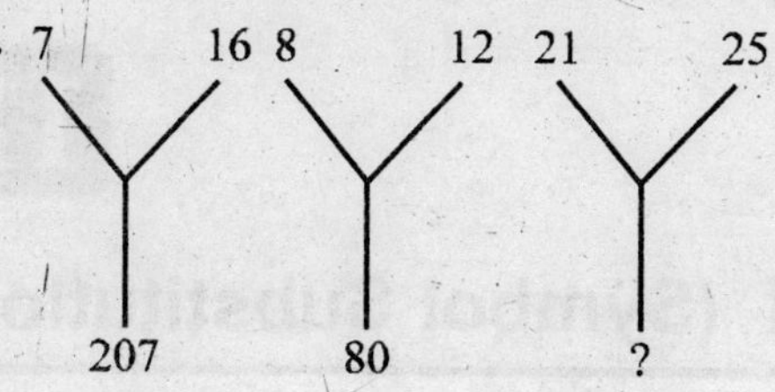

(*a*) 425 (*b*) 184
(*c*) 241 (*d*) 210

4.

(*a*) 35 (*b*) 37
(*c*) 45 (*d*) 48

5.

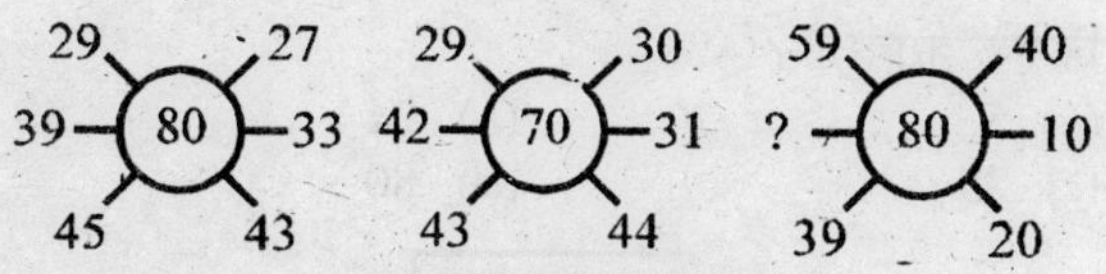

(*a*) 69 (*b*) 49
(*c*) 50 (*d*) 60

6.

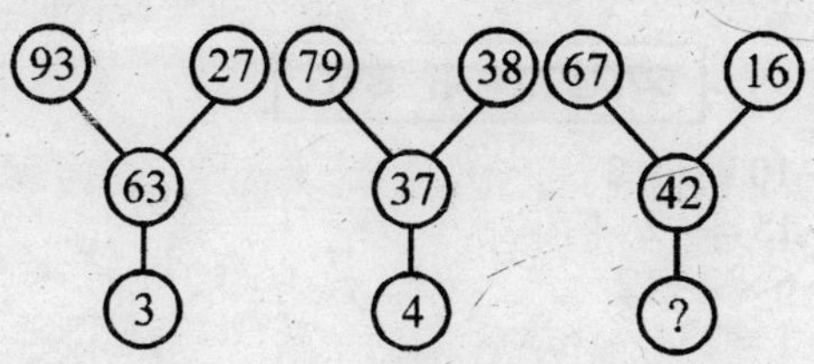

(*a*) 5 (*b*) 6
(*c*) 8 (*d*) 9

7.

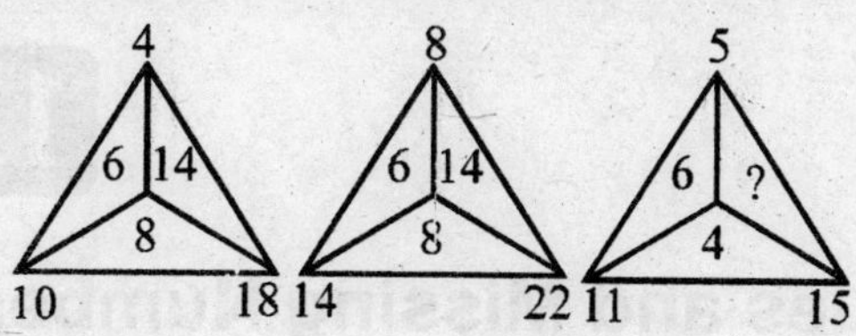

(*a*) 8 (*b*) 14
(*c*) 10 (*d*) 6

8.

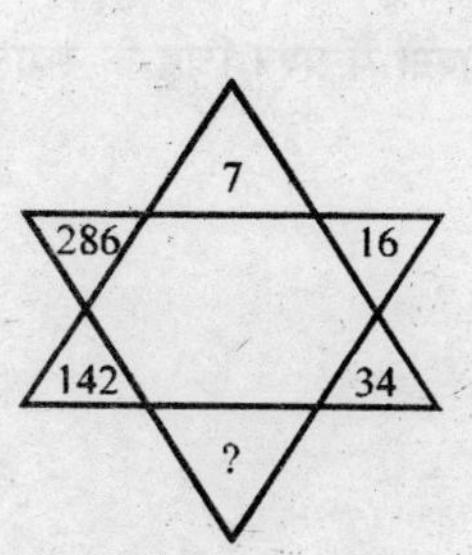

(*a*) 70 (*b*) 68
(*c*) 56 (*d*) 92

9.

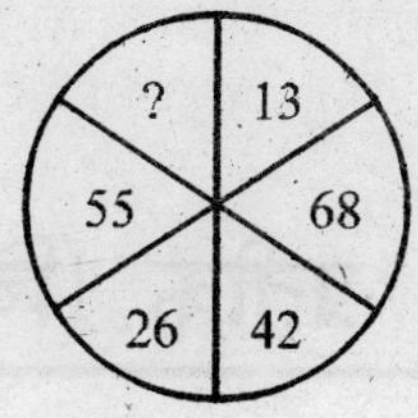

(*a*) 41 (*b*) 37
(*c*) 29 (*d*) 25

10.

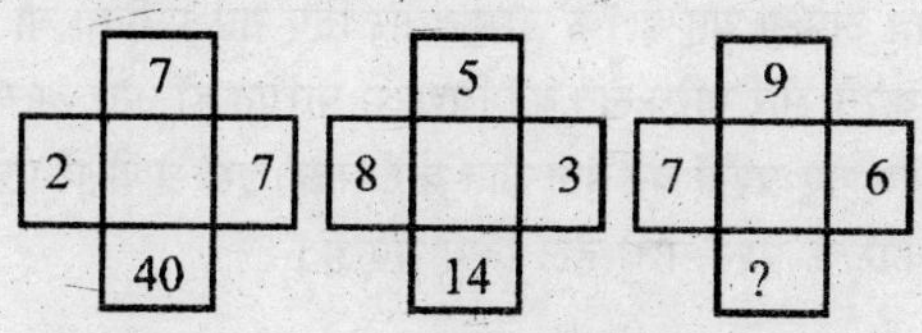

(*a*) 72 (*b*) 68
(*c*) 82 (*d*) 96

उत्तरमाला

1	2	3	4	5
(*c*)	(*d*)	(*b*)	(*b*)	(*a*)
6	**7**	**8**	**9**	**10**
(*d*)	(*c*)	(*a*)	(*c*)	(*b*)

व्याख्यात्मक उत्तर

1. उलटे बने त्रिभुज के ऊपरी भाग के दोनों खानों में दी गई संख्याओं के वर्ग को एक दूसरे की बगल में रखने पर त्रिभुज के निचले शीर्ष की संख्या प्राप्त होती है, अर्थात्

6^2 और $3^2 = 369$, 2^2 और $5^2 = 425$,

इसी प्रकार 3^2 और $9^2 = 981$.

2. 4 से आरंभ करके प्रत्येक अनुवर्ती संख्या क्रमागत प्राकृतिक संख्या का वर्ग है। अर्थात् $2^2 = 4, 3^2 = 9, 4^2 = 16, \ldots 9^2 = 81$

3. नीचे की संख्या ऊपर की दोनों संख्याओं के वर्गों का अंतर है, अर्थात्

$16^2 - 7^2 = 256 - 49 = 207$

$12^2 - 8^2 = 144 - 64 = 80$, इसी प्रकार

$25^2 - 21^2 = 625 - 441 = 184$

4. बीच की संख्या विकर्णतः सम्मुख संख्याओं के गुणनफलों का योग है, अर्थात् $(3 \times 3) + (5 \times 6) = 39$

$(4 \times 4) + (7 \times 5) = 51$,

इसी प्रकार $(3 \times 4) + (5 \times 5) = 37$

5. किसी भी एक आकृति में सरेखीय तीनों संख्याओं का योगफल समान है, अर्थात्

$29 + 80 + 43$ या $39 + 80 + 33$ या $45 + 80 + 27 = 152$

$29 + 70 + 44$ या $42 + 70 + 31$

या $43 + 70 + 30 = 143$, इसी प्रकार

$59 + 80 + 20$ या $39 + 80 + 40 = 159$.

अतः लुप्त संख्या है : $159 - (80 + 10) = 69$

6. प्रत्येक आकृति में दाहिने और बीच के घेरों की संख्याओं के योगफल को बायीं ओर के घेरे की संख्या से घटाने पर आकृति में सबसे नीचे के घेरे की संख्या प्राप्त होती है, अर्थात्

$93 - (27 + 63) = 3$

$79 - (38 + 37) = 4$, इसी प्रकार

$67 - (16 + 42) = 9$

8. दी गई आकृति में 7 की संख्या से आरंभ करके दक्षिणावर्त अगली संख्या पहली संख्या के दोगुने से 2 अधिक है, अर्थात्

$(7 \times 2) + 2 = 16$

$(16 \times 2) + 2 = 34 \ldots$, इसी प्रकार

$(34 \times 2) + 2 = 70$

$(70 \times 2) + 2 = 142$

$(142 \times 2) + 2 = 286$

9. दी गई आकृति में सम्मुख त्रिज्यखंडों में दी गई संख्याओं का अंतर 13 है, अर्थात्

$26 - 13 = 13$

$68 - 55 = 13$,

इसी प्रकार

अतः लुप्त संख्या है : $42 - 13 = 29$

($42 + 13 = 55$ विकल्पों में नहीं दिया गया है)

10. प्रत्येक आकृति में मध्यस्थ ग्रिड रेखा में दी गई संख्याओं के योगफल को ऊपर स्थित संख्या के वर्ग से घटाने पर आकृति में नीचे की संख्या प्राप्त होती है, अर्थात्

$7^2 - (2 + 7) = 40$

$5^2 - (8 + 3) = 14$,

इसी प्रकार $9^2 - (7 + 6) = 68$.

●●●

13

अंग्रेजी वर्णक्रम पर आधारित प्रश्न

(Problems Based on English Alphabet)

अंग्रेजी वर्णमाला पर आधारित प्रश्नों को हल करना अत्यधिक सरल है। इस प्रकार के प्रश्न वर्णमाला के सीधे क्रम में और साथ ही उलटे क्रम में भी दी गई श्रृंखलाओं पर आधारित होते हैं। श्रृंखला Z पर पहुँचने के बाद A से पुनः आरंभ होती है और उलटे क्रम में A पर पहुँचने के बाद Z से पुनः आरंभ होती है। इस श्रृंखला में A E I O U स्वर और शेष अक्षर व्यंजन कहलाते हैं।

अभ्यास

निर्देशः *निम्नलिखित प्रश्न वर्णमाला के सीधे या उलटे क्रम में लिखी गई श्रृंखला पर तथा दिए गए शब्द में अक्षरों के स्थान परिवर्तन पर आधारित हैं।*

1. वर्णमाला के सीधे क्रम में लिखी गई श्रृंखला में बाएँ छोर से छठे अक्षर के ठीक पहले कौन-सा अक्षर होता है?

(*a*) U (*b*) E
(*c*) F (*d*) V

2. यदि अंग्रेजी वर्णमाला में प्रथम अर्द्धांश के अक्षरों को उलटे क्रम में लिखा जाए तो दायीं ओर से नौवें अक्षर की बायीं ओर का नौवाँ अक्षर कौन-सा होगा?

(*a*) I (*b*) D
(*c*) F (*d*) E

3. यदि अंग्रेजी वर्णमाला को उलटे क्रम में लिखा जाए, तो दायीं ओर से सातवें अक्षर की बायीं ओर का आठवाँ अक्षर कौन-सा होगा?

(*a*) O (*b*) P
(*c*) N (*d*) Q

4. यदि अंग्रेजी वर्णमाला को उलटे क्रम में लिखा जाए तो P के दाएँ से छठा अक्षर कौन-सा होगा?

(*a*) J (*b*) W
(*c*) K (*d*) V

5. यदि अंग्रेजी वर्णमाला को दो बराबर हिस्सों में बाँट दिया जाए जिनमें पहले अर्द्धांश में A से M तक के और दूसरे अर्द्धांश में N से Z तक के अक्षर निहित हों, तो बाद वाले अर्द्धांश का कौन-सा अक्षर पहले वाले अर्द्धांश के J अक्षर के संगत होगा?

(*a*) W (*b*) Q
(*c*) V (*d*) R

उत्तरमाला

1	2	3	4	5
(*b*)	(*d*)	(*a*)	(*a*)	(*a*)

व्याख्यात्मक उत्तर

1.

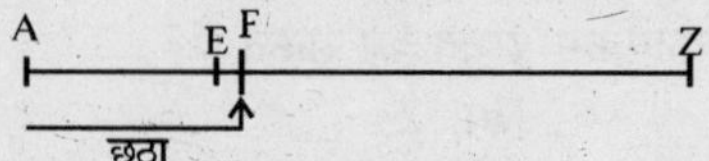

बाएँ से छठा अक्षर 'F' है और 'F' से ठीक पहले का अक्षर 'E' है।

2. MLKJIGHFEDCBANOPQRSTUVWXYZ

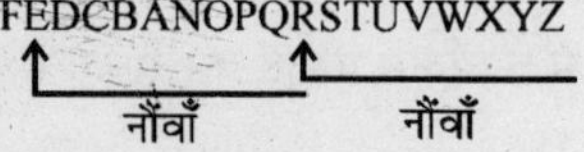

5. A B C D E F G H I J K L M
N O P Q R S T U V W X Y Z

●●●

14

वेन आरेख विश्लेषण (Venn Diagram Analysis)

आरेख विश्लेषण

इस प्रकार के परीक्षण में आरेखों द्वारा निरूपित दो या दो से अधिक वस्तुओं या तथ्यों या मदों के बीच संबंध स्थापित करना होता है।

आरेखों द्वारा निरूपित मदें कोई पृथक वस्तु या प्राणी या व्यक्तियों का कोई विशिष्ट दल/वर्ग आदि हो सकती हैं।

अभ्यास

1. निम्नलिखित आरेख में कौन-सी संख्या केवल दो ज्यामितीय आकृतियों में उभयनिष्ठ है?

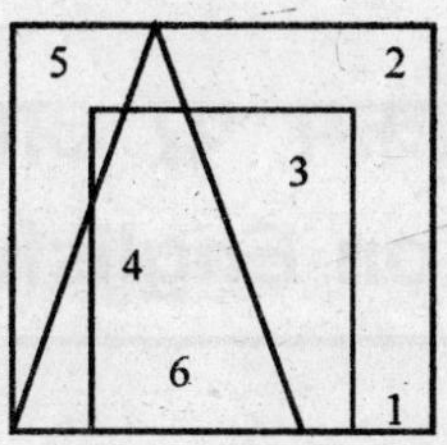

(*a*) 4 (*b*) 3
(*c*) 5 (*d*) 2

निर्देश (प्रश्न 2 और 3) : *नीचे के आरेख में आयत हिंदी के उद्घोषकों को निरूपित करता है, वृत्त अंग्रेजी भाषा के उद्घोषकों को निरूपित करता है, वर्ग फ्रांसीसी भाषा के उद्घोषकों को निरूपित करता है और त्रिभुज जर्मन भाषा के उद्घोषकों को निरूपित करता है।*

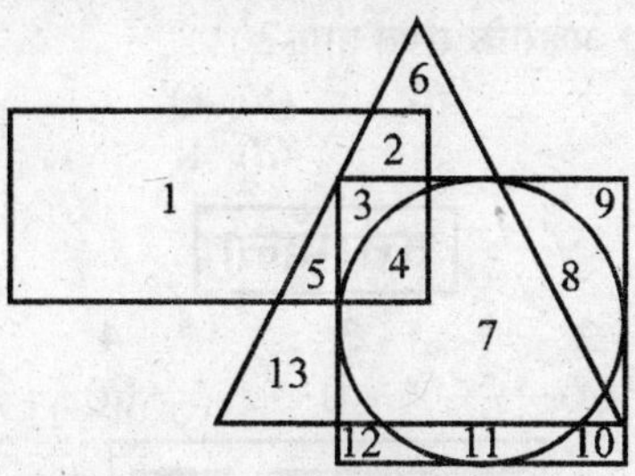

2. कौन-सा क्षेत्र उन उद्घोषकों को निरूपित करता है जो हिंदी, फ्रांसीसी और जर्मन भाषाओं में कार्यक्रम प्रस्तुत कर सकते हैं?
(*a*) 1 (*b*) 2
(*c*) 3 (*d*) 4

3. कौन-सा क्षेत्र उन उद्घोषकों को निरूपित करता है जो केवल फ्रांसीसी और अंग्रेजी भाषा में कार्यक्रम प्रस्तुत कर सकते हैं?
(*a*) 7
(*b*) 9
(*c*) 11
(*d*) 13

निर्देश (प्रश्न 4 और 5) : *नीचे दिए गए आरेख के आधार पर प्रश्न संख्या 4 और 5 के उत्तर दें :*

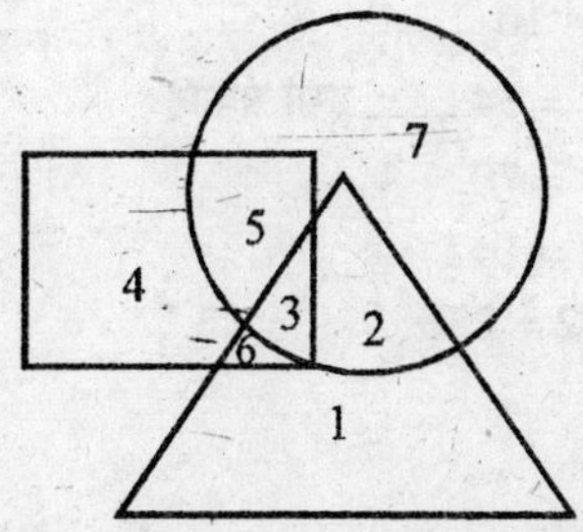

4. कौन-सी संख्या सभी ज्यामितीय आकृतियों में अंतर्निहित है?
(*a*) 5 (*b*) 6
(*c*) 2 (*d*) 3

5. संख्या 6 निम्नलिखित में से किसमें अंतर्निहित है?
(*a*) आयत और त्रिभुज
(*b*) वृत्त और त्रिभुज
(*c*) आयत और वृत्त
(*d*) केवल आयत

उत्तरमाला

1	2	3	4	5
(*b*)	(*c*)	(*c*)	(*d*)	(*a*)

व्याख्यात्मक उत्तर

प्रश्न 2 और 3 के लिए

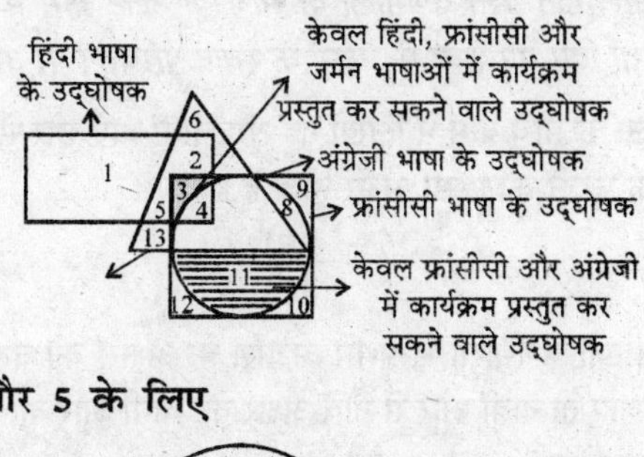

प्रश्न 4 और 5 के लिए

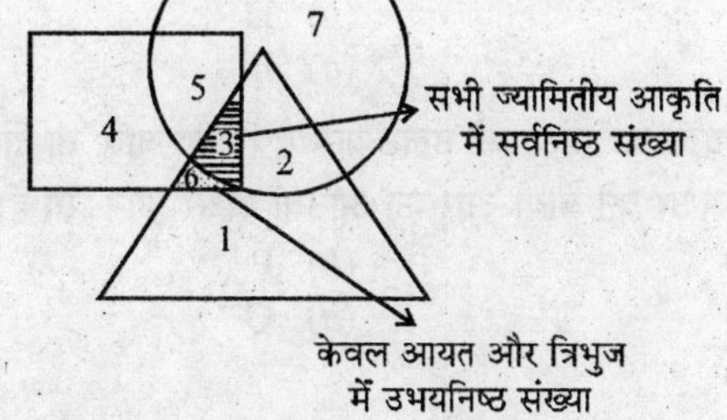

कथन एवं वेन आरेख

इस प्रकार के प्रश्नों में विकल्प के रूप में पाँच भिन्न-भिन्न आकृतियों का समुच्चय दिया जाता है। प्रत्येक आकृति संबंधित शब्दों के कुछ समूहों का एक तार्किक पैटर्न निरूपित करती है जिनमें प्रत्येक शब्द एक वर्ग को निरूपित करता है।

अभ्यास

निर्देश : *नीचे दिए गए पाँच तर्क आरेखों में से उस आरेख (आकृति) का चयन करें जो प्रश्न में दिए गए तीनों वर्गों के बीच संबंध को सर्वाधिक सुस्पष्ट रूप में प्रदर्शित करता है।*

(*a*) 

(*b*) 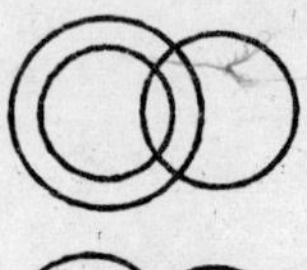

(*c*) 

(*d*) 

(*e*) 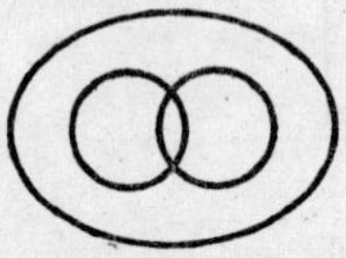

1. पक्षी, फल, आम
2. अपराधी, वकील, डकैत
3. तैराक, कुँआरा, पुरुष
4. स्मार्ट, इंजीनियर, महिला
5. सब्जियाँ, आलू, बैंगन
6. अंगूर, मीठा, फल
7. डॉक्टर, वास्तुकार, मनुष्य
8. विद्वान, व्यक्ति, भारतीय
9. बच्चे, शरारती, अध्ययनशील
10. कलम, पेंसिल, स्टेशनरी

उत्तरमाला

1	2	3	4	5
(*a*)	(*a*)	(*b*)	(*c*)	(*d*)
6	**7**	**8**	**9**	**10**
(*b*)	(*d*)	(*e*)	(*c*)	(*d*)

व्याख्यात्मक उत्तर

1. 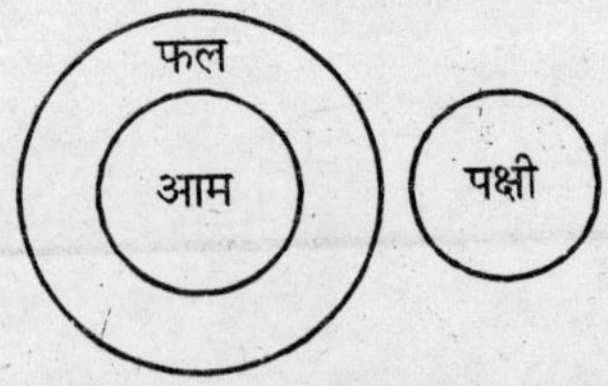

सभी आम फल हैं किंतु फल और आम में से कोई भी पक्षी नहीं है।

2. 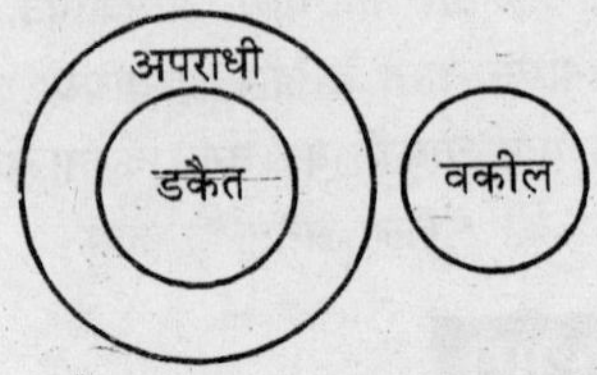

सभी डकैत अपराधी हैं किंतु अपराधी और डकैत में से कोई भी वकील नहीं हो सकता।

3. 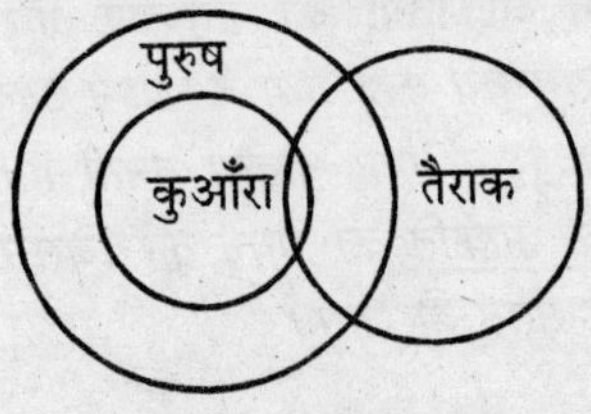

सभी कुँआरे पुरुष होते हैं तथा कुछ पुरुष और कुँआरे तैराक हो सकते हैं।

6. 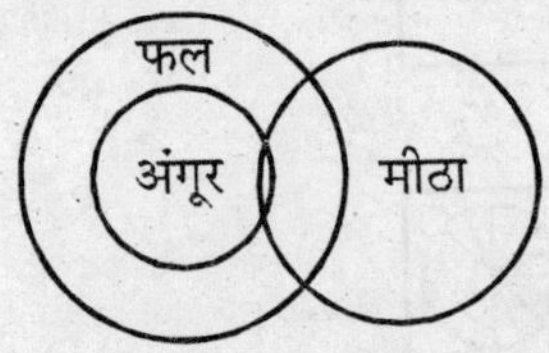

कुछ अंगूर मीठे हैं और सभी अंगूर फल हैं। किंतु सभी मीठी चीजें फल नहीं हैं।

8. 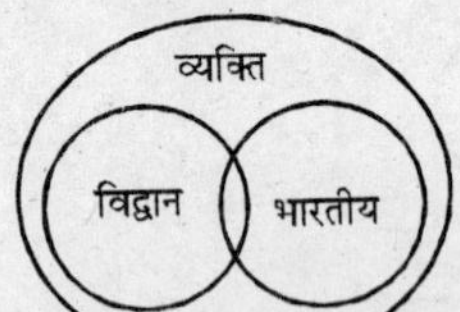

कुछ भारतीय विद्वान हो सकते हैं और कुछ विद्वान भारतीय हो सकते हैं। विद्वान और भारतीय दोनों ही व्यक्ति की श्रेणी में आते हैं।

10. 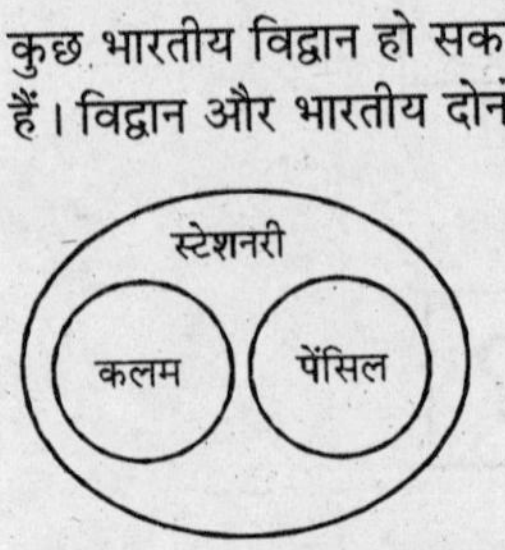

कलम और पेंसिल दोनों स्टेशनरी की मदें हैं। कुछ स्टेशनरी कलम और पेंसिल हैं किंतु कलम और पेंसिल दो अलग-अलग वर्ग हैं।

●●●

15

श्रृंखला (Series)

इस प्रकार की अभाषिक श्रृंखला (Non-Verbal Series) में, जो सर्वाधिक सामान्य प्रकार की श्रृंखला होती है, चार या पांच आनुक्रमिक प्रश्न आकृतियां एक निश्चित अनुक्रम निर्मित करते हैं और अभ्यर्थियों को दी गई उत्तर आकृतियों के सेट से उस एक आकृति का चयन करना होता है जिससे प्रश्न आकृतियों के समुच्चय की श्रृंखला सतत् हो जाए।

अभ्यास

निर्देश : *नीचे के प्रत्येक प्रश्न में आकृतियों के दो समुच्चय दिए गए हैं जिनमें से एक समुच्चय को* **प्रश्न आकृतियों** *का समुच्चय और दूसरे समुच्चय को* **उत्तर आकृतियों** *का समुच्चय कहा गया है। प्रश्न आकृतियों के समुच्चय से किसी न किसी प्रकार से एक श्रृंखला बनती है। उत्तर आकृतियों के समुच्चय से उस एक आकृति का चयन करें जिससे प्रश्न आकृतियों के समुच्चय की श्रृंखला संतत हो जाए।*

1. प्रश्न आकृतियां

उत्तर आकृतियां

(a) (b) (c) (d)

2. प्रश्न आकृतियां

उत्तर आकृतियां

(a) (b) (c) (d)

3. प्रश्न आकृतियां

उत्तर आकृतियां

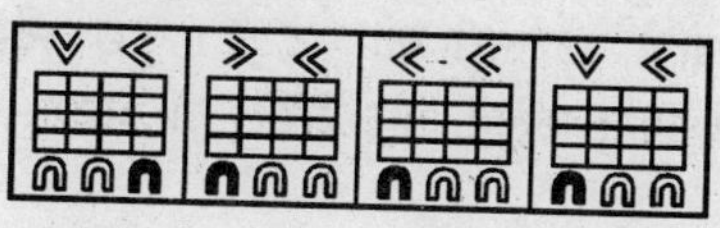

(a) (b) (c) (d)

4. प्रश्न आकृतियां

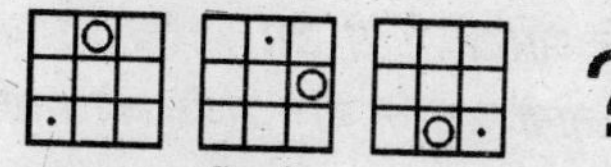

उत्तर आकृतियां

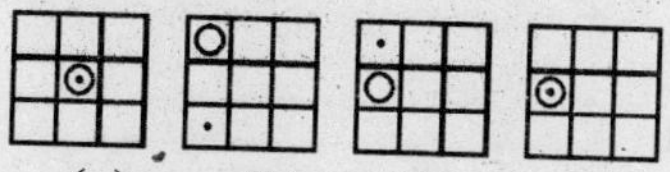

(a) (b) (c) (d)

5. प्रश्न आकृतियां

उत्तर आकृतियां

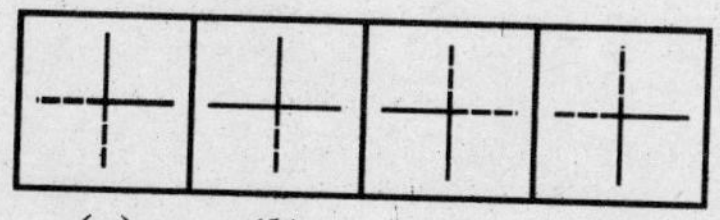

(a) (b) (c) (d)

6. प्रश्न आकृतियां

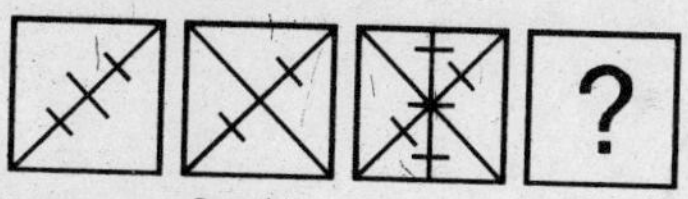

उत्तर आकृतियां

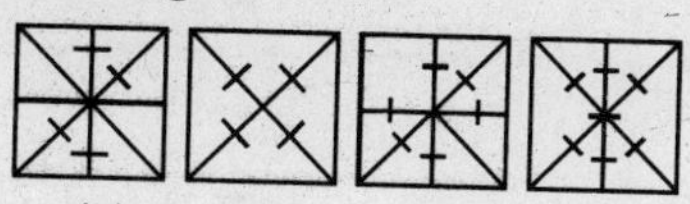

(a) (b) (c) (d)

7. प्रश्न आकृतियां

उत्तर आकृतियां

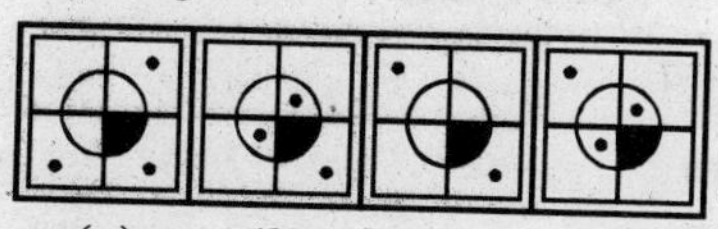

(a) (b) (c) (d)

8. प्रश्न आकृतियां

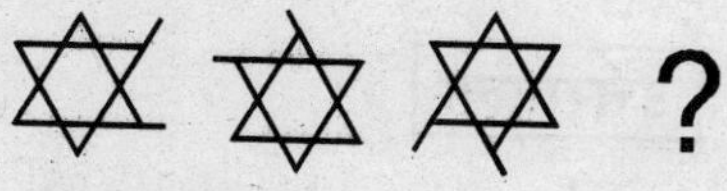

उत्तर आकृतियां

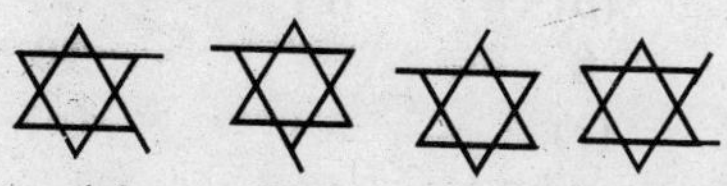

(a) (b) (c) (d)

9. प्रश्न आकृतियां

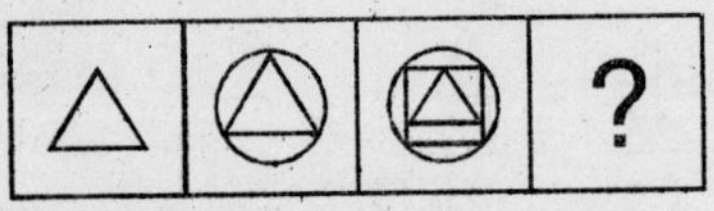

उत्तर आकृतियां

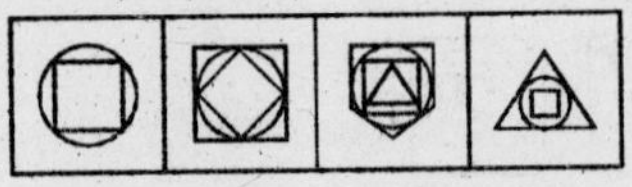

(*a*) (*b*) (*c*) (*d*)

10. प्रश्न आकृतियां

उत्तर आकृतियां

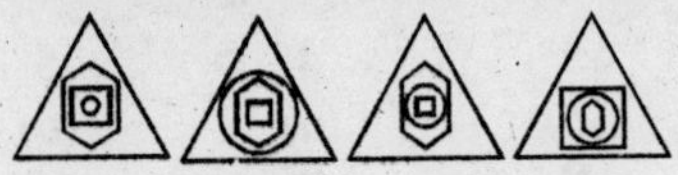

(*a*) (*b*) (*c*) (*d*)

उत्तरमाला

1	2	3	4	5	6	7	8	9	10
(*c*)	(*d*)	(*d*)	(*d*)	(*a*)	(*a*)	(*d*)	(*d*)	(*c*)	(*a*)

व्याख्यात्मक उत्तर

1. एक आकृति से दूसरी आकृति में वृत्त क्रमशः दक्षिणावर्त 30° के कोण से घूम जाता है और प्रत्येक चरण में वृत्त के भीतर स्थित एक त्रिज्यीय रेखाखण्ड लुप्त होता जाता है।

2. तिरछे या विकर्णी रेखाखण्ड एक-एक करके एक निश्चित क्रम में लुप्त होते जाते हैं।

4. वृत्त (गोल घेरा) और बिंदु अगली आकृति में दक्षिणावर्त क्रमशः दो और तीन खंड आगे खिसक जाते हैं।

5. प्रत्येक चरण में क्रॉस का चिह्न दक्षिणावर्त 90° के कोण से घूम जाता है।

7. प्रत्येक चरण पर संपूर्ण आकृति दक्षिणावर्त 90° के कोण से घूम जाती है।

9. प्रत्येक चरण पर पूर्ववर्ती आकृति-समुच्चय में एक नई आकृति जुड़ती जाती है।

10. पहली आकृति में सबसे बाहरी संरचना अगली आकृति में सबसे भीतर चली जाती है।

●●●

16

सादृश्य या संबंध (Analogies or Relationships)

अभाषिक सादृश्य के प्रश्नों में दो प्रकार की आकृतियां दी जाती हैं जो (i) प्रश्न आकृतियां और (ii) उत्तर आकृतियां कहलाती हैं। प्रश्न आकृतियां दो भागों में विभाजित होती हैं। प्रश्न आकृतियों के नीचे उत्तर आकृतियां दी जाती है।

अभ्यास

निर्देश : *प्रश्न आकृतियों में :: चिह्न के बाएं दी गई दो आकृतियों में से दूसरी आकृति का पहली आकृति के साथ एक विशेष संबंध है। :: चिह्न की दाईं ओर की दो आकृतियों के बीच भी ऐसा ही संबंध है। दिए गए विकल्पों से उस आकृति का चयन करें जिसे प्रश्न आकृतियों में प्रश्न चिह्न के स्थान पर रखा जा सकता है और जिसका :: चिह्न की दाईं ओर की पहली आकृति के साथ ठीक वैसा ही संबंध है जैसा कि :: चिह्न की बाईं ओर की दो आकृतियों के बीच है।*

1. प्रश्न आकृतियां

उत्तर आकृतियां

(*a*) (*b*) (*c*) (*d*)

2. प्रश्न आकृतियां

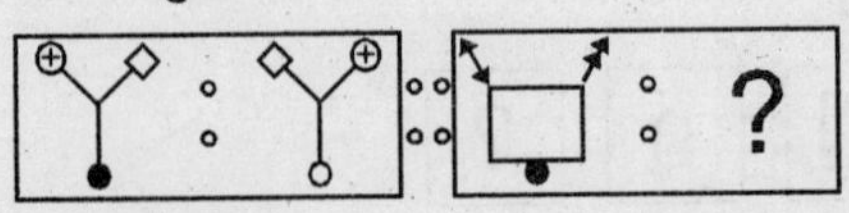

उत्तर आकृतियां

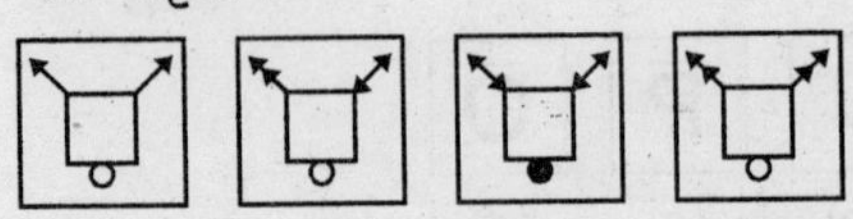

(*a*) (*b*) (*c*) (*d*)

3. प्रश्न आकृतियां

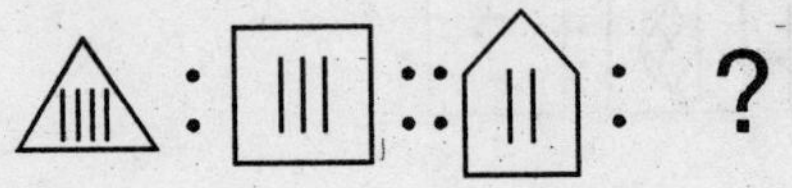

उत्तर आकृतियां

(a) (b) (c) (d)

4. प्रश्न आकृतियां

उत्तर आकृतियां

(a) (b) (c) (d)

5. प्रश्न आकृतियां

उत्तर आकृतियां

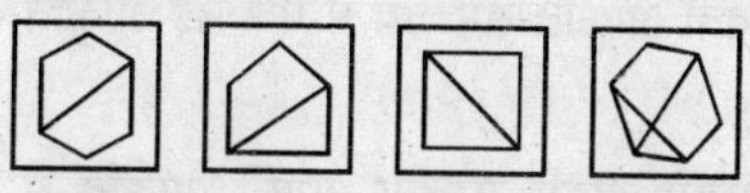

(a) (b) (c) (d)

6. प्रश्न आकृतियां

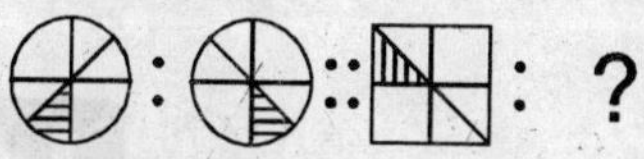

उत्तर आकृतियां

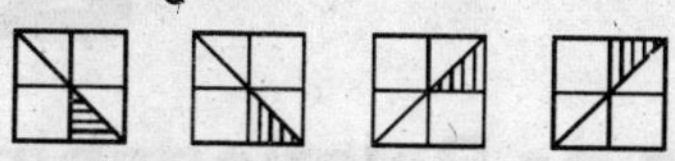

(a) (b) (c) (d)

7. प्रश्न आकृतियां

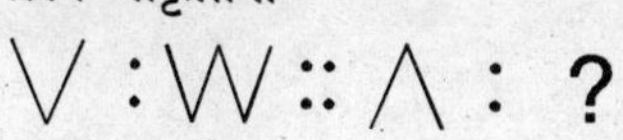

उत्तर आकृतियां

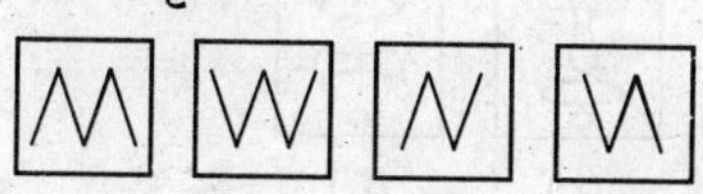

(a) (b) (c) (d)

8. प्रश्न आकृतियां

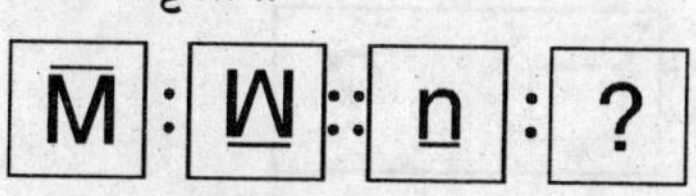

उत्तर आकृतियां

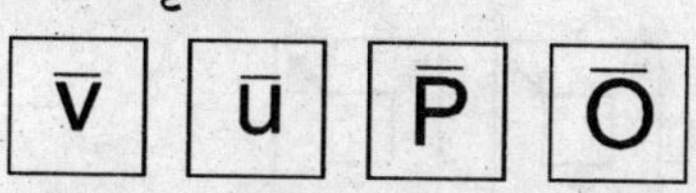

(a) (b) (c) (d)

9. प्रश्न आकृतियां

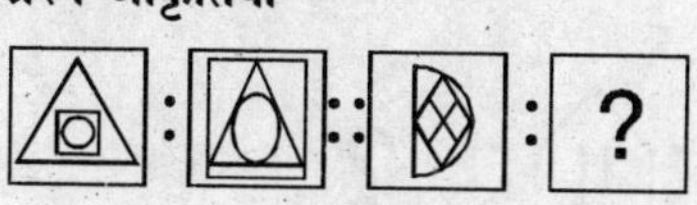

उत्तर आकृतियां

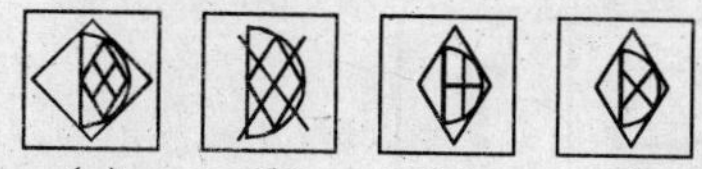

(a) (b) (c) (d)

10. प्रश्न आकृतियां

उत्तर आकृतियां

(a) (b) (c) (d)

उत्तरमाला

1	2	3	4	5
(b)	(b)	(a)	(a)	(a)
6	**7**	**8**	**9**	**10**
(c)	(a)	(b)	(d)	(c)

व्याख्यात्मक उत्तर

2. दूसरी आकृति में ऊपर के दो अवयव अपना स्थान बदल कर एक दूसरे के स्थान पर आ जाते हैं और वृत्त के भीतर का छायांकित भाग छायारहित हो जाता है।

3. पहली आकृति से दूसरी आकृति में एक ऊर्ध्वाधरतः रेखा कम हो जाती है और आकृति को निर्मित करने वाली रेखाओं की संख्या में एक की वृद्धि होती है।

4. पहली आकृति को वामावर्त 90° के कोण से घुमाने पर दूसरी आकृति प्राप्त होती है।

5. पहली आकृति से दूसरी आकृति में आकृति को निर्मित करने वाली रेखाओं की संख्या में एक की वृद्धि होती है।

6. पहली आकृति से दूसरी आकृति में विकर्णी रेखा 90° के कोण से घूम जाती है और रेखाखण्ड क्षैतिजतया सम्मुख खण्ड में चले जाते हैं।

7. पहली आकृति का डिजाइन दूसरी आकृति में दोगुना हो जाता है।

8. पहली आकृति का डिजाइन दूसरी आकृति में ऊर्ध्वाधरतः उलट जाता है।

9. बीच के और सबसे भीतरी अवयव के आकार में वृद्धि होती है और सबसे बाहरी अवयव छोटा होकर दो बढ़े हुए अवयवों के बीच में आ जाता है।

10. पहली आकृति से दूसरी आकृति में ऊपरी बाईं ओर का अवयव 90° के कोण से घूम जाता है और ऊपरी दाईं ओर का अवयव ऊर्ध्वाधरतः उलट जाता है। ऊर्ध्वाधर डिजाइन का ऊपरी भाग ऊर्ध्वाधरतः उलट जाता है और अलग हो जाता है, बीच का हिस्सा छोटा/बड़ा हो जाता है और 90° के कोण से घूम जाता है तथा निचला हिस्सा ऊर्ध्वाधरतः उलट जाता है। उपर्युक्त सभी परिवर्तनों के अतिरिक्त एक आकृति से दूसरी आकृति में छायांकित भाग छाया रहित हो जाता है और छाया रहित भाग छायांकित हो जाता है।

17

विजातीय का चयन (Odd-One Out)

अभाषिक वर्गीकरण संबंधी तर्कबुद्धि परीक्षण विषयक प्रश्नों में आकृतियों का एक समूह दिया जाता है तथा अभ्यर्थियों से यह अपेक्षा की जाती है कि वे दी गई आकृतियों को उनके विशिष्ट गुणों या विशेषताओं के आधार पर अलग-अलग समूहों या वर्गों में वर्गीकृत करें। आकृतियों या मदों को उनकी बनावट, आकार, प्रतिरूप, संरचना, प्रकार, क्रम, रूप-रंग, कोटि, शैली, संघटक अवयवों और अन्य प्रकार की विशेषताओं में समानता के आधार पर समूहों या वर्गों में वर्गीकृत करना होता है और तत्पश्चात् उस समूह से भिन्न अर्थात् विजातीय आकृति की पहचान करनी होती है।

अभ्यास

निर्देशः *नीचे के प्रत्येक प्रश्न में एक आकृति को छोड़कर अन्य सभी आकृतियाँ किसी-न-किसी रूप में आपस में संबंधित हैं और इस कारण वे एक समूह बनाती हैं। प्रत्येक प्रश्न में उस एक भिन्न आकृति का चयन करें जो अन्यों से संबंधित नहीं है अर्थात् जो भिन्न अथवा विजातीय है।*

1.
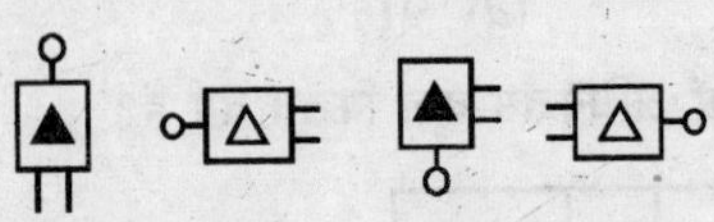
(a) (b) (c) (d)

2.

(a) (b) (c) (d)

3.
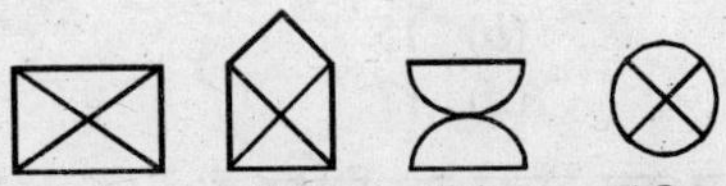
(a) (b) (c) (d)

4.

(a) (b) (c) (d)

5.
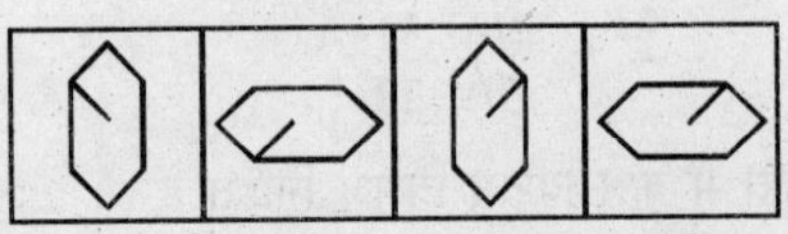
(a) (b) (c) (d)

6.
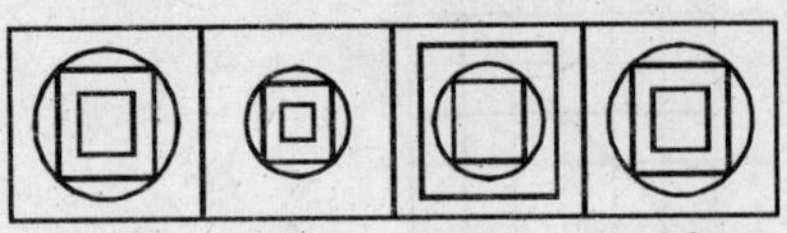
(a) (b) (c) (d)

7.
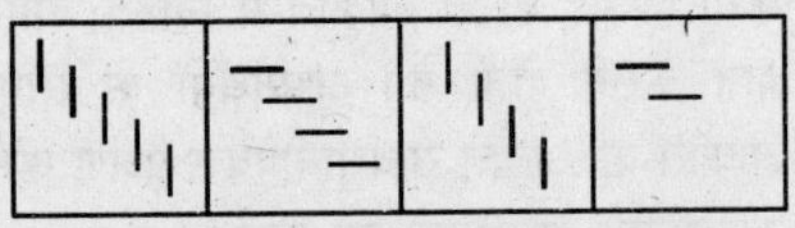
(a) (b) (c) (d)

8.
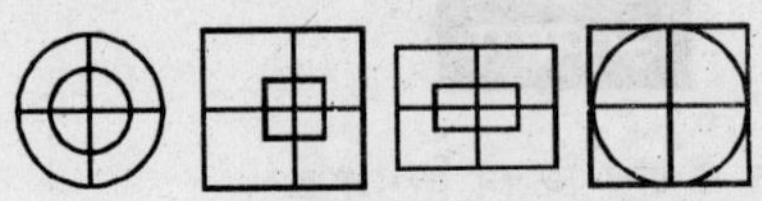
(a) (b) (c) (d)

9.
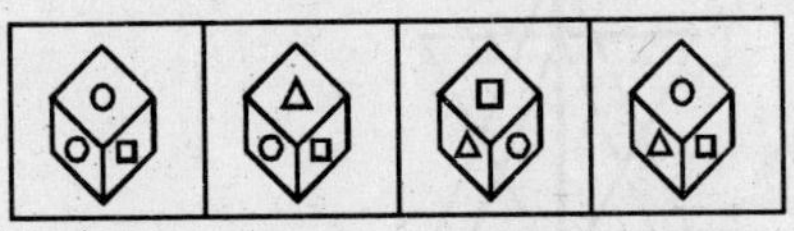
(a) (b) (c) (d)

10.
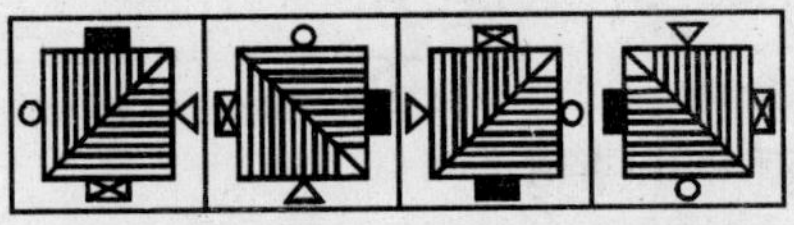
(a) (b) (c) (d)

उत्तरमाला

1	2	3	4	5
(c)	(c)	(c)	(d)	(c)
6	**7**	**8**	**9**	**10**
(c)	(a)	(d)	(a)	(c)

व्याख्यात्मक उत्तर

1. अन्य सभी आकृतियों में वृत्त युक्त रेखा और दो रेखाखंड वर्ग की सम्मुख भुजाओं पर अवस्थित हैं।

3. शेष सभी आकृतियाँ चार भागों में विभक्त हैं।

6. शेष सभी आकृतियों में बीच का और मध्यस्थ अवयव एक से हैं।

7. केवल इसी आकृति में रेखाखंडों की संख्या विषम है।

8. केवल इसी आकृति में दो अलग-अलग आकृतियाँ हैं जो दो समान भागों में विभाजित हैं।

9. केवल इसी आकृति में दो सदृश अवयव (वृत्त) निहित हैं।

10. शेष सभी आकृतियों को घुमाकर एक-दूसरी आकृतियाँ प्राप्त की जा सकती हैं।

●●●

18

आरेखों पर आधारित प्रश्न (Diagrammatic Puzzles)

इस प्रकार के प्रश्नों में किसी दी गई जटिल आकृति में निहित ज्यामितीय आकृतियों की संख्या ज्ञात करनी होती है। अभ्यर्थियों के लिए यह अनिवार्य है कि वे प्रश्न आकृति का अत्यंत सावधानीपूर्वक प्रेक्षण करें और तत्पश्चात् उसमें निहित ज्यामितीय आकृतियों को गिनें।

अभ्यास

1. नीचे दी गई आकृति में कुल कितने त्रिभुज हैं?

(*a*) 24 (*b*) 27
(*c*) 25 (*d*) 26

2. इस आकृति में कुल कितने त्रिभुज हैं?

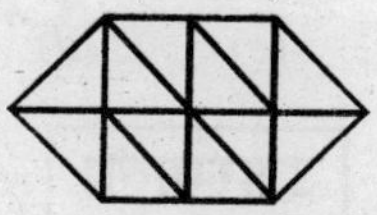

(*a*) 16 (*b*) 17
(*c*) 18 (*d*) 19

3. इस आकृति में कुल कितने वर्ग छिपे हैं?

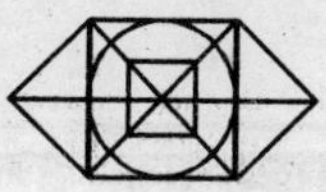

(*a*) 7 (*b*) 8
(*c*) 9 (*d*) 10

4. इस आकृति में निहित त्रिभुजों की संख्या कितनी है?

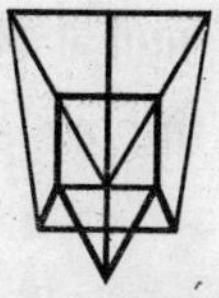

(*a*) 19 (*b*) 16
(*c*) 21 (*d*) 15

5. इस आकृति में वृत्तों की कुल कितनी संख्या है?

(*a*) 6 (*b*) 5
(*c*) 2 (*d*) 3

6. नीचे की आकृति में कुल कितने त्रिभुज निहित हैं?

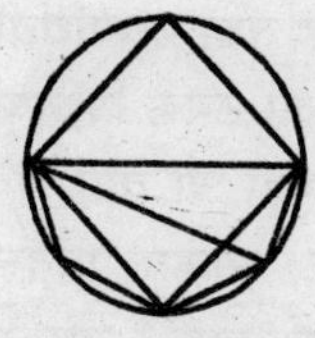

(*a*) 7 (*b*) 8
(*c*) 9 (*d*) 10

7. नीचे की आकृति में कुल कितने वर्ग हैं?

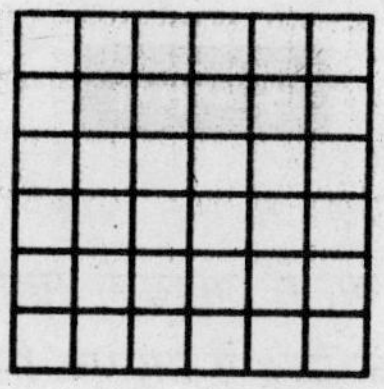

(*a*) 36 (*b*) 60
(*c*) 77 (*d*) 91

8. नीचे दी गई आकृति में अधिकतम कुल कितने वर्ग हैं?

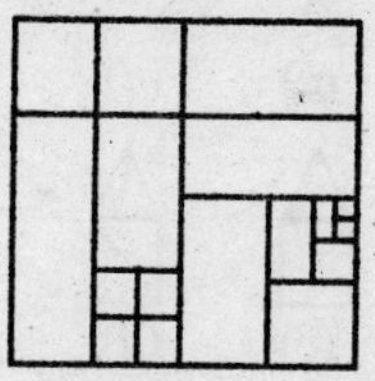

(*a*) 14 (*b*) 15
(*c*) 16 (*d*) 17

9. नीचे दी गई आकृति में कुल कितने वृत निहित हैं?

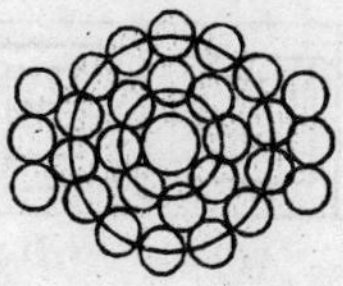

(*a*) 29 (*b*) 31
(*c*) 30 (*d*) 28

10. नीचे दी गई आकृति में कुल कितने त्रिभुज निहित हैं?

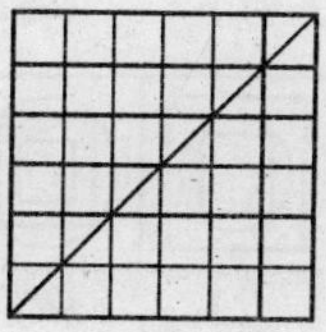

(*a*) 42 (*b*) 41
(*c*) 40 (*d*) 39

11. नीचे दी गई आकृति में कुल कितने त्रिभुज निहित हैं?

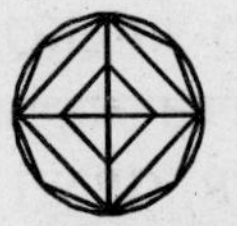

(*a*) 18 (*b*) 16
(*c*) 20 (*d*) 22

12. नीचे दी गई आकृति में निहित कुल आयतों की संख्या बताइए।

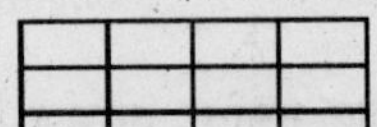

(*a*) 60 (*b*) 56
(*c*) 37 (*d*) 20

13. नीचे दी गई आकृति में निहित समांतर चतुर्भुजों की कुल संख्या ज्ञात करें।

(*a*) 35 (*b*) 36
(*c*) 37 (*d*) 38

14. नीचे दी गई आकृति में निहित त्रिभुजों की कुल संख्या बताइए ?

(*a*) 19 (*b*) 21
(*c*) 20 (*d*) 22

15. नीचे दी गई आकृति में कुल कितने षड्भुज निहित हैं ?

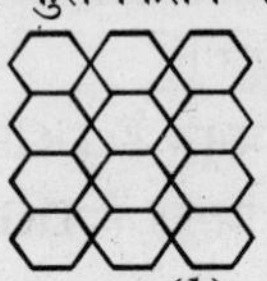

(*a*) 13 (*b*) 14
(*c*) 15 (*d*) 16

उत्तरमाला

1	2	3	4	5
(*b*)	(*a*)	(*d*)	(*b*)	(*a*)
6	**7**	**8**	**9**	**10**
(*b*)	(*d*)	(*a*)	(*b*)	(*a*)
11	**12**	**13**	**14**	**15**
(*c*)	(*a*)	(*b*)	(*b*)	(*c*)

व्याख्यात्मक उत्तर

2.

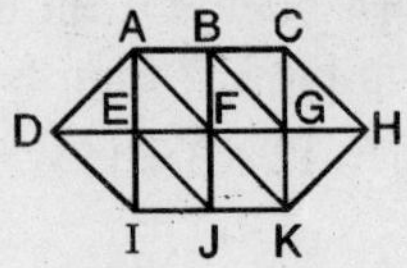

आकृति में सर्वाधिक सरलतापूर्वक दृष्टिगोचर होनेवाले त्रिभुज हैं: ADE, DEI, AEF, ABF, EIJ, EFJ, BFG, BCG, FJK, FGK, CGH और GHK, अर्थात् 12 त्रिभुज।

समद्विभाजित त्रिभुज हैं: ADI और CHK अर्थात् 2 त्रिभुज।

AIK और ACK अन्य त्रिभुज हैं, अर्थात 2 त्रिभुज।

अतः आकृति में निहित त्रिभुजों की कुल संख्या
= 12 + 2 + 2 = 16

3.

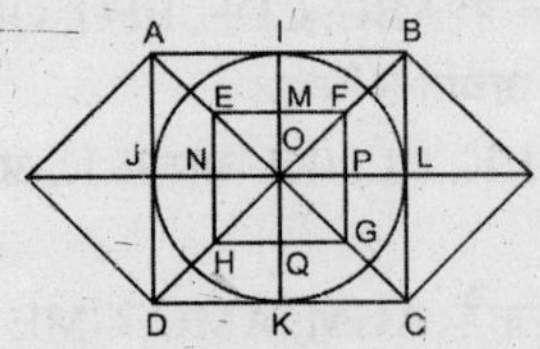

आकृति में निहित मुख्य वर्ग हैं : ABCD और EFGH, अर्थात् 2 वर्ग।

सरलतम बाह्य वर्ग हैं। AIOJ, IBLO, JOKD, और OLCK, अर्थात् 4 वर्ग।

सरलतम आंतरिक वर्ग हैं: EMON, NOQH, MFPO और OPGQ, अर्थात् 4 वर्ग।

आकृति में अन्य कोई वर्ग निहित नहीं हैं।

अतः उपर्युक्त आकृति में निहित वर्गों की कुल संख्या
= 2 + 4 + 4 = 10

5.

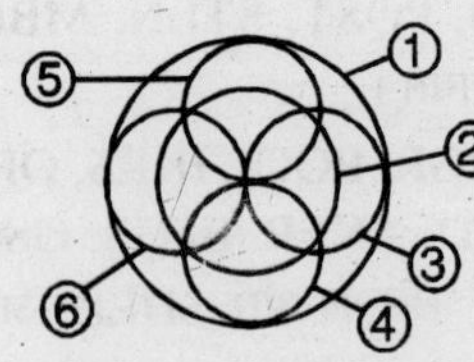

आकृति में दो मुख्य वृत्त हैं और चार छोटे वृत्त हैं और ये सभी एक-दूसरे को प्रतिच्छेदित कर रहे हैं।

∴ आकृति में निहित कुल वृत्त
= 2 + 4 = 6.

6. आकृति में निहित सरलतम त्रिभुज हैं: ABC, BDE, BEG, BGC, CGF और GFE, अर्थात् 6 त्रिभुज

समद्विभाजित त्रिभुज हैं: BCE और CEF, अर्थात् 2 त्रिभुज।

अतः आकृति में निहित त्रिभुजों की कुल संख्या
= 6 + 2 = 8.

9.

आकृति में 3 संकेद्रिक वृत्त हैं, बीच के वृत्त की परिधि पर 8 छोटे वृत्त हैं, बाहरी वृत्त की परिधि पर 14 छोटे वृत्त हैं तथा सबसे बाहरी संकेद्रिक वृत्त से बाहर उसकी दोनों ओर तीन-तीन वृत्त अर्थात् कुल 6 वृत्त हैं।

अतः वृत्तों की कुल संख्या
= 3 + 8 + 14 + 6 = 31.

11.

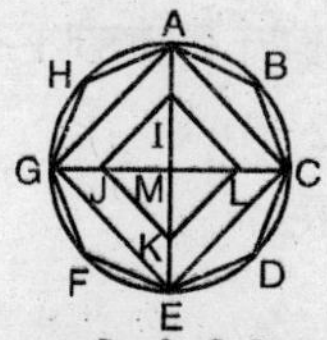

आकृति में निहित सरलतम त्रिभुज हैं: ABC, CDE, EFG, GHA, JIM, IML, MLK और JMK, अर्थात् 8 त्रिभुज।

दो भागों में विभाजित त्रिभुज हैं: JIK, IJL, IKL और JLK, अर्थात् 4 त्रिभुज।

दो भागों में विभाजित अन्य त्रिभुज हैं: AGM, AMC, GME और MCE, अर्थात् 4 त्रिभुज।

आकृति में निहित अन्य त्रिभुज हैं: AGC, AGE, ACE और GCE, अर्थात् 4 त्रिभुज।

अतः त्रिभुजों की कुल संख्या = 8 + 4 + 4 + 4 = 20

12.

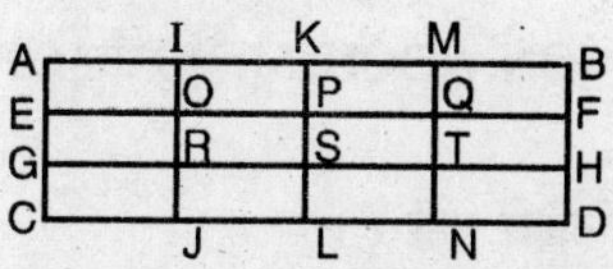

आकृति में निहित मुख्य आयत ABCD है, अर्थात् 1 आयत।

आकृति में निहित सरलतम आयत हैं: AIEO, EOGR, GRCJ, IKOP, OPRS, RSJL, KMPQ, PQST, STLN, MBQF, QFTH और THND, अर्थात् 12 आयत।

दो भागों में विभाजित आयत हैं: AIGR, EOCJ, IKRS, OPJL, KMST, PQLN, MBTH, QFND, AKEP, EPGS, GSCL, IMOQ, OQRT, RTJN, KBPF, PFSH और SHLD, अर्थात् 17 आयत।

तीन भागों में विभाजित आयत हैं: AICJ, IKJL, KMLN, MBND, AMEQ, EQGT, GTCN, IBOF, OFRH और RHJD, अर्थात् 10 आयत।

चार भागों में विभाजित आयत हैं: AKGS, EPCL, IMRT, OQJN, KBSH, PFLD, ABEF, EFGH और GHCD, अर्थात् 9 आयत।

छह भागों में विभाजित आयत हैं: AKCL, IMJN, KBLD AMGT, EQCN, IBRH और OFJD, अर्थात् 7 आयत।

आकृति में निहित अन्य आयत हैं: ABGH, EFCD, AMCN और IBJD, अर्थात् 4 आयत।

अतः इस आकृति में निहित आयतों की कुल संख्या
= 1 + 12 + 17 + 10 + 9 + 7 + 4 = 60

13.

आकृति में निहित मुख्य समांतर चतुर्भुज AFGK और GKMR, है अर्थात् 2 समांतर चतुर्भुज।

आकृति में निहित सरलतम समांतर चतुर्भुज हैं: BCHI, DEJL, EFLK, HINO, JLPQ और LKQR, अर्थात् 6 समांतर चतुर्भुज।

दो भागों में विभाजित समांतर चतुर्भुज हैं: ABGH, CDIJ, DFJK, GHMN, IJOP, JKPR, GBNH और IDPJ, अर्थात् 8 समांतर चतुर्भुज।

तीन भागों में विभाजित समांतर चतुर्भुज हैं: ACGI, BDGI, BDHJ, CEIL, GIMO, GINP, HJNP और ILOQ, अर्थात् 8 समांतर चतुर्भुज।

चार भागों में विभाजित समांतर चतुर्भुज हैं: BEHL, CFIK, HLNQ और IKOR, अर्थात् 4 समांतर चतुर्भुज।

पाँच भागों में विभाजित समांतर चतुर्भुज हैं: ADGI, BFHK, GJMP और HKNR, अर्थात् 4 समांतर चतुर्भुज।

अन्य समांतर चतुर्भुज हैं: AEGL, GLMQ, ACNP और BDMO, अर्थात् 4 समांतर चतुर्भुज।

अतः आकृति में निहित समांतर चतुर्भुजों की कुल संख्या
= 2 + 6 + 8 + 8 + 4 + 4 + 4 = 36

14.

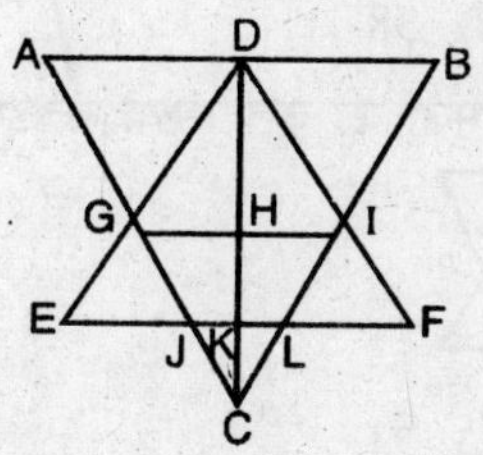

मुख्य त्रिभुज हैं: ABC और DEF, अर्थात् 2 त्रिभुज।

सरलतम त्रिभुज हैं: ADG, DGH, DHI, DBI, GEJ, JKC, KLC और ILF, अर्थात् 8 त्रिभुज।

दो भागों में विभाजित त्रिभुज हैं: DGI और JLC अर्थात् 2 त्रिभुज।

तीन भागों में विभाजित त्रिभुज हैं: DGC, DIC, DEK और DKF, अर्थात् 4 त्रिभुज।

अन्य त्रिभुज हैं: ADC, DBC, GIC, GHC और HIC, अर्थात् 5 त्रिभुज।

अतः आकृति में निहित त्रिभुजों की कुल संख्या
= 2 + 8 + 2 + 4 + 5 = 21

15.

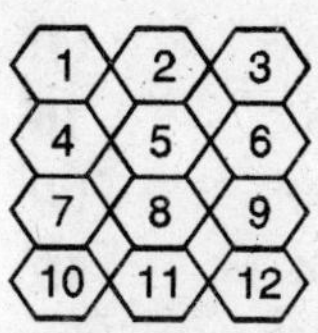

12 षड्भुज एक साथ रखे गये हैं जिनसे 3 और षड्भुज निर्मित होते हैं जिन में से पहला षड्भुज 2 और 5 संख्याकित षड्भुजों के मिलने से, दूसरा षड्भुज 5 और 8 संख्याकित षड्भुजों के मिलने से और तीसरा षड्भुज 8 और 11 संख्याकित षड्भुजों के मिलने से बनता हैं।

∴ आकृति में षड्भुजों की कुल संख्या = 12 + 3 = 15

संख्यात्मक अभियोग्यता
(Quantitative Aptitude)

1

संख्याएँ (Number)

एक संख्या हमें बताती है कि दी हुई मात्रा में कितनी इकाइयां हैं। अतः यह एक या एक से अधिक इकाइयों को प्रकट करती है। या एक ही प्रकारकी एक या अधिक भिन्न वस्तुओं को प्रकट करती है। जैसे–दो गाय, चार बकरी, आठ भैंस आदि। वे शब्द जो काले दर्शाये गये हैं, संख्याओं को प्रदर्शित करते हैं।

1. **पूर्ण संख्याएं :** संख्याएं 0, 1, 2, 3, 4, 5, 6, 7, 8, 9,.....आदि संख्याओं को **''पूर्ण संख्याएं''** या **''पूर्णांक''** कहते हैं। जैसे 84 एक पूर्णांक है। जबकि $\frac{61}{4}$ पूर्णांक नहीं है।
2. **सम संख्याएं :** वे संख्याएं जो 2 से पूर्णतः विभाजित हो जाती हैं उन्हें **''सम संख्याएं''** कहते हैं। जैसे–2, 4, 32, 64, 108.... आदि ''सम संख्याएं'' हैं।
3. **विषम संख्याएं :** वे संख्याएं जो 2 से पूर्णतः विभाजित नहीं होती हैं उन्हें **''विषम संख्याएं''** कहते हैं। जैसे–1, 3, 5, 7, 11, 17, 21, 23.... आदि ''विषम संख्याएं'' हैं।
4. **अभाज्य संख्याएं :** वे संख्याएं जो स्वयं और 1 के अतिरिक्त किसी अन्य संख्याओं से पूर्णतः विभाजित न हों, उन्हें **''अभाज्य संख्याएं''** कहते हैं। जैसे–2, 3, 7, 11, 13, 17.... आदि ''अभाज्य संख्याएं'' हैं।
5. **भाज्य संख्याएं :** वे संख्याएं जो स्वयं और 1 के अतिरिक्त किसी अन्य संख्याओं से पूर्णतः विभाजित हो जाती हों तो उन्हें **''भाज्य संख्याएं''** कहते हैं। जैसे– 4, 6, 9, 10, 12, 15....आदि ''भाज्य संख्याएं'' हैं।

नोट :

1. संख्या 1 न तो भाज्य है और न ही अभाज्य।

2. वह संख्या जो सम भी हो और अभाज्य भी, केवल 2 है।

- **आरोही क्रम (Ascending Order) :** बाईं ओर से दायीं ओर लिखने पर प्राकृतिक संख्याएं मान के अनुसार बढ़ते हुए क्रम में हों तो इस क्रम को **''आरोही क्रम''** कहते हैं। जैसे–25, 30, 41, 50 आदि संख्याएं आरोही क्रम में होंगी।
- **अवरोही क्रम (Descending Order):** बाईं ओर से दाईं ओर लिखने पर प्राकृतिक संख्याएं मान के अनुसार घटते हुए क्रम में हों, तो इस क्रम को **''अवरोही क्रम''** कहते हैं। जैसे–50, 41, 30, 25 आदि संख्याएं अवरोही क्रम में होंगी।

स्थानीय मान और जातीय (वास्तविक) मान

- **स्थानीय मान :** किसी अंक (Number) का जो मान (Value) उसके स्थान के कारण होता है, उसे उस अंक का **स्थानीय मान** कहते हैं। जैसे–32 में इकाई के स्थान पर 2 तथा दहाई के स्थान पर 3 है। इसमें 3 का स्थानीय मान $= 3 \times 10 = 30$ तथा 2 का स्थानीय मान $= 2 \times 1 = 2$ होगा।
- **जातीय (वास्तविक) मान :** हर अंक का अपना जातीय मान होता है। जैसे– 2 का 2, 5 का 5, 7 का 7, 9 का 9 आदि। जैसा कि हम ऊपर बता चुके हैं कि 32 में 3 का **स्थानीय मान** 30 है। परन्तु 32 में 3 का **जातीय मान** 3 होगा। इस प्रकार 32 में 3 के स्थानीय मान तथा जातीय मान के बीच अन्तर $= 30 - 3 = 27$ होगा। अतः किसी संख्या में किसी अंक का स्थानीय मान प्राप्त करने के लिए सरल तरीका यह है कि पहले उस अंक को लिख लें और उसके बाद उसमें उतने शून्य लगा दें, जितने कि उस अंक के बाद अंक हों।

उदाहरण 1 : 35011 में से 5 का स्थानीय मान क्या होगा?

हल : सबसे पहले 5 लिखें फिर देखें कि संख्या 5 के बाद कितने अंक हैं। अतः उपरोक्त दी हुई संख्या से स्पष्ट है कि 5 के बाद तीन अंक हैं। फिर 5 के बाद तीन शून्य लिख दें। 5000, इस प्रकार 35011 में 5 का **स्थानीय मान** = 5000 हुआ।

नोट : प्रत्येक पूर्ण संख्या को अभाज्य संख्याओं के गुणनफल के रूप में लिखा जा सकता है।

एक संख्या के अभाज्य गुणनखण्ड किस प्रकार लिख सकते हैं:

(*i*) संख्या को 2 से भाग करो, यदि सम्भव हो, और 2 से भाग करते रहो जब तक कि ऐसा गुणनखण्ड न आ जाए जो 2 से विभाजित न हो।

(*ii*) प्राप्त परिणाम (*i*) को 3 से भाग करो, यदि सम्भव हो और 3 से भाग करते रहो जब तक कि ऐसा गुणनखण्ड न आ जाए जो 3 से विभाजित न हो।

(*iii*) प्राप्त परिणाम (*ii*) को 5 से भाग करो, यदि सम्भव हो और 5 से भाग करते रहो जब तक कि ऐसा गुणनखण्ड न आ जाए जो 5 से विभाजित न हो।

(*iv*) प्राप्त परिणामों में इसी प्रकार 7, 11, 13 आदि संख्याओं से भाग करते रहो जब तक कि सारे गुणनखण्ड अभाज्य गुणनखण्ड न हो जाएं।

प्रश्नमाला

1. 1 से 100 के बीच अभाज्य संख्याएं होंगीः

A. 20 B. 30
C. 22 D. 25

2. ऐसी संख्या जो अभाज्य भी है और सम भीः

A. 1 B. 2
C. 98 D. 79

3. निम्न में से कौन-सी संख्या अभाज्य संख्या होगी?

A. 149 B. 159
C. 117 D. 147

4. चार अंकों की छोटी-से-छोटी संख्या होगी?

A. 1002 B. 1001
C. 9999 D. 1000

5. 43014 में 3 का स्थानीय मान क्या होगा?
A. 3 B. 3000
C. 300 D. 30

6. 81752 में 2 के स्थानीय मान और जातीय मान में अन्तर क्या होगा?
A. 2 B. 0
C. 1 D. 20

7. संख्या 3125 में से क्या घटाया जाए ताकि शेष संख्या 13 से पूर्णतः विभाजित हो सके?
A. 5 B. 8
C. 10 D. 12

8. निम्नलिखित में से कौन-सी संख्या 3 से पूर्णतः विभाजित होगी?
A. 491 B. 371
C. 591 D. 571

9. भाग के प्रश्न में भाजक 16, भागफल 9 तथा शेष 1 हो, तो भाज्य कितना होगा?
A. 145 B. 136
C. 144 D. 152

10. 1 से 50 तक पूर्णांकों का योग कितना होगा?
A. 1275 B. 1375
C. 1225 D. 1365

11. संख्या 30, 70, 584 में अंक 7 के स्थानीय मान लिखो।
A. 700 B. 7000
C. 70,000 D. 700,000

12. 3589 में क्या जोड़ें कि यह पांच अंकों की सबसे छोटी संख्या बन जाए?
A. 6413 B. 6412
C. 6411 D. 6311

13. 2756 और तीन अंकों की सबसे बड़ी संख्या का योगफल ज्ञात करो।
A. 3655 B. 3755
C. 3756 D. 3656

14. पांच अंकों की सबसे बड़ी और छः अंकों की सबसे छोटी संख्याओं का अन्तर ज्ञात करो।
A. 1 B. 3
C. 3 D. 4

15. संख्या 36795 में अंक 6 के स्थान पर 9 तथा 9 के स्थान पर 6 बदल देने से इन संख्याओं के मान में कितना अन्तर हो जाएगा।
A. 2970 B. 3071
C. 2971 D. 3071

16. चार अंकों की बड़ी-से-बड़ी व छोटी-से- छोटी संख्याओं का योग ज्ञात करो।
A. 10990 B. 11999
C. 10909 D. 10999

उत्तरमाला

1	2	3	4	5	6	7	8	9	10
D	B	A	D	B	B	A	C	A	A
11	**12**	**13**	**14**	**15**	**16**				
C	C	B	A	A	D				

व्याख्यात्मक उत्तर

1. चूंकि 1 से 100 के बीच अभाज्य संख्याएं क्रमशः 2, 3, 5, 7, 11, 13, 17, 19, 23, 29, 31, 37, 41, 43, 47, 53, 59, 61, 67, 71, 73, 79, 83, 89 तथा 97 होंगी। अतः स्पष्ट है कि 1 से 100 तक के बीच अभाज्य संख्याओं की गिनती = 25 हैं।

2. ऐसी संख्या जो अभाज्य भी है और सम भी, केवल 2 है।

3. दिये गये विकल्प A में 149 एक अभाज्य है, क्योंकि यह किसी अन्य संख्या से पूर्णतः विभाजित नहीं है।

4. चार अंकों की छोटी-से-छोटी संख्या = 1000 होगी। अतः आपका उत्तर विकल्प D है।

5. $\because$ संख्या 43014 में 3 का अंक हजार के स्थान पर है
$\therefore$ संख्या में 3 का स्थानीय मान
$= 3 \times 1000 = 3000$ होगा।

6. $\because$ संख्या 81752 में 2 का अंक इकाई के स्थान पर है।
$\therefore$ संख्या में 2 का स्थानीय मान $= 2 \times 1 = 2$ तथा संख्या में 2 का जातीय मान = 2 होगा। 2 के स्थानीय मान तथा जातीय मान के बीच अन्तर $= 2 - 2 = 0$ होगा।

7. चूंकि संख्या 3125 में 13 से भाग देने पर शेष 5 बचता है।
$\therefore$ संख्या 3125 को 13 से पूर्णतः विभाजित होने के लिए इसमें से 5 घटाया जाये।

8. विकल्प C में दी गई संख्या 591, 3 से पूर्णतः विभाजित होगी, क्योंकि संख्या के अंकों का योग 3 से विभाजित हैं।

9. $\because$ भाज्य = भाजक × भागफल + शेष
$= 16 \times 9 + 1 = 144 + 1 = 145.$

10. 1 से 50 तक के पूर्णांकों का योग
$= \frac{n(n+1)}{2}$ जहां n पदों की संख्या हैं।
$$= \frac{50(50+1)}{2} = \frac{50 \times 51}{2} = 1275$$

11. संख्या 3070584 में
अंक 7 का स्थानीय मान = 7 दस हजार = 70,000

15. 39765; मान में अंतर 2970

16. चार अंकों की सबसे बड़ी संख्या = 9999
चार अंकों की सबसे छोटी संख्या = 1000
$\therefore$ अभीष्ट योग = 9999 + 1000 = 10999

●●●

2

दशमलव (Decimals)

दशमलव बिन्दु के अंकों के समूह को **दशमलव भिन्न** कहते है। जैसे– 0.513, 0.317, 0.219, 0.6 आदि। प्रत्येक दशमलव एक भिन्न को दर्शाता है।

दशमलव भिन्न को साधारण भिन्न में बदलनाः

(*i*) एक ऐसी भिन्न लो जिसका हर 10 हो तथा अंश दशमलव के बाद दायीं ओर का पहला अंक हो।

(*ii*) एक ऐसी भिन्न लो जिसका हर 100 हो तथा अंश दशमलव के बाद दायीं ओर का दूसरा अंक हो।

(*iii*) इस प्रक्रिया को दोहराइये जब तक दशमलव के बाद के अंक समाप्त नहीं हो जाते। प्रत्येक दशा में हर, पहले हर का दस गुणा होगा।

(*iv*) इस प्रकार प्राप्त भिन्नों का योग जो परिणाम (*i*), (*ii*) और (*iii*) के योग से प्राप्त होता है, दशमलव भिन्न को प्रकट करता है।

जैसे :

$$0.317 = \frac{3}{10} + \frac{1}{100} + \frac{7}{1000}$$

$$= \frac{300}{1000} + \frac{10}{1000} + \frac{7}{1000} = \frac{317}{1000}$$

नोटः शून्यों से बनी कोई संख्या दशमलव के दाईं ओर बिना परिवर्तन किये लिखी जाती है।

प्रश्नमाला

1. कौन-सी भिन्न $\frac{15}{25}$ के समान है?

A. $\frac{150}{25}$ B. $\frac{15}{250}$

C. $\frac{3}{5}$ D. $\frac{60}{75}$

2. कौन-सी भिन्न $\frac{13}{20}$ के समान नहीं है?

A. $\frac{26}{40}$ B. $\frac{130}{200}$

C. $\frac{39}{60}$ D. $\frac{52}{60}$

3. एक घंटे के $\frac{5}{6}$ भाग का मान हैः

A. आधा घण्टा

B. 40 मिनट

C. 50 मिनट

D. 55 मिनट

4. एक वायुयान 1250 कि.मी. यात्रा में 2/5 भाग ईंधन खपत करता है। शेष ईंधन में यात्रा पूरी करेगाः

A. 1875 कि.मी. B. 2125 कि.मी.

C. 250 कि.मी. D. 475 कि.मी.

5. निम्नलिखित में से कौन-सी भिन्न सबसे बड़ी है?

A. $\frac{3}{15}$ B. $\frac{5}{20}$

C. $\frac{8}{64}$ D. $\frac{25}{1000}$

6. निम्नलिखित में से कौन-सी भिन्न सबसे छोटी है?

A. $\frac{1}{10}$ B. $\frac{1}{100}$

C. $\frac{9}{1000}$ D. $\frac{500}{10,000}$

7. $.001 \times 1000 = ?$

A. .1 B. 1

C. .01 D. 10

8. $1.01 \times .1 = ?$

A. 1.01 B. 10.1

C. .101 D. .0101

9. $\frac{20 + 8 \times 0.5}{20 - ?} = 12$

A. 12 B. 4

C. 18 D. 2

10. $.01 \times 100 \div 2.5 = ?$

A. 4 B. .4

C. .04 D. 5

11. दी हुई भिन्नों $\frac{5}{8}, \frac{21}{35}, \frac{9}{16}, \frac{6}{7}$ में सबसे बड़ी और सबसे छोटी भिन्न के बीच अन्तर है ?

A. $\frac{33}{112}$ B. $\frac{112}{33}$

C. $\frac{32}{112}$ D. $\frac{112}{32}$

12. यदि किसी संख्या तथा उसके $\frac{1}{5}$ भाग में अन्तर 20 है, तो वह संख्या क्या है ?

A. 23 B. 25

C. 24 D. 26

उत्तरमाला

1	2	3	4	5	6	7	8	9	10
C	D	C	A	B	C	B	C	C	B
11	12								
A	B								

व्याख्यात्मक उत्तर

1. $\frac{15}{25}=\frac{3\times5}{5\times5}=\frac{3}{5}$

2. $\frac{26}{40}=\frac{2\times13}{2\times20}=\frac{13}{20},\ \frac{39}{60}$

$=\frac{13\times3}{20\times3}=\frac{13}{20}$

$\frac{130}{200}=\frac{13\times10}{20\times10}=\frac{13}{20},\ \ \frac{52}{60}=\frac{13\times4}{20\times3}=\frac{13}{20}\times\frac{4}{3}$

अतः $\frac{52}{60}\neq\frac{13}{20}$

3. 1 घण्टे का $\frac{5}{6}$ भाग

$=\frac{5}{6}\times60$ मिनट $=50$ मिनट।

4. शेष ईंधन $=1-\frac{2}{5}=\frac{5-2}{5}=\frac{3}{5}$

$\frac{2}{5}$ ईंधन में तय की गई दूरी

$=1250$ कि.मी.

पूरे ईंधन में तय की गई दूरी

$=\frac{1250}{2/5}=\frac{1250\times5}{2}$ कि.मी.

$\frac{3}{5}$ ईंधन में तय की गई दूरी

$=\frac{1250\times5}{2}\times\frac{3}{5}=1875$ कि.मी.

5. $\frac{3}{15}=\frac{1}{5},\ \frac{8}{64}=\frac{1}{8}$

$\Rightarrow \frac{5}{20}=\frac{1}{4},\ \frac{25}{1000}=\frac{1}{40}$

$\frac{1}{5},\ \frac{1}{4},\ \frac{1}{8},\ \frac{1}{40}$

$\Rightarrow \frac{8,\ 10,\ 5,\ 1}{40}$

$\therefore$ सबसे बड़ी भिन्न $=\frac{1}{4}=\frac{5}{20}$

6. $\frac{1}{10}=.1,\ \frac{9}{1000}=.009$

$\frac{1}{100}=.01,\ \frac{500}{10{,}000}=\frac{5}{100}=.05$

$\therefore$ सबसे छोटी भिन्न $=0.09=\frac{9}{1000}$

7. $.001\times1000=001.000=1$

8. $1.01\times.1=\frac{101\times1}{100\times10}=\frac{101}{1000}=.101$

9. $\because\ \frac{20+8\times0.5}{20-?}\Rightarrow\frac{20+4}{20-?}$

$12\Rightarrow\frac{24}{12}=2$

$\Rightarrow 2=20-?\Rightarrow ?=20-2=18$

10. $.01\times100\div2.5=.01\times\frac{100}{2.5}=.01\times40=.4$

11. 8, 35, 16 और 7 का लघुत्तम समापवर्तक = 560

$\therefore\ \frac{5}{8}=\frac{5\times70}{8\times70}=\frac{350}{560}$

$\frac{21}{35}=\frac{21\times16}{35\times16}=\frac{336}{560}$

$\frac{9}{16}=\frac{9\times35}{16\times35}=\frac{315}{560}$

$\frac{6}{7}=\frac{6\times80}{7\times80}=\frac{480}{560}$

$\therefore$ सबसे बड़ी भिन्न $=\frac{6}{7}$

तथा सबसे छोटी भिन्न $=\frac{9}{16}$

$\therefore$ अन्तर $=\frac{6}{7}-\frac{9}{16}=\frac{96-63}{112}=\frac{33}{112}$

12. माना संख्या 1 है।

$\therefore$ 1 का $\frac{1}{5}=\frac{1}{5}$

$\therefore\ 1-\frac{1}{5}=\frac{4}{5}$

$\therefore$ संख्या $=20\div\frac{4}{5}=20\times\frac{5}{4}=25$

●●●

3

सरलीकरण (Simplification)

साधारण या दशमलव भिन्नों के जटिल व्यंजक को एक साधारण भिन्न या दशमलव भिन्न में बदलने की क्रिया को ''सरलीकरण'' कहते हैं। इस प्रकार के व्यंजक में ''कोष्ठक'', ''का'', (÷), (×), (+) तथा (–) आदि चिह्न अलग-अलग या एक साथ प्रदर्शित होते हैं। अतः ऐसे व्यंजक का ''सरलीकरण'' करने में **"BODMAS"** शब्द का प्रयोग किया जाता है। **"BODMAS"** शब्द का क्रमानुसार आशय निम्नलिखित है।

"BODMAS"

B	ब्रैकेट (कोष्ठक)	$\left[\left\{\left(\overline{\ }\right)\right\}\right]$
O	ऑफ (का)	का
D	डिवीजन (भाग)	÷
M	मल्टीप्लिकेशन (गुणा)	×
A	ऐडीशन (जोड़)	+
S	सब्ट्रेक्शन (घटाना)	–

अतः किसी भी जटिल व्यंजक को **"BODMAS"** शब्द के क्रमानुसार सरल किया जाता है। अर्थात् सबसे पहले ''कोष्ठक'' उसके बाद ''का'' फिर ''भाग'' फिर ''गुणा'' उसके बाद ''जोड़'' और अन्त में ''घटाना'' सरल होता है। इस क्रम को याद रखना परम आवश्यक है क्योंकि ऐसा न करने पर सरलीकरण की क्रियाएं गलत हो जाती हैं।

महत्वपूर्ण नोट :

(*i*) कोष्ठक चार प्रकार के होते हैं :

1. रेखा कोष्ठक जिसे बन्धनी रेखा (–) भी कहते हैं।

2. छोटा कोष्ठक(()),

3. मझला कोष्ठक ({}),

4. बड़ा कोष्ठक ([]),

अतः कोष्ठक के प्रश्नों में सबसे पहले रेखा कोष्ठक (–), उसके बाद छोटा कोष्ठक (()), उसके बाद मझला कोष्ठक ({}), और अन्त में बड़े कोष्ठक ([]) को सरल करना चाहिए।

(*ii*) O (का) का सामान्य अर्थ गुणा होता है।

प्रश्नमाला

1. $\frac{7}{4}-\frac{4}{7}=\frac{5}{28}+?$

A. 2 B. $\frac{1}{7}$ C. $\frac{2}{9}$ D. 1

2. $22\times5=22$ का ?%

A. 4500 B. 5000 C. 500 D. 750

3. 200 का $\frac{1}{25}\div8=?$

A. 1 B. 3 C. 8 D. 5

4. $\frac{40\times0.4\times0.04}{4+4\div4}=?$

A. .128 B. .148 C. .15 D. .248

5. $50\div5\div5=?$

A. 2 B. 10 C. 1/5 D. 4

6. $\frac{40\times15+25}{26+4\div4-2}=?$

A. 25 B. 30 C. 31 D. 42

7. $\frac{1.4\times3.6-1.2}{0.4\times1.2}=?$

A. 8 B. 2 C. 4 D. 3

8. $14\times3.2-2\times2.1+0.8=?$

A. 1.08 B. 2.18 C. 1.18 D. 2.08

9. $5\div\frac{3}{4}+\frac{2}{3}\times\frac{3}{4}-\frac{2}{3}$ का $\frac{13}{7}=?$

A. $4\frac{12}{11}$ B. $5\frac{13}{14}$ C. $5\frac{13}{17}$ D. $6\frac{13}{14}$

10. $(9+9+9)\div9\times9=?$

A. 27 B. 24 C. 21 D. 32

11. $2-\left[3-\left\{6-\left(5-\overline{4-3}\right)\right\}\right]$ को सरल करो।

A. 1 B. 2 C. 3 D. इनमें से कोई नहीं

12. सरल करो—

$\frac{3}{11}+\frac{4}{3}\div\frac{10}{11}\times\frac{5}{11}-\frac{28}{33}$ का $1\frac{2}{7}$

A. $\frac{5}{13}$ B. $\frac{-5}{33}$

C. $\frac{5}{33}$ D. $\frac{-5}{13}$

13. $4.51\times\frac{2}{5}+\frac{3}{5}\times4.51+4.51$ को सरल करो।

A. 9.02 B. 90.2

C. 0.902 D. 902

14. $\frac{15.72\times15.72-5.72\times5.72}{15.72+5.72}$ को सरल करो।

A. 9 B. 10

C. 8 D. 11

उत्तरमाला

1	2	3	4	5	6	7	8	9	10
D	C	A	A	A	A	A	A	B	A
11	**12**	**13**	**14**						
A	B	A	B						

व्याख्यात्मक उत्तर

1. $\frac{7}{4}-\frac{4}{7}=\frac{5}{28}+? \Rightarrow \frac{7\times7-4\times4}{4\times7}=\frac{5}{28}+?$

$\Rightarrow \frac{49-16}{28}=\frac{5}{28}+? \Rightarrow \frac{33}{28}=\frac{5}{28}+?$

$\Rightarrow 1\frac{5}{28}=\frac{5}{28}+? \Rightarrow 1+\frac{5}{28}=\frac{5}{28}+? \quad \therefore ?=1$

2. $\because$ $22\times5=22$ का $?\%$

$\Rightarrow 110=22\times\frac{?}{100} \Rightarrow \frac{110\times100}{22}=? \quad \therefore ?=500$

3. $\because$ 200 का $\frac{1}{25}\div8=?$

$\Rightarrow 8\div8=? \Rightarrow \frac{8}{8}=? \Rightarrow 1=?$

4. $\because \frac{40\times0.4\times0.04}{4+4\div4}=? \Rightarrow \frac{.64}{4+\frac{4}{4}}=?$

$\Rightarrow \frac{.64}{4+1}=? \Rightarrow \frac{.64}{5}=? \Rightarrow .128=?$

5. $\because$ $50\div5\div5=? \Rightarrow \frac{50}{5}\div5=?$

$\Rightarrow 10\div5=? \Rightarrow \frac{10}{5}=? \Rightarrow 2=?$

6. $\because \frac{40\times15+25}{26+4\div4-2}=? \Rightarrow \frac{600+25}{26+\frac{4}{4}-2}=?$

$\Rightarrow \frac{625}{26+1-2}=? \Rightarrow \frac{625}{25}=? \Rightarrow 25=?$

7. $\frac{1.4\times3.6-1.2}{0.4\times1.2}=\frac{5.04-1.2}{.48}=\frac{3.84}{.48}=8.$

8. "BODMAS" नियम के अनुसार पहले गुणा उसके बाद जोड़ और अन्त में घटाव की क्रिया करें।

$\therefore 1.4\times3.2-2\times2.1+0.8=4.48-4.2+0.8=1.08$

9. "BODMAS" नियम के अनुसार सबसे पहले का, फिर भाग, उसके बाद गुणा, फिर जोड़ और अन्त में घटाव की क्रिया करें।

$\therefore$ $5\div\frac{3}{4}+\frac{2}{3}\times\frac{3}{4}-\frac{2}{3}$ का $\frac{13}{7}$ $=5\div\frac{3}{4}+\frac{2}{3}\times\frac{3}{4}-\frac{26}{21}$

$=\frac{20}{3}+\frac{2}{3}\times\frac{3}{4}-\frac{26}{21}=\frac{20}{3}+\frac{1}{2}-\frac{26}{21}$

$=\frac{280+21-52}{42}=\frac{249}{42}=5\frac{39}{42}=5\frac{13}{14}$

10. "BODMAS" नियम के अनुसार पहले कोष्ठक के अन्दर की संख्याओं को सरल करें, फिर भाग, उसके बाद गुणा करें।

$\therefore (9+9+9)\div9\times9=27\div9\times9=\frac{27}{9}\times9=27.$

11. $2-\left[3-\left\{6-\left(5-\overline{4-3}\right)\right\}\right]=2-[3-\{6-(5-1)\}]$

$=2-[3-\{6-4\}]=2-[3-2]=2-1=1$

12. दिया गया व्यजंक

$=\frac{3}{11}+\frac{4}{3}\div\frac{10}{11}\times\frac{5}{11}-\frac{28}{33}$ का $1\frac{2}{7}$

$=\frac{3}{11}+\frac{4}{3}\div\frac{10}{11}\times\frac{5}{11}-\frac{28}{33}\times\frac{9}{7}$

$=\frac{3}{11}+\frac{4}{3}\times\frac{11}{10}\times\frac{5}{11}-\frac{28}{33}\times\frac{9}{7}$

$=\frac{3}{11}+\frac{2}{3}-\frac{12}{11}=\frac{9+22-36}{33}=\frac{-5}{33}$

13. व्यंजक $=4.51\times\frac{2}{5}+\frac{3}{5}\times4.51+4.51$

$=4.51\left(\frac{2}{5}+\frac{3}{5}+1\right)=4.51\left(\frac{2+3+5}{5}\right)$

$=4.51\times\frac{10}{5}=4.51\times2=9.02$

14. $\frac{15.72\times15.72-5.72\times5.72}{15.72+5.72}=\frac{(15.72+5.72)(15.72-5.72)}{(15.72+5.72)}$

$=15.72-5.72=10$

●●●

4

महत्तम समापवर्तक और लघुत्तम समापवर्त्य (H.C.F. and L.C.M.)

- **महत्तम समापवर्तक :** किन्हीं दो या दो से अधिक दी हुई संख्याओं का महत्तम समापवर्तक (म. स. प.) वह बड़ी-से-बड़ी संख्या है जो प्रत्येक दी हुई संख्याओं को पूरा-पूरा विभाजित करे।
- **लघुत्तम समापवर्त्य :** किन्हीं दो या दो से अधिक दी हुई संख्याओं का लघुत्तम समापवर्त्य (ल. स. व.) वह छोटी-से-छोटी संख्या है जो प्रत्येक दी हुई संख्या से पूरी-पूरी विभाजित हो।

प्रश्नों से संबंधित समस्याओं को हल करने के लिए निम्नलिखित सूत्रों को ध्यान में रखिये :

(*i*) भिन्नों का महत्तम समापवर्तक (म. स. प.) = अंशों का महत्तम lekiorZ / हरों का लघुत्तम समापवर्त्य

(*ii*) भिन्नों का लघुत्तम समापवर्त्य (ल. स. व.) = अंशों का लघुत्तम समापवर्त्य / हरों का महत्तम समापवर्तक

(*iii*) दो संख्याओं का गुणनफल = म. स. प. × ल. स. व.

उदाहरण 1 : 18, 24 तथा 60 का महत्तम समापवर्तक निकालिए।

हल : $\because 18 = \underline{2 \times 3} \times 3$

$24 = \underline{2} \times 2 \times 2 \times \underline{3}$ तथा $60 = \underline{2} \times 2 \times \underline{3} \times 5$

$\because$ उपरोक्त दी हुई संख्याओं के अभाज्य गुणनखण्डों से स्पष्ट है कि तीनों संख्याओं के अभाज्य गुणनखण्डों में 2×3 उभयनिष्ठ है।

$\therefore$ अभीष्ट महत्तम समापवर्तक = 6 होगा।

प्रश्नमाला

1. 12, 24 व 36 का महत्तम समापवर्तक कितना होगा?
A. 16 B. 18
C. 12 D. 36

2. 70, 20 व 14 का लघुत्तम समापवर्त्य क्या है?
A. 120 B. 140
C. 280 D. 70

3. दो संख्याओं का अनुपात 11 : 15 है। यदि उनका म.स.प. 13 हो, तो वे संख्याएं क्रमशः क्या होंगी?
A. 143 व 195 B. 195 व 143
C. 110 व 150 D. 121 व 165

4. वह छोटी-से-छोटी पूर्ण वर्ग संख्या क्या होगी जो 56, 21 तथा 36 से पूर्णतः विभाजित हो सके?
A. 7056 B. 8056
C. 7040 D. 8100

5. वह बड़ी-से-बड़ी संख्या क्या होगी, जिससे यदि 27, 33 तथा 39 को भाग दें तो क्रमशः 2, 3 तथा 4 शेष बचे?
A. 4 B. 5
C. 3 D. 7

6. 5 अंकों की वह छोटी-से-छोटी संख्या क्या होगी जो 12, 15 तथा 18 से पूर्णतः विभाजित हो?
A. 10080 B. 10800
C. 11820 D. 12080

7. दो संख्याओं का गुणनफल 27 है। उनका महत्तम समापवर्तक 3 है, तो उनका लघुत्तम समापवर्त्य क्या होगा?
A. 81 B. 54
C. 9 D. 6

8. चार अंकों की वह बड़ी-से-बड़ी संख्या क्या है जो 2, 3, 4, 5, 6 और 7 से पूरी-पूरी विभाजित हो जाती है?
A. 9729 B. 9760
C. 9579 D. 9660

9. दो संख्याओं का गुणनफल 54 है। उनका महत्तम समापवर्तक 3 है, तो उनका लघुत्तम समापवर्त्य क्या होगा?
A. 18 B. 21
C. 9 D. 24

10. $\frac{10}{21}, \frac{25}{27}$ और $\frac{35}{24}$ का महत्तम समापवर्तक क्या है?
A. $\frac{5}{216}$ B. $\frac{5}{1080}$
C. $\frac{5}{1512}$ D. $\frac{5}{638}$

11. 27, 15, 72 का लघुत्तम ज्ञात करो।
A. 1020 B. 1080
C. 1050 D. 1060

12. 77, 88, 132 का लघुत्तम ज्ञात करो।
A. 1860 B. 1858
C. 1850 D. 1848

13. 135, 120, 90 का लघुत्तम ज्ञात करो।
A. 1050 B. 1020
C. 1080 D. 1060

14. 4, 6, 9, 12 का लघुत्तम ज्ञात करो।
A. 36 B. 38
C. 34 D. 40

उत्तरमाला

1	2	3	4	5	6	7	8	9	10
C	B	A	A	B	A	C	D	A	C
11	12	13	14						
B	D	C	A						

व्याख्यात्मक उत्तर

1. ∵ $12 = 2 \times 2 \times 3$

$24 = 2 \times 2 \times 2 \times 3$

तथा $36 = 2 \times 2 \times 3 \times 3$

∴ अभीष्ट महत्तम समापवर्तक $= 2 \times 2 \times 3 = 12$ होगा।

2. ∵ $70 = 2 \times 5 \times 7$

$20 = 2 \times 2 \times 5$

तथा $14 = 2 \times 7$

∴ अभीष्ट लघुत्तम समापवर्त्य $= 2 \times 2 \times 5 \times 7 = 140$

3. माना कि वे संख्याएं क्रमशः $11x$ व $15x$ हैं।

प्रश्नानुसार, दोनों संख्याओं का म.स.प. = 13 (दिया हुआ है)। अतः स्पष्ट होता है कि x के स्थान पर मान 13 होगा, क्योंकि 11×13 तथा 15×13 का म.स.प. 13 है। अतः वे संख्याएं क्रमशः $11 \times 13 = 143$ तथा $15 \times 13 = 195$ होंगी।

4. सबसे पहले 56, 21 तथा 36 का ल.स.व. ज्ञात करना है।

∵ $56 = 2 \times 2 \times 2 \times 7$

$21 = 3 \times 7$

तथा $36 = 2 \times 2 \times 3 \times 3$

∴ अभीष्ट ल.स.व. $= 2 \times 2 \times 2 \times 3 \times 3 \times 7$

चूंकि यह पूर्ण वर्ग संख्या नहीं है। अतः अभीष्ट ल.स.व. को पूर्ण वर्ग बनाने के लिए इसमें कम-से-कम 2×7 अर्थात् 14 से गुणा करना होगा।

∴ वह छोटी-से-छोटी पूर्ण वर्ग संख्या

$= 2 \times 2 \times 2 \times 3 \times 3 \times 7 \times 2 \times 7 = 7056$ होगी।

5. इस प्रकार के प्रश्नों में पहले शेषफल को संख्याओं में से घटाया जाता है फिर उन संख्याओं का म.स.प. ज्ञात किया जाता है।

∴ $27 - 2 = 25$

$33 - 3 = 30$

तथा $39 - 4 = 35$

अतः 25, 30 तथा 35 का म.स.प. ज्ञात करना है।

∵ $25 = 5 \times 5$

$30 = 2 \times 3 \times 5$

तथा $35 = 5 \times 7$

∴ अभीष्ट म.स.प. = 5

∴ वह-बड़ी-से बड़ी संख्या = 5 होगी।

6. सबसे पहले 12, 15 तथा 18 का ल.स.व. ज्ञात करना है।

∵ $12 = 2 \times 2 \times 3$

$15 = 3 \times 5$

तथा $18 = 2 \times 3 \times 3$

∴ अभीष्ट ल.स.व. $= 2 \times 2 \times 3 \times 3 \times 5 = 180$

तथा 5 अंकों की छोटी-से-छोटी संख्या = 10000

$= 180 \times 55 + 100$

तथा स्पष्ट है कि 5 अंकों की छोटी-से-छोटी संख्या जो 12, 15 तथा 18 से पूर्णतः विभाजित होगी $= 180 \times 56 = 10080$

7. लघुत्तम समापवर्त्य

$$= \frac{\text{दोनों संख्याओं का गुणनफल}}{\text{उनका महत्तम समापवर्तक}} = \frac{27}{3} = 9$$

8. 2, 3, 4, 5, 6 और 7 का लघुत्तम समापवर्त्य

$= 2 \times 2 \times 3 \times 5 \times 7 = 420$

चार अंकों की सबसे बड़ी संख्या = 9999

9999 को 420 से विभाजित करें तो शेष = 339

∴ अभीष्ट संख्या $= 9999 - 339 = 9660$

9. उनका लघुत्तम समापवर्त्य

$$= \frac{\text{दोनों संख्याओं का गुणनफल}}{\text{उनका महत्तम समापवर्तक}} = \frac{54}{3} = 18$$

10. भिन्नों का महत्तम समापवर्तक

$$= \frac{\text{अंशों का महत्तम समापवर्तक}}{\text{हरों का लघुत्तम समापवर्त्य}}$$

$$= \frac{\text{10, 25 और 35 का महत्तम समापवर्तक}}{\text{21, 27 और 24 का लघुत्तम समापवर्त्य}} = \frac{5}{1512}$$

11. ल. स.

2	27, 15, 72
2	27, 15, 36
2	27, 15, 18
3	27, 15, 9
3	9, 5, 3
3	3, 5, 1
5	1, 5, 1
	1, 1, 1

अतः दी गई संख्याओं का लघुत्तम समापवर्त्य

$2 \times 2 \times 2 \times 3 \times 3 \times 3 \times 5 = 1080$

14. ल. स.

2	4, 6, 9, 12
2	2, 3, 9, 6
3	1, 3, 9, 3
3	1, 1, 3, 1
	1, 1, 1, 1

अतः दी गई संख्याओं का लघुत्तम समापवर्त्य $= 2 \times 2 \times 3 \times 3 = 36$.

●●●

5

घातांक (Indices)

हम जानते हैं कि $x \times x = x^2$, $x \times x \times x = x^3$, $x \times x \times x \times x = x^4$ ...., $x \times x \times x \times x \times x \times x$ .... n गुणनखण्डों तक $= x^n$ को "x की घात n" पढ़ा जाता है। इस प्रकार हम कह सकते हैं कि

2 की घात 3 $= 2^3 = 2 \times 2 \times 2 = 8$

3 की घात 3 $= 3^3 = 3 \times 3 \times 3 = 27$

5 की घात 4 $= 5^4 = 5 \times 5 \times 5 \times 5 = 625$

8 की घात 2 $= 8^2 = 8 \times 8 = 64$.

$\left(\frac{x}{y}\right)$ की घात 3 $= \left(\frac{x}{y}\right)^3 = \frac{x \times x \times x}{y \times y \times y} = \frac{x^3}{y^3}$

x^2 की घात 5 $= (x^2)^5 = x^2 \times x^2 \times x^2 \times x^2 \times x^2 = x^{10}$

घातांक से सम्बन्धित आवश्यक नियम

नियम 1. यदि m और n धन पूर्णांक हों तथा x, y कोई भी संख्याएं हैं तो $x^m \times x^n = x^{m+n}$

नियम 2. यदि m और n धन पूर्णांक हों तथा x, y कोई भी संख्याएं हैं तो,

$$x^m \div x^n = \frac{x^m}{x^n} = x^{m-n}$$

जबकि $m > n$ या

$$x^m \div x^n = \frac{x^m}{x^n} = \frac{1}{x^{n-m}} \quad \text{जबकि } n > m$$

नियम 3. यदि m और n धन पूर्णांक हों तथा x, y कोई भी संख्याएं हैं तो $(x^m)^n = x^{mn}$

नियम 4. यदि m और n धन पूर्णांक हों तथा x, y कोई भी संख्याएं हैं तो $(xy)^m = x^m \times y^m$

मूल : यदि कोई संख्या 'x की घात n' है तथा इसका परिणाम a अर्थात् $x^n = a$ है तो इसका अर्थ यह होता है कि a का n वां मूल x है। जिसे प्राय: इस प्रकार लिखा जाता है

$$x^n = a \Rightarrow x = \sqrt[n]{a} = (a)^{1/n}$$

इसी प्रकार यदि भिन्नात्मक घातांक $x^{p/q} = a$ है तो इसका अर्थ यह होगा कि x का q वां मूल बराबर है a का p वां मूल के, अर्थात्

$x^{p/q} = a \Rightarrow \left(x^{1/q}\right)^p$

$a \Rightarrow x^{1/q} = a^{1/p}$

$\Rightarrow \sqrt[q]{x} = \sqrt[p]{a}$

अत: दूसरे मूल को हम वर्गमूल तथा तीसरे मूल को घनमूल भी कहते हैं।

महत्त्वपूर्ण नोट : यदि किसी संख्या या राशि की घात "शून्य" है, तो उस संख्या या राशि का मान सदैव 1 के बराबर होगा। अर्थात् $x^0 = y^0 = z^0 = 2^0 = 5^0 = 8^0 = 1$ होगा।

प्रश्नमाला

1. $a^5 \times a^7$ का मान कितना होगा?

A. a^{35} B. a^2
C. a^{12} D. $a^{5/7}$

2. $(x^{2/3})^{-3/4}$ का मान कितना होगा?

A. $\frac{1}{x}$ B. $\frac{1}{\sqrt{x}}$
C. $\frac{1}{x^2}$ D. $\frac{1}{x^{-2}}$

3. 4 की घात 3 निम्न में से किस संख्या के बराबर होगी?

A. 64 B. 81
C. 12 D. 49

4. 2 की घात 3 तथा 3 की घात 2 में कितना अन्तर होगा?

A. 2 B. 5
C. 3 D. 1

5. $\left(-\frac{1}{125}\right)^{-\frac{2}{3}}$ का मान कितना होगा?

A. $\frac{1}{25}$ B. 25
C. 5 D. $\frac{1}{5}$

6. $(8)^{-(2^{-2})}$ का मान कितना होगा?

A. $2^{-1/4}$ B. $2^{-3/4}$
C. $2^{3/4}$ D. $2^{-1/2}$

7. यदि $\sqrt{2^n} = 64$ है, तो n का मान क्या होगा?

A. 8 B. 4
C. 12 D. 16

8. $(100)^0$ का मान कितना होगा?

A. 0 B. 10
C. 1 D. 100

9. यदि $10^{2/5} \times 10^{8/5} = 10^n$ है, तो n का मान क्या होगा?

A. 2 B. 3
C. 6 D. 4

10. $27^3 \times 3^4 \div 3^{10}$ का मान कितना होगा?

A. 9 B. 27

C. 81 D. $\frac{1}{27}$

11. व्यंजक $\frac{(-1)^{132}}{5^{-1}+3^{-1}}$ का मान कितना होगा?

A. $\frac{16}{9}$ B. $-\frac{15}{8}$

C. $\frac{15}{8}$ D. $\frac{17}{8}$

12. $6a^3b^3c^2 \div 2ab^2c$ का मान कितना होगा?

A. $3a^2bc$ B. $3ab^2c$

C. $3a^2b^2c^2$ D. $3a^3b^3c^3$

13. $\sqrt{\frac{1}{\left(\frac{3}{4}\right)^{-2}}} + \sqrt[3]{\frac{27}{64}}$ का मान क्या होगा?

A. $\frac{2}{3}$ B. $\frac{4}{5}$

C. $\frac{13}{12}$ D. $\frac{3}{2}$

उत्तरमाला

1	2	3	4	5	6	7	8	9	10
C	B	A	D	B	B	C	C	A	B
11	**12**	**13**							
C	A	D							

व्याख्यात्मक उत्तर

1. $\because a^5 \times a^7 = a^{5+7} = a^{12}$. $[\because x^m \times x^n = x^{m+n}]$

2. $\because \left(x^{\frac{2}{3}}\right)^{-\frac{3}{4}} = x^{\frac{2}{3}\times -\frac{3}{4}} = x^{-\frac{1}{2}} = \frac{1}{x^{\frac{1}{2}}} = \frac{1}{\sqrt{x}}$. $[\because (x^m)^n = x^{mn}]$

3. $\because$ 4 की घात 3 $= 4^3 = 4 \times 4 \times 4 = 64$.

4. $\because$ 2 की घात 3 $= 2^3 = 2 \times 2 \times 2 = 8$.

तथा 3 की घात 2 $= 3^2 = 3 \times 3 = 9$

$\therefore$ अन्तर $= 9 - 8 = 1$.

5. $\left(-\frac{1}{125}\right)^{-\frac{2}{3}} = \frac{1}{\left(-\frac{1}{125}\right)^{\frac{2}{3}}} = (-125)^{\frac{2}{3}}$

$= [(-125)^{1/3}]^2 = [(-5 \times -5 \times -5)^{1/3}]^2$

$= (-5^2) = -5 \times -5 = 25$.

6. $\because 8^{-(2^{-2})} = 8^{-\left(\frac{1}{2^2}\right)} = 8^{-\frac{1}{4}} = \frac{1}{8^{\frac{1}{4}}}$

$= \frac{1}{(2\times2\times2)^{\frac{1}{4}}} = \frac{1}{(2)^{\frac{3}{4}}} = 2^{-\frac{3}{4}}$.

7. $\because \sqrt{2^n} = 64 \Rightarrow 2^n = (64)^2$

$\Rightarrow 2^n = (2 \times 2 \times 2 \times 2 \times 2 \times 2)^2 \Rightarrow 2^n = (2^6)^2$

$\Rightarrow 2^n = 2^{6\times 2} = 2^{12} \Rightarrow n = 12$ अत: n का मान 12 होगा।

8. यहां विद्यार्थियों को स्मरण रखना चाहिए कि यदि किसी संख्या या राशि की घात ''शून्य'' हो तो उस संख्या या राशि का मान हमेशा 1 के बराबर होगा। अत: स्पष्ट है कि $(100)^0$ का मान = 1 होगा।

9. $\because 10^{2/5} \times 10^{8/5} = 10^n$

$\Rightarrow 10^{2/5+8/5} = 10^n \Rightarrow 10^{10/5} = 10^n$

$\Rightarrow 10^2 = 10^n \Rightarrow n = 2$

अत: n का मान 2 होगा।

10. $\because 27^3 \times 3^4 \div 3^{10} = 27^3 \times \frac{3^4}{3^{10}}$

$\frac{(3\times3\times3)^3 \times 3^4}{3^{10}} = \frac{(3^3)^3 \times 3^4}{3^{10}}$

$= \frac{3^9 \times 3^4}{3^{10}} = \frac{3^{9+4}}{3^{10}} = \frac{3^{13}}{3^{10}} = 3^{13-10} = 3^3 = 3 \times 3 \times 3 = 27$.

11. $\because \frac{(-1)^{132}}{5^{-1}+3^{-1}} = \frac{\left((-1)^2\right)^{66}}{5^{-1}+3^{-1}}$

$= \frac{(1)^{66}}{5^{-1}+3^{-1}} = \frac{1}{\frac{1}{5}+\frac{1}{3}} = \frac{1}{\frac{3+5}{15}} = \frac{1}{\frac{8}{15}} = \frac{15}{8}$.

12. $\because 6a^3b^3c^2 \div 2ab^2c$

$= \frac{6a^3b^3c^2}{2ab^2c} = 3a^{3-1}b^{3-2}c^{2-1} = 3a^2bc$.

13. $\because \sqrt{\frac{1}{\left(\frac{3}{4}\right)^{-2}}} + \sqrt[3]{\frac{27}{64}} = \sqrt{\left(\frac{3}{4}\right)^2} + \sqrt[3]{\frac{3\times3\times3}{4\times4\times4}}$

$= \sqrt{\left(\frac{3}{4}\right)^2} + \sqrt[3]{\left(\frac{3}{4}\right)^3} = \frac{3}{4} + \frac{3}{4} = \frac{6}{4} = \frac{3}{2}$.

●●●

6

करणी (Surds)

प्राय: सभी संख्याओं के वर्गमूल सदैव पूर्ण संख्या नहीं होते, जैसे– $\sqrt{9}=3$ परन्तु $\sqrt{15}=3.873$, जो कि पूर्ण संख्या नहीं है, अर्थात् 15 का वर्गमूल पूर्ण संख्या नहीं है। अत: ऐसी संख्यायें जिनके वर्गमूल पूर्ण संख्या नहीं होते, जैसे– $\sqrt{3}$, $\sqrt{7}$, $2+\sqrt{11}$, $4+\sqrt{13}$ .... इत्यादि संख्यायें **करणी** कहलाती हैं।

प्रश्नों को हल करने के लिए निम्नलिखित सूत्रों का प्रयोग कीजिए :

1. $\sqrt{a}\times\sqrt{a}=a$
2. $\sqrt{a}\times\sqrt{b}=\sqrt{ab}$
3. $\left(\sqrt{a}+\sqrt{b}\right)^2=a+b+2\sqrt{ab}$
4. $\left(\sqrt{a}-\sqrt{b}\right)^2=a+b-2\sqrt{ab}$
5. $x\sqrt{a}+x\sqrt{b}=x\left(\sqrt{a}+\sqrt{b}\right)$
6. $\dfrac{1}{\sqrt{a}+\sqrt{b}}=\dfrac{1}{\sqrt{a}+\sqrt{b}}\times\dfrac{\sqrt{a}-\sqrt{b}}{\sqrt{a}-\sqrt{b}}$
$=\dfrac{\sqrt{a}-\sqrt{b}}{a-b}$
7. $\dfrac{1}{\sqrt{a}-\sqrt{b}}=\dfrac{1}{\sqrt{a}-\sqrt{b}}\times\dfrac{\sqrt{a}+\sqrt{b}}{\sqrt{a}+\sqrt{b}}$
$=\dfrac{\sqrt{a}+\sqrt{b}}{a-b}$
8. $a+\sqrt{b}=c+\sqrt{d}\Rightarrow a=c$ तथा $b=d$
9. $\sqrt{2}=1.41421$, $\sqrt{3}=1.73205$,
$\sqrt{5}=2.23607$, $\sqrt{6}=2.4494$,
$\sqrt{7}=2.64575$, $\sqrt{8}=2.82842$,
$\sqrt{10}=3.16227$, $\sqrt{11}=3.31662$

प्रश्नमाला

1. $\dfrac{1}{\sqrt{3}}$ का मान दशमलव के तीन स्थानों तक होगा—
A. 0.577 B. 0.477
C. 0.673 D. 0.575

2. यदि $\sqrt{2}=1.4142$ हो, तो $\dfrac{1}{2}\left(\dfrac{\sqrt{2}-1}{\sqrt{2}+1}\right)$ का मान कितना होगा?
A. .0768 B. .0658
C. .0858 D. .0458

3. यदि $\sqrt{1936}=44$ हो, तो $\sqrt{19.36}+\sqrt{0.1936}+\sqrt{.001936}$ का मान दशमलव के तीन स्थानों तक होगा—
A. 5.679 B. 4.884
C. 9.884 D. 6.778

4. $\sqrt{\left(5+\dfrac{4}{9}\right)}$ का मान होगा?
A. $3\frac{1}{3}$ B. $2\frac{1}{6}$
C. $4\frac{1}{3}$ D. $2\frac{1}{3}$

5. $\dfrac{\sqrt{2}-1}{\sqrt{2}+1}$ का मान दशमलव के तीन स्थानों तक होगा—
A. 0.172 B. 0.158
C. 0.176 D. 0.188

6. $\sqrt[3]{8^4}$ का मान कितना होगा?
A. 15 B. 9
C. 16 D. 25

7. यदि $\sqrt{6}=2.45$, तो $\sqrt{\dfrac{2}{3}}+3\sqrt{\dfrac{3}{2}}$ का मान किसके बराबर होगा?
A. 3.942 B. 4.492
C. 4.942 D. 9.345

8. $\sqrt{72}$ का मान किसके बराबर होगा?
A. $3\sqrt{5}$ B. $6\sqrt{2}$
C. $8\sqrt{2}$ D. $7\sqrt{3}$

9. हर के परिमेयीकरण के पश्चात व्यंजक $\dfrac{\sqrt{2}}{\sqrt{2}+\sqrt{3}-\sqrt{5}}$ का रूप होगा—
A. $\dfrac{3+\sqrt{6}+\sqrt{15}}{6}$ B. $\dfrac{3-\sqrt{6}-\sqrt{5}}{6}$
C. $\dfrac{3+\sqrt{6}+\sqrt{5}}{3}$ D. $\dfrac{2+\sqrt{6}-\sqrt{15}}{6}$

10. $\left(\sqrt{80}+3\times\sqrt{245}-\sqrt{125}\right)$ का मान कितना होगा?
A. $18\sqrt{5}$ B. $20\sqrt{5}$
C. $22\sqrt{5}$ D. $28\sqrt{2}$

11. $\left(\dfrac{\sqrt{5}+\sqrt{3}}{\sqrt{5}-\sqrt{3}}\right)$ का मान कितना होगा ?

A. $4+\sqrt{15}$ B. $3-\sqrt{15}$

C. $2+\sqrt{15}$ D. $4-\sqrt{15}$

12. $3^{\frac{1}{5}}, 5^{\frac{3}{5}}, 7^{\frac{4}{5}}$ को आरोही क्रम में किस प्रकार से लिखा जा सकता है ?

A. $5^{\frac{3}{5}} < 3^{\frac{1}{5}} < 7^{\frac{4}{5}}$ B. $3^{\frac{1}{5}} < 5^{\frac{3}{5}} < 7^{\frac{4}{5}}$

C. $7^{\frac{4}{5}} < 3^{\frac{1}{5}} < 5^{\frac{3}{5}}$ D. $3^{\frac{1}{5}} < 7^{\frac{4}{5}} < 5^{\frac{3}{5}}$

उत्तरमाला

1	2	3	4	5	6	7	8	9	10
A	C	B	D	A	C	B	B	A	B
11	**12**								
A	B								

व्याख्यात्मक उत्तर

1. $\because \dfrac{1}{\sqrt{3}} = \dfrac{1}{\sqrt{3}} \times \dfrac{\sqrt{3}}{\sqrt{3}} = \dfrac{\sqrt{3}}{3} = \dfrac{1.732}{3} = 0.577.$

2. $\because \dfrac{1}{2}\left(\dfrac{\sqrt{2}-1}{\sqrt{2}+1}\right) = \dfrac{1}{2} \times \dfrac{\sqrt{2}-1}{\sqrt{2}+1} \times \dfrac{\sqrt{2}-1}{\sqrt{2}-1}$

$= \dfrac{1}{2} \times \dfrac{(\sqrt{2}-1)^2}{(\sqrt{2})^2 - 1^2} = \dfrac{1}{2} \times \dfrac{2+1-2\sqrt{2}}{2-1}$

$= \dfrac{1}{2} \times \dfrac{3-2\sqrt{2}}{1} = \dfrac{1}{2} \times (3 - 2 \times 1.4142)$

$= \dfrac{1}{2} \times 0.1716 = 0.0858.$

3. $\because \sqrt{1936} = 44 \Rightarrow \sqrt{19.36} = 4.4 \Rightarrow \sqrt{0.1936} = 0.44$

$\Rightarrow \sqrt{.001936} = .044 \therefore \sqrt{19.36} + \sqrt{0.1936} + \sqrt{.001936}$
$= 4.4 + 0.44 + 0.044 = 4.884.$

4. $\because \sqrt{5+\dfrac{4}{9}} = \sqrt{\dfrac{45+4}{9}} = \sqrt{\dfrac{49}{9}} = \dfrac{7}{3} = 2\dfrac{1}{3}.$

5. $\because \dfrac{\sqrt{2}-1}{\sqrt{2}+1} = \dfrac{\sqrt{2}-1}{\sqrt{2}+1} \times \dfrac{\sqrt{2}-1}{\sqrt{2}-1} = \dfrac{(\sqrt{2}-1)^2}{(\sqrt{2})^2 - (1)^2}$

$= \dfrac{2+1-2\sqrt{2}}{2-1} = \dfrac{3-2\sqrt{2}}{1} = 3 - 2 \times 1.414 = 0.172.$

6. $\because \sqrt[3]{8^4} = (8)^{\frac{4}{3}} = (2^3)^{\frac{4}{3}} = 2^{3\times\frac{4}{3}} = 2^4 = 16.$

7. $\because \sqrt{\dfrac{2}{3}} + 3\sqrt{\dfrac{3}{2}} = \dfrac{\sqrt{2}}{\sqrt{3}} \times \dfrac{\sqrt{3}}{\sqrt{3}} + 3 \times \dfrac{\sqrt{3}}{\sqrt{2}} \times \dfrac{\sqrt{2}}{\sqrt{2}}$

$= \dfrac{\sqrt{6}}{3} + \dfrac{3\sqrt{6}}{2} = \sqrt{6}\left[\dfrac{1}{3} + \dfrac{3}{2}\right] = \sqrt{6} \times \dfrac{11}{6} = \dfrac{11}{6} \times 2.45$
$= 4.492.$

8. $\because \sqrt{72} = \sqrt{6 \times 6 \times 2} = \sqrt{6^2 \times 2} = 6\sqrt{2}.$

9. $\dfrac{\sqrt{2}}{\sqrt{2}+\sqrt{3}-\sqrt{5}} = \dfrac{\sqrt{2}}{\sqrt{2}+\sqrt{3}-\sqrt{5}} \times \dfrac{\sqrt{2}+\sqrt{3}+\sqrt{5}}{\sqrt{2}+\sqrt{3}+\sqrt{5}}$

$= \dfrac{\sqrt{2}(\sqrt{2}+\sqrt{3}+\sqrt{5})}{(\sqrt{2}+\sqrt{3})^2 - (\sqrt{5})^2} = \dfrac{2+\sqrt{6}+\sqrt{10}}{2\sqrt{6}}$

$= \dfrac{2+\sqrt{6}+\sqrt{10}}{2\sqrt{6}} \times \dfrac{\sqrt{6}}{\sqrt{6}} = \dfrac{2\sqrt{6}+6+\sqrt{60}}{12}$

$= \dfrac{3+\sqrt{6}+\sqrt{15}}{6}.$

10. $\because \sqrt{80} + 3 \times \sqrt{245} - \sqrt{125}$

$= \sqrt{16 \times 5} + 3 \times \sqrt{49 \times 5} - \sqrt{25 \times 5}$

$= 4\sqrt{5} + 21\sqrt{5} - 5\sqrt{5} = 20\sqrt{5}.$

11. $\because \dfrac{\sqrt{5}+\sqrt{3}}{\sqrt{5}-\sqrt{3}} = \dfrac{\sqrt{5}+\sqrt{3}}{\sqrt{5}-\sqrt{3}} \times \dfrac{\sqrt{5}+\sqrt{3}}{\sqrt{5}+\sqrt{3}}$

$= \dfrac{(\sqrt{5}+\sqrt{3})^2}{(\sqrt{5})^2 - (\sqrt{3})^2} = \dfrac{5+3+2\sqrt{15}}{5-3} = \dfrac{8+2\sqrt{15}}{2}$

$= 4 + \sqrt{15}.$

12. $\because 3^{\frac{1}{5}} = (3)^{\frac{1}{5}}$

$5^{\frac{3}{5}} = (5^3)^{\frac{1}{5}} = (125)^{\frac{1}{5}}$

तथा $7^{\frac{4}{5}} = (7^4)^{\frac{1}{5}} = (2401)^{\frac{1}{5}}$

अत: स्पष्ट है कि $(3)^{\frac{1}{5}} < (125)^{\frac{1}{5}} < (2401)^{\frac{1}{5}}$

अत: $3^{\frac{1}{5}} < 5^{\frac{3}{5}} < 7^{\frac{4}{5}}$ आरोही क्रम में होगी।

●●●

7

औसत (Average)

औसत निकालने के लिए पहले उन सब राशियों को जोड़ लें जिनका औसत निकालना हो; उसके बाद उस योगफल में उन राशियों की कुल संख्या से भाग दे दें। उदाहरण के लिए यदि आपको 8, 10, 12, और 14 का औसत निकालना है, तो पहले इन्हें जोड़ दें। 8 + 10 + 12 + 14 = 44 जिनका औसत निकालना है, वे संख्याएं 4 हैं। अतः 44 में 4 से भाग दे दें। 44 ÷ 4 $= \frac{44}{4} = 11$ औसत आया।

इसके लिए सूत्र हैं:

(i) $\frac{\text{राशियों का योगफल}}{\text{राशियों की संख्या}} = \text{औसत}$

(ii) औसत × राशियों की संख्या = राशियों का योगफल

(iii) $\frac{\text{राशियों का जोड़}}{\text{औसत}} = \text{राशियों की संख्या}$

उदाहरण 1 : किसी कक्षा में 5 दिनों की दैनिक उपस्थिति 26, 23, 30, 29 और 17 थी। बताओ दैनिक औसत उपस्थिति क्या थी?

हल : ∵ 5 दिनों की कुल उपस्थिति

= 26 + 23 + 30 + 29 + 17 = 125 थी।

∴ 1 दिन की औसत उपस्थिति

$$= \frac{\text{राशियों का योगफल}}{\text{राशियों की संख्या}} = \frac{125}{5} = 25$$

प्रश्नमाला

1. 5 विद्यार्थियों की ऊँचाइयां (सेंमी में) 140, 135, 142, 138 व 140 है। उनकी औसत ऊँचाई है:

A. 136 B. 138 C. 139 D. 140

2. 10 विद्यार्थियों द्वारा प्राप्तांक 22, 35, 37, 38, 29, 27, 34, 36, 28 और 34 हैं। उनके औसत अंक हैं:

A. 30 B. 31 C. 32 D. 34

3. एक लड़का जिसकी ऊँचाई 165 सेंमी है, के स्थान पर नया लड़का आ जाने से 34 लड़कों के एक समूह की औसत ऊँचाई 1 सेंमी कम हो जाती है। नये लड़के की ऊँचाई है:

A. 132 सेंमी B. 129 सेंमी C. 130 सेंमी D. 131 सेंमी

4. 2 से प्रारम्भ करके पांच लगातार सम संख्याओं का औसत है:

A. 4 B. 6 C. 7 D. 5

5. 5 गेंदों का भार (ग्राम में) क्रमशः 50, 54, 53, 56 और 52 है। उनका औसत भार है:

A. 53 B. 54 C. 52 D. 51

6. एक रस्सी के 5 टुकड़ों की लम्बाइयां (सेंमी में) 5, 5.2, 6.3, 7.2 और 6.3 हैं। टुकड़े की औसत लम्बाई है:

A. 5.8
B. 6.0
C. 6.1
D. 6.2

7. 7 के प्रथम पांच गुणजों (Multiples) का औसत क्या होगा?

A. 21 B. 23 C. 24 D. 28

8. चार संख्याओं का औसत 18 है। यदि उनमें से पहली तीन संख्याएं क्रमशः 16, 22 व 28 हों, तो बताइये अन्तिम संख्या क्या होगी?

A. 5 B. 8 C. 6 D. 9

9. 12 संख्याओं का औसत मान 30 है। यदि प्रत्येक संख्या में 3 से गुणा कर दिया जाये, तो बताइये नई संख्याओं का औसत मान कितना होगा?

A. 70 B. 80 C. 90 D. 100

10. एक व्यक्ति 50 रु. प्रति पुस्तक के हिसाब से 4 पुस्तकें, 60 रु. प्रति पुस्तक के हिसाब से 5 पुस्तकें, तथा 70 रु. प्रति पुस्तक के हिसाब से 6 पुस्तकें खरीदता है। बताइये पुस्तक का औसत मूल्य कितना होगा?

A. 62.33 रु. B. 41.50 रु. C. 61.33 रु. D. 61.75 रु.

11. 25 राशियों का औसत 15 है, उनमें से 15 राशियों का औसत 17 है, तो शेष राशियों का औसत ज्ञात करो।

A. 10 B. 13 C. 11 D. 12

12. एक कक्षा में 23 छात्रों की औसत आयु 16 वर्ष है। यदि अध्यापक की आयु भी सम्मिलित कर ली जाए, तो औसत आयु एक वर्ष बढ़ जाती है। अध्यापक की आयु क्या है?

A. 35 वर्ष B. 40 वर्ष C. 50 वर्ष D. 30 वर्ष

उत्तरमाला

1	2	3	4	5	6	7	8	9	10
C	C	D	B	A	B	A	C	C	C
11	**12**								
D	B								

व्याख्यात्मक उत्तर

1. औसत ऊँचाई

$= \frac{140+135+142+138+140}{5} = \frac{695}{5} = 139.$

2. औसत अंक

$= \frac{22+35+37+38+29+27+34+36+28+34}{10}$

$= \frac{320}{10} = 32.$

3. 34 लड़कों की ऊँचाई में औसत कमी = 1 सेंमी

34 लड़कों की ऊँचाई में कुल कमी = 34 सेंमी

$\therefore$ नये लड़के की ऊँचाई = 165 – 34 = 131 सेंमी

4. 2 से प्रारम्भ करके 5 लगातार सम संख्याओं का औसत

$= \frac{2+4+6+8+10}{5} = \frac{30}{5} = 6.$

5. औसत भार $= \frac{50+54+53+56+52}{5} = \frac{265}{5} = 53.$

6. औसत लम्बाई

$= \frac{5+5.2+6.3+7.2+6.3}{5} = \frac{30.0}{5} = 6.0$

7. $\because$ 7 के प्रथम 5 गुणज :

7, 14, 21, 28 व 35

$\therefore$ इनका औसत $= \frac{7+14+21+28+35}{5} = \frac{105}{5} = 21.$

8. $\because$ चार संख्याओं का औसत = 18

$\therefore$ चारों संख्याओं का योग = 18 × 4 = 72

प्रश्नानुसार, उनमें से पहली तीन संख्याएं क्रमशः 16, 22 व 28 हैं।

$\therefore$ अन्तिम संख्या = चारों संख्याओं का योग $-(16+22+28)$

= 72 – 66 = 6.

9. $\because$ 12 संख्याओं का औसत मान = 30

$\therefore$ 12 संख्याओं का कुल योग = 30 × 12 = 360

प्रश्नानुसार, प्रत्येक संख्या में 3 से गुणा करने पर 12 संख्याओं का कुल योग = 360 × 3 = 1080

12 नई संख्याओं का औसत मान $= \frac{1080}{12} = 90.$

10. $\because$ 50 रु. प्रति पुस्तक के हिसाब से 4 पुस्तकों का क्रय मूल्य = 200 रु.

60 रु. प्रति पुस्तक के हिसाब से 5 पुस्तकों का क्रय मूल्य = 300 रु.

तथा 70 रु. प्रति पुस्तक के हिसाब से 6 पुस्तकों का क्रय मूल्य = 420 रु.

$\therefore$ 15 पुस्तकों का कुल क्रय मूल्य = 200 + 300 + 420 = 920 रु.

$\therefore$ औसत मूल्य $= \frac{920}{15} = 61.33$ रु.।

11. $\because$ 25 राशियों का औसत = 15

$\therefore$ 25 राशियों का योग = 25 × 15 = 375

इनमें से 15 राशियों का औसत = 17

$\therefore$ इन 15 राशियों का योग

= 15 × 17 = 255

$\therefore$ शेष 25 –15 = 10 राशियों का योग

= 375 – 255 = 120

$\therefore$ शेष राशियों का औसत

$= \frac{120}{10} = 12$

सूत्र द्वारा—

शेष 10 राशियों का औसत

$= \frac{25\times15-15\times17}{25-15} = \frac{375-255}{10}$

$= \frac{120}{10} = 12.$

12. $\therefore$ 23 छात्रों की आयु का औसत = 16 वर्ष

$\therefore$ 23 छात्रों की आयु का योग

= 23 × 16 = 368 वर्ष

$\therefore$ 23 + 1 = 24 जनों की आयु का औसत

= 16 + 1 = 17 वर्ष

$\therefore$ इनकी आयु का योग

= 24 × 17 = 408 वर्ष

$\therefore$ अध्यापक की आयु

= 408 – 368 = 40 वर्ष।

●●●

8

प्रतिशत (Percentage)

1. प्रतिशत का अर्थ है–प्रत्येक सौ पर 1–इसका चिन्ह् है–%. 5% का अर्थ है–प्रत्येक सौ पर 5.
2. प्रतिशत को भिन्न में बदलने के लिए उसे 100 से भाग देते हैं। जैसे–20% = $\frac{20}{100}=\frac{1}{5}$
3. साधारण भिन्न को प्रतिशत में बदलने के लिए उसे 100 से गुणा करते हैं। जैसे–$\frac{1}{10}\times 100 = 10\%$

प्रतिशत को दशमलव में बदलने की विधि

प्रतिशत का चिह्न हटाकर बाईं ओर दो अंकों के बाद दशमलव का चिन्ह् लगाते हैं।

उदाहरण : 25% को दशमलव में बदलें।

25% = .25 (बाईं ओर दो अंकों के बाद दशमलव बिन्दु लगा दिया।)

उदाहरण :1.5% को दशमलव में बदलिये।

1.5% = .015 (बाईं ओर दो अंकों के बाद दशमलव बिन्दु लगा दिया, यहां एक शून्य लगाकर दो अंक पूरे करने पड़े।)

दशमलव को प्रतिशत में बदलने की विधि

दशमलव बिन्दु के दाहिनी ओर दो अंक बढ़ा देते हैं और उसके बाद % का निशान लगाते हैं।

उदाहरण : .24 को प्रतिशत में बदलें।

हल : .24 = 24% (दशमलव बिन्दु के दाहिनी ओर दो अंक आगे बढ़ाने पर 24 बनेगा, अतः दशमलव बिन्दु (.) लगाने की जरूरत नहीं है।)

प्रश्नमाला

1. निम्नलिखित में से 20% का मान किसके बराबर होगा?

A. $\frac{1}{4}$ B. $\frac{1}{2}$
C. $\frac{1}{5}$ D. $\frac{1}{8}$

2. 36% का मान दशमलव भिन्न में होगा–

A. .36 B. .036
C. 3.6 D. .0036

3. $\frac{4}{5}$ को प्रतिशत भिन्न में बदलने पर मान होगा–

A. 80% B. 70%
C. 60% D. 40%

4. 36 का कितने %, 24 के बराबर होगा?

A. $16\frac{2}{3}\%$ B. $66\frac{2}{3}\%$
C. $11\frac{1}{9}\%$ D. $31\frac{1}{9}\%$

5. 3 मीटर का 15%, किसके बराबर होगा?

A. 44 सेंमी B. 45 सेंमी
C. 40 सेंमी D. 38 सेंमी

6. 26 का 18% = ?

A. 4.88 B. 4.65
C. 3.68 D. 4.68

7. 10% का 10% कितने % होगा?

A. 7 B. 6
C. 1 D. 5

8. किसी शहर की जनसंख्या 50,000 से बढ़कर 52,000 हो जाती हो, तो बताइये कितने प्रतिशत की वृद्धि होगी?

A. 3% B. 6%
C. 4% D. 5%

9. एक आदमी अपने वेतन का 75% खर्च करता है और 150 रु. मासिक बचाता है तो उसका मासिक वेतन है:

A. 750 रु. B. 600 रु.
C. 400 रु. D. 300 रु.

10. किसी विद्यालय में 97% विद्यार्थी उपस्थित थे और 18 विद्यार्थी अनुपस्थित थे। विद्यालय में कुल विद्यार्थियों की संख्या है:

A. 400 B. 450
C. 500 D. 600

11. किसी राशि का 7%, 35 रुपये है तो वह राशि ज्ञात कीजिए।

A. 550 रु. B. 700 रु.
C. 600 रु. D. 500 रु.

12. 3 किग्रा. कितने किग्रा. का 5% है:

A. 60 किग्रा. B. 50 किग्रा.
C. 65 किग्रा. D. 70 किग्रा.

13. किसी राशि का 5%, 500 रुपए के 12% के बराबर है तो राशि ज्ञात कीजिए।

A. 1100 रु.
B. 1200 रु.
C. 1150 रु.
D. 1250 रु.

14. अनिल ने अपनी पूंजी का 65% मशीनरी में तथा 20% कच्चा माल खरीदने में खर्च कर दिया। यदि उसके पास अब 1305 रुपये बचे हों, तो उसने कितना खर्च कर दिया?

A. 7395 रु. B. 7350 रु.
C. 7390 रु. D. 7380 रु.

15. किसी पुस्तकालय में 20% पुस्तकें अंग्रेजी भाषा में हैं तथा शेष की 50% पुस्तकें हिन्दी भाषा में हैं। यदि शेष 900 पुस्तकें अन्य क्षेत्रीय भाषा में हैं, तो पुस्तकालय में कुल कितनी पुस्तकें हैं?

A. 2300 B. 2250
C. 2290 D. 2280

उत्तरमाला

1	2	3	4	5	6	7	8	9	10
C	A	A	B	B	D	C	C	B	D
11	**12**	**13**	**14**	**15**					
D	A	B	A	B					

व्याख्यात्मक उत्तर

1. $\because 20\% = \frac{20}{100} = \frac{1}{5}$ $\therefore$ 20% का मान, $\frac{1}{5}$ के बराबर होगा।

2. $\because 36\% = \frac{36}{100} = .36$

$\therefore$ 36% का मान दशमलव भिन्न में .36 होगा।

3. चूंकि किसी भी साधारण या दशमलव भिन्न को प्रतिशत भिन्न में बदलने के लिए उसमें 100% से गुणा करना होता है अर्थात् $\frac{4}{5} = \frac{4}{5} \times 100\% = 80\%$

अतः $\frac{4}{5}$ का प्रतिशत भिन्न में मान = 80% होगा।

4. माना कि 36 का x % = 24

$\therefore \quad 36 \times \frac{x}{100} = 24 \Rightarrow x = \frac{24 \times 100}{36} = 66\frac{2}{3}$

अतः 36 का $66\frac{2}{3}\%$, 24 के बराबर होगा।

5. $\because$ 3 मीटर का 15% = 300 सेंमी. $\times \frac{15}{100}$ = 45 सेंमी. [$\because$ 3 मी. = 300 सेंमी.]

अतः 3 मीटर का 15%, 45 सेंमी. के बराबर होगा।

6. $\because$ 26 का 18% $= 26 \times \frac{18}{100} = 4.68$

$\therefore$ (?) चिन्ह के स्थान पर 4.68 होना चाहिए।

7. $\because$ 10% का 10% $= \frac{10}{100} \times \frac{10}{100} = \frac{1}{100} = 1\%$

अतः 10% का 10%, 1% के बराबर होगा।

8. प्रश्नानुसार, शहर की प्रारम्भिक जनसंख्या = 50,000

तथा शहर की वर्तमान जनसंख्या = 52,000

$\therefore$ जनसंख्या में वृद्धि = 52,000 − 50,000 = 2,000

$\therefore$ प्रतिशत वृद्धि $= \frac{2000}{50000} \times 100 = 4\%$

अतः शहर की जनसंख्या में 4% वृद्धि होगी।

9. बचत = 100% − 75% = 25% = 150 रु.

कुल वेतन $= \frac{100}{25} \times 150 = 600$ रु.।

10. अनुपस्थित विद्यार्थी = 100% − 97% = 3% = 18

माना कि कुल विद्यार्थियों की संख्या = x

तो, $x \times \frac{3}{100} = 18 \therefore x = \frac{1800}{3} = 600.$

11. राशि का 7% = 35 रुपये

$$\text{राशि} = \frac{35}{7\%} = \frac{35}{\frac{7}{100}} = \frac{35}{7} \times 100 = 500 \text{ रुपये।}$$

12. भार का 5% = 3 किग्रा.

$$\text{भार} = \frac{3}{5\%} = \frac{3}{\frac{5}{100}} = \frac{3}{5} \times 100 = 60 \text{ किग्रा. होगा।}$$

13. 500 रुपये का 12% $= \frac{12}{100} \times 500$ रु. = 60 रुपये

$\because$ अभीष्ट राशि = 5% = 60 रुपये

$$\therefore \quad \text{राशि} = \frac{60}{5\%} = \frac{60}{\frac{5}{100}} = \frac{60 \times 100}{5} = 1200 \text{ रुपये।}$$

14. बची राशि की प्रतिशत संख्या = 100 − (65 + 20) = 15

$\because$ 15 रुपये बचते हैं तो खर्च की हुई राशि = 85 रुपये

$\therefore$ 1305 रुपये बचते हैं तो खर्च की हुई राशि

$$= \frac{85 \times 1305}{15} = 7395 \text{ रुपये।}$$

15. माना कुल पुस्तकें = 100

अतः अंग्रेजी भाषा की पुस्तकें = 20 पुस्तकें

शेष पुस्तकें = 100 − 20 = 80

हिन्दी भाषा की पुस्तकें = 80 का 50% $= 80 \times \frac{50}{100} = 40$

शेष पुस्तकें = 100 − (20 + 40) = 40 पुस्तकें।

$\because$ 40 पुस्तकें अन्य क्षेत्रीय भाषाओं की है तो कुल पुस्तकें = 100

$\therefore$ 900 पुस्तकें अन्य क्षेत्रीय भाषाओं की है तो कुल पुस्तकें

$= \frac{100}{40} \times 900 = 2250$ पुस्तकें।

●●●

9

साधारण ब्याज (Simple Interest)

ब्याज वह राशि है जो हमें दूसरों का धन प्रयोग करने के बदले में देनी पड़ती है। यदि यह वार्षिक देनी पड़े तो दर प्रतिशत वार्षिक कहते हैं। इस प्रकार 6% वार्षिक का अर्थ है कि 100 रु. पर 1 वर्ष में 6 रु. ब्याज है। जो धन उधार लिया जाता है उसे मूलधन कहते हैं। मूलधन और ब्याज के योग को समस्त धन (मिश्रधन) कहते हैं।

साधारण ब्याज के प्रश्नों के सूत्रः

$$\text{साधारण ब्याज} = \frac{\text{मूलधन} \times \text{दर\%} \times \text{समय (वर्षों में)}}{100}$$

समस्त धन = मूलधन + ब्याज

जब समय, दर % और ब्याज दिए गए हों, तो

$$\text{मूलधन} = \frac{\text{ब्याज} \times 100}{\text{दर} \times \text{समय}}$$

जब मूलधन, ब्याज और समय दिया गया हो, तो

$$\text{दर} = \frac{\text{ब्याज} \times 100}{\text{मूलधन} \times \text{समय}}$$

जब मूलधन, ब्याज और दर दी गई हो, तो

$$\text{समय} = \frac{\text{ब्याज} \times 100}{\text{मूलधन} \times \text{दर}}$$

प्रश्नमाला

1. किस धनराशि पर 4% वार्षिक ब्याज की दर से 5 वर्ष का साधारण ब्याज 64 रु. होगा?

A. 220 रु. B. 280 रु.
C. 320 रु. D. 300 रु.

2. 450 रु. पर 6% वार्षिक ब्याज दर से 4 मास का ब्याज कितना होगा?

A. 9 रु. B. 8 रु.
C. 6 रु. D. 5 रु.

3. कितने समय में 3600 रु. पर 6% वार्षिक दर से साधारण ब्याज 432 रु. होगा?

A. 1 वर्ष B. 2 वर्ष
C. $1\frac{1}{2}$ वर्ष D. $2\frac{1}{4}$ वर्ष

4. किस राशि पर 3% वार्षिक ब्याज की दर से 2 वर्ष का ब्याज 36 रु. होगा?

A. 500 रु. B. 575 रु.
C. 590 रु. D. 600 रु.

5. ब्याज की किस दर से कोई राशि 16 वर्षों में दोगुनी हो जाएगी?

A. $5\frac{1}{2}$ % B. $6\frac{1}{4}$ %
C. $4\frac{1}{3}$ % D. $2\frac{1}{2}$ %

6. 5000 रु. की राशि पर 10% वार्षिक दर से 5 वर्ष का साधारण ब्याज कितना होगा?

A. 2200 रु. B. 2500 रु.
C. 2300 रु. D. 2600 रु.

7. किस राशि का 6% वार्षिक ब्याज दर से 10 वर्ष का साधारण ब्याज 3 रु. होगा?

A. 4 रु. B. 8 रु.
C. 5 रु. D. 6 रु.

8. कितने वर्षों में कोई राशि 10% वार्षिक दर से अपने से दोगुनी हो जाएगी?

A. 10 वर्ष B. 8 वर्ष
C. 5 वर्ष D. 12 वर्ष

9. किस राशि का 5% दर से 5 वर्ष का साधारण ब्याज 80 रु. होगा?

A. 330 रु. B. 320 रु.
C. 340 रु. D. 380 रु.

10. यदि 5000 रु. पर 2 वर्ष का साधारण ब्याज 500 रु. हो, तो समस्त धन अर्थात् मिश्रधन कितना होगा?

A. 5600 रु. B. 5800 रु.
C. 5500 रु. D. 6000 रु.

11. 2000 रुपये पर $6\frac{1}{2}$ प्रतिशत वार्षिक ब्याज की दर से 8 महीने का साधारण ब्याज ज्ञात कीजिए।

A. $86\frac{2}{3}$ रु. B. $86\frac{3}{4}$ रु.
C. $86\frac{1}{3}$ रु. D. $86\frac{1}{2}$ रु.

12. कितने समय में 450 रुपये का 8% वार्षिक ब्याज की दर से साधारण ब्याज 90 रुपये हो जाएगा?

A. 2 वर्ष B. $2\frac{3}{4}$ वर्ष
C. $2\frac{1}{2}$ वर्ष D. 3 वर्ष

13. घनश्याम ने 2000 रुपये अपने मित्र से 5% सालाना ब्याज पर लिए और उसने पूरा पैसा 8 माह बाद चुका दिया। बताइये उसने कुल कितना धन चुकाया?

A. 2060.66 रु. B. 2066.66 रु.
C. 2066 रु. D. 2060 रु.

14. एक आदमी ने 600 रुपये 6 प्रतिशत वार्षिक ब्याज पर उधार लिए। 5 वर्ष बाद उसने 300 रुपये कीमत की एक घड़ी व कुछ धन उसको लौटाया तो बताओ उसने कितना धन लौटाया।

A. 480 रु. B. 485 रु.
C. 490 रु. D. 500 रु.

उत्तरमाला

1	2	3	4	5	6	7	8	9	10
C	A	B	D	B	B	C	A	B	C
11	**12**	**13**	**14**						
A	C	B	A						

व्याख्यात्मक उत्तर

1. $\because$ साधारण ब्याज = 64 रु., समय = 5 वर्ष तथा दर = 4%

$\therefore$ मूलधन (धनराशि)

$$= \frac{\text{साधारण ब्याज} \times 100}{\text{समय} \times \text{दर}} = \frac{64 \times 100}{5 \times 4} = 320 \text{ रु.}$$

2. $\because$ मूलधन = 450 रु., दर = 6% वार्षिक, समय = 4 मास = $\frac{1}{3}$ वर्ष

$\therefore$ साधारण ब्याज

$$= \frac{\text{मूलधन} \times \text{समय} \times \text{दर}}{100} = \frac{450 \times \frac{1}{3} \times 6}{100} = 9 \text{ रु.}$$

3. $\because$ $$\text{समय} = \frac{\text{साधारण ब्याज} \times 100}{\text{मूलधन} \times \text{दर}} = \frac{432 \times 100}{6 \times 3600} = 2 \text{ वर्ष}$$

4. $\because$ $$\text{मूलधन} = \frac{\text{साधारण ब्याज} \times 100}{\text{समय} \times \text{दर}} = \frac{36 \times 100}{2 \times 3} = 600 \text{ रु.}$$

5. $\because$ माना कि वह राशि = 100 रु.

प्रश्नानुसार, 16 वर्षों बाद मिश्रधन = 200 रु.

$\therefore$ साधारण ब्याज

= मिश्रधन – मूलधन (राशि) = 200 – 100 = 100 रु.

$$\therefore \quad \text{दर} = \frac{\text{साधारण ब्याज} \times 100}{\text{मूलधन} \times \text{समय}} = \frac{100 \times 100}{100 \times 16} = 6\frac{1}{4}\%$$

6. $\because$ साधारण ब्याज

$$= \frac{\text{मूलधन} \times \text{समय} \times \text{दर}}{100} = \frac{5000 \times 5 \times 10}{100} = 2500 \text{ रु.}$$

7. $\because$ मूलधन (राशि)

$$= \frac{\text{साधारण ब्याज} \times 100}{\text{समय} \times \text{दर}} = \frac{3 \times 100}{10 \times 6} = 5 \text{ रु.}$$

8. $\because$ माना कि वह राशि = 100 रु. तथा मिश्रधन = 2 × 100 = 200 रु.

$\therefore$ साधारण ब्याज = 200 – 100 = 100 रु.,

दर = 10%

$$\therefore \quad \text{समय} = \frac{\text{साधारण ब्याज} \times 100}{\text{मूलधन (राशि)} \times \text{दर}} = \frac{100 \times 100}{100 \times 10} = 10 \text{ वर्ष}$$

9. $\because$ मूलधन (राशि)

$$= \frac{\text{साधारण ब्याज} \times 100}{\text{समय} \times \text{दर}} = \frac{80 \times 100}{5 \times 5} = 320 \text{ रु.}$$

10. $\because$ समस्त धन अर्थात् मिश्रधन

= मूलधन + साधारण ब्याज = 5000 + 500 = 5500 रु.

11. दर $6\frac{1}{2} = \frac{13}{2}\%$, समय = 8 महीने = $\frac{8}{12}$ वर्ष = $\frac{2}{3}$ वर्ष

साधारण ब्याज

$$= \frac{\text{मूलधन} \times \text{दर} \times \text{समय}}{100} = \frac{2000 \times 13 \times 2}{100 \times 2 \times 3}$$

$$= \frac{260}{3} = 86\frac{2}{3} \text{ रुपये।}$$

12. $$\text{समय} = \frac{\text{साधारण ब्याज} \times 100}{\text{मूलधन} \times \text{दर}} = \frac{90 \times 100}{450 \times 8} = \frac{5}{2} = 2\frac{1}{2} \text{वर्ष}$$

13. समय = 8 माह = $\frac{8}{12}$ वर्ष = $\frac{2}{3}$ वर्ष

साधारण ब्याज

$$= \frac{\text{मूलधन} \times \text{दर} \times \text{समय}}{100} = \frac{2000 \times 2 \times 5}{3 \times 100} = \frac{200}{3} \text{ रुपये}$$

मिश्रधन = मूलधन + साधारण ब्याज

$$= \frac{2000}{1} + \frac{200}{3} = \frac{6000 + 200}{3} = \frac{6200}{3} \text{ रुपये}$$

= 2066.66 रुपये

14. 600 रुपये का 6% वार्षिक ब्याज से 5 वर्ष का ब्याज

$$= \frac{600 \times 6 \times 5}{100} = 180 \text{ रुपये}$$

मिश्रधन = 600 + 180 = 780 रुपये

अत: उसको 780 रुपये लौटाने चाहिए थे, परन्तु 300 रु. की घड़ी उसने उसे दी तो उसका अतिरिक्त धन

= 780 – 300 = 480 रुपये

●●●

10

चक्रवृद्धि ब्याज (Compound Interest)

ब्याज की वह गणना, जिसमें ब्याज को मूलधन में जोड़कर प्राप्त मिश्रधन पर ब्याज लगाया जाए, **चक्रवृद्धि ब्याज** कहलाती है।

महत्वपूर्ण सूत्र :

1. चक्रवृद्धि मिश्रधन

$$= \text{मूलधन}\left(1+\frac{\text{दर}}{100}\right)^{\text{समय वर्ष में}}$$

2. चक्रवृद्धि ब्याज

= चक्रवृद्धि मिश्रधन – मूलधन

$$= \text{मूलधन}\left[\left(1+\frac{\text{दर}}{100}\right)^{\text{समय}}-1\right]$$

3. यदि चक्रवृद्धि ब्याज की दर प्रत्येक वर्ष में बदल रही हो तो—

मिश्रधन

$$= \text{मूलधन}\left(1+\frac{(\text{दर})\,1}{100}\right)\left(1+\frac{(\text{दर})\,2}{100}\right)\left(1+\frac{(\text{दर})\,3}{100}\right)$$

[∴ समय, प्रत्येक दर के लिए 1 वर्ष है]

4. *(i)* यदि ब्याज की गणना **अर्द्धवार्षिक** है तो दर आधी तथा समय दुगुना कर दिया जाता है।

(ii) यदि ब्याज की गणना त्रैमासिक है तो दर को 4 से भाग तथा समय को 4 से गुणा करते हैं।

नोट : एक वर्ष के लिए साधारण ब्याज तथा चक्रवृद्धि ब्याज बराबर होते हैं, जबकि ब्याज की दर वार्षिक हो।

प्रश्नमाला

1. 400 रु. की राशि पर 5% प्रतिवर्ष की दर से 2 वर्ष का चक्रवृद्धि ब्याज कितना होगा?

A. 40 रु. B. 41 रु.
C. 42 रु. D. 43 रु.

2. किसी राशि पर 6% चक्रवृद्धि ब्याज की दर से पहले वर्ष का ब्याज 60 रु. है, तो दूसरे वर्ष का ब्याज कितना होगा?

A. 120 रु. B. 66.60 रु.
C. 63.60 रु. D. 63 रु.

3. वह धनराशि ज्ञात करो, जिसका 5% ब्याज की दर से 2 वर्ष का चक्रवृद्धि ब्याज तथा साधारण ब्याज का अन्तर 3 रु. हो?

A. 1400 रु. B. 1500 रु.
C. 1350 रु. D. 1200 रु.

4. किस धन का 10% प्रतिवर्ष चक्रवृद्धि ब्याज की दर से 3 वर्ष में मिश्रधन 1331 रु. होगा?

A. 2000 रु. B. 1500 रु.
C. 1000 रु. D. 800 रु.

5. 2500 रु. का 6% ब्याज की दर से 2 वर्ष का चक्रवृद्धि ब्याज कितना होगा?

A. 306 रु. B. 150 रु.
C. 309 रु. D. 300 रु.

6. कोई राशि चक्रवृद्धि ब्याज की दर से 2 वर्ष में चार गुनी हो जाती है, तो कितने वर्ष में वह राशि 8 गुनी हो जायेगी?

A. 4 वर्ष B. $2\frac{1}{2}$ वर्ष
C. 3 वर्ष D. $3\frac{1}{2}$ वर्ष

7. 2400 रुपये पर 5% प्रतिवर्ष ब्याज की दर से 2 वर्ष में साधारण ब्याज तथा चक्रवृद्धि ब्याज का अन्तर होगा?

A. 8 रु. B. 10 रु.
C. 9 रु. D. 6 रु.

8. 8000 रु. की राशि पर 5% प्रतिवर्ष ब्याज की दर से 3 वर्ष का चक्रवृद्धि ब्याज कितना होगा?

A. 1361 रु. B. 1261 रु.
C. 1141 रु. D. 1241 रु.

9. 2000 रु. का 2 वर्ष में किस चक्रवृद्धि ब्याज की दर से मिश्रधन 2205 रु. हो जायेगा?

A. 3% B. 4%
C. 5% D. 6%

10. 3200 रु. का 10% प्रतिवर्ष चक्रवृद्धि ब्याज की दर से कितने समय में चक्रवृद्धि ब्याज 672 रु. हो जायेगा?

A. 2½वर्ष B. 1½वर्ष
C. 2 वर्ष D. 3½वर्ष

उत्तरमाला

1	2	3	4	5	6	7	8	9	10
B	C	D	C	C	C	D	B	C	C

व्याख्यात्मक उत्तर

1. मूलधन = 400 रु., दर = 5%, समय = 2 वर्ष

$\therefore$ चक्रवृद्धि ब्याज = मूलधन $\left[\left(1+\frac{\text{दर}}{100}\right)^{\text{समय}}-1\right]$

$\therefore$ चक्रवृद्धि ब्याज = $400\left[\left(1+\frac{5}{100}\right)^2-1\right]$

$= 400\left[\left(\frac{21}{20}\right)^2-1\right] = 400\left[\frac{21}{20}\times\frac{21}{20}-1\right] = 400\times\frac{41}{400}$

= 41 रु.

2. पहले वर्ष का साधारण ब्याज तथा चक्रवृद्धि ब्याज बराबर होगा

$\therefore \quad 60 = \frac{\text{मूलधन}\times 6\times 1}{100}$ $\therefore$ मूलधन = 1000 रु.

$\therefore$ दूसरे वर्ष के लिए मूलधन = 1000 + 60 = 1060 रु.

$\therefore$ ब्याज $= \frac{1060\times 6\times 1}{100} = 63.60$ रु.

3. माना कि धनराशि x रु. है।

$\therefore$ 5% वार्षिक ब्याज की दर से 2 वर्ष का साधारण ब्याज

$= \frac{x\times 5\times 2}{100} = \frac{x}{10}$ रु.

तथा चक्रवृद्धि ब्याज = $x\left[\left(1+\frac{5}{100}\right)^2-1\right] = x\left[\left(\frac{21}{20}\right)^2-1\right]$

$= x\left[\frac{21}{20}\times\frac{21}{20}-1\right] = \frac{x\times 41}{400}$ रु.

प्रश्नानुसार— $\frac{41x}{400}-\frac{x}{10}=3$ $\therefore 41x-40x = 400\times 3$

या x = 1200 रु. अत: वह धनराशि 1200 रु. है।

4. माना वह धनराशि x रु. है

$\therefore$ मिश्रधन = मूलधन $\left(1+\frac{\text{दर}}{100}\right)^{\text{समय}}$ या $1331 = x\left(1+\frac{10}{100}\right)^3$

$\therefore \quad 1331 = x\times\frac{11}{10}\times\frac{11}{10}\times\frac{11}{10}$

$\therefore \quad x = \frac{1331\times 10\times 10\times 10}{11\times 11\times 11} = 1000$ रु.

5. चक्रवृद्धि ब्याज = $2500\left[\left(1+\frac{6}{100}\right)^2-1\right] = 2500\left[\left(\frac{53}{50}\right)^2-1\right]$

$= 2500\left[\frac{53}{50}\times\frac{53}{50}-1\right] = 2500\left[\frac{2809-2500}{2500}\right]$

$= \frac{2500\times 309}{2500} = 309$ रु.

6. माना वह राशि x रु. है

$\therefore$ मिश्रधन = मूलधन $\left(1+\frac{\text{दर}}{100}\right)^{\text{समय}}$

प्रश्नानुसार—

$\therefore \quad 4x = x\left(1+\frac{\text{दर}}{100}\right)^2$ या $4 = \left(1+\frac{\text{दर}}{100}\right)^2$

या $\quad (2)^2 = \left(1+\frac{\text{दर}}{100}\right)^2$ या $2 = \left(1+\frac{\text{दर}}{100}\right)$

$\therefore$ मिश्रधन को 8 गुना करने के लिए

$\therefore \quad (2)^3 = \left(1+\frac{\text{दर}}{100}\right)^3 \quad \therefore 8 = \left(1+\frac{\text{दर}}{100}\right)^3$

अत : स्पष्ट है कि मिश्रधन को 8 गुना होने में लगा समय = 3 वर्ष

7. साधारण ब्याज $= \frac{2400\times 5\times 2}{100} = 240$ रु.

चक्रवृद्धि ब्याज = $2400\left[\left(1+\frac{5}{100}\right)^2-1\right]$

$= 2400\left[\frac{21}{20}\times\frac{21}{20}-1\right] = \frac{2400\times 41}{400} = 246$ रु.

$\therefore$ अन्तर = 246 − 240 = 6 रु.

8. चक्रवृद्धि ब्याज

$= 8000\left[\left(1+\frac{5}{100}\right)^3-1\right] = 8000\left[\frac{21}{20}\times\frac{21}{20}\times\frac{21}{20}-1\right]$

$= 8000\left[\frac{9261-8000}{8000}\right] = \frac{8000\times 1261}{8000} = 1261$ रु.

9. $2205 = 2000\left(1+\frac{\text{दर}}{100}\right)^2$

या $\frac{2205}{2000} = \left(1+\frac{\text{दर}}{100}\right)^2$ या $\frac{441}{400} = \left(1+\frac{\text{दर}}{100}\right)^2$

या $\left(\frac{21}{20}\right)^2 = \left(1+\frac{\text{दर}}{100}\right)^2$ या $\frac{21}{20} = 1+\frac{\text{दर}}{100}$

$\frac{\text{दर}}{100} = \frac{21}{20}-1 = \frac{1}{20}$ या दर $= \frac{100}{20} = 5\%$

10. मूलधन = 3200 रु., चक्रवृद्धि ब्याज = 672 रु.

$\therefore$ चक्रवृद्धि मिश्रधन = मूलधन + चक्रवृद्धि ब्याज

= 3200 + 672 = 3872 रु.

$\therefore$ चक्रवृद्धि मिश्रधन = मूलधन $\left(1+\frac{\text{दर}}{100}\right)^{\text{समय}}$

$\therefore \quad 3872 = 3200\left(1+\frac{10}{100}\right)$ या $\frac{3872}{3200} = \left(\frac{11}{10}\right)$

या $\frac{121}{100} = \left(\frac{11}{10}\right)$ या $\left(\frac{11}{10}\right)^2 = \left(\frac{11}{10}\right)$ $\therefore$ समय = 2 वर्ष

●●●

11

लाभ तथा हानि (Profit and Loss)

लाभ और हानि शब्द साधारणतया व्यापार में इस्तेमाल किए जाते हैं। प्रत्येक व्यापार का उद्देश्य लाभ कमाना होता है। लाभ और हानि से संबंधित सभी तरह के प्रश्नों को हल करने से पहले निम्नलिखित बातों को जानना आवश्यक है।

1. कोई वस्तु जिस मूल्य पर खरीदी जाती है उसे उस वस्तु का **लागत मूल्य** या **क्रय मूल्य** (Cost Price) कहते हैं। इसे क्रय मूल्य (C.P.) द्वारा भी निर्दिष्ट किया जाता है।
2. कोई वस्तु जिस मूल्य पर बेची जाती है, उसे उस वस्तु का **विक्रय मूल्य** (Sale Price) कहते हैं। इसे विक्रय मूल्य (S.P.) द्वारा भी निर्दिष्ट किया जाता है।
3. यदि वस्तु का क्रय मूल्य (Cost Price), वस्तु के विक्रय मूल्य (Sale Price) से अधिक हो, तो उस वस्तु पर हमेशा **हानि** होगी। अर्थात्
   हानि = क्रय मूल्य – विक्रय मूल्य
4. यदि किसी वस्तु का विक्रय मूल्य (Sale Price) वस्तु के क्रय मूल्य (Cost Price) से अधिक हो, तो उस वस्तु पर हमेशा **लाभ** होगा। अर्थात्
   लाभ = विक्रय मूल्य – क्रय मूल्य
5. लाभ और हानि दो प्रकार से व्यक्त किए जाते हैं:
   (i) रुपयों में; *(ii)* प्रतिशत में।

उदाहरण : यदि किसी वस्तु का क्रय मूल्य 100 रु. तथा उसका विक्रय मूल्य 95 रु. हो, तो वस्तु पर लाभ या हानि कितनी होगी?

हल : चूंकि वस्तु का क्रय मूल्य और उसके विक्रय मूल्य से अधिक है, इसलिए वस्तु पर हानि होगी। अर्थात् हानि = क्रय मूल्य – विक्रय मूल्य = 100 – 95 = 5 रु. हानि।

उपरोक्त उदाहरण में हमने वस्तु पर लाभ और हानि को रुपयों में समझाया है। अब हम लाभ-हानि को प्रतिशत में व्यक्त करते हैं।

लाभ-हानि को प्रतिशत लाभ और प्रतिशत हानि में बदलने के लिए निम्नलिखित सूत्रों को याद रखें।

1. $\text{लाभ\%} = \frac{\text{लाभ} \times 100}{\text{क्रय मूल्य}}$ **2.** $\text{हानि\%} = \frac{\text{हानि} \times 100}{\text{क्रय मूल्य}}$

प्रश्नमाला

1. एक आदमी कोई वस्तु 25 रु. में खरीदकर 30 रु. में बेचता है। तो बताइये उसका लाभ क्या होगा?

A. 6 रु. B. 7.50 रु.
C. 5 रु. D. 8.10 रु.

2. यदि 15 रु. वाली कोई वस्तु 12 रु. में बेच दी जाए, तो कितने प्रतिशत हानि होगी?

A. 20% B. 16%
C. 22% D. 25%

3. यदि किसी वस्तु को 21 रु. में बेचने पर 12% का लाभ होता हो, तो बताइये उस वस्तु का क्रय मूल्य कितना होगा?

A. 15.50 रु. B. 20.15 रु.
C. 18.75 रु. D. 17.50 रु.

4. यदि किसी वस्तु को 2040 रु. में बेचने पर 15% की हानि होती हो, तो बताइये उस वस्तु का क्रय मूल्य कितना होगा?

A. 2300 रु. B. 2400 रु.
C. 2475 रु. D. 2800 रु.

5. एक वस्तु का क्रय मूल्य 150 रु. है। यदि इसे 13% लाभ पर बेचा जाए, तो बताइये वस्तु का विक्रय मूल्य कितना होगा?

A. 170.75 रु. B. 169.50 रु.
C. 160.50 रु. D. 174.75 रु.

6. किसी वस्तु को 250 रु. में खरीदकर 300 रु. में बेच दिया गया। बताइये उस पर कितने प्रतिशत लाभ हुआ?

A. 16% B. 20%
C. 18% D. 17%

7. एक वस्तु को 38 रु. में बेचने पर 5% हानि होती है। यदि इसे 42 रु. में बेचा जाए, तो कितने प्रतिशत लाभ या हानि होगी?

A. 6% लाभ B. 5% लाभ
C. 8% हानि D. 4% हानि

8. यदि किसी वस्तु को 5% हानि पर बेचने पर 3990 रु. मिले हों, तो उस वस्तु का क्रय मूल्य कितना होगा?

A. 4100 रु. B. 4200 रु.
C. 3890 रु. D. 4400 रु.

9. यदि 10 पेनों का क्रय मूल्य, 8 पेनों के विक्रय मूल्य के बराबर हो, तो प्रतिशत लाभ कितना होगा?

A. 20% B. 16%
C. 25% D. 30%

10. राम ने एक टी.वी. 2475 रु. में खरीदकर उसे 3090 रु. में बेच दिया हो, तो उसे कितने प्रतिशत लाभ हुआ?

A. 23.8% B. 34.5%
C. 37.6% D. 24.8%

11. एक फल विक्रेता ने 20 दर्जन केले 100 रुपये में खरीदकर 6 रुपये प्रति दर्जन के भाव से बेच दिए। उसका लाभ अथवा हानि ज्ञात करो।

A. 20 रु.	B. 30 रु.
C. 25 रु.	D. 35 रु.

12. एक ठेकेदार ने 7500 रुपये में एक खाली जमीन खरीदी और उस पर 2,65,000 रुपये खर्च कर मकान तैयार किया। यदि अब उस मकान को 3,25,000 रु. में बेच दिया, तो उसका लाभ अथवा हानि ज्ञात करो।

A. 15550 रु. हानि	B. 15550 रु. लाभ
C. 15000 रु. हानि	D. 15000 रु. लाभ

उत्तरमाला

1	2	3	4	5	6	7	8	9	10
C	A	C	B	B	B	B	B	C	D
11	**12**								
A	C								

व्याख्यात्मक उत्तर

1. $\because$ वस्तु का विक्रय मूल्य, उसके क्रय मूल्य से अधिक है।

$\therefore$ लाभ = विक्रय मूल्य – क्रय मूल्य = 30 – 25 = 5 रु.।

2. $\because$ वस्तु का क्रय मूल्य, उसके विक्रय मूल्य से अधिक है।

$\therefore$ हानि = क्रय मूल्य – विक्रय मूल्य = 15 – 12 = 3 रु.

$\therefore$ प्रतिशत हानि $= \dfrac{\text{हानि} \times 100}{\text{क्रय मूल्य}} = \dfrac{3 \times 100}{15} = 20\%.$

3. $\because$ वस्तु का विक्रय मूल्य = 21 रु. तथा लाभ % = 12%

$\therefore$ क्रय मूल्य = विक्रय मूल्य $\left(\dfrac{100}{100 + \text{लाभ}\%}\right)$

$= 21\left(\dfrac{100}{100+12}\right) = \dfrac{21 \times 100}{112} = 18.75$ रु.।

4. $\because$ वस्तु का विक्रय मूल्य = 2040 रु.

तथा हानि % = 15%

$\therefore$ क्रय मूल्य = विक्रय मूल्य $\left(\dfrac{100}{100 - \%\text{हानि}}\right)$

$= 2040\left(\dfrac{100}{100-15}\right) = \dfrac{2040 \times 100}{85} = 2400$ रु.।

5. $\because$ वस्तु का क्रय मूल्य = 150 रु. तथा

लाभ % = 13%

$\therefore$ वस्तु का विक्रय मूल्य = क्रय मूल्य $\left(\dfrac{100 + \text{लाभ}\%}{100}\right)$

$= 150 \times \left(\dfrac{100+13}{100}\right) = \dfrac{150 \times 113}{100} = 169.50$ रु.।

6. $\because$ वस्तु का क्रय मूल्य = 250 रु.

तथा वस्तु का विक्रय मूल्य = 300 रु.

$\therefore$ लाभ = 300 – 250 = 50 रु.

$\therefore$ प्रतिशत लाभ $= \dfrac{\text{लाभ} \times 100}{\text{क्रय मूल्य}} = \dfrac{50 \times 100}{250} = 20\%.$

7. पहली स्थिति में, वस्तु का विक्रय मूल्य = 38 रु., हानि % = 5%

$\therefore$ वस्तु का क्रय मूल्य = विक्रय मूल्य $\left(\dfrac{100}{100 - \text{हानि}\%}\right)$

$= 38\left(\dfrac{100}{100-5}\right) = \dfrac{38 \times 100}{95} = 40$ रु.

दूसरी स्थिति में, क्रय मूल्य = 40 रु., विक्रय मूल्य = 42 रु.

लाभ = विक्रय मूल्य – क्रय मूल्य = 42 – 40 = 2 रु.

$\therefore$ प्रतिशत लाभ $= \dfrac{\text{लाभ} \times 100}{\text{क्रय मूल्य}} = \left(\dfrac{2 \times 100}{40}\right) = 5\%.$

8. $\therefore$ वस्तु का विक्रय मूल्य = 3990 रु., तथा हानि % = 5%

$\therefore$ वस्तु का क्रय मूल्य

= विक्रय मूल्य $\left(\dfrac{100}{100-5}\right) = 3990 \times \dfrac{100}{95} = 4200$ रु.।

9. माना कि 10 पेनों का क्रय मूल्य = x रु.

प्रश्नानुसार, 8 पेनों का विक्रय मूल्य = x रु.

$\therefore$ 1 पेन का क्रय मूल्य $= \dfrac{x}{10}$ रु.

तथा 1 पेन का विक्रय मूल्य $= \dfrac{x}{8}$ रु.

$\therefore$ लाभ = विक्रय मूल्य – क्रय मूल्य $= \dfrac{x}{8} - \dfrac{x}{10} = \dfrac{x}{40}$ रु.

$\therefore$ प्रतिशत लाभ $= \dfrac{\text{लाभ} \times 100}{\text{क्रय मूल्य}} = \dfrac{\dfrac{x}{40} \times 100}{\dfrac{x}{10}} = 25\%.$

10. $\because$ टी.वी. का खरीद मूल्य या क्रय मूल्य = 2475 रु.

तथा विक्रय मूल्य = 3090 रु.

लाभ = विक्रय मूल्य – क्रय मूल्य = 3090 – 2475 = 615 रु.

प्रतिशत लाभ $= \dfrac{\text{हानि} \times 100}{\text{क्रय मूल्य}} = \dfrac{615 \times 100}{2475} = 24.8\%.$

11. 20 दर्जन केलों का क्रय मूल्य = 100 रुपये

20 दर्जन केलों का विक्रय मूल्य = 6 × 20 = 120 रुपये

लाभ = विक्रय मूल्य – क्रय मूल्य

= 120 – 100 = 20 रुपये लाभ।

12. ठेकेदार का वास्तविक क्रय मूल्य

= 75000 + 2,65,000 = 3,40,000 रुपये

$\because$ उसका विक्रय मूल्य उसके क्रय मूल्य से कम है अत: हानि होगी।

हानि = क्रय मूल्य – विक्रय मूल्य

= 3,40,000 – 3,25,000 = 15,000 रुपये हानि।

●●●

अनुपात एवं समानुपात (Ratio and Proportion)

अनुपात

अनुपात सदैव दो सजातीय राशियों में होता है। एक राशि का, दूसरी सजातीय राशि में भाग देने पर अनुपात ज्ञात होता है या जब हम एक ही प्रकार की दो वस्तुओं की तुलना करते हैं और यह देखते हैं कि एक वस्तु, दूसरी वस्तु का कौन-सा भाग है तो उन दोनों के बीच पारस्परिक सम्बन्ध को अनुपात कहते हैं।

समानुपात

जब दो अनुपात बराबर होते हैं तो उनकी बराबरी को समानुपात कहते हैं। जैसे $a : b = c : d$ हो, तो इसका अर्थ यह है कि $\frac{a}{b}$ समानुपात में है $\frac{c}{d}$ के और इसे हम निम्न प्रकार से लिख सकते हैं।

अतः $a : b : : c : d$ में a, b, c तथा d को क्रमशः प्रथम, द्वितीय, तृतीय और चतुर्थ अनुपाती कहते हैं। इस प्रकार समानुपात में चार पद होते हैं।

नियम : समानुपात $a : b : : c : d$ में सिरे वाले दोनों पदों के गुणनफल, मध्य वाले दोनों पदों के गुणनफल के बराबर होता है।

अर्थात् $a \times d = b \times c$

साझा

साझा दो प्रकार का होता है:

1. **साधारण साझा :** वह साझा जिसमें दो या दो से अधिक व्यापारी अपनी-अपनी पूंजी का इस्तेमाल एक समान अवधि के लिए करते हैं, उसे **साधारण साझा** कहते हैं।
2. **मिश्रित साझा :** वह साझा जिसमें दो या दो से अधिक व्यापारी अपनी-अपनी पूंजी का इस्तेमाल अलग-अलग अवधि के लिए करते हैं उसे **मिश्रित साझा** कहते हैं।

महत्त्वपूर्ण नोट : 1. साधारण साझे से सम्बन्धित प्रश्नों में व्यापार में हुए लाभ अथवा हानि को उनकी पूंजियों के अनुपात में विभाजित करते हैं। 2. मिश्रित साझे से सम्बन्धित प्रश्नों में व्यापार में हुए लाभ अथवा हानि को उनकी पूंजियों तथा समय के गुणनफलों के अनुपात में बांटा जाता है।

प्रश्नमाला

1. यदि $3 : 8 = 9 : x$, तो x का मान कितना होगा?

A. 20 B. 27
C. 24 D. 25

2. यदि A : B = 3 : 4 तथा B : C = 5 : 6, तो A : B : C में क्या अनुपात होगा?

A. 20 : 15 : 24 B. 15 : 20 : 24
C. 15 : 24 : 20 D. 20 : 24 : 15

3. यदि $18 : x = x : 8$ हो, तो x किसके बराबर होगा?

A. 11 B. 10
C. 16 D. 12

4. 8 : 12 : 10 : : ? है, तो प्रश्न चिन्ह (?) के स्थान पर क्या मान होगा?

A. 14 B. 15
C. 16 D. 18

5. 5 और 125 का मध्य समानुपात कितना है?

A. 20 B. 25
C. 28 D. 27

6. 3, 4 और 15 का चौथा अनुपात होगा?

A. 16 B. 18
C. 20 D. 15

7. 12 और 30 का तृतीय समानुपात कितना होगा?

A. 75 B. 125
C. 60 D. 70

8. दो संख्याओं का अनुपात 3 : 4 है। यदि दोनों संख्याओं का योग 490 हो, तो वे संख्याएं क्रमशः क्या होंगी?

A. 220, 270 B. 210, 280
C. 120, 160 D. 180, 290

9. यदि एक त्रिभुज के कोणों में 1 : 2 : 3 का अनुपात हो, तो उस त्रिभुज के सबसे बड़े कोण का मान होगा।

A. 90° B. 70°
C. 105° D. 110°

10. यदि किसी अनुपात का दूसरा पद 15 तथा अनुपात का मान $\frac{3}{5}$ हो, तो उस अनुपात का पहला पद क्या होगा?

A. 8 B. 14
C. 9 D. 12

11. 1100 रुपये को सुधा, कमला और सलमा में इस प्रकार बांटो कि उनके धन में $\frac{1}{3} : \frac{2}{5} : \frac{1}{2}$ का अनुपात हो, तो सुधा को मिलने वाला धन क्या है?

A. 300 रु. B. 350 रु.
C. 250 रु. D. 200 रु.

12. एक मिश्रधातु में तांबा, जस्ता और लोहा 7 : 6 : 9 के अनुपात में हैं। यदि मिश्रण में तांबे की मात्रा 560 ग्राम हो, तो मिश्रधातु का कुल भार ज्ञात करो।

A. 1 किग्रा. 600 ग्रा. B. 2 किग्रा. 760 ग्रा.
C. 1 किग्रा. 760 ग्रा. D. 1 किग्रा. 700 ग्रा.

उत्तरमाला

1	2	3	4	5	6	7	8	9	10
C	B	D	B	B	C	A	B	A	C
11	12								
A	C								

व्याख्यात्मक उत्तर

1. $\because 3:8 = 9:x \Rightarrow \frac{3}{8} = \frac{9}{x} \Rightarrow x = \frac{8\times9}{3} = 24$

अतः x का मान = 24 होगा।

2. ∵ दिया हुआ है:

A : B = 3 : 4 तथा B : C = 5 : 6

दोनों अनुपातों में B को बराबर करने के लिए पहले अनुपात में 5 से तथा दूसरे अनुपात में 4 से गुणा करने पर,

∴ A : B = 3 : 4 = 3 × 5 : 4 × 5 = 15 : 20

तथा B : C = 5 : 6 = 5 × 4 : 6 × 4 = 20 : 24

∴ A : B : C = 15 : 20 : 24

3. $\because \quad 18 : x = x : 8 \Rightarrow \frac{18}{x} = \frac{x}{8}$

$\Rightarrow \quad x \times x = 18 \times 8 \Rightarrow x^2 = 144 \Rightarrow x = \sqrt{144} = 12$

अतः x, 12 के बराबर होगा।

4. चूंकि समानुपात में दोनों बाहरी संख्याओं का गुणनफल, मध्य की दोनों संख्याओं के गुणनफल के बराबर होता है।

∵ 8 : 12 : : 10 : ?

$\therefore \quad 8 \times ? = 12 \times 10 \Rightarrow ? = \frac{12\times10}{8} = 15$

अतः प्रश्न चिन्ह् (?) के स्थान पर मान = 15 होगा।

5. माना कि 5 और 125 का मध्य समानुपात = x है

∴ 5 : x : : x : 125

$\therefore \quad x \times x = 5 \times 125$

$\Rightarrow \quad x^2 = 625 \Rightarrow x = \sqrt{625} = 25$

अतः 5 और 125 का मध्य समानुपात = 25 है।

6. माना कि 3, 4 और 15 का चौथा अनुपात = x

$\therefore \quad 3 : 4 = 15 : x$

$\therefore \quad x \times 3 = 4 \times 15$

$\therefore \quad x = \frac{4\times15}{3} = 20$

अतः 3, 4 और 15 का चौथा अनुपात = 20 होगा।

7. माना कि 12 और 30 का तृतीय अनुपात = x

$\therefore \quad 12 : 30 = 30 : x$

$\therefore \quad 12 \times x = 30 \times 30$

$\Rightarrow \quad x = \frac{30\times30}{12} = 75$

अतः 12 और 30 का तृतीय अनुपात = 75 होगा।

8. माना कि वे संख्याएं क्रमशः $3x$ व $4x$ हैं।

प्रश्नानुसार,

$3x + 4x = 490$

$\Rightarrow \quad 7x = 490$

$\Rightarrow \quad x = \frac{490}{7} = 70$

अतः वे संख्याएं क्रमशः (3 × 70 = 210) व (4 × 70 = 280) होंगी।

9. चूंकि त्रिभुज के कोणों में अनुपात = 1 : 2 : 3

∴ अनुपात संख्याओं का योग = 1 + 2 + 3 = 6

परन्तु त्रिभुज के तीनों कोणों का योग = 180°

∴ सबसे बड़े कोण का मान = $\frac{3}{6} \times 180° = 90°$

अतः सबसे बड़े कोण का मान = 90° होगा।

10. माना कि अनुपात का पहला पद = x

प्रश्नानुसार,

$x : 15 = \frac{3}{5} = 3 : 5$ या, $\frac{x}{15} = \frac{3}{5}$

$\therefore \quad x \times 5 = 15 \times 3$

$\Rightarrow \quad x = \frac{15\times3}{5} = 9$

अतः अनुपात का पहला पद = 9 होगा।

11. सुधा : कमला : सलमा

$\frac{1}{3} : \frac{2}{5} : \frac{1}{2}$

सरल करने पर, अनुपात = 10 : 12 : 15

अनुपातों का योग = 10 + 12 + 15 = 37

∴ सुधा का भाग = $\frac{1110}{37} \times 10$ = 300 रुपये

कमला का भाग = $\frac{1110}{37} \times 12$ = 360 रुपये

सलमा का भाग = $\frac{1110}{37} \times 15$ = 450 रुपये।

12. तांबा : जस्ता : लोहा

अनुपातों का योग = 7 + 6 + 9 = 22

मिश्रधातु का कुल भार = $\frac{560}{7} \times 22$

= 1760 ग्राम = 1 किलोग्राम 760 ग्राम।

●●●

13

चाल, समय एवं दूरी (Speed, Time and Distance)

याद रखें :

(i) दूरी निकालने के लिए चाल में समय से गुणा करें,
अर्थात् दूरी = चाल × समय

(ii) चाल निकालने के लिए दूरी में समय से भाग दें,
अर्थात् चाल = $\frac{\text{दूरी}}{\text{समय}}$

(iii) समय निकालने के लिए दूरी में चाल से भाग दें,
अर्थात् समय = $\frac{\text{दूरी}}{\text{चाल}}$

(iv) गाड़ी को खम्भा या वृक्ष पार करने में केवल अपनी लम्बाई पार करनी होती है।

(v) गाड़ी को पुल या प्लेटफार्म पार करने में अपनी लम्बाई और पुल या प्लेटफार्म की लम्बाई दोनों पार करनी होती है।

(vi) जब दो गाड़ियां एक ही दिशा में जा रही हों, तो उनकी आपेक्षिक गति (एक-दूसरे को पार करने की गति) निकालने के लिए दोनों गाड़ियों की गति का अंतर निकाला जाता है।

(vii) जब दो गाड़ियां विपरीत दिशा में जा रही हों, तो उनकी आपेक्षिक गति (एक-दूसरे को पार करने की गति) निकालने के लिए दोनों गाड़ियों की गति को जोड़ दिया जाता है।

प्रश्नमाला

1. एक गतिमान कार की चाल 36 कि.मी. प्रति घंटा है। इसकी चाल मी./से. में है:
A. 10 मी./से.　B. 15 मी./से.
C. 20 मी./से.　D. 25 मी./से.

2. दो रेलगाड़ियां एक ही समय दो स्टेशनों X तथा Y से, जिनके मध्य 900 कि.मी. की दूरी है, एक-दूसरे की ओर चलना शुरू करती हैं। यदि उनकी औसत चाल क्रमशः 38 तथा 22 कि.मी./घं. हो, तो वे एक-दूसरे को कितने समय बाद मिलेंगी?
A. 12 घण्टे　B. 13 घण्टे
C. 14 घण्टे　D. 15 घण्टे

3. 100 मी. लम्बी रेलगाड़ी 60 कि.मी. प्रति घंटा की चाल से जा रही है। इसे एक तार चौकी को पार करने में समय लगेगा:
A. 4 सेकेण्ड　B. 5 सेकेण्ड
C. 6 सेकेण्ड　D. 8 सेकेण्ड

4. 150 मी. लम्बी एक रेलगाड़ी 90 कि.मी. प्रति घंटा की चाल से जा रही है। इसे एक पेड़ को पार करने में समय लगेगा:
A. 3 सेकेण्ड　B. 4 सेकेण्ड
C. 6 सेकेण्ड　D. 8 सेकेण्ड

5. 100 मी. लम्बी एक रेलगाड़ी 65 कि.मी. प्रति घंटा की चाल से जा रही है। यह एक व्यक्ति को जो 5 कि.मी./घंटा की चाल से रेलगाड़ी की दिशा में जा रहा है, कितने समय में पार करेगी?
A. 8 सेकेण्ड　B. 6 सेकेण्ड
C. 4 सेकेण्ड　D. 2 सेकेण्ड

6. एक व्यक्ति नदी के बहाव की दिशा में 6 कि.मी. प्रति/घं. तथा विपरीत दिशा में 3 कि.मी. प्रति/घं. की चाल से नाव चलाता है। स्थिर पानी में नाव की चाल है:
A. 9 कि.मी./घं.　B. 4.5 कि.मी./घं.
C. 1.5 कि.मी./घं.　D. 1.0 कि.मी./घं.

7. प्रश्न 6 में नदी के बहाव की चाल है
A. 1.5 कि.मी./घं.　B. 2.5 कि.मी./घं.
C. 4.5 कि.मी./घं.　D. 18.0 कि.मी./घं.

8. एक साइकिल सवार 3 मिनट में 1.2 किलोमीटर दूरी तय करता है, तो उसकी गति प्रति घंटा क्या होगी?
A. 24 कि.मी./घंटा　B. 24 मी./घंटा
C. 24 मी./से.　D. 24 कि.मी./मिनट

9. एक 100 मीटर लम्बी गाड़ी 90 कि.मी./घ. की चाल से चल रही है। गाड़ी को पेड़ को पार करने में कितना समय लगेगा?
A. 4 से.　B. 8 से.
C. 11 से.　D. 12 से.

10. एक रेलगाड़ी जो 90 कि.मी./घं. की गति से चली जा रही है। एक खम्भे को पार करने में 10 सेकेण्ड का समय लेती है। बताइये उस रेलगाड़ी की लम्बाई (मीटर में) कितनी होगी?
A. 250　B. 240
C. 280　D. 270

11. 18 किमी प्रति घंटा की चाल को मीटर प्रति सेकेण्ड में बदलिए।
A. 7 मी./से.　B. 4 मी./से.
C. 6 मी./से.　D. 5 मी./से.

12. 3 मीटर प्रति सेकेण्ड की चाल को किमी प्रति घण्टा में बदलिए।
A. 10 किमी./घंटा　B. 10.8 किमी./घंटा
C. 8 किमी./घंटा　D. 8.10 किमी./घंटा

13. 500 मीटर लम्बी रेलगाड़ी 220 मीटर लम्बे प्लेटफार्म को 36 सेकेण्ड में पार कर लेती है, तो गाड़ी की चाल किमी प्रति घण्टा ज्ञात करो

A. 60 किमी॰/घंटा B. 65 किमी॰/घंटा
C. 72 किमी॰/घंटा D. 70 किमी॰/घंटा

14. एक आदमी 5 किमी प्रति घण्टा की चाल से P से Q स्थान तक जाता है और 3 किमी प्रति घण्टा की चाल से Q से P स्थान पर वापस आ जाता है। उसकी सारी यात्रा में औसत चाल क्या रही?

A. $4\frac{3}{4}$ किमी॰/घंटा B. $3\frac{3}{4}$ किमी॰/घंटा
C. 4 किमी॰/घंटा D. 3 किमी॰/घंटा

उत्तरमाला

1	2	3	4	5	6	7	8	9	10
A	D	C	C	B	B	A	A	A	A
11	**12**	**13**	**14**						
D	B	C	B						

व्याख्यात्मक उत्तर

1. चाल = $\frac{36 \text{ कि॰मी॰}}{\text{घंटा}} = \frac{36000 \text{ मी॰}}{3600 \text{ से॰}} = 10$ मी॰/से॰

2. दो रेलगाड़ियों द्वारा 1 घंटे में तय की गई दूरी
= 38 + 22 = 60 कि॰मी॰

कुल दूरी = 900 कि॰मी॰, समय = $\frac{900}{60} = 15$ घंटे।

3. दूरी = 100 मी॰

चाल = $\frac{60 \text{ कि॰मी॰}}{\text{घंटा}} = \frac{60000 \text{ मी॰}}{3600 \text{ से॰}} = \frac{50}{3}$ मी॰/से॰

समय = $\frac{\text{दूरी}}{\text{चाल}} = \frac{100}{50/3} = \frac{100 \times 3}{50} = 6$ से॰

4. चाल = $\frac{90 \text{ कि॰मी॰}}{\text{घंटा}} = \frac{90000 \text{ मी॰}}{3600 \text{ से॰}} = 25$ मी॰/से॰

दूरी = 150 मी॰, समय = $\frac{\text{दूरी}}{\text{चाल}} = \frac{150}{25} = 6$ से॰

5. वास्तविक चाल = रेलगाड़ी की चाल – व्यक्ति की चाल
= 65 – 5 = 60 कि॰मी॰/घं॰

चाल = $\frac{60 \text{ कि॰मी॰}}{\text{घंटा}} = \frac{60000 \text{ मी॰}}{3600 \text{ से॰}} = \frac{50}{3}$ मी॰/से॰

समय = $\frac{\text{दूरी}}{\text{चाल}} = \frac{100}{50/3} = \frac{100 \times 3}{50} = 6$ से॰

7. नदी के बहाव की चाल = $\frac{6-3}{2} = \frac{3}{2} = 1.5$ कि॰मी॰/घंटा

8. गति = $\frac{\text{दूरी}}{\text{समय}}$, दूरी = 1.2 कि॰मी॰, समय = 3 मिनट = $\frac{3}{60}$ घंटा

गति = $\frac{\text{दूरी}}{\text{समय}} = \frac{1.2}{\frac{3}{60}} = \frac{1.2 \times 60}{3} = 24$ कि॰मी॰/घंटा

9. चूंकि रेलगाड़ी सिर्फ पेड़ को पार करती है।
∴ पेड़ को पार करने में लगा समय

$= \frac{100 \text{ मी॰}}{90 \text{ कि॰मी॰/ घं॰}} = \frac{100 \text{ मी॰}}{90 \times \frac{5 \text{ मी॰}}{18 \text{ से॰}}} = 4$ सेकेण्ड

10. चूंकि रेलगाड़ी सिर्फ खम्भे को पार करती है।

∴ खम्भे को पार करने में लगा समय = $\frac{\text{रेलगाड़ी की लम्बाई}}{\text{रेलगाड़ी की चाल}}$

∴ $10 = \frac{\text{रेलगाड़ी की लम्बाई}}{90 \times \frac{5}{18} \text{ मी॰/से॰}}$

∴ रेलगाड़ी की लम्बाई = $10 \times 90 \times \frac{5}{18} = 250$ मीटर।

11. ∵ 1 किमी = 1000 मीटर और 1 घण्टा = 3600 सेकेण्ड

∴ 18 किमी प्रतिघण्टा = $\frac{18 \times 1000}{3600} = 5$ मीटर/सेकेण्ड।

12. 3 मीटर/सेकेण्ड = $\frac{3 \times 3600}{1000} = 10.8$ किमी/घण्टा।

13. गाड़ी द्वारा प्लेटफार्म को पार करने में तय की गई दूरी = 500 + 220
= 720 मीटर, समय = 36 सेकेण्ड

∴ चाल = $\frac{\text{दूरी}}{\text{समय}}$

∴ गाड़ी की चाल

$= \frac{720}{36}$ मीटर प्रति सेकेण्ड = $\frac{720 \times 3600}{36 \times 1000} = 72$ किमी/घण्टा।

14. माना P से Q स्थान की दूरी 15 किमी
(3 और 5 का ल.स.प. 15 है, अत: गणना की सुविधा के लिए 15 किमी दूरी मानी है।)

∴ जाने में लगा समय = $\frac{15}{3} = 5$ घण्टे

और वापस आने में लगा समय = $\frac{15}{3} = 5$ घण्टे

कुल दूरी = 15 + 15 = 30 किमी
कुल समय = 3 + 5 = 8 घण्टे

औसत चाल $\frac{30}{8} = \frac{15}{4} = 3\frac{3}{4}$ किमी प्रति घण्टा।

●●●

14

समय एवं कार्य (Time and Work)

ऐकिक नियम के प्रश्नों में पहले इकाई वस्तु का मूल्य ज्ञात करके प्रश्न में दी गई संख्या का मूल्य निकालते हैं। उदाहरण के लिए प्रश्न है–

7 बकरियों की कीमत 630 रु. है, तो 20 बकरियों की कीमत क्या होगी?

ऐकिक नियम विधि से इस प्रश्न को हल करने में पहले एक बकरी की कीमत निकालनी होगी। उसके बाद 20 बकरियों की कीमत निकाली जायेगी।

ऐसे प्रश्नों को हल करते समय जो भाषा लिखी जाती है, उसमें जिस राशि या मद का उत्तर निकालना हो, उसे सबसे बाद में लिखा जाता है।

नोटः

(i) यदि एक आदमी एक काम को 10 दिनों में करता है, तो उसका एक दिन का काम होगा = $\frac{1}{10}$ भाग

(ii) यदि किसी आदमी का एक दिन का काम $\frac{1}{10}$ हो, तो वह पूरा काम 10 दिनों में करेगा।

(iii) ऐसे प्रश्नों में पहले एक दिन का काम निकाला जाता है।

(iv) यदि काम करने वाले आदमी बढ़ जायें, तो काम कम समय (कम दिनों) में पूरा होगा और यदि काम करने वाले आदमी कम हो जायें, तो काम अधिक समय (अधिक दिनों) में पूरा होगा।

प्रश्नमाला

1. A एक काम को 6 दिन में तथा B उसे 10 दिन में कर सकता है। A तथा B मिलकर उसे पूरा करेंगे।

A. 10 दिन से कम तथा 6 दिन से अधिक दिनों में
B. 10 दिन से अधिक दिनों में
C. 6 दिन से कम दिनों में
D. 2 दिन में

2. A एक मेज को 3 दिन में तथा उसका मित्र उसे 6 दिन में बना सकता है। A और उसका मित्र मिलकर उसे पूरा बनाएंगेः

A. 3 दिन में B. 2 दिन में
C. 1 दिन में D. $\frac{1}{2}$ दिन में

3. X और Y मिलकर किसी कार्य को 10 दिन में कर सकते हैं। X अकेला उसे 15 दिन में कर सकता है, तो Y उसे कितने दिन में करेगा?

A. 15 दिन B. 20 दिन
C. 25 दिन D. 30 दिन

4. 24 आदमी एक मशीन को 12 दिन में तैयार करते हैं, तो 36 आदमी उसे कितने दिनों में तैयार करेंगे?

A. 8 दिन B. 12 दिन
C. 16 दिन D. 20 दिन

5. X, Y और Z किसी काम को क्रमशः 8, 10 और 8 दिन में कर सकते हैं। तीनों मिलकर उस कार्य को कितने दिनों में कर सकेंगे?

A. $2\frac{1}{7}$ दिन B. $2\frac{3}{7}$ दिन
C. $2\frac{5}{7}$ दिन D. $2\frac{6}{7}$ दिन

6. A एक काम को 5 दिन में तथा B उसी काम को 10 दिन में पूरा करता है, तो बताइये (A + B) उस काम को कितने दिनों में पूरा करेंगे?

A. $2\frac{3}{4}$ दिन B. $3\frac{3}{4}$ दिन
C. $3\frac{1}{3}$ दिन D. $2\frac{1}{4}$ दिन

7. 3 पेन और 5 पैन्सिलों का मूल्य 14 रु. है। 12 पेन और 20 पेन्सिलों का क्या मूल्य होगा?

A. 42 रु. B. 56 रु.
C. 20 रु. D. 112 रु.

8. *x*, *y* और *z* मिलकर एक कार्य को 8 दिन में पूरा कर सकते हैं। यदि *x* और *z* मिलकर उस कार्य को 12 दिन में पूरा कर सकते हों, तो बताइये *y* अकेला उस कार्य को पूरा कितने दिन में करेगा?

A. 22 दिन B. 24 दिन
C. $17\frac{1}{4}$ दिन D. 23 दिन

9. यदि 75 संतरों की एक पेटी का मूल्य 60 रु. है, तो 50 संतरों का मूल्य होगाः

A. 30 रु. B. 40 रु.
C. 50 रु. D. 60 रु.

10. एक नल एक हौज को 4 घण्टे में तथा दूसरा नल उस हौज को 5 घण्टे में भर सकता है। यदि दोनों नल एक साथ खोल दिए जाएं, तो हौज को भरने में कितने घण्टे लगेंगे?

A. $3\frac{2}{9}$ घण्टे B. $2\frac{2}{9}$ घण्टे
C. $2\frac{1}{9}$ घण्टे D. $3\frac{5}{9}$ घण्टे

11. यदि 210 रुपए में 6 बाल्टियां खरीदी जा सकती हैं, तो 140 रुपए में कितनी बाल्टियां खरीदी जा सकेंगी।

A. 4　　B. 3
C. 5　　D. 6

12. गणित की 14 पुस्तकों का मूल्य 105 रुपए है, तो बताइए ऐसी ही 24 पुस्तकों के लिए क्या मूल्य देना होगा?

A. 170 रु.　　B. 175 रु.
C. 180 रु.　　D. 185 रु.

उत्तरमाला

1	2	3	4	5	6	7	8	9	10
C	B	D	A	D	C	B	B	B	B
11	**12**								
A	C								

व्याख्यात्मक उत्तर

1. A का 1 दिन का काम $= \frac{1}{6}$; B का 1 दिन का काम $= \frac{1}{10}$

(A + B) का 1 दिन का काम $= \frac{1}{6}+\frac{1}{10}=\frac{8}{30}$

$\therefore$ A + B मिलकर उसे $\frac{30}{8}$ दिन में करेंगे

$= 3\frac{6}{8}$ दिन $= 3\frac{3}{4}$ दिन जो 6 दिन से कम है।

2. A तथा उसके मित्र द्वारा 1 दिन में किया गया कार्य $= \frac{1}{3}+\frac{1}{6}=\frac{3}{6}$

$\therefore$ दोनों मिलकर उसे पूरा करेंगे $= \frac{6}{3} = 2$ दिन में।

3. X और Y का दिन का काम $= \frac{1}{10}$

अकेले X का 1 दिन का काम $= \frac{1}{15}$

अकेले Y का 1 दिन का काम $= \frac{1}{10}-\frac{1}{15}=\frac{1}{30}$

$\therefore$ Y अकेला उस काम को 30 दिन में करेगा।

4. $\because$ 24 व्यक्ति एक मशीन को बनाते हैं = 12 दिन में

$\therefore$ 1 व्यक्ति एक मशीन को बनाता है $= 24 \times 12$ दिन में।

$\therefore$ 36 व्यक्ति एक मशीन को बनाते हैं $= \frac{24\times12}{36} = 8$ दिन में।

5. X + Y + Z का 1 दिन का काम $= \frac{1}{8}+\frac{1}{10}+\frac{1}{8}=\frac{7}{20}$

$\therefore$ X + Y + Z उसे पूरा करेंगे $= \frac{20}{7}$ दिन $= 2\frac{6}{7}$ दिन में

6. $\because$ A का 1 दिन का काम $= \frac{1}{5}$ तथा B का 1 दिन का काम $= \frac{1}{10}$

$\therefore$ (A + B) का 1 दिन का काम $= \frac{1}{5}+\frac{1}{10}=\frac{2+1}{10}=\frac{3}{10}$

चूंकि $\frac{3}{10}$ काम (A + B) करते हैं = 1 दिन में

$\therefore$ पूरा काम (A + B) करेंगे $= \frac{10}{3} = 3\frac{1}{3}$ दिन में

7. $\because$ 3 पेन तथा 5 पेन्सिलों का मूल्य = 14 रु.

$\therefore$ 1 पेन तथा 1 पेन्सिल का मूल्य $= \frac{14}{\text{3 पेन तथा 5 पेन्सिल}}$

$\therefore$ 4 × (3 पेन तथा 5 पेन्सिलों) का मूल्य

$= \frac{14\times4\times\text{(3 पेन तथा 5 पेंसिल)}}{\text{3 पेन तथा 5 पेंसिल}} = 56$ रुपये।

8. $\because$ $(x + y + z)$ का 1 दिन का काम $= \frac{1}{8}$

तथा $(x + z)$ का 1 दिन का काम $= \frac{1}{12}$

$\therefore$ y का 1 दिन का काम $= \frac{1}{8}-\frac{1}{12}=\frac{3-2}{24}=\frac{1}{24}$

चूंकि $\frac{1}{24}$ काम y करता है = 1 दिन में

$\therefore$ पूरा काम y करेगा 24 दिन में।

9. $\because$ 75 संतरों का मूल्य = 60 रु. $\because$ 1 संतरे का मूल्य $= \frac{60}{75}$

$\therefore$ 50 संतरों का मूल्य $= \frac{60}{75}\times50 = 40$ रु.

10. पहले नल द्वारा 1 घण्टे में हौज का भरा भाग $= \frac{1}{4}$

तथा दूसरे नल द्वारा 1 घण्टे में हौज का भरा भाग $= \frac{1}{5}$

$\therefore$ (पहले + दूसरे) नल द्वारा 1 घण्टे में हौज का भरा भाग

$= \frac{1}{4}+\frac{1}{5}=\frac{5+4}{20}=\frac{9}{20}$

चूंकि हौज का $\frac{9}{20}$ भाग (पहले + दूसरे) नल भरते हैं = 1 घण्टे में

$\therefore$ पूरा भाग (पहले + दूसरे) नल भरेंगे $\frac{20}{9} = 2\frac{2}{9}$ घण्टे में।

11.

रुपए	बाल्टियां
210	6
140	?

$\therefore$ 210 रुपए में खरीदी जाने वाली बाल्टियों की संख्या = 6

$\therefore$ 1 रुपए में खरीदी जाने वाली बाल्टियां $= \frac{6}{210}$

$\therefore$ 140 रुपए में खरीदी जाने वाली बाल्टियां

$= \frac{6}{210}\times140 = 4$ बाल्टियां

अत: 140 रुपए में 4 बाल्टियां खरीदी जा सकेंगी।

●●●

उत्तरमाला

1	2	3	4	5	6	7	8	9	10
B	A	D	A	A	C	A	B	D	B

व्याख्यात्मक उत्तर

1. आयत का क्षेत्रफल = लम्बाई × चौड़ाई = $50 \times 25 = 1250$ वर्ग सेंमी.।

2. ∴ वर्गाकार मैदान का परिमाप = 4 × भुजा

प्रश्नानुसार,

∴ $4 \times$ भुजा $= 580 \Rightarrow$ भुजा $= \dfrac{580}{4} = 145$ सेंमी.

∴ क्षेत्रफल = (भुजा)^2 = $(145)^2 = 21025$ वर्ग सेंमी.।

3. वर्ग का क्षेत्रफल = (भुजा)^2 = $(20)^2$

= 400 वर्ग सेंमी.

4. ∴ वृत्त का क्षेत्रफल= π × (त्रिज्या)^2

∴ π × (त्रिज्या)^2 = 154

⇒ (त्रिज्या)^2 = $\dfrac{154}{\pi} = \dfrac{154}{\frac{22}{7}}$ ⇒ (त्रिज्या)^2 = $\dfrac{154 \times 7}{22}$

= 7 × 7 ⇒ त्रिज्या = 7 सेंमी.

∴ वृत्त की परिधि = 2π × (त्रिज्या) = $2 \times \dfrac{22}{7} \times 7 = 44$ सेंमी.।

5. त्रिभुज का क्षेत्रफल = $\dfrac{1}{2}$ × आधार × ऊंचाई

$= \dfrac{1}{2} \times 8 \times 10 = 40$ वर्ग सेंमी.।

6. चूंकि समलम्ब चतुर्भुज का क्षेत्रफल

= $\dfrac{1}{2}$ × ऊंचाई × समानान्तर भुजाओं का योग

∴ क्षेत्रफल = $\dfrac{1}{2} \times 10 \times (15 + 25) = \dfrac{1}{2} \times 10 \times 40$

= 200 वर्ग मी।

7. माना कि आयताकार खेत की लम्बाई व चौड़ाई क्रमशः $11x$ मी. व $8x$ मी. है

∴ खेत का परिमाप= $2(11x + 8x) = 2 \times 19x = 38x$ मी.

प्रश्नानुसार, आयताकार खेत का परिमाप = 760 है

∴ $38x = 760$

⇒ $x = \dfrac{760}{38} = 20$

∴ खेत की लम्बाई व चौड़ाई क्रमशः (11 × 20 = 220 मी.) व (8 × 20 = 160 मी.) होगी।

∴ आयताकार खेत का क्षेत्रफल

= 220 × 160 = 35200 वर्ग मी.।

8. माना कि वर्ग की भुजा x मी. है

∴ **पहली स्थिति में,** वर्ग का क्षेत्रफल = x^2 वर्ग मी.

दूसरी स्थिति में, वर्ग की भुजा में 50% की कमी के कारण

नए वर्ग की भुजा= $x - x$ का 50% = $\dfrac{x}{2}$ मी.

∴ नए वर्ग का क्षेत्रफल = $\left(\dfrac{x}{2}\right)^2 = \dfrac{x^2}{4}$ वर्ग मी.

∴ वर्ग के क्षेत्रफल में कमी = $x^2 - \dfrac{x^2}{4} = \dfrac{3x^2}{4}$ वर्ग मी.

∴ प्रतिशत कमी = $\dfrac{\frac{3x^2}{4}}{x^2} \times 100 = 75\%$

अतः वर्ग का क्षेत्रफल 75% घट जायेगा।

9. ∴ आयत का क्षेत्रफल = 6.4 × 2.5 = 16.00 वर्ग मी.

प्रश्नानुसार,

वर्ग का क्षेत्रफल = आयत का क्षेत्रफल

∴ वर्ग का क्षेत्रफल = 16 वर्ग मी.

∴ वर्ग की भुजा = $\sqrt{16} = \sqrt{4 \times 4} = 4$ मी.।

10. माना कि समकोण त्रिभुज की तीन भुजाओं a, b और c में से सबसे बड़ी व सबसे छोटी भुजा क्रमशः a व c हैं

∴ $a^2 = b^2 + c^2$ ... (i)

तथा समकोण त्रिभुज का परिमाप = $a + b + c$

प्रश्नानुसार, $(a + b + c) = c \times 6 \Rightarrow a + b = 5c$ ... (ii)

समीकरण (i) से, $a^2 - b^2 = c^2$

⇒ $(a + b)(a - b) = c^2$

⇒ $5c(a - b) = c^2$

⇒ $a - b = \dfrac{c}{5}$ ... (iii) [∵ $a + b = 5c$]

समीकरण (ii) व (iii) से,

$a + b = 5c$

$a - b = \dfrac{c}{5}$

⇒ $2a = 5c + \dfrac{c}{5} = \dfrac{26c}{5} \Rightarrow a = \dfrac{13}{5}c$

⇒ $a : c = 13 : 5$

a का मान समीकरण (ii) में रखने पर,

$b = 5c - \dfrac{13c}{5} = \dfrac{12c}{5} \Rightarrow b : c = 12 : 5$

अतः समकोण त्रिभुज की तीनों भुजाओं में क्रमशः 13 : 12 : 5.

●●●

16

क्षेत्रमिति : रेखीय आकृति एवं वृत्त

(Mensuration : Plane Figures and Circles)

क्षेत्रमिति से सम्बंधित प्रश्नों को हल करने के लिए निम्नलिखित प्रमुख सूत्रों का जानना आवश्यक होता है :

1. आयत:

(*a*) आयत का क्षेत्रफल = लम्बाई × चौड़ाई

(*b*) आयत की परिमिति = 2 (लम्बाई + चौड़ाई)

(*c*) आयत का विकर्ण = $\sqrt{(\text{लं.})^2 + (\text{चौ.})^2}$

2. वर्ग:

(*a*) वर्ग का क्षेत्रफल = $(\text{भुजा})^2$ (*b*) वर्ग का परिमाप = 4 × भुजा

(*c*) वर्ग का विकर्ण = $\sqrt{2}$ × भुजा

3. वृत्त:

(*a*) वृत्त का क्षेत्रफल = $\pi \times (\text{त्रिज्या})^2$

(*b*) वृत्त की परिधि = $2\pi \times$ (त्रिज्या)

(*c*) त्रिज्या = $\frac{\text{व्यास}}{2}$ या व्यास = 2 × त्रिज्या

4. त्रिभुज : (*a*) त्रिभुज का क्षेत्रफल

$$= \sqrt{s(s-a)(s-b)(s-c)} \text{ जहां } s = \frac{a+b+c}{2}$$

(*b*) यदि त्रिभुज समकोण हो, तब

क्षेत्रफल = $\frac{1}{2}$ × आधार (*b*) × ऊंचाई (*h*)

(*c*) समबाहु त्रिभुज का क्षेत्रफल = $\frac{\sqrt{3}}{4} \times (\text{भुजा})^2$

5. चतुर्भुज:

(*a*) चतुर्भुज का क्षेत्रफल = $\frac{1}{2}$ × विकर्ण × (शीर्ष लम्बों का योग)

(*b*) समान्तर चतुर्भुज का क्षेत्रफल = आधार × ऊंचाई

(*c*) सम चतुर्भुज का क्षेत्रफल = $\frac{1}{2}$ × विकर्णों का गुणनफल

(*d*) समलम्ब चतर्भुज का क्षेत्रफल

= $\frac{1}{2}$ × ऊंचाई × समान्तर भुजाओं का योग

6. चार दीवारों का:

(*a*) चार दीवारों का क्षेत्रफल = 2 × ऊंचाई (लम्बाई + चौड़ाई)

(*b*) ऊंचाई = $\frac{\text{क्षेत्रफल}}{2(\text{लम्बाई} + \text{चौड़ाई})}$

प्रश्नमाला

1. एक आयत की लम्बाई व चौड़ाई क्रमश: 50 सेंमी. व 25 सेंमी. है, तो उसका क्षेत्रफल कितना होगा?

A. 1150 वर्ग सेंमी. B. 1250 वर्ग सेंमी.
C. 1275 वर्ग सेंमी. D. 1280 वर्ग सेंमी.

2. एक वर्गाकार मैदान का परिमाप 580 मी. है, तो बताइये उस मैदान का क्षेत्रफल कितना होगा?

A. 21025 वर्ग मी. B. 20225 वर्ग मी.
C. 30025 वर्ग मी. D. 19975 वर्ग मी.

3. एक वर्ग की प्रत्येक भुजा 20 सेंमी. है, तो इसका क्षेत्रफल कितना होगा?

A. 300 वर्ग सेंमी. B. 380 वर्ग सेंमी.
C. 360 वर्ग सेंमी. D. 400 वर्ग सेंमी.

4. एक वृत्त का क्षेत्रफल 154 वर्ग सेंमी. है। वृत्त की परिधि कितनी होगी?

A. 44 सेंमी. B. 48 सेंमी.
C. 54 सेंमी. D. 68 सेंमी.

5. यदि किसी त्रिभुज का आधार 8 सेमी तथा ऊंचाई 10 सेंमी. हो, तो उस त्रिभुज का क्षेत्रफल कितना होगा?

A. 40 वर्ग सेंमी. B. 20 वर्ग सेंमी.
C. 49 वर्ग सेंमी. D. 64 वर्ग सेंमी.

6. एक समलम्ब चतुर्भज की समान्तर भुजाएं क्रमश: 15 मी. तथा 25 मी. हैं तथा उनके बीच की दूरी 10 मी. है, तो इसका क्षेत्रफल क्या होगा?

A. 150 वर्ग मी. B. 225 वर्ग मी.
C. 200 वर्ग मी. D. 270 वर्ग मी.

7. एक आयताकार खेत का परिमाप 760 मी. है तथा उसकी लम्बाई व चौड़ाई में 11 : 8 का अनुपात है। तो बताइये आयताकार खेत का क्षेत्रफल क्या होगा?

A. 35200 वर्ग मी. B. 34700 वर्ग मी.
C. 35600 वर्ग मी. D. 45200 वर्ग मी.

8. यदि किसी वर्ग की भुजा में 50% की कमी कर दी जाये, तो उसका क्षेत्रफल कितने प्रतिशत घट जायेगा?

A. 50% B. 75%
C. 80% D. 60%

9. उस वर्ग की एक भुजा की लम्बाई क्या होगी जिसका क्षेत्रफल क्रमश: 6.4 मी. लम्बे तथा 2.5 मी. चौड़े आयत के क्षेत्रफल के बराबर हो?

A. 8 मी. B. 5.4 मी.
C. 3.8 मी. D. 4 मी.

10. यदि एक समकोण त्रिभुज का परिमाप उसकी सबसे छोटी भुजा का छ: गुना हो, तो उस त्रिभुज की तीनों भुजाओं के बीच क्या अनुपात होगा?

A. 13 : 5 : 12 B. 13 : 12 : 5
C. 12 : 5 : 13 D. 13 : 5 : 10

9. एक छात्र अपने घर से विद्यालय के लिए प्रातः 8:30 बजे साइकिल से चला। वह विद्यालय से पढ़ाई करने के बाद सांय 4:50 बजे घर वापस आया। वह कितने समय तक घर से बाहर रहा।

A. 7 घंटे 20 मिनट B. 8 घंटे 20 मिनट
C. 9 घंटे 20 मिनट D. 7 घंटे 90 मिनट

10. एक स्कूल की वार्षिक परीक्षा 18 मार्च, 2002 को आरम्भ हुई और 23 मार्च, 2002 को समाप्त हुई। परीक्षा कितने दिन तक चली?

A. एक सप्ताह B. 8 दिन
C. 6 दिन D. 1 महीना

उत्तरमाला

1	2	3	4	5	6	7	8	9	10
C	A	C	C	B	A	D	A	B	C

व्याख्यात्मक उत्तर

1. दिल्ली से प्रस्थान का समय = 19:45
मुज़फ्फरपुर में आगमन समय = 15:20
कुल समय = 19:45 से 24:00
= 4 घंटे 15 मिनट
= 00:00 से 15:20
= 15 घंटे 20 मिनट
= 19 घंटे 35 मिनट

2. सोने का समय = 9:30
जागने का समय = 5:50
कुल समय = 9:30 से 12:00 बजे मध्य रात्रि तक
= 2 घंटे 30 मिनट
= 12:00 से 5:50 बजे सुबह तक
= 5 घंटे 50 मिनट
अर्थात् 7 घंटे 80 मिनट = 8 घंटे 20 मिनट

3. रक्सौल से प्रस्थान समय = 9:15
पीपरा में आगमन समय = 11:00
कुल समय = आगमन समय – प्रस्थान समय
= 11:00 – 9:15 = 1 घंटा 45 मिनट

4. सूर्योदय होने का समय = 6:20
अस्त होने का समय = 6:57
कुल समय = प्रातः 6:20 से 6:20 शाम तक
= 12 घंटे
= शेष 37 मिनट
कुल समय = 12 घंटे 37 मिनट

5. दो अंकों से बनने वाली संख्या 12 से कम हो, तो वह पूर्वाह्न कहलाती है।
इस प्रकार 9:30 दर्शाता है 9:30 पूर्वाह्न

6. शिमला से प्रस्थान का समय = 7:20 प्रातः
दिल्ली पहुंचने में लगा समय = 9 घंटे
= 7:20 से 7:20 तक = 12 घंटे
9 घंटे के लिए = 7:20 – 3 = 4 : 20 अप.

7. मुम्बई से उड़ान भरने का समय = 7:50
चेन्नई पहुंचने का समय = 10:30
कुल समय = आगमन का समय – प्रस्थान का समय
= 10:30 – 7:50
= 2 घंटे 40 मिनट

8. सोने का समय = 8:30 शाम
जागने का समय = 6:15 सुबह
कुल समय = 8:30 से 12 बजे रात तक
= 3 घंटे 30 मिनट
= 12 बजे रात से 6:15 सुबह तक
= 6 घंटे 15 मिनट
कुल समय = 9 घंटे 45 मिनट

9. विद्यालय जाने का समय = 8:30 प्रातः
वापस आने का समय = 4:50 शाम
= 8:30 से 12 बजे दिन तक
= 3:30
= 12 बजे दिन से 4:50 बजे शाम तक
= 4:50
अर्थात् 7:80 = 8 घंटे 20 मिनट

10. परीक्षा की शुरुआत = 18 मार्च, 2002
परीक्षा की समाप्ति = 23 मार्च, 2002
कुल समय = 23 मार्च, 2002 से — 18 मार्च, 2002 तक
= 6 दिन

●●●

15

समय एवं दूरी (Time and Distance)

समय पर आधारित प्रश्नों के उत्तर देने के लिए निम्न बातें जानना आवश्यक है।

(i) 12 मध्यरात्रि से 12 मध्याह्न के समय पूर्वाह्न तथा 12 मध्याह्न से 12 मध्यरात्रि तक के समय को अपराह्न कहा जाता है।

(ii) 12 मध्यरात्रि को 24:00 बजे या 00:00 बजे लिखा जाता है।

(iii) 12 मध्यरात्रि को 12:00 बजे लिखा जाता है।

(iv) दाईं ओर के दो अंकों से बनने वाली संख्या मिनटों की संख्या दर्शाती है।

जैसे−10 : 15

(v) यदि बाईं ओर के दो अंकों से बनने वाली संख्या 12 से कम हो तो यह (मध्यरात्रि के बाद का समय) पूर्वाह्न कहलाती है। जैसे−

10:30 बजे = 10:30 पूर्वाह्न

11:45 बजे = 11:45 पूर्वाह्न

(vi) यदि बाईं ओर के दो अंकों से बनने वाली संख्या 12 से अधिक हो तो यह (दोपहर के बाद का समय) अपराह्न कहलाती है, जैसे−

18 : 15 बजे = 6 : 15 अपराह्न

20 : 30 बजे = 8 : 30 अपराह्न

उदाहरण 1. एक रेलगाड़ी सायं 5:40 बजे मुम्बई से चलती है और अगले दिन प्रातः 10:55 बजे नई दिल्ली पहुंचती है। रेलगाड़ी द्वारा तय यात्रा में लिया गया समय है।

हलः मुम्बई से प्रस्थान समय = 5:40

नई दिल्ली आगमन समय = 10:55 (अगले दिन)

कुल समय

= 5:40 से 5:40 (अगले दिन) = 12 घंटा

तथा 5:40 से 10:55 तक

= 5 घंटे 15 मिनट = 17 घंटे 15 मिनट

प्रश्नमाला

1. वैशाली सुपर फास्ट गाड़ी दिल्ली से 19:45 बजे रवाना होती है और अगले दिन 15:20 बजे मुज़फ्फरपुर पहुंचती है। बताओ यह मुज़फ्फरपुर पहुंचने में कितना समय लेती है?

A. 19 घंटा 25 मिनट
B. 18 घंटा 35 मिनट
C. 19 घंटा 35 मिनट
D. 18 घंटा 20 मिनट

2. मनु किसी सोमवार को रात में 9:30 पर सोया और अगले दिन 5:50 पर जागा। उसके सोने की अवधि कितनी थी?

A. 8 घंटे 20 मिनट B. 8 घंटे 10 मिनट
C. 7 घंटे 40 मिनट D. 7 घंटे 20 मिनट

3. इन्टरसिटी रेलगाड़ी रक्सौल से सुबह 9:15 पर चलती है तथा उसी दिन 11 बजे पीपरा पहुंचती है। रेलगाड़ी द्वारा यात्रा में लिया गया कुल समय है?

A. 1 घंटा 15 मिनट
B. 10 घंटे 45 मिनट
C. 1 घंटा 45 मिनट
D. 10 घंटे 15 मिनट

4. यदि किसी दिन सूर्य 6:20 पूर्वाह्न पर उदय हो तथा 6:57 अपराह्न पर अस्त हो, तो उस दिन की लम्बाई होगी।

A. 12 घंटे 27 मिनट B. 12 घंटे 17 मिनट
C. 12 घंटे 37 मिनट D. 12 घंटे

5. 9 घंटे 30 मिनट बराबर है।

A. 0.90 बजे B. 9:30 पूर्व॰ के
C. 8 घंटे 90 मिनट के D. 9:30 अप॰ के

6. एक बस शिमला से दिल्ली के लिए 7:20 बजे प्रातः प्रस्थान करती है और दिल्ली पहुंचने में 9 घंटे का समय लेती है। बस कितने बजे दिल्ली पहुंचती है?

A. 4:20 बजे अप॰ B. 3:30 बजे अप॰
C. 6:30 बजे अप॰ D. 7:30 बजे अप॰

7. एक वायुयान मुम्बई से 7:50 बजे उड़ान भरता है। यह चेन्नई 10:30 बजे हवाई हड्डे पर उतरता है। यह चेन्नई पहुंचने में कितना समय लेता है।

A. 2 घंटे 30 मिनट
B. 2 घंटे
C. 3 घंटे लगभग
D. 2 घंटे 40 मिनट

8. एक लड़का रात्रि 8:30 बजे सोने के लिए गया तथा प्रातः 6:15 पर जागा। वह लड़का कितनी देर तक सोया?

A. 9 घंटे 45 मिनट
B. 9 घंटे 15 मिनट
C. 2 घंटे 15 मिनट
D. 4 घंटे 45 मिनट

17

क्षेत्रमिति : ठोस आकृतियाँ
(Mensuration : Solid Figures)

ठोस : कोई वस्तु जो स्थान घेरती है, भार रखती है तथा जिसका आकार निश्चित होता है, ठोस कहलाती है। इस प्रकार ठोस में तीन मापें होती हैं— 1. लम्बाई 2. चौड़ाई 3. ऊंचाई (मोटाई)।

आयतन : ठोस के तलों द्वारा घिरी हुई जगह ठोस का आयतन कहलाती है। **घनाभ :** एक ठोस जो 6 आयताकार तलों द्वारा घिरा होता है, घनाभ कहलाता है। **घन :** एक ठोस जो 6 वर्गाकार तलों द्वारा घिरा होता है, घन कहलाता है।

ठोस आकृतियों से संबंधित समस्याओं को हल करने के लिए निम्नलिखित सूत्रों का जानना आवश्यक है :

1. गोला : (*a*) गोले का आयतन = $\frac{4}{3}\pi r^3$ (जहां r गोले की त्रिज्या है)

(*b*) गोले के धरातल का क्षेत्रफल या वक्रपृष्ठ का क्षेत्रफल = $4\pi r^2$

2. घनाभ : (*a*) घनाभ का आयतन = लम्बाई × चौड़ाई × ऊंचाई

(*b*) घनाभ का पृष्ठ = $2(l \times b + b \times h + h \times l)$ जहां l = लं., b = चौ., h = ऊं.

(*c*) किसी घनाभ का सबसे लम्बा विकर्ण = $\sqrt{l^2+b^2+h^2}$

3. घन : (*a*) घन का आयतन = (भुजा)^3 ∵ [भुजा = ल. = चौ = ऊं.]

(*b*) घन का पृष्ठ = 6 × (भुजा)^2

(*c*) किसी घन का सबसे लम्बा विकर्ण = $\sqrt{3}$ × भुजा

4. लम्ब वृत्तीय बेलन :

(*a*) बेलन का आयतन = आधार (वृत्त) का क्षेत्रफल × ऊँ.
$= \pi r^2 \times h = \pi r^2 h$

(*b*) बेलन का वक्रपृष्ठ = आधार (वृत्त) की परिधि × ऊँचाई
$= 2\pi r \times h = 2\pi rh$

(*c*) बेलन का सम्पूर्ण पृष्ठ = वक्र पृष्ठ + दोनों सिरों का क्षेत्रफल
$= 2\pi rh + 2\pi r^2 = 2\pi r(h + r)$

5. शंकु : (*a*) शंकु का आयतन = $\frac{1}{3}\pi r^2 h$

(*b*) शंकु की तिर्यक ऊंचाई = $\sqrt{r^2+h^2}$

(*c*) शंकु के वक्र पृष्ठ का क्षेत्रफल
= πr × तिर्यक ऊंचाई = $\pi r\sqrt{r^2+h^2}$

प्रश्नमाला

1. एक घनाभ की कोरें क्रमशः 4 सेंमी., 3 सेंमी. तथा 2 सेंमी. हैं, तो उस घनाभ का आयतन कितना होगा?

A. 20 घन सेंमी. B. 22 घन सेंमी.
C. 28 घन सेंमी. D. 24 घन सेंमी.

2. एक टंकी 3 मी. लम्बी, 2 मी. चौड़ी तथा 1 मी. गहरी है । उसकी क्षमता (ली. में) क्या होगी?

A. 8000 ली. B. 10000 ली.
C. 6500 ली. D. 6000 ली.

3. एक घन का पृष्ठ क्षेत्रफल 1014 वर्ग सेंमी. है। इसका आयतन कितना होगा?

A. 2197 घन सेंमी. B. 2297 घन सेंमी.
C. 2179 घन सेंमी. D. 2117 घन सेंमी.

4. यदि दो घनाकृतियों के आयतन में 8 : 1 का अनुपात हो, तो उनकी कोरों में क्या अनुपात होगा?

A. 1 : 2 B. 2 : 1
C. 4 : 1 D. 2 : 3

5. दो गोलों के पृष्ठ क्षेत्रफल में 9 : 16 का अनुपात है, तो बताइये उनके आयतनों में क्या अनुपात होगा?

A. 64 : 27 B. 27 : 64
C. 16 : 27 D. 11 : 27

6. एक कमरे की लं., चौ. व ऊँ. क्रमशः 12 मी., 9 मी. तथा 8 मी. है, तो बताइये उस छड़ की अधिक-से-अधिक लम्बाई क्या होगी जो कमरे में ठीक प्रकार रखी जा सके?

A. 17 मी. B. 18 मी.
C. 25 मी. D. 16 मी.

7. किसी लम्बवृत्तीय शंकु की त्रिज्या तथा ऊंचाई में 3 : 5 का अनुपात है। यदि शंकु का आयतन 120π घन मी. हो, तो उसकी तिरछी ऊँचाई कितनी होगी?

A. $3\sqrt{34}$ मी. B. $2\sqrt{28}$ मी.
C. $2\sqrt{44}$ मी. D. $2\sqrt{34}$ मी.

8. यदि किसी बेलन के आधार की परिधि 88 सेंमी. तथा ऊंचाई 42 सेंमी. हो, तो उस बेलन का आयतन कितना होगा?

A. 25872 घन सेंमी. B. 28572 घन सेंमी.
C. 25870 घन सेंमी. D. 22584 घन सेंमी.

9. 10 सेंमी. भुजा के दो घनों को आपस में सटाकर रखने से प्राप्त घनाभ का पृष्ठ क्या होगा?

A. 1200 वर्ग सेंमी. B. 5000 वर्ग सेंमी.
C. 1000 वर्ग सेंमी. D. 1250 वर्ग सेंमी.

10. एक आयताकार कागज के टुकड़े की लम्बाई व चौड़ाई क्रमशः 30 सेंमी. तथा 20 सेंमी. है। यदि कागज को मोड़कर एक बेलन का वक्रपृष्ठ बनाया जाये, तो बेलन कितने तरीके से बनाया जा सकता है?

A. तीन तरीके से B. दो तरीके से
C. एक तरीके से D. चार तरीके से

उत्तरमाला

1	2	3	4	5	6	7	8	9	10
D	D	A	B	B	A	D	A	C	B

व्याख्यात्मक उत्तर

1. $\because$ घनाभ का आयतन = लं. × चौ. × ऊं. = 4 × 3 ×2 = 24 घन सेंमी.

2. टंकी का आयतन = लं. × चौ. × ऊं. = 3 × 2 × 1 = 6 घन मी.

($\because$ 1 घन मी. = 1000 ली.)

$\therefore$ टंकी की क्षमता = 6 × 1000 = 6000 ली.।

3. $\because$ घन का पृष्ठ क्षेत्रफल = 6 × (भुजा)^2

$\therefore \quad 6 \times (\text{भुजा})^2 = 1014 \Rightarrow (\text{भुजा})^2 = \frac{1014}{6} = 169$

$\therefore$ घन की भुजा = $\sqrt{169}$ = 13 सेंमी.

$\therefore$ घन का आयतन = (भुजा)^3 = $(13)^3$ सेंमी. = 2197 घन सेंमी.

4. माना दो घनों की भुजा क्रमशः a_1 व a_2 है।

$\therefore$ दोनों घनों का आयतन क्रमशः $a_1{}^3$ व $a_2{}^3$ होगा

प्रश्नानुसार,

$$a_1{}^3 : a_2{}^3 = 8 : 1$$

$$\therefore \frac{a_1{}^3}{a_2{}^3} = \frac{8}{1} \therefore \left(\frac{a_1}{a_2}\right)^3 = \left(\frac{2}{1}\right)^3 \Rightarrow a_1 : a_2 = 2 : 1$$

अत: उनकी कोरों में 2 : 1 का अनुपात होगा।

5. माना कि दो गोलों की त्रिज्या क्रमशः r_1 व r_2 है

दोनों गोलों का पृष्ठ क्षेत्रफल क्रमशः $4\pi r_1{}^2$ व $4\pi r_2{}^2$

प्रश्नानुसार,

$$4\pi r_1{}^2 : 4\pi r_2{}^2 = 9 : 16 \Rightarrow r_1{}^2 : r_2{}^2 = 9 : 16$$

$$\Rightarrow \frac{r_1{}^2}{r_2{}^2} = \frac{9}{16} \Rightarrow \left(\frac{r_1}{r_2}\right)^2 = \left(\frac{3}{4}\right)^2 \Rightarrow r_1 : r_2 = 3 : 4$$

$$\Rightarrow \left(\frac{r_1}{r_2}\right)^3 = \left(\frac{3}{4}\right)^3 \Rightarrow \frac{r_1{}^3}{r_2{}^3} = \frac{27}{64} \Rightarrow r_1{}^3 : r_2{}^3 = 27 : 64$$

$\because$ उनके आयतनों का अनुपात = $\frac{4}{3}\pi r_1{}^3 : \frac{4}{3}\pi r_2{}^3$

$\Rightarrow \quad r_1{}^3 : r_2{}^3 = 27 : 64$

6. $\because$ अधिक-से-अधिक लम्बाई की छड़

= घनाभ के विकर्ण की लम्बाई

$= \sqrt{(\ \ )^2 + (\ \ )^2 + (\ \ )^2} = \sqrt{(12)^2 + (9)^2 + (8)^2}$

$= \sqrt{144 + 81 + 64} = \sqrt{289}$ = 17 मी.

अत: उस छड़ की अधिक-से-अधिक लम्बाई जो ठीक प्रकार से कमरे में रखी जा सके 17 मी. होगी।

7. माना कि लम्बवृत्तीय शंकु की त्रिज्या व ऊंचाई क्रमशः $3x$ मी. व $5x$ मी. है

$\therefore$ शंकु का आयतन = $\frac{1}{3}\pi r^2 h = \frac{1}{3}\pi \times (3x)^2 \times 5x$ घन मी.

प्रश्नानुसार,

शंकु का आयतन = 120π घन मी. (दिया है)

$$\therefore \quad \frac{1}{3}\pi \times 9x^2 \times 5x = 120\pi \Rightarrow x^3 = \frac{120 \times 3}{9 \times 5}$$

$\Rightarrow \quad x^3 = 8 \Rightarrow x^3 = (2)^3 \Rightarrow x = 2$ मी.

$\therefore$ लम्बवृत्तीय शंकु की त्रिज्या व ऊंचाई क्रमशः 3 × 2 = 6 मी. तथा 5 × 2 = 10 मी. होगी।

$\therefore$ तिर्यक ऊंचाई = $\sqrt{(\text{त्रिज्या})^2 + (\text{ऊँचाई})^2} = \sqrt{(6)^2 + (10)^2}$

$= \sqrt{36 + 100} = \sqrt{136} = 2\sqrt{34}$ मी.।

8. माना कि बेलन के आधार की त्रिज्या = r सेंमी.

$\therefore$ बेलन के आधार की परिधि = $2\pi r$ सेंमी.

प्रश्नानुसार, $2\pi r = 88$

$$\Rightarrow \quad r = \frac{88}{2\pi} = \frac{88}{2 \times \frac{22}{7}} = \frac{88 \times 7}{2 \times 22} = 14 \text{ सेंमी.}$$

$\therefore$ बेलन का आयतन = $\pi r^2 h = \frac{22}{7} \times (14)^2 \times 42$

= 22 × 2 × 14 × 42 = 25872 घन सेंमी.।

9. विद्यार्थियों को इस प्रकार के प्रश्नों में हमेशा ध्यान रखना चाहिए कि दो घनों को आपस में सटाकर रखने पर प्राप्त घनाभ की भुजाओं में केवल लम्बाई में ही वृद्धि होगी। उसकी चौड़ाई तथा ऊंचाई घन की भुजा के ही बराबर होगी।

$\therefore$ घनाभ की लम्बाई = पहले घन की भुजा की लम्बाई + दूसरे घन की भुजा की लम्बाई

अर्थात् घनाभ की लम्बाई = 10 + 10 = 20 सेंमी. होगी।

$\therefore$ घनाभ का पृष्ठ = 2(20 × 10 + 10 × 10 + 10 × 20)

= 2(200 + 100 + 200) = 2 × 500 = 1000 वर्ग सेंमी.।

10. कागज के टुकड़े को दो तरीके से मोड़कर बेलन बनाया जा सकता है।

1. आयताकार कागज को इस प्रकार मोड़ा जाए ताकि उसकी लम्बाई 30 सेंमी. तथा चौड़ाई 20 सेंमी. बेलन की क्रमशः वृत्तीय आधार की परिधि तथा ऊंचाई हो।

2. पुन: आयताकार कागज को इस प्रकार से मोड़ा जाये ताकि उसकी लम्बाई 30 सेंमी. तथा चौड़ाई 20 सेंमी. बेलन की क्रमशः ऊंचाई व वृत्तीय आधार की परिधि हो।

●●●

हरियाणा

सामान्य ज्ञान एवं सचेतता

वस्तुनिष्ठ प्रश्नोत्तर

1. प्राचीन काल में हरियाणा राज्य अन्य किस नाम से जाना जाता था?
A. ब्रह्मावर्त प्रदेश B. ब्रह्मर्षि प्रदेश
C. ब्रह्मा की उत्तरवेदी D. सभी से

2. किस भरतवंशी शासक ने हरियाणा प्रदेश से अपना विजय अभियान शुरू किया था?
A. सुदास B. अर्जुन
C. भरत D. भीष्म

3. महाभारत का प्रसिद्ध युद्ध प्रदेश में किस स्थान पर लड़ा गया था?
A. पानीपत B. कुरुक्षेत्र
C. झज्जर D. बल्लभगढ़

4. मुगलकाल में इस प्रदेश में जनपदों का स्थान किसने लिया था?
A. गण संघ ने B. गण-व्यवस्था ने
C. खापों ने D. पंचायत ने

5. बौद्धकाल के किन महाजनपदों में आधुनिक हरियाणा के भाग शामिल थे?
A. कुरु और पांचाल B. कौशल और वज्जी
C. सूरसेन और अवन्ती D. अस्सक और वत्स

6. प्रदेश का कौन-सा स्थान, अग्रेयगण की राजधानी था?
A. रिवाड़ी B. सिरसा
C. हांसी D. अग्रोहा

7. महमूद गजनवी ने थानेश्वर पर कब आक्रमण किया था?
A. 1013 ई. में B. 1014 ई. में
C. 1016 ई. में D. 1017 ई. में

8. प्रदेश का थानेश्वर नामक नगर किस प्रसिद्ध राजा की राजधानी था?
A. हर्षवर्धन B. अशोक
C. चन्द्रगुप्त विक्रमादित्य D. कनिष्क

9. बारहवीं शताब्दी में किस चौहान शासक ने हरियाणा प्रदेश पर आक्रमण कर तोमरों को पराजित किया था?
A. विग्रहराज VI B. विग्रहराज II
C. अर्णोराजा D. पृथ्वीराज चौहान

10. गुलाम वंश के शासक बलबन ने हरियाणा के शक्तिशाली मेवों की शक्ति को नष्ट करने का प्रयास कब किया था?
A. 1260 ई. में B. 1265 ई. में
C. 1266 ई. में D. 1267 ई. में

11. तुगलक शासक फिरोज तुगलक ने प्रदेश में कौन-सा नगर बसाया था?
A. टोहाना B. हांसी
C. सिवानी D. फतेहाबाद

12. निम्नलिखित में से प्रदेश के किस नगर पर तैमूर ने आक्रमण किया था?
A. सिरसा B. फतेहाबाद
C. हिसार D. सभी पर

13. 1526 ई. में हरियाणा में किस स्थान पर बाबर और इब्राहीम लोदी के बीच प्रसिद्ध युद्ध हुआ था?
A. पानीपत B. कुरुक्षेत्र
C. तावडू D. जीन्द

14. प्रसिद्ध मुगल शासक अकबर के समय में रिवाड़ी का शासक कौन था?
A. तुलाराम B. कर्णसिंह
C. हेमचन्द्र (हेमू) D. फूलसिंह

15. अकबर और हेमचन्द्र (हेमू) के बीच पानीपत का प्रसिद्ध द्वितीय युद्ध कब लड़ा गया था?
A. 1550 ई. में B. 1552 ई. में
C. 1554 ई. में D. 1556 ई. में

16. मराठों और अहमदशाह अब्दाली के बीच प्रदेश में कौन-सा प्रसिद्ध युद्ध लड़ा गया था?
A. पानीपत का तृतीय युद्ध B. पानीपत का द्वितीय युद्ध
C. पानीपत का प्रथम युद्ध D. कोई नहीं

17. प्रदेश के किस स्थान को जार्ज टॉमस ने अपनी राजधानी बनाया था?
A. रानिया B. टोहाना
C. हांसी का दुर्ग D. बहरामपुर

18. 1802 ई. में जार्ज टॉमस की मृत्यु प्रदेश में किस स्थान पर हुई थी?
A. महेन्द्रगढ़ B. बहरामपुर
C. नारनौल D. बावल

19. सन् 1809-10 में समस्त हरियाणा किसके अधिकार में था?
A. मराठों के B. सतनामियों के
C. मुगलों के D. अंग्रेजों के

20. आधुनिक हरियाणा राज्य का निर्माण कब किया गया था?
A. 1 नवम्बर, 1966 B. 5 जनवरी, 1967
C. 1 नवम्बर, 1958 D. 15 अगस्त, 1947

21. प्राग्हड़प्पा, हड़प्पा, परवर्ती हड़प्पा आदि संस्कृतियों के प्रमाण हरियाणा में किस स्थान से प्राप्त हुए हैं?
A. वणावली B. सोसवाल
C. मिर्जापुर D. सभी से

22. महाभारत-काल से शताब्दियों पूर्व हुए आर्यवंशी कुरुओं ने इस प्रदेश में किस युग का प्रारम्भ किया था?

A. कृषि-युग B. ताम्र-युग
C. लोह-युग D. धातु-युग

23. भगवान श्रीकृष्ण द्वारा विश्व प्रसिद्ध गीता का उपदेश हरियाणा में किस स्थान पर दिया गया था?
A. रेवाड़ी B. पेहवा
C. कुरुक्षेत्र D. पानीपत

24. यौधेय-काल में हरियाणा प्रदेश को निम्नलिखित में से किस नाम की संज्ञा दी गई?
A. यौधेय गणराज्य B. बहुधान्यक-प्रदेश
C. मत्स्य प्रदेश D. गण-प्रदेश

25. प्रसिद्ध चीनी यात्री ह्वेनसांग ने अपनी पुस्तक में हरियाणा के किस नगर के वैभव और समृद्धि का वर्णन किया है?
A. स्थाण्वीश्वर (थानेश्वर) B. पानीपत
C. रोहतक D. अम्बाला

26. तोमर शासकों के शासनकाल में हरियाणा में व्यापार, कला व संस्कृति की उन्नति की जानकारी किस ग्रन्थ से मिलती है?
A. तहकीक-ए-हिन्द B. हर्षचरित
C. कादम्बरी D. यशस्तिलक चम्पू

27. 1526-27 में बाबर के आक्रमण के समय तावडू के परगने का शासक कौन था?
A. हसन खाँ B. मोहन सिंह मंढ़ार
C. फैजल खाँ D. जलाल खाँ

28. निम्नलिखित कथनों पर विचार कीजिए :
(*a*) नडा साहिब गुरुद्वारा अम्बाला में है।
(*b*) नडा साहिब गुरुद्वारा घग्गर नदी के तट पर है।
उपर्युक्त में से कौन-सा/से कथन सही है/हैं?
A. केवल (*b*) B. (*a*) और (*b*) दोनों
C. न तो (*a*) और न ही (*b*) D. केवल (*a*)

29. 1756-57 में हरियाणा निम्नलिखित में से किसके अधिकार क्षेत्र में रहा?
A. मुगलों के B. सिक्खों के
C. मराठों के D. सतनामियों के

30. अहमदशाह अब्दाली ने अपने देश लौटते समय हरियाणा का उत्तरी भाग (अम्बाला, जीन्द, कुरुक्षेत्र, करनाल जिला) किसको सौंप दिया?
A. मुगलों को
B. सिक्खों को
C. सरहिन्द के गवर्नर जैन खाँ को
D. दुर्रानी के गवर्नर गेन खाँ को

31. 1857 के मेरठ-विद्रोह में जिन सैनिकों ने भाग लिया था उनमें से अधिकतर हरियाणा के किस जिले से सम्बन्धित थे?
A. गुरुग्राम B. रोहतक
C. हिसार D. सभी से

32. हरियाणा का कौन वीर सेनानी मेरठ क्रान्ति के समय मेरठ का नायब कोतवाल था?
A. अब्दुस समद खान B. विक्रमसिंह
C. रावकृष्ण गोपाल D. रामेश्वर दयाल

33. नारनौल के समीप नसीबपुर नामक गांव में लड़े गये (स्वाधीनता-संग्राम के) युद्ध में अंग्रेजों ने किन तीन शक्तियों को नष्ट किया था?
A. रिवाड़ी, झज्जर और जोधपुर
B. गुड़गांव, रिवाड़ी और जोधपुर
C. जींद, जगादरी और पेहवा
D. पानीपत, झज्जर और तावडू

34. प्रथम स्वाधीनता संग्राम में बल्लभगढ़ के किस राजा ने दिल्ली में क्रान्तिकारी सेनाओं का नेतृत्व किया था?
A. राजा कर्णसिंह B. राजा नाहन सिंह
C. राजा सूरजभान D. राजा सत्यपाल

35. निम्नलिखित में से प्रदेश की किस रियासत ने 1857 की जन-क्रान्ति में अंग्रेजों को महत्त्वपूर्ण सहयोग दिया था?
A. बहादुरगढ़ B. तावडू
C. झज्जर D. जींद

36. कांग्रेस के दूसरे 1886 के कलकत्ता अधिवेशन में हरियाणा का प्रतिनिधित्व किसने किया था?
A. पं॰ दीनदयाल शर्मा B. लाला मुरलीधर
C. बालमुकन्द गुप्त D. सभी ने

37. लाला लाजपत राय ने हरियाणा के किस स्थान को अपना राजनीतिक और सामाजिक, कार्य-क्षेत्र बनाया था?
A. हिसार B. सोनीपत
C. गुरुग्राम D. नूह

38. सन् 1888 में इलाहाबाद में आयोजित हुए कांग्रेस के चौथे अधिवेशन में किस महत्त्वपूर्ण राष्ट्र नेता ने जिला हिसार के प्रतिनिधि के रूप में भाग लिया था?
A. लाला सुल्तान सिंह B. बलदेव सिंह
C. लाला लाजपत राय D. बैनी सिंह

39. 8 अप्रैल, 1919 के दिन गांधी जी हरियाणा में कहां से गिरफ्तार हुए थे?
A. कैथल B. पलवल
C. गुहला D. अम्बाला

40. रोहतक में पं॰ रामभजदत्त की अध्यक्षता में सम्मेलन का आयोजन कब हुआ था, जिसमें गांधीजी के असहयोग आन्दोलन को कार्यरूप देने का निर्णय लिया गया था?
A. जनवरी, 1919 में B. नवम्बर, 1919 में
C. नवम्बर, 1920 में D. सितम्बर, 1921 में

41. कांग्रेस के नागपुर में हुए वार्षिक अधिवेशन में हरियाणा प्रान्त का प्रतिनिधित्व किसने किया था?
A. सरदार बूटा सिंह B. लाला उग्रसेन
C. बाबू श्याम लाल D. पं॰ नेकीराम शर्मा

42. पंजाब प्रदेश-कांग्रेस के आदेश पर पूरे हरियाणा में स्वतंत्रता दिवस कब मनाया गया?
A. 12 जनवरी, 1932 B. 10 दिसम्बर, 1932
C. 15 अगस्त, 1935 D. 26 जनवरी, 1932

43. हरियाणा में कांग्रेस की स्वर्ण-जयन्ती कब मनाई गई थी?
A. 18 अगस्त, 1930 को B. 30 जनवरी, 1935 को
C. 28 दिसम्बर, 1935 को D. 10 दिसम्बर, 1936 को

44. आजाद हिन्द फौज से सम्बन्धित हरियाणा का वह शूरवीर कौन था, जिसने मणिपुर की भूमि पर सबसे पहले तिरंगा फहराया था?

A. मेजर प्रतापसिंह B. मेजर सूरजमल
C. दरबारा सिंह D. भजनलाल

45. हरियाणवी क्षेत्रों में यूनियनिस्ट पार्टी को लोकप्रिय बनाने के लिए चौधरी छोटूराम ने जोरदार अभियान चलाया। प्रदेश में इसे किस नाम से पुकारा जाता था?

A. 'जमींदारी लीग' B. जमींदारी प्रथा
C. हिन्दू-मुस्लिम D. कोई नहीं

46. सन् 1916 में चौधरी छोटूराम ने रोहतक में किस साप्ताहिक का संपादन शुरू किया था?

A. हिन्दू गजट B. सिख गजट
C. जाट गजट D. कोई नहीं

47. श्री फजली हुसैन के साथ मिलकर चौधरी छोटूराम ने पंजाब में यूनियनिस्ट पार्टी की स्थापना कब की थी?

A. 1919 में B. 1921 में
C. 1922 में D. 1923 में

48. पटियाला, जींद और नाभा रियासतों में राजनैतिक गतिविधियों पर अंकुश रखने के लिए संवत् 1988 विक्रमी में एक कानून लागू किया गया था, उसका नाम क्या रखा गया था?

A. हिदायत संवत B. हिजरी संवत
C. विक्रम संवत D. शक संवत

49. सन् 1938 में जींद प्रजामण्डल की नींव जींद की राजधानी संगरूर में किस प्रसिद्ध देशभक्त ने डाली थी?

A. राजेन्द्र कुमार जैन ने B. साधूराम ने
C. हंसराज रहबर ने D. नन्दकिशोर ने

50. गांधी जी पलवल में कब गिरफ्तार हुए थे?

A. 5 जनवरी, 1919 में B. 8 मई, 1920 में
C. 8 अप्रैल, 1919 में D. 17 अप्रैल, 1921 में

51. सनातन धर्म को पूरे उत्तर भारत में लोकप्रिय बनाने में महत्त्वपूर्ण योगदान देने वाले पं॰ दीनदयाल शर्मा हरियाणा में कहाँ के रहने वाले थे?

A. झज्जर B. कैथल
C. हिसार D. जीन्द

52. सन् 1892 के लाहौर अधिवेशन में हिसार का प्रतिनिधित्व किस प्रसिद्ध जन नेता ने किया था?

A. बालमुकुन्द गुप्त B. लाला मुरलीधर
C. लाला लाजपत राय D. पं॰ दीनदयाल शर्मा

53. लाला लाजपतराय और सरदार अजीतसिंह को ब्रिटिश सरकार द्वारा गिरफ्तार करके मांडले जेल में कब भेजा गया था?

A. सन् 1907 में B. सन् 1895 में
C. सन् 1902 में D. सन् 1896 में

54. महात्मा गांधी, मुहम्मद अली तथा शौकत अली के साथ रोहतक कब आये थे?

A. 10 जनवरी, 1919 को B. 8 अक्टूबर, 1920 को
C. 1 अक्टूबर, 1920 को D. 18 मार्च, 1920 को

55. अम्बाला मण्डल की डिवीजनल पोलिटिकल कान्फ्रेंस, जिसमें महात्मा गांधी अली भाइयों के साथ आये थे, भिवानी में कब हुई थी?

A. मार्च 1918 में B. जून 1920 में
C. अक्टूबर 1919 में D. अक्टूबर 1920 में

56. 1947 में भारत के स्वतन्त्र होने के पश्चात तक हरियाणा किस प्रान्त का भाग था?

A. दिल्ली B. पंजाब
C. उत्तर प्रदेश D. राजस्थान

57. 1955 में भारत सरकार द्वारा गठित राज्य पुनर्गठन आयोग ने किन दो स्थानों को हरियाणा क्षेत्र में शामिल करने की सिफारिश की थी?

A. महेन्द्रगढ़ व जीन्द B. पटियाला व हिसार
C. पानीपत व कैथल D. रोहतक व गुडगांव

58. हरियाणा राज्य की स्थापना कब हुई?

A. 10 नवम्बर, 1966 में B. 26 जनवरी, 1966 में
C. 1 नवम्बर, 1966 में D. 5 जून, 1966 में

59. हरियाणा के प्रथम राज्यपाल कौन बनाये गये?

A. श्री सत्यपाल B. श्री धर्मवीर
C. श्री देवीलाल D. श्री बंसीलाल

60. 24 मार्च, 1967 को बने हरियाणा के प्रथम गैर-कांग्रेसी मुख्यमंत्री का नाम बताइये।

A. चौधरी भजनलाल B. देवीलाल
C. बंसीलाल D. राव वीरेन्द्र सिंह

61. प्रदेश के किस प्रसिद्ध प्राचीन नगर की विस्तार से जानकारी चीनी यात्री ह्यूनसांग के वृत्तान्त से मिलती है?

A. रोहतक B. अम्बाला
C. थानेश्वर D. भिवानी

62. प्रदेश के थानेश्वर नगर की प्रसिद्धि निम्नलिखित में से किस काल में सर्वाधिक थी?

A. वर्धनकाल में B. गुप्तकाल में
C. शुंगकाल में D. मौर्यकाल में

63. 1526 ई॰ में बाबर और इब्राहिम लोदी के बीच युद्ध हरियाणा में किस स्थान पर लड़ा गया था?

A. झज्जर B. कुरुक्षेत्र
C. रोहतक D. पानीपत

64. पानीपत नगर को जिले का दर्जा कब मिला था?

A. 1 जनवरी, 1988 को B. 1 नवम्बर, 1989 को
C. 1 दिसम्बर, 1990 को D. 1 अगस्त, 1991 को

65. रेवाड़ी जिला कब बना था?

A. 10 जून, 1977 को B. 5 फरवरी, 1979 को
C. 1 नवम्बर, 1989 को D. 17 जून, 1980 को

66. हिसार नगर निम्नलिखित में से किस प्रसिद्ध शासक की जन्मभूमि है?

A. शेरशाह सूरी B. अकबर
C. मुहम्मद तुगलक D. फिरोज तुगलक

67. वर्तमान समय में किस नगर में प्रदेश का सबसे बड़ा पशुधन फार्म स्थित है?

A. नारनौल B. हिसार
C. पानीपत D. करनाल

68. सन् 1354 में किस प्रसिद्ध मध्यकालीन शासक ने हिसार की एक दुर्ग के रूप में स्थापना की थी?

A. मुहम्मद तुगलक B. बलबन
C. फिरोज तुगलक D. अलाउद्दीन खिलजी

69. प्रदेश का महेन्द्रगढ़ नामक नगर प्राचीन काल में निम्नलिखित में से किस नाम से जाना जाता था?

A. जानोवा B. कर्णपुर
C. महिपगढ़ D. कानौड

70. बल्लभगढ़ के अन्तिम राजा का नाम बताइये जो कि सन् 1857 के स्वतंत्रता संग्राम में शहीद हुआ था?

A. नाहर सिंह B. विजय सिंह
C. प्रताप सिंह D. महर सिंह

71. बल्लभगढ़ नामक नगर प्रदेश के किस जिले के अंतर्गत आता है?

A. रोहतक B. फरीदाबाद
C. गुरुग्राम D. करनाल

72. पलवल किस जिले से अलग होकर नया जिला बना है?

A. जींद B. हिसार
C. फरीदाबाद D. करनाल

73. प्रसिद्ध गुलाम शासिका रज़िया सुल्ताना की कब्र प्रदेश के किस जिले में स्थित है?

A. कैथल B. गुरुग्राम
C. अम्बाला D. फरीदाबाद

74. प्रदेश का कौन-सा नगर विश्व के मानचित्र में "धान का कटोरा" तथा "हरियाणा का पैरिस" जैसे उपमानों से जाना जाता है?

A. रोहतक B. सोनीपत
C. फरीदाबाद D. करनाल

75. 1607 ई॰ में फरीदाबाद नगर की स्थापना किसके द्वारा की गई थी?

A. फिरोजशाह B. मुबारकशाह
C. बाबा फरीद D. मनसूब अली

76. महाभारत काल में सिरसा किस नाम से जाना जाता था?

A. शिषिरा B. शैरीषकम
C. सोरीश D. सिरसा

77. गोहाना नगर प्राचीनकाल में किस नाम से जाना जाता था?

A. गवभ भवाना B. गढ़ना
C. गपत जमाना D. इनमें से कोई नहीं

78. प्राचीनकाल में बहादुरगढ़ नामक नगर किस नाम से जाना जाता था?

A. बहावलगढ़ B. शफीराबाद
C. शरफाबाद D. बलरामगढ़

79. अंग्रेजों ने बहादुरगढ़ को सिन्धिया राजा से छीन कर झज्जर के नवाब के भाई को कब जागीर के रूप में दिया था?

A. 1800 ई॰ में B. 1801 ई॰ में
C. 1805 ई॰ में D. 1803 ई॰ में

80. प्रदेश के किस नगर की स्थापना 14वीं शताब्दी में अम्बा नामक राजपूत द्वारा की गई थी?

A. झज्जर B. रोहतक
C. अम्बाला D. भिवानी

81. अब्दुररहमान खाँ, जिसने अंग्रेजों से टक्कर लेते हुए देश प्रेम के लिए अपना बलिदान दिया था, हरियाणा में किस नगर का नवाब था?

A. कुरुक्षेत्र B. झज्जर
C. फरुखनगर D. रेवाड़ी

82. फरुखनगर की स्थापना किस बिलोच शासक द्वारा की गई थी?

A. दलेल खाँ (फौजदार खाँ) B. शफूद्दीन खाँ
C. बदरखाँ D. जमालुद्दीन खाँ

83. बिलोच शासक दलेल खां (फौजदार खां) ने किस बादशाह के नाम पर फरुखनगर नगर बसाया था?

A. फखरुद्दीन अहमद B. फारूख अली
C. फिरोजशाह तुगलक D. फरुखसीयर

84. महर्षि वेदव्यास द्वारा अमर काव्य "महाभारत" की रचना हरियाणा के किस नगर में की गई थी?

A. पानीपत B. रेवाड़ी
C. कुरुक्षेत्र D. हिसार

85. शक्तिशाली वर्धन वंश का उदय हरियाणा में कहां पर हुआ था?

A. थानेसर (स्थाण्वीश्वर) B. रोहतक
C. पानीपत D. कुरुक्षेत्र

86. 1556 ई॰ में अकबर और रेवाड़ी के हेमचन्द्र (हेमू) के मध्य हरियाणा में किस स्थान पर प्रसिद्ध युद्ध हुआ था?

A. रेवाड़ी B. जीन्द
C. कुरुक्षेत्र D. पानीपत

87. 1761 ई॰ में पानीपत का तीसरा युद्ध किनके मध्य हुआ था?

A. बाबर और इब्राहिम लोदी के मध्य
B. अकबर और हेमचन्द्र (हेमू) के मध्य
C. अहमद शाह अब्दाली और मराठों के मध्य
D. अंग्रेजों और सिक्खों के मध्य

88. पानीपत नगर 31 अक्टूबर, 1989 तक हरियाणा के किस जिले के अन्तर्गत था?

A. रेवाड़ी B. अम्बाला
C. करनाल D. हिसार

89. निम्नलिखित में से प्रदेश का कौन-सा जिला 1989 से पूर्व गुरुग्राम और महेन्द्रगढ़ जिलों के अन्तर्गत था?

A. महेन्द्रगढ़ B. फरीदाबाद
C. जीन्द D. रेवाड़ी

90. जीन्द को जिले का दर्जा कब मिला?

A. 1966 में B. 1972 में
C. 1968 में D. 1975 में

91. हरियाणा का ऐसा कौन-सा जिला है जिसका जिला मुख्यालय नारनौल नगर में स्थित है?

A. हिसार B. फरीदाबाद
C. महेन्द्रगढ़ D. करनाल

92. सन् 1818 में राजा अनुरूप सिंह की विधवा ने अपने पति की स्मृति में कहाँ पर एक छतरी व पक्के तालाब का निर्माण करवाया था?

A. करनाल B. बल्लभगढ़
C. सोनीपत D. कैथल

93. पलवल को जिले का दर्जा किस वर्ष मिला?

A. 2006 में B. 2005 में
C. 2008 में D. 2007 में

94. महाभारत काल में राजा युधिष्ठिर द्वारा निम्नलिखित में से कौन-सा स्थान अपने धर्मगुरु द्रोणाचार्य को उपहार स्वरूप दिया गया था?

A. गुरुग्राम गांव B. कैथल
C. होडल D. सिरसा

95. 1857 के स्वतंत्रता संग्राम के समय गुरुग्राम के कलेक्टर का नाम क्या था?

A. हेनरी B. सर हेली
C. जान मार्शल D. श्री फोर्ड

96. 1858 ई॰ में हरियाणा का कौन-सा जिला पंजाब प्रान्त में सम्मिलित कर दिया गया था?

A. फरीदाबाद B. गुरुग्राम
C. हिसार D. महेन्द्रगढ़

97. फरीदाबाद हरियाणा के 12वें जिले के रूप में कब अस्तित्व में आया?

A. 15 अगस्त, 1970 को B. 15 अगस्त, 1979 को
C. 26 जनवरी, 1979 को D. 8 मार्च, 1982 को

98. बहादुरगढ़ नगर हरियाणा के किस जिले के अन्तर्गत आता है?

A. झज्जर B. करनाल
C. यमुनानगर D. फरीदाबाद

99. गोहाना नामक ऐतिहासिक कस्बा हरियाणा के किस जिले में स्थित है?

A. पानीपत B. सिरसा
C. सोनीपत D. रेवाड़ी

100. हरियाणा का 22वाँ जिला कौन-सा है?

A. लोहारू B. चरखी दादरी
C. तोशाम D. बादड़ा

101. चरखी दादरी का नाम सन् 1939 में डालमिया दादरी रखा गया, इस कस्बे का नाम पुनः चरखी दादरी कब पड़ा?

A. सन् 1940 में B. सन् 1946 में
C. सन् 1958 में D. सन् 1968 में

102. जिला भिवानी में स्थित तोशाम नामक कस्बे को उपमण्डल का दर्जा कब मिला?

A. 27 अप्रैल, 1993 को B. 10 जून, 1995 को
C. 5 मार्च, 1997 को D. 27 अप्रैल, 1998 को

103. पूर्वी हरियाणा और उत्तर प्रदेश की सीमा पर निम्न में से कौन-सी नदी बहती है?

A. गंगा नदी B. सरस्वती नदी
C. घग्घर नदी D. यमुना नदी

104. हरियाणा प्रदेश भारत के उत्तर-पश्चिम में 27° 39' से 30° 55' उत्तर अक्षांश पर स्थित है। बताइये कि वह कितने पूर्व रेखांश के बीच स्थित है?

A. 74° 28' से 77° 36' B. 65° 33' से 77° 28'
C. 50° 28' से 64° 36' D. 84° 42' से 89° 41'

105. हरियाणा के उत्तर में निम्नलिखित में से कौन-सा प्रदेश स्थित है?

A. उत्तर प्रदेश B. पंजाब
C. हिमाचल प्रदेश D. राजस्थान

106. हरियाणा के पश्चिम में निम्नलिखित में से कौन-सा प्रदेश स्थित है?

A. पंजाब B. राजस्थान
C. उत्तर प्रदेश D. हिमाचल प्रदेश

107. हरियाणा में 1 नवम्बर किस रूप में मनाया जाता है?

A. गरीबी उन्मूलन दिवस B. हरियाणा दिवस
C. हरियाणा स्वतंत्रता दिवस D. हरियाणा पर्यावरण दिवस

108. निम्नलिखित प्रदेशों में से कौन-सा प्रदेश क्षेत्रफल की दृष्टि से हरियाणा से बड़ा नहीं है?

A. मेघालय B. बिहार
C. हिमाचल प्रदेश D. पंजाब

109. हरियाणा की आबादी निम्नलिखित में से किस प्रदेश से अधिक है?

A. अरुणाचल प्रदेश B. सिक्किम
C. नगालैंड D. सभी से

110. हरियाणा का मैदानी भाग समुद्रतल से कितनी ऊँचाई पर स्थित है?

A. 700 से 900 फीट B. 750 से 880 फीट
C. 800 से 1000 फीट D. 900 से 1100 फीट

111. हरियाणा के किस भाग में शिवालिक पर्वत श्रेणियां स्थित हैं?

A. उत्तर-पश्चिमी B. उत्तरी-पूर्वी
C. दक्षिणी-पश्चिमी D. दक्षिणी-पूर्वी

112. शिवालिक की पहाड़ियों से हरियाणा प्रदेश की कौन-सी नदी निकलती है?

A. घग्घर B. मारकण्डा
C. टांगरी D. सभी

113. हरियाणा का निम्नलिखित में से कौन-सा प्राकृतिक भाग सबसे बड़ा है?

A. शिवालिक का पहाड़ी भाग
B. रेतीला भाग
C. मैदानी भाग
D. अरावली की पहाड़ियों का शुष्क मैदानी भाग

114. प्रसिद्ध वीवीपुर व नजफगढ़ नामक झीलें हरियाणा के किस प्राकृतिक क्षेत्र में स्थित हैं?

A. मैदानी क्षेत्र
B. रेतीला क्षेत्र
C. शिवालिक का पहाड़ी क्षेत्र
D. अरावली की पहाड़ियों का शुष्क मैदानी क्षेत्र

115. हरियाणा की जलवायु है :

A. महाद्वीपीय प्रकार
B. अल्पार्द्र शीतोष्णीय प्रकार
C. उपोष्णीय शुष्क महाद्वीपीय प्रकार
D. अल्पार्द्र उपोष्णीय प्रकार

116. हरियाणा के किस भाग में वर्षा अधिक होती है?
A. दक्षिण-पश्चिमी भाग B. उत्तरी-पूर्वी भाग
C. उत्तरी-पश्चिमी भाग D. दक्षिणी-पूर्वी भाग

117. प्रदेश के किस भाग में वर्षा कम होती है?
A. उत्तरी-पूर्वी भाग B. दक्षिणी-पूर्वी भाग
C. उत्तरी-पश्चिमी भाग D. दक्षिणी-पश्चिमी भाग

118. प्रदेश में मोरनी की पहाड़ियों पर किस प्रकार की मिट्टी पाई जाती है?
A. रेतीली मिट्टी B. भूरे रंग की मिट्टी
C. पथरीली मिट्टी D. बलुई दोमट मिट्टी

119. हरियाणा के मैदानी भाग में अधिकांशतः किस प्रकार की मिट्टी पाई जाती है?
A. पीले भूरे रंग की उपजाऊ मिट्टी
B. पथरीली मिट्टी
C. रेतीली मिट्टी
D. बलुई दोमट मिट्टी

120. हरियाणा के निम्नलिखित में से किस जिले में लाल चैसटनट मिट्टी पाई जाती है?
A. रोहतक जिले में B. सिरसा जिले में
C. यमुनानगर जिले में D. भिवानी जिले में

121. प्रदेश की कौन-सी नदी मुलाना के समीप मारकण्डा नदी में मिलती है?
A. साहिबी नदी B. टांगरी नदी
C. कृष्णावती नदी D. दोहन नदी

122. हरियाणा की सबसे प्राचीन व प्रमुख नहर कौन-सी है?
A. गुड़गांव नहर B. भिवानी नहर
C. भाखड़ा नहर D. पश्चिमी यमुना नहर

123. प्रदेश की कौन-सी नहर जगाधरी-पोंटा सड़क पर स्थित ताजेवाला नामक स्थान से यमुना नदी से निकलती है?
A. भाखड़ा नहर B. पश्चिमी व पूर्वी यमुना नहर
C. जवाहर लाल नेहरू नहर D. कोई नहीं

124. हरियाणा की जवाहर लाल नेहरू नहर किस नहर से निकाली गई है?
A. भाखड़ा नहर से B. भिवानी नहर से
C. गुड़गांव नहर से D. यमुना नहर से

125. निम्नलिखित में से कौन-सी झील हरियाणा में स्थित है?
A. दमदमा झील B. कोटला झील
C. खलीलपुर झील D. सभी

126. प्रदेश के फरुखनगर खण्ड में निम्नलिखित में से कौन-सी झील स्थित है?
A. सुल्तानपुर झील B. दमदमा झील
C. खलीलपुर झील D. कोटला झील

127. प्रसिद्ध बड़खल झील हरियाणा के किस जिले में स्थित है?
A. गुरुग्राम B. भिवानी
C. फरीदाबाद D. रोहतक

128. हरियाणा की कौन-सी नहर दिल्ली में ओखला नामक स्थान से यमुना नदी से निकाली गई है?
A. भाखड़ा नहर B. गुड़गांव नहर
C. पूर्वी यमुना नहर D. कोई नहीं

129. भाखड़ा नहर द्वारा प्रदेश के किस जिले में सिंचाई कार्य किया जाता है?
A. सिरसा B. हिसार
C. रोहतक D. सभी में

130. 'ओटू' बांध हरियाणा में किस नदी पर है?
A. साहिबा B. टांगरी
C. घग्गर D. यमुना

131. प्रदेश में भिवानी नहर किस नहर से निकाली गई है?
A. भाखड़ा नहर से B. गुड़गांव नहर से
C. पश्चिमी यमुना नहर से D. पूर्वी यमुना नहर से

132. हरियाणा की प्रसिद्ध बड़खल झील का निर्माण कब किया गया था?
A. वर्ष 1940 में B. वर्ष 1950 में
C. वर्ष 1974 में D. वर्ष 1947 में

133. हरियाणा का कुल क्षेत्रफल कितने वर्ग कि.मी. है?
A. 38,150 वर्ग कि.मी. B. 44,212 वर्ग कि.मी.
C. 50,210 वर्ग कि.मी. D. 52,300 वर्ग कि.मी.

134. हरियाणा में जनवरी 2025 तक कुल कितने मण्डल हैं?
A. 6 B. 5
C. 4 D. 8

135. हरियाणा प्रदेश में जनवरी 2025 तक में कुल उप-मण्डल कितने हैं?
A. 60 B. 65
C. 68 D. 80

136. हरियाणा में जनवरी 2025 तक कुल कितनी तहसीलें हैं?
A. 94 B. 68
C. 70 D. 85

137. हरियाणा प्रदेश में जनवरी 2025 तक उप-तहसीलों की कुल संख्या कितनी है?
A. 30 B. 31
C. 49 D. 40

138. हरियाणा प्रदेश में जनवरी 2025 तक कुल कितने खण्ड हैं?
A. 95 B. 143
C. 115 D. 119

139. सम्पूर्ण हरियाणा में गाँव (2011 जनगणना) कितने हैं?
A. 4,390 B. 4,950
C. 5,845 D. 6,841

140. 2011 की जनगणना के अनुसार हरियाणा की कुल जनसंख्या कितनी है?
A. 2,53,51,462 B. 2,40,55,400
C. 2,25,83,912 D. 2,20,45,657

141. हरियाणा साहित्य अकादमी की पत्रिका है :
A. हरियाणा संवाद B. हरियाणा संदेश
C. हरिगंधा D. पाञ्चजन्य

142. हरियाणा के किस जिले में तेल शोधक कारखाना स्थित है?
A. रोहतक B. पानीपत
C. रेवाड़ी D. अम्बाला

143. जिला महेन्द्रगढ़ में निम्नलिखित में से कौन-सा खनिज पदार्थ अधिक मात्रा में मिलता है?
A. चूने का पत्थर B. चीनी मिट्टी
C. तांबा D. उपरोक्त सभी

144. जिला रेवाड़ी में किस स्थान पर स्लेट-पत्थर बहुत मात्रा में मिलता है?
A. कुण्ड नामक स्थान पर B. बावल नामक स्थान पर
C. कुसल नामक स्थान पर D. खोल नामक स्थान पर

145. वह कौन-सा खनिज पदार्थ है जो भारत में सिर्फ हरियाणा के गांव कलियाणा में उपलब्ध होता है?
A. स्लेट का पत्थर B. रेत
C. हिलना पत्थर D. क्वार्ट्ज

146. जिला भिवानी में किस स्थान पर 'ग्रेनाइट' नामक पत्थर मिलता है?
A. गांव निगाणाकलां B. देल्हेड़ी
C. रिवासा D. उपरोक्त सभी में

147. हरियाणा में राष्ट्रीय मधुमक्खी पालन एवं शहद मिशन (NBHM) योजना की शुरुआत किस वर्ष में हुई?
A. 2020 B. 2018
C. 2019 D. 2017

148. हरियाणा के कितने प्रतिशत भू-भाग में वन क्षेत्र हैं?
A. 2.54 प्रतिशत B. 3.65 प्रतिशत
C. 5 प्रतिशत D. 6.58 प्रतिशत

149. किस वर्ष मॉडल के रूप में हरियाणा प्रदेश में ''ग्रीनिंग ऑफ हरियाणा'' नाम से वृक्षारोपण की व्यापक योजना शुरू की गई थी?
A. वर्ष 1982-83 में B. वर्ष 1985-86 में
C. वर्ष 1989-90 में D. वर्ष 1994-95 में

150. हरियाणा प्रदेश के किस जिले में सबसे ज्यादा वन हैं?
A. पंचकुला B. हिसार
C. रोहतक D. जीन्द

151. प्रदेश के किस जिले में 'चौधरी देवीलाल प्राकृतिक पार्क' विकसित किया गया है?
A. भिवानी B. रोहतक
C. पानीपत D. यमुनानगर

152. रणदीप हुड्डा की ख्याति किस विधा के कारण है?
A. अभिनय B. सांग परम्परा
C. खेलकूद D. समाज सेवा

153. निम्नलिखित में से कौन-सा वृक्ष हरियाणा का राज्य वृक्ष है?
A. पवित्र अंजीर B. आम का वृक्ष
C. साल का वृक्ष D. बरगद का वृक्ष

154. हरियाणा में राष्ट्रीय खाद्य सुरक्षा योजना के तहत 'दाल-रोटी' योजना की शुरुआत किस वर्ष की गई?
A. वर्ष 2011 में B. वर्ष 2013 में
C. वर्ष 2010 में D. वर्ष 2012 में

155. जिला हिसार व करनाल में निम्नलिखित में से कौन-सा खनिज पदार्थ उपलब्ध होता है?
A. कच्चा लोहा B. अभ्रक
C. शोरा D. संगमरमर

156. जिला रोहतक में निम्नलिखित में से कौन-सा खनिज पदार्थ पाया जाता है?
A. चूना B. तांबा
C. मैंगनीज़ D. अभ्रक

157. हरियाणा के जीन्द जिले में निम्नलिखित में से कौन-से वृक्ष अधिक मात्रा में पाये जाते हैं?
A. शीशम B. कीकर
C. सफेदा D. उपरोक्त सभी

158. हरियाणा प्रदेश के कृषि विश्वविद्यालय हिसार में 'धान' पर शोधकार्य कब शुरू किया गया?
A. 1966 में B. 1970 में
C. 1974 में D. 1989 में

159. हरियाणा में सरस्वती वन्यजीव अभ्यारण्य किस जिले में स्थित है?
A. गुरुग्राम B. रेवाड़ी
C. जीन्द D. कैथल

160. हरियाणा का कौन-सा जिला खुम्बी की फसल के उत्पादन में भारत में अग्रणी है?
A. अम्बाला B. सिरसा
C. सोनीपत D. यमुनानगर

161. जिला रोहतक में निम्न में से किस चीज की खेती की जाती है?
A. गेहूँ B. ज्वार
C. गन्ना D. उपरोक्त सभी की

162. कुरुक्षेत्र में किस स्थान पर गन्ना मिल है?
A. पेहवा B. शाहबाद मारकण्डा
C. लाडवा D. बबैन

163. हरियाणा के किस जिले को बासमती चावल के उत्पादन में विश्व प्रसिद्ध होने के कारण ''धान का कटोरा'' नाम से जाना जाता है?
A. हिसार B. कुरुक्षेत्र
C. करनाल D. जीन्द

164. निम्नलिखित में से कौन हरियाणा के प्रमुख कपास उत्पादक जिलों में से एक नहीं है?
A. सोनीपत B. अम्बाला
C. रेवाड़ी D. सिरसा

165. हरियाणा का निम्नलिखित में से कौन-सा जिला अपनी सीमा किसी अन्य राज्य के साथ साझा नहीं करता?
A. चरखी दादरी B. गुरुग्राम
C. पलवल D. जींद

166. हरियाणा में किस फसल का उत्पादन सबसे ज्यादा होता है?
A. चावल B. गेहूँ
C. चना D. सरसों

167. हरियाणा की सबसे ऊँची पहाड़ी शृंखला मोरनी हिल्स अवस्थित है :
A. अम्बाला में B. जींद में
C. यमुनानगर में D. पंचकुला में

168. निम्नलिखित कथनों पर विचार कीजिए :
(*a*) सोनीपत और झज्जर की सीमा दिल्ली के साथ लगती है।
(*b*) रोहतक की सीमा दिल्ली से नहीं लगती है।
उपर्युक्त में से कौन-सा/से कथन सही है/हैं?
A. केवल (*b*) B. (*a*) और (*b*) दोनों
C. न तो (*a*) और न ही (*b*) D. केवल (*a*)

169. प्रदेश में जिला अम्बाला में नहरी सिंचाई सुविधा किस सिंचाई परियोजना के बनने से उपलब्ध हुई है?
A. नंगल उठान सिंचाई परियोजना
B. हथनी कुण्ड बैराज परियोजना
C. जवाहरलाल नेहरू सिंचाई परियोजना
D. सेवानी लिफ्ट सिंचाई परियोजना

170. हरियाणा के रेतीले भाग में सिंचाई का साधन क्या है?
A. नहरों द्वारा
B. कुओं द्वारा
C. नलकूप की सहायता से फव्वारों द्वारा
D. वर्षा द्वारा

171. पश्चिमी यमुना नहर द्वारा हरियाणा के निम्नलिखित में से किस जिले में सिंचाई की जाती है?
A. करनाल B. सोनीपत
C. रोहतक D. उपरोक्त सभी जिलों में

172. गुरुग्राम के अतिरिक्त किस जिले में "गुड़गांव नहर" द्वारा सिंचाई की जाती है?
A. पानीपत B. फरीदाबाद
C. सोनीपत D. कैथल

173. हथनी कुण्ड बैराज परियोजना हरियाणा के किस जिले से सम्बन्धित है?
A. यमुनानगर B. गुरुग्राम
C. रोहतक D. फरीदाबाद

174. महेन्द्रगढ़ जिले में कृषि की उन्नति के लिए कौन-सी सिंचाई परियोजना चलाई गई?
A. लोहारू लिफ्ट सिंचाई परियोजना
B. पश्चिमी यमुना नहर योजना
C. जे.एल.एन.उठान सिंचाई परियोजना
D. हथनी कुण्ड बैराज परियोजना

175. हरियाणा की कौन-सी नहर दिल्ली में ओखला नामक स्थान से यमुना नदी से निकाली गई है?
A. गुड़गाँव नहर B. भाखड़ा नहर
C. पूर्वी यमुना नहर D. इनमें से कोई नहीं

176. हरियाणा की किस सिंचाई योजना द्वारा स्वरूप कलौदा, खुर्ल कलां, भीखेवाला, खरडवाला नेहरा, फुलिया कलां आदि गांवों को सिंचाई सुविधा प्राप्त हुई थी?
A. झज्जर उत्थान सिंचाई योजना
B. नखाना की सिंचाई परियोजना
C. नंगल उठान सिंचाई परियोजना
D. जवाहरलाल नेहरू सिंचाई योजना

177. हरियाणा के अहरिवाल क्षेत्र में सिंचाई सुविधा के अन्तर्गत निम्न में कौन-सी सिंचाई स्कीम प्रारम्भ की गई है?
A. रेवाड़ी लिफ्ट सिंचाई स्कीम
B. हथनी-कुण्ड बैराज सिंचाई स्कीम
C. मेवात उठान सिंचाई स्कीम
D. भाखड़ा नहर सिंचाई स्कीम

178. शिवालिक विकास एजेन्सी का मुख्यालय निम्न में कहाँ पर स्थित है?
A. रोहतक में B. अम्बाला में
C. पंचकुला में D. जीन्द में

179. हरियाणा की किस नस्ल की भैंसे सारे भारत में प्रसिद्ध हैं?
A. मुर्रा B. तुरा
C. पुस्प D. चस्सा

180. हरियाणा में निम्नलिखित में से किस स्थान पर सहकारी दूध संयन्त्र खुले हुए हैं?
A. अम्बाला B. भिवानी
C. जीन्द D. उपरोक्त सभी स्थानों पर

181. निम्नलिखित कथनों पर विचार कीजिए :
(*a*) रोहतक में पुलिस आयुक्तालय स्थित है।
(*b*) सोनीपत में पुलिस आयुक्तालय स्थित है।
उपर्युक्त में से कौन-सा/से कथन सही है/हैं?
A. केवल (*b*) B. (*a*) और (*b*) दोनों
C. न तो (*a*) और न ही (*b*) D. केवल (*a*)

182. हरियाणा में नीलोखेड़ी के अतिरिक्त निम्नलिखित में से किस स्थान पर पोल्ट्री का प्रशिक्षण दिया जाता है?
A. अम्बाला B. करनाल
C. हिसार D. कैथल

183. जिला फतेहाबाद में कहाँ पर अश्व स्टेलियन केन्द्र कार्यरत है?
A. टोहाना B. रतिया
C. भूना D. कूलां

184. जिला भिवानी में सघन पशु विकास परियोजना कब आरम्भ की गई थी?
A. वर्ष 1966 में B. वर्ष 1970 में
C. वर्ष 1972 में D. वर्ष 1978 में

185. हरियाणा में सर्वाधिक जनसंख्या वाला जिला कौन-सा है?
A. महेन्द्रगढ़ B. फरीदाबाद
C. हिसार D. रोहतक

186. जिला भिवानी में पशु रोगों के निदान हेतु, जिला ग्रामीण विकास निकाय द्वारा, "पशु रोग निदान प्रयोगशाला' की स्थापना कब की गई?
A. 1978 में B. 1980 में
C. 1984 में D. 1990 में

187. निम्न में कौन हरियाणा के मुख्यमंत्री नहीं रहे?
A. बंसीलाल B. देवीलाल
C. भजनलाल D. श्रीचन्द

188. कालका तहसील किस जिले में स्थित है?
A. पंचकुला B. अम्बाला
C. कैथल D. करनाल

189. हरियाणा में पहली स्थायी लोक अदालत की स्थापना कब हुई?
A. 17 जनवरी, 1955 B. 10 मई, 2005
C. 1 नवम्बर, 1966 D. 7 अगस्त, 1998

190. 2010 में किस भाषा को हरियाणा की दूसरी राजभाषा का दर्जा दिया गया?
A. अंग्रेजी B. उर्दू
C. हरियाणवी D. पंजाबी

191. सरस्वती शुगर मिल, हरियाणा के किस जिले में स्थित है?
A. रोहतक B. पानीपत
C. यमुनानगर D. फरीदाबाद

192. यमुनानगर में यमुना गैसेस लि॰ की स्थापना कब की गई?
A. 1973 में B. 1975 में
C. 1980 में D. 1981 में

193. यमुनानगर में यमुना गैसेस लि॰ कम्पनी को गैसों के उत्पादन में अग्रणी स्थान प्राप्त करने का गौरव कब मिला?
A. वर्ष 1969 में B. वर्ष 1973 में
C. वर्ष 1972 में D. वर्ष 1975 में

194. भारत स्टॉर्च कैमिकल लि॰ की स्थापना यमुनानगर में कब हुई थी?
A. 1929 में B. 1932 में
C. 1938 में D. 1948 में

195. यमुनानगर की टिम्बर मार्किट (मण्डी) वर्ष 1947 से पूर्व किस नाम से प्रसिद्ध थी?
A. अब्दुल्लापुर मण्डी B. सादापुर मण्डी
C. यमुनानगर मण्डी D. यमुनापुर मण्डी

196. जिला सोनीपत का एटलस साइकिल उद्योग विश्व के कितने प्रमुख साइकिल निर्माण प्रतिष्ठानों में से एक है?
A. तीन B. पाँच
C. सात D. नौ

197. हरियाणा में ''भिवानी टैक्सटाइल मिल'' की स्थापना कब हुई थी?
A. 1930 में B. 1937 में
C. 1942 में D. 1950 में

198. गिद्ध संरक्षण एवं प्रजनन केन्द्र कहाँ पर स्थित है?
A. पिन्जौर में B. कैरू में
C. मोरनी में D. झाबुआ में

199. गुरुग्राम महानगरीय विकास प्राधिकरण की स्थापना कब की गई थी?
A. वर्ष 2014 में B. वर्ष 2015 में
C. वर्ष 2016 में D. वर्ष 2017 में

200. हरियाणा की चरखी दादरी स्थित सीमेंट फैक्टरी का निर्माण सन् 1939 में जर्मन-इंजीनियरों के सहयोग से किसके द्वारा किया गया था?
A. सेठ सिंघानिया
B. सेठ करोड़ीमल
C. सेठ रामकृष्ण डालमिया
D. सेठ रामकुमार बिड़ला

201. हरियाणा के चरखी दादरी स्थित, सीमेंट फैक्टरी के भारत सरकार के उपक्रम भारतीय सीमेंट निगम ने अपने अधिकार में कब लिया था?
A. 5 अप्रैल, 1980 को B. 23 जून, 1981 को
C. 10 जून, 1984 को D. 23 जून, 1988 को

202. निम्नलिखित में से कौन-सी फसल 'भावान्तर भरपायी योजना' के अन्तर्गत सम्मिलित नहीं है?
A. आलू B. प्याज
C. टमाटर D. गन्ना

203. हरियाणा के निम्नलिखित में से किस जिले में कैप्टिव विद्युत संयंत्र की स्थापना की गई है?
A. पानीपत में B. हिसार में
C. रोहतक में D. करनाल में

204. जिला पानीपत के बाहौली क्षेत्र में कौन-सा कारखाना स्थापित किया गया है?
A. कपड़े बनाने का कारखाना
B. कृषि यन्त्र बनाने का कारखाना
C. तेल शोधक कारखाना
D. हवाई चप्पल बनाने का कारखाना

205. हरियाणा के निम्नलिखित में से किस जिले में ''अमोनिया प्लांट'' स्थापित है?
A. पानीपत B. कैथल
C. गुरुग्राम D. करनाल

206. जिला महेन्द्रगढ़ का किस चीज के उत्पादन में हरियाणा राज्य में प्रथम स्थान है?
A. चावल के उत्पादन में B. बर्तनों के उत्पादन में
C. सरसों के उत्पादन में D. साइकिलों के उत्पादन में

207. हरियाणा के किस जिले की सीमा अन्य राज्यों से नहीं लगती?
A. रेवाड़ी B. रोहतक
C. अम्बाला D. फरीदाबाद

208. रेवाड़ी जिले का निम्नलिखित में से कौन-सा उद्योग भारत भर में प्रसिद्ध है?
A. तिल्ला जूती उद्योग
B. पीतल बर्तन उद्योग
C. हीरो होण्डा मोटर साइकिल फैक्टरी
D. उपरोक्त सभी

209. 'टिक्कर झील' हरियाणा के किस जिले में स्थित है?
A. रोहतक B. करनाल
C. पंचकुला D. कैथल

210. हरियाणा शब्द किस कृति में प्राप्त हुआ है?

A. पासणा हचरिउ B. महापुराण

C. A और B D. इनमें से कोई नहीं

211. लकड़ी का विकल्प तैयार करने वाला, ''न्यूवुड लकड़ी उद्योग'' कहाँ पर स्थापित है?

A. बरवाला उपमण्डल में B. टोहाना उपमण्डल में

C. हांसी उपमण्डल में D. सिवानी उपमण्डल में

212. निम्न में से किस स्थान पर हरियाणा सरकार द्वारा फूड पार्क स्थापित किए गए हैं?

A. नरवाना B. साहा

C. राई D. उपरोक्त सभी में

213. जिला कुरुक्षेत्र की शाहबाद सहकारी चीनी मिल की स्थापना कब की गई थी?

A. 1976-77 में B. 1984-85 में

C. 1991-92 में D. 1994-95 में

214. जिला फरीदाबाद में निम्नलिखित में से किस चीज का कारखाना स्थापित है?

A. ट्रैक्टर B. रेफ्रीजरेटर

C. रबड़ टायर D. उपरोक्त सभी

215. किस शहर को 'हरियाणा का दिल' कहा जाता है?

A. जींद B. पानीपत

C. रोहतक D. करनाल

216. मारुति कारों का निर्माण कार्य हरियाणा में कहां पर होता है?

A. गुरुग्राम B. अम्बाला

C. फरीदाबाद D. हिसार

217. दिव्यावदान में किन नगरों का उल्लेख हुआ है?

A. रोहतक B. अग्रोहा

C. A और B D. सोनीपत

218. हरियाणा सरकार द्वारा स्वतंत्रता सेनानियों को सम्मानित करने का निर्णय किस वर्ष लिया गया था?

A. वर्ष 1980 में B. वर्ष 1981 में

C. वर्ष 1985 में D. वर्ष 1997 में

219. 'खोड़िया नृत्य' हरियाणा में किस अवसर पर किया जाता है?

A. शादी के अवसर पर

B. होली के अवसर पर

C. तीज के अवसर पर

D. गोगा नवमी के अवसर पर

220. प्रदेश में परमवीर चक्र प्राप्त सैनिकों को कितनी धनराशि एकमुश्त प्रदान की जाती है?

A. 1 करोड़ रुपये B. 3 करोड़ रुपये

C. 2 करोड़ रुपये D. 5 करोड़ रुपये

221. युद्ध सेवा मैडल प्राप्त करने वाले सैनिकों को नकद राशि, वार्षिकी और भूमि के बदले नकद राशि देने की स्कीम 1988 में बंद कर दी गई थी, उसे बंसी लाल की सरकार द्वारा पुनः कब चालू किया गया?

A. अप्रैल, 1995 में B. अप्रैल 1997 में

C. अप्रैल, 1996 में D. अप्रैल, 1998 में

222. किस वेद में हरियाणा की दो प्राचीन नदियों का उल्लेख है जो आज लुप्त हैं?

A. सामवेद B. यजुर्वेद

C. अथर्ववेद D. ऋग्वेद

223. अशोक का तोपरा स्तम्भ किस जिले में प्राप्त हुआ है?

A. अम्बाला B. रोहतक

C. सोनीपत D. हिसार

224. हरियाणा में दिसम्बर, 2024 तक कितने वृद्ध नागरिकों को वृद्धावस्था सम्मान भत्ता दिया जा रहा है?

A. 12,60,090 B. 13,08,045

C. 20,85,967 D. 25,18,145

225. हरियाणा की नई खेल नीति के अनुसार ओलंपिक में स्वर्ण पदक विजेता को कितनी राशि प्रदान की जाती है?

A. ₹ 6 करोड़ B. ₹ 4 करोड़

C. ₹ 3 करोड़ D. ₹ 2 करोड़

226. प्रदेश में अस्वच्छ व्यवसाय में लगे अनुसूचित जाति के बच्चों के लिए किस स्थान पर छात्रावास है?

A. करनाल B. फरीदाबाद

C. अम्बाला D. सभी में

227. विमुक्त जाति के बच्चों के लिए प्रदेश में किस स्थान पर छात्रावास खोला गया है?

A. रोहतक B. जीन्द

C. फरीदाबाद D. गुरुग्राम

228. हरियाणा में शराबबन्दी कानून कब लागू किया गया था?

A. 1 दिसम्बर, 1991 में B. 1 जून, 1993 में

C. 1 जुलाई, 1996 में D. 1 मई, 1997 में

229. प्रदेश सरकार द्वारा शराबबन्दी कानून कब समाप्त किया गया?

A. 1 मार्च, 1996 में B. 1 मई, 1997 में

C. 1 फरवरी, 1996 में D. 1 अप्रैल, 1998 में

230. निम्नलिखित में से कौन-सी बाल विकास परियोजना हरियाणा राज्य से सम्बन्धित है?

A. समेकित बाल विकास परियोजना

B. बाल स्वास्थ्य परियोजना

C. शिशु पोषण परियोजना

D. असहाय बाल विकास परियोजना

231. हरियाणा में गरीब लड़कियों के कल्याण हेतु निम्नलिखित में से कौन-सी परियोजना चलाई जा रही है?

A. पराया धन पराई बेटी B. अपनी बेटी पराया धन

C. अपनी बेटी अपना धन D. कोई नहीं

232. हरियाणा में रैपिड मेट्रो की शुरुआत सर्वप्रथम किस शहर में हुई?

A. फरीदाबाद B. गुरुग्राम

C. पानीपत D. सोनीपत

233. हरियाणा राज्य में प्रत्येक गांव में बिजली पहुँचाने का कार्य कब पूर्ण किया गया?
A. 10 जून, 1966 को B. 25 मार्च, 1971 को
C. 15 अप्रैल, 1968 को D. 29 नवम्बर, 1970 को

234. हरियाणा में विद्युत उपभोक्ताओं की कुल संख्या दिसम्बर, 2024 तक कितनी थी?
A. 81.34 लाख B. 85 लाख
C. 90 लाख D. 95 लाख

235. अशोक के स्तम्भ लेख की लिपि कौन-सी थी?
A. फारसी B. देवनागरी
C. ब्राह्मी D. इनमें से कोई नहीं

236. इंदिरा गांधी अति ऊष्मीय शक्ति परियोजना हरियाणा के किस जिले में है?
A. सिरसा B. हिसार
C. जिंद D. झज्जर

237. हरियाणा में निम्नलिखित में से किस तरल स्थान पर आधारित 25-25 मैगावाट के बिजली संयन्त्र की स्थापना की गई है।
A. गुरुग्राम में B. फरीदाबाद में
C. करनाल में D. रोहतक में

238. हरियाणा में अपने बिजली उत्पादन संयन्त्रों से बिजली का उत्पादन वर्तमान समय में लगभग कितने मेगावाट है?
A. 1500 मेगावाट B. 1800 मेगावाट
C. 2,582.4 मेगावाट D. 3000 मेगावाट

239. किसानों की मांग पर नलकूपों की गहराई के आधार पर बिजली की कौन-सी प्रणाली पूरे प्रदेश में लागू की गई है?
A. स्टैव प्रणाली B. विद्युत नापन प्रणाली
C. टैस्ट प्रणाली D. इनमें से कोई नहीं

240. हरियाणा में निम्नलिखित में से किस स्थान पर ताप बिजलीघर स्थित है?
A. हिसार B. कैथल
C. जीन्द D. फरीदाबाद

241. प्रदेश में एन॰टी॰पी॰सी॰ द्वारा गैस पर आधारित 432 मैगावाट का पावर प्लान्ट कहाँ पर लगाया गया?
A. गुरुग्राम B. फरीदाबाद
C. पानीपत D. करनाल

242. हरियाणा में नवम्बर, 2024 तक सड़कों की कुल लम्बाई किलोमीटर में कितनी है?
A. 33,543 कि॰मी॰ B. 24,065 कि॰मी॰
C. 25,074 कि॰मी॰ D. 35,560 कि॰मी॰

243. प्रदेश में बड़े परिवहन बस डिपो की संख्या कितनी है?
A. 12 B. 13
C. 24 D. 30

244. हरियाणा का निम्नलिखित में से कौन-सा शहर राष्ट्रीय राजधानी क्षेत्र का हिस्सा नहीं है?
A. सोनीपत B. फरीदाबाद
C. हिसार D. गुरुग्राम

245. हरियाणा सरकार द्वारा यात्री-परिवहन का सम्पूर्ण राष्ट्रीयकरण कब किया गया?
A. सन् 1972 में B. सन् 1976 में
C. सन् 1980 में D. सन् 1985 में

246. हरियाणा को किस साल खुले में शौच मुक्त घोषित किया गया?
A. 2014 B. 2015
C. 2016 D. 2017

247. किस वर्ष हरियाणा विधानसभा की अधिकतम कुल संख्या 90 की गई?
A. 1977 B. 1967
C. 1971 D. 1985

248. दिल्ली से फिरोजपुर राष्ट्रीय मार्ग पर यात्रा करने पर हरियाणा का कौन-सा प्रमुख नगर पड़ता है?
A. रोहतक B. सिरसा
C. हिसार D. उपरोक्त सभी

249. हरियाणा में नवम्बर, 2024 तक राष्ट्रीय राजमार्गों की कुल लम्बाई कितने किमी है?
A. 1900 किमी B. 1200 किमी
C. 1600 किमी D. 3391 किमी

250. निम्नलिखित में से किस स्थान पर हरियाणा सिविल विमानन संस्थान का फ्लाइंग प्रशिक्षण केन्द्र स्थित है?
A. करनाल B. पिंजौर
C. A और B दोनों जगह D. इनमें से कोई नहीं

251. हरियाणा में निम्नलिखित में से कहाँ सिविल हवाई पट्टी स्थित है?
A. करनाल B. पिंजौर
C. हिसार D. उपरोक्त सभी जगह

252. कलेसर राष्ट्रीय उद्यान अवस्थित है :
A. यमुनानगर जिले में B. कुरुक्षेत्र जिले में
C. अंबाला जिले में D. पंचकुला जिले में

253. हरियाणा में भारी वाहन चालक प्रशिक्षण संस्थान निम्नलिखित में से किस स्थान पर स्थित है?
A. मुरथल B. चरखी दादरी
C. अम्बाला D. तावडू

254. हरियाणा की शिवालिक पहाड़ियों में पिंजौर-कालका के निकट किस काल के उपकरण प्राप्त हुए हैं?
A. पाषाण काल B. उत्तरवैदिक काल
C. हड़प्पा काल D. पूर्ववैदिक काल

255. मानव-जाति के जनक माने जाने वाले वैवस्त मनु को "अवन्ति सुन्दरी कथा" नामक ग्रन्थ में, किस स्थान का निवासी माना गया है?
A. पानीपत B. रोहतक
C. स्थाण्वीश्वर D. पंचकुला

256. हरियाणा के वणावली, सीसवाल, कुणाल, मिर्जापुर, दौलतपुर और भगवानपुरा नामक स्थानों के उत्खननों से किस काल की संस्कृतियों के प्रमाण मिले हैं?
A. आद्यैतिहासकालीन-प्रागहड़प्पा
B. हड़प्पा
C. परवर्ती हड़प्पा
D. उपरोक्त सभी कालों के

257. हरियाणा में पुरातात्विक अन्वेषण, सर्वप्रथम किसने आरम्भ किया था?
A. जॉनसर B. एलेक्जेण्डर कनिंघम
C. लार्ड मुनरो D. जॉन मार्शल

258. हरियाणा में पुरातात्विक अन्वेषण का आरम्भ कब हुआ?
A. 1862 ई. में B. 1892 ई. में
C. 1900 ई. में D. 1905 ई. में

259. डॉ सूरजभान के निर्देशन में हरियाणा में किस स्थान की खुदाई से महत्त्वपूर्ण ऐतिहासिक सामग्री प्राप्त हुई है?
A. मिथाथल B. दादरी
C. ऐलनाबाद D. सफीदों

260. हरियाणा में हड़प्पा परवर्ती संस्कृति व चित्रित स्लेटी पात्र सभयताओं के लोगों के साथ-साथ रहने का सर्वप्रथम प्रमाण कहाँ मिला है?
A. नारनौल B. भगवानपुरा
C. सिरसा D. महेन्द्रगढ़

261. हरियाणा में हड़प्पा संस्कृति का एक विराट टीला जीन्द के समीप किस स्थान पर है?
A. सफीदों B. उचाना
C. नरवाना D. राखीगढ़ी

262. जगाधरी से तीन कि.मी. पूर्व की ओर चनेती में एक स्तूप के अवशेष मिले हैं, इस स्तूप की ऊँचाई 8 मीटर है। बताइये इसकी परिधि कितने मीटर है?
A. 20 मीटर B. 30 मीटर
C. 45 मीटर D. 50 मीटर

263. आमीन जिला कुरुक्षेत्र से प्राप्त दो स्तम्भ किस काल की कला को दर्शाते हैं?
A. मौर्यकाल B. वर्धनकाल
C. गुप्तकाल D. शुंगकाल

264. समुद्रगुप्त का एक परशु प्रकार का सोने का सिक्का हरियाणा में कहाँ पर मिला है?
A. कोसली B. रोहाना
C. मिथाथल D. रानिया

265. हरियाणा के किस इलाके में तीसरी शताब्दी में यौधेयों का बोलबाला था?
A. पानीपत के इलाके में B. रोहतक के इलाके में
C. हिसार के इलाके में D. अम्बाला के इलाके में

266. जगाधरी से किस शासक की सोने की मुद्रा प्राप्त हुई है?
A. कनिष्क B. कुमारगुप्त
C. पुष्पमित्रशुंग D. समुद्रगुप्त

267. हरियाणा के किस स्थान से हर्षवर्धन की तांबे की मुद्रा मिली है जिसमें थानेश्वर के पुष्पमूर्ति वंशावली का वृत्तान्त मिलता है?
A. सोनीपत B. सिरसा
C. गुरुग्राम D. कैथल

268. भारतीय पुरातत्व सर्वेक्षण के एच.एल. श्रीवास्तव द्वारा हिसार में किस स्थान पर खुदाई कार्य करवाया गया था?
A. उकलाना B. बरवाला
C. अग्रोहा D. आदमपुर

269. हरियाणा प्रदेश में वर्ष 2023-24 तक मान्यता प्राप्त प्राथमिक/पूर्व प्राथमिक स्कूलों की संख्या कितनी है?
A. 9,872 B. 10,605
C. 11,582 D. 8,780

270. प्रदेश में 2023-24 तक मान्यता प्राप्त माध्यमिक स्कूलों की संख्या कितनी है?
A. 1,215 B. 2,312
C. 5,640 D. 3,850

271. हरियाणा में 2023-24 तक उच्च/वरिष्ठ माध्यमिक विद्यालयों की संख्या कितनी है?
A. 6,460 B. 9,354
C. 5,870 D. 4,960

272. हरियाणा के किस जिले की साक्षरता दर सबसे ज्यादा है?
A. गुरुग्राम B. झज्जर
C. रोहतक D. पलवल

273. प्रदेश के किस जिले की साक्षरता दर सबसे कम है?
A. करनाल B. कैथल
C. पानीपत D. नूंह

274. हरियाणा प्रदेश में 2022-23 तक कितने अध्यापक प्रशिक्षण महाविद्यालय हैं?
A. 489 B. 400
C. 300 D. 350

275. प्रदेश में कुल साक्षर जनसंख्या कितनी है?
A. 1,66,25,728 B. 1,65,98,988
C. 78,10,882 D. 1,32,58,652

276. प्रदेश में वर्ष 2023-24 तक कितने मान्यता प्राप्त विश्वविद्यालय हैं?
A. 58 B. 40
C. 35 D. 38

277. प्रदेश में निम्नलिखित में से किस स्थान पर नवोदय विद्यालय स्थित है?
A. तितरम B. ओढ़ा
C. देवराला D. उपरोक्त सभी में

278. हरियाणा सरकार द्वारा किस वर्ष 10+2+3 शिक्षा प्रणाली लागू की गई?
A. 1980-81 में B. 1976-77 में
C. 1988-89 में D. 1985-86 में

279. "महर्षि दयानन्द विश्वविद्यालय" हरियाणा के किस नगर में स्थित है?
A. रोहतक B. हिसार
C. फरीदाबाद D. रेवाड़ी

280. "चौधरी चरणसिंह कृषि विश्वविद्यालय" प्रदेश के किस नगर में स्थित है?
A. जीन्द B. गुरुग्राम
C. हिसार D. कुरुक्षेत्र

281. हरियाणा में पंजाबी भाषा को बढ़ावा देने के उद्देश्य से पंजाबी भाषा को किस स्थान पर रखा गया है?
A. प्रथम B. द्वितीय
C. तृतीय D. चतुर्थ

282. हरियाणा में चौधरी देवीलाल विश्वविद्यालय निम्नलिखित में से किस स्थान पर स्थित है?

A. कुरुक्षेत्र B. हिसार
C. रोहतक D. सिरसा

283. हरियाणा में खेलों को बढ़ावा देने के उद्देश्य से प्रदेश सरकार द्वारा कौन-सी महत्त्वपूर्ण योजना चलाई जा रही है?

A. खेल संस्थाओं को अनुदान B. प्रशिक्षण योजना
C. खेल स्टेडियम D. उपरोक्त सभी

284. खिलाड़ियों को आधुनिक और वैज्ञानिक ढंग से प्रशिक्षण देने के लिए हरियाणा में किस स्थान पर खेल छात्रावास की स्थापना की गई है?

A. गुरुग्राम में B. रोहतक में
C. फरीदाबाद में D. पानीपत में

285. हरियाणा के सोनीपत जिले के राई नामक स्थान पर एक खेलकूद स्कूल है, उसका नाम बताइये?

A. जवाहरलाल नेहरू खेलकूद स्कूल
B. इन्दिरा गांधी खेलकूद स्कूल
C. मोतीलाल नेहरू खेलकूद स्कूल
D. राजीव गांधी खेलकूद स्कूल

286. सोनीपत जिले के राई नामक स्थान पर स्थित मोतीलाल नेहरू खेलकूद स्कूल में स्थित कमला नेहरू नामक स्कूल की स्थापना कब की गई थी?

A. वर्ष 1970 में B. वर्ष 1974 में
C. वर्ष 1982 में D. वर्ष 1986 में

287. सुश्री सोनिया लाठेर किस खेल से संबंधित हैं?

A. कुश्ती B. कबड्डी
C. एथलेटिक्स D. मुक्केबाजी

288. टोक्यो ओलंपिक 2020 में हरियाणा के किस पहलवान ने रजत पदक प्राप्त किया था?

A. बजरंग पुनिया B. विनेश फोगाट
C. रवि कुमार दहिया D. बबिता कुमारी

289. जुलाई-अगस्त 2022 में बर्मिंघम में हुए 22वें राष्ट्रमंडल खेलों में हरियाणा के खिलाड़ियों ने कितने पदक प्राप्त किए थे?

A. 24 B. 12
C. 15 D. 20

290. हरियाणा के प्रसिद्ध खिलाड़ी नीरज चोपड़ा किस खेल से संबंधित हैं?

A. जिमनास्टिक B. भाला फेंक
C. बैडमिंटन D. टेनिस

291. पेरिस ओलंपिक 2024 में कांस्य पदक जीतने वाली मनु भाकर का सम्बन्ध किस खेल से है?

A. निशानेबाजी B. कबड्डी
C. जूडो D. हैंडबाल

292. हिन्दी के प्रसिद्ध कहानीकार श्री विशम्भरनाथ कौशिक का जन्म हरियाणा में कहां पर हुआ था?

A. अम्बाला छावनी में B. सिरसा में
C. पंचकूला में D. रोहतक में

293. हरियाणा के प्रसिद्ध लेखक पं॰ नेकीराम शर्मा ने भिवानी से कौन-सा पत्र हिन्दी में प्रकाशित किया था?

A. संवाहक B. सन्देश
C. निवारण D. वाणी

294. निम्नलिखित में से भारतीय क्रिकेट का कौन-सा पूर्व खिलाड़ी हरियाणा से सम्बन्धित है?

A. कपिल देव B. सुनील गावस्कर
C. अजय जडेजा D. अजहरुद्दीन

295. सूरजकुंड क्राफ्ट मेला प्रथम बार किस वर्ष आरम्भ हुआ था?

A. 1991 B. 1961
C. 1987 D. 2001

296. पेरिस ओलंपिक 2024 में निम्न में से हरियाणा के किस खिलाड़ी ने शूटिंग में कांस्य पदक जीता?

A. रमेश अवाना B. सरबजोत सिंह
C. राजेश कुमार D. मनदीप सिंह

297. टोक्यो ओलंपिक 2020 में हरियाणा के किस खिलाड़ी ने स्वर्ण पदक जीता था?

A. बजरंग पुनिया B. बबिता कुमारी
C. जितेन्द्र कुमार D. नीरज चोपड़ा

298. निम्नलिखित में से किस प्रमुख आदिकवि को हरियाणा का माना जाता है?

A. गोस्वामी तुलसीदास B. कबीरदास
C. कवि चन्दबरदाई D. रहीम दास

299. निम्नलिखित में से हरियाणा के किस मुस्लिम संत ने हिन्दी साहित्य के विकास में महत्त्वपूर्ण योगदान दिया?

A. शेख-यू-अलीशाह कलन्दर B. सन्त सादुल्ला
C. शेख बहाउद्दीन चिश्ती D. उपरोक्त सभी ने

300. निम्नलिखित में से कौन-सा प्राचीन कवि हरियाणा से सम्बन्धित नहीं है?

A. वीरभान B. महात्मा हरिदास
C. बनारसीदास D. नरोत्तम दास

301. हरियाणा राज्य को पूर्ण राज्य का दर्जा कब मिला?

A. 1 नवम्बर, 1964 को B. 10 दिसम्बर, 1965 को
C. 1 नवम्बर, 1966 को D. 15 जून, 1968 को

302. हरियाणा की राजधानी कौन-सा नगर है?

A. चण्डीगढ़ B. रोहतक
C. करनाल D. यमुनानगर

303. राज्यपाल जिलाधीश की नियुक्ति करता है-

A. केन्द्रीय सरकार की सलाह पर
B. राज्य की मंत्रिपरिषद की सलाह पर
C. राष्ट्रपति की सलाह पर
D. प्रधानमंत्री की सलाह पर

304. वर्तमान समय में हरियाणा में कितने जिले हैं?
A. 16 B. 17
C. 18 D. 22

305. प्रसिद्ध भोंडसी आश्रम हरियाणा के किस जिले में स्थित है?
A. पानीपत B. फतेहाबाद
C. गुरुग्राम D. कैथल

306. 'नरवाना' विधान सभा क्षेत्र किस जिले में स्थित है?
A. जींद B. फरीदाबाद
C. नूंह D. गुरुग्राम

307. 'किलोई' विधान सभा क्षेत्र किस जिले में स्थित है?
A. सोनीपत B. पानीपत
C. रोहतक D. करनाल

308. हरियाणा का 22वाँ जिला कौन सा है?
A. डबवाली B. चरखी दादरी
C. होडल D. नरवाना

309. निम्न में से कौन लोकसभा क्षेत्र अनुसूचित जाति के लिए आरक्षित है?
A. अम्बाला B. भिवानी
C. फरीदाबाद D. हिसार

310. निम्न में से कौन लोकसभा क्षेत्र अनुसूचित जाति के लिए आरक्षित है?
A. सोनीपत B. महेन्द्रगढ़
C. रोहतक D. सिरसा

311. हरियाणा प्रदेश में पुरुषों द्वारा पहनी जाने वाली पगड़ी क्या कहलाती है?
A. खंडवा B. पगड़
C. तोडा D. पगड़ी

312. प्रदेश में राजपूती ढंग की बड़ी पगड़ी को क्या कहते हैं?
A. साफा B. टोपी
C. पाग D. दोहरा

313. हरियाणा में चार नीले तथा चार लाल धागों की बुनाई वाले खद्दर से बना बिना कली का घाघरा क्या कहलाता है?
A. धारणा B. खारा
C. थारा D. कचारा

314. हरियाणा में महिलाओं द्वारा बुजली गहना शरीर के किस भाग में पहना जाता है?
A. माथा B. पैर
C. नाक D. कान

315. प्रदेश में निम्नलिखित में से कौन-सा आभूषण मुंह और सिर पर पहना जाता है?
A. सिंगार पट्टी B. तग्गा
C. बेस्सर D. उपरोक्त सभी

316. प्रदेश में प्रचलित आभूषणों में निम्नलिखित में से कौन-सा आभूषण नाक में नहीं पहना जाता है?
A. नांथ B. पुरली
C. ढेडे D. कोक्का

317. प्रदेश में प्रचलित निम्नलिखित में से कौन-सा आभूषण हाथों में नहीं पहना जाता है?
A. पौहची B. कडूल्ला
C. पछेल्ली D. बांकड़ी

318. प्रदेश में प्रचलित शकुन-अपशकुनों में निम्नलिखित में से किसे शकुन माना जाता है?
A. पानी भरा घड़ा B. हिरण दर्शन
C. मेहतर (झाड़ू लिए हुए) D. उपरोक्त सभी

319. प्रदेश में प्रचलित शकुन-अपशकुनों में निम्नलिखित में से किसे अपशकुन माना जाता है?
A. खाली घड़ा B. दूब का दर्शन
C. पैर का खुजाना D. भिस्ती का जल लिए मिलना

320. प्रदेश में पारम्परिक आभूषणों में निम्नलिखित में से कौन-सा आभूषण पुरुषों द्वारा पहना जाता है?
A. गोफ B. तागड़ी
C. नाड़ा D. कड़ी

321. हरियाणा में निम्नलिखित में से किस धार्मिक स्थान पर, सूर्य ग्रहण के अवसर पर भारत भर से लाखों यात्री स्नान व धर्मानुष्ठान के लिए आते हैं?
A. गुरुग्राम B. कुरुक्षेत्र
C. जगाधरी D. इनमें से कोई नहीं

322. गुरुग्राम जिले में इस्लामपुर नामक स्थान पर भादों मास के नौवें दिन कौन-सा मेला लगता है?
A. गूगा नौमी B. नागपूजा
C. यमुना स्नान D. शिव मेला

323. गुरुग्राम में चैत्र व आषाढ़ मास में प्रत्येक सोमवार व मंगलवार को निम्नलिखित में से कौन सा प्रसिद्ध मेला लगता है?
A. बुढ्ढो माता का मेला B. शिवजी का मेला
C. शीतला माता का मेला D. मेला बाबा बूढ़ा

324. हरियाणा के किस जिले में रामसराय और भूतेश्वर के प्रसिद्ध मेले लगते हैं?
A. फरीदाबाद जिले में B. जीन्द जिले में
C. रोहतक जिले में D. झज्जर जिले में

325. रोहतक के अस्थल बोहर में मठ में फरवरी-मार्च के महीने में कौन-सा मेला लगता है?
A. बाबा मस्तनाथ का मेला B. कपाल मोचन का मेला
C. देवी मेला D. पाथरी माता का मेला

326. जगाधरी के समीप बिलासपुर नामक स्थान पर कार्तिक पूर्णिमा के दिन कौन-सा मेला लगता है?
A. आदि बद्री मेला B. मेला काली माई
C. कपाल मोचन का मेला D. पंचमुखी मेला

327. रोहतक जिले में लाखन माजरा नामक स्थान पर ''मंजी साहब का गुरुद्वारा'' स्थित है यहां पर निम्नलिखित में से कौन-सा त्यौहार मनाया जाता है?
A. मेला सत्वा तीज B. मोहोला हल्ला का त्योहार
C. बावन द्वादशी D. माणु मेला

अनुक्रमणिका

SUBJECT SPECIFIC

भाषा (LANGUAGES)

सामान्य अध्ययन (GENERAL STUDIES)

328. जिला पानीपत के पाथरी नामक स्थान पर चैत्र व आषाढ़ मास के हर बुधवार को कौन-सा मेला लगता है?
A. माता का मेला B. शिव मेला
C. मेला देहाती D. पाथरी माता का मेला

329. जीन्द जिले के खरक रामजी नामक स्थान पर होली के दिन कौन-सा मेला लगता है?
A. माता का मेला B. नागदेवता का मेला
C. बाबा भालूनाथ का मेला D. मेला सच्चा सौदा

330. रोहतक जिले के दुबलधन माजरा नामक स्थान पर फाल्गुन सुदी द्वादशी (फरवरी- मार्च) को कौन-सा मेला लगता है?
A. मेला माता B. मेला देवी
C. मेला श्यामजी D. मेला बाबा बूढ़ा

331. जिला गुरुग्राम के खोरी नामक स्थान पर अप्रैल, मई में कौन-सा मेला लगता है?
A. शाहचोखा खोरी मेला B. शिव का मेला
C. नागपूजा मेला D. बाबा मस्तनाथ का मेला

332. जिला सोनीपत में किस स्थान पर फाल्गुन सुदी-9 (फरवरी, मार्च) में डेरा नग्न बालकनाथ का मेला लगता है?
A. बेगा (तहसील सोनीपत) B. मेहरीपुर (तहसील सोनीपत)
C. रभड़ा (तहसील गोहाना) D. चुलकाना (तहसील सोनीपत)

333. जिला सोनीपत के खुबडु नामक स्थान पर फाल्गुन की पूर्णमासी (फरवरी, मार्च) को कौन-सा मेला लगता है?
A. सतकुम्भा मेला B. मेला बाबा शमकशाह
C. मेला सांझी D. देवी मेला

334. फरीदाबाद जिले के अलावलपुर नामक स्थान पर स्थित बाबा उदासनाथ की समाधि पर मेला कब लगता है?
A. भादों सुदी नवमी को B. चैत्र बदी दूज को
C. लगते फाल्गुन बदी चौदस को D. फाल्गुन बदी अमावस्या को

335. जिला भिवानी में किस स्थान पर रक्षा बंधन के दिन बाबा खेडेवाला का मेला लगता है?
A. नौरंगाबाद B. खरक कलां
C. रिवासा D. तोशाम

336. हरियाणा प्रदेश में मंगलमय ''पीलिया'' लोकगीत किस अवसर पर गाया जाता है?
A. सावन के महीने पर B. पुत्र-जन्म के अवसर पर
C. विवाह के अवसर पर D. फागुन के महीने में

337. हरियाणा प्रदेश में निम्नलिखित में से किस अवसर पर लोकगीत गाये जाते हैं?
A. पुत्र जन्म के समय B. सावन के महीने में
C. पर्व-त्यौहार के अवसर पर D. उपरोक्त सभी अवसरों पर

338. प्रदेश में पुरुषों द्वारा बीनों, खंजरी, तुम्बे, बांसुरी, खड़ताल पर, चांदनी रात में खुले मैदान में निम्नलिखित में से कौन-सा नृत्य किया जाता है?
A. धमाल नृत्य B. मंजीरा नृत्य
C. लूर नृत्य D. डमरु नृत्य

339. हरियाणा के मेवात क्षेत्र में बड़े-बड़े नक्कारों, डफ और मंजीरों के साथ निम्नलिखित में से कौन-सा नृत्य प्रचलित है?
A. घोड़ा नृत्य B. धमाल नृत्य
C. मंजीरा नृत्य D. छठी नृत्य

340. हरियाणा के बागर क्षेत्र में होली के मौसम में निम्नलिखित में से कौन-सा नृत्य किया जाता है?
A. डमरु नृत्य B. मंजीरा नृत्य
C. घोड़ा नृत्य D. लूर नृत्य

341. हरियाणा में प्रचलित घोड़ा लोकनृत्य का आयोजन प्रमुख रुप से किस अवसर पर किया जाता है?
A. विवाह के अवसर पर B. फागुन माह में
C. पुत्र-जन्म के अवसर पर D. सावन माह में

342. प्रदेश में भादों के महीने की नौमी के दिन गुग्गापीर की पूजा के बाद निम्नलिखित में से कौन-सा नृत्य किया जाता है?
A. धमाल नृत्य B. छड़ी नृत्य
C. लूर नृत्य D. डमरु नृत्य

343. प्रदेश में प्रचलित लोकनृत्यों में से कौन-सा नृत्य स्त्रियों द्वारा किया जाता है?
A. तीज नृत्य B. धमाल नृत्य
C. डमरु नृत्य D. मंजीरा नृत्य

344. प्रदेश में प्रचलित लोक नृत्यों में से कौन-सा नृत्य पुरुषों द्वारा किया जाता है?
A. छठी नृत्य B. तीज का नृत्य
C. डमरु नृत्य D. खोडिया नृत्य

345. हरियाणा में प्रचलित लोकनृत्यों में से कौन-सा नृत्य स्त्री-पुरुष दोनों के द्वारा किया जाता है?
A. तीज नृत्य B. लूर नृत्य
C. खोडिया नृत्य D. फाग नृत्य

346. हरियाणा के कैथल नगर में प्रताप गेट के निकट निम्नलिखित में से कौन-सा गुरुद्वारा स्थित है?
A. गुरुद्वारा नीम साहिब B. गुरुद्वारा नौवीं पातशाही
C. रागधार गुरुद्वारा D. गुरुद्वारा छठी पातशाही

347. गुरुद्वारा मंजी साहिब हरियाणा के किस नगर में स्थित है?
A. करनाल B. पानीपत
C. कैथल D. अम्बाला

348. हरियाणा में किस स्थान को, ''नवग्रह कुण्डों'' के स्थित होने के कारण ''छोटी काशी'' भी कहा जाता है?
A. नारनौल को B. कैथल को
C. गुरुग्राम को D. कुरुक्षेत्र को

349. हरियाणा में कैथल से कुछ दूरी पर किस महापुरुष की समाधि स्थित है, जिस पर प्रत्येक वर्ष दशहरे से अगले दिन भारी मेला लगता है?
A. बाबा काली कमली वाले की B. बाबा हरिदास की
C. बाबा लदाना की D. बाबा रामदास की

350. कुरुक्षेत्र में थानेसर सिटी स्टेशन के समीप निम्नलिखित में से कौन-सा प्रसिद्ध तीर्थ स्थल है?

A. ब्रह्म सरोवर B. हटकेश्वर
C. ढोसी तीर्थ स्थल D. पूण्डरीक सरोवर

351. कुरुक्षेत्र रेलवे स्टेशन के समीप कुरुक्षेत्र-पेहवा रोड पर निम्नलिखित में से कौन-सा तीर्थ स्थल स्थित है, जिसे भगवान विष्णु का स्थाई निवास स्थल माना जाता है?

A. ब्रह्म सरोवर B. कालेश्वर तीर्थ
C. सन्निहित तीर्थ D. मारकाण्डेय तीर्थ

352. जिला कुरुक्षेत्र में किस तीर्थ स्थान पर श्रीकृष्ण ने अर्जुन को गीता का उपदेश दिया था?

A. ब्रह्म सरोवर B. कमल नाभ तीर्थ
C. प्राचीतीर्थ D. ज्योतिसर सरोवर

353. जिला कुरुक्षेत्र में स्थित ज्योतिसर सरोवर के समीप स्थित अक्षयवट के चारों ओर पक्के चबूतरे का निर्माण महाराज दरभंगा द्वारा कब करवाया गया था?

A. सन् 1924 में B. सन् 1930 में
C. सन् 1932 में D. सन् 1949 में

354. जिला कुरुक्षेत्र में स्थित ज्योतिसर सरोवर के निकट एक कृष्ण-अर्जुन रथ तथा शंकराचार्य के मन्दिर का निर्माण किसने करवाया था?

A. महाराज दरभंगा ने
B. कामकोटि पीठ के शंकराचार्य ने
C. कश्मीर के राजा ने
D. स्वामी विशुद्धानन्द महाराज ने

355. जिला कुरुक्षेत्र में स्थित प्रसिद्ध तीर्थ ज्योतिसर सरोवर की लम्बाई कितनी है?

A. 1000 फुट B. 1500 फुट
C. 2000 फुट D. 2500 फुट

356. जिला कुरुक्षेत्र में स्थित ''बाबा काली कमली वाले का डेरा' नामक धार्मिक स्थल के संस्थापक कौन थे?

A. स्वामी रामतीर्थ
B. श्री स्वामी विशुद्धानन्द महाराज
C. कामकोटि पीठ के शंकराचार्य
D. स्वामी परमानन्द महाराज

357. भक्तिकाल से सम्बन्धित गौड़ीय मठ नामक धार्मिक स्थल हरियाणा के किस जिले में स्थित है?

A. अम्बाला जिले में B. जीन्द जिले में
C. कुरुक्षेत्र जिले में D. महेन्द्रगढ़ जिले में

358. कुरुक्षेत्र जिले में वह कौन-सा धार्मिक स्थल है जहां पर बाबा लक्ष्मण गिरि महाराज द्वारा जीवित समाधि ली गई थी?

A. बाण गंगा B. प्राची तीर्थ
C. गौड़ीय मठ D. बाल्मिकि आश्रम

359. राजघाट गुरुद्वारा हरियाणा में कहाँ पर स्थित है?

A. कुरुक्षेत्र में B. यमुनानगर में
C. कैथल में D. भिवानी में

360. निम्नलिखित में से कौन-सा तीर्थस्थल हरियाणा के जिला कुरुक्षेत्र में स्थित नहीं है?

A. कालेश्वर तीर्थ B. प्राची तीर्थ
C. ढोसी तीर्थ D. कुबेर तीर्थ

361. जिला कुरुक्षेत्र के कुरुक्षेत्र विश्वविद्यालय के उत्तर-पश्चिम में एक कि.मी. की दूरी पर से कौन-सा प्राचीन तीर्थ स्थल स्थित है?

A. मारकाण्डेय तीर्थ B. नरकातारी (अनरक तीर्थ)
C. प्राची तीर्थ D. कुबेर तीर्थ

362. हरियाणा में थानेसर से 25 कि॰मी॰ पश्चिम में कौन-सा महत्त्वपूर्ण तीर्थ स्थल स्थित है जिसको हरियाणा और उसके समीपवर्ती क्षेत्रों में वही स्थान प्राप्त है जो पूर्व में गया तीर्थ को है?

A. पेहोवा B. पंचवटी
C. सफीदों D. पाण्डू-पिण्डारा

363. जिला पलवल के होडल क्षेत्र में निम्नलिखित में से कौन-सा धार्मिक स्थल स्थित है?

A. पंचवटी B. रामराय
C. सती का स्थान D. कालेश्वर महादेव मठ

364. 'पंचवटी' नामक तीर्थस्थल किस जिले में स्थित है?

A. अम्बाला B. पंचकुला
C. कुरुक्षेत्र D. पलवल में

365. जिला जीन्द के समीप जीन्द-गोहाना मार्ग पर कौन-सा प्राचीन धर्म-स्थल है जहां पर प्रत्येक वर्ष सोमवती अमावस्या के दिन मेला लगता है?

A. पाण्डू-पिण्डारा B. सफीदों
C. हंसडैहर D. उपरोक्त में से कोई नहीं

366. थानेसर नगर से कुछ दूर स्थित स्थानेश्वर महादेव मन्दिर का निर्माण सम्राट हर्षवर्धन के किस पूर्वज राजा द्वारा करवाया गया था?

A. पुष्यभूति B. आधित्यवर्धन
C. नरवर्धन D. प्रभाकरवर्धन

367. महमूद गजनवी अपने भारत आक्रमण के दौरान हरियाणा के निम्नलिखित में से किस प्राचीन मन्दिर की मूर्ति को अपने साथ गजनी ले गया था?

A. दुखभंजनेश्वर मन्दिर (कुरुक्षेत्र)
B. भगवान शिव मन्दिर (नारनौल)
C. सर्वेश्वर महादेव मन्दिर (कुरुक्षेत्र)
D. स्थानेश्वर महादेव मन्दिर (थानेसर)

368. हरियाणा के स्थानेश्वर मन्दिर का पुनर्निर्माण निम्नलिखित में से किसके द्वारा करवाया गया था?

A. मराठा सदाशिव राव द्वारा B. चन्द्रगुप्त विक्रमादित्य द्वारा
C. हर्षवर्धन द्वारा D. नरवर्धन द्वारा

369. देवीकूप (भद्रकाली मन्दिर) भारत के 51 शक्तिपीठों में से एक है यह मन्दिर प्रदेश में कहाँ पर स्थित है?

A. रोहतक B. कुरुक्षेत्र
C. पानीपत D. थानेसर

370. कुरुक्षेत्र में सन्निहित सरोवर के समीप निम्नलिखित में से कौन-सा मन्दिर स्थित नहीं है?
A. नारायण मन्दिर B. लक्ष्मी नारायण मन्दिर
C. दुखभंजनेश्वर मन्दिर D. बिरला मन्दिर

371. कुरुक्षेत्र का निम्नलिखित में से कौन-सा मन्दिर गिरि सम्प्रदाय के सिद्ध फकीर बाबा शिव गिरि महाराज द्वारा बनवाया गया था?
A. सर्वेश्वर महादेव मन्दिर B. नारायण मन्दिर
C. लक्ष्मी नारायण मन्दिर D. दुखभंजनेश्वर मन्दिर

372. कुरुक्षेत्र के प्रसिद्ध 'सर्वेश्वर महादेव मन्दिर' को किसने बनवाया था?
A. बाबा श्रवण नाथ ने B. बाबा शिवगिरि ने
C. बाबा तारकनाथ ने D. श्री जुगल किशोर बिरला ने

373. कुरुक्षेत्र-पेहोवा मार्ग पर स्थित बिरला मन्दिर को श्री जुगल किशोर बिरला द्वारा कब बनवाया गया था?
A. 1950 में B. 1955 में
C. 1965 में D. 1978 में

374. ग्यारह रुद्री शिव मन्दिर हरियाणा के किस नगर में स्थित है?
A. जीन्द B. पानीपत
C. हिसार D. कैथल

375. मराठा सरदार मंगल रघुनाथ जी ने पानीपत की तीसरी लड़ाई के बाद पानीपत में निम्नलिखित में से कौन-सा मन्दिर बनवाया था?
A. देवी तालाब का शिव मन्दिर B. हनुमान मन्दिर
C. देवी मन्दिर D. रुद्र मन्दिर

376. अमीन नामक गांव में निम्नलिखित में से कौन-सा प्राचीन मन्दिर स्थित है?
A. पंचवटी मन्दिर B. शिव मन्दिर
C. अदिति का मन्दिर D. दाऊ जी का मन्दिर

377. फरीदाबाद से लगभग 55 कि॰मी॰ की दूरी पर स्थित वंचारी गांव में निम्नलिखित में से कौन-सा प्राचीन मन्दिर स्थित है?
A. दाऊजी का मन्दिर B. अदिति का मन्दिर
C. पंचवटी मन्दिर D. चामुण्डा देवी का मन्दिर

378. माता शीतला देवी का प्रसिद्ध और प्राचीन मन्दिर हरियाणा में कहां पर स्थित है?
A. रेवाड़ी में B. गुरुग्राम में
C. नारनौल में D. जीन्द में

379. गुरुग्राम गांव में स्थित माता शीतला देवी का मन्दिर महाराज भरतपुर द्वारा कब बनवाया गया था?
A. सन् 1620 में B. सन् 1645 में
C. सन् 1648 में D. सन् 1650 में

380. प्राचीन शिव मन्दिर जहां पर बाबा ठण्डीपुरी की समाधि भी है प्रदेश में कहां स्थित है?
A. पूण्डरीक तीर्थ B. गुरुग्राम
C. हिसार D. रोहतक

381. पिंजोर की प्राचीन विरासत को बढ़ावा देने के लिए प्रतिवर्ष दो महोत्सव मनाए जाते हैं, एक त्योहार तो पिंजोर विरासत महोत्सव है; दूसरा महोत्सव कौन-सा है?
A. खजूर महोत्सव B. आम महोत्सव
C. नींबू महोत्सव D. संतरा महोत्सव

382. झज्जर जिले में स्थित बेरी गांव के रूढ़मल मन्दिर में स्थित शिवालय की ऊँचाई कितनी है?
A. 116 फुट B. 122 फुट
C. 132 फुट D. 140 फुट

383. झज्जर जिले के बेरी गांव के रूढ़मल मन्दिर में स्थित शिवालय का निर्माण कब करवाया गया था?
A. सन् 1842 में B. सन् 1850 में
C. सन् 1892 में D. सन् 1899 में

384. झज्जर जिले में स्थित बेरी गांव के रूढ़ीमल मन्दिर के शिवालय का पहली बार जीर्णोद्धार कब करवाया गया था?
A. सन् 1943 में B. सन् 1945 में
C. सन् 1950 में D. सन् 1953 में

385. नारनौल नगर में स्थित चामुण्डा देवी के मन्दिर का निर्माण व जीर्णोद्धार किसके द्वारा करवाया गया था?
A. राजा परीक्षत द्वारा B. राजा दिलीप द्वारा
C. राजा नूरकरण द्वारा D. पांडवों द्वारा

386. हरियाणा में चिश्ती सम्प्रदाय की स्थापना किसके द्वारा की गई थी?
A. बू अलीशाह कलंदर
B. शेख फरीद (फरीदुद्दीन शकरगंज)
C. अल्ताफ हुसैन
D. इब्राहिम अबीदुल्ला

387. चिश्ती सम्प्रदाय के प्रमुख सूफी संत बू अलीशाह कलंदर ने प्रदेश में किस स्थान को अपनी साधना का प्रमुख केन्द्र बनाया था?
A. पानीपत B. रोहतक
C. सोनीपत D. गुरुग्राम

388. सूफी संत अल्ताफ हुसैन हाली की दरगाह हरियाणा में कहां पर स्थित है?
A. झज्जर B. रेवाड़ी
C. पानीपत D. रोहतक

389. पानीपत की किस दरगाह पर श्रद्धालुओं द्वारा माथा टेकने पर ही अजमेर के ख्वाजा का उर्स पूरा होता है? ऐसी धारणा है-
A. ख्वाजा शम्सुद्दीन मख्दूम जलालुद्दीन की दरगाह
B. शेख उसमान जिंदापीर की दरगाह
C. गौस अलीशाह की दरगाह
D. बू अलीशाह कलंदर की दरगाह

390. नारनौल से करीब दस कि॰मी॰ दूर गांव धरसूं में किस प्रसिद्ध संत की दरगाह स्थित है?
A. हजरत शाह कलमुद्दीन हमज़ापीर हुसैन
B. मीर शाह (बाबा शाहखान)
C. शेख निजामुद्दीन
D. शेख जुनैद

391. फतेहाबाद में स्थित किस सूफी संत की मज़ार के प्रांगण में एक पत्थर पर बादशाह हुमायूं का अभिलेख उत्कीर्ण है?
A. मीरतकी खान B. मीर जुनैदी
C. शेख निज़ामुद्दीन D. मीरशाह (बाबा शाहखान)

392. हरियाणा के किस मकबरे को पुरातत्वीय स्थल और अवशेष अधिनियम, 1958 के अधीन राष्ट्रीय महत्त्व का स्मारक घोषित किया गया है?
A. शेख चेहली
B. बू अलीशाह कलंदर
C. शेख फरीद (फरीदुद्दीन शकरगंज)
D. पीर जमाल

393. बाबा शाह कमाल की मज़ार प्रदेश में कहां पर स्थित है?
A. गोहाना में B. फतेहाबाद में
C. कैथल में D. रोहतक में

394. प्रदेश में किस स्थान पर निम्नलिखित चार सूफी संतों (कुतुबशेख जमालुद्दीन अहमद, कुतुब मौलाना, बसोहद्दीन सूफी कुतुबद्दीन मन्नवर, कुतुब नुरुद्दीन) की मज़ार एक स्थान पर स्थित है?
A. करनाल में B. हिसार में
C. पलवल में D. हांसी में

395. शाहाबाद और अम्बाला के बीच किसकी मज़ार है, जिस पर मनोकामना पूरी होने पर घड़ी चढ़ाई जाती है?
A. पीर नागौजी B. हमज़ा पीर
C. पीर नौगज़ा D. इब्राहिम अबीदुल्ला

396. रोहतक में स्थित किस मस्जिद को, जो पहले मन्दिर था, औरंगजेब के शासनकाल में मस्जिद का रूप दिया गया था?
A. काज़ी की मस्जिद B. दीनी मस्जिद
C. लाल मस्जिद D. इनमें कोई नहीं

397. रोहतक में स्थित लाल मस्जिद को प्रसिद्ध व्यापारी हाजी आशिक अली द्वारा कब बनवाया गया था?
A. सन् 1930 में B. सन् 1931 में
C. सन् 1935 में D. सन् 1939 में

398. गुरुग्राम जिले में स्थित सराय अलावरदी गांव की मस्जिद किस शासक के काल में बनवायी गई थी?
A. बाबर B. जहाँगीर
C. शाहजहाँ D. अलाउद्दीन खिलजी

399. झज्जर जिले के गांव दुजाना में कौन-सी प्राचीन, ऐतिहासिक मस्जिद स्थित है?
A. लाल मस्जिद B. काजी की मस्जिद
C. करीम जी की मस्जिद D. जामा मस्जिद

400. रेवाड़ी की प्रसिद्ध ऐतिहासिक लाल मस्जिद किस मुगल शासक के काल में बनवाई गई थी?
A. बाबर B. हुमायूं
C. अकबर D. जहाँगीर

401. नारनौल, पानीपत, अम्बाला के अतिरिक्त सूफी संतों ने हरियाणा के किस नगर को सूफी विचारधारा का इस्लाम प्रचार केन्द्र बनाया?
A. कैथल B. थानेसर
C. करनाल D. सोनीपत

402. हरियाणा में रहकर सूफी मत का प्रचार करने वाले अधिकांश सूफी संत निम्नलिखित में से किस सम्प्रदाय के थे?
A. चिश्ती B. नक्शबंदी
C. कादरी D. उपरोक्त सभी

403. हरियाणा का ताजमहल कहा जाने वाला, प्रसिद्ध सूफी संत शेख चेहली का मकबरा किस नगर में स्थित है?
A. हिसार B. फतेहाबाद
C. थानेसर D. पानीपत

404. चरखी दादरी जिले के कलियाणा गांव में किस संत की दरगाह स्थित है, जिस पर प्रत्येक बुधवार को मेला लगता है?
A. पीर मुबारकशाह B. शेख उसमान जिंदापीर
C. शेख निज़ामुद्दीन D. मुहम्मद अफज़ल

405. मीरां साहब का मकबरा हरियाणा के किस नगर में स्थित है?
A. अम्बाला B. पानीपत
C. करनाल D. कैथल

406. भगवान कृष्ण ने अर्जुन को गीता का प्रेरणादायक संदेश हरियाणा में किस स्थान पर दिया था?
A. पानीपत B. कुरुक्षेत्र
C. होडल D. थानेश्वर

407. प्रदेश का निम्नलिखित में से कौन-सा नगर प्राचीन काल में श्रीकंठ जनपद की राजधानी था?
A. थानेश्वर B. चण्डीगढ़
C. रोहतक D. गुड़गाँव

408. यमुनानगर जिले में स्थित 'सढौरा' नामक ऐतिहासिक कस्बे में निम्नलिखित में से कौन- सा प्रसिद्ध मन्दिर है?
A. मनोकामना B. गागरवाला
C. तोरांवाला D. उपरोक्त तीनों

409. जिला यमुनानगर के किस ऐतिहासिक कस्बे में 'पीर बुद्धुशाह' का गुरुद्वारा है, जिन्होंने भागनी युद्ध में गुरु गोविन्द सिंह की सहायता की थी?
A. सढौरा B. रादौर
C. बिलासपुर D. छछरौली

410. हरियाणा के बहादुरगढ़ नामक ऐतिहासिक कस्बे का प्राचीन नाम क्या था?
A. चरखाबाद B. हसीनपुर
C. शरफाबाद D. बेतवाबाद

411. महम नामक ऐतिहासिक कस्बा प्रदेश के किस जिले में स्थित है?
A. भिवानी जिले में B. रोहतक जिले में
C. यमुनानगर जिले में D. झज्जर जिले में

412. जिला रोहतक में स्थित महम नामक कस्बे का पुनः निर्माण बनिया जाति के पेशोरा नामक व्यक्ति द्वारा कब करवाया गया था?
A. सन् 1266 में B. सन् 1295 में
C. सन् 1298 में D. सन् 1299 मे

413. जिला सिरसा में स्थित ऐलनाबाद नामक कस्बा पहले किस नाम से जाना जाता था?
A. एलिसाबाद B. चाविपुर
C. कलिसाबाद D. खड़ियल

414. सिरसा जिले में स्थित 'रानियां' नामक ऐतिहासिक कस्बे का प्राचीन नाम क्या था?
A. राजबपुर B. साजूपुर
C. रजिपुर D. रतिपुर

415. जिला अम्बाला में स्थित किस कस्बे को सिरमौर (हिमाचल प्रदेश) के राजा लक्ष्मी नारायण ने बसाया था?

A. बराड़ा B. मुलाना
C. नारायणगढ़ D. रायपुर रानी

416. सोनीपत जिले में स्थित किस प्राचीन ऐतिहासिक कस्बे में की गई खुदाई से महाभारत कालीन मिट्टी के बर्तन प्राप्त हुए हैं?

A. राई B. खेड़ी गुज्जर
C. गन्कौर D. गोहाना

417. आदि बद्री नामक पौराणिक गांव किस जिले में स्थित है?

A. यमुनानगर B. भिवानी
C. सिरसा D. रेवाड़ी

418. जिला यमुनानगर में स्थित किस ऐतिहासिक गांव का सम्बन्ध महाभारत कालीन राजा शान्तनु से माना जाता है?

A. छछरौली B. आदिबद्री
C. बसन्तर D. किसी का नहीं

419. 'जननायक देवीलाल पुरस्कार' का संबंध है-

A. पशुधन विकास B. कृषि पैदावार
C. उद्योग D. शिक्षा

420. जिला करनाल के अन्तर्गत आने वाले किस स्थान को पानीपत के तीसरे युद्ध से पूर्व अहमदशाह अब्दाली ने अपने सरदारों के लिए एक शक्तिशाली केन्द्र बनाया था?

A. घरौडा B. नील्पेखेड़ी
C. असन्ध D. कुन्जपुरा

उत्तरमाला

1	2	3	4	5	6	7	8	9	10
D	A	B	C	A	D	B	A	C	B
11	**12**	**13**	**14**	**15**	**16**	**17**	**18**	**19**	**20**
D	D	A	C	D	A	C	B	D	A
21	**22**	**23**	**24**	**25**	**26**	**27**	**28**	**29**	**30**
D	A	C	B	A	D	D	A	C	C
31	**32**	**33**	**34**	**35**	**36**	**37**	**38**	**39**	**40**
D	C	A	B	D	D	A	C	B	C
41	**42**	**43**	**44**	**45**	**46**	**47**	**48**	**49**	**50**
D	A	C	B	A	C	D	A	C	C
51	**52**	**53**	**54**	**55**	**56**	**57**	**58**	**59**	**60**
A	C	A	B	D	B	A	C	B	D
61	**62**	**63**	**64**	**65**	**66**	**67**	**68**	**69**	**70**
C	A	D	B	C	A	B	C	D	A
71	**72**	**73**	**74**	**75**	**76**	**77**	**78**	**79**	**80**
B	C	A	D	C	B	A	C	D	C
81	**82**	**83**	**84**	**85**	**86**	**87**	**88**	**89**	**90**
B	A	D	C	A	D	C	C	D	A
91	**92**	**93**	**94**	**95**	**96**	**97**	**98**	**99**	**100**
C	B	C	A	D	B	B	A	C	B
101	**102**	**103**	**104**	**105**	**106**	**107**	**108**	**109**	**110**
C	A	D	A	C	A	B	A	D	A
111	**112**	**113**	**114**	**115**	**116**	**117**	**118**	**119**	**120**
B	D	C	A	C	B	D	C	A	C
121	**122**	**123**	**124**	**125**	**126**	**127**	**128**	**129**	**130**
B	D	B	A	D	A	C	B	D	C
131	**132**	**133**	**134**	**135**	**136**	**137**	**138**	**139**	**140**
A	D	B	A	D	A	C	B	D	A
141	**142**	**143**	**144**	**145**	**146**	**147**	**148**	**149**	**150**
C	B	D	A	C	D	A	B	C	A
151	**152**	**153**	**154**	**155**	**156**	**157**	**158**	**159**	**160**
D	A	A	B	C	A	D	B	D	C
161	**162**	**163**	**164**	**165**	**166**	**167**	**168**	**169**	**170**
D	B	C	B	A	B	D	B	A	C

171	172	173	174	175	176	177	178	179	180
D	B	A	C	A	B	A	B	A	D
181	**182**	**183**	**184**	**185**	**186**	**187**	**188**	**189**	**190**
A	B	A	C	B	A	D	A	D	D
191	**192**	**193**	**194**	**195**	**196**	**197**	**198**	**199**	**200**
C	A	D	C	A	A	B	A	D	C
201	**202**	**203**	**204**	**205**	**206**	**207**	**208**	**209**	**210**
B	D	A	C	A	C	B	D	C	A
211	**212**	**213**	**214**	**215**	**216**	**217**	**218**	**219**	**220**
B	D	B	D	A	A	C	B	A	C
221	**222**	**223**	**224**	**225**	**226**	**227**	**228**	**229**	**230**
B	D	A	C	A	D	B	C	D	A
231	**232**	**233**	**234**	**235**	**236**	**237**	**238**	**239**	**240**
C	B	D	A	C	D	A	C	A	D
241	**242**	**243**	**244**	**245**	**246**	**247**	**248**	**249**	**250**
B	A	C	C	A	D	A	D	D	C
251	**252**	**253**	**254**	**255**	**256**	**257**	**258**	**259**	**260**
D	A	A	A	C	D	B	A	A	B
261	**262**	**263**	**264**	**265**	**266**	**267**	**268**	**269**	**270**
D	A	D	C	B	D	A	C	A	C
271	**272**	**273**	**274**	**275**	**276**	**277**	**278**	**279**	**280**
B	A	D	A	B	A	D	D	A	C
281	**282**	**283**	**284**	**285**	**286**	**287**	**288**	**289**	**290**
B	D	D	A	C	B	D	C	A	B
291	**292**	**293**	**294**	**295**	**296**	**297**	**298**	**299**	**300**
A	A	B	A	C	B	D	C	D	D
301	**302**	**303**	**304**	**305**	**306**	**307**	**308**	**309**	**310**
C	A	B	D	C	A	C	B	A	D
311	**312**	**313**	**314**	**315**	**316**	**317**	**318**	**319**	**320**
A	C	B	D	D	C	D	D	A	A
321	**322**	**323**	**324**	**325**	**326**	**327**	**328**	**329**	**330**
B	A	C	B	A	C	B	D	C	C
331	**332**	**333**	**334**	**335**	**336**	**337**	**338**	**339**	**340**
A	C	B	D	A	B	D	A	C	D
341	**342**	**343**	**344**	**345**	**346**	**347**	**348**	**349**	**350**
A	B	A	C	D	A	C	B	C	A
351	**352**	**353**	**354**	**355**	**356**	**357**	**358**	**359**	**360**
C	D	A	B	A	B	C	D	A	C
361	**362**	**363**	**364**	**365**	**366**	**367**	**368**	**369**	**370**
B	A	C	D	A	A	D	A	B	D
371	**372**	**373**	**374**	**375**	**376**	**377**	**378**	**379**	**380**
C	A	B	D	A	C	A	B	D	A
381	**382**	**383**	**384**	**385**	**386**	**387**	**388**	**389**	**390**
B	A	C	D	C	B	A	C	D	A
391	**392**	**393**	**394**	**395**	**396**	**397**	**398**	**399**	**400**
D	A	C	D	C	B	D	D	B	C
401	**402**	**403**	**404**	**405**	**406**	**407**	**408**	**409**	**410**
B	D	C	A	C	B	A	D	A	C
411	**412**	**413**	**414**	**415**	**416**	**417**	**418**	**419**	**420**
B	A	D	A	C	B	A	C	B	D

❑ ❑ ❑